Orientación a objetos

Diseño y programación

Carlos M. Fontela

Orientación a objetos

Diseño y programación

nueva libreria®

Fontela, Carlos Moisés
Orientación a objetos: diseño y programación. - 1a ed. - Buenos Aires: Nueva Librería, 2008.
880 p. ; 26x18 cm.

ISBN 978-987-1104-64-2

1. Informática. I. Título
CDD 005.3

Primera edición Septiembre 2008

Estados Unidos 301
(1101) Buenos Aires, Argentina
Tel.: 4362-9266
nuevalibreria@infovia.com.ar
www.nuevalibreria.com.ar

Diseño de tapa: Jorge Angel Miño

ISBN 10: 987-1104-64-2

ISBN 13: 978-987-1104-64-2

Hecho el depósito que prevé la ley 11.723
Impreso en Argentina- *Printed in Argentine*

A
Ana,
Clara y
Joaquín

Prólogo

Un libro, como un viaje, se comienza con inquietud y se termina con melancolía.
José Vasconcelos[1]

La orientación a objetos ya no es novedad. Es un paradigma que ha llegado para quedarse, y no hay casi nuevas aplicaciones comerciales, de simulación, juegos y otras, que se construyan sin tenerlo en cuenta.

Tampoco es un campo inexplorado. Miles de libros se han escrito para explicar el paradigma, y cada vez son más los que hablan de tópicos muy específicos del mismo.

¿A qué viene este libro, entonces?

Dado que los informáticos – según dice una estadística que me resulta difícil de creer – leen menos de un libro técnico por año, los autores debemos ser cautelosos al elegir los contenidos, de modo que nuestros lectores puedan aprovechar al máximo lo poco que leen.

Este es un libro que pretende cubrir la brecha entre el paradigma estructurado y el de objetos, a la vez que se centra en las buenas prácticas de diseño de aplicaciones modernas.

La razón que me impulsó a escribirlo es que – a pesar de los años que ya lleva la programación orientada a objetos en la academia y la industria – sigue siendo difícil de abordar por quienes, como yo, aprendimos a desarrollar software en paradigmas como el estructurado o el relacional. Y si bien hay muchos que pudieron pasar de C a C++, de Pascal a Delphi, de Cobol a Java o de Visual Basic a .NET, es asombroso cómo siguen pensando las soluciones a los problemas en forma procedimental, y no orientada a objetos.

Lo que ocurre es que la verdadera orientación a objetos es mucho más que una traducción de un lenguaje a otro. Implica una nueva manera de pensar los problemas y encontrar soluciones, desde el análisis, y sobre todo con un impacto fundamental en el diseño. Entonces, no basta con explicar construcciones de lenguajes orientados a objetos. Éstas, muchas veces, dejan tan anodadas a las personas que vienen del paradigma estructurado, que suelen resolver las dificultades de comprensión traduciendo erróneamente conceptos. Para no caer en este error, hay que hacer un estudio concienzudo de diseño, que permita ver a fondo las bondades del paradigma.

El lector podría preguntarse cuál es el problema de programar Java o .NET con un enfoque basado en procedimientos. En realidad, hay varios inconvenientes.

El primero y más obvio es que no se estarían usando las bondades reales de los lenguajes en cuestión. Si usamos Java porque está de moda, de acuerdo, adelante. Pero Java, como otros lenguajes y plataformas orientados a objetos, es sólo una herramienta que debería ayudarnos a construir mejor software. Y ése no es un mérito de Java ni de ningún otro lenguaje, sino del paradigma que viene por detrás.

---

[1] Atribuido.

En efecto, el paradigma de objetos ha demostrado sus ventajas a la hora de construir aplicaciones de lógica compleja y cambiante, en arquitecturas estructuradas en capas y con interfaces de usuario diversas, tan necesarias a comienzos de nuestro siglo XXI.

La programación estructurada tenía sentido, y mostró sus bondades, cuando las computadoras tenían poca memoria y ésta era muy cara, cuando las máquinas eran lentas, cuando se construyeron las primeras aplicaciones cliente-servidor. Hoy sigue siendo útil en ámbitos como las aplicaciones científicas. Pero no habiendo restricciones tan severas desde el hardware, estamos en condiciones de construir software más complejo, y allí es donde el paradigma estructurado empieza a mostrar limitaciones serias.

Habiendo dicho lo que acabo de decir, quedará en el lector la impresión de que este libro está especialmente destinado a personas que han usado un paradigma obsoleto, y no se aplicaría a los informáticos que hoy están aprendiendo a desarrollar software. Pero no es tan así. De hecho, todavía hoy se usa la programación estructurada para comenzar el estudio de programación en la mayor parte de las currículas universitarias de ingeniería informática.

Durante mucho tiempo pensé que éste era un error. Que si el paradigma dominante era la orientación a objetos, habría que empezar por enseñar programación orientada a objetos, y dejar los demás paradigmas para cursos complementarios. Hay muchos que siguen pensando así, y en varias prestigiosas universidades del mundo se ha seguido este camino. Sin embargo, yo ya no estoy tan seguro de que sea lo mejor.

Lo primero que debemos preguntarnos en la academia es si queremos programadores de poco vuelo, muy productivos en lo que hoy pide el "mercado", o queremos formar profesionales que en sus cinco décadas de vida laboral puedan adaptarse a diferentes ambientes y paradigmas que vayan surgiendo en ese medio siglo. Si estamos en el segundo caso, no debemos ser tan cortos de miras. Se puede empezar con objetos, aunque habría que hacerlo con lenguajes más sencillos que los de este libro, como Python o Smalltalk. También la programación funcional podría ser una opción, usando Haskell o Scheme. Pero nada impide usar lenguajes estructurados, como el viejo Pascal, o el más comercial C, para enseñar a pensar los rudimentos de la programación. Y lo que elijamos debe estar acompañado de mucha Matemática, que enseña a pensar, de Lógica, que enseña a razonar, de resolución de problemas, para aprender a abstraer lo complejo, y de programación básica, incluyendo recursividad, punteros y algoritmos y estructuras de datos.

En consecuencia, este libro supone que el lector no llega a los objetos como primer paradigma de desarrollo, sino, como es más habitual, ya conociendo algo de programación y algún lenguaje de otro paradigma.

No es éste un libro corto. Nunca he creído en los libros titulados "aprenda *xxx* en 24 horas", sea lo que sea el *xxx* en cuestión. Nada se aprende rápido y bien: ni tocar el piano, ni programar. Es necesario leer mucho, practicar mucho y usar lo aprendido en problemas reales, durante muchos años. Aprender es cambiar la manera de pensar, y nadie cambia su manera de pensar en 24 horas ni en 12 meses.

Así que preferí escribir un libro abarcador, que analice los temas en profundidad.

Una cuestión que quiero dejar bien establecida es el por qué de los lenguajes que elegí: C++, Java y C#.

Una primera impresión es que elegí los lenguajes más comerciales. Y no es tan errada. Hoy Java y .NET son las plataformas líderes en desarrollo de software empresarial, al punto de que son las principales responsables del predominio de la orientación a objetos. Y C++ fue el lenguaje de transición más utilizado en la década pasada. Por lo tanto, ¿cómo ignorarlos?

Pero no es la única razón. De hecho, creo que Smalltalk, Eiffel o Python pueden ser buenas alternativas, ya que, aun reconociendo que su difusión es menor, son herramientas muy intuitivas.

Por eso, la elección de estos tres lenguajes no se basó del todo en su buena fama. Más bien, traté de usar lenguajes parecidos, con una sintaxis similar. Esto lo hice porque de esa manera pude dedicarme a enseñar objetos, sin detenerme más de lo estrictamente necesario en explicaciones sintácticas y semánticas de las construcciones del lenguaje. Un único capítulo fue dedicado a las cuestiones lingüísticas básicas, y en esto fue de gran ayuda el utilizar lenguajes parecidos.

La otra pregunta que surge enseguida, es por qué fue necesario trabajar con más de un lenguaje, cuando tantos autores usan sólo uno para explicar programación orientada a objetos. De hecho, yo mismo he publicado un libro sobre orientación a objetos utilizando Java como lenguaje de programación.

No obstante, el incluir tres lenguajes me permite enseñar programación orientada a objetos sin estar limitado por las caracterísiticas de uno de ellos. Hay conceptos que no están presentes en un lenguaje, pero se pueden implementar si sabemos que existen en otros. Eso pasa, por ejemplo, con las interfaces, que no existen en C++, las propiedades, que no son parte del lenguaje Java, o la herencia múltiple, inexistente en C#. De esta manera, quedamos en condiciones de construir mejores programas y de poder elegir mejor nuestra plataforma de desarrollo.

Desde ya, no desconozco que hay cosas que estos tres lenguajes, al ser tan parecidos en algunas cuestiones, no cubren. Por ejemplo, los tres son de tipeo estático y compilados, lo que nos impide ver las bondades de la programación orientada a objetos sobre lenguajes interpretados o sin tipos. De todas maneras, y a contrapelo de la opinión de muchos, siempre me pareció que eso era algo extrínseco a la orientación a objetos, y que se trataba de una cuestión accidental.

Para los que todavía me acusen de estar eligiendo lenguajes de moda, les recuerdo que parte del éxito de un lenguaje suele ser externo al lenguaje en sí: Pascal se hizo conocido por su uso en la enseñanza, C por ser el lenguaje del sistema operativo Unix, Cobol por su adopción masiva en programación en ambientes de negocios, RPG por el patrocinio de IBM, Fortran por su uso temprano en aplicaciones científicas. De la misma manera, hoy Java debe mucho de su éxito al soporte de sus empresas patrocinantes. A su vez, C++ se hizo conocido como sucesor de C y por permitir la transición a otro paradigma. Finalmente, C# se impuso gracias al empuje que le dio Microsoft, basado en los millones de servidores Windows del mundo.

Los lenguajes que no han prosperado no tienen poco mérito, sin embargo. Tal vez algunos lectores coincidan conmigo en que Algol era mejor que Fortran o Cobol, en que Ada era superior a Pascal y C, y en que Smalltalk y Eiffel son más orientados a objetos que los que vemos aquí. Pero, a pesar de opinar así, preferí un enfoque más pragmático.

Una cosa que he aprendido, en mi trabajo profesional, es a no ser fanático en lo técnico. Hay gente que defiende a Java, .NET, RUP o XP, como si se tratase de una discusión de River vs. Boca. Hay ocasiones para usar una tecnología, método o lenguaje, y no hay algo que sea siempre mejor. Se dice a menudo que C++ es mejor para software de base: si es eso lo que necesito, adelante con C++; si no, tal vez Java sea una opción, o C# si la aplicación va a correr sobre Windows. Si no, vamos a caer en discusiones bizantinas, como que RUP es el mejor método, siempre y para cualquier proyecto, y que XP es el peor de todos, porque una vez fracasé aplicándolo.

He incluido mucho código en este libro. Todo el código fue compilado y probado, así que presumo que debería estar libre de errores sintácticos y lógicos. Pero… siempre hay un pero.

Dicen que lo perfecto es enemigo de lo bueno. Y yo soy un perfeccionista. Así es que leo y releo mis libros antes de entregarlos al editor. Esto, por supuesto, me trae atrasos en la salida a las librerías. Pero también provoca otro problema: las enmiendas que hago a mis programas, probados y recontraprobados previamente, pueden hacer que éstos dejen de funcionar, sobre todo en los últimos retoques que se hacen sólo en papel y sobre la última versión para imprimir.

Pero tampoco todo es código. Me tomé el trabajo de realizar explicaciones lo más completas posibles de cada tema, cuidando los términos para que facilitaran el aprendizaje.

Y también usé diagramas. UML fue la herramienta elegida a la hora de modelar diseños de software, por su simplicidad y claridad, y por su carácter cuasi estándar.

¿Cómo debe leerse el libro?

Si el lector es novato en orientación a objetos, le recomiendo leer toda la obra. Para él lo escribí, cuidando de presentar los temas en un orden lógico, así como los lenguajes, notaciones y ejemplos. De hecho, recomiendo fuertemente leer los temas repetidos en distintos lenguajes, pues con esa intención escribí, en un orden lógico. No importa, estimado lector, que te interese más Java que C++, o C# más que Java: el uso de tres lenguajes, como dije, tiene que ver con enriquecerte con las construcciones de los tres, y saltear implementaciones te impedirá disfrutar esta ventaja.

Si el diseño te interesa más que la programación, también te recomiendo leer todo. Al fin y al cabo, diseño y programación están muy entrelazados en toda la obra. Por supuesto, hay apartados especiales de diseño al final de los capítulos de programación, a los que les deberás prestar más atención. Lo mismo se aplica si tu interés está más en la programación que en el diseño: no hay buenos programadores que no deban saber de diseño.

Ahora bien, si el lector considera saber mucho de algún tema en particular, puede saltear los capítulos o ítems que domine. Lo mismo pasaría si la programación orientada a objetos ya la tuviese dominada, y le interesase estudiar a fondo el diseño.

Los dos primeros capítulos de la tercera parte se pueden saltear sin perder la hilación, pero me parecen importantes para dar contexto a lo que sigue.

AGRADECIMIENTOS

En primer lugar, quiero agradecer a mi familia. Su paciencia me permite escribir estas obras, que nos roban el tiempo que en otro caso sería nuestro. Gracias entonces a Ana, Joaquín y Clara, a quienes les dediqué el libro.

También agradezco a mis padres, que permitieron que yo adquiriera la formación que tengo, en todo sentido.

Quiero agregar a todos los colegas, docentes auxiliares y alumnos que he tenido en la Facultad de Ingeniería de la Universidad de Buenos Aires, en la Universidad Católica Argentina y en otros ámbitos, que me han hecho llegar ideas y críticas respecto de otras obras similares y de la forma de encarar los temas. Estas críticas, sumadas a los reconocimientos que también recibí, permitieron perfeccionar la calidad didáctica de mis libros.

Especialmente quiero agradecer a Francisco Rey, Javier Macchi, Pablo Suárez, Marcio Degiovannini, Nicolás Páez, Ricardo Markiewicz, Margarita Manterola y Leandro Garayoa, a quienes les debo varias ideas y, en alguno que otro caso, incluso porciones del libro.

Creo que no he plagiado a nadie. Pero es indudable que al escribir algo nos apoyamos en cientos de autores, maestros, colegas y amigos. Y ni qué hablar de la cantidad de material que se encuentra en la Web: desde artículos hasta entornos de desarrollo, programas específicos y código fuente, que nos dan acceso a herramientas que antes eran tan difíciles de conseguir. A todos ellos, a quienes no puedo nombrar uno por uno, llegue también mi reconocimiento.

Gracias también a Norberto Caniggia, presidente de la empresa que me emplea hoy, porque con su pasión por los libros y la docencia me alentó para escribir esta obra. Gracias a C&S informática s.a., firma que me cedió parte del tiempo de trabajo para poder escribir, lo cual pagaron con su esfuerzo también mis compañeros.

Carlos Fontela
Buenos Aires, enero de 2008

Índice

Parte 1: Introducción

Esta primera parte del libro consta de tres capítulos:

1. Los cimientos: es una introducción de la introducción, o un epílogo del prólogo, en el que cuento cómo llegué a los objetos y qué me motivó a escribir el libro, y le explico al lector, muy brevemente, de qué se trata la orientación a objetos.

2. Introducción a los lenguajes C++, Java y C# y a la notación UML: aquí presento los rudimentos de los lenguajes con que vamos a trabajar, sin entrar en detalles de programación orientada a objetos, y un pantallazo de la notación de modelado UML.

3. Programación basada en objetos: en este capítulo analizo cómo trabajar con objetos, pero sin programar creando nuestros propios objetos.

Recién en la segunda parte del libro voy a abordar la verdadera programación orientada a objetos.

1. LOS CIMIENTOS

No hay nada que canse más a una persona que tener que luchar, no contra su propio espíritu, sino contra una abstracción.
José Saramago[2]

LOS OBJETOS, LOS LIBROS Y EL AUTOR

En 1990 yo era un informático que manejaba aceptablemente las técnicas de análisis y diseño estructuradas, los lenguajes Fortran, Pascal y C, y había hecho algunos intentos frustrados en Prolog y Cobol.

Empecé a conocer algo de programación en 1982, en la Facultad de Ingeniería de la Universidad de Buenos Aires. Fortran fue mi primer lenguaje, el que me impulsó a seguir estudiando informática, esta carrera que con el tiempo me alejó de mis inicios en Ingeniería Civil. Traté de incursionar a continuación en Cobol, pero el lenguaje no me gustó y me llevó a dudar del camino elegido. Basic me pareció – y era – un Fortran limitado. Empezaba a pensar que la informática no era para mí, que me había deslumbrado con sus rudimentos, pero que no me gustaba cuando ahondaba en ella…

Pero al poco tiempo descubrí a Pascal, que fue mi gran amor de principiante. Con los años, llegué a saber todos los trucos de programación de Pascal estándar y Turbo Pascal: el lenguaje no tenía secretos para mí. Mi incursión con Prolog fue más bien limitada, a pesar de que el lenguaje y la Inteligencia Artificial me interesaban mucho. C lo vi como un lenguaje interesante, en algunas cosas superior a Pascal, aunque tendía a extrañar la disciplina que imponía éste.

Como decía, en 1990 ya creía conocer bastante de desarrollo de software y programación. Algunos programas había hecho, incluyendo la mayor parte de un sistema para fabricantes de helados, desarrollado en Turbo Pascal para DOS, de unas veinte mil líneas de código.

Precisamente, fue trabajando en la tercera versión de este sistema – llamado Iceberg – que me di cuenta de las limitaciones de la programación estructurada para modularizar un sistema. Si bien siempre fui muy prolijo programando, consciente de la importancia de evitar duplicaciones de código y de modularizar todo lo que se pudiera, no podía evitar encontrarme con estructuras similares de subprogramas, que no conseguía generalizar.

Mi atención se dirigió a Ada, Módula-2 y C++, los que veíamos como sucesores de Pascal y C en esa época. Me seducía especialmente la genericidad en Ada y las plantillas de C++, más la facilidad con que ambos lenguajes permitían definir tipos y sus operaciones. Pero seguía pensando de manera estructurada. Recordaba haber oído algo del paradigma de orientación a objetos en la Facultad, pero lo asociaba a lenguajes como Smalltalk y derivados de Lisp, que yo había analizado, pero no manejaba. C++ era sólo una extensión de C desde mi punto de vista, y no captaba la

[2] Todos los nombres, Santillana, 1997.

orientación a objetos en el mismo. Un curso realizado en la Facultad de Ciencias Exactas con Gustavo Rossi me permitió ver nuevos horizontes, aunque no al punto de convencerme.

No contento con mis búsquedas personales – y dado que ya era docente universitario – formé algunos grupos de investigación para estudiar el tema. Sin embargo, no veíamos que la solución estaba a nuestro alcance con un nuevo paradigma.

Un día llegó a mis manos Turbo Pascal 5.5, que incluía – en forma un tanto limitada – elementos de Object Pascal, una extensión para soportar programación orientada a objetos. ¡Eso era lo que yo necesitaba! Ésta era la solución, porque me permitía entrar en los objetos sin dejar mi lenguaje favorito.

Investigué un poco Object Pascal y llegué a la conclusión de que los objetos eran un paradigma muy poderoso para la construcción de software, que solucionaba varios de los problemas que yo venía experimentando. Lo que más me interesaba de los objetos eran la capacidad de definición de tipos, la abstracción, y la herencia. Con el tiempo fui viendo las otras grandes virtudes del paradigma.

En 1993 decidí dar un pequeño curso de extensión sobre objetos como complemento de una materia de programación estructurada en la que trabajábamos con Pascal. ¡Era el primer curso de programación de una licenciatura informática! Si bien mis superiores veían con recelo que se introdujera objetos tan temprano en la currícula de programación, la buena fama de que gozaba me permitía incluir esos contenidos como algo complementario. Y también fui escribiendo apuntes, de tamaño creciente, sobre objetos, herencia y polimorfismo.

Hasta que en 1998 el tema de objetos – que cada vez yo imponía más – ya no cabía en los contenidos de la materia sin causar problemas. Fue en ese entonces que el Departamento de Computación de la Facultad me ofreció hacerme cargo del tercer curso de programación, en el cual estaban pensando dar – como contenido principal – programación orientada a objetos.

La materia cuyos contenidos me tocó preparar se enseñaba con Delphi y algo de C++. Esta opción era válida para alumnos que traían dos cursos previos con programación estructurada en Pascal y C. Pero siempre tuvo un gran contenido de diseño: desde el principio discutimos sobre MVC, algunos patrones, algo de metodología, y otros temas. Y como para enseñar hay que saber, aprendí mucho enseñando. Otra incentivo para aprender más eran las dudas cada vez más filosas que recibía de mis alumnos.

Mi gusto por Pascal se mantuvo mucho tiempo más, pero ahora era Object Pascal. Estudié también mucho C++, aprendí a leer Smalltalk, y algo de Java. En 2000 cambiamos C++ por Java, y un día decidimos – con gran pesar mío – dejar Delphi y quedarnos solamente con Java. Con el tiempo, se convertiría en el lenguaje que mejor dominé.

Fue en 2002 cuando conocí la recién nacida plataforma .NET. En el marco de una profunda recesión en mi país, y la consecuente falta de trabajo, aproveché para formar un Laboratorio en la Facultad de Ingeniería para trabajar sobre aplicaciones web, en el cual investigamos .NET, J2EE, y otras alternativas más livianas, además de estudiar mucho sobre patrones de diseño macro y arquitecturas de despliegue.

A principios de 2003 tuve que realizar una decisión entre Java y .NET para el desarrollo de una aplicación web para una cámara empresaria, junto con otros dos colegas, y nos decidimos por .NET, un poco llevados por algunas facilidades que brindaba Microsoft en esos tiempos, y por el cliente.

Hoy me siento cómodo con ambas plataformas, aunque sigo dominando mejor a Java. C++ hoy me resulta difícil y un tanto críptico, y leo Pascal como si fuera un idioma extranjero, pero no me olvidé de lo aprendido en aquellos tiempos de principiante.

No soy el mayor referente en objetos de mi país, y tal vez ni siquiera en mi Facultad. Sólo me ha dado por escribir más que otros, y eso me ha convertido en un autor de éxito en el tema. Tampoco fui de los primeros, ya que en varias universidades del país existió gente que trabajó con objetos desde sus inicios. Simplemente, utilizando aquel concepto de los escolásticos medievales, soy un enano parado sobre los hombros de gigantes, y aprovecho para divulgar lo que aprendí de ellos y de otras fuentes.

Siempre me ha gustado escribir, tal vez porque soy un adicto a la lectura, pero no sólo por eso. Escribir me permite – y me obliga a – poner mis ideas en orden, y eso es algo a lo que yo le saco mucho partido. Además de que, obviamente, escribir me ayuda a llegar a gente que de otra manera no podría. Algo de razón tenían los escribas sumerios, que se consideraban a sí mismos como interlocutores no presenciales de gente de tierras y tiempos lejanos. Es así que he escrito mucho, aunque no todo lo he publicado. Y no me refiero sólo a la informática...

Casi por lo mismo enseño. Me gusta aprender enseñando. Y me gusta contar lo que sé para que otros lo aprovechen. Enseñar es una pasión que me cuesta explicar.

En el tema de desarrollo de software hace poco más de veinte años que enseño y escribo, y mucha gente ha aprendido con mis publicaciones, mientras algunos miles han tenido que padecerme en el aula. Precisamente los comentarios elogiosos sobre las mismas me ayudaron a seguir escribiendo, a pesar del enorme esfuerzo que requiere (y que pocos conocen hasta que tienen que hacerlo).

Por lo tanto, este libro no es una sorpresa. Tal vez lo raro sea que en todos estos años – casi cuatro – desde la publicación de mi último libro, no haya podido terminar ninguno. Empecé una nueva edición del libro de Java y UML, y la abandoné. Inicié un libro de C#, pero no llegué a concretarlo. Traté de escribir un libro de divulgación sobre desarrollo de software, y no lo pude publicar. Hasta que decidí que era hora de sacar una nueva edición del libro de 2003 sobre programación orientada a objetos.

Y aquí está en sus manos. ¿No se nota? Puede ser... Lo que ocurre es que cada vez que empiezo a escribir un libro, termino con uno distinto. Y esta no es la excepción: se ha convertido en un libro de programación y diseño.

En esta obra he pretendido volcar también parte de mi experiencia de estos últimos años. Gracias a la crisis argentina, entre 2000 y 2005 trabajé en una *puntocom*, un banco internacional, hice consultoría en forma independiente, pasé por una repartición informática del estado y hoy soy gerente de ingeniería de software en una empresa informática. Me ha tocado auditar proyectos de otros, he liderado equipos de desarrollo, he llevado adelante planes y proyectos de capacitación para cientos de personas y he gerenciado una *software factory*.

La experiencia obtenida por esta inestabilidad, sin quererlo, ha sido mucha, variada y enriquecedora. Y hoy puedo usarla en mi trabajo actual y transmitirla a otros.

Espero que este libro te sirva, querido lector, para que puedas aprovecharte de lo que aprendí en estos años. Con esta base, creo que podrás avanzar hacia nuevos horizontes. Y si ya has tenido la suerte de conocer el paradigma de objetos, mucho de lo que está aquí te servirá para mejorar.

Uno de los desafíos más grandes que tuve que enfrentar al intentar explicar objetos a personas que vienen de otros paradigmas, es el del cambio de manera de pensar las soluciones a los problemas. Muchas personas me han dicho que lo que más les cuesta es "pensar en objetos", poder encarar la solución de problemas desde la óptica de este paradigma.

Y lo cierto es que no es tan sencillo como parece al principio. Muchas personas que llegan por primera vez a técnicas y lenguajes orientados a objetos, tienden a intentar traducir conceptos desde el paradigma que mejor dominan. Si bien esto es un buen plan a nivel macro, puede ser una muy mala idea cuando nos adentramos en los detalles. Por eso hay mucha gente que ha abogado por olvidarse de todo lo sabido de desarrollo de software antes de encarar la orientación a objetos. Mi sensación es que ni un extremo ni el otro son buenos.

Por suerte para quien me lee, yo ya tuve que hacer esa transición: me encontré con los mismos problemas, cometí los errores más comunes, y aprendí a las sacudidas. Mi intención con este libro es que el lector se golpee menos que yo.

Es mi opinión que la mejor manera de avanzar de un paradigma a otro es estudiarlo bastante y luego aplicarlo. Errores se van a cometer, pero de a poco iremos aprendiendo.

El libro que el lector tiene en sus manos es para ser leído con tranquilidad, y por lo tanto no me gustaría que se quede con la idea de que la lectura de un primer capítulo corto va a resolver todas sus dudas. Pero para evitar que caiga en errores comunes de traducción de paradigmas, voy a comenzar el libro planteando un problema, y viendo – muy a vuelo de pájaro – la manera de resolverlo.

Este mismo ejercicio lo he resuelto en forma parcial en uno de los últimos capítulos del libro. Se trata de una aplicación de simulación.

Bien, veamos el problema.

El rector de un colegio secundario tiene la siguiente inquietud: quiere construir un programa que simule el comportamiento del sistema solar, de modo que el estudio del funcionamiento de la aplicación le sirva tanto al profesor de Física como al de Informática, y que a fin de año se pueda mostrar en la feria de ciencias, como un logro del colegio.

Desea que la aplicación sea de interfaz de usuario gráfica, aunque con poca interacción, y que permita ver el sistema solar desde más de un lugar: desde el centro del sol, desde la tierra y desde un lugar por encima del plano en que están los planetas[3]. Punto.

¿Poca información? En general, un planteo preliminar por parte de un usuario o cliente no suele ser mucho más que esto. Con él vamos a tratar de razonar un poco.

¿Cómo construimos la aplicación?

Bueno, necesitamos un proceso que ubique los astros en una primera posición, que luego de un intervalo les calcule sus nuevas posiciones, que los dibuje, y todo eso en un ciclo que se realice mientras el usuario no decida terminar la ejecución…

¡Un momento! ¡Eso es trabajar en forma procedimental! No es auténtica orientación a objetos. Estamos pensando en procesos, no en objetos.

[3] Todos los planetas del sistema solar se mueven sobre el mismo plano, que incluye al Sol, a excepción de Urano, cuya órbita es levemente oblicua.

El lector me dirá: ¿Y eso es malo? En realidad, no. De hecho, durante mucho tiempo los problemas se resolvieron así. Y hay muchos tipos de aplicaciones que es mejor construirlas en forma procedimental que con objetos. Pero las aplicaciones de simulación, en las cuales hay una lógica relativamente compleja, separable esta última de la vista del usuario, es mejor construirlas con programación orientada a objetos.

¿Y eso cómo es? Bueno, la respuesta fácil, pero inaceptable para los ansiosos, es: lean el libro. Sin embargo, puedo aventurar una respuesta breve, si el lector me promete seguir leyendo los capítulos que siguen para entenderla mejor. Ahí vamos…

Una perspectiva orientada a objetos parte de pensar cuáles son las entidades del dominio del problema. Un diseñador experimentado descubriría que una simulación del sistema solar necesita lidiar con entidades como estrellas, planetas, satélites, cometas, etc.

Una vez que descubrimos las entidades, deberíamos poder definir su comportamiento, es decir, las respuestas que esas entidades tendrán frente a estímulos externos. Por ejemplo, todos los cuerpos celestes se mueven obedeciendo a leyes físicas, como las de Newton y la de gravitación. Las respuestas a esas leyes serán funciones que debemos incluir en nuestras entidades, en forma de código de un lenguaje de programación. Los astros tendrán que ser dibujados también, y para ello necesitamos contar con funciones que hagan los dibujos en pantalla, que en principio podemos suponer que son también parte de las entidades en cuestión. Pero lo que probablemente ocurra es que, mientras nuestros cuerpos celestes se mueven en tres dimensiones, las representaciones gráficas se harán en pantallas de dos dimensiones. Por lo tanto, habrá que incluir funciones de transformaciones de coordenadas.

¿Y cómo hacemos para que todo esto funcione? No se ve un lugar por donde comience la ejecución… Así es: el programa principal – o como se llame – no suele existir de forma clara en la programación orientada a objetos.

De hecho, lo que tenemos son un conjunto de objetos, nuestras entidades – cuerpos celestes, o como las queramos llamar – que interactúan unas con otras. Por lo tanto, lo que necesitamos es alguna entidad controlante, que puede ser un objeto aplicación, o *controlador*, como lo llamaremos en otro lado, que invocará las funciones que necesite en los cuerpos celestes, para que éstos actualicen sus velocidades, posiciones y demás. A su vez, les pedirá que se dibujen en pantalla, llamando otras funciones, y esto cada intervalos de tiempo predefinidos. Cuando el usuario quiera dar por terminada la simulación, este objeto controlador llamará alguna función que guarde el estado de la aplicación en un repositorio de datos.

Bueno, bienvenido a la orientación a objetos. Detalles más, detalles menos, así es como se construye una aplicación siguiendo este paradigma.

Por supuesto, hay muchas cosas que aprender. Descubriremos que todos los cuerpos celestes tienen cosas en común, y no deseamos repetir funciones que son iguales en todos ellos. Para manejar esto hay una técnica que se llama herencia. Asimismo, puede que descubramos que hay objetos compuestos por otros, y que pueden pedirles a esos objetos que ejecuten funciones por ellos, mediante el mecanismo conocido como delegación. También aprenderemos que no es una buena idea que la lógica funcional, las transformaciones de coordenadas, la exhibición de dibujos en pantalla y la persistencia de los datos en medios de almacenamiento, estén todas en las mismas entidades.

Pero para todo eso, hay mucho por leer… ¿Avanzamos?

2. Introducción a los lenguajes C++, Java y C# y a la notación UML

Un lenguaje adecuado de computación, además de proporcionar un medio de control de una computadora, ofrece un nuevo y poderoso lenguaje descriptivo del pensamiento.
Horacio Reggini[4]

Este libro no fue escrito para gente que ya supiera los lenguajes que vamos a estudiar. Y como pretendo que nos centremos en los conceptos de la orientación a objetos, es conveniente que hagamos una pasada rápida por la sintaxis de los lenguajes.

También resulta de interés que el lector pueda entender algo de la historia de los lenguajes, y en el caso de Java y C#, conocer aspectos importantes de las plataformas que los sustentan, y sin las cuales no tienen sentido. Esto permitirá comprender mejor el por qué de muchas decisiones de diseño de los mismos que iremos viendo a lo largo del libro.

Finalmente, y en el mismo sentido, explicaré algunos de los fundamentos de UML y del modelado, para el lego en estas cuestiones.

Esos son los objetivos de este capítulo.

Sintaxis básica de C++, Java y C#

Los lenguajes derivados de C

En C y sus derivados, *las mayúsculas y minúsculas se interpretan como letras distintas* en los nombres y palabras reservadas. Esto hace que una variable de nombre *IVA* sea distinta de otras con nombre *iva* o *Iva*.

Cuando se quiere incluir comentarios en el código, se hace precediéndolo de una doble barra, lo que implica que el comentario se termina al final de la línea, o entre delimitadores /* y */, como se muestra a continuación:

```
// este es un comentario que termina al final de la línea
/* este es un comentario
                    de varias líneas */
```

Cada bloque de código está delimitado por llaves, como en el ejemplo:

```
{       x = 5;
        y = x;
}
```

[4] Alas para la mente, Galápago, 1986.

Ambas líneas muestran asignaciones.

La declaración de una variable se hace colocando el tipo seguido del nombre, y opcionalmente se le puede asignar un valor inicial, como se muestra a continuación:

```
int x;          // x es una variable entera
int y = 0;      // y es una variable entera con valor inicial 0
```

En general, los lenguajes derivados de C permiten hacer conversiones de tipos implícitas y explícitas, aunque con distintas reglas en cada lenguaje.

Por ejemplo, la siguiente conversión es implícita y no hace falta especificarla:

```
int m = 2;
double x = m;       // conversión de int a double
```

En otros casos, cuando puede no ser seguro poder convertir de un tipo a otro, la conversión debe ser explícita, como en el ejemplo que sigue:

```
int m = 2;
char c = (char)m;           // conversión de int a char, explícita con el operador (char)
```

Los operadores numéricos son los habituales para realizar sumas, restas, multiplicaciones y divisiones, más las comparaciones. Además, para los enteros, existe un operador / que realiza la división entera y uno % que devuelve el resto de la misma.

Los operadores de comparación de igualdad y desigualdad se escriben == y !=.

A los tipos enteros también se les pueden aplicar operadores de manejo de bits, que son:

Operador	Significado
&	and bit a bit
|	or bit a bit
^	or exclusivo (xor) bit a bit
~	complemento bit a bit
<<n	desplazamiento a izquierda de n bits
>>n	desplazamiento a derecha de n bits

Como se vio en los ejemplos anteriores, una asignación se hace mediante el signo =. Adicionalmente, toda expresión del tipo *X* = *X* # *Y*, se puede escribir también como *X* #= *Y*. Por ejemplo, en vez de escribir:

```
k = k * 3; j = j + 5;
```

Podemos escribir:

```
k *= 3; j += 5;
```

En el caso particular de la suma y la resta, existen los operadores ++ y --, de modo que las expresiones:

```
k = k - 1; j = j + 1;
```

Se pueden reemplazar por:

```
k--; j++;
```

Así como se pueden escribir expresiones del tipo *v++* y *v--*, existen también *++v* y *--v*, residiendo su diferencia en el momento en que se evalúa la expresión que la contiene (antes o después de alterar el contenido de la variable). Ver el siguiente ejemplo y sus comentarios:

```
int k = 3;
int m1 = k++;          // m1 == 3, k == 4
int m2 = ++k;          // m2 == 4, k == 4
```

En general no haremos uso de estos efectos colaterales.

Todo valor entero se representa como una sucesión de dígitos con o sin signo y sin punto decimal. Si se quiere representar una constante entera en sistema octal, ésta comenzará con 0 y tendrá sólo dígitos del 0 al 7 (por ejemplo, 01642). Para representar constantes hexadecimales, se colocará al comienzo de la cadena de dígitos *0X* y tendrá dígitos del 0 al 9 y letras de la A a la F (por ejemplo, 0X2D6).

Si se quiere que una constante entera se almacene en forma de entero largo (*long int*), se colocará una *L* luego de la cadena de dígitos (por ejemplo, 129874L).

En C existen estructuras de selección e iteración como en la mayoría de los lenguajes.

El ciclo con condición a la entrada verifica la condición de permanencia antes de ejecutar el código del mismo, como en el ejemplo que sigue:

```
int i = 0;
while (i < 10) {
        s += v[i];
        i++;
}
```

El ciclo con condición a la salida verifica la condición de permanencia después de haber ejecutado el ciclo, como en el ejemplo que se muestra:

```
do
        j++;
while (j < 5);
```

Existe también el llamado ciclo *for*, de semántica bastante diferente a los lenguajes que no derivan de C. Por ejemplo, la siguiente secuencia:

```
for (int i = 0; i < 10; i++)
        s += v[i];
```

Tiene el mismo significado que el ciclo *while* mostrado poco más arriba.

La selección con dos salidas se hace con la sentencia *if*, como sigue:

```
if (a > b)
        mayor = a;   // observemos el punto y coma antes del "else"
else
        mayor = b;
```

La parte *else* puede omitirse.

También hay una sentencia de selección múltiple. A continuación se muestra un ejemplo:

```
switch (num) {
   case 1 :
        s = "uno";
        break;
   case 2 :
        s = "dos";
        break;
   case 3 :
        s = "tres";
        break;
   default:
        s = "otro";
}
```

La sentencia *break* es necesaria para evitar que se ejecuten las acciones en cascada.

La sentencia *break* se puede usar de la misma manera para salir en forma forzada de ciclos. Un *break* tiene el efecto de salir del ciclo y seguir en la siguiente sentencia del programa. A continuación se muestra un ejemplo en el cual, si *k* toma el valor 0, se termina abruptamente el ciclo:

```
while (k < 20)
{       k = x[k];
        if (k == 0) break;
        s += k;
}
```

Existe una sentencia *continue* que tiene el efecto de saltar al comienzo del ciclo. Ver el ejemplo siguiente, en el cual si *k* toma el valor 0 no se ejecuta la última línea, pero se sigue en el ciclo:

```
while (k < 20)
{  k = x[k];
        if (k == 0) continue;
        s += k;
}
```

Existe una expresión condicional que tiene la forma:

```
<expresión1> ? <expresión2> : <expresión3>;
```

Cuyo significado es: si la *<expresión1>* es verdadera se ejecuta la *<expresión2>*, ejecutándose la *<expresión3>* en caso contrario. Por lo tanto, se puede escribir:

```
n < 20? n++ : n-- ;
```

Y es equivalente a:

```
if (n < 20)
        n++
else n--;
```

Una serie de acciones que se deben efectuar en la misma sentencia de programa se pueden separar por comas. Por ejemplo, un ciclo *for* para ver si una cadena es palíndromo (capicúa) se podría escribir:

```
bool capicua = true;  // en Java bool se llama boolean
for (int ini = 0, int fin = n; ini<fin && capicua ;ini++ ,fin--)
        capicua = (s[ini] == s[fin]);
```

Los operadores lógicos *and*, *or* y *not* de otros lenguajes de programación se escriben &&, || y !, respectivamente. Siempre se evalúa la primer condición antes de un && o un ||, evaluándose la segunda sólo si fuera necesario.

En C todos los subprogramas se denominan funciones, devuelvan o no un valor. Las funciones pueden ser recursivas.

Una función se invoca de la forma habitual en los lenguajes de programación. Por ejemplo, el siguiente fragmento de código llama primero una función con dos argumentos y luego a otra con ninguno:

```
p (2, 3); q( );
```

Es importante destacar que se debe colocar un par de paréntesis vacíos en las llamadas a funciones sin parámetros. Las funciones recientes no devolvían resultados. Si tuvieran que devolver un valor, se las usará en una expresión:

```
x = f (5);
```

Cuando se llama a una función, aun cuando ésta devuelva un valor, se puede no usar el mismo. Por ejemplo, la misma función anterior pudo haberse invocado:

```
f(5);
```

Esto sólo tiene sentido si la función realiza alguna tarea más que la simple devolución del valor. Por eso no es raro que a esto se lo llame usar una función por sus *efectos colaterales*. A mi juicio, es un legado indeseable de la notación del lenguaje C, que hay que evitar[5].

---

[5] Los únicos casos en que no podrá evitarse será cuando se usen funciones predefinidas de las que necesitemos de los efectos colaterales.

El encabezamiento de una función debe indicar el tipo del resultado y la lista de parámetros con sus tipos.

El tipo del argumento que se pasa en la llamada a una función debe ser el mismo que el tipo del parámetro, o tal que admita una conversión implícita. En caso contrario, se deberá hacer una conversión explícita.

Las funciones utilizadas más arriba se podrían haber declarado (el uso de *Console.WriteLine* es propio de C#[6]):

```
void p (int n, int m) {
        Console.WriteLine (n * m);              // no es necesario poner un "return"
}

void q ( ) {
        Console.WriteLine ("Hola a todos");
        return;                                 // si se pone un "return" debe estar vacío
}

double f (int n) {
   return (n * 3.14159);                        // aquí el uso de return es obligatorio
}
```

Los derivados de C que soportan el paradigma de objetos, permiten que una función tenga el mismo nombre que otras, con la condición de que tengan distinta cantidad de parámetros o éstos sean de tipos distintos. Es una característica que permite definir diferentes implementaciones para la misma operación. Este concepto se denomina **sobrecarga**.

Por ejemplo, podemos escribir distintas funciones de potenciación en una biblioteca de funciones aritméticas:

```
double Potencia (double x, int n) {
            // cuerpo de la función
}

int Potencia (int m, int n) {
            // cuerpo de la función
}
double Potencia (double x, double y) {
            // cuerpo de la función
}

// double Potencia (int m, int n)
        // sería inválido porque difiere sólo en el tipo devuelto
```

Hay quienes dicen que la sobrecarga no resuelve problemas reales, y citan ejemplos tales como el querer inicializar un punto en dos dimensiones. Si decidimos escribir un método inicializador para coordenadas cartesianas y otro para polares, no vamos a poder utilizar sobrecarga, pues en ambos casos precisaríamos dos parámetros reales. Y en este caso tienen razón. Sin embargo, en otros casos es útil.

Lo único con lo que hay que tener cuidado es con las conversiones de tipos que cada lenguaje realiza en forma automática, y que puede dar lugar a que se invoquen funciones sobrecargadas que no sean las deseadas por el programador. Tal

[6] En Java se debería usar *System.out.println* y en C++ el operador *cout*.

vez una buena idea sea utilizar sobrecarga distinguiendo solamente por la cantidad de los parámetros, y no por los tipos.

Los tres lenguajes derivados de C sobre los que vamos a trabajar permiten definir también funciones con número variable de parámetros, pero como la sintaxis es bastante diferente en cada uno, lo veremos en cada caso por separado. Por razones de claridad para los clientes, se recomienda no sobrecargar métodos que tengan un número variable de parámetros.

C++

La estructura de un programa C++ es muy libre, y por lo tanto, compleja. Un mismo programa puede estar dividido en muchos archivos, que se incluyen con directivas *#include*, y las variables, constantes y funciones pueden estar declaradas externamente a los lugares en los que se las usa. Sin embargo, en este libro haré un uso uniforme y coherente de estas posibilidades, y esto es lo que describiremos en este ítem.

Los elementos comunes de C y C++ ya los hemos visto en el ítem anterior, así que ahora nos concentraremos en las diferencias.

Cuando en un archivo C++ queremos incluir otro archivo para que se compile junto con él, se utiliza la directiva del preprocesador *#include*, como en los ejemplos:

```
#include <iostream.h>
#include <math.h>
```

La primera incluye la biblioteca estándar de entrada y salida, mientras la segunda incluye la biblioteca estándar de funciones matemáticas.

La asignación en C++ tiene el mismo significado que en Pascal, C o Visual Basic, aunque diferente al de la asignación en Java o C#. La operación:

```
a = b;
```

Tiene como efecto tomar el valor a la derecha del signo = y dárselo a la variable de la izquierda. Luego de ello, las variables *a* y *b* siguen con su existencia independiente.

Sin embargo, esto no es así en el caso de los arreglos. Si *a* y *b* fuesen arreglos, la asignación anterior se haría por referencia, ya que en C++, cuando decimos *a* nos referimos a una referencia al primer elemento de *a*, y *b* es una referencia al primer elemento de *b*. Por eso, si *a* y *b* fuesen arreglos, la asignación anterior haría equivalentes a *a* y *b* a partir de la misma. Ya volveremos sobre esto en el capítulo de colecciones.

A continuación se muestra una lectura de una línea que se pasa a una cadena de caracteres (de tipo *string*), y luego la escritura de ese valor:

```
string s;
cin >> s;
cout << s << endl;
```

El uso de *cin* y *cout* es uniforme para muchos tipos de datos de C++.

Una constante se define precediéndola de la palabra *const*, como sigue:

```
const int cero = 0;
```

Los programadores que manejen C deben conocer el famoso preprocesador de C, que corre antes de la compilación y permite definir compilaciones condicionales, constantes y demás. Como C++ mantiene compatibilidad hacia atrás con C, el preprocesador de C es parte del lenguaje, aunque sus usos necesarios han quedado bastante reducidos.

Así, se usa *#include* para definir archivos de inclusión, y se pueden definir directivas de compilación con *#define*, *#if*, *#ifdef*. Sin embargo, la definición de constantes y de macros no tiene sentido en C++, debido a la existencia de la declaración *const* y las funciones en línea. Incluso es cada vez menor la inclusión de archivos, reemplazándose gradualmente por el uso de los espacios de nombres.

Hay una serie de tipos básicos en C++. A continuación se muestra un cuadro con dichos tipos, el tamaño de sus datos en bits, sus valores mínimo y máximo y los operadores que se le aplican. Tanto el tamaño como los valores son dependientes de la implementación, pero los que figuran aquí son los valores más usados.

Tipo	Tamaño	Mínimo	Máximo	Operadores
bool	8	false[7]	true	Lógicos
char	16	ASCII 0	ASCII 255	Numéricos
short short int	16	-2^{15} (-32768)	$2^{15} - 1$ (32767)	Numéricos
long long int	64	-2^{63} ($\sim 9.22 * 10^{18}$)	$2^{63} - 1$ ($\sim 9.22 * 10^{18}$)	Numéricos
int	32	-2^{31} ($\sim 2.15 * 10^{9}$)	$2^{31} - 1$ ($\sim 2.15 * 10^{9}$)	Numéricos
float	32	$\sim 10^{-38}$	$\sim 10^{+38}$	Numéricos
double	64	$\sim 10^{-308}$	$\sim 10^{+308}$	Numéricos
long double	80	$\sim 10^{-4932}$	$\sim 10^{+4932}$	Numéricos
void	N/A	N/A	N/A	N/A

El tipo *bool* admite solamente los valores *true* y *false*, aunque puede tomar también valores numéricos. El cero equivale a *false* y todos los demás a *true*. Todas las condiciones lógicas tienen como resultado *true* o *false*, o 1 y 0, pero donde se coloca una condición lógica (por ejemplo, en un *if* o un *while*) se puede colocar cualquier valor entero, y se evaluará si es o no cero. No obstante, no conviene hacer uso de esta facultad por cuestiones de claridad: consideremos una mala práctica trabajar con valores enteros para variables *bool*.

El tipo *char* se usa para representar caracteres ASCII. También se lo puede tratar como un entero *short*, y se le aplican los mismos operadores. Esta vinculación del tipo *char* y los tipos enteros es indicadora de un mal diseño, derivado de C, y muy vinculado a cuestiones de bajo nivel.

Los tipos enteros – incluido *char* – pueden ser precedidos de un modificador *unsigned*, para indicar que son enteros sin signo (cero o positivos).

En el caso de los tipos reales, los mínimos que figuran en la tabla no son realmente mínimos, sino el menor valor positivo que se puede representar. Asimismo, es de destacar que otra diferencia fundamental entre estos tipos viene dada por la precisión que permiten.

El tipo *void* no es un tipo per se, y se utiliza para indicar que algo no tiene tipo. Por ejemplo, para indicar que una función no devuelve un resultado, se le indica

[7] En realidad, C++ no define que *false* sea menor que *true*. Se los ha escrito así sólo por comodidad.

que devuelve un *void*.

En C++ también se manejan punteros, y como nos van a ser necesarios en ocasiones, los voy a analizar. Sin embargo, les he dedicado un apartado especial a los mismos, porque no los considero algo tan "básico" como para ponerlo aquí.

En C++ hay un operador *sizeof*, como el de C, que devuelve el tamaño en bytes de una variable o tipo. Se suele usar para poder saber el tamaño de un tipo en una plataforma. Sin embargo, no es recomendable su uso salvo en aplicaciones de bajo nivel.

Antes de evaluar una expresión entera (incluidas las expresiones con valores *char* o enumerados), se convierten todos los operandos a *long int* si hay algún operando *long int*, a *unsigned int* si hay un operando *unsigned int* y no hay uno *long int* y a *int* si no hay operandos *long int* ni *unsigned int*.

A continuación se muestra un resumen de las promociones válidas entre tipos primitivos:

Tipo primitivo	**Se puede promocionar implícitamente a:**
long double	Ninguno
double	long double
float	double, long double
long, unsigned long	float, double, long double
int, unsigned int	long, unsigned long, float, double, long double
char, unsigned char	int, unsigned int, long, unsigned long, float, double, long double
short, unsigned short	int, unsigned int, long, unsigned long, float, double, long double
bool	short, unsigned short, int, unsigned int, long, unsigned long

Por todo esto, en este libro preferí quedarme con los tipos *int* y *double* para trabajar con números. De todas maneras, tengamos en cuenta que en los elementos de los arreglos se puede ahorrar bastante espacio de almacenamiento con los tipos más restringidos.

Otra cuestión de cuidado en C++ es que la conversión entre distintos tipos numéricos es automática e implícita. Casi ningún compilador advertirá si se asigna un real a un entero o un entero largo a uno corto. Ni siquiera en tiempo de ejecución ocurrirán errores, sino que los valores se truncarán según sea necesario.

En C++ existe la sentencia de ruptura incondicional de control, más conocida como *goto*. En este libro no voy a utilizar el *goto*, que la mayor parte de las veces puede reemplazarse con un *break*, un *continue* o un *return*.

En funciones, si a un parámetro se lo declara *const*, la función no podrá cambiar su valor. No obstante, lo usual es no colocar *const* en los parámetros por valor, ya que de todas maneras la función no los podrá alterar.

Todo uso de la palabra *const* provee claridad a nuestros programas, además de incentivar optimizaciones del compilador. Por eso haremos un uso abundante en este libro.

C++ permite definir funciones con una cantidad variable de parámetros por la vía de parámetros con valores por defecto. Por ejemplo, la declaración:

```
void r (double x, int n = 0) { ... }
```

Indica que *r* debe ser llamada con un primer argumento *double* y luego un posible argumento entero, que si se omite vale cero. En general no usaré esta característica.

C++ provee también parámetros por referencia, que se indican con un & a continuación del tipo, como en:

```
void swap (int& x, int& y) {
        int temp = x;
        x = y;
        y = temp;
}
```

En el paradigma de objetos no se utilizan mayormente parámetros por referencia, debido a una cuestión conceptual que analizaremos luego, y por eso no los utilizaré en este libro.

C++ exige que la función a ser invocada esté declarada antes de su invocación, sea porque se la define en forma completa, o porque se incluye un prototipo, que consiste en un encabezado de la misma, sin nombres, pero con tipos de los parámetros.

Un programa para ser utilizado en modo consola se escribe en un archivo con la siguiente estructura:

```
// ... directivas de inclusión de archivos
// ... otras directivas para el pre-procesador

        // ... variables y funciones

int main ( ) {
        // variables y otras declaraciones locales
        // ... cuerpo del programa
        return 0;
}
```

La existencia de una función *main* de tipo *int*, así como el *"return 0"* son recomendaciones para evitar problemas con los compiladores.

C++ permite definir macros, que pueden cumplir un rol similar a las funciones. Sin embargo, no aconsejo su uso por el lector. Por ejemplo, parecería que alguna de las dos definiciones siguientes serviría para definir una macro que calcule el cubo de un valor numérico:

```
        #define cubo1(x) x*x*x
        #define cubo2(x) (x)*(x)*(x)
```

Sin embargo, debido a las reglas de precedencia de C++, si en el lugar de *x* ponemos una expresión, ninguna de las dos versiones va a funcionar bien. La única totalmente segura es:

```
#define cubo(x) ((x)*(x)*(x))
```

Por eso, no voy a utilizar macros, que son un resabio de C, sino – en todo caso – funciones en línea, y ni siquiera demasiado.

Java

La estructura de un programa Java es muy funcional a su carácter de lenguaje orientado a objetos, por lo que no podemos estudiar todos los elementos de sintaxis aquí. Sin embargo, veremos los aspectos principales, en lo que agregan a la sintaxis de C ya introducida.

La asignación en Java puede tener efectos sorprendentes sobre personas que provengan de otros lenguajes. En efecto, la operación:

```
a = b;
```

Tiene como efecto, en los tipos primitivos, el de tomar el valor a la derecha del signo = y dárselo a la variable de la izquierda. Luego de ello, las variables *a* y *b* siguen con su existencia independiente. Esto es lo que espera un programador Pascal, C o Visual Basic.

Sin embargo, en Java, si el tipo de *a* y *b* fuera una clase (veremos clases más adelante), la asignación recién escrita provoca la vinculación de *a* y *b*, de modo que de allí en más todo cambio en *a* se va a ver en *b*, y viceversa. Esto es algo que analizaremos más adelante.

A continuación se muestra una lectura de una línea que se pasa a una cadena de caracteres (de tipo *String*), y luego la escritura de ese valor:

```
try {
   String s = stdin.readLine( );
}
catch (IOException e) {
   system.out.println("Error de lectura");
}
System.out.println(s);
```

Si se desea leer un dato de otro tipo, se lo debe convertir a posteriori, mientras que la impresión se puede hacer con el *println* para cualquier tipo de dato.

Bastante complejo, ¿no? No obstante, todo es aún más complejo y desagradable de lo que parece. Para que la línea de lectura funcione, habrá que haber declarado con anterioridad *stdin*, de la siguiente manera:

```
BufferedReader stdin = new BufferedReader (new InputStreamReader( System.in ) );
```

E importar las clases del paquete *java.io*.

Todo esto es una desagradable consecuencia del carácter de Java como lenguaje para construir componentes. Y si bien es cierto que es raro que una aplicación Java lea datos de teclado – yo no lo hice en ningún ejercicio – creo que los diseñadores del lenguaje podrían haber hecho un esfuerzo para facilitarla, ya que en pequeños programas de prueba suele ser útil. Y ni hablar en libros de enseñanza de programación.

Algo de toda esta notación críptica podrá ser entendida a medida que avancemos en la lectura del libro.

Una constante se define precediéndola de la palabra *final*, como sigue:

```
final int cero = 0;
```

Hay una serie de tipos primitivos en Java que no son objetos. A continuación se muestra un cuadro con dichos tipos, el tamaño de sus datos en bits, sus valores mínimo y máximo y los operadores que se le aplican:

Tipo	Tamaño	Mínimo	Máximo	Operadores
boolean	8	false[8]	true	lógicos
char	16	Unicode 0	Unicode 2^{16} - 1	N/A
byte	8	-128	127	numéricos
short	16	-2^{15} (-32768)	2^{15} - 1 (32767)	numéricos
int	32	-2^{31} (~2.15 * 10^9)	2^{31} – 1 (~2.15 * 10^9)	numéricos
long	64	-2^{63} (~9.22 * 10^{18})	2^{63} - 1 (~9.22 * 10^{18})	numéricos
float	32	IEEE 754 (~9.35 * 10^{11})	IEEE 754 (~4.28 * 10^{-12})	numéricos
double	64	IEEE 754 (~4.27 * 10^{92})	IEEE 754 (~9.37 * 10^{-92})	numéricos
void	N/A	N/A	N/A	N/A

El tipo *boolean* admite solamente los valores *true* y *false*, sin posibilidades de contener ceros o unos como ocurre en otros lenguajes. Todas las condiciones lógicas tienen como resultado *true* o *false*.

Para los que conozcan C es importante recalcar que, dado que en Java existe un tipo booleano, la verdad o falsedad de una condición no se obtiene de comparar con 0, sino de evaluar la condición en forma lógica.

Los tipos *byte*, *short*, *int* y *long* son tipos de números enteros. En Java no existen tipos para manejar enteros sin signo. Los tipos *float* y *double* son tipos de números reales.

En el caso de los tipos reales, los mínimos no son realmente mínimos, sino el menor valor positivo que se puede representar. Asimismo, es de destacar que otra diferencia fundamental entre estos tipos viene dada por la precisión que permiten.

El tipo *char* se usa para representar caracteres Unicode, no ASCII como en otros lenguajes. También se lo puede tratar como un entero *short*, y se le aplican los mismos operadores. Esta vinculación del tipo *char* y los tipos enteros es indicadora de un mal diseño, derivado de C, y muy vinculado a cuestiones de bajo nivel.

El tipo *void* se utiliza para indicar que algo no tiene tipo. Por ejemplo, para indicar que una función no devuelve un resultado (usando terminología de otros lenguajes diríamos que es un procedimiento) se le indica que devuelve un *void*.

Hay una serie de convenciones y principios generales que gobiernan la forma de designar los literales de los diferentes tipos y las posibilidades de combinación de valores de tipos distintos en operaciones, que resumimos a continuación:

- Los literales enteros son de tipo *int* salvo que se diga lo contrario. Los literales reales son *double* por omisión.

[8] En realidad, Java no define que *false* sea menor que *true*. Se los ha escrito así sólo por comodidad.

- Para indicar que un literal es *long* se le coloca una L al final, los *float* terminan con F y los *double* con D.
- Está permitido asignar un valor de un tipo a otro tipo que lo contenga, pero no al revés, salvo que se use transformación de tipos.
- Cuando se quiera asignar un valor a una variable de un tipo que no contenga al del valor, sólo se podrá hacer si está en el rango de valores permitidos y mediante transformación de tipos.
- La conversión de tipos se hace mediante un operador de conversión, como en *int x = (int)(4L);*
- Cada vez que se mezclan operandos de distintos tipos, se promocionan los operadores al tipo más pequeño que los contenga.
- Se pueden representar literales octales y hexadecimales, precediéndolos de *0* y de *0X*.

Hay varios corolarios que se pueden extraer de los puntos anteriores. Para no enunciar principios difíciles de entender, hemos incluido el ejemplo que sigue, que es bastante ilustrativo:

```
int i = 4;                        // correcto: 4 es un int
long l = 4;                       // correcto: 4 es un int
// int j = 4L;                    // incorrecto: 4L es un long
int j = (int)4L;                  // correcto: se hizo una transformación de tipos
short k = 0;                      // correcto: los literales int se pueden asignar a tipos menores
// k = k + 1;                     // incorrecto: 1 es int, y k+1 se promociona a int antes de asignar
k = (short)(k + 1);               // correcto: se hizo una transformación de tipos
int n = k + 1;                    // correcto: 1 es int, y k+1 se promociona a int antes de asignar
short s = (short)(k + 45000);     // incorrecto: 95001 no cabe en un short
double x = i;                     // correcto: un int se asigna a cualquier tipo real
double y = l;                     // correcto: un long se asigna a cualquier tipo real
// int m = i + x;                 // incorrecto: i+x se promociona a double
int p = 3/5;                      // correcto: la división entre enteros siempre devuelve enteros
// int q = 3/5.0;                 // incorrecto: 3/5.0 se promociona a double
// float q = 3/5.0;               // incorrecto: 3/5.0 se promociona a double
double q = 3/5.0;                 // correcto: 3/5.0 se promociona a double
```

A continuación se muestra un resumen de las promociones válidas entre tipos primitivos:

Tipo primitivo	Se puede promocionar implícitamente a:
double	Ninguno
float	double
long	float, double
int	long, float, double
char	int, long, float, double
short	int, long, float, double
byte	short, int, long, float, double
boolean	Ninguno

Por todo esto, en este libro preferí quedarme con los tipos *int* y *double* para trabajar con números. De todas maneras, tengamos en cuenta que en los elementos de los arreglos se puede ahorrar bastante espacio de almacenamiento con los tipos más restringidos.

En funciones, si a un parámetro se lo declara *final*, la función no podrá cambiar su valor[9]. Para indicar el valor devuelto se hace mediante el mandato *return* seguido de una expresión, que obviamente no se usa si el tipo de la función es *void*.

Java permite definir funciones con una cantidad variable de parámetros. Por ejemplo, la declaración:

```
void r (String patron, Object ... parametros) { ... }
```

Indica que *r* puede ser llamada con varios argumentos, basándose en el patrón pasado como primer parámetro. La forma de usar esta propiedad conviene consultarla en la documentación de Java en línea. Dentro de la función, se trabaja con *parametros* como un arreglo normal o con varios objetos. En general no usaremos esta característica.

En los lenguajes auténticos de objetos, todo se declara dentro de un módulo denominado clase. Si bien veremos clases más adelante, digamos que un programa para ser utilizado en modo consola va a tener la siguiente estructura:

```
public class NombrePrograma {

  // ... variables y funciones

  public static void main (String [ ] p) {
      // ... cuerpo del programa
  }

}
```

Las variables y funciones dentro del programa se podrán declarar anteponiéndoles la palabra *static*. La existencia de una función *main* con las directivas *public* y *static*, más un parámetro de tipo arreglo de *String*, es obligatoria.

C#

La estructura de un programa C# es muy funcional a su carácter de lenguaje orientado a objetos, por lo que no podemos estudiar todos los elementos de sintaxis aquí. Sin embargo, veremos los aspectos principales, en lo que agregan a la sintaxis de C ya introducida.

La asignación en C# puede tener efectos sorprendentes sobre personas que provengan de otros lenguajes. En efecto, la operación:

```
a = b;
```

Tiene como efecto tomar el valor a la derecha del signo = y dárselo a la variable de la izquierda. Luego de ello, las variables *a* y *b* siguen con su existencia independiente. Esto es lo que espera un programador Pascal, C o Visual Basic.

Sin embargo, en C#, si *a* y *b* fueran instancias de tipos por referencia (veremos tipos por valor y por referencia más adelante), la asignación recién escrita provoca la vinculación de *a* y *b*, de modo que de allí en más todo cambio en *a* se va a

[9] Y en el caso de que sea una referencia, no podrá modificar el valor almacenado en el dato referenciado.

ver en *b*, y viceversa. Esto es algo que analizaremos más adelante.

A continuación se muestra una lectura de una línea que se pasa a una cadena de caracteres (de tipo *string*), y luego la escritura de ese valor:

```
string s = System.Console.ReadLine( );
Console.WriteLine(s);
```

Si se desea leer un dato de otro tipo, se lo debe convertir a posteriori, mientras que la impresión se puede hacer con el *WriteLine* para cualquier tipo de dato.

Una constante se define precediéndola de la palabra *const*, como sigue:

```
const int cero = 0;
```

Existe la posibilidad de declarar objetos de sólo lectura, que son aquellos que sólo se les puede asignar valor una vez en tiempo de ejecución. Por ejemplo, si declaramos:

```
readonly int DNI;
```

La variable *DNI* puede tomar un valor más adelante, pero sólo una vez, comportándose como una constante de allí en más.

Los programadores que manejen C deben conocer el famoso preprocesador de C, que corre antes de la compilación y permite definir compilaciones condicionales, constantes y demás. En C#, si bien no hay un preprocesamiento en el mismo sentido, se definen las instrucciones tales como *#define*, *#if*, *#ifdef*, etc. Sin embargo, en general se desaconseja su uso, en parte porque C# provee facilidades superiores a las de C para cubrir esta funcionalidad, y en parte por los peligros de la compilación condicional.

Por lo tanto, las únicas directivas de este tipo que se utilizan en realidad son las *#region* y *#endregion*, que permiten manejar partes de archivos fuente a los editores de programas. El lector interesado puede recurrir a la documentación en línea de .NET y C# para investigar este tema.

Hay una serie de tipos primitivos en C# que no son objetos. A continuación se muestra un cuadro con dichos tipos, el tamaño de sus datos en bits, sus valores mínimo y máximo y los operadores que se le aplican. Nótese que los tipos tienen un nombre en .NET, definido en el espacio de nombres *System*, que se traduce en una palabra reservada en C#. Ambos nombres pueden utilizarse, aunque se recomienda el segundo.

Tipo .NET (System.*)	Tipo C#	Tamaño	Mínimo	Máximo	Operadores
Boolean	bool	8	false[10]	true	Lógicos
Char	char	16	Unicode 0	Unicode 2^{16} - 1	N/A
SByte	sbyte	8	-128	127	Numéricos
Byte	byte	8	0	255	Numéricos
Int16	short	16	-2^{15} (-32768)	2^{15} - 1 (32767)	Numéricos
UInt16	ushort	16	0	2^{16} - 1 (65535)	Numéricos
Int32	int	32	-2^{31} ($\sim 2.15 * 10^{9}$)	2^{31} – 1 ($\sim 2.15 * 10^{9}$)	Numéricos
UInt32	uint	32	0	2^{32} – 1 ($\sim 4.29 * 10^{9}$)	Numéricos
Int64	long	64	-2^{63} ($\sim 9.22 * 10^{18}$)	2^{63} - 1 ($\sim 9.22 * 10^{18}$)	Numéricos
UInt64	ulong	64	0	2^{64} - 1 ($\sim 1.84 * 10^{19}$)	Numéricos
Single	float	32	IEEE 754 ($\sim 9.35 * 10^{11}$)	IEEE 754 ($\sim 4.28 * 10^{-12}$)	Numéricos
Double	double	64	IEEE 754 ($\sim 4.27 * 10^{92}$)	IEEE 754 ($\sim 9.37 * 10^{-92}$)	Numéricos
Decimal	decimal	128	28 dígitos significativos	28 dígitos significativos	Numéricos
N/A	void	N/A	N/A	N/A	N/A

El tipo *bool* admite solamente los valores *true* y *false*, sin posibilidades de contener ceros o unos como ocurre en otros lenguajes. Todas las condiciones lógicas tienen como resultado *true* o *false*.

Para los que conozcan C es importante recalcar que, dado que en C# existe un tipo booleano, la verdad o falsedad de una condición no se obtiene de comparar con 0 sino de evaluar la condición en forma lógica.

Los tipos *byte*, *sbyte*, *short*, *ushort*, *int* , *uint*, *long* y *ulong*, son tipos de números enteros. Los que comienzan con la letra *u* – que significa "*unsigned*" o sin signo – son tipos de enteros positivos. Los tipos *float*, *double* y *decimal* son tipos de números reales.

En el caso de los tipos reales, los mínimos no son realmente mínimos, sino el menor valor positivo que se puede representar. Asimismo, es de destacar que otra diferencia fundamental entre estos tipos viene dada por la precisión que permiten.

El tipo *char* se usa para representar caracteres Unicode, no ASCII como en otros lenguajes. También se lo puede tratar como un entero *short*, y se le aplican los mismos operadores. Esta vinculación del tipo *char* y los tipos enteros es indicadora de un mal diseño, derivado de C, y muy vinculado a cuestiones de bajo nivel.

El tipo *void* no es un tipo per se, y se utiliza para indicar que algo no tiene tipo. Por ejemplo, para indicar que una función no devuelve un resultado (usando terminología de otros lenguajes diríamos que es un procedimiento) se le indica que devuelve un *void*.

En C# hay un operador *sizeof*, como el de C, que devuelve el tamaño en bytes de una variable o tipo. Sin embargo, su uso es innecesario para garantizar independencia de la plataforma, ya que .NET la garantiza per se, y además es considerado inseguro por los creadores de .NET.

Hay una serie de convenciones y principios generales que gobiernan la forma de designar los literales de los diferentes tipos y las posibilidades de combinación de valores de tipos distintos en operaciones, que resumimos a continuación:

- Los literales enteros son de tipo *int* salvo que se diga lo contrario. Los literales reales son *double* por omisión.

[10] En realidad, .NET no define que *false* sea menor que *true*. Se los ha escrito así sólo por comodidad.

- Para indicar que un literal es de un tipo sin signo se le pone una U al final. Los literales *long* terminan con L, los *float* con F y los *decimal* con M.
- Está permitido asignar un valor de un tipo a otro tipo que lo contenga, pero no al revés, salvo que se use transformación de tipos.
- Cuando se quiera asignar un valor a una variable de un tipo que no contenga al del valor, sólo se podrá hacer si está en el rango de valores permitidos y mediante transformación de tipos.
- La conversión de tipos se hace mediante un operador de conversión, como en *int x = (int)(4L);*
- Cada vez que se mezclan operandos de distintos tipos, se promocionan los operadores al tipo más pequeño que los contenga.
- La suma de un entero con signo y un entero sin signo se promociona siempre a *long*.
- Se pueden representar literales octales y hexadecimales, precediéndolos de *0* y de *0X*.

Hay varios corolarios que se pueden extraer de los puntos anteriores. Para no enunciar principios difíciles de entender, hemos incluido el ejemplo que sigue, que es bastante ilustrativo:

```
int i = 4;                        // correcto: 4 es un int
long l = 4;                       // correcto: 4 es un int
// int j = 4L;                    // incorrecto: 4L es un long
int j = (int)4L;                  // correcto: se hizo una transformación de tipos
short k = 0;                      // correcto: los literales int se pueden asignar a tipos menores
// k = k + 1;                     // incorrecto: 1 es int, y k+1 se promociona a int antes de asignar
k = (short)(k + 1);               // correcto: se hizo una transformación de tipos
int n = k + 1;                    // correcto: 1 es int, y k+1 se promociona a int antes de asignar
short s = (short)(k + 45000);     // incorrecto: 95001 no cabe en un short
double x = i;                     // correcto: un int se asigna a cualquier tipo real
double y = l;                     // correcto: un long se asigna a cualquier tipo real
// int m = i + x;                 // incorrecto: i+x se promociona a double
uint u = (uint)i;                 // correcto: se hizo una transformación de tipos
// int m = u + i;                 // incorrecto: u+i se promociona a long
long m = u + i;                   // correcto: u+i se promociona a long
int p = 3/5;                      // correcto: la división entre enteros siempre devuelve enteros
// int q = 3/5.0;                 // incorrecto: 3/5.0 se promociona a double
// float q = 3/5.0;               // incorrecto: 3/5.0 se promociona a double
double q = 3/5.0;                 // correcto: 3/5.0 se promociona a double
```

A continuación se muestra un resumen de las promociones válidas entre tipos primitivos:

Tipo primitivo	Se puede promocionar implícitamente a:
double	Ninguno
float	double
long, ulong	float, double
int, uint	long, ulong, float, double
char	int, long, ulong, float, double
short, ushort	int, long, ulong, float, double
sbyte, byte	short, ushort, int, long, ulong, float, double
bool	Ninguno

Por todo esto, en este libro preferí quedarme con los tipos *int* y *double* para trabajar con números. De todas maneras, tengamos en cuenta que en los elementos de los arreglos se puede ahorrar bastante espacio de almacenamiento con los tipos más restringidos.

En C#, siguiendo un principio de buen diseño del lenguaje, es obligatorio el uso de *break*, *goto* o *return* en sentencias *switch*, antes de otro *case* con acciones. Asimismo, C# no admite que haya alguna coincidencia entre los casos del *switch*. El valor a ser evaluado en un *switch* puede ser un entero, un *char* o una cadena de caracteres.

En C# existe la sentencia de ruptura incondicional de control, más conocida como *goto*. De todas maneras, el *goto* sólo se puede usar dentro de un mismo método para saltar a una acción con etiqueta. En este libro no utilizaré el *goto*, que la mayor parte de las veces puede reemplazarse con un *break*, un *continue* o un *return*.

C# permite definir funciones con una cantidad variable de parámetros. Por ejemplo, la declaración:

```
void r (double x, params int[ ] p) { ... }
```

Indica que *r* debe ser llamada con un primer argumento *double* y luego un número variable de parámetros *int*. Dentro de la función, se trabaja con *p* como un arreglo normal. En general no usaré esta característica.

C# provee también parámetros por referencia. Los hay de dos tipos, los marcados con *ref*, que necesitan llegar inicializados a la función respectiva, y los marcados con *out*, que por ser parámetros de salida pueden llegar sin estar inicializados. Por ejemplo, la siguiente función intercambia dos enteros:

```
public static void Swap (ref int x, ref int y) {
        int temp = x;
        x = y;
        y = temp;
}
```

En el paradigma de objetos no se utilizan mayormente parámetros por referencia, como veremos luego, y por eso no los utilizaré en este libro.

En los lenguajes auténticos de objetos, todo se declara dentro de un módulo denominado clase. Si bien veremos clases más adelante, digamos que un programa para ser utilizado en modo consola va a tener la siguiente estructura:

```
public class NombrePrograma {

    // ... variables y funciones

    public static void Main ( ) {
        // ... cuerpo del programa
    }

}
```

Las variables y funciones dentro del programa se podrán declarar anteponiéndoles la palabra *static*. La existencia de una función *Main* con las directivas *public* y *static* es obligatoria.

En C# se pueden utilizar punteros, pero no es nada sencillo. En primer lugar, el uso de punteros no es compatible con otros lenguajes de la plataforma .NET. Además, todo uso de punteros debe ser enmarcado por una región "insegura" y se debe compilar con una opción especial denominada *unsafe*. Y como en C# el CLR puede mover los bloques de memoria al recolectar basura, no tiene sentido guardar la dirección de memoria de una variable que pueda ser reubicada, por lo que si se la quiere referenciar desde un puntero debe declararse con el calificador *fixed*. Muchas condiciones para algo que Microsoft desaconseja...

El lenguaje C++

Un poco de historia

C++ es un sugestivo nombre para el sucesor de C, ¿no le parece? Empecemos entonces con C.

El lenguaje C fue diseñado por Dennis Ritchie en los Laboratorios Bell, para la construcción de software de base, como compiladores o sistemas operativos. Con este lenguaje fueron construidos, en su mayor parte, los sistemas operativos Unix, Linux y Windows, y gran cantidad de compiladores, software de servidores y otros. Se lo ha denominado "un Assembler estructurado", porque permite realizar las mismas tareas de un lenguaje de bajo nivel, en el marco de la programación estructurada y modular, de lo que resultan programas mucho más legibles.

C++ fue creado a mediados de la década de 1980 por Bjarne Stroustrup en los laboratorios Bell. Su idea fue mejorar a C, manteniendo la compatibilidad con éste, e introducir objetos – como ya lo habían intentado hacer Objective-C y C with Classes – más algunos otros paradigmas de programación.

Era la época en que se buscó llegar a los objetos desde otros paradigmas, con extensiones a lenguajes como Lisp, C, Ada y Pascal.

El resultado fue un lenguaje considerablemente complejo, difícil para programar, depurar y mantener programas, y no del todo orientado a objetos. Sin embargo, ha sido muy apreciado por quienes nos acercamos a los objetos por primera vez desde la programación estructurada[11]. Tal vez esta misma cualidad hizo que se lo adaptase para una cantidad de usos bastante más amplia que su predecesor, incluyendo aplicaciones comerciales. También se destaca su rendimiento en ejecución: por eso, es la elección indiscutible cuando deben programarse sistemas que precisen acceso al hardware o cuando el tiempo de cómputo sea crítico.

El problema principal de C++ es precisamente su herencia de C, un lenguaje que nunca fue muy amigable para programar. Y el mérito principal que ha tenido no es la pureza de su soporte de objetos, sino el haber servido de puente entre paradigmas. Esto lo logró en un momento de la historia en que el modelo de objetos estaba llamando la atención, pero a la vez no había suficiente cantidad de gente dispuesta a romper del todo con el exitoso paradigma estructurado.

---

[11] En mi caso, esa aproximación la hice a través de Object Pascal, pero C++ fue mi segundo lenguaje en la adopción del paradigma.

Problemas típicos de los programas C++

Hay muchos programadores que evitan tener que trabajar en C++. Y otros, que se consideran a sí mismos "verdaderos" programadores, adoran mostrarse como gurúes del lenguaje.

Lo cierto es que C++ es un lenguaje en el que se puede programar muy mal, pero eso no obliga a hacerlo.

Casi todos los "problemas" de C++ son derivados de su compatibilidad con C. Una de las tantas complicaciones del lenguaje es la aritmética de punteros, que hay que usar con cuidado, y sólo cuando sea necesario. Veremos punteros en el ítem siguiente.

El uso del operador *sizeof*, que cuando se utiliza inadecuadamente puede comprometer la portabilidad y extensibilidad de los programas, las transformaciones de tipos laxas, y la legibilidad de ciertas estructuras del lenguaje, también son problemas frecuentes.

Tal vez lo más adecuado sea evitar construcciones que no se entienden bien, o que el equipo de trabajo no maneja, escribir código lo más claro posible, y probar exhaustivamente los programas.

Punteros en C++ y su uso en este libro

En C y C++ se utilizan punteros con una profusión no vista en otros ambientes.

Un **puntero** es nada más que una variable cuyo contenido es una dirección de memoria, que a su vez puede contener otra variable con datos.

Por ejemplo, veamos el siguiente fragmento en C++, explicado en cada línea:

```
int x = 4;          // x es una variable entera a la que le asigno 4
int *p = NULL;      // p es un puntero a un entero, y por ahora no contiene nada
p = &x;             // p contiene la dirección de memoria del entero x
cout << *p;         // imprimo lo que contiene la dirección referenciada por p: 4
*p = 66;            // asigno 66, a *p, y por lo tanto también a x
cout << *p;         // se imprime 66
cout << x;          // también se imprime 66, porque x es lo mismo que *p
x = -8;             // asigno -8, a x, y por lo tanto también a *p
cout << *p;         // se imprime -8, porque x es lo mismo que *p
cout << x;          // se imprime -8
```

Sin embargo, hacer que un puntero referencie a una variable preexistente no es la única forma de utilizarlos. A veces deseamos crear una variable de manera dinámica y obtener el puntero que la referencia. Eso se logra mediante el operador *new*, como en el ejemplo:

```
int *p = NULL;
p = new int;
```

Ahora tenemos una variable entera referenciada por *p*, a la que sólo podemos acceder y usar por intermedio del puntero **p*. es decir, ahora será válido escribir:

```
*p = 22;
cout << p;
```

Los punteros – como cualquier otra variable de C++ – dejan de existir al salir el programa del ámbito en el cual están declarados. Por ejemplo, si un puntero fue declarado dentro de una función, se crea al entrar y se elimina al salir de la misma.

Sin embargo, esto no garantiza que la dirección de memoria referenciada por él quede disponible para ser usada. Para poder dejar disponible a la dirección referenciada por un puntero, debemos utilizar el operador *delete*, como sigue:

```
delete p;
p = NULL;
```

La segunda línea que mostramos no es obligatoria, pero es una buena práctica si queremos asegurarnos de no utilizar la variable referenciada **p* después de haber liberado su memoria, ya que ello daría lugar a errores bastante incómodos.

De todas maneras, tengamos en cuenta que sólo las variables a las que se les asignó memoria con *new* deben liberarse con *delete*, y dentro del mismo ámbito. De no ser así, cometeremos errores difíciles de recuperar.

Entre punteros, hay obligación de respetar las reglas de conversión de tipos. Por eso, se pueden asignar dos punteros a enteros, pero no un puntero a real a una variable cuyo tipo es puntero a entero.

C++ es mucho más rico en el uso de punteros de lo que vimos aquí, y eso se debe especialmente a su condición de lenguaje apto para escribir aplicaciones de bajo nivel. Por ejemplo, en C++ se puede hacer aritmética de punteros, sumando y restando sus valores, o también podemos combinar punteros con arreglos y cadenas de caracteres.

No obstante, el uso que haré en este libro es bien simple. Scy alérgico a la aritmética de punteros, a los usos complicados de los mismos, y especialmente a los horrores de programación derivados del mal uso de punteros.

Por lo tanto, voy a usar punteros toda vez que necesite enlazar objetos en estructuras complejas y dinámicas, pero nada más. Y nada menos...

LENGUAJES Y PLATAFORMAS MODERNOS

Hacc unos diez años, o un poco más, se planteó la necesidad de contar con un lenguaje que tuviera las siguientes características:

- Multiplataforma sin necesidad de recompilación.
- Orientado a objetos.
- Que permita construir aplicaciones rápidamente.
- Que ocultase al programador las cuestiones de bajo nivel, como el manejo de memoria.
- Que permitiera la mayor seguridad posible en tiempo de compilación, sin descuidar los chequeos en tiempo de ejecución.
- Que contase con una biblioteca de clases rica y suficiente para todo tipo de aplicaciones.
- Centrado en facilitar la programación basada en el dominio del problema.

Así nació Java en 1996, y con los mismos objetivos vino al mundo C# en 2002.

El modelo de traducción en dos pasos

Dos de los lenguajes sobre los que vamos a trabajar trabajan con un esquema de traducción en dos pasos. Eso ha llevado a que muchos detractores digan que se trata de lenguajes interpretados, cuando las empresas y organizaciones que los apadrinan sostienen lo contrario. Lo cierto es que es un modelo mixto, y no pretendo entrar en discusiones que no llevan a ningún lado. Más bien trataré de explicar cómo es el mecanismo.

Tanto Java como C# cuentan con un mecanismo de doble traducción:

- En un primer momento, un compilador (así se lo llama) toma el código fuente y genera código en un lenguaje intermedio, que en Java se llama *bytecode* y en C#, *MSIL* (Microsoft Intermediate Language) o *IL*. Este lenguaje intermedio tiene la ventaja de ser fácil de traducir a código ejecutable, pero es independiente de la plataforma. Este programa en lenguaje intermedio es el que se distribuye.
- En una segunda etapa, se corre el programa en código intermedio en la máquina objetivo. Como el código intermedio no es directamente ejecutable en una plataforma en particular, se realiza en este momento una segunda traducción, del lenguaje intermedio a código ejecutable. El traductor es una aplicación, que en Java se denomina JVM (Java Virtual Machine) y en C# es el CLR (Common Language Runtime). Esta traducción – gracias a las características del lenguaje intermedio – es muy veloz, aunque no instantánea. Se la ha optimizado bastante y se realiza por partes, para que el impacto de la misma sobre el desempeño de la aplicación sea bajo. No es, en términos estrictos, una interpretación, ya que el código que fue traducido no se vuelve a traducir cada vez que se necesita.

Este enfoque se ha seguido por varias razones:

- Es simple de implementar.
- Permite que la aplicación distribuida sea multiplataforma, en la medida que exista un segundo traductor para las distintas plataformas.
- Permite trabajar con más de un lenguaje que genere código intermedio, si se construyen los compiladores necesarios de esos lenguajes a código intermedio.
- Permite optimizaciones muy particularizadas para el procesador exacto del cliente, mientras que los compiladores suelen optimizar el código ejecutable para una familia de procesadores.
- No tiene un gran costo en desempeño gracias a las optimizaciones especialmente desarrolladas.

Lenguaje chico y plataforma grande

Otra característica de los lenguajes Java y C# es que son muy reducidos como tales. Unas pocas construcciones de control, algunos tipos de datos básicos y ciertos mecanismos de abstracción, es todo lo que constituye el lenguaje.

Sin embargo, ambos lenguajes vienen acompañados de una plataforma, sin la cual no pueden existir ni correr.

Así es como Java existe con una plataforma que incluye el compilador, los traductores de antes de ejecutarse para las distintas plataformas (JVM) y un programa administrador de la ejecución de programas, habitualmente conocido como JRE (Java

Runtime Environment). Además, la plataforma incluye tres ediciones, cada una con una biblioteca de clases que – en su versión estándar – contiene algo menos de 4.000 clases, un número nada desdeñable.

Algo parecido ocurre en C#, con compilador, CLR y los aproximadamente 4.000 tipos definidos en la plataforma .NET.

El lenguaje Java y la plataforma Java

Java y C++

Java fue creado por Sun Microsystems en 1996, tomando como base la sintaxis de C. Si bien ya había algunos derivados de C orientados a objetos, el más popular de los cuales era C++, se decidió crear uno nuevo.

Las razones para el lanzamiento de Java a pesar de la preexistencia de C++ son varias:

- C++ es un lenguaje complejo, con características tales como herencia múltiple, genericidad y sobrecarga de operadores, que no fueron consideradas necesarias por la gente de Sun.
- C++ mantiene una compatibilidad hacia atrás con su predecesor C, que le impide ser totalmente orientado a objetos.
- C++ está fuertemente orientado a escribir software de base, por lo que provee una serie de características de bajo nivel que a veces lo hace oscuro. Por la misma razón, está diseñado pensando en la eficiencia de ejecución por sobre la facilidad de desarrollo.
- C++ no soporta algunas características consideradas deseables por Sun, como interfaces, chequeo en tiempo de ejecución, concurrencia como parte del lenguaje y un manejo completo y seguro de excepciones.
- C++ no es multiplataforma, debiendo recompilarse una aplicación, en la medida que sea portable, para cada plataforma.
- A pesar de la complejidad de C++, y probablemente debido a la época en que surgió, no tiene en cuenta a Internet ni provee soporte para computación distribuida en forma estándar.

Sin embargo, y a pesar de que en ningún momento pretendió soportar programas C, Java mantiene la críptica sintaxis de este lenguaje, los efectos colaterales en expresiones y otras características indeseables para un lenguaje de alto nivel, seguro y confiable.

Por otro lado, creo que la sobrecarga de operadores y la genericidad[12] no debieron ser dejadas de lado con tanto desdén por la gente de Sun, a pesar del mal uso que a veces se hace de ellos.

Java como lenguaje de programación

Java es un lenguaje multiplataforma, en el mismo sentido que Smalltalk. El significado de esto es que los programas compilados Java pueden correr en distintas máquinas y sistemas operativos sin necesidad de recompilar. En realidad, el éxito real de Java está en la provisión de una JVM para cada plataforma. Adicionalmente, para garantizar la característica de multiplataforma, los tipos de datos de Java tienen el

[12] La genericidad recién se incluyó en la versión 5 de Java, en el año 2005.

mismo tamaño en todas las máquinas e implementaciones.

A menudo se lo ve como el lenguaje de Internet, pero en la práctica es un lenguaje de propósito general, nacido para implementar sistemas embebidos[13], y que se ha usado mucho para aplicaciones web gracias a la enorme cantidad de bibliotecas que distintas empresas y programadores independientes han desarrollado como base.

También es un lenguaje para desarrollar grandes aplicaciones por sus facilidades de desarrollo, integración y mantenimiento. Su mérito consiste en mejorar la productividad de los desarrolladores. Por ejemplo, el manejo de excepciones a la manera de Java hace más fácil encontrar errores en etapas tempranas, lo cual en grandes programas es fundamental, ¿o quién no ha tenido que luchar alguna vez con un error sin saber ni remotamente de dónde viene? En definitiva, Java puede ser útil para reducir tiempos de desarrollo en forma significativa respecto de C++, y eso puede ser decisivo en nuestros tiempos en los cuales estar antes en el mercado es muchas veces determinante.

No obstante, la necesidad de la presencia de la JVM y su traducción en tiempo de ejecución, sumado al modelo de memoria dinámica, que luego estudiaremos, hace que Java sea de ejecución algo más lenta que C++.

Java sobrevivió a todos los avatares de los primeros años y se fue imponiendo con mucho éxito. Al día de hoy es líder en el desarrollo de aplicaciones *enterprise*, con la competencia creciente de la plataforma .NET de Microsoft.

Decimos que Java sobrevivió y con un éxito rotundo. Empero, C++ también sobrevivió y se mantiene como opción. La razón tiene que ver con las características de C++ que no están presentes en Java y a la mayor velocidad de ejecución, crucial en algunos sistemas.

Hay quienes clasifican a Java como lenguaje híbrido, porque es derivado de lenguajes procedimentales. Pero Java sólo trabaja con objetos, con la única salvedad de unos pocos tipos de datos primitivos, y sólo permite que las funciones sean definidas dentro de clases.

Por eso, Java puede considerarse como el más orientado a objetos de los derivados de lenguajes procedimentales, junto con C#. En efecto, sólo lenguajes como Simula, Smalltalk o Eiffel se pueden considerar más cercanos al paradigma de objetos que Java.

Versiones y ediciones de Java

Antes de hablar de versiones del lenguaje Java, recordemos que es un producto multiplataforma. Por eso, no hay – o no debería haber – versiones de distintos fabricantes, ya que la práctica totalidad de los fabricantes de ambientes de desarrollo para Java usan el JDK de Sun, con su compilador y su JVM[14].

Por lo tanto, las versiones que existen son las del JDK. Al momento de escribir este libro, se ha librado el JDK 6, existiendo con anterioridad, las versiones 1.0, 1.1, 1.2, 1.3, 1.4 y 5.0, con sus subversiones. Es importante destacar que, por una serie de razones que no viene al caso explicar aquí, las versiones 1.2, 1.3 y 1.4 son conocidas como Java 2.

Asimismo, no hay un único JDK, sino que hay *ediciones* especializadas en el

[13] Se llama *embebidos* a sistemas que controlan dispositivos de uso específico en tiempo real. Normalmente se distribuyen junto con el equipo que controlan.
[14] JDK (Java Development Kit) es el nombre que se le da al compilador Java y la JVM en conjunto.

desarrollo de determinadas aplicaciones. Éstas son:

- **Java SE** (Standard Edition), la plataforma básica o "núcleo" de Java.
- **Java EE** (*Enterprise* Edition), una edición con la mayor funcionalidad posible, orientada a desarrollar aplicaciones de gran envergadura, escalables y con el máximo de calidad.
- **Java ME** (Micro Edition), una plataforma para dispositivos móviles o de recursos limitados, incluyendo teléfonos celulares, palmtops, escáneres de códigos de barras portátiles, pequeñas computadoras de los automóviles, etc.

Las diferencias entre una edición y otra no están en el lenguaje en sí, sino más bien en las bibliotecas que se acompañan. La implementación de estas bibliotecas, salvo por la edición SE, la hacen distintos proveedores. En este libro he utilizado Java SE, salvo cuando lo aclare de manera explícita.

Hay gran cantidad de ambientes de desarrollo para Java, muchos de ellos libres o de código abierto. Sería injusto comenzar una lista que dejaría fuera a excelentes productos, así que vamos a resistir la tentación de la enumeración. En la prueba de los ejemplos del libro he utilizado Eclipse.

Distribución de componentes Java

Los componentes Java se suelen distribuir en una forma compactada en archivos denominados JAR. Normalmente, se colocan junto con las clases compiladas, algunos archivos de metadatos en XML y otros formatos.

El lenguaje C# y la plataforma .NET

La plataforma .NET

La plataforma .NET fue anunciada por Microsoft en 2000 y presentada a principios de 2002. En ambas ocasiones – anuncio y lanzamiento – se la mostró asociada a un nuevo lenguaje de programación orientado a objetos, C#.

Es que C# y .NET están muy interrelacionados: algunas características de C# se han incluido para que trabaje bien con .NET y hay aspectos de .NET que fueron desarrollados con C# en mente. Se debe entender que C# es inseparable de la plataforma .NET. A los que aprendimos antes Java, esto nos resulta complejo de entender, ya que Java es, a su vez, un lenguaje y una plataforma. En C# ambas cosas están más separadas: C# es un lenguaje, y .NET es la plataforma sin la cual C# no puede existir.

Por eso nos detendremos un poco en la plataforma .NET.

Hasta el año 2000, el desarrollo de aplicaciones de cierta complejidad para los sistemas operativos Windows se hacía con Windows DNA, que incluía MTS (Microsoft Transaction Service), COM+, MSMQ (Microsoft Message Queue) y MS SQL Server.

Este es el nicho que viene a cubrir .NET. Para ello, provee una serie de tecnologías, cuyos pilares principales son:

- El marco ("framework") de .NET, que incluye el Common Language

Runtime (CLR) y miles de clases de utilidades[15].

- Un compilador JIT ("just in time"), que traduce una aplicación escrita en lenguaje intermedio a código nativo en el momento de ejecutarse.
- El entorno integrado para desarrollo de aplicaciones (IDE) Visual Studio.NET, muy completo y totalmente integrado en la plataforma.
- Algunos lenguajes para desarrollo de aplicaciones, como C#, Visual Basic.NET (hoy Visual Basic 2005), extensiones de C++ y J#.
- Un framework para desarrollo de páginas web dinámicas del lado del servidor, denominado ASP.NET.

Toda la plataforma .NET se desarrolló con ciertos supuestos y objetivos en mente:

- Ofrecer un modelo de desarrollo para aplicaciones empresariales que cada vez tienden más hacia una arquitectura distribuida basada en componentes que utilizan Internet y la Web.
- Facilitar el desarrollo de servicios web basados en XML, dado que las interfaces entre aplicaciones web distribuidas van a ser predominantemente de este tipo.
- Proveer una plataforma para desarrollo de aplicaciones para dispositivos inteligentes móviles.
- Mejorar substancialmente la administración de versiones en aplicaciones para Windows.
- Mantener una plataforma de desarrollo para sistemas basados en aplicaciones Windows tradicionales.
- Contener el avance de Java, y concretamente Java EE, sobre las herramientas de desarrollo empresarial.
- Ofrecer un marco de desarrollo independiente de la plataforma y del lenguaje de programación, y basado en estándares abiertos.

En todo esto hay algo de profecía autocumplida. Es decir, podemos discutir si el modelo de aplicación empresarial estaba tendiendo a ser distribuido y basado en Internet, pero desde el momento en que los principales actores del mercado, como Microsoft y el JCP[16], han decidido que será así, no va a ser de otra forma.

Por este sesgo hacia Internet y las aplicaciones distribuidas, el verdadero competidor de .NET es la plataforma Java. No hay duda de que Java es un excelente lenguaje y una excelente plataforma. Sin embargo, .NET y C# han aprovechado los años de experiencia en el uso de Java para introducir mejoras significativas, tanto en desempeño, como en facilidad de desarrollo y mantenimiento. Por supuesto, esto ya ha provocado que surgieran nuevas versiones mejoradas de Java, de modo tal que la competencia está siendo de provecho para la comunidad del desarrollo de software.

Es que Microsoft salió a competir con el mundo del software libre y de Sun en sus propios términos. De todas maneras, no perdamos de vista que ni .NET ni Java son productos libres, pero toman algunas ideas de esta comunidad, centrándose en la gratuidad de varias herramientas y en los estándares abiertos que, a juicio de las investigaciones realizadas por Microsoft, es lo que más le interesa a los desarrolladores y a los consumidores finales. Debe destacarse especialmente que es la primera vez que Microsoft abre un canal a los componentes no Microsoft, al incorporar XML y SOAP

---

[15] Claramente, provee por lo menos un orden de magnitud más de clases que las MFC que se utilizaban en Windows DNA.

[16] Java Community Process, el consorcio de empresas y organizaciones que mantienen la plataforma Java. Entre ellas están Sun, IBM, BEA, Oracle, Apache, Borland y varias más.

entre los mecanismos de integración.

Hoy en día, tanto el lenguaje C# como las clases básicas de .NET y el CLR han sido estandarizados por la organización europea de estándares, ECMA. Por lo tanto, se pueden construir libremente lenguajes para .NET, compiladores para C# e implementaciones de las clases de .NET. Los proyectos más importantes en este sentido son Mono (.NET sobre Linux), DotGNU, Rotor (la implementación abierta de Microsoft) y la implementación de .NET sobre FreeBSD Unix.

.NET es el camino ideal para construir aplicaciones complejas y escalables si se viene de la plataforma Microsoft y se desea permanecer en ella. Siempre sobre sistemas operativos Windows, y sobre todo si se usan otras aplicaciones Microsoft[17], .NET tiende a ser más conveniente que Java, aun cuando no se use la totalidad de la tecnología provista. En otras plataformas, como Linux o Unix, no se ha logrado aventajar el éxito de Java.

Finalmente, digamos que hay que tener un poco de cuidado con las dos primeras versiones de .NET. La versión 1.1 no es del todo compatible hacia atrás con la 1.0, debido a algunos problemas de seguridad encontrados en la primera versión. En el libro trabajé con la versión 3, y con C# 2005.

Los lenguajes .NET

Microsoft lanzó, junto con la tecnología .NET, tres lenguajes: C#, Visual Basic.NET (hoy Visual Basic 2005) y un C++ con extensiones para .NET. Al poco tiempo, se lanzó J#, un lenguaje .NET con la sintaxis de Java.

Pero hubo muchas otras iniciativas de desarrollo de lenguajes .NET. Borland adaptó Delphi para .NET y otras empresas han seguido por el mismo camino. Hoy en día hay implementaciones de Smalltalk, Eiffel y otros lenguajes orientados a objetos.

.NET tomó la idea de Java, de trabajar con un compilador que genera código intermedio de bajo nivel y sencillo de traducir a código ejecutable en varias plataformas. En este sentido, es multiplataforma, de modo tal que un programa .NET compilado puede ejecutarse en todas aquellas plataformas (sistema operativo y procesador) que tengan una implementación del CLR de .NET. Hay implementaciones de .NET en todas las versiones de Windows, FreeBSD, Linux y algunos más, aunque las únicas completas son las implementaciones para Windows.

Porque .NET es independiente del lenguaje de programación. Así como hay compiladores de C# que generan código .NET, Microsoft también provee los compiladores de los otros lenguajes diseñados especialmente para la plataforma y, como ya expliqué, otras empresas han desarrollado compiladores de otros lenguajes .NET. Si bien en Java pasa en teoría lo mismo – y hay algunos lenguajes que se traducen a bytecode, como Jython, una especie de Python – no ha sido del interés de Sun abrir el juego a muchos lenguajes.

Es decir, independientemente del lenguaje en que se escriba un programa para .NET, una vez compilado, el programa ejecutable es el mismo. Esto ocurre porque todo programa C# tiene su programa Visual Basic equivalente, en la medida que generen el mismo código intermedio IL. De hecho, el CLR luego va a traducirlos al mismo programa ejecutable en cada plataforma. Esto hace que los lenguajes .NET no tengan diferencias en cuanto a lo que se puede lograr con ellos.

La necesidad de la presencia del CLR y su traducción en tiempo de ejecución, sumado al modelo de memoria dinámica, que luego estudiaremos, hace que

---

[17] El nuevo MS SQL Server 2005 incluye la posibilidad de ser programado en C# y tiene cada vez más facilidades para ser utilizado desde aplicaciones .NET.

un programa .NET sea de ejecución algo lenta comparado con C++. No obstante, ha demostrado ejecutarse más rápidamente en promedio que Java, sobre plataformas Windows. Incluso hay compiladores a código nativo para .NET, que si bien no tienen la ventaja de generar programas que corran en varias plataformas, los hacen más eficientes.

Para garantizar la interoperabilidad de los lenguajes, todos ellos trabajan con los mismos tipos de datos, usan las mismas clases del framework, compilan al mismo IL y usan el mismo CLR para ejecutarse. Incluso está permitido usar una función escrita en C# desde Visual Basic 2005, y hasta extender una clase C#. Para esto se definió una especificación común a todos los lenguajes, la CLS ("Common Language Specification").

Adicionalmente, para garantizar la característica de multiplataforma, los tipos de datos de .NET tienen el mismo tamaño en todas las máquinas e implementaciones. Por eso se habla del conjunto de tipos comunes (CTS, "Common Type System"), que son los tipos definidos para todos los lenguajes .NET y todas las plataformas.

Un pequeño paréntesis. No todo lo que escribamos en C# va a ser compatible con CLS. Hay numerosas características de C# que no se pueden utilizar desde otros lenguajes, como los punteros, los tipos sin signo y los nombres que sólo difieren en el uso de mayúsculas y minúsculas. De todas maneras, si queremos asegurar la compatibilidad con CLS deberíamos evitar el uso de estas características en las interfaces de nuestros componentes, aunque sin importarnos si utilizamos aspectos no compatibles en la implementación de los mismos.

¿Cuál es el objetivo de todo esto?

La característica de multiplataforma tiene la ventaja obvia de poder escribir y compilar una aplicación o componente, que después podrá correr en cualquier plataforma. Java ya recorrió este camino, demostrando sus bondades a la par que sus dificultades.

Pero con .NET se puede escribir una aplicación que combine varios lenguajes, según Microsoft para aprovechar las ventajas de cada uno. Me permito dudar de las ventajas de este enfoque. En primer lugar, porque no hay tales ventajas de cada lenguaje si la semántica de todos es exactamente la misma: a lo sumo habrá un tema de preferencias sintácticas. En segundo lugar, en tanto y en cuanto realmente hay algunas diferencias menores entre los lenguajes, acentuar estas diferencias tiene la contra de dificultar el mantenimiento e impedir la adopción de las mejores prácticas de cada lenguaje.

.NET mantiene cierta compatibilidad con la tecnología COM, en el sentido en que todo componente .NET es un componente COM. Sin embargo, esto no es lo que recomienda Microsoft, sobre todo porque COM no es orientado a objetos y, al igual que ocurre en ActiveX, hace un uso intenso de punteros, no soportados directamente por .NET por considerarlos inseguros.

En este libro voy a utilizar únicamente C#. Lo hago por varios motivos:

- Es un lenguaje estándar, con una norma ECMA que lo respalda.
- Usa la notación habitual en C, C++ y Java, mucho más difundida en el mercado comercial que las de Pascal o Visual Basic.
- Es el más rico de los lenguajes .NET.
- Frente a Visual Basic, es ideal para desarrollar grandes aplicaciones por sus facilidades de integración y mantenimiento.
- Frente a C++, también puede servir para reducir tiempos de desarrollo en

forma significativa. Esto puede ser decisivo en nuestros tiempos, en los cuales estar antes en el mercado es muchas veces determinante.

Se me puede preguntar por qué no trabajé sobre Visual Basic 2005, sobre todo dado el éxito comercial de Visual Basic para desarrollar aplicaciones en entornos de interfaz gráfica. Y la verdad es que tengo varias razones.

La primera es que nunca Visual Basic me pareció un buen lenguaje de programación. Nadie puede discutir las ventajas de Visual Basic como herramienta RAD, pero el lenguaje que la acompaña no sólo es limitado sino que está basado en otro lenguaje, construido con fines totalmente diferentes a los que nos ocupan, y que ya ha cumplido cuatro décadas.

Por otro lado, Visual Basic 2005 no es un Visual Basic en sentido estricto, al punto de que no es totalmente compatible con Visual Basic 6. Según dicen algunos autores, fue la primera vez que Microsoft dejó sin compatibilidad a una herramienta tan popular y rentable. El principal cambio en cuanto al lenguaje es la orientación a objetos auténtica, con todas sus implicancias, para hacerlo compatible con otros lenguajes .NET, como C# y J#. A esto se agrega un manejo de memoria diferente, aunque se mantengan algunos tipos por valor, más los distintos tamaños, operaciones y valores permitidos para los tipos de datos que existían en Visual Basic 6. Ni hablar de la adopción de Unicode para el tipo *char*, la aparición de herencia, interfaces, una clase ancestro por defecto de toda la jerarquía, excepciones, clases abstractas, y mucho más. Por otro lado, los lenguajes .NET unifican en un solo paquete la programación utilizando la API Win32, que usualmente se hacía en C o C++, con el desarrollo más ligado a la interfaz de usuario, que en general se realizaba en Visual Basic o Delphi. Por lo tanto, no podemos decir que Visual Basic.NET (ni su sucesor 2005) sea una especie de Visual Basic 7. Lo único que se ha hecho es mantener una sintaxis similar, para no perder a la enorme cantidad de programadores en ese lenguaje, y una marca exitosa, lo cual parece tener que ver más con cuestiones de marketing que técnicas.

En este último aspecto habrá que esperar a ver cómo evoluciona el mercado. Muchos programadores Visual Basic se están quejando cada vez más, diciendo que Visual Basic.NET y Visual Basic 2005 son tan complejos como C# o Java, lo cual es totalmente cierto e indiscutible. Es que aprender Visual Basic 2005 es mucho más que un cambio de lenguaje para los programadores Visual Basic 6: es un cambio de paradigma. Y esto con la falacia adicional de pretender que sigue siendo casi lo mismo. Pero no hay duda de que Microsoft tiene una enorme proporción de desarrolladores cautivos que seguirán trabajando con sus productos pase lo que pase.

Otra desventaja de Visual Basic 2005 es que no está estandarizado ni Microsoft pretende nunca dejar de ejercer su propiedad sobre la marca y el lenguaje. En este sentido, me pareció que C# era una herramienta más adecuada.

De todas maneras, no creo estar dejando de lado a los programadores Visual Basic como lectores de este libro. Al fin y al cabo, la mayoría de los desarrolladores de aplicaciones de consola y web sobre plataforma Microsoft han utilizado este lenguaje. Por otro lado, es precisamente uno de mis principales objetivos llevar a los programadores en lenguajes estructurados hacia los objetos. Pero precisamente para facilitar el cambio de paradigma – y contrariamente a lo que supone mucha gente – creo que conviene hacerlo sobre un lenguaje especialmente creado como orientado a objetos.

C# y otros derivados de C

C# fue creado por Microsoft tomando como base la sintaxis de C[18]. De

[18] Si bien uno de los autores de C# había trabajado en la creación de Delphi, y por eso C# tiene algunos

hecho, C# (léase *C-sharp*) significa *(C++)++*. Si bien ya había algunos derivados de C orientados a objetos, de los cuales los más utilizados eran C++ y Java, Microsoft decidió avanzar con un lenguaje nuevo, por varias razones, entre las cuales destacan:

- C++ es un lenguaje complejo, con características tales como herencia múltiple y genericidad[19], que no fueron consideradas necesarias por la gente de Microsoft.
- C++ mantiene una compatibilidad hacia atrás con su predecesor C que le impide ser totalmente orientado a objetos.
- C++ está fuertemente orientado a escribir software de base, por lo que provee una serie de características de bajo nivel que a veces lo hace oscuro. Por la misma razón, está diseñado pensando en la eficiencia de ejecución por sobre la facilidad de desarrollo. De todas maneras, con C# se intentó mantener una eficiencia de ejecución intermedia entre C++ y Java.
- C++ no soporta algunas características consideradas deseables por Microsoft, como interfaces, chequeo en tiempo de ejecución, concurrencia como parte del lenguaje y eventos.
- A pesar de la complejidad de C++, y probablemente debido a la época en que surgió, no tiene en cuenta a Internet ni provee soporte para computación distribuida o XML en forma estándar.
- El consorcio que administra a Java nunca admitió que Microsoft le hiciera extensiones o adaptaciones que la empresa de Redmond estaba solicitando.
- Java tiene un manejo de métodos virtuales por omisión, lo cual puede provocar problemas de versionado y de desempeño, sobre todo en la plataforma Windows.
- Java no provee propiedades como parte del lenguaje, a la manera de Delphi, sino definidas mediante la especificación JavaBeans.

Ensamblajes y compilación

El **ensamblaje** ("assembly" en inglés) es la unidad de compilación de .NET. Un ensamblaje puede ser tanto una aplicación completa, como una biblioteca compilada o un módulo .NET, pero en todos los casos se obtiene de la compilación de un único proyecto, que puede contener varios archivos fuente.

La idea de los ensamblajes es que se pueden copiar directamente en un directorio del sistema operativo y se encuentran listos para usar, sin necesidad de un complejo sistema de registración como el que requerían los componentes anteriores de Windows.

El ensamblaje es la unidad de despliegue y de seguridad. Además, permite manejar versiones de una manera elegante y consistente.

Todo ensamblaje contiene:

- Un manifiesto de ensamblaje, conteniendo nombre, versión, cultura, contenido, referencias, autor y descripción, entre otros.
- Uno o más módulos .NET (ver un poco más adelante).
- Archivos de recursos, conteniendo íconos, textos, imágenes y demás.

El compilador de C# de línea de comandos se llama *csc*, y admite declarar varios archivos para formar un único ensamblaje, así como especificar referencias que

---

elementos tomados de este lenguaje.

[19] Aunque a partir de la versión 2.0, .NET soporta genericidad.

deben tomarse y el tipo de resultado a obtener.

De todas maneras, mucha de la información del manifiesto se genera automáticamente si se usa *csc*, y casi toda si se utiliza un entorno de desarrollo integrado, como Visual Studio.NET.

Los módulos .NET son grupos de tipos contenidos en uno o más archivos y escritos en un mismo lenguaje de programación. En las aplicaciones sencillas, los ensamblajes contienen un solo módulo, pero es necesario poner más si se trabaja con varios lenguajes o cuando se desarrollan componentes que luego se puedan incluir en otras aplicaciones. Un módulo no se utiliza directamente sino dentro de un ensamblaje. También poseen un manifiesto que los describe.

En cuanto al proceso de carga de clases, el CLR lo realiza en forma parcial, de a módulos y a medida que los necesita. Esto hace también que en aplicaciones medianas convenga usar módulos.

Los ensamblajes .NET tienen un detector de alteraciones de código, que sirve tanto como seguridad como para distinguir versiones.

INTRODUCCIÓN A LA NOTACIÓN UML

Modelos y diagramas

Un **modelo** captura una *vista* o *perspectiva* de un sistema, y está destinado a comunicar algo a un determinado público. Por lo tanto, para un mismo sistema podrá haber distintos modelos para distintas perspectivas.

Una analogía con la construcción de edificios puede ayudarnos a entender el concepto de perspectiva. Para un edificio, un plano de arquitectura, una vista general, un plano de instalaciones sanitarias, un plano estructural, etc., son todos planos y se refieren al mismo edificio, pero muestran aspectos diferentes, probablemente dirigidos a personas diferentes. Otro ejemplo pueden ser los distintos mapas que pueden hacerse de una región del país: de rutas, de ferrocarriles, físico, político, de movimiento de tránsito, de red eléctrica, etc.

Por lo tanto, un modelo es una abstracción con un propósito. Va a haber modelos que se usen para documentar requisitos, otros que permitan diseñar la arquitectura de un sistema, otros que ayuden en la realización de las pruebas, etc.

El modelo más detallado de un producto de software es el código fuente. Pero es como decir que el mejor modelo de un edificio es el edificio mismo, lo cual no nos sirve para concebirlo antes de la construcción ni para entender sus aspectos más ocultos con vistas al mantenimiento. Por otro lado, los humanos somos seres más bien visuales, en el sentido de que nos resulta más sencillo entender dibujos y esquemas. Por eso, los modelos se suelen representar mediante diagramas.

UML y su génesis

Como la falta de un estándar que fijara el camino para la modelización de software orientado a objetos creaba confusión entre los desarrolladores, entre 1994 y 1995, Booch, Rumbaugh y Jacobson – tres de los más reconocidos metodólogos – decidieron unirse a Rational Software Corporation para tratar de elaborar ese estándar. La idea fue rescatar las características más convenientes de cada una de las corrientes disponibles, unificarlas y extenderlas bajo el nombre de UML (Unified Modeling Language). La versión 1.0 de UML fue liberada al mercado y aprobada por el OMG (Object Management Group) en 1997.

UML es un lenguaje para la visualización, especificación y documentación de software, por lo que resulta independiente del método que se utilice para el desarrollo. No es un método sino una notación, pues no especifica un proceso; lo que hace es describir el resultado de alguna actividad del desarrollo de un sistema mediante una serie de diagramas.

La idea general de UML, así como de todas las notaciones de modelado orientadas a objetos, es centrarse más en los objetos que en los procesos o algoritmos.

Los principales inconvenientes que todavía tiene UML tienen que ver con la falta de una mejor integración con los patrones de diseño, la dificultad de modelar interfaces de usuario, la falta de un modelo de documentación para el usuario, y el no poseer diagramas orientados a marketing y ventas.

Por otro lado, se ha impuesto, no sólo por sus bondades, sino porque en su concepción han participado metodólogos influyentes y empresas de primera línea, porque el OMG lo propone como un estándar y por la enorme cantidad de libros (éste es uno de ellos), congresos y cursos que tratan sobre UML. Hacia 2000, UML ya se había convertido en el estándar de facto para modelización de software orientado a objetos.

UML define una notación que se expresa con diagramas. Para mostrar las diferentes perspectivas del modelado, UML define 13 tipos de diagramas, algunos de los cuales iremos viendo luego, a lo largo del libro.

UML puede ser tan sencillo o complejo como se quiera. En [UML] se afirma que, si bien todo lo que puede conceptualizarse puede ser representado con UML, el 80% de la mayoría de los sistemas se puede modelar con el 20% de las construcciones del lenguaje.

Por añadidura, hay que tener en cuenta que es un lenguaje de comunicación entre humanos (además de poder usarse entre humanos y máquinas), así que no tiene sentido elaborar diagramas muy complejos si nadie los va a entender.

UML es una notación flexible, que permite agregar dibujos, texto, notas, etc., a los diagramas.

Qué uso darle a UML

Este no es un tópico en el que todo el mundo esté de acuerdo. En particular, yo utilizo UML como herramienta de comunicación, y me parece que hay que rescatar ese objetivo.

Por lo tanto, invito al lector a ser minimalista: a menos que utilice una herramienta de generación de código a partir de UML, no ponga en un diagrama cosas que no necesite.

Además, piense que es muy difícil mantener actualizados cientos o miles de diagramas. Por lo tanto, guarde solamente los diagramas que esté seguro de mantener al día.

Por eso, si bien yo hice diagramas con una herramienta, eso se debe a que estoy escribiendo un libro y quiero ser prolijo. En mi trabajo cotidiano utilizo mucho la pizarra y el papel para hacer diagramas, ya que entiendo que son herramientas más ágiles y adecuadas.

Habitualmente diagramamos para comunicar, lo cual se da, entre otras, en las siguientes circunstancias:

- Cuando haya que transmitir aspectos del diseño de una aplicación a un equipo de trabajo, para que lo materialice en el producto.
- Cuando dos o más personas necesiten ponerse de acuerdo sobre un diseño, o desean discutir alternativas, y esperan visualizarlo mejor en forma gráfica.
- Cuando se necesite dejar documentación de diseño de un proyecto ya terminado.

CONCLUSIONES

Para este libro he elegido tres lenguajes bastante difundidos, los tres derivados de C, compilados y con tipeo estático.

Sin embargo, C++ es simplemente un lenguaje, con múltiples implementaciones basadas en un estándar, mientras que Java y C# son parte de plataformas más complejas. Además, la compilación de C++ se hace a código nativo, mientras que Java y C# se traducen en dos etapas, pasando por un código intermedio.

He optado por estos tres lenguajes porque:

- Son razonablemente orientados a objetos.
- C++ es portable y los otros dos son multiplataforma.
- Son cómodos como lenguajes de propósito general.
- Tienen una notación razonablemente clara y familiar a la mayoría de los profesionales de desarrollo de software.
- Están suficientemente difundidos.

Además, la otra herramienta que voy a utilizar para enseñar orientación a objetos, en conjunto con los lenguajes, es la notación UML. La he tomado como modelo debido a que:

- Es la notación más difundida, tanto a nivel académico como empresarial.
- Es suficientemente completa como para cubrir la mayor parte de los aspectos del desarrollo de software.
- Se ha convertido en el estándar del OMG.
- Existen varias herramientas que permiten hacer diagramas.

En el próximo capítulo vamos a ver cómo usar los tres lenguajes en cuestión para escribir un programa sencillo que usa objetos, y aprovecharé para explicar los conceptos más elementales del uso de objetos.

3. PROGRAMACIÓN BASADA EN OBJETOS

Siempre que te pregunten si puedes hacer un trabajo, contesta que sí y ponte enseguida a aprender cómo se hace.

Franklin D. Roosevelt[20]

Al escribir este libro adopté un enfoque diferente al que usé en obras anteriores. Basado en mi experiencia docente, y copiando un poco lo que he visto que funciona muy bien en otros autores, decidí encarar los conceptos usándolos primero y aprendiendo después lo que subyace tras ellos. Podemos llamar a eso ir de la práctica a la teoría, o comprender primero al consumidor, para luego ser productor.

Cada capítulo de programación sigue esa filosofía: empiezo con un ejemplo, que explico someramente, y luego me adentro en los detalles y complejidades que necesita quien desea dominar el tema.

Este capítulo es una suerte de ejemplo introductorio del libro. Así como cada capítulo posterior tendrá una sección práctica introductoria, ésta es la sección práctica introductoria del libro como un todo.

Por eso, aquí explico cómo utilizar clases y objetos, de la manera que he dado en llamar *programación basada en objetos* y que otros autores denominan *programación con componentes*. Recién una vez que hayamos entendido cómo usar objetos y clases podremos construir los nuestros.

OBJETOS, MÉTODOS Y PROPIEDADES

Un primer ejemplo en C#

El ejemplo que sigue no es un buen ejemplo de programación orientada a objetos. Se están usando objetos, pero en un marco de programación estructurada, ya que nos va a llevar mucho llegar a programar bien con objetos. Por el momento, queremos saber utilizar objetos más que hacer auténtica programación orientada a objetos.

Supongamos que deseamos realizar una lista de los números primos[21] entre 1 y 2000 siguiendo el método de la *criba de Eratóstenes*. Este algoritmo – inventado por un griego de Alejandría tres siglos antes de Cristo – trabaja de la siguiente manera: se colocan los números entre 2 y 2000 en una lista; luego se toma el primer número de la lista, que es primo, y se eliminan de la lista todos sus múltiplos; luego se toma el siguiente número de la lista, que es primo por no haber sido eliminado y se eliminan todos sus múltiplos; y así sucesivamente; los que quedan finalmente en la lista son

---

[20] Atribuido.

[21] Para el lego o el olvidadizo, los números primos son aquellos números naturales que no tienen divisores, más allá de sí mismos y de 1. Por ejemplo, el 7 es primo porque los únicos números por los que se lo puede dividir con resultado exacto son 7 y 1.

primos.

Esta es mi propuesta de solución, utilizando un tipo *Conjunto* que maneja conjuntos de números naturales a la manera matemática. Por favor, mírela con atención, y luego lea los comentarios del final.

```
using System;
using CarlosFontela.Utilidades;
public class NumerosPrimos {

   const int hasta = 2000;

   public static void Main( ) {

         // creo un conjunto con todos los números candidatos:
         int tamanioConjunto = hasta;
         Conjunto candidatos = new Conjunto (tamanioConjunto);
         for (int x = 2; x <= hasta; x++)
               candidatos.agregarElemento(x);

         // empiezo con todos los candidatos como primos:
         Conjunto primos = candidatos;

         // aplico la criba:
         for (int x = 2; x <= hasta; x++)
               if (primos.pertenece(x)) {// el número x es primo
                     // elimino sus múltiplos:
                     for (int multiplo = x+x; multiplo <= hasta; multiplo += x)
                           primos.sacarElemento(multiplo);
               }

         // imprimo resultados:
         Console.Write("Cantidad de primos: ");
         Console.WriteLine(primos.Cardinalidad);
         Console.WriteLine("Números primos:");
         for (int x = 2; x <= hasta; x++)
               if (primos.pertenece(x)) {
                     Console.Write(x);
                     Console.Write(" ");
               }

         // terminar:
         Console.ReadKey( );
   }

}
```

Lo que sigue es un análisis rápido y despreocupado del programa, más que nada para ponernos de acuerdo en algunas cuestiones y formalizar otras. Más adelante entraremos más en detalle sobre los conceptos.

El programa empieza con declaraciones *using*, que implican que se van a usar clases de los paquetes o espacios de nombres allí enumerados. En C#, como en Java, todos los programas son clases y todas las clases están en un paquete o espacio de nombres. De allí que haya una declaración *class*. Por el momento podemos ignorar los detalles, destacando solamente que la clase contiene todo el código que tiene nuestro programa

La función *Main* es el programa principal. A los efectos de esta introducción podemos ignorar los calificadores *public* y *static*.

Podemos seguir el programa desde la función *Main*, que empieza obteniendo un conjunto (tipo *Conjunto*) de todos los números entre 2 y 2000, llamado *candidatos*. Luego toma esos candidatos en el conjunto primos. A continuación, el núcleo del algoritmo aplica el método de Eratóstenes y deja en el conjunto *primos* solamente los números primos. Finalmente, imprime la cardinalidad (número de elementos) del conjunto y los primos en cuestión.

Pasemos a los ítems siguientes para analizar lo que nos interesa de este programa.

Objetos, estado y comportamiento, propiedades y métodos

En programación orientada a objetos (en adelante, POO), un **objeto** es aquella entidad capaz de almacenar estado y responder a comportamiento.

Si bien enseguida explicitaremos mejor estos conceptos, podemos hacer una analogía con la programación estructurada, diciendo que un objeto se asemeja a una variable, pero que no sólo sirve para almacenar valores, sino que también contiene las operaciones que se pueden aplicar a esos valores.

Dicho de otra forma, en POO, las variables representan objetos. En nuestro ejemplo, *candidatos* y *primos* se refieren de alguna manera a objetos. Las variables de tipos primitivos, como *int*, no son estrictamente objetos, pero podrían serlo, como ocurre en algunos lenguajes.

Un objeto, en POO, es algo que tiene estado, comportamiento e identidad. Dejando la identidad para más adelante, definiremos los otros dos:

- El **estado** de un objeto es el conjunto de valores internos que un objeto tiene, que representa la situación en que está. El estado puede ser observable, si el objeto permite que sea conocido por otros objetos de la aplicación, u oculto, si no se permite verlo desde otros objetos.
- El **comportamiento** de un objeto es el conjunto de respuestas que un método exhibe ante solicitudes de otros objetos. En algunos casos, el comportamiento depende del estado en que se encuentre dicho objeto.

Para acceder al estado observable de un objeto, se utilizan las **propiedades**. Las propiedades se acceden mediante el nombre de la variable seguida de un punto y el nombre de la propiedad. Así hicimos al escribir *primos.Cardinalidad*, que implica obtener algo del estado en que se encuentra el objeto referenciado por *primos*, en este caso su cardinalidad o cantidad de elementos. *Cardinalidad* es una propiedad de *primos*.

Notemos que la cardinalidad es una característica que se refiere al estado del conjunto. Dicho de manera tradicional, es un valor del conjunto que puede ir variando en el tiempo.

Hay propiedades de consulta solamente, que son aquellas a las que se les pueden consultar sus valores, pero no modificarlos directamente. *Cardinalidad* es una de ellas. También hay de sólo modificación, lo que implicaría la posibilidad de modificación pero no el acceso a su valor. Por supuesto, hay propiedades, y son las más, que soportan ambas cosas.

El comportamiento describe los estímulos y reacciones de un objeto, o dicho de otro modo, los servicios que brinda. Es la manera en que éste reacciona ante mensajes o estímulos recibidos, básicamente enviando mensajes a otros objetos, respondiendo al que le envía el mensaje o cambiando de estado. Las distintas formas de respuesta se denominan **métodos**, y corresponden a procedimientos y funciones, según el lenguaje y su notación. Para llamar a un método sobre un objeto, se coloca el nombre de la variable seguida de punto y el nombre del método con sus argumentos.

En nuestro ejemplo, *agregarElemento*, *pertenece* y *sacarElemento*, son todos métodos que hemos aplicado al objeto al que se refiere *primos* para servirnos de su comportamiento. En los casos anteriores, logramos que el objeto incorporara un elemento, nos dijera si otro elemento le pertenecía y eliminara uno, respectivamente.

En POO, un objeto puede satisfacer solamente ciertos requisitos, definidos por su **interfaz**, que es el conjunto de los métodos y propiedades aplicables a ese objeto. Son la propia interfaz y la implementación de la misma quienes definen el comportamiento y el estado observable de un objeto.

Cuando se invoca un método sobre un objeto o se le pide el valor de una propiedad, se dice que le estamos pasando un **mensaje**. En general, la notación habitual en la mayor parte de los lenguajes orientados a objetos, es escribir la variable seguida de punto y del nombre del mensaje en cuestión.

Hay lenguajes que no ofrecen el concepto de propiedad. De hecho, para acceder a las propiedades de los objetos se trabaja con métodos que representan operaciones de consulta y de modificación. Por ejemplo, si un objeto *Ventana* tiene una propiedad *Ancho*, la implementamos con dos métodos: *SetAncho*, que permite establecer y modificar el ancho de la ventana, y *GetAncho*, que permite consultarlo.

El problema con este enfoque es únicamente notacional, ya que lleva a expresiones más complejas. Por ejemplo, en vez de escribir:

```
Ventana.Ancho++;
```

Deberíamos escribir:

```
Ventana.SetAncho(Ventana.GetAncho( )+1);
```

Pero salvo este inconveniente, son enfoques similares.

Tipos, clases y paquetes

En algunos lenguajes orientados a objetos, llamados *tipados*, los objetos tienen un tipo, que se utiliza para indicar qué mensajes pueden recibir y cómo responden a ellos. En general, en POO se usa el término **clase** en vez de tipo[22].

Cuando esto ocurre, los métodos, propiedades y su semántica están definidos a nivel de clase y se aplican para cada uno de los objetos de esa clase. En nuestro ejemplo, las variables *primos* y *candidatos*, por ejemplo, van a poder recibir los mismos mensajes, pues son instancias del mismo tipo *Conjunto*. Pero como representan objetos distintos, con una identidad distinta, vamos a obtener distintos valores y resultados enviando los mismos mensajes.

Ahora sí podemos ver el concepto de identidad. Dicho de manera sencilla, la

[22] Está discutido el uso de los términos "tipo" y "clase". Hay tantas definiciones como autores. Nosotros seguiremos la práctica más habitual, que simplemente los considera sinónimos.

identidad de un objeto es lo que lo diferencia de los demás objetos de su clase.

Por ejemplo, el auto de matrícula RRR-222 tiene una identidad que lo diferencia de los demás autos de los mismos marca, modelo y color, aún cuando tengan el mismo comportamiento y estén en el mismo estado.

La identidad se le otorga a un objeto en el momento de la creación del mismo y se mantiene durante toda la vida del mismo. Es, por lo tanto, independiente del estado y de la localización física.

Si bien la identidad de un objeto no es manipulable por el programador, los lenguajes de programación suelen proveer referencias[23] a los objetos para poder accederlos. Como cada objeto tiene una referencia distinta, hay una relación biunívoca entre referencia e identidad. No obstante, la identidad es una cuestión conceptual, mientras la referencia es un tema de implementación.

En algunos lenguajes, las clases se pueden agrupar de alguna manera, habitualmente conocida como paquetes. Un **paquete** es un agrupamiento que se hace primordialmente para ordenar las clases en un sistema mediano o grande, y para resolver conflictos de nombres. Por eso algunos lenguajes – como C++ y C# – los llaman simplemente **espacios de nombres**. Por ejemplo, líneas más arriba utilizamos el paquete *System*, en el que se encuentra la clase *Console*. Los paquetes pueden estar anidados: por ejemplo, la clase *Conjunto* está en el paquete *Utilidades*, dentro del paquete *CarlosFontela*.

Como la clase *Console* que acabo de usar está contenida en el paquete *System*, su nombre completo es *System.Console*. Si bien esto puede parecer un tanto farragoso, es útil cuando los nombres de clases pueden repetirse. Por ejemplo, podría haber una clase *Console* en el paquete *CarlosFontela.Utilidades*, y en ese caso la denominaríamos *CarlosFontela.Utilidades.Console*.

Constructores y destructores

En algunos lenguajes, los objetos deben ser explícitamente creados mediante un método especial denominado constructor.

Si bien la semántica de lo que debe hacer un constructor no es uniforme en las distintas implementaciones del paradigma de objetos, se admite en general que el constructor es el primer método que se debe invocar para un objeto, y que este método realiza tareas necesarias de inicialización.

En nuestro ejemplo, hemos llamado al constructor de a clase *Conjunto*, al escribir:

```
Conjunto candidatos = new Conjunto (tamanioConjunto);
```

De esta manera, creamos el objeto referenciado por la variable *candidatos*, y de paso le definimos un tamaño, que en nuestro caso corresponde al mismo valor que el límite de búsqueda de primos.

El concepto de destructor es un poco menos frecuente. Su uso más habitual es la destrucción de un objeto. Sin embargo, algunos lenguajes, como los que utilizamos en este libro, no poseen destructores que deban ser invocados por el programador. Más adelante volveremos sobre esto.

[23] En general, se crea un objeto en tiempo de ejecución y se maneja mediante referencias. Hay algunas excepciones entre los lenguajes orientados a objetos, como C++.

Métodos y propiedades de clase

Hay métodos y propiedades que no representan estado o comportamiento de los objetos, sino de la clase como un todo. Los llamamos **propiedades y métodos de clase**.

Una propiedad de clase tiene sentido cuando el estado de un objeto es siempre el mismo que el de los demás objetos de la clase, o cuando hay estado que es atribuible a la clase.

Pero el uso más común de métodos y propiedades de clase es cuando una operación no es aplicable directamente a un objeto. En el ejemplo anterior utilicé los métodos *Write* y *WriteLine* de la clase *Console*, que se usan escribiendo *Console.Write* y *Console.WriteLine*.

Este uso de métodos y propiedades de clase es más bien un resabio de la programación estructurada, ya que no es exactamente POO lo que estamos haciendo. Sin embargo, es un artificio que se utiliza por conveniencia notacional, colocando en una clase métodos y propiedades afines a la clase, aun cuando no se apliquen a objetos de ese tipo. De todas maneras, no todos los lenguajes orientados a objetos utilizan esta característica.

Otro uso común de los métodos y propiedades de clase es cuando se necesitan bibliotecas de funciones de uso general, y que no se aplican solamente a objetos. En lenguajes mixtos, como C++, estas funciones existen sin problema, pero en otros, en los cuales toda función debe ser un método dentro de una clase, la única forma de implementarlo es mediante métodos de clase dentro de una clase meramente utilitaria.

Por ejemplo, en C++ se puede perfectamente escribir lo que sigue para hallar el valor absoluto de un número entero y luego multiplicarlo por el número pi:

```
int x = abs(y) * PI;
```

Donde *abs* es una función como cualquiera, independiente de cualquier clase u objeto, y lo mismo ocurre con la constante *PI*.

Pero en C#, en que todo método debe ir en una clase, se utiliza la clase *Math*, un método de clase denominado *Abs* y una propiedad[24] de clase denominada *PI*, como en el fragmento que sigue:

```
int x = Math.Abs(y) * Math.PI;
```

Notemos que esto tiene una ventaja adicional, ya que nos permite agrupar funciones y constantes en bibliotecas, por afinidad semántica. Decimos que *Math* es una *clase utilitaria*, que contiene propiedades y métodos para trabajar como funciones aritméticas.

Nótese que la notación es el nombre de la clase seguido del nombre de la función o constante.

Tipos por valor y por referencia

Los lenguajes con orientación a objetos suelen trabajar, en algunos casos, con

[24] En realidad no es una propiedad, sino un atributo, pero a los efectos del uso es como si lo fuera.

tipos por valor, y en otros con tipos por referencia. Hay algunos lenguajes que trabajan con ambos modelos, como es el caso de C# y Java.

Algunos tipos de datos de C# y Java, como *int* o *char*, y todos los tipos de C++, son **tipos por valor**. Esto significa que las variables de esos tipos son creadas en memoria (en la pila) en el momento en que el programa pasa por la declaración de las mismas, y destruidas cuando termina el ámbito en el cual han sido declaradas.

Asimismo, un cambio en una variable de estos tipos no afecta a ninguna otra variable. Por ejemplo, si hacemos:

```
int x = 4;
int y = x;
```

Es cierto que *x* e *y* van a tener el mismo valor. Pero ambas variables son distintas y sus existencias también. Si en la línea siguiente escribimos:

```
y = 5;
```

El valor de *x* va a seguir siendo 4 aunque hayamos cambiado el de *y*.

Todo esto puede parecer obvio a la mayoría de los lectores, al punto que les habrá parecido tedioso lo que vimos recién. Pero esos mismos lectores se asombrarían de saber que todo eso no es cierto con los **tipos por referencia**, que son mayoría en C#, Java y muchos otros lenguajes orientados a objetos.

Esto significa que una variable de estos tipos no contiene directamente los datos almacenados, sino la dirección de memoria (la referencia) del lugar donde están estos datos. Además, el acceso a los datos sólo puede hacerse a través de la referencia, porque el espacio de almacenamiento de los datos no tiene un nombre que se pueda utilizar. La declaración de una variable de un tipo por referencia no alcanza para guardar espacio para el mismo, sino que esto se hace dinámicamente más tarde mediante una sentencia especial, que en C# y Java se denomina *new*.

Por supuesto, si asignamos una variable de un tipo por referencia a otra, lo que hacemos es asignar sus referencias, de modo tal que cualquier cambio sobre una de ellas impactará en la otra. La comparación con los operadores == y != sólo compara referencias.

Cualquier variable de un tipo por referencia puede tomar el valor nulo (en Java y C#, la constante *null*), lo que significa que no está referenciando nada.

Para programadores que estén habituados al manejo de punteros, sí, esto se parece a los mismos. Sólo que las referencias son punteros gestionados y seguros, sobre los que no se puede operar directamente como en C o C++. De hecho, se parecen más a los punteros de Pascal, aunque con una sintaxis más simple.

A continuación hay un cuadro que resume lo que acabo de explicar:

	Tipos por valor	**Tipos por referencia**
Asignación	Copia de valores	Copia de referencias
Operadores de igualdad y desigualdad	Comparan valores	Comparan referencias
Creación de variables	En el momento de la declaración	En tiempo de ejecución con el operador *new*
Liberación de memoria	Automática al salir de ámbito	Depende del lenguaje

Todo esto tiene una razón de ser.

Cuando trabajamos con objetos, lo que nos suele interesar es la identidad de un objeto, es decir, lo que diferencia a un objeto particular de otros. Por eso, tiene sentido que toda comparación entre objetos, realizada con == y con !=, compare para saber si se trata del mismo objeto, no de si tiene el mismo contenido. Y es importante que los lenguajes orientados a objetos manejen de esta manera a los objetos, trabajando con referencias.

Sin embargo, hay algunos casos de objetos, como un número o una fecha, que sí tiene sentido compararlos por su valor. De hecho, de la fecha 20/6/2007 lo que importa es el valor, y si dos variables contienen esa misma fecha se refieren en realidad al mismo dato. Por eso, muchos lenguajes permiten trabajar con objetos cuyos tipos no son por referencia sino por valor. Tal es el caso de *DateTime* en C#. Ya volveremos sobre esto en un próximo capítulo.

En la cuarta parte del libro haré un análisis en profundidad de este tema y sus consecuencias, pero por el momento nos basta lo que hemos dicho.

PROGRAMACIÓN BASADA EN OBJETOS EN JAVA

El ejemplo introductorio

Vamos a escribir el mismo programa que realizamos en C#, ahora en Java, para analizar sus similitudes y diferencias con C# a la hora de trabajar con objetos. Lo que sigue es el código en cuestión, que me abstengo de comentar porque es muy similar al presentado en C#:

```
import carlosfontela.utilidades.*;

public class NumerosPrimos {

    static final int hasta = 2000;

    public static void main (String [ ] p) {

        // creo un conjunto con todos los números candidatos:
        int tamanioConjunto = hasta;
        Conjunto candidatos = new Conjunto (tamanioConjunto);
        for (int x = 2; x <= hasta; x++)
                candidatos.agregarElemento(x);

        // empiezo con todos los candidatos como primos:
        Conjunto primos = candidatos;

        // aplico la criba:
        for (int x = 2; x <= hasta; x++)
                if (primos.pertenece(x)) {// el número x es primo
                        // elimino sus múltiplos:
                        for (int multiplo = x+x; multiplo <= hasta; multiplo += x)
                                primos.sacarElemento(multiplo);
                }

        // imprimo resultados:
```

```
		System.out.print("Cantidad de primos: ");
		System.out.println(primos.getCardinalidad( ));
		System.out.println("Números primos:");
		for (int x = 2; x <= hasta; x++)
			if (primos.pertenece(x)) {
				System.out.print(x);
				System.out.print(" ");
			}
	}
}
```

Como vemos, en Java en vez de *using* se usa *import*, y la función del programa principal es *main* en vez de *Main*, con un parámetro arreglo de *String* obligatorio.

Aspectos distintivos de Java

Si observamos el ejemplo, la única diferencia digna de mención con el programa C#, obviando obvias diferencias de sintaxis, es el uso de un método *getCardinalidad* en vez de una propiedad *Cardinalidad*. Esto obedece a que en Java no hay propiedades de manera nativa, y se las reemplaza con métodos. Esto es, una propiedad *cardinalidad* no se utiliza con este nombre, sino con un método *getCardinalidad* para obtener su valor, y un *setCardinalidad* para alterarlo. En nuestro caso, como la propiedad sólo es de consulta, el método *setCardinalidad* no existe.

Los paquetes de Java se denominan simplemente paquetes (*package*). En nuestro ejemplo, usamos el paquete *carlosfontela.utilidades*, que contiene la clase *Conjunto*. El nombre completo de la clase sería *carlosfontela.utilidades.Conjunto*.

Los constructores de Java tienen la misma sintaxis y semántica que en C#, y tampoco existen destructores que deban ser invocados por el programador. Usamos un constructor en la línea en la que escribimos:

```
Conjunto candidatos = new Conjunto (tamanioConjunto);
```

De esta manera, creamos el objeto referenciado por la variable *candidatos*, y de paso le definimos un tamaño, que en nuestro caso corresponde al mismo valor que el límite de búsqueda de primos.

También hay en Java métodos y propiedades de clase.

Por ejemplo, para hallar el valor absoluto de un número entero y luego multiplicarlo por el número pi hacemos:

```
int x = Math.abs(y) * Math.PI;
```

Salvo los tipos primitivos, el resto de los tipos de Java son tipos por referencia.

No hay manejo de punteros en Java.

El ejemplo introductorio

Vamos a escribir el mismo programa que realizamos en C# y Java, ahora en C++, para analizar sus similitudes y diferencias con los otros lenguajes a la hora de trabajar con objetos. Lo que sigue es el código en cuestión:

```
using namespace utilidades;

#include <stdio.h>
#include <iostream.h>

#ifndef CONJUNTO_H_
#include "Conjunto.h"
#endif /*CONJUNTO_H_*/

const int hasta = 2000;

int main( ) {

    // creo un conjunto con todos los números candidatos:
    int tamanioConjunto = hasta;
    Conjunto candidatos (tamanioConjunto);
    for (int x = 2; x <= hasta; x++)
            candidatos.agregarElemento(x);

    // empiezo con todos los candidatos como primos:
    Conjunto primos = candidatos;

    // aplico la criba:
    for (int x = 2; x <= hasta; x++)
            if (primos.pertenece(x)) {// el número x es primo
                    // elimino sus múltiplos:
                    for (int multiplo = x+x; multiplo <= hasta; multiplo += x)
                            primos.sacarElemento(multiplo);
            }

    // imprimo resultados:
    cout << "Cantidad de primos: ";
    cout << primos.getCardinalidad( ) << endl;
    cout << "Números primos:" << endl;
    for (int x = 2; x <= hasta; x++)
            if (primos.pertenece(x)) {
                    cout << x;
                    cout << " ";
            }

    // fin:
    char ch = getchar( );
    return 0;
}
```

Aspectos distintivos de C++

Se dice a menudo que C++ no es un lenguaje *de* objetos sino un lenguaje *con* objetos. Esto quiere decir, entre otras cosas, que no todos los datos son objetos en C++. En el caso del ejemplo, *primos* y *candidatos*, sin embargo, son objetos, instancias de clases.

Al igual que en Java, en C++ no hay propiedades, por lo que, en nuestro ejemplo, la propiedad de consulta *Cardinalidad* la obtenemos mediante el método *getCardinalidad*.

Sí existen los métodos, y su forma de uso es similar a la de C# y Java.

Los paquetes de C++ se denominan espacios de nombres, como en C#. En nuestro ejemplo usé el espacio de nombres *utilidades*, donde se encuentra la clase *Conjunto*. El nombre completo de la clase sería *utilidades::Conjunto*.

Los constructores en C++ se usan para inicializar objetos, y tienen una semántica un tanto diferente a la de Java y C#, que analizaremos en un próximo capítulo. En nuestro ejemplo, usamos el constructor de la clase *Conjunto*:

```
Conjunto candidatos (tamanioConjunto);
```

En C++ también hay destructores, pero su uso excede lo que podemos explicar en este capítulo.

También existen los métodos de clase en C++, pero en general se usan bastante menos que en C# o Java.

C++ trabaja en todos los casos con tipos por valor, aunque el manejo de punteros permite simular las referencias.

CONCLUSIONES

Vimos en este capítulo el concepto de objeto, de clase, y cómo usar estos elementos con métodos y propiedades.

En el ejercicio que hicimos en este capítulo, en los tres lenguajes, usamos objetos. Por eso llamo a esta forma de programación, **basada en objetos**. Sin embargo, la programación *orientada a objetos* va más allá del simple uso de objetos.

Tal vez no haya pasado inadvertido al lector que la clase *Conjunto* de nuestro ejemplo, en realidad se llamaba *CarlosFontela.Utilidades.Conjunto*, *carlosfontela.utilidades.Conjunto* y *utilidades::Conjunto*, según el lenguaje. Quiere decir que en algún lado habrá paquetes con esos nombres que contengan la clase en cuestión, ¿no?

Ahora bien, ¿quién construyó esos paquetes?... Adivinó. Yo lo hice, obviamente. Lo que ocurre es que en este capítulo usamos las clases como cajas negras: sabiendo lo que hacen, pero no cómo, les hemos pedido servicios. No obstante, a partir de aquí vamos a construir las clases que necesitemos y no tengamos disponibles, entre ellas alguna clase *Conjunto* que aparecerá más adelante, pero también muchas más.

Cuando debemos construir una nueva clase, lo que tenemos que saber es qué esperan nuestros clientes de ellas. Normalmente, una clase se puede explicitar mediante un contrato que incluye los métodos y propiedades, con sus pre y post condiciones, y el invariante de la clase.

Una vez que nos acostumbremos a la auténtica programación orientada a objetos, no vamos simplemente a escribir programas. Los programas irán surgiendo casi sin mucho trabajo al ir aumentando la cantidad de clases que interactúen unas con otras. Finalmente, tal vez haya un lugar en el cual se dispare el comienzo de una aplicación, probablemente también dentro de una clase, y a modo de reguero de pólvora, una clase llamará un método sobre otra, ésta otro método sobre la de más allá, y así sucesivamente, y se irá generando una ejecución.

Pero no esperemos más: ¡entremos ya al verdadero paradigma de objetos!

Parte 2: Programación... y un poco de diseño

Esta segunda parte del libro se centra en los aspectos básicos de la programación orientada a objetos: encapsulamiento, delegación, herencia, polimorfismo, persistencia, más algunas derivaciones interesantes. He seguido un método que implica primero presentar un ejemplo y luego los conceptos del capítulo, en primer lugar con un lenguaje. Le sigue siempre la implementación en los otros dos. Generalmente el primer lenguaje es C#, por tener más características implementadas, pero no siempre lo hice así.

Los capítulos de esta sección son:

4. Construcción de clases: presentación del concepto de clase, como una consecuencia lógica de los avances hacia una mayor abstracción que venían dándose en el paradigma estructurado.

5 y 6. Delegación y Herencia de implementación: aquí estudiaremos las dos técnicas de reutilización más comunes y básicas.

7 y 8. Polimofismo basado en herencia y Polimorfismo basado en interfaces: en estos capítulos veremos el polimorfismo, un difícil pero importantísimo concepto, en el primero con herencia y en el segundo con interfaces.

9. Excepciones: tratamiento de los problemas en tiempo de ejecución y su forma de procesamiento en los lenguajes modernos, con el mecanismo de excepciones y otros menos usuales.

10 y 11. Colecciones basadas en polimorfismo y Genericidad y tipos como parámetros: lo que estudiaremos aquí servirá, no sólo para informarse sobre las distintas maneras de trabajar con estructuras de datos, sino también para afianzar conocimientos de capítulos anteriores.

12. Persistencia: éste es un tema que a veces se malinterpreta o menosprecia, pero que es central a la programación orientada a objetos en el mundo real, en la que necesitamos que nuestros objetos sigan existiendo una vez que ha terminado de correr la aplicación.

13. Delegados: los métodos como objetos: como cierre de esta etapa, un concepto poco común, pero muy interesante para poder ver a los métodos y sucesiones de métodos, como objetos.

4. CONSTRUCCIÓN DE CLASES

Dejamos de temer aquello que se ha aprendido a entender.
Marie Curie[25]

El concepto central de la orientación a objetos es la clase. En este capítulo analizamos a la clase como sucedáneo del tipo de datos y como módulo fundamental de nuestras aplicaciones. Si bien estamos utilizando clases desde el capítulo anterior, ahora vamos a empezar a diseñar nuestras propias clases y ver cómo funcionan por dentro. Esto es lo que se llama programación orientada a objetos. El uso de objetos y clases sin implementar estas últimas lo he llamado programación basada en objetos.

También veremos que la estructura de un programa orientado a objetos es diferente de la de uno procedimental, y analizaremos la particular notación de POO, y sus razones.

La clase no es sólo un módulo y un tipo de datos. Responde a la idea de concepto y engloba individuos que llamamos objetos. En este capítulo analizamos objetos y clases, su relación, y algunas características de los objetos. También veremos cómo hace UML para reflejar el comportamiento de los objetos.

Terminaremos el capítulo con una serie de recomendaciones de diseño, simples pero fundamentales para adquirir buenas prácticas básicas en orientación a objetos.

PRIMER EJERCICIO: IMPLEMENTACIÓN DE UNA CLASE EN C#

Cómo hacerlo

Hemos dicho que las clases son los tipos de datos de POO. Lo que no hemos afirmado aún es otra gran verdad: un programador puede definir sus propias clases.

¿Para qué? En realidad – y sin bien esto lo veremos en detalle más adelante – la POO pretende resolver los problemas de desarrollo de software centrándose en los objetos. Es decir, una aplicación se construye analizando qué objetos existen, definiendo qué estado y qué comportamiento podemos esperar de ellos, programar cómo manejarán ese estado y ese comportamiento, y luego definir las interacciones con otros objetos.

Expliqué también que los objetos tienen estado, y he definido el concepto de estado visible. Sin embargo, no hemos dicho nada del estado interno, que es el no visible.

Cuando implementamos clases, tenemos que poder decir cómo queremos que los objetos instancia de nuestra clase manejen su estado interno y su comportamiento. Dicho de otra manera, tenemos que implementar nuestra clase, definiendo la representación del estado interno de sus objetos, cómo hacen las propiedades para definir qué muestran del estado, y cómo hacemos para que los métodos reflejen el comportamiento de los objetos.

[25] Atribuido.

En seguida lo veremos en un ejemplo, pero desde ya adelantamos que el estado interno de un objeto lo almacenamos en variables especiales – internas a los objetos – que denominamos **atributos**[26]. Y esos atributos debemos especificarlos al implementar la clase.

Pero vamos a un ejemplo concreto. Supongamos que tenemos que implementar un sistema bancario muy simple. Si analizamos qué entidades aparecen en el dominio del problema, una de ellas sería sin duda el concepto de cuenta.

Como dijimos poco más arriba, la POO intenta convertir los objetos del dominio del problema[27] en objetos del dominio de la solución. Por lo tanto, claramente habría objetos de algún tipo como "cuenta" en nuestra solución. Lo voy a hacer implementando una clase *CuentaBancaria*, que luego sea el molde para crear los objetos concretos. El desarrollo lo haré en C#.

Qué esperamos de la clase en cuestión

Ante todo, definamos cómo utilizaríamos la clase *CuentaBancaria*.

Lo primero que debemos poder hacer es crear objetos *CuentaBancaria* llamando al constructor. Una primera idea sería esta:

```
CuentaBancaria cuenta = new CuentaBancaria (24517, "Fontela");    // número, titular
```

Es decir, estamos diciendo que cuando creemos un objeto *CuentaBancaria*, le vamos a pasar como valores iniciales el número de cuenta y el nombre del titular, en ese orden.

Otra cosa que debemos poder hacer es depositar dinero. Proponemos esta forma:

```
cuenta.Depositar(2000);             // depósito de 2000 pesos
```

También debemos poder extraer dinero. Aquí el problema es que podría no haber saldo suficiente en la cuenta. Por lo tanto, vamos a suponer que el método *Extraer* me indique con un resultado booleano si se pudo o no hacer la extracción:

```
bool exito = cuenta.Extraer (700);
if (!exito) Console.WriteLine ("Fondos insuficientes");
```

Finalmente, un dato mínimo que debemos poder obtener de la cuenta es su saldo. Para ello, trabajaremos con la propiedad de consulta *Saldo*, como sigue:

```
Console.WriteLine (cuenta.Saldo);
```

Puesto todo el código de corrido:

[26] Hay personas que llaman "campos" a los atributos. Y en la literatura en inglés es habitual el uso del término "field", tal vez como algo heredado de C y los lenguajes estructurados. Sin embargo, prefiero el uso más común en castellano, aun cuando se lleva mal con la construcción "attribute" de .NET.

[27] Digo "dominio del problema" y no "mundo real", porque es muy difícil definir qué es real y qué no lo es, dependiendo del contexto. Además, el software no modela la realidad, sino problemas que en general son simplificaciones de la realidad. Sé que el tema tiene mucho de filosófico, pero no es menor.

```
public class PruebaCuentaBancaria
{
    public static void Main( ) {
        // número, titular:
        CuentaBancaria cuenta = new CuentaBancaria (24517,"Fontela");
        cuenta.Depositar (2000);                // depósito de 2000 pesos
        bool exito = cuenta.Extraer (700);
        if (!exito) Console.WriteLine ("Fondos insuficientes");
        Console.WriteLine (cuenta.Saldo);
    }
}
```

Ahora bien, si escribimos este pedazo de código en nuestro editor de programas y pretendemos compilarlo, obtendremos varios errores de sintaxis, por una razón obvia: la clase *CuentaBancaria*, con sus métodos y propiedades, no existe todavía.

Lo que haremos a continuación es definir la clase.

Implementación

La "cáscara" de la definición de la clase será:

```
public class CuentaBancaria {
        // acá va la implementación ...
}
```

Lo primero que debemos preguntarnos es qué datos internos va a necesitar almacenar un objeto *CuentaBancaria*. Parece obvio que son el número de cuenta, el nombre del titular, y... ¡por supuesto!: el saldo.

Por lo tanto, los atributos los definiremos de esta manera:

```
private int numero;
private string titular;
private double saldo;
```

Esto se parece bastante a una simple definición de variables internas, y de hecho eso es lo que son. Por el momento, ignoremos los calificadores *public* y *private*.

Dije también que tendríamos una propiedad *Saldo*. Veamos:

```
public double Saldo {
        // para consultar el saldo
        get {
                return saldo;
        }
        // para darle valor al saldo
        set {
                saldo = value;
        }
}
```

Sin embargo, sólo queremos que se pueda conocer el saldo, pero no alterarlo en forma arbitraria. El saldo sólo podrá alterarse por los depósitos y las extracciones. Una mejor definición de la propiedad sería entonces hacerla de consulta solamente:

```
public double Saldo {
        get {
                return saldo;
        }
}
```

Ahora, debemos definir los métodos *Depositar* y *Extraer*:

```
public void Depositar (double monto) {
        saldo += monto;
}

public bool Extraer (double monto) {
        if (monto > saldo)
                return false;
        else {
                saldo -= monto;
                return true;
        }
}
```

Obviando los calificadores *public*, analice las líneas anteriores, y asegúrese de entenderlas. Seguramente crea que algo falta en cada método…

Lo que sí nos falta es el constructor:

```
public CuentaBancaria (int n, string t) {
        numero = n;
        titular = t;
        saldo = 0;
}
```

Como vemos, al constructor no se le define un tipo de valor devuelto.

Por lo tanto, nuestra clase quedaría:

```
public class CuentaBancaria {
   // atributos:
   private int numero;
   private string titular;
   private double saldo;

   // propiedad (sólo lectura):
   public double Saldo {
        get {
                return saldo;
        }
   }

   public void Depositar (double monto) {
        saldo += monto;
   }

   public bool Extraer (double monto) {
        if (monto > saldo)
```

```
            return false;
        else {
            saldo -= monto;
            return true;
        }
    }

    // constructor:
    public CuentaBancaria (int n, string t) {
        numero = n;
        titular = t;
        saldo = 0;
    }
}
```

Ahora sí podemos compilar el programa anterior y ver que funcione.

El capítulo en el que estamos nos ayudará a comprender unas cuantas cosas de este ejemplo, además de todos los conceptos básicos de construcción de clases.

CLASES Y OBJETOS EN C#

Cuestiones de sintaxis: el objeto actual

Tal vez no nos hayamos dado cuenta, pero todos los métodos y propiedades implementados en el ejercicio anterior utilizan un objeto que no hemos declarado para nada.

Por ejemplo, ¿estamos todos de acuerdo en que el método *Depositar* se escriba como vimos?:

```
public void Depositar (double monto) {
    saldo += monto;
}
```

Si bien conceptualmente no tenemos duda de que depositar significa lo mismo que aumentar el saldo de la cuenta en un monto... ¿de qué cuenta estamos hablando?

Dicho de otra manera, *saldo* es el nombre de un atributo, pero un atributo tiene valores diferentes en distintos objetos. Y en este caso, ¿cuál es el objeto?

La respuesta tiene mucho que ver con la notación de la orientación a objetos.

Si nos fijamos en nuestro programa de prueba, el uso del método *Depositar* fue:

```
cuenta.Depositar(2000);
```

Y eso tiene el significado de pedir que le depositemos 2000 pesos al objeto referenciado por la variable *cuenta*. Decimos que *cuenta* referencia al **objeto actual**, el objeto para el cual está siendo llamado el método.

Por lo tanto, si ahora revemos el método *Depositar*, debemos entender que el atributo *saldo* que estamos utilizando aquí dentro es el atributo *saldo* correspondiente al objeto actual. El nombre del objeto actual en las implementaciones de propiedades y métodos es *this* en C#. Y como en casi todos los lenguajes orientados a objetos, su nombre puede omitirse. Por lo tanto, el método *Depositar* se pudo haber escrito como sigue:

```
public void Depositar (double monto) {
    this.saldo += monto;
}
```

Sólo que no lo hicimos así por ser más clara la notación sin utilizar *this*. De todas maneras, hay ocasiones en que debemos utilizar el nombre *this* para evitar ambigüedades.

Calificadores de visibilidad

Llegó el momento de ver por qué colocamos *public* o *private* (u otras palabras) delante de métodos, propiedades y atributos.

Los atributos, propiedades y métodos **privados** sólo se pueden usar desde dentro de la clase en la que están definidos, y no desde ninguna otra.

Esto es, sólo podemos referirnos a un método, atributo o propiedad privado desde el código propio de la clase, el que se encuentra entre las llaves que delimitan su definición. Cualquier intento de acceder desde afuera de la misma, nos provocará un error de compilación, ya que fuera de la clase, el método, atributo o propiedad en cuestión, sencillamente no existe.

Los atributos, propiedades y métodos **públicos** se pueden usar desde cualquier lado, dentro o fuera de la clase en cuestión.

Hay otros calificadores de visibilidad, que dependen de cada lenguaje.

Por ejemplo, en C# podemos utilizar el calificador de visibilidad *internal*, y en ese caso le estamos dando visibilidad a todo el ensamblaje.

Las clases también tienen calificadores de accesibilidad. En C#, si a una clase no se le coloca un calificador de accesibilidad, se asume que es *internal*. Esto también se aplica a cualquier tipo definido por el programador.

Abstracción

A mediados de la década de 1980, la academia y la industria empiezan a cuestionar por qué la producción de software no seguía los pasos de otras industrias, que construyen sus productos en base a componentes desarrollados por un tercero.

Así, por ejemplo, una fábrica de automóviles no pretende producir los equipos de audio o de aire acondicionado, las baterías, las lamparitas o las cubiertas que incluye en sus modelos, y a veces ni siquiera los motores. ¿Por qué hacen esto? Precisamente porque comprárselos a quien produce estos componentes en forma masiva suele ser más económico, además de que permite que cada uno se dedique a lo que mejor sabe hacer. Ello conlleva ventajas de menor tiempo para salir al mercado, mayor confiabilidad y menores costos de desarrollo y mantenimiento, entre otras.

Lo mismo puede aplicarse al desarrollo de software, utilizando lo desarrollado por otros en nuestras aplicaciones, o incluso lo desarrollado *en casa* para otros sistemas. Esto se llama **abstracción**.

De esta forma se puede ir construyendo un lenguaje de nivel superior. Por ejemplo, supongamos que agregamos a Pascal una función de exponenciación, que el lenguaje no tiene. Si incluimos esta función en una unidad de biblioteca, podremos utilizarla luego en todas nuestras aplicaciones. Por añadidura, si el módulo a desarrollar fuera más complejo, podríamos pensar en comprarlo a alguien que lo haya desarrollado.

Por lo tanto, no olvidemos que la forma más fácil de escribir un programa es usando simplemente bibliotecas escritas por otras personas, ya probadas, generalizadas y optimizadas. En general, a los principiantes les resulta trabajoso reunir información e integrar productos de diversos fabricantes, pero los beneficios suelen ser mayores que los costos.

En realidad, hay dos formas de abstracción: la **abstracción de procesos**, que se corresponde con lo explicado en los párrafos anteriores, y la **abstracción de datos**, que corresponde a los tipos definidos por el programador. La diferencia fundamental entre ambas es que la primera se centra en subprogramas, trabajando sobre un conjunto de datos accesibles a todos los módulos, mientras la segunda se centra en datos, que contienen asimismo los subprogramas que permiten manipularlos. La primera se corresponde con la programación estructurada y la segunda con POO.

La abstracción de datos se utiliza para lo que se denomina implementación de **tipos definidos por el programador**[28]. Diremos que trabajamos con un tipo definido por el programador cuando manejamos un tipo de dato que no está predefinido en el lenguaje utilizado, simulándolo de manera totalmente transparente, mediante un adecuado uso de funciones.

Puesto que los tipos de datos no son conjuntos sino álgebras, es decir, conjuntos más las operaciones definidas sobre los elementos de los mismos, se hace necesario especificar ambas cosas. Por ello, la implementación de un tipo definido por el programador implica siempre las siguientes tres tareas:

- Determinación de las operaciones necesarias sobre el tipo.
- Elección de una estructura de datos sobre la cual se materializará la implementación.
- Implementación de la estructura de datos y las operaciones.

La ventaja principal de los tipos definidos por el programador es que éste puede definir un tipo que se ajuste a sus necesidades en vez de tener que usar los definidos en el lenguaje que está usando.

Para que su uso sea sencillo, los lenguajes deben tratar a los tipos definidos por el programador como a los tipos predefinidos.

Los lenguajes de programación estructurados no tenían en general un buen soporte para la abstracción. Sólo Ada pareció reconocer esta necesidad y en algunas implementaciones de Pascal se introdujo el concepto de unidad de biblioteca.

A pesar de los años que tiene el concepto, la abstracción se ha utilizado en sus primeros tiempos casi siempre dentro de una misma empresa o equipo de desarrollo, sin que se diera ese intercambio de componentes de software que se viene anunciando desde hace décadas. Buena parte de este escaso avance se debe a que los informáticos tenemos una gran resistencia a usar lo que no hemos desarrollado

[28] Un comentario importante respecto de los nombres. En general este concepto se conoce como "tipo abstracto de datos" (TDA o TAD), pero el término ha sido muy cuestionado por el uso de la palabra "abstracto". En efecto, "abstracto" tiene una connotación diferente en muchas metodologías y paradigmas, y en particular en la orientación a objetos. Por lo tanto, y en aras de mantener la claridad al máximo, en lo sucesivo lo llamaremos *tipo de datos definido por el programador*.

nosotros mismos, quizá porque tememos que si surgen problemas no los podamos arreglar. Pero lo cierto es que tampoco era tan fácil una década atrás.

Sin embargo, de a poco, gracias a la tecnología de objetos y el auge de Internet, ha surgido este mercado que está comenzando a revolucionar el desarrollo de software. Y muchos productos son de una calidad incuestionable. Ya hoy, los desarrolladores de software adquirimos la mayor parte de lo que necesitamos, *enchufando* componentes y probándolos en conjunto.

Los lenguajes orientados a objetos manejan la abstracción a partir del concepto de clase.

Ocultamiento de implementación

Cuando trabajamos con abstracción de datos es importante impedir que el usuario del mismo (un programador de aplicaciones que denominaremos **cliente** o *consumidor*) haga un uso indebido de los datos por utilizar aspectos de la implementación que no debieran ser de su incumbencia.

Volviendo a la analogía de la industria automotriz, quien provee equipos de aire acondicionado a una fábrica de automóviles, no suele especificar cómo están construidos los mismos. Solamente basta con que asegure una serie de conectores o interfaces que permitan su instalación y una serie de características y funcionalidades a prestar. Así, el fabricante del equipo de aire acondicionado puede establecer cambios en los circuitos internos sin necesidad de que el fabricante de autos deba modificar nada si se respetan las interfaces y las prestaciones establecidas. Esto lo logra porque el equipo de aire acondicionado es, desde el punto de vista de la fábrica de automóviles, una *caja negra*, que se testea cerrada, teniendo en cuenta solamente que cumpla las prestaciones establecidas por un contrato y que tenga las interfaces necesarias para poder conectarlo. Y desde el punto de vista del cliente, no se necesita conocer cómo está construido el equipo para poder usarlo.

¿Cómo podemos trasladar esta idea a la industria del software? Con el principio del **ocultamiento de implementación**, también llamado ocultamiento de información u ocultamiento de datos. Este concepto permite el desarrollo de software de modo tal que el cliente no pueda usar la estructura de datos y los algoritmos subyacentes. En otras palabras, se pueden usar las interfaces de los tipos de datos definidos por el programador, pero no la implementación. De este modo, la interfaz se convierte en una especie de contrato entre las partes, que debe ser respetado.

El ocultamiento de implementación precisa de algunas normas:

- Al cliente, se le debe proveer sólo toda la información que necesita para usar el módulo correctamente, de modo de no necesitar conocer la implementación.
- Al que implemente el módulo (*proveedor*), se le debe dar toda la información necesaria para comprender el uso que se hará del mismo.
- El cliente y el proveedor son dos roles diferentes. El proveedor del módulo está proveyendo un servicio, en base a un contrato. El cliente es quien consume ese servicio.

Por lo tanto, una especificación de un módulo debe señalar cuáles son las funciones que dicho módulo realiza, describiendo el dominio de cada una, los valores iniciales, los parámetros que se deben utilizar y el efecto de dichas funciones. Dicho de otra manera, se deben definir las **precondiciones** y **postcondiciones** del módulo. Respecto del tipo de datos, importa definir los **invariantes** del mismo, es decir, aquellas condiciones que se deben cumplir siempre para los datos del tipo.

El ocultamiento implica separar el *qué* del *cómo*. Es decir, el cliente debe conocer *qué* hace el módulo, pero no necesariamente *cómo* lo hace.

Todo esto puede parecer extraño: ¿por qué ocultarle al usuario de la biblioteca lo que no necesita? Las ventajas del ocultamiento son básicamente dos:

- Permite cambios de implementación.
- Impide violaciones de restricciones entre datos internos.

La primera ventaja se refiere a que, por no poder usar el cliente la estructura de los datos y algoritmos, no va a utilizar características exclusivas de éstos, de modo que en futuras modificaciones se podrá alterar dicha estructura sin que sean necesarios cambios en los programas clientes.

Por ejemplo, si se desarrolla un tipo de datos definido por el programador que maneja pilas[29] de enteros trabajando sobre arreglos, y se le da al cliente acceso a la implementación, éste puede utilizar facilidades propias de la forma de implementación. Si luego, por consideraciones diversas, se establece que conviene implementar las pilas sobre listas encadenadas, no podrá hacerse sin obligar al cliente a modificar sus programas, lo cual alteraría el *contrato* entre implementador y cliente.

Esto se hace mucho a lo largo de la vida de un sistema: en las primeras versiones se usa una implementación simple con tal de salir lo antes posible al mercado y luego se va mejorando en versiones futuras. Notemos, en consecuencia, que de no ocultar la implementación, se estaría impidiendo su evolución.

La segunda ventaja que se mencionó se refiere a las restricciones que pueda haber entre datos internos, que hayan sido establecidas por el implementador como resguardo para el buen funcionamiento, y que puedan ser arruinadas por el acceso indebido del cliente.

Por ejemplo, si el implementador establece datos internos de un tipo vinculados entre sí, dejar librado el acceso a la implementación al cliente puede malograr el trabajo hecho. Un ejemplo de esto puede ser un grafo[30] implementado de forma tal que, por cada arco que se agrega en un sentido, se agrega automáticamente su simétrico, y cada vez que se elimina un arco se eliminan ambos. Un cliente que no entiende del todo la implementación puede intentar agregar o suprimir un arco sin preocuparse por la simetría.

En definitiva, se oculta la implementación para que ningún cliente sea dependiente de una forma de implementación en particular. O dicho de otro modo, para que el cliente pueda estar seguro de que está usando el tipo de datos definido por el programador correctamente, y el implementador pueda introducir cambios y mejoras en el futuro. Gracias al ocultamiento podemos comprender enormes cantidades de tipos de datos sin perdernos en detalles de implementación. Por lo tanto, el buen uso de ocultamiento nos evita tener que aprender aspectos muy complejos.

Lo importante es definir lo más precisamente posible el contrato entre cliente y proveedor, de modo de que ambos conozcan la interfaz del tipo de dato y el comportamiento esperado. Veremos más sobre este tema en este mismo capítulo.

Visibilidad y ocultamiento de implementación

Bueno, ahora estamos en condiciones de saber para qué sirven los

---

[29] Una pila es una estructura de datos en la cual los elementos se insertan y se extraen por un mismo extremo, denominado *tope*.

[30] Un grafo es una estructura de datos en forma de red, como una red caminera o ferroviaria o una red de computadoras.

calificadores de visibilidad: al definir qué métodos, atributos y propiedades de una clase pueden ser utilizados desde fuera de la misma y cuáles no, podemos manejar el ocultamiento de la implementación.

Como regla número uno, podemos enunciar que los atributos deberían ser privados. Al fin y al cabo, representan estructura interna de la clase, y no deberían ser conocidos por ninguna otra clase.

Siguiendo en orden de importancia, las propiedades y los métodos, en tanto sirven para pedirle a una clase su estado visible y para enviarle un pedido de realizar una acción, deberían ser públicos. Sin embargo, hay ocasiones en las cuales definimos métodos privados, y hasta propiedades privadas. Incluso una propiedad puede ser privada para modificación y pública para consulta. Esto de métodos y propiedades privados se debe a que en algunos casos necesitamos modularizar parte de una clase y ponerles nombres a esos módulos, aun cuando no debieran ser conocidos desde fuera. Pero, en principio, métodos y propiedades son públicos.

Algunos lenguajes permiten definir también un calificador de visibilidad a nivel de paquete. Esto es, permiten especificar algunos atributos, métodos y propiedades que podrán ser utilizados desde clases del mismo paquete, pero no desde fuera de éste. Este nivel de visibilidad – en ocasiones muy útil – puede utilizarse para los métodos y las propiedades que sólo tengan sentido dentro de un paquete. Para los atributos, y salvo muy contadas excepciones, prefiero mantener la privacidad total. Sin embargo, para entender el por qué del uso o no de la visibilidad de paquete debemos manejar mejor el tema de diseño de paquetes, para lo cual nos falta mucho.

Hay otros calificadores de accesibilidad, que iremos viendo más adelante.

Tipos por valor y objetos

Hemos visto que en POO las clases suelen ser tipos por referencia. Pero también analizamos que a veces es conveniente que algunos objetos puedan compararse por valor y no por su identidad, como es el caso de los números o las fechas.

En C# existen tipos por valor, y el programador puede declarar otros, mediante el uso de las construcciones *struct* y *enum*. Un *struct* en C# es conceptualmente una clase, aunque con algunas restricciones que más adelante veremos.

Por ejemplo, lo que sigue es una clase por valor para manejar fracciones[31]:

```
using System;

namespace CarlosFontela.Algebra {

    public struct Fraccion {

        private int numerador;
        private int denominador;

        public Fraccion (int numerador, int denominador) {
```

[31] Este es un código de ejemplo. Por eso me tomé la libertad de terminar el programa cuando se produce un error. Cuando veamos excepciones en un capítulo posterior, veremos formas más elegantes y seguras de manejar estos problemas.

```
        if (denominador == 0)
            Environment.Exit(1);
        this.numerador = numerador;
        this.denominador = denominador;
    }

    public Fraccion Sumar (Fraccion y) {
        int denominador = this.denominador * y.denominador;
        int numerador = denominador / this.denominador*this.numerador +
                        denominador / y.denominador*y.numerador;
        return new Fraccion(numerador, denominador);
    }

    public Fraccion Restar (Fraccion y) {
        int denominador = this.denominador * y.denominador;
        int numerador = denominador / this.denominador*this.numerador -
                        denominador / y.denominador*y.numerador;
        return new Fraccion(numerador, denominador);
    }

    public Fraccion Multiplicar (Fraccion y) {
        int numerador = this.numerador * y.numerador;
        int denominador = this.denominador * y.denominador;
        return new Fraccion(numerador, denominador);
    }

    public Fraccion Dividir (Fraccion y) {
        if (y.numerador == 0)
            Environment.Exit(1);
        int numerador = this.numerador * y.denominador;
        int denominador = this.denominador * y.numerador;
        return new Fraccion(numerador, denominador);
    }

    public double ValorReal {
        get {
            return (numerador / denominador);
        }
    }

    public bool Igual (Fraccion x) {
        return (this.numerador*x.denominador == this.denominador*x.numerador);
    }

    public bool Mayor (Fraccion x) {
        return (this.numerador*x.denominador > this.denominador*x.numerador);
    }

    public bool Menor (Fraccion x) {
        return (this.numerador*x.denominador < this.denominador*x.numerador);
    }

  }
}
```

Los tipos por enumeración permiten especificar los valores (constantes) que una variable de ese tipo puede tomar. En C# esto se hace refiriéndolos a un valor ordinal tomado de uno de los tipos enteros predefinidos.

Por ejemplo, a continuación se define un tipo por enumeración cuyo tipo base es *byte*:

```
public enum Dia : byte {
  lunes = 1,
  martes = 2,
  miercoles = 3,
  jueves = 4,
  viernes = 5,
  sabado = 6,
  domingo = 7,
}
```

Si el tipo base no se indica se asume *int*. Si no se asigna valores a las constantes, se asume que la primera vale 0 y las demás de a uno más en forma sucesiva. Una variable de un tipo por enumeración sólo podrá tomar los valores allí definidos, además del 0. En la definición de los valores se pueden utilizar constantes ya definidas.

Si bien un valor enumerado es un entero, no se puede asignar a una variable entera sin una conversión de tipos:

```
int x = (int)Dia.jueves;
```

A los tipos por enumeración no se les pueden definir métodos, propiedades o atributos, aunque tienen algunos métodos de clase que se aplican a todas las enumeraciones, como *GetNames* y *GetValues*, que devuelven arreglos con los nombres y los valores, respectivamente, de las constantes de un tipo por enumeración.

Como se puede ver, los ***struct*** y ***enum*** de C# tienen muchas restricciones como para ser considerados clases de pleno derecho, pero son una interesante alternativa si lo que se quiere es implementar una clase cuyas instancias deban ser comparadas por su valor y no por su identidad.

Más sobre constructores

Para los tipos por referencia, los constructores, al ser invocados, crean el objeto en memoria.

Además, para cualquier tipo de dato, el constructor es el primer método que se invoca para cada objeto. Por eso se los suele utilizar – tanto en el caso de tipos por valor como en el de los tipos por referencia – para inicializar los valores de los atributos y dejar al objeto que está siendo creado en un estado válido.

Por lo tanto, antes de usar un objeto se debe invocar a su constructor. En C# esto está garantizado por el hecho de que un objeto se define al mismo tiempo de llamar al constructor. Por ejemplo, el siguiente fragmento declara *P* como instancia de *Punto*, a la vez que llama al constructor *Punto* pasándole como argumentos 2 y 3:

```
Punto P = new Punto (2, 3);
```

Como consecuencia obvia de lo anterior, cada clase debe tener un constructor.

En C# siempre hay un constructor por omisión, sin parámetros, aunque se lo puede reemplazar con constructores definidos por el programador. Este constructor es público siempre que la clase no sea abstracta, y protegido en este caso[32]. Pero si el programador define algún constructor con parámetros, deja de existir el constructor predefinido.

Lo antedicho no se aplica a los tipos por valor. Las clases *struct* tienen siempre un constructor por defecto, que no se anula por la implementación de otros constructores, ni se puede redefinir.

Este mecanismo de C#, por el cual un objeto se declara, se define y se inicializa al mismo tiempo, evita que se dejen objetos sin inicializar, previniendo errores difíciles de detectar.

Por eso debe evitarse – salvo casos muy especiales – el uso del constructor por omisión provisto por la plataforma, ya que no podemos asegurar que el objeto en cuestión quede en un estado válido. Y también es importante que en un constructor inicialicemos todos los atributos del objeto, con la misma finalidad. La única situación en la que tiene sentido usar el constructor por defecto en es las clases que no tengan estado. Estas clases – sin atributos – pueden tener utilidad, como veremos luego.

En C#, los constructores tienen el mismo tipo de la clase, por eso no se les declara el tipo del valor de retorno, ni siquiera colocando *void*.

Se debe evitar el llamar a otros métodos dentro de un constructor, pues hasta que éste no termine el objeto no se ha terminado de crear, y esto puede dar lugar a errores. En aplicaciones concurrentes, el riesgo se multiplica.

Para todos los tipos por referencia, C# provee un recolector automático de basura que se ocupa de recoger todos los objetos que están ocupando un lugar en la memoria y no están siendo referenciados por ninguna variable.

Paquetes y clases

Expliqué en el capítulo anterior que en C# los paquetes se denominan *espacios de nombres*, porque fueron pensados primordialmente para resolver ambigüedades de nombres, y que toda clase está contenida en un paquete.

La forma de indicar en qué espacio de nombres se encuentra una clase es rodearla de un bloque *namespace*, como a continuación:

```
namespace CarlosFontela.LibroPOO.Ejemplos {

    public class CuentaBancaria {
        // definición de la clase CuentaBancaria
    }

}
```

Esto ya de por sí garantiza que la clase que hasta hace unas páginas llamábamos *CuentaBancaria* se llame, en realidad, *CarlosFontela.LibroPOO.Ejemplos.CuentaBancaria*.

Para usar clases de un paquete externo sin usar su nombre completo, se usa la

[32] Los conceptos de clase abstracta y método protegido los veremos más adelante.

sentencia *using*:

```
using CarlosFontela.LibroPOO.Ejemplos;
```

También se puede acceder a las clases directamente utilizando la notación de puntos. Por ejemplo, si no se puso la sentencia *using* en un archivo fuente y se quiere utilizar la clase *CuentaBancaria* contenida en ese paquete, se puede especificarla cada vez poniendo su nombre completo de espacio de nombre y clase, como en:

```
CarlosFontela.LibroPOO.Ejemplos.CuentaBancaria cuenta =
        new CarlosFontela.LibroPOO.Ejemplos.CuentaBancaria (1234, "Fontela");
```

Lo cual en ocasiones como esta puede ser bastante desprolijo.

Notemos que un paquete no es una *superclase*, sino una simple agrupación de ellas, que se hace por alguna razón de diseño. Otra cosa en que se diferencian de las clases es en que los paquetes no tienen instancias que sean objetos de un sistema real. Finalmente, un paquete es una construcción sintáctica que sirve para ordenarnos, mientras la clase tiene un significado semántico preciso. Los paquetes son importantes en sistemas medianos y grandes, para organizar la complejidad: son herramientas de gestión más que conceptuales.

Los paquetes debieran usarse para agrupar clases semánticamente cercanas o de uso en conjunto, manteniendo alta cohesión y bajo acoplamiento con otros paquetes. Esto lo analizaremos luego, al ver diseño de paquetes la tercera parte del libro.

Si bien un paquete puede contener otros paquetes, no es conveniente anidarlos demasiado por las dificultades de la comprensión humana de las estructuras muy anidadas.

Implementación de métodos y propiedades de clase

También vimos en el capítulo anterior que hay propiedades y métodos que se utilizan, no para cada objeto, sino para toda una clase.

Por supuesto, el programador puede –al implementar una clase – introducir métodos y propiedades de clase.

En C# eso se logra introduciendo la palabra *static* en la declaración del método o la propiedad.

Como los métodos y propiedades de clase sólo actúan sobre la clase, y no sobre una instancia determinada, sólo pueden acceder a métodos, propiedades y atributos de clase. Tampoco tienen acceso al objeto *this*.

Lo que no vimos en el capítulo pasado es que también los atributos pueden ser de clase. En efecto, si por ejemplo tenemos una aplicación con ventanas, en la cual todas las ventanas deben tener el mismo color de fondo, y cambiar todas a la vez, podemos implementar el atributo *colorFondo* así:

```
private static int colorFondo;
```

En gran parte de la literatura se llama "miembros estáticos" a estos atributos, propiedades y métodos. Yo he evitado concientemente este uso, porque la palabra "estático" en POO suele tener otro significado, y en general el término es – por lo menos – equívoco.

En C# se pueden definir también **constructores de clase**. Estos constructores sólo se invocan una vez para cada programa, antes de crear cualquier instancia de esa clase. A veces se los utiliza para inicializar atributos de clase que no se puedan asignar directamente en el código fuente. Los constructores de clase se declaran con la palabra *static* y sin poner un calificador de acceso, ya que no se invocan directamente en el código de ningún programa. Por supuesto, tampoco tienen parámetros.

Un uso, quizá un poco avanzado, de los constructores de clases, es el siguiente: supongamos que tenemos un atributo de clase que se debe inicializar utilizando un valor guardado en un archivo externo. ¿Dónde pondríamos el código que lee ese archivo? ¡Adivinó… en un constructor de clase!

Atributos con valor constante

A veces ocurre que, en una clase, un determinado atributo debe tener siempre el mismo valor.

Por ejemplo, en una aplicación comercial, un identificador de cliente que no se modifica mientras exista el cliente. En este caso se trata de un atributo constante que es distinto para cada instancia.

En C#, un atributo con valor constante se define anteponiéndole la palabra *readonly* en su declaración, pero sólo si es de un tipo por valor. Estas constantes se pueden inicializar en el constructor con valores obtenidos en tiempo de ejecución, pero una vez inicializadas no se pueden modificar.

A los atributos por referencia se les puede colocar el modificador *readonly*, pero eso sólo afectaría a la referencia. En este caso, lo que no se va a poder hacer con el atributo es un nuevo *new*, que cambiaría la referencia del atributo.

El ejemplo que sigue muestra un atributo constante:

```
readonly int limiteIzquierdo;          // se inicializa en el constructor
```

Existe, como ya vimos, el modificador *const* para declarar constantes. El problema con éste es que sólo se puede usar con tipos por valor y además debe colocarse el valor de la constante en el código junto con la declaración del atributo. Por lo tanto, no es en el constructor donde se le asigna un valor, y tampoco puede definirse en tiempo de ejecución.

Sobrecarga de operadores

En C#, como en C++ y Eiffel, está permitido sobrecargar operadores, una idea tomada de Ada. Al fin y al cabo, los operadores son funciones (en la suma de enteros, + es una función entera de dos parámetros enteros). Por ejemplo, en la implementación de fracciones se podría sustituir la función *Producto* por una sobrecarga al operador * de esta forma:

```
public static Fraccion operator* (Fraccion u, Fraccion v)
{       return new Fraccion(u.numerador * v.numerador, u.denominador * v.denominador);
}
```

La función anterior se puede invocar así:

```
Fraccion z, u, w;
...
w = z * u;
```

En C#, los operadores deben definirse como métodos públicos y de clase, y

Se ha hablado muy mal de la sobrecarga de operadores en C++, de lo poco útil que resulta y de los problemas que acarrea. No obstante, bien usados pueden aclarar bastante el uso de determinadas funciones. Incluso los operadores de asignación, de igualdad y desigualdad, y los de comparación, se podrían sobrecargar siempre para darles el significado que deberían tener en cada clase.

Lo que ocurre es que muchos programadores han usado los operadores para cualquier cosa, bastardeando el sentido original de los mismos. Por ejemplo, puede tener sentido el operador ++ para incrementar un día una fecha, o el + para sumar dos vectores en dos dimensiones. Pero utilizar ++ sobre puntos o / para fechas puede confundir por su falta de lógica.

Por eso, cuando se trabaja con sobrecarga de operadores, más aún que con sobrecarga de funciones en general, *debe respetarse la semántica* del operador original y utilizarlos en contextos razonables para un cliente del tipo.

En C# se pueden sobrecargar operadores monarios, que se aplican a un solo operando, y binarios, aplicables a dos operandos.

No todos los operadores se pueden sobrecargar. Los operadores monarios que se pueden sobrecargar son +, -, !, ~, ++, --, *true* y *false*. Los binarios son +, -, *, /, %, &, |, ^, <<, >>, ==, !=, >, <, >= y >=.

No está permitido sobrecargar el operador de asignación. El operador [ ] no se sobrecarga, pero en determinadas ocasiones se pueden definir *indexadores*, lo que da una funcionalidad similar. Esto lo veremos en el próximo ítem.

C# permite combinar operandos de diferentes tipos en la sobrecarga de operadores. Por ejemplo, podríamos definir el operando + para sumar un entero y una fracción.

Sin embargo, en algunos casos está restringido el tipo del resultado de un método operador. Por ejemplo, los operadores monarios ++ y -- deben devolver un resultado del mismo tipo del operando, mientras *true*, *false*, ==, !=, >, <, >= y <= deben devolver un booleano.

Además, si se sobrecarga el operador == se debe también hacerlo con !=. Lo mismo ocurre con los pares > y <, >= y <=.

Todo esto facilita el buen uso de operadores y evita el mal uso por parte de los programadores, tan común en C++.

Un cuidado especial requiere la sobrecarga de los operadores == y !=. Como en C# las clases son tipos por referencia, es común que algunos programadores sobrecarguen los operadores == y != para indicar la igualdad y diferencia de contenidos, evitando así la comparación de referencias. Sin embargo, un programador cliente no tiene por qué saber esto y creer que se están comparando referencias. De hecho, no hay nada que nos indique, leyendo el código, si se están comparando contenidos o referencias. En C++, que trabaja con un modelo estático, este uso tiene más sentido.

La sobrecarga de operadores no está soportada en el CLS, por lo cual hay muchos lenguajes .NET que no la proveen. En consecuencia, conviene usarla en la implementación de clases que sólo vayan a ser utilizadas en C#.

Indexadores

Acabamos de decir que el operador [ ] no se puede sobrecargar en C#. Sin embargo, se puede obtener una funcionalidad similar con las **propiedades indexadas** o **indexadores**.

Por ejemplo, si implementamos un tipo *Matriz* utilizando un atributo:

```
private double [ , ] datos;
```

Un programa cliente que quiera acceder a los elementos de la matriz no podrá utilizar el atributo *datos*, porque es privado. Por lo tanto, tendríamos que implementar un par de métodos:

```
public void AsignarElemento (int f, int c, double valor)
{   datos [f, c] = valor;
}

public double Elemento (int f, int c)
{   return datos [f, c];
}
```

En este caso, el programador cliente podría escribir:

```
A.AsignarElemento (1, 1, 5.3);     // colocar 5.3 en A.datos[1,1]
double x = A.Elemento (1, 1);      // en x queda 5.3
```

Pero hemos dicho que los métodos se debieran usar para implementar comportamiento, dejando el acceso al estado en manos de las propiedades. La solución a esto son las propiedades indexadas.

A continuación se muestra la implementación de una para el fin que estamos persiguiendo:

```
public double this [int f, int c] {
  get {
        return datos [f, c];
  }
  set {
        datos [f, c] = value;
  }
}
```

Ahora, el programador cliente podría resolver el mismo problema anterior de una forma más elegante:

```
A[1,1] = 5.3;        // colocar 5.3 en A.datos[1,1]
double x = A[1,1];   // en x queda 5.3
```

Notemos que para implementar indexadores se utiliza la misma palabra *this* que para acceder al objeto actual, lo cual no es muy feliz que digamos.

Ahora bien, los indexadores son propiedades especiales que admiten la sobrecarga, del mismo modo que los operadores, por lo que insistimos en que es un concepto a medio camino entre los operadores y las propiedades.

Por ejemplo, podría querer, para el mismo tipo *Matriz*, una propiedad indexada que me devolviera un valor a partir de un solo índice, como si la matriz fuese un vector. A continuación se muestra un ejemplo:

```
public double this [int i] {
   get {
         int f = i % CantidadFilas;
         int c = i / CantidadFilas + 1;
         return arreglo[f,c];
   }
   set {
         int f = i % CantidadFilas;
         int c = i / CantidadFilas + 1;
         arreglo[f,c] = value;
   }
}
```

C# permite distintos tipos de índices para las propiedades indexadas, y no sólo tipos enteros como podría suponerse. De hecho, en algunas de las clases predefinidas de colecciones se usan mucho los índices de tipo cadena de caracteres.

Clases dentro de otras clases

C# – como otros lenguajes orientados a objetos – permite la definición de clases dentro de otras clases, así:

```
public class Externa {
   class Interna {
         // ...
   }
   // ...
}
```

Las clases internas pueden ser privadas, y aún así se pueden utilizar desde su clase externa. Asimismo, las clases internas pueden utilizar métodos y atributos de clase de su clase externa, pero no los demás.

Las clases internas son útiles para vincular clases semánticamente muy acopladas, de modo de facilitar el desarrollo y mantenimiento de las mismas. A veces se las usa también con fines de ocultamiento.

En este libro haremos un uso escaso de clases anidadas.

TEORÍA DE OBJETOS Y CONCEPTOS BÁSICOS

Encapsulamiento: la clase como módulo

Ya hemos visto que las clases implementan el concepto de tipo de datos definido por el programador.

Pero también se usan con la función de módulo, entendiendo como tal a una estructura sintáctica que sirve para sistematizar el código, pero sin que su organización por sí sola implique un comportamiento diferente del programa.

Por eso decimos que el módulo es una estructura sintáctica, mientras que el tipo es un concepto semántico, pues influye sobre cómo se va a comportar un programa.

En POO, a la conjunción de abstracción y ocultamiento de implementación en estos módulos llamados clases, se la llama **encapsulamiento**.

El encapsulamiento, o la conjunción de abstracción más ocultamiento de la implementación, es uno de los pilares de la POO. En realidad, como técnica de almacenar juntos los datos y el código y no permitir el acceso a la representación de los datos, no es nada nuevo. Se podría argumentar que en Pascal o C no está disponible. Pero sí lo está en Modula-2 y en Ada 83.

¿Y para qué sirve el encapsulamiento?

Al poner juntos al comportamiento y los atributos evitamos errores. Poniendo la declaración de tipos por un lado y sus subprogramas asociados por otro, podemos cometer el error de invocar a un subprograma con un dato de otro tipo. En lo único que nos ayuda la estructura de tipos de los lenguajes procedimentales tipados es en decirnos qué es lo que no puede ir junto, pero no nos dice qué es lo que va.

Además, y tal vez esto sea lo más importante, permite aumentar la complejidad de los sistemas sin abrumar al cliente de la clase. A éste le interesa el comportamiento y la forma de uso de la misma, no la complejidad interna, a menos que sea el diseñador. Piénsese por ejemplo en el usuario de un automóvil, de una expendedora de boletos o una computadora: en la generalidad de los casos no se tiene idea de los detalles internos de los sistemas. Lo mismo debería ocurrir con los programadores clientes, que son los usuarios de las clases.

Recordemos que la idea es construir software a partir de cajas negras de varios fabricantes, de las cuales se conoce su comportamiento, como hace la industria automotriz. Así, el objeto de alto nivel está compuesto por un conjunto de objetos de menor nivel.

Estados, eventos y transiciones

Ya dije en otro lado, que el **estado** de un objeto está representado por el conjunto de valores adoptados por los atributos y vínculos de un objeto en un momento dado. Podemos generalizar este concepto diciendo que es una situación de un objeto durante la cual satisface una condición, realiza una actividad o espera un evento.

Los cambios de estado que sufren los objetos se deben a estímulos o mensajes recibidos de otros objetos, cuyos efectos generalmente llamamos *eventos*.

A menudo, el comportamiento de un objeto depende del estado del mismo, como en el caso de un avión, que para poder aterrizar, debe estar volando. A su vez, el cambio de estado es fruto del comportamiento: para estar volando, el avión debió haber despegado.

Un **evento** indica la aparición de un estímulo que puede disparar una transición de estados. Es la especificación de un acontecimiento significativo, como una señal recibida, un cambio de estado o el simple paso de un intervalo de tiempo. Los eventos pueden ser internos o externos al sistema.

Los eventos pueden ser asíncronos, cuando el emisor de la señal puede seguir trabajando sin esperar una respuesta, o síncronos, si debe quedarse esperando la respuesta del receptor.

En capítulos posteriores analizaré nuevamente el concepto de evento.

Una **transición** entre estados es el paso de un estado a otro: un objeto que esté en un primer estado realizará ciertas acciones y entrará en un segundo estado cuando ocurra algún evento especificado y se satisfagan ciertas condiciones.

El diagrama de estados de UML

El diagrama de estados es un modelo dinámico que muestra los cambios de estado que sufre un objeto a través del tiempo. Este tiempo puede ser toda la vida del objeto, pero más usual es representar un objeto dentro de un escenario particular. El objeto puede ser simple, o tan complejo como se quiera (hasta se puede representar una aplicación completa).

El diagrama de estados, por lo tanto, es una abstracción que representa los estados, eventos y transiciones de estados para un objeto o un sistema. Es lo que se denomina una *máquina de estados*, que muestra la secuencia de estados en la vida de un objeto, los eventos que modifican estados y las acciones y respuestas del objeto.

La representación gráfica consiste en un grafo o red con nodos para los estados y arcos para las transiciones, además de un texto en correspondencia con los arcos que identifica los eventos.

A continuación se muestra un diagrama simple del juego del ajedrez:

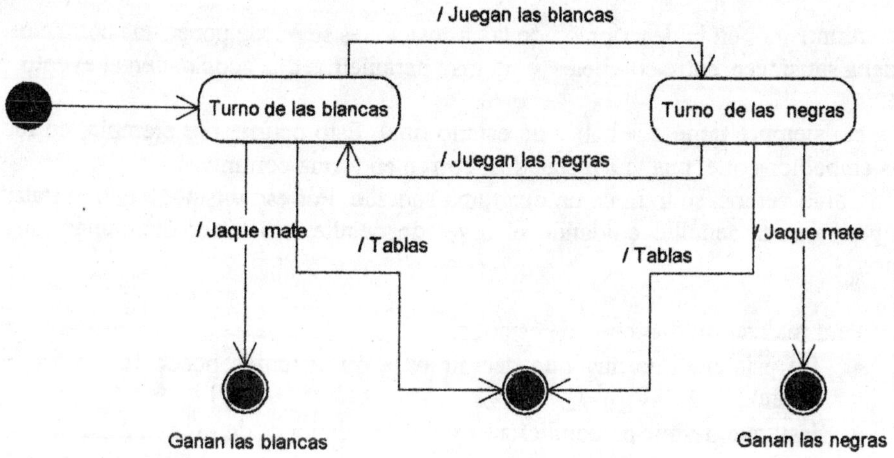

Desde ya que este diagrama no sirve para entender todos los estados por los que pasa el juego de ajedrez, ni tampoco pretende cumplir este objetivo. Sin embargo, brinda una buena imagen de conjunto, por ejemplo, para alguien que no conoce nada del juego. Siempre se puede refinar el diagrama para mostrar más estados y objetos.

Abajo vemos otro diagrama de estados, que muestra el funcionamiento de la barrera en una cabina de peaje:

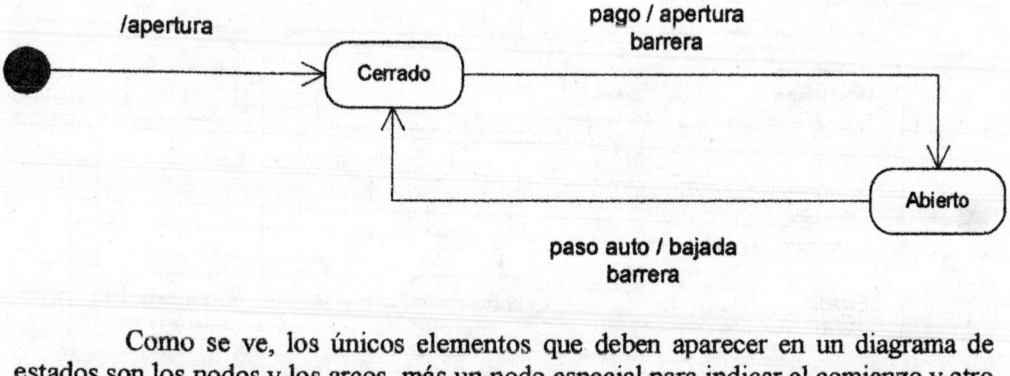

Como se ve, los únicos elementos que deben aparecer en un diagrama de estados son los nodos y los arcos, más un nodo especial para indicar el comienzo y otro para indicar la finalización. En los nodos y los arcos se pone una descripción del evento y/o acción de transición que corresponda.

Dentro del nodo que corresponde a cada estado se puede poner un texto adicional que especifique acciones que ocurren en correspondencia con la entrada o la salida al estado, y también aquellas que ocurren como respuesta a un determinado evento mientras el objeto de encuentra en ese estado.

Lo que sigue es una esquematización de esta posibilidad:

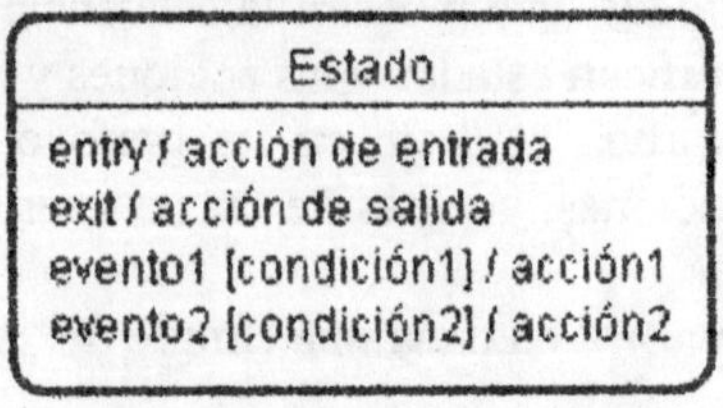

Asimismo, en la descripción de las transiciones se puede poner una condición que se deba satisfacer, entre corchetes, o incluso parámetros que acompañen al evento.

No siempre tiene que haber un estado final. Esto ocurre, por ejemplo, en los sistemas embebidos que, una vez instalados, corren en forma continua.

Como vemos, se trata de un diagrama sencillo. Por eso mismo, hay que tratar de que permanezca sencillo cuidando el nivel de detalle, sin hacer diagramas muy complejos.

Para realizar un diagrama de estados:

- Lo primero que hay que decidir es a qué eventos puede responder el objeto.
- Hay que definir precondiciones y postcondiciones de los estados inicial y final.
- Hay que definir los estados "estables".
- Una vez realizado el diagrama, se lo puede "probar", haciendo un seguimiento manual de los eventos, transiciones y estados.

Se pueden agrupar o agregar estados. Por ejemplo, si deseamos hacer un diagrama que muestre los estados civiles por los que puede pasar una persona, es obvio que de cualquiera de los estados puede pasar al estado de *fallecido*. Para no sobrecargar de flechas el diagrama, se pueden agrupar todos los estados que corresponden a una persona viva, como en el diagrama que sigue:

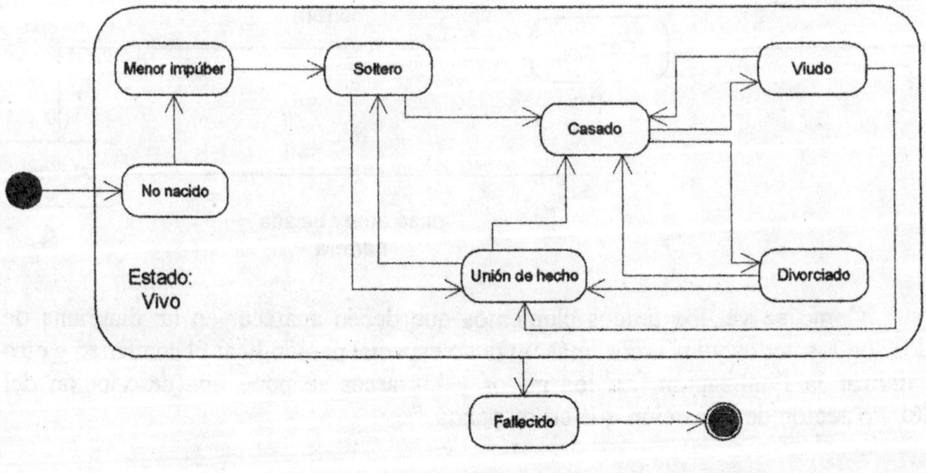

Los estados *viudo* y *divorciado* también tienen semejanzas, pues a ambos se puede llegar solamente desde el estado *casado*, y de ellos se puede pasar a los estados *casado* o *unión de hecho*. Por lo tanto, se puede simplificar creando un estado *post-casado* por agregación:

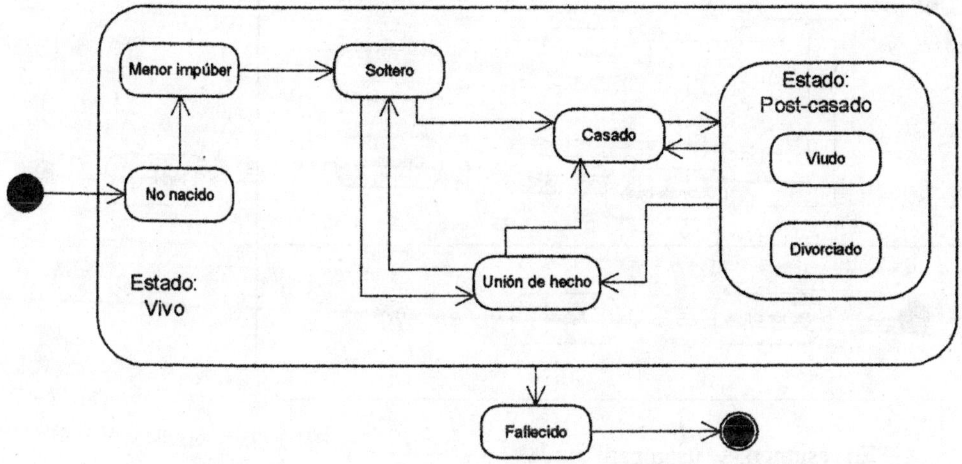

Los diagramas de estados representan lo que se conoce como *máquinas de estado*, en las cuales:

- Cada objeto está en un estado en cierto instante.
- Las transiciones de estado son instantáneas.
- Puede haber transiciones temporizadas, que esperan un intervalo de tiempo antes de ocurrir[33]: esto se indica poniendo una condición temporal al evento.
- Lo que provoca una transición es un evento, y éste está asociado a un mensaje recibido.
- El estado en que está el objeto determina su comportamiento.

Los diagramas de estados son útiles para diseño, programación y pruebas, pero debe balancearse la información para que sean útiles, ya sea agrupando estados o ignorando ciertos eventos.

Son ideales en el caso en que una especificación mediante estados es más ilustrativa que una que describa actividades, o cuando los objetos tienen un comportamiento complejo.

También son una herramienta interesante en el caso de *objetos reactivos*, es decir, aquellos objetos para los cuales la mejor forma de caracterizar su comportamiento sea señalar cuál es su comportamiento frente a estímulos provenientes desde fuera de su contexto, o aquellos que están ociosos hasta el momento en que reciben un evento.

Los diagramas de estados permiten asimismo especificar la concurrencia de estados. El diagrama que sigue es otra representación de los estados civiles, más realista, que muestra que mientras una persona es menor adulto o adulto puede estar simultáneamente en los estados civiles que simbolizamos en el diagrama anterior.

[33] Esto no invalida lo anterior, pues las propias transiciones siguen siendo instantáneas.

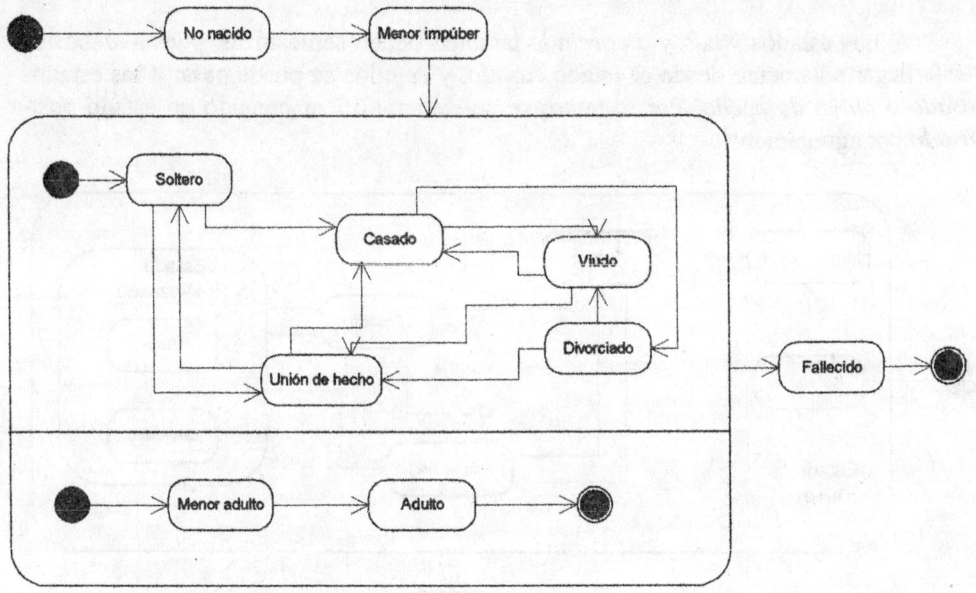

En resumen, se usan para modelar:

- comportamiento complejo de los objetos.
- estados concurrentes.
- pruebas de caja blanca.

Más sobre clases y objetos

La idea de tipo está fuertemente ligada al concepto de clasificación, y es una idea presente en las comunidades humanas más antiguas y que conocen los niños de 2 años en adelante. En definitiva, tiene que ver con la capacidad de abstracción que tenemos los humanos. Por dicha capacidad, todos sabemos, por ejemplo, que el perro de mi vecina, Lassie, Pluto, los perros que buscan traficantes de droga en los aeropuertos y demás, todos son individuos de la misma especie.

De la misma manera, los lenguajes de programación fueron construyendo conceptos sobre los cuales se definen los datos. A estos conceptos se los llamó tipos, como el entero, el real y el lógico del antiguo Fortran o tipos más elaborados de lenguajes más modernos.

Los lenguajes orientados a objetos llamaron **clase** al tipo de datos, aunque el término *tipo* se sigue utilizando. Yo voy a utilizar los dos, indistintamente.

Como ya dije al hablar de tipos de datos definidos por el programador, las clases se usan a través de una **interfaz** o **protocolo**, que es la que define qué operaciones van a ser aplicables a los datos de ese tipo y qué parte del estado va a ser visible. Por supuesto, en algún lado, presumiblemente oculto al cliente según dijimos al mencionar el ocultamiento, estará la definición de las operaciones y la estructura del tipo: esto conforma la **implementación**.

Notemos que desde el punto de vista del cliente lo único que importa es la interfaz y el cumplimiento del contrato. La POO prescribe una clara separación entre interfaz e implementación.

Las instancias de las clases, es decir, cada uno de los individuos clasificados como pertenecientes a una determinada clase, se suelen llamar **objetos**.

Una *clase*, entonces, responde a la idea de concepto, entendido como una noción compartida que se aplica a determinados objetos. Para ver si un objeto está comprendido en un concepto se le aplican ciertas pruebas de reconocimiento. Por ejemplo, para saber si un determinado objeto es un pino, podríamos ver si es un árbol, si tiene frutos en forma de piña, si tiene las hojas cilíndricas y alargadas, etc.: si no pasa alguna de las pruebas concluiremos que no es un pino.

Una **clase**, en definitiva, es un conjunto de objetos con la misma estructura y el mismo comportamiento. Otra forma de definir la clase es como un conjunto de objetos que sólo son diferentes por el estado que tienen en un determinado momento.

La relación entre objeto y clase se denomina *instanciación*. Cada objeto particular es una **instancia** de la clase. Y en POO, cada objeto debe pertenecer a una clase que determina sus características y comportamientos.

Pongamos un ejemplo. Supongamos que tenemos un objeto *horno de microondas*. Un microondas responde a un repertorio de operaciones limitado. Simplificando, podemos suponer que son: seleccionar una potencia, seleccionar un tiempo, iniciar cocción, detener, subir potencia, bajar potencia, subir tiempo, bajar tiempo. Pero como todos los microondas tienen la misma funcionalidad, podemos hablar de *la clase de los microondas*, en la cual esas operaciones definen su interfaz. La implementación de esa interfaz está oculta al cliente, y podrá ser diferente para distintos hornos: es el código que atiende a esos mensajes (la respuesta) más los datos ocultos.

Una clase es como un molde desde el que se crean los objetos. De allí que casi toda nuestra atención como programadores se centre en las clases y no tanto en los objetos. En el caso anterior, no programaríamos a cada objeto microondas particular sino a la clase de los microondas, con sus operaciones y propiedades.

Dado que todos los objetos de una clase poseen la misma estructura y el mismo comportamiento, la declaración de una clase siempre tiene la descripción de la estructura interna (atributos) y del comportamiento (métodos) comunes de la misma.

Observemos la diferencia fundamental entre un objeto y una clase. Un objeto es algo concreto, aunque pueda ser tanto real como abstracto. Una clase es una abstracción de un concepto que engloba a todos los objetos. Por ejemplo, *país*, *idioma*, *perro*, *elefante volador*, *libro*, *taza*, *automóvil*, son clases, mientras que *Bolivia*, *castellano*, *Pluto*, *Dumbo*, *El Quijote de la Mancha*, *la taza amarilla en que tomo mi desayuno*, *el auto de patente RRR-222*, son objetos.

El modelo contractual

Cuando hablamos de abstracción y ocultamiento de la implementación mencioné a **programadores clientes** y **programadores proveedores**. Los primeros usan las clases que les proveen los segundos. De esta forma, se puede pensar en las clases como entidades que proveen servicios. A su vez, las clases usan servicios provistos por otras.

Se dice que la clase que usa los servicios de otra es una clase **cliente**. A la que provee los servicios la llamamos *proveedora*, o más comúnmente, **servidora**. Y se habla de **objetos clientes** y **objetos servidores**. Una clase u objeto pueden ser clientes y servidores, dependiendo del momento.

Pero si hablamos de servicios, ¿cómo sabe el cliente qué servicios le ofrece el proveedor? Bertrand Meyer [Meyer] dice que la mejor forma de explicitar esto es mediante un **contrato**, que define todo lo que un cliente debe conocer de su servidor y todo lo que debe cumplir el cliente si pretende que el proveedor lo sirva.

Obviamente, una parte importante del contrato es el protocolo o interfaz, pero esto alcanza solamente para conocer la sintaxis. La semántica de una clase se puede definir por los axiomas y las precondiciones de las operaciones. Sin embargo, una forma más práctica en el modelo contractual es usar precondiciones, postcondiciones e invariantes:

- Una **precondición** especifica las condiciones bajo las cuales es válido llamar a una operación. Dicho de otra manera, asegura que el cliente cumpla su parte del contrato. El corolario es que si la precondición no se cumple, el proveedor no está obligado a cumplir su parte del contrato: hay un defecto de programación del lado del cliente.
- Una **postcondición** especifica el estado en que deben quedar los datos a la salida de la operación, suponiendo que a la entrada se cumplían las precondiciones. Por lo tanto, asegura que el proveedor del servicio cumpla su parte al retornar de la operación que está implementando. Una postcondición que no se cumple indica un defecto de programación del lado del proveedor.
- Los **invariantes** son restricciones de las instancias de las clases que se deben cumplir *permanentemente*: definen condiciones obligatorias. Lo de "permanentemente" requiere una aclaración: como en realidad lo que importa es la visión del cliente, no es necesario que los invariantes se cumplan en las partes del código que no son visibles, sino sólo entre las llamadas a las operaciones de la interfaz. Como desde el momento de la creación del objeto se debe cumplir el invariante, se suele usar el constructor para garantizar esto.

Cuando no se cumple un invariante, una precondición o una postcondición, decimos que se ha provocado una **excepción**. Veremos excepciones en un capítulo posterior.

Clases sin estado

Un caso extremo del uso de clases utilitarias son las **clases sin estado**, como las que definen familias de funciones en C#. Un ejemplo es la clase *Math*, que contiene métodos de uso matemático. En este caso, como parece obvio, los métodos deben ser métodos de clase.

Estas clases, a veces llamadas **clases utilitarias,** son clases sin instancias que sirven para definir constantes, métodos que no dependen de una clase en particular y demás. La idea es que para cada aplicación, módulo o familia de aplicaciones haya una clase en la cual definimos todos los objetos, constantes y clases comunes. Observamos que no deberían considerarse clases auténticas, sino un artificio para crear bibliotecas de funciones. Éste es un concepto fundamental en lenguajes como C#, en los cuales todo identificador debe definirse dentro de una clase.

En C# a estas clases se las llama *clases estáticas*, y van precedidas en su declaración por la palabra *static*. Si una clase se declara estática, el compilador no va a permitir que se le definan atributos ni métodos que no sean de clase, y tampoco va a permitir que sean instanciadas. Sin embargo, el nombre más feliz es el de *clase sin estado*.

Tipos y clases, variables y objetos

Hay personas que tienden a confundir los conceptos de tipo y clase, así como los de variable y objeto. Y si bien son pares de conceptos parecidos, no son necesariamente lo mismo.

Por ejemplo, en las siguientes declaraciones:

```
CuentaBancaria cuenta;
int x;
IComparable z;
```

Se declaran cada variable con su tipo, colocando primero el tipo y luego la variable. *CuentaBancaria*, *int* e *IComparable* son tipos, mientras que *cuenta*, *x* y *z* son variables.

Y si bien muchos tipos son clases, no todos lo son. Las clases son tipos con estado y comportamiento, susceptibles de ser definidas por el programador. Mientras *CuentaBancaria* es una clase, *int* es un tipo primitivo e *IComparable* es una interfaz – concepto que estudiaremos más adelante.

Tampoco las variables son objetos, ya que el concepto de objeto es un poco menos concreto. En Java y C#, por ejemplo, *cuenta* y *z* son variables que contienen referencias a objetos, pero no los objetos en sí. Si el lenguaje fuese C++, no se trataría de referencias, pero diríamos que son variables que contienen objetos.

CLASES EN JAVA

El ejemplo introductorio

En Java la sintaxis es muy similar a la de C#. Incluso el modelo de datos de Java – por referencias con recolección de basura – es el que más se utiliza en C#.

Como dijimos en el capítulo pasado, en Java no existen las propiedades como parte del lenguaje. Sin embargo, siguiendo la especificación JavaBeans que analizamos en otro capítulo, vamos a implementar propiedades mediante métodos *get**[34] y *set**.

Veamos a continuación el ejemplo introductorio, escrito en Java.

El código de prueba sería:

```
public class PruebaCuentaBancaria {

    public static void main (String [ ] p) {
        // número, titular:
        CuentaBancaria cuenta = new CuentaBancaria (24517,"Fontela");
        cuenta.depositar (2000); // depósito de 2000 pesos
        boolean exito = cuenta.extraer (700);
        if (!exito) System.out.println ("Fondos insuficientes");
        System.out.println (cuenta.getSaldo( ));
    }

}
```

[34] Según la especificación JavaBeans, no es necesario que las propiedades de consulta booleanas comiencen con "get", pudiéndose reemplazar este prefijo por "is". Si bien esto puede ser una buena idea – sobre todo para los angloparlantes – no la he seguido en este libro.

Y la clase *CuentaBancaria* se implementaría así:

```
public class CuentaBancaria {

        // atributos:
        private int numero;
        private String titular;
        private double saldo;

        // propiedad (sólo lectura):
        public double getSaldo( ) {
                return saldo;
        }

        // métodos:

        public void depositar (double monto) {
                saldo += monto;
        }

        public boolean extraer (double monto) {
                if (monto > saldo)
                        return false;
                else {
                        saldo -= monto;
                        return true;
                }
        }

        // constructor:
        public CuentaBancaria (int n, String t) {
                numero = n;
                titular = t;
                saldo = 0;
        }
}
```

Aspectos distintivos de Java

En Java también existe, como en C#, una variable *this* que referencia al objeto actual.

Asimismo, existen los calificadores de visibilidad *public* y *private*, con el mismo significado de C#.

Lo que no hay en Java es la posibilidad de definir tipos por valor.

Los únicos tipos por valor que existen en Java son los tipos primitivos, y no se puede crear otros. Si se desea implementar tipos por valor, lo único que se puede hacer es definir modos de comparación y de asignación que lo simulen. Pero si bien Java provee formas de comparar valores, mediante el método *equals*, y de asignar por copia, mediante el mecanismo de clonación, en ningún momento podemos olvidar que estamos trabajando con referencias.

Veremos clonación y comparación por valor en un capítulo más adelante.

El manejo de constructores y recolección de basura de Java es idéntico al de C#.

Java no tiene constructores estáticos como C#, pero la misma funcionalidad se puede conseguir con un bloque estático definido en la clase, como en el ejemplo que sigue:

```
public class A {

    static {
        // código estático de la clase
    }

    // resto de la clase

}
```

En Java, cada clase pública debe escribirse en un archivo fuente que lleva el nombre de la clase. Por ejemplo, si deseo crear una clase *Fraccion* que sea accesible a cualquier programador, debo hacerla pública, y por lo tanto residirá en un archivo denominado *Fraccion.java*, respetando mayúsculas y minúsculas, que no podrá ser compartido por ninguna otra clase pública. Cuando se compile se va a generar un archivo de código intermedio denominado *Fraccion.class*.

Los paquetes de Java se denominan, simplemente, paquetes (*package*).

La manera de indicar que una clase se encuentra en un determinado paquete es mediante la declaración *package* al principio del archivo fuente, como en el caso que sigue:

```
package carlosFontela.libroPOO.ejemplos;

public class CuentaBancaria {
    // definición de la clase CuentaBancaria
}
```

Para usar clases de un paquete externo se usa la sentencia *import*:

```
import carlosFontela.libroPOO.ejemplos.*;
```

También se puede acceder a las clases directamente utilizando la notación de puntos. Por ejemplo, si no se puso la sentencia *import* en un archivo fuente y se quiere utilizar la clase *CuentaBancaria* contenida en ese paquete, se puede especificarla cada vez poniendo su nombre completo de espacio de nombre y clase, como en:

```
carlosFontela.libroPOO.ejemplos.CuentaBancaria cuenta =
        new carlosFontela.libroPOO.ejemplos.CuentaBancaria (1234, "Fontela");
```

Cada paquete con sus clases compiladas debe residir exactamente en un directorio que tenga el nombre del paquete, que simultáneamente debe ser un directorio contenido dentro de otro definido en la variable de entorno *CLASSPATH*.

Como en general los paquetes están contenidos en otros paquetes, en una estructura similar a la de los directorios, para indicar que una clase compilada se encuentra en el directorio de Windows *C:\carlosfontela\basico*, suponiendo que *CLASSPATH* indica a *C:*, se indicaría en el archivo fuente:

```
package carlosfontela.basico;
```

La declaración de elementos de clase se realiza – como en C# – mediante el calificador *static*.

En Java, un atributo con valor constante se define anteponiéndole la palabra *final* en su declaración, pero sólo si es de un tipo primitivo. Estas constantes se pueden inicializar en el constructor con valores obtenidos en tiempo de ejecución, pero una vez inicializadas no se pueden modificar. En caso de ser un objeto, lo que se crearía sería una referencia constante.

El ejemplo que sigue muestra un atributo constante:

```
final int limiteIzquierdo;          // se inicializa en el constructor
```

Java permite la sobrecarga de métodos con las mismas reglas de C#, pero no la sobrecarga de operadores. Tampoco existen las propiedades indexadas.

Java también tiene la posibilidad de anidar clases, pero si queremos lograr la misma funcionalidad que en C#, la clase debe ser declarada estática. Otra cosa son las clases internas de Java, que veremos en el capítulo próximo.

En Java, una enumeración se declara como en el ejemplo que sigue:

```
enum Dias { Lunes, Martes, Miercoles, Jueves, Viernes }
```

Las enumeraciones de Java son tipos seguros, y no se las puede mezclar con enteros. Si bien el tema de enumeraciones da para mucho más, y también se admite la definición de valores asociados a cada identificador, con mayor funcionalidad incluso que en C#, no haré énfasis en ellas en este libro. Las voy a usar simplemente cuando las necesite, y recomiendo al interesado a recurrir a otras obras o a la documentación en línea.

CLASES EN C++

El ejemplo introductorio

Comencemos por el programa de ejemplo. El programa de prueba del mismo sería:

```
#include <stdio.h>
#include <iostream.h>
#include <string>

#ifndef CUENTABANCARIA_H_
#include "CuentaBancaria.h"
#endif /*CUENTABANCARIA_H_*/

using namespace std;

int main( )
{       string titular("Fontela");
        CuentaBancaria cc (24517, titular);    // número, titular
```

```
        cc.depositar (2000);                    // depósito de 2000 pesos
        bool exito = cc.extraer (3700);
        if (!exito)
                cout << "Fondos insuficientes\n";
        cout << cc.getSaldo( ) << endl;
        char c = getchar( );
        return 0;
}
```

Y la clase *CuentaBancaria* la vamos a dividir en dos partes. El encabezado de la clase lo colocaremos en un archivo *CuentaBancaria.h*, y será:

```
#include <string>

#ifndef CUENTABANCARIA_H_
#define CUENTABANCARIA_H_

using namespace std;

class CuentaBancaria
{
  // métodos:
  public:
        CuentaBancaria (int n, string t);
        double getSaldo( );
        void depositar (double monto);
        bool extraer (double monto);
  // atributos:
  private:
        int numero;
        string titular;
        double saldo;
};

#endif /*CUENTABANCARIA_H_*/
```

Y la definición de clase irá en un archivo *CuentaBancaria.cpp*:

```
using namespace std;
#include <string>

#ifndef CUENTABANCARIA_H_
#include "CuentaBancaria.h"
#endif /*CUENTABANCARIA_H_*/

// constructor:
CuentaBancaria :: CuentaBancaria (int n, string t)
{       numero = n;
        titular = t;
        saldo = 0;
}

// métodos:
double CuentaBancaria :: getSaldo( ) {
        return saldo;
}
```

```
void CuentaBancaria :: depositar (double monto) {
        saldo += monto;
}

bool CuentaBancaria :: extraer (double monto) {
        if (monto > saldo)
                return false;
        else {
                saldo -= monto;
                return true;
        }
}
```

Nótese que en la declaración de la clase no se suelen poner las implementaciones de los métodos, que se definen luego (aunque nada impide implementarlos en la propia declaración, al estilo Java). Más sobre esto en el ítem que sigue.

También vemos que – al definir los métodos – se debe colocar la clase a la cual pertenecen, seguida del operador de ámbito ::.

Otra cuestión con la que hay que tener cuidado es con el punto y coma al final de la declaración de la clase. Un olvido puede dar lugar a errores de compilación difíciles de entender.

Notemos también que la función *main* – que hace de programa principal – tiene un valor de retorno entero. Este valor se utiliza para indicar finalizaciones fallidas. Si el valor devuelto es 0 significa que el programa terminó sin problemas.

Aspectos distintivos de C++

C++ tiene un modelo de memoria estático, con todos los tipos por valor. La ventaja inocultable de este modelo es la velocidad de ejecución, aunque se puede desperdiciar espacio de memoria por la necesidad de asignarla antes de conocer cuánta se necesitará exactamente. La desventaja es que en POO normalmente se necesitan estructuras complejas y dinámicas de objetos.

Sin embargo, es posible simular un comportamiento similar al de C# y Java utilizando punteros, cosa que haré a partir del próximo capítulo.

También hay constructores en C++, y aunque su objetivo es diferente al de C# y Java, sirve también para inicializar objetos en forma consistente, por lo cual se lo debe llamar cuando se declara la variable respectiva, como en:

```
CuentaBancaria cuenta (24517,"Fontela");
```

O bien así:

```
CuentaBancaria cuenta;
cuenta = CuentaBancaria(24517,"Fontela");
```

Si una clase no define un constructor, el compilador genera un constructor por defecto, sin parámetros.

Los constructores sin parámetros deben ser llamados así:

```
CuentaBancaria cuenta;
```

O bien así:

```
CuentaBancaria cuenta;
cuenta = CuentaBancaria( );
```

Pero nunca así:

```
CuentaBancaria cuenta( );
```

Como el modelo es estático, no hay ningún mecanismo de recolección de basura explícito. Si la variable es un puntero, se debe liberar la memoria que ocupa el objeto apuntado con el operador *delete*. Si no, los objetos se liberan cuando la variable que los maneja sale de ámbito, esto es, cuando se termina el bloque en el que fue declarada.

Sin embargo, hay un método especial denominado **destructor**. Los destructores llevan el mismo nombre de la clase precedidos por el carácter ~. Si no se declara ninguno, está definido un destructor por omisión, sin parámetros. El destructor es siempre invocado automáticamente cuando el programa sale del ámbito en el cual es declarada una variable.

En C++ también existe una variable que referencia al objeto actual, aunque por el modelo estático de este lenguaje, se lo referencia con el puntero ****this***, o mediante la notación *this->*.

También existen los calificadores de visibilidad *public* y *private*, con el mismo significado de C# y Java, aunque la sintaxis es levemente diferente: la declaración hecha con las palabras *public* o *private* afecta a todos los atributos y métodos que le siguen, hasta que aparezca una directiva en contrario. No existe ningún calificador que defina visibilidad a nivel de espacio de nombres.

Los métodos de las clases que definamos se deben prototipar antes de usar, y recién luego se definen. Eso es lo que hicimos al escribir, por un lado:

```
void depositar (double monto);
```

Y más adelante:

```
void CuentaBancaria :: depositar (double monto) {
   saldo += monto;
}
```

En realidad, en los prototipos de funciones de C++ no es necesario colocar los nombres de los parámetros, sino solamente su tipo. Esto es lo que en general se hace, invocando el principio de separación de interfaz e implementación, y lo que he hecho en los ejemplos del libro. Sin embargo, tal vez no sea lo mejor en funciones con varios parámetros, como los constructores.

Los paquetes de C++ se denominan espacios de nombres, como en C#, y su declaración es similar a la de este lenguaje. Un espacio de nombres puede ocupar varios archivos fuente. Cuando se los utiliza, en cambio, se coloca una cláusula *using* como el siguiente ejemplo:

```
using namespace std;
```

La declaración de elementos de clase se realiza – como en C# – mediante el calificador *static*.

Se puede hacer que una función que no es un método miembro de una clase tenga acceso a la parte privada de la misma, declarándola *amiga*[35] de la clase. Por ejemplo:

```
class MiClase
   {   private:
              int x;
        public:
              MiClase ( );
              ~MiClase ( );
              friend int amiga (void);
   }
```

En el caso anterior, la función *amiga* es amiga de la clase *MiClase* y puede acceder al atributo *x*. Sin embargo, *amiga* no es un método miembro de *MiClase*, y sólo se está escribiendo un prototipo de *amiga* en la declaración de *MiClase*. La función *amiga* se declarará más adelante como cualquier función de C o C++.

Puede parecer algo inútil la posibilidad de declarar funciones amigas. Sin embargo, se pueden utilizar cuando se desea que una función acceda a atributos privados de más de una clase. En este caso se la declara amiga de ambas y se habrá solucionado el problema.

Sin embargo, soy bastante remiso a utilizar clases amigas. Entiendo que violan el encapsulamiento, ya que una clase – o incluso una función global – puede conocer el estado interno de otra, y crean demasiadas dependencias, aumentando el acoplamiento y haciendo difíciles las pruebas y modificaciones de las aplicaciones. De todas maneras, no seamos extremistas, y usémoslas con cautela. Al fin y al cabo, como veremos luego, son muy usuales para implementar sobrecarga de operadores. Si queremos usarlas en forma conservadora, conviene recordar que – aunque definidas en otra parte – son parte de la interfaz de la clase en cuestión.

Un atributo con valor constante se indica poniéndole la palabra *const* en su declaración, a continuación del nombre.

En C++ hay también formas de especificar objetos constantes – cuyo estado no puede variar – y métodos que no pueden modificar el estado del objeto actual o de un parámetro, siempre usando la palabra *const*.

Los demás usos ya los vimos, pero si deseamos declarar que un método *m* no puede cambiar el estado del objeto con el que es llamado, se lo puede declarar así:

```
void Clase :: m ( ) const;
```

En C++, una enumeración se declara:

```
enum dias { lunes, martes, miércoles, jueves, viernes };
```

A cada valor se le puede asignar un valor numérico, como en:

---

[35] A veces se las llama funciones de ayuda.

```
enum dias { lunes = 1, martes = 2, miércoles = 4, jueves = 8, viernes = 16 };
```

Si no se le asigna un valor, el primero valdrá 0, el segundo 1, y así sucesivamente. Pero las enumeraciones son poco más que enteros, ya que se pueden combinar con ellos en cualquier operación.

Como en tantos otros aspectos, C++ da una flexibilidad muy grande al organizar las clases y archivos, lo que a menudo se usa indisciplinadamente. Además, C++ es un lenguaje híbrido, por lo que no todo son clases. Los archivos fuente pueden usarse también para definir tipos, variables, constantes y subprogramas independientes de cualquier clase. La misma función *main* no es un método de una clase.

Un programa en C++ se define en forma diferente en las diversas implementaciones, pero en general es una colección de archivos fuente, uno de los cuales tiene una función *main* que dispara la aplicación. Los archivos fuente a veces hacen referencia a archivos de encabezado, que se incluyen en el momento de la compilación en el código compilado del archivo fuente respectivo. Esta propiedad, si bien no está pensada en el marco de POO, permite hacer algunas definiciones comunes a varios archivos fuente, documentar servicios que ofrecen y organizar mejor el código.

Es la estructura de archivos la que define el alcance de funciones, variables y demás. En algunas implementaciones no se permite definir más de una clase por archivo fuente.

Nuestra forma de trabajo será definir siempre un archivo de cabecera con la declaración de la clase, conteniendo los atributos y los prototipos de los métodos. Este archivo, que contendrá una sola clase, tendrá el nombre de la clase y extensión *.h*. Luego tendremos un archivo con la implementación de los métodos de la clase, de extensión *.cpp*. Y cuando necesitemos utilizar la clase desde otra o desde un programa, incluiremos el archivo de cabecera. Como no se puede incluir un archivo más de una vez durante una compilación, debí usar muchas directivas *#define*, *#ifdef*, y demás. Si bien la legibilidad resulta afectada por esta práctica, uno se acostumbra...

Se pueden declarar algunos métodos como *funciones en línea*, lo que se logra declarándolas y definiéndolas en el mismo lugar. Una función de línea es aquélla que el compilador expande en el punto donde es llamada en lugar de ser realmente invocada cada vez. Es decir, no se genera un código separado para la función de línea, sino que su código se copia en cada lugar en que la función es invocada[36]. Su ventaja es que la invocación se hace más velozmente, debido a que se eliminan los tiempos de vinculación entre módulos y se ahorran prólogos y epílogos de la función compilada aparte, que en el caso de funciones pequeñas podrían ser más largos que el cuerpo de la propia función. Como desventaja, si la función de línea es invocada varias veces en un programa, se la copia tantas veces como es llamada, por lo que aumenta el tamaño del código que sería necesario si fuera una función corriente. Como corolario, debe tratarse que las funciones de línea sean las más cortas de un programa y que se invoquen pocas veces.

De todas maneras – y aun cuando no hay nada malo en utilizar funciones en línea – la experiencia actual demuestra que se gana muy poco al utilizarlas, debido a las optimizaciones que introducen los compiladores en los métodos normales.

C++ permite sobrecarga de muchos más operadores que C#. Por lo mismo, y por los abusos que a menudo se cometen, hay que tener aún más cuidado que en C#.

[36] En realidad, la definición de una función en línea deja en manos del compilador si la expande o no, en base, por ejemplo, a su tamaño.

Por ejemplo, ningún compilador C++ verifica que el operador == haga lo contrario de !=.

EJERCICIOS DE EJEMPLO ADICIONALES

Implementación de puntos en dos dimensiones (C#)

La idea de este ejercicio es plantear la implementación de una clase para manejar puntos en dos dimensiones.

A continuación se muestra un programa de prueba:

```
using System;
using CarlosFontela.Geometria;

namespace CarlosFontela.Pruebas
{
   public class PruebaPunto
   {
         public static void Main( ) {
               Punto p1 = new Punto (0,0);
               Punto p2 = new Punto (1,0);
               Punto p3 = new Punto (0,1);
               Punto p4 = new Punto (1,1);
               // pruebas del método ToString:
               Console.WriteLine (p1.ToString( ));          // 0;0
               Console.WriteLine (p2.ToString( ));          // 1;0
               Console.ReadKey( );
               // pruebas de lectura de propiedades:
               Console.WriteLine (p1.X);                    // 0
               Console.WriteLine (p1.Y);                    // 0
               Console.WriteLine (p4.X);                    // 1
               Console.WriteLine (p4.Y);                    // 1
               Console.ReadKey( );
               // pruebas de Distancia:
               Console.WriteLine (p1.Distancia(p2));        // 1
               Console.WriteLine (p1.Distancia(p4));        // 1.4142
               Console.WriteLine (p4.Distancia(p2));        // 1
               Console.ReadKey( );
               // pruebas de Trasladar y cambio de propiedades:
               p4.Trasladar (1,1);
               p1.Trasladar (-1,0);
               Console.WriteLine (p4.ToString( ));          // 2;2
               Console.WriteLine (p1.ToString( ));          // -1;0
               p2.X = 2;
               p3.Y = 2;
               Console.WriteLine (p2.ToString( ));          // 2;0
               Console.WriteLine (p3.ToString( ));          // 0;2
               Console.ReadKey( );

         }
   }
}
```

La clase en cuestión podría escribirse así:

```
			Console.WriteLine (p4.Y);			// 1
			Console.ReadKey( );
			// pruebas de Distancia:
			Console.WriteLine (p1.Distancia(p2));		// 1
			Console.WriteLine (p1.Distancia(p4));		// 1.4142
			Console.WriteLine (p4.Distancia(p2));		// 1
			Console.ReadKey( );
			// pruebas de Trasladar y cambio de propiedades:
			p4.Trasladar (1,1);
			p1.Trasladar (-1,0);
			Console.WriteLine (p4.ToString( ));		// 2;2
			Console.WriteLine (p1.ToString( ));		// -1;0
			p2.X = 2;
			p3.Y = 2;
			Console.WriteLine (p2.ToString( ));		// 2;0
			Console.WriteLine (p3.ToString( ));		// 0;2
			Console.ReadKey( );
		}
	}
}
```

La clase en cuestión podría escribirse así:

```
using System;

namespace CarlosFontela.Geometria {

public class Punto {

  // atributos:
  private double coordX;
  private double coordY;

  // constructor:
  public Punto (double x, double y) {
	coordX = x;
	coordY = y;
  }

  // propiedades de lectura y escritura:

  public double X {
	get {
		return coordX;
	}
	set {
		coordX = value;
	}
  }

  public double Y {
	get {
		return coordY;
	}
	set {
		coordY = value;
	}
```

```
    }

    // métodos:

    public void Trasladar (double deltaX, double deltaY) {
            coordX += deltaX;
            coordY += deltaY;
    }

    public double Distancia (Punto otro) {
            return Math.Sqrt
                    ( Math.Pow((coordX-otro.coordX),2) +
                                    Math.Pow((coordY-otro.coordY),2) );
    }

    public string ToString( ) {
            return X.ToString( ) + ";" + Y.ToString( );
    }
  }

}
```

Implementación de puntos en dos dimensiones (Java)

La principal diferencia entre Java y C# – más allá de algunas diferencias de sintaxis – es la ausencia de propiedades en Java.

El programa de prueba en Java sería:

```
package carlosfontela.pruebas;

import carlosfontela.geometria.Punto;

public class PruebaPunto {

    public static void main (String [ ] p) {
            Punto p1 = new Punto (0,0);
            Punto p2 = new Punto (1,0);
            Punto p3 = new Punto (0,1);
            Punto p4 = new Punto (1,1);
            // pruebas del método toString:
            System.out.println (p1.toString( ));            // 0;0
            System.out.println (p2.toString( ));            // 1;0
            // pruebas de lectura de propiedades:
            System.out.println (p1.getX( ));                // 0
            System.out.println (p1.getY( ));                // 0
            System.out.println (p4.getX( ));                // 1
            System.out.println (p4.getY( ));                // 1
            // pruebas de distancia:
            System.out.println (p1.distancia(p2));          // 1
            System.out.println (p1.distancia(p4));          // 1.4142
            System.out.println (p4.distancia(p2));          // 1
            // pruebas de trasladar y cambio de propiedades:
            p4.trasladar (1,1);
            p1.trasladar (-1,0);
            System.out.println (p4.toString( ));            // 2;2
            System.out.println (p1.toString( ));            // -1;0
```

```
        p2.setX (2);
        p3.setY (2);
        System.out.println (p2.toString( ));            // 2;0
        System.out.println (p3.toString( ));            // 0;2
    }
}
```

Y la clase *Punto*:

```
// Punto.java

package carlosfontela.geometria;

public class Punto {

        // atributos:
        private double coordX;
        private double coordY;

        // constructor:
        public Punto (double x, double y) {
                coordX = x;
                coordY = y;
        }

        // propiedades de lectura y escritura:

        public double getX( ) {
                return coordX;
        }

        public void setX (double valor) {
                coordX = valor;
        }

        public double getY( ) {
                return coordY;
        }

        public void setY (double valor) {
                coordY = valor;
        }

        // métodos:

        public void trasladar (double deltaX, double deltaY) {
                coordX += deltaX;
                coordY += deltaY;
        }

        public double distancia (Punto otro) {
                return Math.sqrt
                        ( Math.pow((coordX-otro.coordX),2) +
                                Math.pow((coordY-otro.coordY),2) );
        }

        public String toString( ) {
```

```
            return new Double(getX( )).toString( ) + ";" + new Double(getY( )).toString( );
        }
}
```

Implementación de puntos en dos dimensiones (C++)

En la solución en C++ no implementaremos el método *toString*, no porque no se pueda, sino porque es más complejo de implementar y me parece que no agregaría conocimiento relevante de POO en C++ al lector.

El código de pruebas será:

```
// Principal.cpp

#include <stdio.h>
#include <iostream.h>

#ifndef PUNTO_H_
#include "Punto.h"
#endif /*PUNTO_H_*/

using namespace geometria;

int main ( ) {
        Punto p1 (0,0);
        Punto p2 (1,0);
        Punto p3 (0,1);
        Punto p4 (1,1);
   // pruebas de lectura de propiedades:
        cout << p1.getX( ) << endl;                         // 0
        cout << p1.getY( ) << endl;                         // 0
        cout << p4.getX( ) << endl;                         // 1
        cout << p4.getY( ) << endl;                         // 1
   // pruebas de distancia:
        cout << p1.distancia (p2) << endl;                  // 1
        cout << p1.distancia (p4) << endl;                  // 1.4142
        cout << p4.distancia (p2) << endl;                  // 1
   // pruebas de trasladar y cambio de propiedades:
        p4.trasladar (1,1);
        p1.trasladar (-1,0);
        cout << p4.getX( ) << ";" << p4.getY( ) << endl;    // 2;2
        cout << p1.getX( ) << ";" << p1.getY( ) << endl;    // -1;0
        p2.setX(2);
        p3.setY(2);
        cout << p2.getX( ) << ";" << p2.getY( ) << endl;    // 2;0
        cout << p3.getX( ) << ";" << p3.getY( ) << endl;    // 0;2
   // fin:
        char c = getchar( );
        return 0;
};
```

La implementación de la clase es:

```
//Punto.h

#ifndef PUNTO_H_
```

```
#define PUNTO_H_

namespace geometria {

  class Punto {

        public:

              // constructor:
              Punto (double, double);

              // propiedades de lectura y escritura:
              double getX( );
              void setX (double);
              double getY ( );
              void setY (double);

              // métodos:
              void trasladar (double, double);
              double distancia (Punto);

        private:
              // atributos:
              double coordX;
              double coordY;
  };
};

#endif /*PUNTO_H_*/
```

```
// Punto.cpp

using namespace std;

#include <math.h>

#ifndef PUNTO_H_
#include "Punto.h"
#endif /*PUNTO_H_*/

namespace geomotria {

   // constructor:
   Punto :: Punto (double x, double y) {
         coordX = x;
         coordY = y;
   }

   // propiedades de lectura y escritura:

   double Punto :: getX( ) {
         return coordX;
   }

   void Punto :: setX (double valor) {
         coordX = valor;
   }
```

```
double Punto :: getY( ) {
        return coordY;
}

void Punto :: setY (double valor) {
        coordY = valor;
}

// métodos:

void Punto :: trasladar (double deltaX, double deltaY) {
        coordX += deltaX;
        coordY += deltaY;
}

double Punto :: distancia (Punto otro) {
        return sqrt   ( pow( (coordX - otro.coordX), 2) + pow( (coordY - otro.coordY), 2) );
}
}
```

Implementación de un horno microondas (C#)

En este ejemplo escribiremos una clase que implemente un simulador de horno de microondas, con su programa de prueba.

Las instancias de horno de microondas deberán responder al siguiente diagrama de estados:

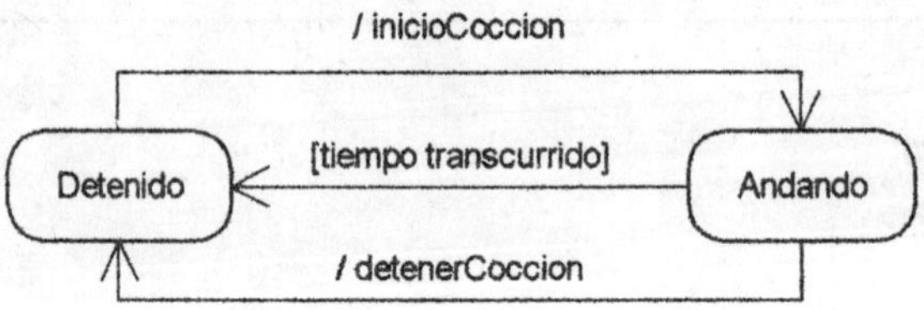

El programa de prueba que propongo es:

```
using System;
using CarlosFontela.Simulacion;

namespace CarlosFontela.Pruebas {

public class PruebaMicroondas {

   // programa principal:
   public static void Main ( ) {
          Microondas horno = new Microondas( );
          horno.TiempoEnSeg = 120;
          horno.PotenciaEnWatt = 700;
          Console.WriteLine ("Andando: " + horno.EstaAndando( ) );
          horno.InicioCoccion( );
          Console.WriteLine ("Andando: " + horno.EstaAndando( ) );
          Console.WriteLine ("TiempoEnSeg de cocción: " + horno.VerTiempoRestanteEnSeg( ) );
          Console.WriteLine ("PotenciaEnWatt de cocción: " + horno.PotenciaEnWatt);
```

```
            Console.WriteLine ("TiempoEnSeg restante: " + horno.VerTiempoRestanteEnSeg( ) );
            horno.DetenerCoccion( );
            Console.WriteLine ("Andando: " + horno.EstaAndando( ) );
            Console.WriteLine ("TiempoEnSeg restante: " + horno.VerTiempoRestanteEnSeg( ) );
            Console.ReadKey( );
    }
  }
}
```

Por lo tanto, el código de la clase del simulador será:

```
using System;

namespace CarlosFontela.Simulacion {

   public class Microondas {

        private int tiempoEnSeg;
        private int potenciaEnWatt;
        private bool andando;
        private long horaInicio;    // en tics desde 1/1/1

        public Microondas( ) {
              tiempoEnSeg = 0;
              potenciaEnWatt = 0;
              andando = false;
              horaInicio = 0;
        }

        public int TiempoEnSeg {
              get {
                    return tiempoEnSeg;
              }
              set {
                    tiempoEnSeg = value;
              }
        }

        public int PotenciaEnWatt {
              get {
                    return potenciaEnWatt;
              }
              set {
                    potenciaEnWatt = value;
              }
        }

        // aumenta la potenciaEnWatt en 100 W:
        public void IncrementarPotencia( ) {
              potenciaEnWatt += 100;
        }

        // disminuye la potenciaEnWatt en 100 W:
        public void DecrementarPotencia( ) {
              potenciaEnWatt -= 100;
        }
```

```
        // aumenta el tiempoEnSeg en 30 s
        public void IncrementarTiempo( ) {
                tiempoEnSeg += 30;
        }

        // disminuye el tiempoEnSeg en 30 s
        public void DecrementarTiempo( ) {
                tiempoEnSeg -= 30;
        }

        public void InicioCoccion( ) {
                andando = true;
                horaInicio = DateTime.Now.Ticks;                    // tiempo en tics desde 1/1/1
        }

        // en segundos:
        public int VerTiempoRestanteEnSeg( ) {
                if (!andando)
                                return 0;
                else {
                        long horaActual = DateTime.Now.Ticks;       // tiempo en tics desde 1/1/1
                        long falta = horaActual - horaInicio + tiempoEnSeg;
                        if (falta > 0) {
                                // conversión de tics en segundos:
                                long s = falta / 1000000000;
                                return (int)s;                  // conversión de tipos de long a int
                        }
                        else {
                                andando = false;
                                return 0;
                        }
                }
        }

        public void DetenerCoccion( ) {
                andando = false;
        }

        public bool EstaAndando( ) {
                int aux = VerTiempoRestanteEnSeg( );
                return andando;
        }
    }
}
```

Implementación de un vector en 3D (C#)

Vamos a implementar un vector algebraico en tres dimensiones con todas sus operaciones.

El programa de prueba propuesto para la clase es:

```
using System;
using CarlosFontela.Fisica;

namespace CarlosFontela.Pruebas
{
```

```
public class PruebaVector3D
{
        public static void Main( ) {
                Vector3D a = new Vector3D (1, 1, 0);
                Vector3D b = new Vector3D (1, 2, 0);
                // prueba del método ToString:
                Console.WriteLine (a.ToString( ));
                Console.WriteLine (b.ToString( ));
                // prueba de operaciones: módulo
                Console.WriteLine (a.Modulo);                // 1.4142
                // prueba de operaciones: producto escalar
                Console.WriteLine (a*b);                     // 3
                // prueba de operaciones: producto vectorial
                Console.WriteLine ((a^b).ToString( ));
                // prueba de operaciones: producto por un escalar
                Console.WriteLine ((2*a).ToString( ));
                // prueba de operaciones: ángulos
                Console.WriteLine (a.AnguloX);               // pi/4
                Console.WriteLine (a.AnguloY);               // pi/4
                Console.WriteLine (a.AnguloZ);               // pi/2
                Console.WriteLine ((a+b).ToString( ));
                // fin:
                Console.ReadKey( );
        }
    }
}
```

Como luego los objetos de esta clase van a ser usados por sus estados, la implementaré como un tipo por valor (*struct*). Lo que sigue es el código de la clase:

```
using System;

namespace CarlosFontela.Fisica
{
    public struct Vector3D
    {
        private double proyeccionX;
        private double proyeccionY;
        private double proyeccionZ;

        // crea un Vector3D en base a sus tres componentes
        public Vector3D(double proyeccionX, double proyeccionY, double proyeccionZ) {
                this.proyeccionX = proyeccionX;
                this.proyeccionY = proyeccionY;
                this.proyeccionZ = proyeccionZ;
        }

        // crea un Vector3D en base a su módulo y su versor:
        public Vector3D (double modulo, Vector3D versor) {
                this.proyeccionX = modulo * versor.ProyeccionX;
                this.proyeccionY = modulo * versor.ProyeccionY;
                this.proyeccionZ = modulo * versor.ProyeccionZ;
        }

        public double ProyeccionX {
                get { return proyeccionX; }
        }
```

```
public double ProyeccionY {
        get { return proyeccionY; }
}

public double ProyeccionZ {
        get { return proyeccionZ; }
}

public double Modulo {
        get {
                return Math.Sqrt (
                        ProyeccionX * ProyeccionX +
                        ProyeccionY * ProyeccionY +
                        ProyeccionZ * ProyeccionZ );
        }
}

public Vector3D Versor {
        get {
                return (1/Modulo) * this;
        }
}

// ángulo con el eje "x" en radianes:
public double AnguloX {
        get {
                return Math.Acos (ProyeccionX / Modulo);
        }
}

// ángulo con el eje "y" en radianes:
public double AnguloY {
        get {
                return Math.Acos (ProyeccionY / Modulo);
        }
}

// ángulo con el eje "z" en radianes:
public double AnguloZ {
        get {
                return Math.Acos (ProyeccionZ / Modulo);
        }
}

// producto escalar:
public static double operator* (Vector3D v, Vector3D w) {
        return (
                v.ProyeccionX * w.ProyeccionX +
                v.ProyeccionY * w.ProyeccionY +
                v.ProyeccionZ * w.ProyeccionZ );
}

// producto vectorial:
public static Vector3D operator^ (Vector3D v, Vector3D w) {
        return new Vector3D (
                v.ProyeccionY * w.ProyeccionZ - v.ProyeccionZ * w.ProyeccionY ,
```

```
                v.ProyeccionZ * w.ProyeccionX - v.ProyeccionX * w.ProyeccionZ ,
                v.ProyeccionX * w.ProyeccionY - v.ProyeccionY * w.ProyeccionX );
    }

    // producto por un escalar:
    public static Vector3D operator* (double factor, Vector3D v) {
        return new Vector3D (
                factor * v.ProyeccionX ,
                factor * v.ProyeccionY ,
                factor * v.ProyeccionZ );
    }

    // suma de vectores:
    public static Vector3D operator+ (Vector3D v, Vector3D w) {
        return new Vector3D (
                v.ProyeccionX + w.ProyeccionX ,
                v.ProyeccionY + w.ProyeccionY ,
                v.ProyeccionZ + w.ProyeccionZ);
    }

    public String ToString( ) {
        return "(" +
                ProyeccionX.ToString( ) + "; " +
                ProyeccionY.ToString( ) + "; " +
                ProyeccionZ.ToString( ) + ")";
    }
  }
}
```

Implementación de unidad monetaria (C#, Java y C++)

En este ejemplo escribiremos una clase que implemente una unidad monetaria llamada *PesosCentavos* con mejor manejo de la precisión, utilizando internamente enteros.

El programa de prueba que se propone es:

```
using System;
using CarlosFontela.Moneda;

namespace CarlosFontela.Pruebas {

  public class PruebaMoneda {

    public static void Main( ) {
        PesosCentavos p1 = new PesosCentavos (15.22);
        PesosCentavos p2 = new PesosCentavos (15.223);
        PesosCentavos p3 = new PesosCentavos (15.217);
        PesosCentavos p4 = new PesosCentavos (15, 22);
        // prueba de ToString( ): en todos los casos debe imprimir 15.22
        Console.WriteLine (p1.ToString( ));
        Console.WriteLine (p2.ToString( ));
        Console.WriteLine (p3.ToString( ));
        Console.WriteLine (p4.ToString( ));
        // prueba de propiedades Pesos y Centavos:
        Console.WriteLine (p1.Pesos);
        Console.WriteLine (p1.Centavos);
```

```
			Console.WriteLine (p2.Pesos);
			Console.WriteLine (p2.Centavos);
			Console.WriteLine (p3.Pesos);
			Console.WriteLine (p3.Centavos);
			Console.WriteLine (p4.Pesos);
			Console.WriteLine (p4.Centavos);
			// prueba de operaciones (deben dar 30.44):
			PesosCentavos p6 = p1 + p2;
			PesosCentavos p7 = p1 * 2;
			PesosCentavos p8 = 2 * p1;
			Console.WriteLine (p6.ToString( ));
			Console.WriteLine (p7.ToString( ));
			Console.WriteLine (p8.ToString( ));
			// prueba de operaciones (deben dar 0 y 7.61):
			PesosCentavos p9 = p1 - p2;
			PesosCentavos p10 = p1 / 2;
			PesosCentavos p11 = 50 % p1;
			Console.WriteLine (p9.ToString( ));
			Console.WriteLine (p10.ToString( ));
			Console.WriteLine (p11.ToString( ));
			// fin:
			Console.ReadKey( );
		}
	}
}
```

Por lo tanto, el código de la clase *PesosCentavos* será (trabajo con un tipo por valor porque me pareció más adecuado):

```
namespace CarlosFontela.Moneda {
	public struct PesosCentavos {

		private long cantidad;

		private static long convertir (long pesos, long centavos) {
			return pesos * 100 + centavos;
		}

		public PesosCentavos (double pesosCentavos) {
			long pesos = (long)pesosCentavos;
			long centavos = (long) System.Math.Round((pesosCentavos - pesos) * 100);
			this.cantidad = convertir(pesos,centavos);
		}

		public PesosCentavos (long pesos, long centavos) {
			this.cantidad = convertir(pesos,centavos);
		}

		public double ValorReal {
			get {
				// coloco 100.0 para evitar que realice la división entera
				return cantidad / 100.0;
			}
		}

		public long Pesos {
```

```
        get {
            return cantidad / 100;
        }
    }

    public long Centavos {
        get {
            return cantidad % 100;
        }
    }

    public string ToString( ) {
        return ValorReal.ToString( );
    }

    public static PesosCentavos operator+ (PesosCentavos p1, PesosCentavos p2) {
        return new PesosCentavos (p1.ValorReal + p2.ValorReal);
    }

    public static PesosCentavos operator- (PesosCentavos p1, PesosCentavos p2) {
        return new PesosCentavos (p1.ValorReal - p2.ValorReal);
    }

    public static PesosCentavos operator* (double factor, PesosCentavos p) {
        return new PesosCentavos (factor * p.ValorReal);
    }

    public static PesosCentavos operator* (PesosCentavos p, double factor) {
        return new PesosCentavos (factor * p.ValorReal);
    }

    public static PesosCentavos operator/ (PesosCentavos p, double divisor) {
        return new PesosCentavos (p.ValorReal / divisor);
    }

    public static PesosCentavos operator% (double porcentaje, PesosCentavos p) {
        return new PesosCentavos (p.ValorReal * porcentaje / 100);
    }
  }
}
```

La traducción a Java del ejemplo anterior será:

```
package carlosfontela.moneda;

public class PesosCentavos {

    private long cantidad;

    private static long convertir (long pesos, long centavos) {
        return pesos * 100 + centavos;
    }

    public PesosCentavos (double pesosCentavos) {
        long pesos = (long)pesosCentavos;
        long centavos = Math.round ((pesosCentavos - pesos) * 100);
        this.cantidad = convertir (pesos,centavos);
```

```
    }

    public PesosCentavos (long pesos, long centavos) {
        this.cantidad = convertir (pesos,centavos);
    }

    public double valorReal( ) {
        // coloco 100.0 para evitar que realice la división entera
        return cantidad / 100.0;
    }

    public long pesos( ) {
        return cantidad / 100;
    }

    public long centavos( ) {
        return cantidad % 100;
    }

    public String toString( ) {
        return Double.toString (this.valorReal( ));
    }

    public PesosCentavos sumar (PesosCentavos p2) {
        return new PesosCentavos (this.valorReal( ) + p2.valorReal( ));
    }

    public PesosCentavos restar (PesosCentavos p2) {
        return new PesosCentavos (this.valorReal( ) - p2.valorReal( ));
    }

    public PesosCentavos producto (double factor) {
        return new PesosCentavos (factor * this.valorReal( ));
    }

    public PesosCentavos dividir (double divisor) {
        return new PesosCentavos (this.valorReal( ) / divisor);
    }

    public PesosCentavos porcentaje (double porcentaje) {
        return new PesosCentavos (this.valorReal( ) * porcentaje / 100);
    }
}
```

Y en C++ propongo:

```
// PesosCentavos.h

#ifndef PESOSCENTAVOS_H_
#define PESOSCENTAVOS_H_

namespace moneda {

  class PesosCentavos {

    public:
        PesosCentavos (double);
```

```
            PesosCentavos (long, long);
            double valorReal( ) const;
            long pesos( ) const;
            long centavos( ) const;

            friend PesosCentavos operator+ (const PesosCentavos, const PesosCentavos);
            friend PesosCentavos operator- (const PesosCentavos, const PesosCentavos);
            friend PesosCentavos operator* (double, const PesosCentavos);
            friend PesosCentavos operator* (const PesosCentavos, double);
            friend PesosCentavos operator/ (const PesosCentavos, double);
            friend PesosCentavos operator% (double, const PesosCentavos);

        private:
            long cantidad;

            static long convertir (long, long);
    };
};

#endif /*PESOSCENTAVOS_H_*/
```

```
// PesosCentavos.cpp

#ifndef PESOSCENTAVOS_H_
#include "PesosCentavos.h"
#endif /*PESOSCENTAVOS_H_*/

namespace moneda {

    long redondear (double x) {
        long truncado = (long)(x+0.5);
        return truncado;
    }

    PesosCentavos :: PesosCentavos (double pesosCentavos) {
        long pesos = (long)pesosCentavos;
        long centavos = redondear ((pesosCentavos - pesos) * 100);
        this->cantidad = convertir (pesos,centavos);
    }

    PesosCentavos :: PesosCentavos (long pesos, long centavos) {
        this->cantidad = convertir (pesos,centavos);
    }

    double PesosCentavos :: valorReal( ) const {
        // colocamos 100.0 para evitar que realice la división entera
        return cantidad / 100.0;
    }

    long PesosCentavos :: pesos( ) const {
        return cantidad / 100;
    }

    long PesosCentavos :: centavos( ) const {
        return cantidad % 100;
    }
```

```
PesosCentavos operator+ (const PesosCentavos p1, const PesosCentavos p2) {
        return PesosCentavos (p1.valorReal( ) + p2.valorReal( ));
}

PesosCentavos operator- (const PesosCentavos p1, const PesosCentavos p2) {
        return PesosCentavos (p1.valorReal( ) - p2.valorReal( ));
}

PesosCentavos operator* (double factor, const PesosCentavos p) {
        return PesosCentavos (factor * p.valorReal( ));
}

PesosCentavos operator* (const PesosCentavos p, double factor) {
        return PesosCentavos (factor * p.valorReal( ));
}

PesosCentavos operator/ (const PesosCentavos p, double divisor) {
        return PesosCentavos (p.valorReal( ) / divisor);
}

PesosCentavos operator% (double porcentaje, const PesosCentavos p) {
        return PesosCentavos (p.valorReal( ) * porcentaje / 100);
}

long PesosCentavos :: convertir (long pesos, long centavos) {
        return pesos * 100 + centavos;
}
}
```

Nótese que debimos usar declaraciones *friend* por la sobrecarga de operadores.

CUESTIONES METODOLÓGICAS

Estándares de nomenclatura

Como ocurrió siempre en la historia de la programación, sigue siendo válida la idea de usar estándares de nomenclatura, de modo tal que mirando un identificador en medio del código podamos determinar si se trata de una clase, de un método, etc. También deberíamos poder deducir su significado.

Hay diferentes tipos de estándares que intentan lograr este propósito.

Uno de ellos es el método húngaro, tal vez el más recargado, que llega a colocar una letra como prefijo para indicar el tipo y sufijos que indican quién es el autor. Igualmente recomienda empezar algunos nombres con _. Lamentablemente, todo esto hace que los programas no sean demasiado legibles. Suele estar desaconsejado, y se lo pone como ejemplo de exageración.

En primer lugar, debemos usar distintos elementos semánticos del idioma castellano para nombrar elementos de un programa:

- Para los tipos, clases, variables, constantes, propiedades y atributos, utilizar nombres – en lo posible sustantivos – extraídos del vocabulario del dominio. Por ejemplo, *Punto* es un nombre de clase, *parteReal* un atributo o una propiedad. Los atributos y propiedades booleanos pueden llevar participios o condiciones por nombre. Atributos o propiedades llamados *andando* o *soltero* son indudablemente booleanos.

- Para las interfaces se pueden usar los mismos nombres que para las clases, aunque a veces conviene usar palabras terminadas en "able" o "ible", como *Comparable* o *Imprimible*. Veremos interfaces en otro capítulo.
- Respecto de los métodos, se puede usar verbos en infinitivo, o participios en el caso de métodos booleanos. Por ejemplo, un método se puede llamar *trasladar*, y uno booleano podría ser *andando*.

Hay una aclaración adicional que debemos hacer, y es respecto de los elementos booleanos. Las variables y los métodos booleanos deben ser lo más descriptivos posibles.

Para ello, es buena idea pensar si el nombre en cuestión representa algo que pueda ser verdadero o falso. Por ejemplo, una variable booleana que se llame *encontrado, exito, ok, error*, etc., está bien nombrada. Asimismo, variables como *mujer* o *impar* son buenos nombres, mientras que *sexo* o *tipoNumero* son malas porque no son autodescriptivas: ¿qué significa que *sexo* sea verdadera? ¿es un varón o una mujer?

En segundo lugar, importa la convención de minúsculas y mayúsculas, además de los separadores, que en general difieren entre los lenguajes.

El estándar de nomenclatura establecido para Java es el que sigue:

- Las clases e interfaces se escriben en minúsculas, utilizando las mayúsculas al comienzo de cada palabra, como en *NumeroFraccionario* o *TrianguloRectangulo*.
- Para las clases de excepción se utilizan las mismas convenciones que para las demás clases, agregándole la palabra *Exception* al final, como en *ClassCastException*.
- Los métodos, atributos, propiedades y variables, se escriben en minúsculas, salvo para separar palabras, como en *parteReal* o *hipotenusa*.
- Para las constantes, se utilizan todas mayúsculas, separando las palabras con guiones bajos, como en *IVA* o *DESCUENTO_FERIADOS*.

En C++ se utilizó durante mucho tiempo un estándar que consistía en escribir todo en minúscula y separar palabras con guión bajo, como en *lista_figuras*. Luego se puso de moda colocar una *C* delante de los nombres de clases, y dejar el resto de la notación igual, salvo por el uso de mayúsculas al comienzo de las palabras para los nombres de clases y métodos.

Después de algunas idas y venidas, se ha ido estableciendo el mismo estándar de Java, salvo por el hecho de que los métodos suelen empezar en mayúsculas.

En C# se usan mayormente las siguientes convenciones:

- Las clases se escriben en minúsculas, utilizando las mayúsculas al comienzo de cada palabra, como en *Canvas, Component, Fecha* y *ListaFiguras*.
- Para las interfaces se usan las mismas convenciones que para las clases, pero con una *I* delante, como en *IComparable*.
- Respecto de los atributos, métodos y propiedades, C# los diferencia por

su visibilidad. A los elementos privados, como la mayor parte de los atributos, se los escribe en minúsculas, salvo para separar palabras, como en *parteReal* o *hipotenusa*. A los elementos públicos, como casi todos los métodos y propiedades, se los escribe con la misma convención que para las clases.

- Para las variables, la misma notación de los métodos y propiedades en cuanto a la convención de mayúsculas y minúsculas, salvo que se trate de variables locales a un método o declaradas en un programa de prueba, en cuyo caso se utiliza la convención de los atributos.
- Para las constantes, se utilizan todas mayúsculas, separando las palabras con guiones bajos, como en *IVA* o *DESCUENTO_FERIADOS*.

En mi caso, he respetado en su mayor parte los estándares para cada lenguaje, salvo el uso de todas mayúsculas en las constantes, y que en C++ he seguido la misma convención de Java.

De todas maneras, no importa demasiado qué estándar se utilice, sino que se utilice alguno, y sobre todo, con fundamentos y coherencia. Por otro lado, como cada lenguaje tiene identificadores predefinidos, habría que tratar de que nuestro propio estándar no difiera demasiado del del lenguaje.

El problema principal viene cuando se utilizan varios lenguajes a la vez. Si bien esto no es algo muy común, la plataforma .NET vino a complicar las cosas, ya que permite mezclar distintos lenguajes, que encima tienen reglas diferentes.

Por ejemplo, en C# es válida la declaración:

```
Conjunto conjunto;
```

Pero en VisualBasic.NET, que no diferencia mayúsculas de minúsculas, la declaración anterior provocaría un error sintáctico. Tengamos cuidado, entonces, con la mezcla de lenguajes, en especial con el código .NET que deseemos utilizar en más de un lenguaje.

Pruebas unitarias

En mis ejemplos, he comenzado siempre por escribir un programa de prueba.

Partamos de una base. Los programas que escribimos, o bien los fragmentos de los mismos, deben ser probados. Si no hacemos así, nunca sabremos si lo que hacemos funciona. Dentro de las pruebas posibles de los programas están las pruebas unitarias, que se llaman así porque buscan probar porciones discretas de programas – a menudo sin entrar en los detalles internos – y asegurarse de que funcionan.

Sólo contando con pruebas unitarias podemos quedarnos relativamente tranquilos respecto de la calidad de los componentes que usamos para construir aplicaciones más complejas.

Sin embargo, lo que puede parecer más raro es que escribí mis programas de prueba antes del propio código productivo. Sin embargo, esta es una práctica bastante habitual en el moderno desarrollo de software. Al escribir antes las pruebas, contamos con las siguientes ventajas:

- No hay una sugestión causada por haber escrito el código funcional en forma previa.
- Permite determinar la interfaz de un método o de toda una clase cuando

éxista no está del todo clara.

- Las pruebas se convierten en la documentación definitiva de los requisitos del sistema.
- Suele llevar a pensar en nuevas capacidades o restricciones del uso de las clases.
- En definitiva, las pruebas son una forma alternativa de establecer el contrato de la clase con sus clientes, adicional a la definición de invariantes, precondiciones y postcondiciones.
- Si no sabemos cómo escribir el conjunto de pruebas para una clase, nunca sabremos cómo la usarán nuestros clientes.

De aquí en más escribiremos siempre programas de pruebas de nuestros ejemplos, con anterioridad al propio código a probar.

Un comentario final. En este libro, suelo mostrar un programa de prueba y luego el código que soluciona el problema. Esto puede dar la ilusión de que se trata de un problema en sólo dos etapas.

Lamentablemente, la realidad es bastante menos feliz. Normalmente escribo mi programa de prueba, y a continuación el código productivo. En casi todas las oportunidades, al correr el programa de prueba encuentro errores, algunos en el código que resuelve el problema, y otras en el propio programa de prueba. A continuación corrijo los errores y vuelvo a probar, a veces con resultado satisfactorio y otras no tanto, y así sucesivamente. Finalmente, tomo el último programa de prueba y la última solución y los vuelco en el libro.

El lector se debe preguntar por qué no muestro todos estos pasos en cada ejercicio. La respuesta es que sería muy tedioso para leer, además de engrosar demasiado este libro, cuya finalidad no es insistir sobre cada paso de prueba, sino enseñar programación y diseño.

CUESTIONES DE DISEÑO

Principios elementales de diseño de clases

Hay algunas cuestiones elementales del diseño de clases que debo establecer ya desde este momento.

La primera es que cada clase debe tener un propósito simple y claro. Es el principio que se conoce por la máxima: "una clase por abstracción y una abstracción por clase".

Esto significa que una clase se debe referir a no más de una entidad del problema que se está resolviendo, además de que debe poder explicarse qué representa dicha clase de una manera simple, y en lo posible contener – la oración de la descripción – un solo sujeto.

Por ejemplo, podemos tener una clase *Factura* que contenga datos de un cliente y una serie de artículos, pero deberíamos trabajar con tres clases: *Factura*, *Articulo* y *Cliente*.

Otro ejemplo. Una clase *CuentaBancaria* podría tener un método cuyo funcionamiento dependa del sistema operativo que esté usando el usuario. Sin embargo, esto ensuciaría la clase con cuestiones que no tienen nada que ver con la entidad que se está queriendo implementar. Lo más conveniente sería separar las dependencias de una plataforma en una clase aparte.

Si hubiera más de una forma de imprimir el estado de un objeto, si hubiera más de una forma de almacenar ese estado en un medio permanente, si hubiera más de una interfaz posible de uso, todas estas cuestiones se deberían abordar en clases separadas.

Una patología habitual del diseño de clases es que una clase tenga como nombre un verbo. Si el nombre está bien puesto, esto implicaría que la clase tiene como propósito una acción, cuando las clases se supone que son entidades que proveen un conjunto de servicios. De hecho, no sería raro que una clase así tenga un solo método público. Lo que se está haciendo en este caso es describir *lo que hace* la clase. Sin embargo, no se supone que una clase *hace* algo, sino que provee un conjunto de servicios.

Esta regla tiene sus excepciones en la implementación de algunos patrones de diseño, como Command o Estrategia, pero es válida en general.

Otra patología que es indicio de que algo está mal diseñado, es la aparición de clases sin estado (no tienen atributos ni propiedades) o sin comportamiento (sin métodos además de los *get** y *set** de propiedades). Se las suele llamar clases degeneradas o anémicas.

Recordemos que los objetos son – por definición – una conjunción de estado y comportamiento.

Nuevamente, las excepciones a esta regla son pocas, y pueden verse en algunos patrones y en las clases utilitarias.

Otra importante cuestión de diseño elemental es que algunas clases tienen invariantes, esto es, condiciones lógicas que se deben cumplir para todos los objetos y en todo momento, para las instancias de la clase. Dichas condiciones se convierten en restricciones a los posibles estados de las instancias de la clase.

Si esto es así, estas restricciones se expresan entre atributos, y debemos garantizar que no haya ningún método o propiedad que pueda alterar el cumplimiento de las mismas. El constructor es el primer método, que al tener que crear un objeto en un estado válido, debe garantizar el cumplimiento de estas restricciones.

Para garantizar la simplicidad de la clase, es una buena práctica el separar el cumplimiento de las restricciones en una clase aparte.

Por supuesto, lo que hay que garantizar es que el estado que afecte a los clientes cumpla los invariantes. Los métodos privados pueden trabajar con objetos de estado inválido y dejarlos también en un estado inválido, si fuese necesario o conveniente.

Diseño de métodos

La cuestión del diseño de los métodos de una clase reviste también la mayor importancia.

La primera receta a tener en cuenta es que cada método debe hacer una sola cosa simple. Esto es lo que se conoce como *alta cohesión*, y que se suele reforzar diciendo que cada método debería poder ser descripto por una oración simple sobre su propósito.

Por lo tanto, no hay un número mínimo de líneas por método. En POO es muy común encontrar métodos de una sola línea, o incluso muchos muy simples. Es que el objetivo es precisamente incrementar la legibilidad. Incluso las pruebas booleanas conviene separarlas en métodos aparte cuando contienen conectivos lógicos, de modo tal que las condiciones de ciclos y decisiones sean lo más simples posible.

```
        else bisiesto = false;
        // determinar los días del mes:
        if ((mes == 2) && bisiesto)
            return 29;
        if ((mes == 2) && !bisiesto) return 28;
        if ((mes==4) || (mes==6) || (mes==9) || (mes==11))
            return 30;
        else return 31;
    }
}
```

Sería más cohesivo si lo transformásemos en:

```
private boolean bisiesto( ) {
        if ((anio % 4 == 0) &&
                    ((anio % 400 == 0) || (anio % 100 != 0)))
            return true;
        else return false;
}

public int diasMes ( ) {
        boolean bisiesto = bisiesto( );
        if ((mes == 2) && bisiesto)
            return 29;
        if ((mes == 2) && !bisiesto) return 28;
        if ((mes==4) || (mes==6) || (mes==9) || (mes==11))
            return 30;
        else return 31;
}
```

Y quedaría todavía mejor así, al simplificar las complejas condiciones lógicas y convertir la cantidad de días por mes en una tabla:

```
private boolean anioMultiploDe (int n) {
        return (anio % n == 0);
}

private boolean bisiesto( ) {
        if (anioMultiploDe(400))
            return true;
        else if (anioMultiploDe(4) && !anioMultiploDe(100))
            return true;
        else return false;
}

public int diasMes ( ) {
        int diasMes[ ] = {0,31,28,31,30,31,30,31,31,30,31,30,31};
        int dias = diasMes[mes];
        if ((mes == 28) && bisiesto( ))
            dias = 29;
        return dias;
}
```

Otra cuestión que el diseño de métodos debe afrontar es evitar el código duplicado. Si parte del código de un método es similar a una parte del de otro método, deberíamos hacer nuestro mayor esfuerzo para lograr construir un método – privado –

que sea llamado desde ambos, con los parámetros que sean necesarios.

La manera en que implementamos los métodos no debiera depender – o depender lo menos posible – del orden en que éstos son llamados. Por ejemplo, si tenemos un método *b* que necesita que antes se llame al método *a* para funcionar bien, deberíamos analizar la posibilidad de declarar privado a *a* y llamarlo desde *b*. Si no fuera posible declararlo privado, al menos podríamos dejar la invocación a *a* desde *b*. Y en el caso extremo en que esto tampoco sea posible, la documentación del método *b* debería ser absolutamente clara al respecto.

Sin embargo, insisto en que hay que evitar que la llamada a un método público implique la necesidad de llamada a otro, también público. De alguna manera, cuando implementamos cosas así, estamos violando el ocultamiento (se la llama habitualmente "violación semántica" del ocultamiento, ya que debemos mirar la implementación para entender el funcionamiento), ya que es obligatorio que conozcamos aspectos internos de los métodos, y sus interrelaciones. La única excepción a esta regla son los constructores, que deben ser llamados antes de cualquier otro método para cada instancia.

En los lenguajes que manejan punteros, conviene ocultar el manejo de punteros dentro de un método para que el código quede lo más claro posible, y trabajar fuera del método con variables simples.

En cuanto a los nombres que les colocamos a los métodos, conviene que sean bien descriptivos, sin que nos asuste la longitud. Sin embargo, un nombre muy largo podría ser un indicio de método poco cohesivo. El nombre de un método que devuelve un valor puede ser una descripción del valor, normalmente un sustantivo o un participio si es un método booleano. Si el método no devuelve valores, el nombre debiera ser un verbo.

Notemos que en POO no necesitamos colocar el tipo de objeto sobre el cual estamos operando, pues en la llamada queda bien claro. Por ejemplo, no nombraremos a un método de la clase *Fecha* como *FechaValida( )*: con sólo poner *Valida( )* alcanza, ya que va a ser invocado como *fecha.Valida( );*

Si se define una operación, conviene que de alguna manera se pueda tener la operación inversa. Por ejemplo, si existe *Depositar* en la clase *CuentaBancaria*, debería existir *Extraer*; o en la clase *PesosCentavos*, si se puede crear un objeto enviando la cantidad de pesos y la cantidad de centavos por separado (el constructor, en nuestro caso), deben existir propiedades para obtener estos valores. Algo que no se hizo, pero que es deseable, es que si existe un método *ToString*, exista su inverso *DeString*.

De todas maneras, esta recomendación puede no ser válida en todos los casos, debido a cuestiones del dominio del problema.

También es deseable que existan operaciones típicas o canónicas para todos los tipos que implementamos. Por ejemplo, si hay relación de orden entre los objetos del tipo, deberían existir métodos que permitan compararlos. Si debemos poder comparar objetos por su estado o copiar estado, colocar métodos que permitan hacerlo. *ImprimirAtributos* puede ser deseable, aunque es mejor *ToString*, que no supone nada sobre el uso que se le dará a la cadena de caracteres en cuestión.

Pasaje por valor y por referencia en programación orientada a objetos

En la programación procedimental es usual, cuando se trabaja con subprogramas con parámetros, hablar de variables que se pasan por valor, porque no se desea que su estado se modifique en el subprograma, y otras que se pasan por referencia, porque van a ser modificadas en el mismo.

Esto no tendría que ser así en POO. La idea de los métodos y propiedades de la POO es que deberían usarse sólo para:

- Obtener comportamiento del objeto actual.
- Consultar el estado del objeto actual.
- Devolver un valor calculado a partir del objeto actual y, eventualmente, algún parámetro.
- Cambiar el estado del objeto actual.

Si se intenta modificar el estado de otro objeto o de un parámetro, se dice que estamos introduciendo efectos colaterales.

Sin embargo, a veces violamos esta regla y escribimos métodos con efectos colaterales. Nosotros lo hicimos con el método *Extraer* de la clase *CuentaBancaria*, por una cuestión de simplicidad. La solución ortodoxa – en cambio – habría sido definir un método *void* y tratar el error lanzando una excepción, aunque para ello deberíamos haber estudiado antes el tema de excepciones, para el cual faltan varios capítulos.

¿Métodos o propiedades?

Hemos dicho que los métodos se utilizan para definir y obtener el comportamiento de los objetos. Las propiedades – en cambio – deben utilizarse para definir y obtener el estado observable de los mismos.

Pero hay ocasiones en las que nos quedan dudas. Por ejemplo, en una clase *Factura*, el cálculo del total de la misma, ¿debería ser un método o una propiedad? Al fin y al cabo, podría ser considerado parte del estado observable, pero también es posible que tengamos diferentes maneras de calcularlo, y por lo tanto lo consideremos más bien un comportamiento.

Bien, lo cierto es que no hay un criterio indiscutible. El caso anterior yo lo resuelvo con un método, porque entiendo que es algo que la factura calcula para mí, y que si bien puede ser pensado como un estado, es un estado que involucra un cálculo relativamente complejo.

Para facilitar la decisión en esta disyuntiva, propongo atender las recomendaciones que siguen, aunque analizando en cada caso su conveniencia:

- Dije ya que los métodos no debieran tener efectos colaterales. Ahora bien, si en alguna ocasión podemos admitir esto para los métodos, no es de ninguna manera deseable que ocurra con las propiedades. Si nos encontramos con uno de estos casos, primero debemos analizar si no podemos evitar el efecto colateral separando en una propiedad y un método. Y si el efecto colateral es inevitable, convertiremos a la propiedad en un método, y lo documentaremos adecuadamente.
- También dijimos que no debiésemos depender del orden de llamada de los métodos. Con mayor razón esta regla se debe aplicar a las propiedades, que no deben depender de otras propiedades o métodos. Si nos encontramos con uno de estos casos, debemos proceder como en el punto anterior, primero analizando la necesidad, y en caso de no haber solución, convirtiendo a la propiedad en un método.
- Las consultas sucesivas a una propiedad deberían dar el mismo resultado, siempre que no se las altere explícitamente utilizando el modificador de la misma propiedad o un método que se espera la altere.

- El cálculo del valor devuelto por una propiedad debiera ser simple de escribir en código, normalmente devolviendo el valor de un atributo o un cálculo que involucre algunos de ellos, sin necesidad de solicitar servicios a otras clases. Si no es así, sospeche de estar en presencia de un método.

Diseño de interfaces de clases

La interfaz de una clase es fundamental, sobre todo porque es lo que usa el cliente. Y no siempre tendremos control sobre los programas de los clientes y los usos que pueden estar haciendo de las interfaces. Eso hace que deba ser clara, simple, intuitiva y consistente con otras reglas de uso de una clase o biblioteca.

Todo diseño de una clase debe comenzar con una interfaz mínima. Si bien luego vamos a poder ampliarla en versiones futuras, nunca vamos a poder suprimir métodos sin afectar a algún cliente.

Otra forma de asegurar que no se van a afectar clientes es declarar atributos y métodos lo más privados que sea factible. Al fin y al cabo, los atributos y métodos privados no van a ser usados por ningún cliente y vamos a poder modificarlos más adelante.

Por lo tanto, cuanto más público sea un método o propiedad, debe ser más clara la forma de usarlo, más consistente, más simple y más intuitiva. Los parámetros de los métodos deben ser pocos.

Y no debemos quitar funcionalidad de una versión de la clase a la siguiente, porque los clientes de la misma pueden estar usándola y eso comprometería el funcionamiento de los programas hacia el futuro. Por lo tanto, una versión posterior no debería aumentar la privacidad de un método, propiedad o atributo ni, por supuesto, eliminarlo.

Desde ya que los métodos, propiedades y atributos públicos deben ser los más cuidados, luego los de visibilidad de paquete. Los métodos, propiedades y atributos privados son un problema exclusivo de quien implementa la clase.

Como corolario, si un método o propiedad no se prevé que sea usado por los clientes, debería ser privado, y no con visibilidad de paquete o público, para de ese modo evitar que lo usen y poder modificar su firma[37] o contrato en el futuro sin perjudicar a nadie. De la misma manera, si un método o propiedad sólo tiene sentido dentro de un paquete, debería tener visibilidad de paquete, y no más.

Por supuesto, el problema es menor si todo el código que utiliza nuestra clase está bajo nuestro control, pero eso es algo difícil de mantener a lo largo del tiempo.

Para los casos en que no queda más remedio que cambiar el encabezado de un método o debiéramos suprimirlo, habrá que hacerlo en varias etapas, sin suprimir la funcionalidad de una sola vez, sino con advertencias de que va a ser eliminada en el futuro. Para ello, algunos lenguajes tienen construcciones especiales, como la anotación *deprecated* en Java u *Obsolete* en C#.

Veamos el ejemplo que sigue en Java, que provoca un mensaje del compilador:

```
/** @deprecated */
void sumar (Fraccion x, Fraccion y, Fraccion resultado) {
        // cuerpo del método
```

[37] "Firma" se refiere al encabezado, del cual se pueden deducir la cantidad de parámetros, sus tipos y el tipo del valor devuelto si corresponde.

```
}
```

En C# se puede indicar el mensaje que queremos que aparezca:

```
[ Obsolete ("Use la función así: resultado.sumar(X,Y);") ]
void sumar (Fraccion x, Fraccion y, Fraccion resultado) {
        // cuerpo del método
}
```

Esto atenúa los efectos de los cambios. De todas maneras, no se debe dejar una cláusula de éstas en forma permanente, ya que nuestra credibilidad va a mejorar en la medida en que se cumpla lo prometido, es decir, se elimine el método antiguo en futuras versiones.

Otra solución, en los lenguajes que no soportan estas formas sofisticadas de actualización de interfaces, es hacer uso de la sobrecarga, y reimplementar los métodos antiguos para que llamen a los nuevos.

En el caso de los parámetros booleanos no conviene usar verdadero o falso como argumentos cuando esto no deja en claro qué significa al leer el programa cliente. Un mal ejemplo en Java es el del constructor de la clase *Timer* que veremos en un capítulo posterior, que recibe un argumento que vale *true* cuando se trata de un hilo *daemon* o *false* en caso contrario:

```
// se lo inicializa con true para indicar que es un hilo daemon:
Timer t = new Timer (true);
```

Un buen ejemplo, en cambio, es el uso de los métodos *setValidation* y *setIgnoringElementContentWhitespace*, de la biblioteca JDOM:

```
// va a validarlo contra un DTD:
fabrica.setValidation (true);
// ignoramos espacios en blanco:
fabrica.setIgnoringElementContentWhitespace (true);
```

Objetos constantes

Un objeto constante es aquél al que no se le puede modificar su estado después de ser creado.

Como con cualquier otra constante usada en un programa, un objeto constante sirve para facilitar la legibilidad y el mantenimiento. Y como cualquier objeto, debe satisfacer el invariante de clase.

Una posibilidad para su implementación es utilizar un constructor especial y no definir métodos ni propiedades de modificación sino sólo de consulta. Si la constante es típica de una clase, como podría ser el número *i* (unidad imaginaria) para los complejos, podría implementarse con métodos de clase.

La siguiente es la implementación de un objeto constante que, dentro de la clase *Complejo*, representa la unidad imaginaria:

```
public class Complejo {

    // todos los atributos, propiedades y métodos
```

```
    private static Complejo unidadImaginaria( ) {
        return new Complejo (0.0,1.0);
    }

    public static readonly Complejo i = unidadImaginaria( );

}
```

Para utilizar luego el valor, se puede invocar como *Complejo.i*

En Java la solución es similar, y el uso también:

```
public class Complejo {

    // todos los atributos y métodos

    private static Complejo unidadImaginaria( ) {
        return new Complejo (0.0,1.0);
    }

    public static final Complejo i = unidadImaginaria( );

}
```

En C++ la solución es más simple:

```
const Complejo i (0.0, 1.0);
```

Luego se utiliza la constante sólo con el nombre *i*.

Clases de objetos inmutables

Hay ocasiones en que interesa crear clases cuyas instancias – todas – una vez creadas, no se puedan cambiar.

Por ejemplo, las clases *System.String* y *java.lang.String*, en C# y Java, cumplen esta condición. También las clases envolventes de tipos primitivos de Java como *Integer*, *Boolean* y *Character* – tienen sólo objetos inmutables.

Las ventajas de hacer inmutables a las instancias de una clase son al menos dos. En primer lugar, permite al compilador introducir optimizaciones basadas en esta característica. Y en segundo, simplifica enormemente el acceso concurrente al estado de los objetos, como veremos oportunamente en el capítulo de concurrencia.

La desventaja es bastante obvia: no podemos modificar objetos, al menos no directamente. Por ejemplo, si queremos trasladar un punto de una clase *Punto* de objetos inmutables, en vez de invocar al método *Trasladar*:

```
    p.Trasladar (1, 2);
```

Deberíamos crear una nueva instancia, así:

```
    p = new Punto (p.X + 1; p.Y + 2);
```

Y dejar que de la instancia anterior se ocupe el recolector de basura.

En C++ se puede declarar una clase de objetos inmutables con el uso de la palabra *const*.

En Java y C#, en cambio, no hay manera de hacer esta declaración. Pero como programadores, siempre podemos crear clases de objetos inmutables. Basta con no definirles métodos ni propiedades que puedan alterar los valores de los atributos. Por ejemplo, si en nuestra clase *Punto* eliminásemos el método *Trasladar* y le sacáramos la parte *set* a las propiedades *X* e *Y*, tendríamos una clase de objetos inmutables.

Clases de una sola instancia

A veces es necesario definir clases que sólo admitan una instancia y dar un acceso global a la misma.

Por ejemplo, podemos querer que una aplicación sólo permita abrir una ventana a la vez de determinado tipo, o que otra sólo pueda tener una conexión abierta a una base de datos.

En estos casos se puede recurrir a una solución de catálogo, el patrón de diseño denominado Singleton, que resuelve el problema.

Como ya dije, no hay clases privadas, pero si no queremos que se puedan crear objetos de una clase desde otras, podemos hacer privado su constructor. Por eso, la implementación típica de Singleton crea un único objeto en un constructor privado y luego entrega una referencia al mismo cada vez que se necesita.

La solución más elemental en C# es:

```
public class Singleton
{
    private Singleton ( ) {}

    private static Singleton instancia = null;

    public static Singleton Instancia {
        get {
            if (instancia == null)
                instancia = new Singleton( );
            return instancia;
        }
    }
}
```

Luego, para acceder al objeto (instancia) en cuestión, escribimos:

```
Singleton s = Singleton.Instancia;
```

De todas maneras, Singleton es un patrón a usar con cuidado, pues tiene algunos problemas que veremos en el capítulo de patrones de diseño. Hay que tratar de utilizarlo cuando realmente se necesita un dato global y controlar especialmente que sólo pueda haber una instancia de esa clase. En todo otro caso, conviene utilizar clases y objetos comunes.

Otra manera de implementar clases que cumplan con esta idea es hacer que todos sus atributos sean de clase. De esa manera, si bien vamos a poder crear varias instancias de la clase, todos tendrán el mismo estado y será como si fueran el mismo. Este es otro patrón de diseño, habitualmente conocido como Monoestado, y suele ser presentado como un sucedáneo de Singleton.

Enumeraciones

Las enumeraciones son una alternativa interesante a la definición de clases en Java, no tanto así en C++ ni C#.

Mi afirmación se basa en que Java trata a las enumeraciones como tipos distintos del entero, y ni siquiera permite mezclar enteros y enumeraciones en expresiones sin conversiones de tipos explícitas. Eso las hace verdaderos tipos y no enteros disfrazados.

Las enumeraciones son una interesante alternativa para representar variables que pueden tomar una cantidad discreta de estados, pero que sea mayor que dos, lo que nos impediría representarla como un valor booleano. Por ejemplo, para representar, para cada persona, si acudió o no a un comicio, podríamos hacerlo con una variable booleana llamada *Voto*, pero si deseamos poder incluir a los exceptuados ya no nos alcanza con dos valores, y podríamos utilizar dos variables booleanas (algo como *Voto* y *Exceptuado*, chequeando las inconsistencias, como que ambas no pueden ser verdaderas a la vez) o recurrir a una forma más legible y modificable con una enumeración de tres valores: *Voto*, *NoVoto*, *Exceptuado*.

En los lenguajes en los que se pueda, es conveniente definir nombres estándar adicionales para los valores extremos, como *primero* y *ultimo*, de modo que, en el ejemplo de los días, el valor de *primero* coincida con *Lunes* y *ultimo* con *Domingo*, y de esa manera poder realizar ciclos *for*, en forma consistente y uniforme para todas las enumeraciones utilizadas. Esto se puede hacer en C# – porque definimos valores enteros para las constantes – pero no en Java. Incluso en C# nos podemos apoyar en los métodos de clase *GetNames* o *GetValues* para ello, aunque con alguna complicación.

CONCLUSIONES

El encapsulamiento, o la conjunción de abstracción más ocultamiento de la implementación, es uno de los pilares de la POO. Al poner juntos al comportamiento y los atributos evitamos errores. Además, y tal vez esto sea lo más importante, permite aumentar la complejidad de los sistemas sin abrumar al cliente de la clase.

Asimismo, vimos que el concepto principal de POO es el de clase, que nos sirve tanto como tipo definido por el programador como conjunto de objetos. Y si bien se utilizan los objetos, éstos deben ser instancias de clases definidas previamente.

El capítulo siguiente va a comenzar a abordar la interacción entre clases con el mecanismo de delegación.

5.DELEGACIÓN

Un hombre inteligente es aquel que sabe ser tan inteligente como para contratar gente más inteligente que él.
John F. Kennedy.[38]

Llamamos **reutilización** al uso de clases u objetos, desarrollados y probados en un determinado contexto, para incorporar esa funcionalidad en una aplicación diferente a la de origen. En este sentido, el uso de tipos de datos definidos por el programador, bien definidos, ya constituye reutilización del código.

La **extensión** se basa en aprovechar las clases desarrolladas para una aplicación, utilizándolas en la construcción de nuevas clases para la misma u otra aplicación. La delegación y la herencia – que veremos en este capítulo y el que le sigue – son las herramientas claves para lograrla.

De todos modos, como la extensión es una forma de reutilización – usando una acepción más amplia del término – se suelen englobar bajo el concepto común de reutilización. Así haré en este libro.

Lo que veremos en este capítulo es uno de los tantos mecanismos de reutilización que nos provee la orientación a objetos. Este mecanismo, por algunos relegado y por otros elogiado hasta el extremo, es el denominado *delegación*.

Voy a aprovechar también los conceptos de este capítulo para ver los diagramas esenciales de UML. Y discutiremos las consecuencias de los distintos modelos de datos de los lenguajes que estudiamos sobre la implementación de la delegación.

UN EJERCICIO INICIAL: UNA INTERACCIÓN ENTRE CLASES EN C#

El problema y las entidades

Supongamos que se quiere informatizar un club de inmobiliarias que tiene inmuebles y clientes, de forma tal que los clientes puedan mostrar interés, reservar y comprar un inmueble independientemente de la inmobiliaria que lo esté ofreciendo. Si un inmueble cambia su precio se debe avisar a todos los clientes que mostraron su interés en él. Asimismo, si un inmueble se saca del mercado, se deberá avisar a todos los interesados.

El problema a resolver en este capítulo será crear el modelo de clases e implementar una parte del comportamiento deseado.

Modelado de clases

El modelo de clases lo haremos utilizando el diagrama de clases de UML. Veamos el que muestro a continuación:

[38] Atribuido.

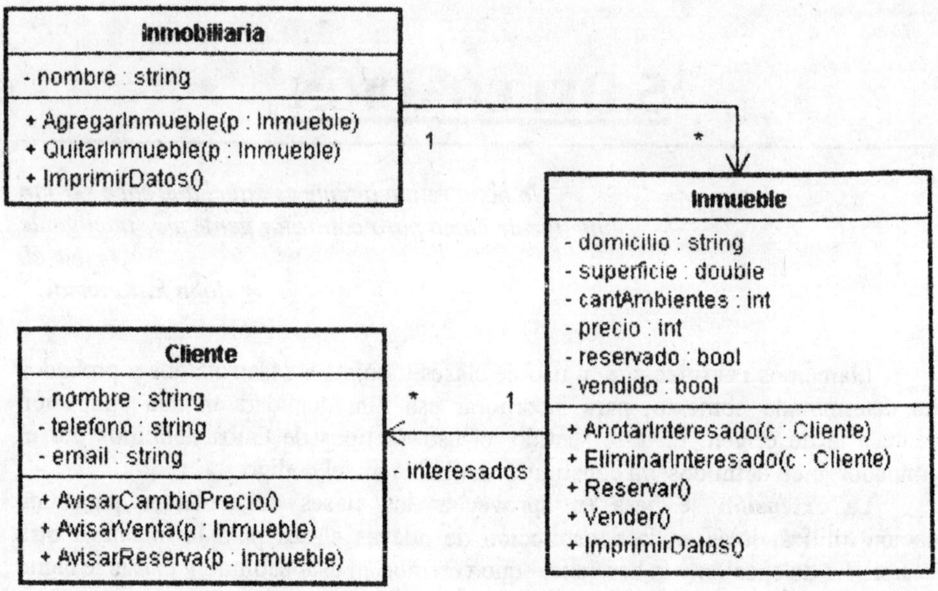

El diagrama de clases es un modelo estático del sistema a construir o de parte del mismo. En él se muestran clases y relaciones entre las mismas.

En el diagrama anterior *Inmobiliaria* e *Inmueble* son clases, *nombre* y *superficie* son atributos, *AvisarVenta* y *Vender* son métodos. Las propiedades no se han indicado, pues se prevén solamente para dar visibilidad a algunos atributos. Los atributos, métodos y propiedades que están precedidos de un guión (signo menos) son privados, mientras los que siguen a un signo más son públicos. De cada atributo método y propiedad se puede indicar su tipo, como el caso del atributo *email*, cuyo tipo es *string*.

Las líneas que vinculan clases – en este diagrama – se llaman asociaciones, y en términos de programación significan que una clase tiene un atributo cuyo tipo es la otra clase. Las flechas en esas líneas indican el sentido de navegación de la relación, es decir, cuál es la clase que contiene el atributo (origen de la flecha) y cuál la del tipo del atributo (extremo de la flecha).

Las asociaciones pueden tener cardinalidad, lo cual indica de cuántos atributos estamos hablando. Por ejemplo, en el diagrama, la asociación entre *Inmobiliaria* e *Inmueble* tiene un 1 y un *, que indican que por cada inmobiliaria hay varios inmuebles.

Diagrama de secuencia

A continuación haremos un diagrama de secuencia del programa de prueba. Este diagrama es una herramienta ideal para ver cómo interactúa un conjunto de objetos en un escenario determinado. Si bien más adelante explicaremos el significado de cada símbolo, el diagrama es suficientemente explicativo y puede ser seguido sin mucha dificultad.

En nuestro caso, servirá especialmente para ver qué ocurre dentro de cada llamada del programa de prueba, lo que nos ayudará a ir pensando en la implementación de las clases (código de los métodos).

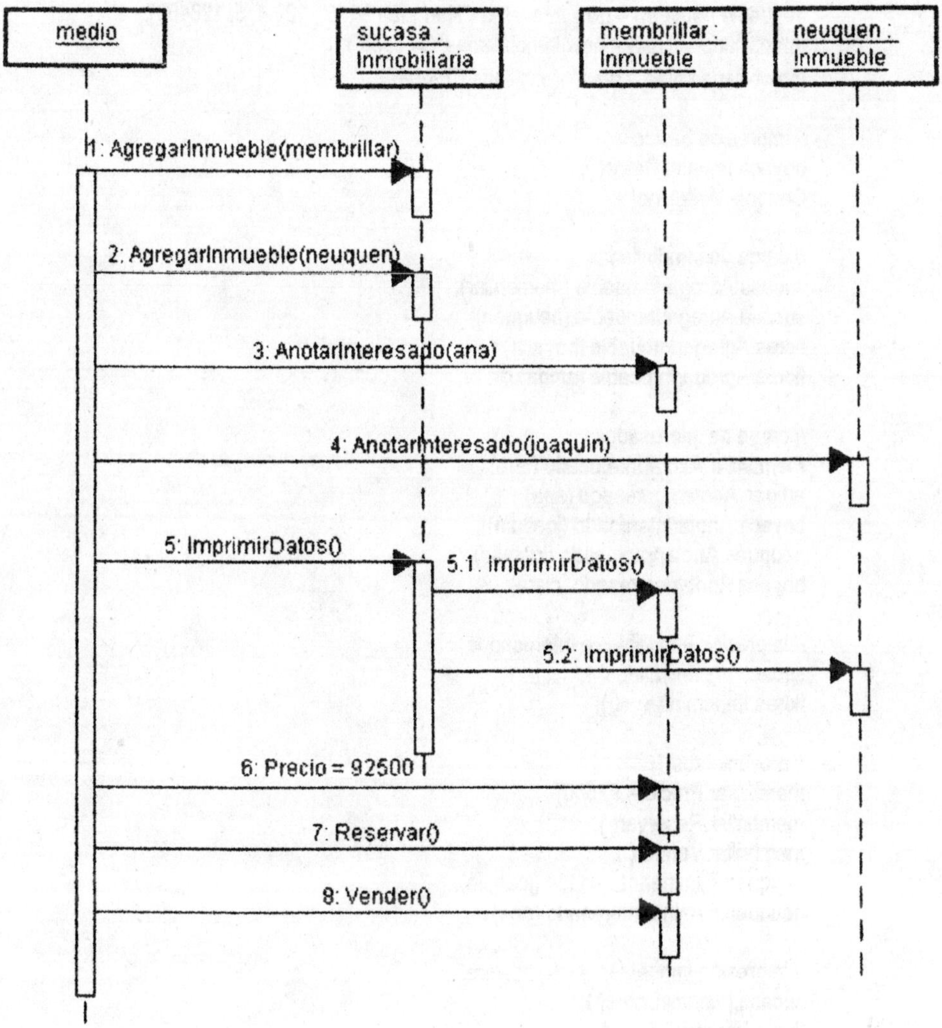

Un programa de prueba

El programa que proponemos a modo de prueba y diseño de las clases que luego vamos a programar es:

```
using System;
using CarlosFontela.Inmobiliarias;

namespace CarlosFontela.Pruebas
{
   public class PruebaInmobiliarias
   {
         public static void Main( ) {

               // creación de objetos de prueba
               Cliente ana = new Cliente ("Ana", "02944523698", "ana@suempresa.com.ar");
               Cliente joaquin = new Cliente ("Joaquín", "02234797152", "joaquin@mdp.com.ar");
               Cliente clara = new Cliente ("Clara", "01145642315", "clara@fi.uba.ar");
               Inmueble membrillar = new Inmueble ("Membrillar 255", 85.3, 4, 82000);
               Inmueble boyaca = new Inmueble ("Boyacá 1244", 144.3, 5, 124300);
               Inmueble artigas = new Inmueble ("Artigas 1366", 95.2, 3, 93700);
```

```
            Inmueble neuquen = new Inmueble ("Neuquén 3455", 129.4, 5, 128400);
            Inmobiliaria sucasa = new Inmobiliaria ("Su casa");
            Inmobiliaria flores = new Inmobiliaria ("Flores");

            // impresión básica
            boyaca.ImprimirDatos( );
            Console.WriteLine( );

            // carga de inmobiliarias
            sucasa.AgregarInmueble (membrillar);
            sucasa.AgregarInmueble (neuquen);
            flores.AgregarInmueble (boyaca);
            flores.AgregarInmueble (artigas);

            // carga de interesados
            membrillar.AnotarInteresado (ana);
            artigas.AnotarInteresado (ana);
            boyaca.AnotarInteresado (joaquin);
            neuquen.AnotarInteresado (joaquin);
            boyaca.AnotarInteresado (clara);

            // impresión inmuebles e interesados
            sucasa.ImprimirDatos( );
            flores.ImprimirDatos( );

            // movimientos
            membrillar.Precio = 92500;
            membrillar.Reservar( );
            membrillar.Vender( );
            neuquen.EliminarInteresado (joaquin);
            neuquen.EliminarInteresado (ana);

            // impresión inmuebles e interesados
            sucasa.ImprimirDatos( );
            flores.ImprimirDatos( );

            // fin:
            Console.ReadKey( );
        }
    }
}
```

Con este programa que hace las veces de contrato, vamos a intentar escribir las clases respectivas.

Implementación

La clase *Inmobiliaria* será:

```
using System;

namespace CarlosFontela.Inmobiliarias
{
    public class Inmobiliaria
    {
        private string nombre;
        private int cantidadInmuebles;
```

```
	private const int maximoInmuebles = 100;
	private Inmueble[ ] inmuebles;

	public Inmobiliaria(string nombre)
	{
		this.nombre = nombre;
		this.inmuebles = null;
		this.cantidadInmuebles = 0;
	}

	public string Nombre {
		get {
			return nombre;
		}
	}

	public int CantidadInmuebles {
		get {
			return cantidadInmuebles;
		}
	}

	public void AgregarInmueble (Inmueble x) {
		if (cantidadInmuebles == maximoInmuebles) {
			Console.WriteLine("Se superó el máximo de inmuebles para esta inmobiliaria");
			return;
		}
		if (inmuebles == null)
			inmuebles = new Inmueble [maximoInmuebles];
		inmuebles [cantidadInmuebles] = x;
		cantidadInmuebles++;
	}

	public void QuitarInmueble (Inmueble x) {
		if (inmuebles == null)
			return;
		int pos = Array.IndexOf (inmuebles, x);		// busca el inmueble en el arreglo
		if (pos > -1)		// encontró el inmueble
		{
			// voy a eliminar el elemento del arreglo por compresión
			for (int i = pos; i < cantidadInmuebles-1; i++) {
				inmuebles[i] = inmuebles [i+1];
			}
			inmuebles [cantidadInmuebles-1] = null;
			cantidadInmuebles--;
		}
	}

	public void ImprimirDatos ( ) {
		Console.WriteLine ("Inmobiliaria: " + this.Nombre);
		if (inmuebles != null)
			for (int i = 0; i < cantidadInmuebles; i++)
				inmuebles[i].ImprimirDatos( );
		Console.WriteLine( );
	}

}
```

```
}
```

La clase *Inmueble* queda:

```
using System;

namespace CarlosFontela.Inmobiliarias
{
    public class Inmueble
    {
        private string domicilio;
        private double superficie;
        private int cantidadAmbientes;
        private int precio;
        private Cliente[ ] interesados;
        private int cantidadInteresados;
        private const int maximoInteresados = 1000;
        private bool reservado;
        private bool vendido;

        public Inmueble (string domicilio, double superficie, int cantidadAmbientes, int precio)
        {
            this.domicilio = domicilio;
            this.superficie = superficie;
            this.cantidadAmbientes = cantidadAmbientes;
            this.precio = precio;
            this.interesados = null;
            this.reservado = false;
            this.vendido = false;
        }

        public string Domicilio {
            get {
                return domicilio;
            }
        }

        public double Superficie {
            get {
                return superficie;
            }
        }

        public int CantidadAmbientes {
            get {
                return cantidadAmbientes;
            }
        }

        public int Precio {
            get {
                return precio;
            }
            set {
                precio = value;
                if (interesados != null)
                    for (int i = 0; i < cantidadInteresados; i++)
```

```
                    interesados[i].AvisarCambioPrecio (this, value);
        }
    }

    public void AnotarInteresado (Cliente c) {
        if (cantidadInteresados == maximoInteresados) {
            Console.WriteLine("Se superó el máximo de interesados para este inmueble");
            return;
        }
        if (interesados == null)
            interesados = new Cliente [maximoInteresados];
        interesados [cantidadInteresados] = c;
        cantidadInteresados++;
    }

    public void EliminarInteresado (Cliente c) {
        if (interesados == null)
            return;
        int pos = Array.IndexOf (interesados, c);     // busca el cliente en el arreglo
        if (pos > -1)          // encontró el cliente
        {
            // voy a eliminar el elemento del arreglo por compresión
            for (int i = pos; i < cantidadInteresados-1; i++) {
                interesados[i] = interesados[i+1];
            }
            interesados [cantidadInteresados - 1] = null;
            cantidadInteresados--;
        }
    }

    public bool Reservado {
        get {
            return reservado;
        }
    }

    public void Reservar( ) {
        reservado = true;
        if (interesados != null)
            for (int i = 0; i < cantidadInteresados; i++)
                interesados[i].AvisarReserva(this);
    }

    public bool Vendido {
        get {
            return vendido;
        }
    }

    public void Vender( ) {
        vendido = true;
        if (interesados != null)
            for (int i = 0; i < cantidadInteresados; i++)
                interesados[i].AvisarVenta(this);
    }

    public void ImprimirDatos( ) {
```

```
            Console.WriteLine ("Domicilio: " + Domicilio);
            Console.WriteLine ("Superficie: " + Superficie);
            Console.WriteLine ("Cantidad de ambientes: " + CantidadAmbientes);
            Console.WriteLine ("Precio: " + Precio);
            Console.WriteLine ("Reservado: " + Reservado);
            Console.WriteLine ("Vendido: " + Vendido);
            Console.WriteLine ("Cantidad de interesados: " + cantidadInteresados);
            for (int i = 0; i < cantidadInteresados; i++)
                Console.WriteLine (interesados[i].Nombre);
        }

    }
}
```

Y la clase *Cliente* sería:

```
using System;

namespace CarlosFontela.Inmobiliarias
{
    public class Cliente
    {
        string nombre;
        string telefono;
        string email;

        public Cliente (string nombre, string telefono, string email)
        {
            this.nombre = nombre;
            this.telefono = telefono;
            this.email = email;
        }

        public string Nombre {
            get {
                return nombre;
            }
        }

        public string Telefono {
            get {
                return telefono;
            }
        }

        public string Email {
            get {
                return email;
            }
        }

        public void CambiarTelefono (string nuevo) {
            telefono = nuevo;
        }

        public void CambiarEmail (string nuevo) {
            email = nuevo;
```

```
        }

        public void AvisarCambioPrecio (Inmueble x, int nuevoPrecio) {
                string mensaje = "El inmueble " + x.Domicilio +
                        " en el que estaba interesado ha cambiado de precio. Hoy cuesta $ " +
                        nuevoPrecio;
                enviarMail (mensaje, "con nuevo precio");
        }

        public void AvisarReserva (Inmueble x) {
                string mensaje = "El inmueble " + x.Domicilio +
                        " en el que estaba interesado ha sido reservado.";
                enviarMail (mensaje, "reservado");
        }

        public void AvisarVenta (Inmueble x) {
                string mensaje = "El inmueble " + x.Domicilio +
                        " en el que estaba interesado ha sido vendido.";
                enviarMail (mensaje, "vendido");
        }

        private void enviarMail (string mensaje, string evento) {
                #warning "enviar mail: implementarlo antes de salir a producción"
                Console.WriteLine ("Mail a " + this.Nombre);
                Console.WriteLine (evento);
                Console.WriteLine (mensaje);
                Console.WriteLine( );
        }
    }
}
```

Notemos que no desarrollamos el código de envío de correo electrónico para no complicar la solución. De todos modos, lo implementado sirve para que la prueba funcione satisfactoriamente.

Un aspecto nuevo de este ejemplo es el uso de la clase *Array*, que tiene un método de clase *IndexOf* para buscar un objeto en un arreglo, devolviendo su posición, o -1 si no se encuentra.

Pero lo realmente novedoso de este ejemplo es que hemos usado algunas clases como tipo de algunos atributos de otras clases. Por ejemplo, la clase *Cliente* es el tipo de los elementos del arreglo *interesados*, atributo de la clase *Inmueble*. Lo mismo ocurre con la propia clase *Inmueble*, que la utilizamos para definir el tipo de los elementos de un atributo de la clase *Inmobiliaria*.

Como también vemos, el hecho de tener un atributo dentro de *Inmobiliaria* cuyo tipo sea *Inmueble*, nos habilita para llamar métodos de la clase *Inmueble* desde dentro de métodos de la clase *Inmobiliaria*. Tal el caso del método *ImprimirDatos* de *Inmobiliaria*, que invoca al *ImprimirDatos* de *Inmueble*, utilizando el arreglo *inmuebles*.

Todo esto tiene que ver con los conceptos de asociación, agregación y delegación, que son los temas de este capítulo.

Diagrama de clases

En UML, una clase se representa con un rectángulo con tres divisiones: una para el nombre de la clase, otra para los atributos y otra para los métodos. Hay ocasiones en que no usamos las tres divisiones, indicando solamente el nombre de la clase. Los atributos y métodos privados se pueden indicar precedidos de un signo -, los públicos del signo +, los que tienen visibilidad de paquete con el signo ~, y los protegidos de # (veremos atributos y métodos protegidos en un capítulo posterior). Un atributo de clase y un método de clase se pueden representar subrayados. El tipo de un atributo se pone a continuación del nombre, luego de dos puntos.

A continuación hay una clase de ejemplo:

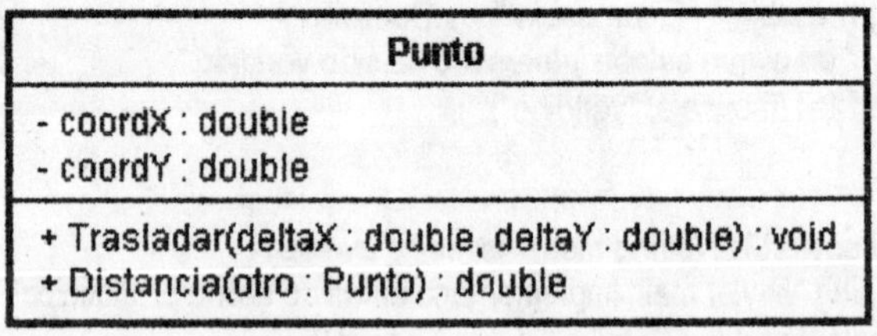

En general no se indican las operaciones de consulta y modificación de atributos, pues se las supone siempre existentes. Tampoco se suelen representar constructores o destructores. Pero estas reglas no se deben seguir siempre: a veces necesitamos mostrar un constructor y otras veces no necesariamente contamos con propiedades de acceso a los atributos.

Lo que sigue es la representación en UML de dos clases anidadas:

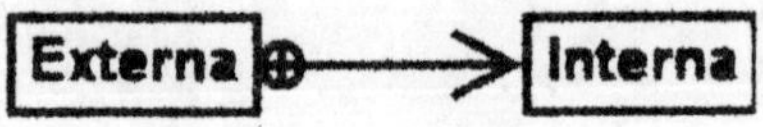

También se pueden representar asociaciones entre clases, que son una abstracción de los enlaces entre objetos. Así, una asociación significa que un objeto de una clase tiene una referencia a un objeto de otra clase.

Las asociaciones se representan con líneas rectas, sobre las cuales se puede escribir un texto descriptivo o *rol* de la relación, así como el grado de multiplicidad. Eso lo vimos en el diagrama del club de inmobiliarias.

Las flechas del diagrama pueden omitirse cuando se sobreentienden o la asociación es bidireccional. Yo, en general, no las omití.

Se puede colocar el nombre del atributo acompañando la flecha de una asociación. Por ejemplo, si el atributo de la clase *Inmueble* que tiene las referencias a instancias de *Cliente* se llama *interesados*, se coloca ese nombre a la flecha que va de *Inmueble* a *Cliente*. Yo he usado esta notación cada vez que lo creí necesario para aclarar el diagrama, pero no siempre.

Los grados de multiplicidad válidos son:

Grado de Multiplicidad	Significado
1	Uno y sólo uno
0..1	Cero o uno
M..N (indicando M y N como números)	De M a N (enteros naturales)
*	Varios, y posiblemente ninguno
0..*	Varios (igual a *)
1..*	Por lo menos 1
M..*	Por lo menos M

Diagrama de objetos

El diagrama de objetos es complementario al de clases, ya que mientras el primero muestra una situación concreta, el segundo es una abstracción de aquél.

Un diagrama de objetos puede ser útil cuando las clases tienen relaciones complicadas, como el caso de una figura que puede ser una agregación de figuras. La idea es mostrar las vinculaciones entre distintos objetos en un momento concreto.

En UML el nombre de objeto se subraya. Si no se conociese el nombre de un objeto pero sí la clase a la que pertenece, se puede representar con dos puntos seguido del nombre de clase, subrayado. Otras veces se puede escribir tanto el nombre del objeto como el de la clase.

A continuación se muestra un diagrama que muestra a una instancia de *Figura* como un agregado de instancias de *Punto*.

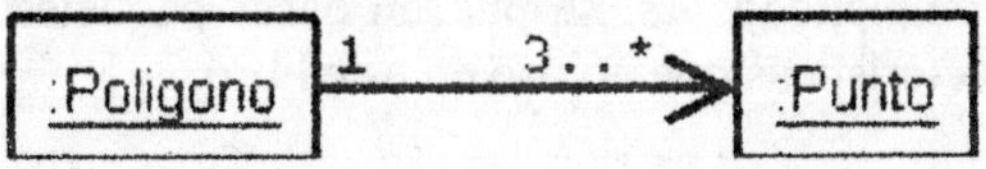

De todas maneras, es un diagrama útil solamente en aquellos casos en que se quiera mostrar una instantánea de los objetos o cuando la estructura del sistema se construye de modo dinámico durante la ejecución. Yo hice un diagrama de objetos como ejemplo un poco más adelante en este mismo capítulo.

Paquetes en UML

Los paquetes, como agrupaciones de clases, pueden representarse en UML.

Los **diagramas de paquetes** sirven para mostrar agrupamientos de clases y dependencias entre esos agrupamientos. Se entiende que una dependencia de clases de un paquete respecto de una clase de otro provoca la dependencia del primer paquete respecto del segundo. Y entendemos por dependencia el hecho de que los cambios en un elemento provoquen cambios en la definición de otro (una clase envía un mensaje a otra o la tiene como uno de sus atributos o como parámetro de un método).

A continuación se muestra un diagrama de paquetes que esquematiza la arquitectura MVC:

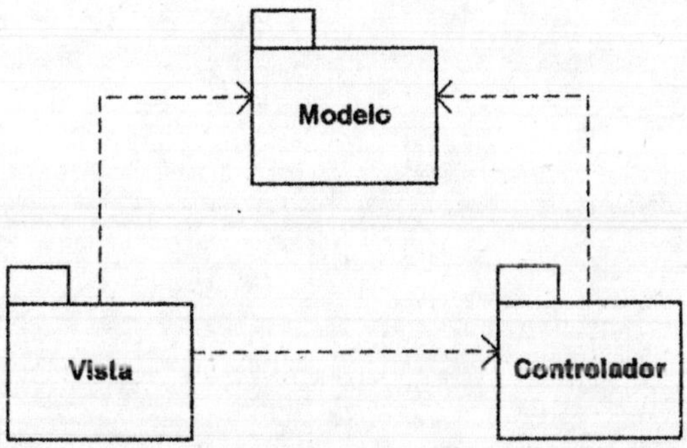

Si se quisiera representar dentro de cada paquete un diagrama de clases puede hacerse, y en ese caso el nombre del paquete se suele poner en la pestaña superior izquierda. También se pueden mostrar los nombres de las clases incluidas dentro del paquete.

El anidamiento de paquetes puede representarse dibujando un paquete dentro de otro o mediante la misma notación que se usa para las clases internas. A continuación hay un ejemplo del segundo caso:

Los diagramas de paquetes se utilizan para:

- analizar acoplamiento.
- factorizar diagramas de clases muy grandes o muy complejos.
- modelar arquitecturas.

He explicado que los paquetes agrupan clases, y ése es su uso más frecuente. De todas maneras, UML permite agrupar cualquier otro elemento en paquetes, como modo de encapsular complejidad. Así se pueden hacer paquetes de casos de uso, de componentes, etc., características que no uso en este libro.

Diagrama de secuencia

Los **diagramas de secuencia** son modelos dinámicos que describen cómo colabora un grupo de participantes en un determinado escenario a través del tiempo. Lo más habitual es que los participantes sean objetos[39], y en este caso su nombre debe ser subrayado.

En el diagrama de secuencia, un participante se representa como un rectángulo arriba de su línea de vida. Los mensajes son flechas entre objetos y el orden de los mensajes está dado por el eje vertical, que se lee de arriba hacia abajo. De los mensajes se escribe, por lo menos, el nombre, aunque también se pueden agregar los parámetros e información de control: iteraciones, condiciones, etc. A continuación se muestra un diagrama de secuencia de un pedido de saldo en un cajero automático:

[39] De hecho, antes de UML 2.0, los participantes sólo podían ser objetos.

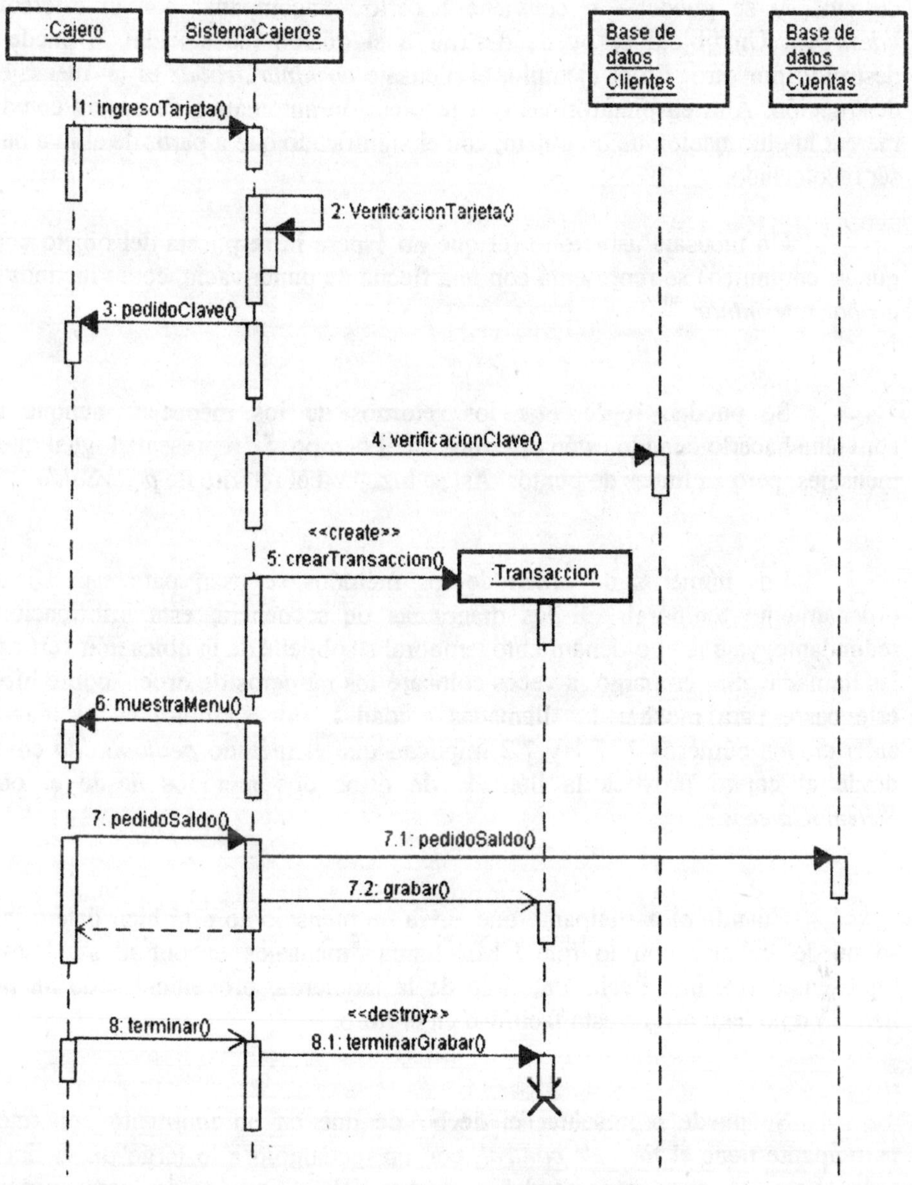

Es factible representar un mensaje enviado al mismo participante. Tal el caso del mensaje *verificacionTarjeta*, que el objeto *SistemaCajeros* se envía a sí mismo.

La creación de un objeto es provocada por un mensaje enviado desde otro participante. En el ejemplo, se crea una instancia de *Transaccion* cuando el objeto *SistemaCajeros* le envía el mensaje *crearTransaccion*. Las creaciones se suelen acompañar con el estereotipo «*create*».

La destrucción de un objeto se puede representar por una X en la línea de vida, y se puede – y conviene hacerlo – acompañar con el estereotipo «*destroy*». Un objeto se puede destruir a sí mismo (se suicida), o puede ser destruido por otro. En el ejemplo, el mensaje *terminarGrabar* es un mensaje de destrucción. Aun en plataformas con recolección automática de basura conviene marcar la eliminación de un objeto, con el significado que a partir de allí ya puede ser recolectado.

Un mensaje asíncrono (el que no espera la respuesta del objeto con el que se comunicó) se representa con una flecha de punta vacía, como hicimos con *grabar* y *terminar*. [40]

Se pueden representar los retornos de los mensajes, aunque sólo conviene hacerlo cuando están diferidos en el tiempo. Se representan igual que los mensajes, pero en líneas de puntos. Así se hizo con el retorno de *pedirSaldo*.

Los números de orden de los métodos se usan para especificar el ordenamiento temporal. En los diagramas de secuencia, esta información es redundante, ya que el ordenamiento temporal se obtiene de la ubicación vertical de las llamadas. Sin embargo, a veces colocaré los números de orden, como hice en este caso, para mostrar las llamadas anidadas. Por ejemplo, en el diagrama anterior, los números 7, 7.1 y 7.2 implican que el método *pedidoSaldo* enviado desde el cajero provoca la llamada de otros dos métodos desde el objeto *SistemaCajeros*.

Cuando el participante que envía un mensaje no está bien determinado, se puede trabajar con lo que UML llama "mensajes encontrados". Éstos se representan con una flecha entrando de la izquierda, provenientes de un punto lleno. Yo no haré uso de esta facilidad en el libro.

Se puede representar el hecho de que en un momento concreto un participante tiene el *foco de control*, con un rectángulo a lo largo de su línea de vida. Esto es muy recomendable si hay algún grado de concurrencia o asincronismo; en otros casos es sólo conveniente.

Como conclusión, podemos decir de los diagramas de secuencia:

- Su gran virtud es la simplicidad y el impacto visual.

- Ayuda a ver el flujo del control y el ordenamiento temporal de los hechos, tan difícil de seguir en POO y en situaciones en que no hay un único programa principal.

---

[40] A partir de UML 1.4, los mensajes asíncronos deben representarse con flecha de punta vacía y los síncronos con flecha de punta llena. Sin embargo, hay muchas personas que siguen usando la notación de UML 1.3, que indica que los mensajes asíncronos se representan con flechas de media punta, pues la consideran – y en gran parte tienen razón – más clara visualmente.

- Ayuda a encontrar los métodos necesarios en las clases.

- Si se desea enfatizar más la organización de los objetos que el ordenamiento temporal, se puede usar un diagrama de colaboración, semánticamente equivalente al de secuencia. Lo mostraré en el próximo ítem.

- Conviene colocar más a la izquierda los objetos que dan comienzo a la interacción que se está diagramando, y a los más importantes.

- Si un objeto envía un mensaje a otro en un diagrama de secuencia, quiere decir que sus clases respectivas deben estar relacionadas en el diagrama de clases y debe haber visibilidad de una hacia la otra. Dicho de manera inversa, una asociación en el diagrama de clases se puede materializar en un enlace en el diagrama de secuencia, que da lugar al envío de un mensaje.

- Como un diagrama de secuencia sólo debería representar un flujo de eventos de un caso de uso, y como estos flujos de eventos deben ser lo más simples posibles, es deseable que no haya bifurcaciones condicionales en los diagramas de secuencia, haciendo un diagrama de secuencia para cada caso particular. Un diagrama cómodo para expresar bifurcaciones es el diagrama de actividades, que no veremos en este libro.

- Como todo diagrama, deben ser simples: más que mostrar toda la complejidad de un sistema, deben ser herramientas de fácil visualización. Un diagrama de secuencia complejo probablemente no sea utilizado.

- No deben dibujarse diagramas de secuencia cuando el código equivalente es más claro que el diagrama.

Diagrama de comunicación o colaboración

Un **diagrama de comunicación**, o **de colaboración** como se lo llamaba en UML 1, tiene una semántica muy similar al diagrama de secuencia, y de hecho en UML ambos eran **diagramas de interacción**.

A continuación se muestra un diagrama de colaboración, que corresponde al diagrama de secuencia de una interacción con un cajero automático:

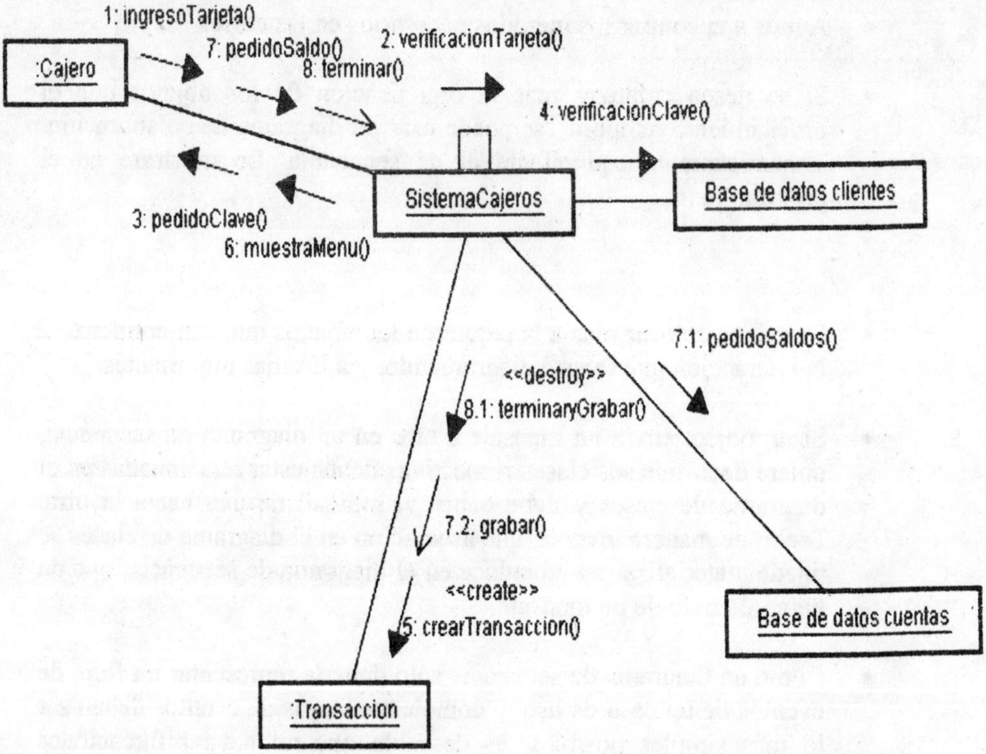

Los diagramas de secuencia y de comunicación se usan para:

- Analizar cómo un escenario puede ser realizado a través de un conjunto de mensajes entre objetos.
- Encontrar las operaciones (métodos) de las clases.
- Modelar distintos objetos trabajando en conjunto.
- Hallar mensajes asíncronos.

Si el escenario es más complejo, con concurrencia o bifurcaciones, el diagrama de actividades se presta mejor.

Ambos diagramas son semánticamente bastante equivalentes, es decir, se puede reemplazar uno por el otro casi sin pérdida de información. En el de colaboración, el paso del tiempo está representado por números asociados a los mensajes.

El diagrama de colaboración enfatiza relaciones estructurales entre objetos y es una herramienta útil para encontrar objetos. Muestra tanto la estructura estática (los enlaces, que son de hecho un diagrama de objetos) como la dinámica (envío de mensajes). Sirve para ver las conexiones entre objetos, como vínculos conceptuales o de dependencia. Por eso, se lo suele usar para un análisis de comportamiento previo al diseño, del cual, casi siguiendo las conexiones tal como figuran, se puede obtener un primer diagrama de clases conceptual.

El diagrama de secuencia – en cambio – enfatiza el ordenamiento temporal y el ciclo de vida de los objetos.

DELEGACIÓN, AGREGACIÓN Y COMPOSICIÓN

Delegación

Lo que hicimos en el ejemplo anterior es conocido, en el ámbito de POO, con el nombre de **delegación**.

Por este mecanismo, decimos que una clase implementa parte de su funcionalidad *delegando* la misma en otra clase. Y el mecanismo se materializa cada vez que un método delega parte de su implementación en un método de otra clase. Así, como vimos, el método *ImprimirDatos* de la clase *Inmobiliaria*, delega parte de su comportamiento en el *ImprimirDatos* de la clase *Inmueble*, a través de su atributo *inmuebles*. También los métodos *Reservar* y *Vender* de la clase *Inmueble*, delegan en los métodos *AvisarVenta* y *AvisarReserva* de la clase *Cliente*, a través de su atributo *interesados*.

Por lo tanto, para que pueda haber delegación, el objeto en cuestión debe poder invocar un método de otra clase y tener una referencia a un objeto de dicha clase. También decimos que el objeto es cliente de la clase que tiene el método invocado.

El diagrama de secuencia que utilizamos es ideal para mostrar la delegación en acción, pues muestra cómo un objeto "encamina" una solicitud por medio de un mensaje a otro objeto. En cambio, el diagrama de clases muestra más bien el aspecto estático de la delegación.

Vista en su aspecto estático, independiente del tiempo, la delegación se convierte en asociación, y ese es el nombre que le da UML a las relaciones entre clases de este tipo.

Asociaciones, agregación y composición

Hay ocasiones en que en la delegación hay una relación de contenido a contenedor, o del tipo "tiene" o "agrupa". En este caso hablamos de **agregación**. Por ejemplo, las inmobiliarias tienen inmuebles: entonces decimos que una instancia de *Inmobiliaria* es una agregación de instancias de *Inmueble*.

Notemos que no todas las asociaciones se convierten en agregaciones. Por ejemplo, si bien las inmobiliarias tienen inmuebles, no podemos decir que los inmuebles tengan clientes, al menos no en el mismo sentido de todo y partes. Por eso, la primera sería una agregación y la segunda no. Si deseásemos dibujar el diagrama de clases anterior, mostrando las agregaciones como tales, dicho diagrama sería así:

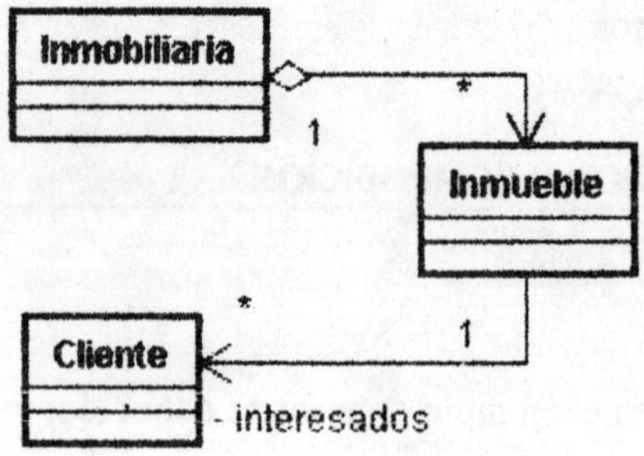

Notemos que la agregación se representa con un rombo vacío del lado de la clase contenedora.

Hay un caso particular de agregación que se conoce con el nombre de **composición**.

En el caso de la composición hay una relación del contenido al contenedor del tipo "es parte de". Esto es, el contenedor es responsable del ciclo de vida de la parte, en el sentido de que la desaparición del contenedor implica la desaparición de sus partes constitutivas, porque éstas no pueden tener una existencia independiente del contenedor. En nuestro ejemplo anterior, éste no era el caso, ya que inmuebles, inmobiliarias y clientes, tenían existencia independiente, e incluso un inmueble puede cambiar de inmobiliaria y un cliente puede cambiar los inmuebles en las que está interesado. Sin embargo, si hubiésemos implementado una clase *Domicilio* para manejar la información de domicilio de los inmuebles, habría una composición entre *Inmueble* y *Domicilio*, ya que no tendría sentido mantener un objeto *Domicilio* si dejase de existir el objeto *Inmueble* que lo contenía.

Otra manera de analizar la composición es analizar si una instancia puede estar contenida en dos contenedores a la vez, ya que en el caso de composición esto es imposible.

Finalmente, también en el caso de la copia de objetos, la composición es diferente de la simple agregación, ya que cuando copiamos objetos debemos hacer una copia completa de los objetos contenidos por composición, no así en los casos de agregación o asociación simple.

En nuestro ejemplo, decimos que el domicilio es el objeto *contenido* y el inmueble el objeto *contenedor*. Básicamente, entre contenedor y contenido hay una relación del tipo *"contiene"*: un inmueble *contiene* un domicilio. La relación inversa se suele denominar *"es parte de"*: un domicilio *es parte de* un inmueble.

Para expresar la composición en el diagrama de clases de UML se hace con un rombo relleno del lado de la entidad mayor, como muestra la figura que sigue:

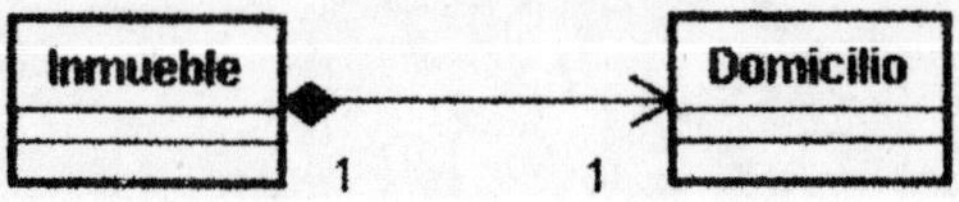

Por lo tanto, hay *agregación* – sin composición – cuando un objeto está relacionado con otros objetos, a los que agrupa, teniendo los segundos una existencia propia. Por ejemplo, un objeto *libro* tiene datos sobre su autor, probablemente almacenados en un objeto *autor*. Pero como un autor puede haber escrito otros libros, la eliminación de un libro no implica la eliminación de su autor, por lo que ambos objetos tienen existencia independiente.

En realidad, la decisión sobre si una asociación es una agregación es más conceptual que de implementación. Haya o no una agregación, la implementación de la asociación es siempre la misma: una referencia desde un objeto hacia otro u otros. Por eso, como este es un libro de diseño y programación, y no uno de análisis, no representaremos la agregación en nuestros diagramas. La misma aparecerá siempre como una simple asociación navegable, con una línea terminada en flecha.

La composición, que aparece raras veces en POO, sí la representaremos cuando sea necesario.

Y ya que hablamos de implementación, notemos que en C#, cuando se declara un objeto instancia de un tipo por referencia, tenemos una asociación sin composición. En cambio, si el objeto contenido es instancia de un tipo por valor, estamos ante una composición.

No obstante lo dicho, podemos implementar composiciones con objetos por referencia y agregaciones con tipos por valor, con algunos artificios.

En general, en POO usamos más la asociación simple o agregación que la composición. Por ejemplo, en el caso del club de inmobiliarias, la agregación tuvo más sentido que la composición, ya que un inmueble debe poder cambiar de inmobiliaria.

Por lo tanto, hay dos razones para que no usemos composición muy a menudo: la compartición de objetos entre varios contenedores, y la necesidad de permitir que un objeto pueda cambiar de contenedor.

A continuación se muestra un diagrama de objetos con un escenario típico de objetos en tiempo de ejecución:

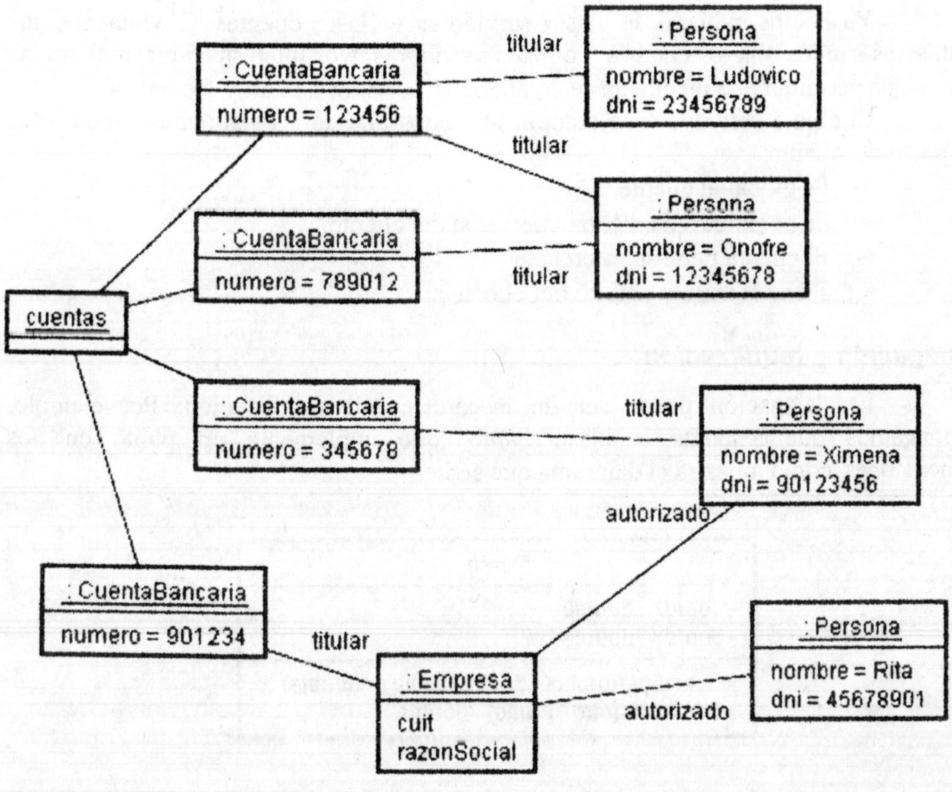

Veámoslo un poco: si bien se podría pensar que el titular de una cuenta debería estar implementado por composición, lo cierto es que puede haber personas que fuesen titulares de más de una cuenta, por lo que no deberíamos poder eliminar al titular cuando eliminamos la cuenta. Por eso es útil el modelo de referencias.

Incluso este diagrama peca por defecto respecto de la complejidad real que se puede esperar. Si estamos en presencia de un conjunto de objetos de una aplicación bancaria, habría que considerar entidades como préstamos, domicilios, pagos, y muchas más.

Objetos clientes y servidores

En el ambiente de POO se suele pensar en los objetos como entidades activas, que realizan tareas. A los datos de la programación tradicional se les aplican procesos, se les hace tal cosa, se les hace tal otra... Cuando se trabaja con objetos, son éstos los que actúan, estimulados por mensajes y respondiendo con el comportamiento esperado. Se piensa en los objetos como *actores* en el escenario, a los cuales el programador (autor) les define su comportamiento (papel) y el usuario (director) dirige su actuación.

También se puede pensar en un objeto como un elemento a priori pasivo, que es despertado por la llegada de un mensaje proveniente de otro objeto, y que responde activamente a este mensaje.

A priori, para que un objeto le envíe un mensaje a otro, debería conocerlo. El objeto que envía una solicitud se denomina **cliente**, pues está usando servicios de otro. El que la recibe y responde a ella es el **servidor**. En algunas ocasiones, el cliente no conoce al servidor sino a un **agente** del mismo, que recibe la solicitud del cliente y la comunica al servidor: trabaja como servidor del cliente y cliente del servidor.

Ya hemos hablado de clases servidoras y clases clientes. Obviamente, sus instancias son los objetos clientes y objetos servidores. Nos interesa enunciar ahora las reglas que permiten que un cliente se convierta en servidor de otro y viceversa.

El objeto servidor debe cumplir al menos una de las siguientes condiciones respecto del cliente:

- Es global al cliente.
- Es parámetro de alguna operación del cliente.
- El cliente tiene su referencia.
- Tiene el mismo ámbito del cliente.

Delegación y reutilización

La delegación puede ser un mecanismo de reutilización. Por ejemplo, supongamos que tenemos la clase *Punto*, que implementa un punto en dos dimensiones, como muestra el diagrama que sigue:

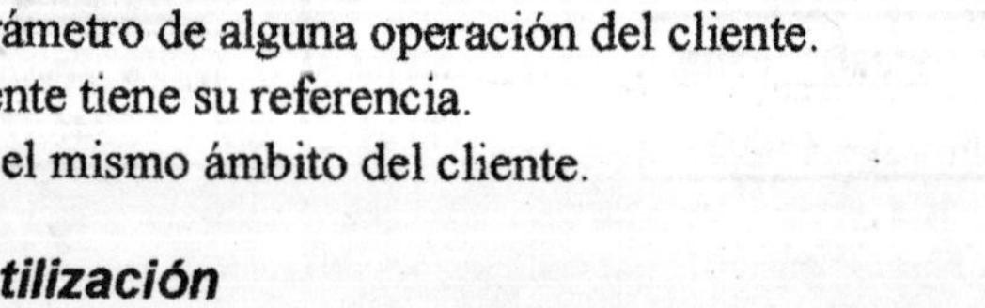

Podemos implementar una clase *Segmento*, por agregación de dos puntos, delegando parte de la implementación en la clase *Punto*, como se muestra a continuación:

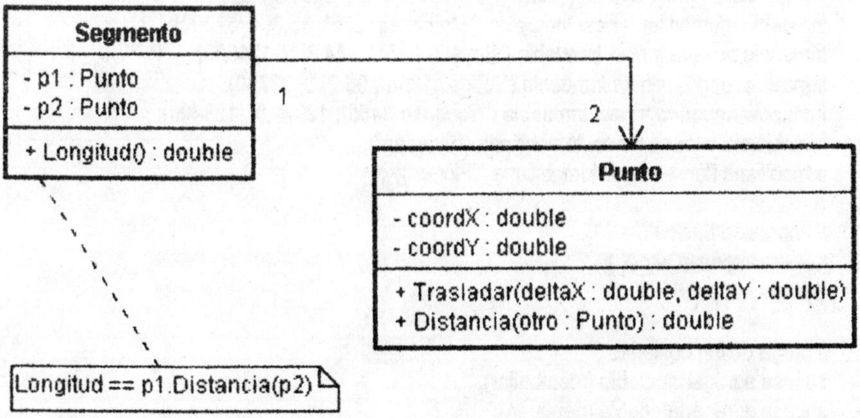

Notemos que no es necesario contar con el código fuente de la clase *Punto*, sino solamente con la clase compilada. Tampoco nos importa saber cómo está implementada la clase *Punto*, en virtud de un buen ocultamiento de implementación. De esa manera, podemos implementar el método *Longitud* sin conocer cómo fue implementado *Distancia*.

Constructores, asociación, agregación y composición

Para asegurar que toda la asignación de memoria e inicialización se hace en la forma correcta, conviene, dentro de un constructor, asegurarse de que los objetos contenidos dentro del objeto a construir se encuentran creados.

En el caso de la composición, conviene aprovechar el constructor de la clase contenedora para llamar al constructor de la clase contenida, ya que éste sólo puede tener existencia si existe el contenedor.

En el caso de la agregación o asociación simple, esto no sólo no es necesario, sino que puede ser contraproducente si queremos incorporar en un objeto una referencia a un objeto con vida propia, ya creado con anterioridad.

DELEGACIÓN EN JAVA

El ejemplo introductorio

En Java la delegación se implementa de la misma manera que en C#. Por eso el ejemplo es prácticamente igual.

El código de prueba sería:

```
package carlosfontela.pruebas;

import carlosfontela.inmobiliarias.*;

public class PruebaInmobiliarias {

  public static void main (String [ ] p) {
```

```
		// creación de objetos de prueba
		Cliente ana = new Cliente ("Ana", "02944523698", "ana@suempresa.com.ar");
		Cliente joaquin = new Cliente ("Joaquín", "02234797152", "joaquin@mdp.com.ar");
		Cliente clara = new Cliente ("Clara", "01145642315", "clara@fi.uba.ar");
		Inmueble membrillar = new Inmueble ("Membrillar 255", 85.3, 4, 82000);
		Inmueble boyaca = new Inmueble ("Boyacá 1244", 144.3, 5, 124300);
		Inmueble artigas = new Inmueble ("Artigas 1366", 95.2, 3, 93700);
		Inmueble neuquen = new Inmueble ("Neuquén 3455", 129.4 ,5 , 128400);
		Inmobiliaria sucasa = new Inmobiliaria ("Su casa");
		Inmobiliaria flores = new Inmobiliaria ("Flores");

		// impresión básica
		boyaca.imprimirDatos( );
		System.out.println( );

		// carga de inmobiliarias
		sucasa.agregarInmueble (membrillar);
		sucasa.agregarInmueble (neuquen);
		flores.agregarInmueble (boyaca);
		flores.agregarInmueble (artigas);

		// carga de interesados
		membrillar.anotarInteresado (ana);
		artigas.anotarInteresado (ana);
		boyaca.anotarInteresado (joaquin);
		neuquen.anotarInteresado (joaquin);
		boyaca.anotarInteresado (clara);

		// impresión inmuebles e interesados
		sucasa.imprimirDatos( );
		flores.imprimirDatos( );

		// movimientos
		artigas.setPrecio (92500);
		artigas.reservar( );
		artigas.vender( );
		neuquen.eliminarInteresado (joaquin);
		neuquen.eliminarInteresado (ana);

		// impresión inmuebles e interesados
		sucasa.imprimirDatos( );
		flores.imprimirDatos( );
	}
}
```

Y las clases correspondientes:

```
// Inmobiliaria.java
package carlosfontela.inmobiliarias;

public class Inmobiliaria {
		private String nombre;
		private int cantidadInmuebles;
		private final int maximoInmuebles = 100;
		private Inmueble[ ] inmuebles;
```

```
	public Inmobiliaria (String nombre) {
		this.nombre = nombre;
		this.inmuebles = null;
		this.cantidadInmuebles = 0;
	}

	public String getNombre( ) {
			return nombre;
	}

	public int getCantidadInmuebles( ) {
		return cantidadInmuebles;
	}

	public void agregarInmueble (Inmueble x) {
		if (cantidadInmuebles == maximoInmuebles) {
			System.out.println("Se superó el máximo de inmuebles para esta inmobiliaria");
			return;
		}
		if (inmuebles == null)
			inmuebles = new Inmueble[maximoInmuebles];
		inmuebles [cantidadInmuebles] = x;
		cantidadInmuebles++;
	}

	private int posicionInmueble (Inmueble x) {
		if (inmuebles == null)
			return -1;
		for (int pos = 0; pos < cantidadInmuebles; pos++)
			if (inmuebles[pos] == x)
				return pos;
		return -1;
	}

	public void quitarInmueble (Inmueble x) {
		int pos = posicionInmueble (x);
		if (pos > -1) {		// encontró el inmueble
			// voy a eliminar el elemento del arreglo por compresión
			for (int i = pos; i < cantidadInmuebles-1; i++) {
				inmuebles[i] = inmuebles [i+1];
			}
			inmuebles [cantidadInmuebles-1] = null;
			cantidadInmuebles--;
		}
	}

	public void imprimirDatos ( ) {
		System.out.println ("Inmobiliaria: " + this.getNombre( ));
		if (inmuebles != null)
			for (int i = 0; i < cantidadInmuebles; i++)
				inmuebles[i].imprimirDatos( );
		System.out.println( );
	}
}
```

```
// Inmueble.java
package carlosfontela.inmobiliarias;
```

```
public class Inmueble {

        private String domicilio;
        private double superficie;
        private int cantidadAmbientes;
        private int precio;
        private Cliente[ ] interesados;
        private int cantidadInteresados;
        private final int maximoInteresados = 1000;
        private boolean reservado;
        private boolean vendido;

        public Inmueble (String domicilio, double superficie, int cantidadAmbientes, int precio) {
                this.domicilio = domicilio;
                this.superficie = superficie;
                this.cantidadAmbientes = cantidadAmbientes;
                this.precio = precio;
                this.interesados = null;
                this.reservado = false;
                this.vendido = false;
        }

        public String getDomicilio( ) {
                return domicilio;
        }

        public double getSuperficie( ) {
                return superficie;
        }

        public int getCantidadAmbientes( ) {
                return cantidadAmbientes;
        }

        public int getPrecio( ) {
                return precio;
        }

        public void setPrecio (int nuevo) {
                precio = nuevo;
                if (interesados != null)
                        for (int i = 0; i < cantidadInteresados; i++)
                                interesados[i].avisarCambioPrecio (this, nuevo);
        }

        public void anotarInteresado (Cliente c) {
                if (cantidadInteresados == maximoInteresados) {
                        System.out.println("Se superó el máximo de interesados para este inmueble");
                        return;
                }
                if (interesados == null)
                        interesados = new Cliente [maximoInteresados];
                interesados [cantidadInteresados] = c;
                cantidadInteresados++;
        }

        private int posicionInteresado (Cliente c) {
```

```
		if (interesados == null)
			return -1;
		for (int pos = 0; pos < cantidadInteresados; pos++)
			if (interesados[pos] == c)
				return pos;
		return -1;
	}

	public void eliminarInteresado (Cliente c) {
		int pos = posicionInteresado (c);
		if (pos > -1) {		// encontró el cliente
			// voy a eliminar el elemento del arreglo por compresión
			for (int i = pos; i < cantidadInteresados-1; i++) {
				interesados[i] = interesados[i+1];
			}
			interesados [cantidadInteresados - 1] = null;
			cantidadInteresados--;
		}
	}

	public boolean getReservado( ) {
		return reservado;
	}

	public void reservar( ) {
		reservado = true;
		if (interesados != null)
			for (int i = 0; i < cantidadInteresados; i++)
				interesados[i].avisarReserva(this);
	}

	public boolean getVendido( ) {
		return vendido;
	}

	public void vender( ) {
		vendido = true;
		if (interesados != null)
			for (int i = 0; i < cantidadInteresados; i++)
				interesados[i].avisarVenta(this);
	}

	public void imprimirDatos( ) {
		System.out.println ("Domicilio: " + getDomicilio( ));
		System.out.println ("Superficie: " + getSuperficie( ));
		System.out.println ("Cantidad de ambientes: " + getCantidadAmbientes( ));
		System.out.println ("Precio: " + getPrecio( ));
		System.out.println ("Reservado: " + getReservado( ));
		System.out.println ("Vendido: " + getVendido( ));
		System.out.println ("Cantidad de interesados: " + cantidadInteresados);
		for (int i = 0; i < cantidadInteresados; i++)
			System.out.println (interesados[i].getNombre( ));
	}
}
```

```
// Cliente.java
package carlosfontela.inmobiliarias;
```

```
public class Cliente {

        private String nombre;
        private String telefono;
        private String email;

        public Cliente (String nombre, String telefono, String email) {
                this.nombre = nombre;
                this.telefono = telefono;
                this.email = email;
        }

        public String getNombre( ) {
                return nombre;
        }

        public String getTelefono( ) {
                return telefono;
        }

        public String getEmail( ) {
                return email;
        }

        public void setTelefono (String nuevo) {
                telefono = nuevo;
        }

        public void setEmail (String nuevo) {
                email = nuevo;
        }

        public void avisarCambioPrecio (Inmueble x, int nuevoPrecio) {
                String mensaje = "El inmueble " + x.getDomicilio( ) +
                            " en el que estaba interesado ha cambiado de precio. Hoy cuesta $ " +
nuevoPrecio;
                enviarMail (mensaje, "con nuevo precio");
        }

        public void avisarReserva (Inmueble x) {
                String mensaje = "El inmueble " + x.getDomicilio( ) +
                        " en el que estaba interesado ha sido reservado.";
                enviarMail (mensaje, "reservado");
        }

        public void avisarVenta (Inmueble x) {
                String mensaje = "El inmueble " + x.getDomicilio( ) +
                        " en el que estaba interesado ha sido vendido.";
                enviarMail (mensaje, "vendido");
        }

        private void enviarMail (String mensaje, String evento) {
                // TODO: enviar mail
                // este es un método sólo para probar; luego debe ser implementado
                System.out.println ("Mail a " + this.getNombre( ));
                System.out.println (evento);
                System.out.println (mensaje);
```

```
            System.out.println( );
        }
}
```

La única diferencia respecto del ejemplo en C#, más allá de cuestiones sintácticas, es que no tenemos en Java el equivalente a *Array.IndexOf*, y debí hacer yo la búsqueda en el vector.

Aspectos distintivos de Java

La implementación de delegación en Java no tiene diferencia alguna respecto de la de C#.

Lo que sí resulta más difícil es implementar la composición, ya que en Java no se pueden definir tipos por valor. Por lo tanto, cuando debamos implementar un objeto contenido en otro por composición, deberíamos garantizar:

- Que cuando el objeto contenedor se crea, se construya también el contenido. Esto se puede manejar al nivel del constructor de la clase contenedora sin mucho problema.
- Que cuando el objeto contenedor se destruye, también se destruya el contenido. Esto no hay forma de garantizarlo por la automatización del recolector de basura. De todas maneras, si podemos garantizar que sólo hay un objeto contenedor que referencia al contenido (ver punto siguiente), lo cual es otra forma de definir composición, aseguraríamos que ambos objetos quedan en situación de ser recolectados al mismo tiempo, ya que la eliminación del contenedor eliminaría la única referencia posible al contenido.
- Que sólo haya una referencia al objeto contenido en la aplicación, y ésta sea un atributo del contenedor. Esto también es difícil de garantizar. ¿Cómo hacemos para que ninguna variable de la aplicación pueda asignar una referencia al contenido? Una posibilidad sería que la clase del contenido fuera privada, e interna a la clase contenedora, y de hecho ésta es la mejor opción. Cualquier otra opción es muy compleja, tal vez usando cuestiones de bajo nivel que manejen las referencias, o utilizando alguna variante del patrón Singleton para manejarlas.

De todas maneras, habría que analizar la conveniencia de recurrir a esta implementación un tanto compleja y limitada. Salvo que necesitemos que la composición sea forzosa en nuestra implementación, podemos trabajar simplemente con agregación.

Recordemos que el mismo problema lo podemos tener en C#, ya que la solución que dimos – implementar al objeto compuesto como instancia de un tipo por valor – nos obliga a implementar tipos por valor, que – como ya dije – tienen muchas limitaciones que los hacen indeseables.

En C++ la solución es más sencilla[41].

Java permite la definición de clases internas a otras clases, sin que sean estáticas.

El significado de esta definición es que hay una relación uno a uno entre la clase externa y la interna, y la interna puede utilizar métodos y atributos privados de su clase externa.

[41] Suponiendo que hay algo sencillo en C++.

Por eso sirven para implementar composición.

DELEGACIÓN EN C++

El ejemplo introductorio

Una disyuntiva en la que estuve – aunque no por mucho tiempo – fue la de si usar composición para representar las relaciones entre inmobiliarias e inmuebles, y entre inmuebles y clientes. Lo cierto es que la definición no es muy difícil: es obvia la existencia independiente de clientes e inmuebles, respecto de inmuebles e inmobiliarias, respectivamente. De hecho, un cliente puede estar interesado en más de un inmueble, y un inmueble podría cambiar de inmobiliaria.

Por lo tanto, al elegir la forma de implementación no podía hacerlo con objetos contenidos dentro de otros, ya que de esa forma, no habría manera de mantener a un cliente interesado en más de un inmueble sin duplicar la instancia de *Cliente*, o permitir a un inmueble cambiar de inmobiliaria sin hacer una copia entre dos instancias de *Inmueble* diferentes.

De allí que haya elegido utilizar punteros para representar las asociaciones en este ejercicio, como también en casi todos los próximos ejercicios en C++.

A continuación se muestra el código de prueba:

```
// Principal.cpp

#include <stdio.h>
#include <iostream.h>

#ifndef CLIENTE_H_
#include "Cliente.h"
#endif /*CLIENTE_H_*/

#ifndef INMUEBLE_H_
#include "Inmueble.h"
#endif /*INMUEBLE_H_*/

#ifndef INMOBILIARIA_H_
#include "Inmobiliaria.h"
#endif /*INMOBILIARIA_H_*/

using namespace inmobiliarias;

int main ( ) {

    // creación de objetos de prueba
    Cliente ana ("Ana", "02944523698", "ana@suempresa.com.ar");
    Cliente joaquin ("Joaquín", "02234797152", "joaquin@mdp.com.ar");
    Cliente clara ("Clara", "01145642315", "clara@fi.uba.ar");
    Inmueble membrillar ("Membrillar 255", 85.3, 4, 82000);
    Inmueble boyaca ("Boyacá 1244", 144.3, 5, 124300);
    Inmueble artigas ("Artigas 1366", 95.2, 3, 93700);
    Inmueble neuquen ("Neuquén 3455", 129.4, 5, 128400);
    Inmobiliaria sucasa ("Su casa");
    Inmobiliaria flores ("Flores");
```

```
    // impresión básica
    boyaca.imprimirDatos( );
    cout << endl;

    // carga de inmobiliarias
    sucasa.agregarInmueble (membrillar);
    sucasa.agregarInmueble (neuquen);
    flores.agregarInmueble (boyaca);
    flores.agregarInmueble (artigas);

    // carga de interesados
    membrillar.anotarInteresado (ana);
    artigas.anotarInteresado (ana);
    boyaca.anotarInteresado (joaquin);
    neuquen.anotarInteresado (joaquin);
    boyaca.anotarInteresado (clara);

    // impresión inmuebles e interesados
    sucasa.imprimirDatos( );
    flores.imprimirDatos( );

    // movimientos
    artigas.setPrecio (92500);
    artigas.reservar( );
    artigas.vender( );
    neuquen.eliminarInteresado (joaquin);
    neuquen.eliminarInteresado (ana);

    // impresión inmuebles e interesados
    sucasa.imprimirDatos( );
    flores.imprimirDatos( );

    // fin:
    char c = getchar( );
    return 0;
}
```

Y las tres clases ya implementadas se encuentran a continuación:

```
// Inmobiliaria.h

#ifndef INMUEBLE_H_
#include "Inmueble.h"
#endif /*INMUEBLE_H_*/

#include <string>

#ifndef INMOBILIARIA_H_
#define INMOBILIARIA_H_

namespace inmobiliarias {

  class Inmobiliaria {

        public:
                Inmobiliaria (string);
                string getNombre( ) const;
```

```
            int getCantidadInmuebles( ) const;
            void agregarInmueble (Inmueble&);
            void quitarInmueble (Inmueble&);
            void imprimirDatos ( ) const;

        private:
            string nombre;
            int cantidadInmuebles;
            static const int maximoInmuebles = 100;
            RefInmueble inmuebles [maximoInmuebles];

            // método privado
            int posicionInmueble (Inmueble&);
    };
};
#endif /*INMOBILIARIA_H_*/
```

```
// Inmueble.h

#ifndef CLIENTE_H_
#include "Cliente.h"
#endif /*CLIENTE_H_*/

#include <string>

#ifndef INMUEBLE_H_
#define INMUEBLE_H_

namespace inmobiliarias {

    class Inmueble {

        public:
            Inmueble (string, double, int, int);
            string getDomicilio( ) const;
            double getSuperficie( ) const;
            int getCantidadAmbientes( ) const;
            int getPrecio( ) const;
            void setPrecio (int);
            bool getReservado( ) const;
            bool getVendido( ) const;
            void anotarInteresado (Cliente&);
            void eliminarInteresado (Cliente&);
            void reservar( );
            void vender( );
            void imprimirDatos( ) const;

        private:
            string domicilio;
            double superficie;
            int cantidadAmbientes;
            int precio;
            int cantidadInteresados;
            static const int maximoInteresados = 1000;
            RefCliente interesados [maximoInteresados];
            bool reservado;
            bool vendido;
```

```
            // método privado:
            int posicionInteresado (Cliente&);
    };

    typedef Inmueble* RefInmueble;

};

#endif /*INMUEBLE_H_*/
```

```
// Cliente.h

#include <string>

#ifndef CLIENTE_H_
#define CLIENTE_H_

namespace inmobiliarias {

    class Cliente {

        public:
            Cliente (string, string, string);
            string getNombre( ) const;
            string getTelefono( ) const;
            string getEmail( ) const;
            void setTelefono (string);
            void setEmail (string);
            void avisarCambioPrecio (string) const;
            void avisarReserva (string) const;
            void avisarVenta (string) const;

        private:
            string nombre;
            string telefono;
            string email;

            // método privado:
            void enviarMail (string, string) const;
    };

    typedef Cliente* RefCliente;

};

#endif /*CLIENTE_H_*/
```

```
// Inmobiliaria.cpp

using namespace std;

#ifndef INMOBILIARIA_H_
#include "Inmobiliaria.h"
#endif /*INMOBILIARIA_H_*/

#include <string>
```

```
namespace inmobiliarias {

  Inmobiliaria :: Inmobiliaria (string nombre) {
        this->nombre = nombre;
        this->cantidadInmuebles = 0;
        // blanqueo de inmuebles:
        for (int i = 0; i < maximoInmuebles; i++)
              inmuebles[i] = NULL;
  }

  string Inmobiliaria :: getNombre( ) const {
        return nombre;
  }

  int Inmobiliaria :: getCantidadInmuebles( ) const {
        return cantidadInmuebles;
  }

  void Inmobiliaria :: agregarInmueble (Inmueble& inmueble) {
        if (cantidadInmuebles == maximoInmuebles) {
              cout << "Se superó el máximo de inmuebles para esta inmobiliaria" << endl;
              return;
        }
        inmuebles [cantidadInmuebles] = &inmueble;
        cantidadInmuebles++;
  }

  int Inmobiliaria :: posicionInmueble (Inmueble& inmueble) {
        for (int pos = 0; pos < cantidadInmuebles; pos++)
              if (inmuebles[pos] == &inmueble)
                    return pos;
        return -1;
  }

  void Inmobiliaria :: quitarInmueble (Inmueble& inmueble) {
        int pos = posicionInmueble(inmueble);
        if (pos > -1) {        // encontró el inmueble
              // voy a eliminar el elemento del arreglo por compresión
              for (int i = pos; i < cantidadInmuebles-1; i++) {
                    inmuebles[i] = inmuebles [i+1];
              }
              inmuebles [cantidadInmuebles-1] = NULL;
              cantidadInmuebles--;
        }
  }

  void Inmobiliaria :: imprimirDatos ( ) const {
        cout << "Inmobiliaria: " << this->getNombre( ) << endl;
        for (int i = 0; i < cantidadInmuebles; i++)
              inmuebles[i]->imprimirDatos( );
        cout << endl;
  }

}
```

```
// Inmueble.cpp
```

```
                return pos;
        return -1;
    }

    void Inmueble :: eliminarInteresado (Cliente& cliente) {
        int pos = posicionInteresado(cliente);
        if (pos > -1) {        // encontró el cliente
            // voy a eliminar el elemento del arreglo por compresión
            for (int i = pos; i < cantidadInteresados-1; i++) {
                interesados[i] = interesados[i+1];
            }
            interesados [cantidadInteresados - 1] = NULL;
            cantidadInteresados--;
        }
    }

    bool Inmueble :: getReservado( ) const {
        return reservado;
    }

    void Inmueble :: reservar( ) {
        reservado = true;
        for (int i = 0; i < cantidadInteresados; i++)
            interesados[i]->avisarReserva(this->domicilio);
    }

    bool Inmueble :: getVendido( ) const {
        return vendido;
    }

    void Inmueble :: vender( ) {
        vendido = true;
        for (int i = 0; i < cantidadInteresados; i++)
            interesados[i]->avisarVenta(this->domicilio);
    }

    void Inmueble :: imprimirDatos( ) const {
        cout << "Domicilio: " << getDomicilio( ) << endl;
        cout << "Superficie: " << getSuperficie( ) << endl;
        cout << "Cantidad de ambientes: " << getCantidadAmbientes( ) << endl;
        cout << "Precio: " << getPrecio( ) << endl;
        cout << "Reservado: " << getReservado( ) << endl;
        cout << "Vendido: " << getVendido( ) << endl;
        cout << "Cantidad de interesados: " << cantidadInteresados << endl;
        for (int i = 0; i < cantidadInteresados; i++)
            cout << interesados[i]->getNombre( ) << endl;
    }

}
```

```
// Cliente.cpp

using namespace std;

#ifndef CLIENTE_H_
#include "Cliente.h"
#endif /*CLIENTE_H_*/
```

```
#include <string>

namespace inmobiliarias {

   Cliente :: Cliente (string nombre, string telefono, string email) {
           this->nombre = nombre;
           this->telefono = telefono;
           this->email = email;
   }

   string Cliente :: getNombre( ) const {
                   return nombre;
   }

   string Cliente :: getTelefono( ) const {
                   return telefono;
   }

   string Cliente :: getEmail( ) const {
                   return email;
   }

   void Cliente :: setTelefono (string nuevo) {
           telefono = nuevo;
   }

   void Cliente :: setEmail (string nuevo) {
           email = nuevo;
   }

   void Cliente :: avisarCambioPrecio (string domicilioInmueble) const {
           string mensaje = "El inmueble " + domicilioInmueble +
                   " en el que estaba interesado ha cambiado de precio. Llame para averiguar el nuevo
precio.";
           enviarMail (mensaje, "cambio de precio");
   }

   void Cliente :: avisarReserva (string domicilioInmueble) const {
           string mensaje = "El inmueble " + domicilioInmueble +
                   " en el que estaba interesado ha sido reservado.";
           enviarMail (mensaje, "reservado");
   }

   void Cliente :: avisarVenta (string domicilioInmueble) const {
           string mensaje = "El inmueble " + domicilioInmueble +
                   " en el que estaba interesado ha sido vendido.";
           enviarMail (mensaje,"vendido");
   }

   void Cliente :: enviarMail (string mensaje, string evento) const {
           // TODO: enviar mail
           // este es un método sólo para probar; luego debe ser implementado
           cout << "Mail a " << this->getNombre( ) << endl;
           cout << evento << endl;
           cout << mensaje << endl;
           cout << endl;
   }
```

```
}
```

Aspectos distintivos de C++

La implementación de composición es muy natural, ya que – como todos los tipos son por valor – basta con declarar un atributo cuyo tipo sea una clase dentro de la definición de otra clase, para que estemos ante un objeto contenido en otro cada vez que se instancie.

Lo que hay que recordar es que conviene llamar al constructor de la clase del objeto contenido dentro del constructor de la contenedora.

Para implementar agregación o asociaciones simples, se deben utilizar punteros, y también es relativamente sencillo: basta con incluir un atributo cuyo tipo sea un puntero a un objeto instancia de una clase.

En C++ también hay clases internas. Sin embargo, la clase interna no tiene acceso a su clase contenedora, salvo que proveamos una referencia a la misma.

EJERCICIOS DE EJEMPLO ADICIONALES

Implementación de segmentos por agregación de puntos (C#)

La idea de este ejemplo es implementar una clase *Segmento* por agregación de dos instancias de *Punto*. El diagrama de clases fue mostrado más arriba. El método para hallar la longitud de un segmento debe delegar en el método *Distancia* de la clase *Punto*.

El que sigue es el programa de prueba:

```
using System;
using CarlosFontela.Geometria;

namespace CarlosFontela.Pruebas
{
  public class PruebaSegmento
  {
        public static void Main( ) {

              Punto p1 = new Punto(0,0);
              Punto p2 = new Punto(1,0);
              Punto p3 = new Punto(0,1);
              Punto p4 = new Punto(1,1);
              Segmento s1 = new Segmento(p1,p2);
              Segmento s2 = new Segmento(p3,p4);

              // pruebas de lectura de estado:
              if (s1.Extremo(1) == p1)
                    Console.WriteLine("OK");
              else Console.WriteLine("ERROR");
              if (s2.Extremo(2) == p4)
                    Console.WriteLine("OK");
              else Console.WriteLine("ERROR");
              if (s1.Extremo(1) == p1)
```

```
                Console.WriteLine("OK");
            else Console.WriteLine("ERROR");
            if (s1.Longitud == p1.Distancia(p2))
                Console.WriteLine("OK");
            else Console.WriteLine("ERROR");
            if (s2.Longitud == p3.Distancia(p4))
                Console.WriteLine("OK");
            else Console.WriteLine("ERROR");
            if (s1.AnguloX == 0)
                Console.WriteLine("OK");
            else Console.WriteLine("ERROR");
            Console.ReadKey( );

            // pruebas de cambio de extremo:
            s1.CambiarExtremo(2,p4);
            if (s1.Extremo(2) == p4)
                Console.WriteLine("OK");
            else Console.WriteLine("ERROR");
            if (s1.Longitud == p1.Distancia(p4))
                Console.WriteLine("OK");
            else Console.WriteLine("ERROR");
            if (s1.AnguloX == Math.PI/4)
                Console.WriteLine("OK");
            else Console.WriteLine("ERROR");

            Console.ReadKey( );
        }
    }
}
```

Y a continuación vemos la implementación de la clase *Segmento*:

```
using System;

namespace CarlosFontela.Geometria {

public class Segmento {

    private Punto extremo1;
    private Punto extremo2;

    public Segmento (Punto p1, Punto p2) {
        extremo1 = p1;
        extremo2 = p2;
    }

    public Punto Extremo (int i) {
        if (i == 1)
            return extremo1;
        else return extremo2;
    }

    public void CambiarExtremo (int i, Punto p) {
        if (i == 1)
            extremo1 = p;
        else extremo2 = p;
    }
```

```
    public double Longitud {
            get {
                    return extremo1.Distancia(extremo2);
            }
    }

    // el ángulo que forma con el eje x (en radianes)
    public double AnguloX {
            get {
                    return Math.Atan(
                            (extremo2.Y - extremo1.Y) / (extremo2.X - extremo1.X) );
            }
    }
}
}
```

Implementación de segmentos por agregación de puntos (C++)

C++ es más adecuado para representar composición que agregación, por tener un sistema de tipos por valor. Sin embargo, utilizando punteros podemos mantener la independencia entre datos contenidos y sus contenedores, y eso es lo que haremos en este ejercicio.

El programa de prueba para C++ será:

```
// Principal.cpp

#ifndef SEGMENTO_H_
#include "Segmento.h"
#endif /*SEGMENTO_H_*/

#include <stdio.h>
#include <iostream.h>
#include <math.h>

#ifndef PUNTO_H_
#include "Punto.h"
#endif /*PUNTO_H_*/

#ifndef SEGMENTO_H_
#include "Segmento.h"
#endif /*SEGMENTO_H_*/

using namespace geometria;

const double Pi = 3.141592654;

int main ( ) {
   Punto p1 (0,0);
   Punto p2 (1,0);
   Punto p3 (0,1);
   Punto p4 (1,1);
   Segmento s1 (p1,p2);
   Segmento s2 (p3,p4);

   // pruebas de lectura de estado:
   if (s1.getExtremo(1) == &p1)
```

```
        cout << "OK" << endl;
    else cout << "ERROR" << endl;
    if (s2.getExtremo(2) == &p4)
        cout << "OK" << endl;
    else cout << "ERROR" << endl;
    if (fabs(s1.getLongitud( ) - p1.distancia(p2)) < 1E-3)
        cout << "OK" << endl;
    else cout << "ERROR" << endl;
    if (fabs(s2.getLongitud( ) - p3.distancia(p4)) < 1E-3)
        cout << "OK" << endl;
    else cout << "ERROR" << endl;
    if (s1.getAnguloX( ) == 0)
        cout << "OK" << endl;
    else cout << "ERROR" << endl;

    // pruebas de cambio de extremo:
    s1.cambiarExtremo(2,p4);
    if (s1.getExtremo(2) == &p4)
        cout << "OK" << endl;
    else cout << "ERROR" << endl;
    if (s1.getLongitud( ) == p1.distancia(p4))
        cout << "OK" << endl;
    else cout << "ERROR" << endl;
    if (fabs (s1.getAnguloX( ) - Pi/4) < 1E-3)
        cout << "OK" << endl;
    else cout << "ERROR" << endl;

    // fin:
    char c = getchar( );
    return 0;
};
```

La clase *Punto* queda exactamente igual. La clase *Segmento* se implementará así:

```
//Segmento.h

#ifndef PUNTO_H_
#include "Punto.h"
#endif /*PUNTO_H_*/

#ifndef SEGMENTO_H_
#define SEGMENTO_H_

namespace geometria {

    class Segmento {

        public:
            Segmento (Punto& p1, Punto& p2);
            Punto* getExtremo (int i) const;
            void cambiarExtremo (int i, Punto& p);
            double getLongitud( ) const;
            // el ángulo que forma con el eje x (en radianes)
            double getAnguloX( ) const;

        private:
```

```
            Punto* extremo1;
            Punto* extremo2;
};
};
#endif /*SEGMENTO_H_*/
```

```
// Segmento.cpp

#ifndef PUNTO_H_
#include "Punto.h"
#endif /*PUNTO_H_*/

#ifndef SEGMENTO_H_
#include "Segmento.h"
#endif /*SEGMENTO_H_*/

#include <math.h>

namespace geometria {

  Segmento :: Segmento (Punto& p1, Punto& p2) {
        extremo1 = &p1;
        extremo2 = &p2;
  }

  Punto* Segmento :: getExtremo (int i) const {
        if (i == 1)
              return extremo1;
        else return extremo2;
  }

  void Segmento :: cambiarExtremo (int i, Punto& p) {
        if (i == 1)
              extremo1 = &p;
        else extremo2 = &p;
  }

  double Segmento :: getLongitud( ) const {
        return extremo1->distancia(*extremo2);
  }

  // el ángulo que forma con el eje x (en radianes)
  double Segmento :: getAnguloX( ) const {
        return atan(
              (extremo2->getY( ) - extremo1->getY( )) /
              (extremo2->getX( ) - extremo1->getX( )) );
  }

}
```

Implementación de composición (Java)

Vamos a implementar una clase *Cliente* que contenga – mediante composición – un objeto instancia de una clase *Domicilio*.

La solución que ofrezco se basa en el uso de clases internas, como dije más arriba:

```java
// Cliente.java

package carlosfontela.pruebas;

public class Cliente {

	private class Domicilio {
		String calle;
		int numero;
		String entre1;
		String entre2;
		String codigoPostal;
		String telefono;

		private Domicilio (String calle, int numero, String entre1, String entre2,
			String codigoPostal, String telefono) {
			this.calle = calle;
			this.numero = numero;
			this.entre1 = entre1;
			this.entre2 = entre2;
			this.codigoPostal = codigoPostal;
			this.telefono = telefono;
		}

		public String getTelefono( ) {
			return telefono;
		}

		public void setTelefono (String telefono) {
			this.telefono = telefono;
		}

		public String getCalle( ) {
			return calle;
		}

		public String getCodigoPostal( ) {
			return codigoPostal;
		}

		public String getEntre1( ) {
			return entre1;
		}

		public String getEntre2( ) {
			return entre2;
		}

		public int getNumero( ) {
			return numero;
		}
	}

	private String nombre;
	private String apellido;
	private Domicilio domicilio;
```

```
	private String email;

	public Cliente (String nombre, String apellido, String calle, int numero,
			String entre1, String entre2, String codigoPostal, String telefono, String email) {
		this.nombre = nombre;
		this.apellido = apellido;
		this.domicilio = new Domicilio (calle, numero, entre1, entre2, codigoPostal, telefono);
		this.email = email;
	}

	public Domicilio getDomicilio( ) {
		return domicilio;
	}
	public void setDomicilio (Domicilio domicilio) {
		this.domicilio = domicilio;
	}
	public String getEmail( ) {
		return email;
	}
	public void setEmail (String email) {
		this.email = email;
	}
	public String getApellido( ) {
		return apellido;
	}
	public String getNombre( ) {
		return nombre;
	}
}
```

Implementación de composición (C++)

La implementación de una clase *Cliente* con un objeto *Domicilio* por composición es bastante sencilla en C++, por el modelo de datos por valor de este lenguaje.

A continuación se muestra la implementación propuesta:

```
// Cliente.h

#include <string>

#ifndef DOMICILIO_H_
#include "Domicilio.h"
#endif /*DOMICILIO_H_*/

#ifndef CLIENTE_H_
#define CLIENTE_H_

class Cliente {

  public:
	Cliente (string, string,
		string, int, string, string, string, string,
		string);
	Cliente (string, string, Domicilio, string);
	Domicilio getDomicilio( ) const;
	void setDomicilio (Domicilio);
```

```
        string getEmail( ) const;
        void setEmail (string);
        string getApellido( ) const;
        string getNombre( ) const;

    private:
        string nombre;
        string apellido;
        Domicilio domicilio;
        string email;
};
#endif /*CLIENTE_H_*/
```

```
// Domicilio.h

#include <string>

#ifndef DOMICILIO_H_
#define DOMICILIO_H_

class Domicilio {

    public:
        Domicilio (string, int, string, string, string, string);
        string getTelefono( ) const;
        void setTelefono (string);
        string getCalle( ) const;
        string getCodigoPostal( ) const;
        string getEntre1( ) const;
        string getEntre2( ) const;
        int getNumero( ) const;

    private:
        string calle;
        int numero;
        string entre1;
        string entre2;
        string codigoPostal;
        string telefono;
};
#endif /*DOMICILIO_H_*/
```

```
// Cliente.cpp

#include <string>

#ifndef DOMICILIO_H_
#include "Domicilio.h"
#endif /*DOMICILIO_H_*/

#ifndef CLIENTE_H_
#include "Cliente.h"
#endif /*CLIENTE_H_*/

Cliente :: Cliente (string nombre, string apellido, string calle, int numero,
            string entre1, string entre2, string codigoPostal, string telefono, string email) :
            domicilio(calle,numero,entre1,entre2,codigoPostal,telefono) {
```

```
        this->nombre = nombre;
        this->apellido = apellido;
        this->email = email;
}

Cliente :: Cliente (string nombre, string apellido,
            Domicilio domicilio, string email) {
    this->nombre = nombre;
    this->apellido = apellido;
    this->domicilio = domicilio;
    this->email = email;
}

Domicilio Cliente :: getDomicilio( ) const {
    return domicilio;
}

void Cliente :: setDomicilio (Domicilio domicilio) {
    this->domicilio = domicilio;
}

string Cliente :: getEmail( ) const {
    return email;
}

void Cliente :: setEmail (string email) {
    this->email = email;
}

string Cliente :: getApellido( ) const {
    return apellido;
}

string Cliente :: getNombre( ) const {
    return nombre;
}
```

```
// Domicilio.cpp

#include <string>

#ifndef DOMICILIO_H_
#include "Domicilio.h"
#endif /*DOMICILIO_H_*/

Domicilio :: Domicilio (string calle, int numero, string entre1, string entre2,
        string codigoPostal, string telefono) {
    this->calle = calle;
    this->numero = numero;
    this->entre1 = entre1;
    this->entre2 = entre2;
    this->codigoPostal = codigoPostal;
    this->telefono = telefono;
}

string Domicilio :: getTelefono( ) const {
    return telefono;
```

```
}

void Domicilio :: setTelefono (string telefono) {
   this->telefono = telefono;
}

string Domicilio :: getCalle( ) const {
   return calle;
}

string Domicilio :: getCodigoPostal( ) const {
   return codigoPostal;
}

string Domicilio :: getEntre1( ) const {
   return entre1;
}

string Domicilio :: getEntre2( ) const {
   return entre2;
}

int Domicilio :: getNumero( ) const {
   return numero;
}
```

CUESTIONES METODOLÓGICAS

Teoría de objetos y delegación

La orientación a objetos intenta crear una correspondencia unívoca entre elementos del espacio del problema y objetos en el espacio de soluciones. Esto es importante desde el momento de la captura de requisitos del usuario.

Desde la perspectiva de la orientación a objetos, los objetos de un programa interactúan para resolver un problema, respondiendo a estímulos – mensajes o eventos – del medio externo (generalmente otros objetos).

Las siguientes son las características que debería tener todo programa orientado a objetos:

- Un programa es conjunto de objetos que le dicen a otros objetos qué hacer mediante mensajes.
- Cada objeto se crea construyendo un agregado de otros objetos (manejo de la complejidad por delegación).
- Cada objeto tiene un tipo, que denominamos clase, que le dice qué mensajes puede aceptar.
- Todos los objetos de una misma clase admiten los mismos mensajes, incluso cuando esa clase es un subconjunto de otra clase[42].

En la programación imperativa tradicional, los algoritmos se describen en base a procesos (ya sea en forma secuencial o mediante concurrencia). Por ejemplo, se

[42] Por ejemplo, elefante de mamífero, de modo que puedo tratar a todo elefante como elefante pero también como mamífero. Ésta es una herramienta poderosa, que trataremos luego en detalle.

pueden escribir en Pascal o C una serie de subprogramas para el manejo de pantallas, y serán exactamente eso: procedimientos o funciones que describen cómo se abre una ventana, cómo se la cierra, cómo se la limpia, etc. Así, los algoritmos se expresan mediante secuencias de procesos. Por eso este tipo de programación se llama *procedimental*.

La POO encara la resolución de cada problema desde otra óptica: la óptica del objeto. Así, para resolver el caso anterior se define un objeto pantalla y se especifican todas las acciones (denominadas *métodos*) que ese objeto puede realizar (*comportamiento*), cada vez que se le envía un cierto *mensaje* o *solicitud*. La respuesta a un mensaje puede ser el envío de otra solicitud a otro objeto, mediante el mecanismo de delegación. Las únicas acciones que se le pueden hacer a un objeto vienen dadas por los métodos. Lo que se define es el comportamiento de los objetos frente a mensajes o solicitudes provenientes de otros objetos. Incluso los programas se disparan con el envío de un mensaje a un objeto.

Desde el punto de vista de los objetos, un sistema ya no es un conjunto de procesos, sino más bien un conjunto de objetos colaborando, o bien, un conjunto de objetos enviando mensajes y respondiendo a otros mensajes.

Automatización de pruebas unitarias

En el capítulo anterior introduje las pruebas unitarias y las hemos utilizado en este capítulo también, viendo las ventajas de escribirlas antes del código funcional.

Una mejora que podemos introducir, lo que haremos desde el próximo capítulo, es hacerlas automatizadas, de forma tal que sea la propia computadora la que nos avise si se están satisfaciendo los criterios de prueba, o no.

Esto tiene las siguientes ventajas:

- Es bueno para garantizar la independencia del factor humano. Destaquemos que muchas veces se llega a las pruebas con gente nerviosa o apurada, y estos factores opacan el discernimiento.
- Facilita correr las pruebas en forma conjunta, incluyendo todas las escritas hasta ese momento. Esto da una confianza especial a los desarrolladores, ya que siempre se puede asegurar que el sistema era correcto antes de agregar una modificación. Lo cual significa, obviamente, que si luego aparecen problemas, éstos se deben a la última modificación introducida.

Observemos que se usan desde hace tiempo pruebas automáticas de sintaxis, que generalmente se corren junto con la compilación y ayudan mucho al programador[43]. Las pruebas unitarias automáticas van un paso más allá: sirven para que la computadora nos ayude a encontrar errores semánticos.

En ese mismo sentido, es importante automatizar todo el testeo, desde la compilación hasta la prueba funcional, para que sea fácil la prueba frecuente. Esto es parte de algunos métodos de desarrollo de software, y hay herramientas que facilitan la tarea. Ya volveré sobre esto en la tercera parte del libro.

---

[43] De hecho, muchos programadores se alegran bastante cuando logran que sus programas compilen. Y esto no es tan descabellado: al menos pueden garantizar que la sintaxis es correcta, mediante un chequeo prácticamente infalible y automático.

Cohesión y acoplamiento

Hay dos principios de diseño que tienen importancia fundamental desde la época en que se comprendió que la mejor forma de resolver problemas de desarrollo de software era separar la solución en módulos. Nos referimos a las máximas de alta cohesión y bajo acoplamiento.

El acoplamiento se refiere a la interdependencia entre módulos, y un bajo acoplamiento garantiza que los módulos del sistema son relativamente independientes. La cohesión se refiere a la necesidad de que un módulo haga o se refiera a una sola cosa simple.

Se dice que los módulos de un sistema exhiben alta cohesión cuando cada entidad y proceso reconocible está representado por un módulo aislado.

Para reducir el acoplamiento se trabaja reduciendo las interacciones entre módulos, reduciendo el número de relaciones necesarias y simplificando la interfaz entre módulos. Si cada módulo está muy acoplado al resto, no se podría modificar uno de ellos sin involucrar otras partes del sistema. Como ocurre a veces en sistemas muy acoplados, una corrección a un problema produce nuevos problemas en otras partes del mismo. Con un bajo acoplamiento conseguiremos reducir el efecto de que una modificación en un módulo provoque un efecto indeseado en otro.

En POO debemos asegurar bajo acoplamiento y alta cohesión en todos los módulos de un sistema: métodos, clases y paquetes. La clase es el módulo por excelencia en POO, así que deberíamos empezar por las ellas a analizar cohesión y acoplamiento. En el diseño de paquetes, se suele poner el foco en el bajo acoplamiento respecto de otros paquetes.

Pero no debemos olvidar que la cohesión nació con los subprogramas, lo que en POO llamamos métodos. Por eso en el capítulo anterior analicé la cohesión en métodos.

A menudo se dice que las clases deben ser lo más pequeñas que se pueda. Sin embargo, es importante destacar que lo realmente importante es que la interfaz sea chica y sencilla, ya que es la interfaz lo que ve el cliente, y no la implementación. Esto va a reducir el acoplamiento.

Por lo tanto, la primera medida que se puede tomar es achicar el número de métodos de una clase.

Otra forma de mejorar el acoplamiento es reducir la cantidad de parámetros de los métodos. Esto es fácil de hacer con variables compuestas u objetos que agrupen varios atributos.

Otra posibilidad es usar la sobrecarga, sobre todo en constructores. Finalmente, se pueden usar parámetros optativos, como los de Ada y C++, cuando están presentes en el lenguaje.

Situaciones que afectan negativamente el acoplamiento y la cohesión

Hay situaciones comunes que aumentan el acoplamiento o reducen la cohesión, todas ellas destacadas por Martin Fowler [FowlerRefactoring].

La primera de ellas es la que Fowler denomina "envidia de características", que ocurre cuando diseñamos una clase cuyos métodos, en gran parte, llaman a métodos y propiedades de otras clases.

La solución a este problema es pasar los métodos a las clases que las usan.

Por ejemplo:

```
class ArchivoDocumentos {

  //...

  public void Imprimir (Documento documento, TipoHoja tipoHoja, Color color) {
        documento.EstablecerHoja (tipoHoja);
        documento.EstablecerColorImpresion (color);
        documento.Imprimir( );
  }

  //...

  this.Imprimir (texto, TipoHoja.A4, Color.Negro);

  //...

}
```

Sería mejor crear un único método en la clase *Documento*, y cambiar la última línea por:

```
texto.Imprimir (TipoHoja.A4, Color.Negro);
```

Otra situación indeseable es la de cambios divergentes, en la cual una clase se cambia por más de una razón de cambio funcional. La solución a este problema es separar las clases cuya necesidad de cambio tenga frecuencias distintas o provenga de necesidades diferentes.

Esta situación la volvemos a analizar en el principio de diseño denominado "de única responsabilidad" en la tercera parte del libro, y que está fuertemente alineado con la necesidad de alta cohesión.

La situación opuesta a la anterior también es indeseable, y ocurre cuando observamos que cada cambio que se introduce en un sistema obliga a tocar muchas clases.

La solución es mover atributos o métodos para crear una única clase.

Como veremos en la tercera parte de este libro, hay principios de diseño que sirven para afrontar las cuestiones que estoy nombrando.

Conclusiones

A menudo se piensa en la orientación a objetos como el empleo de herencia, concepto que veremos en el próximo capítulo. Sin embargo, aun desde sus inicios como POO, la orientación a objetos es mucho más que eso, y en rigor no se necesita utilizar herencia para estar haciendo uso del paradigma. Las clases pueden interactuar con mucha naturalidad mediante delegación, que a su vez se implementa mediante asociación, agregación o composición. Espero que este capítulo lo haya dejado bien explicitado.

Vimos también la diferencia en la concepción de los programas orientados a objetos respecto de los programas procedimentales, y el papel central que en esto juega la delegación.

Como en esta parte del libro estamos estudiando primordialmente programación, cabe preguntarse para qué nos sirven los diagramas vistos respecto de la elaboración del programa. Como resumen:

- Los diagramas de clases son útiles para construir la jerarquía de clases y analizar asociaciones.
- A partir de los diagramas de secuencia es fácil hacer surgir el código de los métodos más complejos o con mucha interacción entre objetos.
- Lo mismo ocurre con los diagramas de estado para objetos reactivos.
- Si las interacciones son importantes, el diagrama de secuencia conviene que acompañe a la documentación y que se mantenga actualizado.
- Los diagramas de estados son útiles para analizar objetos que sufren muchos cambios de estados, para modelar sistemas reactivos o para describir globalmente un sistema.

Existen herramientas que generan código a partir de diagramas UML. No obstante, hay que ser precavidos: no siempre el código generado es de buena calidad, fácil de mantener y extender. Por otro lado, hay muchas herramientas que sólo generan pantallas estándar, y otras que proclaman generar código y sólo nos escriben las firmas de los métodos que declaramos en los diagramas.

También hay herramientas que generan los diagramas UML a partir de código. Este proceso, denominado *ingeniería inversa*, siempre es incompleto, pues el paso de un diagrama que modela la realidad a código siempre importa una pérdida de riqueza de información. La única forma de paliar esta pérdida es incorporar comentarios al código que luego puedan ser extraídos por el utilitario que hace la ingeniería inversa.

Ahora sí, en el próximo capítulo nos espera la herencia, con sus fortalezas y debilidades.

6. HERENCIA DE IMPLEMENTACIÓN

A menudo los hijos se nos parecen.
Joan Manuel Serrat[44]

Desde algún momento en nuestra temprana infancia, los seres humanos vamos adquiriendo capacidades de abstracción. Aprendemos a clasificar individuos dentro de especies, vemos que ciertas cosas están compuestas de otras más pequeñas y también entendemos que hay parecidos entre especies. Todos estos mecanismos de abstracción fueron transportados al paradigma de objetos. El más interesante es la herencia, basado en el mecanismo de generalización.

Sin embargo, como veremos en este capítulo, se suele pecar por exceso en el uso de herencia, sobre todo cuando se es novato en orientación a objetos. Por eso prestaremos especial atención a los buenos usos de herencia, y cuándo no es una buena idea utilizarla.

UN EJERCICIO INICIAL: IMPLEMENTACIÓN DE UNA JERARQUÍA

El problema y las entidades

Supongamos que en la aplicación del club de inmobiliarias debemos diferenciar los distintos inmuebles en venta, separando en clases diferentes a los departamentos, casas y terrenos baldíos. Cada tipo de inmueble podrá tener atributos que correspondan en cada caso.

Las entidades del problema son las mismas de las del capítulo pasado, con la aparición de tres entidades nuevas: *Casa*, *Departamento* y *Terreno*.

Diagrama de clases

Una solución a nuestro problema será modificar el diagrama del capítulo anterior de esta manera:

[44] De su canción "Esos locos bajitos".

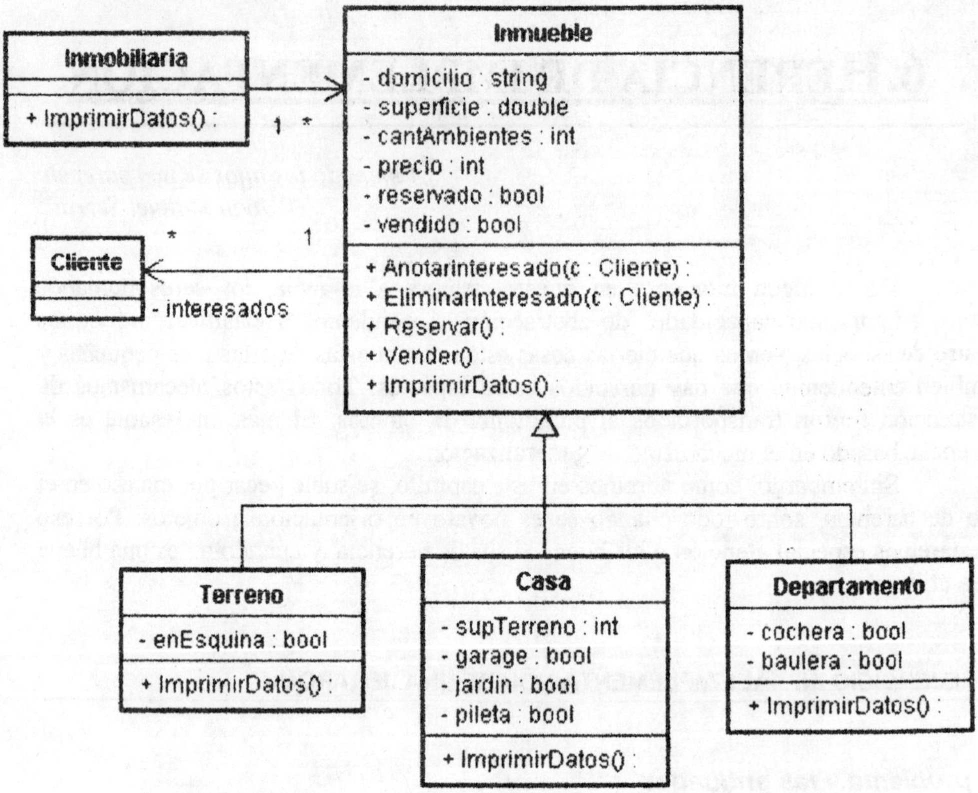

Lo que nos dice este diagrama es que sigue existiendo la clase *Inmueble*, pero que puede haber distintos tipos de inmuebles, con distinta estructura y/o comportamiento. Decimos que las clases *Casa*, *Departamento* y *Terreno* heredan de la clase *Inmueble*, o bien que son descendientes de ésta. Asimismo, *Inmueble* es una clase que generaliza a *Casa*, *Departamento* y *Terreno*, o bien que es ancestro de estas tres.

Un programa de prueba

El programa de prueba más general ya lo hice en el capítulo anterior. En este caso, sólo probaremos el hecho de que las solicitudes se aplican a distintas clases descendientes de *Inmueble*. Si bien dije al final del capítulo pasado que íbamos a automatizar lo más posible la prueba de programas, en este caso sigo con un programa simple, porque necesito ver qué imprime el método *ImprimirDatos* de cada clase, y eso resulta difícil de automatizar..

El programa de prueba es:

```
using System;
using CarlosFontela.Inmobiliarias;

namespace CarlosFontela.Pruebas
{
    public class PruebaInmobiliarias
    {
        public static void Main( ) {

                // creación de objetos de prueba
                Cliente ana = new Cliente ("Ana", "02944523698", "ana@suempresa.com.ar");
```

```
            Cliente joaquin = new Cliente ("Joaquín", "02234797152", "joaquin@mdp.com.ar");
            Cliente clara = new Cliente ("Clara", "01145642315", "clara@fi.uba.ar");
            Terreno membrillar = new Terreno ("Membrillar 255", 85.3, 4, 82000, true);
            Casa boyaca = new Casa ("Boyacá 1244", 144.3, 5, 124300, true, true, false, 253);
            Departamento artigas = new Departamento ("Artigas 1366", 95.2, 3, 93700, false, true);
            Departamento neuquen = new Departamento ("Neuquén 3455", 129.4, 5, 128400,
                                                                                true, true);
            Inmobiliaria sucasa = new Inmobiliaria ("Su casa");
            Inmobiliaria flores = new Inmobiliaria ("Flores");

            // impresión básica
            boyaca.ImprimirDatos( );
            artigas.ImprimirDatos( );
            membrillar.ImprimirDatos( );
            Console.WriteLine( );

            // carga de inmobiliarias
            sucasa.AgregarInmueble (membrillar);
            sucasa.AgregarInmueble (neuquen);
            flores.AgregarInmueble (boyaca);
            flores.AgregarInmueble (artigas);

            // carga de interesados
            membrillar.AnotarInteresado (ana);
            artigas.AnotarInteresado (ana);
            boyaca.AnotarInteresado (joaquin);
            neuquen.AnotarInteresado (joaquin);
            boyaca.AnotarInteresado (clara);

            // impresión inmuebles e interesados
            sucasa.ImprimirDatos( );
            flores.ImprimirDatos( );

            // movimientos
            artigas.Precio = 92500;
            artigas.Reservar( );
            artigas.Vender( );
            neuquen.EliminarInteresado (joaquin);
            neuquen.EliminarInteresado (ana);

            // impresión inmuebles e interesados
            sucasa.ImprimirDatos( );
            flores.ImprimirDatos( );

            // fin:
            Console.ReadKey( );
        }
    }
}
```

Considero a este programa de prueba lo suficientemente bueno para el propósito de este ejemplo. Sin embargo, notemos que no incluí pruebas que utilicen los nuevos métodos de las clases descendientes de *Inmueble*. Dejo esta tarea a cargo del lector.

Implementación

La nueva clase *Terreno* será:

```
using System;

namespace CarlosFontela.Inmobiliarias
{
	public class Terreno : Inmueble
	{
			private bool enEsquina;

			public Terreno (string domicilio, double superficie, int cantidadAmbientes,                                                                                     int
precio, bool enEsquina) :
							// llama al constructor de Inmueble:
							base(domicilio,superficie,cantidadAmbientes,precio) {
					this.enEsquina = enEsquina;
			}

			public bool EnEsquina {
					get {
							return enEsquina;
					}
			}

			public void ImprimirDatos( ) {
					// llama al ImprimirDatos de Inmueble:
					base.ImprimirDatos( );
					// sigue imprimiendo sus propios datos:
					Console.WriteLine ("En esquina: " + EnEsquina);
			}
	}
}
```

La clase *Departamento*:

```
using System;

namespace CarlosFontela.Inmobiliarias
{
	public class Departamento : Inmueble
	{
			private bool cochera;
			private bool baulera;

			public Departamento(string domicilio, double superficie, int cantidadAmbientes,
```

```
                                                int precio, bool cochera, bool baulera) :
                                // llama al constructor de Inmueble:
                                base(domicilio,superficie,cantidadAmbientes,precio) {
                        this.cochera = cochera;
                        this.baulera = baulera;
                }

                public bool Cochera {
                        get {
                                return cochera;
                        }
                }

                public bool Baulera {
                        get {
                                return baulera;
                        }
                }

                public void ImprimirDatos( ) {
                        // llama al ImprimirDatos de Inmueble:
                        base.ImprimirDatos( );
                        // sigue imprimiendo sus propios datos:
                        Console.WriteLine ("Cochera: " + Cochera);
                        Console.WriteLine ("Baulera: " + Baulera);
                }
        }
}
```

La clase *Casa*:

```
using System;

namespace CarlosFontela.Inmobiliarias
{
        public class Casa : Inmueble
        {
                private bool garage;
                private bool jardin;
                private bool pileta;
                private int superficieTerreno;

                public Casa(string domicilio, double superficie, int cantidadAmbientes,
                        int precio, bool garage, bool jardin, bool pileta, int superficieTerreno) :
                                // llama al constructor de Inmueble:
                                base(domicilio,superficie,cantidadAmbientes,precio) {
                        this.garage = garage;
                        this.jardin = jardin;
                        this.pileta = pileta;
                        this.superficieTerreno = superficieTerreno;
                }

                public bool Garage {
                        get {
```

```
                                return garage;
                        }
                }

                public bool Jardin {
                        get {
                                return jardin;
                        }
                }

                public bool Pileta {
                        get {
                                return pileta;
                        }
                }

                public int SuperficieTerreno {
                        get {
                                return superficieTerreno;
                        }
                }

                public void ImprimirDatos( ) {
                        // llama al ImprimirDatos de Inmueble:
                        base.ImprimirDatos( );
                        // sigue imprimiendo sus propios datos:
                        Console.WriteLine ("Garage: " + Garage);
                        Console.WriteLine ("Jardin: " + Jardin);
                        Console.WriteLine ("Pileta: " + Pileta);
                        Console.WriteLine ("Superficie terreno: " + SuperficieTerreno);
                }
        }
}
```

Lo novedoso del ejemplo anterior es la aparición de tres clases de inmuebles diferentes, cada una con atributos propios, que se agregan a los de *Inmueble*, más propiedades y métodos, algunos de ellos nuevos, y otros que vuelven a definirse en estas nuevas clases.

Este mecanismo, por el cual se define un caso particular de una clase, agregándole métodos, propiedades y atributos, se llama **herencia**. El mecanismo de volver a definir un método o propiedad en una clase especializada se denomina – como es esperable – **redefinición**. También vemos que un método de una clase particular puede llamar al mismo método que redefine, como es el caso de *ImprimirDatos*.

Todos estos conceptos los veremos en este capítulo.

Herencia simple

La herencia es algo central en POO. Además, es la característica de POO que más colabora para lograr una alta reutilización del código.

Por la **herencia**, cada clase puede tener una clase ancestro y clases descendientes. Responde al mecanismo de especialización y generalización. Gracias a ella, cada clase hereda atributos y operaciones de su clase ancestro. La idea es que haya familias de clases que compartan estructuras y comportamientos similares.

La herencia representa relaciones del tipo *"es un"*, las mismas que se utilizan para todas las taxonomías de las ciencias. Por ejemplo, en Zoología, las orcas y los caballos son mamíferos, por lo que podríamos decir que heredan, de la clase ancestro de los mamíferos, atributos (poseen mamas, sangre, pelo, etc.) y comportamiento (amamantan a sus hijos en los primeros días de vida, sudan, regulan la temperatura corporal, etc.). Lo mismo podríamos decir en Matemática de los enteros y reales como subclases de números. Insisto, esto es factible por la relación *"es un"*: una orca *es un* mamífero, un real *es un* número.

Observemos que, debido a que una clase es un conjunto de objetos, una clase ancestro representa un conjunto de conjuntos.

Veamos algunos ejemplos de taxonomías usuales provenientes de distintas ciencias:

De la Biología:

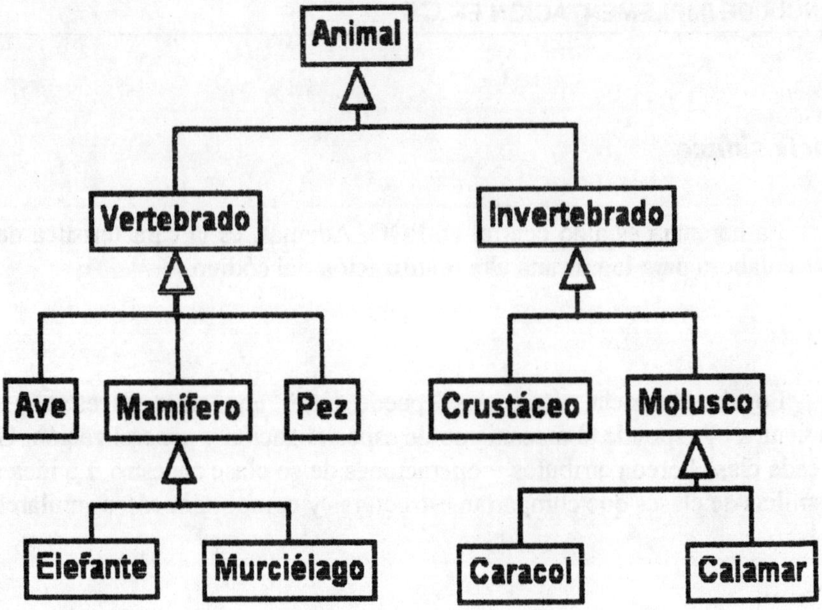

De la Lingüística:

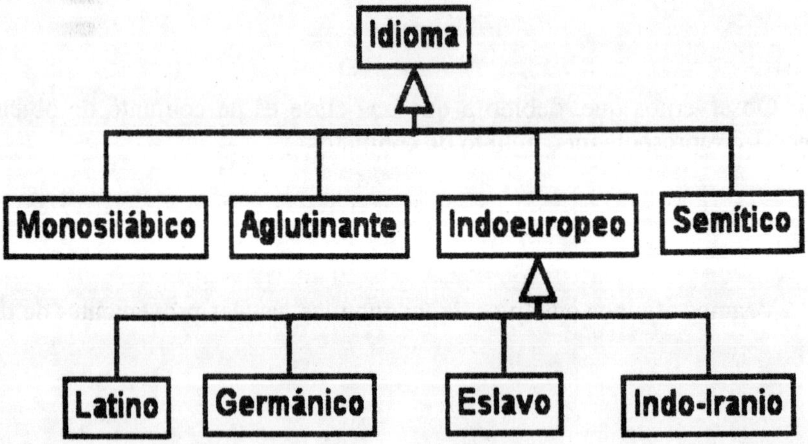

De la Geometría:

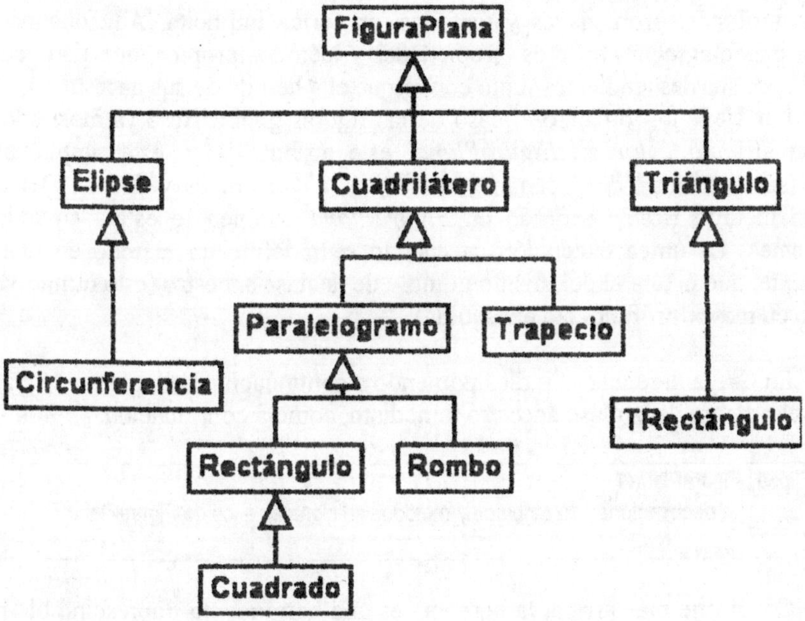

De un análisis de las figuras anteriores, podemos deducir:

- Las clasificaciones no tienen por qué ser completas, pero sí excluyentes. Por ejemplo, una figura plana puede no ser elipse, ni cuadrilátero ni triángulo. Pero un triángulo no puede ser a la vez una elipse o un cuadrilátero.
- Algunas de las clases del árbol pueden no tener instancias: son llamadas *clases abstractas*. Por ejemplo, como los animales tienen que ser vertebrados o invertebrados, no puede haber ningún animal que sea instancia de la clase *Animal* directamente.
- La ubicación de una clase en la jerarquía se establece por la relación "es un". Por ejemplo, un idioma latino *es un* idioma indoeuropeo.
- Cada clase hereda comportamiento y estructura de su ancestro. Por ejemplo, los cuadriláteros tienen cuatro lados y se les puede calcular su área con una fórmula. Ergo, a los paralelogramos y los trapecios se les puede aplicar la misma fórmula para calcular su área, y también tienen cuatro lados.

Los diagramas que acabamos de hacer corresponden a la notación de UML para jerarquías de clases. Como se ve, se dibujan flechas vacías hacia las clases ancestros. Conviene representar, para lograr mayor claridad, a los ancestros por encima de los descendientes, pero esto no es obligatorio, y a veces no podremos hacerlo así por cuestiones prácticas.

He hablado de clases *ancestros* y clases *descendientes*. En la literatura de POO se usan otros términos como sinónimos de éstos, que yo también usaré en el libro. A las clases ancestro también se las suele llamar *clases base* o *superclases*. A las clases descendientes se las llama *clases derivadas* o *subclases*.

Herencia y reutilización

¿Y para qué sirve todo esto? Veamos…

En cualquier lenguaje de programación que soporte POO, cuando se declara una clase descendiente, se entiende que esta clase hereda de su ancestro inmediato todos sus atributos, propiedades y métodos, en forma implícita. Adicionalmente, la clase hija puede agregar atributos, propiedades y métodos propios, que a su vez serán heredados por sus descendientes junto con lo que ella heredó de sus ancestros.

Por ejemplo, tomando el caso de las figuras geométricas ya mostrado, si se define un atributo *color* en *FiguraPlana*, este atributo va a estar implícitamente definido (sin necesidad de declararlo) en *Elipse*, *Cuadrilatero* y demás. Del mismo modo, un método *mover* definido en *FiguraPlana* también lo estará en todos sus descendientes. La única excepción es cuando se redefine un método en una clase descendiente, que oculta al del mismo nombre de la clase ancestro (esto último va a ser analizado en mayor profundidad enseguida).

En C#, la herencia se indica poniendo a continuación del nombre de clase dos puntos y el nombre de la clase ancestro inmediato, como a continuación:

```
class Elipse : FiguraPlana {
        // declaraciones de atributos y métodos adicionales a los de FiguraPlana
}
```

Como dije más arriba, la herencia es una herramienta imprescindible para la reutilización del código.

Hagamos la analogía en programación modular tradicional: supongamos que tenemos declarados en un paquete el tipo de datos *Cuadrilatero* y queremos trabajar con un tipo *Trapezoide*.

Sin POO, lo único que podremos hacer es declarar el tipo necesario y luego reescribir los subprogramas que manejen ese tipo, copiándolos de los de *Cuadrilatero* y adaptándolos. Parece un trabajo bastante pesado.

Pero eso no es todo. ¿Y si no se cuenta con el código fuente del tipo de datos, por ejemplo, porque está en una biblioteca compilada comprada? En este caso se deberán escribir los subprogramas, pero desde cero, sin ningún tipo de ayuda. Parece ser bastante difícil lograr que dichos subprogramas se comporten de manera idéntica a los de la biblioteca: uno no puede saber qué consideraciones pasaron por la mente del implementador.

Un paliativo puede ser utilizar delegación, pero eso no me libraría de la necesidad de reescribir gran parte del código, además de utilizar un concepto incorrecto: un trapezoide no *contiene* un cuadrilátero, *es* un cuadrilátero.

Pero si esta biblioteca está desarrollada utilizando objetos, lo único que se debe hacer es extenderla con las clases necesarias, teniendo que desarrollar sólo el código que haya que agregar al trapezoide para que se comporte como tal. Esto se llama *programar por diferencia*. Como se ve, trabajar con herencia puede proporcionarnos un considerable ahorro de tiempo y dinero.

Para que todo esto sea estrictamente cierto, se debe construir el árbol de clases de una forma estricta, cuidando de colocar cada clase donde deba ir. Una ayuda en este sentido es utilizar la recomendación de que la relación subclase-superclase sea del tipo *"es un"*.

Notemos que este uso de la generalización para la reutilización no es exclusivo de POO: desde hace mucho tiempo que todas las ciencias usan las taxonomías para manejar la complejidad.

Más sobre visibilidad

Además de los calificadores de visibilidad ya vistos, que se aplican a los atributos, propiedades y métodos – entre otros – para especificar su grado de visibilidad, en muchos lenguajes existe el calificador *protected*. Un **atributo, propiedad o método protegido** tendrá la visibilidad privada en general, pero es visible para las clases descendientes.

En C#, existe también el calificador *protected internal*, que da accesibilidad de tipo protegida y también de ensamblaje.

A muchos programadores les parece natural la existencia de atributos y métodos protegidos, y hasta en un principio tienden a creer que los atributos y métodos privados tendrían que poder ser visibles desde las clases descendientes. Sin embargo, se supone que una clase pública puede ser heredada por cualquier otra que se vaya a crear en el futuro, por lo que al declarar un atributo o método como protegido lo estamos poniendo a disposición de cualquier clase que simplemente quiera extender la primera clase, y esto puede comprometer el encapsulamiento y las modificaciones futuras.

Por eso, en general hay que respetar la norma de declarar los atributos privados. Los métodos y propiedades podrán ser protegidos cuando una clase deba dar un servicio sólo a sus descendientes, y no a toda otra clase que la utilice.

Clases sin descendientes

Hay lenguajes que permiten definir clases que no se pueden heredar, a veces llamadas *selladas* o *finales*. Son las clases declaradas como *sealed* en C#. Por lo tanto, si en C# una clase se declara como *sealed* no se podrán construir clases derivadas de la misma.

Esto no sólo permite que las clases no sean extendidas, sino que además permite al compilador introducir mejoras de eficiencia. De todas maneras, es preferible evitar declarar clases como *sealed* para favorecer la reutilización y la extensión.

Un ejemplo de clase sellada es *string*. Esto limita la posibilidad de crear tipos de cadenas de caracteres con mayor funcionalidad, aunque nada impide extenderla por delegación, o crear una clase con métodos estáticos que trabajen con parámetros *string*.

Asimismo, de todos los tipos vistos en C# hasta ahora, sólo los tipos por referencia se pueden heredar. Los tipos por valor de C# no soportan la herencia.

Clases abstractas

A veces es necesario definir clases para las cuales no tiene sentido crear instancias.

Un caso podría ser nuestra *Inmueble*, dado que las clases del nivel inmediato inferior cubren todos los casos posibles. Es decir, un inmueble en particular será *Terreno*, *Departamento* o *Casa*, pero nunca directamente una instancia de *Inmueble*. En cualquier taxonomía puede ocurrir lo mismo.

Estas clases se denominan **clases abstractas**, y tienen como única finalidad la declaración de atributos, propiedades y métodos comunes que luego se utilizarán en las clases descendientes. Dicho formalmente, se construyen para generalizar estructura y comportamiento comunes de varias clases descendientes. En otros casos ni siquiera poseen atributos o métodos, sino que sólo se las define para luego declarar subclases que por algún motivo se las desea tratar como de la misma familia.

En el ejemplo anterior, aunque *Inmueble* no tenga instancias, nos sirvió para declarar el método *Vender*, entre otros, de modo que las clases descendientes lo pudieran usar.

Las clases abstractas pueden definirse anteponiéndoles la palabra *abstract*. Las clases que no son abstractas las llamamos *clases concretas*.

Redefinición

La **redefinición**[45] es una funcionalidad de POO que se usa cuando el comportamiento de la clase ancestro no debería ser exactamente igual para la descendiente. Por lo tanto, no nos serviría heredarlo tal como está, y deberíamos volver a escribirlo.

Por ejemplo, en el caso de los inmuebles, el método *ImprimirDatos* no es igual para todas las clases, aunque todos impriman datos de un inmueble. En nuestro ejemplo, tenemos un *ImprimirDatos* para *Inmueble*, otro para *Casa*, otra para *Terreno*, etc. La técnica, entonces, es simple: hay que escribir diferentes métodos *ImprimirDatos* en cada clase. Decimos que el método *ImprimirDatos* de una clase descendiente *redefine* al método *ImprimirDatos* de su ancestro. Esta redefinición se debe a que ahora, cada vez que se invoque al método *ImprimirDatos* para una instancia de *Casa* nos estaremos refiriendo, no ya al que se hubiera heredado de *Inmueble*, sino al redefinido en *Casa*.

Por lo tanto, la respuesta a un mismo mensaje dependerá de la clase a la que pertenece el objeto.

Por ejemplo:

```
Casa c = new Casa( );
Departamento d = new Departamento( );
Terreno t = new Terreno( );
c.ImprimirDatos( );
d.ImprimirDatos( );
t.ImprimirDatos( );
```

Todos se refieren a la operación *ImprimirDatos*, pero en realidad están invocando a métodos diferentes, según la clase del objeto al que se le pasa el mensaje.

Como principio general, se debe utilizar redefinición cuando en una subclase se pueda realizar una implementación más eficiente o más completa que la de la clase ancestro. En consecuencia, la redefinición:

- Será obligatoria, cuando el comportamiento de una clase descendiente deba ser diferente del de la ancestro. Por ejemplo, si hay un método que se llama *ImprimirDatos* que imprime todos los atributos de un objeto, éste deberá redefinirse en las clases derivadas que agreguen atributos si queremos que funcione en forma consistente con su definición.
- Será optativa, cuando por razones de eficiencia o claridad queramos modificar la implementación del método del ancestro. Por ejemplo, en una jerarquía en la que *Elipse* sea una clase ancestro de *Circulo*, el método para calcular la longitud de una elipse probablemente funcione bien con círculos, pero su implementación es mucho más complicada.
- *Debe preservar la semántica* de la definición del método en el ancestro. Es decir, la tarea debe ser la misma, aunque se haga de diferente forma. Por ejemplo, *ImprimirDatos* imprime los datos internos de un inmueble incluyendo, no sólo a las instancias de *Inmueble*, sino a las de cualquier clase descendiente. Ésta es la única forma de garantizar el cumplimiento de la relación "es un" o principio de sustitución.

---

[45] A veces se la llama "sobrecarga semántica", en contraposición a la sobrecarga sintáctica.

Tengamos en cuenta que la redefinición se introdujo para cambiar comportamiento y cálculo del estado de una clase descendiente respecto del ancestro, no para introducir cambios en la estructura. Por lo tanto, se pueden redefinir métodos y propiedades, pero no atributos. Tampoco se pueden redefinir los métodos de clase (*static*).

Los métodos privados no pueden ser redefinidos. Si se lo intenta, en realidad se estará definiendo un nuevo método. Al fin y al cabo, la redefinición sólo tiene sentido si el método es parte de la interfaz del ancestro, y los métodos privados no son parte de la interfaz.

En C# la redefinición se hace simplemente reescribiendo el método en cuestión en la clase derivada, con la misma cantidad y tipo de parámetros. Sin embargo, el compilador de C# disparará una advertencia si a estos métodos no se les coloca la cláusula *new*, para indicar explícitamente que se quiere hacer una redefinición. Nosotros seguiremos esta recomendación.

Se puede declarar que un determinado método no va a poder ser redefinido anteponiéndole la palabra *sealed*. De todas maneras, es preferible evitar declarar métodos como *sealed* porque impiden la reutilización y la extensión.

Para que un método sea la redefinición de su homónimo de una clase ancestro, debe tener la misma firma, es decir, los mismos parámetros y el mismo tipo de valor devuelto. Como corolario, los métodos que no se redefinan con la misma firma de la clase base, siguen estando disponibles para la clase descendiente con el comportamiento de la clase base.

Tengamos en cuenta que al redefinir un método o propiedad no se lo puede hacer más privado que en su clase ancestro. En realidad, si se hace así se estaría declarando un nuevo método o propiedad, por lo cual habría que adicionarle el calificador *new*.

Objetos polimorfos o conversión de tipo automática

Los lenguajes que trabajan con un modelo de referencias permiten que se asigne un objeto de una clase derivada a la del objeto que recibe la asignación. Dicho con un ejemplo en C#, las siguientes acciones son válidas:

```
Casa casa = new Casa( );
Inmueble inmueble = casa;        // Inmueble es una clase ancestro de Casa
```

Decimos que en este caso se está haciendo una *conversión de tipos automática*, pues sin ninguna conversión explícita se está asignando una *Casa* a una variable de tipo *Inmueble*.

Sin embargo, el objeto referenciado por *inmueble* es, en realidad, una *Casa*, pues eso es lo que recibió, ya que en Java un objeto nunca cambia de tipo durante su ciclo de vida. Lo único que ocurre es que mientras la instancia de *Casa* esté alojada en una variable *inmueble*, de tipo *Inmueble*, sólo va a poder ser tratada como *Inmueble*, con sus atributos, propiedades y métodos visibles. Por eso se dice que el objeto referenciado por *inmueble* es un *objeto polimorfo*, ya que es de un determinado tipo, pero se comporta como si fuera de otro tipo.

Esta misma idea puede ser llevada a la relación entre argumentos y parámetros[46], haciendo que un argumento sea de un tipo que es una clase derivada de la del parámetro. Por ejemplo, un método con el encabezado:

```
public void p (Inmueble x) { ... }
```

Podrá invocarse luego como:

```
p (casa);        // casa es de tipo Casa
```

Esto no es una desventaja; es una consecuencia positiva de la herencia que provoca importantes ahorros de desarrollo y mantenimiento por reutilización del código, ya que no es necesario repetir un mismo método para parámetros de clases distintas.

En realidad, el método *p* del ejemplo usa a *casa* como si fuera un *Inmueble*. Es decir, si *Casa* introduce nuevos atributos, propiedades y métodos sobre los de *Inmueble*, *p* no los va a poder utilizar.

En C#, sin embargo, esta conversión de tipos no siempre funciona como se espera.

Veamos el ejemplo inicial. Cuando declaramos e inicializamos la variable *boyaca*:

```
Casa boyaca = new Casa ("Boyacá 1244", 144.3, 5, 124300, true, true, false, 253);
```

No hicimos uso del concepto de conversión de tipos que acabamos de ver. Por eso mismo, cuando luego escribimos:

```
boyaca.ImprimirDatos( );
```

Lo que obtuvimos fue una llamada al método *ImprimirDatos* de la clase *Casa*. Sin embargo, si hubiésemos creado el objeto referenciado con *boyaca* con esta línea:

[46] Si bien algunos autores tratan a los términos "argumento" y "parámetro" como sinónimos, en mis obras tienen un significado diferente. *Argumento* significa lo mismo que *parámetro actual* y *parámetro* es lo mismo que *parámetro formal*. Dicho en otros términos, el argumento es del ámbito del método invocante, y el parámetro del invocado.

```
Inmueble boyaca = new Casa ("Boyacá 1244", 144.3, 5, 124300, true, true, false, 253);
```

Al llamar al método *ImprimirDatos* hubiéramos invocado al método de la clase *Inmueble*. Esto ocurre porque el compilador no sabe a priori qué tipos de objetos vamos a instanciar desde la variable *boyaca*: lo único que puede asegurar es que el tipo de la variable *boyaca* es *Inmueble*. Por lo tanto, al vincular *ImprimirDatos* con el código compilado, vincula el método definido en la clase *Inmueble*.

Como veremos pronto, en Java y en C++ la situación es diferente, incluso diferente entre estos dos lenguajes.

Arreglos polimorfos

Hay un caso particular de objeto polimorfo que es el elemento de un arreglo de referencias. En los lenguajes que implementan los objetos con referencias, si se declara un arreglo cuyos elementos son de tipo *Inmueble*, se les podrá asignar elementos de diferentes clases, descendientes de *Inmueble*.

Esto se debe a la posibilidad de asignar a un objeto una instancia de una clase descendiente, que hace posible construir datos estructurados cuyos elementos no sean todos del mismo tipo, sino que pertenezcan a una familia de clases. Esto es lo que se llama un *arreglo polimorfo*, o más generalmente, una *colección polimorfa*.

Por ejemplo, la declaración del siguiente vector:

```
Inmueble v[ ] = new Inmueble[4];
```

Permitiría las siguientes acciones:

```
v[0] = new Casa( );
v[1] = new Terreno( );
v[2] = new Departamento( );
v[3] = new Terreno( );
```

De todas maneras, es de hacer notar que al hacer esto estamos perdiendo información del objeto: cuando queramos usar los elementos de *v* nos vamos a dar cuenta de que se han convertido, desde el punto de vista del uso, en inmuebles genéricos, lo cual no siempre nos va a servir. Ya volveré sobre esto en otros capítulos.

Jerarquías de raíz única

Hay muchos lenguajes que utilizan una jerarquía en la cual hay una clase base por omisión, o si se quiere ver de otra manera, una clase que es la ancestro de todas las demás. Otros, como C++, no definen sus jerarquías de este modo.

Las ventajas de una jerarquía de raíz única son:

- Permite definir una interfaz común a todas las clases y una funcionalidad mínima en común.
- Simplifica el pasaje de argumentos.
- Facilita la implementación de un recolector de basura.
- Permite definir colecciones genéricas sin implementar genericidad total (veremos estos conceptos en dos capítulos posteriores).

En C#, todas las clases que no se declaran con un ancestro inmediato tienen una clase ancestro por omisión llamada *System.Object*, la cual puede ser reemplazada en el código por la palabra reservada *object*[47]. Esto es lo que en .NET se suele llamar el **sistema de tipos unificado**.

Por eso, *object* es un tipo que se puede utilizar en vez de cualquier otro. En realidad, esto no es tan así, sino que se aplica la conversión de tipos como la hemos definido recientemente.

En C# todos los tipos derivan de *object*, sean clases o no. Las estructuras derivan de *object* a través del tipo *System.ValueType*, que a su vez deriva de *System.Object*. Las enumeraciones derivan de *object* a través del tipo *System.Enum*, que a su vez deriva de *System.ValueType*. Los tipos simples, como *int*, *char* o *double*, derivan de *object* debido a que están implementados como estructuras.

Un ejemplo del uso de la clase raíz en C# es el método *Equals* definido en *object*. Éste devuelve *true* si, al ser invocado como *x.Equals(y)*, *x* e *y* tienen los mismos valores almacenados, no en sus referencias sino en los objetos referenciados. Este método, por virtud de la herencia, se puede usar en cualquier clase, ya que todas son derivadas de *object*.

Constructores y herencia

Ante todo, digamos que los constructores no se heredan, por lo que cada clase debe tener su constructor.

---

[47] *System.Object* es el "nombre oficial" del tipo en .NET. El otro nombre (*object*) es un tipo predefinido de C# que se refiere a *System.Object*.

Para asegurar que toda la asignación de memoria e inicialización se hace en la forma correcta, conviene, dentro de un constructor, llamar al principio al constructor de la clase ancestro inmediato, y dentro de un destructor que libere memoria, llamar al final al destructor de la clase ancestro inmediato.

En C# la primera regla se cumple en forma automática: el constructor de una clase llama siempre al constructor por defecto de la clase ancestro. Como en C# hay recolección automática de basura, la segunda regla no se aplica.

Sin embargo, no todo es tan sencillo. Hay veces que en la clase ancestro hay varios constructores, o el que hay tiene parámetros. En estos casos, sí debemos asegurarnos de invocar al constructor del ancestro.

C# nos brinda una forma elegante y segura de resolver esto, mediante la palabra *base*, que permite llamar a un método del mismo nombre en la clase ancestro, con una notación especial. Por ejemplo, si en el constructor de la clase *Derivada* deseo invocar al constructor de la clase *Ancestro*, podemos hacer:

```
public Derivada (int x): base(x,5) {            // llamamos a Ancestro(x,5)
        // resto del constructor Derivada
}
```

En forma general, *base* se puede utilizar para llamar cualquier método del mismo nombre en el ancestro. Por ejemplo:

```
public void m (int x, int y) {
        base.m(x);                      // llama al m de la clase ancestro
        Console.WriteLine(y);
}
```

También existe la posibilidad de usar *this*, del mismo modo que *base*, para llamar a un método sobrecargado de la misma clase. Por ejemplo, aquí hacemos que un constructor de *Elipse* llame a otro:

```
public Elipse (double x): this(x,x) {           // llamamos a Elipse(x,x)
        // resto del constructor Elipse
}
```

Tipos por valor y herencia en C#

En C#, los tipos por valor no pueden extenderse de ninguna manera.

Sin embargo, esto no es una restricción de los tipos por valor en todos los lenguajes, como veremos para el caso de C++.

Clases internas y herencia

Como ya dije, la ventaja de las clases internas es que pueden utilizar métodos y atributos privados de su clase externa, en la medida en que sean estáticos. Notemos que es un caso de utilización de otra clase, sin usar herencia ni delegación. En este sentido, son otra vía para la reutilización, aunque debo admitir que se logra con un acoplamiento muy alto.

Las clases internas pueden ser descendientes de cualquier clase visible e implementar cualquier interfaz visible por la clase externa.

En una clase descendiente de la externa se puede declarar una clase interna que descienda de la interna del ancestro.

MÁS SOBRE DIAGRAMAS DE CLASES

El diagrama de clases, no sólo es de una relevancia fundamental en el análisis y el diseño, sino que sirve de documentación permanente para la programación y el mantenimiento. Es el modelo orientado a objetos por excelencia.

Los diagramas de clases representan relaciones estáticas entre clases, interfaces[48] y colaboraciones. Decimos estáticas en el sentido de que son relaciones que no cambian a través del tiempo. Muestran qué clases interactúan, pero no lo que ocurre cuando lo hacen.

Para los diagramas de clases se debe tener en cuenta:

- No es necesario representar todas las clases con todos sus detalles, sino sólo lo que sea necesario.
- En general, conviene representar siempre clases, asociaciones y generalización. Las demás características son necesarias sólo en algunas ocasiones.
- Conviene dibujar modelos sólo de las partes importantes del sistema y mantenerlos siempre actualizados entre prototipos y versiones.
- Son herramientas, por lo que el grado de detalle hay que manejarlo desde el punto de vista de la practicidad.
- No siempre conviene representar las clases de apoyo. Por ejemplo, si para resolver un problema de simulación necesitamos, como herramienta matemática, un vector de posicionamiento en 3 dimensiones, esto puede no figurar, porque no hace al espacio del problema.
- Conviene ordenar los elementos del diagrama para minimizar el cruce de líneas y para que las cosas que son cercanas semánticamente queden cerca físicamente. En ocasiones se ponen más arriba las clases clientes y abajo las servidoras, de acuerdo con el modelo de arquitectura en capas.
- Conviene usar colores o señales visuales para señalar características importantes del diagrama.
- Los diagramas de clases deben tender a mostrar no más de un tipo de relación en forma preponderante. Así, se harán diagramas que enfaticen las relaciones de herencia separados de aquéllos que enfaticen asociaciones o colaboraciones.
- Si en un diagrama se muestra la jerarquía, no se deberían mostrar los atributos, propiedades y métodos heredados, salvo que estén redefinidos, ya que se sobreentienden. Pero si se hace un diagrama de clases para mostrar un escenario parcial sin jerarquías, conviene mostrarlos.

[48] En otro capítulo veremos interfaces.

- Los diagramas que se hacen para clientes de las clases no deberían mostrar ningún atributo, propiedad ni método privado.

Normalmente, los diagramas de clases se usan para modelar:

- la visión estática de todo el sistema.
- vocabulario de dominio del problema (sin operaciones).
- clases de análisis con responsabilidades (ver capítulo de disciplinas y metodología).
- clases de diseño (con atributos y operaciones).
- estructura de bases de datos.
- acoplamiento entre clases y paquetes.

HERENCIA EN JAVA

El ejemplo introductorio

En Java, la semántica de la herencia es bastante similar a la de C#. En cuanto a la sintaxis, Java utiliza la palabra *extends* en vez de los dos puntos para indicar herencia.

Vemos el programa de ejemplo, empezando por el programa de prueba:

```
package carlosfontela.pruebas;

import carlosfontela.inmobiliarias.*;

public class PruebaInmobiliarias {

  public static void main (String[ ] p) {

        // creación de objetos de prueba
        Cliente ana = new Cliente ("Ana", "02944523698", "ana@suempresa.com.ar");
        Cliente joaquin = new Cliente ("Joaquín", "02234797152", "joaquin@mdp.com.ar");
        Cliente clara = new Cliente ("Clara", "01145642315", "clara@fi.uba.ar");
        Inmueble membrillar = new Terreno("Membrillar 255", 85.3, 4, 82000, true);
        Inmueble boyaca = new Casa ("Boyacá 1244", 144.3, 5, 124300, true, true, false, 253);
        Inmueble artigas = new Departamento ("Artigas 1366", 95.2, 3, 93700, false, true);
        Inmueble neuquen = new Departamento ("Neuquén 3455", 129.4, 5, 128400, true, true);
        Inmobiliaria sucasa = new Inmobiliaria ("Su casa");
        Inmobiliaria flores = new Inmobiliaria ("Flores");

        // impresión básica
        boyaca.imprimirDatos( );
        artigas.ImprimirDatos( );
        membrillar.ImprimirDatos( );
        System.out.println( );

        // carga de inmobiliarias
        sucasa.agregarInmueble(membrillar);
        sucasa.agregarInmueble(neuquen);
        flores.agregarInmueble(boyaca);
        flores.agregarInmueble(artigas);
```

```
        // carga de interesados
        membrillar.anotarInteresado(ana);
        artigas.anotarInteresado(ana);
        boyaca.anotarInteresado(joaquin);
        neuquen.anotarInteresado(joaquin);
        boyaca.anotarInteresado(clara);

        // impresión inmuebles e interesados
        sucasa.imprimirDatos( );
        flores.imprimirDatos( );

        // movimientos
        artigas.setPrecio(92500);
        artigas.reservar( );
        artigas.vender( );
        neuquen.eliminarInteresado(joaquin);
        neuquen.eliminarInteresado(ana);

        // impresión inmuebles e interesados
        sucasa.imprimirDatos( );
        flores.imprimirDatos( );
    }
}
```

El código de las clases será:

```
// Terreno.java
package carlosfontela.inmobiliarias;

public class Terreno extends Inmueble {

    private boolean enEsquina;

    public Terreno (String domicilio, double superficie, int cantidadAmbientes,
                                        int precio, boolean enEsquina) {
        // llama al constructor de Inmueble:
        super (domicilio, superficie, cantidadAmbientes, precio);
        this.enEsquina = enEsquina;
    }

    public boolean getEnEsquina( ) {
        return enEsquina;
    }

    public void imprimirDatos( ) {
        // llama al ImprimirDatos de Inmueble:
        super.imprimirDatos( );
        // sigue imprimiendo sus propios datos:
        System.out.println ("En esquina: " + getEnEsquina( ));
    }
}
```

```
// Departamento.java
package carlosfontela.inmobiliarias;

public class Departamento extends Inmueble {
```

```
        private boolean cochera;
        private boolean baulera;

        public Departamento (String domicilio, double superficie, int cantidadAmbientes,
                                        int precio, boolean cochera, boolean baulera) {
                // llama al constructor de Inmueble:
                super (domicilio, superficie, cantidadAmbientes, precio);
                this.cochera = cochera;
                this.baulera = baulera;
        }

        public boolean getCochera( ) {
                return cochera;
        }

        public boolean getBaulera( ) {
                return baulera;
    }

        public void imprimirDatos( ) {
                // llama al ImprimirDatos de Inmueble:
                super.imprimirDatos( );
                // sigue imprimiendo sus propios datos:
                System.out.println ("Cochera: " + getCochera( ));
                System.out.println ("Baulera: " + getBaulera( ));
        }
}
```

```
// Casa.java

package carlosfontela.inmobiliarias;

public class Casa extends Inmueble {

        private boolean garage;
        private boolean jardin;
        private boolean pileta;
        private int superficieTerreno;

        public Casa(String domicilio, double superficie, int cantidadAmbientes, int precio,
                    boolean garage, boolean jardin, boolean pileta, int superficieTerreno) {
                // llama al constructor de Inmueble:
                super (domicilio, superficie, cantidadAmbientes, precio);
                this.garage = garage;
                this.jardin = jardin;
                this.pileta = pileta;
                this.superficieTerreno = superficieTerreno;
        }

        public boolean getGarage( ) {
                return garage;
        }

        public boolean getJardin( ) {
                return jardin;
        }
```

```
	public boolean getPileta( ) {
		return pileta;
	}

	public int getSuperficieTerreno( ) {
		return superficieTerreno;
	}

	public void imprimirDatos( ) {
		// llama al ImprimirDatos de Inmueble:
		super.imprimirDatos( );
		// sigue imprimiendo sus propios datos:
		System.out.println ("Garage: " + getGarage( ));
		System.out.println ("Jardín: " + getJardin( ));
		System.out.println ("Pileta: " + getPileta( ));
		System.out.println ("Superficie terreno: " + getSuperficieTerreno( ));
	}
}
```

Aspectos distintivos de Java

En Java existe el calificador de visibilidad *protected*, con igual semántica que en C#, aunque también confiere visibilidad de paquete. También se puede evitar que una clase tenga descendientes, usando la palabra *final* en el mismo sentido que el *sealed* de C#. También ocurre en Java que la clase *String* es *final*. Y las clases abstractas se declaran igual que en C#.

La redefinición es sintácticamente equivalente a la de C#, e incluso se admite el uso de *final* para indicar que un método no puede ser redefinido. De todos modos, no hay calificador *new* en Java, y este lenguaje directamente impide declarar un método en una clase con menor visibilidad que uno más visible en el ancestro.

Lo que sí es diferente es el tratamiento de objetos y colecciones polimorfos, no por su sintaxis sino por la semántica.

En Java, la declaración de:

```
Inmueble boyaca = new Casa ("Boyacá 1244", 144.3, 5, 124300, true, true, false, 253);
```

Seguida de:

```
boyaca.imprimirDatos( );
```

No va a provocar sorpresas, y el *imprimirDatos* que se invoque va a ser el de la clase *Casa*. Esto tiene que ver con el polimorfismo, levemente diferente en Java y en C#, y que analizaremos en el capítulo próximo.

En Java, todas las clases que no declaren tener un heredero, son descendientes de una clase ancestro en común, llamada *Object*.

En el caso de los tipos primitivos, si bien no son clases, y por lo tanto no derivan de *Object*, su uso como derivados de *Object* está garantizado por una técnica llamada encajonamiento, que veremos un poco más adelante.

En Java, el constructor de una clase llama siempre al constructor por defecto de la clase ancestro. Cuando necesitamos invocar, desde el constructor de la clase derivada al constructor del ancestro, utilizamos la palabra *super*, como en el ejemplo:

```
public Derivada (int x) {
   super(x,5);          // llamamos a Ancestro(x,5)
   // resto del constructor Derivada
}
```

En forma general, *super* se puede utilizar para llamar cualquier método del mismo nombre en el ancestro. Por ejemplo:

```
public void m (int x, int y) {
   super.m(x);          // llama al m de la clase ancestro
   Console.WriteLine(y);
}
```

También existe la posibilidad de usar *this*, del mismo modo que *base*, para llamar a un método sobrecargado de la misma clase. Por ejemplo, aquí hacemos que un constructor de *Elipse* llame a otro:

```
public Elipse (double x) {
   this (x, x);                 // llamamos a Elipse (x,x)
   // resto del constructor Elipse
}
```

HERENCIA EN C++

El ejemplo introductorio

El programa de ejemplo en C++ es bastante simple. Aquí se muestra la aplicación de pruebas:

```
// Principal.cpp

#include <stdio.h>
#include <iostream.h>

#ifndef CLIENTE_H_
#include "Cliente.h"
#endif /*CLIENTE_H_*/

#ifndef TERRENO_H_
#include "Terreno.h"
#endif /*TERRENO_H_*/

#ifndef DEPARTAMENTO_H_
#include "Departamento.h"
#endif /*DEPARTAMENTO_H_*/

#ifndef CASA_H_
#include "Casa.h"
#endif /*CASA_H_*/

#ifndef INMOBILIARIA_H_
#include "Inmobiliaria.h"
```

```
#endif /*INMOBILIARIA_H_*/

using namespace inmobiliarias;

int main ( ) {

   // creación de objetos de prueba
   Cliente ana ("Ana", "02944523698", "ana@suempresa.com.ar");
   Cliente joaquin ("Joaquín", "02234797152", "joaquin@mdp.com.ar");
   Cliente clara ("Clara", "01145642315", "clara@fi.uba.ar");
   Terreno membrillar ("Membrillar 255", 85.3, 4, 82000, true);
   Casa boyaca ("Boyacá 1244", 144.3, 5, 124300, true, true, false, 253);
   Departamento artigas ("Artigas 1366", 95.2, 3, 93700, false, true);
   Departamento neuquen ("Neuquén 3455", 129.4, 5, 128400, true, true);
   Inmobiliaria sucasa ("Su casa");
   Inmobiliaria flores ("Flores");
   // impresión básica
   boyaca.imprimirDatos( );
   artigas.ImprimirDatos( );
   membrillar.ImprimirDatos( );
   cout << endl;

   // carga de inmobiliarias
   sucasa.agregarInmueble(membrillar);
   sucasa.agregarInmueble(neuquen);
   flores.agregarInmueble(boyaca);
   flores.agregarInmueble(artigas);

   // carga de interesados
   membrillar.anotarInteresado(ana);
   artigas.anotarInteresado(ana);
   boyaca.anotarInteresado(joaquin);
   neuquen.anotarInteresado(joaquin);
   boyaca.anotarInteresado(clara);

   // impresión inmuebles e interesados
   sucasa.imprimirDatos( );
   flores.imprimirDatos( );

   // movimientos
   artigas.setPrecio(92500);
   artigas.reservar( );
   artigas.vender( );
   neuquen.eliminarInteresado(joaquin);
   neuquen.eliminarInteresado(ana);

   // impresión inmuebles e interesados
   sucasa.imprimirDatos( );
   flores.imprimirDatos( );

   // fin:
   char c = getchar( );
   return 0;
};
```

Y lo que sigue son las tres nuevas clases. Es interesante ver la notación que se utiliza para especificar herencia y para invocar métodos de la clase ancestro.

```
// Terreno.h

#ifndef INMUEBLE_H_
#include "Inmueble.h"
#endif /*INMUEBLE_H_*/

#ifndef TERRENO_H_
#define TERRENO_H_

#include <string>

namespace inmobiliarias {

	class Terreno : public Inmueble {

		public:
			Terreno (string, double, int, int, bool);
			bool getEnEsquina( ) const;
			void imprimirDatos( ) const;

		private:
			bool enEsquina;
	};
};

#endif /*TERRENO_H_*/
```

```
// Departamento.h

#ifndef INMUEBLE_H_
#include "Inmueble.h"
#endif /*INMUEBLE_H_*/

#ifndef DEPARTAMENTO_H_
#define DEPARTAMENTO_H_

#include <string>

namespace inmobiliarias {

	class Departamento : public Inmueble {

		public:
			Departamento (string, double, int, int, bool, bool);
			bool getCochera( ) const;
			bool getBaulera( ) const;
			void imprimirDatos( ) const;

		private:
			bool cochera;
			bool baulera;
	};
};

#endif /*DEPARTAMENTO_H_*/
```

```
// Casa.h

#ifndef INMUEBLE_H_
#include "Inmueble.h"
#endif /*INMUEBLE_H_*/

#ifndef CASA_H_
#define CASA_H_

#include <string>

namespace inmobiliarias {

   class Casa : public Inmueble {

         public:
               Casa (string, double, int, int, bool, bool, bool, int);
               bool getGarage( ) const;
               bool getJardin( ) const;
               bool getPileta( ) const;
               int getSuperficieTerreno( ) const;
               void imprimirDatos( ) const;

         private:
               bool garage;
               bool jardin;
               bool pileta;
               int superficieTerreno;
   };
};

#endif /*CASA_H_*/
```

```
// Terreno.cpp

#ifndef INMUEBLE_H_
#include "Inmueble.h"
#endif /*INMUEBLE_H_*/

using namespace std;

#ifndef TERRENO_H_
#include "Terreno.h"
#endif /*TERRENO_H_*/

#include <string>

namespace inmobiliarias {

   Terreno :: Terreno (string domicilio, double superficie, int cantidadAmbientes, int precio,
               bool enEsquina) : Inmueble (domicilio, superficie, cantidadAmbientes, precio) {
         this->enEsquina = enEsquina;
   }

   bool Terreno :: getEnEsquina( ) const {
         return enEsquina;
```

```
    }

    void Terreno :: imprimirDatos( ) const {
            Inmueble :: imprimirDatos( );
            cout << "En esquina: " << getEnEsquina( ) << endl;
    }
};
```

```
// Departamento.cpp

#ifndef INMUEBLE_H_
#include "Inmueble.h"
#endif /*INMUEBLE_H_*/

using namespace std;

#ifndef DEPARTAMENTO_H_
#include "Departamento.h"
#endif /*DEPARTAMENTO_H_*/

#include <string>

namespace inmobiliarias {

    Departamento :: Departamento (string domicilio, double superficie, int cantidadAmbientes,
                    int precio, bool cochera, bool baulera) :
                    Inmueble (domicilio, superficie, cantidadAmbientes, precio) {
            this->cochera = cochera;
            this->baulera = baulera;
    }

    bool Departamento :: getCochera( ) const {
            return cochera;
    }

    bool Departamento :: getBaulera( ) const {
            return baulera;
    }

    void Departamento :: imprimirDatos( ) const {
            Inmueble :: imprimirDatos( );
            cout << "Cochera: " << getCochera( ) << endl;
            cout << "Baulera: " << getBaulera( ) << endl;
    }
};
```

```
// Casa.cpp

#ifndef INMUEBLE_H_
#include "Inmueble.h"
#endif /*INMUEBLE_H_*/

using namespace std;

#ifndef CASA_H_
#include "Casa.h"
#endif /*CASA_H_*/
```

```
#include <string>

namespace inmobiliarias {

   Casa :: Casa (string domicilio, double superficie, int cantidadAmbientes, int precio, bool garage,
              bool jardin, bool pileta, int superficieTerreno) :
              Inmueble (domicilio, superficie, cantidadAmbientes, precio) {
         this->garage = garage;
         this->jardin = jardin;
         this->pileta = pileta;
         this->superficieTerreno = superficieTerreno;
   }

   bool Casa :: getGarage( ) const {
         return garage;
   }

   bool Casa :: getJardin( ) const {
         return jardin;
   }

   bool Casa :: getPileta( ) const {
         return pileta;
   }

   int Casa :: getSuperficieTerreno( ) const {
         return superficieTerreno;
   }

   void Casa :: imprimirDatos( ) const {
         Inmueble :: imprimirDatos( );
         cout << "Garage: " << getGarage( ) << endl;
         cout << "Jardín: " << getJardin( ) << endl;
         cout << "Pileta: " << getPileta( ) << endl;
         cout << "Superficie terreno: " << getSuperficieTerreno( ) << endl;
   }
};
```

Si corremos el programa *Principal*, veremos que no se comporta del todo como sería esperable. No es que ande mal, pero cuando llamamos el método *imprimirDatos* para la variable *boyaca*, que se refiere a un objeto instancia de *Casa*, vemos que se imprimen todos los datos de una casa, mientras que cuando llamamos a *imprimirDatos* para una instancia de *Inmobiliaria*, al imprimir un inmueble, sólo imprime lo que corresponde a un inmueble genérico, es decir, llama al *imprimirDatos* de *Inmueble*, no al de cada clase descendiente. Por el momento, debemos quedarnos con este problema, pero veremos cómo solucionarlo en el capítulo que sigue.

Herencia múltiple

Unas páginas atrás utilizamos la herencia para definir clasificaciones taxonómicas, en las cuales cada clase sólo podía tener un ancestro. Sin embargo, esto no tiene necesariamente por qué ser así. Cuando admitimos más de una clase ancestro por cada descendiente decimos que estamos trabajando con **herencia múltiple**.

Por ejemplo, si una empresa tiene bienes inmuebles podría querer que la clase de los bienes inmuebles sea una especialización, no sólo de la clase de los activos, sino también de alguna clase que se refiera a los bienes asegurables. Lo mismo podría decirse de los automóviles, descendientes de las clases de los bienes muebles y de los asegurables. A continuación se muestra el diagrama:

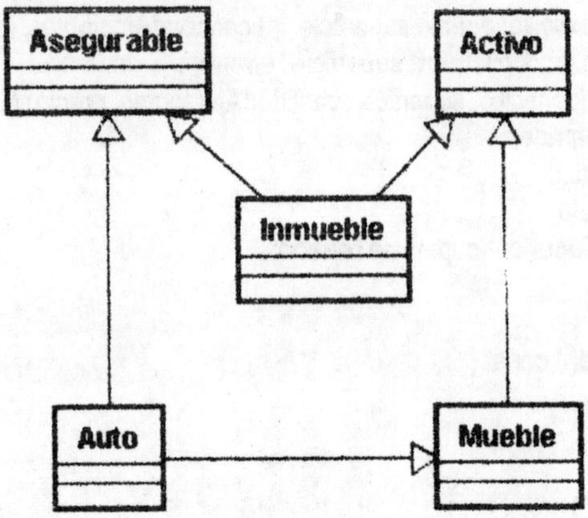

Supongamos ahora que en la jerarquía de figuras geométricas discrimináramos tipos de triángulos, y declaramos tres clases derivadas: rectángulos, acutángulos y obtusángulos. Sin embargo, otro programador podría necesitar una jerarquía diferente, como dividir a los triángulos en equiláteros, isósceles y escalenos. Como consecuencia, si deseamos crear una clase de los triángulos que son a la vez rectángulos e isósceles, deberíamos declararla con dos ancestros. Llegaríamos a un diagrama como el que sigue:

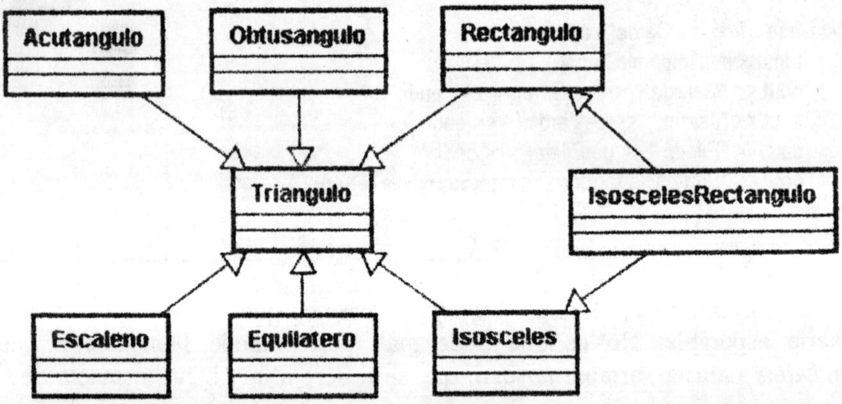

Éste es un caso de lo que se conoce como *herencia repetida*, la cual es un tipo especial de herencia múltiple en que se está trabajando con variantes de la misma abstracción. Dicho de otro modo, las clasificaciones dejaron de ser excluyentes y la jerarquía se convirtió más bien en un *entramado*.

La herencia múltiple es una potente herramienta de diseño y algunos lenguajes, como C++ y Eiffel, la soportan, mientras otros, como C# y Java, no.

No obstante, es una característica que debe usarse con cuidado, y sigue siendo muy discutido si es una ventaja el tenerla en un lenguaje. La legibilidad es mayor sin ella, y la facilidad de depuración y mantenimiento, también.

Una de las cuestiones más debatidas es el de las ambigüedades que se generan en el caso de la herencia repetida. Por ejemplo, si hay métodos *dibujar* tanto en *Rectangulo* como en *Isosceles*, ¿cuál debe ser el método que herede *IsoscelesRectangulo*? El enfoque de algunos lenguajes, como Eiffel, es que todos los atributos y métodos heredados por herencia repetida deben estar sólo una vez. C++ lo maneja al nivel de la clase ancestro.

Pero hay problemas adicionales, como en el caso de la redefinición. Por ejemplo, supongamos que las clases *B* y *C* derivan de *A* y redefinen ambas un método *m*: ¿cuál *m* debería heredar una clase *D*, derivada de *B* y *C*? ¿Y si *C* no redefine a *m*? En esto cada lenguaje se maneja en forma diferente, habiendo algunos casos en que se permite definirlo en el momento de crear la clase más reciente.

A pesar de lo dicho, si se evita la herencia repetida, la herencia múltiple casi no tiene complicaciones y puede ser muy ventajosa. La herencia repetida es difícil de usar y la recomiendo sólo a los muy audaces. De todas maneras, los lenguajes que utilizan una jerarquía de raíz única caerían siempre en la herencia repetida al adoptar múltiples ancestros. Tal vez sea una razón para que C# y Java no soporten la herencia múltiple.

En este libro, de aquí en más, cuando diga ***herencia***, me estaré refiriendo a la herencia simple, y no utilizaré herencia múltiple salvo con una aclaración previa.

Hay una alternativa bastante usual al uso de herencia múltiple. Cuando necesitamos heredar, por un lado estructura y comportamiento, y por otro redefinir ciertos métodos, se puede mantener la herencia para el primer caso y hacer uso de interfaces[49] para el segundo.

Otra forma de evitar la herencia múltiple es usar correctamente la delegación, ya que muchas veces se elige una clase ancestro que debería ser una instancia contenida.

Aspectos distintivos de C++

En C++ existe el calificador de visibilidad *protected*, con igual semántica que en C#.

La herencia se indica poniendo a continuación dos puntos y el nombre de la clase ancestro inmediato, como en C#. Pero hay que hacer notar que delante de la clase ancestro se debe poner un atributo de visibilidad: público, privado o protegido. Si se hace una herencia privada significa que los atributos y métodos de la clase ancestro serán privados en la clase que se define, de modo que no podrán usarse en sus derivadas. Si, en cambio, se declara a la herencia como protegida, los atributos y métodos públicos y protegidos de la clase ancestro serán protegidos en la clase que se está declarando. Si, finalmente, se declara una herencia pública, todos los atributos y métodos de la clase ancestro mantienen sus reglas de visibilidad en la clase actual.

En general, la más útil es la herencia pública.

La redefinición es sintácticamente equivalente a la de C#, aunque no hay forma de explicitar que un método no puede ser redefinido. Tampoco hay calificador *new* en C++.

Desde un método redefinido se puede llamar al método que se está redefiniendo en alguna clase ancestro, usando el operador :: de resolución de ámbito.

Las clases abstractas son sólo aquellas que tienen métodos abstractos, concepto que veremos en el próximo capítulo.

---

[49] En otro capítulo veremos interfaces.

El tratamiento de objetos y colecciones polimorfos es similar al de C#, aunque se debe trabajar con punteros si se quiere el mismo comportamiento.

En C++ no hay una clase ancestro por omisión.

Lo que sí es una característica distintiva de C++ es la herencia múltiple. La sintaxis de la misma es simple, colocando más de una clase en la lista de los ancestros, como:

```
class Pinguino : public Ave, public NoVoladora
{                              // ...
}
```

C++ permite definir *clases base virtuales* para resolver ambigüedades en herencia múltiple. Lo que logran estas clases base virtuales es que exista sólo una copia de los atributos y métodos de sus ancestros en sus clases derivadas. Si no se declaran virtuales, habrá una copia de los métodos y atributos por cada clase base que los tenga, aun teniendo el mismo nombre, debiendo resolverse de alguna forma la ambigüedad.

Como ya dijimos, C++ define un constructor y un destructor por omisión para cada clase. Además, éstos invocan automáticamente al constructor o destructor, respectivamente, de su clase ancestro inmediata. Para definir otros, se hace con el nombre de clase para los constructores y con el nombre de clase precedido de ~ para los destructores.

Si una clase hereda de más de un ancestro inmediato (herencia múltiple), la invocación de sus constructores se hace según el orden en que fue declarada la herencia (de izquierda a derecha) y la de sus destructores en forma inversa a éste (de derecha a izquierda).

Cuando en un constructor deseamos invocar al constructor de la clase base se puede hacer de dos maneras diferentes. La primera es simplemente llamarlo desde el cuerpo del método:

```
Derivada :: Derivada(int x) {
   Ancestro(x,5);
   // resto del constructor Derivada
}
```

La segunda es utilizar la notación alternativa:

```
Derivada :: Derivada(int x) : Ancestro(x,5) {
   // resto del constructor Derivada
}
```

En C++ también se puede asignar a una variable un objeto de un tipo descendiente del tipo de la variable. Sin embargo, ello no logra la misma funcionalidad de objetos polimorfos de C# y Java. Por ejemplo, supongamos el siguiente fragmento en C++:

```
Casa casa;
Inmueble inmueble = casa;        // Inmueble es una clase ancestro de Casa
```

En este caso, el compilador no va a tener inconveniente. Pero debido al modelo de datos por valor de C++, la asignación de *casa* a *inmueble* se hizo por valor, y como *inmueble* tiene menos atributos que *casa*, los atributos adicionales de la clase *Casa* se van a perder en la asignación y nunca más se podrán recuperar.

La mejor solución, si se quiere obtener realmente un comportamiento polimorfo es utilizar punteros, como sigue:

```
Casa* casa = new Casa;
Inmueble* inmueble = casa;          // Inmueble es una clase ancestro de Casa
```

Ahora sí mantenemos todos los atributos de *casa* con sus valores iniciales y los podemos volver a recuperar sin problema. Este es el enfoque que tendremos que seguir en el próximo capítulo.

EJERCICIOS DE EJEMPLO ADICIONALES

Facturación (C#)

Vamos a implementar la parte de pagos de un sistema de facturación, de modo que se admitan pagos parciales con más de un medio de pago (efectivo, tarjeta de crédito, tarjeta de débito). Como parte de la funcionalidad, debemos poder informar si una factura está balanceada (los pagos igualan al monto) o no.

El diagrama de clases que propongo como solución es:

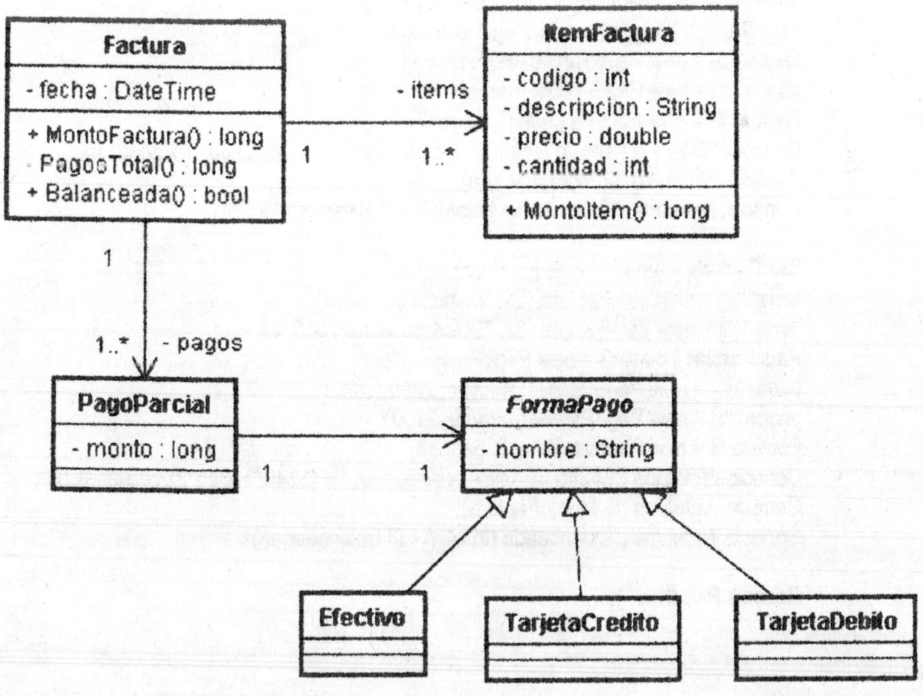

El programa de prueba que voy a proponer introducirá un pequeño grado de automatización, mostrando el resultado de determinadas operaciones junto con el resultado que deberíamos obtener:

```
using System;
using CarlosFontela.Facturacion;

namespace CarlosFontela.Pruebas
{
   public class PruebaFacturacion
   {
         public static void Main( ) {

               FormaPago efectivo = new Efectivo( );
               FormaPago visa = new TarjetaCredito ("VISA");
               FormaPago naranja = new TarjetaCredito ("NARANJA");
               FormaPago galicia = new TarjetaDebito ("Galicia");

               ItemFactura[ ] items1 = new ItemFactura [3];
               items1[0] = new ItemFactura (22, "Arroz", 122, 1);
               items1[1] = new ItemFactura (33 ,"Dulce de leche" ,355, 2);
               items1[2] = new ItemFactura (44, "Chorizo", 99, 1);
               PagoParcial[ ] pagos1 = new PagoParcial [1];
               pagos1[0] = new PagoParcial (visa, 931);
               Factura f1 = new Factura (items1, pagos1);
               Console.WriteLine ("Monto factura - debería dar: " + (122+355*2+99).ToString( ));
               Console.WriteLine (f1.MontoFactura);
               Console.WriteLine ("Balanceada (true): " + f1.Balanceada( ));

               ItemFactura[ ] items2 = new ItemFactura [3];
               items2[0] = new ItemFactura (55, "Merluza", 1140, 2);
               items2[1] = new ItemFactura (55, "Merluza", 1140, 1);
               items2[2] = new ItemFactura (66, "Lechuga", 35, 1);
               PagoParcial[ ] pagos2 = new PagoParcial [2];
               pagos2[0] = new PagoParcial (efectivo, 931);
               pagos2[1] = new PagoParcial (naranja, 931);
               Factura f2 = new Factura (items2, pagos2);
               Console.WriteLine ("Monto factura - debería dar: " + (1140*3+35).ToString( ));
               Console.WriteLine (f2.MontoFactura);
               Console.WriteLine ("Balanceada (false): " + f2.Balanceada( ));

               ItemFactura[ ] items3 = new ItemFactura [2];
               items3[0] = new ItemFactura (55, "Merluza", 1140, 3);
               items3[1] = new ItemFactura (33, "Dulce de leche", 355, 2);
               PagoParcial[ ] pagos3 = new PagoParcial [2];
               pagos3[0] = new PagoParcial (efectivo, 2000);
               pagos3[1] = new PagoParcial (naranja, 2130);
               Factura f3 = new Factura (items3, pagos3);
               Console.WriteLine ("Monto factura - debería dar: " + (1140*3+355*2).ToString( ));
               Console.WriteLine (f3.MontoFactura);
               Console.WriteLine ("Balanceada (true): " + f3.Balanceada( ));

               Console.ReadKey( );
         }
   }
}
```

A continuación se muestran las clases que resuelven el problema:

```
using System;
```

```
namespace CarlosFontela.Facturacion
{
  public class Factura
  {
        private DateTime fecha;
        private ItemFactura[ ] items;
        private PagoParcial[ ] pagos;

        public Factura (ItemFactura[ ] items, PagoParcial[ ] pagos) {
              this.fecha = DateTime.Today;
              this.items = items;
              this.pagos = pagos;
        }

        public DateTime Fecha {
              get { return fecha; }
        }

        public ItemFactura[ ] Items {
              get { return items; }
        }

        public PagoParcial[ ] Pagos {
              get { return pagos; }
        }

        public long MontoFactura {
              get {
                    long monto = 0;
                    for (int i = 0; i < items.Length; i++)
                          monto += items[i].MontoItem;
                    return monto;
              }
        }

        private long PagosTotal {
              get {
                    long total = 0;
                    for (int i = 0; i < pagos.Length; i++)
                          total += pagos[i].Monto;
                    return total;
              }
        }

        public bool Balanceada( ) {
              return (MontoFactura == PagosTotal);
        }
  }
}
```

```
namespace CarlosFontela.Facturacion
{
  public class ItemFactura
  {
        private int codigo;
        private string descripcion;
```

```
        private long precio;
        private int cantidad;

        public ItemFactura (int codigo, string descripcion, long precio, int cantidad) {
                this.codigo = codigo;
                this.descripcion = descripcion;
                this.precio = precio;
                this.cantidad = cantidad;
        }

        public int Codigo {
                get { return codigo; }
        }

        public string Descripcion {
                get { return descripcion; }
        }

        public long Precio {
                get { return precio; }
        }

        public int Cantidad {
                get { return cantidad; }
        }

        public long MontoItem {
                get {
                        return Precio*Cantidad;
                }
        }
    }
}
```

```
namespace CarlosFontela.Facturacion
{
    public class PagoParcial
    {
        private FormaPago forma;
        private long monto;

        public PagoParcial (FormaPago forma, long monto) {
                this.forma = forma;
                this.monto = monto;
        }

        public FormaPago Forma {
                get { return forma; }
        }

        public long Monto {
                get { return monto; }
        }
    }
}
```

```
namespace CarlosFontela.Facturacion
```

Cuentas bancarias (Java)

Vamos a seguir con nuestro ejemplo inicial de cuentas bancarias. En realidad, los bancos suelen tener distintos tipos de cuentas, normalmente llamadas – al menos en mi país – cuentas corrientes y cajas de ahorro. Las cuentas corrientes admiten un número arbitrario de extracciones, suelen tener un crédito acordado denominado "giro en descubierto" y no pagan intereses sobre el saldo. Las cajas de ahorro pagan intereses sobre los saldos, pero no admiten giros en descubierto y a veces tienen un límite en el número de extracciones.

Lo que haremos en este ejemplo es una taxonomía de cuentas, muy simplificada.

El programa de prueba que presento ahora tiene un grado de automatización mucho mayor que los anteriores, y es lo más avanzado que me atrevo a hacer sin la ayuda de algunas herramientas que veremos poco más adelante. De hecho, ahora el programa de prueba presenta mensajes de error cuando el resultado no es el que esperamos, y hasta nos dice en qué consiste el error.

```
// PruebaCuentas.java
package carlosfontela.pruebas;

import carlosfontela.cuentas.*;

public class PruebaCuentas {

  private static CajaAhorro cajaAhorro;
  private static CuentaCorriente cuentaCorriente;

  private static void chequearIgualdad (boolean valorEsperado, boolean valorObtenido) {
        if (valorEsperado == valorObtenido)
              System.out.println("OK");
        else {
              System.out.print("ERROR: Se esperaba el valor ");
              System.out.print(valorEsperado);
              System.out.print(" y se obtuvo ");
              System.out.print(valorObtenido);
        }
  }

  private static void chequearIgualdad (double valorEsperado, double valorObtenido,
                                                        double tolerancia) {
        boolean ok = Math.abs (valorEsperado - valorObtenido) < tolerancia;
        if (ok)
              System.out.println("OK");
        else {
              System.out.print("ERROR: Se esperaba el valor ");
              System.out.print(valorEsperado);
              System.out.print(" y se obtuvo ");
              System.out.print(valorObtenido);
        }
  }

  private static void reiniciar( ) {
        cajaAhorro = new CajaAhorro (1234, "Juan Pérez");
        cuentaCorriente = new CuentaCorriente (5678, "Ana García", 1000);
  }
```

```
private static void testDeposito( ) {
        reiniciar( );
        cajaAhorro.depositar(500);
        cuentaCorriente.depositar(500);
        chequearIgualdad (500, cajaAhorro.getSaldo( ), 1E-4);
        chequearIgualdad (500, cuentaCorriente.getSaldo( ), 1E-4);
}

private static void testExtraccionSinSaldo( ) {
        reiniciar( );
        boolean okCA = cajaAhorro.extraer(1000);
        boolean okCC = cuentaCorriente.extraer(1000);
        chequearIgualdad (false, okCA);
        chequearIgualdad (true, okCC);
        chequearIgualdad (0, cajaAhorro.getSaldo( ), 1E-4);
        chequearIgualdad (-1000, cuentaCorriente.getSaldo( ), 1E-4);
}

private static void testExtraccionConSaldo( ) {
        reiniciar( );
        cajaAhorro.depositar(500);
        cuentaCorriente.depositar(500);
        boolean okCA = cajaAhorro.extraer(100);
        boolean okCC = cuentaCorriente.extraer(100);
        chequearIgualdad (true, okCA);
        chequearIgualdad (true, okCC);
        chequearIgualdad (400, cajaAhorro.getSaldo( ), 1E-4);
        chequearIgualdad (400, cuentaCorriente.getSaldo( ), 1E-4);
}

private static void testCambios( ) {
        reiniciar( );
        cajaAhorro.setInteresesGanados (150);
        cajaAhorro.pagarIntereses( );
        cuentaCorriente.setDescubierto(100);
        chequearIgualdad (150, cajaAhorro.getSaldo( ), 1E-4);
        chequearIgualdad (100, cuentaCorriente.getDescubierto( ), 1E-4);
}

public static void main(String[ ] args) {
        testDeposito( );
        testExtraccionSinSaldo( );
        testExtraccionConSaldo( );
        testCambios( );
}
}
```

El diagrama de clases de la solución quedaría así:

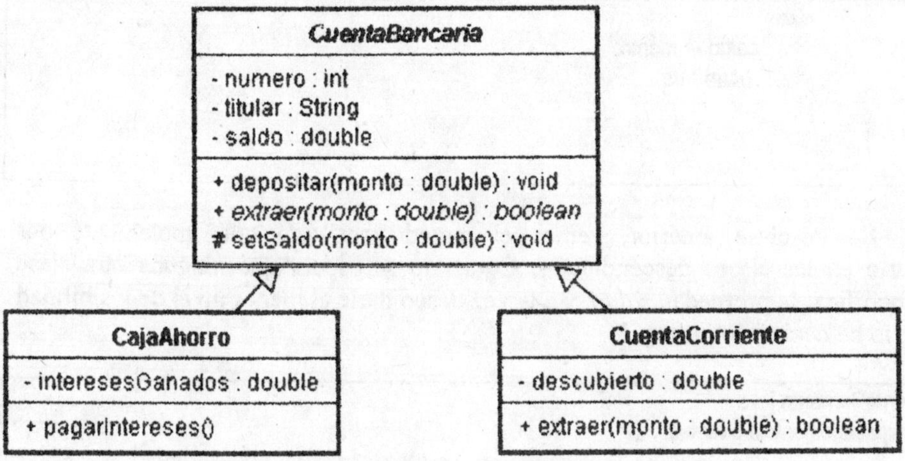

Y el código de las clases sería:

```
// CuentaBancaria.java
package carlosfontela.cuentas;

public abstract class CuentaBancaria {

        private int numero;
        private String titular;
        private double saldo;

        public CuentaBancaria (int numero, String titular) {
                this.numero = numero;
                this.titular = titular;
                this.saldo = 0;
        }

        public int getNumero( ) {
                return numero;
        }

        public String getTitular( ) {
                return titular;
        }

        public double getSaldo( ) {
                return saldo;
        }

        protected void setSaldo (double saldo) {
                this.saldo = saldo;
        }

        public void depositar (double monto) {
                saldo += monto;
        }

        public boolean extraer (double monto) {
                if (monto > saldo)
                        return false;
```

```
            else {
                saldo -= monto;
                return true;
            }
        }
}
```

En la clase anterior, vemos el método *setSaldo* que implementé por necesitarlo en las clases descendientes. Como no se espera que ninguna otra clase pueda modificar la propiedad *saldo*, y a la vez deseo darle el menor nivel de visibilidad posible, lo he declarado protegido.

```
// CuentaCorriente.java
package carlosfontela.cuentas;

public class CuentaCorriente extends CuentaBancaria {

        private double descubierto;

        public CuentaCorriente (int numero, String titular, double descubierto) {
                super(numero, titular);
                this.descubierto = descubierto;
        }

        public CuentaCorriente (int numero, String titular) {
                this (numero, titular, 0);
        }

        public boolean extraer (double monto) {
                if (monto > getSaldo( ) + descubierto)
                        return false;
                else {
                        setSaldo (getSaldo( ) - monto);
                        return true;
                }
        }

        public double getDescubierto( ) {
                return descubierto;
        }

        public void setDescubierto(double descubierto) {
                this.descubierto = descubierto;
        }
}
```

En esta clase *CuentaCorriente* podemos ver el uso de *super* para llamar al constructor de la clase ancestro, y de *this* para llamar a otro constructor de la misma clase desde su sobrecarga. Pido al lector que analice el significado de ambas cosas.

```
// CajaAhorro.java
package carlosfontela.cuentas;

public class CajaAhorro extends CuentaBancaria {

        private double interesesGanados;
```

```
    public CajaAhorro(int numero, String titular) {
        super(numero, titular);
        this.interesesGanados = 0;
    }

    public double getInteresesGanados( ) {
        return interesesGanados;
    }

    public void setInteresesGanados(double interesesGanados) {
        this.interesesGanados = interesesGanados;
    }

    public void pagarIntereses( ) {
        setSaldo (getSaldo( ) + interesesGanados);
        interesesGanados = 0;
    }
}
```

CUESTIONES METODOLÓGICAS

Frameworks de pruebas unitarias automatizadas

Hasta este capítulo vine realizando pruebas unitarias con un soporte muy primitivo, que consistía en hacer un programa que escribiese por consola ciertos valores, que luego comparaba con los que debían ser los correctos. El problema con este enfoque es la alta probabilidad de error humano que introducimos, y justo en el momento en que estamos esperando ansiosos que nuestras clases funcionen correctamente, lo que da lugar a cierto sesgo exitista. Sin embargo, en los ejemplos de este capítulo fuimos mejorando este proceder, hasta llegar a que el programa de prueba nos dijera qué andaba mal.

Por suerte, existen ya desde hace tiempo frameworks – programas que invocan nuestro código desde afuera – para realizar pruebas unitarias automatizadas de una forma mejor a la que logramos en el último ejemplo, y con mayor facilidad.

Varios de estos frameworks están soportados por los entornos de desarrollo que utilizamos para escribir nuestros programas. Así, el IDE Eclipse que uso para programas Java viene integrado con JUnit. Y el SharpDevelop que uso para programas C# tiene facilidades para trabajar con NUnit.

En C#, el framework de pruebas unitarias automatizadas más empleado es NUnit, basado en JUnit, creado para Java por Erich Gamma y Kent Beck.

NUnit se descarga gratuitamente con sus fuentes y se utiliza mediante una licencia libre (*open source*) – incluso para fines comerciales – con la única condición de agregar información de derechos de autor si se modifican los fuentes.

La idea general es bien simple: probar el funcionamiento de un método para una serie de entradas y analizar en forma automática las salidas que se obtienen contra las que deberían obtenerse.

Explicaré el funcionamiento de NUnit sobre un ejemplo.

Supongamos que tenemos que desarrollar una función que determine si una cadena de caracteres es un palíndromo (capicúa). Podemos suponer que su encabezado sería algo como lo que sigue, en la clase *AuxiliaresCadenas*:

```
public static bool Palindromo (string s) { ... }
```

Una clase de pruebas se podría implementar en NUnit así:

```
using NUnit.Framework;

[TextFixture]
public class PruebaPalindromo {

    [Test]
    public void PruebaPositiva( ) {
            string s1 = "neuquen";
            Assert.IsTrue (AuxiliaresCadenas.Palindromo(s1));
            string s2 = "oso";
            Assert.IsTrue (AuxiliaresCadenas.Palindromo(s2));
            string s3 = "ana";
            Assert.IsTrue (AuxiliaresCadenas.Palindromo(s3));
    }

}
```

El texto entre corchetes es una anotación de .NET, un concepto que explicaremos en la cuarta parte del libro, pero que por el momento podemos decir que sirve para dar cierta información a programas que necesiten extraerla de allí.

Notemos:

- Tenemos que importar el paquete *NUnit.Framework*.
- La clase que realiza la prueba debe tener la anotación *TextFixture*, con el único requisito adicional de tener un constructor sin parámetros.
- Cada método de prueba debe devolver *void*, ser público, sin parámetros, y tener la anotación *Test*.
- No es un programa pues no hay un método *Main*. El programa es el propio framework NUnit, que se va a ocupar de invocar los métodos que yo defina.
- Para verificar los resultados se utilizan los métodos de la clase *Assert*, que verifican postcondiciones. Yo usé el método *IsTrue*, aunque es más común utilizar *AreEqual* si se trabaja con valores no booleanos. En ese caso, habríamos escrito, por ejemplo:

```
Assert.AreEqual (AuxiliaresCadenas.Palindromo(s1), true);
```

En los métodos *AreEqual* primero va el valor obtenido y luego el esperado. Existe una definición de *AreEqual* para todos los tipos primitivos de C#.

Notemos también que he puesto tres pruebas sucesivas en una misma función. En general yo trabajo de esta manera, aunque es una visión optimista; muchas personas ponen una sola prueba por método.

Supongamos que aún no hemos implementado el método *Palindromo*, y que para que compile lo implementamos así:

```
public static bool Palindromo (string s) {
```

```
    return false;
}
```

Cuando corramos NUnit en nuestro entorno de desarrollo (también hay posibilidad de correrlo en una consola de texto) nos va a salir una barra de estado roja, indicativa de error, y en un panel denominado "Errors and Failures" nos va a indicar: "Palindromo expected <true> but was <false>", y en el panel de seguimiento de la pila de ejecución nos va a mostrar el código de prueba indicando dónde surgió el error.

Supongamos que ahora implementamos correctamente el método:

```
public class AuxiliaresCadenas {

  static bool Palindromo (string s) {
        bool capicua = true;
        for (int ini = 0, fin = s.Length-1; ini < fin && capicua; ini++, fin--)
              capicua = (s[ini] == s[fin]);
        return (capicua);
  }

}
```

Si corremos nuevamente NUnit, vamos a obtener una barra verde, indicativa de que no hubo problemas; pero puede que no hayamos probado bien todo; sería bueno agregar algunas pruebas negativas, así:

```
  [Test]
  public void PruebaNegativa( ) {
        string s1 = "Caracas";
        Assert.IsFalse(AuxiliaresCadenas.Palindromo(s1));
        string s2 = "osa";
        Assert.IsFalse(AuxiliaresCadenas.Palindromo(s2));
        string s3 = "Ana";
        Assert.IsFalse(AuxiliaresCadenas.Palindromo(s3));
  }
```

Y va a seguir andando bien, porque supusimos que las mayúsculas y minúsculas son diferentes (por eso dijimos que "Ana" no es palíndromo). Si quisiésemos otro comportamiento deberíamos poner Ana entre las pruebas positivas, ver que falla, y corregir el método.

La clase de pruebas va a quedar:

```
[TestFixture]
public class PruebaPalindromo {

  [Test]
  public void PruebaPositiva( ) {
        string s1 = "neuquen";
        Assert.IsTrue(AuxiliaresCadenas.Palindromo(s1));
        string s2 = "oso";
        Assert.IsTrue(AuxiliaresCadenas.Palindromo(s2));
        string s3 = "ana";
        Assert.IsTrue(AuxiliaresCadenas.Palindromo(s3));
  }
```

```
    [Test]
    public void PruebaNegativa( ) {
            string s1 = "Caracas";
            Assert.IsFalse(AuxiliaresCadenas.Palindromo(s1));
            string s2 = "osa";
            Assert.IsFalse(AuxiliaresCadenas.Palindromo(s2));
            string s3 = "anagrama";
            Assert.IsFalse(AuxiliaresCadenas.Palindromo(s3));
    }

}
```

Existe también la anotación *Ignore*, para indicar que por el momento no vamos a correr un determinado método de prueba. Cuando corramos NUnit con anotaciones *Ignore*, la barra de estado se va a poner amarilla.

Se pueden usar anotaciones que indiquen que un método es el inicializador de todas las pruebas y que otro es el que se ejecuta al terminar todas ellas. Dichas anotaciones son *TestFixtureSetUp* y *TestFixtureTearDown*.

En Java, el framework más popular es JUnit.

Su funcionamiento es muy similar al de NUnit, salvo por el hecho de que no utiliza anotaciones y sí herencia respecto de clases *Test* y *TestCase*.

Por ejemplo, si queremos realizar el mismo ejercicio de C# en Java, el código de la clase de prueba sería:

```
package carlosfontela.pruebas;

using junit.framework.*;

public class PruebaPalindromo extends TestCase {

    private String s1;
    private String s2;
    private String s3;

    public void setUp( ){
            s1 = "neuquen";
            s2 = "oso";
            s3 = "ana";
    }

    public void tearDown( ){
            s1 = null;
            s2 = null;
            s3 = null;
    }

    public void pruebaPositiva( ) {
            assertTrue(AuxiliaresCadenas.palindromo(s1));
            assertTrue(AuxiliaresCadenas.palindromo(s2));
            assertTrue(AuxiliaresCadenas.palindromo(s3));
    }
```

```
public void pruebaNegativa( ) {
        string s1 = "Caracas";
        assertFalse(AuxiliaresCadenas.palindromo(s1));
        string s2 = "osa";
        assertFalse(AuxiliaresCadenas.palindromo(s2));
        string s3 = "Ana";
        assertFalse(AuxiliaresCadenas.palindromo(s3));
}

public static Test suite( ) {
        TestSuite suite = new TestSuite(PruebaPalindrono.class);
}

}
```

Notemos:

- Tenemos que usar las clases *Test*, *TestCase* y *TestSuite* del paquete *junit.framework*.
- La clase que realiza la prueba debe heredar de *TestCase*, con el único requisito adicional de tener un constructor o un método *setUp* sin parámetros, que se llama antes de cualquier otro método, además puede tener un *tearDown*, también sin parámetros, que se llama después de todos los métodos de prueba.
- Cada método de prueba debe devolver *void*, ser público, sin parámetros, y su nombre debe comenzar con la palabra "test". Esto se debe a que JUnit obtendrá estos métodos por reflexión, una técnica que veremos en la cuarta parte del libro.
- No es un programa pues no hay un método *main*, aunque se puede incluir un *main* con la siguiente implementación, que corre la suite de pruebas en una consola de texto:

```
public static void main (String[ ] p) {
        junit.textui.TestRunner.run(suite);
}
```

Si se quiere correr las pruebas con una interfaz gráfica (Swing), habría que implementar *main* así:

```
public static void main (String[ ] p) {
        junit.swingui.TestRunner.run(suite);
}
```

De no colocar un método *main*, el programa es JUnit, que se va a ocupar de invocar los métodos que yo defina; para ello, debo invocarlo así:

```
java junit.textui.TestRunner PruebaPalindromo
```

O así:

```
java junit.swingui.TestRunner PruebaPalindromo
```

Muchos entornos de desarrollo, como el que estoy usando al escribir este libro, vienen con JUnit integrado, de modo que estas invocaciones las obtengo de manera automática, sin lanzar estas aplicaciones por la línea de comandos.

Para verificar los resultados se utilizan los métodos *assert**; que verifican postcondiciones. Yo usé *assertTrue*, aunque es más común utilizar *assertEqual*, como sigue:

```
assertEqual (AuxiliaresCadenas.palindromo(s1), true);
```

Se pueden escribir suites de pruebas con varios conjuntos de pruebas todos juntos.

Para C++ también hay herramientas similares, como CppUnit, basado también en JUnit. Sin embargo, es más complejo de utilizar y de hecho mucho no se usa. Por eso, nuestras pruebas unitarias en C++ no han sido automatizadas, o al menos no de la misma manera que las pruebas de clases C# y Java.

CUESTIONES DE DISEÑO

Tipos primitivos y herencia

Tanto en Java como en C#, todo ocurre como si los tipos por valor derivasen de la clase ancestro por defecto, *java.lang.Object* o *System.Object*.

Puede parecer raro esto de que los tipos por valor también deriven de *Object*. En realidad, no es estrictamente así, sino que el CLR y la JVM **encajonan** a los valores de los tipos por valor en un objeto, de modo totalmente transparente y automático. Así, cuando hacemos:

```
int x = 4;
Object o = x;
```

Lo que hemos hecho es guardar, o encajonar, el valor de *x* en un atributo del tipo *Int32* (en C#), o *Integer* (en Java) y luego lo asignamos a *o*. De todos modos, a los efectos prácticos, lo que interesa es que todo tipo, por valor o por referencia, se puede usar como si fuera un descendiente de *Object*.

En Java, por ejemplo, una versión más explícita del código de más arriba sería:

```
int x = 10;          // asigno 10 a una variable del tipo primitivo int
Integer i = x;       // creo un objeto Integer a partir de un int
Object o = i;        // asigno un Integer a una variable Object
```

Que, en realidad, equivale a:

```
int x = 10;                    // asigno 10 a una variable del tipo primitivo int
Integer i = new Integer(x);    // creo un objeto Integer a partir de un int
Object o = i;                  // asigno un Integer a una variable Object
```

La operación inversa, en cambio, no es automática. Si se desea "desencajonar" el valor de o de nuevo a un entero puede hacerse, por supuesto, pero se necesitará una transformación de tipos:

```
int y = (int)o;
```

Hay que tener algunos cuidados con esta aparentemente mágica propiedad. Notemos que los tipos por referencia admiten el valor *null*, y los tipos por valor, no. En Java, por ejemplo, si convertimos a *int* un objeto nulo, obtendremos una excepción *NullPointerException*[50].

Otro inconveniente es el desempeño, ya que los tipos primitivos de los lenguajes son muy eficientes, mientras que las clases envolventes, como *Integer* en Java, no lo son tanto. Además, la propia conversión por encajonamiento es muy costosa en tiempo de cómputo, y que no la veamos en el código no implica que no se realice.

Como corolario, hay que usar encajonamiento solamente cuando su necesidad lo justifique, y no en aplicaciones de cálculo numérico intensivo.

Mecanismos de abstracción

Los mecanismos de abstracción habituales – no sólo en el desarrollo de software – son una serie de formas de organizar la realidad para hacerla más aprehensible. A continuación muestro una lista de los mecanismos de abstracción típicos. Se aconseja al lector tomarse un tiempo para entender la diferencia entre uno y otro:

---

[50] Más adelante veremos qué son las excepciones. Por el momento considerémoslas errores en tiempo de ejecución.

- **Clasificación**: éste es el más habitual, y permite definir un objeto como perteneciente a un tipo o clase mediante el mecanismo de **instanciación**. Es el que nos permite definir a Dumbo como un elefante o a la Argentina como un país.

- **Agrupación**: permite definir a un objeto como una simple agregación de otros. Por ejemplo, podríamos definir a un curso como el conjunto de los alumnos y un profesor, o a un auto como compuesto de partes.

- **Composición**: parecido al anterior, permite definir un objeto como compuesto por otros objetos, de modo que si el objeto compuesto deja de existir los objetos componentes dejan de tener sentido. Es el que nos permite definir a una empresa como un conjunto de empleados. Notemos que si la empresa deja de existir, los empleados dejan de ser tales.

- **Generalización**: tiene que ver con las taxonomías, y permite definir una clase o tipo como un caso general de varias clases o tipos. Por ejemplo, defino la clase de los cuadriláteros a partir de los paralelogramos, rectángulos y rombos. La operación inversa se llama **especialización**, y es la que permite definir clases como casos particulares de otras más generales.

Observamos que hay diferencias importantes entre los mecanismos de abstracción, no sólo por sus definiciones:

- La *clasificación* es una relación *entre un objeto y una clase*. Y es *conceptual*, porque hay que basarse en el conocimiento de características y comportamiento del objeto para ubicarlo en una clase.

- La *agrupación* y la *composición* son relaciones *entre objetos*. Y son *físicas*, porque no depende de la definición de cada objeto, sino que indica que ciertos objetos están contenidos en o son referenciados por otro, físicamente hablando.

- La *generalización* es una relación *entre clases*. Y, de nuevo, es *conceptual*, ya que determino si una clase es un caso especial o general de otra en base a sus características y comportamiento.

Cada uno de los mecanismos de abstracción se puede utilizar para la reutilización del código de las clases.

¿Delegación o herencia?

Muchas de las personas que se enfrentan por primera vez con la POO terminan creyendo que la herencia se debe usar siempre que sea posible. Pero la verdad es que no hay que dejar de analizar en cada caso si no conviene más la delegación, que es sencilla de implementar y más flexible.

Lo que pasa es que, para quienes llegamos a los objetos desde el paradigma estructurado, la herencia fue más novedosa, y por lo tanto pareciera que uno sabe más si la usa. Incluso impresiona más, pues permite programar por diferencia, simplemente agregando lo que necesitamos. Pero es más rígida que la delegación.

Por ejemplo, parecería obvio que una pila que se implementa con arreglos debería contener un vector como uno de sus atributos. Sin embargo, la implementación de pilas de Java 1.0/1.1 (clase *Stack*) está construida como una subclase de *Vector*. Esto es tan contraproducente que permite que se usen todos los métodos de *Vector* para trabajar con pilas.

En general, se usa delegación cuando se necesitan algunos aspectos de la clase contenida, pero no su comportamiento completo. Así, se podrá usar la funcionalidad de la clase contenida, pero a través de la interfaz de la clase contenedora y sólo aquélla funcionalidad que la clase contenedora decida publicar. En cambio, si se quiere tener la misma interfaz de la clase contenida, se debería usar herencia. Dicho de otro modo, la herencia se usa cuando una interfaz parece apropiada para incorporar comportamiento adicional al que existe en la clase proveedora.

Como las modificaciones en la clase ancestro provocan cambios en las derivadas, en resumen, debemos heredar cuando deseemos que la superclase controle la interfaz de las clases descendientes.

La herencia fue pensada más bien para permitir el desarrollo incremental, para lo cual es una herramienta mucho más potente que la delegación. Además, la herencia supone, no solamente que se heredan atributos y métodos, sino incluso asociaciones.

Históricamente, la construcción de jerarquías de clases se ha hecho siguiendo básicamente dos principios.

El primero de ellos es el de la relación "es un", también llamado "principio de sustitución" o "principio de Liskov". Es el que he usado siempre en este libro, por ser el más estable y recomendable, garantizar mejor la reutilización y extensión y el que utilizan las ciencias para sus taxonomías. En base a este principio se ubica un objeto en su clase, o una clase en una jerarquía, mediante pruebas de reconocimiento. También se la llama "herencia conceptual". Si utilizamos el principio de Liskov, debemos asegurarnos de la consistencia semántica de las redefiniciones, haciendo que el método redefinido en una clase descendiente signifique lo mismo que en su clase base.

El otro es el de la relación "es parte de". Éste es menos recomendable. Si bien no es técnicamente una herencia, pareciéndose más a la agregación, a veces se la llama "herencia de implementación".

Sería bueno dejar este caso para resolverlo con delegación y no con herencia.

Una ventaja adicional de la delegación, que suele ser dejada de lado, es que con la misma, debido a que los objetos internos de la clase contenedora suelen ser privados y por lo tanto inaccesibles a quien usa la clase, es más sencillo cambiar esos objetos sin molestar a los clientes, si se respeta la interfaz.

Además, la delegación, en conjunto con el polimorfismo que veremos en el próximo capítulo, permite cambiar el tipo de los objetos que se guardan dentro del contenedor, en tiempo de ejecución, en la medida que tengan un mismo tipo base. Con herencia esto es imposible.

Como regla final, un consejo: cuando me resulta difícil decidirme por la herencia o la delegación, debería preguntarme si tendré necesidad de convertir objetos del tipo descendiente al tipo ancestro, alguna vez. Si la respuesta fuese negativa, voy por la delegación.

En realidad, la confusión entre delegación y herencia es bastante inverosímil, pues se trata de dos conceptos ortogonales. Conceptualmente, y aunque las estructuras de los lenguajes no lo dejen en claro, la asociación se refiere a la estructura de los objetos y la herencia se refiere a relaciones entre clases, más conceptuales que estructurales.

Diseño de jerarquías

Cuando construimos clases, una de las tareas a encarar es la construcción de jerarquías, por generalizaciones en la mayor parte de los casos, y en otros por especializaciones. Hay cuatro normas básicas de la generalización:

- Al ir construyendo jerarquías, hay que poner la mayor parte de los atributos y métodos lo más arriba que se pueda, para evitar luego definiciones duplicadas.
- Si una porción de código se repite en muchas clases hermanas, habría que generar un método y ponerlo en la clase base.
- En forma más genérica, pero teniendo más cuidado, se puede generar un ancestro de todas las clases que tengan código en común, aunque esto sólo es recomendable si se puede establecer la relación "es un".
- Yendo a un extremo mayor aún, se puede crear una clase base de dos clases semánticamente diferentes pero con responsabilidades similares. Esto suele llamarse *varianza*, y debe quedar bien documentado en el código. Mi opinión es que esta extrapolación sólo debe hacerse en condiciones excepcionales, y cuando se demuestre fehacientemente la ventaja de hacerlo.

Pero además de las cuatro normas recién enunciadas, no hay que olvidar tres más, a menudo no consideradas:

- Evitar generalizar todo lo que parezca generalizable de entrada. Como primera etapa, debemos resolver el problema que tenemos entre manos de la manera lo más simple posible.
- Una nueva clase descendiente debe añadir o modificar algo a la interfaz o al comportamiento del ancestro. Si no es así, quiere decir que la nueva clase no es necesaria, y corremos el riesgo de complicar la jerarquía sin un fin práctico.
- La herencia se debe usar siempre y cuando la relación entre los dos

conceptos sea permanente, cosa que no necesariamente es así en la instanciación. Por ejemplo, en el juego de ajedrez, si bien un peón es siempre una pieza en tanto se mantenga como peón (la clase peón es descendiente de la clase pieza), un objeto particular puede ser peón en un momento para pasar a ser reina en otro (la instancia cambió de clase[51]).

Si bien es más sencillo describir una jerarquía de lo general a lo particular, no siempre ésta es la mejor manera de construirla. Veamos:

- A menudo se encuentran clases y la jerarquía se va construyendo por demanda.
- Otras veces las generalizaciones van surgiendo de las clases concretas, al descubrir atributos o métodos en común.
- Cuando se adaptan clases adquiridas se procede por especialización.

Como se ve, no hay una única forma de construir jerarquías.

Puede parecer que no es sencillo definir una clase ancestro cuando ya están implementados sus descendientes. En estos casos se procede a una refactorización de clases, pasando los elementos comunes de varias clases preexistentes a la ancestro. A veces nos encontraremos con que esto modifica también asociaciones, llevándolas a un nivel más arriba en la jerarquía.

Hay ocasiones en que se necesitan definir excepciones a la herencia, en todas las disciplinas. Por ejemplo, tal vez queramos definir a las aves como animales voladores, con excepciones como los pingüinos, las gallinas, etc. Otro ejemplo puede ser definir a los idiomas que se hablan en Europa como indoeuropeos, con las excepciones del magiar, el finés y el turco. Y así sucesivamente.

De todas maneras, el uso de herencia con excepciones es una práctica cuestionable, ya que tal vez se deberían utilizar subclases para expresar las excepciones. En los ejemplos anteriores, se podrían clasificar los países europeos en aquellos de lenguas indoeuropeas y aquellos de lenguas no indoeuropeas, o las aves en voladoras y no voladoras. De esta manera se corrige la inconsistencia lógica.

Sin embargo, estas clasificaciones con subclases no permiten excepciones por diferentes categorías y eliminan jerarquías que pueden ser interesantes. Por ejemplo, si deseo clasificar a las aves en voladoras y no voladoras, no voy a poder clasificarlas también como americanas y europeas sin caer en la herencia repetida.

Hay algunas soluciones en el terreno práctico para este tema. La herencia múltiple puede ser una posibilidad, en los lenguajes que la manejan. En otros casos, las interfaces pueden servir cuando las excepciones se dan a nivel de métodos. Y también hay patrones de diseño que pueden ayudar.

La llamada *herencia de implementación*, es decir, el uso de herencia en un caso de composición ha sido muy criticado, incluso en este libro. Sin embargo, en algunos lenguajes que permiten ocultar métodos heredados, puede funcionar. Eso ocurre, por ejemplo, en Eiffel y Object Pascal. En cambio en Java, el caso ya mencionado del tipo estándar *Stack*, descendiente de *Vector*, funciona mal porque permite aplicar a las pilas todas las operaciones del vector.

Quienes defienden la herencia de implementación dicen que se cumple la relación "es un" en cuanto a implementación. Por usar el ejemplo anterior, dirían que una pila es un vector en cuanto a su forma de implementarse. A mí me parece una tergiversación del principio.

---

[51] Este cambio de clase no está permitido en la mayoría de los lenguajes de programación. Sin embargo, puede hacerse con el patrón de diseño State, que veremos en otro capítulo.

Otro uso poco ortodoxo de la herencia es definir una clase derivada de otra que define constantes, para poder usar sus valores directamente. Lo mismo puede decirse de heredar de clases sin estado o de comportamiento para usar los métodos. En general no lo recomiendo, aunque puede ser útil en contextos de herencia múltiple, si queda bien en claro qué es lo que se está haciendo.

CONCLUSIONES

La herencia – tema del capítulo que estamos concluyendo – es una técnica propia de la POO. En la programación estructurada lo único parecido es usar un tipo de datos dentro de la declaración de otro tipo de datos, lo que en su momento llamamos composición, como muestra la declaración siguiente en Pascal:

```
TElipse = record
            figura : TFigura;          { composición }
            radioMayor, radioMenor : Real;
      end;
```

Incluso los registros variantes, en los lenguajes en los que están definidos, podrían ser un sucedáneo, pero no ofrecen la misma funcionalidad. Por ejemplo, la jerarquía de cuentas bancarias se podría haber implementado con registros variantes de Pascal, así:

```
type TTipoCuenta = (CuentaCorriente, CajaAhorro);

type TCuentaBancaria =    record
                            saldo : Real;          { composición }
                            case Tipo : TTipoCuenta of
                                 CuentaCorriente :
                                          ( descubierto : Real );
                                 CajaAhorro :
                                          ( interesesGanados :Real );
                            end;
                      end;
```

La gran ventaja de la herencia es que permite la reutilización y la extensión del código, en vez de las tradicionales copias y adaptaciones. En otras palabras, partiendo de bibliotecas o depósitos de clases, que se adquieren en el mercado o forman parte del capital de una empresa de desarrollo de software, se extiende lo que otro implementador escribió, sin necesidad de saber cómo lo hizo.

Pero también tiene algunas desventajas:

- No es fácil construir buenas jerarquías de tamaño mediano a grande.
- Hay una enorme dificultad de un buen manejo de toda la jerarquía en sistemas medianos o grandes. Muchas veces es imposible llegar a manejar toda la estructura como se manejan las estructuras de datos predefinidas de un lenguaje. Esto implica mayores costos de aprendizaje y de diseño.
- Es más rígida que la delegación.

En el próximo capítulo veremos el concepto de polimorfismo, que es el que obtiene el mayor valor del uso de herencia.

7. Polimorfismo basado en herencia

El hacer el padre por su hijo es hacer por sí mismo,
porque mi hijo es otro yo, en el cual se dilata y
continúa el ser del padre.
Miguel de Cervantes Saavedra[52]

Polimorfismo quiere decir "muchas formas". En POO llamamos **polimorfismo** a la posibilidad que tienen los métodos y propiedades de mantener una respuesta unificada, con la misma semántica, aunque con distinta implementación, a través de la jerarquía de clases. O dicho de otra manera, un mismo mensaje puede provocar la invocación de operaciones distintas. A veces se lo denomina *abstracción de mensajes*.

En definitiva, lo que logra el polimorfismo es retardar la decisión sobre el tipo del objeto hasta el momento en que vaya a ser utilizado el método o propiedad. En este sentido, el polimorfismo está asociado a lo que se denomina **vinculación tardía** o **vinculación en tiempo de ejecución**.

La idea es que los objetos de distintas clases – derivadas de otra – puedan ser tratados de la misma manera, y se le apliquen los mismos mensajes (tengan la misma interfaz), aunque las implementaciones particulares sean diferentes.

Como vemos, el polimorfismo uno de los conceptos más complejos e importantes de la orientación a objetos. Por eso, vamos a empezar estudiando algunas cuestiones que se asocian al polimorfismo para concluir con un análisis del mismo.

Esto va a permitir una mayor separación de interfaz e implementación y va a dar una nueva ayuda en pos de la extensión del código. ¿Por qué? Porque… Bueno, no seamos ansiosos y sigamos leyendo.

Un ejercicio inicial: comportamiento polimorfo

El problema y las entidades

Vamos a tratar de obtener un poco de información económica de nuestro modelo de clases del club de inmobiliarias.

La idea es incorporar un método que obtenga la comisión del vendedor, pero variando para cada tipo de inmueble. En efecto, como una casa con jardín es más fácil de vender que una que no lo tiene, el vendedor recibirá mayor comisión por vender la que no tiene jardín. Y así habrá otras reglas por el estilo. Por supuesto, esto implica que el método en cuestión deberá estar definido, no en la clase *Inmueble*, sino en las descendientes, ya que necesita tener acceso a datos que sólo existen en las clases derivadas.

Voy a introducir también la comisión que la inmobiliaria le cobra a sus clientes compradores y vendedores. Este es un dato que es uniforme para cada inmobiliaria.

[52] Trabajos de Persiles y Sigismunda, libro tercero.

Asimismo, voy a definir un método que calcule el beneficio directo esperable de cada inmobiliaria por la venta de todos los inmuebles que tiene para la venta, y el más inmediato que puede obtener por los inmuebles reservados. Esto se puede obtener de restarle, a las comisiones a cobrar, las que se les debe pagar a los vendedores. Por las comisiones a cobrar no hay mucho inconveniente, ya que tenemos un arreglo de inmuebles para cada inmobiliaria, cada inmueble tiene su precio de venta y la inmobiliaria tiene un valor de comisión a cobrar a comprador y vendedor. Pero la comisión a pagar al vendedor depende, no sólo del valor del inmueble, sino de características propias de cada inmueble, y se obtiene mediante la llamada a un método. Esto nos obliga a pedirle al compilador C# que no determine el método a llamar en tiempo de compilación, sino que el método en cuestión se decida en el momento de la ejecución. En C# esto se logra mediante métodos virtuales. Vayamos viendo la solución, que luego analizaremos.

Diagrama de clases

El diagrama que propongo para la solución es el que sigue. He agregado atributos para las comisiones a cobrar al comprador y al vendedor en la clase Inmobiliaria.

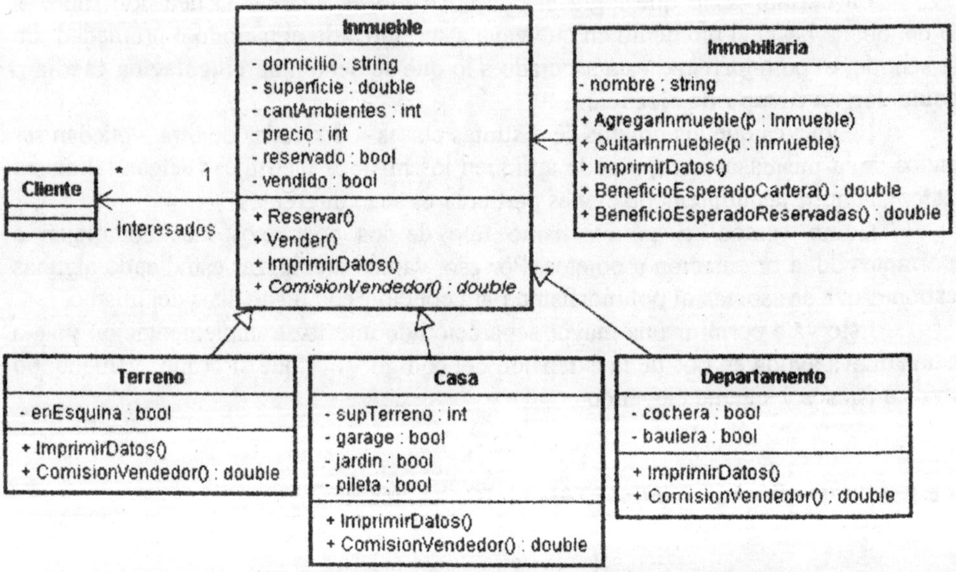

Una primera idea fue que el método *ComisionVendedor* fuera definido en las clases descendientes de *Inmueble*, pero eso nos impide que sea llamado para un *Inmueble* genérico, por lo que debemos definirlo en *Inmueble* y redefinirlo en sus descendientes.

Tanto la clase *Inmueble*, como el método *ComisionVendedor* en la misma son abstractos. Si bien ya vimos qué significa que *Inmueble* sea abstracta, el concepto de método abstracto es algo que debemos dejar para más adelante. Notemos que en UML todo lo abstracto se pone en cursiva.

Pruebas unitarias

Lo que sigue es la clase de prueba escrita con Nunit:

```
using NUnit.Framework;
using CarlosFontela.Inmobiliarias;
```

```
namespace CarlosFontela.Pruebas
{
  [TestFixture]
  public class PruebaInmobiliariasNUnit
  {
        private Inmueble membrillar, boyaca, artigas, neuquen;
        private Inmobiliaria sucasa, flores;

        [TestFixtureSetUp]
        public void Init( )
        {       // creación de objetos de prueba
                membrillar = new Terreno ("Membrillar 255", 85.3, 4, 82000, true);
                boyaca = new Casa ("Boyacá 1244", 144.3, 5, 124300, true, true, false, 253);
                artigas = new Departamento ("Artigas 1366", 95.2, 3, 93700, false, true);
                neuquen = new Departamento ("Neuquén 3455", 129.4, 5, 128400, true, true);
                sucasa = new Inmobiliaria ("Su casa", 3, 3);
                flores = new Inmobiliaria ("Flores", 3, 1.5);
                // carga de inmobiliarias
                sucasa.AgregarInmueble(membrillar);
                sucasa.AgregarInmueble(neuquen);
                flores.AgregarInmueble(boyaca);
                flores.AgregarInmueble(artigas);
        }

        [Test]
        public void testComisionVendedor( ) {
                // en terrenos la comisión es del 1%
                Assert.AreEqual (82000*0.01, membrillar.ComisionVendedor( ), 1E-4);
                // en casas con jardín y sin pileta la comisión es del 1%
                Assert.AreEqual (124300*0.01, boyaca.ComisionVendedor( ), 1E-4);
                // en departamentos sin cochera la comisión es del 1,1%
                Assert.AreEqual (93700*0.011, artigas.ComisionVendedor( ), 1E-4);
                // en departamentos con cochera la comisión es del 0,9%
                Assert.AreEqual (128400*0.009, neuquen.ComisionVendedor( ), 1E-4);
        }

        [Test]
        public void testBeneficioCartera( ) {
                const double beneficiosMembrillar = 82000 * (0.06-0.01);
                const double beneficiosNeuquen = 128400 * (0.06-0.009);
                Assert.AreEqual (beneficiosMembrillar + beneficiosNeuquen,
                                  sucasa.BeneficioEsperadoCartera( ), 1E-4);
                const double beneficiosBoyaca = 124300 * (0.045-0.01);
                const double beneficiosArtigas = 93700 * (0.045-0.011);
                Assert.AreEqual (beneficiosBoyaca + beneficiosArtigas,
                                  flores.BeneficioEsperadoCartera( ), 1E-4);
                // no hae inmuebles reservados:
                Assert.AreEqual (0, sucasa.BeneficioEsperadoReservados( ), 1E-4);
                Assert.AreEqual (0, flores.BeneficioEsperadoReservados( ), 1E-4);
                // reservamos dos inmuebles y vemos qué pasa:
                membrillar.Reservar( );
                artigas.Reservar( );
                Assert.AreEqual (beneficiosMembrillar,
                          sucasa.BeneficioEsperadoReservados( ), 1E-4);
                Assert.AreEqual (beneficiosArtigas,
                          flores.BeneficioEsperadoReservados( ), 1E-4);
        }
```

```
    }
}
```

Implementación

Las clases que hacen que el programa de prueba corra sin problemas son:

```
using System;

namespace CarlosFontela.Inmobiliarias
{
    public class Inmobiliaria
    {
            private string nombre;
            private int cantidadInmuebles;
            private const int maximoInmuebles = 100;
            private Inmueble[ ] inmuebles;
            private double comisionClienteCompra;      // atributo nuevo
            private double comisionClienteVenta;       // atributo nuevo

            public Inmobiliaria (string nombre, double comisionClienteCompra,
                                                    double comisionClienteVenta) {
                    this.nombre = nombre;
                    this.inmuebles = null;
                    this.cantidadInmuebles = 0;
                    // se agregaron dos líneas:
                    this.comisionClienteCompra = comisionClienteCompra;
                    this.comisionClienteVenta = comisionClienteVenta;
            }

            public string Nombre {
                    get {
                            return nombre;
                    }
            }

            public int CantidadInmuebles {
                    get {
                            return cantidadInmuebles;
                    }
            }

            public void AgregarInmueble (Inmueble x) {
                    if (cantidadInmuebles == maximoInmuebles) {
                            Console.WriteLine
                                    ("Se superó el máximo de inmuebles para esta inmobiliaria");
                            return;
                    }
                    if (inmuebles == null)
                            inmuebles = new Inmueble [maximoInmuebles];
                    inmuebles [cantidadInmuebles] = x;
                    cantidadInmuebles++;
            }

            public void QuitarInmueble (Inmueble x) {
                    if (inmuebles == null)
                            return;
```

```
using System;

namespace CarlosFontela.Inmobiliarias
{
   public abstract class Inmueble
   {
         private string domicilio;
         private double superficie;
         private int cantidadAmbientes;
         private int precio;
         private Cliente[ ] interesados;
         private int cantidadInteresados;
         private const int maximoInteresados = 1000;
         private bool reservado;
         private bool vendido;

         public Inmueble (string domicilio, double superficie, int cantidadAmbientes, int precio)
         {
               this.domicilio = domicilio;
               this.superficie = superficie;
               this.cantidadAmbientes = cantidadAmbientes;
               this.precio = precio;
               this.interesados = null;
               this.reservado = false;
               this.vendido = false;
         }

         public string Domicilio {
               get {
                     return domicilio;
               }
         }

         public double Superficie {
               get {
                     return superficie;
               }
         }

         public int CantidadAmbientes {
               get {
                     return cantidadAmbiontes;
               }
         }

         public int Precio {
               get {
                     return precio;
               }
               set {
                     precio = value;
                     if (interesados != null)
                           for (int i = 0; i < cantidadInteresados; i++)
                                 interesados[i].AvisarCambioPrecio(this, value);
               }
         }

         public void AnotarInteresado (Cliente c) {
```

```
        if (cantidadInteresados == maximoInteresados) {
            Console.WriteLine
                ("Se superó el máximo de interesados para este inmueble");
            return;
        }
        if (interesados == null)
            interesados = new Cliente [maximoInteresados];
        interesados [cantidadInteresados] = c;
        cantidadInteresados++;
    }

    public void EliminarInteresado (Cliente c) {
        if (interesados == null)
            return;
        int pos = Array.IndexOf (interesados, c); // busca el cliente en el arreglo
        if (pos > -1) // encontró el cliente
        {
            // voy a eliminar el elemento del arreglo por compresión
            for (int i = pos; i < cantidadInteresados-1; i++) {
                interesados[i] = interesados[i+1];
            }
            interesados [cantidadInteresados - 1] = null;
            cantidadInteresados--;
        }
    }

    public bool Reservado {
        get {
            return reservado;
        }
    }

    public void Reservar( ) {
        reservado = true;
        if (interesados != null)
            for (int i = 0; i < cantidadInteresados; i++)
                interesados[i].AvisarReserva(this);
    }

    public bool Vendido {
        get {
            return vendido;
        }
    }

    public void Vender( ) {
        vendido = true;
        if (interesados != null)
            for (int i = 0; i < cantidadInteresados; i++)
                interesados[i].AvisarVenta(this);
    }

    // se lo hizo virtual:
    public virtual void ImprimirDatos( ) {
        Console.WriteLine ("Domicilio: " + Domicilio);
        Console.WriteLine ("Superficie: " + Superficie);
        Console.WriteLine ("Cantidad de ambientes: " + CantidadAmbientes);
        Console.WriteLine ("Precio: " + Precio);
```

```
                Console.WriteLine ("Reservado: " + Reservado);
                Console.WriteLine ("Vendido: " + Vendido);
                Console.WriteLine ("Cantidad de interesados: " + cantidadInteresados);
                for (int i = 0; i < cantidadInteresados; i++)
                        Console.WriteLine (interesados[i].Nombre);
        }

        // nuevo método abstracto:
        public abstract double ComisionVendedor( );

        // nuevo método:
        public double beneficioParcial (double comisionesCobradas) {
                return this.precio * comisionesCobradas - this.ComisionVendedor( );
        }
    }
}
```

```
using System;

namespace CarlosFontela.Inmobiliarias
{
    public class Terreno : Inmueble
    {
        private bool enEsquina;

        public Terreno (string domicilio, double superficie, int cantidadAmbientes,
                                                int precio, bool enEsquina) :
                base (domicilio, superficie, cantidadAmbientes, precio)
        {
                this.enEsquina = enEsquina;
        }

        public bool EnEsquina {
                get {
                        return enEsquina;
                }
        }

        // la redefinición de un método virtual debe hacerse con "override"
        public override void ImprimirDatos( ) {
                base.ImprimirDatos( );
                Console.WriteLine ("En esquina: " + EnEsquina);
        }

        // nuevo método, que redefine el método abstracto en la clase Inmueble:
        public override double ComisionVendedor( ) {
                return 0.01 * Precio;
        }

    }
}
```

```
using System;

namespace CarlosFontela.Inmobiliarias
{
    public class Departamento : Inmueble
```

```
{
        private bool cochera;
        private bool baulera;

        public Departamento (string domicilio, double superficie, int cantidadAmbientes,
                                    int precio, bool cochera, bool baulera) :
                base (domicilio, superficie, cantidadAmbientes, precio)
        {
                this.cochera = cochera;
                this.baulera = baulera;
        }

        public bool Cochera {
                get {
                        return cochera;
                }
        }

        public bool Jardin {
                get {
                        return baulera;
                }
        }

        // la redefinición de un método virtual debe hacerse con "override"
        public override void ImprimirDatos( ) {
                base.ImprimirDatos( );
                Console.WriteLine ("Cochera: " + Cochera);
                Console.WriteLine ("Baulera: " + Jardin);
        }

        // nuevo método, que redefine el método abstracto en la clase Inmueble:
        public override double ComisionVendedor( ) {
                if (Cochera)
                        return 0.009 * Precio;
                else return 0.011 * Precio;
        }

    }
}
```

```
using System;

namespace CarlosFontela.Inmobiliarias
{
    public class Casa : Inmueble
    {
        private bool garage;
        private bool jardin;
        private bool pileta;
        private int superficieTerreno;

        public Casa (string domicilio, double superficie, int cantidadAmbientes,
                int precio, bool garage, bool jardin, bool pileta, int superficieTerreno) :
            base (domicilio, superficie, cantidadAmbientes, precio)
        {
            this.garage = garage;
```

```
			this.jardin = jardin;
			this.pileta = pileta;
			this.superficieTerreno = superficieTerreno;
		}

		public bool Garage {
			get {
				return garage;
			}
		}

		public bool Jardin {
			get {
				return jardin;
			}
		}

		public bool Pileta {
			get {
				return pileta;
			}
		}

		public int SuperficieTerreno {
			get {
				return superficieTerreno;
			}
		}

		// la redefinición de un método virtual debe hacerse con "override"
		public override void ImprimirDatos( ) {
			base.ImprimirDatos( );
			Console.WriteLine ("Garage: " + Garage);
			Console.WriteLine ("Jardín: " + Jardin);
			Console.WriteLine ("Pileta: " + Pileta);
			Console.WriteLine ("Superficie terreno: " + SuperficieTerreno);
		}

		// nuevo método, que redefine el método abstracto en la clase Inmueble:
		public override double ComisionVendedor( ) {
			if (Jardin && Pileta)
				return 0.008 * Precio;
			if (Jardin)
				return 0.010 * Precio;
			return 0.012 * Precio;
		}
	}
}
```

Omitimos la clase *Cliente*, pues no ha cambiado respecto de la del capítulo anterior.

La novedad de este ejemplo está en las palabras clave *abstract*, *virtual* y *override*. Si miramos más atentamente, veremos que un método que tiene el calificador *virtual* o *abstract* en una clase, al ser redefinido se le coloca el calificador *override*. Pero esto no explica el por qué de esta innovación.

Como veremos en este capítulo, la aparición de estas simples palabras presta un servicio fundamental a nuestras clases, que implementan uno de los conceptos centrales, y a la vez más complejos, de POO: el polimorfismo.

Gracias a estas palabras que califican métodos y propiedades, logramos algo muy importante: que cuando hay métodos y propiedades redefinidos, el entorno de ejecución sepa que debe utilizar el método o propiedad definido en la clase a la cual corresponde el objeto que estamos utilizando, y no el tipo con el cual fue declarada la variable.

En cuanto a los métodos calificados con la palabra *abstract*, se trata de métodos que nunca deben ser invocados. ¿Le parece raro? Avancemos...

POLIMORFISMO DE HERENCIA EN C#

Métodos y propiedades virtuales y vinculación dinámica

Los métodos y propiedades que son vinculados dinámicamente o tardíamente se denominan **métodos virtuales**, que en C# deben calificarse con las directivas *virtual*, *abstract* u *override*. Por eso, en los ejemplos anteriores, se volvió a escribir *ImprimirDatos* como método virtual.

Ahora ya hemos solucionado el problema planteado en el capítulo anterior. Aunque declarásemos:

```
Inmueble boyaca = new Casa ("Boyacá 1244", 144.3, 5, 124300, true, true, false, 253);
```

La llamada:

```
boyaca.ImprimirDatos( );
```

Invocaría al método *ImprimirDatos* de *Casa*, pues *boyaca* es una referencia a una instancia de *Casa*, y dado que ahora *ImprimirDatos* es virtual, el compilador no vincula la llamada con el método definido en *Inmueble*, dejando esa vinculación para el tiempo de ejecución, en el cual se determina cuál es el método a llamar realmente.

En definitiva, lo que ocurre con los métodos y propiedades virtuales es que el compilador no vincula el código del código invocante con el método invocado, sino que difiere esta vinculación hasta el tiempo de ejecución. Lo único que se hace en tiempo de compilación, si el lenguaje es de tipeo estático, es chequear cantidades y tipos en argumentos y parámetros y valores de retorno.

Hay lenguajes, como Smalltalk, Eiffel, Java y Python, que toman la vinculación tardía por omisión, por lo cual todos los métodos son virtuales mientras no se diga lo contrario. Otros, como C++, C# y Object Pascal, requieren que el programador especifique el método como virtual explícitamente.

Por lo tanto, en C# hay que explicitar claramente cuándo se desea que un método o propiedad sea virtual. Esto se hace colocando la palabra *virtual* en el método en cuestión (el de la clase más alta en la jerarquía) y *override* en los métodos que lo redefinen en las clases descendientes.

Si en un determinado nivel de la jerarquía no se desea que se siga redefiniendo un método o propiedad como virtual, se le debe colocar el modificador *new* en vez de *override*. El sentido del modificador *new* es indicar que el nuevo método oculta al que se podría haber heredado. También se pueden colocar juntas las palabras *new* y *virtual*, para indicar un nuevo inicio de cadena de métodos o propiedades virtuales.

Las reglas generales para el uso de métodos y propiedades virtuales son que un elemento debe ser virtual en alguna de estas circunstancias[53]:

- Cuando está redefinido y es llamado desde un método o propiedad no redefinidos en una clase ancestro. Este es el caso de *ComisionVendedor* en el ejemplo.
- Cuando está redefinido y es invocado desde un método o propiedad de una clase que contenga como atributo algún objeto de una clase ancestro. Este es el caso de *ImprimirDatos* en el ejemplo.

Los métodos y propiedades virtuales suelen consumir más recursos (memoria y/o tiempo de cómputo) que los no virtuales[54]. Sin embargo, en orden a la reutilización, ante la duda, un método o propiedad debe ser virtual.

¿Por qué…? Expliquémonos un poco.

Como cuando se escribe una clase no se puede saber de antemano qué clases van a ser sus descendientes ni cómo van a ser implementadas, es difícil concluir que no va a haber redefiniciones de los métodos y propiedades de la clase ancestro. Por lo tanto, dejar un elemento como no virtual puede hacer que funcionen mal las clases descendientes definidas por programadores clientes.

Dado que las propiedades indexadas son propiedades, también pueden ser declaradas virtuales. En cambio, los métodos declarados *sealed* y los de clase (*static*) no pueden ser virtuales. Como consecuencia, los operadores tampoco.

Métodos abstractos

Un **método abstracto** es uno que nunca va a ser invocado y que no tiene implementación. A priori parece algo extraño, por eso lo explicaré con el ejemplo que estamos analizando.

El método *ComisionVendedor* de la clase *Inmueble* nunca será invocado, pues no hay instancias de *Inmueble* y está redefinido en todas las clases descendientes. Una primera solución, incorrecta, sería suprimirlo y dejarlo solamente en las clases hijas. Empero, si hacemos eso, nos encontraremos con que el método *BeneficioEsperadoCartera* de *Inmobiliaria* no podría ser compilado, ya que en su código fuente invoca a *ComisionVendedor* sobre una referencia a *Inmueble*.

La mejor solución, entonces, fue escribir el método *ComisionVendedor* en *Inmueble*, convirtiéndolo en método abstracto, esto es, en un método que no puede ser invocado por ninguna instancia de la clase *Inmueble*, aunque existiera, pero que sirve para que se puedan escribir los métodos *BeneficioEsperadoCartera* y *BeneficioEsperadoReservados* de *Inmobiliaria*, tal como se hizo.

Como consecuencia de lo dicho anteriormente, los métodos abstractos:

- Siempre deben ser redefinidos, y en algún nivel inferior de la jerarquía deben dejar de ser abstractos, ya que no se los puede invocar directamente.

---

[53] Notemos que surgen tanto en contextos de herencia como de delegación.

[54] A veces, las operaciones virtuales son llamadas "estáticas", aunque el término tiene otro significado en los derivados del lenguaje C.

- Deben ser virtuales. De hecho, en los tres lenguajes que estamos usando, al declarar un método como abstracto, se lo hace virtual.
- No tienen código fuente ejecutable.
- Son fundamentales en jerarquías de una complejidad mediana.
- Son necesarios cuando en la clase ancestro hay que utilizarlos en la implementación de otro método o propiedad (como explicamos en el ejemplo con *ComisionVendedor* y *BeneficioEsperadoCartera*).

En C#, los métodos abstractos se especifican anteponiéndoles la palabra *abstract*. Se declaran como en el ejemplo:

```
abstract public void Dibujar ( );
```

y no se implementan.

En la sintaxis de C# hay que tener en cuenta las siguientes restricciones:

- Un método no puede declararse simultáneamente *sealed* y *abstract*.
- Un método no puede declararse simultáneamente *virtual* u *override* y *abstract*. Por ser abstracto ya es virtual.
- En tipos por valor no se pueden declarar métodos abstractos, ya que los tipos por valor no soportan la herencia.
- Un método no puede ser abstracto y de clase (*static*), pues los métodos de clase no se redefinen.
- El método concreto que implementa un método abstracto en una clase derivada debe incluir la cláusula *override*.

En C#, si una clase contiene uno o más métodos abstractos será abstracta. Pero no siempre tenemos métodos abstractos en una clase abstracta.

Métodos virtuales y métodos abstractos

Dijimos al pasar que los métodos abstractos deben ser virtuales. De hecho, en C#, declarar un método con la directiva *abstract* hace que sea virtual sin más.

Esto se debe a que la única razón de la existencia de los métodos abstractos tiene que ver con que sirven para que se pueda compilar otro método que los utiliza, cuando en realidad ese método sólo necesita llamar al método definido en las clases descendientes. Esto es, por definición, un método virtual.

Pero esta justificación provoca malos entendidos. Que todo método abstracto deba ser virtual no significa que todo método virtual deba ser abstracto. Por ejemplo, el método *ToString* definido en la clase *Object* es virtual, y de hecho se lo suele redefinir para que en las clases descendientes tenga el comportamiento esperado al ser invocado, por ejemplo, desde el método *WriteLine* de la clase *Console*. Pero el *ToString* de *Object* no es abstracto. Lo mismo pasa, en nuestro ejemplo, con el *ImprimirDatos* de la clase *Inmueble*.

POLIMORFISMO EN JAVA

El tema de polimorfismo es uno de aquellos en que mayores diferencias sintácticas – e incluso algunas semánticas – presenta entre Java y C#.

En Java, todos los métodos son virtuales por omisión. Por eso es que vimos en el capítulo anterior que cuando escribimos:

```
Inmueble boyaca = new Casa ("Boyacá 1244", 144.3, 5, 124300, true, true, false, 253);
```

No obtuvimos sorpresas al hacer luego:

```
boyaca.imprimirDatos( );
```

Logrando invocar al método *imprimirDatos* de la clase *Casa*.

Los métodos abstractos existen en Java, y para definirlos se utiliza la palabra *abstract*. Sin embargo, debido a que los métodos de Java son virtuales por omisión, no existen los calificadores *virtual*, *override* y *new*, ni tienen equivalente.

Igual que en C#, si una clase contiene uno o más métodos abstractos será abstracta. Pero no siempre tenemos métodos abstractos en una clase abstracta.

Los únicos métodos que no son virtuales en Java, son los calificados como *final* o *static*.

A continuación, el ejemplo inicial en Java. El programa de prueba (con JUnit) será:

```
package carlosfontela.pruebas;

import junit.framework.TestCase;
import carlosfontela.inmobiliarias.*;

public class PruebaInmobiliariasJUnit extends TestCase {

   private Inmueble membrillar, boyaca, artigas, neuquen;
   private Inmobiliaria sucasa, flores;

   protected void setUp( ) throws Exception {
         // creación de objetos de prueba
         membrillar = new Terreno ("Membrillar 255", 85.3, 4, 82000, true);
         boyaca = new Casa ("Boyacá 1244", 144.3, 5, 124300, true, true, false, 253);
         artigas = new Departamento ("Artigas 1366", 95.2, 3, 93700, false, true);
         neuquen = new Departamento ("Neuquén 3455", 129.4, 5, 128400, true, true);
         sucasa = new Inmobiliaria ("Su casa", 3, 3);
         flores = new Inmobiliaria ("Flores", 3, 1.5);
         // carga de inmobiliarias
         sucasa.agregarInmueble(membrillar);
         sucasa.agregarInmueble(neuquen);
         flores.agregarInmueble(boyaca);
         flores.agregarInmueble(artigas);
}

   public void testComisionVendedor( ) {
         // en terrenos la comisión es del 1%
         assertEquals (82000*0.01, membrillar.comisionVendedor( ), 1E-4);
         // en casas con jardín y sin pileta la comisión es del 1%
         assertEquals (124300*0.01, boyaca.comisionVendedor( ), 1E-4);
         // en departamentos sin cochera la comisión es del 1,1%
         assertEquals (93700*0.011, artigas.comisionVendedor( ), 1E-4);
         // en departamentos con cochera la comisión es del 0,9%
```

```
        assertEquals (128400*0.009, neuquen.comisionVendedor( ), 1E-4);
    }

    public void testBeneficioCartera( ) {
        final double beneficiosMembrillar = 82000 * (0.06-0.01);
        final double beneficiosNeuquen = 128400 * (0.06-0.009);
        assertEquals (beneficiosMembrillar + beneficiosNeuquen,
                      sucasa.beneficioEsperadoCartera( ), 1E-4);
        final double beneficiosBoyaca = 124300 * (0.045-0.01);
        final double beneficiosArtigas = 93700 * (0.045-0.011);
        assertEquals (beneficiosBoyaca + beneficiosArtigas,
                      flores.beneficioEsperadoCartera( ), 1E-4);
        // no hae inmuebles reservados:
        assertEquals (0, sucasa.beneficioEsperadoReservados( ), 1E-4);
        assertEquals (0, flores.beneficioEsperadoReservados( ), 1E-4);
        // reservamos dos inmuebles y vemos qué pasa:
        membrillar.reservar( );
        artigas.reservar( );
        assertEquals (beneficiosMembrillar, sucasa.beneficioEsperadoReservados( ), 1E-4);
        assertEquals (beneficiosArtigas, flores.beneficioEsperadoReservados( ), 1E-4);
    }
}
```

Y las clases que se modifican son:

```
// Inmobiliaria.java
package carlosfontela.inmobiliarias;

public class Inmobiliaria {
    private String nombre;
    private int cantidadInmuebles;
    private final int maximoInmuebles = 100;
    private Inmueble[ ] inmuebles;
    private double comisionClienteCompra;       // atributo nuevo
    private double comisionClienteVenta;        // atributo nuevo

    public Inmobiliaria (String nombre,
                double comisionClienteCompra, double comisionClienteVenta) {
        thic.nombre = nombre;
        this.inmuebles = null;
        this.cantidadInmuebles = 0;
        // se agregaron dos líneas:
        this.comisionClienteCompra = comisionClienteCompra;
        this.comisionClienteVenta = comisionClienteVenta;
}

    public String getNombre( ) {
        return nombre;
    }

    public int getCantidadInmuebles( ) {
        return cantidadInmuebles;
    }

    public void agregarInmueble (Inmueble x) {
        if (cantidadInmuebles == maximoInmuebles) {
            System.out.println ("Se superó el máximo de inmuebles para esta inmobiliaria");
```

```
		return cantidadInmuebles;
	}

	public void agregarInmueble (Inmueble x) {
		if (cantidadInmuebles == maximoInmuebles) {
			System.out.println ("Se superó el máximo de inmuebles para esta inmobiliaria");
			return;
		}
		if (inmuebles == null)
			inmuebles = new Inmueble [maximoInmuebles];
		inmuebles [cantidadInmuebles] = x;
		cantidadInmuebles++;
	}

	private int posicionInmueble (Inmueble x) {
		if (inmuebles == null)
			return -1;
		for (int pos = 0; pos < cantidadInmuebles; pos++)
			if (inmuebles[pos] == x)
				return pos;
		return -1;
	}

	public void quitarInmueble (Inmueble x) {
		int pos = posicionInmueble(x);
		if (pos > -1) {		// encontró el inmueble
			// voy a eliminar el elemento del arreglo por compresión
			for (int i = pos; i < cantidadInmuebles-1; i++) {
				inmuebles[i] = inmuebles [i+1];
			}
			inmuebles [cantidadInmuebles-1] = null;
			cantidadInmuebles--;
		}
	}

	public void imprimirDatos ( ) {
		System.out.println ("Inmobiliaria: " + this.getNombre( ));
		if (inmuebles != null)
			for (int i = 0; i < cantidadInmuebles; i++)
				inmuebles[i].imprimirDatos( );
		System.out.println( );
	}

	// nueva propiedad:
	public double getComisionClienteCompra( ) {
		return comisionClienteCompra;
	}

	// nueva propiedad:
	public double getComisionClienteVenta( ) {
		return comisionClienteVenta;
	}

	// nuevo método:
	public double beneficioEsperadoCartera( ) {
		double beneficio = 0;
		double comisionesCobradas =
```

```java
                (getComisionClienteCompra( ) + getComisionClienteVenta( )) / 100.0;
        for (int i = 0; i < cantidadInmuebles; i++) {
                int precio = inmuebles[i].getPrecio( );
                if (!inmuebles[i].getVendido( )) {
                        beneficio += precio * comisionesCobradas
                                        - inmuebles[i].comisionVendedor( );
                }
        }
        return beneficio;
    }

    // nuevo método:
    public double beneficioEsperadoReservados( ) {
        double beneficio = 0;
        double comisionesCobradas =
                (getComisionClienteCompra( ) + getComisionClienteVenta( )) / 100.0;
        for (int i = 0; i < cantidadInmuebles; i++) {
                int precio = inmuebles[i].getPrecio( );
                if (!inmuebles[i].getVendido( ) && inmuebles[i].getReservado( )) {
                        beneficio += precio * comisionesCobradas
                                        - inmuebles[i].comisionVendedor( );
                }
        }
        return beneficio;
    }
}
```

```java
// Inmueble.java
package carlosfontela.inmobiliarias;

public abstract class Inmueble {

    private String domicilio;
    private double superficie;
    private int cantidadAmbientes;
    private int precio;
    private Cliente[ ] interesados;
    private int cantidadInteresados;
    private final int maximoInteresados = 1000;
    private boolean reservado;
    private boolean vendido;

    public Inmueble (String domicilio, double superficie, int cantidadAmbientes, int precio) {
        this.domicilio = domicilio;
        this.superficie = superficie;
        this.cantidadAmbientes = cantidadAmbientes;
        this.precio = precio;
        this.interesados = null;
        this.reservado = false;
        this.vendido = false;
    }

    public String getDomicilio( ) {
        return domicilio;
    }

    public double getSuperficie( ) {
```

```
        return superficie;
    }

    public int getCantidadAmbientes( ) {
        return cantidadAmbientes;
    }

    public int getPrecio( ) {
        return precio;
    }

    public void setPrecio(int nuevo) {
        precio = nuevo;
        if (interesados != null)
            for (int i = 0; i < cantidadInteresados; i++)
                interesados[i].avisarCambioPrecio(this,nuevo);
    }

    public void anotarInteresado (Cliente c) {
        if (cantidadInteresados == maximoInteresados) {
            System.out.println ("Se superó el máximo de interesados para este inmueble");
            return;
        }
        if (interesados == null)
            interesados = new Cliente [maximoInteresados];
        interesados [cantidadInteresados] = c;
        cantidadInteresados++;
    }

    private int posicionInteresado (Cliente c) {
        if (interesados == null)
            return -1;
        for (int pos = 0; pos < cantidadInteresados; pos++)
            if (interesados[pos] == c)
                return pos;
        return -1;
    }

    public void eliminarInteresado (Cliente c) {
        int pos = posicionInteresado(c);
        if (pos > -1) {        // encontró el cliente
            // voy a eliminar el elemento del arreglo por compresión
            for (int i = pos; i < cantidadInteresados-1; i++) {
                interesados[i] = interesados[i+1];
            }
            interesados [cantidadInteresados - 1] = null;
            cantidadInteresados--;
        }
    }

    public boolean getReservado( ) {
        return reservado;
    }

    public void reservar( ) {
        reservado = true;
        if (interesados != null)
```

```
                for (int i = 0; i < cantidadInteresados; i++)
                        interesados[i].avisarReserva(this);
    }

    public boolean getVendido( ) {
            return vendido;
    }

    public void vender( ) {
            vendido = true;
            if (interesados != null)
                    for (int i = 0; i < cantidadInteresados; i++)
                            interesados[i].avisarVenta(this);
    }

    public void imprimirDatos( ) {
            System.out.println ("Domicilio: " + getDomicilio( ));
            System.out.println ("Superficie: " + getSuperficie( ));
            System.out.println ("Cantidad de ambientes: " + getCantidadAmbientes( ));
            System.out.println ("Precio: " + getPrecio( ));
            System.out.println ("Reservado: " + getReservado( ));
            System.out.println ("Vendido: " + getVendido( ));
            System.out.println ("Cantidad de interesados: " + cantidadInteresados);
            for (int i = 0; i < cantidadInteresados; i++)
                    System.out.println (interesados[i].getNombre( ));
    }

    // nuevo método:
    public abstract double comisionVendedor( );

}
```

```
// Terreno.java
package carlosfontela.inmobiliarias;

public class Terreno extends Inmueble {

    private boolean enEsquina;

    public Terreno (String domicilio, double superficie, int cantidadAmbientes,
                    int precio, boolean enEsquina) {
            super (domicilio, superficie, cantidadAmbientes, precio);
            this.enEsquina = enEsquina;
    }

    public boolean getEnEsquina( ) {
            return enEsquina;
    }

    public void imprimirDatos( ) {
            super.imprimirDatos( );
            System.out.println ("En esquina: " + getEnEsquina( ));
    }

    // nuevo método:
    public double comisionVendedor( ) {
            return 0.01 * getPrecio( );
```

```java
	}
}
```

```java
// Departamento.java
package carlosfontela.inmobiliarias;

public class Departamento extends Inmueble {

	private boolean cochera;
	private boolean baulera;

	public Departamento (String domicilio, double superficie, int cantidadAmbientes, int precio,
					boolean cochera, boolean baulera) {
		super (domicilio, superficie, cantidadAmbientes, precio);
		this.cochera = cochera;
		this.baulera = baulera;
	}

	public boolean getCochera( ) {
		return cochera;
	}

	public boolean getBaulera( ) {
		return baulera;
	}

	public void imprimirDatos( ) {
		super.imprimirDatos( );
		System.out.println ("Cochera: " + getCochera( ));
		System.out.println ("Baulera: " + getBaulera( ));
	}

	// nuevo método:
	public double comisionVendedor( ) {
		if (getCochera( ))
			return 0.009 * getPrecio( );
		else return 0.011 * getPrecio( );
	}
}
```

```java
// Casa.java
package carlosfontela.inmobiliarias;

public class Casa extends Inmueble {

	private boolean garage;
	private boolean jardin;
	private boolean pileta;
	private int superficieTerreno;

	public Casa(String domicilio, double superficie, int cantidadAmbientes, int precio,
					boolean garage, boolean jardin, boolean pileta, int superficieTerreno) {
		super (domicilio, superficie, cantidadAmbientes, precio);
		this.garage = garage;
		this.jardin = jardin;
		this.pileta = pileta;
		this.superficieTerreno = superficieTerreno;
```

```
    }

    public boolean getGarage( ) {
        return garage;
    }

    public boolean getJardin( ) {
        return jardin;
    }

    public boolean getPileta( ) {
        return pileta;
    }

    public int getSuperficieTerreno( ) {
        return superficieTerreno;
    }

    public void imprimirDatos( ) {
        super.imprimirDatos( );
        System.out.println ("Garage: " + getGarage( ));
        System.out.println ("Jardín: " + getJardin( ));
        System.out.println ("Pileta: " + getPileta( ));
        System.out.println ("Superficie terreno: " + getSuperficieTerreno( ));
    }

    // nuevo método:
    public double comisionVendedor( ) {
        if (getJardin( ) && getPileta( ))
            return 0.008 * getPrecio( );
        if (getJardin( ))
            return 0.010 * getPrecio( );
        return 0.012 * getPrecio( );
    }
}
```

POLIMORFISMO EN C++

En C++, el manejo del polimorfismo es más parecido a C# que a Java.

Los métodos virtuales se deben declarar explícitamente, colocando *virtual* antes del nombre en la declaración del método, como en el ejemplo:

```
virtual void dibujar ( );
```

Esto se hace únicamente en la clase más alta de la jerarquía donde aparezca el método. En las clases descendientes el método será virtual por definición, aunque por cuestiones de claridad conviene volver a escribir *virtual* cada vez.

De todas maneras, no se debe colocar la declaración *virtual* si no es dentro de la declaración de la clase. En nuestra forma de escribir clases – por lo tanto – sólo declararemos a un método virtual en el archivo de cabecera, no en el de implementación.

No hay calificadores *override* ni *new*: el *new* no tiene equivalente; el *override* de C# se escribe *virtual*, aunque se puede simplemente omitir.

Los métodos abstractos son llamados *funciones virtuales puras*. Como su nombre lo indica, un método abstracto es siempre virtual. Se declaran como en el ejemplo:

```
virtual void dibujar ( ) = 0;
```

Y luego no se implementan.

Las clases abstractas son aquellas que contienen métodos abstractos. Como corolario, no hay forma de definir clases abstractas sin declarar un método abstracto en ellas, ni hay forma de declarar métodos abstractos en clases que no sean abstractas.

A continuación, el ejemplo inicial en C++. El programa de prueba será:

```
// Principal.cpp

#include <stdio.h>
#include <iostream.h>

#ifndef CLIENTE_H_
#include "Cliente.h"
#endif /*CLIENTE_H_*/

#ifndef TERRENO_H_
#include "Terreno.h"
#endif /*TERRENO_H_*/

#ifndef DEPARTAMENTO_H_
#include "Departamento.h"
#endif /*DEPARTAMENTO_H_*/

#ifndef CASA_H_
#include "Casa.h"
#endif /*CASA_H_*/

#ifndef INMOBILIARIA_H_
#include "Inmobiliaria.h"
#endif /*INMOBILIARIA_H_*/

using namespace inmobiliarias;

int main ( ) {

  // creación de objetos de prueba
  Cliente ana ("Ana", "02944523698", "ana@suempresa.com.ar");
  Cliente joaquin ("Joaquin", "02234797152", "joaquin@mdp.com.ar");
  Cliente clara ("Clara", "01145642315", "clara@fi.uba.ar");
  Terreno membrillar ("Membrillar 255", 85.3, 4, 82000, true);
  Casa boyaca ("Boyacá 1244", 144.3, 5, 124300, true, true, false, 253);
  Departamento artigas ("Artigas 1366", 95.2, 3, 93700, false, true);
  Departamento neuquen ("Neuquén 3455", 129.4, 5, 128400, true, true);
  Inmobiliaria sucasa ("Su casa", 3, 3);
  Inmobiliaria flores ("Flores", 3, 1.5);

  // impresión básica
```

```
boyaca.imprimirDatos( );
artigas.imprimirDatos( );
membrillar.imprimirDatos( );
cout << endl;

// carga de inmobiliarias
sucasa.agregarInmueble(membrillar);
sucasa.agregarInmueble(neuquen);
flores.agregarInmueble(boyaca);
flores.agregarInmueble(artigas);

// carga de interesados
membrillar.anotarInteresado(ana);
artigas.anotarInteresado(ana);
boyaca.anotarInteresado(joaquin);
neuquen.anotarInteresado(joaquin);
boyaca.anotarInteresado(clara);
artigas.anotarInteresado(sucasa);

// impresión inmuebles e interesados
sucasa.imprimirDatos( );
flores.imprimirDatos( );

// movimientos
artigas.reservar( );
artigas.vender( );

// comisiones de vendedores
    // en terrenos la comisión es del 1%:
    cout << membrillar.comisionVendedor( ) << endl;        // 820
    // en casas con jardín y sin pileta la comisión es del 1%:
    cout << boyaca.comisionVendedor( ) << endl;            // 1243
    // en departamentos sin cochera la comisión es del 1,1%:
    cout << artigas.comisionVendedor( ) << endl;           // 1030.7
    // en departamentos con cochera la comisión es del 0,9%:
    cout << neuquen.comisionVendedor( ) << endl;           // 1155.6

// fin:
char c = getchar( );
return 0;
};
```

A continuación se muestran las clases que debimos cambiar:

```
// Inmobiliaria.h

#ifndef INMUEBLE_H_
#include "Inmueble.h"
#endif /*INMUEBLE_H_*/

#include <string>

#ifndef INMOBILIARIA_H_
#define INMOBILIARIA_H_

namespace inmobiliarias {
```

```
class Inmobiliaria {

        public:
                Inmobiliaria (string, double, double);
                string getNombre( ) const;
                int getCantidadInmuebles( ) const;
                void agregarInmueble (Inmueble&);
                void quitarInmueble (Inmueble&);
                void imprimirDatos ( ) const;
                // nuevas propiedades y métodos:
                double getComisionClienteCompra( ) const;
                double getComisionClienteVenta( ) const;
                double beneficioEsperadoCartera( ) const;
                double beneficioEsperadoReservados( ) const;

        private:
                string nombre;
                int cantidadInmuebles;
                static const int maximoInmuebles = 100;
                RefInmueble inmuebles [maximoInmuebles];
                double comisionClienteCompra;       // atributo nuevo
                double comisionClienteVenta;        // atributo nuevo
                int posicionInmueble (Inmueble&);

  };
};
#endif /*INMOBILIARIA_H_*/
```

```
// Inmobiliaria.cpp

using namespace std;

#ifndef INMOBILIARIA_H_
#include "Inmobiliaria.h"
#endif /*INMOBILIARIA_H_*/

#include <string>

namespace inmobiliarias {

   Inmobiliaria :: Inmobiliaria (string nombre, double comisionClienteCompra,
                double comisionClienteVenta) {
          this->nombre = nombre;
          this->cantidadInmuebles = 0;
          // se agregaron dos lineas:
          this->comisionClienteCompra = comisionClienteCompra;
          this->comisionClienteVenta = comisionClienteVenta;
          // blanqueo de inmuebles:
          for (int i = 0; i < maximoInmuebles; i++)
                inmuebles[i] = NULL;
   }

   string Inmobiliaria :: getNombre( ) const {
          return nombre;
   }

   int Inmobiliaria :: getCantidadInmuebles( ) const {
```

```
        return cantidadInmuebles;
}

double Inmobiliaria :: getComisionClienteCompra( ) const {
        return comisionClienteCompra;
}

double Inmobiliaria :: getComisionClienteVenta( ) const {
        return comisionClienteVenta;
}

void Inmobiliaria :: agregarInmueble (Inmueble& inmueble) {
        if (cantidadInmuebles == maximoInmuebles) {
                cout << "Se superó el máximo de inmuebles para esta inmobiliaria" << endl;
                return;
        }
        inmuebles [cantidadInmuebles] = &inmueble;
        cantidadInmuebles++;
}

int Inmobiliaria :: posicionInmueble (Inmueble& inmueble) {
        for (int pos = 0; pos < cantidadInmuebles; pos++)
                if (inmuebles[pos] == &inmueble)
                        return pos;
        return -1;
}

void Inmobiliaria :: quitarInmueble (Inmueble& inmueble) {
        int pos = posicionInmueble(inmueble);
        if (pos > -1) {         // encontró el inmueble
                // voy a eliminar el elemento del arreglo por compresión
                for (int i = pos; i < cantidadInmuebles-1; i++) {
                        inmuebles[i] = inmuebles [i+1];
                }
                inmuebles [cantidadInmuebles-1] = NULL;
                cantidadInmuebles--;
        }
}

void Inmobiliaria :: imprimirDatos ( ) const {
        cout << "Inmobiliaria: " << this->getNombre( ) << endl;
        for (int i = 0; i < cantidadInmuebles; i++)
                inmuebles[i]->imprimirDatos( );
        cout << endl;
}

double Inmobiliaria :: beneficioEsperadoCartera( ) const {
        double beneficio = 0;
        double comisionesCobradas =
                (getComisionClienteCompra( ) + getComisionClienteVenta( ))/100;
        for (int i = 0; i < cantidadInmuebles; i++)
                if (!inmuebles[i]->getVendido( ))
                        beneficio += inmuebles[i]->beneficioParcial(comisionesCobradas);
        return beneficio;
}

double Inmobiliaria :: beneficioEsperadoReservados( ) const {
```

```
        double beneficio = 0;
        double comisionesCobradas =
                (getComisionClienteCompra( ) + getComisionClienteVenta( ))/100;
        for (int i = 0; i < cantidadInmuebles; i++)
                if (!inmuebles[i]->getVendido( ) && inmuebles[i]->getReservado( ))
                        beneficio += inmuebles[i]->beneficioParcial(comisionesCobradas);
        return beneficio;
    }

};
```

```
// Inmueble.h

#ifndef CLIENTE_H_
#include "Cliente.h"
#endif /*CLIENTE_H_*/

#include <string>

#ifndef INMUEBLE_H_
#define INMUEBLE_H_

namespace inmobiliarias {

  class Inmueble {

        public:
                Inmueble (string, double, int, int);
                string getDomicilio( ) const;
                double getSuperficie( ) const;
                int getCantidadAmbientes( ) const;
                int getPrecio( ) const;
                void setPrecio (int);
                bool getReservado( ) const;
                bool getVendido( ) const;
                void anotarInteresado (Cliente&);
                void eliminarInteresado (Cliente&);
                void reservar( );
                void vender( );
                virtual void imprimirDatos( ) const;     // ahora es virtual
                virtual double comisionVendedor( ) const = 0; // nuevo método, abstracto
                double beneficioParcial (double) const; // nuevo método

        private:
                string domicilio;
                double superficie;
                int cantidadAmbientes;
                int precio;
                int cantidadInteresados;
                static const int maximoInteresados = 1000;
                RefCliente interesados [maximoInteresados];
                bool reservado;
                bool vendido;
                int posicionInteresado (Cliente&);
  };

  typedef Inmueble* RefInmueble;
```

```
};

#endif /*INMUEBLE_H_*/
```

```
// Inmueble.cpp

using namespace std;

#ifndef INMUEBLE_H_
#include "Inmueble.h"
#endif /*INMUEBLE_H_*/

#include <string>

namespace inmobiliarias {

    Inmueble :: Inmueble (string domicilio, double superficie, int cantidadAmbientes, int precio) {
            this->domicilio = domicilio;
            this->superficie = superficie;
            this->cantidadAmbientes = cantidadAmbientes;
            this->precio = precio;
            this->cantidadInteresados = 0;
            this->reservado = false;
            this->vendido = false;
            // blanqueo de interesados:
            for (int i = 0; i < maximoInteresados; i++)
                    interesados[i] = NULL;
    }

    string Inmueble :: getDomicilio( ) const {
            return domicilio;
    }

    double Inmueble :: getSuperficie( ) const {
            return superficie;
    }

    int Inmueble :: getCantidadAmbientes( ) const {
            return cantidadAmbientes;
    }

    int Inmueble :: getPrecio( ) const {
            return precio;
    }

    void Inmueble :: setPrecio (int nuevo) {
            precio = nuevo;
            for (int i = 0; i < cantidadInteresados; i++)
                    interesados[i]->avisarCambioPrecio(this->domicilio);
    }

    void Inmueble :: anotarInteresado (Cliente& cliente) {
            if (cantidadInteresados == maximoInteresados) {
                    cout << "Se superó el máximo de interesados para este inmueble" << endl;
                    return;
            }
```

```
        interesados [cantidadInteresados] = &cliente;
        cantidadInteresados++;
}

int Inmueble :: posicionInteresado (Cliente& cliente) {
        for (int pos = 0; pos < cantidadInteresados; pos++)
                if (interesados[pos] == &cliente)
                        return pos;
        return -1;
}

void Inmueble :: eliminarInteresado (Cliente& cliente) {
        int pos = posicionInteresado(cliente);
        if (pos > -1) {         // encontró el cliente
                // voy a eliminar el elemento del arreglo por compresión
                for (int i = pos; i < cantidadInteresados-1; i++) {
                        interesados[i] = interesados[i+1];
                }
                interesados [cantidadInteresados - 1] = NULL;
                cantidadInteresados--;
        }
}

bool Inmueble :: getReservado( ) const {
        return reservado;
}

void Inmueble :: reservar( ) {
        reservado = true;
        for (int i = 0; i < cantidadInteresados; i++)
                interesados[i]->avisarReserva(this->domicilio);
}

bool Inmueble :: getVendido( ) const {
        return vendido;
}

void Inmueble :: vender( ) {
        vendido = true;
        for (int i = 0; i < cantidadInteresados; i++)
                interesados[i]->avisarVenta(this->domicilio);
}

void Inmueble :: imprimirDatos( ) const {
        cout << "Domicilio: " << getDomicilio( ) << endl;
        cout << "Superficie: " << getSuperficie( ) << endl;
        cout << "Cantidad de ambientes: " << getCantidadAmbientes( ) << endl;
        cout << "Precio: " << getPrecio( ) << endl;
        cout << "Reservado: " << getReservado( ) << endl;
        cout << "Vendido: " << getVendido( ) << endl;
        cout << "Cantidad de interesados: " << cantidadInteresados << endl;
        for (int i = 0; i < cantidadInteresados; i++)
                cout << interesados[i]->getNombre( ) << endl;
}

double Inmueble :: beneficioParcial (double comisionesCobradas) const {
        return precio * comisionesCobradas - comisionVendedor( );
```

```
    }

};
```

```
// Terreno.h

#ifndef INMUEBLE_H_
#include "Inmueble.h"
#endif /*INMUEBLE_H_*/

#ifndef TERRENO_H_
#define TERRENO_H_

#include <string>

namespace inmobiliarias {

    class Terreno : public Inmueble {

        public:
            Terreno (string, double, int, int, bool);
            bool getEnEsquina( ) const;
            virtual void imprimirDatos( ) const;
            virtual double comisionVendedor( ) const;

        private:
            bool enEsquina;
    };
};

#endif /*TERRENO_H_*/
```

```
// Terreno.cpp

#ifndef INMUEBLE_H_
#include "Inmueble.h"
#endif /*INMUEBLE_H_*/

using namespace std;

#ifndef TERRENO_H_
#include "Terreno.h"
#endif /*TERRENO_H_*/

#include <string>

namespace inmobiliarias {

    Terreno :: Terreno (string domicilio, double superficie, int cantidadAmbientes, int precio,
                        bool enEsquina) :
            Inmueble (domicilio, superficie, cantidadAmbientes, precio)
    {
            this->enEsquina = enEsquina;
    }

    bool Terreno :: getEnEsquina( ) const {
            return enEsquina;
```

```
    }

    void Terreno :: imprimirDatos( ) const {
            Inmueble :: imprimirDatos( );
            cout << "En esquina: " << getEnEsquina( ) << endl;
    }

    double Terreno :: comisionVendedor( ) const {
            return 0.01 * getPrecio( );
    };

};
```

```
// Departamento.h

#ifndef INMUEBLE_H_
#include "Inmueble.h"
#endif /*INMUEBLE_H_*/

#ifndef DEPARTAMENTO_H_
#define DEPARTAMENTO_H_

#include <string>

namespace inmobiliarias {

   class Departamento : public Inmueble {

          public:
                  Departamento (string, double, int, int, bool, bool);
                  bool getCochera( ) const;
                  bool getBaulera( ) const;
                  virtual void imprimirDatos( ) const;
                  virtual double comisionVendedor( ) const;

          private:
                  bool cochera;
                  bool baulera;
   };
};

#endif /*DEPARTAMENTO_H_*/
```

```
// Departamento.cpp

#ifndef INMUEBLE_H_
#include "Inmueble.h"
#endif /*INMUEBLE_H_*/

using namespace std;

#ifndef DEPARTAMENTO_H_
#include "Departamento.h"
#endif /*DEPARTAMENTO_H_*/

#include <string>
```

```
namespace inmobiliarias {

    Departamento :: Departamento (string domicilio, double superficie, int cantidadAmbientes,
                            int precio, bool cochera, bool baulera) :
            Inmueble (domicilio,superficie,cantidadAmbientes,precio)
    {
            this->cochera = cochera;
            this->baulera = baulera;
    }

    bool Departamento :: getCochera( ) const {
            return cochera;
    }

    bool Departamento :: getBaulera( ) const {
            return baulera;
    }

    void Departamento :: imprimirDatos( ) const {
            Inmueble :: imprimirDatos( );
            cout << "Cochera: " << getCochera( ) << endl;
            cout << "Baulera: " << getBaulera( ) << endl;
    }

    double Departamento :: comisionVendedor( ) const {
            if (getCochera( ))
                    return 0.009 * getPrecio( );
            else return 0.011 * getPrecio( );
    }
};
```

```
// Casa.h

#ifndef INMUEBLE_H_
#include "Inmueble.h"
#endif /*INMUEBLE_H_*/

#ifndef CASA_H_
#define CASA_H_

#include <string>

namespace inmobiliarias {

    class Casa : public Inmueble {

            public:
                    Casa (string, double, int, int, bool, bool, bool, int);
                    bool getGarage( ) const;
                    bool getJardin( ) const;
                    bool getPileta( ) const;
                    int getSuperficieTerreno( ) const;
                    virtual void imprimirDatos( ) const;
                    virtual double comisionVendedor( ) const;

            private:
                    bool garage;
```

```
			bool jardin;
			bool pileta;
			int superficieTerreno;
	};
};

#endif /*CASA_H_*/
```

```
// Casa.cpp

#ifndef INMUEBLE_H_
#include "Inmueble.h"
#endif /*INMUEBLE_H_*/

using namespace std;

#ifndef CASA_H_
#include "Casa.h"
#endif /*CASA_H_*/

#include <string>

namespace inmobiliarias {

	Casa :: Casa (string domicilio, double superficie, int cantidadAmbientes, int precio,
			bool garage, bool jardin, bool pileta, int superficieTerreno) :
		Inmueble (domicilio,superficie,cantidadAmbientes,precio)
	{
		this->garage = garage;
		this->jardin = jardin;
		this->pileta = pileta;
		this->superficieTerreno = superficieTerreno;
	}

	bool Casa :: getGarage( ) const {
		return garage;
	}

	bool Casa :: getJardin( ) const {
		return jardin;
	}

	bool Casa :: getPileta( ) const {
		return pileta;
	}

	int Casa :: getSuperficieTerreno( ) const {
		return superficieTerreno;
	}

	void Casa :: imprimirDatos( ) const {
		Inmueble :: imprimirDatos( );
		cout << "Garage: " << getGarage( ) << endl;
		cout << "Jardín: " << getJardin( ) << endl;
		cout << "Pileta: " << getPileta( ) << endl;
		cout << "Superficie terreno: " << getSuperficieTerreno( ) << endl;
	}
```

```
double Casa :: comisionVendedor( ) const {
        if (getJardin( ) && getPileta( ))
                return 0.008 * getPrecio( );
        if (getJardin( ))
                return 0.010 * getPrecio( );
        return 0.012 * getPrecio( );
    };
};
```

Ahora sí – si corremos el programa de prueba – obtendremos el comportamiento esperado: el *imprimirDatos* de *Inmobiliaria*, llama a los *imprimirDatos* de las clases *Terreno*, *Departamento* y *Casa*, no al de *Inmueble*.

EJERCICIOS DE EJEMPLO ADICIONALES

Jerarquía de figuras geométricas (Java)

Supongamos que tenemos que desarrollar una aplicación que permita trabajar con figuras geométricas planas, tales como triángulos, cuadriláteros y círculos. Deseamos implementar también conjuntos de figuras que puedan ser tratadas también como figuras compuestas, con toda la funcionalidad prevista para las mismas.

Vamos a diseñar la parte no gráfica de las clases de la aplicación.

Las entidades presentes en esta aplicación son las que se muestran en el diagrama de clases del ítem que sigue, con una jerarquía de herencia adecuada a lo que sabemos de geometría, y con agregación para implementar las figuras compuestas.

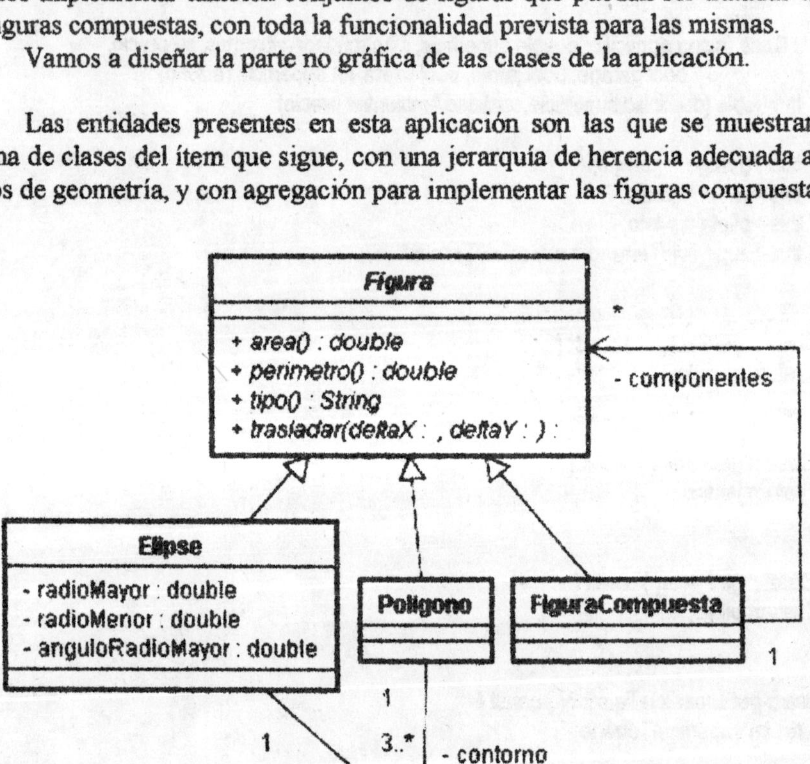

El código de prueba que usaré será (JUnit):

```
package carlosfontela.pruebas;
```

```java
import junit.framework.TestCase;
import carlosfontela.geometria.*;

public class PruebaFiguras extends TestCase {

    private Elipse elipseGirada, elipseCentrada, circulo;
    private Poligono triangulo, cuadrado, rectangulo;
    private FiguraCompuesta compuesta;

    protected void setUp( ) throws Exception {
            // elipse con radios 2 y 1, girada 90º y con centro en 3;3
            elipseGirada = new Elipse (2, 1, new Punto(3,3), Math.PI/2);
            // elipse con radios 3 y 2, sin girar y con centro en 0;0
            elipseCentrada = new Elipse (3, 2);
            // círculo con centro en 0;0:
            circulo = new Elipse (2, 2);
            // triángulo rectángulo:
            Punto[ ] t = { new Punto(0, 0), new Punto(0, 3), new Punto(4, 0) };
            triangulo = new Poligono(t);
            // cuadrado:
            Punto[ ] c = { new Punto(0, 0), new Punto(0, 1), new Punto(1, 1), new Punto(1, 0) };
            cuadrado = new Poligono(c);
            // rectángulo:
            Punto[ ] r = { new Punto(0, 0), new Punto(0, 3), new Punto(5, 3), new Punto(5, 0) };
            rectangulo = new Poligono(r);
            // figura compuesta:
            Figura[ ] f = { triangulo, rectangulo };
            compuesta = new FiguraCompuesta(f);
    }

    public void testArea( ) {
            assertEquals (Math.PI*2*1, elipseGirada.area( ), 1E-4);
            assertEquals (Math.PI*3*2, elipseCentrada.area( ), 1E-4);
            assertEquals (Math.PI*2*2, circulo.area( ), 1E-4);
            assertEquals (3*4/2, triangulo.area( ), 1E-4);
            assertEquals (1, cuadrado.area( ), 1E-4);
            assertEquals (3*5, rectangulo.area( ), 1E-4);
            assertEquals (triangulo.area( ) + rectangulo.area( ), compuesta.area( ), 1E-4);
    }

    public void testPerimetro( ) {
            assertEquals (Math.PI*4, circulo.perimetro( ), 1E-4);
            assertEquals (3+4+5, triangulo.perimetro( ), 1E-4);
            assertEquals (4, cuadrado.perimetro( ), 1E-4);
            assertEquals (3*2+5*2, rectangulo.perimetro( ), 1E-4);
            assertEquals (triangulo.perimetro( ) + rectangulo.perimetro( ), compuesta.perimetro( ), 1E-4);
    }

    public void testTipo( ) {
            assertEquals ("elipse", elipseGirada.tipo( ));
            assertEquals ("elipse", elipseCentrada.tipo( ));
            assertEquals ("circulo", circulo.tipo( ));
            assertEquals ("triángulo", triangulo.tipo( ));
            assertEquals ("cuadrado", cuadrado.tipo( ));
            assertEquals ("cuadrilátero", rectangulo.tipo( ));
            assertEquals ("figura compuesta", compuesta.tipo( ));
```

```
}

public void testTrasladar( ) {
        // probar traslación del centro del circulo:
        circulo.trasladar(2, 2);
        assertEquals (new Punto(2, 2).getX( ),circulo.getCentro( ).getX( ), 1E-4);
        assertEquals (new Punto(2, 2).getY( ),circulo.getCentro( ).getY( ), 1E-4);
        // probar constancia del área después de la traslación del rectángulo:
        double a = rectangulo.area( );
        rectangulo.trasladar(3, 7);
        assertEquals (a, rectangulo.area( ), 1E-4);
}

public void testOtros( ) {
        assertEquals (false, triangulo.regular( ));
        assertEquals (true, cuadrado.regular( ));
        assertEquals (false, triangulo.regular( ));
        assertEquals (3, triangulo.numeroLados( ));
        assertEquals (4, cuadrado.numeroLados( ));
        assertEquals (4, rectangulo.numeroLados( ));
}
}
```

A continuación, defino una clase *Segmento*, parecida a que hice en C#, y que utiliza la clase *Punto* definida en Java en un capítulo anterior:

```
// Segmento.java
package carlosfontela.geometria;

public class Segmento {

  private Punto extremo1;
  private Punto extremo2;

  public Segmento (Punto extremo1, Punto extremo2) {
        this.extremo1 = extremo1;
        this.extremo2 = extremo2;
  }

  public Punto extremo (int i) {
        if (i == 1)
                return extremo1;
        else return extremo2;
  }

  public void cambiarExtremo (int i, Punto p) {
        if (i == 1)
                extremo1 = p;
        else extremo2 = p;
  }

  public double getLongitud( ) {
        return extremo1.distancia(extremo2);
  }

  // el ángulo que forma con el eje x (en radianes)
  public double getAnguloX( ) {
```

```java
        return Math.atan(
                (extremo2.getY( ) - extremo1.getY( )) / (extremo2.getX( ) - extremo1.getX( )) );
    }
}
```

El código de las clases de figuras se muestra a continuación:

```java
// Figura.java
package carlosfontela.geometria;

public abstract class Figura {
    public abstract double area ( );
    public abstract double perimetro ( );
    public abstract String tipo( );
    public abstract void trasladar (double deltaX, double deltaY);
}
```

```java
// Elipse.java
package carlosfontela.geometria;

public class Elipse extends Figura {

    private double radioMayor;
    private double radioMenor;
    private Punto centro;
    private double anguloRadioMayor;

    public Elipse (double radioMayor, double radioMenor, Punto centro, double anguloRadioMayor) {
            this.radioMayor = radioMayor;
            this.radioMenor = radioMenor;
            this.centro = centro;
            this.anguloRadioMayor = anguloRadioMayor;
    }

    public Elipse (double radioMayor, double radioMenor) {
            this.radioMayor = radioMayor;
            this.radioMenor = radioMenor;
            this.centro = new Punto(0, 0);
            this.anguloRadioMayor = 0;
    }

    public double getRadioMayor ( ) {
            return radioMayor;
    }

    public double getRadioMenor ( ) {
            return radioMenor;
    }

    public Punto getCentro ( ) {
            return centro;
    }

    public double getAnguloRadioMayor ( ) {
            return anguloRadioMayor;
    }
```

```
    public double area ( ) {
            return Math.PI * getRadioMayor( ) * getRadioMenor( );
    }

    private static double E1 (double k) {
            // TODO: tabla de integral elíptica
            return 0;
    }

    public double perimetro ( ) {
            // caso del círculo:
            if (getRadioMayor( ) == getRadioMenor( ))
                    return (Math.PI * 2 * getRadioMayor( ));
            // caso general:
            double k = Math.sqrt (Math.pow(getRadioMayor( ), 2) -
                            Math.pow (getRadioMenor( ), 2) ) / Math.pow (getRadioMayor( ), 2);
            return (4* getRadioMayor( ) * E1(k));
    }

    public String tipo( ) {
            if (getRadioMayor( ) == getRadioMenor( ))
                    return "círculo";
            else return "elipse";
    }

    public void trasladar (double deltaX, double deltaY) {
            centro.trasladar (deltaX, deltaY);
    }

}
```

```
// Poligono.java
package carlosfontela.geometria;

public class Poligono extends Figura {

    private Punto[ ] contorno;

    public Poligono (Punto[ ] contorno) {
            if (contorno.length < 3)
                    // veremos el significado de lo que sigue en un capítulo posterior:
                    throw new IllegalArgumentException( );
            this.contorno = contorno;
    }

    static protected double areaTrapecio (Punto p1, Punto p2) {
            return (p1.getY( ) + p2.getY( )) * (p2.getX( ) - p1.getX( )) / 2;
    }

    public int numeroLados( ) {
            return contorno.length;
    }

    public double area ( ) {
            double superficie =
                    areaTrapecio (contorno [numeroLados( )-1], contorno[0]);
            for (int i = 0; i < numeroLados( )-1; i++)
```

```
            superficie += areaTrapecio (contorno[i], contorno[i+1]);
        return superficie;
    }

    public double perimetro ( ) {
        double longitud = contorno[numeroLados( )-1].distancia (contorno[0]);
        for (int i=0; i<numeroLados( )-1; i++)
            longitud += contorno[i].distancia (contorno[i+1]);
        return longitud;
    }

    private Segmento lado (int i) {
        if (i < numeroLados( )-1)
            return new Segmento (contorno[i], contorno[i+1]);
        else return new Segmento (contorno[i], contorno[0]);
    }

    // verifica si es un polígono con todos sus lados iguales
    public boolean regular( ) {
        for (int i = 0; i < contorno.length-1; i++) {
            if (lado(i).getLongitud( ) != lado(i+1).getLongitud( ))
                return false;
        }
        return true;
    }

    public String tipo( ) {
        if (numeroLados( ) == 3 && regular( ))
            return "triángulo equilátero";
        if (numeroLados( ) == 4 && regular( ))
            return "cuadrado";
        String nombre = null;
        switch (numeroLados( )) {
            case 3 : nombre = "triángulo"; break;
            case 4 : nombre = "cuadrilátero"; break;
            case 5 : nombre = "pentágono"; break;
            case 6 : nombre = "hexágono"; break;
            case 7 : nombre = "heptágono"; break;
            case 8 : nombre = "octógono"; break;
            case 9 : nombre = "nonágono"; break;
            case 10 : nombre = "decágono"; break;
            case 12 : nombre = "dodecágono"; break;
            case 20 : nombre = "icoságono"; break;
            default : nombre = "sin nombre";
        }
        if (regular( ))
            nombre += " regular";
        return nombre;
    }

    public void trasladar (double deltaX, double deltaY) {
        for (int i = 0; i < contorno.length; i++)
            contorno[i].trasladar (deltaX, deltaY);
    }

}
```

```java
// FiguraCompuesta.java
package carlosfontela.geometria;

public class FiguraCompuesta extends Figura {

    private Figura[ ] componentes;

    public FiguraCompuesta(Figura[ ] componentes) {
            this.componentes = componentes;
    }

    public double area( ) {
            // TODO: hacer bien este método
            // esta es una simplificación que supone que no hay superposición entre componentes
            double superficie = 0;
            for (int i = 0; i < componentes.length; i++)
                    superficie += componentes[i].area( );
            return superficie;
    }

    public double perimetro( ) {
            // TODO: hacer bien este método
            // esta es una simplificación que supone que no hay superposición entre componentes
            double perimetro = 0;
            for (int i = 0; i < componentes.length; i++)
                    perimetro += componentes[i].perimetro( );
            return perimetro;
    }

    public String tipo( ) {
            return "figura compuesta";
    }

    public void trasladar (double deltaX, double deltaY) {
            for (int i = 0; i < componentes.length; i++)
                    componentes[i].trasladar (deltaX, deltaY);
    }
}
```

Como vemos, la solución en Java es muy natural porque en este lenguaje los métodos son virtuales por defecto. En C# deberíamos cuidar mejor esto, y en C++ también, con el agregado de que en este último lenguaje debemos usar punteros.

En el ejemplo me hice varias concesiones, como algunos métodos sin implementar, otros implementados de manera simplificada y la omisión de algunos comportamientos, como rotación, cambio de escala o distorsión. Tampoco se definieron todas las figuras geométricas posibles, para que no resultara un código muy largo.

Jerarquía de figuras geométricas (C++)

En C++, la solución debe hacer un abundante uso de punteros y declarar los métodos virtuales como tales.

El programa de prueba propuesto, si bien no utiliza un framework de pruebas automatizadas, busca automatizar lo más posible las mismas:

```
// Principal.cpp

#include <stdio.h>
#include <iostream.h>
#include <math.h>

#include <string>

#ifndef PUNTO_H_
#include "Punto.h"
#endif /* PUNTO_H_ */

#ifndef POLIGONO_H_
#include "Poligono.h"
#endif /* POLIGONO_H_ */

#ifndef ELIPSE_H_
#include "Elipse.h"
#endif /* ELIPSE_H_ */

#ifndef FIGURACOMPUESTA_H_
#include "FiguraCompuesta.h"
#endif /* FIGURACOMPUESTA_H_ */

using namespace geometria;

void assertEquals (double esperado, double obtenido, double tolerancia) {
   double diferencia = fabs (esperado - obtenido);
   if (diferencia < tolerancia)
         cout << "OK" << endl;
   else
         cout << "ERROR" << endl;
}

void assertEquals (int esperado, int obtenido) {
   if (obtenido == esperado)
         cout << "OK" << endl;
   else
         cout << "ERROR" << endl;
}

void assertEquals (string esperado, string obtenido) {
   if (obtenido == esperado)
         cout << "OK" << endl;
   else
         cout << "ERROR" << endl;
}

void assertEquals (bool esperado, bool obtenido) {
   if (obtenido == esperado)
         cout << "OK" << endl;
   else
         cout << "ERROR" << endl;
}

int main ( ) {
```

```
// inicialización:

        // algunos puntos:
        Punto p33 (3, 3);
        Punto p00 (0, 0);
        Punto p03 (0, 3);
        Punto p40 (4, 0);
        Punto p01 (0, 1);
        Punto p11 (1, 1);
        Punto p10 (1, 0);
        Punto p53 (5, 3);
        Punto p50 (5, 0);

        // elipse con radios 2 y 1, girada 90º y con centro en 3;3
        Elipse elipseGirada (2, 1, p33, PI/2);

        // elipse con radios 3 y 2, sin girar y con centro en 0;0
        Elipse elipseCentrada (3, 2);

        // círculo con centro en 0;0:
        Elipse circulo (2, 2);

        // triángulo rectángulo:
        Punto t[ ] = { p00, p03, p40 };
        Poligono triangulo (t, 3);

        // cuadrado:
        Punto c[ ] = { p00, p01, p11, p10 };
        Poligono cuadrado (c, 4);

        // rectángulo:
        Punto r[ ] = { p00, p03, p53, p50 };
        Poligono rectangulo (r, 4);

        // figura compuesta:
        RefFigura f[ ] = { &triangulo, &rectangulo };
        FiguraCompuesta compuesta (f, 2);

// prueba de area( ):
        assertEquals (PI*2*1, elipseGirada.area( ), 1E-4);
        assertEquals (PI*3*2, elipseCentrada.area( ), 1E-4);
        assertEquals (PI*2*2, circulo.area( ), 1E-4);
        assertEquals (3*4/2, triangulo.area( ), 1E-4);
        assertEquals (1, cuadrado.area( ), 1E-4);
        assertEquals (3*5, rectangulo.area( ), 1E-4);
        assertEquals (triangulo.area( ) + rectangulo.area( ), compuesta.area( ), 1E-4);

// prueba de perimetro( ):

        assertEquals (PI*4, circulo.perimetro( ), 1E-4);
        assertEquals (3+4+5, triangulo.perimetro( ), 1E-4);
        assertEquals (4, cuadrado.perimetro( ), 1E-4);
        assertEquals (3*2 + 5*2, rectangulo.perimetro( ), 1E-4);
        assertEquals (triangulo.perimetro( ) + rectangulo.perimetro( ),
                                            compuesta.perimetro( ), 1E-4);
```

```
    // prueba de tipo( ):
            assertEquals ("elipse", elipseGirada.tipo( ));
            assertEquals ("elipse", elipseCentrada.tipo( ));
            assertEquals ("círculo", circulo.tipo( ));
            assertEquals ("triángulo equilátero", triangulo.tipo( ));
            assertEquals ("cuadrado", cuadrado.tipo( ));
            assertEquals ("cuadrilátero", rectangulo.tipo( ));
            assertEquals ("figura compuesta", compuesta.tipo( ));

    // prueba de trasladar( ):

            // probar traslación del centro del círculo:
            circulo.trasladar (2, 2);
            Punto p22 (2, 2);
            assertEquals (p22.getX( ), circulo.getCentro( )->getX( ), 1E-4);
            assertEquals (p22.getY( ), circulo.getCentro( )->getY( ), 1E-4);
            // probar constancia del área después de la traslación del rectángulo:
            double a = rectangulo.area( );
            rectangulo.trasladar (3, 7);
            assertEquals (a, rectangulo.area( ), 1E-4);

    // otras pruebas:

            assertEquals (false, triangulo.regular( ));
            assertEquals (true, cuadrado.regular( ));
            assertEquals (false, triangulo.regular( ));
            assertEquals (3, triangulo.numeroLados( ));
            assertEquals (4, cuadrado.numeroLados( ));
            assertEquals (4, rectangulo.numeroLados( ));

    char ch = getchar( );
    return 0;
};
```

Como se ve, sin usar un framework, e incluyendo sólo el método sobrecargado *assertEquals*, pude realizar más fácilmente mis pruebas unitarias.

Las clases que resuelven el problema son:

```
// Figura.h

#include <string>

#ifndef FIGURA_H_
#define FIGURA_H_

namespace geometria {

    class Figura {
        public:
            virtual double area ( ) const = 0;
            virtual double perimetro( ) const = 0;
            virtual string tipo( ) const = 0;
            virtual void trasladar (double, double) = 0;
    };

    typedef Figura* RefFigura;
```

```
    class ArgumentoErroneo{};
};

#endif /* FIGURA_H_ */
```

```
// Elipse.h

#include <string>

#ifndef PUNTO_H_
#include "Punto.h"
#endif /* PUNTO_H_ */

#ifndef FIGURA_H_
#include "Figura.h"
#endif /* FIGURA_H_ */

#ifndef ELIPSE_H_
#define ELIPSE_H_

namespace geometria {

    const double PI = 3.141592654;

    class Elipse : public Figura {

            public:
                    Elipse (double, double , Punto& , double);
                    Elipse (double, double);
                    double getRadioMayor ( ) const;
                    double getRadioMenor ( ) const;
                    Punto* getCentro ( ) const;
                    double getAnguloRadioMayor ( ) const;
                    virtual double area ( ) const;
                    virtual double perimetro ( ) const;
                    virtual string tipo( ) const;
                    virtual void trasladar (double, double);

            private:
                    double radioMayor;
                    double radioMenor;
                    Punto* centro;
                    double anguloRadioMayor;
                    // tabla de integral elíptica
                    double E1 (double) const;
    };
};

#endif /* ELIPSE_H_ */
```

```
// Poligono.h

#include <string>

#ifndef PUNTO_H_
#include "Punto.h"
```

```
#endif /* PUNTO_H_ */

#ifndef FIGURA_H_
#include "Figura.h"
#endif /* FIGURA_H_ */

#ifndef POLIGONO_H_
#define POLIGONO_H_

namespace geometria {

   class Poligono : public Figura {

         public:
               Poligono (Punto[ ], int);
               int numeroLados( ) const;
               virtual double area ( ) const;
               virtual double perimetro ( ) const;
               // verifica si es un polígono con todos sus lados iguales
               bool regular( ) const;
               virtual string tipo( ) const;
               virtual void trasladar (double, double);

         protected:
               double areaTrapecio (Punto*, Punto*) const;

         private:
               static const int maximoLados = 100;
               int cantidadLados;
               Punto* contorno[maximoLados];
   };

};

#endif /* POLIGONO_H_ */
```

```
// FiguraCompuesta.h

#include <string>

#ifndef FIGURA_H_
#include "Figura.h"
#endif /* FIGURA_H_ */

#ifndef FIGURACOMPUESTA_H_
#define FIGURACOMPUESTA_H_

namespace geometria {

   class FiguraCompuesta : public Figura {

         public:
               FiguraCompuesta (const RefFigura[ ], int);
               virtual double area( ) const;
               virtual double perimetro( ) const;
               virtual string tipo( ) const;
               virtual void trasladar (double, double);
```

```
	private:
		static const int maximoComponentes = 50;
		RefFigura componentes [maximoComponentes];
		int cantidadFiguras;
	};
};

#endif /* FIGURACOMPUESTA_H_ */
```

```
// Elipse.cpp

#include <string>
#include <math.h>

#ifndef PUNTO_H_
#include "Punto.h"
#endif /* PUNTO_H_ */

#ifndef FIGURA_H_
#include "Figura.h"
#endif /* FIGURA_H_ */

#ifndef ELIPSE_H_
#include "Elipse.h"
#endif /* ELIPSE_H_ */

namespace geometria {

	Elipse :: Elipse (double radioMayor, double radioMenor, Punto& centro,
			double anguloRadioMayor) {
		this->radioMayor = radioMayor;
		this->radioMenor = radioMenor;
		this->centro = &centro;
		this->anguloRadioMayor = anguloRadioMayor;
	}

	Elipse :: Elipse(double radioMayor, double radioMenor) {
		this->radioMayor = radioMayor;
		this->radioMenor = radioMenor;
		this->centro = new Punto(0,0);
		this->anguloRadioMayor = 0;
	}

	double Elipse :: getRadioMayor ( ) const {
		return radioMayor;
	}

	double Elipse :: getRadioMenor ( ) const {
		return radioMenor;
	}

	Punto* Elipse :: getCentro ( ) const {
		return this->centro;
	}

	double Elipse :: getAnguloRadioMayor ( ) const {
```

```
        return anguloRadioMayor;
    }

    double Elipse :: area ( ) const {
        return PI * getRadioMayor( ) * getRadioMenor( );
    }

    double Elipse :: E1 (double k) const {
        // TODO: tabla de integral elíptica
        return 0;
    }

    double Elipse :: perimetro ( ) const {
        // caso del círculo:
        if (getRadioMayor( ) == getRadioMenor( ))
            return PI * 2 * getRadioMayor( );
        // caso general:
        double k = sqrt (pow(getRadioMayor( ), 2) -
                    pow (getRadioMenor( ), 2) ) / pow (getRadioMayor( ), 2);
        return (4* getRadioMayor( ) * E1(k));
    }

    string Elipse :: tipo( ) const {
        if (getRadioMayor( ) == getRadioMenor( ))
            return "círculo";
        else return "elipse";
    }

    void Elipse :: trasladar (double deltaX, double deltaY) {
        centro->trasladar (deltaX, deltaY);
    }
}
```

```
// Poligono.cpp

#include <string>

#ifndef PUNTO_H_
#include "Punto.h"
#endif /* PUNTO_H_ */

#ifndef FIGURA_H_
#include "Figura.h"
#endif /* FIGURA_H_ */

#ifndef POLIGONO_H_
#include "Poligono.h"
#endif /* POLIGONO_H_ */

namespace geometria {

    Poligono :: Poligono (Punto contorno[ ], int cantidadLados) {
        if ((cantidadLados < 3) || (cantidadLados > maximoLados))
            // veremos el significado de lo que sigue en un capítulo posterior:
            throw new ArgumentoErroneo( );
        for (int i = 0; i < cantidadLados; i++)
            this->contorno[i] = &(contorno[i]);
```

```
        this->cantidadLados = cantidadLados;
}

double Poligono :: areaTrapecio (Punto* p1, Punto* p2) const {
        return (p1->getY( ) + p2->getY( )) * (p2->getX( ) - p1->getX( )) / 2;
}

int Poligono :: numeroLados( ) const {
        return cantidadLados;
}

double Poligono :: area ( ) const {
        double superficie =
                areaTrapecio (contorno [numeroLados( )-1], contorno[0]);
        for (int i = 0; i < numeroLados( )-1; i++)
                superficie += areaTrapecio (contorno[i], contorno[i+1]);
        return superficie;
}

double Poligono :: perimetro ( ) const {
        double longitud = contorno [numeroLados( )-1]->distancia (*contorno[0]);
        for (int i=0; i<numeroLados( )-1; i++)
                longitud += contorno[i]->distancia (*contorno[i+1]);
        return longitud;
}

bool Poligono :: regular( ) const {
        double lado1, lado2;
        lado1 = contorno[0]->distancia (*contorno[1]);
        for (int i = 1; i < numeroLados( )-1; i++) {
                lado2 = contorno[i]->distancia (*contorno[i+1]);
                if (fabs(lado1-lado2) < 1E-4)
                        return false;
                lado1 = lado2;
        }
        return true;
}

string Poligono :: tipo( ) const {
        if (numeroLados( ) == 3 && regular( ))
                return "triángulo equilátero";
        if (numeroLados( ) == 4 && regular( ))
                return "cuadrado";
        string nombre = NULL;
        switch (numeroLados( )) {
                case 3 : nombre = "triángulo"; break;
                case 4 : nombre = "cuadrilátero"; break;
                case 5 : nombre = "pentágono"; break;
                case 6 : nombre = "hexágono"; break;
                case 7 : nombre = "heptágono"; break;
                case 8 : nombre = "octógono"; break;
                case 9 : nombre = "nonágono"; break;
                case 10 : nombre = "decágono"; break;
                case 12 : nombre = "dodecágono"; break;
                case 20 : nombre = "icoságono"; break;
                default : nombre = "sin nombre";
        }
```

```
        if (regular( ))
            nombre += " regular";
        return nombre;
    }

    void Poligono :: trasladar (double deltaX, double deltaY) {
        for (int i = 0; i < numeroLados( ); i++)
            contorno[i]->trasladar(deltaX,deltaY);
    }
}
```

```
// FiguraCompuesta.cpp

#include <string>

#ifndef FIGURA_H_
#include "Figura.h"
#endif /* FIGURA_H_ */

#ifndef FIGURACOMPUESTA_H_
#include "FiguraCompuesta.h"
#endif /* FIGURACOMPUESTA_H_ */

namespace geometria {

    FiguraCompuesta :: FiguraCompuesta (const RefFigura componentes[ ], int cantidadFiguras) {
        if ((cantidadFiguras < 0) || (cantidadFiguras > maximoComponentes))
            // veremos el significado de lo que sigue en un capítulo posterior:
            throw new ArgumentoErroneo( );
        for (int i = 0; i < cantidadFiguras; i++)
            this->componentes[i] = componentes[i];
        this->cantidadFiguras = cantidadFiguras;
    }

    double FiguraCompuesta :: area( ) const {
        // TODO: hacer bien este método
        // esta es una simplificación que supone que no hay superposición entre componentes
        double superficie = 0;
        for (int i = 0; i < cantidadFiguras; i++)
            superficie += componentes[i]->area( );
        return superficie;
    }

    double FiguraCompuesta :: perimetro( ) const {
        // TODO: hacer bien este método
        // esta es una simplificación que supone que no hay superposición entre componentes
        double perimetro = 0;
        for (int i = 0; i < cantidadFiguras; i++)
            perimetro += componentes[i]->perimetro( );
        return perimetro;
    }

    string FiguraCompuesta :: tipo( ) const {
        return "figura compuesta";
    }

    void FiguraCompuesta :: trasladar (double deltaX, double deltaY) {
```

```
        for (int i = 0; i < cantidadFiguras; i++)
                componentes[i]->trasladar(deltaX,deltaY);
    }
}
```

Clientes y cuentas bancarias (C#)

Vamos a seguir con nuestro ejemplo de cuentas bancarias. Como sabemos, las cuentas suelen estar asociadas a clientes, que en nuestro ejemplo inicial era sólo un nombre almacenado como una cadena de caracteres. En este ejemplo, implementaremos clases de clientes, teniendo en cuenta que pueden ser empresas o personas físicas.

El programa de prueba propuesto es:

```
using NUnit.Framework;
using System;

namespace CarlosFontela.Cuentas
{
   [TestFixture]
   public class PruebaCuentas
   {
         private CuentaBancaria cajaAhorro1;
         private CuentaBancaria cuentaCorriente1;
         private CuentaBancaria cajaAhorro2;
         private CuentaBancaria cuentaCorriente2;
         private Cliente juan;
         private Cliente ines;
         private Cliente lunaNueva;

         [SetUp]
         protected void setUp( ) {
                  juan = new Persona ("Juan", "Pérez", 5122122, "Lima", 444, "Belgrano",
                           "Venezuela", "C1000AAA", "01140101010", "juan@perez.com.ar");
                  ines = new Persona ("Inés", "García", 4011011, "Cerrito", 1111, "Santa Fe",
                           "Arenales", "C1111ZZZ", "01140001111", "ines@garcia.com.ar");
                  lunaNueva = new Empresa ("Luna Nueva S.A.", "1701234562", "Freire", 8888,
                           "Dorrego", "Concepción Arenal", "C0000YYY", "01199991000",
                           "info@lunanueva.com.ar");
                  cajaAhorro1 = new CajaAhorro (1234, juan);
                  cajaAhorro2 = new CajaAhorro (5678, ines);
                  cuentaCorriente1 = new CuentaCorriente (9012, ines, 0);
                  cuentaCorriente2 = new CuentaCorriente (3456, lunaNueva, 2000);
         }

         [Test]
         public void test( ) {
                  Assert.AreEqual (1, juan.CantidadCuentas);
                  Assert.AreEqual (2, ines.CantidadCuentas);
                  Assert.AreEqual (1, lunaNueva.CantidadCuentas);
                  Assert.AreEqual (juan, cajaAhorro1.Titular);
                  Assert.AreEqual (ines, cajaAhorro2.Titular);
                  Assert.AreEqual (ines, cuentaCorriente1.Titular);
                  Assert.AreEqual (lunaNueva, cuentaCorriente2.Titular);
                  CuentaBancaria[ ] cuentasJuan = juan.Cuentas;
                  CuentaBancaria[ ] cuentasInes = ines.Cuentas;
```

```
                CuentaBancaria[ ] cuentasLunaNueva = lunaNueva.Cuentas;
                Assert.AreEqual (cajaAhorro1, cuentasJuan[0]);
                Assert.AreEqual (cajaAhorro2, cuentasInes[0]);
                Assert.AreEqual (cuentaCorriente1, cuentasInes[1]);
                Assert.AreEqual (cuentaCorriente2, cuentasLunaNueva[0]);
        }
    }
}
```

Una opción que debí hacer fue entre composición o simple asociación. Normalmente, una cuenta está asociada a un cliente y no admite un cambio de titularidad. No pasa en cambio la inversa, ya que un cliente puede tener varias cuentas y cambiarlas a su antojo. Pero el problema es que en C# la implementación de composición se hace con tipos por valor, y estos no admiten herencia. Por lo tanto, usaremos composición en todo lo que podamos, pero no podemos garantizarla totalmente desde el lenguaje.

Otra decisión era la navegabilidad entre clientes y cuentas. Después de un poco de pensar, decidí mantener una lista de cuentas en el cliente, y un cliente en cada cuenta, permitiendo la navegación bidireccional. Si bien en lenguajes sin recolección de basura las asociaciones bidireccionales son un dolor de cabeza, no es el caso en C#.

El diagrama de clases de la solución quedaría así:

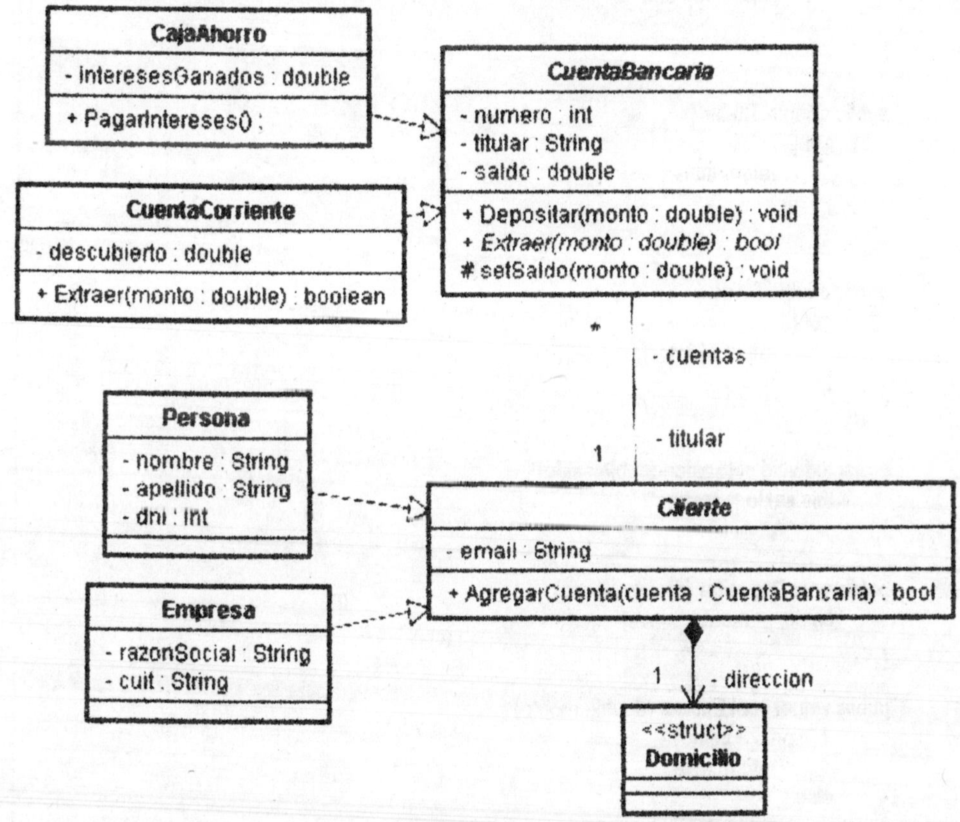

Como UML especifica que las asociaciones bidireccionales no necesitan flechas, no la incluí en la relación entre *CuentaBancaria* y *Cliente*. No obstante, a veces es más claro colocarlas.

Y el código de las clases sería:

```
namespace CarlosFontela.Cuentas
{
    public abstract class CuentaBancaria {

        private int numero;
        private Cliente titular;
        private double saldo;

        public CuentaBancaria (int numero, Cliente titular) {
            bool ok = titular.AgregarCuenta(this);
            if (ok) {
                this.numero = numero;
                this.titular = titular;
                this.saldo = 0;
            }
            // veremos el significado de lo que sigue en un capítulo posterior:
            else throw new System.ArgumentOutOfRangeException( );
        }

        public int Numero {
            get {
                return numero;
            }
        }

        public Cliente Titular {
            get {
                return titular;
            }
        }

        public double Saldo {
            get {
                return saldo;
            }
        }

        protected void setSaldo (double saldo) {
            this.saldo = saldo;
        }

        public void Depositar (double monto) {
            saldo += monto;
        }

        public virtual bool Extraer (double monto) {
            if (monto > saldo)
                return false;
            else {
                saldo -= monto;
                return true;
            }
        }
    }
}
```

```
namespace CarlosFontela.Cuentas
{
   public class CuentaCorriente : CuentaBancaria
   {
         private double descubierto;

         public CuentaCorriente (int numero, Cliente titular, double descubierto)
                     : base(numero, titular) {
               this.descubierto = descubierto;
         }

         public CuentaCorriente (int numero, Cliente titular)
                     : base (numero, titular) {
               this.descubierto = 0;
         }

         public override bool Extraer (double monto) {
               if (monto > Saldo + descubierto)
                     return false;
               else {
                     setSaldo (Saldo - monto);
                     return true;
               }
         }

         public double Descubierto {
               get {
                     return descubierto;
               }
               set {
                     descubierto = value;
               }
         }
   }
}
```

```
namespace CarlosFontela.Cuentas
{
   public class CajaAhorro : CuentaBancaria
   {
         private double interesesGanados;

         public CajaAhorro (int numero, Cliente titular) :
                     base (numero, titular) {
               this.interesesGanados = 0;
         }

         public double InteresesGanados {
               get {
                     return interesesGanados;
               }
               set {
                     interesesGanados = value;
               }
         }
```

```
        public void PagarIntereses( ) {
            setSaldo (Saldo + interesesGanados);
            interesesGanados = 0;
        }
    }
}
```

```
namespace CarlosFontela.Cuentas
{
    public abstract class Cliente
    {
        private Domicilio direccion;
        private string email;
        private const int maximoCuentas = 10;
        private CuentaBancaria[ ] cuentas;

        private int cantidadCuentas;

        public Cliente (string calle, int numero, string entre1, string entre2,
                                    string codigoPostal, string telefono, string email) {
            this.direccion = new Domicilio (calle, numero, entre1, entre2, codigoPostal, telefono);
            this.email = email;
            this.cuentas = new CuentaBancaria [maximoCuentas];
            this.cantidadCuentas = 0;
        }

        public Domicilio Direccion {
            get {
                return direccion;
            }
            set {
                direccion = value;
            }
        }

        public string Email {
            get {
                return email;
            }
            set {
                email = value;
            }
        }

        public CuentaBancaria[ ] Cuentas {
            get {
                return cuentas;
            }
        }

        public bool AgregarCuenta (CuentaBancaria cuenta) {
            if (cantidadCuentas < maximoCuentas) {
                cuentas [cantidadCuentas] = cuenta;
                cantidadCuentas++;
                return true;
            }
            else return false;
```

```
        }

        public int CantidadCuentas {
            get {
                return cantidadCuentas;
            }
        }
    }
}
```

```
namespace CarlosFontela.Cuentas
{
    public struct Domicilio {
        string calle;
        int numero;
        string entre1;
        string entre2;
        string codigoPostal;
        string telefono;

        public Domicilio (string calle, int numero, string entre1, string entre2,
                                        string codigoPostal, string telefono) {
            this.calle = calle;
            this.numero = numero;
            this.entre1 = entre1;
            this.entre2 = entre2;
            this.codigoPostal = codigoPostal;
            this.telefono = telefono;
        }

        public string Telefono {
            get {
                return telefono;
            }
            set {
                telefono = value;
            }
        }

        public string Calle {
            get {
                return calle;
            }
        }

        public string CodigoPostal {
            get {
                return codigoPostal;
            }
        }

        public string Entre1 {
            get {
                return entre1;
            }
        }
```

```
        public string Entre2 {
            get {
                return entre2;
            }
        }

        public int Numero {
            get {
                return numero;
            }
        }
    }
}
```

```
namespace CarlosFontela.Cuentas
{
    public class Persona : Cliente
    {
        private string nombre;
        private string apellido;
        private int dni;

        public Persona (string nombre, string apellido, int dni,
                        string calle, int numero, string entre1, string entre2,
                        string codigoPostal, string telefono, string email) :
                    base (calle, numero, entre1, entre2, codigoPostal, telefono, email) {
            this.nombre = nombre;
            this.apellido = apellido;
            this.dni = dni;
        }

        public string Apellido {
            get {
                return apellido;
            }
        }

        public string Nombre {
            get {
                return nombre;
            }
        }

        public int Dni {
            get {
                return dni;
            }
        }
    }
}
```

```
namespace CarlosFontela.Cuentas
{
    public class Empresa : Cliente
    {
        private string razonSocial;
        private string cuit;
```

```
        public Empresa (string razonSocial, string cuit, string calle, int numero,
                    string entre1, string entre2, string codigoPostal, string telefono, string email) :
                base (calle, numero, entre1, entre2, codigoPostal, telefono, email) {
                this.razonSocial = razonSocial;
                this.cuit = cuit;
        }

        public string RazonSocial {
                get {
                    return razonSocial;
                }
        }

        public string Cuit {
                get {
                    return cuit;
                }
        }
    }
}
```

He aprovechado este ejercicio para mostrar la implementación de una composición en C#, utilizando un tipo por valor para la clase *Domicilio*.

CUESTIONES DE DISEÑO

Polimorfismo y diseño

El uso de polimorfismo debería modificar la forma en que diseñamos nuestras clases.

Por ejemplo, no es una buena práctica de diseño el implementar métodos con acciones de decisión (*if* o *switch*) en los que se hace una cosa u otra en base al valor de un atributo: el polimorfismo debería ser la opción.

De hecho, la esencia del polimorfismo es que – en vez de preguntarle su estado a un objeto e invocar a uno u otro comportamiento según la respuesta – debemos invocar ese comportamiento y que el polimorfismo lo resuelva según el tipo.

Por ejemplo, supongamos que en una clase *CuentaBancaria* tenemos el siguiente código:

```
public void depositar (long monto) {
    saldo += monto;
}

public boolean extraer (long monto) {
    Date hoy = new Date( );
    switch (tipo) {
        case Tipo.CajaAhorro :
                if (monto > saldo)
                    return false;
                break;
        case Tipo.CtaCorriente :
```

```
            if (monto > saldo + descubiertoAcordado)
                    return false;
            break;
    }
    saldo -= monto;
    return true;
}
```

En realidad, la mejor solución para este diseño es implementar la jerarquía que sigue, como hice en el ejercicio que venimos viendo:

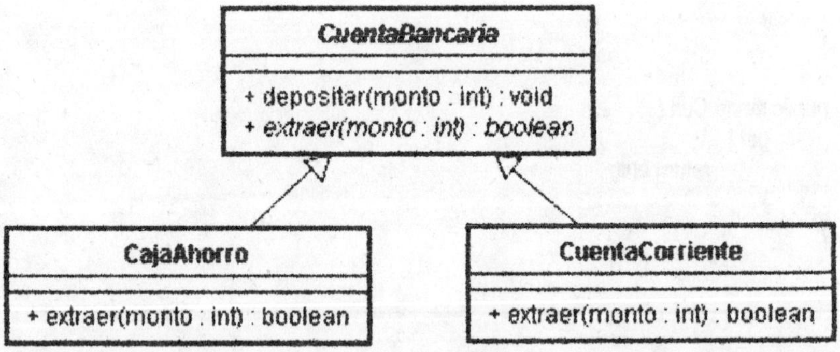

Nótese que mantengo el método *depositar* en *CuentaBancaria*, pero moví la implementación del método *extraer* a las clases descendientes recién creadas.

Incluso podría trabajar más, y mover parte del comportamiento común de *extraer*. Esto lo dejo a cargo del lector.

Cuando usamos herencia, lo que se está reutilizando es la interfaz, que es lo que ven nuestros clientes. De ese modo, cualquier mensaje que pueda recibir un objeto de la clase ancestro lo podrá recibir también uno de la descendiente, con el agregado de poder recibir mensajes que invoquen métodos que sólo existen en la clase descendiente.

Esto último es importante porque establece una restricción: los métodos que se agreguen en la clase descendiente no van a estar en la clase ancestro, y por eso no van a poder ser llamados desde ésta. Destaco esto porque limita el polimorfismo.

Patrón de diseño Marco de aplicación o Template Method (primera parte)

El patrón *Marco de aplicación*, a veces llamado *Template Method* o *Método plantilla*, permite crear una aplicación o componente de software a partir de un esqueleto, reutilizando la mayor parte del código pero redefiniendo algunos métodos para parametrizar la aplicación de acuerdo a nuestras necesidades.

Un ejemplo del uso de este patrón, en la biblioteca estándar en C#, es el método *ToString* definido en *object*. Éste convierte un objeto en un *string*. También existe el método *Console.WriteLine*, que ya hemos usado para imprimir un dato primitivo o un *string* por consola. Pero *Console.WriteLine* puede funcionar para imprimir cualquier tipo de dato, ya que invoca al método *ToString*, virtual en *object*. Por lo tanto, si se desea que *Console.WriteLine* imprima objetos de una determinada clase, lo único que necesitamos hacer es redefinir el método *ToString*.

Por eso es que en algunas de las clases que hemos implementado en ejercicios resueltos, hemos redefinido el método *ToString*. En realidad, si no redefinimos *ToString*, .NET va a usar el *ToString* de *object*, que escribe simplemente el nombre del tipo[55].

Hay otro método que es central en este patrón y es el llamado ***método plantilla***, que se define en la clase base y no puede redefinirse (en C# podríamos declararlo *sealed* y, en ocasiones, privado). El método plantilla es quien llama a otros métodos, como el *ToString* de *object*, que son los que hay que redefinir.

En el ejemplo recién dado, el método plantilla es *Console.WriteLine*.

Aquí se muestra el diagrama de clases de este patrón, implementado por delegación, con el ejemplo de *Console.WriteLine* y *ToString*:

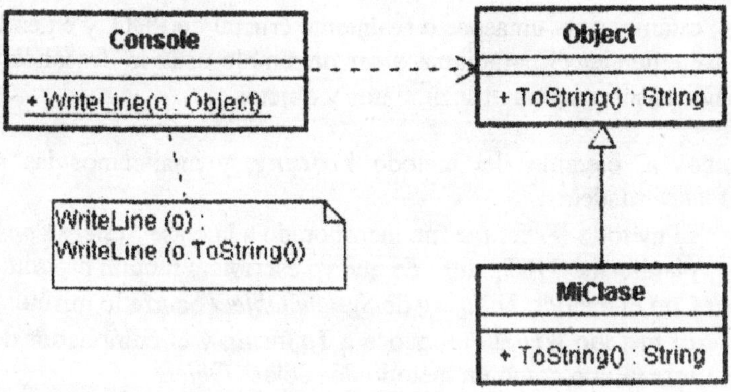

Es decir, lo que ocurre es que en *System.Console* hay una versión de *WriteLine* que toma un *string* como parámetro:

```
public static void WriteLine (string s) {
  // imprime un string
}
```

Y una sobrecarga del mismo método, con un *Object* como parámetro:

```
public static void WriteLine (object o) {
  WriteLine(o.ToString( ));
}
```

Como o.*ToString*( ) es un *string*, éste llama a la otra versión del método. Y como todas las clases descienden de *object*, cualquier clase puede redefinir *ToString* para que el método *Console.WriteLine* funcione con ella.

Un comentario aparte. Éste fue el primer diagrama de clases en que nos encontramos con una línea de puntos entre dos clases. El significado de esta línea de puntos es una *relación de dependencia*, también llamada *dependencia débil*, lo cual significa que entre ambas clases hay algún tipo de correspondencia, como una excepción utilizada, el tipo de un parámetro o cosas por el estilo, de un peso menor que

[55] Si el lector corrió los ejemplos anteriores escritos en C# habrá observado que el compilador le advertía que el método *ToString* que definimos en algunas clases ocultaba otro método *ToString* definido en *object*. Esto es así porque no colocábamos la directiva *override* a *ToString*. En cambio, debido a la implementación por omisión de métodos virtuales en Java, cuando hacíamos lo mismo en este lenguaje no obteníamos mensaje alguno.

una asociación.

Vinculación tardía y singularidades

Hay algo que si no ha llamado la atención del lector, debo presumir que no ha entendido demasiado el polimorfismo.

A ver... ¿Nos hemos dado cuenta de que la existencia de la vinculación tardía implica que muchas veces estaremos definiendo métodos que nunca llamaremos desde nuestro código, pero que son útiles de todas maneras? Obviamente, no me refiero a métodos que incluimos en bibliotecas para que alguien los invoque. No: me refiero a que hay métodos que escribo en mi código, pero que ni yo ni nadie jamás va a invocar desde un código escrito con posterioridad...

Bueno, estamos ante un aspecto realmente crucial de POO, y entenderlo hace la diferencia entre entender el paradigma o ser un simple usuario desconcertado, que sigue recetas mágicas sobre cómo utilizar clases y objetos.

Volvamos al ejemplo del método *ToString*, y analicemos las siguientes afirmaciones, todas verdaderas:

- El método *WriteLine* fue incorporado a la clase *System.Console*, de la plataforma .NET, antes de que yo escribiera ningún programa en C#.
- Con el método *ToString* de *System.Object* ocurre lo mismo.
- El método *WriteLine* invoca a *ToString*, y el compilador de C# ve a este último como un método de la clase *Object*.
- Cinco años después, yo puedo inventar una clase *Fraccion*, sin decirle nada a la gente de Microsoft que define C# y .NET, y le incorporo un método *ToString*, al que le agrego la cláusula *override*.
- Supongamos que nunca nadie escribe código que invoque al *ToString* de mi clase *Fraccion*. Sin embargo, el *ToString* de la clase *Fraccion* es invocado desde el método *WriteLine* de *Console*, escrito cinco años antes, y sin noticia de que algún día yo iba a escribir mi clase, cuando en alguna línea de un programa escribo:

```
Console.WriteLine (new Fraccion (2, 3));
```

¿Captó lo extraño de este fenómeno? Si no entiende del todo lo que leyó, vuelva atrás y asegúrese de entenderlo. ¡Acá está la mayor fortaleza de la POO!

Usted puede escribir clases con métodos virtuales, que van a ser invocados – no por código escrito por usted ni por nadie después de usted – sino por gente que ni siquiera sabía que usted iba a definir esas clases.

En definitiva, la gente que escribió la clase que llama a su método, admitió que parte del comportamiento de los métodos de ellos podía ser redefinido, o modificado si lo prefiere, por otra clase escrita en el futuro. Y usted se aprovecha de esa circunstancia, de modo de poder utilizar métodos ya escritos, pero a los cuales les desea cambiar alguna parte de su comportamiento.

Patrón de diseño Marco de aplicación o Template Method (segunda parte)

En general, la implementación que vimos del patrón Template Method no es la más habitual. La mayor parte de la bibliografía considera que ese patrón se debe implementar por herencia, como en el diagrama que muestro a continuación:

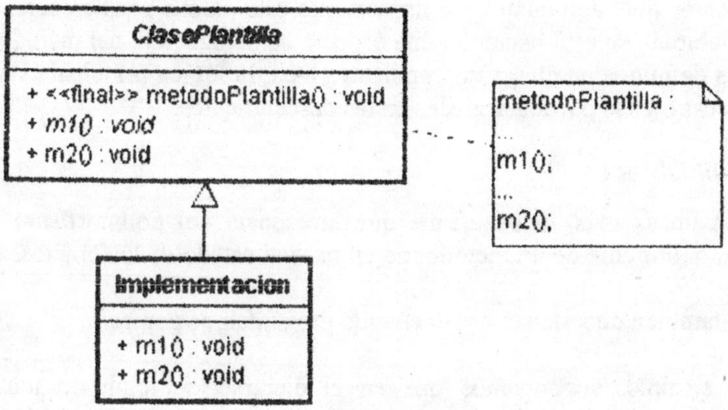

La idea es entonces definir un *metodoPlantilla* que invoque a otros métodos, como *m1* y *m2*. *metodoPlantilla* no es redefinible, mientras que *m1* y *m2* pueden ser abstractos y deben redefinirse.

La clase cliente sólo define *m1* y *m2*, y una aplicación puede llamar al *metodoPlantilla* para que éste los invoque.

La clase *ClasePlantilla* no tiene el menor control sobre lo que hacen *m1* y *m2* en las clases de implementación. Lo único que sabe es en qué momento y bajo qué condiciones son llamados. Si *m1* emite un "Hola, mundo" en una de las clases derivadas y lanza un cohete a Saturno en otra, *ClasePlantilla* no tiene manera de impedirlo. De nuevo, esto es parte de la "magia" del polimorfismo.

A continuación se muestra una implementación por herencia para hacer un ordenamiento:

```
public abstract class OrdenamientoSeleccion {

  public void Ordenar (object[ ] v, int n) {
      // ordena el vector v de n elementos
      for (int i = 0; i < n-1; i++)
            for (int j = i+1; j < n; j++)
                  if (Mayor (v[i], v[j])) {
                        object aux = v[i];
                        v[i] = v[j];
                        v[j] = aux;
                  }
  }

  public abstract bool Mayor (object x, object y);

}
```

El método *Ordenar* hace de método plantilla. *Mayor* es el método que debe redefinirse. Notemos que ahora el método *Ordenar* sirve para cualquier tipo de elemento de vector, ya que bastaría con redefinir *Mayor* para que se adapte al tipo que se desee y tendremos un ordenamiento de vectores genérico.

Hemos dicho que el método a redefinir puede ser abstracto en la clase plantilla. Pero es un hecho que eso no ocurre con *ToString*, y no tiene por qué ser así. A menudo se dejan – en la clase plantilla – implementaciones por defecto o incluso vacías, de modo que las clases descendientes decidan si desean o no redefinirlo.

Notemos que, aun cuando se implemente este patrón por herencia, que es la manera más habitual, se está haciendo una especie de delegación, del método plantilla hacia métodos definidos en clases descendientes. Así, la lógica principal está definida en la clase ancestro y las particularidades en las descendientes.

El patrón Null Object

Unas líneas más arriba afirmé que la esencia del polimorfismo es lograr comportamiento diferente de un método, no en base al estado de los objetos, sino a sus tipos.

Eso también debería ser cierto cuando preguntamos por *null*.

Por ejemplo, supongamos que en el ejemplo del club de inmobiliarias hubiésemos implementado, en la clase *Inmobiliaria*, el arreglo de inmuebles de modo tal que, al quitar un inmueble a una inmobiliaria, en vez de compactar el arreglo, pusiésemos el elemento en *null*.

Es decir, el método *QuitarInmueble* quedaría:

```
public void QuitarInmueble (Inmueble x) {
    if (inmuebles == null)
        return;
    int pos = Array.IndexOf (inmuebles, x);      // busca el inmueble en el arreglo
    if (pos > -1)  // encontró el inmueble
    {   inmuebles [pos] = null;
        cantidadInmuebles--;
    }
}
```

Por supuesto, esto traería muchos cambios en otros métodos ya implementados. Por ejemplo, *AgregarInmueble* buscaría algún elemento *null* y trataría de ubicar allí al inmueble por agregar, dejándola en el último lugar sólo si no encontrase un hueco.

Más allá de las bondades de esta solución, que dependerán del uso que se haga de estos métodos, lo cierto es que nos encontraremos teniendo que chequear el valor *null* en varios métodos. Aquí mostramos algunos de ellos, colocando el comentario "nuevo chequeo" donde hemos agregado la pregunta por el valor *null*:

```
public void ImprimirDatos ( ) {
    Console.WriteLine("Inmobiliaria: "+this.Nombre);
    if (inmuebles != null)
        for (int i = 0; i < cantidadInmuebles; i++)
            if (inmuebles[i] != null)          // nuevo chequeo
                inmuebles[i].ImprimirDatos( );
    Console.WriteLine( );
}

public double BeneficioEsperadoCartera( ) {
    double beneficio = 0;
    double comisionesCobradas = (ComisionClienteCompra+ComisionClienteVenta)/100;
    for (int i = 0; i < cantidadInmuebles; i++)
        if (inmuebles[i] != null) {            // nuevo chequeo
            if (!inmuebles[i].Vendido)
                beneficio += inmuebles[i].beneficioParcial(comisionesCobradas);
        }
    return beneficio;
```

```
}

public double BeneficioEsperadoReservados( ) {
        double beneficio = 0;
        double comisionesCobradas = (ComisionClienteCompra+ComisionClienteVenta)/100;
        for (int i = 0; i < cantidadInmuebles; i++)
                if (inmuebles[i] != null) {            // nuevo chequeo
                        if (!inmuebles[i].Vendido && inmuebles[i].Reservado)
                                beneficio += inmuebles[i].beneficioParcial(comisionesCobradas);
                }
        return beneficio;
}
```

Lo que propone el patrón Null Object es definir una clase descendiente de *Inmueble* para manejar el caso de los valores nulos, que en nuestro caso llamaremos *InmuebleNull*, según el diagrama que sigue, en el cual ejemplifiqué solamente los métodos *AgregarInmueble*, *QuitarInmueble* e *ImprimirDatos*:

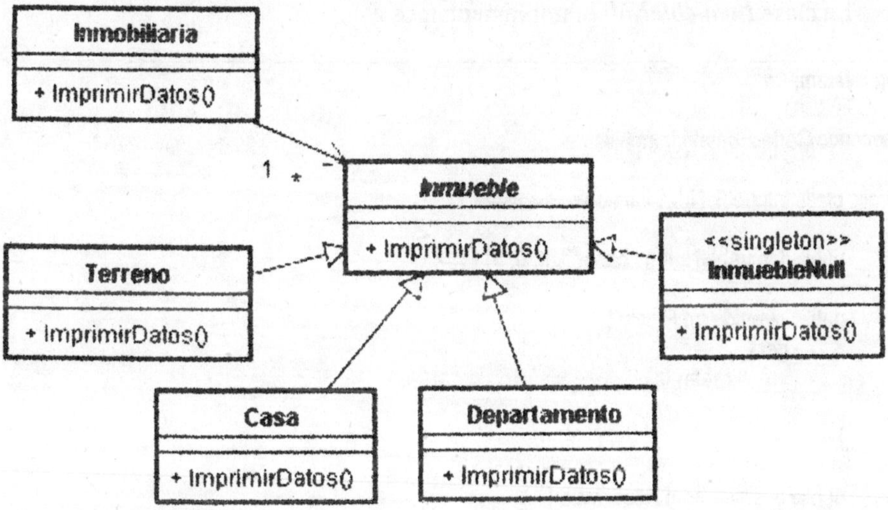

Llevando los beneficios del polimorfismo a los tres métodos anteriores, haríamos lo que sigue:

```
public void ImprimirDatos ( ) {
        Console.WriteLine("Inmobiliaria: "+this.Nombre);
        if (inmuebles != null)
                for (int i = 0; i < cantidadInmuebles; i++)
                        inmuebles[i].ImprimirDatos( );            // ya no hay chequeo de null
        Console.WriteLine( );
}

public double BeneficioEsperadoCartera( ) {
        double beneficio = 0;
        double comisionesCobradas = (ComisionClienteCompra+ComisionClienteVenta)/100;
        for (int i = 0; i < cantidadInmuebles; i++)
                // ya no hay chequeo de null;
                if (!inmuebles[i].Vendido)
                        beneficio += inmuebles[i].beneficioParcial(comisionesCobradas);
        return beneficio;
```

```
    }

    public double BeneficioEsperadoReservados( ) {
        double beneficio = 0;
        double comisionesCobradas = (ComisionClienteCompra+ComisionClienteVenta)/100;
        for (int i = 0; i < cantidadInmuebles; i++)
            // ya no hay chequeo de null:
            if (!inmuebles[i].Vendido && inmuebles[i].Reservado)
                beneficio += inmuebles[i].beneficioParcial(comisionesCobradas);
        return beneficio;
    }
```

Pero para que esto funcione debemos hacer dos cosas:

- Crear la clase *InmuebleNull*, con la redefinición de los métodos necesarios.
- Hacer que la colocación de *null* en los elementos del arreglo sea implementada mediante la nueva clase.

La clase *InmuebleNull* la implementamos así:

```
using System;

namespace CarlosFontela.Inmobiliarias
{
    public class InmuebleNull : Inmueble, INullable
    {
        public InmuebleNull( ) : base("", 0, 0, 0) { }

        public override int Precio {
            get {
                return 0;
            }
        }

        public override bool Reservado {
            get {
                return false;
            }
        }

        public override bool Vendido {
            get {
                return false;
            }
        }

        public override void ImprimirDatos( ) { }

        public override double ComisionVendedor( ) {
            return 0;
        }

        public override double beneficioParcial (double comisionesCobradas) {
            return 0;
        }
    }
```

```
}
```

Por supuesto, a todos los métodos que hemos declarado *override* en *InmuebleNull* debemos colocarle *virtual* en *Inmueble*, si no figurasen así.

Lo que ahora debemos hacer es asegurarnos de que, en vez de colocar *null* a los elementos del arreglo, tanto al crearlo como al quitar elementos, en vez de hacerlo mediante:

```
inmuebles[pos] = null;
```

Realizarlo con, por ejemplo:

```
inmuebles[pos] = new InmuebleNull( );        // antes era: inmuebles[pos] = null;
```

Por supuesto, como puede sospecharse, no tiene sentido tener más de una instancia de *InmuebleNull*, ya que se trata de un objeto sin estado útil, por lo que se podría implementar como un Singleton. En este caso, lo que haríamos sería, en la clase *InmuebleNull*:

```
private InmuebleNull( ) : base("", 0, 0, 0) { }

private static InmuebleNull instancia = new InmuebleNull( );

public static InmuebleNull Instancia {
        get {
                return instancia;
        }
}
```

Y al asignar, por ejemplo:

```
inmuebles[pos] = InmuebleNull.GetInstancia( );    // antes era: new InmuebleNull( );
```

El patrón de diseño Contenedor

Hay ocasiones en que un objeto se puede representar como un conjunto de objetos de su mismo tipo o familia de tipos. Y hay un patrón de diseño que se ocupa de este problema: Contenedor. Un caso particular del patrón Contenedor fue nuestro ejercicio de figuras geométricas, en el que la clase *FiguraCompuesta*, por un lado heredaba de *Figura*, y por otro incluía instancias de *Figura* por agregación. Esto hacía que tanto las figuras simples como las compuestas tuvieran la misma interfaz.

El caso general del patrón Contenedor, aplicado al mismo problema, es el que figura en el siguiente diagrama:

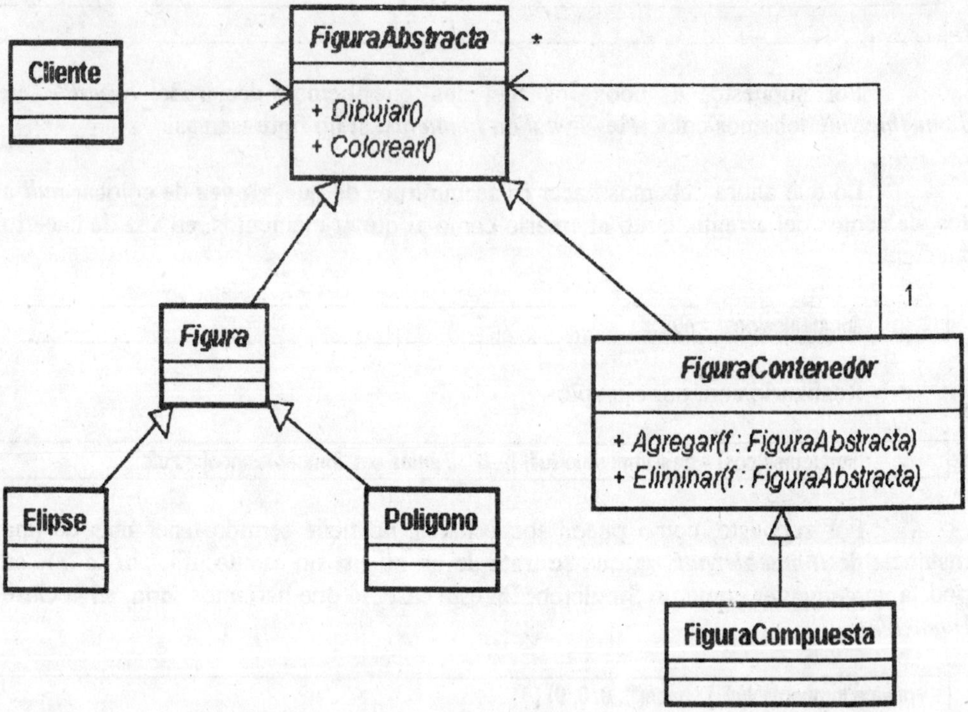

Por favor, analice el lector las diferencias entre este diagrama y el de nuestra solución. Es importante – a esta altura sobre todo – que veamos si entendemos lo que nos dice este diagrama. Veamos:

- *FiguraAbstracta*, *Figura* y *FiguraContenedor* son clases abstractas: no pueden tener instancias.

- Los métodos que figuran en cursiva son abstractos: no se los puede invocar con instancias de esas clases, si existiesen.

- Cada instancia de la clase *Cliente* contiene una referencia a un objeto instancia de *FiguraAbstracta*. Este objeto es polimorfo, por lo que podría ser tanto una *FiguraAbstracta*, como una instancia de cualquiera de sus descendientes. Sin embargo, como *FiguraAbstracta* es abstracta, y también *Figura* y *FiguraContenedor*, la referencia es a un objeto *Elipse*, *Poligono* o *FiguraCompuesta*.

- Cada instancia de una clase derivada de *FiguraContenedor* (no de *FiguraContenedor* misma, pues ésta no tiene instancias) contiene una referencia a un objeto instancia de una clase descendiente de *Figura*. Como corolario, cada objeto *FiguraCompuesta* (descendiente de *FiguraContenedor*) puede contener referencias a *Elipse*, *Poligono*, e incluso otra *FiguraCompuesta*, en forma recursiva, pues todos descienden de *FiguraAbstracta*.

Versionado y polimorfismo

¿Qué modelo es mejor para manejar los métodos virtuales? ¿El de Java, que considera que todos los métodos son virtuales a menos que se diga lo contrario, o el de C#, que obliga al programador a declararlos explícitamente? En la interacción entre versionado y polimorfismo está la cuestión…

Los métodos virtuales pueden provocar problemas al introducirse nuevas versiones de una clase. Supongamos, por ejemplo, que existe una clase *Figura* que, en la versión 1, no tiene un método *Dibujar*.

Otro programador, basándose en la clase *Figura*, introduce una clase *Elipse*, e implementa en ésta un método *Dibujar*. Debido a que no está redefiniendo *Dibujar*, que en esta versión no está incluida en *Figura*, no le coloca la directiva *override*, ni *new*, ni nada.

Supongamos que, un año más tarde, se desarrolla la versión 2 de *Figura*, y ahora sí se implementa la función *Dibujar*, como virtual, y con la misma firma que la que el programador de *Elipse* había previsto en su clase. Si el programador de *Elipse* decide utilizar la nueva versión, ¿qué pasará con su método *Dibujar*? A priori, lo más probable es que el programador de *Elipse* no tenga preparado su código para que redefina un *Dibujar* que no existía, y por lo tanto, no desee que sea virtual. Algo parecido debería ocurrirle a los clientes de la clase *Elipse*, aunque accedan a ella mediante variables de tipo *Figura*.

Esta es la suposición que hicieron por defecto los diseñadores de C#. El método *Dibujar* de *Elipse* seguirá funcionando como antes, sin ser virtual. Si se desea un comportamiento polimorfo deberá agregársele la directiva *override*. Lo más correcto sería, no obstante, que el programador le agregase la directiva *new* en caso de no desear la redefinición. De allí que el compilador envíe una advertencia recomendando esta práctica.

Pero, como ya dije, la vinculación dinámica debería ser la situación por omisión en POO, por ser la base del polimorfismo. Y en este sentido creo que el enfoque de Java, mediante el cual todo método es virtual mientras no digamos lo contrario, es el correcto.

Tal vez los diseñadores de C# han querido preservar la sintaxis de C++ ante la duda, y no introducir una tercera forma diferente a Java y a C++. También puede que hayan querido mantener una semántica similar a los antiguos lenguajes de Microsoft, C++ y Visual Basic.

He visto que muchas personas explican esta elección de C# como una forma de poner el énfasis en el desempeño, destacando que los métodos virtuales son más ineficientes que los no virtuales, pero no parece ser el motivo que guió a la gente de Microsoft.

De hecho, el problema del versionado de las DLL ha sido tan permanente en Microsoft que se lo ha llamado el *infierno de las DLL*. Así que habrá que creerles nomás, cuando afirman que los métodos de C# no son virtuales por defecto para evitar problemas de versionado.

CONCLUSIONES

Ahora que hemos visto varios comportamientos polimorfos en POO, volvamos al análisis del propio polimorfismo. Debe entenderse que lo fundamental del polimorfismo es que rompe con la típica vinculación temprana de los lenguajes compilados tradicionales, que vinculan en tiempo de compilación la llamada a un subprograma con la dirección absoluta de éste.

El polimorfismo se da en dos grados, del más simple al más complejo:

- Con herencia y redefinición: un método actúa, no sólo sobre objetos de la clase para la cual fue declarado, sino para cualquier clase descendiente de aquélla. Hay polimorfismo *a nivel del objeto actual*.
- Con métodos virtuales y vinculación tardía: se demora hasta el tiempo de ejecución la decisión sobre qué métodos invocar dentro del código de otro método. Es el objeto quien realiza la acción en una manera apropiada a sí mismo (y no a la clase donde está declarado el método). Hay polimorfismo *a nivel de código del método*, pues se logra ejecutar código diferente sin necesidad de cambiar el módulo invocante.

Es obvio que el polimorfismo nos presta un especial servicio para la reutilización y la extensibilidad. Sin él, deberíamos escribir un método para cada tipo de dato, repitiendo tediosamente segmentos de código. Con la vinculación tardía, un método escrito para una clase podrá seguir funcionando bien aun cuando se agreguen clases derivadas que no estaban siquiera previstas por el programador del ancestro.

El capítulo que estamos cerrando ha sido tal vez el más complejo del libro hasta el momento, pero es también uno de los más importantes. El polimorfismo es la base para la construcción de todo el andamiaje de la POO.

Pero para que haya polimorfismo, al menos por lo visto hasta ahora, necesitamos la herencia, lo cual es una limitación en los lenguajes que sólo admiten una clase ancestro por cada descendiente. En el próximo capítulo veremos cómo sortear esta restricción, con una nueva construcción: las interfaces.

8. POLIMORFISMO BASADO EN INTERFACES

Pocos ven lo que somos, pero todos ven lo que aparentamos.
Nicolás Maquiavelo[56]

En el capítulo en el que presentamos la herencia vimos algunas de las desventajas de la misma. Sin embargo, si el lector viene prestando un poco de atención, habrá observado que en ese momento no hablamos de "herencia" a secas, sino de **herencia de implementación**. Implícitamente parecemos estar declarando que habría otra forma de herencia.

Efectivamente, se puede decidir no heredar la implementación de una clase ancestro, sino solamente su interfaz. Esto se logra con alguna construcción especial, que varía lenguaje a lenguaje, y que denominamos, como era de esperarse **herencia de interfaz**.

La gran virtud de la herencia de interfaz viene dada porque permite la enorme potencia del polimorfismo, sin las debilidades que – en algunos casos – presenta la herencia de implementación.

Como la herencia de interfaz es la base fundamental de muchos patrones de diseño, al final del capítulo decidí mostrar algunos de ellos, adicionales a los que ya venimos analizando, y que veremos más en detalle en la tercera parte del libro.

UN EJERCICIO INICIAL: GENERALIZACIÓN SIN HERENCIA

El problema y las entidades

En el ejercicio del club de inmobiliarias, cada vez que un inmueble se vendía o se reservaba, avisábamos a todos los clientes interesados. Esto lo hicimos manteniendo una lista de interesados en cada inmueble, que se recorría cada vez que era necesario. El tipo base de este arreglo era *Cliente*, y ese tipo tenía los métodos necesarios para permitir las notificaciones.

Supongamos ahora que deseamos también que las otras inmobiliarias se puedan anotar en la lista de interesados para poder ser avisadas cuando un inmueble se vende. ¿Cómo podemos resolver esto?

En realidad, tenemos dos maneras por el momento: manejar dos listas de interesados, o hacer que las instancias de *Inmobiliaria* también puedan agregarse al arreglo *interesados*.

La primera es menos elegante; pero la segunda no es fácil de resolver. En efecto, ¿qué tipo base deberá tener el arreglo para que podamos colocar instancias de *Inmobiliaria*? La herencia nos sirve a menudo en esto, ya que un arreglo puede tener, como elementos, tanto instancias del tipo definido como base del mismo, como instancias de cualquiera de sus clases descendientes.

La tentación inicial es declarar a la clase *Inmobiliaria* como descendiente de

[56] Cita de "El Príncipe".

Cliente, y con eso resolveríamos el problema. Si bien no sería muy engorroso, el problema es – de nuevo – una falta de claridad conceptual: las inmobiliarias no son clientes, y puede que algunos métodos y propiedades de la clase *Cliente* no apliquen a inmobiliarias.

Por suerte, existe otra solución: la implementación de interfaces. Una **interfaz** es una clase abstracta sin atributos, con todos sus métodos abstractos, que puede ser heredada – en realidad, decimos *implementada* – por una clase que ya sea descendiente de otras clases o interfaces.

La solución, entonces, será definir una interfaz, la cual implementen tanto *Inmobiliaria* como *Cliente*, y que el arreglo de interesados tenga como tipo base a esa interfaz.

Diagrama de clases

El diagrama de clases no difiere demasiado del que tenemos hasta ahora: sólo se agrega la interfaz en cuestión, indicando la implementación con una línea de herencia discontinua:

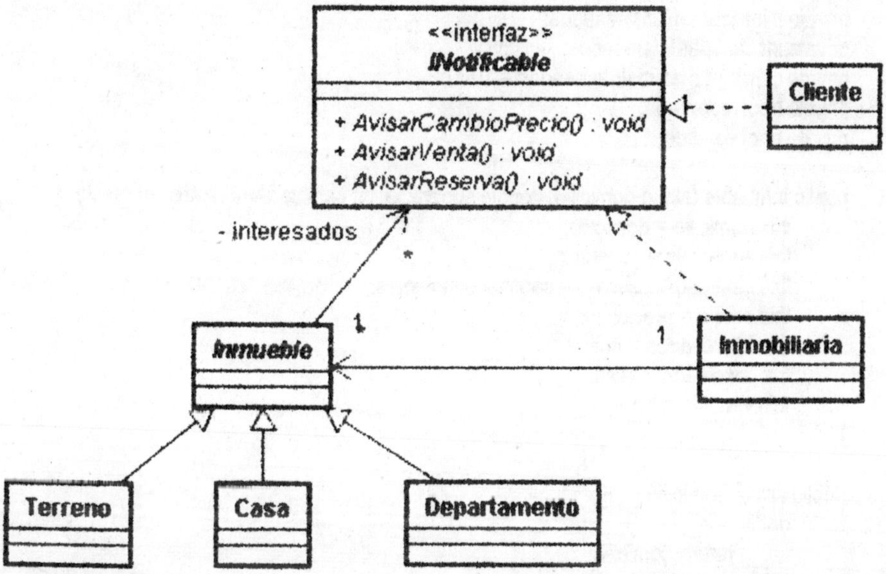

Pruebas unitarias

El programa de prueba que usaremos será el mismo *PruebaInmobiliarias* del capítulo anterior, agregándole la línea:

```
artigas.AnotarInteresado(sucasa);
```

Para ver el funcionamiento de la notificación a la inmobiliaria *sucasa*.

Implementación

Se agregó la interfaz *INotificable*:

```
namespace CarlosFontela.Inmobiliarias
{
  public interface INotificable
```

```
{
        string Nombre { get; }
        void AvisarCambioPrecio (Inmueble x, int nuevoPrecio);
        void AvisarReserva (Inmueble x);
        void AvisarVenta (Inmueble x);
    }
}
```

Las clases que se han modificado son *Inmueble*, *Cliente* e *Inmobiliaria*:

```
using System;

namespace CarlosFontela.Inmobiliarias
{
    public abstract class Inmueble
    {
        private string domicilio;
        private double superficie;
        private int cantidadAmbientes;
        private int precio;
        private INotificable[ ] interesados;
        private int cantidadInteresados;
        private const int maximoInteresados = 1000;
        private bool reservado;
        private bool vendido;

        public Inmueble (string domicilio, double superficie, int cantidadAmbientes, int precio) {
                this.domicilio = domicilio;
                this.superficie = superficie;
                this.cantidadAmbientes = cantidadAmbientes;
                this.precio = precio;
                this.interesados = null;
                this.reservado = false;
                this.vendido = false;
        }

        public string Domicilio {
                get {
                        return domicilio;
                }
        }

        public double Superficie {
                get {
                        return superficie;
                }
        }

        public int CantidadAmbientes {
                get {
                        return cantidadAmbientes;
                }
        }

        public int Precio {
                get {
                        return precio;
```

```
        }
        set {
            precio = value;
            if (interesados != null)
                for (int i = 0; i < cantidadInteresados; i++)
                    interesados[i].AvisarCambioPrecio (this, value);
        }
    }

    public void AnotarInteresado (INotificable c) {
        if (cantidadInteresados == maximoInteresados) {
            Console.WriteLine
                ("Se superó el máximo de interesados para este inmueble");
            return;
        }
        if (interesados == null)
            interesados = new INotificable [maximoInteresados];
        interesados [cantidadInteresados] = c;
        cantidadInteresados++;
    }

    public void EliminarInteresado (INotificable c) {
        if (interesados == null)
            return;
        int pos = Array.IndexOf (interesados, c);      // busca el interesado en el arreglo
        if (pos > -1)  // encontró el interesado
        {
            // voy a eliminar el elemento del arreglo por compresión
            for (int i = pos; i < cantidadInteresados-1; i++) {
                interesados[i] = interesados[i+1];
            }
            interesados [cantidadInteresados - 1] = null;
            cantidadInteresados--;
        }
    }

    public bool Reservado {
        get {
            return reservado;
        }
    }

    public void Reservar( ) {
        reservado = true;
        if (interesados != null)
            for (int i = 0; i < cantidadInteresados; i++)
                interesados[i].AvisarReserva(this);
    }

    public bool Vendido {
        get {
            return vendido;
        }
    }

    public void Vender( ) {
        vendido = true;
        if (interesados != null)
```

```
                    for (int i = 0; i < cantidadInteresados; i++)
                              interesados[i].AvisarVenta(this);
          }

          public virtual void ImprimirDatos( ) {
                    Console.WriteLine ("Domicilio: " + Domicilio);
                    Console.WriteLine ("Superficie: " + Superficie);
                    Console.WriteLine ("Cantidad de ambientes: " + CantidadAmbientes);
                    Console.WriteLine ("Precio: " + Precio);
                    Console.WriteLine ("Reservado: " + Reservado);
                    Console.WriteLine ("Vendido: " + Vendido);
                    Console.WriteLine ("Cantidad de interesados: " + cantidadInteresados);
                    for (int i = 0; i < cantidadInteresados; i++)
                              Console.WriteLine (interesados[i].Nombre);
          }

          public abstract double ComisionVendedor( );

     }
}
```

```
using System;

namespace CarlosFontela.Inmobiliarias
{
     public class Cliente : INotificable
     {
          string nombre;
          string telefono;
          string email;

          public Cliente (string nombre, string telefono, string email) {
                    this.nombre = nombre;
                    this.telefono = telefono;
                    this.email = email;
          }

          // esta propiedad de INotificable ya estaba implementada:
          public string Nombre {
                    get {
                              return nombre;
                    }
          }

          public string Telefono {
                    get {
                              return telefono;
                    }
          }

          public string Email {
                    get {
                              return email;
                    }
          }

          public void CambiarTelefono (string nuevo) {
```

```
            telefono = nuevo;
        }

        public void CambiarEmail (string nuevo) {
            email = nuevo;
        }

        // los 3 métodos que siguen ya implementaban los de INotificable:
        public void AvisarCambioPrecio (Inmueble x, int nuevoPrecio) {
            string mensaje = "El inmueble " + x.Domicilio + " en el que estaba interesado" +
                " ha cambiado de precio. Hoy cuesta $ " + nuevoPrecio;
            enviarMail (mensaje,"con nuevo precio");
        }

        public void AvisarReserva (Inmueble x) {
            string mensaje = "El inmueble " + x.Domicilio +
                " en el que estaba interesado ha sido reservado.";
            enviarMail (mensaje, "reservado");
        }

        public void AvisarVenta (Inmueble x) {
            string mensaje = "El inmueble " + x.Domicilio +
                " en el que estaba interesado ha sido vendido.";
            enviarMail (mensaje, "vendido");
        }

        private void enviarMail (string mensaje, string evento) {
            #warning "enviar mail: implementarlo antes de salir a producción"
            Console.WriteLine ("Mail a " + this.Nombre);
            Console.WriteLine (evento);
            Console.WriteLine (mensaje);
            Console.WriteLine( );
        }
    }
}
```

```
using System;

namespace CarlosFontela.Inmobiliarias
{
    public class Inmobiliaria : INotificable
    {
        private string nombre;
        private int cantidadInmuebles;
        private const int maximoInmuebles = 100;
        private Inmueble[ ] inmuebles;
        private double comisionClienteCompra;
        private double comisionClienteVenta;

        public Inmobiliaria(string nombre, double comisionClienteCompra,
                double comisionClienteVenta) {
            this.nombre = nombre;
            this.inmuebles = null;
            this.cantidadInmuebles = 0;
            this.comisionClienteCompra = comisionClienteCompra;
            this.comisionClienteVenta = comisionClienteVenta;
        }
```

```
// esta propiedad de INotificable ya estaba implementada:
public string Nombre {
        get {
                return nombre;
        }
}

public int CantidadInmuebles {
        get {
                return cantidadInmuebles;
        }
}

public void AgregarInmueble (Inmueble x) {
        if (cantidadInmuebles == maximoInmuebles) {
                Console.WriteLine
                        ("Se superó el máximo de inmuebles para esta inmobiliaria");
                return;
        }
        if (inmuebles == null)
                inmuebles = new Inmueble [maximoInmuebles];
        inmuebles [cantidadInmuebles] = x;
        cantidadInmuebles++;
}

public void QuitarInmueble (Inmueble x) {
        if (inmuebles == null)
                return;
        int pos = Array.IndexOf (inmuebles, x); // busca el inmueble en el arreglo
        if (pos > -1)  // encontró el inmueble
        {
                // voy a eliminar el elemento del arreglo por compresión
                for (int i = pos; i < cantidadInmuebles-1; i++) {
                        inmuebles[i] = inmuebles [i+1];
                }
                inmuebles [cantidadInmuebles-1] = null;
                cantidadInmuebles--;
        }
}

public void ImprimirDatos ( ) {
        Console.WriteLine ("Inmobiliaria: " + this.Nombre);
        if (inmuebles != null)
                for (int i = 0; i < cantidadInmuebles; i++)
                        inmuebles[i].ImprimirDatos( );
        Console.WriteLine( );
}

public double ComisionClienteCompra {
        get {
                return comisionClienteCompra;
        }
}

public double ComisionClienteVenta {
        get {
                return comisionClienteVenta;
```

```
        }
    }

    public double BeneficioEsperadoCartera( ) {
        double beneficio = 0;
        double comisionesCobradas =
                (ComisionClienteCompra + ComisionClienteVenta) / 100;
        for (int i = 0; i < cantidadInmuebles; i++) {
            int precio = inmuebles[i].Precio;
            if (!inmuebles[i].Vendido) {
                beneficio += precio * comisionesCobradas -
                             inmuebles[i].ComisionVendedor( );
            }
        }
        return beneficio;
    }

    public double BeneficioEsperadoReservados( ) {
        double beneficio = 0;
        double comisionesCobradas =
                (ComisionClienteCompra + ComisionClienteVenta) / 100;
        for (int i = 0; i < cantidadInmuebles; i++) {
            int precio = inmuebles[i].Precio;
            if (!inmuebles[i].Vendido && inmuebles[i].Reservado) {
                beneficio += precio * comisionesCobradas -
                        inmuebles[i].ComisionVendedor( );
            }
        }
        return beneficio;
    }

    // los 3 métodos que siguen de INotificable debieron implementarse:
    public void AvisarCambioPrecio (Inmueble x, int nuevoPrecio) {
        string mensaje = "El inmueble " + x.Domicilio + " en el que estaba interesado" +
            " ha cambiado de precio. Hoy cuesta $ " + nuevoPrecio;
        enviarMail (mensaje, "con nuevo precio");
    }

    public void AvisarReserva (Inmueble x) {
        string mensaje = "El inmueble " + x.Domicilio +
            " en el que estaba interesado ha sido reservado.";
        enviarMail (mensaje, "reservado");
    }

    public void AvisarVenta (Inmueble x) {
        string mensaje = "El inmueble " + x.Domicilio +
            " en el que estaba interesado ha sido vendido.";
        enviarMail (mensaje, "vendido");
    }

    private void enviarMail (string mensaje, string evento) {
        #warning "enviar mail: implementarlo antes de salir a producción"
        Console.WriteLine ("Mail a " +this.Nombre);
        Console.WriteLine (evento);
        Console.WriteLine (mensaje);
        Console.WriteLine( );
    }
```

```
    }
}
```

Vemos en el código que, tanto la clase *Cliente* como la clase *Inmobiliaria*, tienen métodos *AvisarCambioPrecio*, *AvisarVenta* y *AvisarReserva*. En ambos casos se los implementó igual, para no confundir más al lector. Sin embargo, no tiene por qué ser así: al fin y al cabo, estos métodos están definiendo los que figuran en la interfaz *INotificable*, y esa definición pudo hacerse diferente en las inmobiliarias. Invito al lector a probar de definir los métodos para que en las inmobiliarias emitan un mensaje distinto.

Este ejemplo nos muestra una construcción nueva: una especie de clase denominada interfaz (*interface* es la palabra clave). Se trata, por lo que vemos, de una especie de clase abstracta con todos sus métodos abstractos, y sin atributos.

Tal vez la tentación más grande al escuchar esta definición sea sospechar que las interfaces no sirven para nada. Sin embargo, probablemente haya tenido la misma impresión al escuchar de clases y métodos abstractos, así que resista la tentación de descalificar por el momento. Créame: estamos ante otro de los grandes conceptos fundamentales de POO, la herencia de interfaces.

Y si quiere consolarse con algo, observe que aparentemente está apareciendo algo como herencia múltiple. ¿No lo ve? Siga leyendo...

POLIMORFISMO DE INTERFACES EN C#

Herencia de implementación y herencia de interfaz

Hace dos capítulos vimos el concepto de herencia de implementación, o simplemente llamada herencia. En este tipo de herencia – la más común en los primeros lenguajes orientados a objetos – se busca utilizar el estado y el comportamiento de una clase que adoptamos como clase ancestro. Como vimos, se toma una implementación y se la extiende con más estado y más comportamiento, pudiendo además redefinir operaciones. Este tipo de herencia es ideal cuando se quiere especificar un tipo que es un caso particular de otro.

La herencia de interfaz, en cambio, implica utilizar solamente las firmas de los métodos y las propiedades de la clase ancestro, sin implementación ni estado. Habitualmente, sirve para expresar que una clase dispone de ciertos métodos y propiedades, que dispone de cierta interfaz.

La herencia de implementación está presente en casi todos los lenguajes orientados a objetos, especialmente aquellos que reconocen antecedentes en lenguajes estructurados, como Object Pascal y C++, y también en muchos otros más modernos, como Java y C#.

La herencia de interfaz no suele estar presente en todos los derivados de lenguajes estructurados, pero en algunos casos se puede simular. Por ejemplo, gracias a la herencia múltiple, C++ puede dejar algunas clases ancestro para implementar herencia de interfaz, suponiendo que ya usa herencia de implementación. Otros lenguajes – como C# y Java – definen un tipo especial de clase, a la que llaman *interfaz*, para permitir que – a la vez que heredamos la implementación de alguna clase – podamos implementar varias interfaces.

Interfaces

Las interfaces, que en algunos lenguajes se llaman *protocolos*, son un interesante mecanismo para declarar algunas operaciones que deben implementar ciertas clases, separando claramente la interfaz de la implementación.

Supongamos, por ejemplo, que queremos definir la operación *ImprimirDatos*, de forma tal que pueda servir para muchas clases, aunque tenga distintas implementaciones en cada una. De hecho, no es lo mismo imprimir una *Propiedad* que una *Inmobiliaria* o una *Fecha*.

Una primera solución sería poner el método como abstracto en la clase base de la familia en la cual quiero implementar la operación. Pero puede ocurrir que esa operación no deba ser implementada en todas las clases de la familia, y sí se necesite implementarla en clases de otras familias. Es decir, puede haber clases imprimibles que pertenezcan a distintas familias, como vimos en los ejemplos recientes, a la vez que no todas las clases de una familia sean imprimibles. En estos casos, no nos sirve usar herencia.

Otra posibilidad sería la herencia múltiple, en los lenguajes que la soportan. De esta manera, podríamos hacer que la clase en cuestión tuviera un ancestro que representa su familia y otro que contiene el método a implementar. Pero ocurre que estaríamos violando la condición de que la herencia exprese siempre relaciones del tipo "es un".

Las interfaces proponen una solución más elegante y consistente.

Una **interfaz** es un conjunto de operaciones que especifican un servicio. Sirve para encapsular un conjunto de métodos y propiedades, sin asignar esta funcionalidad a ningún objeto en particular ni expresar nada respecto del código que los va a implementar. Dicho de otra manera, una interfaz define cómo se va a utilizar un determinado método, pero no restringe qué objetos o clases lo van a poder utilizar ni qué va a realizar exactamente. Como las operaciones de una interfaz no se implementan, decimos que una interfaz *expone* métodos y propiedades.

Una interfaz especifica un contrato, que permite que cambien cliente o proveedor en la medida que cada uno cumpla lo especificado en el contrato.

En C#, las interfaces se parecen a las clases. En realidad, en todo son clases abstractas sin atributos con todos sus métodos abstractos y con propiedades sin implementación. La única diferencia se da en cuanto a la extensión, ya que se admite la herencia múltiple de interfaces, no así la de clases. A continuación se muestra la declaración de una interfaz:

```
public interface Imprimible {
        void ImprimirDatos( );
}
```

Los métodos de las interfaces tienen visibilidad pública por defecto y no pueden ser estáticos o de clase. Además, por ser abstractos por definición, son también virtuales.

Decimos que *una clase implementa una interfaz,* cuando la clase se compromete a implementar los métodos de la interfaz.

Para implementar una interfaz en una clase hay que especificarla a continuación de la clase ancestro inmediata, separada por comas:

```
class Triangulo : Figura, Imprimible {
```

```
    // declaraciones de atributos y métodos
    // debe incluir el método ImprimirDatos, implementado
}
```

Como una clase puede implementar varias interfaces a la vez, podría haber conflictos de nombres que se resolverán con las reglas de resolución de ámbito del lenguaje. No obstante, es recomendable no repetir nombres de métodos en distintas interfaces que sirvan a una misma familia de clases.

Las interfaces pueden tener interfaces descendientes, y una clase puede implementar interfaces a la vez que hereda de otra clase. Las clases *struct* también pueden implementar interfaces.

Nótese que, debido a que las clases que implementan una determinada interfaz no tienen por qué ser descendientes de un ancestro común, esto permite algo parecido a la herencia múltiple, ya que por la herencia se heredan los métodos de su clase ancestro, mientras que mediante interfaces se heredan métodos que no provienen de una jerarquía. De todas maneras, recordemos que los métodos expuestos por una interfaz no tienen implementación y deben implementarse en las clases que la utilicen.

En UML, las interfaces se representan con el estereotipo «*interfaz*». La implementación de una interfaz por una clase puede representarse como la herencia, aunque con línea punteada[57]. A continuación se muestran usos de una interfaz *Imprimible*:

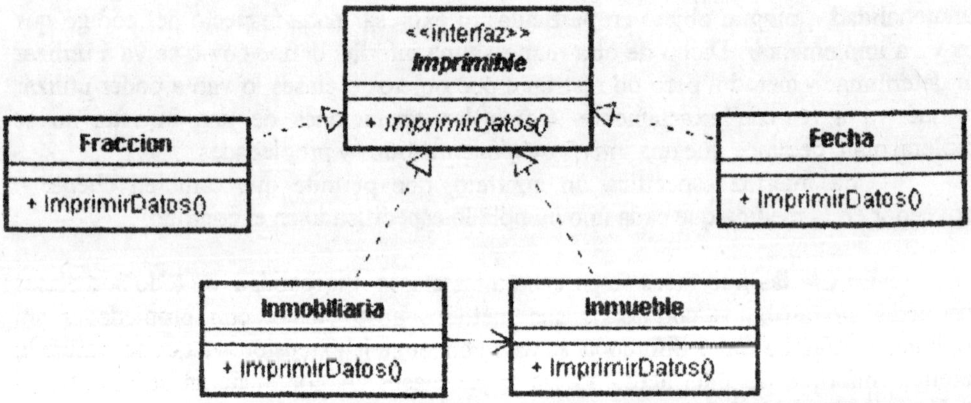

Como vemos, *Fecha*, *Fraccion*, *Inmueble* e *Inmobiliaria* poseen el método *ImprimirDatos*, implementado.

Dije que una interfaz es un conjunto de métodos. Como las propiedades son métodos a su manera, y como los indexadores son propiedades, las interfaces de C# pueden exponer propiedades e indexadores.

Pero una propiedad no es un método, sino un par de ellos: uno para la parte *get* y otro para la parte *set*. Por eso, cuando incluimos propiedades en una interfaz, debemos aclarar cuál de los métodos expone la misma, o si expone ambos.

Esto se indica de la siguiente manera:

[57] Esta forma es denominada forma canónica de representación de interfaces. Si no se requiere demasiada información de la interfaz, se la puede representar en la forma abreviada, que es un círculo pequeño y vacío. Yo usaré solamente la forma canónica.

```
public interface Muestra {
    // propiedad de sólo lectura
    int ConsultaValor {
        get;
    }
    // propiedad de sólo escritura
    int DarValor {
        set;
    }
    // propiedad de lectura y escritura
    int Valor {
        get;
        set;
    }
}
```

También pueden exponerse eventos, como veremos un poco más adelante.

Las interfaces están presentes sólo en algunos lenguajes orientados a objetos, como Java, C# y Object Pascal. En otros, como Eiffel y C++, deben simularse con métodos abstractos y herencia múltiple.

Por otro lado, el OMG recomienda la implementación de interfaces para garantizar la interoperabilidad de objetos distribuidos. Por ello es que las tecnologías CORBA, COM+, JavaBeans, .NET, etc., hacen un uso intenso de interfaces.

Interfaces, clases abstractas e implementación por herencia

Las interfaces son un caso especial de clase abstracta. Por eso, cualquier clase que implemente una interfaz debería implementar todos sus métodos para dejar de ser abstracta.

Hay una manera especial de implementar métodos de una interfaz, habitualmente conocida como *implementación por herencia*. Ésta se da cuando una clase implementa una interfaz y hereda de una clase que tiene un método con la firma del de la interfaz: en este caso no hace falta la implementación explícita.

Por ejemplo, supongamos la siguiente situación:

```
public interface Implementable {
    void M( );
}

public class Base {
    public void M( ) {
        // implementación de M( )
    }
}

public class Derivada : Base, Implementable {
    // varios métodos, propiedades y atributos, pero no M( )
}
```

En este caso, aunque *Derivada* no implemente explícitamente el método *M*, está cumpliendo con su obligación de implementar la interfaz *Implementable*, ya que el método *M* lo tiene definido por su herencia de *Base*.

Uso de interfaces

En C# está permitido que una variable declare que su tipo es una interfaz. Por ejemplo:

```
Imprimible p;
```

Sin embargo, esto no implica que la clase del objeto referenciado por *p* sea *Imprimible*, que es por definición una clase abstracta. Más bien se está diciendo que *p* es una referencia a un objeto cuya clase implementa la interfaz *Imprimible* o hereda de una clase que la implementa. De hecho, si se quisiera instanciar a *p*, se debería hacer, por ejemplo:

```
p = new Fecha (20, 6, 1964);
```

Y en este caso *p* referenciaría a un objeto de clase *Fecha*.

Al declarar *p* como lo hicimos, lo único que podemos afirmar de dicha variable es que se le puede aplicar el método *ImprimirDatos*, que es lo único que conoce cualquier clase que implemente *Imprimible*.

Este uso de variables de tipo interfaz, aunque parezca extraño, es lo más útil del trabajo con interfaces, ya que amplía el polimorfismo. De esta manera, el polimorfismo no sólo se aplica a situaciones de herencia sino a implementaciones de interfaces.

Por ejemplo, si tuviésemos la siguiente declaración:

```
Imprimible[ ] v = new Imprimible [3];
```

El arreglo *v* podría ser cargado con objetos de clases que implementen *Imprimible*, así:

```
v[0] = new Fecha (20, 1, 2000);
v[1] = new Terreno ("Membrillar 255", 85.3, 4, 82000, true);
v[2] = new Fecha (8, 6, 2002);
```

Y luego podríamos imprimir sus elementos:

```
for (int i = 0; i < v.Length; i++)
        v[i].ImprimirDatos( );
```

De hecho, es lo mismo que hice con el arreglo de interesados en el ejercicio inicial del capítulo. Por eso decimos que la implementación de interfaces permite una extensión al polimorfismo.

INTERFACES EN JAVA

En Java, las interfaces tienen la misma semántica que en C#, con la única diferencia de que una interfaz puede definir también constantes, con atributos declarados *final*.

Sintácticamente, la única diferencia es que al implementar una interfaz se utiliza la palabra *implements* en vez de *extends*.

A continuación se muestra el ejemplo del comienzo del capítulo usando una interfaz *Notificable*:

```
// Notificable.java
package carlosfontela.inmobiliarias;

public interface Notificable {
   String getNombre( );
   void avisarCambioPrecio (Inmueble x, int nuevoPrecio);
   void avisarReserva (Inmueble x);
   void avisarVenta (Inmueble x);
}
```

```
// Inmueble.java
package carlosfontela.inmobiliarias;

public abstract class Inmueble {

   private String domicilio;
   private double superficie;
   private int cantidadAmbientes;
   private int precio;
   private Notificable[ ] interesados;
   private int cantidadInteresados;
   private final int maximoInteresados = 1000;
   private boolean reservado;
   private boolean vendido;

   public Inmueble (String domicilio, double superficie, int cantidadAmbientes, int precio) {
         this.domicilio = domicilio;
         this.superficie = superficie;
         this.cantidadAmbientes = cantidadAmbientes;
         this.precio = precio;
         this.interesados = null;
         this.reservado = false;
         this.vendido = false;
   }

   public String getDomicilio( ) {
               return domicilio;
   }

   public double getSuperficie( ) {
               return superficie;
   }

   public int getCantidadAmbientes( ) {
               return cantidadAmbientes;
   }

   public int getPrecio( ) {
         return precio;
   }

   public void setPrecio (int nuevo) {
         precio = nuevo;
```

```
		if (interesados != null)
			for (int i = 0; i < cantidadInteresados; i++)
				interesados[i].avisarCambioPrecio (this, nuevo);
	}

	public void anotarInteresado (Notificable c) {
		if (cantidadInteresados == maximoInteresados) {
			System.out.println ("Se superó el máximo de interesados para este inmueble");
			return;
		}
		if (interesados == null)
			interesados = new Notificable [maximoInteresados];
		interesados [cantidadInteresados] = c;
		cantidadInteresados++;
	}

	private int posicionInteresado (Notificable c) {
		if (interesados == null)
			return -1;
		for (int pos = 0; pos < cantidadInteresados; pos++)
			if (interesados[pos] == c)
				return pos;
		return -1;
	}

	public void eliminarInteresado (Notificable c) {
		int pos = posicionInteresado(c);
		if (pos > -1) {		// encontró el interesado
			// voy a eliminar el elemento del arreglo por compresión
			for (int i = pos; i < cantidadInteresados-1; i++) {
				interesados[i] = interesados[i+1];
			}
			interesados [cantidadInteresados - 1] = null;
			cantidadInteresados--;
		}
	}

	public boolean getReservado( ) {
		return reservado;
	}

	public void reservar( ) {
		reservado = true;
		if (interesados != null)
			for (int i = 0; i < cantidadInteresados; i++)
				interesados[i].avisarReserva(this);
	}

	public boolean getVendido( ) {
		return vendido;
	}

	public void vender( ) {
		vendido = true;
		if (interesados != null)
			for (int i = 0; i < cantidadInteresados; i++)
				interesados[i].avisarVenta(this);
	}
```

```
public void imprimirDatos( ) {
        System.out.println ("Domicilio: " + getDomicilio( ));
        System.out.println ("Superficie: " + getSuperficie( ));
        System.out.println ("Cantidad de ambientes: " + getCantidadAmbientes( ));
        System.out.println ("Precio: " + getPrecio( ));
        System.out.println ("Reservado: " + getReservado( ));
        System.out.println ("Vendido: " + getVendido( ));
        System.out.println ("Cantidad de interesados: " + cantidadInteresados);
        for (int i = 0; i < cantidadInteresados; i++)
                System.out.println (interesados[i].getNombre( ));
}

public abstract double comisionVendedor( );

}
```

```
// Cliente.java

package carlosfontela.inmobiliarias;

public class Cliente implements Notificable {

  String nombre;
  String telefono;
  String email;

  public Cliente (String nombre, String telefono, String email) {
        this.nombre = nombre;
        this.telefono = telefono;
        this.email = email;
  }

  // esta propiedad de Notificable ya estaba implementada:
  public String getNombre( ) {
                return nombre;
  }

  public String getTelefono( ) {
                return telefono;
  }

  public String getEmail( ) {
                return email;
  }

  public void setTelefono (String nuevo) {
        telefono = nuevo;
  }

  public void setEmail (String nuevo) {
        email = nuevo;
  }

  // los 3 métodos que siguen ya implementaban los de Notificable:
  public void avisarCambioPrecio (Inmueble x, int nuevoPrecio) {
        String mensaje = "El inmueble " + x.getDomicilio( ) +
```

```
            " en el que estaba interesado ha cambiado de precio. Hoy cuesta $ " + nuevoPrecio;
        enviarMail (mensaje, "con nuevo precio");
    }

    public void avisarReserva (Inmueble x) {
        String mensaje = "El inmueble " + x.getDomicilio( ) +
                    " en el que estaba interesado ha sido reservado.";
        enviarMail (mensaje, "reservado");
    }

    public void avisarVenta (Inmueble x) {
        String mensaje = "El inmueble " + x.getDomicilio( ) +
                    " en el que estaba interesado ha sido vendido.";
        enviarMail (mensaje, "vendido");
    }

    private void enviarMail (String mensaje, String evento) {
        // TODO: enviar mail
        // este es un método sólo para probar, luego debe ser implementado
        System.out.println ("Mail a " + this.getNombre( ));
        System.out.println (evento);
        System.out.println (mensaje);
        System.out.println( );
    }
}
```

```
// Inmobiliaria.java

package carlosfontela.inmobiliarias;

public class Inmobiliaria implements Notificable {
    private String nombre;
    private int cantidadInmuebles;
    private final int maximoInmuebles = 100;
    private Inmueble[ ] inmuebles;
    private double comisionClienteCompra;
    private double comisionClienteVenta;

    public Inmobiliaria (String nombre, double comisionClienteCompra,
                                    double comisionClienteVenta) {
        this.nombre = nombre;
        this.inmuebles = null;
        this.cantidadInmuebles = 0;
        this.comisionClienteCompra = comisionClienteCompra;
        this.comisionClienteVenta = comisionClienteVenta;
    }

    // esta propiedad de Notificable ya estaba implementada:
    public String getNombre( ) {
            return nombre;
    }

    public int getCantidadInmuebles( ) {
        return cantidadInmuebles;
    }

    public void agregarInmueble (Inmueble x) {
```

```
        if (cantidadInmuebles == maximoInmuebles) {
                System.out.println ("Se superó el máximo de inmuebles para esta inmobiliaria");
                return;
        }
        if (inmuebles == null)
                inmuebles = new Inmueble [maximoInmuebles];
        inmuebles [cantidadInmuebles] = x;
        cantidadInmuebles++;
}

private int posicionInmueble (Inmueble x) {
        if (inmuebles == null)
                return -1;
        for (int pos = 0; pos < cantidadInmuebles; pos++)
                if (inmuebles[pos] == x)
                        return pos;
        return -1;
}

public void quitarInmueble (Inmueble x) {
        int pos = posicionInmueble(x);
        if (pos > -1) {        // encontró el inmueble
                // voy a eliminar el elemento del arreglo por compresión
                for (int i = pos; i < cantidadInmuebles-1; i++) {
                        inmuebles[i] = inmuebles [i+1];
                }
                inmuebles [cantidadInmuebles-1] = null;
                cantidadInmuebles--;
        }
}

public void imprimirDatos ( ) {
        System.out.println ("Inmobiliaria: " + this.getNombre( ));
        if (inmuebles != null)
                for (int i = 0; i < cantidadInmuebles; i++)
                        inmuebles[i].imprimirDatos( );
        System.out.println ( );
}

public double getComisionClienteCompra( ) {
                return comisionClienteCompra;
}

public double getComisionClienteVenta( ) {
                return comisionClienteVenta;
}

public double beneficioEsperadoCartera( ) {
        double beneficio = 0;
        double comisionesCobradas =
                (getComisionClienteCompra( ) + getComisionClienteVenta( )) / 100.0;
        for (int i = 0; i < cantidadInmuebles; i++) {
                int precio = inmuebles[i].getPrecio( );
                if (!inmuebles[i].getVendido( )) {
                        beneficio += precio * comisionesCobradas -
                                        inmuebles[i].comisionVendedor( );
                }
                System.out.println (beneficio);
```

```
        }
        return beneficio;
}

public double beneficioEsperadoReservados( ) {
        double beneficio = 0;
        double comisionesCobradas =
                (getComisionClienteCompra( ) + getComisionClienteVenta( )) / 100;
        for (int i = 0; i < cantidadInmuebles; i++) {
                int precio = inmuebles[i].getPrecio( );
                if (!inmuebles[i].getVendido( ) && inmuebles[i].getReservado( )) {
                        beneficio += precio * comisionesCobradas -
                                inmuebles[i].comisionVendedor( );
                }
        }
        return beneficio;
}

// los 3 métodos que siguen de Notificable debieron implementarse:
public void avisarCambioPrecio (Inmueble x, int nuevoPrecio) {
        String mensaje = "El inmueble " + x.getDomicilio( ) +
        " en el que estaba interesado ha cambiado de precio. Hoy cuesta $ " + nuevoPrecio;
        enviarMail (mensaje, "con nuevo precio");
}

public void avisarReserva (Inmueble x) {
        String mensaje = "El inmueble " + x.getDomicilio( ) +
                " en el que estaba interesado ha sido reservado.";
        enviarMail (mensaje, "reservado");
}

public void avisarVenta (Inmueble x) {
        String mensaje = "El inmueble " + x.getDomicilio( ) +
                " en el que estaba interesado ha sido vendido.";
        enviarMail (mensaje, "vendido");
}

private void enviarMail (String mensaje, String evento) {
        // TODO: enviar mail
        // este es un método sólo para probar; luego debe ser implementado
        System.out.println ("Mail a " + this.getNombre( ));
        System.out.println (evento);
        System.out.println (mensaje);
        System.out.println( );
}
}
```

INTERFACES EN C++

El lenguaje C++ no trabaja con interfaces a la manera de C# o Java.

No obstante, toda la funcionalidad de interfaces puede lograrse heredando de una clase abstracta con todos sus métodos abstractos y sin atributos. Como en C++ hay herencia múltiple, también podemos garantizar la implementación de estas cuasi interfaces a la vez que extendemos otras clases.

Así, la clase *Notificable* que sigue es – aunque su nombre no lo indique – una interfaz:

```
// Notificable.h

#ifndef NOTIFICABLE_H_
#define NOTIFICABLE_H_

namespace inmobiliarias {

  class Notificable {
      public:
          virtual string getNombre( ) const = 0;
          virtual void avisarCambioPrecio (string) const = 0;
          virtual void avisarReserva (string) const = 0;
          virtual void avisarVenta (string) const = 0;
  };

  typedef Notificable* RefNotificable;

}

#endif /*NOTIFICABLE_H_*/
```

A continuación, mostramos las clases de ejemplo del principio de este capítulo en C++:

```
// Inmueble.h

#ifndef CLIENTE_H_
#include "Cliente.h"
#endif /*CLIENTE_H_*/

#include <string>

#ifndef INMUEBLE_H_
#define INMUEBLE_H_

namespace inmobiliarias {

  class Inmueble {

      public:
          Inmueble (string, double, int, int);
          string getDomicilio( ) const;
          double getSuperficie( ) const;
          int getCantidadAmbientes( ) const;
          int getPrecio( ) const;
          void setPrecio (int);
          bool getReservado( ) const;
          bool getVendido( ) const;
          void reservar( );
          void vender( );
          virtual void imprimirDatos( ) const;
          virtual double comisionVendedor( ) const = 0;
          double beneficioParcial (double) const;
          // los dos 2 métodos que siguen cambiaron:
```

```
            void anotarInteresado (Notificable&);
            void eliminarInteresado (Notificable&);

        private:
            string domicilio;
            double superficie;
            int cantidadAmbientes;
            int precio;
            int cantidadInteresados;
            static const int maximoInteresados = 1000;
            RefNotificable interesados [maximoInteresados];
            bool reservado;
            bool vendido;
            int posicionInteresado (Notificable&);
    };

    typedef Inmueble* RefInmueble;

};

#endif /*INMUEBLE_H_*/
```

```
// Inmueble.cpp

using namespace std;

#ifndef INMUEBLE_H_
#include "Inmueble.h"
#endif /*INMUEBLE_H_*/

#include <string>

namespace inmobiliarias {

    Inmueble :: Inmueble (string domicilio, double superficie, int cantidadAmbientes, int precio) {
            this->domicilio = domicilio;
            this->superficie = superficie;
            this->cantidadAmbientes = cantidadAmbientes;
            this->precio = precio;
            this->cantidadInteresados = 0;
            this->reservado = false;
            this->vendido = false;
            // blanqueo de interesados:
            for (int i = 0; i < maximoInteresados; i++)
                interesados[i] = NULL;
    }

    string Inmueble :: getDomicilio( ) const {
            return domicilio;
    }

    double Inmueble :: getSuperficie( ) const {
            return superficie;
    }

    int Inmueble :: getCantidadAmbientes( ) const {
            return cantidadAmbientes;
```

```
}

int Inmueble :: getPrecio( ) const {
        return precio;
}

void Inmueble :: setPrecio (int nuevo) {
        precio = nuevo;
        for (int i = 0; i < cantidadInteresados; i++)
                interesados[i]->avisarCambioPrecio(this->domicilio);
}

void Inmueble :: anotarInteresado (Notificable& interesado) {
        if (cantidadInteresados == maximoInteresados) {
                cout << "Se superó el máximo de interesados para este inmueble" << endl;
                return;
        }
        interesados [cantidadInteresados] = &interesado;
        cantidadInteresados++;
}

int Inmueble :: posicionInteresado (Notificable& interesado) {
        for (int pos = 0; pos < cantidadInteresados; pos++)
                if (interesados[pos] == &interesado)
                        return pos;
        return -1;
}

void Inmueble :: eliminarInteresado (Notificable& interesado) {
        int pos = posicionInteresado(interesado);
        if (pos > -1) {         // encontró el interesado
                // voy a eliminar el elemento del arreglo por compresión
                for (int i = pos; i < cantidadInteresados-1; i++) {
                        interesados[i] = interesados[i+1];
                }
                interesados[cantidadInteresados - 1] = NULL;
                cantidadInteresados--;
        }
}

bool Inmueble :: getReservado( ) const {
        return reservado;
}

void Inmueble :: reservar( ) {
        reservado = true;
        for (int i = 0; i < cantidadInteresados; i++)
                interesados[i] -> avisarReserva (this -> domicilio);
}

bool Inmueble :: getVendido( ) const {
        return vendido;
}

void Inmueble :: vender( ) {
        vendido = true;
        for (int i = 0; i < cantidadInteresados; i++)
                interesados[i]->avisarVenta(this->domicilio);
```

```
}

void Inmueble :: imprimirDatos( ) const {
        cout << "Domicilio: " << getDomicilio( ) << endl;
        cout << "Superficie: " << getSuperficie( ) << endl;
        cout << "Cantidad de ambientes: " << getCantidadAmbientes( ) << endl;
        cout << "Precio: " << getPrecio( ) << endl;
        cout << "Reservado: " << getReservado( ) << endl;
        cout << "Vendido: " << getVendido( ) << endl;
        cout << "Cantidad de interesados: " << cantidadInteresados << endl;
        for (int i = 0; i < cantidadInteresados; i++)
                cout << interesados[i] -> getNombre( ) << endl;
}

double Inmueble :: beneficioParcial (double comisionesCobradas) const {
        return precio * comisionesCobradas - comisionVendedor( );
}
};
```

```
// Cliente.h

#include <string>

#ifndef NOTIFICABLE_H_
#include "Notificable.h"
#endif /*NOTIFICABLE_H_*/

#ifndef CLIENTE_H_
#define CLIENTE_H_

namespace inmobiliarias {

  class Cliente : public Notificable {

        public:
                Cliente (string, string, string);
                string getTelefono( ) const;
                string getEmail( ) const;
                void setTelefono (string);
                void setEmail (string);
                // estos métodos están heredados de Notificable:
                virtual string getNombre( ) const;
                virtual void avisarCambioPrecio (string) const;
                virtual void avisarReserva (string) const;
                virtual void avisarVenta (string) const;
        private:
                string nombre;
                string telefono;
                string email;
                // método privado:
                void enviarMail (string, string) const;
  };

  typedef Cliente* RefCliente;

};
```

```
#endif /*CLIENTE_H_*/
```

```
// Cliente.cpp

using namespace std;

#ifndef CLIENTE_H_
#include "Cliente.h"
#endif /*CLIENTE_H_*/

#include <string>

namespace inmobiliarias {

   Cliente :: Cliente (string nombre, string telefono, string email) {
         this->nombre = nombre;
         this->telefono = telefono;
         this->email = email;
   }

   string Cliente :: getNombre( ) const {
               return nombre;
   }

   string Cliente :: getTelefono( ) const {
               return telefono;
   }

   string Cliente :: getEmail( ) const {
               return email;
   }

   void Cliente :: setTelefono (string nuevo) {
         telefono = nuevo;
   }

   void Cliente :: setEmail (string nuevo) {
         email = nuevo;
   }

   void Cliente :: avisarCambioPrecio (string domicilioInmueble) const {
         string mensaje = "El inmueble " + domicilioInmueble +
               " en el que estaba interesado ha cambiado de precio. " +
               "Llame para averiguar el nuevo precio.";
         enviarMail (mensaje, "cambio de precio");
   }

   void Cliente :: avisarReserva (string domicilioInmueble) const {
         string mensaje = "El inmueble " + domicilioInmueble +
               " en el que estaba interesado ha sido reservado.";
         enviarMail (mensaje, "reservado");
   }

   void Cliente :: avisarVenta (string domicilioInmueble) const {
         string mensaje = "El inmueble " + domicilioInmueble +
               " en el que estaba interesado ha sido vendido.";
         enviarMail (mensaje,"vendido");
```

```
    }

    void Cliente :: enviarMail (string mensaje, string evento) const {
            // TODO: enviar mail
            // este es un método sólo para probar; luego debe ser implementado
            cout << "Mail a " << this -> getNombre( ) << endl;
            cout << evento << endl;
            cout << mensaje << endl;
            cout << endl;
    }
};
```

```
// Inmobiliaria.h

#ifndef INMUEBLE_H_
#include "Inmueble.h"
#endif /*INMUEBLE_H_*/

#ifndef NOTIFICABLE_H_
#include "Notificable.h"
#endif /*NOTIFICABLE_H_*/

#include <string>

#ifndef INMOBILIARIA_H_
#define INMOBILIARIA_H_

namespace inmobiliarias {

    class Inmobiliaria : public Notificable {

            public:
                    Inmobiliaria (string, double, double);
                    string getNombre( ) const;
                    int getCantidadInmuebles( ) const;
                    void agregarInmueble (Inmueble&);
                    void quitarInmueble (Inmueble&);
                    void imprimirDatos ( ) const;
                    double getComisionClienteCompra( ) const;
                    double getComisionClienteVenta( ) const;
                    double beneficioEsperadoCartera( ) const;
                    double beneficioEsperadoReservados( ) const;
                    // nuevas propiedades y métodos:
                    virtual void avisarCambioPrecio (string) const;
                    virtual void avisarReserva (string) const;
                    virtual void avisarVenta (string) const;

            private:
                    string nombre;
                    int cantidadInmuebles;
                    static const int maximoInmuebles = 100;
                    RefInmueble inmuebles [maximoInmuebles];
                    double comisionClienteCompra;        // atributo nuevo
                    double comisionClienteVenta;  // atributo nuevo
                    int posicionInmueble (Inmueble&);
                    // nuevo método privado;
                    void enviarMail (string, string) const;
```

```
    };
};
#endif /*INMOBILIARIA_H_*/
```

```
// Inmobiliaria.cpp

using namespace std;

#ifndef INMOBILIARIA_H_
#include "Inmobiliaria.h"
#endif /*INMOBILIARIA_H_*/

#include <string>

namespace inmobiliarias {

    Inmobiliaria :: Inmobiliaria (string nombre, double comisionClienteCompra,
                                                    double comisionClienteVenta) {
            this->nombre = nombre;
            this->cantidadInmuebles = 0;
            // se agregaron dos líneas:
            this->comisionClienteCompra = comisionClienteCompra;
            this->comisionClienteVenta = comisionClienteVenta;
            // blanqueo de inmuebles:
            for (int i = 0; i < maximoInmuebles; i++)
                    inmuebles[i] = NULL;
    }

    string Inmobiliaria :: getNombre( ) const {
            return nombre;
    }

    int Inmobiliaria :: getCantidadInmuebles( ) const {
            return cantidadInmuebles;
    }

    double Inmobiliaria :: getComisionClienteCompra( ) const {
            return comisionClienteCompra;
    }

    double Inmobiliaria :: getComisionClienteVenta( ) const {
            return comisionClienteVenta;
    }

    void Inmobiliaria :: agregarInmueble (Inmueble& inmueble) {
            if (cantidadInmuebles == maximoInmuebles) {
                    cout << "Se superó el máximo de inmuebles para esta inmobiliaria" << endl;
                    return;
            }
            inmuebles[cantidadInmuebles] = inmueble;
            cantidadInmuebles++;
    }

    int Inmobiliaria :: posicionInmueble (Inmueble& inmueble) {
            for (int pos = 0; pos < cantidadInmuebles; pos++)
                    if (inmuebles[pos] == &inmueble)
```

```
                return pos;
        return -1;
}

void Inmobiliaria :: quitarInmueble (Inmueble& inmueble) {
        int pos = posicionInmueble(inmueble);
        if (pos > -1) {         // encontró el inmueble
                // voy a eliminar el elemento del arreglo por compresión
                for (int i = pos; i < cantidadInmuebles-1; i++) {
                        inmuebles[i] = inmuebles [i+1];
                }
                inmuebles [cantidadInmuebles-1] = NULL;
                cantidadInmuebles--;
        }
}

void Inmobiliaria :: imprimirDatos ( ) const {
        cout << "Inmobiliaria: " << this->getNombre( ) << endl;
        for (int i = 0; i < cantidadInmuebles; i++)
                inmuebles[i]->imprimirDatos( );
        cout << endl;
}

double Inmobiliaria :: beneficioEsperadoCartera( ) const {
        double beneficio = 0;
        double comisionesCobradas =
                (getComisionClienteCompra( ) + getComisionClienteVenta( )) / 100;
        for (int i = 0; i < cantidadInmuebles; i++)
                if (!inmuebles[i]->getVendido( ))
                        beneficio += inmuebles[i]->beneficioParcial(comisionesCobradas);
        return beneficio;
}

double Inmobiliaria :: beneficioEsperadoReservados( ) const {
        double beneficio = 0;
        double comisionesCobradas =
                (getComisionClienteCompra( ) + getComisionClienteVenta( )) / 100;
        for (int i = 0; i < cantidadInmuebles; i++)
                if (!inmuebles[i]->getVendido( ) && inmuebles[i]->getReservado( ))
                        beneficio += inmuebles[i]->beneficioParcial(comisionesCobradas);
        return beneficio;
}

void Inmobiliaria :: avisarCambioPrecio (string domicilioInmueble) const {
        string mensaje = "El inmueble " + domicilioInmueble +
                " en el que estaba interesado ha cambiado de precio. " +
                "Llame para averiguar el nuevo precio.";
        enviarMail (mensaje, "cambio de precio");
}

void Inmobiliaria :: avisarReserva (string domicilioInmueble) const {
        string mensaje = "El inmueble " + domicilioInmueble +
                " en el que estaba interesado ha sido reservado.";
        enviarMail (mensaje, "reservado");
}

void Inmobiliaria :: avisarVenta (string domicilioInmueble) const {
        string mensaje = "El inmueble " + domicilioInmueble +
```

```
        aB.agregarElemento(9);
        eB.agregarElemento(9);
}

public void testVacio( ) {
        assertTrue (aC.vacio( ));
        assertTrue (eC.vacio( ));
        assertEquals (0, aC.cardinalidad( ));
        assertEquals (0, eC.cardinalidad( ));
}

public void testAgregarPertenenciaCardinalidad( ) {
        assertTrue (aA.pertenece(8));
        assertTrue (eA.pertenece(8));
        assertTrue (aA.pertenece(9));
        assertTrue (eA.pertenece(9));
        assertEquals (2, aA.cardinalidad( ));
        assertEquals (2, eA.cardinalidad( ));
        assertTrue (aB.pertenece(3));
        assertTrue (eB.pertenece(3));
        assertFalse (aB.pertenece(8));
        assertFalse (eB.pertenece(8));
        assertTrue (aB.pertenece(9));
        assertTrue (eB.pertenece(9));
        assertEquals (2, aB.cardinalidad( ));
        assertEquals (2, eB.cardinalidad( ));
}

public void testImplementacion( ) {
        // ambas implementaciones deben dar iguales resultados:
        assertTrue (eA.igual(aA));
        assertTrue (eB.igual(aB));
}

public void testUnionPertenencia( ) {
        aC = aA.union(eB);
        eC = eA.union(aB);
        assertEquals (3, aC.cardinalidad( ));
        assertEquals (3, eC.cardinalidad( ));
        assertTrue (aC.pertenece(3));
        assertTrue (aC.pertenece(8));
        assertTrue (aC.pertenece(9));
        assertTrue (eC.pertenece(3));
        assertTrue (eC.pertenece(8));
        assertTrue (eC.pertenece(9));
        // la unión es conmutativa:
        aC = eB.union(aA);
        eC = aB.union(eA);
        assertEquals (3, aC.cardinalidad( ));
        assertEquals (3, eC.cardinalidad( ));
        assertTrue (aC.pertenece(3));
        assertTrue (aC.pertenece(8));
        assertTrue (aC.pertenece(9));
        assertTrue (eC.pertenece(3));
        assertTrue (eC.pertenece(8));
        assertTrue (eC.pertenece(9));
}
```

```java
public void testInterseccionPertenencia( ) {
        aC = eA.interseccion(eB);
        eC = aA.interseccion(aB);
        assertEquals (1, aC.cardinalidad( ));
        assertEquals (1, eC.cardinalidad( ));
        assertFalse (aC.pertenece(3));
        assertFalse (aC.pertenece(8));
        assertTrue (aC.pertenece(9));
        assertFalse (eC.pertenece(3));
        assertFalse (eC.pertenece(8));
        assertTrue (eC.pertenece(9));
        // la intersección es conmutativa:
        aC = eB.interseccion(eA);
        eC = aB.interseccion(aA);
        assertEquals (1, aC.cardinalidad( ));
        assertEquals (1, eC.cardinalidad( ));
        assertFalse (aC.pertenece(3));
        assertFalse (aC.pertenece(8));
        assertTrue (aC.pertenece(9));
        assertFalse (eC.pertenece(3));
        assertFalse (eC.pertenece(8));
        assertTrue (eC.pertenece(9));
}

public void testDiferenciaPertenencia( ) {
        aC = eA.diferencia(aB);
        eC = aA.diferencia(eB);
        assertEquals (1, aC.cardinalidad( ));
        assertEquals (1, eC.cardinalidad( ));
        assertFalse (aC.pertenece(3));
        assertTrue (aC.pertenece(8));
        assertFalse (aC.pertenece(9));
        assertFalse (eC.pertenece(3));
        assertTrue (eC.pertenece(8));
        assertFalse (eC.pertenece(9));
        // la diferencia no es conmutativa:
        aC = aB.diferencia(eA);
        eC = eB.diferencia(aA);
        assertEquals (1, aC.cardinalidad( ));
        assertEquals (1, eC.cardinalidad( ));
        assertTrue (aC.pertenece(3));
        assertFalse (aC.pertenece(8));
        assertFalse (aC.pertenece(9));
        assertTrue (eC.pertenece(3));
        assertFalse (eC.pertenece(8));
        assertFalse (eC.pertenece(9));
}

public void testInclusion( ) {
        assertFalse (eA.incluido(eB));
        assertFalse (eB.incluido(eA));
        assertFalse (aA.incluido(aB));
        assertFalse (aB.incluido(aA));
        aA.agregarElemento(3);
        eA.agregarElemento(3);
        assertFalse (eA.incluido(eB));
        assertTrue (eB.incluido(eA));
        assertFalse (aA.incluido(aB));
```

```
        assertTrue (aB.incluido(aA));
    }

    public void testVaciar( ) {
        aC.agregarElemento(4);
        eC.agregarElemento(12);
        aC.vaciar( );
        eC.vaciar( );
        assertTrue (aC.vacio( ));
        assertTrue (eC.vacio( ));
    }

    public void testEliminar( ) {
        // sacamos un elemento
        aA.sacarElemento(3);
        assertEquals (2, aA.cardinalidad( ));
        assertFalse (aA.pertenece(3));
        // sacamos un elemento que no está
        aA.sacarElemento(125);
        assertEquals (2, aA.cardinalidad( ));
        assertFalse (aA.pertenece(25));
        // sacamos un elemento
        aA.sacarElemento(8);
        assertEquals (1, aA.cardinalidad( ));
        assertFalse (aA.pertenece(8));
        // sacamos un elemento que no está pero estaba
        aA.sacarElemento(8);
        assertEquals (1, aA.cardinalidad( ));
        assertFalse (aA.pertenece(8));
        // sacamos un elemento
        aA.sacarElemento(9);
        assertEquals (0, aA.cardinalidad( ));
        assertFalse (aA.pertenece(9));
        assertTrue (aA.vacio( ));
    }
}
```

A decir verdad, esta vez hice la implementación por partes. En primer lugar, inicialicé todos los conjuntos con instancias de *ConjuntoArreglo*, y fui implementando la clase en cuestión. Una vez que estuve seguro de que esta clase funcionaba, modifiqué el programa de prueba para trabajar con todos los conjuntos como instancias de *ConjuntoBits*, e implementé la clase contra este código de pruebas. Finalmente, para garantizar la interoperabilidad entre ambas implementaciones cambié algunas inicializaciones para probar operaciones mixtas.

Estas operaciones mixtas me obligaron a escribir los métodos *union*, *interseccion*, *diferencia* e *incluido* de manera independiente de la implementación. Ya volveremos sobre esto.

El diagrama de clases de la solución es:

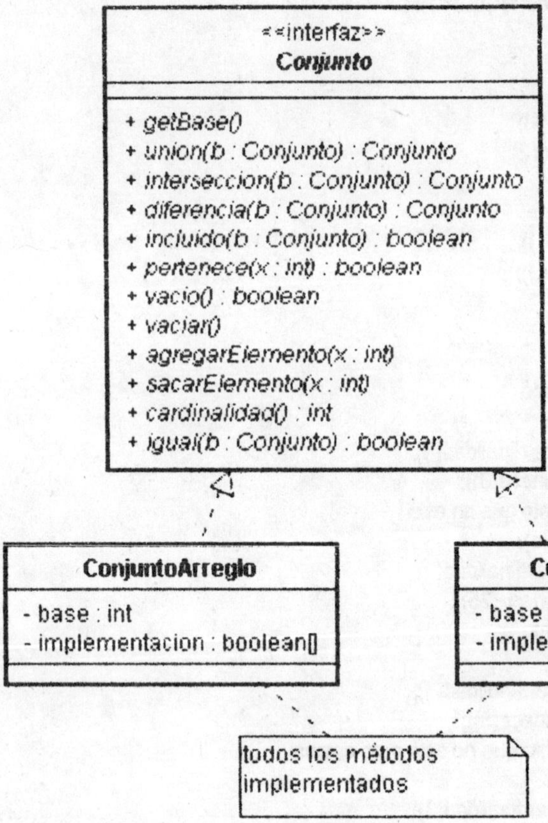

La interfaz *Conjunto* es:

```
// Conjunto.java
package carlosfontela.algebra;

public interface Conjunto {
   int getBase( );        // los elementos del conjunto pueden valer entre 0 y getBase( )-1
   Conjunto union (Conjunto b);
   Conjunto interseccion (Conjunto b);
   Conjunto diferencia (Conjunto b);
   boolean pertenece (int x);
   boolean incluido (Conjunto b);
   boolean vacio( );
   void vaciar( );
   void agregarElemento (int x);
   void sacarElemento (int x);
   int cardinalidad( );
   boolean igual (Conjunto b);
}
```

A continuación, la implementación con arreglos:

```
// ConjuntoArreglo.java
package carlosfontela.algebra;

public class ConjuntoArreglo implements Conjunto {
```

```
private boolean[ ] implementacion;
private int base;

public ConjuntoArreglo (int base) {
        if (base > 0 && base < 65)
                this.base = base;
        else base = 64;
        implementacion = new boolean [base];
}

public int getBase( ) {
        return base;
}

public Conjunto union (Conjunto b) {
        int baseNuevo = Math.max (this.getBase( ), b.getBase( ));
        Conjunto c = new ConjuntoArreglo (baseNuevo);
        if (this.getBase( ) > b.getBase( )) {
                int x = 0;
                // recorremos ambos conjuntos hasta que termine el más corto (b)
                while (x < b.getBase( )) {
                        if (this.pertenece(x) || b.pertenece(x))
                                c.agregarElemento(x);
                        x++;
                }
                // recorremos el más largo (a) hasta que termine
                while (x < this.getBase( )) {
                        if (this.pertenece(x))
                                c.agregarElemento(x);
                        x++;
                }
        }
        else { // el b es más largo que el a
                int x = 0;
                // recorremos ambos conjuntos hasta que termine el más corto (a)
                while (x < this.getBase( )) {
                        if (this.pertenece(x) || b.pertenece(x))
                                c.agregarElemento(x);
                        x++;
                }
                // recorremos el más largo (b) hasta que termine
                while (x < b.getBase( )) {
                        if (b.pertenece(x))
                                c.agregarElemento(x);
                        x++;
                }
        }
        return c;
}

public Conjunto interseccion (Conjunto b) {
        int baseNuevo = Math.max (this.getBase( ), b.getBase( ));
        Conjunto c = new ConjuntoArreglo (baseNuevo);
        int x = 0;
        // recorremos ambos conjuntos hasta que termine el más corto
        while (x < Math.min(this.getBase( ),b.getBase( ))) {
                if (this.pertenece(x) && b.pertenece(x))
                        c.agregarElemento(x);
```

```
            x++;
        }
        return c;
    }

    public Conjunto diferencia (Conjunto b) {
        int baseNuevo = Math.max (this.getBase( ), b.getBase( ));
        Conjunto c = new ConjuntoArreglo (baseNuevo);
        if (this.getBase( ) > b.getBase( )) {
            int x = 0;
            // recorremos ambos conjuntos hasta que termine el más corto (b)
            while (x < b.getBase( )) {
                if (this.pertenece(x) && !b.pertenece(x))
                    c.agregarElemento(x);
                x++;
            }
            // recorremos el más largo (a) hasta que termine
            while (x < this.getBase( )) {
                if (this.pertenece(x))
                    c.agregarElemento(x);
                x++;
            }
        }
        else { // el b es más largo que el a
            int x = 0;
            // recorremos ambos conjuntos hasta que termine el más corto (a)
            while (x < this.getBase( )) {
                if (this.pertenece(x) && !b.pertenece(x))
                    c.agregarElemento(x);
                x++;
            }
            // recorremos el más largo (b) hasta que termine
            while (x < b.getBase( )) {
                if (b.pertenece(x))
                    c.agregarElemento(x);
                x++;
            }
        }
        return c;
    }

    public boolean pertenece (int x) {
        if (x >= 0 && x < implementacion.length)
            return implementacion[x];
        else return false;
    }

    public boolean incluido (Conjunto b) {
        boolean incluido = true;
        for (int x = 0; x < this.getBase( ); x++)
            if (this.pertenece(x) && !b.pertenece(x))
                incluido = false;
        return incluido;
    }

    public boolean vacio( ) {
        boolean vacio = true;
        for (int x = 0; x < implementacion.length; x++)
```

```
				if (implementacion[x]) {
					vacio = false;
					break;
				}
			return vacio;
	}

	public void vaciar( ) {
			for (int x = 0; x < this.getBase( ); x++)
				implementacion[x] = false;
	}

	public void agregarElemento(int x) {
			if (x >= 0 && x < this.getBase( ))
				implementacion[x] = true;
	}

	public void sacarElemento(int x) {
			if (x >= 0 && x < this.getBase( ))
				implementacion[x] = false;
	}

	public int cardinalidad( ) {
			int cantidad = 0;
			for (int i = 0; i < implementacion.length; i++)
				if (implementacion[i])
					cantidad++;
			return cantidad;
	}

	public boolean igual (Conjunto b) {
			boolean iguales = true;
			if (this.getBase( ) != b.getBase( ))
				iguales = false;
			else {
				for (int x = 0; x < this.getBase( ); x++)
					if (this.pertenece(x) != b.pertenece(x)) {
						iguales = false;
						break;
					}
			}
			return iguales;
	}
}
```

La implementación con cadenas de bits tiene muchos métodos iguales a los de *ConjuntoArreglo*. Por economía de espacio, y para no cansar al lector con repeticiones inútiles, aclararé en los métodos cuáles son iguales, y no escribiré la implementación:

```
// ConjuntoBits.java
package carlosfontela.algebra;

public class ConjuntoBits implements Conjunto {

	private long implementacion;
	private int base;
```

```
public ConjuntoBits (int base) {
        if (base > 0 && base < 65)
                this.base = base;
        else base = 64;
        implementacion = 0;
}

public int getBase( ) {
        return base;
}

// potencia de 2^x
private static long potencia2 (int x) {
        if (x >= 0 && x <= 64) {
                long potencia = 1;
                for (int i = 1; i <= x; i++)
                        potencia *= 2;
                return potencia;
        }
        else return -1;
}

public Conjunto union (Conjunto b) {
        // implementación indéntica a la de ConjuntoArreglo
}

public Conjunto interseccion (Conjunto b) {
        // implementación indéntica a la de ConjuntoArreglo
}

public Conjunto diferencia (Conjunto b) {
        // implementación indéntica a la de ConjuntoArreglo
}

public boolean pertenece (int x) {
        // debemos ver si hay un uno (1) en la posición x
        // número que representa un uno (1) en la posición x
        long numeroX = potencia2(x);
        // hacemos un AND bit a bit
        long and = numeroX & implementacion;
        // si el AND es igual al numeroX, entonces había un 1 en la posición x
        if (and == numeroX)
                return true;
        else return false;
}

public boolean incluido (Conjunto b) {
        // implementación indéntica a la de ConjuntoArreglo
}

public boolean vacio( ) {
        return (implementacion == 0);
}

public void vaciar( ) {
        implementacion = 0;
}
```

```
public void agregarElemento (int x) {
        if (x >= 0 && x < this.getBase( )) {
                // debemos agregar un uno (1) en la posición x
                // número que representa un uno (1) en la posición x
                long numeroX = potencia2(x);
                // ahora hacemos el OR bit a bit:
                implementacion |= numeroX;
        }
}

public void sacarElemento (int x) {
        if (x >= 0 && x < this.getBase( )) {
                // debemos agregar un cero (0) en la posición x
                // número que representa un uno (1) en la posición x
                long numeroX = potencia2(x);
                // número que representa un 0 en la posición x y 1 en las otras
                long numeroX0 = ~numeroX;
                // hacemos un AND bit a bit y ése es el resultado
                implementacion &= numeroX0;
        }
}

public int cardinalidad( ) {
        // debemos contar los unos (1) del número binario:
        int unos = 0;
        long temp = implementacion;
        while (temp > 0) {
                if (temp%2 == 1)
                        unos++;
                temp /= 2;
        }
        return unos;
}

public boolean igual (Conjunto b) {
        // implementación indéntica a la de ConjuntoArreglo
}
}
```

Polimorfismo de interfaces (C#)

Este es un ejemplo que pretende mostrar de manera sencilla el polimorfismo de interfaces, más allá de su escasa utilidad práctica.

Empezaré por definir una interfaz que contenga un único método, *ToInt*, que obtenga la representación en forma de número entero de un objeto. Esta representación será unívoca, esto es, no puede haber dos objetos que tengan la misma representación entera. La interfaz es:

```
using System;

namespace CarlosFontela.Utilidades
{
   public interface INumerable
   {
          // convierte unívocamente a un entero entre 0 y 999:
          int ToInt( );
```

```
    }
}
```

Luego defino una clase de utilidades que contenga una serie de utilidades para trabajar con objetos de la interfaz.

Como *INumerable* garantiza la conversión en entero, cualquier operación que se pueda hacer con enteros o grupos de enteros, es aplicable a clases que implementen esta interfaz.

A continuación, la clase de utilidades, a la que el lector podrá agregarle los métodos que desee:

```
using System;

namespace CarlosFontela.Utilidades
{
    public static class UtilidadesNumerables
    {
        public static int Suma (INumerable n1, INumerable n2) {
            return n1.ToInt( ) + n2.ToInt( );
        }

        // se pueden agregar todas las operaciones aritméticas

        public static bool Mayor (INumerable n1, INumerable n2) {
            return n1.ToInt( ) > n2.ToInt( );
        }

        // se pueden agregar todas las comparaciones

        // ordena un vector de INumerables por selección:
        public static void Ordenar (INumerable[ ] vector) {
            for (int i = 0; i < vector.Length-1; i++)
                for (int j = i+1; j < vector.Length; j++)
                    if (vector[i].ToInt( ) > vector[j].ToInt( )) {
                        INumerable temp = vector[i];
                        vector[i] = vector[j];
                        vector[j] = temp;
                    }
        }

        // se pueden agregar búsquedas y otros ordenamientos
    }
}
```

La clase que acabamos de definir trabaja con instancias de clases que implementen *INumerable*. Necesitamos definir algunas clases para poder trabajar con ellas.

A continuación, las clases *DiaMes* – que representa un día del año 2008 – y *DiaSemana*:

```
using System;

namespace CarlosFontela.Utilidades
{
    public class DiaMes : INumerable
```

```
    {
        private int dia;
        private int mes;

        public DiaMes ( ) {
            this.dia = 1;
            this.mes = 1;
        }

        public DiaMes (int dia, int mes) {
            this.dia = dia;
            this.mes = mes;
            if (!this.Valida( ))
                throw new Exception("Creación de fecha inválida");
        }

        public bool Valida( ) {
            bool valida = true;
            try {
                DateTime d = new DateTime (2008, this.mes, this.dia);
            } catch (Exception) {
                valida = false;
            }
            return valida;
        }

        public int ToInt( ) {
            DateTime d = new DateTime(2008, this.mes, this.dia);
            return d.DayOfYear;
        }
    }
}
```

```
using System;

namespace CarlosFontela.Utilidades
{
    public class DiaSemana : INumerable
    {
        private string nombreDia;
        private int numeroDia;
        private string[ ] numerosNombres =
            {"", "lunes", "martes", "miércoles", "jueves", "viernes", "sábado", "domingo"};

        public DiaSemana (int numeroDia) {
            if (numeroDia > 0 && numeroDia < 8) {
                this.numeroDia = numeroDia;
                this.nombreDia = numerosNombres[numeroDia];
            }
            else throw new ArgumentException( );
        }

        public int ToInt( ) {
            return numeroDia;
        }
    }
}
```

Finalmente, escribí un programa de prueba que muestra cómo podemos usar la clase *UtilidadesNumerables*, tanto con instancias de *DiasMes* como de *DiaSemana*, y hasta mezclarlas libremente:

```
using System;

namespace CarlosFontela.Utilidades
{
  public class PruebaNumerables
  {
        public static void Main( )
        {
              INumerable dm1 = new DiaMes (11, 12);
              INumerable dm2 = new DiaMes (24, 5);
              INumerable ds1 = new DiaSemana(2);
              INumerable ds2 = new DiaSemana(5);

              Console.WriteLine (UtilidadesNumerables.Mayor (dm1, ds1));
              Console.WriteLine (UtilidadesNumerables.Suma (dm1, ds1));

              INumerable[ ] v = new INumerable[4];
              v[0] = dm1;
              v[1] = dm2;
              v[2] = ds1;
              v[3] = ds2;
              UtilidadesNumerables.Ordenar(v);

              Console.WriteLine (v[0].ToInt( ));
              Console.WriteLine (v[1].ToInt( ));
              Console.WriteLine (v[2].ToInt( ));
              Console.WriteLine (v[3].ToInt( ));

              Console.ReadKey( );
        }
  }
}
```

CUESTIONES METODOLÓGICAS

Refactorización

El concepto de **refactorización** – una de las traducciones más habituales del inglés "refactoring", que otros traducen como refabricación – tiene que ver con el cambio de un diseño una vez que se desarrolló una funcionalidad y la misma ya está codificada.

La idea de la refactorización es mejorar el diseño de parte de una aplicación que ya está funcionando. Por lo tanto, un buen término sería *rediseño,* pero lamentablemente no es muy usual. Si bien ya hemos hecho algunas refactorizaciones, tal vez el caso más claro fue cuando explicamos el patrón Null Object en el capítulo anterior.

El problema con las refactorizaciones es que son riesgosas, ya que estamos cambiando código que sabemos que funciona por otro que – aunque presumimos que va a ser de mejor calidad – no sabemos si funcionará.

Para permitir refactorizaciones más seguras y con menos estrés, una buena táctica es trabajar con pruebas unitarias automatizadas, escritas antes de refactorizar. Es decir, no importa si hemos escrito o no pruebas unitarias a nuestro código en funcionamiento. Pero si vamos a refactorizar, debemos escribirlas antes. Y – por supuesto – correrlas después para asegurarnos que nuestro programa sigue funcionando.

Veámoslo con un ejemplo.

Cuando implementamos conjuntos de dos maneras posibles, unas líneas más arriba, habremos observado que las dos clases – *ConjuntoArreglo* y *ConjuntoBits* – tenían código repetido. De hecho, los métodos *union*, *interseccion*, *diferencia*, *incluido* e *igual*, al estar implementados en base a otras operaciones sobre *Conjunto*, son exactamente iguales en ambas clases. Y repetir código es uno de los más graves pecados de todo programador: el código repetido hace que el mantenimiento sea muy propenso a errores.

¿Por qué no crear entonces una clase abstracta, llamada *BaseConjuntos*, que contenga esos métodos, de modo tal de reutilizar código? La solución podría ser la que se muestra en el siguiente diagrama:

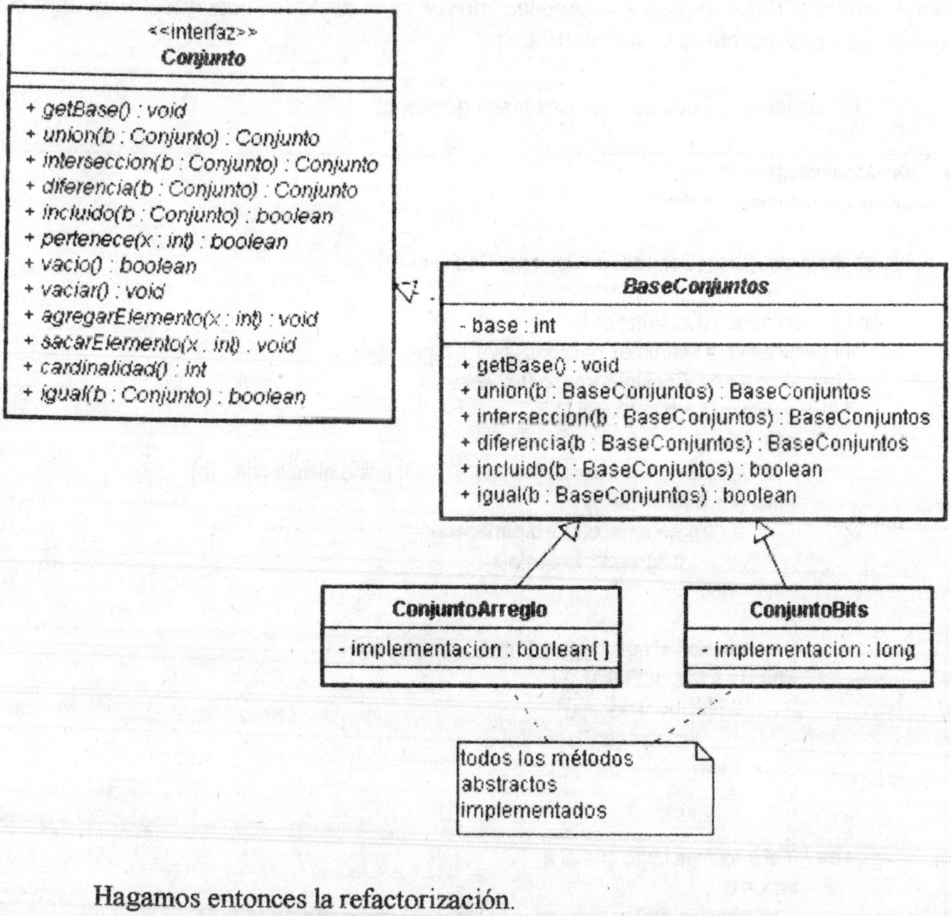

Hagamos entonces la refactorización.

Lo primero sería escribir el código de pruebas. Como nosotros ya lo tenemos escrito, no hay mayores problemas.

Lo que sigue es crear la clase *BaseConjuntos*, vacía, moviendo el uso de la interfaz conjunto a esa clase y cambiando en las clases *ConjuntoArreglo* y *ConjuntoBits* para que hereden de ella:

```
// BaseConjunto.java
package carlosfontela.algebra;

public abstract class BaseConjunto implements Conjunto {
}
```

```
public class ConjuntoBits extends BaseConjunto {
    // la clase queda igual
}
```

```
public class ConjuntoArreglo extends BaseConjunto {
    // la clase queda igual
}
```

Ahora corremos la prueba JUnit, y nos aseguramos que dé verde.

A continuación, vamos moviendo – uno a uno – los métodos de las clases descendientes a *BaseConjunto*. Luego de mover cada método, corremos el código de pruebas y nos aseguramos su correctitud.

Finalmente, el código de las clases quedará:

```
// BaseConjunto.java
package carlosfontela.algebra;

public abstract class BaseConjunto implements Conjunto {

    public Conjunto union (Conjunto b) {
        int baseNuevo = Math.max (this.getBase( ), b.getBase( ));
        Conjunto c = new ConjuntoArreglo (baseNuevo);
        if (this.getBase( ) > b.getBase( )) {
            int x = 0;
            // recorremos ambos conjuntos hasta que termine el más corto (b)
            while (x < b.getBase( )) {
                if (this.pertenece(x) || b.pertenece(x))
                    c.agregarElemento(x);
                x++;
            }
            // recorremos el más largo (a) hasta que termine
            while (x < this.getBase( )) {
                if (this.pertenece(x))
                    c.agregarElemento(x);
                x++;
            }
        }
        else { // el b es más largo que el a
            int x = 0;
            // recorremos ambos conjuntos hasta que termine el más corto (a)
            while (x < this.getBase( )) {
                if (this.pertenece(x) || b.pertenece(x))
                    c.agregarElemento(x);
```

```
                x++;
            }
            // recorremos el más largo (b) hasta que termine
            while (x < b.getBase( )) {
                if (b.pertenece(x))
                    c.agregarElemento(x);
                x++;
            }
        }
        return c;
    }

    public Conjunto interseccion (Conjunto b) {
        int baseNuevo = Math.max (this.getBase( ), b.getBase( ));
        Conjunto c = new ConjuntoArreglo (baseNuevo);
        int x = 0;
        // recorremos ambos conjuntos hasta que termine el más corto
        while (x < Math.min(this.getBase( ),b.getBase( ))) {
            if (this.pertenece(x) && b.pertenece(x))
                c.agregarElemento(x);
            x++;
        }
        return c;
    }

    public Conjunto diferencia (Conjunto b) {
        int baseNuevo = Math.max (this.getBase( ), b.getBase( ));
        Conjunto c = new ConjuntoArreglo (baseNuevo);
        if (this.getBase( ) > b.getBase( )) {
            int x = 0;
            // recorremos ambos conjuntos hasta que termine el más corto (b)
            while (x < b.getBase( )) {
                if (this.pertenece(x) && !b.pertenece(x))
                    c.agregarElemento(x);
                x++;
            }
            // recorremos el más largo (a) hasta que termine
            while (x < this.getBase( )) {
                if (this.pertenece(x))
                    c.agregarElemento(x);
                x++;
            }
        }
        else { // el b es más largo que el a
            int x = 0;
            // recorremos ambos conjuntos hasta que termine el más corto (a)
            while (x < this.getBase( )) {
                if (this.pertenece(x) && !b.pertenece(x))
                    c.agregarElemento(x);
                x++;
            }
            // recorremos el más largo (b) hasta que termine
            while (x < b.getBase( )) {
                if (b.pertenece(x))
                    c.agregarElemento(x);
                x++;
            }
```

```
		}
		return c;
	}

	public boolean incluido (Conjunto b) {
		boolean incluido = true;
		for (int x = 0; x < this.getBase( ); x++)
			if (this.pertenece(x) && !b.pertenece(x))
				incluido = false;
		return incluido;
	}

	public boolean igual (Conjunto b) {
		boolean iguales = true;
		if (this.getBase( ) != b.getBase( ))
			iguales = false;
		else {
			for (int x = 0; x < this.getBase( ); x++)
				if (this.pertenece(x) != b.pertenece(x)) {
					iguales = false;
					break;
				}
		}
		return iguales;
	}
}
```

```
// ConjuntoArreglo.java
package carlosfontela.algebra;

public class ConjuntoArreglo extends BaseConjunto {

	private boolean[ ] implementacion;
	private int base;

	public ConjuntoArreglo (int base) {
		if (base > 0 && base < 65)
			this.base = base;
		else base = 64;
		implementacion = new boolean[base];
	}

	public int getBase( ) {
		return base;
	}

	public boolean pertenece (int x) {
		if (x >= 0 && x < implementacion.length)
			return implementacion[x];
		else return false;
	}

	public boolean vacio( ) {
		boolean vacio = true;
		for (int x = 0; x < implementacion.length; x++)
			if (implementacion[x]) {
				vacio = false;
```

```
                    break;
                }
            return vacio;
    }

    public void vaciar( ) {
            for (int x = 0; x < this.getBase( ); x++)
                    implementacion[x] = false;
    }

    public void agregarElemento (int x) {
            if (x >= 0 && x < this.getBase( ))
                    implementacion[x] = true;
    }

    public void sacarElemento (int x) {
            if (x >= 0 && x < this.getBase( ))
                    implementacion[x] = false;
    }

    public int cardinalidad( ) {
            int cantidad = 0;
            for (int i = 0; i < implementacion.length; i++)
                    if (implementacion[i])
                            cantidad++;
            return cantidad;
    }
}
```

```
// ConjuntoBits.java

package carlosfontela.algebra;

public class ConjuntoBits extends BaseConjunto {

    private long implementacion;
    private int base;

    public ConjuntoBits (int base) {
            if (base > 0 && base < 65)
                    this.base = base;
            else base = 64;
            implementacion = 0;
    }

    public int getBase( ) {
            return base;
    }

    // potencia de 2^x
    private static long potencia2 (int x) {
            if (x >= 0 && x <= 64) {
                    long potencia = 1;
                    for (int i = 1; i <= x; i++)
                            potencia *= 2;
                    return potencia;
            }
```

```
        else return -1;
}

public boolean pertenece (int x) {
        // debemos ver si hay un uno (1) en la posición x
        // número que representa un uno (1) en la posición x
        long numeroX = potencia2(x);
        // hacemos un AND bit a bit
        long and = numeroX & implementacion;
        // si el AND es igual al numeroX, entonces había un 1 en la posición x
        if (and == numeroX)
                return true;
        else return false;
}

public boolean vacio( ) {
        return (implementacion == 0);
}

public void vaciar( ) {
        implementacion = 0;
}

public void agregarElemento (int x) {
        if (x >= 0 && x < this.getBase( )) {
                // debemos agregar un uno (1) en la posición x
                // número que representa un uno (1) en la posición x
                long numeroX = potencia2(x);
                // ahora hacemos el OR bit a bit:
                implementacion |= numeroX;
        }
}

public void sacarElemento (int x) {
        if (x >= 0 && x < this.getBase( )) {
                // debemos agregar un cero (0) en la posición x
                // número que representa un uno (1) en la posición x
                long numeroX = potencia2(x);
                // número que representa un 0 en la posición x y 1 en las otras
                long numeroX0 = ~numeroX;
                // hacemos un AND bit a bit y ése es el resultado
                implementacion &= numeroX0;
        }
}

public int cardinalidad( ) {
        // debemos contar los unos (1) del número binario:
        int unos = 0;
        long temp = implementacion;
        while (temp > 0) {
                if (temp%2 == 1)
                        unos++;
                temp /= 2;
        }
        return unos;
}
}
```

Y lo habremos probado completamente, siempre dando pasos pequeños y seguros.

Algunos entornos de desarrollo tienen herramientas para facilitar la refactorización. El Eclipse que uso para mis programas Java es un caso bastante bueno.

CUESTIONES DE DISEÑO

Una necesaria aclaración terminológica

En general me gusta que cada término tenga un único significado, claro y preciso, y trato de explicitarlo bien en mis obras. De esa forma es más sencillo transmitir conceptos. Sin embargo, a veces hacer eso es remar contra la corriente. Y cuando esa corriente es muy fuerte, esto puede ser contraproducente. El caso de las interfaces es uno de los más complejos.

Acabamos de definir una **interfaz** como un conjunto de operaciones que especifican un servicio. Como su representación en los lenguajes de programación es parecida a la de una clase, hay quienes las llaman clases de interfaz, pero este término casi no se usa y sí el anterior.

El problema es que hasta que introdujimos este concepto en el ítem anterior, *interfaz* era otra cosa. En efecto, la **interfaz de una clase** es lo que un cliente de la misma puede utilizar. En general, también son operaciones y especifican un servicio, pero no es lo mismo, ya que la *interfaz de una clase* puede ser una *interfaz* en el otro sentido o no serlo, o puede estar compuesta de varias *interfaces* y algunos métodos y propiedades adicionales. Como se ve, son conceptos relacionados, pero con significados distintos: la mejor combinación para confundir a un principiante. Podrían existir lenguajes en los que los dos conceptos coincidieran, pero ello no es lo habitual.

En este libro, voy a usar el término interfaz con los dos significados, y confío en que el lector podrá deducir el significado del contexto. Cuando presuma que no va a ser así, usaré la expresión *interfaz de una clase* para el segundo concepto.

Como si esto fuera poco, hay otros muchos conceptos para los que se usa el término *interfaz* en la ingeniería informática. Al conjunto de elementos que permiten la comunicación entre una persona y una computadora también se los llama *interfaz*, pero en este libro siempre nos referiremos a ellos como **interfaz de usuario**. Por añadidura, se llama interfaz a los elementos que permiten comunicaciones entre sistemas de software: por suerte, no es un término que necesitemos demasiado, y cuando lo hemos necesitado lo hemos aclarado en el texto.

Finalmente, digamos que hay personas que escriben *interfase* o *interface* en vez de *interfaz*.

Interfase es un término correcto en castellano, y tiene el mismo significado de *interfaz*. Simplemente, es menos usado, y por eso prefiero el segundo. Por lo tanto, *interfaz* e *interfase* son dos términos correctos, y también sus plurales, *interfaces* e *interfases*.

Interface, en cambio, es un barbarismo nefasto, proveniente del inglés "interface", o tal vez proveniente de singularizar incorrectamente la palabra *interfaces*.

¿Herencia múltiple o interfaces?

Hemos dicho que las interfaces solucionan la mayor parte de los problemas que se implementan con herencia múltiple, y de una forma más elegante y simple. Sin embargo, tampoco es cuestión de forzar las interfaces para lograr herencia múltiple, como muchos autores han pretendido.

En ciertos casos, cuando ambas conexiones cumplen con la relación "es un" y se necesitan atributos provenientes de ambas jerarquías, la herencia múltiple es mejor solución que las interfaces. Tal vez haya que tener cuidado con las situaciones de herencia repetida, pero esta dificultad no debiera llevarnos a desterrar del todo a la herencia múltiple.

No obstante, analicemos bien el uso de herencia múltiple, para ver si la necesitamos realmente. Bertrand Meyer, defensor entusiasta de la herencia múltiple, en su libro [Meyer] justifica a la misma solamente con ejemplos que admiten el uso de herencia de interfaces sin implementación.

De todos modos, debemos hacer notar que la opción herencia múltiple o interfaces no suele ser tal, porque hasta el día de hoy, los lenguajes que soportan herencia múltiple no permiten interfaces y viceversa, lo cual es una verdadera lástima, pues también éstos son conceptos ortogonales.

Diseño con delegación, herencia e interfaces

Otra cuestión importante es cuándo usar clases concretas, clases abstractas e interfaces, o delegación.

Las reglas son simples:

- Si varias clases comparten datos, pero no comportamiento, deberíamos usar delegación, colocando los datos compartidos en una clase contenida, y los no compartidos en las contenedoras.
- Si varias clases comparten comportamiento y no datos, deberíamos colocar el comportamiento en común en una clase base – generalmente abstracta –, y mantener el comportamiento no compartido en clases descendientes de ésta.
- Si en el caso anterior el comportamiento compartido es abstracto, debiendo implementarse en las clases descendientes solamente, la clase ancestro debería ser una interfaz.
- Si varias clases comparten tanto datos como comportamiento, deberíamos trabajar con herencia de clase concreta, colocando los datos y el comportamiento en común en una clase base concreta, dejando en las descendientes los datos y comportamientos no comunes.

El patrón de diseño Observador

La solución de este capítulo a la implementación del club de inmobiliarias es un caso del patrón de diseño Observador.

Éste es un patrón de gran utilidad en varios ambientes. Un ejemplo práctico son los ambientes operativos que manejan eventos. Otro es el patrón de arquitectura MVC. En general, es aplicable a cualquier desarrollo de sistemas en capas. Responde al paradigma suscriptor-productor.

La idea del patrón *Observador* es separar dos objetos: uno que es observado y otro u otros que observan, de modo que los segundos pueden cambiar su estado y comportamiento en función de cambios en el primero.

Java tiene implementado este patrón en el paquete *java.util*. Esta implementación define una clase *Observable*, que permite crear clases derivadas de objetos observados. *Observable* hace un seguimiento de una lista de objetos observadores que desean ser informados de cualquier cambio en el observado, y notifica con un método denominado *notifyObservers*.

También define una interfaz *Observer*, que expone una sola función denominada *update*, llamada por el objeto observado cuando decide que es hora de notificar cambios.

Es el objeto observado quien decide cómo y cuando hacer la actualización. Para ello, *Observable* tiene un atributo lógico que indica que hubo un cambio digno de ser notificado: este atributo se accede con las funciones protegidas *hasChanged* y *setChanged*.

A continuación se muestra una tabla con los métodos de *Observer* y *Observable* en Java:

Clase / interfaz	Método	Funcionalidad
Observable	void setChanged( )	(protegido) Marca que el objeto ha sido modificado. La función hasChanged va a devolver true.
Observable	boolean hasChanged( )	(protegido) Indica si el objeto ha sido modificado.
Observable	void clearChanged( )	Marca que el objeto no ha cambiado, o bien ya notificó a los observadores. La función hasChanged va a devolver false.
Observable	void notifyObservers (Object novedad)	Si el objeto ha cambiado (hasChanged devuelve true), invoca a los métodos update de los observadores.
Observable	void notifyObservers( )	Equivale a notifyObservers(null)
Observable	void addObserver (Observer o)	Agrega un observador a la lista.
Observable	void deleteObserver (Observer o)	Elimina un observador de la lista.
Observable	void deleteObservers ( )	Elimina todos los observadores de la lista.
Observable	int countObservers( )	Devuelve la cantidad de observadores de la lista.
Observer	void update (Observable o, Object novedad)	Es llamado automáticamente desde el notifyObservers de Observable cada vez que hay un cambio. Debe implementarse en la clase observadora.

Cuando se use este esquema en Java, deben definirse una clase descendiente de *Observable* que, ante determinados cambios, invoque los métodos *setChanged* y *notifyObservers*. En general los métodos de *Observable* no se redefinen. También se deberá construir una clase que implemente *Observer*, escribiendo el método *update*.

Sin embargo, esta implementación tiene serias limitaciones:

- *Observable* es una clase. Como Java sólo admite herencia simple, esto nos impide extender un sujeto de otra clase de dominio.
- Tampoco es posible implementar los sujetos de otra manera – con otras estructuras para guardar los observadores – que no sea la de *java.util*.
- Podría pensarse que se puede utilizar delegación. Pero como el método *setChanged* es protegido, sólo podemos implementarlo en subclases.

Por todo esto debe ser que entre las utilidades de Java hay otras dos implementaciones de este patrón. Una de ellas la veremos en el capítulo de eventos.

La mejor solución sería que *Observable* fuese una interfaz. Ésta es la implementación más típica del patrón, que voy a explicar en la tercera parte del libro, en el capítulo de patrones.

El patrón de diseño State

Supongamos que queremos escribir la implementación de los posibles movimientos del juego de ajedrez, que según la pieza que se trate de mover serán diferentes. Lo haríamos mediante un método *movimientoLegal*, que verifique si un movimiento dado puede hacerse con una pieza a partir de una ubicación dada.

La solución más orientada a objetos parece ser la de definir una clase por tipo de pieza y que el método *movimientoLegal* sea diferente para cada clase. En este caso, todas las clases de pieza podrían extender a una clase abstracta *Pieza*.

El problema con esta solución aparentemente válida es que en el ajedrez está permitido que un peón "corone", esto es, que se convierta en reina o en cualquier otra pieza a voluntad del jugador, cuando llega a la última fila del tablero. En nuestra solución con una clase por tipo de pieza, la coronación provocaría que un objeto cambiase de clase, con todo el cambio de comportamiento asociado. Pero eso no es posible en los lenguajes en los que estamos trabajando.

La alternativa es recurrir a una solución menos elegante, sobre la base de que en realidad cada pieza no tiene un tipo diferente, sino que son simplemente instancias de la clase *Pieza*, cada una con un estado diferente. Esto deja una sola clase, con un atributo para guardar el estado, y un único método *movimientoLegal*, con un *switch* de ocho salidas, una por cada estado o tipo de pieza posible.

En estos casos, cuando nos encontramos con una solución poco elegante – la estructurada con el *switch* – como alternativa de una imposibilidad, es que debemos seguir pensando en opciones.

Y la opción que se plantea como solución es la que sigue: admitir que cada pieza es simplemente eso, sin ser cada una de un tipo diferente, pero delegar en otra clase, que podemos llamar *Estado*, la cuestión de almacenar el estado y el método *movimientoLegal*. Por lo tanto, cada pieza tendrá un estado, pero ese estado estará representado por un objeto con comportamiento. Mejor aún, *Estado* podría ser una interfaz, con una clase descendiente para cada pieza del ajedrez.

El diagrama de clases de la solución que acabamos de exponer es el siguiente:

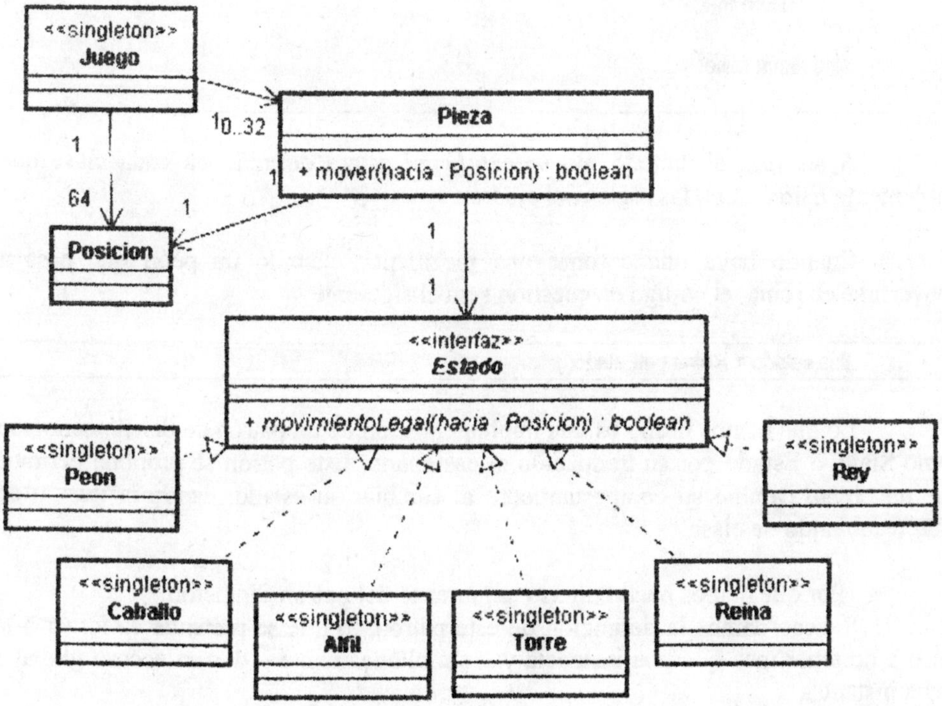

Además, las clases descendientes de Estado no tiene sentido que tengan más de una instancia. Se trata de Singletons, como vimos unos capítulos más atrás.

Ahora sí que estamos para implementar. Lo que sí deberíamos hacer es asegurarnos – antes de seguir adelante – de que entendemos el diagrama en cuestión. A esta altura es esencial asegurarnos de que podemos "leer" un diagrama, de modo tal de poder descubrir qué significa en términos de implementación. Si no, los diagramas no nos servirán. Le pido al lector que analice si entiende cada implicancia del diagrama, y recién después de haberlo intentado, siga leyendo.

El diagrama nos dice:

- Cada instancia de *Pieza* tiene una referencia a un objeto instancia de una clase que implementa la interfaz *Estado*. Esto implica que tiene una referencia a un objeto *Peon*, *Torre*, *Caballo*, etc.
- Las clases que implementan *Estado* son todas casos del patrón de diseño Singleton, por lo que tienen todas una sola instancia. Esto implica que todas las piezas que estén en estado de *Peon* van a referenciar a la única instancia posible de esa clase. Lo mismo ocurre con todos los demás estados.

La implementación es sencilla. O mejor dicho, es tan compleja como complejo resulta expresar las reglas de ajedrez, pero no más que eso.

En la clase *Pieza* tendremos el método *mover*, que – simplificando un poco – será así:

```
public boolean mover (Posicion hacia) {
    // chequeo inicial de turno
    if (estado.movimientoLegal (this.posicion, hacia, color)) {
        // se realiza el movimiento
        // se verifica la condición de coronación y se efectúa si corresponde
        // se cambia de turno
```

```
            return true;
        }
        else return false;
    }
```

A su vez, el método *movimientoLegal* estará definido en cada clase que implemente *Estado*, con las reglas del ajedrez.

Cuando haya que coronar una pieza, por ejemplo un peón que pasa a convertirse en reina, el código en cuestión será el siguiente:

```
this.estado = Reina.getEstado( );
```

Lo que hemos hecho es una implementación de un patrón de diseño conocido como State, o Estado por su traducción al castellano. Este patrón se propone permitir que un objeto cambie su comportamiento al cambiar su estado, dando la ilusión de estar cambiando de clase.

¿Por qué hemos hecho un uso tan intenso del patrón Singleton?

Si recordamos la definición de este patrón, lo que se pretende es forzar a la clase a no tener más que una instancia y – simultáneamente – dar un acceso global a dicha instancia.

En el caso del objeto *Juego*, el sentido fue – más allá del hecho de que hay una sola instancia posible – que necesitamos acceder al objeto desde la práctica totalidad de las clases. De allí que Singleton fuera una buena solución.

En el caso de los estados, son indudablemente clases de una sola instancia, ya que las instancias tienen como único sentido, dar acceso a un método *mover*, diferente para cada estado, pero no tienen atributos ni ninguna forma de almacenar estado a su vez. Pero más allá de eso, lo que ocurre es que el costo de tener un objeto por cada pieza sería mucho mayor, ya que obligaría a estar creando un objeto por pieza y por cada vez que una pieza corone.

CONCLUSIONES

El tema de este capítulo han sido las interfaces y el inestimable apoyo que estas nos prestan para implementar polimorfismo sin necesidad de herencia de implementación. También vimos que las interfaces son la base de varios patrones de diseño. Por estas bondades, nos acompañarán durante el resto del libro.

El capítulo que sigue abordará la técnica más habitual para tratar problemas en tiempo de ejecución en programas orientados a objetos: las excepciones.

9.EXCEPCIONES

Toda dificultad eludida se convertirá más tarde en un fantasma que perturbará nuestro reposo.
Federico Chopin[58]

Prácticamente no existen programadores a los que les guste tener que prever los errores que se pueden producir durante la ejecución de una aplicación y la forma de enfrentarlos desde el código. Encima, hay errores sobre los cuales el programador no puede hacer mucho, porque en su contexto no son errores: un vector argumento que le llega vacío, una conexión de red que se corta, etc. Tener que lidiar con esos errores por todo el código desmoraliza bastante y – objetivamente – empeora la legibilidad de los programas.

El tema de excepciones, que vamos a ver en este capítulo, permite un tratamiento limpio y sencillo de errores. También analizaremos otras formas de tratamiento de problemas y facilidades ad hoc de los lenguajes que estamos estudiando.

UN EJERCICIO INICIAL: MANEJANDO PROBLEMAS IMPREVISTOS

El problema y las entidades

Cuando realizamos el ejemplo de implementación de números fraccionarios con el tipo *Fraccion*, hubo dos situaciones que no deberían haber pasado inadvertidas al lector, ya que no se las puede considerar elegantes. Me refiero a la implementación del constructor y la del método *Dividir*. Veamos:

```
public Fraccion (int numerador, int denominador) {
        if (denominador == 0)
                Environment.Exit(1);
        this.numerador = numerador;
        this.denominador = denominador;
}

public Fraccion Dividir (Fraccion y) {
        if (y.numerador == 0)
                Environment.Exit(1);
        int numerador = this.numerador * y.denominador;
        int denominador = this.denominador * y.numerador;
        return new Fraccion(numerador, denominador);
}
```

Está claro que el constructor no puede admitir un denominador nulo. Al fin y al cabo, hemos expresado que una de las funciones del constructor es dejar al objeto en un estado válido, y nada hay más inválido que un número fraccionario con denominador nulo.

De hecho, la seguridad que nos brinda el constructor nos asegura que todos

[58] Atribuido.

los demás métodos van a ejecutarse sin problema. En efecto, algún lector podría sentirse inquieto por el método *ValorReal*, ya que éste no se preocupa de por el hecho de que el denominador pueda ser nulo. Sin embargo, como todas las instancias de *Fraccion* se crean llamando al constructor, y éste impide que el denominador de cualquier *Fraccion* sea nulo, no existe el peligro en cuestión.

Sin embargo, hay un método de la clase para el cual este razonamiento no funciona: el método *Dividir*. El problema es que – aun cuando nos hayamos asegurado de que no existen instancias de *Fraccion* con denominador nulo – sí las puede haber con numerador nulo. Y el problema es que si dividimos una *Fraccion* cualquiera por otra que tenga numerador nulo, obtendríamos una nueva instancia de *Fraccion* – sin pasar por el constructor – ¡y esta instancia tendría denominador nulo! Por eso es que fue necesario impedir cierto tipo de divisiones.

Bien, ahora ya sabemos qué función cumplen esos *Environment.Exit(1)* en los dos métodos en cuestión: salir del programa para evitar dejar a los objetos en un estado inválido.

Pero, ¿no es un poco drástica como técnica?

Está claro que no sabemos mucho qué hacer dentro de ese método para resolver el problema, y que lo mejor es que otro lo resuelva por nosotros, ya que sólo estamos implementando una clase que va a ser usada desde muchas otras, e incluso en distintas aplicaciones de ser posible. Sin embargo, debemos encontrar un procedimiento un poco más elegante que simplemente interrumpir el programa.

Eso es lo que haré en este ejercicio.

Para manejar estas situaciones en las que no tenemos suficiente información de contexto en un método para manejar un problema previsto, pero que no podemos dejar pasar, los lenguajes orientados a objetos nos dan una facilidad interesante: las **excepciones**.

De resolverlo con excepciones, nuestros dos métodos se convertirían en:

```
public Fraccion (int numerador, int denominador) {
        if (denominador == 0)
                throw new ArgumentException( );
        this.numerador = numerador;
        this.denominador = denominador;
}

public Fraccion Dividir (Fraccion y) {
        if (y.numerador == 0)
                throw new DivideByZeroException( );
        int numerador = this.numerador * y.denominador;
        int denominador = this.denominador * y.numerador;
        return new Fraccion(numerador, denominador);
}
```

¿Qué es lo que hemos hecho? Cuando encontramos un problema, ahora, lanzamos una excepción, que es un objeto, instancia de una clase derivada de *System.Exception*, y que puede ser capturada por el cliente del método. Si el cliente no la captura, se lanza a su vez, hasta que si no es capturada por nadie, provoca la interrupción del programa.

En realidad, la diferencia con la solución anterior puede parecer sutil. Sin embargo, es bien concreta: en la solución anterior, si venía un dato incorrecto, el programa se interrumpía; ahora, si bien se puede también interrumpir, esto sólo ocurre si nadie se hace cargo de la excepción.

Diagrama de clases

En nuestro caso, vamos a definir un nuevo tipo de excepción: *FraccionInvalidaException*. También vamos a aprovechar para – dado nuestro conocimiento de interfaces – implementar la interfaz *IComparable* para comparar números fraccionarios entre sí.

El diagrama de clases de esta solución es muy sencillo:

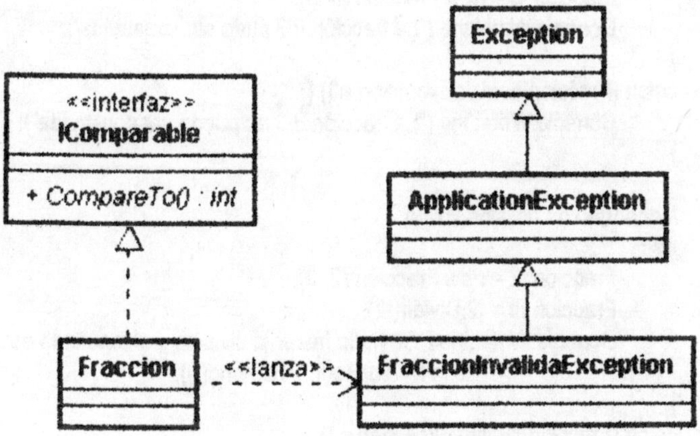

En general no se indican las relaciones de dependencia débil en los diagramas de clases, pues complican mucho su lectura. Sin embargo, cuando un diagrama es simple de por sí, y cuando mostrar las dependencias tiene un sentido, es bueno mostrarlas.

Un programa de prueba

El programa de prueba que haré – a tono con la simplicidad del ejercicio a resolver, va a ser sencillo. Ni siquiera usaré NUnit, ya que no hemos visto cómo hace NUnit para trabajar con excepciones.

```
using System;
using CarlosFontela.Algebra;

namespace CarlosFontela.Pruebas
{

    public class PruebaFracciones
    {
            public static void Main( ) {

                    // chequeo de construcción inválida
                    try {
                            Fraccion f1 = new Fraccion (5, 0);
                            Console.WriteLine ("La fracción 5/0 pudo ser construida");
                    }
                    catch (FraccionInvalidaException e1) {
                            Console.WriteLine ("La fracción 5/0 no puede ser construida");
                    }
```

```
            // chequeo de construcción válida
            try {
                  Fraccion f2 = new Fraccion (2, 3);
                  Console.WriteLine ("La fracción 2/3 pudo ser construida");
            }
            catch (FraccionInvalidaException e2) {
                  Console.WriteLine ("La fracción 2/3 no puede ser construida");
            }

            // chequeo de construcción válida con numerador nulo
            try {
                  Fraccion f3 = new Fraccion (0, 3);
                  Console.WriteLine ("La fracción 0/3 pudo ser construida");
            }
            catch (FraccionInvalidaException e3) {
                  Console.WriteLine ("La fracción 0/3 no puede ser construida");
            }

            // chequeo de división válida
            try {
                  Fraccion f2 = new Fraccion (2, 3);
                  Fraccion f4 = f2.Dividir(f2);
                  Console.WriteLine ("Se pudo hacer la división y el resultado es: "+
                                    f4.ValorReal( ).ToString( ));
            }
            catch (FraccionInvalidaException e4) {
                  Console.WriteLine ("No se pudo hacer la división");
            }

            // chequeo de división inválida
            try {
                  Fraccion f2 = new Fraccion (2, 3);
                  Fraccion f3 = new Fraccion (0, 3);
                  Fraccion f5 = f2.Dividir(f3);
                  Console.WriteLine ("Se pudo hacer la división y el resultado es: "+
                                    f5.ValorReal( ).ToString( ));
            }
            catch (FraccionInvalidaException e5) {
                  Console.WriteLine ("No se pudo hacer la división");
            }

            Console.ReadKey( );
        }
    }
}
```

Las variables *e1* a *e5* son referencias a objetos instancias de excepciones. En este caso son los objetos que deberán crear los métodos constructor y *Dividir* cuando haya problemas, y que llegan a nuestro programa de prueba para que los podamos capturar.

Implementación

La clase de excepción utilizada se definirá así:

```
namespace CarlosFontela.Algebra
{
```

```
public class FraccionInvalidaException :
        System.ApplicationException { }
}
```

Nótese que una clase de excepción puede ser tan simple como la que acabamos de escribir: una clase vacía que derive de otra clase de excepción. Por supuesto, pueden implementarse clases de excepción con cualquier nivel de complejidad, como veremos luego, aunque lo más habitual es que sean sencillas.

La clase *Fraccion*, con manejo de excepciones, la muestro a continuación. De la misma, he detallado sólo los métodos que han cambiado respecto de la implementación anterior. He incluido la implementación del método *CompareTo*, de la interfaz *IComparable*, y usé sobrecarga de operadores para las operaciones.

```
using System;

namespace CarlosFontela.Algebra {

   public struct Fraccion : IComparable {

         private int numerador;
         private int denominador;

         public Fraccion (int numerador, int denominador) {
               if (denominador == 0)
                     throw new FraccionInvalidaException( );
               this.numerador = numerador;
               this.denominador = denominador;
         }

         public static Fraccion operator/ (Fraccion x, Fraccion y) {
               if (y.numerador == 0)
                     throw new FraccionInvalidaException( );
               int numerador = x.numerador * y.denominador;
               int denominador = x.denominador * y.numerador;
               return new Fraccion (numerador, denominador);
         }

         // aquí va el resto de los métodos y propiedades de la clase ...

         // los métodos que siguen los declaré privados porque implemento IComparable:

         private bool Igual (Fraccion x) {
               return (this.numerador*x.denominador == this.denominador*x.numerador);
         }

         private bool Menor (Fraccion x) {
               return (this.numerador*x.denominador < this.denominador*x.numerador);
         }

         // método expuesto por la interfaz IComparable:
         public int CompareTo (object x) {
               Fraccion otro = (Fraccion)x;
               if (this.Igual(otro))
                     return 0;
               if (this.Menor(otro))
```

```
                    return -1;
              return 1;
          }
    }
}
```

Este ejemplo nos muestra que – cada vez que tuve un problema – creé un objeto especial, instancia de una clase derivada de *ApplicationException* y, en el mismo acto, lo "arrojé" al cliente mediante una cláusula *throw*.

De esto se trata el mecanismo de excepciones: cuando aparece un problema en tiempo de ejecución, del cual no tenemos suficiente información para resolverlo en nuestro contexto, arrojamos una excepción, y que se arregle otro...

EXCEPCIONES EN C# Y USO

Excepciones

En la mayoría de los lenguajes anteriores a la orientación a objetos, cuando algo andaba mal en tiempo de ejecución, ésta se abortaba con un mensaje de error poco amigable. Por ejemplo, en Pascal, un intento de leer de un archivo inexistente, una división por cero, una desreferenciación de un puntero nulo, y otros problemas similares, conllevaban un error de ejecución que cortaba la ejecución del programa.

Algunos lenguajes encararon el tema de otra manera, con un mecanismo de excepción. Entre ellos, los lenguajes orientados a objetos permiten trabajar con clases de excepciones, que se pueden capturar en la medida en que las podamos prever de antemano.

Una excepción arrojada por un módulo siempre puede ser capturada en el módulo que lo invocó, de modo tal que la interrupción en la ejecución del módulo no acarree la interrupción del programa. Por ejemplo, si en el método *M* ocurre un problema que provoca que se arroje una excepción *DivideByZeroException*, el método que utiliza a *M* puede capturarla y evitar que el problema se propague, con un fragmento de código similar a:

```
try {
      M( );
}
catch (DivideByZeroException) {
      Console.WriteLine("Hubo un problema en M");
```

```
}
```

Además de capturar excepciones, podemos arrojarlas en forma intencional para que un módulo más externo deba capturarlas. Por ejemplo, el siguiente fragmento arroja una excepción de la clase *DivideByZeroException*:

```
if (d == 0)
        throw new DivideByZeroException( );
else
        double r = n / d;
```

Por supuesto, una excepción que nunca es capturada llega a provocar la interrupción del programa, tal como ocurría en los lenguajes que no manejaban excepciones, con un mensaje que nos dirá cuál es la clase de la excepción en cuestión.

Una excepción se puede volver a lanzar una vez capturada, como muestra el siguiente fragmento:

```
catch (DivideByZeroException) {
        Console.WriteLine("Hubo un problema en M");
        throw;
}
```

Como vemos, las excepciones son instancias de clases. Por eso es que al arrojar una, la construimos con el operador *new* y una llamada a un constructor. Y al capturarla, podemos trabajar con la instancia que recibimos:

```
catch (DivideByZeroException e) {
        // hacemos algo con e
}
```

Si no necesitamos hacer nada con el objeto referenciado por *e*, podemos omitir colocarlo en el bloque *catch*.

Para trabajar con una instancia de excepción, .NET nos provee las siguientes propiedades, entre otras operaciones, en todas las clases de excepción predefinidas:

Firma	Significado
virtual string Message	Un mensaje lanzado con la excepción. Es de sólo lectura, pero puede asignársele valor al llamar al constructor.
virtual Exception InnerException	Una excepción interna, que causó a la actual. Es de sólo lectura, pero puede asignársele valor al llamar al constructor.
virtual string Source	El nombre del objeto o la aplicación que causó el problema.
virtual string StackTrace	Una representación como cadena de la pila de ejecución en el momento en que se provocó el problema.

La propiedad *InnerException* se puede usar sucesivamente para trabajar con la cadena de excepciones que fueron lanzadas. Por ejemplo, es válido escribir algo como lo que sigue:

```
catch (Exception e) {
    while (e != null) {
        Console.WriteLine (e.Message);
        e = e.InnerException;
    }
}
```

Tengamos en cuenta que las propiedades, al igual que los métodos, pueden lanzar excepciones desde su código ejecutable, por lo que en ocasiones deben ser capturadas.

Errores y excepciones

La idea de trabajar con excepciones tiene que ver con que, en el punto en que surge un error, no siempre se sabe qué decisión tomar. Supongamos el caso de una función de biblioteca que deba obtener el promedio de una serie de valores contenidos en un arreglo. ¿Qué se supone que debe hacer la función si el arreglo que se le pasa está vacío? Lo mismo nos ocurría a nosotros al analizar qué hacer en una división de números fraccionarios en la que el divisor tenía numerador nulo. El problema surge porque en el contexto de la función no hay suficiente información para resolver la anomalía, por lo que se debe salir de la misma hacia el módulo que la invocó informando esta situación, pero sin provocar la finalización del programa ni enviar mensajes a un presunto usuario del que no sabemos nada.

Notemos que hablamos de *excepciones* cuando el problema no se puede resolver en un determinado contexto. Si se pudiera resolver diríamos que se trata de un inconveniente habitual, no de una excepción. La idea es que cuando surge una excepción no hay forma de continuar y se debe elevar la misma a un contexto de nivel superior para que resuelva el inconveniente.

Por lo tanto, una **excepción** (o condición excepcional) es una situación inesperada o inusual que interrumpe el normal funcionamiento del programa. Usando términos del modelo contractual, podemos afirmar que una excepción se provoca cuando no se cumple un invariante, una precondición o una postcondición.

Las operaciones de manejo de archivos, de reserva de memoria, los conflictos de hardware o del sistema operativo, etc., pueden generar excepciones que deban controlarse.

Una solución ingenua es pedirle ayuda al usuario final. Decimos que es ingenua debido a que no considera que hay muchos errores que un usuario final no es capaz de entender ni de resolver.

En la programación tradicional, el modo habitual de tratar condiciones de excepción fue devolviendo un valor especial, poniendo un valor en una variable global o mediante un parámetro ad hoc. Esto tenía más de un inconveniente.

En primer lugar, a menudo los programadores clientes no chequean estas variables o valores especiales. Esto puede parecernos un comportamiento equivocado, pero pasa a ser bastante lógico cuando para chequear cada valor de retorno hay que convertir al código en una maraña de verificaciones anidadas. Un caso clásico son los programas concurrentes, en los cuales las posibilidades de excepciones pueden provocar más líneas que el código principal.

Por otro lado, en un sentido similar, el chequear las condiciones de error deja el código normal o básico muy acoplado con aquél que se ha escrito para manejar los errores, haciendo que se pierda la claridad del programa.

La idea de trabajar con excepciones es aislar el código que se usa para tratar problemas del que podemos llamar código básico. De esta manera el código básico queda más limpio. Además, brinda una forma unificada de reportar errores.

En pocas palabras, la idea es crear software más robusto de una forma sencilla, recordando que para que un producto sea robusto cada componente debe serlo. O, usando un refrán popular, *el hilo se corta por lo más delgado*.

Los primeros lenguajes conocidos que soportaron excepciones – aunque en forma bastante primitiva – fueron Cobol y Basic. Otros lenguajes implementaron alguna función que se debía llamar en caso de errores. Ada, desde sus primeras versiones, llevó el concepto de excepción a los lenguajes estructurados y lo perfeccionó. Luego fue implementado en los lenguajes orientados a objetos.

A menudo se suelen clasificar las excepciones en *de negocio* y *técnicas*. Las primeras son provocadas por problemas de concepción de la aplicación, como una división por cero causada por un valor que variable no debería haber tomado. Las segundas se deben a problemas imprevisibles durante la ejecución del programa, como una conexión a Internet que se interrumpe o una falla en la memoria de la computadora.

Distintas formas de tratar excepciones

Hay varias formas de tratar excepciones:

- **Finalización súbita:** es la respuesta extrema, aplicable solamente si estamos seguros de que el problema hace fallar a toda la actividad completa y los objetos implicados no van a ser usados nunca más. También es conveniente aplicarla si la pretensión de seguir trabajando puede empeorar las cosas. La forma de implementarla es, o bien dejar que el programa falle irreversiblemente, o provocar explícitamente una excepción que finalice la aplicación completa.
- **Continuación ignorando las fallas:** este tipo de respuesta, aparentemente irresponsable, es válida cuando no tiene consecuencias, por ejemplo cuando algo falla al intentar cerrar un archivo sobre el que sólo se realizaron consultas, o cuando se pierde un cuadro o parte del mismo durante una animación.
- **Vuelta atrás:** en este modelo, cuando se da la falla, el objeto vuelve al estado anterior. Este tratamiento suele ser más complejo si no viene soportado en el lenguaje: en general hay que guardar el estado del objeto (o la parte que se modifica del mismo) de alguna manera antes de la excepción, lo que implica que toda operación usada en el bloque problemático debe tener una especie de método inverso para garantizar la vuelta atrás, como un crédito que se anula con un débito. Por lo tanto, esta metodología no es aplicable cuando la acción problemática cambia irrevocablemente objetos, o el medio externo.
- **Avance y recuperación:** esta respuesta consiste en seguir adelante, pero tratando de restablecer un estado legal y coherente en los objetos implicados. En general se aplica cuando la vuelta atrás no es factible.
- **Nuevo intento:** es un caso ampliado de la vuelta atrás, volviendo a probar luego que se restablecieron los estados de los objetos. Es una solución interesante en ámbitos de concurrencia[59]. Se aplica también a los casos de fallos en máquinas remotas o en la conexión con las mismas, que se espera que puedan ser transitorios o reversibles. Para evitar quedarse bloqueado consumiendo ciclos de procesador en exceso, se puede usar la técnica del retardo exponencial, que consiste en que cada retardo es proporcionalmente más largo que el anterior, o abandonar luego de un número de intentos o tiempo transcurrido. Una variante sería la de intentar de nuevo resolver el mismo problema, pero con un algoritmo distinto u otra versión del mismo, esperando que el problema no surja de nuevo.

Lanzamiento de excepciones

La idea es que el código que encuentra un problema y no lo pueda tratar *eleve*, *lance* o *arroje* una excepción, que será *atrapada* o *capturada* por el módulo que invocó al método que está corriendo. Dicho módulo podrá manejar el problema como mejor le parezca.

---

[59] Veremos concurrencia en un capítulo posterior. Por ejemplo, en un programa concurrente o distribuido, se puede esperar que otro hilo o proceso cambie los estados de los objetos, mientras el hilo o proceso en cuestión sigue intentando.

Complementariamente, el módulo que invocó a la función debería tener un *manejador* que le permita ejecutar un código especial que trate el problema.

Cuando se dispara una excepción, se corta el hilo de ejecución normal y se eleva la excepción hacia el contexto que invocó el método. De alguna manera, elevar una excepción es reconocer un fracaso en el módulo en cuestión, y como consecuencia se provoca una excepción en el módulo invocante, que es quien deberá manejarla. Quien toma el hilo de ejecución es ahora el manejador de excepciones del módulo invocante, y éste se ocupa de resolver el problema. Si no existiera un manejador de excepciones en el mismo, se dispara la misma excepción al nivel anterior, y así sucesivamente. Si la excepción no fuera capturada en ningún nivel, llegaría a salir del programa, abortándolo.

Por ejemplo, en C#:

```
if (p == null)
   throw new NullReferenceException( );
```

Lo que hace es lanzar una excepción de la clase *NullReferenceException* (notemos que se la está construyendo en el momento de lanzarla).

Por supuesto, en algún lado debe estar definida la clase *NullReferenceException*. En este caso es una excepción del espacio de nombres *System*, pero en otras oportunidades necesitaremos definirlas.

Los constructores de excepciones son siempre 4 por defecto.

Uno de ellos es el constructor sin parámetros que utilizacé recién.

También existe otro que recibe una cadena de caracteres que se usa para enviar información pertinente, como muestra el ejemplo que sigue:

```
if (p == null)
   throw new NullPointerException("Puntero nulo");
```

Además, hay un constructor con dos parámetros: una cadena de caracteres y otra excepción adicional. Éste se puede usar para elevar el nivel de abstracción de la excepción sin perder la excepción original. Por ejemplo, si en un sistema estructurado en capas recibimos en la capa de acceso a la base de datos una excepción de un tipo definido por el programador tal como *TablaEmpleadosInconsistenteException*, puede que no tenga sentido pasar esta excepción a la capa de modelo lógico de la aplicación. Por lo tanto, se podría enviar una excepción *EmpleadoNoHalladoException*, manteniendo la excepción original encapsulada para permitir luego la depuración. El código de captura en la capa de acceso a datos quedaría:

```
catch (TablaEmpleadosInconsistenteException e) {
   throw new EmpleadoNoHalladoException ("Problema en tabla Empleados", e)
}
```

El cuarto constructor tiene que ver con la serialización, y no lo consideraremos.

La idea es disparar una excepción de una clase diferente por cada tipo de anomalía. En general es la propia clase de excepción la que se usa para determinar de qué error se trata por parte de quien la recibe. Por eso es especialmente importante elegir un buen nombre para la clase de excepción.

Captura de excepciones y manejadores

El manejador es una porción del código que va a decidir qué hacer con la excepción que recibe. Por ejemplo, C# maneja el concepto de *región segura*, la cual consiste en un bloque especial enmarcado por la palabra *try*. Los manejadores, entonces, se ocupan de tratar las excepciones lanzadas dentro del bloque *try*. La estructura del bloque *try* es como sigue:

```
try {
        // código que puede provocar excepciones
}
catch (ClaseExcepcion1 e1) {     // se puede colocar simplemente: catch(ClaseExcepcion1)
        // código que maneja las excepciones cuya clase es ClaseExcepcion1
}
catch (ClaseExcepcion2 e2) {     // se puede colocar simplemente: catch(ClaseExcepcion1)
        // código que maneja las excepciones cuya clase es ClaseExcepcion2
}
```

Destaquemos que las excepciones que ocurren dentro del bloque *try* pueden tener dos orígenes diferentes:

- Haber sido lanzadas explícitamente dentro del bloque *try*.
- Provenir de un método invocado desde el bloque *try*.

En C# todas las clases de excepciones derivan de un ancestro por omisión que se llama *System.Exception*. De hecho, una excepción es tal por el hecho de declararla como descendiente de *Exception*. No obstante, las excepciones derivadas directamente de *Exception* suelen ser las definidas en la plataforma. Para las excepciones definidas por el programador, se propone usar *System.ApplicationException* como clase base.

Está permitido que un manejador lance asimismo una excepción, que incluso puede ser la misma que recibió. De este modo, a pesar de haber tratado el problema, se puede comunicar que hubo un inconveniente a un nivel superior. El siguiente fragmento muestra la captura de una excepción en C#:

```
try {
   z = potenciaReal(x,y);
}
catch (PotenciaException e) {
   System.err.println("Problema con potencia");
   z = 0;
   throw e;      // se vuelve a arrojar la excepción: se puede reemplazar con throw;
}
catch (Exception e) {
        // captura cualquier excepción salvo PotenciaException
   System.err.println("Problema desconocido");
}
```

La clase *Exception* permite ciertas operaciones adicionales como imprimir la traza de la pila de ejecución y algunas otras.

Además, por el modelo de memoria particular de C#, todas las excepciones son recolectadas por el recolector de basura cuando han dejado de usarse.

Cada vez que se provoca una excepción, el programa compara la excepción generada con cada manejador hasta encontrar el primero que se ajusta al tipo de error. Una vez que la excepción fue manejada, nadie más la puede manejar y el problema se considera terminado.

La idea en C# es que no es necesario seguir con el método que se estaba ejecutando, y el manejador de excepción es quien va a decidir por dónde sigue la secuencia del programa. Otros lenguajes intentan seguir con el código problemático después de que se ejecutó el manejador, lo cual puede ser simulado, en el caso de C#, colocando la región segura en un ciclo.

Existe una cláusula *finally*, que contiene código que se ejecuta al final de la región segura independientemente de que se hayan disparado o no excepciones. Esta porción de código, que se ejecuta luego de todos los manejadores y antes de que se lancen excepciones al contexto del módulo invocante, suele ser muy útil para liberar recursos, como cerrar un archivo o una conexión de red y, en los lenguajes que no tienen recolección automática de basura, para liberar memoria. Ya volveremos sobre esto en el próximo ítem.

Hay que tener un especial cuidado con las excepciones lanzadas o capturadas por constructores, pues un objeto no se crea realmente hasta que no finaliza correctamente su constructor. Esto hace que un constructor pueda haber comprometido recursos que luego no se utilicen por causa de la excepción.

Restitución de recursos luego de la excepción

Ahora bien, hemos dicho que las excepciones interrumpen el flujo de ejecución normal. Si la excepción fue lanzada dentro de un bloque *try* y existe una cláusula *catch* a continuación que permita capturarla, se tratarán en dicha cláusula; de no cumplirse alguno de esos dos supuestos, se interrumpirá el método en ejecución y la ejecución volverá al método que invocó al actual.

Pero, ¿qué ocurre si antes de provocarse la excepción se hubieran comprometido recursos que deben devolverse? Si el recurso comprometido fueran objetos creados con *new*, no hay inconveniente alguno, porque al lanzarse la excepción se pierden las referencias a esos objetos y el recolector de basura puede recogerlos. Si fueran objetos de tipos por valor, la salida del método automáticamente los libera. Sin embargo, si se hubiera comprometido una conexión de red o una sesión con una base de datos, no tendremos esa suerte.

Una primera solución al problema se muestra en el fragmento de código que sigue:

```
try {
    AbrirSesionBD( );                  // comprometo recursos
    MetodoConExcepciones( );           // posible excepción
    CerrarSesionBD( );                 // libero recursos si no hubo excepción
}
catch (IOException e) {
    Console.Error.WriteLine("IOException");      // tratamiento de la excepción
    CerrarSesionBD( );                           // libero recursos
}
catch (OtraException e) {
    Console.Error.WriteLine("OtraException");    // tratamiento de la excepción
    CerrarSesionBD( );                           // libero recursos
}
```

El problema con esta solución es la llamada recurrente al método que libera los recursos (*CerrarSesionBD*), lo cual, como siempre que se repite código, puede provocar problemas de mantenimiento.

Pero en C# también contamos con la cláusula *finally* para liberar recursos. De esta manera, el código anterior podría escribirse mejor así:

```
try {
    AbrirSesionBD( );                 // comprometo recursos
    MetodoConExcepciones( );          // posible excepción
}
catch (IOException e) {
    Console.Error.WriteLine("IOException");           // tratamiento de la excepción
}
catch (OtraException e) {
    Console.Error.WriteLine("OtraException");         // tratamiento de la excepción
}
finally {
    CerrarSesionBD( );                // libero recursos
}
```

Atributos, propiedades y métodos en excepciones creadas por el programador

La idea de que el programador cree sus propias clases de excepciones pretende indicar con precisión el tipo particular de error que un método puede elevar.

En C#, cuando se lanza una excepción, se crea un objeto. La idea de esta práctica es poder almacenar datos en los atributos del objeto, que puedan ser utilizados por el contexto invocante como información adicional, que ayuden a encontrar con mayor facilidad el problema exacto.

Por ejemplo, veamos esta clase de excepción:

```
public class PotenciaException : ApplicationException {

    private double _base;    // base es una palabra reservada de C#
    private double exponente;

    // constructor vacío:
    public PotenciaException( ) { }

    // constructor con un parámetro:
    public PotenciaException (string mensaje) : base (mensaje) { }

    // constructor con tres parámetros:
    public PotenciaException (string mensaje, double _base, double exponente) :
                base (mensaje) {
            this._base = _base;
            this.exponente = exponente;
    }

    public double Base {
            get {
                    return _base;
            }
    }
```

```
public double Exponente {
        get {
                return exponente;
        }
    }
}
```

Aquí se muestra una función que utiliza esa excepción:

```
public static class Math2 {

// ... varios métodos previos

   public static double PotenciaReal (double base_, double exponente) {
        if (base_ < 0)
                throw new PotenciaException ("Base negativa", base_, exponente);
        else
                return (exponente * Math.Exp (Math.Log (base_)));
   }

}
```

Más adelante, quien llame al método *PotenciaReal* podrá manejar la excepción de esta manera:

```
try {
   double w = Math2.PotenciaReal (u, v);
}
catch (PotenciaException e)        {
   Console.WriteLine ("problema con base: " + e.Base + " y exponente: "+ e.Exponente);
}
```

Sin embargo, lo habitual es que los programadores clientes sólo usen la clase de la excepción para saber de qué problema se trata, por lo que esta práctica sofisticada no tiene demasiada aplicación práctica.

Es por eso que la mayoría de las clases de excepciones simplemente son vacías, sin atributos ni métodos, como esta excepción típica:

```
class MiExcepcion : ApplicationException { }
```

Observemos que lo único que la caracteriza como una excepción es que hereda de *Exception* o una derivada de ella.

De todas maneras, lo mejor es elegir como clase ancestro alguna más cercana en significado a lo que estamos haciendo, y que la incluya, de modo de respetar la relación "es un", el principio básico de la herencia. Como mínimo, recordemos que todas nuestras excepciones deberían derivar de *ApplicationException*.

Excepciones derivadas

Recordemos algo dicho al paso. Dado que en C# las excepciones son instancias de clases, cualquier manejador que trate una excepción de una determinada clase base podrá capturar excepciones de clases descendientes. Éste es el principal uso de la herencia de clases de excepciones.

Por lo mismo, poner un manejador de excepciones *Exception* es una buena idea para capturar las excepciones no mencionadas explícitamente.

Como las excepciones se evalúan en orden, es un error poner un manejador de excepciones de una clase derivada luego del manejador de algún ancestro, pues nunca se lo invocará.

EXCEPCIONES EN JAVA

El ejemplo introductorio

Las excepciones en Java tienen algunas diferencias importantes con las de C#. Veamos el ejemplo inicial.

El programa de prueba será:

```
// PruebaFracciones.java
package carlosfontela.pruebas;

import carlosfontela.algebra.*;

public class PruebaFracciones {

   public static void main (String [ ] p) {

        // chequeo de construcción inválida
        try {
                Fraccion f1 = new Fraccion (5, 0);
                System.out.println ("La fracción 5/0 pudo ser construida");
        }
        catch (FraccionInvalidaException e1) {
                System.out.println ("La fracción 5/0 no puede ser construida");
        }

        // chequeo de construcción válida
        try {
                Fraccion f2 = new Fraccion (2, 3);
                System.out.println ("La fracción 2/3 pudo ser construida");
        }
        catch (FraccionInvalidaException e2) {
                System.out.println ("La fracción 2/3 no puede ser construida");
        }

        // chequeo de construcción válida con numerador nulo
        try {
                Fraccion f3 = new Fraccion (0, 3);
                System.out.println ("La fracción 0/3 pudo ser construida");
        }
        catch (FraccionInvalidaException e3) {
                System.out.println ("La fracción 0/3 no puede ser construida");
        }

        // chequeo de división válida
        try {
                Fraccion f2 = new Fraccion (2, 3);
```

```
			Fraccion f4 = f2.dividir(f2);
			System.out.println ("Se pudo hacer la división y el resultado es: "+
						Double.toString (f4.valorReal( )));
		}
		catch (FraccionInvalidaException e4) {
			System.out.println ("No se pudo hacer la división");
		}

		// chequeo de división inválida
		try {
			Fraccion f2 = new Fraccion (2, 3);
			Fraccion f3 = new Fraccion (0, 3);
			Fraccion f5 = f2.dividir(f3);
			System.out.println("Se pudo hacer la división y el resultado es: "+
						Double.toString (f5.valorReal( )));
		}
		catch (FraccionInvalidaException e5) {
			System.out.println ("No se pudo hacer la división");
		}
	}
}
```

Y las clases que resuelven el problema son:

```
// FraccionInvalidaException.java
package carlosfontela.algebra;
public class FraccionInvalidaException extends Exception { }
```

```
// Fraccion.java
package carlosfontela.algebra;

public class Fraccion implements Comparable {

	private int numerador;
	private int denominador;

	public Fraccion (int numerador, int denominador)
			throws FraccionInvalidaException {
		if (denominador == 0)
			throw new FraccionInvalidaException( );
		this.numerador = numerador;
		this.denominador = denominador;
	}

	public Fraccion sumar (Fraccion y) {
		int denominador = this.denominador * y.denominador;
		int numerador = denominador / this.denominador * this.numerador +
					denominador / y.denominador * y.numerador;
		Fraccion resultado = null;
		try {
			resultado = new Fraccion (numerador, denominador);
		} catch (FraccionInvalidaException e) {}
		return resultado;
	}

	public Fraccion restar (Fraccion y) {
		int denominador = this.denominador * y.denominador;
```

```
        int numerador = denominador / this.denominador * this.numerador -
                        denominador / y.denominador*y.numerador;
        Fraccion resultado = null;
        try {
            resultado = new Fraccion (numerador, denominador);
        } catch (FraccionInvalidaException e) {}
        return resultado;
    }

    public Fraccion multiplicar (Fraccion y) {
        int numerador = this.numerador * y.numerador;
        int denominador = this.denominador * y.denominador;
        Fraccion resultado = null;
        try {
            resultado = new Fraccion (numerador, denominador);
        } catch (FraccionInvalidaException e) {}
        return resultado;
    }

    public Fraccion dividir (Fraccion y)
            throws FraccionInvalidaException {
        if (y.numerador == 0)
            throw new FraccionInvalidaException( );
        int numerador = this.numerador * y.denominador;
        int denominador = this.denominador * y.numerador;
        Fraccion resultado = null;
        try {
            resultado = new Fraccion (numerador, denominador);
        } catch (FraccionInvalidaException e) {}
        return resultado;
    }

    public double valorReal ( ) {
        return (numerador/denominador);
    }

    private boolean igual (Fraccion x) {
        return (this.numerador*x.denominador == this.denominador*x.numerador);
    }

    private boolean menor (Fraccion x) {
        return (this.numerador*x.denominador < this.denominador*x.numerador);
    }

    // método expuesto por la interfaz Comparable:
    public int compareTo (Object x) {
        Fraccion otro = (Fraccion)x;
        if (this.igual(otro))
            return 0;
        if (this.menor(otro))
            return -1;
        return 1;
    }
}
```

Aspectos distintivos de Java

En Java también ocurre que todas las excepciones derivan de un ancestro común, *java.lang.Exception*, y hay una cláusula *finally* de semántica idéntica a la de C#. Sin embargo, y más allá de los parecidos, hay algunas diferencias importantes y otras menos.

Empezando por los detalles menores, digamos que en Java, al capturar una excepción, siempre se debe poner el nombre de la variable que captura el objeto lanzado. También si se lo vuelve a lanzar debe especificarse su nombre. Sin embargo, estas cuestiones son muy menores.

Pero hay una diferencia fundamental. Si observamos bien el ejercicio resuelto, veremos que en Java la clase *Fraccion* ha resultado un poco más verborrágica que en C#, con varias cláusulas *try* en los métodos *sumar*, *restar*, *multiplicar* y *dividir*.

Tal vez el lector crea que eso lo provoca un exceso de celo de mi parte. Al fin y al cabo, desde que el constructor puede arrojar una excepción, haríamos bien en capturarla. Sin embargo, a poco de analizar lo que escribí, descubriremos que – una vez capturada – la estoy ignorando. Esto no es que esté mal, ya que puedo asegurar sin problema que esa excepción no se puede generar en estos casos. Y entonces, ¿para qué puse los bloques *try*?

La respuesta es precisamente la principal diferencia entre Java y C#, que hace que Java sea más seguro, y más molesto a la vez, en su tratamiento de las excepciones. Veamos.

Lo que ocurre es que una excepción, en Java, no puede ser ignorada, salvo el caso particular que veremos luego de las clases descendientes de *RuntimeException*. Una excepción que se recibe de la cláusula *throws* de un método invocado debe ser capturada o vuelta a lanzar.

Por lo tanto, esta versión de un método *suma* no es válida (la función *potenciaReal* es similar a la de C#):

```
// el código que sigue no compila:
public double suma( ) {
   double s = 0;
   for (int i = 0; i < 10; i++)
         s += potenciaReal(x[i],y[i]);
   return s;
}
```

Ello se debe a que no se captura la excepción que potencialmente puede arrojar *potenciaReal*. Hay dos soluciones posibles. Una de ellas es capturar la excepción que recibimos de *potenciaReal*, como sigue:

```
public double suma( ) {
   double s = 0;
   try {
   for (int i = 0; i < 10; i++)
         s += potenciaReal(x[i],y[i]);
   }
   catch (PotenciaException e) {
         System.err.println ("Problema con potencia");
         return 0;
   }
   return s;
}
```

Incluso se podría salir del paso capturando la excepción para no hacer nada, aunque no lo recomiendo en general[60]. El siguiente ejemplo muestra este comportamiento indeseable:

```
public double suma( ) {
  double s = 0;
  try {
  for (int i = 0; i < 10; i++)
        s += potenciaReal(x[i],y[i]);
  }     catch (PotenciaException e) { }
  return s;
}
```

La otra posibilidad es declarar que se lanza nuevamente la excepción, lo cual obliga al módulo invocante a capturarla:

```
public double suma( ) throws PotenciaException {
  double s = 0;
  for (int i = 0; i < 10; i++)
        s += potenciaReal(x[i],y[i]);
  return s;
}
```

Esta segunda opción se utiliza cuando no se sabe qué hacer con la excepción en el contexto actual. Observemos que el objetivo de lanzar una excepción es enviarla a un ámbito en el cual se sepa cómo tratarla. Por lo tanto, si en un método no sabemos cómo tratar una excepción, lo más coherente es relanzarla o dejarla pasar.

Hay programadores que evitan estas normas declarando simplemente que el método arroja la excepción raíz de la jerarquía, *Exception*, o bien, capturan siempre dicha excepción. El problema con este enfoque es que se pierden las ventajas de documentación y control que da una mayor granularidad en el tratamiento de problemas.

La obligación de tratar las excepciones de los métodos invocados tiene dos ventajas:

- Hace a los programas más robustos.
- Es el compilador el que nos avisa que no estamos capturando la excepción, por lo que no podemos olvidarnos y el problema nunca llega al tiempo de ejecución.

Pero también tiene la desventaja de hacer muy molesto el trabajo con ellas, como pudimos observar en nuestro ejercicio de ejemplo. Ya volveremos sobre esto.

Java define excepciones y errores en forma estándar. Todos ellos derivan de la clase *Throwable*, según el siguiente diagrama:

[60] Este proceder tiene sentido, sin embargo, en los casos en que podemos asegurarnos de que la excepción no tiene posibilidad de producirse. Pero, aún así, es riesgoso, y debería al menos guardarse la ocurrencia de la excepción en un *log*, para permitir auditorías posteriores.

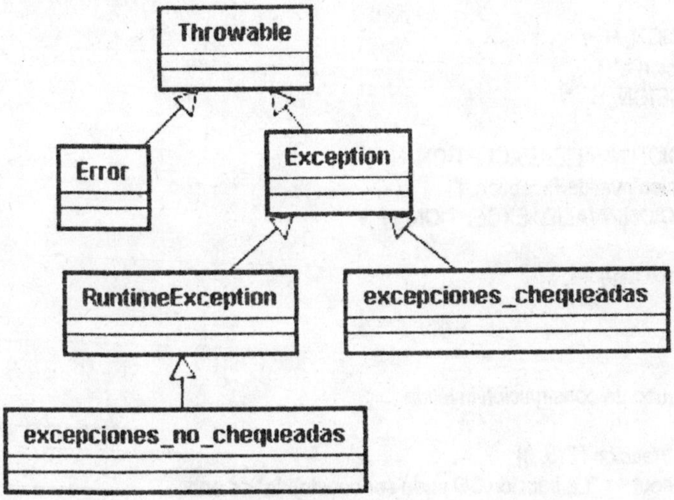

La clase *Throwable* permite ciertas operaciones adicionales, como imprimir la traza de la pila de ejecución y algunas otras.

Además, por el modelo de memoria particular de Java, todas las excepciones son recolectadas por el recolector de basura cuando han dejado de usarse.

Las excepciones de clases descendientes de *Error* no se deberían capturar, pues indican problemas muy serios e irrecuperables. Tampoco podremos capturarlas cuando usamos la cláusula *catch* para una *Exception* genérica, pues no derivan de esa clase. Lo único que funciona con ellas es la cláusula *finally*. Tampoco son comprobadas, en el sentido de que no se declaran en la cláusula *throws*. Por todo esto, no es habitual generar subclases de *Error*.

Algunas de las excepciones derivadas de *Error* son: *ThreadDeath*, *AWTError*, *ClassCircularityError*, *OutOfMemoryError*, *StackOverflowError*, etc., y hasta las crípticas *InternalError* y *UnknownError*.

RuntimeException sí es una clase descendiente de *Exception*, por lo que puede ser capturada más fácilmente, y es habitual hacerlo. Sin embargo, ni ella ni sus descendientes se declaran en cláusulas *throws*, y el compilador no exige su tratamiento

De *RuntimeException* descienden todas las clases de excepciones provocadas por errores de programación, como *NullPointerException* y *NumberFormatException*. Son excepciones que, si no se tratan, terminan en un error de programa que provoca un aborto.

EXCEPCIONES EN C++

El ejemplo introductorio

En C++, el programa de prueba será:

```
// Principal.cpp

#include <stdio.h>
#include <iostream.h>
#include <string>
```

```
#ifndef FRACCION_H_
#include "Fraccion.h"
#endif /* FRACCION_H_ */

#ifndef FRACCIONINVALIDAEXCEPTION_H_
#include "FraccionInvalidaException.h"
#endif /*FRACCIONINVALIDAEXCEPTION_H_*/

using namespace algebra;

int main ( ) {

        // chequeo de construcción inválida
        try {
                Fraccion f1 (5, 0);
                cout << "La fracción 5/0 pudo ser construida" << endl;
        }
        catch (FraccionInvalidaException e1) {
                cout << "La fracción 5/0 no puede ser construida" << endl;
        }

        // chequeo de construcción válida
        try {
                Fraccion f2 (2, 3);
                cout << "La fracción 2/3 pudo ser construida" << endl;
        }
        catch (FraccionInvalidaException e2) {
                cout << "La fracción 2/3 no puede ser construida" << endl;
        }

        // chequeo de construcción válida con numerador nulo
        try {
                Fraccion f3 (0, 3);
                cout << "La fracción 0/3 pudo ser construida" << endl;
        }
        catch (FraccionInvalidaException e3) {
                cout << "La fracción 0/3 no puede ser construida" << endl;
        }

        // chequeo de división válida
        try {
                Fraccion f2 (2, 3);
                Fraccion f4 = f2 / f2;
                cout << "Se pudo hacer la división y el resultado es: " << f4.valorReal( ) << endl;
        }
        catch (FraccionInvalidaException e4) {
                cout << "No se pudo hacer la división" << endl;
        }

        // chequeo de división inválida
        try {
                Fraccion f2 (2, 3);
                Fraccion f3 (0, 3);
                Fraccion f5 = f2 / f3;
                cout << "Se pudo hacer la división y el resultado es: " << f5.valorReal( ) << endl;
        }
```

```
        catch (FraccionInvalidaException e5) {
                cout << "No se pudo hacer la división" << endl;
        }
        // fin:
        char ch = getchar( );
        return 0;
};
```

Y las clases *FraccionInvalidaException* y *Fraccion* se muestran a continuación:

```
// FraccionInvalidaException.h

#ifndef FRACCIONINVALIDAEXCEPTION_H_
#define FRACCIONINVALIDAEXCEPTION_H_

namespace algebra {
   class FraccionInvalidaException { };
};

#endif /*FRACCIONINVALIDAEXCEPTION_H_*/
```

```
// Fraccion.h

#ifndef FRACCIONINVALIDAEXCEPTION_H_
#include "FraccionInvalidaException.h"
#endif /*FRACCIONINVALIDAEXCEPTION_H_*/

#ifndef FRACCION_H_
#define FRACCION_H_

namespace algebra {

   class Fraccion {

        public:
                Fraccion (int, int) throw (FraccionInvalidaException);
                friend Fraccion operator+ (const Fraccion, const Fraccion);
                friend Fraccion operator- (const Fraccion, const Fraccion);
                friend Fraccion operator* (const Fraccion, const Fraccion);
                friend Fraccion operator/ (const Fraccion, const Fraccion)
                                        throw (FraccionInvalidaException);
                friend bool operator== (const Fraccion, const Fraccion);
                friend bool operator!= (const Fraccion, const Fraccion);
                friend bool operator< (const Fraccion, const Fraccion);
                friend bool operator> (const Fraccion, const Fraccion);
                double valorReal ( );

        private:
                int numerador;
                int denominador;
   };
};

#endif /* FRACCION_H_*/
```

```
// Fraccion.cpp

#ifndef FRACCION_H_
#include "Fraccion.h"
#endif /* FRACCION_H_ */

#ifndef FRACCIONINVALIDAEXCEPTION_H_
#include "FraccionInvalidaException.h"
#endif /*FRACCIONINVALIDAEXCEPTION_H_*/

namespace algebra {

   Fraccion :: Fraccion (int numerador, int denominador)
               throw (FraccionInvalidaException) {
         if (denominador == 0)
               throw FraccionInvalidaException( );
         this->numerador = numerador;
         this->denominador = denominador;
   }

   Fraccion operator+ (const Fraccion x, const Fraccion y) {
         int denominador = x.denominador * y.denominador;
         int numerador = denominador / x.denominador * x.numerador +
                         denominador / y.denominador * y.numerador;
         Fraccion resultado (numerador, denominador);
         return resultado;
   }

   Fraccion operator- (const Fraccion x, const Fraccion y) {
         int denominador = x.denominador * y.denominador;
         int numerador = denominador / x.denominador * x.numerador -
                         denominador / y.denominador * y.numerador;
         Fraccion resultado (numerador, denominador);
         return resultado;
   }

   Fraccion operator* (const Fraccion x, const Fraccion y) {
         int numerador = x.numerador * y.numerador;
         int denominador = x.denominador * y.denominador;
         Fraccion resultado (numerador, denominador);
         return resultado;
   }

   Fraccion operator/ (const Fraccion x, const Fraccion y)
               throw (FraccionInvalidaException) {
         if (y.numerador == 0)
               throw FraccionInvalidaException( );
         int numerador = x.numerador * y.denominador;
         int denominador = x.denominador * y.numerador;
         Fraccion resultado (numerador, denominador);
         return resultado;
   }

   bool operator== (const Fraccion x, const Fraccion y) {
         return (x.numerador*x.denominador == x.denominador*x.numerador);
   }
```

```
bool operator< (const Fraccion x, const Fraccion y) {
        return (x.numerador*x.denominador < x.denominador*x.numerador);
}

double Fraccion :: valorReal ( ) {
        return (numerador/denominador);
}
}
```

Hay que hacer notar que, si bien C++ permite colocar las excepciones en el encabezado de los métodos, no obliga a capturarlas, como muestra la llamada al constructor en los métodos de suma, resta, multiplicación y división.

Aspectos distintivos de C++

En C++ las excepciones son objetos de cualquier tipo[61], no habiendo una clase base de todas las excepciones[62]. Sin embargo, una buena práctica de programación sería definir clases de excepción con este solo objeto, y con nombres suficientemente descriptivos:

```
class PunteroNulo {
  public:
        string causa( ) const
        {       return "Puntero nulo";
        }
}
```

Hay un comando *throw* que arroja la excepción, que además llama al constructor de la clase respectiva para crear un objeto, como en:

```
if (p == null)
  throw PunteroNulo( );
```

Los manejadores de excepción se usan dentro de un bloque *try*:

```
try {
  // código que puede provocar excepciones
}
catch (ClaseExcepcion1 e1) {
  // código que maneja las excepciones cuya clase es ClaseExcepcion1
}
catch (ClaseExcepcion2 e2) {
  // código que maneja las excepciones cuya clase es ClaseExcepcion2
}
```

No hay ninguna cláusula tipo *finally* para ejecutar código al final, como las de C# y Java.

En los casos anteriores se definió un objeto de excepción en cada bloque *catch*, pero puede colocarse sólo la clase.

No es necesario decir qué excepciones lanza una función, pero si se indican

[61] Incluso tipos primitivos, como *char* o *int*.
[62] En algunas implementaciones particulares se define una clase de excepción para ser usada como ancestro por omisión.

algunas se sobreentiende que sólo se lanzan ésas, como en los prototipos que siguen:

```
// UnaFuncion puede lanzar excepciones de tipos MiExcepcion1 y MiExcepcion2:
void UnaFuncion (int) throw (MiExcepcion1, MiExcepcion2);
// OtraFuncion no puede lanzar excepciones:
void OtraFuncion (char) throw ( );
```

EJERCICIOS DE EJEMPLO ADICIONALES

Excepciones en el ejercicio de unidad monetaria (C#, Java y C++)

Cuando resolvimos el problema de implementar la clase *PesosCentavos*, no trabajamos con excepciones. Es más, debido a una falla en el programa de prueba – que el lector tal vez haya notado – hubo incluso errores que pasaron desapercibidos. Por ejemplo, ¿qué pasaría si invocamos al constructor como en el ejemplo que sigue?:

```
PesosCentavos p4 = new PesosCentavos (15, -22);
```

Probablemente el programa de prueba hubiese funcionado igual, pero los resultados serían bastante sorprendentes.

La mejor solución es modificar el método privado *convertir*.

En C# la propuesta de cambio es:

```
private static long convertir (long pesos, long centavos) {
   if (centavos < 0)
        throw new System.ArgumentOutOfRangeException( );
   return pesos * 100 + centavos;
}
```

En Java:

```
private static long convertir (long pesos, long centavos) {
   if (centavos < 0)
        throw new IllegalArgumentException( );
   return pesos * 100 + centavos;
}
```

Notemos que, al ser *IllegalArgumentException* una clase descendiente de *RuntimeException*, no se la declara en el encabezado del método ni es necesario capturarla en el módulo invocante.

En C++:

```
long PesosCentavos :: convertir (long pesos, long centavos) {
   if (centavos < 0)
        throw ArgumentoInvalido( );
   return pesos * 100 + centavos;
}
```

Y habría que definir la clase de excepciones *ArgumentoInvalido*.

Excepciones en los ejemplos anteriores

A esta altura, me gustaría poder introducir excepciones en los ejercicios anteriores, en los casos en que convenga.

El primer ejercicio que hicimos fue el de cuentas bancarias. Como este caso está analizado más adelante, en el ítem de cuestiones de diseño, lo dejo para ese momento. El siguiente fue el de la clase *Fraccion*, al que ya le introdujimos excepciones en este capítulo. El tercer ejemplo fue el de la clase *Punto*, que a mi juicio no amerita el uso de excepciones.

Luego hicimos el ejericicio del horno a microondas. Si bien tampoco es un caso que necesite de demasiadas excepciones, habría que analizarlo un poco.

Según lo que a primera vista se puede ver, hay dos atributos enteros, *tiempoEnSeg* y *potenciaEnWatt*, que no deberían tomar valores negativos. El constructor no es problema, pues asigna cero a ambas variables. Por lo tanto, podríamos lanzar excepciones en las propiedades que les modifican el valor a los atributos. Las mismas quedarían, en C#:

```
public int TiempoEnSeg {
	get {
		return tiempoEnSeg;
	}
	set {
		if (value > 0)
			tiempoEnSeg = value;
		else throw new ArgumentOutOfRangeException( );
	}
}

public int PotenciaEnWatt {
	get {
		return potenciaEnWatt;
	}
	set {
		if (value > 0)
			potenciaEnWatt = value;
		else throw new ArgumentOutOfRangeException( );
	}
}
```

En C++, el problema es similar.

En Java, en cambio, tendría que definir si quiero que la excepción sea chequeada o no. Mi visión es que no hay demasiado problema si un valor inválido es simplemente ignorado en este caso. Por lo tanto, arrojaría una excepción de tipo *IllegalArgumentException*, derivada de *RuntimeException*, lo cual no exige que la chequeemos en los programas clientes.

Otra situación se da, en el mismo ejercicio, si se invoca el método *DetenerCoccion* con el horno ya detenido. Personalmente, no veo mucho problema en dejar el método como está, que en ese caso no provoca cambio alguno en el estado del objeto. Sin embargo, puede que haya algún programador puntilloso que elija lanzar una excepción no chequeada, y no sería demasiado problema.

El siguiente ejemplo, de la clase *Vector3D*, no amerita el uso de excepciones.

Después hicimos el ejercicio de unidad monetaria, al que le acabamos de agregar excepciones.

A continuación viene el ejemplo del club de inmobiliarias. Aquí sí tenemos razones para usar excepciones. Si revisamos los métodos que agregan inmuebles a una inmobiliaria o interesados en un inmueble, veremos que hay un chequeo de cantidad de elementos frente al temaño del arreglo. Claramente aquí necesitamos excepciones. El otro caso a analizar es el que elimina elementos en estos arreglos. En este caso, me quedaría con la versión actual, que simplemente no hace nada si el elemento que se pide eliminar no está, o agregaría una excepción no chequeada.

Por lo tanto, en Java, que admite excepciones chequeadas y no chequeadas, trabajaría con excepciones chequedas para el caso de las inserciones, y no chequeadas para las eliminaciones. Otro lugar en el que deberíamos trabajar con excepciones es el de las asignaciones a atributos numéricos.

En la clase *Inmobiliaria* cambiarán los siguientes métodos y propiedades:

```
public void agregarInmueble (Inmueble x) throws ArregloInmueblesLleno {
        if ( posicionInmueble (x) > -1 )
                throw new InmuebleYaEstaException( );
        if (cantidadInmuebles == maximoInmuebles)
                throw new ArregloInmueblesLleno( );
        if (inmuebles == null)
                inmuebles = new Inmueble[maximoInmuebles];
        inmuebles [cantidadInmuebles] = x;
        cantidadInmuebles++;
}

public void quitarInmueble (Inmueble x) {
        int pos = posicionInmueble (x);
        if (pos > -1) {         // encontró el inmueble
                // voy a eliminar el elemento del arreglo por compresión
                for (int i = pos; i < cantidadInmuebles-1; i++)
                        inmuebles[i] = inmuebles [i+1];
                inmuebles [cantidadInmuebles-1] = null;
                cantidadInmuebles--;
        }
        else throw new InmuebleNoEncontradoException( );
}
```

En la clase *Inmueble*, los cambios son:

```
public Inmueble (String domicilio, double superficie, int cantidadAmbientes, int precio)
                                        throws InmuebleInvalidoException {
        if ( superficie <= 0 || cantidadAmbientes < 1 || precio < 0)
                throw new InmuebleInvalidoException( );
        this.domicilio = domicilio;
        this.superficie = superficie;
        this.cantidadAmbientes = cantidadAmbientes;
        this.precio = precio;
        this.interesados = null;
        this.reservado = false;
        this.vendido = false;
}

public void setPrecio (int nuevo) throws InmuebleInvalidoException {
```

```
		if (nuevo < 0)
			throw new InmuebleInvalidoException( );
		precio = nuevo;
		if (interesados != null)
			for (int i = 0; i < cantidadInteresados; i++)
				interesados[i].avisarCambioPrecio (this, nuevo);
	}

	public void anotarInteresado (Cliente c) throws ArregloInteresadosLleno {
		if ( posicionInteresado (c) > -1)
			throw new InteresadoYaEstaException( );
		if (cantidadInteresados == maximoInteresados)
			throw new ArregloInteresadosLleno( );
		if (interesados == null)
			interesados = new Cliente [maximoInteresados];
		interesados [cantidadInteresados] = c;
		cantidadInteresados++;
	}

	public void eliminarInteresado (Cliente c) {
		int pos = posicionInteresado (c);
		if (pos > -1) {		// encontró el cliente
			// voy a eliminar el elemento del arreglo por compresión
			for (int i = pos; i < cantidadInteresados-1; i++) {
				interesados[i] = interesados[i+1];
			}
			interesados [cantidadInteresados - 1] = null;
			cantidadInteresados--;
		}
		else throw new InteresadoNoEstaException( );
	}

	public void reservar( ) ReservaInvalidaException {
		if (reservado)
			throw new ReservaInvalidaException( );
		reservado = true;
		if (interesados != null)
			for (int i = 0; i < cantidadInteresados; i++)
				interesados[i].avisarReserva(this);
	}

	public void vender( ) throws VentaInvalidaException {
		if (vendido)
			throw new VentaInvalidaException( );
		vendido = true;
		if (interesados != null)
			for (int i = 0; i < cantidadInteresados; i++)
				interesados[i].avisarVenta(this);
	}
```

Podría haber casos también en las clases descendientes, que deberían resolverse con el mismo criterio.

Por supuesto, el agregado de excepciones chequeadas afectará el código de los clientes. Y faltarían definir las clases de excepciones, que dejo a cargo del lector. Como pista, observe que todas las excepciones que coloqué en las cláusulas *throws* de los métodos deberían ser excepciones chequeadas. El resto, deben derivar de

RuntimeException para evitar la obligación de chequearlas.

La clase *Segmento* que implementé al final del capítulo de delegación no requiere de excepciones. En el caso de *Cliente* y *Domicilio*, que usé para aplicar un caso de composición, sólo requiere manejar los casos de valores numéricos inválidos, con los mismos criterios que vengo usando.

Entiendo que con los ejemplos anteriores ya puedo dejar a cargo del lector la resolución del resto de los problemas similares.

El reintento y las excepciones (C#)

Voy a implementar una función de potenciación, para que admita base real y exponente real o entero.

El programa de prueba será:

```
using System;
using CarlosFontela.Algebra;

namespace CarlosFontela.Pruebas
{
  public class PruebaExponenciacion
  {
        public static void Main( ) {

              // 2^3 debería dar 8 sin problema
              try {
                    double r = Exponenciacion.Potencia (2.0, 3.0);
                    Console.WriteLine ("2^3 se pudo realizar y el resultado es: " + r);
              }
              catch (ArithmeticException e) {
                    Console.WriteLine ("2^3 no se pudo realizar. " + e.Message);
              }

              // 1.5^2 debería dar 2.25 sin problema
              try {
                    double r = Exponenciacion.Potencia (1.5, 2.0);
                    Console.WriteLine ("1.5^2 se pudo realizar y el resultado es: " + r);
              }
              catch (ArithmeticException e) {
                    Console.WriteLine ("1.5^2 no se pudo realizar. " + e.Message);
              }

              // 0^0 no se debería poder hacer
              try {
                    double r = Exponenciacion.Potencia (0.0, 0.0);
                    Console.WriteLine ("0^0 se pudo realizar y el resultado es: " + r);
              }
              catch (ArithmeticException e) {
                    Console.WriteLine ("0^0 no se pudo realizar. " + e.Message);
              }

              // -3.5^2.8 no se debería poder hacer porque el resultado es complejo
              try {
                    double r = Exponenciacion.Potencia (-3.5, 2.8);
```

```
			Console.WriteLine ("-3.5^2.8 se pudo realizar y el resultado es: " + r);
		}
		catch (ArithmeticException e) {
			Console.WriteLine ("-3.5^2.8 no se pudo realizar. " + e.Message);
		}

		// -3.5^2.8 se debería poder hacer porque el resultado es real
		try {
			double r = Exponenciacion.Potencia (3.5,2.8);
			Console.WriteLine ("3.5^2.8 se pudo realizar y el resultado es: " + r);
		}
		catch (ArithmeticException e) {
			Console.WriteLine ("3.5^2.8 no se pudo realizar. " + e.Message);
		}

		Console.ReadKey( );
	}
  }
}
```

Y la clase que lo resuelve:

```
using System;

namespace CarlosFontela.Algebra
{
  public static class Exponenciacion {

	public static double Potencia (double x, double exponente) {
		try {
			return (potenciaReal (x, exponente));
		}
		catch (ArithmeticException) {
			if (Math.Abs(exponente - Math.Floor(exponente)) < 1.0e-008)
				// el exponente es entero:
				return PotenciaEntera(x,(int)Math.Round(exponente));
			else throw new ArithmeticException("Resultado complejo");
		}
	}

	private static double potenciaReal (double x, double exponente) {
		double temp = Math.Log(x);
		if ( Double.IsNaN(temp) || Double.IsInfinity(temp) )
			// base 0 o negativa:
			throw new ArithmeticException( );
		return Math.Exp(exponente*temp);
	}

	public static double PotenciaEntera (double x, int exponente) {
		if ((x < 1.0e-008) && (exponente == 0))
			throw new ArithmeticException("Se está intentando elevar 0 a la 0");
		double pot = 1.0;
		for (int i = 1; i <= Math.Abs(exponente); i++)
			pot *= x;
		if (exponente < 0)
			return 1/pot;
		else return pot;
```

```
        }
    }
}
```

Daré una breve explicación para los menos duchos en Matemática.

Como todos sabemos, la exponenciación implica multiplicar la base por sí misma tantas veces como indica el exponente, salvo el caso de base y exponente nulos, que no tiene solución. Esto es válido siempre y cuando el exponente sea entero, y es lo que resuelve el último de los métodos que mostré.

Pero también se puede definir la potenciación con un exponente real. Como la solución de este caso implica el cálculo del logaritmo de la base, y los logaritmos de los números negativos son complejos, la función *Math.Log* no va a poder resolver algunos de estos casos. Sin embargo, no es que el problema no tenga solución entre los reales, pues si el exponente es entero va a tener solución con la primera definición aunque sea negativo.

Finalmente, si el exponente no es entero, nos encontramos con un caso de solución compleja.

Lo que hace el método *Potencia*, por lo tanto, es intentar resolver el problema con la solución de base y exponente reales. Si no puede hacerlo y el exponente es entero, invoca al *Potencia* sobrecargado para exponente entero. En todo otro caso, eleva una excepción.

Deja de lado el posible resultado complejo, aunque también podría haberse resuelto.

El diagrama de secuencia de esta solución es:

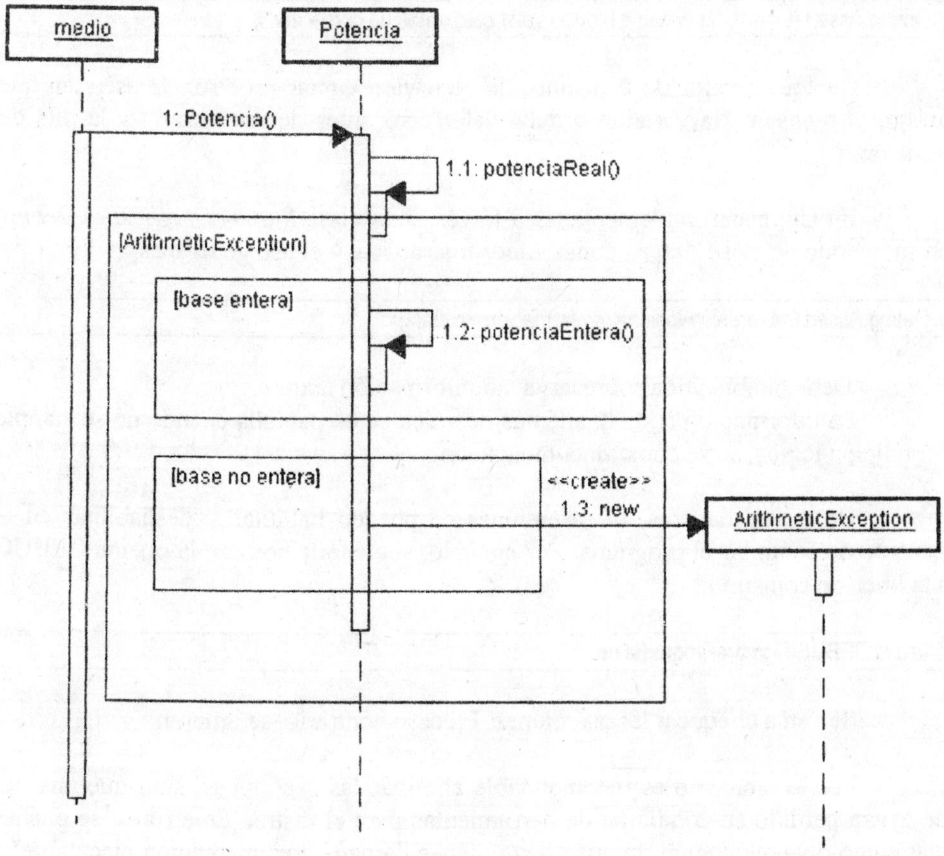

El diagrama de secuencia que acabo de hacer pretendo que sea explicativo. No obstante, no es un buen diagrama de secuencia, ya que contiene condicionales que hacen difícil su lectura y el lanzamiento de excepciones no queda suficientemente claro.

Debo decir también que en C#, haciendo un buen uso del *goto*, y manteniéndolo dentro de un método, se puede también implementar el reintento en excepciones. En Java no hay *goto*.

En el capítulo de concurrencia hay otro ejercicio para mostrar la política de nuevo intento, aplicándola en un contexto concurrente.

CUESTIONES METODOLÓGICAS

Aserciones y su uso en la depuración

Las **aserciones** son expresiones que se incluyen en los programas fuente para facilitar la depuración y, algo no menor, documentar estados particulares de objetos. Una aserción es una aseveración lógica que debe ser verdadera en un punto determinado del programa.

Por ejemplo, si la aserción dice:

```
Debug.Assert (b == 0, "la variable b debe valer cero antes de comenzar");
```

Cualquier valor de *b* distinto de cero va a enviar un error de aserción que muestre el mensaje "la variable *b* debe valer cero antes de comenzar", y la pila de ejecución.

En C#, están implementadas a través de la clase *System.Diagnostics.Debug*, con su método de clase *Assert*, como vimos más arriba, y el uso general es:

```
Debug.Assert (<expresión-lógica>, <información-textual>);
```

Tiene también una sobrecarga sin información textual.

La información textual, además de volcarse en pantalla cuando no se cumpla la condición lógica, sirve como documentación.

De todas maneras, las aserciones se pueden habilitar y deshabilitar en el momento de compilar el programa. Por ejemplo, si compilamos con la opción DEBUG en la línea de comando:

```
csc /d:DEBUG NombrePrograma.cs
```

Se van a chequear las aserciones. En caso contrario, se ignoran.

Por lo tanto, no es recomendable eliminar las aserciones, sino que una vez que hayan perdido su condición de herramientas para el rastreo de errores, se pueden dejar como documentación. Incluso hay quienes llaman "documentación ejecutable" a las aserciones.

Java agregó aserciones a partir del JDK 1.4. En su forma más útil son expresiones que se incluyen en los fuentes, del tipo:

```
assert <expresión-lógica> : <información-textual>;
```

En principio, esto sirve como documentación. No obstante, en Java, si la aseveración no es verdadera se lanzará la excepción *AssertionError*, descendiente de *Throwable*[63].

Por ejemplo, si la aserción dice:

```
assert b == 0: "la variable b debe valer cero antes de comenzar";
```

Cualquier valor de *b* distinto de cero va a enviar el siguiente mensaje a la pantalla (supusimos que está corriendo el programa *PruebaAserciones* y que el *assert* que provoca la excepción está en la línea 3 del archivo):

```
Exception in thread "main" java.lang.AssertionError:
 la variable b debe valer cero antes de comenzar
  at PruebaAserciones.main(PruebaAserciones.java:3)
```

Las aserciones se pueden habilitar y deshabilitar, haciéndolo para toda una

[63] Por lo tanto, recordemos, no requiere ser chequeada.

clase o incluso para todo un paquete.

En C++ el mecanismo de aserciones es más rudimentario. Existe – heredada del lenguaje C – una macro *assert*, que toma un argumento lógico que, en caso de ser falso o 0, interrumpe la ejecución del programa.

Una pregunta que surge a menudo es cuándo debemos usar aserciones y cuándo excepciones. Se supone que usamos aserciones para errores que nunca deberían ocurrir, dejando las excepciones para los problemas que, aunque raros, pueden llegar a ocurrir.

Una excepción es una forma elegante de salir de un error, enviándolo a quien lo pueda resolver. En cambio, si una aserción falla, ello indica que el programa llegó a una condición que no se esperaba que ocurriese nunca, y por lo tanto habría que corregir el programa.

Frameworks de pruebas unitarias y excepciones

En NUnit y JUnit, a veces necesitamos verificar que un método que está siendo probado lance una excepción. Por ejemplo, supongamos que, cuando al método *Palindromo* que diseñamos al explicar NUnit, se le pasa una cadena vacía o nula, queremos que lance una excepción *InvalidOperationException*.

Para comprobarlo deberíamos agregar el test que sigue:

```
[Test]
[ ExpectedException (typeof (InvalidOperationException) ) ]
public void PruebaExcepcion( ) {
        string s1 = "";
        bool b1 = AuxiliaresCadenas.Palindromo(s1);
        string s2 = null;
        bool b2 = AuxiliaresCadenas.Palindromo(s2);
}
```

Ahora la prueba va a fallar, pues el método no arroja la excepción, y de hecho devuelve *true* en el primer caso y otra excepción, no capturada, en el segundo. Si modificamos el método como sigue:

```
public class AuxiliaresCadenas {

   static bool Palindromo (string s) {
        if ((s == null) || (s == ""))
                throw new InvalidOperationException ( );
        bool capicua = true;
        for (int ini=0, fin=s.Length-1; ini<fin && capicua; ini++,fin--)
                capicua = (s[ini] == s[fin]);
        return (capicua);
   }

}
```

Ahora sí obtendremos una barra verde.

En JUnit se procede de una manera más rudimentaria. El caso anterior deberíamos resolverlo así:

```
public void pruebaExcepcion( ) {
        string s1 = "";
        string s2 = null;
        try {
                boolean b1 = AuxiliaresCadenas.palindromo(s1);
                boolean b2 = AuxiliaresCadenas.palindromo(s2);
            // forzamos la falla si no lanzó una excepción:
                fail("Debería lanzar la excepción DataFormatException");
        } catch (DataFormatException e) {
            // la prueba tiene éxito si entramos acá
        }
}
```

CUESTIONES DE DISEÑO

Excepciones para tratar problemas en modo optimista

El tema de **comprobación de estados** se refiere a las condiciones que deben cumplir los estados de ciertos objetos antes o después de realizar una operación.

Tomemos, por ejemplo, la sencilla línea que sigue:

```
resultado = a / b;            // problema cuando b == 0
```

Obviamente, aquí la precondición a cumplirse es que *b* sea distinto de cero. Sin embargo, no siempre las precondiciones son tan fáciles de evaluar.

Veamos en cambio la que sigue, suponiendo que *A* y *B* son instancias de una clase *Matriz*.

```
B = A.Invertir( );            // problema si A no es invertible
```

En otros casos, menos habituales, debemos chequear postcondiciones, como en la lectura de un dato correspondiente a una fecha, para validar que el dato ingresado es una fecha posible.

Es especialmente delicado el tema de una tarea que altera un objeto y no puede terminar debido a un error, dejando al objeto en un estado inválido.

Hay, básicamente, dos maneras de enfocar el problema: en forma conservadora o en forma optimista.

Al **enfoque conservador** de comprobación de estados se lo puede caracterizar como: *comprobar primero, actuar después*, o incluso con el refrán *"más vale prevenir que curar"*. La idea de este enfoque es comprobar que se cumple la precondición y realizar la tarea solamente en ese caso. En el ejemplo de la división del ítem anterior, habríamos seguido un enfoque conservador si hubiésemos chequeado que *A* fuera invertible antes de hacer la operación:

```
if (A.Invertible( ))
   B = A.Invertir( );
```

Se trata de una forma muy común de encarar las dependencias de estados, y permite tomar acciones preventivas, pero sólo se puede aplicar a la verificación de precondiciones, no así de postcondiciones.

No obstante, el enfoque conservador no es la única, ni necesariamente la mejor forma de resolver estos problemas.

El **enfoque optimista** podría resumirse así: *probar primero, analizar después*. Consiste en realizar una operación independientemente de que se pueda hacer o no. O, mejor dicho, sin analizar si se cumple la precondición de la misma. Y si durante la ejecución surge un problema, o al final de la misma no se cumple una postcondición necesaria, se intenta resolver el inconveniente.

Parece una forma rara de resolver problemas. Sin embargo, a menudo es la forma más razonable, por ejemplo, para comprobar postcondiciones.

También es útil, por ejemplo, si la precondición es muy costosa de evaluar y simultáneamente es poco probable que no se cumpla. Si en un caso así se evaluara siempre la precondición estaríamos introduciendo un factor de ineficiencia a la aplicación para tratar casos muy raros. Por ejemplo, para invertir una matriz, su determinante debe ser no nulo, por lo que el enfoque optimista podría plantearse así:

```
if (A.Determinante( ) != 0)
    B = A.Invertir( );
```

Pero el problema de esta solución es que para calcular la matriz inversa también se necesita el determinante. Por lo tanto, si supiésemos que la mayor parte de las matrices que lleguen a este segmento de código son invertibles, estaríamos introduciendo una ineficiencia muy alta, que sólo se justificaría en la menor parte de los casos.

La forma más común de manejar la dependencia de estados con un enfoque optimista es utilizar excepciones.

Diseño con excepciones

He dicho que utilizamos excepciones cuando nos falta información de contexto para resolver un problema previsto, pero que debiera decidirse en un nivel más alto.

Por ejemplo, cuando definimos la clase *CuentaBancaria*, nuestro primer ejemplo de una implementación de clases, teníamos un método *Extraer*:

```
public bool Extraer (double monto) {
        if (monto > saldo)
                return false;
        else {
                saldo -= monto;
                return true;
        }
}
```

Al que invocábamos:

```
bool exito = cc.Extraer(700);
if (!exito) Console.WriteLine("Fondos insuficientes");
```

¿Deberíamos haber usado excepciones? Sí, claramente es otro ejemplo que estamos en condiciones de mejorar, escribiendo:

```
public void Extraer (double monto) {
        if (monto > saldo)
                throw new SaldoInsuficienteException( );
        else {
                saldo -= monto;
                return true;
        }
}
```

E invocarlo:

```
try {
   cc.Extraer(700);
} catch (SaldoInsuficienteException) {
   Console.WriteLine("Fondos insuficientes");
}
```

Algunos lectores estarán ya extrañando la simplicidad de la solución anterior, y se van a afligir más aún cuando recuerden que *SaldoInsuficienteException* es una clase adicional que hay que definir.

Sin embargo, creo que esta segunda solución es mejor, en aras al cumplimiento de una característica de diseño denominada cohesión. En efecto, un método tiene alta (y buena) cohesión cuando hace una sola cosa simple, que puede ser explicada con una oración de un único verbo activo.

Por eso nuestra máxima debería ser: *cuando todo falle, lance una excepción*.

Bueno, vamos bien por ahora.

Pero, ¿y si tenemos que implementar un método que busque un valor en un arreglo lineal? Lo tradicional es que estos métodos devuelvan el índice del elemento que contiene el valor buscado, o un índice inválido (por ejemplo, -1) si no se encuentra. ¿Sería mejor lanzar una excepción ante la falta del valor buscado?

Está claro que se cumple la condición de que no tenemos suficiente información de contexto en el método: eso exactamente significa el -1, un valor conceptualmente no válido, enviado hacia fuera. También es cierto que el método con excepciones sería más cohesivo.

Sin embargo, está claro que la otra solución es la tradicional, la más esperada por los programadores clientes, y considerablemente más simple. Por lo tanto, no está mal evitar las excepciones en este caso.

Por supuesto, en el ejercicio de las cuentas bancarias deberíamos prever otras fuentes de problemas, como números de cuenta y saldos negativos.

Diseño del tratamiento de condiciones anormales

La cuestión de fondo, entonces, es definir cuándo deben utilizarse las excepciones, y cuándo no, habida cuenta de que muchos programadores caen en el vicio de utilizarlas por todos lados y otros las evitan sistemáticamente.

Los detractores de las excepciones para el manejo de errores aducen que un buen *if* que ponga en verdadero un parámetro de error es más claro y consume menos recursos. Lo de la claridad es un tanto subjetivo. Lo de la eficiencia puede ser cierto, pero recordemos que en sistemas grandes, más que guiarnos por microeficiencias, debemos ver la calidad como un todo, y la robustez y la seguridad se ven incrementadas con el uso de excepciones.

Además, las excepciones nos obligan a hacer algo con ellas, mientras que el chequeo de condiciones lógicas puede evitarse, dando la impresión de que no ha habido un error cuando en verdad lo hay. Es una máxima básica del diseño robusto que *nunca un módulo debe dar la impresión de que no pasó nada cuando algo ha fallado*.

Típicamente, una implementación de clase debería venir acompañada de las excepciones que puede disparar. Empero, esto no es posible en todos los lenguajes. Si bien en un lenguaje como C++ se puede declarar una excepción en el mismo archivo, en Java no se puede porque la excepción debe ser una clase pública visible desde fuera. Una posibilidad sería que las excepciones acompañen a las clases en sus paquetes, aumentando de ese modo, al menos, la cohesión del mismo.

Otros consejos cuando se trabaja con excepciones son:

- Capturar las excepciones en el primer nivel que se pueda. De este modo tendrán un sentido mayor para el ámbito.
- No lanzar una excepción si se puede tratar el problema en el ámbito en el que nos encontramos.
- Usar excepciones en constructores sólo para indicar que éste no terminó bien.
- Prever algún mecanismo de registración de excepciones, estilo *log* o *bitácora*, para permitir análisis ulteriores.
- En el tratamiento de una excepción, centrarse en resolver el problema, enviando eventualmente un mensaje o relanzando otra excepción, y restableciendo el normal funcionamiento del programa.

Un tema áspero que surge al tratar excepciones es el de los recursos adquiridos. Cuando se produce una excepción luego de capturar recursos puede que éstos no se necesiten más, y debamos liberarlos. Si se trata de memoria, en un contexto como el de Java o C#, el recolector de basura se va a ocupar del trabajo sucio. Pero si se trata de archivos abiertos o conexiones de red los debe liberar el programador. Una buena práctica es liberar los recursos en orden inverso a su adquisición.

Stroustrup [Stroustrup] dice, con mucha razón, que la adquisición de recursos debe tratarse como una inicialización. En ese caso habría que capturar recursos en un constructor al principio del bloque de código. De este modo, como el constructor que no termina no captura recursos de memoria, esto debiera ser seguro en lenguajes como C++ para la memoria, y se podría garantizar su aplicación a todo otro recurso si se los libera en el destructor respectivo[65]. Pero no nos sirve en Java, dado que no tenemos destructores. Por lo tanto, debemos liberar los recursos en el bloque *finally* de la captura de excepciones. De todas maneras, a efectos de mantener la claridad del código, esto debe hacerse de la forma más simple posible, asegurando solamente que el objeto queda de nuevo en un estado válido y que se liberan los recursos innecesarios.

Las excepciones se deberán capturar siempre que se sepa qué hacer con ellas. Si no, lo más sensato es pasarlas al módulo invocante. Esto último puede ser crítico cuando se las deba pasar entre capas de arquitectura. Por razones obvias, no deberían llegar a la capa de interfaz de usuario excepciones que no tengan sentido en ésta o que no deban ser vistas por los usuarios finales. En todo caso, si se elige enviar una excepción hasta esta capa, deberá eliminarse toda información comprometedora que viaje con la misma, como claves, conexiones a bases de datos, etc.

---

[65] En C++, cuando un constructor lanza una excepción, llama al destructor.

Tipos de excepciones y su tratamiento

Habitualmente hay dos tipos de excepciones: las técnicas y las de dominio. En las primeras, la causa del problema es algún fallo en la infraestructura de la aplicación, como un problema en el hardware, un corte de la conectividad. En estos casos, no hay mucho que hacer, más que enviar al usuario un mensaje lo más amigable posible, sugiriéndole alguna línea de acción que tenga que ver con un llamado al soporte técnico o reintentar en unos minutos.

Las excepciones de dominio, en cambio, tienen que ver más bien con que se ha violado una regla de negocio, lo que el diseño por contrato llama precondiciones e invariantes. En este caso, si la excepción debe ser mostrada al usuario, se redactará un mensaje explicando lo ocurrido en un lenguaje adecuado.

En todos los casos, es bueno registrar las excepciones ocurridas durante la ejecución de la aplicación, de modo tal de permitir luego actividades de auditoría o facilitar la búsqueda de problemas frecuentes. Por lo tanto, es importante fijar una política de la gestión de excepciones, en cuanto a bitácoras, mensajes y demás.

¿Excepciones seguras o inseguras?

En Java es obligatorio decir qué excepciones arroja un método, de modo que el cliente de la clase sepa qué excepciones debe manejar, salvo en el caso de las derivadas de *RuntimeException*. Una vez incluida en una cláusula throws, la excepción no puede ser ignorada como si fuera un argumento booleano. Una excepción que se recibe de la cláusula *throws* de un método invocado debe ser capturada o vuelta a lanzar.

La obligación de tratar las excepciones de los métodos invocados tiene dos ventajas:

- Hace a los programas más robustos.
- Es el compilador el que nos avisa que no estamos capturando la excepción, por lo que no podemos olvidarnos: el problema nunca llega al tiempo de ejecución.

Ahora bien, C# no obliga a capturar las excepciones que lanza un método. ¿Por qué se decidió hacerlo así? Hay varias razones:

- Muchos programadores Java declaran que una función arroja una excepción que en realidad no lanza, para permitir extensiones futuras sin afectar a los programas clientes. Esto puede ser una ventaja, pero hace más engorrosas las cosas a los clientes, que se pueden sentir confusos, y hasta perder el respeto por las excepciones.
- En Java, cuando se redefine un método en una clase descendiente, sólo se pueden lanzar las excepciones que lanza el método redefinido en la clase ancestro; o en todo caso alguna menos, pero nunca más. Esta restricción es para que el código que funciona con la clase base también lo haga con las derivadas, aún con excepciones. De esta manera, se garantiza el comportamiento polimorfo, que en Java se da por defecto.
- Hay programadores cliente que capturan la excepción y no hacen nada con ella, lo cual le quita a la solución toda su robustez. Es cierto que esto es un mal comportamiento del cliente, pero si se da mucho habría que ver qué razones los impulsan a hacerlo.
- Otro inconveniente, colocándonos en el lugar del cliente, son los métodos que arrojan excepciones de bajo nivel que no tienen sentido en ningún

contexto de uso. Por ejemplo, se puede pensar en un servicio web que arroje una *IOException*.

Todo lo dicho justifica un poco la decisión de los diseñadores de .NET en no obligar a chequear las excepciones.

Sin embargo, creo que aun así el enfoque de Java es más robusto, y eso no se paga con nada. Además, en caso necesario, Java permite trabajar con excepciones no chequeadas, si se declaran descendientes de la clase *RuntimeException*. De hecho, son descendientes de *RuntimeException* todas las excepciones que pueden aparecer por todas partes en un programa, normalmente excepciones técnicas.

Respecto de la necesidad – en Java – de no poder declarar excepciones en redefiniciones de un método si no está en la versión más alta en la jerarquía, hay programadores que usan el truco de declarar que se arroja una excepción aunque no se lo haga, así como en toda clase abstracta o método abstracto. Es cierto que esto obliga a declarar que se lanzan excepciones que en realidad no se lanzan, en el mejor de los casos, o a impedir que un programador que reutiliza una clase mediante herencia pueda agregar nuevas excepciones, lo que es un atentado a la extensión del código. Pero existe la posibilidad de definir jerarquías de excepciones, declarando lanzar una excepción más genérica y luego lanzando la que corresponda en cada caso. Además, si un método redefinido lanza más excepciones que el que redefine, está violando el principio de sustitución, como veremos en la tercera parte del libro.

Si programamos en C#, lo mínimo que deberíamos hacer es garantizar que en la documentación en línea de todos nuestros métodos quede bien en claro cuáles son las excepciones que pueden lanzar. Pero, como usuarios de los métodos y propiedades desarrollados por otros, estamos en manos de lo que ellos hayan decidido documentar, y esto es muy peligroso. No es raro que a veces nos encontremos con código que arroja excepciones absolutamente inesperadas.

Excepciones y legibilidad

Se puede decir que las excepciones mejoraron notablemente la forma de reportar errores, pero a muchos de nosotros puede que no nos convenza del todo el mecanismo.

En primer lugar, la separación de los manejadores respecto del código básico está lejos de ser cierta, pues se sigue escribiendo código de comprobación de errores en forma muy acoplada al funcional.

Además, tampoco se ha logrado un modelo que lleve a código legible, aunque haya un pequeño avance respecto de las formas anteriores de tratamiento de problemas. Precisamente ésta es la razón que ha llevado a que en los ejercicios resueltos de este libro casi no se utilicen excepciones. (Podrá decirse que estoy cayendo en el consabido "haz lo que digo y no lo que hago", y tal vez haya algo de cierto en ello. Pero he preferido mantener el código lo más legible posible, aun cuando recomiendo al programador profesional un uso mucho mayor de excepciones.)

De todos modos, tal vez parte de nuestra desazón con este mecanismo provenga del deseo de todo programador, que querría que no fuera necesario lidiar con errores. No debemos perder de vista que los programas se enfrentan con condiciones de excepción, y pretender que no se vea su tratamiento es un poco utópico. Por el momento, el manejo con excepciones ha mejorado bastante la situación, y es seguramente mejor que los enfoques anteriores. Por otro lado, siempre el tema de manejo de errores ha sido de los más conflictivos de la programación.

El modelo de programación sin excepciones puede parecer más limpio en ocasiones, pero no es tan así en proyectos grandes.

Por otro lado, hay ocasiones en que las excepciones son la única forma de resolver problemas. El caso típico es el de un fallo de hardware o una falla fatal de software, que provoca la interrupción de una aplicación si la excepción no es capturada.

Tal vez para ver un tratamiento de excepciones más limpio debamos esperar al paradigma emergente de la *programación orientada a aspectos (POA)*, que considera a las excepciones como una *incumbencia transversal*. El último capítulo del libro presenta someramente este tema.

CONCLUSIONES

El tema de excepciones analizado en este capítulo permite desarrollar programas más legibles y más robustos. Podemos discutir si es mejor el enfoque más seguro de Java o el más despreocupado de C#, pero es indudable que la posibilidad de captura de errores antes de que éstos interrumpan un programa es de un gran valor para la calidad del software. Además, el mecanismo de aserciones es un buen complemento de las excepciones.

Lo que nos espera en los próximos dos capítulos es el estudio de cómo hacen los lenguajes orientados a objetos para proveer simultáneamente una rica biblioteca de contenedores, a la vez que permiten al programador desarrollar sus propias estructuras de datos.

10. COLECCIONES BASADAS EN POLIMORFISMO

He hecho esta carta más larga de lo usual porque no tengo tiempo para hacer una más corta.
Blas Pascal[66]

Hay ciertos tipos de datos que, a falta de un nombre mejor, denominamos **colecciones**. Me refiero a los datos estructurados en los cuales cada elemento tiene un significado similar, aunque su valor dependa de la posición. Los ejemplos más conocidos son los arreglos (vectores, matrices, arreglos multidimensionales), las listas encadenadas (lineales, dobles, circulares, multilistas), los árboles (binarios, generales), los conjuntos, etc. Algo que hace útiles a las colecciones – además de que sirven para agrupar objetos – es que se puede operar sobre un elemento en particular, sobre algunos elementos seleccionados mediante una condición, o sobre la colección como conjunto. También a veces se los llama *contenedores*, porque contienen otros objetos.

Desde que empezaron a surgir lenguajes de programación con cierto nivel de abstracción de datos, se soportaron las colecciones en forma estándar. Así, Fortran y Cobol manejaban arreglos, Pascal introdujo los conjuntos y un manejo de archivos como secuencias y varios lenguajes dieron facilidades para manejar estructuras dinámicas con la ayuda de punteros. Lenguajes más orientados a ciertos usos dieron un soporte mucho mayor, proveyendo primitivas para el manejo de las colecciones.

El problema principal de este enfoque tiene que ver con la dificultad de la reutilización de código cuando semánticamente éste es totalmente genérico. Por ejemplo, si en Pascal desarrollamos un procedimiento que ordena un vector de enteros en forma creciente, tendremos que reescribir el módulo si deseamos trabajar con elementos reales o cadenas de caracteres, aun cuando la semántica sea idéntica y las construcciones del lenguaje también.

Ada fue el primer lenguaje que encaró esta problemática, implementando el concepto de *tipo genérico*. Algo parecido implementó luego C++ con sus *clases parametrizadas*. Otros lenguajes orientados a objetos se apoyaron en el polimorfismo.

Muchos lenguajes orientados a objetos manejan arreglos en la forma tradicional, con la definición de una estructura de datos indexada, de tamaño fijo y con elementos del mismo tipo. Esta estructura, que es de las más antiguas de la programación, si bien es estática y limitada, es muy eficiente.

Por añadidura, en varios lenguajes se proveen colecciones dinámicas en alguna biblioteca. Cada colección tiene una interfaz diferente y un comportamiento también diferente, además de eficiencias diferentes para las distintas operaciones. Por ejemplo, una lista encadenada es muy eficiente para insertar y eliminar elementos, además de para ser recorrida secuencialmente, pero es más lento acceder a un elemento individual que en el caso de un arreglo. Todas las colecciones proveen alguna forma de agregar y obtener elementos.

---

[66] Atribuido.

El uso de las colecciones predefinidas a veces es tenida a menos por algunos programadores, que prefieren implementar sus propias estructuras de datos y critican la falta de ciertas estructuras que ellos ven necesarias. Sin embargo, aunque en algunos casos puede ser ventajoso implementar ciertas estructuras de datos, en la mayor parte de las aplicaciones esto no ofrece tantas ventajas, y podemos conformarnos con las colecciones que nos da el lenguaje. Utilizar las colecciones tal como las tenemos nos provee de soluciones fáciles, suficientemente optimizadas y, sobre todo, exhaustivamente probadas. Incluso suelen servir para construir otras estructuras de datos sobre ellas.

Estos son los temas que trataremos en este capítulo, que servirá asimismo para afianzar los conocimientos de polimorfismo adquiridos en capítulos anteriores.

Pero este capítulo tiene un contenido pasado de moda. De hecho, tanto Java como C# – los dos lenguajes que voy a analizar – trabajan desde hace unos pocos años con un concepto denominado *genericidad*, que veremos en el capítulo siguiente, y no con las colecciones tal como las presentamos aquí.

Confieso que pensé mucho si incorporar o no este capítulo de colecciones "a la antigua", y que, si finalmente lo hice fue porque me parece que puede servir para afianzar conceptos y ver una implementación de colecciones auténticamente orientada a objetos. El corolario es obvio: para el autor de estas líneas, el trabajo con clases parametrizadas – como en C++ – o con genericidad restringida – como en Java y C# – no es auténtica POO, aunque tenga su valor.

Respecto de los programas que se incluyen, han sido probados y corren sin problema en Java SE 6.0 y en .NET 3.0, con el único inconveniente de que los compiladores envían advertencias ("warnings") sobre el no uso de genericidad.

UN EJERCICIO INICIAL: EL PROBLEMA DE SIEMPRE, CON MAYOR ABSTRACCIÓN

El problema y las entidades

Cuando implementamos las clases que manejan el club de inmobiliarias utilizamos arreglos, tanto para representar los inmuebles de una inmobiliaria como los interesados en un inmueble. Sin embargo, el tipo que se eligió fue siempre el arreglo primitivo, que nos exige llevar la cuenta de los elementos válidos que tenemos, en el que nos da trabajo agregar o eliminar elementos, y en el que no tenemos una buena biblioteca de métodos para trabajar.

Lo que voy a hacer ahora es modificar las clases *Inmueble* e *Inmobiliaria* para que trabajen con la clase *ArrayList*, que si bien está implementada sobre un arreglo lineal, tiene más funcionalidades y un dinamismo aparente que facilita agregar y eliminar elementos.

El inconveniente que tiene *ArrayList*, así como la voy a usar por el momento, es que sus elementos son de tipo *object*, lo cual, si bien facilita su uso con objetos de cualquier tipo, también nos hace perder información en el momento de extraerlos.

Diagrama de clases

El diagrama de la solución propuesta es:

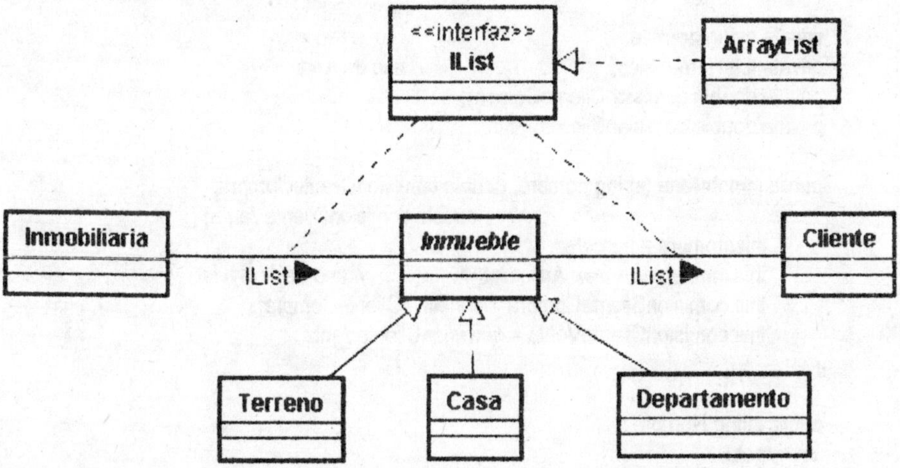

Lo que dice el diagrama – además de lo que ya sabemos – es que una instancia de *Inmobiliaria* referencia varias instancias de *Inmueble*, pero agrega información diciendo que lo hace mediante un *IList*. Lo mismo ocurre entre *Inmueble* y *Cliente*.

En este caso, *IList* es lo que se conoce como clase de asociación.

Adicionalmente, se muestra que la clase *ArrayList* implementa la interfaz *IList*.

No obstante, no es habitual hacer un diagrama tan complejo para mostrar algo tan simple. El uso de clases de asociación en diagramas es a menudo cuestionado, y éste es un buen ejemplo de lo que se debe evitar.

Pruebas unitarias

La modificación que voy a realizar debería ser transparente para cualquier clase cliente. Ergo, tanto el programa de prueba que utilizamos en el capítulo de herencia[67], como el que realizamos con NUnit en el siguiente, pueden ser utilizados para verificar el correcto funcionamiento de las clases que voy a implementar.

Al fin y al cabo, estoy realizando una refactorización, y son las pruebas escritas en otras ocasiones las que me van a asegurar que la refactorización no afectará la funcionalidad.

Implementación

Por una cuestión de simplicidad partí de la versión que no implementa la interfaz *INotificable*.

La nueva clase *Inmobiliaria* es:

```
using System;
using System.Collections;

namespace CarlosFontela.Inmobiliarias
{
   public class Inmobiliaria
```

[67] Tenga en cuenta el lector que en el capítulo siguiente se le agregaron dos parámetros al constructor de *Inmobiliaria*, así que este programa debe ser levemente modificado.

```
{
        private string nombre;
        private IList inmuebles;                    // uso de IList
        private double comisionClienteCompra;
        private double comisionClienteVenta;

        public Inmobiliaria (string nombre, double comisionClienteCompra,
                                              double comisionClienteVenta) {
                this.nombre = nombre;
                this.inmuebles = new ArrayList( );          // uso de ArrayList
                this.comisionClienteCompra = comisionClienteCompra;
                this.comisionClienteVenta = comisionClienteVenta;
        }

        public string Nombre {
                get {
                        return nombre;
                }
        }

        public int CantidadInmuebles {
                get {
                        return inmuebles.Count;     // gané en simplicidad y claridad
                }
        }

        public void AgregarInmueble (Inmueble x) {
                inmuebles.Add(x);                   // gané en simplicidad y claridad
        }

        public void QuitarInmueble (Inmueble x) {
                inmuebles.Remove(x);                // gané en simplicidad y claridad
        }

        public void ImprimirDatos ( ) {
                Console.WriteLine ("Inmobiliaria: " + this.Nombre);
                foreach (Inmueble x in inmuebles)
                        x.ImprimirDatos( );         // gané en simplicidad y claridad
                Console.WriteLine( );
        }

        public double ComisionClienteCompra {
                get {
                        return comisionClienteCompra;
                }
        }

        public double ComisionClienteVenta {
                get {
                        return comisionClienteVenta;
                }
        }

        public double BeneficioEsperadoCartera( ) {
                double beneficio = 0;
                double comisionesCobradas =
                        (ComisionClienteCompra + ComisionClienteVenta) / 100;
                foreach (Inmueble x in inmuebles) {  // gané en simplicidad y claridad
```

```
            int precio = x.Precio;
            if (!x.Vendido) {
                beneficio += precio * comisionesCobradas - x.ComisionVendedor( );
            }
        }
        return beneficio;
    }

    public double BeneficioEsperadoReservados( ) {
        double beneficio = 0;
        double comisionesCobradas =
            (ComisionClienteCompra + ComisionClienteVenta) / 100;
        foreach (Inmueble x in inmuebles) {    // gané en simplicidad y claridad
            int precio = x.Precio;
            if (!x.Vendido && x.Reservado) {
                beneficio += precio * comisionesCobradas - x.ComisionVendedor( );
            }
        }
        return beneficio;
    }
  }
}
```

Y la clase *Inmueble* queda como sigue:

```
using System;
using System.Collections;

namespace CarlosFontela.Inmobiliarias
{
  public abstract class Inmueble
  {
     private string domicilio;
     private double superficie;
     private int cantidadAmbientes;
     private int precio;
     private IList interesados;                          // uso de IList
     private bool reservado;
     private bool vendido;

     public Inmueble (string domicilio, double superficie, int cantidadAmbientes, int precio)
     {
        this.domicilio = domicilio;
        this.superficie = superficie;
        this.cantidadAmbientes = cantidadAmbientes;
        this.precio = precio;
        this.interesados = new ArrayList( );            // uso de ArrayList
        this.reservado = false;
        this.vendido = false;
     }

     public string Domicilio {
        get {
           return domicilio;
        }
     }
```

```
public double Superficie {
        get {
                return superficie;
        }
}

public int CantidadAmbientes {
        get {
                return cantidadAmbientes;
        }
}

public int Precio {
        get {
                return precio;
        }
        set {
                precio = value;
                foreach (Cliente c in interesados)      // gané en simplicidad y claridad
                        c.AvisarCambioPrecio(this,value);
        }
}

public void AnotarInteresado (Cliente c) {
        interesados.Add(c);                             // gané en simplicidad y claridad
}

public void EliminarInteresado (Cliente c) {
        interesados.Remove(c);                          // gané en simplicidad y claridad
}

public bool Reservado {
        get {
                return reservado;
        }
}

public void Reservar( ) {
        reservado = true;
        foreach (Cliente c in interesados)              // gané en simplicidad y claridad
                c.AvisarReserva(this);
}

public bool Vendido {
        get {
                return vendido;
        }
}

public void Vender( ) {
        vendido = true;
        foreach (Cliente c in interesados)              // gané en simplicidad y claridad
                c.AvisarVenta(this);
}

public virtual void ImprimirDatos( ) {
        Console.WriteLine ("Domicilio: " + Domicilio);
        Console.WriteLine ("Superficie: " + Superficie);
```

```
            Console.WriteLine ("Cantidad de ambientes: " + CantidadAmbientes);
            Console.WriteLine ("Precio: " + Precio);
            Console.WriteLine ("Reservado: " + Reservado);
            Console.WriteLine ("Vendido: " + Vendido);
            Console.WriteLine ("Cantidad de interesados: " + interesados.Count);
            foreach (Cliente c in interesados)          // gané en simplicidad y claridad
                Console.WriteLine (c.Nombre);
        }

        public abstract double ComisionVendedor( );

    }
}
```

Como se ve, la gran ventaja es la simplicidad de notación, y la facilidad con que hacemos inserciones y eliminaciones de elementos, debido a la apariencia de estructura dinámica, sin tamaño limitado.

En el capítulo previo expliqué excepciones, y hasta introduje su uso en este ejemplo. Sin embargo, ahora volvieron a desaparecer. Las razones por las que hice esto son dos: una, por claridad expositiva; la segunda, porque los métodos *Add* y *Remove* de las colecciones de C# tienen su manera de indicar que no pudieron insertar o eliminar elementos, no mediante excepciones, sino con la devolución de un valor booleano como resultado colateral.

A continuación veremos cómo utilizar otros tipos de colecciones y cómo construir otras a medida.

COLECCIONES DE C#

Arreglos primitivos en C#

En C# existe un solo tipo de dato estructurado primitivo: el arreglo. El **arreglo** es un conjunto de variables del mismo tipo que se acceden mediante un índice. La inmensa mayoría de los lenguajes de programación manejan arreglos.

Todos los arreglos de C# son casos particulares de la clase *System.Array*, y por lo tanto se les aplican los métodos y propiedades definidos en esa clase. En todo lugar donde se permita un *System.Array* se permite cualquier arreglo primitivo. Todos los descendientes de *System.Array* son tipos por referencia.

A continuación se muestra la declaración de un arreglo unidimensional de elementos enteros:

```
int v[ ];
```

Como el arreglo es un tipo por referencia, no se indica el tamaño del arreglo hasta crearlo mediante una acción:

```
v = new int [10];
```

Esto indica que el vector *v* tiene 10 elementos con subíndices del 0 al 9.

Además del operador [ ], hay una serie de propiedades y métodos para trabajar con arreglos como objetos, los más importantes de los cuales se muestran a continuación con sus firmas:

Firma	Significado
virtual void CopyTo (Array v, int i)	Copia los elementos de un arreglo unidimensional en otro, a partir de la posición i.
virtual void CopyTo (Array v)	CopyTo(v, 0)
virtual bool Equals(object v)	Determina si todos los elementos de un arreglo son iguales a los de otro (v).
virtual IEnumerator GetEnumerator( )	Devuelve un iterador para el arreglo (ver luego).
Type GetType( )	Devuelve el tipo de los elementos del arreglo.
int GetUpperBound (int dimension)	Devuelve el último índice posible de un arreglo en una dimensión. Las dimensiones se cuentan desde 0 en adelante.
object GetValue (params int[ ] indices)	Devuelve un elemento en la posición i del arreglo. Es equivalente al operador [ ].
void SetValue (object x, int i)	Coloca el valor x en la posición i del arreglo. Es lo mismo que utilizar la asignación y el operador [ ].
virtual string ToString( )	Convierte al arreglo en una cadena de caracteres imprimible.
int Length	La cantidad de elementos del arreglo.
int Rank	La cantidad de dimensiones del arreglo.

Hay también algunos métodos de clase, definidos en la clase *System.Array*, de los cuales los más importantes son:

Firma	Significado
void Copy (Array origen, Array destino, int cantidad)	Copia cantidad elementos de un arreglo unidimensional en otro.
int IndexOf (Array v, object x)	Devuelve la posición de la primera aparición del valor del objeto x en v.
int LastIndexOf (Array v, object x)	Devuelve la posición de la última aparición del valor del objeto x en v.
void Sort (Array v)	Ordena el arreglo v. el arreglo debe ser "ordenable", esto es, unidimensional y que el tipo base tenga definido algún tipo de relación de orden.
int BinarySearch (Array v, object x)	Devuelve la posición de la primera aparición del valor del objeto x en v, utilizando búsqueda binaria. El arreglo debe ser ordenable y estar ordenado.
void Reverse (Array v)	Revierte el arreglo v.

A los arreglos en C# se les puede dar valores iniciales. A continuación se muestran algunos ejemplos:

```
int[3] v = {4, 8, 2};        // correcto: a un arreglo de 3 elementos se le asignan 3 valores
int[5] w = {0, 7, 3};        // incorrecto: a un arreglo de 5 elementos se le asignan 3 valores
int[2] w = {0, 2, 6};        // incorrecto: a un arreglo de 2 elementos se le asignan 3 valores
int[ ] w = {1, 9, 5};        // correcto: a un arreglo se le asignan 3 valores y queda de 3 elementos
```

C# permite definir arreglos de varias dimensiones. Estos pueden ser arreglos de arreglos (a veces llamados "dentados") o, por razones de eficiencia, arreglos "rectangulares", que se alojan en conjunto de una sola vez.

Las líneas que siguen definen matrices de tres dimensiones, una como arreglo dentado y otra como rectangular:

```
int [ ] [ ] [ ] m1 = new int [2][ ][ ];
```

```
int [ , , ] m2 = new int [2, 4, 3];
```

Por supuesto, la contra de esto es que ambos tipos de arreglos no son intercambiables.

Varios de los métodos que enumeré más arriba para trabajar con arreglos sólo se aplican a arreglos de una sola dimensión.

Lo que dije de los arreglos como tipos por referencia tiene algunas consecuencias adicionales.

Por ejemplo, las siguientes definiciones:

```
int[ ] v2 = new int[5];
v1 = v2;
```

Introducen dos arreglos de 5 elementos, numerados del 0 al 4. Tanto *v1* como *v2* se refieren al mismo arreglo, pues son referencias. Como los elementos de los arreglos son enteros, dichos elementos se han creado junto con el arreglo. Si, en cambio, fueran tipos por referencia, habría que crear luego cada elemento antes de usarlo. Así se muestra en este otro ejemplo:

```
CuentaBancaria[ ] vectorCuentas = new CuentaBancaria [4];
vectorCuentas [0] = new CuentaCorriente (1234, "José");
vectorCuentas [1] = new CajaAhorro (5678, "Cristina");
vectorCuentas [2] = new CajaAhorro (9012, "Carolina");
vectorCuentas [3] = new CuentaCorriente (3456, "Hernán");
```

Como cualquier otro objeto, los arreglos son liberados por el recolector de basura cuando se han dejado de usar.

C# permite que una función devuelva un arreglo, como vemos en el ejemplo siguiente:

```
static int[ ] obtenerEnteros( ) {...}
```

Mucha gente llama a estos arreglos "de bajo nivel", porque tienen algunas desventajas sobre las colecciones predefinidas de C#, como por ejemplo:

- Su tamaño es fijo una vez definido (lo cual se hace en tiempo de ejecución).
- No tiene una biblioteca de operaciones predefinidas tan rica como las colecciones.

Por otro lado, estos tipos de colecciones tienen un aspecto que es a la vez una ventaja y una desventaja: si se exceden los límites del arreglo, el CLR lanza una excepción de tipo *IndexOutOfRangeException*. Digo que es una ventaja porque nos da una seguridad que nada tiene que ver con el "bajo nivel" con el que se los caratula. Sin embargo, su principal desventaja es que esto lleva tiempo y no se puede deshabilitar el chequeo, lo que pone a los arreglos primitivos de C# en desventaja con respecto a los de C++, que no chequean dichos límites.

IComparable e IComparer

C# provee dos interfaces que, si bien no están limitadas a las colecciones, tienen un uso importante en conjunto con éstas: *System.IComparable* y *System.Collections.IComparer*. Ambas sirven para establecer relaciones de orden en clases que no la tienen definida implícitamente.

La primera expone un solo método, denominado *CompareTo*. Tiene un parámetro de tipo *object*, y devuelve negativo, 0 o positivo, dependiendo de si el objeto sobre el que se está trabajando es menor que el parámetro, igual o mayor, respectivamente.

Ya hicimos uso de *IComparable* en la implementación del tipo *Fraccion*:

```
public class Fraccion : IComparable {
...
   // métodos, propiedades y atributos varios...
...
        public int CompareTo (object x) {
                Fraccion otro = (Fraccion)x;
                if (this.Igual(otro))
                        return 0;
                if (this.Menor(otro))
                        return -1;
                return 1;
        }

}
```

Por lo tanto, para ordenar un arreglo de números fraccionarios, podríamos proceder así:

```
Fraccion[ ] v = new Fraccion[10];
// se trabaja y se llena el arreglo
Arrays.Sort (v);
```

Otra interfaz útil definida en forma estándar es *IComparer*:

IComparer es una interfaz que expone los métodos *Compare* y *Equals*. En principio tiene una funcionalidad similar a la de *IComparable*. La función lógica *Equals* tiene un parámetro de tipo *object*, e informa si el objeto actual tiene el mismo contenido que el objeto argumento. El método *Compare* hace lo mismo que *CompareTo*, pero con dos objetos parámetros, por lo que puede usarse para pasar un *IComparer* como parámetro en los casos en que no contemos con *IComparable* implementada. Como *Equals* está bien definido en *object*, en general no es necesario redefinirlo.

Para que entendamos la razón por la que existe *IComparer*, veamos el siguiente caso.

Si el tipo base de un arreglo implementa la interfaz *IComparable*, podremos ordenar sin problema al arreglo, ya que el método *Sort* utilizará la implementación de la función *CompareTo* que expone dicha interfaz.

Sin embargo, existe la posibilidad de pasarle un objeto de una clase que implemente la interfaz *IComparer*. Supongamos que tenemos una clase *Fraccion* que no implementa *IComparable*. En ese caso, si queremos ordenar un arreglo de fracciones deberíamos implementar *IComparer* en una clase auxiliar, como sigue:

```
public class ComparadorFracciones : System.Collections.IComparer {
```

```
public int Compare (Object o1, Object o2) {
        Fraccion f1 = (Fraccion)o1; Fraccion f2 = (Fraccion)o2;
        if (f1.Numerador * f2.Denominador > f1.Denominador * f2.Numerador)
                return 1;
        else if (f1.Numerador * f2.Denominador <
                                        f1.Denominador * f2.Numerador)
                return -1;
        else return 0;
    }
}
```

Luego, para ordenar el arreglo, haremos así:

```
Fraccion[ ] v = new Fraccion[10];
// se trabaja y se llena el arreglo
Arrays.Sort(v, new ComparadorFracciones( ));
```

Notemos que implementar *IComparer* sirve también si la implementación de *CompareTo* no es la que se necesita para resolver el ordenamiento.

Colecciones predefinidas de C#

Es importante conocer lo que provee cada lenguaje en sus bibliotecas, ya que éstas suelen estar más optimizadas y probadas que las compradas. En ese sentido, trabajar con los arreglos primitivos, punteros y demás, que no sólo pueden introducir ineficiencias sino que obligan a chequear valores de índices, hacer recorridos mediante algoritmos construidos por el programador, etc., es usar características de bajo nivel de los lenguajes.

C# define una serie de interfaces y clases para trabajar con colecciones, que si suprimimos las clases menos útiles y las relaciones más o menos superfluas, son las que se muestran en el siguiente diagrama[68]:

[68] En UML 2.0 el estereotipo *obtiene* significa que el objetivo de la asociación es creado por la clase origen. En inglés, este estereotipo se denomina "*create*".

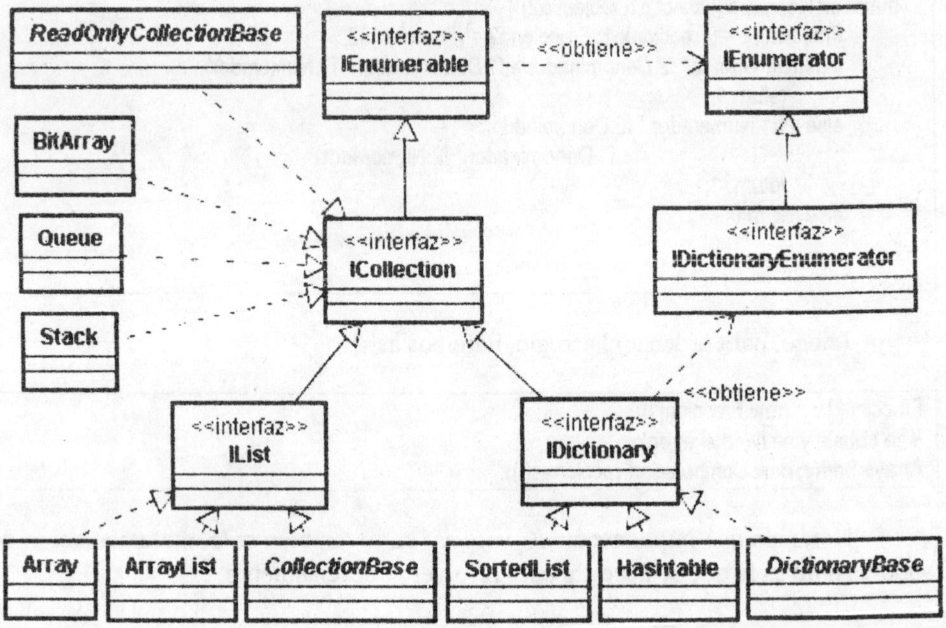

La diferencia entre una clase de la familia de *IList* y una de la familia de *IDictionary* es que las primeras son colecciones de elementos individuales, mientras en las segundas, llamadas a menudo **colecciones asociativas**, sus elementos son pares de valores, uno de los cuales sirve como clave. Por el resto, las diferencias vienen dadas por la eficiencia de cada una en hacer inserciones y búsquedas. Todas las colecciones tienen elementos de tipo *object*, por lo que pueden contener elementos de cualquier clase.

Por supuesto, en estas clases e interfaces están definidos los métodos que permiten tomar elementos, modificarlos, insertarlos, hacer búsquedas, etc., siempre dependiendo del tipo de colección que se trate.

Estas colecciones predefinidas tienen un tamaño dinámico y se expanden automáticamente para incluir nuevos elementos.

A continuación se muestran algunas propiedades y métodos de *ICollection*:

Método o propiedad	Significado
virtual int Count	El número de elementos de la colección.
virtual bool IsSynchronized	Si la colección es segura para concurrencia.
virtual object SyncRoot	Devuelve un objeto que puede usarse para proveer acceso sincronizado a la colección (ver capítulo de concurrencia).
virtual void CopyTo (Array v, int i)	Copia los elementos de la colección sobre el arreglo. Si no caben o los tipos son incompatibles arroja una excepción.

Los dos tipos de colección más habituales son *ArrayList* y *Hashtable*.

La diferencia entre un arreglo primitivo y un *ArrayList* es que éste ocupa un trozo de memoria contigua, al igual que el primero, que inicialmente es de 16 elementos, pero luego se expande por demanda al agregar más elementos. La cantidad de elementos contiguos que reserva el CLR lo denominamos *capacidad*, y a la cantidad de elementos efectivamente colocados en la lista la llamamos *tamaño*.

Si sabemos de antemano cuántos elementos va a tener la lista, o bien se tiene una idea aproximada de ello, conviene usar el constructor que recibe un parámetro que es la capacidad porque esto va a ser más eficiente. En el caso de que destinemos de entrada una capacidad mayor que la necesaria, podemos utilizar la función *TrimToSize* para reducirla al tamaño actual.

Hashtable es un conjunto de pares clave-valor, en los cuales la clave se usa para buscar rápidamente valores. La implementación utiliza un acceso directo mediante una función de hashing. En general la clave es un *string* o un tipo primitivo, pero en C# no tiene necesariamente por qué ser así, ya que es un *object*. Para trabajar con las clases de colecciones asociativas conviene redefinir las funciones *HashCode* y *Equals* provenientes de *object*, para los objetos que van a hacer de clave, de modo que el comportamiento sea el esperado. Esto es porque *HashCode* es la función de hashing que va a utilizar el CLR para ubicar una clave en la tabla hash, y *Equals* va a ser utilizada para determinar si dos claves son iguales, porque en una inserción con una clave ya existente el CLR arroja una excepción *ArgumentException*. Una explicación de cómo elegir una buena función de hashing excede este libro y corresponde más bien a uno de estructura de datos.

Los métodos y propiedades más interesantes de *ArrayList*, adicionales a los de *ICollection*, son:

Método o propiedad	**Significado**
virtual int Add (object o)	Agrega un elemento a la lista.
virtual void Insert (int pos, object o)	Inserta un elemento a la posición especificada de la lista.
virtual void AddRange (ICollection c)	Agrega los elementos de la colección al final de la lista.
virtual void InsertRange (int pos, ICollection c)	Inserta los elementos de la colección en la posición especificada de la lista.
virtual void Clear( )	Vacía la lista.
virtual bool Contains (object o)	Si la lista contiene el elemento.
virtual int Capacity	La capacidad de la lista.
object <lista> [int i]	El i-ésimo elemento. Es una propiedad de consulta y modificación.
virtual int IndexOf (object o)	La posición de la primera aparición del valor en la lista, o –1 si no se encuentra.
virtual int LastIndexOf (object o)	La posición de la última aparición del valor en la lista, o –1 si no se encuentra.
virtual void RemoveAt (int i)	Elimina el elemento de la posición i.
virtual void RemoveRange (int i, int cantidad)	Elimina varios elementos sucesivos
virtual void TrimToSize( )	Lleva la capacidad de la lista al tamaño actual.
virtual bool IsFixedSize	Determina si se trata de una lista de tamaño fijo.
virtual bool IsReadOnly	Si se admiten cambios a los elementos.
virtual int BinarySearch (object o, IComparer c)	Busca un elemento en una lista ordenada utilizando c como comparador.
Sort (int desde, int cantidad, IComparer c)	Ordena parte de una lista utilizado c como comparador.

Los métodos y propiedades más interesantes de *Hashtable* son:

Método o propiedad	Significado
virtual void Clear( )	Vacía la tabla.
virtual bool ContainsKey (object clave), virtual bool Contains (object clave)	Son equivalentes. Determinan si la clave existe en la tabla.
virtual bool ContainsValue( )	Determina si el valor existe en la tabla.
object <tabla> [clave]	Propiedad de consulta y modificación de valores de la Hashtable.
virtual void Add (object clave, object valor)	Agrega un par clave-valor si la clave no estaba en la tabla.
ICollection Keys	Devuelve una colección de claves.
ICollection Values	Devuelve una colección de valores.
virtual void Remove (object clave)	Elimina un par clave-valor.
virtual bool IsFixedSize	Determina si se trata de una tabla de tamaño fijo.
virtual bool IsReadOnly	Determina si se puede modificar la tabla.

Hay también colecciones *Stack* y *Queue* para representar pilas y colas.

Algunos métodos y propiedades de *Queue* son:

Método o propiedad	Significado
virtual int Count	Cantidad de elementos.
virtual object Peek( )	Valor del elemento de adelante.
virtual object Dequeue( )	Eliminar el elemento de adelante y devolver su valor.
virtual void Enqueue (object o)	Agregar un elemento a la cola, por detrás.
virtual void Clear( )	Vacía la cola.
virtual bool Contains (object o)	Si el elemento existe en la cola.

Los métodos y propiedades más importantes de *Stack* son:

Método o propiedad	Significado
virtual int Count	Cantidad de elementos.
virtual object Peek( )	Valor del elemento de tope.
virtual object Pop( )	Eliminar el tope y devolver su valor.
virtual void Push (object o)	Agregar un elemento a la pila.
virtual void Clear( )	Vacía la pila.
virtual bool Contains (object o)	Si el elemento existe en la pila.

Existen algunas colecciones especializadas en cadenas en el espacio de nombres *System.Collections.Specialized*, y entre ellas destacan:

- *StringDictionary*, que es una *Hashtable* con clave *string* y sensible a mayúsculas y minúsculas
- *ListDictionary*, una implementación de *IDictionary* mediante listas encadenadas, que es más eficiente hasta 10 elementos[69].
- *NameValueCollection*, una *Hashtable* con cadenas de caracteres tanto en las claves como en los valores, y que puede almacenar varios valores para una misma clave.

[69] En general, en honor a la escalabilidad, habría que evitar el uso de ListDictionary, y dejarlo solamente para mejoras de desempeño cuya necesidad esté adecuadamente demostrada.

Hay una clase *CollectionsUtil* con métodos estáticos para crear instancias de *ArrayList* y *Hashtable* que no distinguen mayúsculas de minúsculas.

Existen también una serie de clases abstractas para generar colecciones personalizadas, como *CollectionBase* y *DictionaryBase*.

Iteradores

Los **iteradores** son objetos cuya finalidad es recorrer colecciones. Son una ayuda para llevar la abstracción a las estructuras de datos, de modo tal que no sea necesario conocer aspectos de implementación para poder recorrerlas.

La idea es separar la propia colección de su recorrido, de modo de definir recorridos de colecciones abstractas, sin importar su estructura interna. Un iterador facilita recorrer una colección y seleccionar elementos, permitiendo al cliente del iterador trabajar con ellos.

Todo iterador es un objeto, instancia de una clase que implemente las siguientes operaciones:

- Tomar el primer elemento.
- Tomar el elemento siguiente al actual.
- Determinar si hay más elementos aún no visitados.

Los iteradores son objetos que se obtienen directamente de una clase de colección, en forma polimorfa, de modo que cada colección conoce sus clases de iteradores. Por ejemplo, para un vector, un iterador puede contener un entero que indique la posición, mientras en una lista puede contener un puntero o referencia, pero todo esto es transparente al cliente.

C# define que toda colección que implemente la interfaz *IEnumerable* puede generar un iterador. Esta interfaz tiene un único método *GetEnumerator* que devuelve un iterador para la colección que se trate.

En C#, un iterador es un objeto que implementa la interfaz *IEnumerator* y que sabe moverse a través de los elementos de una colección, sin importar la estructura de la misma. Las operaciones principales para trabajar con iteradores son:

- *GetEnumerator( )*: devuelve un iterador para una colección.
- *Current*: propiedad que informa el elemento que está siendo visitado en el recorrido.
- *MoveNext( )*: avanza hasta el siguiente elemento, devolviendo *true* si ha tenido éxito o *false* si estaba en el último elemento.

El diagrama de clases que sigue nos muestra dónde se encuentran estas operaciones:

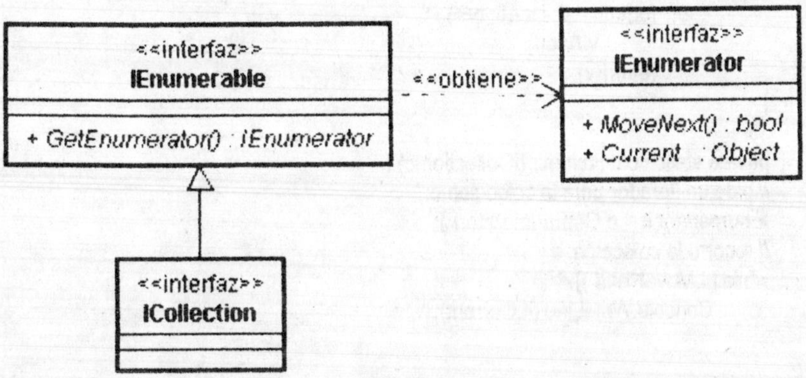

Como ya dijimos, *GetEnumerator* está expuesto en la interfaz *IEnumerable*. *Current* y *MoveNext*, en cambio, son una propiedad y un método que expone *IEnumerator*.

Notemos el uso de iteradores en el siguiente programa simple que imprime un vector de diez enteros:

```
using System;
using System.Collections;

public class Prueba {
   public static void Main( ) {
         IList v = new ArrayList( );
         // llenado del arreglo:
         for(int i = 0; i < 10; i++)
                  v.Add(i);
         // pido un iterador para el arreglo v:
         IEnumerator it = v.GetEnumerator( );
         // recorro la colección:
         while (it.MoveNext( ))
                  Console.WriteLine (it.Current);
   }
}
```

Vemos en el ejemplo que, una vez que se obtiene el iterador, todo el recorrido de la colección se hace sin referirse a la misma, sino al iterador que se obtuvo de ella. También hay que destacar que no es necesario trabajar con el número de elementos, ni ninguna condición de fin que sea dependiente del tipo de colección.

Estas características de los iteradores hacen que sea sencillo trabajar con estructuras sin conocer qué tipo de colecciones son, y a su vez esto puede facilitar cambios de implementación. Observemos que el ejemplo anterior se puede modificar para trabajar con una colección genérica:

```
using System;
using System.Collections;

public class Prueba2 {

         static IList v;

         private static IList cargar ( ) {
                        v = new ArrayList( );
                        for(int i = 0; i < 10; i++)
                                 v.Add(i);
                        return(v);
         }

         private static void imprimir (ICollection c) {
         // pido un iterador para la colección c:
         IEnumerator it = c.GetEnumerator( );
         // recorro la colección:
         while (it.MoveNext( ))
                  Console.WriteLine (it.Current);
         }
```

```
    public static void Main( ) {
        v = cargar( );        // acá llené el arreglo
        imprimir(v);
    }
}
```

Ahora, el método *imprimir* no sabe con qué tipo de colección está trabajando, lo que va a facilitar que en el futuro pueda dejar de ser un *ArrayList* para pasar a ser un *Array*.

Obviamente, todo esto funciona automáticamente en las colecciones predefinidas de C#. Si un programador decide implementar una nueva colección, digamos un árbol binario o un grafo, deberá definir una nueva clase derivada de *IEnumerator*, redefiniendo *Current* y *MoveNext*, además de agregar el método *GetEnumerator* en su colección. Más adelante analizaremos esto.

Las ventajas de los iteradores son:

- Convierten a la colección en una simple secuencia.
- Permiten recorrer una colección sin conocer detalles de los objetos.
- Permiten recorrer en un mismo bloque y simultáneamente la misma colección en más de una forma con iteradores diferentes.
- Se simplifican las implementaciones de las colecciones, ya que los recorridos quedan en los iteradores.
- La separación de la estructura y su recorrido permite cambiar de implementación, por ejemplo de un vector a una lista, con pocos cambios en el código.
- Permiten la abstracción de las estructuras de datos. Al fin y al cabo, una colección es un lugar donde se colocan objetos, y no debería importar el manejo interno sino el comportamiento, igual que con cualquier tipo de datos.

Para que estas dos últimas ventajas sean reales, es conveniente usar iteradores sin especificar el tipo de colección en la medida de lo posible, porque esto facilita los ensayos antes de entrar en producción y el mantenimiento posterior.

El ciclo foreach

A veces el uso de iteradores es más molesto de lo que debiera. Por ejemplo, supongamos que necesitamos dibujar una serie de figuras contenidas en una colección:

```
public void DibujarTodas (ICollection c) {
    IEnumerator i = c.GetEnumerator( );
    while (i.MoveNext( ))
        ((Figura)i.Current).Dibujar( );
}
```

El uso del iterador es propenso a errores en este caso. La misma variable se usa dos veces en el ciclo y es necesaria una transformación de tipos molesta. Para recorrer arreglos y otras colecciones, C# cuenta con una instrucción *foreach*, que se utiliza como en el próximo ejemplo, funcionalmente igual al anterior:

```
public void DibujarTodas (ICollection c) {
```

```
foreach (Figura f in c)
        f.Dibujar( );
}
```

En general, el uso del ciclo *foreach* lleva a código más claro, y por lo tanto se debería usar siempre que haya posibilidad. Sin embargo, a veces esto no es posible, como en este método que elimina las cadenas de cuatro letras de una lista:

```
static void Limpiar (IList c) {
    IEnumerator i = c.GetEnumerator( );
    while (i.MoveNext( ))
        if (((string)i.Current).Length == 4)
            c.Remove(i.Current);
}
```

El problema es que se necesita acceder al iterador para poder eliminar el elemento. Como el ciclo *foreach* oculta al iterador, no podemos usarlo en este caso.

La instrucción *foreach* se aplica a cualquier tipo que implemente la interfaz *IEnumerable*, lo cual incluye arreglos y las estructuras de datos predefinidas.

Colecciones para interactuar con bases de datos

La biblioteca de clases de .NET contiene un tipo *System.Data.DataSet*, que permite almacenar datos en forma de varias tablas con filas y columnas, además de relaciones entre las tablas, como si fuera una base de datos relacional.

Precisamente, y como su ubicación en espacios de nombres lo sugiere, los *DataSet* se inventaron para trabajar con bases de datos. Sin embargo, se pueden usar independientemente de éstas y tiene soporte para representar documentos XML.

Las características que acabamos de definir hacen que normalmente no se los trate como colecciones y se las estudie en conjunto con la entrada y salida. Pero como son auténticas colecciones de proósito general, me he salido de la regla y la he incluido en este capítulo.

Junto a *DataSet* hay otras clases que asociadas, todas en el espacio de nombres *System.Data*, y entre las que destacan: *DataTable*, *DataTableCollection*, *DataColumn*, *DataColumnCollection*, *DataRow*, *DataRowCollection*, *DataView*, *DataRelation*, *DataRelationCollection*.

A continuación se muestran los métodos de la clase *DataSet* que sirven para generar instancias de dicha clase:

Método	Significado
DataSet( )	Constructor de un DataSet sin nombre.
DataSet (string nombre)	Constructor de un DataSet con nombre.
virtual DataSet Clone( )	Copia toda la estructura de tablas, relaciones y restricciones, sin datos.
DataSet Copy( )	Copia toda la estructura y los datos.
DataSet GetChanges( )	Extrae las filas modificadas y las copia en el nuevo DataSet.

Las propiedades más usuales para acceder a los constituyentes de un *DataSet* son:

Propiedad	Significado
DataTableCollection DataSet.Tables	Colección con todas las tablas de un DataSet.
DataColumnCollection DataTable.Columns	Colección con todas las columnas de una DataTable.
DataRowCollection DataTable.Rows	Colección con todas las filas de una DataTable.

A continuación se muestran varias operaciones típicas sobre estas colecciones especiales:

Acción	Significado
DataSet.Tables.Add (string nombre)	Agregar una tabla.
DataTable DataSet.Tables [string nombre]	Obtener una tabla por nombre.
DataTable DataSet.Tables [int indice]	Obtener una tabla por número.
DataSet.Tables.Clear( )	Borrar todas las tablas.
DataSet.Tables.Remove (string nombre)	Borrar una tabla por nombre.
DataSet.Tables.Remove (int indice)	Borrar una tabla por número.
DataTable.Columns.Add (string nombre)	Agrega una columna a la tabla.
DataColumn DataTable.Columns [string nombre]	Obtener una columna por nombre.
DataColumn DataTable.Columns [int indice]	Obtener una columna por número.
DataTable.Columns.Clear( )	Borrar todas las columnas de la tabla.
DataTable.Columns.Remove (string nombre)	Borrar una columna por nombre.
DataTable.Columns.Remove (int indice)	Borrar una columna por número.
DataTable.Rows.Add (string nombre)	Agrega una fila a la tabla.
DataColumn DataTable.Rows [string nombre]	Obtener una fila por nombre.
DataColumn DataTable.Rows [int indice]	Obtener una fila por número.
DataTable.Rows.Clear( )	Borrar todas las filas de la tabla.
DataTable.Rows.Remove (string nombre)	Borrar una fila por nombre.
DataTable.Rows.Remove (int indice)	Borrar una fila por número.

Para las columnas de tablas de datos sólo se permiten algunos tipos de datos. Esta limitación, que puede analizarse en la documentación de referencia en línea, tiene que ver con las limitaciones de los tipos de las bases de datos, que son el uso principal de *DataSet*.

A continuación se muestra un ejemplo de carga e impresión de datos de un *DataSet* simple:

```
using System.Data;

class PaisesContinentes {

   public static void Main( ){
          DataSet ds = ArmarDataSet( );
          ImprimirDataSet (ds);
   }

   private static DataSet ArmarDataSet( ) {
          // creamos un DataSet
          DataSet ds = new DataSet ("Mundo");

          // creamos una tabla para los continentes
```

```
        DataTable tContinentes = new DataTable ("Continentes");
        ds.Tables.Add (tContinentes);

        // colocamos dos continentes en la tabla de continentes
        DataColumn columnaNombre = new DataColumn ("Nombre", typeof(string));
        tContinentes.Columns.Add (columnaNombre);
        DataRow filaAmerica = tContinentes.NewRow( );
        filaAmerica ["Nombre"] = "América";
        tContinentes.Rows.Add (filaAmerica);
        DataRow filaEuropa = tContinentes.NewRow( );
        filaEuropa ["Nombre"] = "Europa";
        tContinentes.Rows.Add (filaEuropa);

        // creamos una tabla para los países
        DataTable tPaises = new DataTable ("Países");
        ds.Tables.Add (tPaises);

        // colocamos 4 países en la tabla de países, con dos columnas
        DataColumn columnaNombre = new DataColumn ("Nombre", typeof(string));
        tPaises.Columns.Add (columnaNombre);
        DataColumn columnaContinente = new DataColumn ("Continente", typeof (string) );
        tPaises.Columns.Add (columnaContinente);
        DataRow filaChile = tPaises.NewRow( );
        filaChile ["Nombre"] = "Chile";
        filaChile ["Continente"] = "América";
        tPaises.Rows.Add (filaChile);
        DataRow filaArgentina = tPaises.NewRow( );
        filaArgentina ["Nombre"] = "Argentina";
        filaArgentina ["Continente"] = "América";
        tPaises.Rows.Add (filaArgentina);
        DataRow filaEspania = tPaises.NewRow( );
        filaEspania ["Nombre"] = "España";
        filaEspania ["Continente"] = "Europa";
        tPaises.Rows.Add (filaEspania);
        filaColombia ["Nombre"] = "Colombia";
        filaColombia ["Continente"] = "América";
        tPaises.Rows.Add (filaColombia);

        // devolvemos el DataSet
        return ds;
    }

    private static void ImprimirDataSet(DataSet ds){
        System.Console.WriteLine ("El DataSet \"{0}\" tiene {1} tablas",
            ds.DataSetName, ds.Tables.Count);
        foreach (DataTable table in ds.Tables) {
            System.Console.WriteLine ("La tabla \"{0}\" tiene {1} columnas",
                table.TableName, table.Columns.Count);
            foreach (DataColumn col in table.Columns){
                System.Console.WriteLine ("La columna \"{0}\" contiene datos de tipo {1}",
                                                col.ColumnName, col.DataType);
            }
            System.Console.WriteLine ("La tabla contiene {0} filas",
                                                    table.Rows.Count);
            foreach (DataRow fila in table.Rows){
                System.Console.Write ("Datos: ");
                Foreach (DataColumn col in table.Columns){
                    string colName = col.ColumnName;
```

```
                    System.Console.Write ("[{0}] = {1}", colName, fila [colName]);
                }
                System.Console.WriteLine( );
            }
        }
    }
}
```

Hay también un tipo *DataGrid*, tanto en el espacio de nombres *System.Windows.Forms* como en el *System.Web.UI.WebControls*, que permite ver una grilla en un formulario. Se recomienda a los interesados ver la documentación de referencia en línea.

Cadenas de caracteres en C#

Las cadenas de caracteres se manejan con el tipo *string*, que es un tipo por referencia. En realidad, *string* es una palabra reservada que se refiere a la clase *System.String* de .NET[70].

Sin embargo, hay algo más importante a destacar del tipo *string*, y es que sus instancias son inmutables. Es decir, una vez creada una instancia, alojada en memoria y asignado el valor, éste no se puede modificar. Incluso los métodos que parecieran modificar cadenas, no lo hacen, sino que generan una nueva cadena con el resultado. Esto se hizo así por razones de eficiencia de ejecución y para soportar mejor la concurrencia, como veremos oportunamente.

De todas maneras, nada impide modificar un *string* generando otro. Por ejemplo, el siguiente fragmento de código es perfectamente válido:

```
// aquí se llama al constructor implícito:
string cadenaPrevia = "Juan";
// queda "Juan habla español":
string cadenaModificada = cadenaPrevia + " habla español";
```

Es decir, siempre se puede crear una cadena nueva a partir de otra, lo cual da una funcionalidad equivalente a la modificación.

Como vemos, en las cadenas está definido el operador de asignación y el de concatenación, representados por los signos = y +. También se puede acceder a los caracteres individuales con el operador [ ], del mismo modo que con los arreglos primitivos, y recordando que la primera posición es la 0. También hay un constructor para inicializar un *string* con un arreglo de *char*.

Para trabajar con cadenas, C# nos ofrece una serie de métodos y propiedades, de los cuales mostramos los más importantes a continuación:

[70] *System.String* es el "nombre oficial" del tipo en .NET. El otro nombre (*string*) es un tipo predefinido de C# que se refiere a *System.String*.

Firma	Significado
virtual bool Equals (object s)	Determina si la cadena es igual a s.
string ToUpper( ) / ToLower ( )	Convierte la cadena a mayúsculas / minúsculas.
CharEnumerator GetEnumerator( )	Devuelve un iterador para recorrer la cadena.
void CopyTo (int iOrigen, char[ ] destino, int iDestino, int cantidad)	Copia parte de la cadena sobre un arreglo de caracteres existente.
char[ ] ToCharArray( )	Devuelve un arreglo de caracteres con el contenido de la cadena.
int IndexOf (char c) / IndexOf (string s)	Devuelve la posición de la primera aparición de c o s en la cadena o -1 si no aparece.
string Replace (char antes, char ahora)	Reemplaza todas las ocurrencias de un carácter por otro.
string Remove (int inicio, int cantidad)	Elimina parte de una cadena.
string Trim( )	Elimina los blancos al principio y al final de la cadena.
string Trim (params char[ ] cEliminar)	Elimina los caracteres contenidos en cEliminar al principio y al final de la cadena.
string PadLeft / PadRight (int anchoTotal)	Justifica la cadena a izquierda / derecha.
string Insert (int inicio, string s)	Inserta una cadena dentro de la actual.
string Substring (int inicio)	Devuelve una subcadena.
string Substring (int inicio, int cantidad)	Devuelve una subcadena.
string[ ] Split (params char[ ] separadores)	Devuelve varias subcadenas, separando de la actual cada vez que encuentra un separador.
int Length	La longitud de la cadena.

Hay también algunos métodos de clase, definidos en la clase *System.String*, de los cuales los más importantes son:

Firma	Significado
string Copy (string s)	Devuelve una copia de s.
int Compare (string s1, string s2)	Compara las dos cadenas, devolviendo un número negativo si la primera es menor a la segunda en orden lexicográfico, uno positivo en el caso que la segunda fuera menor, y cero en caso de ser iguales. Si el idioma con el que se trabaja es español, va a utilizar el orden lexicográfico español.
int CompareOrdinal (string s1, string s2)	Igual al anterior, pero utilizando los valores de los caracteres en Unicode para hacerlo.
int Compare (string s1, string s2, bool ignorarMayusculas)	Igual que Compare(s1,s2) pero ignorando las diferencias de mayúsculas y minúsculas si al tercer parámetro se le pasa true.
string Join (string separador, string[ ] cadenas)	Concatena varias cadenas, usando la cadena separador entre ellas.

Hay que tener en cuenta que, a pesar de que el tipo *string* es un tipo por referencia, los operadores == y != funcionan como si fuera un tipo por valor.

En realidad, esto ocurre porque el CLR, entre las características que tiene para hacerlo más eficiente en manejo de memoria y velocidad a *string*, hace que las constantes cadena con el mismo valor sean guardadas en un *string* único en tiempo de compilación. De todas maneras, la siguiente línea imprime *false*:

```
string a = "hola";
string b = "hola";
Console.WriteLine ( (object)a == (object)b );
```

Como la necesidad de crear un *string* nuevo cada vez que se necesita una modificación puede ser muy ineficiente, existe una clase auxiliar *System.Text.StringBuilder*, con instancias mutables. En general, el programador no se debe preocupar de *StringBuilder* (una clase de cierto bajo nivel), sino que es el propio compilador el que crea automáticamente instancias de la misma para optimizar algunas operaciones.

También hay diferencias en cuanto a funcionalidad. A continuación se muestran los principales métodos, propiedades y constructores de *StringBuilder*:

Firma	Devuelve
int Length	La cantidad de caracteres.
int Capacity	La cantidad de caracteres actualmente disponibles.
int EnsureCapacity (int cantidad)	Hace que el objeto actual disponga de, como mínimo, cantidad caracteres.
String ToString( )	Un String a partir del StringBuilder.
StringBuilder Append (char c), StringBuilder Append (char[ ] v), StringBuilder Append (String s), StringBuilder Append (StringBuilder c)	Agrega el argumento al final de la cadena.
new StringBuilder (int capacidad)	Construye una cadena con la capacidad inicial especificada.
new StringBuilder (string s)	Construye una cadena con la misma secuencia de caracteres de s.

Formatos

C# permite definir formatos para las cadenas. Estos formatos se utilizan en el método de clase *Format*, en los métodos *Write* y *WriteLine* de la clase *System.Console*, y en otros usos más.

Por ejemplo, el método *WriteLine* de *System.Console* tiene como una de sus firmas:

```
static void WriteLine(string formato, params object[ ] p)
```

Por eso es que se lo puede invocar:

```
Console.WriteLine("Valor: {0}",x);
```

En este caso, el formato indica *{0}*, lo que implica que el primer valor a imprimir (*x*, indicado como 0) se imprime con el formato por defecto.

Lo mismo ocurriría si hacemos:

```
string s = string.Format("Valor: {0}",x);
Console.WriteLine(s);
```

Pero también se pueden especificar formatos más precisos. Y existe también la posibilidad de definir formatos totalmente a medida del programador. Dejo al lector interesado que busque sobre este tema en la referencia en línea de C#.

Asimismo, existe una interfaz denominada *IFormatProvider*, que se ocupa de las configuraciones de cultura, región y preferencias.

Así como todos los tipos básicos tienen un método *ToString*, también incluyen un método *Parse* que convierte cadenas de caracteres en números.

Esto no tiene demasiados secretos. A continuación se muestran dos conversiones, una a entero y otra a real:

```
int n = int.Parse("2004");
double x = double.Parse("3.756E+3");
```

Estos dos ejemplos muestran el uso más simple. Sin embargo, en determinadas ocasiones hay que incluir otros parámetros para indicar aspectos del formato de la cadena.

Hay una versión sobrecargada de *Parse* que toma un parámetro adicional, que es una enumeración de tipo *System.Globalization.NumberStyles*. Y existe una tercera versión de *Parse* para manejar símbolos de moneda.

COLECCIONES EN JAVA

El ejemplo introductorio

Vamos directamente al programa de ejemplo.
Las clases en *Inmobiliaria* e *Inmueble* en Java serían:

```
// Inmobiliaria.java

package carlosfontela.inmobiliarias;

import java.util.*;
```

```
public class Inmobiliaria {
    private String nombre;
    private List inmuebles;                                    // uso de List
    private double comisionClienteCompra;
    private double comisionClienteVenta;

    public Inmobiliaria (String nombre, double comisionClienteCompra,
                                              double comisionClienteVenta) {
            this.nombre = nombre;
            this.inmuebles = new ArrayList( );                 // uso de ArrayList
            this.comisionClienteCompra = comisionClienteCompra;
            this.comisionClienteVenta = comisionClienteVenta;
}

    public String getNombre( ) {
            return nombre;
    }

    public int getCantidadInmuebles( ) {
            return inmuebles.size( );                          // gané en simplicidad y claridad
    }

    public void agregarInmueble (Inmueble x) {
            inmuebles.add(x);                                  // gané en simplicidad y claridad
    }

    public void quitarInmueble (Inmueble x) {
            inmuebles.remove(x);                               // gané en simplicidad y claridad
    }

    public void imprimirDatos ( ) {
            System.out.println ("Inmobiliaria: " + this.getNombre( ));
            for (Object x : inmuebles)                 // gané en simplicidad y claridad
                    ((Inmueble)x).imprimirDatos( );
            System.out.println( );
    }

    public double getComisionClienteCompra( ) {
                    return comisionClienteCompra;
    }

    public double getComisionClienteVenta( ) {
                    return comisionClienteVenta;
    }

    public double beneficioEsperadoCartera( ) {
            double beneficio = 0;
            double comisionesCobradas =
                    (getComisionClienteCompra( ) + getComisionClienteVenta( )) / 100;
            for (Object o : inmuebles) {               // gané en simplicidad y claridad
                    Inmueble x = (Inmueble)o;
                    int precio = x.getPrecio( );
                    if (!x.getVendido( ))
                            beneficio += precio * comisionesCobradas -
x.comisionVendedor( );
            }
            return beneficio;
    }
```

```
	public double beneficioEsperadoReservados( ) {
		double beneficio = 0;
		double comisionesCobradas =
			(getComisionClienteCompra( ) + getComisionClienteVenta( )) / 100;
		for (Object o : inmuebles) {		// gané en simplicidad y claridad
			Inmueble x = (Inmueble)o;
			int precio = x.getPrecio( );
			if (!x.getVendido( ) && x.getReservado( ))
				beneficio += precio * comisionesCobradas -
x.comisionVendedor( );
		}
		return beneficio;
	}
}
```

```
// Inmueble.java

package carlosfontela.inmobiliarias;

import java.util.*;

public abstract class Inmueble {

	private String domicilio;
	private double superficie;
	private int cantidadAmbientes;
	private int precio;
	private List interesados;				// uso de List
	private boolean reservado;
	private boolean vendido;

	public Inmueble (String domicilio, double superficie, int cantidadAmbientes, int precio) {
		this.domicilio = domicilio;
		this.superficie = superficie;
		this.cantidadAmbientes = cantidadAmbientes;
		this.precio = precio;
		this.interesados = new ArrayList( );		// uso de ArrayList
		this.reservado = false;
		this.vendido = false;
	}

	public String getDomicilio( ) {
		return domicilio;
	}

	public double getSuperficie( ) {
		return superficie;
	}

	public int getCantidadAmbientes( ) {
```

```
		return cantidadAmbientes;
	}

	public int getPrecio( ) {
		return precio;
	}

	public void setPrecio(int nuevo) {
		precio = nuevo;
		for (Object c : interesados)				// gané en simplicidad y claridad
				((Cliente)c).avisarCambioPrecio(this,nuevo);
	}

	public void anotarInteresado (Cliente c) {
		interesados.add(c);					// gané en simplicidad y claridad
	}

	public void eliminarInteresado (Cliente c) {
		interesados.remove(c);					// gané en simplicidad y
claridad
	}

	public boolean getReservado( ) {
		return reservado;
	}

	public void reservar( ) {
		reservado = true;
		for (Object c : interesados)				// gané en simplicidad y claridad
			((Cliente)c).avisarReserva(this);
	}

	public boolean getVendido( ) {
		return vendido;
	}

	public void vender( ) {
		vendido = true;
		for (Object c : interesados)				// gané en simplicidad y claridad
			((Cliente)c).avisarVenta(this);
	}

	public void imprimirDatos( ) {
		System.out.println ("Domicilio: " + getDomicilio( ));
		System.out.println ("Superficie: " + getSuperficie( ));
		System.out.println ("Cantidad de ambientes: " + getCantidadAmbientes( ));
		System.out.println ("Precio: " + getPrecio( ));
		System.out.println ("Reservado: " + getReservado( ));
		System.out.println ("Vendido: " + getVendido( ));
		System.out.println ("Cantidad de interesados: " + interesados.size( ));
		for (Object c : interesados)				// gané en simplicidad y claridad
			System.out.println (((Cliente)c).getNombre( ));
	}

	public abstract double comisionVendedor( );

}
```

Como vemos, las diferencias entre los lenguajes son mínimas, aunque en el caso de Java se nota desde este primer ejemplo la necesidad de transformar las instancias de *Object* obtenidas del *ArrayList* antes de poder operar con ellas.

Por ejemplo, el siguiente código en C#:

```
foreach (Cliente c in interesados)
        c.AvisarVenta(this);
```

Fue traducido a Java como:

```
for (Object c : interesados)
        ((Cliente)c).avisarVenta(this);
```

Comparable y Comparator

Java provee también dos interfaces que, si bien no están limitadas a las colecciones, tienen un uso importante en conjunto con éstas: *java.lang.Comparable* y *java.util.Comparator*. Se usan para definir relaciones de orden.

La primera es en todo equivalente a la *IComparable* de C#, con un método *compareTo*. *Comparator* es equivalente a la interfaz *IComparer* de C#.

Arreglos primitivos en Java

El manejo de arreglos primitivos de Java y de C# es bastante similar, aunque Java adolece de algunas funcionalidades presentes en C# y no los incluye en la jerarquía de colecciones.

Las únicas operaciones definidas para arreglos primitivos son el operador [ ] y el "atributo" de sólo lectura *length*, que devuelve la longitud del arreglo, y que se usa como se muestra en el ejemplo:

```
int x = v1.length;          // en x queda 5
```

Java permite que una función devuelva un arreglo, como vemos en el ejemplo siguiente:

```
static int[ ] obtenerEnteros( ) {...}
```

Existe una clase utilitaria llamada *Arrays* en el paquete *java.util*, que contiene métodos estáticos para trabajar con arreglos de cualquier tipo. Los métodos de *Arrays* están sobrecargados para elementos *Object* y todos los tipos primitivos. Las funciones definidas en *Arrays* son:

Función	**Significado**
equals (v1, v2)	Devuelve true si el arreglo v1 es igual a v2, es decir, si todos los elementos tienen igual contenido (no igual referencia).
fill (v, x)	Llena el arreglo v de elementos con el valor x.
sort (v)	Ordena el arreglo v en forma ascendente. Para ello, el tipo base del arreglo debe ser un tipo primitivo o implementar la interfaz Comparable.
binarySearch (v, x)	Devuelve el índice del arreglo v donde se encuentre el valor x, o un número negativo que indique el lugar donde debería encontrarse x. El arreglo debe estar previamente ordenado y el tipo base del arreglo debe ser un tipo primitivo o implementar la interfaz Comparable.
sort (v, Comparator c)	Es otra versión del método sort, que sirve cuando el tipo base del arreglo no implementa Comparable. Para eso se le pasa el parámetro c.
binarySearch (v, x, Comparator c)	Es otra versión del método binarySearch, que sirve cuando el tipo base del arreglo no implementa Comparable. Para eso se le pasa el parámetro c.
asList (v)	Toma el arreglo v y devuelve una List de tamaño fijo, como vista del arreglo, para utilizarla con los métodos de la interfaz List.

Como el uso de *Comparator* es similar a lo ya visto en C#, no necesito dar demasiadas explicaciones. El ordenamiento de un arreglo de elementos no ordenables implícitamente, se escribiría así:

```
Fraccion[ ] v = new Fraccion[10];
// ... se trabaja y se llena el arreglo ...
Arrays.sort (v, new ComparadorFracciones( ));   // ComparadorFracciones implementa Comparator
```

Una ayuda adicional para trabajar con arreglos primitivos es la función *arraycopy*, definida como método de clase en *System*. Esta función, al ser invocada como:

```
System.arraycopy (v1, inicio1, v2, inicio2, cantidad);
```

Copia desde la posición *inicio1* de *v1 cantidad* elementos a *v2* empezando en su posición *inicio2*. El método *arraycopy* es muy superior en desempeño que una copia realizada con un ciclo *for*. Si nos salimos de los límites de alguno de los arreglos se eleva una excepción. Los arreglos deben tener el mismo tipo base. Si dicho tipo base es una clase, se copian sólo referencias.

Colecciones predefinidas de Java

Java define una biblioteca de clases más rica que la de C# para trabajar con colecciones, y provee también más métodos para operar sobre ellas. Son – salvo algunas omisiones – las que se muestran en el siguiente diagrama:

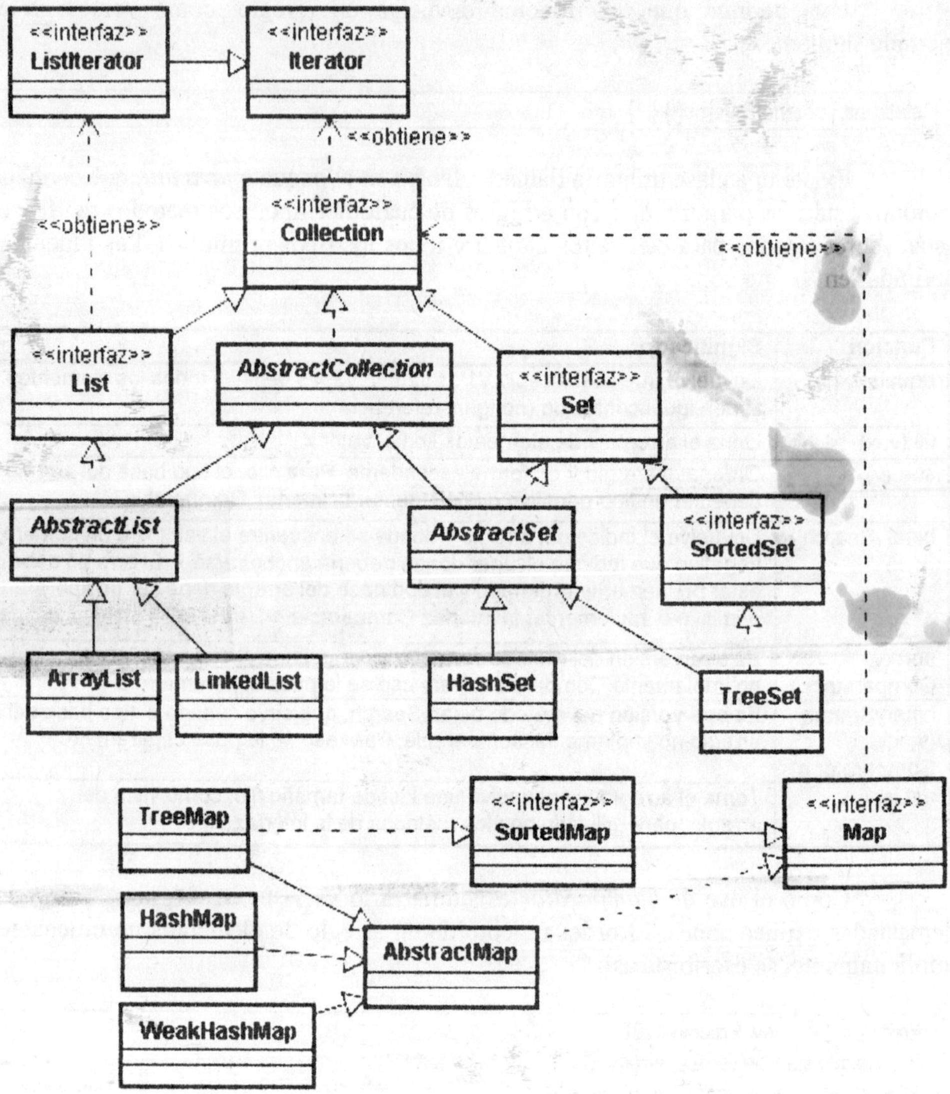

La interfaz *Collection* de Java se corresponde con *ICollection* en C#, mientras *Map* se corresponde con *IDictionary*. Todas las colecciones tienen elementos de tipo *Object*, por lo que pueden contener elementos de cualquier clase.

Para trabajar con colecciones asociativas conviene redefinir las funciones *hashCode* y *equals* provenientes de *Object*, para los objetos que van a hacer de clave, de modo que el comportamiento sea el esperado.

Estas colecciones predefinidas tienen un tamaño dinámico y se expanden automáticamente para incluir nuevos elementos.

A continuación se muestra una lista de las interfaces de colecciones más usuales en Java (se recomienda seguirla con el diagrama de clases anterior):

Interfaz	Significado
Collection	Interfaz raíz de las colecciones que no son asociativas.
Set	Una colección sin un orden particular y sin elementos repetidos.
SortedSet	Un Set cuyos elementos están ordenados.
List	Una colección que se puede recorrer en ambos sentidos y cuyos elementos mantienen su posición a menos que se los cambie explícitamente.
Map	Colección asociativa, que asocia una clave a un único valor. No es descendiente de Collection porque tiene un contrato diferente.
SortedMap	Un Map cuyas claves están ordenadas.

A continuación se muestra una lista de las colecciones más usuales en Java (se recomienda seguirla con el diagrama de clases anterior):

Colección	Funcionalidad	Ventajas	Desventajas
Arreglo primitivo	Tamaño y tipo de los datos fijos y acceso mediante un índice.	Velocidad de acceso a un elemento.	Tamaño fijo, dificultad (o imposibilidad) de insertar y eliminar elementos.
ArrayList	Arreglo lineal de tamaño dinámico.	Velocidad de acceso a un elemento, tamaño variable.	Lento para variar de tamaño y para agregar y eliminar elementos.
LinkedList	Lista doblemente encadenada.	Rápido para insertar y eliminar elementos.	Lento para hacer búsquedas o acceso directos.
HashSet	Un Set implementado mediante una tabla de hashing.	Búsqueda, eliminación e inserción con eficiencia independiente del tamaño.	Dependiente de una buena función de hashing.
TreeSet	Un Set implementado mediante un árbol binario balanceado. Los elementos están ordenados.	Búsqueda, eliminación e inserción rápidas.	Menos eficiente que el HashSet.
HashMap	Un Map implementado con una tabla de hashing.	Búsqueda, eliminación e inserción con eficiencia independiente del tamaño.	Dependiente de una buena función de hashing.
TreeMap	Un Map implementado con un árbol binario balanceado. Las claves están ordenados.	Búsqueda, eliminación e inserción rápidas.	Menos eficiente que el HashMap.

La diferencia entre un arreglo primitivo y un *ArrayList* es que éste ocupa un trozo de memoria contigua, al igual que el primero, que inicialmente es de 10 elementos, pero luego se expande por demanda al agregar más elementos. La cantidad de elementos contiguos que reserva la JVM lo denominamos *capacidad*, y a la cantidad de elementos efectivamente colocados en la lista la llamamos *tamaño*.

Si sabemos de antemano cuántos elementos va a tener la lista, o bien se tiene una idea aproximada de ello, conviene usar el constructor que recibe un parámetro que es la capacidad porque esto va a ser más eficiente. En el caso de que destinemos una capacidad mayor que la necesaria, podemos utilizar la función *trimToSize* para reducirla al tamaño actual. También existe un método *ensureCapacity*, que se puede utilizar para agrandar la capacidad de la lista a un valor estipulado.

Hemos heredado de versiones anteriores de Java algunas colecciones llamadas *Bitset*, *Vector*, *Stack* y *Hashtable*. Las cuatro clases se mantienen por compatibilidad hacia atrás. Sin embargo, por razones de calidad de interfaz y eficiencia se puede reemplazar *Vector* por *ArrayList* y *Hashtable* por *HashMap*. *Stack* no tiene un reemplazo directo pero, como ya dijimos en el capítulo de herencia, su uso es altamente indeseable por haber sido implementada como derivada de *Vector*. En cuanto a *Bitset*, la única ventaja sobre un arreglo primitivo de elementos booleanos es el hecho de que ocupa menos memoria. También existían clases derivadas de *Hashtable*, como *Dictionary* y *Properties*. No usaré ninguna de estas colecciones en el libro.

Por supuesto, en estas clases e interfaces están definidos los métodos que permiten tomar elementos, modificarlos, insertarlos, hacer búsquedas, etc., siempre dependiendo del tipo de colección que se trate.

Los métodos de la interfaz *Collection*, y por lo tanto disponibles para todas las colecciones, son:

Método	Resultado
boolean add (Object)	Agrega un elemento a la colección y devuelve false si no puede hacerlo.
boolean addAll (Collection)	Agrega todos los elementos del argumento y devuelve false si no puede hacerlo.
void clear( )	Elimina todos los elementos de la colección.
boolean contains (Object)	Determina si el elemento está en la colección.
boolean containsAll (Collection)	Determina si todos los elementos del argumento están en la colección.
Iterator iterator( )	Devuelve un iterador para la colección.
boolean remove (Object)	Elimina el elemento de la colección y devuelve false si no puede hacerlo.
boolean removeAll (Collection)	Elimina de la colección todos los elementos que estén en el argumento.
boolean retainAll (Collection)	Deja en la colección el conjunto intersección con la colección argumento.
int size( )	Devuelve el número de elementos de la colección.
boolean isEmpty( )	Determina si la colección no tiene elementos.
Object[ ] toArray( )	Devuelve un arreglo con todos los elementos de la colección.

Nótese que no hay un método *get* para obtener un elemento de cualquier colección. Esto hace que si queremos recorrer una colección genérica debamos utilizar iteradores.

A continuación se agregan otros métodos disponibles para algunos tipos de colecciones:

Colección	Método	Devuelve
List	Object get (int i)	El i-ésimo elemento de la colección.
List	boolean set (int i, Object e)	La lista con el objeto e en la posición i.
List	int indexOf (Object o)	La primera posición de o en la lista, o –1 si no está.
List	List subList (int min, int max)	Una vista de la lista actual, entre los indices min y max.
ArrayList	void trimToSize( )	Establece el tamaño actual como capacidad de la lista.
ArrayList	void ensureCapacity (int capacidad)	Establece la capacidad de la lista a un valor fijo. Útil antes de insertar gran cantidad de elementos.
LinkedList	Object getFirst( ), Object getLast( )	El primer / último elemento de la lista.
LinkedList	Object removeFirst( ), Object removeLast( )	Elimina el primer / último elemento de la lista.
LinkedList	void addFirst(Object o), void addLast(Object o)	Agrega un elemento al principio / fin de la lista.
SortedSet	Object first( ), Object last( )	El primer / último elemento del conjunto.
SortedSet	SortedSet subSet (Object desde, Object hasta)	Un conjunto parcial como vista entre dos elementos.
SortedSet	Comparator comparator( )	El comparador que se está utilizando.
Map	int size( )	Cantidad de parejas clave-valor.
Map	boolean isEmpty( )	Si el Map está vacío.
Map	void put (Object k, Object v)	Agrega un par con clave k y valor v.
Map	boolean containsKey (Object k)	Si se encuentra la clave k.
Map	boolean containsValue (Object v)	Si se encuentra el valor v.
Map	Object get (Object k)	El valor correspondiente a la clave k.
Map	Set keySet( )	Un Set con todas las claves.
Map	Collection values( )	Una colección con todos los valores.
Map	Set entrySet( )	Un Map.Entry con todos los pares clave-valor.
SortedMap	Object firstKey( ), Object lastKey( )	La primera clave / última del Map.
SortedMap	SortedMap subMap (Object desde, Object hasta)	Un Map parcial como vista entre dos claves.
SortedMap	SortedMap headMap (Object hasta)	Un Map parcial como vista hasta una clave.
SortedMap	SortedMap tailMap (Object desde)	Un Map parcial como vista desde una clave.
SortedMap	Comparator comparator( )	El comparador que se está usando.

Hay varios métodos que proveen *vistas* de colecciones. Llamamos vista a una colección que es un subconjunto de otra, pero sin perder su vinculación con la colección fuente, de modo tal que una modificación en cualquiera de las dos afecta a la otra.

Adicionalmente, existe una clase utilitaria denominada *Collections*, que contiene una serie de métodos estáticos para trabajar con cualquier tipo de colecciones. A continuación se muestran algunos métodos de *Collections*:

Método	Significado
sort (Collection, Comparator)	Ordena la colección en forma ascendente usando el Comparator.
binarySearch (Collection c, Object x, Comparator comp)	Devuelve la posición de la colección donde se encuentre el valor x, o un número negativo que indique el lugar donde debería encontrarse x, usando comp. La colección debe estar previamente ordenada.
shuffle (List c)	Mezcla la colección al azar, sin un ordenamiento.
max (Collection) ; min (Collection)	Devuelven los elementos máximo y mínimo de la colección usando el método de comparación natural.
max (Collection, Comparator); min (Collection, Comparator)	Devuelven los elementos máximo y mínimo de la colección usando el Comparator.
reverse( )	Invierte todos los elementos de la colección sobre sí misma.
copy (List destino, List origen)	Copia los elementos de la lista origen a la destino.
fill (List l, Object o)	Llena la lista con el valor de o.
unmodifiableCollection (Collection)	Devuelve una colección inmutable copiada del argumento.

Observamos que las colecciones de Java aceptan como elementos objetos de clases descendientes de *Object*. Puede parecer que esto incluye a todos los tipos de datos. Sin embargo, los tipos primitivos, como *int*, *double*, *boolean*, etc., no derivan de *Object*, y por lo tanto no se pueden alojar en colecciones, salvo que se los encajone en tipos envolventes, como *Integer*, *Double*, *Boolean*, etc.

Iteradores

Java define que toda colección que implemente la interfaz *Collection* puede generar un iterador. Esto se ve en el diagrama de clases ya mostrado. A continuación se muestra un detalle del mismo:

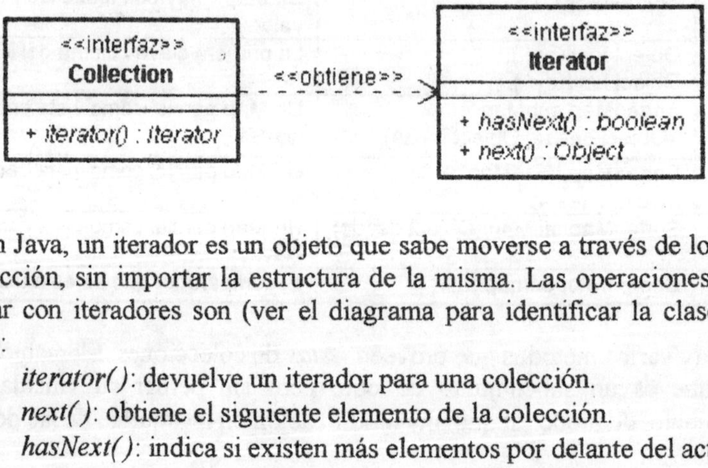

En Java, un iterador es un objeto que sabe moverse a través de los elementos de una colección, sin importar la estructura de la misma. Las operaciones principales para trabajar con iteradores son (ver el diagrama para identificar la clase en que se encuentran):

- *iterator()*: devuelve un iterador para una colección.
- *next()*: obtiene el siguiente elemento de la colección.
- *hasNext()*: indica si existen más elementos por delante del actual.

Notemos el uso de iteradores en el siguiente programa simple que imprime un vector de diez enteros:

```
import java.util.*;
public class Prueba2 {

        static List v;
```

```
private static List cargar ( ) {
        v = new ArrayList( );
        for(int i = 0; i < 10; i++)
                ((ArrayList)v).add(new Integer(i));
        return(v);
}

private static void imprimir (Collection c) {
        // pido un iterador para la colección c:
        Iterator it = c.iterator( );
        // recorro la colección:
        while(it.hasNext( ))
                System.out.println (it.next( ));
}

public static void main (String [ ] p) {
        v = cargar( );          // acá llené el arreglo
        imprimir(v);
}

}
```

Para las colecciones que implementan la interfaz *List*, Java provee una interfaz de iteración llamada *ListIterator*, que permite recorridos en ambos sentidos y obtener el índice del elemento en el cual está posicionado. Eso lo logra a través de los métodos *previous*, *hasPrevious* y *nextIndex*.

En versiones anteriores de Java, se usaban otros tipos de iteradores, que implementaban la interfaz *Enumeration*. Esta interfaz tiene dos métodos: *hasMoreElements*, que cumple la misma función de *hasNext*, y *nextElement*, similar a *next*. El método que devuelve un iterador para cada colección es un método estático de *Collections* llamado *enumeration*. Por lo tanto, un recorrido sobre un *Vector*, similar al del *ArrayList* mostrado anteriormente, se puede escribir:

```
Enumeration it = Collections.enumeration(v);        // v es de tipo Vector
while(it.hasMoreElements( ))
    System.out.println((Integer)it.nextElement( ));
```

No obstante ser una característica desestimada en las últimas versiones de Java, todavía hay muchas clases de utilidades avanzadas que usan iteradores *Enumeration*.

Cadenas de caracteres en Java

En Java hay una clase *String* para manejar cadenas de caracteres. En principio, un *String* es un arreglo de caracteres tipo *char*. Para acceder a cada elemento existe la función *charAt*, mientras que *length* devuelve la longitud de la cadena. Es importante recordar que, como todo arreglo, su primer elemento tiene el índice 0. Como *String* implementa la interfaz *Comparable*, incluye el método *compareTo*, que distingue mayúsculas de minúsculas.

Sin embargo, hay algo más importante a destacar del tipo *String*, y es que sus instancias son inmutables. Es decir, una vez creada una instancia y alojada en memoria, no se la puede modificar. Incluso los métodos que parecieran modificar cadenas, no lo hacen, sino que generan una nueva cadena con el resultado.

De todas maneras, nada impide modificar un *String* generando otro, como ya vimos en C#.

También, como en C#, está permitido el uso del operador + para concatenación, la asignación de una cadena entre comillas, cosa que provoca una llamada implícita al constructor.

Los métodos más relevantes de *String* son:

Método	**Devuelve**
int length( )	La cantidad de caracteres.
char charAt (int pos)	El carácter en la posición pos.
char[ ] toCharArray( )	Un arreglo de char con los caracteres de la cadena.
boolean equals (String s)	Si ambas cadenas son iguales.
boolean equalsIgnoreCase (String s)	Si ambas cadenas son iguales, sin considerar mayúsculas y minúsculas.
int indexOf (char c), int indexOf (String s)	El primer índice en el que se encuentra c o comienza la subcadena s. Devuelve –1 si no tiene éxito.
String substring (int ini, int fin)	Una subcadena obtenida entre los índices ini y fin.
String toLowerCase( ), String toUpperCase( )	Una nueva cadena con los caracteres en minúscula o mayúscula, respectivamente.
String replace (char antes, char ahora)	Una nueva cadena con todas las ocurrencias del carácter antes cambiadas por el carácter ahora.
String trim( )	Una nueva cadena con los blancos de ambos extremos eliminados.
String valueOf (Object o), String valueOf (boolean b), String valueOf (char c), String valueOf (int i), String valueOf (long l), String valueOf (double d)	Una cadena con la representación en caracteres del argumento.

Como la necesidad de crear un *String* nuevo cada vez que se necesita una modificación puede ser muy ineficiente, existe una clase auxiliar *StringBuffer*, con instancias mutables. En general, el programador no se debe preocupar de *StringBuffer* (una clase de cierto bajo nivel), sino que es el propio compilador el que crea automáticamente instancias de la misma para optimizar algunas operaciones.

En general, la *StringBuffer* de Java es equivalente a la *StringBuilder* de C#.

También existe una clase *StringTokenizer*, que permite dividir una cadena en partes llamadas *tokens*, separadas por uno o más caracteres de separación de palabras, como blancos y fines de línea. *StringTokenizer* contiene un iterador con dos métodos, *hasMoreTokens* y *nextToken*. El siguiente método separa una cadena en palabras y las imprime, de a una por línea:

```
public void static separarPalabrasImprimir (String s) {
    StringTokenizer palabras = new StringTokenizer(s);
    while (palabras.hasMoreTokens( ))
        System.out.println(palabras.nextToken( ));
}
```

Arreglos primitivos

C++ maneja arreglos de manera similar al lenguaje C. Por ejemplo, la siguiente línea define un arreglo de 5 elementos enteros, con subíndices numerados del 0 al 4:

```
int v[5];
```

Los arreglos de C y C++ no se pueden dimensionar en tiempo de ejecución como los de Java y C#. En el momento de declarar un arreglo, además de indicar el tipo de los elementos, debemos indicar el tamaño del mismo con un valor o constante entera.

El único caso en que se puede omitir el tamaño es en el caso de un arreglo parámetro, que toma el tamaño del argumento en el momento de la invocación.

Está permitido asignar valores iniciales a un arreglo, colocándolos entre llaves y separados por comas. En ese caso también se puede omitir el tamaño, porque el compilador lo deduce. De hecho:

```
int b [ ] = { 10, 20, 30 };
```

Equivale a:

```
int b [3] = { 10, 20, 30 };
```

Y a:

```
int b [3]; b[0] = 10; b[1] = 20; b[2] = 30;
```

De todas maneras, el tamaño no es parte del arreglo, lo cual tiene dos implicancias:

- El propio arreglo no tiene información para saber dónde termina. Por lo tanto, si deseamos trabajar con arreglos accediendo a sus elementos, debemos almacenar la cantidad de elementos en una variable entera adicional.
- En ningún momento durante la ejecución se chequean los intentos de acceder más allá del fin del arreglo. Esto es, aun cuando hayamos definido el arreglo *b* de 3 elementos, si intentamos acceder a *b[4]*, no obtendremos ninguna advertencia.

Los arreglos son el único tipo de C++ que se maneja como referencia. Por lo tanto, la asignación:

```
v = w;          // v y w son arreglos
```

Hace que a la referencia a *v* se le asigne la referencia a *w*, por lo que ambos serán, a partir de allí, dos nombres para el mismo arreglo. Lo mismo ocurre con el pasaje de argumentos sobre parámetros.

Esta condición de tipo por referencia hace que se suelan intercambiar arreglos con punteros. De hecho, los punteros son variables que contienen una dirección, mientras que los arreglos son referencias que no pueden cambiar de dirección. Por las complejidades del tema, y en aras a la claridad, en este libro siempre distinguí los arreglos de los punteros.

Si bien los arreglos son de tamaño fijo, existe la posibilidad de trabajar con arreglos dinámicos, con la ayuda de punteros. Por ejemplo, el siguiente fragmento muestra la definición de un arreglo *v*, de *x* elementos enteros, donde el valor de *x* se toma de una lectura por consola:

```
int x;
cin >> x;
typedef int* PunteroEntero;
PunteroEntero v;
v = new int [x];
if (v != NULL) {
   ...
}
```

Como la memoria necesaria para este arreglo fue adquirida en forma dinámica – y no existiendo en C++ un mecanismo de recolección de basura – se debe liberar luego de usarlo con la siguiente sentencia *delete*:

```
delete [ ] v;
```

Cadenas de caracteres

En las primeras versiones de C++, las cadenas de caracteres eran simples arreglos de caracteres sin control sobre su tamaño, aunque convencionalmente se las hacía finalizar con el carácter '\0'. Como es de suponer, había algunas funciones estándar que permitían un manejo sencillo de cadenas.

Por suerte, con la estandarización del lenguaje vino la clase *string*, con un conjunto de métodos bastante más rico.

La clase *string* provee algunos operadores sobrecargados, como el signo =, que se utiliza para copiar cadenas, el + que sirve para concatenarlas, los operadores de comparación, como > y <, que se usan para comparar alfabéticamente, y los << y >> para entrada y salida simples.

Asimismo, para no perder la funcionalidad que se tenía con los arreglos de caracteres, se sobrecargó el par de corchetes para acceder a los elementos. Este acceso, que sirve tanto para consulta como para asignación, no hace chequeo de rangos, por lo que hay que asegurarse de que los índices caigan dentro del arreglo.

También se provee un constructor sin parámetros, que genera una cadena vacía, y otro constructor que recibe una cadena entrecomillada y crea un *string*.

A continuación se muestran algunos de los métodos más usuales para trabajar con instancias de la clase *string*:

Firma	Significado
int length( )	Longitud de la cadena
char at (int i)	Para acceder a un elemento, de consulta y modificación, como el uso de corchetes, pero con chequeo de rango
bool empty( )	Si la cadena es una cadena vacía
string substr (int desde, int longitud)	Obtiene una subcadena partiendo de la posición desde, de longitud caracteres.
void insert (int desde, string otra)	Inserta los caracteres de otraCadena desde la posición desde.
void remove (int desde, int longitud)	Elimina los longitud caracteres a partir de la posición desde.
int find (string cadenaObjetivo)	Busca la cadenaObjetivo y devuelve la posición del primer carácter de la primera aparición enla cadena, o -1 si no la encuentra.

¿Nada más?

Debido a que C++ tiene un modelo de datos estático, no se puede implementar el mismo concepto que en Java y C#, de colecciones con elementos de tipos diferentes, salvo que se utilicen punteros. Por ello C++ buscó implementar clases parametrizadas, que presentaré en el próximo capítulo.

En C++ hay distintos tipos de iteradores predefinidos, pero todo en el marco de clases parametrizadas.

EJERCICIOS DE EJEMPLO ADICIONALES

Figuras geométricas con colecciones (C#)

El ejercicio que vamos a encarar va a ser el mismo de las figuras geométricas planas que hicimos en Java y C++, pero utilizando colecciones. Incorporaremos métodos para agregar y eliminar figuras de las instancias de *FiguraCompuesta*.

El programa de prueba será:

```
using NUnit.Framework;
using System;
using CarlosFontela.Geometria;

namespace CarlosFontela.Pruebas
{
   [TestFixture]
   public class PruebaFiguras
   {
         private Elipse elipseGirada, elipseCentrada, circulo;
         private Poligono triangulo, cuadrado, rectangulo;
         private FiguraCompuesta compuesta;

         [TestFixtureSetUp]
         public void Init( )
         {     // elipse con radios 2 y 1, girada 90º y con centro en 3;3
               elipseGirada = new Elipse (2, 1, new Punto (3, 3), Math.PI/2);
               // elipse con radios 3 y 2, sin girar y con centro en 0;0
               elipseCentrada = new Elipse (3, 2);
```

```
        // círculo con centro en 0;0:
        circulo = new Elipse (2, 2);
        // triángulo rectángulo:
        Punto[ ] t = { new Punto (0, 0), new Punto (0, 3), new Punto (4, 0) };
        triangulo = new Poligono(t);
        // cuadrado:
        Punto[ ] c = { new Punto (0, 0), new Punto (0, 1),
                       new Punto (1, 1), new Punto (1, 0) };
        cuadrado = new Poligono(c);
        // rectángulo:
        Punto[ ] r = { new Punto (0, 0), new Punto (0, 3),
                       new Punto (5, 3), new Punto (5, 0) };
        rectangulo = new Poligono(r);
        // figura compuesta:
        Figura[ ] f = { triangulo, rectangulo };
        compuesta = new FiguraCompuesta(f);
    }

    [Test]
    public void testArea( ) {
        Assert.AreEqual (Math.PI*2*1, elipseGirada.Area, 1E-4);
        Assert.AreEqual (Math.PI*3*2, elipseCentrada.Area, 1E-4);
        Assert.AreEqual (Math.PI*2*2, circulo.Area, 1E-4);
        Assert.AreEqual (3*4/2, triangulo.Area, 1E-4);
        Assert.AreEqual (1, cuadrado.Area, 1E-4);
        Assert.AreEqual (3*5, rectangulo.Area, 1E-4);
        Assert.AreEqual (triangulo.Area + rectangulo.Area, compuesta.Area, 1E-4);
    }

    [Test]
    public void testPerimetro( ) {
        Assert.AreEqual (Math.PI*4, circulo.Perimetro, 1E-4);
        Assert.AreEqual (3+4+5, triangulo.Perimetro, 1E-4);
        Assert.AreEqual (4, cuadrado.Perimetro, 1E-4);
        Assert.AreEqual (3*2+5*2, rectangulo.Perimetro, 1E-4);
        Assert.AreEqual (triangulo.Perimetro + rectangulo.Perimetro,
                         compuesta.Perimetro, 1E-4);
    }

    [Test]
    public void testTipo( ) {
        Assert.AreEqual ("elipse", elipseGirada.Tipo);
        Assert.AreEqual ("elipse", elipseCentrada.Tipo);
        Assert.AreEqual ("círculo", circulo.Tipo);
        Assert.AreEqual ("triángulo", triangulo.Tipo);
        Assert.AreEqual ("cuadrado", cuadrado.Tipo);
        Assert.AreEqual ("cuadrilátero", rectangulo.Tipo);
        Assert.AreEqual ("figura compuesta", compuesta.Tipo);
    }

    [Test]
    public void testTrasladar( ) {
        // probar traslación del centro del círculo:
        circulo.Trasladar(2, 2);
        Assert.AreEqual (new Punto (2, 2).X, circulo.Centro.X, 1E-4);
        Assert.AreEqual (new Punto (2, 2).Y, circulo.Centro.Y, 1E-4);
        // probar constancia del área después de la traslación del rectángulo:
        double a = rectangulo.Area;
```

```
            rectangulo.Trasladar (3, 7);
            Assert.AreEqual (a, rectangulo.Area, 1E-4);
        }

        [Test]
        public void testOtros( ) {
            Assert.AreEqual (false, triangulo.Regular);
            Assert.AreEqual (true, cuadrado.Regular);
            Assert.AreEqual (false, triangulo.Regular);
            Assert.AreEqual (3, triangulo.NumeroLados);
            Assert.AreEqual (4, cuadrado.NumeroLados);
            Assert.AreEqual (4, rectangulo.NumeroLados);
        }
    }
}
```

Las clases que resuelven este problema son:

```
using System;
namespace CarlosFontela.Geometria {

  public interface Figura {
        double Area { get; }
        double Perimetro { get; }
        String Tipo { get; }
        void Trasladar (double deltaX, double deltaY);
  }
}
```

```
using System;

namespace CarlosFontela.Geometria {

  public class Elipse : Figura {

        private double radioMayor;
        private double radioMenor;
        private Punto centro;
        private double anguloRadioMayor;

        public Elipse (double radioMayor, double radioMenor, Punto centro,
                                                    double anguloRadioMayor) {
              this.radioMayor = radioMayor;
              this.radioMenor = radioMenor;
              this.centro = centro;
              this.anguloRadioMayor = anguloRadioMayor;
        }

        public Elipse (double radioMayor, double radioMenor) {
              this.radioMayor = radioMayor;
              this.radioMenor = radioMenor;
              this.centro = new Punto(0,0);
              this.anguloRadioMayor = 0;
        }

        public double RadioMayor {
              get {
```

```
                        return radioMayor;
                }
        }

        public double RadioMenor {
                get {
                        return radioMenor;
                }
        }

        public Punto Centro {
                get {
                        return centro;
                }
        }

        public double AnguloRadioMayor {
                get {
                        return anguloRadioMayor;
                }
        }

        public double Area {
                get {
                        return Math.PI * RadioMayor * RadioMenor;
                }
        }

        private static double E1 (double k) {
                // TODO: tabla de integral elíptica
                return 0;
        }

        public double Perimetro {
                get {
                // caso del círculo:
                if (RadioMayor == RadioMenor)
                        return (Math.PI * 2 * RadioMayor);
                // caso general:
                double k = Math.Sqrt (Math.Pow (RadioMayor, 2) -
                        Math.Pow (RadioMenor, 2) ) / Math.Pow (RadioMayor, 2);
                return (4* RadioMayor * E1(k));
                }
        }

        public String Tipo {
                get {
                        if (RadioMayor == RadioMenor)
                                return "círculo";
                        else return "elipse";
                }
        }

        public void Trasladar (double deltaX, double deltaY) {
                centro.Trasladar (deltaX, deltaY);
        }
    }
}
```

```
using System;
using System.Collections;

namespace CarlosFontela.Geometria {

   public class Poligono : Figura {

         private IList contorno;

         public Poligono (Punto[ ] contorno) {
               if (contorno.Length < 3)
                     throw new ArgumentOutOfRangeException( );
               this.contorno = new ArrayList (contorno.Length);
               foreach (Punto p in contorno)
                     this.contorno.Add(p);
         }

         static protected double areaTrapecio (Punto p1, Punto p2) {
               return (p1.Y + p2.Y) * (p2.X - p1.X) / 2;
         }

         public int NumeroLados {
               get {
                     return contorno.Count;
               }
         }

         public double Area {
               get {
                     double superficie =
                           areaTrapecio ( (Punto)contorno [NumeroLados-1],
                                                      (Punto)contorno[0]);
                     for (int i = 0; i < NumeroLados-1; i++)
                           superficie += areaTrapecio ( (Punto)contorno[i],
                                                      (Punto)contorno[i+1]);
                     return superficie;
               }
         }

         public double Perimetro {
               get {
                     double longitud =
                     ( (Punto)contorno [NumeroLados-1]).Distancia ( (Punto)contorno[0]);
                     for (int i=0; i < NumeroLados-1; i++)
                           longitud += ( (Punto)contorno[i]).Distancia ( (Punto)contorno[i+1]);
                     return longitud;
               }
         }

         private Segmento Lado (int i) {
               if (i < NumeroLados-1)
                     return new Segmento ( (Punto)contorno[i], (Punto)contorno[i+1]);
               else return new Segmento ( (Punto)contorno[i], (Punto)contorno[0]);
         }

         // verifica si es un polígono con todos sus lados iguales
         public bool Regular {
```

```
            get {
                  for (int i = 0; i < contorno.Count-1; i++)
                        if (Lado(i).Longitud != Lado(i+1).Longitud)
                              return false;
                  return true;
            }
      }

      public String Tipo {
            get {
            if (NumeroLados == 3 && Regular)
                  return "triángulo equilátero";
            if (NumeroLados == 4 && Regular)
                  return "cuadrado";
            String nombre = null;
            switch (NumeroLados) {
                  case 3 : nombre = "triángulo"; break;
                  case 4 : nombre = "cuadrilátero"; break;
                  case 5 : nombre = "pentágono"; break;
                  case 6 : nombre = "hexágono"; break;
                  case 7 : nombre = "heptágono"; break;
                  case 8 : nombre = "octógono"; break;
                  case 9 : nombre = "nonágono"; break;
                  case 10 : nombre = "decágono"; break;
                  case 12 : nombre = "dodecágono"; break;
                  case 20 : nombre = "icoságono"; break;
                  default : nombre = "sin nombre"; break;
            }
            if (Regular)
                  nombre += " regular";
            return nombre;
            }
      }

      public void Trasladar (double deltaX, double deltaY) {
            foreach (Punto p in contorno)
                  p.Trasladar (deltaX, deltaY);
      }
   }
}
```

```
using System;
using System.Collections;

namespace CarlosFontela.Geometria {

   public class FiguraCompuesta : Figura {

         private IList componentes;

         public FiguraCompuesta(Figura[ ] componentes) {
               this.componentes = new ArrayList(componentes.Length);
               foreach (Figura f in componentes)
                     this.componentes.Add (f);
         }

         public double Area {
```

```
			// TODO: hacer bien este método
			// esta es una simplificación
			// supone que no hay superposición entre componentes
			get {
				double superficie = 0;
				foreach (Figura componente in componentes)
					superficie += componente.Area;
				return superficie;
			}
		}

		public double Perimetro {
			// TODO: hacer bien este método
			// esta es una simplificación
			// supone que no hay superposición entre componentes
			get {
				double perimetro = 0;
				foreach (Figura componente in componentes)
					perimetro += componente.Perimetro;
				return perimetro;
			}
		}

		public String Tipo {
			get {
				return "figura compuesta";
			}
		}

		public void Trasladar (double deltaX, double deltaY) {
			foreach (Figura componente in componentes)
				componente.Trasladar (deltaX, deltaY);
		}

		public void Agregar (Figura f) {
			componentes.Add(f);
		}

		public void Eliminar (Figura f) {
			componentes.Remove(f);
		}
	}
}
```

Implementación de una lista circular (Java)

Veamos cómo implementar una clase de colección *ListaCircular*. Una lista circular es una lista encadenada en la que el siguiente del último elemento es el primero, y el anterior al primero es el último. Esto es, la lista se convierte en un círculo sin fin.

En realidad, la clave de la lista circular es cómo se la recorre. A los clientes de la clase no les interesa cómo está implementada, sino que al ser recorrida se comporte como lista circular. Esto implica que, una vez provisto un punto de acceso a la lista, debemos poder iterar a través de la misma indefinidamente.

La cuestión, entonces, será implementar una lista como cualquiera, solamente que el iterador que la recorra la convierta en lista circular.

El diagrama de clases que propongo como solución es:

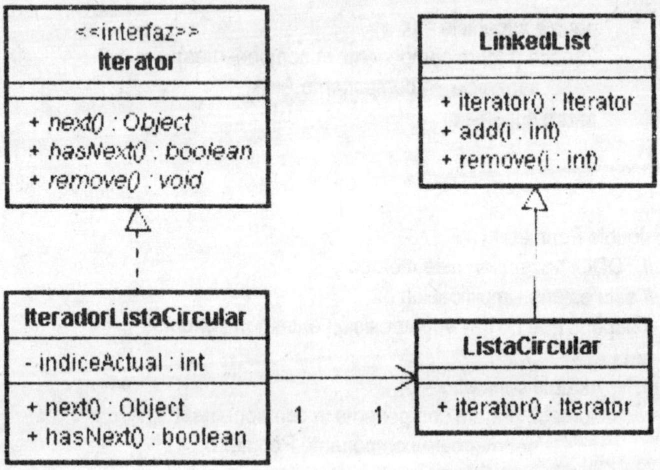

El programa que comprueba que la lista circular es tal será:

```
package carlosfontela.pruebas;

import java.util.*;
import carlosfontela.colecciones.*;

public class PruebaListaCircular {

    public static void main (String[ ] p) {

        ListaCircular lista = new ListaCircular( );
        for (int x = 0; x < 10; x++)
            lista.add(x);

        Iterator i = lista.iterator( );
        int k = 0;      // contador
        while (i.hasNext( )) {
            k++;  // para salir del ciclo en algún momento
            if (k > 1000) break;
            System.out.println(i.next( ));
        }
    }
}
```

La clase del iterador será:

```
// IteradorListaCircular.java
package carlosfontela.colecciones;

import java.util.*;

public class IteradorListaCircular implements Iterator {

    private ListaCircular lista;
    private int indiceActual;
```

```
public IteradorListaCircular (ListaCircular lista) {
        this.lista = lista;
        this.indiceActual = 0;
}

public boolean hasNext( ) {
        if (lista.size( ) > 0)
                return true;
        else return false;
}

public Object next( ) {
        Object resultado = null;
        if (hasNext( ))
                resultado = lista.get(indiceActual);
                if (indiceActual < lista.size( )-1)
                        indiceActual++;
                else indiceActual = 0;
        else {
                throw new UnsupportedOperationException( );
        }
        return resultado;
}

public void remove( ) {
        throw new UnsupportedOperationException( );
}
}
```

La clase *ListaCircular* no necesita cambiar nada lo heredado de *LinkedList*, salvo por el constructor y la necesidad de devolver el iterador apropiado:

```
// ListaCircular.java
package carlosfontela.colecciones;

import java.util.*;

public class ListaCircular extends LinkedList {

   public Iterator iterator( ) {
        return new IteradorListaCircular(this);
   }

}
```

Ahora bien, esta lista se podrá recorrer indefinidamente, que es lo que esperábamos. Pero, ¿cómo hacemos si no queremos quedarnos en un bucle infinito? Si tenemos esa necesidad podemos recurrir a crear un nuevo tipo de iterador que nos informe cuándo terminamos de dar la primera vuelta.

Una primera idea podría ser comparar los elementos para ver si llegamos nuevamente al primer elemento de la lista. Esto no es del todo ortodoxo: primero, porque un elemento puede estar repetido en la lista; segundo, porque no siempre vamos a necesitar dar una sola vuelta: de hecho, a veces necesitaremos recorrer indefinidamente la lista.

Por lo tanto, debemos definir una nueva interfaz para iteradores circulares:

```java
// IteradorCircular.java
package carlosfontela.colecciones;

import java.util.Iterator;

public interface IteradorCircular extends Iterator {

        boolean primeraVueltaCompleta( );

}
```

Y luego la implementaremos así:

```java
// IteradorListaCircular.java
package carlosfontela.colecciones;

import java.util.*;

public class IteradorListaCircular implements IteradorCircular {

   private ListaCircular lista;
   private int indiceActual;
   private boolean primeraVueltaCompleta;

   public IteradorListaCircular (ListaCircular lista) {
          this.lista = lista;
          this.indiceActual = 0;
          this.primeraVueltaCompleta = false;
   }

   public boolean hasNext( ) {
          if (lista.size( ) > 0)
                 return true;
          else return false;
   }

   public Object next( ) {
          Object resultado = null;
          if (!hasNext( ))
                 resultado = lista.get(indiceActual);
                 if (indiceActual < lista.size( )-1)
                        indiceActual++;
                 else {
                        indiceActual = 0;
                        primeraVueltaCompleta = true;
                 }
          else {
                 throw new UnsupportedOperationException( );
          }
          return resultado;
   }

   public void remove( ) {
          throw new UnsupportedOperationException( );
   }
```

```
public boolean primeraVueltaCompleta( ) {
        return primeraVueltaCompleta;
    }
}
```

Por favor, amigo lector, asegúrese de entender que los que hice son los únicos cambios que necesitamos, y que la clase *ListaCircular* puede quedar como antes. ¿Se da cuenta del por qué?

El diagrama de clases de la solución actual es:

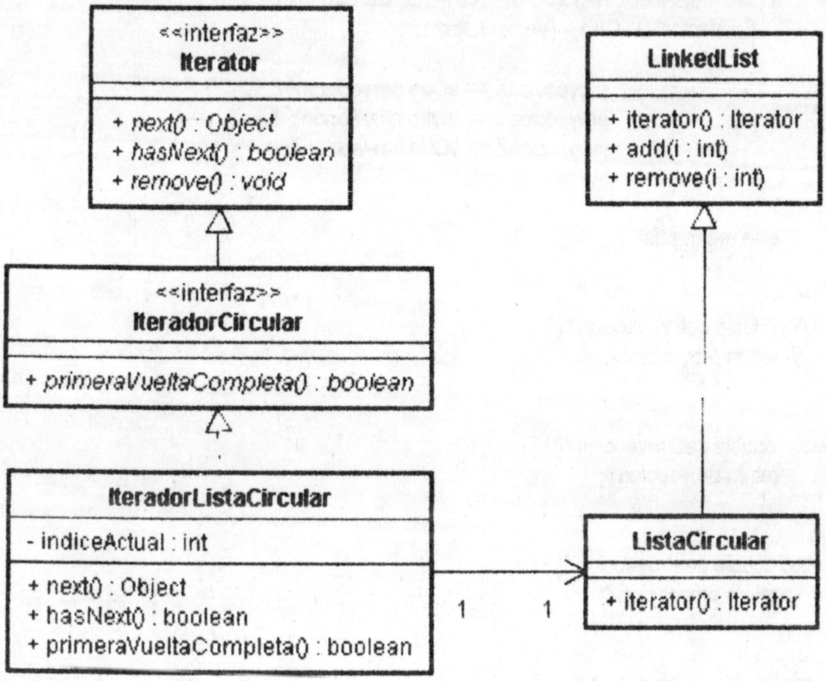

Implementación de vectores con relación de orden (Java)

Voy a tomar la clase *Vector3D* que desarrollamos en C# en un capítulo anterior y la traduciré a Java. Luego haré todo lo necesario para – sin modificar la clase *Vector3D* – hacer que un arreglo cuyos elementos sean instancias de esa clase, se pueda ordenar por más de un criterio.

La clase *Vector3D* será:

```
// Vector3D.java
package carlosfontela.fisica;

public class Vector3D {

    private double proyeccionX;
    private double proyeccionY;
    private double proyeccionZ;

    // crea un Vector3D en base a sus tres componentes
    public Vector3D (double proyeccionX, double proyeccionY, double proyeccionZ) {
            this.proyeccionX = proyeccionX;
```

```
		this.proyeccionY = proyeccionY;
		this.proyeccionZ = proyeccionZ;
	}

	// crea un Vector3D en base a su módulo y su versor:
	public Vector3D (double modulo, Vector3D versor) {
		this.proyeccionX = modulo * versor.getProyeccionX( );
		this.proyeccionY = modulo * versor.getProyeccionY( );
		this.proyeccionZ = modulo * versor.getProyeccionZ( );
	}

	public boolean equals (Object otro) {
		if (otro instanceof Vector3D && this != null && otro != null) {
			Vector3D vOtro = (Vector3D)otro;
			return (
					proyeccionX == vOtro.proyeccionX &&
					proyeccionY == vOtro.proyeccionY &&
					proyeccionZ == vOtro.proyeccionZ
			);
		}
		else return false;
	}

	public double getProyeccionX( ) {
		return proyeccionX;
	}

	public double getProyeccionY( ) {
		return proyeccionY;
	}

	public double getProyeccionZ( ) {
		return proyeccionZ;
	}

	public double getModulo( ) {
			return Math.sqrt (
				getProyeccionX( ) * getProyeccionX( ) +
				getProyeccionY( ) * getProyeccionY( ) +
				getProyeccionZ( ) * getProyeccionZ( ) );
	}

	public Vector3D getVersor( ) {
			return this.productoPorEscalar((1/getModulo( )));
	}

	// ángulo con el eje "x" en radianes:
	public double getAnguloX( ) {
			return Math.acos (getProyeccionX( ) / getModulo( ));
	}

	// ángulo con el eje "y" en radianes:
	public double getAnguloY( ) {
			return Math.acos (getProyeccionY( ) / getModulo( ));
	}

	// ángulo con el eje "z" en radianes:
	public double getAnguloZ( ) {
```

```
            return Math.acos (getProyeccionZ( ) / getModulo( ));
    }

    // producto escalar:
    public double productoEscalar (Vector3D w) {
        return (
            this.getProyeccionX( ) * w.getProyeccionX( ) +
            this.getProyeccionY( ) * w.getProyeccionY( ) +
            this.getProyeccionZ( ) * w.getProyeccionZ( ) );
    }

    // producto vectorial:
    public Vector3D productoVectorial (Vector3D w) {
        return new Vector3D (
            this.getProyeccionY( ) * w.getProyeccionZ( ) -
                this.getProyeccionZ( ) * w.getProyeccionY( ) ,
            this.getProyeccionZ( ) * w.getProyeccionX( ) -
                this.getProyeccionX( ) * w.getProyeccionZ( ) ,
            this.getProyeccionX( ) * w.getProyeccionY( ) -
                this.getProyeccionY( ) * w.getProyeccionX( ) );
    }

    // producto por un escalar:
    public Vector3D productoPorEscalar (double factor) {
        return new Vector3D (
                factor * this.getProyeccionX( ),
                factor * this.getProyeccionY( ),
                factor * this.getProyeccionZ( ) );
    }

    // suma de vectores:
    public Vector3D suma (Vector3D w) {
        return new Vector3D (
                this.getProyeccionX( ) + w.getProyeccionX( ) ,
                this.getProyeccionY( ) + w.getProyeccionY( ) ,
                this.getProyeccionZ( ) + w.getProyeccionZ( ) );
    }

    public String toString( ) {
        return "(" +
            Double.toString (getProyeccionX( )) + "; " +
            Double.toString (getProyeccionY( )) + "; " +
            Double.toString (getProyeccionZ( )) + ")";
    }
}
```

Debido a que la clase *Vector3D* en general se va a usar para representar objetos por valor, he decidido implementar el método *equals* para poder compararlos.

Para poder ordenar un arreglo de *Vector3D* tenemos que crear una clase comparadora. Esta clase tendrá un método *compare*, que tomará todos instancias de *Vector3D* y las comparará por su módulo. También podríamos definir otra clase comparadora que compare por otro criterio.

La clase en cuestión es:

```
// ComparadorVectoresPorModulo.java
```

```
package carlosfontela.fisica;

public class ComparadorVectoresPorModulo
  implements java.util.Comparator {

  public int compare (Object o1, Object o2) {
        if (o1 instanceof Vector3D && o2 instanceof Vector3D &&
                    o1 != null && o2 != null) {
              Vector3D vector1 = (Vector3D)o1; Vector3D vector2 = (Vector3D)o2;
              if (vector1.getModulo( ) < vector2.getModulo( ))
                    return -1;
              else if (vector1.getModulo( ) > vector2.getModulo( ))
                    return 1;
              else return 0;
        }
        else throw new IllegalArgumentException( );
  }
}
```

¿Qué ocurriría si pudiésemos modificar la clase *Vector3D* para poder comparar sus instancias? En principio, si los requisitos son los mismos, no mucho. Es cierto que podríamos implementar la interfaz *Comparable*, incorporando un método *compareTo*, dentro de *Vector3D*, como sigue:

```
public int compareTo (Object otro) {
      if (otro instanceof Vector3D &&
                  this != null && otro != null) {
            Vector3D vector2 = (Vector3D)otro;
            if (this.getModulo( ) < vector2.getModulo( ))
                  return -1;
            else if (this.getModulo( ) > vector2.getModulo( ))
                  return 1;
            else return 0;
      }
      else throw new IllegalArgumentException( );
}
```

Pero esto no resuelve el problema de utilizar más de un criterio de comparación. Creo que el uso de *Comparator* es más general en este caso.

CUESTIONES DE DISEÑO

Encapsulando la creación de objetos

Analicemos las siguientes líneas en Java:

```
Iterator i = v.iterator( );
while (i.hasNext( )) { ... i.next( ); ... }
```

La verdad es que hay pocos fragmentos de código tan densos en conceptos complejos como éste.

Veamos. ¿Cuál es el tipo de *v*? ¿Y el de *i*? El objeto referenciado por *i*, ¿de qué clase es instancia? ¿Y el referenciado por *v*? ¿En qué clase está implementado *iterator*? ¿Y *next* y *hasNext*?

Lo único que sabemos por el momento, o podemos deducir, es:

- *v* es de tipo *Collection* o algún derivado. Por lo tanto, el objeto referenciado por *v* es instancia de alguna clase que implemente *Collection*, pero del fragmento anterior no podemos saber cuál es.
- *i* es de tipo *Iterator*. Por lo tanto, el objeto referenciado por *i* es instancia de alguna clase que implemente *Iterator*, pero no conocemos ninguna de esas clases ni tenemos forma de conocerlas.
- *iterator* es un método de la interfaz *Collection*, que debe estar implementado en todas las clases que implementen dicha interfaz. Entre ellas, la clase de la cual sea instancia el objeto referenciado por *v*.
- *next* y *hasNext* son métodos de la interfaz *Iterator*, que deben estar implementados en todas las clases que implementen dicha interfaz. Entre ellas, la clase de la cual sea instancia el objeto referenciado por *i*.

Lo que ocurre es que el método *iterator* está encapsulando la creación de un objeto, instancia de una clase desconocida, que implementa la interfaz *Iterator*. Y lo encapsula de tal modo que, ni podemos crear objetos de esa clase mediante el operador *new*, ni tenemos posibilidad de saber de qué clase se trata.

Esta es la idea del patrón Factory Method.

Ahora bien, ¿qué ventaja tiene esto? La clave está en el análisis de tipos realizado más arriba.

En efecto, el par de líneas de código que analizamos antes se puede aplicar a cualquier *v* que sea instancia de una clase que implemente *Collection*. No importa si *v* es un *ArrayList*, un *LinkedList*, un *TreeSet* o cualquier tipo de la plataforma Java o definido por el programador, siempre y cuando implemente *java.util.Collection*. Esto nos permite cambiar la colección utilizada cuando lo deseemos, sin tener que cambiar el código en cuestión. Esto es en parte una ventaja del patrón Iterador, y en parte de Factory Method.

De hecho, si necesitásemos llamar al constructor del iterador que permite recorrer *ArrayList* cuando operamos con objetos *ArrayList*, y al constructor del iterador que permite recorrer *TreeSet* cuando operamos con objetos *TreeSet*, cada cambio de colección nos llevaría a un cambio en dos lugares: en la creación de la colección en sí, y en la creación del iterador.

Esta necesidad de dos cambios en el código para un mismo cambio de diseño es – no sólo molesto, lo cual no parece tan grave – sino también peligroso, ya que podríamos introducir errores que el compilador no sería capaz de detectar.

La implementación general del patrón Factory Method consiste en mantener una jerarquía de clases creadoras, paralela a la jerarquía de clases a crear, como muestra el siguiente diagrama de clases:

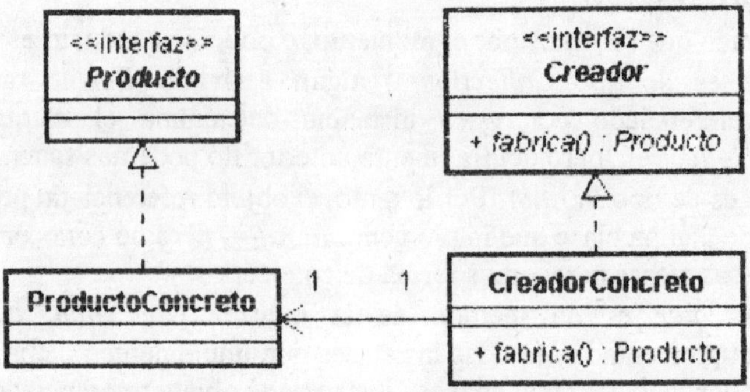

Programando con interfaces

Otra decisión de diseño que estamos adoptando cada vez con mayor frecuencia es el de programar utilizando interfaces. No me refiero al uso de interfaces mediante su implementación en una clase, sino a la declaración muy frecuente de variables y parámetros cuyo tipo es una interfaz.

Un caso es una línea como ésta:

```
Collection c = new LinkedList( );
```

En la que declaramos una variable *c* que – si bien contiene una referencia a una instancia de *LinkedList* – sólo va a poder ser utilizada como una *Collection*.

Otro caso es el uso del patrón Factory Method que acabamos de ver:

```
Iterator i = v.iterator( );
```

En que la variable *i*, no sólo vamos a tener que usarla como un *Iterator*, sino que ni siquiera conocemos el tipo del objeto que referencia.

Ello es aplicable también a los parámetros de métodos. Por ejemplo, el encabezamiento que sigue:

```
public void imprimir (Collection c) { ... }
```

Es más general que si cambiamos *Collection* por *List* o por *ArrayList*.

¿Cuál es la ventaja de este enfoque?

En realidad, es el corolario de un principio de diseño, que luego analizaremos. Por el momento, quedémonos con la noción de que, si utilizamos variables cuyo tipo son interfaces – o clases abstractas – nos va a ser más sencillo cambiar luego de implementación, ya que esas variables sólo van a usar métodos y propiedades de las interfaces, y no características de las implementaciones particulares. Y los métodos van a ser más genéricos.

Por eso es que en este libro, y cada vez más a partir de ahora, voy a tratar que los tipos de las variables y parámetros de métodos sean clases o interfaces lo más arriba en la jerarquía que me sea posible para resolver el problema que tenga entre manos.

Implementación de colecciones con tipos

Se puede argumentar que las colecciones que nos brindan Java y C# no brindan la seguridad del chequeo en tiempo de compilación propia de estos lenguajes.

Es decir, una lista de Java – por ejemplo – admite que se mezclen en la misma objetos de tipos distintos, y no tenemos manera de asegurarnos, en el momento de compilar el programa, que lo que extraemos de una lista sea del tipo que creemos.

Por ejemplo, el siguiente fragmento de código provoca una excepción en tiempo de ejecución, y no un error de compilación:

```
List v = new ArrayList( );
Date hoy = new Date( );
v.add(hoy);
String s = (String)v.get(0);
```

Por lo tanto, es cierta la aseveración inicial: las colecciones de Java y C# no brindan chequeo en tiempo de compilación.

El problema tiene dos soluciones: una general y sencilla, utilizando genericidad, y otra particular y no tan fácil, que es la que mostraré a continuación. El tema de genericidad lo analizaré en el próximo capítulo.

Supongamos, entonces, que queremos implementar un *ArrayList* que sólo admita instancias de *Figura* o de clases descendientes de ésta. La solución es declarar una nueva colección *ArrayListFiguras*, implementada en base a delegación sobre un *ArrayList* general.

El diagrama de clases de la solución propuesta es:

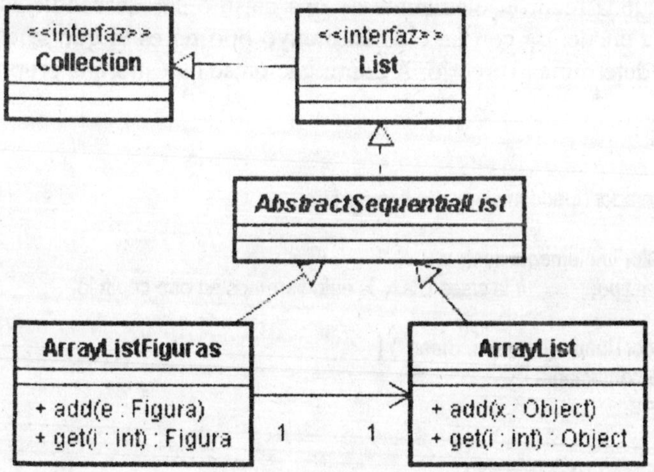

A continuación se puede ver parte de la implementación de la clase en cuestión:

```
import java.util.*;
import carlosfontela.geometria.Figura;

public class ArrayListFiguras extends AbstractSequentialList {

    private ArrayList implementacion = new ArrayList( );
```

```
public void add (Figura e) {
        implementacion.add(e);
}

public Figura get (int i) {
        return (Figura)implementacion.get(i);
}

// todos los métodos adicionales necesarios

}
```

El problema lo resolví utilizando delegación. La gran tentación hubiera sido utilizar herencia, haciendo que *ArrayListFiguras* fuera una clase derivada de *ArrayList*. Hasta conceptualmente hubiera sido correcto, pues un *ArrayListFiguras* es un *ArrayList*. Sin embargo, resolverlo de esa manera habría provocado que los métodos *add* y *get* de *ArrayListFiguras* sobrecargaran a los de *ArrayList* y se podrían seguir agregando elementos de cualquier tipo dentro de la lista.

Observamos que en esta solución:

- El chequeo de tipo se hace en tiempo de compilación.
- No se pierde el polimorfismo de la colección porque podemos colocar instancias de descendientes de *Figura* en *ArrayListFiguras*.
- El cliente de la clase no necesita hacer transformaciones de tipos explícitas.

Otro desafío distinto, pero en línea con el mismo problema, es la creación de iteradores que chequeen tipos. Una posibilidad es imponer la condición de que el iterador sólo pueda recorrer elementos de una clase o sus descendientes, y lance una excepción si se encuentra con un elemento cuyo tipo no es el que se espera. La clase del iterador se determina al crearlo. A continuación se muestra una propuesta en Java:

```
import java.util.*;

public class IteradorTipado implements Iterator {

    private Iterator implementacion;
    private Class tipo;          // la clase Class la estudiaremos en otro capítulo

    public IteradorTipado (Iterator i, Class t) {
            implementacion = i;
            tipo = t;
    }

    public boolean hasNext ( ) {
            return implementacion.hasNext( );
    }

    public Object next( ) {
            Object o = implementacion.next( );
            if (!tipo.isInstance(o))
                    throw new ClassCastException ("iterador tipado como "+ tipo +
                                                  " encontró el tipo: " + o.getClass( ));
            return o;
    }
```

```
    public void remove ( ) {
        throw new UnsupportedOperationException( );
    }
}
```

Encapsulando colecciones

Como veremos más adelante, en el capítulo en el que presento los principios de diseño, conviene que cada parte de una aplicación interactúe con clases que estén construidas en el nivel de abstracción de esa parte.

Por eso, por ejemplo, una aplicación de simulación que deba respetar leyes físicas no debiera estar construida sobre una clase *Vector3D* directamente. Más bien, deberá trabajar con clases que representen abstracciones tales como velocidades, aceleraciones, fuerzas y demás, aun cuando, por dentro, estas clases se implementen delegando parte de su comportamiento en *Vector3D*.

Eso permite que el nivel de abstracción sea mayor, y protege contra usos indebidos de las clases, como sería un intento se sumar una velocidad y una fuerza, o intentar obtener una nueva posición a partir de una fuerza y una velocidad, por ejemplo.

De la misma manera, las colecciones deberían estar encapsuladas en clases que muestren un adecuado nivel de abstracción. Si, por ejemplo, deseamos implementar una lista de figuras, no declararé a mi atributo con tipo *ArrayList*, sino que construiré un *ArrayListFiguras* primero, y haré que esa clase delegue en *ArrayList*, como hice en el ítem anterior.

Pero esto no basta. El propio nombre *ArrayListFiguras* nos está indicando algo sobre la forma de implementación de la clase. Usar una *ColeccionFiguras* sería aún mejor.

CONCLUSIONES

Hemos visto en este capítulo una manera tal vez pasada de moda de implementar colecciones, aunque muy conveniente y elegante. Mostré también al lector que, con algo de trabajo y pérdida de generalidad, es perfectamente factible representar colecciones con tipos y hasta iteradores con tipos.

En el capítulo que sigue voy a mostrar el enfoque más de moda en la implementación de colecciones con tipos, y otros usos posibles de la genericidad.

11. GENERICIDAD Y TIPOS COMO PARÁMETROS

Si Dios me hubiera consultado sobre el sistema del universo, le habría dado unas cuantas ideas.
Alfonso X, el Sabio[71]

El capítulo anterior mostró cómo hacen los lenguajes orientados a objetos para representar colecciones. Si bien la solución es bastante elegante, tiene algunos rasgos de inseguridad, debido a que el objeto que guardamos en una colección tiene un grado de abstracción tal que, al extraerlo, no podemos estar seguros de qué es lo que obtenemos. El tema de genericidad, que existe en Java y C# desde las versiones 5.0 y 2.0, y que en C++ se introdujo, si no en las primeras implementaciones, sí desde bastante temprano, es una solución elegante a este problema.

Sin embargo, la genericidad no es un tema sencillo, y el novato en POO tal vez sienta algo de desconcierto ante algunas construcciones, no tanto por el uso de las mismas, sino cuando uno quiere aprovechar la genericidad para construir sus propias clases y métodos. Precisamente, esa complejidad de implementación es la razón por la cual esperé hasta este punto para presentar el tema.

Como estoy escribiendo un libro de POO no me sentí muy inclinado a usar genericidad en forma abundante. Sólo lo hice cuando vi una ventaja real y concreta. De todas maneras, no olvidemos que es una facilidad de los lenguajes que estamos utilizando, y que son un recurso muy valioso cuando se lo maneja bien.

De todas maneras, la genericidad no se usa solamente en el contexto de las colecciones. Pretendiendo que esto quedase claro, incluí algunos ejemplos que así lo muestran.

Finalmente, el lector atento notará que he alterado un poco la forma de presentación de los temas. Esto es algo que haré en los capítulos que siguen, pero que no desnaturaliza la filosofía general de ir de lo práctico a lo teórico, del uso a la construcción.

UN EJERCICIO INICIAL: EL PROBLEMA DE SIEMPRE, CON GENERICIDAD

El problema y las entidades

Voy a resolver el mismo ejercicio inicial del capítulo anterior, pero con tipos de colecciones más seguros, indicando el tipo de los datos de los elementos mediante el uso de la técnica denominada *genericidad*.

Las entidades del problema no varían, pero en vez de usar colecciones tales como *IList*, que toman como elementos cualquier objeto, voy a usar colecciones del estilo *IList<T>*, donde *T* es el tipo de los elementos de la lista.

---

[71] Atribuido.

Implementación (C#)

Como el problema se mantiene igual al del capítulo anterior, lo mismo ocurre con el programa de prueba.

Las dos clases que cambian son *Inmobiliaria* e *Inmueble*, y ambas muy poco:

```
using System;
using System.Collections;

namespace CarlosFontela.Inmobiliarias
{
   public class Inmobiliaria
   {
         private string nombre;
         private Ilist<Inmueble> inmuebles;                    // esta línea cambió
         private double comisionClienteCompra;
         private double comisionClienteVenta;

         public Inmobiliaria (string nombre, double comisionClienteCompra,
                                              double comisionClienteVenta) {
               this.nombre = nombre;
               this.inmuebles = new ArrayList<Inmueble>( );          // esta línea cambió
               this.comisionClienteCompra = comisionClienteCompra;
               this.comisionClienteVenta = comisionClienteVenta;
         }

         // el resto de la clase queda igual ...

   }
}
```

```
using System;
using System.Collections;

namespace CarlosFontela.Inmobiliarias
{
   public abstract class Inmueble
   {
         private string domicilio;
         private double superficie;
         private int cantidadAmbientes;
         private int precio;
         private IList<Cliente> interesados;                    // esta línea cambió
         private bool reservado;
         private bool vendido;

         public Inmueble(string domicilio, double superficie, int cantidadAmbientes, int precio)
         {
               this.domicilio = domicilio;
               this.superficie = superficie;
               this.cantidadAmbientes = cantidadAmbientes;
               this.precio = precio;
               this.interesados = new ArrayList<Cliente>( );      // esta línea cambió
               this.reservado = false;
               this.vendido = false;
         }
```

```
    // el resto de la clase queda igual ...

  }
}
```

Como vemos, los cambios respecto del capítulo anterior son muy pocos. Sólo se ha agregado información del tipo de los elementos, y todo sigue funcionando bien. Si hubiera habido transformaciones explícitas de tipos, desaparecerían en este ejemplo, pero el uso del ciclo *foreach*, ya en el capítulo anterior, nos había ahorrado ese problema. Además, ahora nuestro código no puede arrojar excepciones de conversión de tipos, ya que el compilador se aseguró en su momento de no admitir en las colecciones más que objetos del tipo especificado.

Implementación (Java)

Como el problema se mantiene igual al del capítulo anterior, lo mismo ocurre con el programa de prueba.

Las dos clases que cambian son *Inmobiliaria* e *Inmueble*:

```
// Inmobiliaria.java

package carlosfontela.inmobiliarias;

import java.util.*;

public class Inmobiliaria {
   private String nombre;
   private List<Inmueble> inmuebles;                                   // esta línea cambió
   private double comisionClienteCompra;
   private double comisionClienteVenta;

   public Inmobiliaria (String nombre, double comisionClienteCompra,
                                                  double comisionClienteVenta) {
         this.nombre = nombre;
         this.inmuebles = new ArrayList<Inmueble>( );      // esta línea cambió
         this.comisionClienteCompra = comisionClienteCompra;
         this.comisionClienteVenta = comisionClienteVenta;
}

   public String getNombre( ) {
               return nombre;
   }

   public int getCantidadInmuebles( ) {
         return inmuebles.size( );
   }

   public void agregarInmueble (Inmueble x) {
         inmuebles.add(x);
   }

   public void quitarInmueble (Inmueble x) {
         inmuebles.remove(x);
   }
```

```
public void imprimirDatos ( ) {
        System.out.println("Inmobiliaria: " + this.getNombre( ));
        // cambió el ciclo y no necesito transformación de tipos explícita:
        for (Inmueble x : inmuebles)
                x.imprimirDatos( );
        System.out.println( );
}

public double getComisionClienteCompra( ) {
                return comisionClienteCompra;
}

public double getComisionClienteVenta( ) {
                return comisionClienteVenta;
}

public double beneficioEsperadoCartera( ) {
        double beneficio = 0;
        double comisionesCobradas =
                (getComisionClienteCompra( ) + getComisionClienteVenta( )) / 100;
        // cambió el ciclo y no necesito transformación de tipos explícita:
        for (Inmueble x : inmuebles) {
                int precio = x.getPrecio( );
                if (!x.getVendido( ))
                        beneficio += precio * comisionesCobradas - x.comisionVendedor( );
        }
        return beneficio;
}

public double beneficioEsperadoReservados( ) {
        double beneficio = 0;
        double comisionesCobradas =
                (getComisionClienteCompra( ) + getComisionClienteVenta( )) / 100;
        // cambió el ciclo y no necesito transformación de tipos explícita:
        for (Inmueble x : inmuebles) {
                int precio = x.getPrecio( );
                if (!x.getVendido( ) && x.getReservado( ))
                        beneficio += precio * comisionesCobradas - x.comisionVendedor( );
        }
        return beneficio;
}

}
```

```
// Inmueble.java

package carlosfontela.inmobiliarias;

import java.util.*;

public abstract class Inmueble {

   private String domicilio;
   private double superficie;
   private int cantidadAmbientes;
   private int precio;
```

```
private List<Cliente> interesados;                                    // esta línea cambió
private boolean reservado;
private boolean vendido;

public Inmueble (String domicilio, double superficie, int cantidadAmbientes, int precio) {
        this.domicilio = domicilio;
        this.superficie = superficie;
        this.cantidadAmbientes = cantidadAmbientes;
        this.precio = precio;
        this.interesados = new ArrayList<Cliente>( );               // esta línea cambió
        this.reservado = false;
        this.vendido = false;
}

public String getDomicilio( ) {
        return domicilio;
}

public double getSuperficie( ) {
        return superficie;
}

public int getCantidadAmbientes( ) {
        return cantidadAmbientes;
}

public int getPrecio( ) {
        return precio;
}

public void setPrecio(int nuevo) {
        precio = nuevo;
        // cambió el ciclo y no necesito transformación de tipos explícita:
        for (Cliente c : interesados)
                        c.avisarCambioPrecio(this,nuevo);
}

public void anotarInteresado (Cliente c) {
        interesados.add(c);
}

public void eliminarInteresado (Cliente c) {
        interesados.remove(c);
}

public boolean getReservado( ) {
        return reservado;
}

public void reservar( ) {
        reservado = true;
        // cambió el ciclo y no necesito transformación de tipos explícita:
        for (Cliente c : interesados)
                c.avisarReserva(this);
}

public boolean getVendido( ) {
        return vendido;
```

```
    }

    public void vender( ) {
            vendido = true;
            // cambió el ciclo y no necesito transformación de tipos explícita:
            for (Cliente c : interesados)
                    c.avisarVenta(this);
    }

    public void imprimirDatos( ) {
            System.out.println ("Domicilio: " + getDomicilio( ));
            System.out.println ("Superficie: " + getSuperficie( ));
            System.out.println ("Cantidad de ambientes: " + getCantidadAmbientes( ));
            System.out.println ("Precio: " + getPrecio( ));
            System.out.println ("Reservado: " + getReservado( ));
            System.out.println ("Vendido: " + getVendido( ));
            System.out.println ("Cantidad de interesados: " + interesados.size( ));
            // cambió el ciclo y no necesito transformación de tipos explícita:
            for (Cliente c : interesados)
                    System.out.println (c.getNombre( ));
    }

    public abstract double comisionVendedor( );

}
```

Aquí hay algunos cambios diferentes a los de C#. Como en C#, también acá hemos cambiado los tipos de colecciones para restringir lo que podemos colocarles como elementos. Sin embargo, en el ejercicio en Java del capítulo anterior teníamos necesidad de hacer conversiones explícitas de tipo al obtener instancias de *Object* de la colección. Estas conversiones han desaparecido, al poder chequear el compilador en forma estática los tipos de los objetos que se agregan y obtienen de la colección. Puse comentarios en el código para que lo que estoy explicando quede más legible. De más está decir que también nos evitamos potenciales excepciones.

Implementación (C++)

La implementación en C++ difiere un poco de las vistas para C# y Java, aunque el programa de prueba se mantiene igual al del capítulo de polimorfismo.

En C++ usaré la clase parametrizada *vector*, de la STL (Standard Template Library), que después veremos en mayor detalle.

Las dos clases que debemos implementar son *Inmobiliaria* e *Inmueble*:

```
// Inmobiliaria.h

#ifndef INMUEBLE_H_
#include "Inmueble.h"
#endif /*INMUEBLE_H_*/

#include <string>
#include <vector>

#ifndef INMOBILIARIA_H_
#define INMOBILIARIA_H_
```

```
namespace inmobiliarias {

  class Inmobiliaria {

        public:
              Inmobiliaria (string, double, double);
              string getNombre( ) const;
              int getCantidadInmuebles( ) const;
              void agregarInmueble (Inmueble&);
              void quitarInmueble (Inmueble&);
              void imprimirDatos ( );
              // nuevas propiedades y métodos:
              double getComisionClienteCompra( ) const;
              double getComisionClienteVenta( ) const;
              double beneficioEsperadoCartera( );
              double beneficioEsperadoReservados( );

        private:
              string nombre;
              vector<RefInmueble> inmuebles;                    // esta línea cambió
              double comisionClienteCompra;
              double comisionClienteVenta;
              int posicionInmueble (Inmueble&);

  };
};

#endif /*INMOBILIARIA_H_*/
```

```
// Inmueble.h

#ifndef CLIENTE_H_
#include "Cliente.h"
#endif /*CLIENTE_H_*/

#include <string>
#include <vector>

#ifndef INMUEBLE_H_
#define INMUEBLE_H_

namespace inmobiliarias {

  class Inmueble {

        public:
              Inmueble (string, double, int, int);
              string getDomicilio( ) const;
              double getSuperficie( ) const;
              int getCantidadAmbientes( ) const;
              int getPrecio( ) const;
              void setPrecio (int);
              bool getReservado( ) const;
              bool getVendido( ) const;
              void anotarInteresado (Cliente&);
              void eliminarInteresado (Cliente&);
```

```
			void reservar( );
			void vender( );
			virtual void imprimirDatos( );
			virtual double comisionVendedor( ) const = 0;
			double beneficioParcial (double) const;

		private:
			string domicilio;
			double superficie;
			int cantidadAmbientes;
			int precio;
			vector<RefCliente> interesados;				// esta línea cambió
			bool reservado;
			bool vendido;
			int posicionInteresado (Cliente&);
	};

	typedef Inmueble* RefInmueble;

};

#endif /*INMUEBLE_H_*/
```

```
// Inmobiliaria.cpp

using namespace std;

#ifndef INMOBILIARIA_H_
#include "Inmobiliaria.h"
#endif /*INMOBILIARIA_H_*/

#include <string>
#include <vector>

namespace inmobiliarias {

	typedef vector<RefInmueble>::iterator IteradorInmuebles;

	Inmobiliaria :: Inmobiliaria (string nombre, double comisionClienteCompra,
							double comisionClienteVenta) {
		this->nombre = nombre;
		this->comisionClienteCompra = comisionClienteCompra;
		this->comisionClienteVenta = comisionClienteVenta;
	}

	string Inmobiliaria :: getNombre( ) const {
		return nombre;
	}

	int Inmobiliaria :: getCantidadInmuebles( ) const {
		return inmuebles.size( );
	}

	double Inmobiliaria :: getComisionClienteCompra( ) const {
		return comisionClienteCompra;
	}
```

```
double Inmobiliaria :: getComisionClienteVenta( ) const {
        return comisionClienteVenta;
}

void Inmobiliaria :: agregarInmueble (Inmueble& inmueble) {
        inmuebles.push_back(&inmueble);
}

void Inmobiliaria :: quitarInmueble (Inmueble& inmueble) {
        for (IteradorInmuebles i = inmuebles.begin( ); i != inmuebles.end( ); i++)
                if ((*i) == &inmueble)
                        i = inmuebles.erase(i);
}

void Inmobiliaria :: imprimirDatos ( ) {
        cout << "Inmobiliaria: " << this->getNombre( ) << endl;
        for (IteradorInmuebles i = inmuebles.begin( ); i != inmuebles.end( ); i++)
                (*i)->imprimirDatos( );
        cout << endl;
}

double Inmobiliaria :: beneficioEsperadoCartera( ) {
        double beneficio = 0;
        double comisionesCobradas =
                (getComisionClienteCompra( ) + getComisionClienteVenta( )) / 100;
        for (IteradorInmuebles i = inmuebles.begin( ); i != inmuebles.end( ); i++)
                if (!(*i)->getVendido( ))
                        beneficio += (*i)->beneficioParcial(comisionesCobradas);
        return beneficio;
}

double Inmobiliaria :: beneficioEsperadoReservados( ) {
        double beneficio = 0;
        double comisionesCobradas =
                (getComisionClienteCompra( ) + getComisionClienteVenta( )) / 100;
        for (IteradorInmuebles i = inmuebles.begin( ); i != inmuebles.end( ); i++)
                if (!(*i)->getVendido( ))
                        beneficio += (*i)->beneficioParcial(comisionesCobradas);
        return beneficio;
}

};
```

```
// Inmueble.cpp

using namespace std;

#ifndef INMUEBLE_H_
#include "Inmueble.h"
#endif /*INMUEBLE_H_*/

#include <string>
#include <vector>

namespace inmobiliarias {

   typedef vector<RefCliente>::iterator IteradorClientes;
```

```
Inmueble :: Inmueble (string domicilio, double superficie, int cantidadAmbientes, int precio) {
        this->domicilio = domicilio;
        this->superficie = superficie;
        this->cantidadAmbientes = cantidadAmbientes;
        this->precio = precio;
        this->reservado = false;
        this->vendido = false;
}

string Inmueble :: getDomicilio( ) const {
        return domicilio;
}

double Inmueble :: getSuperficie( ) const {
        return superficie;
}

int Inmueble :: getCantidadAmbientes( ) const {
        return cantidadAmbientes;
}

int Inmueble :: getPrecio( ) const {
        return precio;
}

void Inmueble :: setPrecio (int nuevo) {
        precio = nuevo;
        for (IteradorClientes i = interesados.begin( ); i != interesados.end( ); i++)
                (*i)->avisarCambioPrecio(this->domicilio);
}

void Inmueble :: anotarInteresado (Cliente& cliente) {
        interesados.push_back(&cliente);
}

void Inmueble :: eliminarInteresado (Cliente& cliente) {
        for (IteradorClientes i = interesados.begin( ); i != interesados.end( ); i++)
                if ((*i) == &cliente)
                        i = interesados.erase(i);
}

bool Inmueble :: getReservado( ) const {
        return reservado;
}

void Inmueble :: reservar( ) {
        reservado = true;
        for (IteradorClientes i = interesados.begin( ); i != interesados.end( ); i++)
                (*i)->avisarReserva(this->domicilio);
}

bool Inmueble :: getVendido( ) const {
        return vendido;
}

void Inmueble :: vender( ) {
        vendido = true;
```

```
            for (IteradorClientes i = interesados.begin( ); i != interesados.end( ); i++)
                (*i)->avisarVenta(this->domicilio);
    }

    void Inmueble :: imprimirDatos( ) {
            cout << "Domicilio: " << getDomicilio( ) << endl;
            cout << "Superficie: " << getSuperficie( ) << endl;
            cout << "Cantidad de ambientes: " << getCantidadAmbientes( ) << endl;
            cout << "Precio: " << getPrecio( ) << endl;
            cout << "Reservado: " << getReservado( ) << endl;
            cout << "Vendido: " << getVendido( ) << endl;
            cout << "Interesados: " << endl;
            for (IteradorClientes i = interesados.begin( ); i != interesados.end( ); i++)
                cout << (*i)->getNombre( ) << endl;
    }

    double Inmueble :: beneficioParcial (double comisionesCobradas) const {
            return precio * comisionesCobradas - comisionVendedor( );
    }

};
```

Como podemos ver, en el ejemplo en C++ hay más cambios que en los correspondientes a C# y Java. Esto se debe a que con el uso de la STL están apareciendo simultáneamente las colecciones, los iteradores y los tipos genéricos.

Comentarios de cierre

Lo que vemos en los tres lenguajes, más allá de que luego vamos a entrar en detalles, es que podemos definirle a nuestras colecciones los tipos de sus elementos, de modo tal que sean verificados en el momento de asignar y no necesiten hacer extrañas transformaciones de tipos al obtener valores.

Esto nos brinda mayor legibilidad y robustez.

NECESIDAD DE ABSTRACCIÓN DE TIPOS

Desde siempre he sido un entusiasta de los lenguajes tipados, entendiendo por tales a aquellos lenguajes de programación que hagan verificaciones de tipos, tanto en tiempo de compilación como de ejecución. Por eso nunca me llevé bien con los lenguajes sin tipos, como Smalltalk, Python y otros, que – según dicen – son más puros como lenguajes orientados a objetos y tienen muchas otras bondades.

De hecho, a mí me gusta que si tengo un método con este encabezado:

```
public double promedio (double[ ] v) { ... }
```

Sólo se lo pueda llamar con un arreglo de elementos de tipo *double*, y no *char*, *Elipse* o *Inmuebles*. Eso da robustez a mis programas, me facilita las depuraciones. En resumen, hace que cometa menos errores y me sienta más productivo.

Sin embargo, también me gusta la idea de reutilización del código, sin perder el chequeo de tipos. Por eso me siento tan a gusto con el polimorfismo.

Sin embargo, hay ocasiones en las que los lenguajes orientados a objetos nos dejan sin esta posibilidad de reutilización segura. Por ejemplo, en C++, podría definir una función que intercambia dos enteros:

```
void swapEnteros (int& x, int& y) {
   int temp = x;
   x = y;
   y = temp;
}
```

Si luego necesito intercambiar dos reales puedo escribir esta otra:

```
void swapReales (double& x, double& y) {
   double temp = x;
   x = y;
   y = temp;
}
```

Y si necesito intercambiar dos cadenas, ¿cómo haría? ¡Adivinó! Idéntico, pero colocando *string* como tipo de los parámetros. Lo mismo haríamos con cualquier tipo por valor.

Claramente, esto no me satisface. Ahora preferiría no tener chequeo de tipos para poder tener un método más genérico que no me obligase a reescribir el mismo código para cada tipo de datos.

Veamos otro ejemplo. Supongamos que deseo implementar una pila[72].

Si lo que deseo es implementar en Java una pila cuyos elementos son fechas, una solución posible, muy simplificada, sería:

```
import java.util.Date;

public class PilaEntera {

   private int tope;
   private Date[ ] elementos;

   public PilaEntera (int tamanioMaximo) {
         this.elementos = new Date[tamanioMaximo];
         this.tope = -1;
   }

   public boolean vacia ( ) {
         return (this.tope == -1);
   }

   private boolean completa( ) {
         return (tope == elementos.length-1);
   }

   public void agregar (Date nuevoElemento) {
         if (completa( ))
               throw new UnsupportedOperationException( );
         tope++;
         elementos[tope] = nuevoElemento;
   }
```

[72] Una *pila* es una colección lineal que sólo admite agregar, ver y eliminar elementos por uno de sus extremos, habitualmente denominado *tope*. Normalmente se la implementa con arreglos o con listas encadenadas.

```
public Date extraer ( ) {
        if (vacia( ))
                throw new java.util.NoSuchElementException( );
        Date resultado = elementos[tope];
        elementos[tope] = null;
        tope--;
        return resultado;
    }
}
```

¿Qué pasaría si al día siguiente necesito implementar una pila de cadenas de caracteres? Pues, ¡muy fácil! Tomo la implementación anterior, le cambio los *Date* por *String*, y ya está. Casi ni necesito realizarle pruebas unitarias.

No obstante, de nuevo, me siento molesto con esta solución que me obliga a escribir el mismo código varias veces. La molestia tiene que ver con el tiempo perdido. Pero también – y mucho más – con el peligro de realizar cambios en varias clases en paralelo cada vez que desee mejorar la implementación.

Este problema ya lo tuvieron quienes en Java y C# implementaron colecciones.

Lo que hicieron fue utilizar la propiedad de estos lenguajes de que todas las clases tienen una clase ancestro por defecto: *java.lang.Object* y *System.Object*, respectivamente. Así, bastó con poner a *Object* como tipo de los elementos, y listo: todas las colecciones admiten cualquier tipo de datos.

Sin embargo, el problema es que esta solución viola la idea del tipado de los elementos. Como una colección así definida admite cualquier cosa como elemento, nos encontramos con dos problemas: en una misma colección podría colocar datos de diferentes tipos; y no tenemos manera de saber qué tipo de dato obtenemos cada vez.

Veamos el siguiente ejemplo en Java:

```
List v = new ArrayList( );
String s1 = "Una cadena";
v.add(s1);
String s2 = (String)v.get(0);
```

En efecto, en el arreglo *v* puedo colocar elementos de cualquier tipo, y se almacenan como *Object*. Por lo tanto, al obtener un elemento, debo hacer una transformación explícita de tipos para poder ver un *Object* como lo que realmente es. Notemos que la transformación explícita es inevitable, pues está indicando que el compilador no puede garantizar que no vaya a haber problemas en tiempo de ejecución.

Veamos, en cambio, este otro pedazo de código:

```
List v = new ArrayList( );
Date hoy = new Date( );
v.add(hoy);
String s = (String)v.get(0);
```

Claramente, estamos cometiendo un error, pues estamos pretendiendo ver como un *String* lo que en realidad es un *Date*. Sin embargo, el compilador no va a detectar ningún problema, y éste va a saltar recién en tiempo de ejecución, con el lanzamiento de una *ClassCastException*.

Por lo tanto, hemos perdido la clásica seguridad de tipos que da el compilador en Java.

Lo que necesitamos es avanzar en el concepto de abstracción: pasar de la clásica abstracción de datos a la *abstracción de tipos*[73]. Necesitamos – como autores de clases y métodos – poder escribir el mismo texto cuando podemos hacer la misma implementación de un concepto, aplicada a diferentes tipos de objetos.

Como este problema no lo tengo yo solamente, hay varios lenguajes que han planteado la solución: la idea es que haya clases y métodos que admitan tipos como parámetros. Habitualmente llamamos clases genéricas y métodos genéricos a estas soluciones. Ya Ada implementó la idea de parametrización, luego adoptada también en el lenguaje C++. Eiffel planteó un cambio importante, con lo que Meyer denominó "genericidad restringida", que luego pasó a la versión 5 de Java y la 2 de la plataforma .NET.

Los nombres que se han usado para estas soluciones han sido diversos y no han ayudado a entenderlas. En C++ se pone el énfasis en la condición de **plantillas** ("templates") de las clases y métodos parametrizados, mientras en Java y C# se destaca la **genericidad** de las soluciones. Como ninguno de estos nombres expresa diferencias insalvables con los otros, trataré de usar los términos *genericidad* y *parametrización*, indistintamente para los tres lenguajes que uso en el libro.

Lo que sigue son las soluciones en esos tres lenguajes, por orden de aparición en el tiempo: C++, Java y C#.

FUNCIONES Y TIPOS PARAMETRIZADOS EN C++

Funciones parametrizadas

Si queremos escribir la función *swap* de más arriba en C++, la mejor solución es la que sigue:

```
template<class T>
void swap (T& x, T& y) {
        T temp = x;
        x = y;
        y = temp;
}
```

Lo que estamos diciendo es que la función *swap* así definida es una plantilla de función, que admite ser utilizada con distintos tipos. El tipo *T*, de hecho, es un parámetro, que luego se puede instanciar con cualquier tipo de C++, sea una clase o no. Así, las líneas que siguen son válidas:

```
int n = 2; int m = 3; swap (n, m);                  // T es int
double x = 3.4; double y = -5.7; swap (x, y);       // T es double
```

El compilador determina – en base a los tipos de los argumentos de *swap* – cuál es el tipo de *T*. Desde ya, ambos argumentos de *swap* deben ser del mismo tipo, o por lo menos convertibles.

[73] La expresión "abstracción de tipos" es un invento mío.

El fragmento que sigue no va a compilar:

```
int n = 2; string s ("Hola"); swap (n, s);          // no compila
```

Clases parametrizadas

En C++ existe también el concepto, más adaptado a la POO, de clase parametrizada. Esto permite definir clases contenedoras sin especificar el tipo de datos del objeto contenido, y luego definirlo cuando se crea la instancia contenedora. El caso de la pila de más arriba se puede escribir en C++:

```
template<class T>
class Pila {

    const static int tamanioMaximo = 100;

private:
        int tope;
        T elementos[tamanioMaximo];

public:

        Pila ( ) {
                tope = -1;
        }

        bool vacia ( ) {
                return (tope == -1);
        }

private:
        bool completa( ) {
                return (tope == tamanioMaximo-1);
        }

        void agregar (T nuevoElemento) {
                if (completa( ))
                        throw new PilaLlenaException( );
                tope++;
                elementos[tope] = nuevoElemento;
        }

        T extraer ( ) {
                if (vacia( ))
                        throw new PilaVaciaException( );
                T resultado = elementos[tope];
                tope--;
                return resultado;
        }
};
```

Luego, para declarar pilas concretas se escribirá:

```
Pila<int> pilaEnteros;                    T es int
Pila<string> pilaStrings;                 T es string
```

En este caso, el compilador utiliza el tipo que pasamos como argumento para reemplazar a *T*. En el primer caso será *int* y en el segundo *string*.

Hay compiladores que exigen que el código genérico esté en el mismo archivo fuente que el código que lo utiliza. Desde ya, esto limita mucho la reutilización. Por suerte, hay implementaciones en la que esta exigencia no es tal.

La implementación de la solución C++

La terminología de C++ pone el acento en el carácter de *plantilla* de las funciones y clases genéricas. Y esto no es casual.

El funcionamiento de la genericidad en C++ descansa en el reemplazo, por parte del compilador – por lo tanto, en tiempo de compilación – del parámetro *T* de la clase o función plantilla por el tipo que corresponda. Ergo, se generan tantas instancias compiladas de clases y funciones como tipos con los que se las haya utilizado. Por ejemplo, cuando escribimos:

```
Pila<int> pilaEnteros;
Pila<string> pilaStrings;
```

Lo que logramos es que el compilador genere dos clases diferentes, reemplazando todas las apariciones de *<T>*, la primera vez por *int* y la segunda por *string*. De hecho, se produce una copia del código de la clase para cada instanciación del tipo genérico *T*. Y en tiempo de ejecución ya tenemos todo lo que necesitamos. Como es habitual en C++, no se hace ningún chequeo de tipos después de la compilación.

C++ permite que un código genérico tenga más de un tipo parámetro, lo cual se logra como en el código que sigue:

```
template <class T1, class T2> ...
```

En realidad, las plantillas de C++ sirven para ahorrar trabajo y posibles errores al programador. Éste, en vez de escribir código similar varias veces, delega esa tarea en el compilador.

Notemos en los casos anteriores que *T* es un tipo parámetro, habitualmente llamado **parámetro genérico**. Por ello, la clase genérica no es un tipo sino una plantilla de tipo. Al crear una instancia genérica se obtiene un tipo concreto, aunque también puede obtenerse otro tipo genérico (por ejemplo, si se declara como argumento genérico a un vector parametrizado).

¿Funciona siempre bien este enfoque? Casi...

Veamos la siguiente función de ordenamiento genérica (*vector* es una clase parametrizada definida en la biblioteca estándar):

```
template<class T>
void ordenar (vector<T>& v, int n)
{  for (int i = 0; i < n-1; i++)
        for (int j = i+1; j < n; j++)
              if (v[i] < v[j])
                    std :: swap (v[i], v[j]);
```

```
        // swap es una función genérica de la biblioteca estándar
}
```

La invocación se hará como en los ejemplos que siguen:

```
vector<int> vi;
vector<Fraccion> vr;
// ...
ordena (vi, 100);          // ordena un vector de 100 enteros
ordena (vr, 200);          // ordena un vector de 200 fracciones
```

Nótese que, para que la función genérica funcione correctamente deberá estar definido el operador < para el tipo argumento que se pase al código parametrizado. Por eso, un tipo usado como argumento de una plantilla debe tener por lo menos la interfaz que necesita la misma. De hecho, hay muy pocos operadores que C++ admita para cualquier tipo.

Por ejemplo, si hacemos:

```
vector<CuentaBancaria> vcb;
// ...
ordena (vcb, 30);
```

Vamos a obtener un error de compilación, pues el operador < no está sobrecargado para el tipo *CuentaBancaria*. De allí que – al intentar el compilador instanciar *T* con *CuentaBancaria* – obtengamos el error en forma estática.

Por ello, es una suerte que el compilador C++ no compile plantillas aisladas, sino que compila como código diferente cada instanciación de plantilla con el tipo concreto. De esa manera, puede verificar que esa plantilla sea compatible con ese tipo en tiempo de compilación.

Pero hay otro problema más. Dado que es el compilador quien tiene que generar cada clase concreta a partir de la plantilla, el código genérico debe distribuirse en su versión fuente y ser incluido en cada proyecto que lo necesite. Esto impide la reutilización de código genérico compilado.

La solución a este problema se planteó en el lenguaje Eiffel con la llamada genericidad restringida, luego implementada en Java y C#, por lo que la explicaré un poco más adelante.

Biblioteca estándar y colecciones

C++ define una biblioteca estándar de clases y funciones parametrizadas denominada STL (de la sigla en inglés, "Standard Template Library"). Esta biblioteca incluye una serie de colecciones parametrizadas, y funciona tanto con elementos de tipos de datos predefinidos como con las clases que desarrolla el programador.

Hay varios tipos de colecciones en la STL:

Colección	Significado
set	Conjunto, sin elementos repetidos
vector	Arreglo dinámico, pero en el cual es costoso adicionar elementos (además, sólo permite agregar elementos en un extremo, por lo que en realidad se parece a una pila, salvo que puede recorrerse y obtener cualquier elemento)
deque	vector al que se le pueden agregar elementos por ambos extremos
list	Lista doblemente encadenada
stack	Pila
queue	Cola
bitset	set de bits
map	Arreglo asociativo
multiset	set que admite elementos repetidos
multimap	map que admite claves repetidas

Algunas de estas colecciones permiten que se use el operador *[ ]*, habitual con arreglos, aunque el uso de iteradores es más recomendable para permitir intercambios de implementación.

A continuación se muestra un pequeño trozo de código que utiliza colecciones de la STL:

```
using namespace std;

// VectorFiguras es un tipo concreto de vector de figuras:
typedef std::vector<Figura*> VectorFiguras;

int main( ) {
   VectorFiguras figuras;    // figuras es la colección de figuras
   //     ...
   for (int i = 0; i < figuras.size( ); i++)
         v[i]->dibujar( );
   //     ...
}
```

A partir de las colecciones de la STL se pueden crear otras estructuras de datos.

Iteradores

En C++ hay distintos tipos de iteradores predefinidos, que permiten distintos tipos de recorridos, aplicables a determinados tipos de colecciones:

Tipo de iterador	Recorridos permitidos
input	Sólo para consulta, un solo recorrido, hacia delante
output	Sólo para modificación, un solo recorrido, hacia delante, no hay un marcador de fin
forward	Sólo hacia delante, se puede recorrer todas las veces que se quiera, consultar y modificar
bidirectional	Igual al anterior, pero permite recorridos en los dos sentidos
random-access	Igual al anterior, pero permite acceder a cualquier elemento en cualquier momento con el operador [ ]

A continuación se muestra el uso de iteradores:

```
using namespace std;

// VectorFiguras es un tipo concreto de vector de figuras:
typedef std::vector<Figura*> VectorFiguras;

// IteradorFiguras es un tipo concreto de iterador
typedef VectorFiguras::iterator IteradorFiguras;

int main( ) {
    VectorFiguras figuras;   // figuras es la colección de figuras
    //      ...
    for (IteradorFiguras i = figuras.begin( ); i != figuras.end( ); i++)
        *i->Dibujar( );

    //      ...
}
```

COLECCIONES GENÉRICAS Y GENERICIDAD EN JAVA

Genericidad restringida

La solución de Java es una variación de la que Meyer implementó en el lenguaje Eiffel, y que él denominó **genericidad restringida** [Meyer]. Pretende solucionar los inconvenientes de las plantillas de C++, lo que logra con bastante éxito.

Recordemos los problemas de las plantillas de C++, y veamos cómo encararon los diseñadores de Java su propuesta:

- En C++ no se puede utilizar código genérico compilado. La solución de Java es que cada clase genérica se compila por separado a bytecode, por lo que esa limitación no existe.
- El código genérico de C++ no funciona siempre, y causa sorpresas si utiliza funciones u operadores que no estén definidos para todos los tipos, como nos ocurría más arriba con el operador <. Java solucionó esta dificultad permitiendo que se desarrolle código totalmente genérico, a la manera de C++, que admite cualquier tipo como parámetro, pero también admite la existencia de código cuya genericidad está *restringida*, esto es, que admite como parámetros solamente tipos que implementen determinada interfaz.

La solución de Java está apoyada en la jerarquía de raíz única y la facilidad de trabajo con información de tipos en tiempo de ejecución, una no implementada en C++ y la otra menos sólida que en Java.

Por el resto, la sintaxis es similar a la de C++, con algo más de complejidad.

Uso de genericidad predefinida en Java

Más arriba mostramos el siguiente código, sin uso de genericidad:

```
List v = new ArrayList( );
String s1 = "Una cadena";
v.add(s1);                      // asigna un String a un Object
String s2 = (String)v.get(0);   // transformación explícita obligatoria
```

Ese mismo fragmento se podría escribir, con genericidad, así:

```
List<String> v = new ArrayList<String>( );
String s1 = "Una cadena";
v.add(s1);                  // el compilador verifica que s1 sea un String
String s2 = v.get(0);       // no necesito la transformación de tipos
```

Esta nueva versión es más robusta y más legible que la anterior, porque:

- No podemos agregar a *v* nada que no sea un *String*, ya que el compilador nos lo impediría.
- La transformación explícita de tipos no es necesaria, pues el compilador puede asegurar que lo que se obtiene de *v* es un *String*.

Java admite la genericidad con más de un tipo parámetro, como ocurre con la interfaz *Map* de Java 5, que tiene dos parámetros *<K,V>*, donde *K* es el tipo que se usa para la clave y *V* el tipo del valor asociado.

Construcción de métodos y clases genéricas

Por supuesto, podemos declarar nuestros tipos y métodos genéricos. Por ejemplo, se podría implementar una pila genérica similar a la que hicimos en C++, con la siguiente estructura:

```
public class <E> Pila { ... }
```

La sintaxis – en este caso – es la misma de C++. Para usar esta clase genérica como una pila de fechas, deberíamos escribir, como es esperable:

```
Pila<Date> pilaFechas = new Pila<Date>( );
```

Un método genérico también puede implementarse de manera sintácticamente equivalente a C++:

```
public static <T> void eliminarElemento (List<T> lista, int i) { ... }
```

Para usar el método anterior, escribiríamos, por ejemplo:

```
eliminarElemento (listaConcreta, 6);
```

Y el compilador inferiría el tipo del parámetro *T* en base al tipo de los elementos de *listaConcreta*.

Hasta aquí, no se ve ninguna diferencia, al menos desde la sintaxis, respecto de la solución de C++.

Aspectos avanzados

Pero, como dije más arriba, podemos limitar los tipos admisibles como parámetro genérico. Por ejemplo, si escribimos:

```
public static <T extends Comparable > void ordenar (T[ ] v) { ... }
```

Cuando pretendamos usar este método, debemos utilizar un tipo argumento que implemente la interfaz *Comparable*. De no ser así, nuestro programa no compilará.

Sin embargo, las cosas se complican al ir avanzando. ¿Recuerda el lector la colección de instancias de *Figura*, que tenía un método *dibujarTodas* y que usamos como ejemplo en el capítulo de polimorfismo? Bien, si queremos escribir un método que tome como parámetro un *List* de *Figura*. La que sigue, ¿puede ser la solución?

```
public static void dibujarTodas (List<Figura> figuras) {
	for (Figura f : figuras)
		f.dibujar( );
}
```

En principio pareciera que sí, y funciona si utilizamos una lista de instancias de *Figura* o sus descendientes sin problema. Pero nos llevaríamos una sorpresa al querer utilizarla pasándole una *List<Triangulo>*, aun cuando la clase *Triangulo* fuese descendiente de *Figura*.

Para entender por qué ocurre esto, veamos el siguiente par de líneas:

```
List<Triangulo> triangulos = new ArrayList<Triangulo>( );
List<Figura> figuras = triangulos;         // ¡error de compilación!
```

En realidad, lo que ocurre es que *List<Triangulo>* no es un caso particular de *List<Figura>* en el sentido del principio de sustitución. Un caso más claro de esto mismo se puede ver en el siguiente par de líneas:

```
figuras.add (new Figura( ));            // hasta acá no hay problemas
Triangulo t = triangulos.get(0);        // ¡no hay una instancia de Triangulo!
```

En realidad, nunca es cierto que los tipos *Clase<Derivada>* se puedan usar en vez de un tipo *Clase<Base>*, aun cuando *Derivada* sea descendiente de *Base*. Lo que se debe hacer en estos casos es utilizar un comodín, como en la siguiente versión de *dibujarTodas*, que ahora sí funciona según lo que se espera:

```
public static void dibujarTodas (List<? extends Figura> figuras) {
	for (Figura f : figuras)
		f.dibujar( );
}
```

En este caso, la leyenda "*? extends Figura*" significa que se admite un argumento *List* cuyo tipo parámetro sea *Figura* o cualquier descendiente. Notemos que la palabra "*extends*" se puede referir a clases o interfaces; como en el caso de *Comparable* de antes.

El comodín se puede utilizar solo, y en ese caso, colocar "?" tiene el mismo significado que "*? extends Object*".

De todas maneras, el uso del comodín tiene sus limitaciones. Observemos el siguiente trozo de código, y analicemos por qué el compilador nos denuncia un error:

```
List<?> figuras = new ArrayList<Figura>( );
figuras.add(new Figura( ));                // ¡error de compilación!
```

Lo que ocurre es que el comodín implica cualquier tipo de dato, y el compilador no puede asumir nada del mismo, salvo que se le puede asignar el valor *null*. Por lo mismo, lo que sigue también es ilegal:

```
public void agregarTriangulo (List<? extends Figura> figuras) {
        figuras.add (new Triangulo( ));        // ¡error de compilación!
}
```

El tema del uso de comodines y genericidad se puede complicar bastante. Por ejemplo, en la clase *java.util.Collections* está definido un método *copy* para copiar el contenido de una lista en otra. Ese método tiene el encabezado que sigue:

```
public static <T > copy (List<T> destino, List<? extends T> origen) { ... }
```

Sin embargo, a mí me resulta más claro este encabezado equivalente:

```
public static <T, S extends T> copy (List<T> destino, List<S> origen) { ... }
```

Analicémoslo. Notemos que *S* no se usa en ningún lado, salvo para indicar que el segundo parámetro puede ser una *List* que contenga un tipo descendiente de *T*, o *T* mismo. Por eso es que la gente que implementó el método en la clase *Collections* prefirió usar comodines, como en la primera versión.

Funcionamiento de la genericidad en Java

En Java, la genericidad está implementada de una manera bastante diferente a la de C++. En este caso, la JVM compila la clase genérica, generando una sola copia del código genérico en el archivo en bytecode.

De todas maneras, la información de genericidad se usa solamente en tiempo de compilación. Por ejemplo, en el caso que ya vimos:

```
List<String> listaStrings = new ArrayList<String>( );
String s1 = "Una cadena";
listaStrings.add(s1);                    // el compilador verifica que s1 sea un String
String s2 = listaStrings.get(0);         // no necesito la transformación de tipos
```

En la primera línea, el compilador detecta que la variable *listaStrings* es un *ArrayList*, cuyos elementos deben ser de tipo *String*. Por lo tanto, se asegura de que la llamada al método *add* se haga con una instancia de *String* o alguna clase descendiente. A su vez, cuando se llama al método *get*, también tiene información de que – dado que sólo se le pudieron agregar instancias de *String* – lo que vamos a obtener va a ser un *String*, y no necesita transformación de tipos explícita.

Sin embargo, una vez que termina la compilación de la aplicación, el compilador elimina toda información de genericidad, convirtiendo nuestro *ArrayList<String>* en un simple *ArrayList*, como los del capítulo anterior. En el momento de llamar a *get*, incluye una transformación de tipos de *Object* a *String*. En definitiva, la genericidad existe sólo hasta la compilación, y no llega al programa ejecutable.

Todo esto garantiza la ausencia de problemas en tiempo de ejecución, pues fue en tiempo de compilación que se aseguró que no se incluyeran otra cosa que instancias de *String* en el *ArrayList*.

Esto se hizo así para garantizar la compatibilidad con versiones anteriores de Java, que no manejaban genericidad.

La contra de esta implementación es que en tiempo de ejecución no hay manera de conocer nada de los tipos genéricos. Por lo tanto, si se le pregunta a la JVM la clase de una instancia de *ArrayList<String>*, de un *ArrayList* o de un *ArrayList<Date>*, en todos los casos el método *getClass*[74] devuelve una referencia a la clase *ArrayList* a secas.

Tampoco se puede usar el operador *instanceof*:

```
if (listaStrings instanceof ArrayList<String>) { ... }   // ¡error de compilación!
```

Ni tiene sentido escribir:

```
listaStrings = (List<String>) w;     // obtenemos una advertencia del compilador
```

Lo mismo ocurriría si en un método tenemos un parámetro genérico *T* e intentamos hacer:

```
T x = (T)objeto;
```

Incluso los usos del tipo genérico *T* en código genérico se cambian por un tipo alto en la jerarquía, típicamente *Object*.

Además, como es lógico, los atributos y métodos de clase – si los hubiera – se comparten para todo el tipo genérico.

Por eso es común decir que – más que declarar una variable como de un tipo restringido – el programador expresa su "intención" de restringir el uso de esa variable, y el compilador responde asegurándole que puede hacerlo sin riesgos.

Como en Java existe mucho código escrito con versiones anteriores del lenguaje, sin genericidad, hay que prestar especial atención a las advertencias del compilador, de modo de asegurarnos de no producir errores en tiempo de ejecución.

Genericidad en la biblioteca estándar de Java

Todas las colecciones de *java.util* que vimos en el capítulo anterior, se han convertido en tipos genéricos en la versión 5. También se han agregado nuevas, incluyendo las clases *Queue* y varias descendientes y las muy eficientes *EnumSet* y *EnumMap*.

No obstante, todo el código sin genericidad sigue funcionando de acuerdo a lo esperable.

Pero hay muchas otras clases e interfaces, además de las colecciones, que se han generalizado.

Sin ir nmás lejos, las interfaces *Comparable* y *Comparator* se generalizaron en Java 5:

```
public interface Comparable<T> {
   int compareTo (T o)
```

[74] Ya explicaré cómo trabajar con información de tipos en tiempo de ejecución, con el método getClass y el operador instanceof, en la cuarta parte del libro.

```
}
```

```
public interface Comparator<T> {
  int compare (T o1, T o2);
  boolean equals(Object obj)
}
```

Genericidad e iteradores

Un aspecto digno de estudio es el uso de genericidad junto con iteradores, lo que además permite utilizar una interesante construcción del lenguaje: el ciclo *for* mejorado.

Cuando se incluyó genericidad en Java, en la versión 5 del lenguaje, se dispuso de una nueva interfaz *Iterable*, que se implementó en la interfaz *Collection*, y por lo tanto en todas las colecciones.

La interfaz está declarada así:

```
public interface Iterable <T> {
  Iterator<T> iterator( );
}
```

Es decir, que toda clase que implemente *java.util.Iterable* puede devolver un iterador para recorrerla, genérico. Los iteradores genéricos se usan como es esperable:

```
List<String> listaStrings = new ArrayList<String>;
...
Iterator<String> i = listaStrings.iterator( );
while (i.hasNext( ))
  System.out.println(i.next( ));
```

También se ha definido que toda clase que implemente la interfaz *Iterable* puede utilizar el ciclo *for* mejorado de Java, que básicamente es similar al *foreach* de C#, como muestra el ejemplo que sigue:

```
List<String> listaStrings = new ArrayList<String>;
...
for (String s : listaStrings)
  System.out.println(s);
```

El ciclo *for* mejorado de Java está muy asociado a la genericidad. En efecto, sin genericidad, un *ArrayList* sin tipo es lo mismo que un *ArrayList* de *Object*, por lo cual sólo podemos usarlo con un *for* mejorado que trabaje con *Object*. Así tuve que hacer en el ejercicio del capítulo de colecciones, cuando escribí:

```
for (Object x : inmuebles)          // inmuebles es un ArrayList simple
        ((Inmueble)p).imprimirDatos( );
```

Notemos que en C# el ciclo *foreach* es más razonable, ya que no exige el uso de genericidad para poder utilizar información del tipo de los objetos. El mismo ejemplo en C# lo escribí así:

```
foreach (Inmueble x in inmuebles)       // inmuebles es un ArrayList simple
```

```
p.ImprimirDatos( );
```

Esto ocurre porque en Java – de nuevo por razones de compatibilidad con versiones antiguas – el *for* mejorado es convertido por el compilador en un recorrido con iterador, y no llega al nivel del bytecode: por lo tanto, no existe en tiempo de ejecución.

El ciclo *for* mejorado se puede usar también con arreglos primitivos, como en el ejemplo:

```
String[ ] vectorStrings = new String[100];
...
for (String s : vectorStrings)
   System.out.println(s);
```

COLECCIONES GENÉRICAS Y GENERICIDAD EN C#

Uso de genericidad predefinida en C#

C# – al igual que Java – nació sin genericidad. Recién en la versión 2 se incorporó esta facilidad. A partir de allí, gran parte de las colecciones de .NET 1.1, sin genericidad, se generalizaron. Sin embargo, no se las hizo compatibles con las versiones anteriores, como en Java, sino que se las mantuvo como dos bibliotecas separadas: una biblioteca sin genericidad en *System.Collections* y otra con genericidad en *System.Collections.Generics*.

La introducción de genericidad en C# se hizo con la mejora de desempeño en mente. Por eso –además del menor costo de tiempo de cómputo por la ausencia de transformaciones de tipos, que ya vimos en Java – en C# se previó la utilización de parámetros genéricos por valor y primitivos sin necesidad de encajonamiento. Esto se logró definiendo cada tipo por separado para el tipo primitivo correspondiente.

El uso habitual es muy similar al de Java. El pedazo de código que sigue es equivalente a un ejemplo en Java anterior:

```
IList<string> v1 = new List<string>( );
string s1 = "Una cadena";
v1.Add(s1);                    // el compilador verifica que s1 sea un string
string s2 = v[0];              // no necesito la transformación de tipos
// incluso se pueden usar tipos parámetro primitivos:
IList<int> v2 = new List<int>( );
v2.Add(4);                     // el compilador verifica que se reciba un int
```

Generando métodos y clases genéricas

La implementación de tipos y métodos genéricos es similar a la de Java. Una pila genérica comenzaría con la declaración:

```
public class Pila <E> { ... }
```

La sintaxis – en este caso – es la misma de Java. Para usar esta clase genérica como una pila de enteros, deberíamos escribir, como es esperable:

```
Pila<int> pilaEnteros = new Pila<int>( );
```

Un método genérico también puede implementarse de manera sintácticamente equivalente a Java:

```
public static <T> void eliminarElemento (List<T> lista, int i) { ... }
```

Para usar el método anterior, escribiríamos, por ejemplo:

```
eliminarElemento (listaConcreta, 6);
```

Y el compilador inferirá el tipo del parámetro *T* en base al tipo de los elementos de *listaConcreta*.

Lo que sí ocurre, debido a que en C# se admiten a los tipos por valor como parámetros, es que no se puede asignar *null* a una variable cuyo tipo es genérico, como en:

```
T miVariableGenerica = null;      // error de compilación: T puede ser un tipo por valor
```

Para evitar problemas, C# incluyó el valor *default*, como se ve a continuación:

```
T miVariableGenerica = default(T);      // especie de null genérico
```

Hasta aquí, no se ve ninguna diferencia substancial respecto de la solución de Java. Y, de hecho, no es que haya demasiadas, pero algunas existen.

Aspectos avanzados

El uso de genericidad restringida es considerablemente más sencillo en C# que en Java. Si queremos restringir a un tipo parámetro, debemos utilizar la cláusula *where*, como en el ejemplo:

```
public static void dibujarTodas (List<T> figuras)
            where T : Figura {
  for (Figura f : figuras)
            f.dibujar( );
}
```

Aquí estamos diciendo que el tipo *T* debe ser *Figura* o un descendiente de *Figura*. En una cláusula *where* se pueden colocar clases e interfaces, separándolas por comas.

Otra cosa que se puede hacer es definir que el tipo *T* sea un tipo por valor o uno por referencia.

También se puede indicar que el tipo *T* tiene que tener un constructor sin parámetros, colocando *new()* en la lista de la cláusula *where*, como en:

```
public static void dibujarTodas (List<T> figuras)
            where T : Figura, IComparable, new( ) {
  for (Figura f : figuras)
            f.dibujar( );
```

```
}
```

Ahora estamos exigiendo al tipo *T* que herede de *Figura*, que implemente *IComparable* y que tenga un constructor sin parámetros.

No es mucho más lo que puede hacerse con la cláusula *where*, sin embargo. De hecho, no se le puede exigir otro constructor que no sea sin parámetros.

C# no tiene comodines como Java, y de este modo gana en claridad, a costa de las complicaciones para hacer cosas más complejas que la media. A veces la solución está en usar algún circunloquio. Por ejemplo, el *copy* de *java.util.Collections* debería implementarse en C# como nuestra primera versión:

```
public static <T, S > Copy (IList<T> destino, IList<S> origen)
                                        where S : T { ... }
```

Pero hay una cosa más que incluye la genericidad de C#. Como ya sabemos, el sistema de tipos de C# es muy rico, e incluye los delegados[75]. Pues bien, lo que esperábamos es cierto: se puede trabajar con delegados genéricos, esto es, delegados que admitan tipos como parámetros.

Implementación de la genericidad en .NET

La implementación de genericidad en .NET es similar a la de Java, aunque más potente.

Como Java, C# permite restringir la genericidad, y mantiene un único código genérico en el CLR, en vez de generar múltiples copias, como hace C++.

Sin embargo, la información de genericidad en C# no se elimina luego de la compilación, y llega hasta el tiempo de ejecución. De esta manera, se puede averiguar el tipo particular de cada objeto en tiempo de ejecución, al costo de no haber mantenido compatibilidad con las primeras versiones de framework y de la dificultad de convertir código antiguo en genérico.

Una ventaja – tal vez un poco bizarra - de mantener los tipos argumentos en tiempo de ejecución, es poder implementar una misma interfaz varias veces con distintos tipos argumentos, como en:

```
public class Interesante : IComparable<int>, IComparable<DateTime> { ... }
```

[75] Veremos delegados en un próximo capítulo.

También permite conversiones de tipos como la que sigue:

```
List<string> w = (List<string>)v;
T x = (T)objeto;
```

Asimismo, podemos crear un nuevo objeto del tipo *T* genérico y arreglos de tipo base *T*, dentro de una clase o método en que *T* es un tipo parámetro, cosas ambas que Java no permite.

Como si todo esto fuera poco, también podemos tener atributos y métodos de clase en clases genéricas, y serían distintas para cada tipo parámetro.

Genericidad en la biblioteca estándar de C#

Como ya dije, hay muchas de las colecciones que estudiamos en el capítulo respectivo que tienen su versión generalizada. Y se han agregado colecciones nuevas. El interesado puede recurrir a la referencia en línea de .NET para verlas.

Asimismo, se han incluido muchas otras clases y colecciones parametrizadas, entre ellas iteradores, las interfaces *IComparable* e *IComparer*, la clase *Nullable*, el delegado *EventHandler*, y muchas más.

CUESTIONES METODOLÓGICAS

Cómo generalizar

Debe estar claro a esta altura que es mucho más sencillo escribir código que use tipos o métodos genéricos, que generar nuestro propio código genérico.

Por eso, no hay que estar continuamente intentando escribir código genérico cuando hay soluciones mejores. Este error lo cometí yo – un poco a propósito y un poco por querer generalizar antes que nada – en el ejercicio de conjuntos de poco más adelante.

Ergo, aun cuando estemos seguros de que tenemos que desarrollar una clase o método genérico, lo mejor es empezar a trabajar sin genericidad, con un tipo concreto, y asegurarnos que funcione así. Recién después vamos a generalizarlo, cambiando el tipo en cuestión por un genérico *T*, y probaremos nuevamente la solución.

A ver, ¿no estará el lector pensando que estoy exagerando? Tal vez crea que en realidad no es difícil escribir código genérico.

Vamos a tratar de mostrar la dificultad con un ejemplo aparentemente muy sencillo. En Java existe una interfaz *java.util.Collection*, no genérica, heredada de versiones anteriores. A continuación, dos métodos de la misma:

```
interface Collection {
        boolean containsAll (Collection c);
        boolean addAll (Collection c);
}
```

¿Cómo hacemos para generalizarla? Un planteo ingenuo podría decir que esto se soluciona muy fácil, así:

```
interface Collection<E> {
        boolean containsAll (Collection<E> c);
        boolean addAll (Collection<E> c);
}
```

Pero con esta nueva versión no estaríamos respetando el contrato de la versión anterior, de modo tal que el código viejo dejaría de funcionar. ¿Por qué? Deténgase el lector un minuto.

Lo que ocurre es que el método *containsAll* debería admitir colecciones cuyos elementos sean de un tipo *D* descendiente de *E*. E incluso debería admitir cualquier tipo de elemento, y devolver falso en el caso en que los tipos no coincidan. Con el método *addAll*, al menos debemos permitir un tipo *D* descendiente de *E*.

Por eso, la solución de la biblioteca estándar fue un poco más compleja:

```
interface Collection<E> {
        boolean containsAll (Collection<?> c);
        boolean addAll (Collection<? extends E> c);
}
```

Como vemos, puede que no sea algo para necesitar un doctorado en informática, pero es claramente más complejo de lo que preveíamos en una primera instancia.

Genericidad restringida y plantillas de tipos: comparación

A continuación se muestra un cuadro comparativo entre la parametrización con plantillas de tipos sin restricciones, como está definida en C++, y la genericidad restringida en Java y C#.

Plantillas en C++	Genericidad en Java y C#
La clase debe ser distribuida como código fuente porque debe compilarse en cada caso con el tipo que la vaya a usar	La clase puede ser distribuida en código intermedio porque no necesita llevar información de cómo (con qué tipos) va a ser utilizada
Código ejecutable mayor porque el código genérico aparece varias veces	Código ejecutable menor porque el código genérico aparece una sola vez
El método o clase debe estar vinculado con un tipo parámetro	No necesita instanciarse durante la compilación
Más complejo su uso	Más simple de usar
No permite introducir restricciones sobre los tipos parámetro	Permite introducir restricciones sobre los tipos parámetro
La vinculación con el tipo parámetro en tiempo de compilación permite optimizaciones para ese tipo por el compilador	El mantenimiento de código genérico no permite optimizaciones por el compilador
Los parámetros son más generales que sólo tipos	Sólo se admiten tipos como parámetros

A primera vista, las mayores ventajas parecen estar del lado de Java y C#. Sin embargo, no todos opinan igual.

En realidad, C++ permite usar tipos como parámetros sin poner condiciones sobre los mismos, como exigir que implementen cierta interfaz. Este enfoque, propio de varios lenguajes sin tipo, permite mayor reutilización.

Por ejemplo, en Java y C#, si queremos usar un método o propiedad para una instancia de un tipo *T* parámetro, tiene que ser un método de *Object* o bien decir que *T* implementa cierta interfaz que tiene ese método. En C++, y esto lo manifestamos antes como una desventaja, no es necesario. La ventaja es que de esta forma no condicionamos el código, lo hacemos más liviano y con mayor generalidad.

Por supuesto, esto funciona porque en C++ las plantillas se compilan al instanciarse con un tipo, y entonces el compilador, sin perder el chequeo estático que queremos lograr, verifica en ese momento la correctitud.

¿Es la genericidad en error?

A partir de que en Java y C# surgió la genericidad, ha sido atacada desde muchos puntos de vista. En lo que todos ellos coinciden es en que la genericidad, al menos como un agregado a lenguajes que existían sin problemas antes de ella, es un error.

La plataforma en la que las críticas llueven más es Java, tal vez porque los desarrolladores Java son más conservadores, y porque el lenguaje sobrevivió una década sin genericidad. Se debate el abandono de la sencillez siguiendo una moda.

El cuestionamiento principal dice que la genericidad acarrea mayores costos que los beneficios que reporta.

Voy a analizar las desventajas que se señalan, y luego haré una recapitulación.

En primer lugar, si bien es totalmente cierto que la genericidad puede dar una legibilidad razonable a los programas de los que la usan, sobre todo en el caso de las colecciones, no es tan cierto que sea sencillo leer código genérico.

Es decir, una declaración como la que sigue es sencilla y legible:

```
List<String> lista;
```

Pero ciertas definiciones, como la de la clase *Enum*:

```
Enum<T extends Enum<T>>
```

O la del método *binarySearch*:

```
<T> int binarySearch (List <? extends Comparable <? super T>> lista, T clave)
```

No son para nada sencillas. Ni hablar de cuando tenemos que escribir código genérico. A menudo nos encontramos con reglas del tipo: *"hay que hacer esto, pero en el caso X no, salvo que el caso X sea un caso particular del caso Y, pero si ..."*

Por ejemplo, un arreglo de *String* es un caso particular de un arreglo de *Object*:

```
Object[ ] a = new String[10];
```

Pero no pasa lo mismo con la clase genérica *ArrayList*

```
ArrayList<Object> lista = new ArrayList<String>( );          // ¡error de compilación!
```

Muchos de estos problemas ya los sufrieron los programadores C++, al usar una STL sencilla pero toparse con problemas mucho más complejos cuando tenían que usar algunas características más complejas o escribir funciones y clases parametrizadas.

Hay quienes opinan que con genericidad se viola el encapsulamiento, cuando podría resolverse el problema con un enfoque más orientado a objetos con colecciones definidas por el programador, seguras en tipos, como expliqué en el ítem de encapsulamiento de colecciones del capítulo anterior.

Luego están los que opinan que se deberían haber implementado las colecciones genéricas y nada más, e incluso que las anotaciones – que surgieron también en Java 5 – podrían haber sido más elegantes para resolver el problema.

También es cierto que – en Java al menos – no hay forma de garantizar seguridad de tipos en código generado para versiones previas a la 5.

Pero hay muchas ventajas de la genericidad que a menudo se olvidan:

- Permite programas más robustos, con menos errores de transformación de tipos.
- El código es más legible.
- Los programas son fáciles de probar y depurar.
- Los lenguajes Java y C# habían sido totalmente seguros en tipos hasta la aparición de la genericidad, salvo por las colecciones predefinidas. Los errores que antes ocurrían en tiempo de ejecución los hemos llevado a tiempo de compilación.
- Además, los casos más comunes son simples y podemos usar el 90% de las bondades de la genericidad sin conocer las reglas más intrincadas.
- Las principales desventajas apuntadas son propias de la implementación de la genericidad en Java, y derivadas de la premisa de Sun de mantener compatibilidad hacia atrás e implementarla con la eliminación de genericidad después de la compilación.

Vistas las ventajas y las desventajas, hay que decir que lo cierto es que a veces se exagera con el uso de genericidad y se vulnera el encapsulamiento con información de tipos. También es indudable que crear código genérico no es fácil.

También es cierto que a veces se pretende demasiada seguridad estática, y eso sólo se logra con una complejidad excesiva. Habría que analizar cada caso para ver si conviene la seguridad de tipos en tiempo de compilación o una solución más simple.

Genericidad y polimorfismo

La genericidad permite implementar también una forma alternativa de polimorfismo. De hecho, algunos autores la llaman *polimorfismo paramétrico*.

Revisemos nuestras nociones de polimorfismo y genericidad:

- El polimorfismo permite interactuar, usando un mismo mensaje, con instancias de una jerarquía de tipos, sin importar el tipo específico. Los tipos deben estar vinculados por herencia de implementación o de interfaces. La vinculación entre los tipos se define en forma estática, pero la vinculación con los métodos se hace en forma dinámica.
- La genericidad permite interactuar con tipos diversos usando el mismo mensaje, sin importar la jerarquía. La vinculación se hace en forma estática si trabajamos con plantillas al estilo C++, o en tiempo de ejecución si admitimos la genericidad al modo de Java o C#.

Nuestro primer uso de polimorfismo estuvo asociado a la herencia de implementación. Luego vimos que, mediante las interfaces, podíamos implementar polimorfismo sin necesidad de una jerarquía de clases: en definitiva, sólo pedimos que los tipos implementen cierta interfaz. Con genericidad, podemos incluso eliminar esta restricción.

No obstante, como veremos en el ejemplo de conjuntos al final del capítulo, no caigamos en el abuso de genericidad. Muchas veces la solución más simple es la utilización de interfaces.

Los ciclos tipo foreach con genericidad

El uso de los ciclos tipo *foreach* (o el "*for* mejorado" de Java) es muy ventajoso por cuestiones de legibilidad.

No obstante, no cualquier *for* se puede reemplazar por un *foreach*. Los ciclos *foreach* son útiles cuando:

- Sólo se quiere consultar el estado de los elementos, no modificarlos.
- Sólo se va a recorrer de a una colección a la vez.
- Sólo se va a consultar de a un elemento por vez, no para comparar elementos sucesivos en la colección.
- Sólo se van a hacer recorridos hacia adelante.

Además, con los ciclos *foreach* se puede también:

- Hacer recorridos anidados, por ejemplo, sobre colecciones bidimensionales.
- Así como antes podíamos abstraer programando contra *Collection* en Java o *ICollection* en C#, ahora podemos aumentar la abstracción declarando variables y parámetros *Iterable* o *IEnumerable*.

Hay una situación en la que pueden obtenerse resultados imprevistos usando ciclos *foreach*, y es en el caso de las colecciones que están inicializadas en *null*: por eso es importante chequear la colección antes de recorrerla.

EJERCICIOS DE EJEMPLO ADICIONALES

Conjuntos de tipos genéricos (C#)

Voy a desarrollar una clase que maneje conjuntos, como lo hice en Java en el capítulo de interfaces, pero admitiré conjuntos de cualquier tipo cuyos valores puedan convertirse unívocamente en enteros.

El código de prueba que propongo es:

```
using NUnit.Framework;
using CarlosFontela.Algebra;
using System;

namespace CarlosFontela.Pruebas
{
  [TestFixture]
  public class Pruebconjuntos
  {

        private IConjunto<DiaMes> a = new Conjunto<DiaMes>( );
        private IConjunto<DiaMes> b = new Conjunto<DiaMes>( );
        private IConjunto<DiaMes> c = new Conjunto<DiaMes>( );
        private DiaMes primeroEnero = new DiaMes (1, 1);
        private DiaMes veinteJunio = new DiaMes (20, 6);
        private DiaMes america = new DiaMes (12, 10);
        private DiaMes navidad = new DiaMes (25, 12);
        private DiaMes veinticincoMayo = new DiaMes (25, 5);
```

```
private DiaMes nueveJulio = new DiaMes (9, 7);

[TestFixtureSetUp]
public void setUp( ) {
        a.AgregarElemento(primeroEnero);
        a.AgregarElemento(navidad);
        b.AgregarElemento(america);
        b.AgregarElemento(navidad);
}

[Test]
public void testVacio( ) {
        Assert.IsTrue (c.Vacio( ));
        Assert.AreEqual (0, c.Cardinalidad( ));
}

[Test]
public void testAgregarPertenenciaCardinalidad( ) {
        Assert.IsTrue (a.Pertenece(primeroEnero));
        Assert.IsTrue (a.Pertenece(navidad));
        Assert.AreEqual (2, a.Cardinalidad( ));
        Assert.IsTrue (b.Pertenece(america));
        Assert.IsFalse (b.Pertenece(primeroEnero));
        Assert.IsTrue (b.Pertenece(navidad));
        Assert.AreEqual (2, b.Cardinalidad( ));
}

[Test]
public void testUnionPertenencia( ) {
        c = a.Union(b);
        Assert.AreEqual (3, c.Cardinalidad( ));
        Assert.IsTrue (c.Pertenece(america));
        Assert.IsTrue (c.Pertenece(primeroEnero));
        Assert.IsTrue (c.Pertenece(navidad));
        // la unión es conmutativa:
        c = b.Union(a);
        Assert.AreEqual (3, c.Cardinalidad( ));
        Assert.IsTrue (c.Pertenece(america));
        Assert.IsTrue (c.Pertenece(primeroEnero));
        Assert.IsTrue (c.Pertenece(navidad));
}

[Test]
public void testInterseccionPertenencia( ) {
        c = a.Interseccion(b);
        Assert.AreEqual (1, c.Cardinalidad( ));
        Assert.IsFalse (c.Pertenece(america));
        Assert.IsFalse (c.Pertenece(primeroEnero));
        Assert.IsTrue (c.Pertenece(navidad));
        // la intersección es conmutativa:
        c = b.Interseccion(a);
        Assert.AreEqual (1, c.Cardinalidad( ));
        Assert.IsFalse (c.Pertenece(america));
        Assert.IsFalse (c.Pertenece(primeroEnero));
        Assert.IsTrue (c.Pertenece(navidad));
}

[Test]
```

```
        public void testDiferenciaPertenencia( ) {
            c = a.Diferencia(b);
            Assert.AreEqual (1, c.Cardinalidad( ));
            Assert.IsFalse (c.Pertenece(america));
            Assert.IsTrue (c.Pertenece(primeroEnero));
            Assert.IsFalse (c.Pertenece(navidad));
            // la Diferencia no es conmutativa:
            c = b.Diferencia(a);
            Assert.AreEqual (1, c.Cardinalidad( ));
            Assert.IsTrue (c.Pertenece(america));
            Assert.IsFalse (c.Pertenece(primeroEnero));
            Assert.IsFalse (c.Pertenece(navidad));
        }

        [Test]
        public void testInclusion( ) {
            Assert.IsFalse (a.Incluido(b));
            Assert.IsFalse (b.Incluido(a));
            a.AgregarElemento(america);
            Assert.IsFalse (a.Incluido(b));
            Assert.IsTrue (b.Incluido(a));
        }

        [Test]
        public void testVaciar( ) {
            c.AgregarElemento(veinteJunio);
            c.Vaciar( );
            Assert.IsTrue (c.Vacio( ));
        }

        [Test]
        public void testEliminar( ) {
            // sacamos un elemento
            a.SacarElemento(america);
            Assert.AreEqual (2, a.Cardinalidad( ));
            Assert.IsFalse (a.Pertenece(america));
            // sacamos un elemento que no está
            a.SacarElemento(nueveJulio);
            Assert.AreEqual (2, a.Cardinalidad( ));
            Assert.IsFalse (a.Pertenece(veinticincoMayo));
            // sacamos un elemento
            a.SacarElemento(primeroEnero);
            Assert.AreEqual (1, a.Cardinalidad( ));
            Assert.IsFalse (a.Pertenece(primeroEnero));
            // sacamos un elemento que no está pero estaba
            a.SacarElemento(primeroEnero);
            Assert.AreEqual (1, a.Cardinalidad( ));
            Assert.IsFalse (a.Pertenece(primeroEnero));
            // sacamos un elemento
            a.SacarElemento(navidad);
            Assert.AreEqual (0, a.Cardinalidad( ));
            Assert.IsFalse (a.Pertenece(navidad));
            Assert.IsTrue (a.Vacio( ));
        }
    }
}
```

La clase *DiaMes*, que se muestra a continuación, no pretende ser una implementación profesional. Se la escribe de manera simplificada para poder utilizarla en la prueba:

```
using System;
using CarlosFontela.Algebra;

namespace CarlosFontela.Pruebas
{
  public class DiaMes : INumerable
  {
        private int dia;
        private int mes;

        public DiaMes ( ) {
              this.dia = 1;
              this.mes = 1;
        }

        public DiaMes (int dia, int mes) {
              this.dia = dia;
              this.mes = mes;
              if (!this.Valida( ))
                    throw new Exception ("Creación de fecha inválida");
        }

        public bool Valida( ) {
              bool valida = true;
              try {
                    DateTime d = new DateTime (2008, this.mes, this.dia);
              } catch (Exception) {
                    valida = false;
              }
              return valida;
        }

        public int ToInt( ) {
              DateTime d = new DateTime (2008, this.mes, this.dia);
              return d.DayOfYear;
        }

        public void FromInt (int x) {
              DateTime inicio = new DateTime (2008, 1, 1);
              DateTime d = inicio.AddDays(x);
              this.dia = d.Day;
              this.mes = d.Month;
        }
  }
}
```

El diagrama de clases sería:

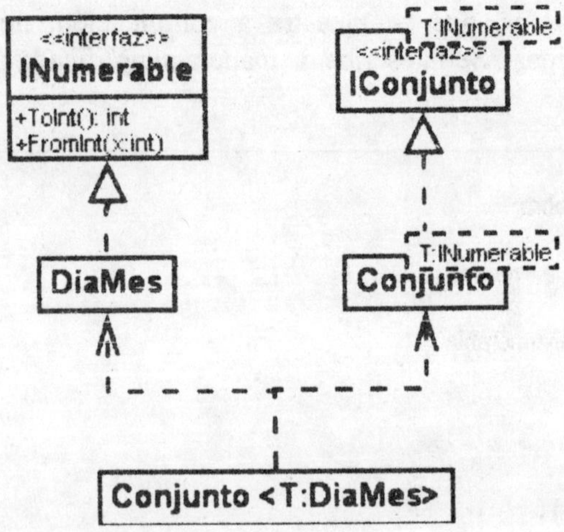

Notemos la forma de indicar un parámetro genérico.

A continuación, la implementación de las clases e interfaces:

```
namespace CarlosFontela.Algebra
{
    public interface IConjunto<T> where T : INumerable
    {
            IConjunto<T> Union (IConjunto<T> b);
            IConjunto<T> Interseccion (IConjunto<T> b);
            IConjunto<T> Diferencia (IConjunto<T> b);
            bool Pertenece (T x);
            bool Incluido (IConjunto<T> b);
            bool Vacio( );
            void Vaciar( );
            void AgregarElemento (T x);
            void SacarElemento (T x);
            int Cardinalidad( );
            bool Igual (IConjunto<T> b);
    }
}
```

```
namespace CarlosFontela.Algebra
{
    public interface INumerable
    {
            // convierte unívocamente a un entero entre 0 y 999:
            int ToInt( );
            // convierte unívocamente desde un entero entre 0 y 999:
            void FromInt (int x);
    }
}
```

```
namespace CarlosFontela.Algebra
{
    public class Conjunto<T> : IConjunto<T>
            where T : INumerable, new( )
    {

            private const int TOPE = 1000;
```

```
private bool[ ] implementacion = new bool [TOPE];

public IConjunto<T> Union (IConjunto<T> b) {
        IConjunto<T> c = new Conjunto<T>( );
        for (int i = 0; i < TOPE; i++) {
                T x = new T( ); x.FromInt(i);
                if (this.Pertenece(x) || b.Pertenece(x))
                        c.AgregarElemento(x);
        }
        return c;
}

public IConjunto<T> Interseccion (IConjunto<T> b) {
        IConjunto<T> c = new Conjunto<T>( );
        for (int i = 0; i < TOPE; i++) {
                T x = new T( ); x.FromInt(i);
                if (this.Pertenece(x) && b.Pertenece(x))
                        c.AgregarElemento(x);
        }
        return c;
}

public IConjunto<T> Diferencia (IConjunto<T> b) {
        IConjunto<T> c = new Conjunto<T>( );
        for (int i = 0; i < TOPE; i++) {
                T x = new T( ); x.FromInt(i);
                if (this.Pertenece(x) && !b.Pertenece(x))
                        c.AgregarElemento(x);
        }
        return c;
}

public bool Pertenece (T x) {
        int b = x.ToInt( );
        if (b >= 0 && b < TOPE)
                return implementacion[b];
        else return false;
}

public bool Incluido (IConjunto<T> b) {
        bool incluido = true;
        for (int i = 0; i < TOPE; i++) {
                T x = new T( ); x.FromInt(i);
                if (this.Pertenece(x) && !b.Pertenece(x))
                        incluido = false;
        }
        return incluido;
}

public bool Vacio( ) {
        bool vacio = true;
        for (int x = 0; x < TOPE; x++)
                if (implementacion[x]) {
                        vacio = false;
                        break;
                }
        return vacio;
}
```

```
        public void Vaciar( ) {
            for (int x = 0; x < TOPE; x++)
                implementacion[x] = false;
        }

        public void AgregarElemento (T x) {
            int b = x.ToInt( );
            if (b >= 0 && b < TOPE)
                implementacion[b] = true;
        }

        public void SacarElemento (T x) {
            int b = x.ToInt( );
            if (b >= 0 && b < TOPE)
                implementacion[b] = false;
        }

        public int Cardinalidad( ) {
            int cantidad = 0;
            for (int i = 0; i < TOPE; i++)
                if (implementacion[i])
                    cantidad++;
            return cantidad;
        }

        public bool Igual (IConjunto<T> b) {
            bool iguales = true;
            for (int i = 0; i < TOPE; i++) {
                T x = new T( ); x.FromInt(i);
                if (this.Pertenece(x) != b.Pertenece(x)) {
                    iguales = false;
                    break;
                }
            }
            return iguales;
        }

    }
}
```

Ahora bien, la solución planteada funciona, pero ¿es la mejor posible? ¿Era necesario usar genericidad?

Notemos que estamos diciendo que el tipo *T* tiene que implementar *INumerable*. ¿Y qué pasa si cambiamos directamente todos los *T* por *INumerable* y eliminamos toda la genericidad?

Ahora el programa de prueba sólo difiere en las líneas que declaran y asignan variables:

```
        private IConjunto a = new Conjunto( );
        private IConjunto b = new Conjunto( );
        private IConjunto c = new Conjunto( );
        private DiaMes primeroEnero = new DiaMes (1, 1);
        private DiaMes veinteJunio = new DiaMes (20, 6);
        private DiaMes america = new DiaMes (12, 10);
```

```
private DiaMes navidad = new DiaMes (25, 12);
private DiaMes veinticincoMayo = new DiaMes (25, 5);
private DiaMes nueveJulio = new DiaMes (9, 7);
```

Como se ve, la legibilidad es algo menor, y también la robustez, ya que ahora las variables de tipo *Conjunto<DiaMes>* no sólo aceptan instancias de *DiaMes* sino de cualquier clase *INumerable*.

La interfaz y la clase quedarían:

```
namespace CarlosFontela.Algebra
{
   public interface IConjunto
   {
        IConjunto Union (IConjunto b);
        IConjunto Interseccion (IConjunto b);
        IConjunto Diferencia (IConjunto b);
        bool Pertenece (INumerable x);
        bool Incluido (IConjunto b);
        bool Vacio( );
        void Vaciar( );
        void AgregarElemento (INumerable x);
        void SacarElemento (INumerable x);
        int Cardinalidad( );
        bool Igual (IConjunto b);
   }
}
```

```
namespace CarlosFontela.Algebra
{
   public class Conjunto : IConjunto
   {
        private const int TOPE = 1000;
        private bool[ ] implementacion = new bool[TOPE];

        public IConjunto Union (IConjunto b) {
              IConjunto c = new Conjunto( );
              for (int i = 0; i < TOPE; i++) {
                    INumerable x = null; x.FromInt(i);
                    if (this.Pertenece(x) || b.Pertenece(x))
                          c.AgregarElemento(x);
              }
              return c;
        }

        public IConjunto Interseccion (IConjunto b) {
              IConjunto c = new Conjunto( );
              for (int i = 0; i < TOPE; i++) {
                    INumerable x = null; x.FromInt(i);
                    if (this.Pertenece(x) && b.Pertenece(x))
                          c.AgregarElemento(x);
              }
              return c;
        }

        public IConjunto Diferencia (IConjunto b) {
```

```
        IConjunto c = new Conjunto( );
        for (int i = 0; i < TOPE; i++) {
            INumerable x = null; x.FromInt(i);
            if (this.Pertenece(x) && !b.Pertenece(x))
                c.AgregarElemento(x);
        }
        return c;
    }

    public bool Pertenece (INumerable x) {
        int b = x.ToInt( );
        if (b >= 0 && b < TOPE)
            return implementacion[b];
        else return false;
    }

    public bool Incluido (IConjunto b) {
        bool incluido = true;
        for (int i = 0; i < TOPE; i++) {
            INumerable x = null; x.FromInt(i);
            if (this.Pertenece(x) && !b.Pertenece(x))
                incluido = false;
        }
        return incluido;
    }

    public bool Vacio( ) {
        bool vacio = true;
        for (int x = 0; x < TOPE; x++)
            if (implementacion[x]) {
                vacio = false;
                break;
            }
        return vacio;
    }

    public void Vaciar( ) {
        for (int x = 0; x < TOPE; x++)
            implementacion[x] = false;
    }

    public void AgregarElemento (INumerable x) {
        int b = x.ToInt( );
        if (b >= 0 && b < TOPE)
            implementacion[b] = true;
    }

    public void SacarElemento (INumerable x) {
        int b = x.ToInt( );
        if (b >= 0 && b < TOPE)
            implementacion[b] = false;
    }

    public int Cardinalidad( ) {
        int cantidad = 0;
        for (int i = 0; i < TOPE; i++)
            if (implementacion[i])
                cantidad++;
```

```
            return cantidad;
      }

      public bool Igual (IConjunto b) {
            bool iguales = true;
            for (int i = 0; i < TOPE; i++) {
                  INumerable x = null; x.FromInt(i);
                  if (this.Pertenece(x) != b.Pertenece(x)) {
                        iguales = false;
                        break;
                  }
            }
            return iguales;
      }

   }
}
```

Este ejemplo nos enseña varias cosas:

- No tenemos que apurarnos a generalizar.
- Otros conceptos que vimos hasta ahora, como herencia de interfaces, nos dan muchas veces las características genéricas que necesitamos.
- La genericidad es una alternativa al polimorfismo tradicional, al punto que hay gente que la llama polimorfismo estático.
- La solución con genericidad es un poco más robusta y un poco más legible.

Pilas con genericidad usando la estigmatizada clase Stack (Java)

Me propongo escribir una clase de pila genérica, que admita elementos de cualquier tipo. Para ello, defino antes una interfaz – no quiero caer en el mismo error de la gente de Sun[76] – y luego me atendré estrictamente a ella.

El código de prueba será:

```
package carlosfontela.pruebas;

import junit.framework.TestCase;
import carlosfontela.colecciones.*;
import java.util.Date;

public class PruebaPilaGenerica extends TestCase {

   private Pila <String> pStrings = new PilaGenerica<String>( );
   private Pila <Date> pDates  = new PilaGenerica<Date>( );
   private String s1 = "Hola";
   private String s2 = "Buen día";
   private Date d1 = new Date( );
   private Date d2 = new Date (93,0,1);

   protected void setUp( ) throws Exception {
   }

   public void testConstructorVacio( ) {
```

[76] Ver la discusión en el capítulo de herencia.

```
        assertEquals (pStrings.vacia( ),true);
        assertEquals (pDates.vacia( ),true);
        assertEquals (pStrings.cardinalidad( ),0);
        assertEquals (pDates.cardinalidad( ),0);
}

public void testExcepcion1( ) {
        try {
                pStrings.eliminar( );
                fail("Debería haber lanzado excepciones: la pila está vacía");
        }
        catch (PilaVaciaException e) {}
}

public void testExcepcion2( ) {
        try {
                String s = pStrings.extraer( );
                fail("Debería haber lanzado excepciones: la pila está vacía");
        }
        catch (PilaVaciaException e) {}
}

public void testExcepcion3( ) {
        try {
                String s = pStrings.tope( );
                fail("Debería haber lanzado excepciones: la pila está vacía");
        }
        catch (PilaVaciaException e) {}
}

public void testExcepcion4( ) {
        try {
                pDates.eliminar( );
                fail("Debería haber lanzado excepciones: la pila está vacía");
        }
        catch (PilaVaciaException e) {}
}

public void testExcepcion5( ) {
        try {
                Date d = pDates.extraer( );
                fail("Debería haber lanzado excepciones: la pila está vacía");
        }
        catch (PilaVaciaException e) {}
}

public void testExcepcion6( ) {
        try {
                Date d = pDates.tope( );
                fail("Debería haber lanzado excepciones: la pila está vacía");
        }
        catch (PilaVaciaException e) {}
}

public void testAgregarTope( ) {
        try {
                pStrings.agregar(s1);
                pStrings.agregar(s2);
```

```
            pDates.agregar(d1);
            pDates.agregar(d2);
            assertEquals(pStrings.cardinalidad( ),2);
            assertEquals(pDates.cardinalidad( ),2);
            assertEquals(pStrings.tope( ),s2);
            assertEquals(pDates.tope( ),d2);
        } catch (PilaVaciaException e) {}
    }

    public void testEliminarExtraer( ) {
        try {
            pStrings.eliminar( );
            String s = pStrings.extraer( );
            pDates.eliminar( );
            Date d = pDates.extraer( );
            assertEquals (s, s1);
            assertEquals (d, d1);
            assertEquals (pStrings.vacia( ),true);
            assertEquals (pDates.vacia( ),true);
            assertEquals (pStrings.cardinalidad( ),0);
            assertEquals (pDates.cardinalidad( ),0);
        } catch (PilaVaciaException e) {}
    }

    public void testVaciar( ) {
        pStrings.agregar(s1);
        pDates.agregar(d1);
        pStrings.vaciar( );
        pDates.vaciar( );
        assertEquals (pStrings.vacia( ),true);
        assertEquals (pDates.vacia( ),true);
        assertEquals (pStrings.cardinalidad( ),0);
        assertEquals (pDates.cardinalidad( ),0);
    }
}
```

Nótese que no quiero usar la clase *Stack* ni su interfaz, así que la solución más lógica es usar delegación, ocultando lo que no necesito.

El diagrama de clases de la solución es:

La interfaz y la clase y la clase excepción correspondientes son:

```
// Pila.java
```

```java
package carlosfontela.colecciones;

public interface Pila <E> {
   void agregar (E x);
   E extraer( ) throws PilaVaciaException;
   E tope( ) throws PilaVaciaException;
   void eliminar( ) throws PilaVaciaException;
   boolean vacia( );
   void vaciar( );
   int cardinalidad( );
}
```

```java
// PilaVaciaException.java

package carlosfontela.colecciones;

public class PilaVaciaException extends Exception { }
```

```java
// PilaGenerica.java

package carlosfontela.colecciones;

import java.util.*;

public class PilaGenerica <E> implements Pila<E> {

   private Stack<E> implementacion;

   public PilaGenerica( ) {
         this.implementacion = new Stack<E>( );
   }

   public void agregar (E x) {
         implementacion.add(x);
   }

   public E extraer( ) throws PilaVaciaException {
         try {
               return implementacion.pop( );
         }
         catch (EmptyStackException e) {
               throw new PilaVaciaException( );
         }
   }

   public E tope( ) throws PilaVaciaException {
         try {
               return implementacion.peek( );
         }
         catch (EmptyStackException e) {
               throw new PilaVaciaException( );
         }
   }

   public void eliminar( ) throws PilaVaciaException {
         try {
               implementacion.pop( );
```

```
        }
        catch (EmptyStackException e) {
            throw new PilaVaciaException( );
        }
    }

    public boolean vacia( ) {
        return (implementacion.size( ) == 0);
    }

    public void vaciar( ) {
        implementacion.clear( );
    }

    public int cardinalidad( ) {
        return implementacion.size( );
    }
}
```

Lo que hice fue implementar una clase prolija, basada en la clase *Stack*, que funciona bien a pesar de su desatinada interfaz.

CONCLUSIONES

Terminado el capítulo, me voy a detener en una comparación entre los dos modelos rivales que existen para soportar colecciones: el **jerárquico**, único que existía en versiones previas de Java y C#, basado en la herencia y sus propiedades para implementarlas, y el de **plantillas de tipos** implementado desde las primeras versiones de C++.

Evidentemente, el modelo jerárquico tiene algunas ventajas:

- Permite definir, sin complejidad adicional, colecciones heterogéneas (es decir, con elementos de tipos distintos).
- Facilita la construcción de jerarquías de iteradores, basadas en las jerarquías de colecciones.
- El hecho de que las colecciones se basen en una clase base, y también sus elementos, facilita la provisión de servicios universales para todas ellas, como persistencia.

Pero igualmente podemos citar beneficios del modelo de clases parametrizadas:

- Las colecciones particulares son simples y eficientes.
- No se requieren demasiadas cosas en común entre las colecciones, lo que permite usar iteradores y clases de envoltura para colecciones desarrolladas independientemente.
- Se pueden definir distintos iteradores para una misma colección.
- Las colecciones son básicamente seguras en cuanto a los tipos de sus elementos.
- Se pueden construir colecciones heterogéneas con punteros a una clase base.
- El hecho de que no se necesite tener una clase ancestro especial para utilizar las colecciones hace que funcionen bien con tipos primitivos y

con estructuras definidas por el programador.

Como vemos, cada una tenía – y tiene – sus fuerzas y debilidades. Sin embargo, hay que hacer notar que el modelo jerárquico no es incompatible con un mecanismo de genericidad. Por eso, no raro que tanto Java como C# hayan implementado un esquema de genericidad restringida, sencillo de implementar por ser lenguajes con jerarquía de raíz única.

El capítulo próximo se centrará en el tema de la persistencia de objetos, necesaria toda vez que nuestros datos no puedan quedar solamente en memoria principal.

12. PERSISTENCIA

Lo que se recibe, se recibe al modo del recipiente.
Tomás de Aquino[77]

Uno de los anhelos básicos de los primeros tiempos del paradigma de objetos fue la independencia de la identidad de un objeto, respecto de su representación y forma de almacenamiento. Esto fue bastante bien logrado en casi todos los campos, y llevó a un nivel de abstracción muy deseable.

Sin embargo, cuando pensamos en objetos persistentes, es decir, aquellos que deben conservar su estado aun cuando la aplicación que los creó haya dejado de funcionar, nos encontramos con regresos a modelos arcaicos de almacenamiento de datos. Incluso la exitosa base de datos relacional no tiene nada de orientada a objetos, desde el momento en que considera que un registro es igual a otro en función de su contenido.

En este capítulo encararé brevemente el tema de la persistencia de objetos, mostraré su inmadurez perseverante y propondré algunas ideas para implementarla con las herramientas actuales. Trataré de dejar en claro que "persistencia" no es sinónimo de "hacer que los objetos funcionen con las bases de datos", sino un concepto más amplio y más centrado en los objetos en sí.

PERSISTENCIA

Persistencia y objetos persistentes

Llamamos **persistencia** a la capacidad de un objeto de trascender el tiempo o el espacio. En la programación tradicional se suplía con la entrada y salida de datos hacia un medio de almacenamiento externo o hacia una red. En POO debemos ser capaces de mover objetos hacia y desde otros medios, incluyendo medios permanentes y redes.

Nos encontramos frente a un concepto importante, que permite que un objeto pueda ser usado en diferentes momentos a lo largo del tiempo, por el mismo programa o por otros, así como en diferentes instalaciones de hardware en el mismo momento. Esto es particularmente importante en nuestros tiempos, en los que se ha vuelto cotidiano el compartir datos entre distintas plataformas, invocar procedimientos remotos o usar objetos distribuidos.

Un **objeto persistente** es aquél que conserva su estado en un medio de almacenamiento permanente, pudiendo ser reconstruido por el mismo proceso que lo generó u otro, de modo tal que al reconstruirlo se encuentre en el mismo estado en que se lo guardó. Al objeto no persistente lo llamamos *efímero* o *transitorio*.

En realidad, todo esto debiera ser transparente, conceptualmente hablando: un objeto existe desde su creación hasta que se lo destruye o se lo deja de usar. Por lo tanto, cuando una aplicación termina, todos los objetos persistentes que no hubieran sido destruidos debieran ser guardados para recuperarlos la próxima vez que se ejecute la aplicación. Algunos enfoques existen en este sentido, algunos más o menos exitosos

[77] De la Suma Teológica.

y otros que han sido rotundos fracasos. Empero, lo más habitual es que los lenguajes orientados a objetos no soporten la auténtica persistencia, sino su variante *ad hoc*, que exige guardar y recuperar objetos en forma activa.

Cuando se trate de guardar el estado completo de una aplicación en un determinado momento, la mejor solución es colocar todo el estado en un solo objeto y luego guardarlo. De este modo, la persistencia sirve también para guardar estados de objetos complejos, como puede ser una aplicación completa.

La persistencia es un aspecto que ha ido evolucionando a través de la historia de la programación, siendo sus dos hitos más importantes el concepto de archivo con su carga de abstracción y el de base de datos, con su concepto de independencia de los programas de aplicación. Pero en ningún caso se trata de conceptos alineados con la orientación a objetos.

Normas de la persistencia

Si presumimos que todo objeto debe poder guardarse en forma permanente, y que esto no se realizará sin la intervención del programador, el ideal en cuanto a persistencia sería que cada clase tenga un método para guardar objetos y otro para recuperarlos (reconstruirlos, materializarlos), consistentes entre sí. Además, los lenguajes orientados a objetos deberían dar soporte directo a la persistencia en forma automática e implícita y debería haber formas de almacenar objetos (código y datos) en bases de datos.

No obstante, hay una contradicción entre el ideal recientemente esbozado y algunos principios de diseño que veremos en un capítulo posterior. Dejémoslo por el momento.

Hay tres principios de la persistencia:

- De la ortogonalidad del tipo de datos: para todo tipo debe haber persistencia.
- De la identificación persistente: el diseño de la persistencia no debe depender de la funcionalidad que implementa el sistema.
- De la persistencia independiente: los programas no deben variar según la longevidad de la información que manipulan.

Problemas con objetos compuestos: clausura de persistencia

Pero más allá de la solución que se busque para almacenar un objeto, el principal problema es el de los objetos compuestos, es decir, aquellos que contienen otros objetos o referencias a otros objetos.

Para estos casos, debemos aplicar los principios de **clausura de persistencia** [Meyer]:

- Siempre que un mecanismo de almacenamiento persista un objeto, debe almacenar junto con él a todos los dependientes de dicho objeto.
- Siempre que un mecanismo de recuperación reconstruya un objeto almacenado con anterioridad, debe también recuperar cualquier dependiente de dicho objeto que aún no haya sido recuperado.

¿Qué implica el principio de clausura de persistencia? Hay distintas situaciones: dependencia por composición, dependencia por asociación o agregación y dependencia por herencia de implementación. Cualquier otra dependencia, como implementación de interfaces o dependencia débil, no tiene impacto en la persistencia del estado de un objeto.

En el caso de que haya composición, el objeto compuesto debe invocar al mecanismo de persistencia del objeto contenido al guardar y al recuperar. Esto no tiene demasiada complicación, y el lector a esta altura ya ha resuelto problemas más complejos.

El caso de herencia importa porque los atributos heredados de una clase ancestro son parte del estado de la clase descendiente. Sin embargo, el problema puede pensarse como una composición: la instancia de la clase descendiente contiene dentro un objeto de la clase ancestro. Por lo tanto, aplica la misma solución.

El problema aparece con los objetos que están referenciados desde otro, pero que pueden potencialmente estar referenciados desde muchos otros objetos. La solución que aplicamos para el caso de composición es ingenua, porque si bien podremos guardar los objetos, luego nos va a ser muy difícil recuperar la estructura tal como estaba construida, obteniendo sólo una instancia de cada objeto referenciado desde muchos otros. Este es el problema de lo que se conoce como **persistencia isomorfa**.

Si además – en virtud del polimorfismo – desconocemos las clases de las cuales los objetos referenciados son instancias, tenemos que poder guardar y recuperar información de tipo de los objetos. Este problema se lo llama de **persistencia polimorfa**.

Lograr persistencia isomorfa o polimorfa puede ser muy costoso a mano. Hay plataformas en las cuales no nos queda más remedio que escribir todo ese código intrincado, como es el caso en gran parte de las implementaciones de C++. Hay otras, en cambio, en las que la propia plataforma nos da facilidades, como ocurre en Java y .NET.

MECANISMOS DE PERSISTENCIA MÁS HABITUALES

Serialización

Como hemos visto, la idea de que la persistencia deba existir en todas las clases a través de un método que deba conocer cómo – e incluso dónde y bajo qué plataforma y formato – se debe guardar un objeto, se contrapone con la correcta modularización del diseño. En efecto, la clase debería conocer bastante del medio de almacenamiento, su plataforma de hardware y software de base, etc. Esto puede ser un problema especialmente en las aplicaciones que usan objetos distribuidos sobre varias plataformas.

Una primera solución a este problema es la **serialización**, que consiste en transformar un objeto en una cadena de bytes y almacenar esta última. La clase sólo tendría el método que serializa el objeto, mientras que el almacenamiento físico quedaría otra clase, con todas sus dependencias de plataformas. Por supuesto, es necesario proveer también la función inversa a la serialización, a menudo denominada *hidratación*. En la medida que esta cadena de bytes sea factible de interpretarse en otros sistemas, se podrá usar a través de distintas plataformas, por lo que habremos independizado el modelo de su forma de almacenarlo.

La serialización puede hacerse en un formato propietario, lo cual, si bien es más eficiente en términos de uso de almacenamiento y tiempo de traducción, hace que sólo sirva para comunicar aplicaciones basadas ambas en la misma plataforma. Pero bastaría con que alguna de las aplicaciones no estuviera escrita en nuestra plataforma para que fuera necesario hacer una descripción bastante compleja de la forma de interpretar los datos serializados[78].

Una solución a este problema podría ser el uso de un lenguaje estándar de intercambio de información, de los cuales el más popular es XML. Dada la estructura de XML, se podrían almacenar objetos compuestos sin mucho esfuerzo, garantizando la posibilidad de ser usados en varios lenguajes. Notemos que una de las grandes ventajas de usar XML es que se trabaja con texto plano, legible en cualquier plataforma.

En este contexto, podríamos tener un método para cada clase que serialice objetos a fragmentos de código XML, y otro que haga lo inverso.

Por ejemplo, supongamos que la información de un empleado se guarda en un objeto cuyos atributos son su número de legajo, apellido, nombre y fecha de nacimiento, siendo ésta última a su vez un objeto formado por día, mes y año. Su representación en XML podría ser:

```
<Empleado legajo="54811" apellido="Fernández" nombre="Juan">
        <fecha_nacimiento dia="22" mes="12" anio="1973" />
</Empleado>
```

Otra posibilidad sería:

```
<Empleado>
<legajo> 54811 </legajo>
<apellido> Fernández </apellido>
<nombre> Juan </nombre>
   <fecha_nacimiento>
        <dia> 22 </dia>
        <mes> 12 </mes>
        <anio> 1973 </anio>
   </fecha_nacimiento>
</Empleado>
```

Se podrían definir asimismo estructuras que contengan empleados y así sucesivamente, ya que XML se adapta bien al concepto de composición.

La contra de utilizar XML es que, al ser un formato de texto, ocupa más espacio, y debido a su estructura no propietaria, precisa hacer transformaciones costosas en términos de tiempo de cómputo.

Tanto Java como .NET proveen alguna forma de serialización: Java en formato propietario y .NET tanto en formato propietario como en XML.

Evolución del modelo de clases

Uno de los principales problemas relacionados con la persistencia tiene que ver con la evolución del diseño del modelo de clases. Es decir, ¿qué pasa si se almacena un objeto y, cuando se lo quiere recuperar en la misma aplicación, la clase ha cambiado de estructura?

El problema es más complejo de lo que parece, y puede ser mucho más difícil de solucionar si el sistema debe correr en forma ininterrumpida. También presenta

[78] Aquí estamos usando el término "plataforma", tanto por su acepción de plataforma de desarrollo y ejecución (Java, .NET), como por el software de base (sistema operativo).

problemas especiales el hecho de que el número de atributos aumente.

La mejor solución, si el sistema no tiene por qué funcionar en forma continua o si los datos no están muy dispersos, es hacer una transformación de todos los datos con el sistema parado y arrancar nuevamente con estructuras persistentes y clases, todo en el esquema nuevo. Esta solución funciona bien con archivos y bases de datos tradicionales.

Cuando la solución anterior no funcione habrá que hacer una conversión de datos sobre la marcha, lo cual probablemente signifique que nunca se podrá afirmar que todos los objetos almacenados lo están con el formato de las clases actuales. En efecto, si transformamos solamente los objetos que vamos leyendo, el hecho de que un objeto en particular no sea leído va a provocar que mantenga su estructura antigua. Esta solución es muy compleja de implementar con bases de datos relacionales o archivos. Hay muchas soluciones alternativas, como se muestra en [Meyer].

Bases de datos: del modelo de objetos al modelo relacional

Antes de abordar este tema, una advertencia: muchos autores consideran que el problema de la persistencia es el de transferir objetos a una base de datos y viceversa. Si bien este puede ser el caso en muchas situaciones, no es el caso general: podemos persistir sobre bases de datos, sobre archivos planos o sobre muchos otros medios lógicos de almacenamiento.

El modelo de las bases de datos relacionales es un sistema de tablas de datos que contienen registros (filas), cada uno de los cuales contiene campos (columnas). Para cada tabla, la cantidad, el tipo y la longitud de los campos son constantes.

Es un paradigma de almacenamiento de datos introducido en los años 1970, con un sólido andamiaje matemático, y el más utilizado en la actualidad.

El problema surge porque el paradigma relacional y el paradigma orientado a objetos no tratan a los datos de la misma manera. Las principales diferencias son:

- El paradigma relacional piensa en los datos como celdas de una tabla, y a lo sumo admite relaciones entre tablas. El paradigma de orientación a objetos presume que cada objeto está vinculado a muchos otros por referencias dinámicas implementadas con direcciones de memoria.
- En el paradigma orientado a objetos, cada objeto tiene una identidad única, administrada por el sistema, independiente de su estado. En el paradigma relacional, no puede haber dos filas de una tabla con los mismos valores: igual estado implicaría igual identidad, al menos entre filas.
- El paradigma relacional ve la realidad centrada en los datos. El paradigma orientado a objetos pone el foco en el comportamiento de los objetos.

Estos inconvenientes han llevado a hablar de la impedancia objeto-relacional, que impide una persistencia sencilla de objetos en bases de datos relacionales.

La situación se agrava debido a que las bases de datos relacionales son dominantes en casi todas las organizaciones actuales y que la POO se está imponiendo en las mismas organizaciones. Por lo tanto, debemos encontrar una solución a la mencionada impedancia para que ambos paradigmas dominantes coexistan.

El problema se ha resuelto habitualmente con técnicas de mapeo. En general, se busca que una clase quede representada en una tabla, un objeto en una fila, y cada atributo simple en una columna.

La implementación del mapeo se suele basar en patrones. Data Gateway [FowlerPatterns] lo resuelve en una clase aparte, mientras que hay soluciones con metadatos por fuera del código.

Para mapear herencia existen tres patrones típicos:

- Definir una tabla por cada clase: es la solución más elemental y sencilla, pero puede derivar en problemas de escalabilidad al enriquecer la jerarquía de clases. Este patrón se denomina *Class Table Inheritance* [FowlerPatterns].
- Definir una tabla por jerarquía de clases, de un modo que garantice lugar para todos los atributos de todas las clases de esa familia: es una solución más sencilla y más mantenible, pero se desperdicia mucho espacio de almacenamiento y tampoco es escalable. Este patrón se denomina *Single Table Inheritance* [FowlerPatterns].
- Definir una tabla por cada clase ancestro superior, e ir definiendo tablas para las clases hijas de modo de agregarles solamente los atributos adicionales: el problema aquí es el procesamiento adicional que se requiere, uniendo tablas, y los problemas que se generan cada vez que se modifican clases base. Este patrón se denomina *Concrete Table Inheritance* [FowlerPatterns].

Para mapear asociaciones entre clases también hay patrones:

- *Foreign Key Mapping* [FowlerPatterns], para atributos que son objetos simples, y para los que son colecciones.
- *Association Table Mapping* [FowlerPatterns], para asociaciones bidireccionales entre clases.

Recomiendo al interesado consultar la bibliografía especializada.

Otro problema es el de almacenar métodos. Curiosamente, éste no es un inconveniente tan serio. Las bases de datos relacionales permiten definir consultas básicas, procedimientos almacenados y disparadores, que soportan bastante bien este requerimiento. Sin embargo, no es el enfoque más habitual.

Bases de datos orientadas a objetos

Si la aplicación que se está creando debe usar datos corporativos generados con el modelo relacional, probablemente ocurra que es más económico el uso de bases de datos relacionales, mapeando los objetos. Lo mismo puede suceder en algunos casos en los cuales se requiera almacenar objetos sencillos y el modelo relacional sea suficiente. Pero si alguna de estas hipótesis no se cumple, usar paradigmas distintos en el modelo de desarrollo y en el modelo de datos persistentes puede ser una fuente de problemas.

De todas maneras, las **bases de datos orientadas a objetos** (BDOO) no surgieron por este único motivo. En realidad se desarrollaron para superar las limitaciones de las bases de datos relacionales y para ofrecer funcionalidades más avanzadas.

Las bases de datos relacionales funcionan bien con grandes volúmenes de información, pero con una estructura regular de datos (registros similares) y con tipos de datos sencillos y predefinidos.

Pero hacer algo genuinamente orientado a objetos es muy difícil en las bases de datos relacionales. El encapsulamiento entendido como métodos almacenados suele traer problemas de portabilidad. La herencia se hace complicada de implementar, y el polimorfismo mucho más.

Por eso, una BDOO suele proveer, como mínimo:

- Consultas basadas en valores de propiedades y no en la ubicación.
- Restricciones semánticas.
- Soporte del encapsulamiento: acceso a las propiedades internas a través de una interfaz definida.
- Definir una identidad (única) de cada objeto que no dependa de su estado.
- Permitir las referencias entre objetos.

Las primeras BDOO aparecieron en 1985, en el marco de proyectos de investigación. Pero a principios de la década de 1990 ya surgían algunas marcas comerciales: Gemstone, Versant, Matisse, Itasca, ObjectStore, Objectivity/DB, Ontos y otras. En general estaban integradas a lenguajes orientados a objetos, muchas veces Smalltalk. Algunas siguen existiendo o han sido absorbidas en otros productos. Con la aparición de Java y C#, y su auge en la década de 2000, surgieron otras hoy más populares, como db4o.

Se ha definido incluso un lenguaje de consulta, OQL, que remeda al SQL de las bases de datos relacionales, pero no está estandarizado.

Las BDOO son una buena alternativa cuando hay necesidad de procesar datos que contienen lógica compleja. También cuando la búsqueda de datos requiere mucha navegación entre tablas. No es tan bueno el desempeño cuando necesitamos realizar consultas generales, porque aquí el álgebra relacional implementada en bases de datos relacionales es muy superior.

De hecho, hay áreas en las que se usan mucho, como telecomunicaciones, aplicaciones científicas y aplicaciones embebidas en dispositivos. Incluso la mayor base de datos del mundo a la hora de escribir este libro era una BDOO, de más de 1000 terabytes, en un centro de aceleradores lineales en los Estados Unidos.

Como modelo alternativo intermedio, existen las llamadas bases de datos relacionales con objetos (BDRO), que facilitan la vinculación entre una base de datos relacional y los objetos.

Postgres fue la más popular de esta familia durante mucho tiempo, y hoy ha evolucionado a una base de datos libre, PostgreSQL. Además de PostgreSQL, destacan todas aquellas que ya han tenido éxito como bases de datos relacionales: DB2, Oracle, Progress, Informix, entre ellas.

Entre sus características, suelen permitir definiciones de métodos y herencia de tablas.

Un ejercicio en C#: persistencia en una clase simple

El problema y las entidades

Voy a modificar la clase *Fraccion*, esta vez para que una fracción pueda almacenarse en forma permanente y luego se la pueda recuperar.

Lo haré con el mecanismo de serialización provisto en C#, que permite guardar un objeto como una simple cadena de bytes, y recuperarlo luego. Para ello, trabajaré con una clase sin estado, externa a la propia clase *Fraccion*, llamada *PersistenciaFracciones*, que tenga dos métodos: *GuardarFraccion* y *RecuperarFraccion*.

Diagrama de clases

El diagrama de clases que propongo como solución es:

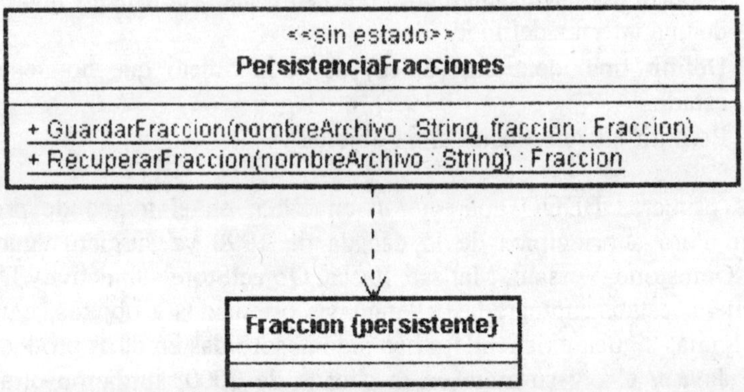

Como vemos en el ejemplo, en UML se puede indicar que las instancias de una clase son persistentes colocándole un valor etiquetado denominado *persistente* a la clase. Personalmente, no lo uso demasiado, salvo cuando quiero comunicar algo novedoso.

Pruebas unitarias

El programa de prueba que propongo simplemente graba una instancia de *Fraccion* y luego la recupera con otro nombre, comparando luego que ambos objetos hayan quedado con el mismo estado:

```
using NUnit.Framework;
using CarlosFontela.Algebra;
using CarlosFontela.Persistencia;

namespace CarlosFontela.Pruebas
{
  [TestFixture]
  public class PruebaPersistenciaFracciones
  {
        private string archivo = "PersistenciaFracciones.dat";
        private Fraccion f = new Fraccion (2,3);

        [Test]
        public void testPersistencia( )
        {
              PersistenciaFracciones.GuardarFraccion (archivo, f);
              Fraccion f1 = PersistenciaFracciones.RecuperarFraccion (archivo);
              Assert.IsTrue (f.CompareTo(f1) == 0);
        }
  }
}
```

Implementación

Lo primero que debemos hacer es anotar la clase *Fraccion* como serializable:

```
namespace CarlosFontela.Algebra {

    [Serializable]
    public struct Fraccion : IComparable {
        // clase Fraccion tal como la definimos en el capítulo de excepciones
    }
}
```

Y luego construimos la clase que se ocupa de la persistencia:

```
using CarlosFontela.Algebra;
using System.IO;
using System.Runtime.Serialization;
using System.Runtime.Serialization.Formatters.Binary;

namespace CarlosFontela.Persistencia
{
    public static class PersistenciaFracciones
    {
        public static void GuardarFraccion (string nombreArchivo, Fraccion fraccion) {
            FileStream salida = new FileStream (nombreArchivo,
                    FileMode.OpenOrCreate, FileAccess.Write);
            IFormatter formato = new BinaryFormatter( );
            formato.Serialize (salida, fraccion);
            salida.Close( );
        }

        public static Fraccion RecuperarFraccion (string nombreArchivo) {
            FileStream entrada = new FileStream (nombreArchivo,
                    FileMode.Open, FileAccess.Read);
            IFormatter formato = new BinaryFormatter( );
            object x = formato.Deserialize (entrada);
            entrada.Close( );
            return (Fraccion)x;
        }
    }
}
```

Como se ve en el ejemplo, el mecanismo de serialización – si dejamos de lado todo el código de manejo de archivos – es bastante simple. En el resto del capítulo analizaré las cuestiones más intrincadas de este mecanismo, y sus limitaciones.

FUNCIONALIDAD DISPONIBLE EN C#

Serialización

La plataforma .NET brinda serialización de objetos, directamente sobre archivos. La biblioteca se encuentra en el espacio de nombres *System.Runtime.Serialization* y en otros paquetes interiores a éste. Hay dos formatos posibles: binario y XML. Además, existe manera de definir otras formas de serialización, mediante la implementación de la interfaz *ISerializable*. De todas maneras, debemos advertir al lector de una cuestión molesta: la serialización a formato XML definida en la plataforma no hace copias profundas, por lo que resulta realmente poco útil a la hora de trabajar seriamente.

Resulta interesante la manera en que C# trabaja para hacer la serialización, superior a la de otras plataformas. Define el concepto de objetos formateadores, que son aquellos que establecen cómo se debe realizar la serialización. Estas clases deben implementar la interfaz *IFormatter*. En la plataforma hay dos clases predefinidas en el paquete *Formatters*: *Binary.BinaryFormatter* y *Soap.SoapFormatter*. Ambos formateadores predefinidos aceptan una instancia de *System.IO.Stream* para leer y escribir.

Como ya dije, si se desea una funcionalidad más controlada por el programador se puede implementar la interfaz *ISerializable*. Ésta expone el método *GetObjectData*, que es invocado inmediatamente antes de la escritura en la serialización, y obliga a la definición de un constructor con los mismos parámetros para ser invocado después de la llamada al constructor en la hidratación. De esta manera, se los puede implementar de forma de hacer lo que se quiera. Se recomienda al interesado recurrir a la referencia en línea de .NET.

De todas maneras, no cualquier objeto se puede serializar. Para que esto sea posible, debemos hacer que el compilador genere información para realizarla, colocando a la clase la anotación *Serializable*, como hice en el ejemplo de serialización de fracciones.

En principio, esta solución no serializa objetos contenidos automáticamente, pero si estos objetos internos pertenecen a clases con la anotación *Serializable*, la persistencia binaria es isomorfa. Incluso se puede usar reflexión[79] para determinar la clase del objeto que está almacenado en el archivo, con lo cual se logra algo como la persistencia polimorfa. Pero esta afirmación – como veremos con un ejemplo al final del capítulo – es engañosa: no necesariamente logramos lo que queremos a menudo.

La serialización de C# asegura también que se copien los atributos privados. Sin embargo, esta solución admite además que ciertas partes de un objeto no se quieran serializar. Por ejemplo, supongamos que una aplicación debe guardar, con fines estadísticos, todos los accesos que se han hecho a determinada funcionalidad, pero preservando el nombre de la persona que accedió. En ese caso no se querría serializar todo el objeto, sino el resto de los atributos menos el nombre del usuario. Lo que se puede hacer es colocarle a este atributo la anotación *NonSerialized*, como sigue:

```
[NonSerialized]
private string nombreUsuario;
```

Bases de datos con ADO.NET

En la plataforma .NET hay una biblioteca que sirve para brindar acceso a bases de datos relacionales independientemente del fabricante. Esa biblioteca se llama ADO.NET.

[79] Veremos reflexión en un capítulo posterior.

El nombre ADO.NET es parte de la estrategia comercial de Microsoft para que sus desarrolladores más antiguos no se sientan dejados de lado. Por eso, tal como hicieron con Visual Basic.NET, ADO.NET es el nombre de fantasía de una biblioteca de clases que está en el paquete *System.Data* y otros paquetes interiores, y que por su nombre se proclama sucesora de ADO (Active Data Objects). De todas maneras, lo cierto es que ADO.NET es mucho mejor que ADO y otras tecnologías anteriores, y además facilita la reducción de la brecha entre un modelo de objetos y el modelo relacional.

La idea de ADO.NET es utilizar las funcionalidades de un SQL básico desde un programa .NET. Recordemos que SQL es una suerte de estándar para el manejo y consulta de bases de datos relacionales. Además, ADO.NET provee una caché de datos desconectada. Esta caché trabaja en forma débilmente acoplada y soporta XML.

A continuación muestro un ejemplo sencillo del uso de ADO.NET para recorrer una tabla de una base de datos relacional (puse abundantes comentarios explicativos)[80].

```
using System;
using System.Data;
using System.Data.SqlClient;

public class PruebaSQLServer {

public static void Main ( ) {

  // establecer servidor MS SQL Server y base de datos:
  string servidorSql = "ServidorCentral.com";
  string baseDatos = "alumnos";

  // establecer conexión con seguridad integrada SSPI
  string sconexion = "Data Source=" + servidorSql + "; Database=" + baseDatos +
                                                   "; IntegratedSecurity=SSPI";
  IDbConnection conexion = new SqlConnection(sconexion);

  // abrir la conexión:
  conexion.Open( );

  // preparar la consulta utilizando la conexión:
  IDbCommand consulta = new SqlCommand (
        "SELECT NOMBRE, APELLIDO FROM alumnos " +
        "WHERE TELEFONO Is Not Null ORDER BY APELLIDO");

  // ejecutar la consulta y recorrerla con un DataReader:
  DataReader r = consulta.ExecuteReader( );
  while (r.Read( ))
        Console.WriteLine(r["APELLIDO"] + ", " + r["NOMBRE"]);

  // cerrar el DataReader:
  r.Close( );

  // cerrar la conexión:
  conexion.Close( );
}
```

[80] He trabajado sin usuario y clave, que son parte de la conexión si se quisiera usarlos.

```
}
```

Las operaciones de entrada y salida pueden arrojar excepciones, pero ignoré a propósito este hecho en el ejemplo para que fuese más legible. Claramente, no es lo que hay que hacer en aplicaciones reales.

Los objetos *DataReader* son una especie de iteradores que trabajan con la misma conexión, aunque no pueden sino hacer recorridos secuenciales hacia adelante y son sólo de consulta. Como trabajan con la propia base de datos, son muy eficientes para recorrer resultados de consultas.

Es interesante saber que la interfaz *IDbCommand* expone también métodos como *ExecuteQuery* y *ExecuteNonQuery*, como se muestra en el fragmento que sigue, que podría servir para insertar un registro en la tabla que usamos recién:

```
IDbCommand comando = conexion.CreateCommand( );
comando.CommandType = CommandType.Text;
comando.CommandText = "INSERT INTO alumnos (NOMBRE, APELLIDO, TELEFONO) " +
                                                                    "VALUES
('Juan', 'Pérez', '7777-5555')";
comando.ExecuteNonQuery( );
```

Los objetos *DataSet*, que vimos en el capítulo de colecciones, permiten representar en memoria tablas de una base de datos. Esto hace que se usen para manejar datos desconectados, para permitir aplicaciones más escalables y mejorar el desempeño. No obstante, hay que tener en cuenta que los datos no están sincronizados con la base de datos. Por eso, se suele trabajar con un esquema optimista de exclusión[81], con la ayuda de la excepción *DBConcurrencyException*.

Un estudio más en profundidad de ADO.NET excede lo que pretendo en este libro.

[81] Veremos exclusión en el capítulo de concurrencia.

Otras opciones

Por supuesto, C# brinda la posibilidad de trabajar con distintos tipos de archivos de texto y binarios, secuenciales o directos. Esto permite manejar la persistencia a bajo nivel por parte del programador.

Si la persistencia se hace sobre bases de datos – como ocurre en casi todas las aplicaciones comerciales – existe la posibilidad de utilizar frameworks de terceros que implementen una capa de mapeo, o los denominados Application Blocks desarrollados por gente de Microsoft.

FUNCIONALIDAD DISPONIBLE EN JAVA

El ejemplo inicial

El ejemplo inicial en Java es bastante similar al realizado en C#.

El programa de prueba será:

```
package carlosfontela.persistencia;

import junit.framework.TestCase;
import carlosfontela.algebra.*;
import carlosfontela.persistencia.PersistenciaFracciones;

public class PruebaPersistenciaFracciones extends TestCase {

	private String archivo = "PersistenciaFracciones.dat";
	private Fraccion f;

	public void setUp( ) {
		try {
			f = new Fraccion (2,3);
		}
		catch (FraccionInvalidaException e) { }
	}

	public void testPersistencia( )
	{
		Fraccion f1 = null;
		try {
```

```
                    PersistenciaFracciones.guardarFraccion (archivo, f);
                    f1 = PersistenciaFracciones.recuperarFraccion (archivo);
            }
            catch (Exception e) { /* este es un programa de prueba */ }
            assertTrue (f.compareTo(f1) == 0);
            assertFalse (f == f1);
    }
}
```

Como vemos, en Java he agregado una comprobación más en el programa de prueba. Me he asegurado de que *f* y *f1* correspondiesen realmente a objetos diferentes, aunque ambos tengan el mismo estado. En C# esto no era necesario porque *Fraccion* era un tipo por valor.

La clase *Fraccion* habrá que modificarla para que acepte ser serializada:

```
package carlosfontela.algebra;

public class Fraccion implements java.io.Serializable {
        // clase Fraccion tal como la definimos en el capítulo de excepciones
}
```

Lo que se ve es que en vez de anotaciones, Java utiliza la interfaz de marcado *Serializable*. Esto tiene que ver con la historia de Java: como veremos en la cuarta parte del libro, durante mucho tiempo Java no tuvo anotaciones y éstas se simulaban con interfaces vacías o "de marcado".

Y la clase que se ocupa de la persistencia será la que sigue:

```
package carlosfontela.persistencia;

import java.io.*;
import carlosfontela.algebra.Fraccion;
```

```
public class PersistenciaFracciones {

   public static void guardarFraccion (String nombreArchivo, Fraccion fraccion)
            throws IOException, FileNotFoundException {
      ObjectOutputStream salida =
            new ObjectOutputStream (new FileOutputStream (nombreArchivo));
      salida.writeObject (fraccion);
   }

   public static Fraccion recuperarFraccion (String nombreArchivo)
            throws IOException, FileNotFoundException {
      ObjectInputStream entrada =
            new ObjectInputStream (new FileInputStream (nombreArchivo));
      Fraccion f = null;
      try {
            f = (Fraccion)entrada.readObject( );
      }
      catch (ClassNotFoundException e) { /* no puede ocurrir */}
      return f;
   }
}
```

Como vemos, también en Java el mecanismo de serialización es sencillo. Pero después de lo visto en C# tal vez le tengamos más respeto…

Asimismo, vemos el mecanismo de excepciones seguras de Java causando el mayor trastorno posible.

Serialización

La serialización de Java provista en la plataforma sólo admite el formato binario.

Como en Java las anotaciones son una característica nueva, y como la serialización está implementada desde los primeros tiempos del lenguaje, la forma de anotar clases para que sus objetos se puedan serializar es mediante una interfaz de marcado, vacía, denominada *java.io.Serializable*.

Por lo tanto, toda clase que implemente *Serializable* va a poder serializar e hidratar sus objetos. El solo hecho de implementar esta interfaz, que en los hechos es una cáscara vacía sin métodos, asegura la persistencia. Sólo faltará crear un objeto de clase *OutputStream*, envolverlo en un *ObjectOutputStream* e invocar al método *writeObject*, tal como hicimos en nuestro ejemplo inicial.

Si los objetos contenidos y las clases ancestros pertenecen a clases que implementan *Serializable*, la persistencia es isomorfa. Con reflexión, se la puede hacer polimorfa.

Pero esto no es tan así, como veremos con un ejemplo al final del capítulo. A veces los resultados no son los esperados.

Observamos que ni siquiera es necesario invocar a un constructor para hidratar un objeto: en realidad, el método *readObject* está encapsulando la creación del objeto en cuestión. Como vemos también, necesitamos tener en cuenta las excepciones *IOException* y *ClassNotFoundException*, que son arrojadas por los métodos de entrada y salida, y no se las puede ignorar.

La serialización de Java asegura también que se copien los atributos privados. Sin embargo, esta solución admite además que ciertas partes de un objeto no se quieran serializar. Por ejemplo, la declaración del siguiente atributo como *transient* lo hace no serializable:

```
private transient String nombreUsuario;
```

La interfaz *Serializable* asegura que se serialicen todos los atributos no declarados *transient* ni *static*, así como todos los objetos contenidos. Si se intenta serializar un objeto no serializable se va a obtener la excepción *NotSerializableException*.

Si se desea una funcionalidad más controlada por el programador se puede implementar la interfaz *Externalizable*, derivada de *Serializable*, que expone dos métodos adicionales *writeExternal* y *readExternal*. Como estos métodos se invocan inmediatamente después de la llamada al constructor en la hidratación y antes de la escritura en la serialización, se los puede implementar de forma de hacer lo que se quiera.

Bases de datos con JDBC

Así como en .NET existe ADO.NET, Java tiene desde hace mucho tiempo la biblioteca JDBC.

A continuación se muestra el mismo ejemplo sencillo visto en C#, para analizar el uso de JDBC en el recorrido de una tabla de una base de datos relacional:

```
import java.sql.*;       // para usar SQL-92 estándar

public class PruebaJDBC {

    // no vamos a capturar las excepciones: declaramos que podemos lanzarlas
    public static void main (String parametros[ ])
                                throws SQLException, ClassNotFoundException {

        // con el subprotocolo ODBC, usar la base de datos "alumnos":
        String url = "jdbc:odbc:alumnos";
        String usuario = "carlos";
        String clave = "d4r2T3s7";

        // cargar el driver de ODBC provisto por Sun:
        Class.forName("sun.jdbc.odbc.JdbcOdbcDriver");

        // establecer la conexión:
        Connection c = DriverManager.getConnection(url,usuario,clave);

        // crear la consulta utilizando la conexión:
        Statement s = c.createStatement( );

        // consulta SQL:
        ResultSet r = s.executeQuery("SELECT NOMBRE, APELLIDO FROM alumnos " +
                                "WHERE TELEFONO Is Not Null ORDER BY APELLIDO");

        // iteramos para encontrar los resultados de la consulta:
        // r es un iterador que devuelve false si se terminaron los resultados:
        while (r.next( ))
            System.out.println(r.getString("APELLIDO")+", "+r.getString("NOMBRE"));
```

```
        // cerramos la consulta y el iterador:
        s.close( );
    }
}
```

Como dijimos con ADO.NET, tampoco vamos a extendernos con JDBC.

Otras opciones

Como ocurre en C#, Java también brinda bibliotecas de clases para trabajar a bajo nivel con archivos y redes.

También existen frameworks de persistencia sobre bases de datos relacionales, como Hibernate, JDO y varios más, todos basados en archivos XML de mapeo.

Finalmente, hay que destacar una experiencia fallida, pero muy ambiciosa en sus términos. En la plataforma J2EE existían, hasta la versión 1.4, unos componentes que realizaban la persistencia en forma transparente.

Lo que ocurría era que la especificación J2EE definía ciertos componentes, las instancias de clases que implementaban la interfaz *EntityBean*, llamados *componentes de entidad EJB*, que si el desarrollador declaraba que deseaba la persistencia manejada por el contenedor, dicho contenedor se debía encargar de la misma en forma totalmente transparente. Es decir, estos componentes tenían garantizada la persistencia en forma automática, sin necesidad de que el programador la manejase, por parte del contenedor de EJB. Por lo tanto, si una empresa deseaba fabricar un contenedor de EJB conforme a su especificación 2.1, debía soportar la persistencia transparentemente.

Hubo muchos problemas con el modelo de EJB 2.1. Algunos de ellos tenían que ver con el desempeño, otros con las restricciones que imponía sobre el modelo de clases, y otros con diversos asuntos. Los cuestionamientos fueron tan grandes, que la industria empezó a virar hacia otros modelos de componentes más livianos, y que generalmente manejaban la persistencia mediante frameworks de mapeo de objetos a bases de datos relacionales.

Finalmente, la plataforma Java se acomodó a los requisitos de los clientes, y atenuó la exigencia del modelo de persistencia transparente en la versión 3.0.

FUNCIONALIDAD DISPONIBLE EN C++

Para hablar de la funcionalidad disponible en C++ deberíamos empezar por el apartado "otras opciones".

En efecto, C++ brinda solamente acceso a archivos y redes a bajo nivel, y ningún soporte estándar para serialización o acceso a bases de datos. Esto hace que cualquier intento de persistencia en C++ sea mucho más complejo que en las plataformas Java o .NET.

No obstante, existen algunos frameworks y bibliotecas interesantes – desarrolladas por terceros – para el manejo de estas cuestiones.

Como exceden lo que pretendo en este libro, no los vamos a analizar.

Serialización de fracciones a XML SOAP (C#)

En este ejercicio haré la misma serialización del ejemplo introductorio del capítulo, pero generando un archivo XML SOAP.

Aprovecharé para implementar la serialización de una forma más orientada a objetos, ya que la realizada anteriormente, con una clase sin estado, resulta muy procedimental. Definiré una clase *PersistorFracciones* y almacenaré los datos necesarios para la persistencia en una instancia de esa clase.

He aquí el código de prueba:

```
using CarlosFontela.Algebra;
using CarlosFontela.Persistencia;
using System.Runtime.Serialization.Formatters.Soap;
using NUnit.Framework;

namespace CarlosFontela.Pruebas
{
  [TestFixture]
  public class PruebaPersistenciaFracciones
  {
        private PersistorFracciones persistor =
              new PersistorFracciones ("PersistenciaFracciones.dat", new SoapFormatter( ));
        private Fraccion f = new Fraccion (2,3);

        [Test]
        public void testPersistencia( )
        {
              persistor.GuardarFraccion (f);
              Fraccion f1 = persistor.RecuperarFraccion ( );
              Assert.IsTrue (f.CompareTo(f1) == 0);
        }
  }
}
```

La diferencia con el caso anterior es que aquí usamos un *SoapFormatter*.

La clase *PersistorFracciones* será:

```
using CarlosFontela.Algebra;
using System.IO;
using System.Runtime.Serialization;

namespace CarlosFontela.Persistencia
{
  public class PersistorFracciones
  {
        private string nombreArchivo;
        private IFormatter formato;

        public PersistorFracciones (string nombreArchivo, IFormatter formato) {
              this.nombreArchivo = nombreArchivo;
              this.formato = formato;
```

```
        }

        public void GuardarFraccion (Fraccion fraccion) {
                FileStream salida = new FileStream (nombreArchivo,
                                FileMode.OpenOrCreate, FileAccess.Write);
                formato.Serialize (salida, fraccion);
                salida.Close( );
        }

        public Fraccion RecuperarFraccion( ) {
                FileStream entrada = new FileStream (nombreArchivo,
                                FileMode.Open, FileAccess.Read);
                object x = formato.Deserialize(entrada);
                entrada.Close( );
                return (Fraccion)x;
        }
    }
}
```

Ahora bien, a mí se me ocurre una idea que generalizaría un poco la solución. ¿Cómo? Usando genericidad, precisamente.

La clase *Persistor* que se me ocurre es:

```
using System.IO;
using System.Runtime.Serialization;

namespace CarlosFontela.Persistencia
{
    public class Persistor <T>
    {
        private string nombreArchivo;
        private IFormatter formato;

        public Persistor (string nombreArchivo, IFormatter formato) {
                this.nombreArchivo = nombreArchivo;
                this.formato = formato;
        }

        public void Guardar (T objeto) {
                FileStream salida = new FileStream (nombreArchivo,
                                FileMode.OpenOrCreate, FileAccess.Write);
                formato.Serialize (salida, objeto);
                salida.Close( );
        }

        public T Recuperar( ) {
                FileStream entrada = new FileStream (nombreArchivo,
                                FileMode.Open, FileAccess.Read);
                object x = formato.Deserialize(entrada);
                entrada.Close( );
                return (T)x;
        }
    }
}
```

Y con el siguiente código de pruebas la probé y funcionó correctamente:

```
using CarlosFontela.Algebra;
using CarlosFontela.Persistencia;
using System.Runtime.Serialization.Formatters.Soap;
using NUnit.Framework;

namespace CarlosFontela.Pruebas
{
   [TestFixture]
   public class PruebaPersistenciaFracciones
   {
         private Persistor<Fraccion> persistor =
               new Persistor<Fraccion> ("PersistenciaFracciones.dat", new SoapFormatter( ));
         private Fraccion f = new Fraccion (2,3);

         [Test]
         public void testPersistencia( )
         {
               persistor.Guardar (f);
               Fraccion f1 = persistor.Recuperar ( );
               Assert.IsTrue (f.CompareTo(f1) == 0);
         }
   }
}
```

El archivo XML que se generó es:

```
<SOAP-ENV:Envelope xmlns:xsi="http://www.w3.org/2001/XMLSchema-instance"
xmlns:xsd="http://www.w3.org/2001/XMLSchema"
xmlns:SOAP-ENC="http://schemas.xmlsoap.org/soap/encoding/"
xmlns:SOAP-ENV="http://schemas.xmlsoap.org/soap/envelope/"
xmlns:clr="http://schemas.microsoft.com/soap/encoding/clr/1.0"
SOAP-ENV:encodingStyle="http://schemas.xmlsoap.org/soap/encoding/">
<SOAP-ENV:Body>
<a1:Fraccion id="ref-1"
xmlns:a1="http://schemas.microsoft.com/clr/nsassem/CarlosFontela.Algebra/CarlosFontela.Persistenc
ia%2C%20Version%3D1.0.2844.22380%2C%20Culture%3Dneutral%2C%20PublicKeyToken%3Dnull
">
<numerador>2</numerador>
<denominador>3</denominador>
</a1:Fraccion>
</SOAP-ENV:Body>
</SOAP-ENV:Envelope>
```

Nótese la parte:

```
<numerador>2</numerador>
<denominador>3</denominador>
```

Serialización de cuentas bancarias y clientes (Java)

Voy a realizar un ejercicio que le muestre al lector cómo hace Java para serializar, de modo tal de llevarse toda una red de objetos, y recuperarla luego. Lo haré sobre el ejercicio de cuentas bancarias y clientes, ya avanzado en C#.

Lo primero que debo hacer, es lograr que mis clases sean tipos de objetos serializables. Esto implica que todos los objetos de la red deben ser instancias de clases que implementen la interfaz *java.io.Serializable*. Esto incluye, por supuesto, a las clases abstractas que tengan atributos cuyo estado queramos serializar.

Las clases que resuelven el problema son (las escribo completas porque no habíamos hecho este ejemplo en Java):

```
// CuentaBancaria.java

package carlosfontela.cuentas;

public abstract class CuentaBancaria implements java.io.Serializable {

  private int numero;
  private Cliente titular;
  private double saldo;

  public CuentaBancaria (int numero, Cliente titular) {
        this.numero = numero;
        this.titular = titular;
        this.saldo = 0;
  }

  public int getNumero( ) {
        return numero;
  }

  public Cliente getTitular( ) {
        return titular;
  }

  public double getSaldo( ) {
        return saldo;
  }

  protected void setSaldo (double saldo) {
        this.saldo = saldo;
  }

  public void depositar (double monto) {
        saldo += monto;
  }

  public boolean extraer (double monto) {
        if (monto > saldo)
              return false;
        else {
                    saldo -= monto;
                    return true;
        }
  }
}
```

```
// CuentaCorriente.java

package carlosfontela.cuentas;

public class CuentaCorriente extends CuentaBancaria implements java.io.Serializable {
```

```
  private double descubierto;

  public CuentaCorriente (int numero, Cliente titular, double descubierto) {
          super(numero, titular);
          this.descubierto = descubierto;
  }

  public CuentaCorriente (int numero, Cliente titular) {
          this (numero, titular, 0);
  }

  public boolean extraer (double monto) {
          if (monto > getSaldo( ) + descubierto)
                  return false;
          else {
                  setSaldo (getSaldo( ) - monto);
                  return true;
          }
  }

  public double getDescubierto( ) {
          return descubierto;
  }

  public void setDescubierto (double descubierto) {
          this.descubierto = descubierto;
  }
}
```

```
// CajaAhorro.java

package carlosfontela.cuentas;

public class CajaAhorro extends CuentaBancaria implements java.io.Serializable {

  private double interesesGanados;

  public CajaAhorro (int numero, Cliente titular) {
          super (numero, titular);
          this.interesesGanados = 0;
  }

  public double getInteresesGanados( ) {
          return interesesGanados;
  }

  public void setInteresesGanados (double interesesGanados) {
          this.interesesGanados = interesesGanados;
  }

  public void pagarIntereses( ) {
          setSaldo (getSaldo( ) + interesesGanados);
          interesesGanados = 0;
  }
}
```

```java
// Cliente.java

package carlosfontela.cuentas;

public abstract class Cliente implements java.io.Serializable {

  public class Domicilio implements java.io.Serializable {
        private String calle;
        private int numero;
        private String entre1;
        private String entre2;
        private String codigoPostal;
        private String telefono;

        private Domicilio (String calle, int numero, String entre1, String entre2,
                                String codigoPostal, String telefono) {
              this.calle = calle;
              this.numero = numero;
              this.entre1 = entre1;
              this.entre2 = entre2;
              this.codigoPostal = codigoPostal;
              this.telefono = telefono;
        }

        public boolean equals (Object otroO) {
              if (!(otroO instanceof Domicilio))
                    return false;
              Domicilio otro = (Domicilio)otroO;
              return (
                          this.calle.equals(otro.calle) &&
                          this.numero == otro.numero &&
                          this.entre1.equals(otro.entre1) &&
                          this.entre2.equals(otro.entre2) &&
                          this.codigoPostal.equals(otro.codigoPostal) &&
                          this.telefono.equals(otro.telefono)
              );
        }

        public String getTelefono( ) {
              return telefono;
        }

        public void setTelefono(String telefono) {
              this.telefono = telefono;
        }

        public String getCalle( ) {
              return calle;
        }

        public String getCodigoPostal( ) {
              return codigoPostal;
        }

        public String getEntre1( ) {
              return entre1;
        }
```

```
        public String getEntre2( ) {
            return entre2;
        }

        public int getNumero( ) {
            return numero;
        }

    }

    private Domicilio direccion;
    private String email;
    private final int maximoCuentas = 10;
    private CuentaBancaria[ ] cuentas;
    private int cantidadCuentas;

    public Cliente (String calle, int numero, String entre1, String entre2,
                    String codigoPostal, String telefono, String email) {
        this.direccion = new Domicilio (calle, numero, entre1, entre2, codigoPostal, telefono);
        this.email = email;
        this.cuentas = new CuentaBancaria [maximoCuentas];
        this.cantidadCuentas = 0;
    }

    public Domicilio getDireccion( ) {
        return direccion;
    }

    public void setDireccion (Domicilio direccion) {
        this.direccion = direccion;
    }

    public String getEmail( ) {
        return email;
    }

    public void setEmail (String email) {
        this.email = email;
        }

    public CuentaBancaria[ ] getCuentas( ) {
        return cuentas;
    }

    public boolean AgregarCuenta (CuentaBancaria cuenta) {
        if (cantidadCuentas < maximoCuentas) {
            cuentas[cantidadCuentas] = cuenta;
            cantidadCuentas++;
            return true;
        }
        else return false;
    }

    public int getCantidadCuentas( ) {
        return cantidadCuentas;
    }
}
```

```java
// Persona.java

package carlosfontela.cuentas;

public class Persona extends Cliente implements java.io.Serializable {

    private String nombre;
    private String apellido;
    private int dni;

    public Persona (String nombre, String apellido, int dni, String calle, int numero,
                    String entre1, String entre2, String codigoPostal, String telefono, String email) {
            super (calle, numero, entre1, entre2, codigoPostal, telefono, email);
            this.nombre = nombre;
            this.apellido = apellido;
            this.dni = dni;
    }

    public String getApellido( ) {
            return apellido;
    }

    public String getNombre( ) {
            return nombre;
    }

    public int getDni( ) {
            return dni;
    }
}
```

```java
// Empresa.java

package carlosfontela.cuentas;

public class Empresa extends Cliente implements java.io.Serializable {
    private String razonSocial;
    private String cuit;


    public Empresa (String razonSocial, String cuit, String calle, int numero,
                    String entre1, String entre2, String codigoPostal, String telefono, String email) {
            super (calle, numero, entre1, entre2, codigoPostal, telefono, email);
            this.razonSocial = razonSocial;
            this.cuit = cuit;
    }

    public String getRazonSocial( ) {
            return razonSocial;
    }

    public String getCuit( ) {
            return cuit;
    }
}
```

La clase *Domicilio* la hemos declarado interna a *Cliente* y con constructor privado, para garantizar la composición entre ambas.

Sin embargo, como dije, lo que quiero observar es cómo serializa la JVM.

Para ello, voy a escribir un programa de prueba de serialización, procediendo al revés de lo que vengo haciendo desde el principio del libro, ya que en este caso lo que quiero es mostrar un comportamiento.

Antes del código de prueba, creo una clase que haga una serialización genérica:

```
// Persistor.java

package carlosfontela.persistencia;

import java.io.*;

public class Persistor {

    private String nombreArchivo;

    public Persistor (String nombreArchivo) {
        this.nombreArchivo = nombreArchivo;
    }

    public void guardar (Object objeto)
            throws IOException, FileNotFoundException {
        ObjectOutputStream salida =
            new ObjectOutputStream (new FileOutputStream (nombreArchivo));
        salida.writeObject (objeto);
        salida.close( );
    }

    public Object recuperar( )
            throws IOException, FileNotFoundException {
        ObjectInputStream entrada =
            new ObjectInputStream (new FileInputStream (nombreArchivo));
        Object objeto = null;
        try {
            objeto = entrada.readObject( );
        }
        catch (ClassNotFoundException e) { /* no puede ocurrir */}
        entrada.close( );
        return objeto;
    }
}
```

Notemos que esta clase tiene la misma funcionalidad que la clase *Persistor* definida en C#, con dos importantes diferencias. La primera es que no hay un formateador como atributo, ya que la serialización estándar de Java sólo admite el formato binario. La segunda, que en Java no utilizo genericidad, ya que no hay forma de hacer transformaciones explícitas de tipos al tipo genérico en Java: esto me acarrea una menor genericidad, que obliga a hacer transformaciones explícitas en los clientes, como veremos en el siguiente código de prueba.

Y ahora escribo la clase de prueba con JUnit, que después de un par de intentos logro hacer funcionar:

```java
// PruebaPersistenciaCuentasClientes.java

package carlosfontela.persistencia;

import junit.framework.TestCase;
import carlosfontela.cuentas.*;

public class PruebaPersistenciaCuentasClientes extends TestCase {

  private CuentaBancaria cajaAhorroJuan;
  private CuentaBancaria cuentaCorrienteInes;
  private CuentaBancaria cajaAhorroInes;
  private CuentaBancaria cuentaCorrienteLunaNueva;
  private Cliente juan;
  private Cliente ines;
  private Cliente lunaNueva;

  private Cliente juan2;
  private Cliente ines2;
  private Cliente lunaNueva2;

  private CuentaBancaria cajaAhorroJuan2;
  private CuentaBancaria cajaAhorroInes2;
  private CuentaBancaria cuentaCorrienteInes2;
  private CuentaBancaria cuentaCorrienteLunaNueva2;

  private Persistor pcc1 = new Persistor ("CC1.dat");
  private Persistor pcc2 = new Persistor ("CC2.dat");
  private Persistor pca1 = new Persistor ("CA1.dat");
  private Persistor pca2 = new Persistor ("CA2.dat");
  private Persistor pJuan = new Persistor ("Juan.dat");
  private Persistor pInes = new Persistor ("Ines.dat");
  private Persistor pLunaNueva = new Persistor ("LunaNueva.dat");

  protected void setUp( ) throws Exception {
        super.setUp( );
        juan = new Persona ("Juan", "Pérez", 5122122, "Lima", 444, "Belgrano", "Venezuela",
                                    "C1000AAA", "01140101010", "juan@perez.com.ar");
        ines = new Persona ("Inés", "García", 4011011, "Cerrito", 1111, "Santa Fe", "Arenales",
                                    "C1111ZZZ", "01140001111", "ines@garcia.com.ar");
        lunaNueva = new Empresa ("Luna Nueva S.A.", "1701234562", "Freire", 8888, "Dorrego",
                "Concepción Arenal", "C0000YYY", "01199991000", "info@lunanueva.com.ar");

        cajaAhorroJuan = new CajaAhorro (1234, juan);
        cajaAhorroInes = new CajaAhorro (5678, ines);
        cuentaCorrienteInes = new CuentaCorriente (9012, ines, 0);
        cuentaCorrienteLunaNueva = new CuentaCorriente (3456, lunaNueva, 2000);

        pJuan.guardar (juan);
        pInes.guardar (ines);
        pLunaNueva.guardar (lunaNueva);

        pca1.guardar (cajaAhorroJuan);
        pca2.guardar (cajaAhorroInes);
        pcc1.guardar (cuentaCorrienteInes);
        pcc2.guardar (cuentaCorrienteLunaNueva);
```

```
        juan2 = (Cliente)pJuan.recuperar( );
        ines2 = (Cliente)pInes.recuperar( );
        lunaNueva2 = (Cliente)pLunaNueva.recuperar( );

        cajaAhorroJuan2 = (CuentaBancaria)pca1.recuperar( );
        cajaAhorroInes2 = (CuentaBancaria)pca2.recuperar( );
        cuentaCorrienteInes2 = (CuentaBancaria)pcc1.recuperar( );
        cuentaCorrienteLunaNueva2 = (CuentaBancaria)pcc2.recuperar( );
}

private boolean equals (Cliente c1, Cliente c2) {
        boolean equalsCliente =
                c1.getEmail( ).equals(c2.getEmail( )) &&
                c1.getCantidadCuentas( ) == c2.getCantidadCuentas( ) &&
                c1.getDireccion( ).equals(c2.getDireccion( ));
        if (c1 instanceof Persona) {
                Persona p1 = (Persona)c1; Persona p2 = (Persona)c2;
                return (
                        equalsCliente &&
                        p1.getNombre( ).equals(p2.getNombre( )) &&
                        p1.getApellido( ).equals(p2.getApellido( )) &&
                        p1.getDni( ) == p2.getDni( )
                );
        }
        else {
                Empresa e1 = (Empresa)c1; Empresa e2 = (Empresa)c2;
                return (
                                equalsCliente &&
                                e1.getRazonSocial( ).equals(e2.getRazonSocial( )) &&
                                e1.getCuit( ).equals(e2.getCuit( ))
                        );
        }
}

private boolean equals (CuentaBancaria c1, CuentaBancaria c2) {
        boolean equalsCuenta =
                c1.getNumero( ) == c2.getNumero( ) &&
                c1.getSaldo( ) == c2.getSaldo( );
        if (c1 instanceof CuentaCorriente) {
                CuentaCorriente cc1 = (CuentaCorriente)c1;
                CuentaCorriente cc2 = (CuentaCorriente)c2;
                return (
                        equalsCuenta &&
                        cc1.getDescubierto( ) == cc2.getDescubierto( )
                );
        }
        else {
                CajaAhorro ca1 = (CajaAhorro)c1;
                CajaAhorro ca2 = (CajaAhorro)c2;
                return (
                                equalsCuenta &&
                                ca1.getInteresesGanados( ) == ca2.getInteresesGanados( )
                        );
        }
}

public void testJuan( ) {
        assertTrue (equals (juan, juan2));
```

```
        for (int i = 0; i < juan.getCantidadCuentas( ); i++)
            assertTrue (equals (juan.getCuentas( )[i], juan2.getCuentas( )[i]));
    }

    public void testInes( ) {
        assertTrue (equals (ines, ines2));
        for (int i = 0; i < ines.getCantidadCuentas( ); i++)
            assertTrue (equals (ines.getCuentas( )[i], ines2.getCuentas( )[i]));
        // Inés es el mismo cliente en su caja de ahorro y su cuenta corriente:
        assertTrue (
            cajaAhorroInes.getTitular( ) == cuentaCorrienteInes.getTitular( ));
        // pero esto no se ve después de hidratar:
        assertFalse (
            cajaAhorroInes2.getTitular( ) == cuentaCorrienteInes2.getTitular( ));
    }

    public void testLunaNueva( ) {
        assertTrue (equals (lunaNueva, lunaNueva2));
        assertFalse (lunaNueva.getDireccion( ) == lunaNueva2.getDireccion( ));
        assertTrue (lunaNueva.getDireccion( ).equals(lunaNueva2.getDireccion( )));
        for (int i = 0; i < lunaNueva.getCantidadCuentas( ); i++)
            assertTrue (
                equals (lunaNueva.getCuentas( )[i], lunaNueva2.getCuentas( )[i]));
    }

    public void testCajaAhorroJuan( ) {
        assertTrue (equals (cajaAhorroJuan, cajaAhorroJuan2));
        assertTrue (
            equals (cajaAhorroJuan.getTitular( ), cajaAhorroJuan2.getTitular( )));
    }

    public void testCajaAhorroInes( ) {
        assertTrue (equals (cajaAhorroInes, cajaAhorroInes2));
        assertTrue (
            equals (cajaAhorroInes.getTitular( ), cajaAhorroInes2.getTitular( )));
    }

    public void testCuentaCorrienteInes( ) {
        assertTrue (equals (cuentaCorrienteInes, cuentaCorrienteInes2));
        assertTrue (
            equals (cuentaCorrienteInes.getTitular( ), cuentaCorrienteInes2.getTitular( )));
    }

    public void testCuentaCorrienteLunaNueva( ) {
        assertTrue (equals (cuentaCorrienteLunaNueva, cuentaCorrienteLunaNueva2));
        assertTrue (equals (
            cuentaCorrienteLunaNueva.getTitular( ), cuentaCorrienteLunaNueva2.getTitular( )));
    }
}
```

Para sacar conclusiones de este ejemplo, veamos la red de objetos que intentamos persistir y la que obtuvimos. La red inicial era la siguiente:

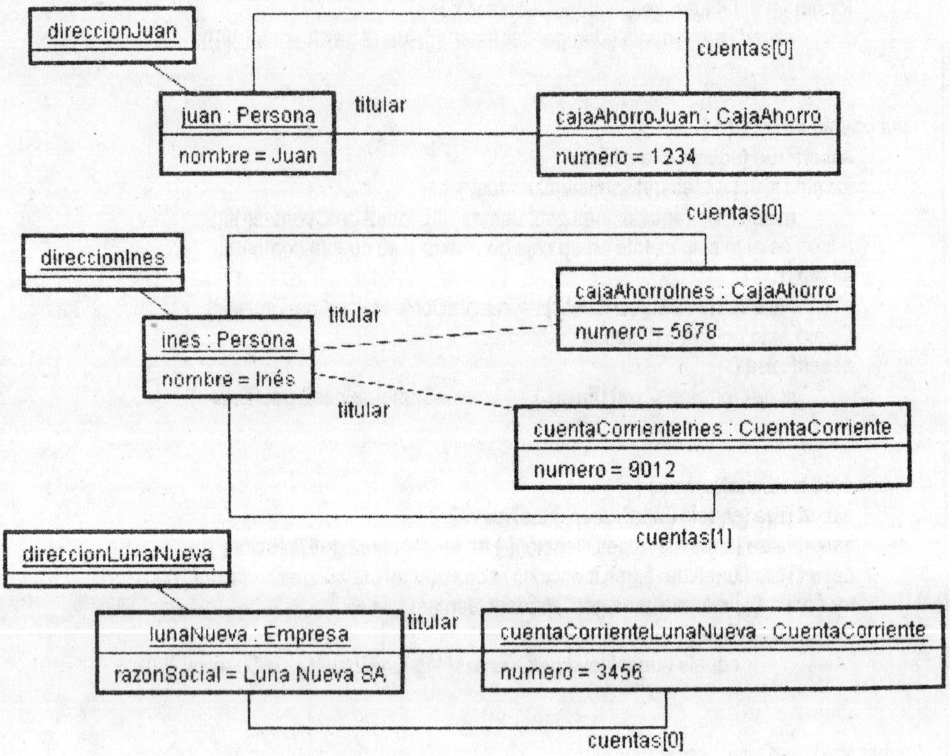

La red obtenida al hidratar, en cambio, fue:

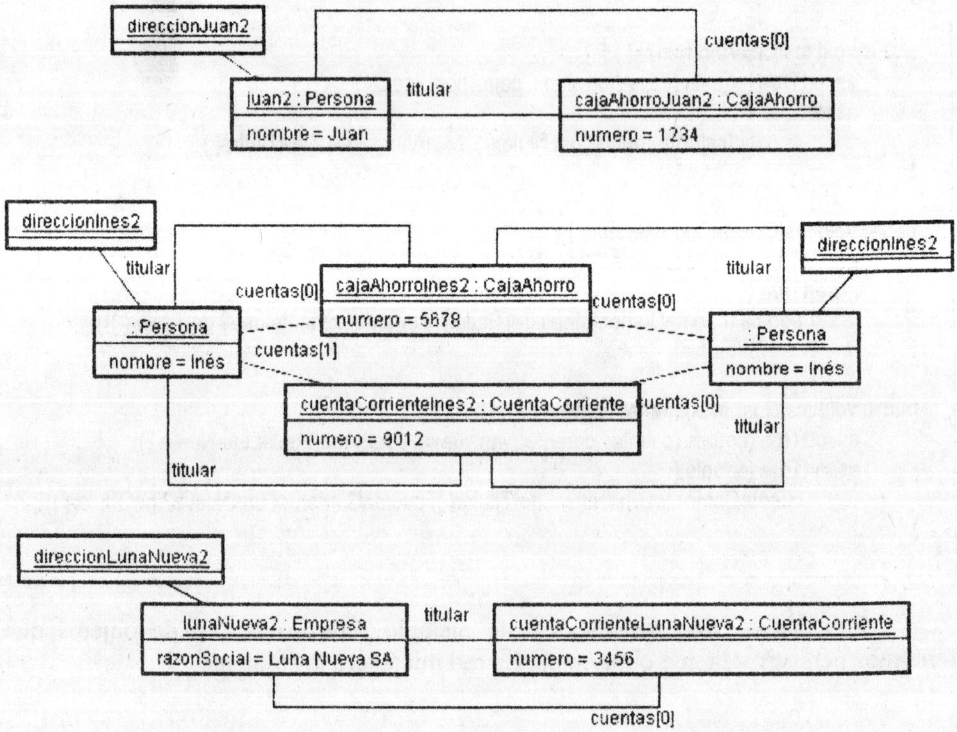

Vemos entonces que, al serializar y recuperar luego, si bien se guardaron los objetos en cuestión y sus objetos dependientes, no se pudo obtener una red igual. En particular, obtuvimos dos objetos para el cliente referenciado por *ines*, con todos sus datos duplicados, incluyendo las referencias a otros objetos.

Eso ocurrió porque ese objeto estaba siendo referenciado desde otros dos objetos *CuentaBancaria*. Por lo tanto, al hidratar una cuenta, la JVM generó un objeto *Cliente* distinto para cada una.

La única solución a este problema es manejar parte de la serialización e hidratación a mano, con la ayuda de los métodos de la interfaz *Externalizable*.

Serialización de cuentas bancarias y clientes (C#)

El mismo ejemplo que hicimos en Java lo haré ahora en C#, para ver cómo realiza este lenguaje la serialización.

Tomo las clases *CuentaBancaria*, *Cliente*, y sus descendientes, y les coloco la anotación *Serializable*. La clase *Persistor*, genérica, ya la tenemos del ejercicio de persistencia de fracciones.

El código de ejemplo en NUnit que pasó sin problemas fue – como cabría esperarse – igual al de Java. Las pruebas de la clase que sigue dieron positivas:

```
using NUnit.Framework;
using System;
using CarlosFontela.Cuentas;
using CarlosFontela.Persistencia;
using System.Runtime.Serialization.Formatters.Binary;

namespace CarlosFontela.Pruebas
{
  [TestFixture]
  public class PruebaPersistenciaCuentasClientes
  {
        private CuentaBancaria cajaAhorroJuan;
        private CuentaBancaria cuentaCorrienteInes;
        private CuentaBancaria cajaAhorroInes;
        private CuentaBancaria cuentaCorrienteLunaNueva;
        private Cliente juan;
        private Cliente ines;
        private Cliente lunaNueva;

        private Cliente juan2;
        private Cliente ines2;
        private Cliente lunaNueva2;

        private CuentaBancaria cajaAhorroJuan2;
        private CuentaBancaria cajaAhorroInes2;
        private CuentaBancaria cuentaCorrienteInes2;
        private CuentaBancaria cuentaCorrienteLunaNueva2;

        private Persistor<CuentaBancaria> pcc1 =
              new Persistor<CuentaBancaria> ("CC1.dat", new BinaryFormatter( ));
        private Persistor<CuentaBancaria> pcc2 =
              new Persistor<CuentaBancaria> ("CC2.dat", new BinaryFormatter( ));
        private Persistor<CuentaBancaria> pca1 =
              new Persistor<CuentaBancaria> ("CA1.dat", new BinaryFormatter( ));
        private Persistor<CuentaBancaria> pca2 =
              new Persistor<CuentaBancaria> ("CA2.dat", new BinaryFormatter( ));
```

```
private Persistor<Cliente> pJuan =
        new Persistor<Cliente> ("Juan.dat", new BinaryFormatter( ));
private Persistor<Cliente> pInes =
        new Persistor<Cliente> ("Ines.dat", new BinaryFormatter( ));
private Persistor<Cliente> pLunaNueva =
        new Persistor<Cliente> ("LunaNueva.dat", new BinaryFormatter( ));

[SetUp]
protected void setUp( ) {
        juan = new Persona ("Juan", "Pérez", 5122122, "Lima", 444, "Belgrano", "Venezuela",
                                "C1000AAA", "01140101010", "juan@perez.com.ar");
        ines = new Persona ("Inés", "García", 4011011, "Cerrito", 1111, "Santa Fe", "Arenales",
                                "C1111ZZZ", "01140001111", "ines@garcia.com.ar");
        lunaNueva = new Empresa ("Luna Nueva S.A.", "1701234562", "Freire", 8888,
                                "Dorrego", "Concepción Arenal", "C0000YYY",
                                "01199991000", "info@lunanueva.com.ar");

        cajaAhorroJuan = new CajaAhorro (1234, juan);
        cajaAhorroInes = new CajaAhorro (5678, ines);
        cuentaCorrienteInes = new CuentaCorriente (9012, ines, 0);
        cuentaCorrienteLunaNueva = new CuentaCorriente (3456, lunaNueva, 2000);

        pJuan.Guardar (juan);
        pInes.Guardar (ines);
        pLunaNueva.Guardar (lunaNueva);

        pca1.Guardar (cajaAhorroJuan);
        pca2.Guardar (cajaAhorroInes);
        pcc1.Guardar (cuentaCorrienteInes);
        pcc2.Guardar (cuentaCorrienteLunaNueva);

        juan2 = pJuan.Recuperar( );
        ines2 = pInes.Recuperar( );
        lunaNueva2 = pLunaNueva.Recuperar( );

        cajaAhorroJuan2 = pca1.Recuperar( );
        cajaAhorroInes2 = pca2.Recuperar( );
        cuentaCorrienteInes2 = pcc1.Recuperar( );
        cuentaCorrienteLunaNueva2 = pcc2.Recuperar( );
}

private bool equals (Cliente c1, Cliente c2) {
        bool equalsCliente =
                c1.Email.Equals(c2.Email) &&
                c1.CantidadCuentas == c2.CantidadCuentas &&
                c1.Direccion.Equals(c2.Direccion);
        if (c1 is Persona) {
                Persona p1 = (Persona)c1; Persona p2 = (Persona)c2;
                return (
                        equalsCliente &&
                        p1.Nombre.Equals(p2.Nombre) &&
                        p1.Apellido.Equals(p2.Apellido) &&
                        p1.Dni == p2.Dni
                );
        }
        else {
                Empresa e1 = (Empresa)c1; Empresa e2 = (Empresa)c2;
                return (
```

```
                equalsCliente &&
                e1.RazonSocial.Equals(e2.RazonSocial) &&
                e1.Cuit.Equals(e2.Cuit)
            );
        }
    }

    private bool equals (CuentaBancaria c1, CuentaBancaria c2) {
        bool equalsCuenta =
            c1.Numero == c2.Numero &&
            c1.Saldo == c2.Saldo;
        if (c1 is CuentaCorriente) {
            CuentaCorriente cc1 = (CuentaCorriente)c1;
        CuentaCorriente cc2 = (CuentaCorriente)c2;
            return (
                equalsCuenta &&
                cc1.Descubierto == cc2.Descubierto
            );
        }
        else {
            CajaAhorro ca1 = (CajaAhorro)c1;
        CajaAhorro ca2 = (CajaAhorro)c2;
            return (
                    equalsCuenta &&
                    ca1.InteresesGanados == ca2.InteresesGanados
                );
        }
    }

    [Test]
    public void testJuan( ) {
        Assert.IsTrue (equals (juan, juan2));
        for (int i = 0; i < juan.CantidadCuentas; i++)
            Assert.IsTrue (equals (juan.Cuentas[i], juan2.Cuentas[i]));
    }

    [Test]
    public void testInes( ) {
        Assert.IsTrue (equals (ines, ines2));
        for (int i = 0; i < ines.CantidadCuentas; i++)
            Assert.IsTrue (equals (ines.Cuentas[i], ines2.Cuentas[i]));
        // Inés es el mismo cliente en su caja de ahorro y su cuenta corriente:
        Assert.IsTrue (cajaAhorroInes.Titular == cuentaCorrienteInes.Titular);
        // pero esto no se ve después de hidratar:
        Assert.IsFalse (cajaAhorroInes2.Titular == cuentaCorrienteInes2.Titular);
    }

    [Test]
    public void testLunaNueva( ) {
        Assert.IsTrue (equals (lunaNueva, lunaNueva2));
        for (int i = 0; i < lunaNueva.CantidadCuentas; i++)
            Assert.IsTrue (equals (lunaNueva.Cuentas[i], lunaNueva2.Cuentas[i]));
    }

    [Test]
    public void testCajaAhorroJuan( ) {
        Assert.IsTrue (equals (cajaAhorroJuan, cajaAhorroJuan2));
        Assert.IsTrue (equals (cajaAhorroJuan.Titular, cajaAhorroJuan2.Titular));
```

```
        }

        [Test]
        public void testCajaAhorroInes( ) {
                Assert.IsTrue (equals (cajaAhorroInes, cajaAhorroInes2));
                Assert.IsTrue (equals (cajaAhorroInes.Titular, cajaAhorroInes2.Titular));
        }

        [Test]
        public void testCuentaCorrienteInes( ) {
                Assert.IsTrue (equals (cuentaCorrienteInes, cuentaCorrienteInes2));
                Assert.IsTrue (equals (
                        cuentaCorrienteInes.Titular, cuentaCorrienteInes2.Titular));
        }

        [Test]
        public void testCuentaCorrienteLunaNueva( ) {
                Assert.IsTrue (equals (cuentaCorrienteLunaNueva, cuentaCorrienteLunaNueva2));
                Assert.IsTrue (equals (
                        cuentaCorrienteLunaNueva.Titular, cuentaCorrienteLunaNueva2.Titular));
        }
    }
}
```

Por lo tanto, el comportamiento de la serialización binaria en C# es el mismo que la de la de Java.

La única solución a este problema – de manera similar a lo que ocurre en Java – es manejar parte de la serialización e hidratación a mano, con la ayuda de los métodos de la interfaz *ISerializable*.

CONCLUSIONES

La persistencia es a menudo vista como un servicio de la aplicación. Hay quienes recalcan que no es parte de la lógica que resuelve el problema en cuestión, sino una necesidad tecnológica derivada del hecho de que la memoria en la que se almacenan los objetos es volátil y no permanente. Siguiendo esta línea de pensamiento, la persistencia sería casi un accidente, ajeno a las cuestiones centrales de la aplicación.

Otras personas, que gustan de analizar los sistemas desde el punto de vista de los datos que almacenan, ven al almacenamiento de datos como central a la aplicación, y la lógica de negocio pasa a ser sólo algo construido para poder explotar esos datos y agregarles valor.

Está claro que ambos planteos son extremos. Pero sea como sea, lo que queda claro es que la persistencia y la lógica de negocio pueden existir bastante separadamente. De hecho, podríamos tener muchas maneras de persistir los mismos objetos. Y también podríamos definir distintas aplicaciones que trabajen sobre los mismos datos persistentes.

Esta independencia entre persistencia y modelo de negocio hace que sea muy razonable separarlas cuando desarrollamos aplicaciones, siguiendo la filosofía de "una clase por abstracción y una abstracción por clase".

Este es un tema que desarrollaré en profundidad en un capítulo posterior, cuando estudiemos diseño de arquitectura. Sin embargo, en los ejercicios que ya hice seguí parcialmente esta estrategia.

Por ejemplo, en el primer ejercicio del capítulo, no puse a la persistencia de fracciones como un método de la clase *Fraccion*, lo cual hubiera correspondido si suponemos que toda clase debe tener entre sus métodos el comportamiento que se espera de ella, sino que lo coloqué en una clase sin estado externa.

En los ejercicios siguientes refiné un poco esta idea, haciendo la persistencia desde una clase instanciable, lo cual resulta más adecuado a la POO, ya que la información de la manera en que se realiza la serialización me queda almacenada en un objeto.

Pero lo importante es que siempre separé la persistencia en una clase aparte. Ya voy a volver sobre este tema en los capítulos de diseño.

El próximo capítulo encarará el tema de delegados, un tema casi exclusivo de la plataforma .NET, pero perfectamente traducible a Java y C++.

13. LOS MÉTODOS COMO OBJETOS: ¿DELEGADOS?

Una parte sustancial de la tarea del programador es diseñar las abstracciones adecuadas a la solución del problema, y después implementar estas abstracciones usando las características más primitivas proporcionadas por el lenguaje de programación real.
Terence Pratt[82]

Hay una característica interesante que – entre los lenguajes que elegí para este libro – sólo está presente en C#. Me refiero a los llamados "delegados", que son una construcción que permite tratar a los métodos como objetos de primera clase, tal como se puede hacer en Smalltalk, otros lenguajes sin tipos orientados a objetos y – por supuesto – en los lenguajes funcionales.

Hay muchos críticos a la necesidad de los delegados, y a mí mismo me ha costado aceptarlos. Pero muy probablemente tenga esto que ver con que nos sentimos seguros para resolver problemas sin ellos, sin analizar si el uso de los mismos nos permitiría construir programas de mayor calidad y más fácilmente. Hoy estoy convencido de que – si bien no son imprescindibles, como casi ninguna construcción lingüística – sí son de gran ayuda.

Sin embargo, como en Java y C++ no hay algo similar a los delegados, discutiremos cómo implementar las mismas ideas en estos lenguajes, lo cual nos llevará de paso a analizar otro patrón de diseño.

UN EJERCICIO INICIAL: MÉTODOS COMO ARGUMENTOS

El problema y las entidades

Supongamos que deseamos contar con un método que ordene los inmuebles de una inmobiliaria de acuerdo con más de un criterio, para luego imprimirlas. Los criterios se podrán definir en tiempo de ejecución, de una lista de tres: por precio decreciente, por superficie decreciente y por orden alfabético de domicilio.

Para ello debemos hacer que el método que imprime los datos de una inmobiliaria reciba el criterio de ordenamiento como parámetro. Como el criterio de ordenamiento es – a su vez – un método, necesitamos pasar un método como parámetro de otro método. Aquí es donde van a intervenir los delegados, tipos de datos cuyas instancias son métodos.

Diagrama de clases

El diagrama de clases que proponemos para nuestra solución es:

[82] Lenguajes de programación, Prentice Hall, 1984.

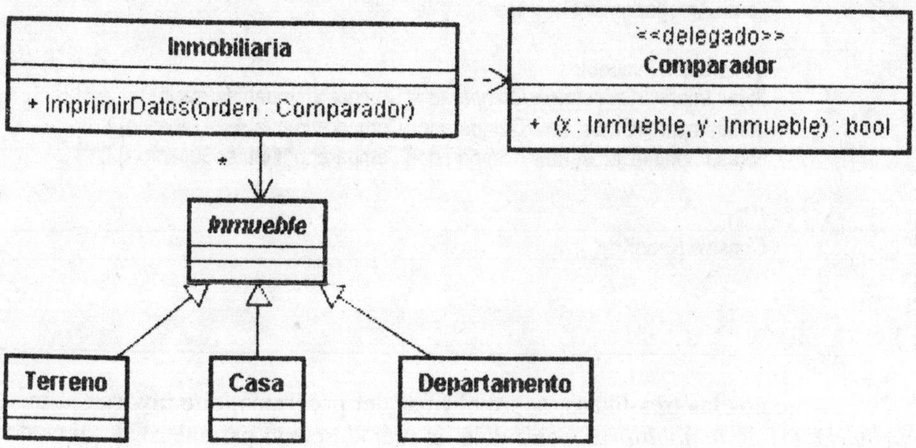

Un programa de prueba

Como programa de pruebas utilizaré una variación del programa con salida por consola, centrándome en la impresión de datos de una inmobiliaria:

```
using System;
using CarlosFontela.Inmobiliarias;

namespace CarlosFontela.Pruebas
{
  public class PruebaInmobiliarias
  {
        // implementación del método comparador:

        private static bool CompararInmueblesPrecio (Inmueble x, Inmueble y) {
              return x.Precio < y.Precio;
        }

        private static bool CompararInmueblesAlfabetico (Inmueble x, Inmueble y) {
              return x.Domicilio.CompareTo(y.Domicilio) > 0;
        }

        private static bool CompararInmueblesSuperficie (Inmueble x, Inmueble y) {
              return x.Superficie < y.Superficie;
        }

        // programa de prueba:
        public static void Main( ) {
              // creación de objetos de prueba
              Inmueble membrillar = new Terreno ("Membrillar 255", 85.3, 4, 82000, true);
              Inmueble boyaca = new Casa
                    ("Boyacá 1244", 144.3, 5, 124300, true, true, false, 253);
              Inmueble artigas = new Departamento ("Artigas 1366", 95.2, 3, 93700, false, true);
              Inmueble neuquen = new Departamento
                    ("Neuquén 3455", 129.4, 5, 128400, true, true);
              Inmobiliaria flores = new Inmobiliaria ("Flores", 3, 1.5);

              // carga de inmobiliarias
              flores.AgregarInmueble(membrillar);
              flores.AgregarInmueble(neuquen);
              flores.AgregarInmueble(boyaca);
```

```
                flores.AgregarInmueble(artigas);

                // impresión inmuebles
                flores.ImprimirDatos( new Comparador(CompararInmueblesPrecio) );
                flores.ImprimirDatos( new Comparador(CompararInmueblesAlfabetico) );
                flores.ImprimirDatos( new Comparador(CompararInmueblesSuperficie) );

                // fin:
                Console.ReadKey( );
        }
    }
}
```

Notemos las tres líneas, sobre el final del programa, que invocan al método *ImprimirDatos* de *Inmobiliaria*, pasándole un método como parámetro. Aquí es donde va a aparecer el delegado: en el tratamiento de un método como si fuera un objeto.

Implementación

La única clase afectada es *Inmobiliaria*, a la que se agrega el delegado *Comparador*. Por cuestiones prácticas pongo a ambos en el mismo archivo:

```
using System;
using System.Collections;

namespace CarlosFontela.Inmobiliarias
{

    // lo que sigue es la declaración del delegado
    // se trata de una función booleana de dos parámetros Inmueble
    public delegate bool Comparador (Inmueble x, Inmueble y);

    public class Inmobiliaria : INotificable
    {
            private string nombre;
            private IList inmuebles;
            private double comisionClienteCompra;
            private double comisionClienteVenta;

            public Inmobiliaria (string nombre, double comisionClienteCompra,
                                                    double comisionClienteVenta) {
                    this.nombre = nombre;
                    this.inmuebles = new ArrayList( );
                    this.comisionClienteCompra = comisionClienteCompra;
                    this.comisionClienteVenta = comisionClienteVenta;
            }

            public string Nombre {
                    get {
                            return nombre;
                    }
            }

            public int CantidadInmuebles {
                    get {
                            return inmuebles.Count;
                    }
```

```
}

public void AgregarInmueble (Inmueble x) {
        inmuebles.Add(x);
}

public void QuitarInmueble (Inmueble x) {
        inmuebles.Remove(x);
}

public double ComisionClienteCompra {
        get {
                return comisionClienteCompra;
        }
}

public double ComisionClienteVenta {
        get {
                return comisionClienteVenta;
        }
}

public double BeneficioEsperadoCartera( ) {
        double beneficio = 0;
        double comisionesCobradas =
                (ComisionClienteCompra + ComisionClienteVenta) / 100;
        foreach (Inmueble x in inmuebles) {
                int precio = x.Precio;
                if (!x.Vendido) {
                        beneficio += precio * comisionesCobradas - x.ComisionVendedor( );
                }
        }
        return beneficio;
}

public double BeneficioEsperadoReservados( ) {
        double beneficio = 0;
        double comisionesCobradas =
                (ComisionClienteCompra + ComisionClienteVenta) / 100;
        foreach (Inmueble x in inmuebles) {
                int precio = x.Precio;
                if (!x.Vendido && x.Reservado) {
                        beneficio += precio * comisionesCobradas - x.ComisionVendedor( );
                }
        }
        return beneficio;
}

private static void ordenar (Inmueble[ ] inmueblesOrdenado, Comparador orden) {
        for (int i = 0; i < inmueblesOrdenado.Length-1; i++)
                for (int j = i+1; j < inmueblesOrdenado.Length; j++)
                if (orden (inmueblesOrdenado[i], inmueblesOrdenado[j])) {
                        Inmueble temp = inmueblesOrdenado[i];
                        inmueblesOrdenado[i] = inmueblesOrdenado[j];
                        inmueblesOrdenado[j] = temp;
                }
}
```

```
        public virtual void ImprimirDatos (Comparador orden) {
            Inmueble[ ] inmueblesOrdenado = new Inmueble [inmuebles.Count];
            // pasamos los inmuebles a otro arreglo para preservar la colección original:
            inmuebles.CopyTo (inmueblesOrdenado, 0);
            ordenar (inmueblesOrdenado, orden);
            Console.WriteLine ("Inmobiliaria: " + this.Nombre);
            foreach (Inmueble x in inmueblesOrdenado)
                x.ImprimirDatos( );
            Console.WriteLine( );
        }
    }
}
```

Notemos que ahora el método *ImprimirDatos* ordena antes el arreglo a imprimir, y para ordenarlo utiliza un método que le viene dado como parámetro. Y el tipo de ese parámetro es el delegado *Comparador*.

Una mirada analítica de lo que acabamos de escribir llevará a lector a ver una similitud con el ordenamiento de arreglos utilizando la interfaz *IComparer*.

En realidad, esa similitud no es casualidad. Como explicaré luego, los delegados son una implementación del patrón Command, que es lo mismo que hace el ordenamiento utilizando *IComparer*.

Lo que sí ocurre es que la notación es diferente: ha aparecido una palabra nueva, *delegate*, que se corresponde con una definición de encabezado de un método.

DELEGADOS

Delegados en C#

Los **delegados** son tipos especiales de .NET que especifican una firma de método. A veces se los compara con los punteros a funciones de C y C++, pero la verdad es que son más seguros, en igual sentido que las referencias son más seguras que los punteros, y además son orientados a objetos. Por eso, decimos que un delegado es una referencia a un método segura en cuanto a tipos.

Todos los tipos de delegados descienden de la clase *System.Delegate*.

Por ejemplo, si defino el tipo de delegado siguiente:

```
public delegate string Simple ( );
```

Estoy indicando que una instancia de *Simple* será cualquier método sin parámetros que devuelva una cadena de caracteres.

Por lo tanto, más adelante se lo podrá instanciar de la siguiente forma:

```
int[ ] v = new int[5];
Simple s = new Simple (v.ToString);
```

Lo que hice es asignar a la instancia de delegado *s* una referencia a la función *ToString* que se invoca sobre el arreglo *v*. Esto lo pude hacer porque el método *ToString* predefinido en la clase *Array* no tiene parámetros y devuelve una cadena.

Puede parecer raro haber escrito *ToString* sin el par de paréntesis a continuación. En realidad, esto es así porque si se colocaran los paréntesis, se interpretaría como una llamada a *ToString*. Por eso, nunca se le agregan argumentos a la instanciación de un delegado.

Una vez hecho esto, y después de haber cargado el arreglo con valores, podré escribir:

```
string cadena = s( );
```

Como *s* es una referencia a *v.ToString*, esto equivaldría a:

```
string cadena = v.ToString( );
```

Notemos que el uso de delegados, de forma similar al empleo de cualquier objeto, involucra tres pasos:

- Declaración del tipo: en este caso es una firma de método.
- Instanciación: mediante un método que tenga la misma firma del tipo[83].
- Uso de la instancia: como se trata de un método, se lo usa mediante una invocación.

En realidad, los delegados son un poco más complejos que lo que acabamos de explicar. Esto ocurre porque hay instancias de delegados que no contienen un solo método sino una lista de métodos, que se van agregando mediante el operador += y se pueden retirar mediante -=. Los delegados que admiten esta manera de trabajar son los derivados de *System.MulticastDelegate*, que son todos los que no devuelven valores (tipo *void*).

Esta lista de métodos funciona como lista de invocación, de modo que al invocar a la instancia de delegado, en realidad se está haciendo una cadena de llamados a métodos, en el orden en que fueron insertados en la lista. Se dice que estos delegados son de **invocación múltiple** (en inglés, "multicast") por este motivo.

Por ejemplo, si defino el tipo de delegado:

```
public delegate void Funcion (int x);
```

Luego, a la instancia le puedo asignar uno o más métodos que tengan resultado *void* y un parámetro *int*:

```
IList lista = new ArrayList( );
for (int i = 0; i < 20; i++) lista.Add(i);
Funcion f = new Funcion(Console.Write);
f += new Funcion(lista.RemoveAt);
f += new Funcion(lista.RemoveAt);
```

Notemos que esta vez coloqué en la instancia de delegados al método *Console.Write*, que es un método de clase, no uno para ser invocado sobre una instancia. De hecho, no sólo esto es válido, sino que se pueden mezclar métodos de clase con métodos de instancia, como hice al agregar luego *RemoveAt*, en la medida en que todos cumplan con la firma indicada en el tipo de delegado.

Esto último les da a los delegados cierta apariencia de orientación a objetos, ya que se los puede usar con objetos de tipos distintos y hasta con métodos de clase.

[83] En realidad, basta con que devuelva un valor de un tipo descendiente del declarado y sus parámetros sean de clases ancestros a la declarada.

Luego, si invoco al delegado:

```
f(5);        // llama a la lista de métodos, uno tras otro
```

Lo que estaremos haciendo es llamar sucesivamente a *Console.Write(5)* y dos veces a *lista.RemoveAt(5)*.

Por supuesto, al ir llamando un método tras otro, los cambios que eventualmente hubieran hecho los primeros serían vistos por los siguientes. De hecho, en nuestro ejemplo, la primera llamada a *RemoveAt* elimina el elemento de la posición 5, pero al compactarse la lista luego, el siguiente *RemoveAt* elimina el elemento que estaba en la posición 6 antes de invocar al delegado.

El objetivo del uso de delegados, frente a la simple llamada a métodos, es desacoplar código. De esta manera, en tiempo de compilación no se sabe qué método se va a usar, y el tipo delegado no conoce ni los objetos que van a ser utilizados para invocarlo ni las clases de las cuales dichos objetos son instancias.

De todos modos, como siempre, recalquemos que lo principal es la simplicidad. El uso de delegados en vez de la simple invocación de métodos debe estar bien fundado.

Métodos anónimos

Existe la posibilidad de no definir un método antes de instanciar un tipo de delegado con el mismo, sino incluir directamente el pedazo de código que lo representa.

Por ejemplo, más arriba definí el tipo de delegado *Comparador*:

```
public delegate bool Comparador(Inmueble x, Inmueble y);
```

Luego definí un método que pueda ser instancia de *Comparador*:

```
private static bool CompararInmueblesSuperficie (Inmueble x, Inmueble y) {
   return x.Superficie < y.Superficie;
}
```

Y finalmente convertí al método *CompararInmueblesSuperficie* en una instancia de *Comparador*[84]:

```
Comparador c = new Comparador(CompararInmueblesSuperficie));
flores.ImprimirDatos(c);
```

Ahora bien, en vez de definir el método antes de instanciarlo, podemos escribir lo que sigue directamente, una vez definido el tipo de delegado *Comparador*:

```
Comparador c = delegate (Inmueble x, Inmueble y) {
        return x.Superficie < y.Superficie;
}
```

Y ya no existe más el método *CompararInmueblesSuperficie*.

[84] En realidad, nuestro código era un poco más simple, pero lo desglosé así para que se entendiese mejor.

Obviamente, esto es algo útil cuando se definen métodos sólo para ser usados como delegados, es decir, cuando no tiene sentido definirlos con ningún otro fin.

UNA ALTERNATIVA A LOS DELEGADOS EN JAVA

En Java no hay ninguna construcción como los delegados de C#. Sin embargo, como veremos un poco más adelante, la construcción de C# denominada *delegado* es una implementación del patrón Command, que puede llevarse a Java o cualquier otro lenguaje de POO.

Dejamos el análisis del patrón Command para las cuestiones de diseño del final del capítulo.

UNA ALTERNATIVA A LOS DELEGADOS EN C++

Si bien C++ no tiene ninguna construcción como los delegados de C#, sí permite definir punteros a funciones, con los cuales podemos lograr comportamientos parecidos.

A continuación se muestra el ejemplo del principio del capítulo utilizando punteros a funciones. El programa de prueba será:

```
// Principal.cpp

#include <stdio.h>
#include <iostream.h>

#ifndef TERRENO_H_
#include "Terreno.h"
#endif /*TERRENO_H_*/

#ifndef DEPARTAMENTO_H_
#include "Departamento.h"
#endif /*DEPARTAMENTO_H_*/

#ifndof CASA_H_
#include "Casa.h"
#endif /*CASA_H_*/

#ifndef INMOBILIARIA_H_
#include "Inmobiliaria.h"
#endif /*INMOBILIARIA_H_*/

using namespace inmobiliarias;

bool compararInmueblesPrecio (const Inmueble* x, const Inmueble* y) {
   return x->getPrecio( ) < y->getPrecio( );
}

bool compararInmueblesAlfabetico (const Inmueble* x, const Inmueble* y) {
   return x->getDomicilio( ) < y->getDomicilio( );
}
```

```
bool compararInmueblesSuperficie (const Inmueble* x, const Inmueble* y) {
   return x->getSuperficie( ) < y->getSuperficie( );
}

int main ( ) {

   // creación de objetos de prueba
   Terreno membrillar ("Membrillar 255", 85.3, 4, 82000, true);
   Casa boyaca ("Boyacá 1244", 144.3, 5, 124300, true, true, false, 253);
   Departamento artigas ("Artigas 1366", 95.2, 3, 93700, false, true);
   Departamento neuquen ("Neuquén 3455", 129.4, 5, 128400, true, true);
   Inmobiliaria sucasa ("Su casa", 3, 3);
   Inmobiliaria flores ("Flores", 3, 1.5);

   // carga de inmobiliarias
   sucasa.agregarInmueble(membrillar);
   sucasa.agregarInmueble(neuquen);
   flores.agregarInmueble(boyaca);
   flores.agregarInmueble(artigas);

   // llamadas a métodos con métodos como parámetros:
   sucasa.imprimirDatos (compararInmueblesPrecio);
   sucasa.imprimirDatos (compararInmueblesAlfabetico);
   sucasa.imprimirDatos (compararInmueblesSuperficie);

   // fin:
   char c = getchar( );
   return 0;
};
```

Y la clase *Inmobiliaria* se implementará así:

```
// Inmobiliaria.h

#ifndef INMUEBLE_H_
#include "Inmueble.h"
#endif /*INMUEBLE_H_*/

#ifndef NOTIFICABLE_H_
#include "Notificable.h"
#endif /*NOTIFICABLE_H_*/

#include <string>

#ifndef INMOBILIARIA_H_
#define INMOBILIARIA_H_

namespace inmobiliarias {

   class Inmobiliaria : public Notificable {

         public:
                  Inmobiliaria (string, double, double);
                  string getNombre( ) const;
                  int getCantidadInmuebles( ) const;
                  void agregarInmueble (Inmueble&);
```

```
            void quitarInmueble (Inmueble&);
            // observe los punteros a métodos:
            virtual void imprimirDatos (
                    bool (*Comparador)(const Inmueble*, const inmueble*)) const;
            double getComisionClienteCompra( ) const;
            double getComisionClienteVenta( ) const;
            double beneficioEsperadoCartera( ) const;
            double beneficioEsperadoReservados( ) const;

        private:
            string nombre;
            int cantidadInmuebles;
            static const int maximoInmuebles = 100;
            RefInmueble inmuebles [maximoInmuebles];
            double comisionClienteCompra;        // atributo nuevo
            double comisionClienteVenta;  // atributo nuevo
            int posicionInmueble (Inmueble&);
    };
};
#endif /*INMOBILIARIA_H_*/
```

```
// Inmobiliaria.cpp

using namespace std;

#ifndef INMOBILIARIA_H_
#include "Inmobiliaria.h"
#endif /*INMOBILIARIA_H_*/

#include <string>

namespace inmobiliarias {

    Inmobiliaria :: Inmobiliaria (string nombre, double comisionClienteCompra,
                                          double comisionClienteVenta) {
        this->nombre = nombre;
        this->cantidadInmuebles = 0;
        // se agregaron dos líneas:
        this->comisionClienteCompra = comisionClienteCompra;
        this->comisionClienteVenta = comisionClienteVenta;
        // blanqueo de inmuebles:
        for (int i = 0; i < maximoInmuebles; i++)
                inmuebles[i] = NULL;
    }

    string Inmobiliaria :: getNombre( ) const {
        return nombre;
    }

    int Inmobiliaria :: getCantidadInmuebles( ) const {
        return cantidadInmuebles;
    }

    double Inmobiliaria :: getComisionClienteCompra( ) const {
        return comisionClienteCompra;
    }
```

```
double Inmobiliaria :: getComisionClienteVenta( ) const {
        return comisionClienteVenta;
}

void Inmobiliaria :: agregarInmueble (Inmueble& inmueble) {
        if (cantidadInmuebles == maximoInmuebles) {
                cout << "Se superó el máximo de inmuebles para esta inmobiliaria" << endl;
                return;
        }
        inmuebles [cantidadInmuebles] = &inmueble;
        cantidadInmuebles++;
}

int Inmobiliaria :: posicionInmueble (Inmueble& inmueble) {
        for (int pos = 0; pos < cantidadInmuebles; pos++)
                if (inmuebles[pos] == &inmueble)
                        return pos;
        return -1;
}

void Inmobiliaria :: quitarInmueble (Inmueble& inmueble) {
        int pos = posicionInmueble(inmueble);
        if (pos > -1) {         // encontró el inmueble
                // voy a eliminar el elemento del arreglo por compresión
                for (int i = pos; i < cantidadInmuebles-1; i++) {
                        inmuebles[i] = inmuebles [i+1];
        }
        inmuebles [cantidadInmuebles-1] = NULL;
        cantidadInmuebles–;
        }
}

void Inmobiliaria :: imprimirDatos (
                bool (*Comparador)(const Inmueble*, const Inmueble*)) const {
        Inmueble inmueblesOrdenado [cantidadInmuebles];
        // pasamos los inmuebles a otro arreglo para preservar la colección original:
        for (int i = 0; i < cantidadInmuebles; i++)
                inmueblesOrdenado[i] = inmuebles[i];
        // ordenamiento:
        for (int i = 0; i < cantidadInmuebles-1; i++)
                for (int j = i+1; j < cantidadInmuebles; j++)
                if (*Comparador (inmueblesOrdenado[i], inmueblesOrdenado[j])) {
                        Inmueble temp = inmueblesOrdenado[i];
                        inmueblesOrdenado[i] = inmueblesOrdenado[j];
                        inmueblesOrdenado[j] = temp;
                }
        // impresión:
        cout << "Inmobiliaria: " << this->getNombre( ) << endl;
        for (int i = 0; i < cantidadInmuebles; i++)
                inmueblesOrdenado[i]->imprimirDatos( );
        cout << endl;
}

double Inmobiliaria :: beneficioEsperadoCartera( ) const {
        double beneficio = 0;
        double comisionesCobradas =
                (getComisionClienteCompra( ) + getComisionClienteVenta( )) / 100;
        for (int i = 0; i < cantidadInmuebles; i++)
```

```
            if (!inmuebles[i]->getVendido( ))
                beneficio += inmuebles[i]->beneficioParcial(comisionesCobradas);
        return beneficio;
    }

    double Inmobiliaria :: beneficioEsperadoReservados( ) const {
        double beneficio = 0;
        double comisionesCobradas =
            (getComisionClienteCompra( ) + getComisionClienteVenta( )) / 100;
        for (int i = 0; i < cantidadInmuebles; i++)
            if (!inmuebles[i]->getVendido( ) && inmuebles[i]->getReservado( ))
                beneficio += inmuebles[i]->beneficioParcial(comisionesCobradas);
        return beneficio;
    }
};
```

De todas maneras, la solución más elegante a este problema es utilizar el patrón Command, como hice más adelante en lenguaje Java.

EJERCICIOS DE EJEMPLO ADICIONALES

Algoritmos de facturación (C#)

En el ejemplo de un sistema de facturación que vimos en un capítulo anterior, voy a implementar diferentes maneras de calcular el total de una factura, de modo tal que estos algoritmos puedan elegirse en forma dinámica.

Lo que haré es suponer que se aplican diferentes descuentos según el comprador y el día de la semana de que se trate:

- A los empleados de la empresa, se les hará un descuento del 20% sobre el total de la compra.
- A los jubilados se les descontará un 15% sobre los precios unitarios que no superen los $ 500.
- Los días martes hay un descuento del 10% sobre todos los productos cuyo código sea menor a 100.

La mejor solución a este problema es elegir el algoritmo que se va a aplicar en el momento de la creación del objeto *Factura*. Y para esto, nada mejor que encapsularlo en un delegado.

El diagrama que muestra esta solución es:

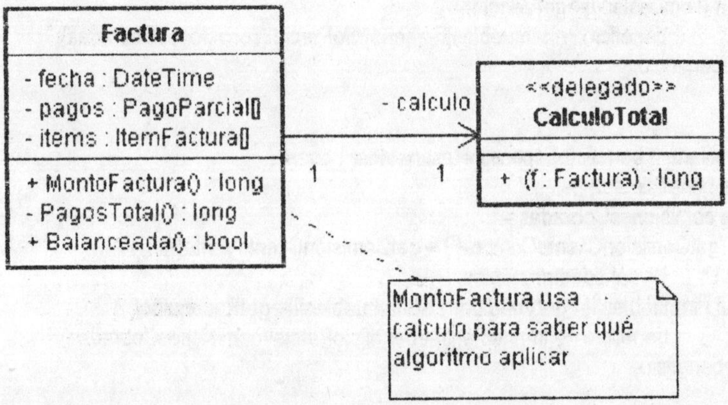

El código de prueba propuesto sería:

```
using NUnit.Framework;
using CarlosFontela.Facturacion;
using System;

namespace CarlosFontela.Pruebas
{
   [TestFixture]
   public class PruebaFacturacion
   {
        private ItemFactura[ ] items = new ItemFactura[5];
        private PagoParcial[ ] pagos = new PagoParcial[1];

        [TestFixtureSetUp]
        public void Init( )
        {
              items[0] = new ItemFactura (22, "Arroz", 122, 1);
              items[1] = new ItemFactura (33, "Dulce de leche", 355, 2);
              items[2] = new ItemFactura (111, "Chorizo", 99, 1);
              items[3] = new ItemFactura (66, "Lechuga", 35, 1);
              items[4] = new ItemFactura (333, "Plato sopero", 612, 3);

              // no interesa el monto porque no es lo que se verifica:
              pagos[0] = new PagoParcial (new Efectivo( ), 1000);
        }

        [Test]
        public void TestSimple( )
        {
              Factura fs = new Factura (items, pagos, false, false);
              Assert.AreEqual (122 + 355*2 + 99 + 35 + 612*3, fs.MontoFactura( ));
        }

        [Test]
        public void TestJubilado( )
        {
              Factura fj = new Factura (items, pagos, true, false);
              Assert.AreEqual ((long) ((122+355*2+99+35)*0.85+612*3), fj.MontoFactura( ));
        }

        [Test]
```

```
        public void TestEmpleado( )
        {
            Factura fe = new Factura (items, pagos, false, true);
            Assert.AreEqual ((long) ((122+355*2+99+35+612*3)*0.8), fe.MontoFactura( ));
        }

        // esta prueba va a fallar si se corre un día que no sea martes
        [Test]
        public void TestMartes( )
        {
            Factura fm = new Factura (items, pagos, false, false);
            if (DateTime.Today.DayOfWeek == DayOfWeek.Tuesday)
                Assert.AreEqual (
                    (long) ((122+355*2+35)*0.9+99+612*3), fm.MontoFactura( ));
            else
                Assert.AreEqual (122+355*2+99+35+612*3, fm.MontoFactura( ));
        }

        // esta prueba tiene sentido si se la corre un martes
        [Test]
        public void TestMartesJubilado( )
        {
            Factura fmj = new Factura (items, pagos, true, false);
            Assert.AreEqual (
                (long) ((122+355*2+99+35)*0.85+612*3), fmj.MontoFactura( ));
        }

        [Test]
        public void TestJubiladoEmpleado( )
        {
            Factura fje = new Factura (items, pagos, true, true);
            Assert.AreEqual(
                (long) ((122+355*2+99+35+612*3)*0.8), fje.MontoFactura( ));
        }
    }
}
```

Y las clases que cambian respecto de la solución anterior son:

```
namespace CarlosFontela.Facturacion
{
    public delegate long CalculoTotal (Factura f);

    public class EstrategiasCalculo {

        public static long TotalSimple (Factura f) {
            long monto = 0;
            for (int i = 0; i < f.Items.Length; i++)
                monto += f.Items[i].MontoItem;
            return monto;
        }

        public static long TotalMartes (Factura f) {
            double monto = 0;
            for (int i = 0; i < f.Items.Length; i++) {
                if (f.Items[i].Codigo < 100)
                    monto += f.Items[i].MontoItem*0.9;
```

```
                else
                        monto += f.Items[i].MontoItem;
            }
            return (long)monto;
        }

        public static long TotalJubilados (Factura f) {
            double monto = 0;
            for (int i = 0; i < f.Items.Length; i++) {
                if (f.Items[i].Precio < 500)
                        monto += f.Items[i].MontoItem*0.85;
                else
                        monto += f.Items[i].MontoItem;
            }
            return (long)monto;
        }

        public static long TotalEmpleados (Factura f) {
            long monto = 0;
            for (int i = 0; i < f.Items.Length; i++)
                monto += f.Items[i].MontoItem;
            return (long)(monto*0.8);
        }

    }
}
```

```
using System;

namespace CarlosFontela.Facturacion
{
    public class Factura
    {
        private DateTime fecha;
        private ItemFactura[ ] items;
        private PagoParcial[ ] pagos;
        private CalculoTotal calculo;

        public Factura (ItemFactura[ ] items, PagoParcial[ ] pagos,
                                        bool jubilado, bool empleado) {
            this.fecha = DateTime.Today;
            this.items = items;
            this.pagos = pagos;
            if (empleado)
                this.calculo = new CalculoTotal (EstrategiasCalculo.TotalEmpleados);
            else if (jubilado)
                this.calculo = new CalculoTotal (EstrategiasCalculo.TotalJubilados);
            else if (fecha.DayOfWeek == DayOfWeek.Tuesday)
                this.calculo = new CalculoTotal (EstrategiasCalculo.TotalMartes);
            else this.calculo = new CalculoTotal (EstrategiasCalculo.TotalSimple);
        }

        public DateTime Fecha {
            get {
                return fecha;
            }
```

```
		}

		public ItemFactura[ ] Items {
			get {
				return items;
			}
		}

		public PagoParcial[ ] Pagos {
			get {
				return pagos;
			}
		}

		public long MontoFactura( ) {
			return calculo(this);
		}

		private long PagosTotal( ) {
			long total = 0;
			for (int i = 0; i < pagos.Length; i++)
				total += pagos[i].Monto;
			return total;
		}

		public bool Balanceada( ) {
			return (MontoFactura( ) == PagosTotal( ));
		}
	}
}
```

Flujos de tareas con delegados de invocación múltiple (C#)

Supongamos que tenemos que construir un sistema para manejar flujos de tareas que se deben definir sobre documentos. Es decir, un cierto documento admite que se le realicen algunas tareas a lo largo del tiempo, que se pueden definir como una sucesión de tareas que denominamos procedimiento.

Sin embargo, supongamos también que, para cada documento, debemos definir qué tareas hay que aplicarle, de un conjunto predefinido. En consecuencia, un usuario de la aplicación recibiría un documento, y en función del flujo que debe seguir, elige tareas de una lista y programa una secuencia de esas tareas (un procedimiento) para que el documento recorra los procesos respectivos.

Como las tareas serán métodos, el tipo de dato *Procedimiento* tendrá que ser un delegado de invocación múltiple.

El usuario debe ser capaz de crear flujos de tareas, seleccionando tareas y agregándoselas de a una al flujo en cuestión. Por lo tanto, tenemos que tener una clase que maneje flujos, que por conveniencia notacional llamaremos *Workflow*, con un método *AgregarTarea*. Un flujo contiene un delegado de invocación múltiple que contenga varias tareas, que serán ejecutadas en forma secuencial.

Finalmente, para cuando queramos ejecutar un flujo completo, *Workflow* tendrá un método *Ejecutar*, que deberá invocar al delegado de invocación múltiple.

El programa – un tanto ingenuo – que usaré para probar el desarrollo en cuestión será:

```
using System;
using CarlosFontela.Workflows;

namespace CarlosFontela.Pruebas
{
   public class PruebaWorkflow
   {
         public static void Main( ) {
               Documento doc1 = new Documento ("doc1", "Documento 1");
               Documento doc2 = new Documento ("doc2", "Documento 2");
               Workflow wk1 = new Workflow(doc1);
               Workflow wk2 = new Workflow(doc2);

               wk1.AgregarTarea(Tareas.metodo1);
               wk1.AgregarTarea(Tareas.metodo3);
               wk1.AgregarTarea(Tareas.metodo5);
               wk2.AgregarTarea(Tareas.metodo4);
               wk2.AgregarTarea(Tareas.metodo2);
               wk2.AgregarTarea(Tareas.metodo1);

               wk1.Ejecutar( );
               wk2.Ejecutar( );

               Console.ReadKey( );
         }
   }
}
```

Y defino algunos métodos sencillos para poder correr el programa de prueba:

```
using System;

namespace CarlosFontela.Workflows
{
   public static class Tareas
   {
         public static void metodo1 (Documento d) {
               Console.WriteLine(
                     "Se ejecutó el método 1 para el documento "
                     + d.Nombre);
         }

         public static void metodo2 (Documento d) {
               Console.WriteLine(
                     "Se ejecutó el método 2 para el documento "
                     + d.Nombre);
         }

         public static void metodo3 (Documento d) {
               Console.WriteLine(
                     "Se ejecutó el método 3 para el documento "
                     + d.Nombre);
         }

         public static void metodo4 (Documento d) {
               Console.WriteLine(
                     "Se ejecutó el método 4 para el documento "
```

```
                    + d.Nombre);
        }

        public static void metodo5 (Documento d) {
                Console.WriteLine(
                    "Se ejecutó el método 5 para el documento "
                    + d.Nombre);
        }
    }
}
```

El delegado de invocación múltiple y la La clase *Workflow* serán:

```
namespace CarlosFontela.Workflows
{
    public delegate void Procedimiento (Documento d);

    public class Workflow
    {
        private Procedimiento procedimiento;
        private Documento documento;

        public Workflow (Documento documento) {
            this.documento = documento;
            this.procedimiento = null;
        }

        public void AgregarTarea (Procedimiento tarea) {
            procedimiento += tarea;
        }

        public void Ejecutar( ) {
            if (this.procedimiento != null);
                this.procedimiento(this.documento);
        }

        public Documento Documento {
            get {
                return documento;
            }
        }
    }
}
```

La clase *Documento* que propongo es:

```
using System;

namespace CarlosFontela.Workflows
{
    public class Documento
    {
        private string nombre;
        private object contenido;

        public Documento (string nombre, object contenido) {
```

```
            this.nombre = nombre;
            this.contenido = "";
      }

      public void asignarContenido (string contenido) {
            this.contenido = contenido;
      }

      public object Contenido {
            get {
                  return contenido;
            }
      }

      public string Nombre {
            get {
                  return nombre;
            }
      }
   }
}
```

Una posible mejora a este ejercicio sería que los flujos de procesos se pudieran definir en función del tipo de documento, y que la elección de un flujo u otro fuera realizada automáticamente en forma polimorfa. Esto lo dejo a cargo del lector.

También dejo a cargo del lector un flujo más realista, con bifurcaciones condicionales.

CUESTIONES DE DISEÑO

El patrón de diseño Command

El patrón Command, Acción u Orden sirve – nada más y nada menos – que para encapsular un método o un conjunto de ellos en un objeto, de modo tal que luego se los pueda usar en todas las ocasiones en que se usan los objetos.

Entre los usos más habituales de este patrón están:

- Parametrizar acciones a desarrollar, colocándolas en un objeto parámetro que contiene los métodos a invocar.
- Implementar acciones que luego se puedan revertir, con un par de métodos *hacer* y *deshacer*, que puedan definirse de formas alternativas. Si se desean varios niveles de deshacer, se puede trabajar con una pila de objetos Command.
- Priorizar peticiones poniéndolas en una cola de acciones.
- Implementar *callbacks* y eventos, permitiendo que un método sea parámetro de otro método (veremos esto en un capítulo de la cuarta parte del libro).
- Implementar macros, que no son más que una agregación de objetos Command.

El diagrama de clases típico de la implementación de Command es (nótese que se prevé la existencia de macros, una combinación de los patrones Contenedor y

Command):

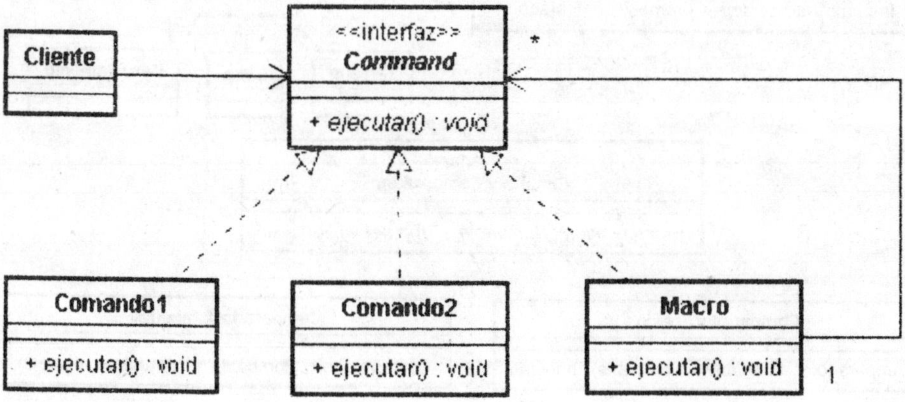

Los objetos *Command* – instancias de clases que implementen la interfaz *Command* – son, por su misma definición, objetos sin estado, ya que su razón de ser no tiene que ver con almacenar dato alguno, sino solamente implementar uno u otro método.

Normalmente, también son Singletons, ya que cada clase que implementa *Command* no tiene sentido que sea instanciada más de una vez en la medida en que no tiene estado.

Sin embargo, puede haber ocasiones en que deseemos realizar pequeñas variaciones de *Command*, y que en algunos casos deban almacenar estado. En esos casos no deberían ser Singletons.

La construcción *delegate* del lenguaje C# es una implementación del patrón Command.

Sin embargo, no admite la existencia de varios métodos alternativos en un mismo objeto Command, y sí permite la invocación de métodos sucesivos, en los delegados de invocación múltiple, lo cual se parece más bien a otro patrón llamado Cadena de Responsabilidad.

Como dije, entonces, la implementación típica de Command en C# es muy directa con delegados, obviándose de esa manera la interfaz *Command* del diagrama. Sin embargo, en los lenguajes que no tienen una construcción similar – que son la inmensa mayoría – se puede implementarlo como en el diagrama.

Veremos entonces la implementación de este patrón en Java para resolver el ejemplo del principio de este capítulo.

A continuación se muestra el diagrama de clases de la solución propuesta:

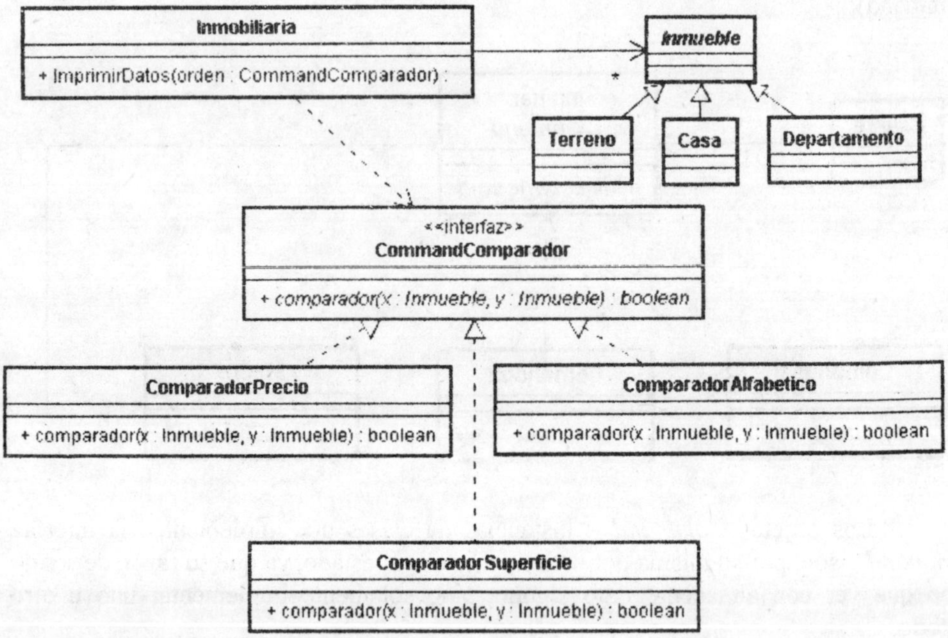

El programa de prueba será:

```
package carlosfontela.pruebas;
import carlosfontela.inmobiliarias.*;

public class PruebaInmobiliarias {

    public static void main (String[ ] p) {

        // creación de objetos de prueba
        Inmueble membrillar = new Terreno ("Membrillar 255", 85.3, 4, 82000, true);
        Inmueble boyaca = new Casa ("Boyacá 1244", 144.3, 5, 124300, true, true, false, 253);
        Inmueble artigas = new Departamento ("Artigas 1366", 95.2, 3, 93700, false, true);
        Inmueble neuquen = new Departamento ("Neuquén 3455", 129.4, 5, 128400, true, true);
        Inmobiliaria flores = new Inmobiliaria ("Flores", 3, 1.5);

        // carga de inmobiliarias
        flores.agregarInmueble(membrillar);
        flores.agregarInmueble(neuquen);
        flores.agregarInmueble(boyaca);
        flores.agregarInmueble(artigas);

        // impresión inmuebles (nótese el uso de objetos Command):
        flores.imprimirDatos (new ComparadorPrecio( ));
        flores.imprimirDatos (new ComparadorSuperficie( ));
        flores.imprimirDatos (new ComparadorAlfabetico( ));
    }
}
```

Al mismo se deben agregar las clases que implementan la interfaz *CommandComparador*:

```
// ComparadorPrecio.java
```

```java
package carlosfontela.pruebas;

import carlosfontela.inmobiliarias.*;

public class ComparadorPrecio implements CommandComparador {

    public boolean comparador(Inmueble x, Inmueble y) {
            return x.getPrecio( ) < y.getPrecio( );
    }
}
```

```java
// ComparadorSuperficie.java
package carlosfontela.pruebas;

import carlosfontela.inmobiliarias.*;

public class ComparadorSuperficie implements CommandComparador {

    public boolean comparador(Inmueble x, Inmueble y) {
            return x.getSuperficie( ) < y.getSuperficie( );
    }
}
```

```java
// ComparadorAlfabetico.java
package carlosfontela.pruebas;

import carlosfontela.inmobiliarias.*;

public class ComparadorAlfabetico implements CommandComparador {

    public boolean comparador(Inmueble x, Inmueble y) {
            return x.getDomicilio( ).compareTo(y.getDomicilio( )) > 0;
    }
}
```

Lo que sigue son la interfaz y la clase que resuelven el problema:

```java
// CommandComparador.java
package carlosfontela.inmobiliarias;

public interface CommandComparador {
    boolean comparador(Inmueble x, Inmueble y);
}
```

```java
// Inmobiliaria.java
package carlosfontela.inmobiliarias;

import java.util.*;

public class Inmobiliaria implements Notificable {
    private String nombre;
    private List inmuebles;
    private double comisionClienteCompra;
    private double comisionClienteVenta;

    public Inmobiliaria (String nombre, double comisionClienteCompra,
```

```
                                             double comisionClienteVenta) {
        this.nombre = nombre;
        this.inmuebles = new ArrayList( );
        this.comisionClienteCompra = comisionClienteCompra;
        this.comisionClienteVenta = comisionClienteVenta;
}

    public String getNombre( ) {
        return nombre;
    }

    public int getCantidadInmuebles( ) {
        return inmuebles.size( ); }

    public void agregarInmueble (Inmueble x) {
        inmuebles.add(x);
    }

    public void quitarInmueble (Inmueble x) {
        inmuebles.remove(x);
    }

    public double getComisionClienteCompra( ) {
        return comisionClienteCompra;
    }

    public double getComisionClienteVenta( ) {
        return comisionClienteVenta;
    }

    public double beneficioEsperadoCartera( ) {
        double beneficio = 0;
        double comisionesCobradas =
                (getComisionClienteCompra( ) + getComisionClienteVenta( )) / 100;
        for (Object o : inmuebles) {
                Inmueble x = (Inmueble)o;
                int precio = x.getPrecio( );
                if (!x.getVendido( ))
                        beneficio += precio * comisionesCobradas - x.comisionVendedor( );
        }
        return beneficio;
    }

    public double beneficioEsperadoReservados( ) {
        double beneficio = 0;
        double comisionesCobradas =
                (getComisionClienteCompra( ) + getComisionClienteVenta( )) / 100;
        for (Object o : inmuebles) {
                Inmueble x = (Inmueble)o;
                int precio = x.getPrecio( );
                if (!x.getVendido( ) && x.getReservado( ))
                        beneficio += precio * comisionesCobradas - x.comisionVendedor( );
        }
        return beneficio;
    }

    private static void ordenar (Inmueble[ ] inmueblesOrdenado, CommandComparador orden) {
        for (int i = 0; i < inmueblesOrdenado.length-1; i++)
```

```
            for (int j = i+1; j < inmueblesOrdenado.length; j++)
            if (orden.comparador(inmueblesOrdenado[i],inmueblesOrdenado[j])) {
                Inmueble temp = inmueblesOrdenado[i];
                inmueblesOrdenado[i] = inmueblesOrdenado[j];
                inmueblesOrdenado[j] = temp;
            }
    }

    public void imprimirDatos (CommandComparador orden) {
        Inmueble[ ] inmueblesOrdenado = new Inmueble[getCantidadInmuebles( )];
        // pasamos los inmuebles a otro arreglo para preservar la colección original:
        int k = 0;
        for (Object o : inmuebles){
            inmueblesOrdenado[k] = (Inmueble)o;
            k++;
        }
        ordenar (inmueblesOrdenado, orden);
        System.out.println ("Inmobiliaria: " + this.getNombre( ));
        for (Inmueble x : inmueblesOrdenado)
            x.imprimirDatos( );
        System.out.println( );
    }
}
```

Como ya pasó en el ejemplo en C#, el lector cuidadoso habrá visto la similitud entre esta solución y la utilización de la interfaz *Comparator* para ordenar arreglos. Como dije antes, la similitud se debe a que la solución con *Comparator* utiliza una variante del patrón Command.

Lo que se ve también es que la implementación en Java, utilizando el patrón Command, es más enrevesada que la implementación en C# usando delegados, lo cual habla muy bien de la construcción *delegate* de C#.

El patrón de diseño Estrategia

A menudo necesitamos que el algoritmo que se emplea para resolver un problema se modifique en función de ciertas circunstancias que pueden variar dinámicamente. En estos casos, el patrón Estrategia propone encapsular estas variaciones de algoritmos, definiendo clases abstractas o interfaces para los fragmentos que pueden cambiar.

Lo que hace el patrón, en definitiva, es encapsular varios algoritmos alternativos en diferentes clases y se ofrece una interfaz única para acceder a la funcionalidad ofrecida. La elección del algoritmo se vuelve transparente para el cliente, pudiendo depender del objeto e incluso variar en el tiempo.

Esto permite – además de la intención declarada de poder elegir un algoritmo en tiempo de ejecución – simplificar la clase cliente y reducir las estructuras de decisión en el mismo.

Un buen ejemplo de lo que acabo de decir es el caso del cálculo del monto de una factura que resolvimos en C# utilizando delegados. Es que los delegados no sólo implementan el patrón Command, sino que también son un buen sustituto a la solución tradicional del patrón Estrategia

Para ver el patrón en su forma más tradicional, resolveré el mismo problema utilizando Java que – al no tener la construcción *delegate* – nos va a obligar a recurrir al patrón en su implementación más usual.

El diagrama que resuelve nuestro problema en Java es:

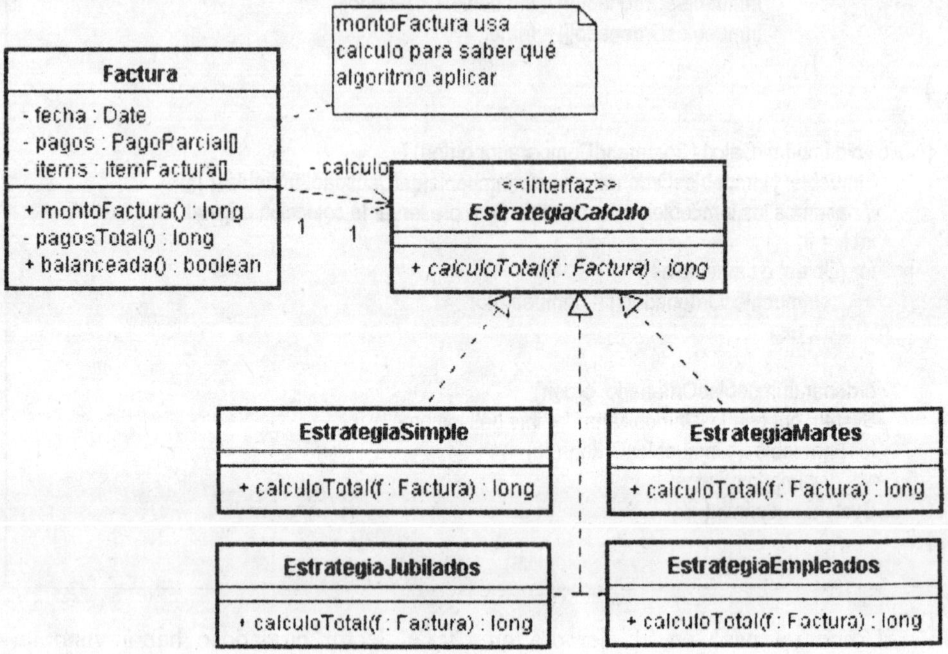

El código de prueba que voy a usar es:

```
package carlosfontela.pruebas;

import java.util.Date;
import junit.framework.TestCase;
import carlosfontela.facturacion.*;

public class PruebaFacturacion extends TestCase {

  private ItemFactura[ ] items = new ItemFactura[5];
  private PagoParcial[ ] pagos = new PagoParcial[1];

  protected void setUp( ) throws Exception {
        items[0] = new ItemFactura (22, "Arroz", 122, 1);
        items[1] = new ItemFactura (33, "Dulce de leche", 355, 2);
        items[2] = new ItemFactura (111, "Chorizo", 99, 1);
        items[3] = new ItemFactura (66, "Lechuga", 35, 1);
        items[4] = new ItemFactura (333, "Plato sopero", 612, 3);

        // no interesa el monto porque no es lo que se verifica:
        pagos[0] = new PagoParcial (new FormaPago ("efectivo"), 1000);
  }

  public void testSimple( ) {
        Factura fs = new Factura (items, pagos, false, false);
        assertEquals (122+ 355*2 + 99 + 35 + 612*3, fs.montoFactura( ));
  }

  public void testJubilado( ) {
```

```java
        Factura fj = new Factura (items, pagos, true, false);
        assertEquals ((long) ((122+355*2+99+35)*0.85+612*3), fj.montoFactura( ));
    }

    public void testEmpleado( ) {
        Factura fe = new Factura (items, pagos, false, true);
        assertEquals ((long) ((122+355*2+99+35+612*3)*0.8), fe.montoFactura( ));
    }

    private static boolean hoyEsMartes ( ) {
        Date hoy = new Date( );
        return (hoy.getDay( ) == 2);
    }

    // esta prueba va a fallar si se corre un día que no sea martes
    public void testMartes( ) {
        Factura fm = new Factura (items, pagos, false, false);
        if (hoyEsMartes( ))
            assertEquals ((long) ((122+355*2+35) * 0.9 + 99 + 612*3), fm.montoFactura( ));
        else
            assertEquals (122+355*2+99+35+612*3, fm.montoFactura( ));
    }

    // esta prueba tiene sentido si se la corre un martes
    public void testMartesJubilado( ) {
        Factura fmj = new Factura (items, pagos, true, false);
        assertEquals ((long) ((122+355*2+99+35) * 0.85 + 612*3), fmj.montoFactura( ));
    }

    public void testJubiladoEmpleado( ) {
        Factura fje = new Factura (items, pagos, true, true);
        assertEquals ((long) ((122+355*2+99+35+612*3) * 0.8), fje.montoFactura( ));
    }
}
```

Y las clases que logran hacer que las pruebas pasen son (coloco solamente las que se modifican):

```java
// Factura.java
package carlosfontela.facturacion;

import java.util.*;

public class Factura {
    private Date fecha;
    private ItemFactura[ ] items;
    private PagoParcial[ ] pagos;
    private EstrategiaCalculo estrategia;

    private static boolean esMartes (Date fecha) {
        return (fecha.getDay( ) == 2);
    }

    public Factura (ItemFactura[ ] items, PagoParcial[ ] pagos,
                            boolean jubilado, boolean empleado) {
        this.fecha = new Date( );
        this.items = items;
```

```
        this.pagos = pagos;
        if (empleado)
            this.estrategia = new EstrategiaEmpleados( );
        else if (jubilado)
            this.estrategia = new EstrategiaJubilados( );
        else if (esMartes(fecha))
            this.estrategia = new EstrategiaMartes( );
        else this.estrategia = new EstrategiaSimple( );
    }

    public Date getFecha( ) {
        return fecha;
    }

    public ItemFactura[ ] getItems( ) {
        return items;
    }

    public PagoParcial[ ] getPagos( ) {
        return pagos;
    }

    public long montoFactura( ) {
        return estrategia.calculoTotal(this);
    }

    private long pagosTotal( ) {
        long total = 0;
        for (int i = 0; i < pagos.length; i++)
            total += pagos[i].getMonto( );
        return total;
    }

    public boolean balanceada( ) {
        return (montoFactura( ) == pagosTotal( ));
    }
}
```

```
// EstrategiaCalculo.java
package carlosfontela.facturacion;

public interface EstrategiaCalculo {
  long calculoTotal(Factura f);
}
```

```
// EstrategiaSimple.java
package carlosfontela.facturacion;

public class EstrategiaSimple implements EstrategiaCalculo {

    public long calculoTotal(Factura f) {
        long monto = 0;
        for (int i = 0; i < f.getItems( ).length; i++)
            monto += f.getItems( )[i].getMontoItem( );
        return monto;
    }
}
```

```java
// EstrategiaEmpleados.java
package carlosfontela.facturacion;

public class EstrategiaEmpleados implements EstrategiaCalculo {

    public long calculoTotal(Factura f) {
            long monto = 0;
            for (int i = 0; i < f.getItems( ).length; i++)
                    monto += f.getItems( )[i].getMontoItem( );
            return (long)(monto*0.8);
    }
}
```

```java
// EstrategiaJubilados.java
package carlosfontela.facturacion;

public class EstrategiaJubilados implements EstrategiaCalculo {

    public long calculoTotal(Factura f) {
            double monto = 0;
            for (int i = 0; i < f.getItems( ).length; i++) {
                    if (f.getItems( )[i].getPrecio( ) < 500)
                            monto += f.getItems( )[i].getMontoItem( )*0.85;
                    else
                            monto += f.getItems( )[i].getMontoItem( );
            }
            return (long)monto;
    }
}
```

```java
// EstrategiaMartes.java
package carlosfontela.facturacion;

public class EstrategiaMartes implements EstrategiaCalculo {

    public long calculoTotal(Factura f) {
            double monto = 0;
            for (int i = 0; i < f.getItems( ).length; i++) {
                    if (f.getItems( )[i].getCodigo( ) < 100)
                            monto += f.getItems( )[i].getMontoItem( )*0.9;
                    else
                            monto += f.getItems( )[i].getMontoItem( );
            }
            return (long)monto;
    }

}
```

CONCLUSIONES

El capítulo que termina ha estudiado los "delegados". Notemos que el nombre de "delegados" para estos tipos especiales, cuyas instancias son métodos, le viene del mecanismo de delegación que ya hemos analizado. No obstante, los delegados no respetan del todo el mecanismo de delegación.

Podemos decir que el mecanismo de delegación se basa en que, cuando un objeto no puede o no desea completar todo el trabajo él mismo, delega tareas a otros objetos. La construcción *delegate*, en principio, permite implementar este mecanismo. Incluso al ser de invocación múltiple admite una delegación sucesiva, como en el patrón Cadena de Responsabilidad.

Sin embargo, la gran diferencia es que, con *delegate*, los objetos se suscriben a voluntad, por lo que el objeto que intenta delegar no siempre va a encontrar un objeto que realice el trabajo, y ni siquiera conoce a estos objetos directamente. De todos modos, nada impide que se pueda chequear la lista de invocación para ver si está vacía.

Por eso, debemos decir que, en rigor de verdad, los delegados no son el mejor mecanismo para manejar la delegación, aunque sí tienen interesantes usos adicionales. Algunos los hemos visto, pero la implementación de eventos, que abordaré más adelante, tal vez sea el más interesante.

Además, brindan una notación interesante que facilita la implementación de algunos patrones, y representan un vínculo inesperado entre la POO y la programación funcional.

Ahora nos toca entrar de lleno en temas de diseño, aunque durante un par de capítulos estudiaremos aspectos adyacentes al mismo.

Parte 3:
Diseño y... algo más

La tercera parte del libro se centra en temas de diseño y algunos contenidos paralelos al mismo. Si bien he tratado que el tópico del diseño esté presente en todos los capítulos del libro, en la parte 2 en foco está puesto en cuestiones de implementación, mientras que en ésta me centro en las cuestiones centrales para lograr un buen diseño.

Los capítulos que la conforman son:

14. Disciplinas y metodología: un estudio breve de las actividades típicas del desarrollo de software y de algunos métodos para organizarlas.

15. Técnicas de aseguramiento de la calidad del producto: un análisis de buenas prácticas que ayudan a mejorar la calidad del software, centradas en el diseño y la programación.

16. Diseño orientado a objetos: generalidades: definiciones del diseño y por qué es necesario.

17. Diseño orientado a objetos: principios y problemas típicos: como con tantas actividades, para el diseño hay recomendaciones y principios generales que ayudan a mejorarlo.

18. Diseño orientado a objetos: patrones: un racconto de las soluciones más conocidas a problemas de diseño que aparecen con frecuencia.

19. Arquitectura como diseño macro: principios y patrones para diseñar los aspectos de más alto nivel de las soluciones de software.

14. DISCIPLINAS Y METODOLOGÍA

No pregunte primero qué hace el sistema: ¡pregunte a qué se lo hace!
Bertrand Meyer[85]

Este es un capítulo ideal para el lector que no sabe todavía cómo encaja esto de la orientación a objetos en el marco de un desarrollo de software. De hecho – podrán pensar algunos – está muy lindo todo esto de las clases, puntos, elipses y hornos de microondas, pero necesitamos construir aplicaciones reales, bastante más complejas que lograr que un conjunto se pueda intersecar con otro.

Hay dos cuestiones relacionadas con esto: disciplinas y metodología. Con las disciplinas vemos qué otras cosas hay que hacer además de programar, y por qué éstas son indispensables en la construcción de software orientado a objetos. Con la metodología, veremos qué propuestas existen para organizar las disciplinas y la gente que debe realizarlas.

No es éste un capítulo en que vayamos a profundizar demasiado, ya que no trata de los temas centrales del libro. Sólo expondré lo que sea necesario como marco de referencia de los objetivos de la obra. Y me quedaré solamente con temas que sean compatibles con el diseño y la programación orientados a objetos.

DISCIPLINAS TÍPICAS DEL DESARROLLO DE SOFTWARE

Disciplinas tradicionales

Hasta ahora he hablado de programación, con algunos elementos de diseño muy cercanos a la programación.

Sin embargo, no todo en desarrollo de software es programación. De hecho, cuando los proyectos de desarrollo exceden la construcción de un pequeño programa hogareño o universitario, debemos tener en cuenta cuestiones que aplican a cualquier proyecto: planificación, factibilidad, gestión de requisitos del cliente, diseño y construcción de prototipos, gestión de cambios, coordinación de equipos de trabajo, seguimiento de lo planificado, etc.

En un esfuerzo por organizar las distintas disciplinas del desarrollo de software, en la década de 1970 se definieron algunas y se sistematizó un primer esbozo de metodología. Con el tiempo, se fueron precisando nuevas disciplinas. Si bien hay distintas escuelas, podemos enumerar las disciplinas más típicas, divididas en dos grupos:

Disciplinas operativas:

- Captura de requisitos
- Análisis
- Diseño
- Implementación

[85] Construcción de software orientado a objetos [Meyer].

- Pruebas
- Despliegue

Disciplinas de soporte:

- Administración del proyecto, incluyendo seguimiento y control
- Gestión de cambios
- Administración de la configuración
- Gestión de los recursos humanos
- Gestión del ambiente de trabajo
- Gestión de la calidad

Si bien podría ser muy interesante un análisis completo de todas las disciplinas, este libro no es el lugar para hacerlo. Por lo tanto, en el ítem que sigue me concentraré en las disciplinas operativas, para luego abordar en mayor detalle las dos primeras. A las pruebas le dedicaremos parte del próximo capítulo, y el resto de los capítulos de esta parte se ocuparán del diseño.

Una descripción básica de las disciplinas operativas

Voy a intentar una definición simplificada de las tareas y los roles de cada disciplina.

La **captura de requisitos**[86] es la actividad mediante la cual se determina qué es lo que quiere nuestro cliente que hagamos. Nuestro cliente puede ser un empleado de la misma empresa en que trabajamos, puede ser un cliente externo, y hasta puede ser desconocido en el caso de las aplicaciones para el mercado masivo.

Normalmente, la captura de requisitos es una actividad de mucha participación de clientes y usuarios, reales o potenciales. Las entrevistas y reuniones son el medio más habitual, pero a veces se recurre a observaciones, estudios de mejoras en los procesos, y otras prácticas. En algunos casos, hay que hacer un modelado del negocio completo antes de comenzar con la captura de requisitos.

Como resultado de la captura de requisitos se van estableciendo las fronteras del sistema, definiendo qué queda dentro y qué afuera.

Las personas que trabajan en captura de requisitos suelen ser los *analistas funcionales*.

El **análisis** es una disciplina más informática. A menudo se la define como la actividad que determina *el qué* del desarrollo, porque es en ella que definimos el sistema que vamos a construir. Difiere de la actividad anterior en que trabajamos sobre abstracciones de software y con menor contacto con los clientes y usuarios. Se puede definir también como una propuesta conceptual de solución a los problemas surgidos de los requisitos. La actividad de análisis es un conjunto de tareas independientes de la tecnología y de toda decisión sobre herramientas.

El análisis también suele ser realizado por *analistas funcionales*.

La actividad de **diseño** es la que define *cómo* se va a realizar lo que se determinó en el análisis. La suelen realizar personas denominadas *diseñadores*, o más pomposamente *arquitectos* cuando implica cuestiones macro, aunque también hay metodologías que propugnan su realización por *programadores*. Es tema central de

---

[86] He cuidado mucho decir "requisitos" y no "requerimientos", que es el término más habitual, porque ésta no es una palabra castellana, sino un barbarismo proveniente del inglés "requirements", mal traducido con mucha frecuencia.

este libro.

La actividad de **implementación** es la que construye el producto tal como va a ser entregado. Incluye tareas de *programación*, *construcción* de la base de datos si la hubiera, *optimizaciones*, etc. Trabajan en esta actividad *programadores* y *administradores de base de datos*, entre otros.

Las **pruebas** son una actividad que se realiza para determinar que el producto construido responde a los requisitos del cliente. Habitualmente la realizan personas especializadas llamadas *testers*.

Por supuesto, la realización de pruebas pone en marcha un conjunto de tareas asociadas. No olvidemos que probamos la aplicación porque suponemos que puede haber errores en la misma. Por lo tanto, los errores en la programación llevarán a que se vuelva a programar parte de la aplicación, los errores en el diseño obligarán a nuevas tareas de diseño, y así sucesivamente.

El **despliegue** es la tarea que consiste en poner la aplicación físicamente en la o las computadoras en que debe correr. Cuando la aplicación que se construye es para un mercado masivo, no se realiza.

Esta actividad la suelen realizar distintos perfiles de personas, pero a menudo intervienen técnicos con conocimientos de la plataforma de destino y de las tecnologías de desarrollo, a la vez.

A menudo se considera que existe una actividad más, el **mantenimiento**. No obstante, y si bien no voy a desmerecer su carácter de actividad de pleno derecho, todo proyecto de mantenimiento suele involucrar las mismas actividades que un nuevo proyecto completo de desarrollo de software.

Dice Eckel [EckelJava], un poco irónicamente, que mantenimiento es "... un término que puede significar desde 'hacer funcionar al programa como realmente se suponía que lo hiciera desde el comienzo' hasta 'añadir funcionalidades que el cliente olvidó de mencionar', a los más tradicionales 'arreglar los errores que vayan apareciendo' y 'agregar nuevas funcionalidades a medida que vayan surgiendo necesidades'."

Decimos que **mantenimiento** es la tarea que consiste en reparar, extender, mejorar un producto o adaptarlo a nuevos ambientes, pero siempre después de haber sido entregado a un cliente. La **reparación,** o **mantenimiento correctivo**, tiene que ver con la depuración, que es la misma tarea que se hace luego de las pruebas.

En muchos casos, las tareas de mantenimiento son un mini (o no tan mini) proyecto, con todas sus etapas y todas sus necesidades. Por lo tanto, los cambios deben documentarse si se pretende mantener la documentación actualizada.

Recordemos también que, como dice [Boria], "cada modificación descarta código probado y costoso, y lo reemplaza por un código nuevo y de calidad desconocida", por lo que las pruebas, de lo modificado y del sistema como conjunto, son fundamentales. En consecuencia, hay que evitar que el producto se degrade por sucesivos parches, y se haga cada vez más difícil de modificar.

Finalmente, el proyecto en algún momento debe morir, sea por obsolescencia, porque se termina el sistema y no es necesario agregarle más nada, o cuando es muy caro de mantener. Es difícil enunciar este hecho como una actividad de desarrollo. Sin embargo, es cierto que en algún momento alguien debe tomar la decisión de terminar con un proyecto, y esta actividad suele tener asociadas un sinnúmero de tareas, muy variables de proyecto a proyecto.

El método "natural"

Como decía páginas atrás, en la década de 1970 se definió que el software se debía desarrollar siguiendo un ciclo de vida, y se tomó como base el modelo de cadena de montaje de la industria manufacturera. Este ciclo, denominado luego como **desarrollo en cascada**, consiste en ir cumpliendo una serie de etapas, cada una separada de las otras, de modo tal que recién se empieza una etapa cuando se terminó la anterior. Cada etapa corresponde a una actividad de desarrollo, y es efectuada por un grupo de personas especializadas en esa tarea, y una vez terminada la misma, se genera una serie de documentos que tomarán como entrada los trabajadores de la siguiente etapa. Así, cada finalización de etapa se convierte en un punto de control.

A continuación se muestra un diagrama de estados del ciclo en cascada:

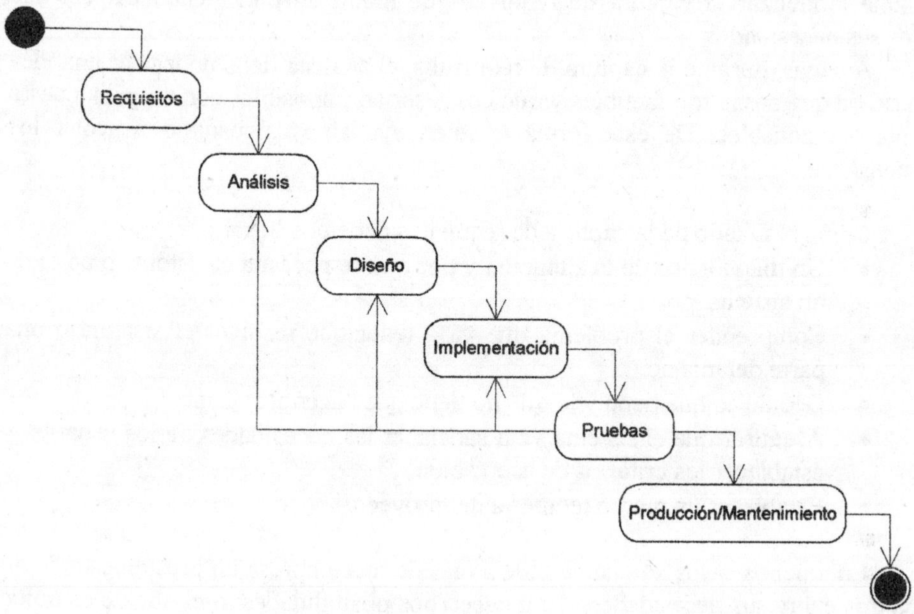

Otra característica fundamental del desarrollo en cascada es que cada etapa-actividad genera un conjunto de documentos que sirven de entrada para la etapa siguiente.

Así, de la etapa de análisis salen los documentos de análisis, que son los que utilizan los diseñadores para comenzar el diseño. A su vez, éstos generan documentos de diseño que pasan a los programadores, y en cada cambio de etapa ocurre lo mismo. La idea es que esos documentos sean lo suficientemente claros y completos como para convertirse en la única interacción entre roles del equipo de trabajo.

Este es el modelo natural de desarrollo de software, ya que formaliza de manera precisa y lógica la secuencia de actividades de desarrollo de una manera simple.

Sin embargo, como veremos luego, tiene algunos inconvenientes que han hecho que no sea el más utilizado, salvo en proyectos pequeños o muy especiales.

Funciones de la captura de requisitos

El examen de la captura de requisitos tiene especial interés, debido a que la orientación a objetos ha introducido una mayor formalización en esta área, habitualmente encarada con métodos ad hoc, por no decir que sin ningún método. Particularmente, interesa analizar el modelo de casos de uso.

La **captura de requisitos** tiene lugar como primer tarea conceptual en el desarrollo de un sistema, en el cual, mediante entrevistas con los futuros clientes y usuarios se establece lo que desean del software a desarrollar. A menudo los requisitos son muy vagos y los usuarios no están seguros de lo que desean, de allí que sea importante modelizar la captura de requisitos de modo de poder chequear con los usuarios sus necesidades.

Además, durante la captura de requisitos, el analista debe poder dar una idea al usuario de qué cosas son factibles y qué cosas serían imposibles con un presupuesto y un plazo razonables. De esta forma también ayudamos al usuario a acotar los requisitos.

Como resultado de la captura de requisitos debemos llegar a:

- Un diagnóstico de la situación y por qué se necesita el sistema o parte de un sistema.
- Comprender el problema que va a tener que resolver el sistema o una parte del mismo.
- Decidir lo que tiene y lo que no tiene que hacer el sistema.
- Asegurar que el sistema va a satisfacer las necesidades de los usuarios y establecer los criterios de aceptación.
- Establecer un marco temporal del proyecto.

En muchos casos, el cliente pide a más de una empresa un presupuesto de un sistema que cubra sus necesidades. Aquí caben dos posibilidades: o el cliente es quien hace la captura de requisitos y presenta sus resultados a los oferentes para que coticen, o bien los oferentes deben hacer su captura de requisitos a cuenta y riesgo. Pero en ambos casos es importante que el resultado de la captura de requisitos esté bien documentado para reducir al mínimo las ambigüedades, por lo menos todo lo que se pueda reducir dado lo embrionario del desarrollo.

Entre los requisitos a relevar deberán separarse cuidadosamente dos categorías: los **requisitos funcionales**, o procesos del negocio que debe hacer el sistema, y los **requisitos operativos** o no funcionales, que tienen que ver con escalabilidad, disponibilidad, seguridad, facilidad de mantenimiento, desempeño, etc.

La razón de separarlos tiene que ver con que los usuarios suelen plantear todo en conjunto, y muchas veces sin conocer lo que la tecnología puede hacer por ellos. La idea es que la captura de requisitos se centre en los requisitos funcionales, tomando nota de los operativos para retomar su estudio durante la tarea de análisis.

De todas maneras, en la actividad de requisitos a menudo se plantean también cuestiones de hardware y software de base. Si bien no es lo más ortodoxo desde el punto de vista del desarrollo de software, es muy común que el hardware sea un prerrequisito, ya sea porque es heredado de otras aplicaciones o porque es el estándar de la compañía.

Casos de uso

Los casos de uso son una herramienta introducida por James Rumbaugh con la idea de incorporar una necesaria formalidad a la documentación de requisitos. Antes de la existencia de los casos de uso, la documentación de los requisitos consistía en una simple descripción de las charlas con los usuarios.

Un **caso de uso** es una interacción entre uno o varios usuarios, humanos o no, y un sistema. A veces se los llama *escenarios*, pero los creadores de UML dicen que un *escenario* es una *instancia de caso de uso*.

Notemos que las interacciones con el sistema no son lo mismo que los *objetivos* del usuario. Por ejemplo, un objetivo del usuario puede ser "tener nuestros catálogos en Internet", pero un caso de uso va a ser más concreto, del tipo, "cargar catálogos en el sitio web", "consultar el catálogo en el sitio web", etc. Si bien lo usual es documentar los casos de uso, a menudo es útil incluso documentar en forma de texto los objetivos, para no quedar atados a una única forma de resolver una necesidad del usuario.

Un caso de uso representa comportamiento visible, que pueda ser visto por el usuario[87].

Diagramas de casos de uso

Para documentar los casos de uso en un nivel de escaso detalle se suelen usar los diagramas de casos de uso de UML. A mi juicio no siempre son necesarios pero, dependiendo del tipo de usuario, pueden ser una herramienta útil para la interacción con ellos. Lo importante para que sean útiles es mantener la sencillez, sin sobrecargarlos.

El que sigue es un diagrama de casos de uso para la administración de catálogos de una biblioteca:

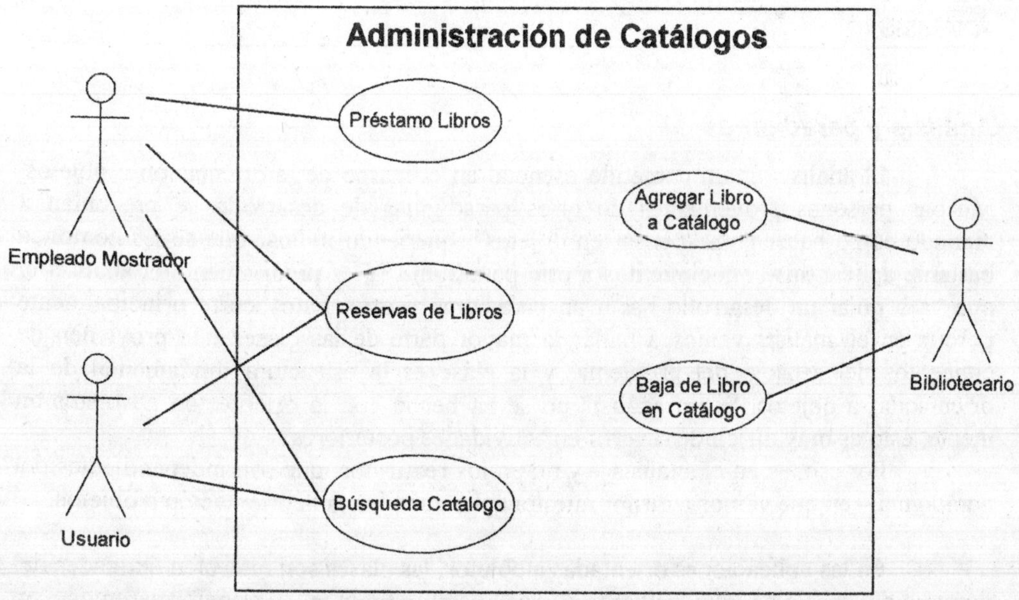

[87] Insisto en que un usuario puede ser humano, pero también puede ser un sistema externo al nuestro. UML llama actores a los usuarios de casos de uso.

En el diagrama, los *actores* se representan como un esquema de persona, los casos de uso como elipses y las comunicaciones con líneas. Los **actores** pueden ser cualquier entidad externa, incluyendo otros sistemas. Un mismo actor puede participar en varios casos de uso y un caso de uso ser de la incumbencia de varios actores.

Observemos lo intuitivo que es este diagrama para mostrar cómo actúan los diferentes usuarios o sistemas externos respecto del sistema en cuestión.

Los actores son más bien roles que personas, ya que una misma persona física puede interpretar varios actores en distintos momentos o respecto de diferentes casos de uso. Usando como ejemplo el diagrama anterior, nada impide que, en una biblioteca chica, el empleado de mostrador y el bibliotecario sean la misma persona, que cumpliría ambos roles. Por lo tanto, el nombre del actor debe ser bien elegido de modo de describir lo más claramente posible el papel del mismo.

Se ha dicho ya que los actores pueden ser sistemas externos (clientes) al que se está desarrollando, en la medida en que sean ellos quienes necesiten del caso de uso. Hay gente que, por entender erróneamente que los actores sólo deben ser personas, comete el error de poner como actores a los usuarios humanos del sistema cliente, aumentando innecesariamente la complejidad y obligando a analizar aspectos de dicho sistema.

De todos modos, el actor no es fundamental como resultado de la captura de requisitos, sino que es un medio para encontrar casos de uso. En general, en sistemas que tienen cientos de casos de uso, los actores son algunas decenas, por lo tanto es más fácil partir de los actores para encontrar los casos de uso.

Otra forma habitual de encontrar casos de uso es identificar ante qué eventos se quiere que reaccione el sistema.

ANÁLISIS

Análisis y paradigmas

El análisis es un cometido esencial en el marco de la orientación a objetos. Muchas personas provenientes de otros paradigmas de desarrollo se preguntan a menudo cómo hacer para "pensar en objetos", queriendo indicar que se les complica bastante aplicar sus conocimientos a este paradigma. Y es precisamente el análisis el que va a guiar un desarrollo hacia un paradigma u otro. Esto ocurre principalmente porque en el análisis vamos a hallar la mayor parte de las clases que provienen de conceptos del espacio del problema, y la clase es la estructura fundamental de la orientación a objetos. Si un análisis no se ha hecho con la orientación a objetos en mente, esto es muy difícil de revertir en actividades posteriores.

Por eso, es en el análisis – y no en los requisitos, que son independientes del paradigma – en que vamos a dirigir nuestra aplicación hacia la orientación a objetos.

En las aplicaciones orientadas a objetos, las clases son más bien entidades del dominio del problema, que mediante el diseño convertiremos – y transformaremos – en entidades del dominio de la solución.

Esto no siempre fue así, y lo podemos ver en los distintos paradigmas de programación y desarrollo.

El primer paradigma de programación fue el que después se denominó *lineal*, o peyorativamente de “código en espagueti”. Como primer paradigma, no tuvo nombre hasta que luego apareciera uno que pretendiera reemplazarlo, y tampoco fue parte de un paradigma mayor de desarrollo de software, ya que sólo se refiere a una manera de programar.

El código de un programa “lineal” estaba dirigido por un orden de ejecución que se establecía arbitrariamente, sin modularidad alguna, y con saltos de control explícitos cuando se los necesitaba. Los programadores medían sus sistemas en líneas de código y los programas estaban compuestos por largas sucesiones de “sentencias”. Todas las cuestiones estaban mezcladas, ya que el acento estaba en puesto en resolver el problema y nada más. Era común en esta época que un programador afirmara que lo que se pretendía era resolver el problema, no importaba cómo, y que luego la solución propuesta funcionara, sin importar por qué. La ingeniosidad de los programadores era su mayor valor. De legibilidad, robustez, escalabilidad, y otras cuestiones de calidad no se hablaba…

Los lenguajes más utilizados en estos tiempos eran Fortran, Cobol, PL/1, Algol, Basic y algunos más.

La falta de adecuación del paradigma lineal a la resolución de problemas de dominios variados provocó la aparición de otros paradigmas de programación que todavía hoy están vigentes, aunque su uso es escaso. Así surgieron el paradigma funcional, el lógico, el relacional, y algunos más. Lenguajes como Lisp, Prolog, APL, Haskell, SQL, Snobol, Forth, APL, y tantos más, son testigos –unos actuales y otros casi desaparecidos – de esta época.

Con el tiempo, el enfoque lineal se reveló insuficiente para todos los casos. Cada vez más, fue necesario modificar programas ya construidos y en producción, por lo que la cuestión de la facilidad de mantenimiento saltó a un primer plano.

Así es que surgió un nuevo paradigma de desarrollo de software, el llamado **estructurado**, ya que su origen fue la *programación estructurada*. En ocasiones se lo denomina funcional, aunque el nombre se presta a equívocos.

En el paradigma estructurado se busca modularizar la solución en base a una modularización del problema, idea que se mantendría durante las décadas siguientes hasta nuestros días. La solución planteada por el paradigma estructurado fue la división de un problema en sus partes funcionales, *subprogramas* o *rutinas*, lo cual daba lugar a una solución separada por las distintas tareas que se quería que el sistema realizara. Este primer intento de modularización – basado en tareas o funcionalidades – fue un avance enorme para poder resolver problemas más complejos y facilitar su mantenimiento.

Los lenguajes más destacados del paradigma estructurado fueron Fortran 77, C, Pascal, Ada, y otros.

Sin embargo, no todo estaba resuelto. Cada vez era necesario construir aplicaciones más complejas, cada vez eran mayores las pretensiones de facilidad de mantenimiento, cada vez era necesario que los sistemas fueran más robustos y a la vez escalables. Como respuesta a estas necesidades surgió el paradigma de **objetos**.

En este paradigma se mantiene la idea de modularizar el problema y su solución, y de lograr un mapeo lo más fidedigno posible entre ambos mundos. Pero se encaró el tema, no basándose en tareas o funcionalidades, sino en las entidades del dominio del problema. Es decir, el foco no estuvo puesto en qué había que hacer, sino en a quién o quiénes a qué *objetos* o *entidades* – se debía afectar. Estas entidades son los objetos, y a cada conjunto de objetos de una misma especie se los denominó *clases*. Como el objetivo de este libro es estudiar este paradigma, no abundaremos más.

Lenguajes orientados a objetos hay muchos, destacándose Simula, Smalltalk, Eiffel, C++, Object Pascal, Ada 95, Java, C#, Python, Ruby, y varios más.

Lo interesante de todo esto es que aquí no termina la historia. Con el tiempo se vio que había sido extremista suponer que la descomposición funcional – tal como lo planteaba el paradigma estructurado – debía ser completamente reemplazada por la descomposición por entidades. Se descubrió que algunas cuestiones del dominio del problema o de la solución no podían ser modularizadas en función de entidades, ya que atravesaban a varias entidades a la vez, cuando no a todas.

Así es como surge la **programación orientada a aspectos**, que intenta modularizar estas incumbencias transversales, algo no resuelto en el paradigma de objetos. Es difícil aún decir si los aspectos se convertirán en un paradigma o no, en el sentido de ser una nueva forma de pensar la resolución de problemas. Por el momento, la programación orientada a aspectos se está convirtiendo en un auxiliar de los objetos, con lenguajes y frameworks tales como AspectJ, Spring AOP y Jboss.

El último capítulo del libro analiza estas cuestiones.

El análisis orientado a objetos

El análisis consiste en convertir los requisitos en abstracciones más cercanas al programa a construir. Esto a menudo lo hace difícil de distinguir del diseño, pero en realidad la principal diferencia consiste en que el análisis es independiente de cualquier cuestión tecnológica o de implementación, mientras el diseño está fuertemente orientado a la implementación. Así, mientras en el análisis hay que encontrar clases y objetos modelando el universo conceptual del sistema, en el diseño se piensa en las abstracciones y mecanismos que sirvan para soportar el comportamiento.

En proyectos pequeños se suele saltear el análisis, pasando directamente de la captura de requisitos al diseño. Pero en sistemas medianos y grandes el análisis es fundamental.

La cuestión de que el análisis deje para más adelante cualquier cuestión de implementación se ha exagerado. El objetivo buscado con este aplazamiento era que no surgieran de entrada restricciones a la solución que hacen a una implementación particular. Pero a menudo la idea degeneró en que un analista debe ser una persona que no ensucia sus manos con código, que está para tareas más valorizadas. Observemos que en muchas universidades existe la carrera de Analista de Sistemas, mientras se ve la carrera de programador como un estudio terciario o técnico solamente.

La visión de la orientación a objetos exige que el análisis sea parte del mismo proceso, con el diseño y la implementación. Esto permite el uso de un lenguaje en común con el que luego va a tener el software y facilita el desarrollo incremental y sin discontinuidades.

Para los antiguos profesionales de sistemas esta pretensión tiene mucho de subversiva, pues mezcla roles y campos que se han mantenido mucho tiempo separados. No obstante, es una característica central en las metodologías más modernas. Precisamente, los métodos actuales difuminan los límites entre estas tareas e integran más a los trabajadores de distintas especialidades.

Hay dos aspectos que se deben determinar en el análisis:

- La estructura de los objetos del espacio del problema: cómo se relacionan los objetos, cómo se organizan en tipos, jerarquía de los tipos, análisis de composición de objetos.
- El comportamiento de los objetos del espacio del problema: en qué estados puede estar cada objeto, con qué transiciones y eventos cambia

de estado, las operaciones a las que responde y su semántica.

En el marco de la orientación a objetos, el análisis debería ser extensible y reutilizable, tanto como el diseño o el código. Sin embargo, en el caso del análisis esto no es nada sencillo.

Martin Fowler introdujo los patrones de análisis, al modo de los patrones de diseño, al ver que en el modelado de dominios se encontraba con aspectos parecidos a modelados anteriores. Pero no es una técnica muy difundida. A quien le interesen los patrones de análisis puede consultar [FowlerAnalysis].

De los requisitos al análisis

Como ya manifesté, el análisis se basa en la captura de requisitos. Pero el modelo que hemos analizado para capturar requisitos – los diagramas de casos de uso –, si bien mantiene una simplicidad que lo hace fácilmente utilizable para intercambiar ideas con los usuarios, no es suficiente para documentar todos los matices de los requisitos.

Por eso, antes de abordar el análisis, debemos elegir entre dos caminos posibles:

- Hacemos diagramas más complejos y capacitamos al usuario para que pueda trabajar con ellos.
- O modelamos los casos de uso con descripciones más completas.

El primer camino lo puede seguir el lector ahondando en conceptos más avanzados de los diagramas de casos de uso y estudiando diagramas de actividades, para lo cual le propongo dos caminos: un recorrido rápido del tema en mi libro [JavaUML], o el texto de los creadores de UML [UML].

Para la segunda opción, es de utilidad el *modelo de casos de uso*, que es una descripción de todos los casos de uso relevados en la captura de requisitos. Se usa para:

- Expresar descripciones de la funcionalidad independientes de la implementación.
- Poner énfasis en lo que el sistema debe hacer más que en cómo lo va a resolver.
- Particionar el conjunto de necesidades de los usuarios.
- Servir como testigos durante todo el ciclo de vida, desde el análisis hasta las pruebas.

Al lector interesado le recomiendo mi libro [JavaUML] o [LarmanUML].

En general, como segundo paso se puede adicionalmente construir un diagrama de colaboración, de modo de mostrar los objetos que participan del caso de uso y facilitar la construcción de un diagrama de clases de análisis.

Hallando las clases de análisis (o modelo conceptual)

Las **clases de análisis** son la base del futuro sistema. Se trata de las clases que surgen directamente de los requisitos, porque son abstracciones útiles a los usuarios. Por ejemplo, si se está diseñando un software que juegue al ajedrez, la clase *Pieza* va a ser inmediata; lo mismo ocurriría con la clase *CuerpoCeleste* en una simulación de un sistema estelar.

En contraposición a las metodologías estructuradas, la idea no es preguntarse qué hace el sistema sino a qué o a quién se lo hace. De esa forma se encontrarán los objetos y clases.

En el paradigma de objetos se buscan las clases a partir de los objetos de los casos de uso.

¿Y cómo encontramos los objetos? Cada elemento del espacio del problema debería tener un respectivo elemento en el espacio de la solución. A estos elementos los llamamos objetos de análisis[88]. Por lo tanto, lo que se debe hacer es tomar cada elemento conceptual en el problema y representarlo como un objeto.

¿Y de dónde obtenemos los elementos conceptuales? Esta pregunta es más difícil de responder. La mayoría de los autores aconseja comenzar la búsqueda por los sustantivos de los documentos de requisitos[89], ya que éstos serán buenos candidatos. Luego se puede seguir por los elementos que interactúan con el sistema y por las clases y sistemas ya existentes.

Hay autores, como Meyer [Meyer], que opinan que este enfoque de buscar sustantivos es ingenuo, y que la única forma de encontrar clases es buscar qué abstracciones son útiles para el contexto del sistema y cuáles no. Él sugiere buscar en documentos de requisitos, charlas con los clientes, futuros usuarios y manuales de usuario de otros sistemas en el mismo dominio. De todas maneras, Meyer es de los pocos que ni siquiera creen en los casos de uso para encontrar clases, ni en las tarjetas CRC, que veremos enseguida, ya que opina que estas metodologías están asociadas al enfoque funcional. Por lo tanto, él opina que son útiles solamente como validación para usuarios y como guía de implementación. Aun reconociendo la autoridad de Meyer en la materia, me permito disentir en este aspecto.

A lo que hay que prestarle especial atención, si queremos terminar con un sistema orientado a objetos, es al hecho de que nuestros candidatos a convertirse en objetos y clases deben tener comportamiento. Si encontramos un proto-objeto sin comportamiento, lo mejor es convertirlo en una propiedad o algo por el estilo.

La mejor manera que conozco de analizar el comportamiento de los objetos es realizar algunos diagramas de colaboración o de secuencia a nivel conceptual.

Al ir hallando las clases, debemos acotar su tamaño, de forma de no poner demasiada funcionalidad en cada una. Por lo tanto, cuando una clase esté brindando demasiados servicios se deberá separar en dos o más clases.

El paso siguiente es encontrar las *colaboraciones*. Una **colaboración** denota una sociedad de clases, interfaces y otros elementos, que cooperan para proporcionar un comportamiento corporativo mayor que la suma de los comportamientos de sus partes. Cada parte ejecuta un *rol* en la colaboración, mientras que el conjunto tiene un propósito específico dentro de un contexto.

La mejor forma de representar una colaboración en sus aspectos estáticos es mediante un diagrama de clases. De allí que, llegados a este punto, sea importante construir un diagrama de clases de análisis que muestre las relaciones entre las mismas. Incluso habría que buscar activamente generalizaciones para pasar aspectos comunes a abstracciones de nivel superior. Para los aspectos dinámicos pueden servir los diagramas de interacción (secuencia y colaboración).

---

[88] No los llamamos "objetos" a secas porque hay objetos de software, que no tienen nada que ver con el espacio del problema, y surgen al diseñar la solución.

[89] Si estos documentos de requisitos son solamente diagramas no va a haber sustantivos. En ese caso, los actores de los casos de uso y algunas anotaciones adicionales o grabaciones de charlas con usuarios pueden servirnos. Lo mismo ocurre con la búsqueda de verbos, útil para identificar responsabilidades.

Una alternativa: tarjetas CRC

Las **tarjetas CRC** (que significa "clases, responsabilidades y colaboradores") son una herramienta muy útil para la búsqueda de las clases de análisis y su comportamiento. Suelen ser un sucedáneo de los diagramas de clases y de colaboración para hallar objetos y clases de análisis.

Si bien el concepto de clase está bien claro a esta altura del curso, debemos definir los otros dos:

- **Responsabilidad** es todo lo que una clase conoce o hace. Las responsabilidades serán precursoras de los métodos, aunque de forma tal que de una sola responsabilidad podrán surgir varios métodos. Para encontrar responsabilidades, así como para las clases se usan los sustantivos de los documentos de requisitos, podemos utilizar los verbos que encontremos en los mismos.
- **Colaborador** es una clase que se usa como servidor o que se modifica a partir de una acción de la que estamos estudiando. Dicho de un modo más sencillo, provee información a la clase en cuestión o realiza alguna acción en respuesta a un mensaje de la misma. Las colaboraciones aparecen en los casos de uso, como actores o participantes. Una forma de obtener colaboradores es analizando dónde se encuentra la información que se desea usar o modificar desde la clase pero no se encuentra en ella.

Las tarjetas CRC fueron inventadas por Ward Cunningham y Kent Beck, en 1989, para la enseñanza de POO con Smalltalk. Luego mostraron su utilidad también para ayudar en el descubrimiento de las clases de análisis, analizando de a un flujo de cada caso de uso. Permiten determinar una especie de contrato u obligación de la clase.

La idea consiste en describir cada clase en tarjetas de no más de 10x15 cm[90], en la cual se escribe el nombre de la clase, sus responsabilidades y sus colaboradores, como se muestra en los modelos siguientes[91]:

Inmobiliaria	
Responsabilidades	**Colaboraciones**
Mantiene una lista de inmuebles	Inmueble
Puede imprimirse, con su lista de inmuebles	

Inmueble	
Responsabilidades	**Colaboraciones**
Mantiene una lista de interesados	Cliente
Se puede imprimir	
Se puede vender	
Se puede reservar	

---

90 Beck dice 8x12, pero en idioma castellano las palabras son más largas y necesitamos un espacio un poco mayor.

91 Lo que se muestra es un modelo del club de inmobiliarias en su versión más sencilla.

Cliente	
Responsabilidades	**Colaboraciones**
Recibe notificaciones de cambio de precio	
Recibe notificación de venta	
Recibe notificación de reserva	

Si alguna de estas clases es un contenedor, las clases de los objetos contenidos deben figurar entre las colaboraciones y deberán aparecer en otras tarjetas.

La idea de limitar el tamaño de la tarjeta es para evitar que se escriba mucho, y de ese modo hacer que una clase quede lo más simple que sea posible. Por lo tanto, si en algún momento no alcanza la tarjeta para describir las colaboraciones o las responsabilidades de una clase, habrá que preguntarse si la misma no debería ser separada en dos clases más simples. Otra razón para la limitación del tamaño es mantener el nivel de detalle al mínimo. Y la última y tal vez más importante es que se trata de evitar la complejidad prematura, para trabajar sobre necesidades concretas y evitar generalizaciones de entrada.

La parte de atrás de las tarjetas puede servir para realizar anotaciones, comentando algunos detalles y atributos.

Notemos que las tarjetas CRC permiten ver una colaboración de objetos al distribuirlas sobre una mesa o pegarlas sobre una pizarra. Su diferencia con los diagramas de colaboración es que no muestran los mensajes que materializan la colaboración.

Una forma de ver mejor las colaboraciones es colocar las clases que más colaboraciones tengan en el centro al desplegarlas. Las dependencias entre clases se pueden indicar poniendo las clases servidoras más abajo que las clientes, siguiendo la notación de las arquitecturas en capas. De igual forma, se puede mostrar un acoplamiento fuerte entre clases poniendo una solapada respecto de la otra. Recordemos que en esta instancia no se sabe mucho todavía de cómo se relacionan las clases, así que su movilidad es importante.

Por todo lo dicho, es importante que las tarjetas sean hechas a mano, escribiendo con lápiz. De ese modo será posible sostenerlas, moverlas de un lado a otro, recombinarlas y hasta romperlas o rehacerlas si es necesario.

Diagramas de clases con responsabilidades

Las tarjetas CRC no son parte de UML y en un principio fueron dejadas de lado por los impulsores de esta notación. Sin embargo, los creadores de UML se han dado cuenta de su potencia expresiva y han introducido las responsabilidades en el diagrama de clases. En un diagrama de clases de análisis, entonces, se podría mostrar solamente las clases con sus asociaciones, y dentro de cada clase las responsabilidades que le corresponden. Las colaboraciones quedarán representadas por las asociaciones y su navegabilidad.

A continuación se muestra el mismo ejemplo realizado con tarjetas CRC, mediante un diagrama de clases de análisis con responsabilidades:

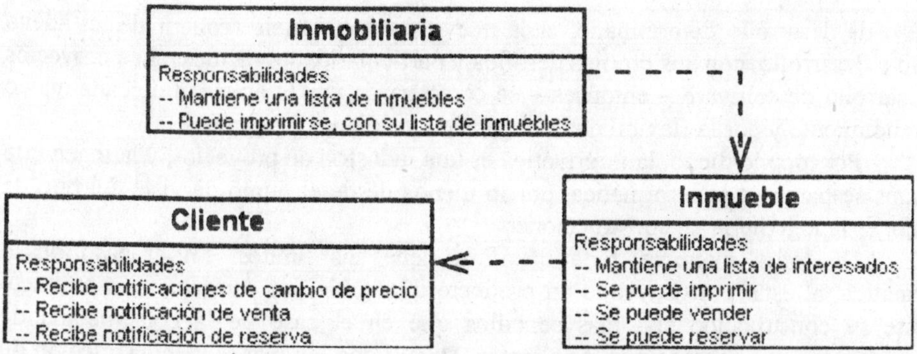

Los críticos de llevar las tarjetas CRC a UML enfatizan que de esta forma se pierde la posibilidad de tener la tarjeta entre manos, actuar, moverlas y demás. No obstante ello, a mí este tipo de diagramas me ha dado buenos resultados para tener una visión de alto nivel de las clases.

CICLOS DE VIDA Y MÉTODOS ACTUALES

La ingeniería del software y tipos de industrias

Antes de poder profundizar más sobre procesos de desarrollo de software, debemos entender que nuestra disciplina es una actividad intensiva en trabajo humano y bastante distinta de las industrias de líneas de montaje, racionalizadas desde el enfoque de prever, planear, organizar, hacer y controlar.

De hecho, hay dos tipos de industrias bastante diferenciados: las industrias de fabricación en masa, y las industrias de proyectos. El paradigma de las primeras es la línea de montaje, en la que se fabrican cientos o miles de productos idénticos. Un buen ejemplo de las segundas, en cambio, es la industria de la construcción. Si bien en ambas se pueden aplicar procedimientos repetitivos, en las primeras son más repetibles que en la segundas.

Esto es así porque una línea de montaje no debe variar en nada el método que usa para fabricar su producto, una vez establecido y optimizado: el éxito de la misma está en seguir el procedimiento con la mayor exactitud. A lo sumo se podrán estudiar mejoras de procesos, pero esto nunca en el medio de la fabricación de un producto individual.

La industria de la construcción, en cambio, casi nunca tiene la suerte de producir un edificio idéntico a otro, o construir un puente en exactamente las mismas condiciones. Las industrias de este estilo se basan en la ejecución de proyectos completos, normalmente de una duración importante. Y el procedimiento constructivo suele ser adaptado durante la fabricación, en función de las restricciones y cambios con las que el proyecto se va encontrando.

La informática, como debe estar sospechando el lector, no es una industria en el sentido de la industria manufacturera de línea de producción, al estilo fordista. La industria tradicional define un producto, lo diseña o desarrolla, y una vez probada su aptitud técnica y su oportunidad comercial, se diseña un proceso de producción planificable, repetible y eficaz, que se repite miles de veces para fabricar miles de productos iguales.

La informática, en cambio, consiste en diseñar un sistema de software para – en general – producir un único producto. Habitualmente, y si bien se puede seguir un proceso de desarrollo determinado, cada nuevo producto suele requerir de un nuevo diseño y desarrollo, con sus propios desafíos y particularidades técnicas. Los proyectos de desarrollo de software – entonces – se caracterizan por la novedad de cada nuevo emprendimiento y por la flexibilidad obligada en los planes y procesos.

Por todo lo dicho, la informática es una industria de proyectos, y la ingeniería que más se parece a la informática, por lo menos desde el punto de vista del tipo de trabajo, es la ingeniería en construcciones.

De todas maneras, toda metáfora tiene sus límites. En el caso de la informática, al estar construyendo un producto intangible, los cambios a un producto durante su construcción son más sencillos que en el caso de la construcción de edificios, y eso es conocido por los clientes. De allí que los planes de construcción de edificios sean más inflexibles que los de construcción de software. Y ésta es una diferencia crucial.

Lo que realmente tenemos que entender es que es muy nocivo usar un método predecible en un proyecto con condiciones imprevisibles. De allí la inadecuación de los métodos basados en metáforas de la industria manufacturera, como el ciclo en cascada. Martin Fowler [FowlerMethodology] nos explica que los "diseños definidos y repetibles sólo funcionan para atacar problemas definidos y repetibles con gente definida y repetible en ambientes definidos y repetibles". Para enfrentar problemas más realistas se inventaron los métodos adaptables.

La adaptabilidad debe implicar que en la propia organización se esté cambiando la metodología y adaptándose, de modo que no hay proceso corporativo único a nivel de detalle. Se deben poder usar lecciones aprendidas de proyectos anteriores, pero adaptadas al desarrollo que se tiene entre manos.

Limitaciones del ciclo en cascada

El ciclo de vida en cascada tiene varias desventajas que hicieron que se lo fuera ajustando:

- Impide comenzar una etapa hasta que la anterior no está totalmente concluida, retrasando todo el proceso. Esta es la más evidente de las contras: es como si en la construcción de un edificio no se empezase a construir las paredes hasta terminar toda la estructura, desde el subsuelo hasta el piso más alto, no iniciar la instalación sanitaria hasta tener todas las paredes construidas, etc.
- Cuesta mucho cambiar algo sobre una etapa ya terminada, o se hace a costa de gran cantidad de burocracia y documentación. A menudo se intentan soluciones locales, que tratan de remediar en el diseño lo que viene mal del análisis o en la implementación lo que viene mal del diseño.
- Recién luego de terminada la programación se prueba el sistema. Por lo tanto, cuando surjan los inevitables errores, habrá que comenzar a analizar en qué etapa se produjeron, y a partir de allí modificar lo que sea necesario.
- El usuario final recién ve el sistema una vez que está terminado, por lo que generalmente se siente poco consustanciado con el desarrollo y no puede advertir errores de concepción hasta la entrega total.
- La arquitectura del sistema y las condiciones de escalabilidad recién se evalúan al final del desarrollo.
- La comunicación basada en documentos no siempre funciona bien en una actividad tan centrada en seres humanos como es el desarrollo de software.

Esto lleva a una serie de consecuencias negativas que se han traducido en:

- Entrega de productos que no satisfacen las necesidades de los usuarios y que no pueden usarse con facilidad.
- Imposibilidad de poder responder con rapidez y de manera efectiva a los cambios de requisitos.
- Demoras en los proyectos novedosos.

Por sobre todas las cosas, lo que el ciclo en cascada no acepta es que los cambios de requisitos son muy frecuentes en el desarrollo de software. Lo que el ciclo de cascada procuró siempre es evitar el cambio, formalizando lo más posible los requisitos desde el comienzo.

Como contrapartida, han surgido nuevos ciclos que, sin negar del todo que el cambio sea un problema, lo toman más bien como un dato de la realidad, y buscan adaptarse al mismo. Algunos de ellos incluso dicen favorecerlo.

Las metodologías tradicionales pretenden la intangibilidad de los requisitos, y consecuentemente, del diseño. En ellas se busca trabajar como en la industria manufacturera, con un plan preciso que defina de antemano dónde va cada cosa, cómo debe hacerse cada trabajo y quién debe hacerlo. Hasta la industria de la construcción sigue, en parte, este paradigma.

Hay quienes se deben estar preguntando por qué hay que aceptar que haya cambios de requisitos durante el desarrollo, cuando en otras ingenierías no es así. Puede tener que ver con lo inmaduro de la disciplina o por el hecho de que en la construcción de software todo es siempre urgente. Pero por sobre todas las cosas, ocurre porque los clientes perciben que es algo que se puede hacer, mientras que nadie en su sano juicio pretendería cambiar constantemente el diseño de un edificio durante la construcción. Y finalmente, admitamos que no tiene demasiado sentido hacernos esta pregunta: el constante cambio de requisitos es un dato, y debemos ver qué hacemos para enfrentarlo.

Por lo tanto, sólo proyectos muy cortos o con los requisitos muy fijos, pueden darse el lujo de utilizar el ciclo en cascada.

Ciclos iterativos y en espiral

La primera respuesta al ciclo en cascada fue plantear cascadas parciales, que se realizan en forma iterativa. Esta modalidad se denomina **desarrollo incremental** o **en espiral**.

Las ventajas de esta modalidad son varias:

- Aumenta el compromiso de los usuarios al poder mostrarles versiones parciales.
- Los miembros del equipo de trabajo ven que se cumplen metas parciales y trabajan más tranquilos. Y esto, en un ambiente de trabajo sano, redunda en un aumento de productividad.
- Permite hacer frente a cambios de requisitos, tan comunes en los proyectos de software.
- Los errores aparecen antes, en las pruebas de cada iteración. Esto reduce el riesgo y evita la carga emocional negativa que provoca el testeo al final del desarrollo.
- Hay más continuidad entre las fases del desarrollo, de modo que una persona puede participar en varias de ellas.

Dentro de este esquema ha habido muchas variaciones, algunas de las cuales iremos viendo en los ítems subsiguientes.

Hay un mito descalificador que hay que desterrar. El desarrollo iterativo no implica que no haya que planificar. Las iteraciones de un proyecto no se deben producir al azar, sino de acuerdo a un plan. Y como con todo plan, si es necesario adaptarlo luego, se lo adapta.

Los métodos incrementales requieren un cliente adaptable, que esté presente y que entienda y confíe en los desarrolladores. No se puede aplicar un método evolutivo a un proyecto con precio fijo, y sobre todo, con tiempo y alcance fijos. En estos últimos casos se suele requerir un proceso predictivo. De todas maneras, el cliente tiene que entender que él también corre riesgos por no hacerse adaptable.

Como el costo, la calidad, el tiempo y el alcance son las variables sobre las cuales se puede operar en un desarrollo de software, de modo que fijadas tres de ellas la cuarta queda determinada, en los métodos incrementales se elige trabajar sobre el alcance como variable de ajuste. De este modo se pueden cumplir presupuestos de plazos y costos sin sacrificar calidad.

Desarrollo con prototipos

En el **desarrollo mediante prototipos** se construye, en primer lugar, un prototipo del sistema, siguiendo todas las etapas, incluso la de prueba y entrega al usuario. Una vez probado y detectados los errores, se sigue a la siguiente iteración, en la cual se corrigen las fallas y se sigue adelante con un nivel de refinamiento mayor. Y así sucesivamente, hasta que se llega al sistema final, que no es otra cosa que el último de los prototipos.

Un **prototipo** es toda versión preliminar, intencionalmente incompleta y en menor escala de un sistema. Para poder cumplir su cometido:

- se debe poder desarrollar en muy poco tiempo.
- debe ser un medio para definición de requisitos del sistema, funcional y flexible, de modo que el costo de modificarlo sea mínimo.
- debe brindar al usuario la implementación de partes del producto, de modo que éste pueda probarlas antes del ensamblado.

Así, la antigua idea de construir para luego tirar se aplica en forma constructiva con prototipos, ya que por lo menos se usa parte de lo que se hizo.

Meyer [Meyer] propone uno de estos métodos, y lo llama *ingeniería concurrente*. Él habla de implementar grupos de módulos (*clusters*) y no prototipos completos, pero en lo fundamental el método es el mismo. En el método de Meyer, cada módulo implementa una funcionalidad y debe contemplar las siguientes tareas:

- Especificación: se encuentran las clases, sus interfaces y sus invariantes.
- Diseño: arquitectura de las clases y sus relaciones.
- Implementación en código.
- Verificación.
- Validación.
- Generalización: las clases se dejan preparadas para la reutilización.

Además de esas tareas que se hacen en forma iterativa, Meyer propone comenzar por dos tareas globales: el estudio de factibilidad y la división en clusters. Si bien la generalización queda para el final, Meyer sostiene que hay que desarrollar con la reutilización en mente.

Métodos formales y ágiles

Todo lo que expliqué hasta el momento se refiere a distintos modelos de ciclos de vida. Básicamente, hay dos modelos centrales[92]:

- En cascada o secuencial.
- Iterativo, incremental o en espiral.

Ahora bien, dentro del ciclo iterativo se han difundido gran cantidad de métodos de desarrollo, que varían en su forma de implementar el ciclo.

Entre estos métodos, se puede hacer una clasificación gruesa en:

- Métodos formales, o basados en planes.
- Métodos ágiles o evolutivos.

Si bien esta clasificación tiende a ser demasiado rígida, lo cierto es que hay métodos de desarrollo más ceremoniosos y otros más espontáneos. Ningún enfoque es mejor que el otro: hay ocasiones para ser más ceremonioso y las hay para la espontaneidad.

Por ejemplo, si el equipo de desarrollo es muy grande, es necesario mucha más comunicación formal, lo que implica más documentación y burocracia. En estos casos, habrá mayor influencia de la gestión de proyectos, más trabajo en requisitos, pruebas de integración y de sistema, administración de la configuración y otros, con menos proporción de codificación, pruebas unitarias, diseño detallado y depuración.

En los proyectos grandes, el tiempo de desarrollo crece en forma geométrica con el tamaño, y también los errores. Todo esto provoca una menor productividad que la que es esperable obtener en proyectos pequeños, en una relación que puede ser hasta de uno a cinco. Por eso es que los grandes proyectos necesitan métodos formales y basados en planes; mientras que los pequeños proyectos pueden ir bien con métodos más informales y ágiles.

Los métodos ágiles, no obstante, no son la ausencia de planes y la informalidad generalizada que algunos creen.

Si hacemos un paralelismo entre métodos ágiles y formales nos encontraremos con:

Métodos formales	Métodos ágiles
Mayor atención a procesos, documentación y roles	Mayor atención a personas y sus interacciones
Comunicación formal y escrita	Comunicación cara a cara e informal
Proceso muy documentado de administración de requisitos y de cambios	Colaboración e interacción directa con el cliente
Seguimiento de los planes establecidos	Agilidad en respuesta a los cambios de plan
Documentación completa	Software que funcione y cumpla lo que espera el cliente

A los que desconfían de las metodologías ágiles recordémosles que el más común de los métodos es el llamado "codificar y corregir", o lo que es casi lo mismo, no tener ningún método. Para estos casos, a los cuales suelen llegar los proyectos pequeños amedrentados por la complejidad de las metodologías más completas, aplicar un método ágil por lo menos es aplicar un método.

---

[92] Por lo que a mi respecta cascada es lo mismo que secuencial, y los términos "incremental", "iterativo" o "en espiral" son sinónimos. No desconozco que hay quienes han hecho distinciones muy cuidadosas entre estos términos, pero no habiendo un acuerdo entre todos los autores, prefiero quedarme con una definición más laxa y abarcativa.

Algunos de los métodos ágiles más conocidos son:

- Extreme Programming o Programación extrema
- Scrum
- ASD
- Cristal
- Desarrollo manejado por rasgos (FDD)

Pero hay también variantes ágiles de procesos más formales, como UP o MSF.

La alianza más exitosa de los metodologistas: el proceso unificado

El denominado **proceso unificado de desarrollo de software** (UP) es un marco de proceso, configurable, creado por tres conocidos metodologistas – Booch, Jacobson y Rumbaugh – que aunaron esfuerzos para adaptar lo mejor de los métodos de desarrollo que cada uno había creado. Recordemos que el calificativo de "unificado" también aparece en la notación UML, creada igualmente por estas tres personas. A UP lo adoptó en un principio la empresa Rational, que también desarrolló herramientas para su implementación, de allí que también se lo conozca como RUP (Rational Unified Process). Para nosotros será el *Proceso unificado* o *UP*.

Se trata de una metodología iterativa, muy desarrollada y completa, tal vez la más difundida en la actualidad. Se la suele considerar un método formal por la gran cantidad de artefactos que recomienda como entregables y la gran cantidad de roles que define.

Además de su carácter iterativo, entre sus prácticas destacadas están el modelado visual, con un abundante uso de UML, el énfasis puesto en el control de cambios y la administración de requisitos, el uso de una arquitectura basada en componentes, con foco en su robustez desde el comienzo y la verificación constante de la calidad.

Simplificando, UP define varias disciplinas elementales, denominadas requisitos, análisis, diseño, implementación, prueba, etc., que especifican los diferentes trabajos que hay que hacer para desarrollar un sistema. Pero simultáneamente se definen cuatro fases: inicio, elaboración, construcción y transición. El tiempo de desarrollo se corresponde con las fases y no con las disciplinas, y cada fase puede realizarse en una o más iteraciones.

La idea del proceso es que cada fase incorpore un poco de cada disciplina, aunque obviamente las fases iniciales van a tener un mayor proporción de requisitos y de análisis y casi nulo de implementación y pruebas, mientras que en las finales la componente de implementación y pruebas va a ser dominante. De esta manera, las disciplinas son consecutivas, pero parcialmente superpuestas y con realimentación a disciplinas previas.

Cada fase del método tiene un hito al final, con una entrega al cliente, que sirve para verificar el cumplimiento del plan.

Las fases de UP son:

- Fase de **Inicio** (a veces llamada de *Concepción*): Es la fase en que se planifica el proyecto, se estudia su factibilidad y se delimita su alcance. No suele ser una fase iterativa. En la misma se suelen especificar los requisitos más importantes y se empieza el análisis. Los objetivos del hito de finalización de esta fase son:
  - Haber definido los objetivos del sistema.

    - Tener una idea aproximada del costo.
    - Establecer la factibilidad del proyecto (si conviene proseguir).
    - Que se haya trabajado en los siguientes artefactos: documento de visión, modelo inicial de casos de uso, glosario inicial, caso de negocio, identificación inicial de riesgos, plan de proyecto, algún prototipo.
    - En ocasiones, obtener el modelo de dominio, que indique cómo se relacionan los diferentes conceptos.
- Fase de **Elaboración**: En esta fase se establece la arquitectura y se analizan los riesgos mayores. Puede ser una fase iterativa. Se hacen las pruebas que se correspondan con el diseño e implementación. Los objetivos del hito respectivo son:
    - Haber acotado los riesgos.
    - Tener definida la arquitectura básica, con un prototipo ejecutable de la misma, y el plan de iteraciones de construcción, indicando qué casos de uso se realizan en qué iteraciones (empezando por los prioritarios para el cliente y los de mayor riesgo).
    - Tener avanzado el modelo de casos de uso con descripciones detalladas y otros requerimientos no funcionales o no asociados a casos de uso.
    - Poder realizar un presupuesto real del proyecto, una vez bien conocido el usuario, el equipo de desarrollo, la arquitectura y la tecnología.
- Fase de **Construcción**: Se desarrolla un producto completo que esté listo para ser utilizado como versión beta. Es la fase iterativa por excelencia. Para reducir el riesgo funcional, cada iteración debe ser un miniproyecto que debe terminar con una entrega al usuario y pruebas de sistema. Cada iteración involucra análisis, diseño e implementación, y se pueden hacer cambios de arquitectura. Igualmente, se puede ir ajustando la planificación de las iteraciones. Se definen los criterios de aceptación, se deben terminar los requisitos y el análisis que reste y se completará el grueso del diseño e implementación (90%), así como sus pruebas. El objetivo del final de la fase es tener la capacidad operativa inicial.
- Fase de **Transición**: Es la fase en que el producto se despliega para ser utilizado. Aquí comienza una serie de puestas a punto y adaptaciones a necesidades no previstas de los usuarios que surjan de las pruebas beta. En esta etapa también habrá que añadir optimizaciones: por eso, en la Transición no se añaden funciones nuevas, pero sí se desarrolla para optimizar y depurar. Si las fases anteriores fueron bien planeadas, no debería implicar más del 10% del diseño e implementación. El objetivo del hito final es el lanzamiento del producto.

A continuación se muestra un cuadro que explicita esta naturaleza bidimensional del proceso, con fases y disciplinas[93]:

---

[93] Este cuadro es una simplificación a los fines didácticos. Para ver diagramas más completos se recomienda el libro que describe el Proceso Unificado [UP].

↓ Disciplinas – Fases →	Inicio	Elaboración	Construcción	Transición
Requisitos	50%	> 80%	100%	100%
Análisis y Diseño	5%	20%	100%	100%
Implementación, pruebas unitarias y de integración	0%	< 10%	80% - 90%	100%
Despliegue, pruebas finales, puesta a punto	0%	0%	0%	100%

Para cada disciplina, se define un detalle, con sus trabajadores (roles), actividades y artefactos (datos y resultados de cada actividad).

UP parte de un modelo de casos de uso, y en todo momento está dirigido por los casos de uso que se van agregando y refinando. Las iteraciones se hacen implementando casos de uso en forma completa, empezando por los que tienen mayor importancia para el usuario o los que van a tener un mayor impacto en la arquitectura de la aplicación si no contamos con ellos al inicio. Y las pruebas se hacen también verificando las especificaciones de casos de uso.

Por eso, los casos de uso integran el trabajo a través de las distintas disciplinas: se capturan y definen en requisitos, se realizan en análisis, diseño e implementación y se verifica que se satisfagan en las pruebas.

UP tiene entre sus objetivos principales la disminución del riesgo. Esto se hace a medida que se avanza en las distintas fases:

- En la fase de inicio, se estudian los casos de uso con los usuarios y se construyen prototipos para validar conceptos.
- En la elaboración, se exploran escenarios y arquitecturas con los usuarios.
- En la construcción, los riesgos se reducen al ir ensamblando partes ya probadas sobre un código también probado.
- En la transición, los riesgos se reducen por los despliegues graduales de las etapas anteriores.
- Durante el mantenimiento, se reducen los riesgos de degradación del producto por un buen uso de técnicas orientadas a objetos.

En todas las etapas del desarrollo de software puede decidirse que no es conveniente seguir adelante con el mismo por una cuestión de que el sistema no va a dar los resultados esperados por el precio esperado. Pero esto nunca es más cierto que en la fase de inicio de UP. Éste es el momento por excelencia en el cual se decide que no se sigue adelante o, dicho de otro modo, que se decide no construir producto alguno. Ésta igualmente es tarea del analista y se suele denominar **estudio de factibilidad**.

Me abstendré de seguir detallando un proceso que es mucho más complejo y que no puedo abordar aquí siquiera en forma resumida. El interesado en profundizar puede recurrir al libro de sus mentores [UP]. Aquí se ha descripto el método con una terminología más liviana, que es el precio que se paga por simplificar.

Finalmente, reconozcamos que UP es bastante amplio en sus objetivos, por lo que se lo ha adaptado a otras metodologías, incluso de las llamadas ágiles. Craig Larman trata esto en uno de sus libros [LarmanAgile]. Esto se debe a que es más un esqueleto de proceso que un proceso en sí.

Como todas las grandes metodologías, la principal crítica que se le puede hacer a UP es su falta de consideración de las personas concretas. Si bien esto puede ser fruto de una mala interpretación del método, es la situación en la que caen casi todos los líderes de proyecto que deciden adoptarlo: como se está utilizando un método muy formal, las personas son perfectamente intercambiables, y lo único que hay que hacer es seguir las instrucciones del método y mantener un alto nivel de documentación. Aún más, sus defensores tratan constantemente de demostrar que *el Proceso* es la única manera de hacer desarrollo de software. De esta manera, la impresión que causa en la comunidad es que se está comprando un paquete que, en el caso de ser bien usado, nos llevará a un buen resultado, independientemente de las personas que trabajen en el proyecto y del problema de que se trate.

Prácticas extremas: Extreme Programming

Extreme Programming (o programación extrema, a menudo escrita XP) es un conjunto de prácticas ágiles de desarrollo centradas en la programación y el diseño. Sus objetivos generales son:

- Bajar el riesgo.
- Permitir cambios de especificaciones durante el proceso.
- Favorecer la comunicación con el cliente.
- Hacer que la inversión en un proyecto crezca gradualmente.

Impulsada por Kent Beck y la gente de la comunidad de Smalltalk, se basa en llevar al extremo las buenas prácticas del desarrollo de software, de allí su nombre. Esto se convierte en una serie de máximas que se pueden resumir así:

- Como probar programas es bueno, se hacen pruebas unitarias y funcionales todo el tiempo, al punto que el desarrollo es dirigido por las pruebas, y éstas se diseñan antes de codificar.
- Como hacer pruebas de integración es importante, la integración sigue inmediatamente a las pruebas unitarias. Además, la integración frecuente permite que no sea cada vez más complicado integrar código de varias fuentes.
- Como los diseños de software son cambiantes, el diseño del sistema evoluciona junto con la programación, y lo hacen los propios programadores.
- Como revisar la calidad del código es recomendable, se revisa código todo el tiempo y se hacen refactorizaciones. Esto es facilitado por las pruebas constantes y automatizadas, que permiten refactorizar con seguridad.
- Como los estándares de codificación permiten una mejor comunicación y reducen los errores, se fijan estándares precisos y estrictos.
- Como es bueno que el sistema sea simple, se busca la simplicidad siempre, diseñando sólo lo que se necesita en el momento. Éste tal vez sea el principio fundamental y más controvertido de XP.
- Como los requerimientos de arquitectura pueden ser cambiantes, la arquitectura se refina constantemente.
- Como el desarrollo incremental es positivo, se hacen iteraciones lo más cortas que sea posible: se diseña una pequeña porción, se la codifica y se la prueba. La idea es que dentro de cada iteración nos debemos preocupar de lo que estamos haciendo, sin hacer nada por adelantado o pensando en futuras iteraciones.
- Se opera sobre el alcance como variable de ajuste, como en los otros

métodos ágiles.

- Como es muy frecuente que un proyecto de desarrollo se suspenda en un determinado momento por falta de presupuesto, se implementa primero lo que tiene mayor valor para el cliente. De ese modo, lo que queda sin desarrollar es siempre menos importante[94]. La primera iteración debe llegar a implementar un esqueleto del sistema, con una serie de funcionalidades básicas.
- Como es importante tener una comunicación frecuente con el cliente, siempre debe haber un cliente acompañando el desarrollo. El cliente es fundamental para escribir pruebas funcionales y priorizar tareas.[95]
- Como dos cabezas piensan más que una, y como refuerzo de las prácticas anteriores, los programadores trabajan de a dos: uno escribe, el otro piensa en mayor escala, buscando simplicidad, errores y formas alternativas de solución del problema. Las parejas pueden intercambiarse a lo largo del desarrollo, y dentro de cada pareja los roles van cambiando a lo largo de cada tarea a desarrollar. De todas maneras, cada pareja es responsable de una tarea, y no se supone que haya intercambios hasta no terminarla.

Entre los aspectos más polémicos de XP está el de descreer de la documentación de desarrollo una vez que éste se terminó. Los diagramas, las tarjetas CRC y demás pueden ser buenas para ver aspectos especiales y problemas de diseño, e incluso para buscar simplificaciones, pero los defensores de XP sostienen que a la larga no hay mejor documentación que el propio código y los programas de prueba. No obstante, el principal inconveniente que mencionan de la documentación con diagramas, es la dificultad de mantener código y documentación sincronizados a medida que evoluciona el sistema: por eso admiten el valor de las diagramas en los casos de las herramientas que generan código, ya que en ese caso lo único que se mantiene son los diagramas. Muchos lectores se deben sentir contrariados. Sin embargo, antes de rasgarnos las vestiduras, convengamos en que en un proyecto con mucha comunicación, tanto con el cliente como dentro del equipo, todos ven cómo evoluciona el producto, y hay menor necesidad de documentación formal.

Respecto de los patrones de diseño, se enfatiza su uso, en primer lugar como herramienta de comunicación, y luego porque permiten cierta simplicidad de diseño.

Otra característica muy discutida es la idea de que no hay dueños de módulos, programas o código, de modo que cualquier programador puede modificar lo que desarrolla otro. De todas maneras, esta idea es factible de ser llevada a la práctica sin demasiado caos, por las constantes refactorizaciones, pruebas e integraciones, que permiten mantener la complejidad reducida. Además, la propiedad colectiva del código reduce el riesgo porque todo el equipo conoce un poco de todo el proyecto.

Pero como ya dije, el aspecto que más resistencias genera, y que es central en XP, es la simplicidad llevada al extremo. La recomendación principal de XP es que cualquier código duplicado debe refactorizarse de modo de eliminar duplicaciones: hasta aquí todos estaremos más o menos de acuerdo. Pero a continuación se afirma que si una clase, un método, o cualquier porción de código no sirven para el sistema actual, se debe eliminar, salvo que sirva para evitar duplicaciones o comunique algo. Por lo tanto, se debe diseñar e implementar solamente lo que se necesita para que las pruebas

[94] Esto es fundamental en la mayoría de los sistemas, en los que el 20% del desarrollo genera el 80% del beneficio.

[95] En proyectos en los que haya un cliente concreto. De no ser así, este papel lo desempeñará un grupo de analistas de negocio.

se ejecuten correctamente. Incluso hay una norma que dice que hay que desarrollar siempre *la cosa más simple que pueda funcionar*.

¿Por qué sentimos tanta resistencia hacia esta idea de simplicidad? Probablemente, porque estamos acostumbrados a prever problemas y a hacer que nuestro diseño sea todo lo flexible que se pueda, de modo que si en el futuro se necesita una funcionalidad similar se pueda reutilizar lo que se hizo antes.

No obstante, XP afirma que hay que eliminar toda la flexibilidad que no demuestre su utilidad en lo inmediato, evitando resolver hoy los problemas de mañana. Y creo que tienen razón en gran parte. ¿Por qué? Las razones de XP son:

- Se evita agregar complejidad que luego dificulta las refactorizaciones, la comunicación y las depuraciones.
- Se evita implementar lo que no se sabe si se va a usar (y en el 80% de los casos no se usa).
- Se mantiene baja la inversión inicial en el proyecto, de modo que si éste se abandona o se trunca, no habrá costado tanto. Y aunque estos extremos no ocurran, la inversión inicial es la que tiene mayor costo financiero, por lo que mantenerla baja es siempre una buena política.
- Mejora la eficiencia de ejecución del sistema, debido a que el código ejecutable permanece más chico.

De todas maneras, no hay que perder de vista que la simplicidad cuesta trabajo y es fruto de un buen diseño.

XP es ideal en todos aquellos proyectos pequeños en los cuales los requisitos son un tanto vagos al comienzo. Notemos que no hace hincapié en el alto costo de cambiar requisitos a medida que avanza el desarrollo del sistema. También ataca con éxito la facilidad de modificación del software, esa gran meta nunca alcanzada, haciendo cambios acotados por pruebas constantes, al punto que los más entusiastas sostienen que el mantenimiento es el estado natural de un proyecto de XP.

De todas maneras, XP no es aplicable a cualquier proyecto. No conviene usar las prácticas de XP:

- En proyectos que, por razones organizacionales o presupuestarias, necesiten especificaciones precisas desde el comienzo.
- En equipos de trabajo con más de 20 programadores (el número ideal es 10). En estos casos, la comunicación cara a cara es más difícil y se empieza a requerir de documentación.
- En equipos que deben trabajar separados, algo muy en boga en nuestros tiempos.
- Cuando la tecnología es un impedimento por los altos tiempos de compilación, prueba o integración.
- A proyectos con precio, plazo y alcance fijos.
- En el desarrollo de bibliotecas genéricas, sobre todo si hay que estar previendo usos diversos y no se puede llevar la biblioteca a producción hasta terminarla.

Adicionalmente, hay que considerar que no todas las personas sirven para trabajar en XP. A muchos desarrolladores no les gusta compartir código o programar de a dos, lo que es alimentado por nuestra cultura, que premia los logros individuales y no enseña a colaborar sino a competir. Tampoco es habitual que a un programador le guste probar software, aunque puede aprender a disfrutarlo si se da cuenta de que eso aumenta la confianza en su propio código. A menudo los programadores promedio no son buenos refactorizando, lo que exige habilidades y conocimientos especiales.

Pero más allá de estos límites, que los propios impulsores de XP nos muestran, tengamos en cuenta también que los proyectos más críticos suelen necesitar más documentación y más formalidad para poder afrontar los riesgos políticos.

También suele ocurrir, en los desarrollos para grandes organizaciones, que es muy difícil que un cliente acompañe el desarrollo, o incluso que un empleado de la empresa cliente sirva como referente para responder dudas acerca de un gran número de temas.

En otro orden de cosas, muchas veces es más sencillo conseguir un buen analista, un buen diseñador y un par de buenos programadores, que cuatro analistas-diseñadores-programadores. Por supuesto, esto se puede ir revirtiendo desde la academia, pero llevará tiempo y, mientras tanto, el mercado laboral suele tener gente más especializada por roles.

Agilidad administrada: Scrum

Scrum es un marco para métodos de desarrollo ágil, iterativo e incremental. Decimos que es un "marco" porque no define el proceso ni los entregables a un nivel de detalle, pero a la vez da una referencia general para la construcción de software.

Scrum estructura el desarrollo del producto en ciclos que denomina *sprints*. La idea central es que un sprint se fije objetivos y que el trabajo acordado esté finalizado al terminar el mismo.

En cada proyecto, los sprints son de longitud fija, normalmente entre 1 y 4 semanas. Durante un sprint, no se pueden cambiar los integrantes de un grupo de trabajo ni las tareas asignadas. Lo único que se puede hacer es cancelar un sprint por razones de fuerza mayor.

El equipo de Scrum está conformado por tres roles:

- Un único *dueño de producto*, que hace las veces de cliente en el lugar.
- Un líder de equipo, denominado *Scrum Master*, que debe velar por que se den las condiciones para trabajar, removiendo obstáculos, y por el seguimiento de las prácticas de Scrum.
- Varios *miembros del equipo*, que diseñarán, codificarán y probarán las funcionalidades definidas para el sprint en curso.

El dueño de producto es quien, sobre la base de los requisitos planteados por clientes y usuarios, elabora la lista de requisitos, denominada *product backlog*, y les asigna prioridades.

Antes de comenzar un sprint, el dueño de producto discute y define con el resto del equipo qué requisitos o ítems de backlog habrá que desarrollar en el sprint, construyendo con ellos el *sprint backlog*. Es este sprint backlog el que no puede modificarse en las semanas que dure el sprint.

Durante el sprint, se realizan las *reuniones diarias de Scrum*, en las que participa todo el equipo, y en las que se analiza el avance y el trabajo del día. Estas reuniones son las que dieron nombre al método.

También durante el sprint, se va realizando día a día un gráfico denominado *sprint burndown chart*, que muestra cuánto trabajo falta realizar dentro del sprint, y su relación con el que se esperaba tener realizado.

Al finalizar el sprint, se realiza una reunión denominada *revisión del sprint* y se sacan un conjunto de lecciones aprendidas, la *retrospectiva del sprint*.

A continuación se muestra un burndown chart típico:

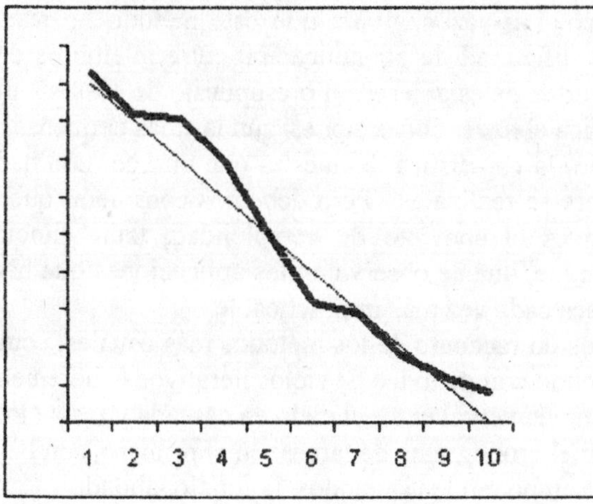

La línea más gruesa muestra el trabajo que falta por hacer, día a día, mientras que la más fina muestra la tendencia esperable.

Visto en forma más global, un proyecto Scrum tiene tres fases:

- Inicio: incluye la planificación de una versión, con una primera estimación en tiempo y costo, y un diseño de alto nivel.
- Desarrollo iterativo con sprints, que son varios ciclos, como en todos los métodos iterativos.
- Finalización: preparación para la versión desplegable, documentación final y entornos necesarios.

Scrum suele ser utilizado en conjunto con otras prácticas ágiles, en particular con XP. Esto se debe a que XP está más focalizado en diseño y desarrollo, y otros asuntos más bien técnicos, mientras que Scrum se focaliza en cuestiones de organización y administración.

CONCLUSIONES

Este ha sido un capítulo heterogéneo. Empecé enumerando las disciplinas típicas del desarrollo de software, luego analicé más en profundidad el relevamiento y el análisis, y terminé con un estudio breve sobre metodología de desarrollo.

Como vimos, la captura de requisitos está basada en los casos de uso, que describen qué debe hacer el sistema, a muy alto nivel y desde el punto de vista del usuario, en forma de acciones y reacciones.

En cuanto al análisis orientado a objetos, debemos verlo como un puente entre los requisitos y el diseño, que se centra en hallar clases, con sus relaciones, jerarquías y estados. Pero recordando que hay que ceñirse, no a lo que va a hacer el sistema, sino a quién se lo va a hacer.

Pero una vez que sabemos qué disciplinas incluye el desarrollo de software, nos falta una metodología o proceso que nos diga cómo ensamblar estas tareas.

Muchos desarrolladores utilizan el pomposamente llamado método *ad hoc*, que consiste en ciclos de codificación, pruebas y correcciones. Este método, que en realidad es la ausencia de método, puede funcionar en pequeños programas aficionados, pero pasando las mil líneas de código empieza a ser impracticable o, por lo menos, antieconómico. Las razones para que este método no resulte pueden ser varias, pero destacan la dificultad de comunicación entre miembros de un equipo de trabajo, la casi imposibilidad de establecer un presupuesto de costos y plazos serio y la complicación que significa el hacer correcciones, aun las más pequeñas.

A pesar de ello, la estadística demuestra que una porción nada despreciable del desarrollo de software se realiza así. Pero debemos considerar que el problema es cada día más grave, pues el aumento de complejidad, tanto funcional, como de arquitectura y de despliegue, que se observa en las aplicaciones que hacemos hoy día, hace que el no-método sea cada vez más impracticable.

Por eso hicimos un racconto de los métodos más usuales, comenzando por el ciclo en cascada y siguiendo con métodos de ciclos iterativos e incrementales.

La diferencia fundamental entre el ciclo en cascada y los ciclos incrementales está en cómo subdividen el cronograma de tareas: en el primero, son las actividades las que se programan en el tiempo; en los segundos, la funcionalidad.

Siempre se criticó que se encaraban grandes proyectos programando desde cero, pero luego se cayó en que, aun para un programa de mil líneas, se hacía un proceso complejo de análisis y diseño totalmente injustificado y se escribían cientos de páginas de documentación. Hay que tratar de usar el método que más se ajuste al proyecto que estamos realizando.

Es importante:

- Construir primero el núcleo ejecutable de la aplicación, con una funcionalidad mínima, como un marco alrededor del cual se va a armar el conjunto.
- Trabajar con el cliente, e implementar antes los casos de uso que éste priorice.
- Agregar, en iteraciones, unos pocos casos de uso cada vez.
- Usar las pruebas como comunicación dentro del equipo.
- Guardar el código de todas las pruebas, unitarias y funcionales, asegurando que siempre se ejecutan sin problemas.
- Refactorizar a menudo, manteniendo la simplicidad al máximo.
- Recién una vez que se termina el desarrollo, agregar optimizaciones de código, capacidades multiplataforma, etc.

Un gran riesgo que corre cualquier método es el de convertirse en una religión, con fanáticos que defiendan al mismo en cualquier momento y lugar. Es cierto que cada método tiene sus defensores, su marketing, y esto hace que muchos desarrolladores afirmen que lo aplican y se regodeen de ello.

Tal vez la riqueza de un buen desarrollador de software sería decir que es adaptable, que conoce varios métodos, y que considera que puede aplicar algunas de sus recomendaciones en ciertos proyectos concretos. Dicho esto, debería preferir tomar elementos de varios métodos y adaptarlos a un desarrollo en base a su vasta experiencia construyendo software.

A continuación me ocuparé del tema de aseguramiento de la calidad del producto.

15. TÉCNICAS DE ASEGURAMIENTO DE LA CALIDAD DEL PRODUCTO

Tratar de mejorar la calidad del software aumentando la cantidad de pruebas, es como tratar de adelgazar pesándose más seguido.
Steve Mc Connell[96]

Este es otro capítulo de contexto a los temas centrales del libro.

Sin embargo, me pareció importante incluirlo porque a menudo no se le da demasiada importancia al tema de la calidad del producto software. Como estamos estudiando diseño y programación, centraré la atención del lector en las prácticas de aseguramiento de la calidad que afecten al diseño y a la programación.

Hay muchas personas que confunden la calidad con el testing, y se olvidan de que las pruebas sólo son una manera de controlar la calidad, casi siempre a posteriori, y que sólo demuestran la existencia de errores, pero no su ausencia.

En cambio, las técnicas de aseguramiento de calidad se refieren a prácticas en general – entre las que está el testing – que ayuden a lograr una mayor calidad del producto.

Existe un lugar común no explícito que afirma que hay que desarrollar algo más o menos funcional, y luego mejorar la calidad. Como veremos en este capítulo, y con excepción de las optimizaciones, esto no es así casi nunca: hay que pensar en la calidad en todo momento.

También aprovecharé para enfatizar el valor indudable que tiene la automatización de las prácticas, de modo que se aprovechen las ventajas de las computadoras sobre los humanos, sobre todo en cuanto a fuerza bruta, lógica implacable y no emocional, repetitividad, sin pérdida de concentración por cansancio, y velocidad. Incluso cuando sea necesaria la intervención humana, no es mala idea que la computadora dispare un aviso automático en ese sentido.

CALIDAD Y TIPOS DE CALIDAD

La calidad es uno de los aspectos más difíciles de precisar en la ingeniería en general. Se habla de calidad de procesos, de servicios y de productos, de calidad visible e invisible, de calidad a largo o corto plazo, etc.

Como estamos estudiando cómo construir productos de software, vamos a precisar mejor el concepto de calidad para el software.

Muchas veces parece que el software de calidad es aquél que brinda lo que se necesita con adecuada velocidad de procesamiento. En realidad, es mucho más que eso. Tiene que ver con la corrección, pero también con usabilidad, costo, facilidad de mantenimiento, consistencia, confiabilidad, compatibilidad, utilidad, eficiencia y apego a los estándares.

[96] "Trying to improve software quality by increasing the amount of testing is like trying to lose weight by weighting yourself more often.", Code Complete[CC].

La calidad del software está influenciada tanto por *factores internos*, que son aquéllos que sólo afectan a los informáticos, y *externos*, que perciben los usuarios finales. Éstos últimos son los únicos finalmente importantes, y los primeros derivan su importancia de ser condición para que se den éstos.

A continuación presentamos una lista de *factores*, de más a menos importantes:

- **Confiabilidad**. Éste es el factor de calidad por excelencia. Se basa a su vez en tres necesidades:
  - **corrección**: que el sistema cumpla con las especificaciones, es decir, que sea consistente con éstas;
  - **robustez**: capacidad de reaccionar bien ante situaciones excepcionales;
  - **disponibilidad**: capacidad de estar operativo el mayor tiempo posible.
- **Facilidad de uso o usabilidad**: es el grado de efectividad de la interacción entre el sistema y sus usuarios.
- **Seguridad**: una medida de la habilidad del sistema para evitar usos no autorizados, al mismo tiempo que permite el uso a quienes legítimamente tienen permiso para usarlo.
- **Funcionalidad**. El sistema no debe pecar ni por exceso ni por defecto respecto de los requisitos. En general, conviene comenzar el desarrollo por los aspectos más importantes, y nunca sacrificar la calidad por agregar funcionalidad.
- **Oportunidad**: que el sistema esté en el mercado en el momento en que los usuarios lo precisan, o apenas un poco antes[97].
- **Costo,** de desarrollo, pruebas, operación y mantenimiento.
- **Eficiencia o desempeño**. Consiste en resolver el problema usando la menor cantidad posible de recursos de hardware, tiempo de procesador y ancho de banda. Este requisito de calidad no se debe exagerar, ya que, como dice un refrán conocido, "no importa cuán eficiente es hasta que no sea correcto".
- **Interoperabilidad**, o capacidad de comunicación con otras aplicaciones, brindando o consumiendo servicios. Se logra a través del uso de estándares, como las normas de comunicación, formatos de datos, etc.
- **Extensibilidad**, o facilidad de adaptarse a cambios de especificación.
- **Reutilización**, o capacidad de las partes de un sistema para servir en la construcción de aplicaciones distintas.
- **Portabilidad**, o posibilidad de correr el sistema en otras plataformas (hardware, software de base, motor de base de datos) distintas de aquellas para las cuales fue diseñado.
- **Escalabilidad**. es una medida de cómo el agregado de recursos afecta el desempeño del sistema. Un sistema es escalable, cuando la adición de recursos produce una mejora proporcional en el desempeño del sistema.

En este libro me centraré más en los atributos internos de calidad. Por lo tanto, nos interesan:

- Confiabilidad, en el sentido de corrección y de robustez

---

[97] Llegar mucho antes ha sido la causa del escaso éxito comercial de gran cantidad de productos excelentes. Verbigracia, el computador Xerox Star, el lenguaje Ada, la tecnología Jini, la planilla de cálculo Visicalc, etc.

- Interoperabilidad
- Extensibilidad
- Reutilización
- Eficiencia o desempeño
- Portabilidad
- Escalabilidad

PRÁCTICAS COLABORATIVAS PARA MEJORAR LA CALIDAD

Las **prácticas colaborativas** son aquellas actividades que, realizadas por equipos de desarrollo y sin poner en juego jerarquías, se utilizan para mejorar la calidad del desarrollo de software.

Normalmente, este carácter colaborativo hace que sean esenciales para el entrenamiento y transferencia de experiencia, en directo y sobre casos bien concretos. Además, es sabido que la gente trabaja mejor y más apegada a estándares si sabe que su trabajo es observado por otros, aun cuando el espíritu de la revista no sea hostil ni evaluativo.

Normalmente, las prácticas colaborativas funcionan mejor si la construcción del sistema también es colaborativa, sin dueños de módulos, sino que todos pueden modificar diseño y código. Sin embargo, éste no es un requisito excluyente.

Las prácticas colaborativas que analizaremos aquí son sólo las más exitosas de las decenas que han surgido y se han aplicado.

Gran parte de este éxito se ha medido en menores costos de pruebas funcionales, no debido a que no se hayan hecho, sino porque aumenta el porcentaje de pruebas exitosas.

Revisiones de código

Las revisiones de código son de las técnicas de mejoramiento de la calidad que mejor resultado brindan si se hacen formalmente. Como además son de menos uso que otras técnicas, las analizaré un poco.

Hay tres formas de revisiones de código:

- Pruebas de escritorio
- Revisiones informales por pares
- Revisiones formales por pares

La **prueba de escritorio** – además de no ser una práctica colaborativa, sino que la hace el propio programador solo – rinde muy poco, tal vez menos de lo que cuesta, pero es una costumbre difícil de desterrar. Consiste en simular un recorrido por el código con algunos datos y ver si el programa se comporta como se espera, pero sin correr el programa, sino con lápiz y papel.

Para que agreguen valor, es bueno concentrarse en buscar anomalías típicas, como variables u objetos no inicializados o que no se usan, ciclos infinitos y demás. No obstante, muchas de estas anomalías las detectan también algunas herramientas automatizadas.

Las revisiones por pares informales rinden mucho más. Son exposiciones del código escrito frente a pares, en reuniones informales. El programador, exponiendo su código, encuentra muchos errores. Además da ideas avanzadas a programadores nuevos que asisten a las mismas.

Aunque a priori no deberían tener resultados diferentes de las revisiones formales, las estadísticas demuestran que su efectividad es mucho menor.

Las llamadas **revisiones formales** consisten en reuniones programadas entre los responsables de la programación y los responsables de la revisión. Tienen como objetivo revisar el código escrito por los programadores para chequear que cumpla con las normas que se hayan fijado y para verificar la corrección y eficiencia del mismo. Se realizan siguiendo listas de verificación preestablecidas, que ayudan a mantener el foco en lo importante. Si hay un moderador, mejor. En las reuniones se revisa el código de un cierto porcentaje de módulos seleccionados al azar o según su grado de complejidad o criticidad.

Las inspecciones hay que realizarlas con cuidado, para no dar idea de estar evaluando al programador. Ningún superior del programador debería asistir a una revisión.

Lo que tampoco se debe hacer en una revisión es corregir problemas o siquiera proponer soluciones: el foco está en encontrar inconvenientes y señalarlos, no en discutir opciones de solución.

Si los revisores se han especializado en esta tarea, se suele obtener mayor provecho, porque están más acostumbrados a ver determinados tipos de errores comunes a todos los programadores. Además, después de una inspección a un programador, de la que surge un tipo de problema, pueden volver a inspeccionar a otro para ver si no cayó en el mismo error.

Las revisiones futuras deben volver sobre las objeciones de revisiones anteriores, sobre todo en cuestiones más críticas. Esto implica que hay que guardar los resultados de las revisiones, lo cual es más sencillo en las formales que en las informales. Además, esta información suele servir de base para evitar futuros problemas similares.

Revisiones por pares de diseño

Así como son muy productivas las revisiones por pares del código, las revisiones formales de diseño han demostrado también una efectividad mayor a la esperada.

Conceptualmente son lo mismo que las revisiones de código, pero centradas en el diseño, que a veces se analiza sobre el mismo código, y otras sobre diagramas UML.

Programación en parejas

La programación de a pares de programadores fue introducida formalmente por XP, como vimos en el capítulo anterior.

El objetivo de esta práctica es, no sólo ir a una forma más social de desarrollo, sino aprovechar las mismas ventajas de las revisiones por pares, al punto de que puede suplantarlas. De hecho, es una revisión por un par que, aunque con menos formalismo, se realiza a la vez que se genera el código.

Si bien las revisiones por pares tienen una historia más larga, y más evidencia a favor, la programación en pareja ya ha demostrado ser bastante similar en cuanto a su grado de éxito. El elegir una u otra práctica pasa más por cuestiones de gusto y estilo de la gente que integre el equipo de trabajo. Generalmente, el nivel de estrés para quien está siendo revisado es menor en la programación en pareja que en las revisiones de pares.

En general, la programación en pareja brinda mejor calidad de producto en menor tiempo. Y aunque los costos pueden ser un poco mayores, la relación costo-beneficio es claramente muy buena.

De todas maneras, tengamos en cuenta que usar programación en pareja en todo un proyecto implica someter a revisión por pares todo el código, y no sólo algunos módulos. Tal vez una buena manera de encararla sea utilizarla solamente en módulos más críticos, más complejos o de mayor riesgo, evitando imponerla como forma de trabajo para todo. Otras tareas que se pueden hacer de a pares son aquellas que se asignen a programadores novatos, a los cuales se les agrega uno con mayor experiencia.

Repositorios compartidos

En todas las técnicas colaborativas es fundamental contar con un repositorio único de código y documentación.

Se puede trabajar con wikis[98] y con herramientas automatizadas de control de versiones. Habiendo excelentes herramientas gratuitas y de fácil aprendizaje no hay excusa alguna para no utilizarlos. Cualquier tiempo invertido en aprender a usarlas se paga solo.

Un repositorio centralizado debe tener, al menos, funcionalidades para poder actualizar código fuente de más de un origen y dar marcha atrás en caso de necesitarlo, hacia cualquier versión anterior.

REFACTORIZACIONES

El concepto de refactorización lo hemos visto mucho antes, pero como es una técnica para mejorar la calidad interna lo vamos a analizar aquí.

Las refactorizaciones – como ya dijimos al presentarlas buscan mejorar el diseño del código ya escrito – su estructura interna – sin cambiar el comportamiento observable o externo. Dicho de otro modo, ningún objeto cliente debería darse cuenta de que algo cambió.

Por lo tanto, lo que estamos haciendo es modificar la estructura interna de un trozo de código, sin modificar su funcionalidad externa.

Para qué refactorizamos

Habiendo definido lo que es refactorizar, la gran duda que tal vez nos quede es para qué lo hacemos. Las razones de fondo son:

- Mejorar código, haciéndolo más comprensible y legible, recordando que el código se lee mucho más de lo que se lo escribe.
- Eliminar duplicaciones de código o de comportamiento, para que cada cambio afecte una sola porción de código.
- Mantener alta la calidad del diseño.

Dicho en una sola oración, lo que se busca es controlar la entropía.

El término **entropía**, tomado inicialmente de la Termodinámica, tiene el significado de desorden, de un desorden gradual e imparable al que se llega por inercia y del cual es muy difícil salir. En el caso del software, el aumento de entropía se suele dar cuando un buen diseño va evolucionando por sucesivas adaptaciones y se vuelve

[98] Una wiki es un conjunto de páginas web fácilmente editables por cualquiera de las personas que trabaja en un proyecto.

incomprensible e imposible de mantener.

Es importante mantener baja la entropía para permitir realizar con facilidad modificaciones, depuraciones y optimizaciones.

Por lo tanto, al menos debería refactorizarse código en las siguientes situaciones:

- Antes de modificar código existente
- Siempre después de incorporar funcionalidad
- Antes de optimizar
- Durante las depuraciones
- Como resultado de revisiones por pares

A menudo se le hace una crítica a la práctica de la refactorización, que tiene que ver con que nos adelantamos a futuras necesidades sin saber si van a ser tales. De hecho, lo cierto es que no tendría sentido refactorizar si nunca se va a cambiar el código. Y aunque se cambiase el código, ¿puedo asegurar que una hora de refactorización me asegura el ahorro de, al menos, una hora de futuro mantenimiento? Lo cierto es que no hay ninguna seguridad, pero la experiencia demuestra que la enorme mayoría de las aplicaciones se modifican continuamente, y es muy ingenuo plantear que las hay que no se modifican.

Lo cierto es que es un beneficio a mediano plazo, y como tal muchos lo evitan. Se parece a un régimen para mantener el colesterol en niveles aceptables: si bien tiene algunas ventajas a corto plazo, la mayor parte son a muchos años, y por eso hay gente que no le presta atención. Sin embargo, cuando los problemas se manifiestan, ya es tarde para dietas, y hay que recurrir a remedios más complejos. Lo mismo ocurre con la entropía en el software.

Otra fuente de resistencia hacia las refactorizaciones surge cuando nos enfrentamos al mantenimiento de una aplicación existente, la situación más común en el desarrollo de software, y juzgamos que no tenemos tiempo para refactorizar antes. Sin embargo, la evidencia empírica demuestra que es en estos casos en los que más conviene refactorizar; y que se gana tiempo en vez de perderlo.

En el otro extremo están quienes aplican la refactorización como remedio a todos los males. Por ejemplo, los más extremistas dicen que la refactorización es una alternativa al diseño previo. Se argumenta que la refactorización permite hacer un diseño incremental, que va evolucionando a la par del código, y éste se mantiene de buena calidad gracias a la refactorización.

Puede que esto aplique en proyectos chicos, o bien con desarrolladores muy disciplinados que apliquen a la vez otras buenas prácticas. Sin embargo, cuando no se cumplan estas condiciones, un poco de diseño macro realizado en etapas tempranas, no viene nada mal.

Lo que sí es cierto es que gracias a las refactorizaciones puedo relajarme un poco y hacer un diseño menos perfecto.

Refactorización segura

El riesgo de refactorizar es alto. De hecho, estamos cambiando código de mala calidad, pero que funciona, por código que supuestamente tiene una mayor calidad, en la medida en que funcione.

Hay una antigua máxima de la ingeniería, que dice: "Si funciona, no lo arregle". Lo que expresa esta máxima – con una gran sabiduría – es que, al intentar arreglar algo que no necesita arreglo, podemos introducir nuevos errores. En el fondo, es el mismo problema que cuando se introducen modificaciones funcionales, sólo que en este caso las modificaciones no tienen valor para el usuario final.

Las recomendaciones para evitar refactorizaciones traumáticas son:

- Realizar de a un paso a la vez.
- Conservar pruebas automatizadas, escritas desde antes de refactorizar, y correrlas luego de cada cambio, por pequeño que sea.

En efecto, uno de los grandes riesgos de la refactorizaciones son los cambios grandes, o varios pequeños cambios seguidos sin pruebas intermedias. Si caemos en esto y algo deja de funcionar, nunca sabremos qué cambio causó el fallo. Por eso, cada refactorización debe ser pequeña y reversible.

Otras prácticas muy convenientes son:

- Utilice las herramientas de refactorización de su entorno de desarrollo, si las tiene.
- Programe lo mejor que pueda, siempre.
- Compile y atienda las indicaciones del compilador, que es su primer chequeo de prueba.
- Haga revisar por pares sus diseños y código, antes y después de refactorizar.
- Trate de que las refactorizaciones las haga quien escribió y depuró el código, o alguien acompañado por él.

Las herramientas de refactorización son siempre más confiables que una persona cortando y pegando código. Durante mucho tiempo no había demasiadas, salvo en ambientes Smalltalk, lo cual hacía de la refactorización una tarea artesanal. Hoy ya hay muchos entornos de desarrollo libres que proveen buenas refactorizaciones típicas, y hay herramientas adicionales que también ayudan a encontrar problemas, proponer refactorizaciones y realizarlas, aún las más complejas.

Por suerte para los primerizos, hay catálogos de refactorizaciones, como [FowlerRefactoring] y [Kerievsky], que nos dan orientaciones muy prácticas respecto de qué refactorizar y cómo hacerlo.

El cuidado que hay que tener con estos catálogos es que, como ocurre también con los catálogos de patrones, uno se siente tentado de aplicar todas las refactorizaciones posibles. Como con todo, hay que usar las prácticas en su justa medida, lo que en esta cuestión significa que tenemos que orientar las refactorizaciones hacia donde las necesitamos, y no hacer todas las que sabemos hacer.

INTEGRACIÓN CONTINUA

Integración y patrones típicos

Integración es una palabra que utilizamos los informáticos con más de un significado. En este contexto y capítulo, llamamos **integración** a la actividad de desarrollo de software por la que unimos distintos componentes para construir una aplicación.

Si bien no es una actividad solamente de pruebas, incluye pruebas, las llamadas de integración.

Existen principalmente dos tipos de integración: la **integración incremental** y la **no incremental**. La integración incremental consiste en combinar el conjunto de módulos ya integrados y probados (al principio será un conjunto vacío) con los siguientes módulos a incorporar. Luego se va incrementando progresivamente el número de módulos unidos hasta que se forma el sistema completo. En la integración no incremental o Big Bang se combinan todos los módulos de una vez. Salvo en sistemas muy pequeños, siempre se trabaja con integración incremental.

En la **integración incremental ascendente** se comienza integrando primero los módulos de más bajo nivel. El proceso deberá seguir los siguientes pasos:

- Elegir los módulos de bajo nivel que se van a incorporar.
- Escribir un módulo impulsor para la entrada de datos de prueba a los módulos y para la visualización de los resultados.
- Probar la integración de los módulos.
- Eliminar los módulos impulsores y juntar los módulos ya incorporar con los módulos de niveles superiores, para continuar con las pruebas.

Para la prueba de cada uno de los módulos mencionados, es necesaria la preparación de un módulo impulsor. El objeto de los módulos impulsores es transmitir o impulsar los casos de prueba a los módulos testeados y recibir los resultados que estos produzcan. Es decir, deben simular las operaciones de llamada de otros módulos. Estos módulos tienen que estar bien diseñados, para que no arrojen ni más ni menos errores que los que realmente pueden producirse. Al fin y al cabo, deben simular todas las situaciones que se van a producir en el sistema real.

La **integración incremental descendente** parte del módulo de control principal (de mayor nivel, puede ser una especie de programa principal o la ventana principal de la aplicación) para luego ir incorporando los módulos invocados por éste progresivamente. No hay un procedimiento considerado óptimo para seleccionar el siguiente módulo a incorporar. La única regla es que el módulo incorporado tenga todos los módulos que lo invocan previamente integrados y probados.

En general no hay una secuencia óptima de integración. Debe estudiarse el problema concreto y de acuerdo a éste, buscar el orden de integración más adecuado para la organización de las pruebas. No obstante, pueden considerarse las siguientes pautas:

- Si hay secciones críticas, como un módulo complicado, se debe proyectar la secuencia de integración para incorporarlas lo antes posible.
- El orden de integración debe incorporar cuanto antes los módulos de entrada y salida.

Etapas de la integración descendente:

- El módulo de mayor nivel hace de impulsor y se escriben módulos ficticios ("stubs" o "muñones") simulando a los invocados, que serán llamados por el módulo de control superior.
- Probar cada vez que se incorpora un módulo nuevo al conjunto ya engarzado.
- Al terminar cada prueba, sustituir un módulo ficticio subordinado por el real que reemplazaba, según el orden elegido.
- Escribir los módulos ficticios que se necesiten para la prueba del nuevo módulo incorporado.

Los módulos ficticios se crean para permitir la prueba de los demás módulos. Pueden llevar a cabo una variedad de funciones, como por ejemplo:

- Mostrar un mensaje que demuestre que ese módulo fue alcanzado ("Módulo XX alcanzado").
- Establecer una conversación con una terminal. De esta forma se puede permitir que la misma persona que realiza la prueba actúe de módulo invocado.
- Devolver un valor constante, tabulado o elegido al azar.
- Ser una versión simplificada del módulo representado.
- Mostrar los datos recibidos.
- Ser un ciclo sin nada que hacer más que dejar pasar el tiempo.

A continuación muestro ventajas y desventajas de ambos tipos de integración incremental:

Integración descendente	
Ventajas	**Desventajas**
Las fallas que pudieran existir en los módulos superiores se detectan en una etapa temprana. Permite ver la estructura del sistema desde un principio, facilitando la elaboración de prototipos y demostraciones de lógica y flujo del sistema. Concuerda con la necesidad de definir primero las interfaces de los distintos subsistemas, para después seguir con las funciones específicas de cada uno por separado.	Requiere mucho trabajo de desarrollo adicional, ya que se deben escribir un gran número de módulos ficticios subordinados que no siempre son fáciles de realizar: suelen ser más complicados de lo que aparentan y hay una tendencia a introducir más errores en ellos porque no son parte del sistema real. Antes de incorporar los módulos de entrada y salida resulta difícil introducir los casos de prueba y obtener los resultados. Los juegos de datos de prueba pueden resultar difíciles o imposibles de generar, puesto que generalmente son los módulos de nivel inferior los que proporcionan los detalles. Induce a diferir la terminación de la prueba de ciertos módulos. Pueden surgir problemas de desempeño en los módulos inferiores que obliguen a reescribir y volver a probar módulos ya cerrados de niveles superiores.

Integración ascendente	
Ventajas	**Desventajas**
Las entradas para las pruebas son más fáciles de crear, ya que los módulos inferiores suelen tener funciones más específicas. Es más fácil la observación de los resultados de las pruebas, puesto que es en los módulos inferiores donde se elaboran. Resuelve primero los errores de los módulos inferiores, que son los que suelen tener el procesamiento más complejo, para luego nutrir de datos al resto del sistema.	Se requieren módulos impulsores, que deben escribirse especialmente y que no son necesariamente sencillos de codificar. De todas maneras, son menos que los módulos ficticios subordinados que requiere la integración descendente. El sistema como entidad no existe hasta que se agrega el último módulo. Esto puede mitigarse si se hace por subsistemas. Viola el principio de encapsulamiento de POO, al entrar en los detalles antes que en las funcionalidades más generales.

Debemos tener en cuenta que los patrones incrementales no se utilizan en su estado puro: se pueden y deben combinar.

Integración diaria

Una de las prácticas más fuertes de XP es la de **integración continua**, que básicamente se ha interpretado como recomendación de integración y *prueba de humo* una vez al día.

La idea es que, una vez al día, corridos ya todos los tests unitarios, se integre, se compile y se corran las pruebas de integración, todo en forma automatizada. A continuación se puede correr una prueba realizada por personas, la llamada *prueba de humo* (*smoke test*), para ver que no se rompa nada a nivel de interfaz de usuario, si es que ésta no está incluida en las pruebas automatizadas.

Estas pruebas automatizadas, más las pruebas de humo, no pretenden demostrar que todo funciona a la perfección, sino más bien que sí funciona lo esencial para seguir trabajando con confianza. Si bien no se supone que se corran pruebas funcionales por especialistas en pruebas, en las pruebas de humo se pueden observar algunas cuestiones funcionales y corregir si se ven desvíos.

Hay herramientas integradas que hacen todo esto. Si no las tenemos, igual podemos hacer un pequeño programa batch, que se base en frameworks como JUnit/NUnit, Ant/MSBuild y afines.

¿Quién debe hacer esta tarea? En proyectos chicos y medianos la pueden hacen los desarrolladores. En cambio, en proyectos grandes y muy grandes, suele haber equipos especializados en integraciones y pruebas de humo, entre los cuales se pueden incluir desarrolladores.

Si en algún momento se encuentra un problema, la prioridad es solucionarlo antes de seguir, de modo tal que las pruebas del día siguiente corran sin problemas heredados. No obstante, en algunos casos se puede seguir adelante si hay algunas fallas no críticas y que se presumen fáciles de corregir. Por supuesto, hay que abocarse a corregir estos problemas en paralelo con el trabajo del día, para impedir que el inconveniente se propague.

Normalmente, el primer intento de integración se suele hacer sobre copias locales en la computadora del desarrollador, de modo que éste pueda corregir problemas antes de integrar con el resto. Como segundo paso, se integra en un repositorio común, y se prueba en el mismo. Si no hubo problemas en la máquina del desarrollador y se manifiestan en el repositorio, el problema es de interacción, más difícil de corregir, pero se espera que menos frecuente si cada desarrollador hace sus pruebas de integración antes.

Si bien esta práctica se ha traducido habitualmente con la frase "nadie se va a su casa sin haber integrado y probado todo", no es lo más conveniente plantearlo en esos términos. De hecho, la integración funciona mejor por las mañanas, que es el momento del día en que la gente está más lúcida para resolver problemas complejos como los que se suelen plantear en estas situaciones.

La ventaja de la práctica de integración continua es que los problemas aparecen antes, a lo sumo una vez al día, y – en el peor de los casos – se pierde el trabajo de un día. También el diagnóstico de errores es más sencillo, porque la sospecha – al menos la inicial – se centra en lo agregado en el último día. La moral de la gente también mejora y baja el nivel de estrés.

Además, el sistema crece en forma totalmente gradual, y todos los días se tiene una versión del sistema funcionando.

Esta práctica debe complementarse con una herramienta automática de control de versiones, que permita dar marcha atrás con las modificaciones del día, total o parcialmente.

Hay algunas personas que consideran que la integración continua significa integrar cada pequeño cambio del proyecto, aun aquellos que llevan minutos. No estoy de acuerdo: sólo en proyectos muy pequeños se puede hacer esto a un costo razonable; en los demás, una integración – o a lo sumo dos – por día es lo más recomendable.

Pruebas de aceptación parciales

Si bien cuando se habla de pruebas en integración continua se tiende a hacer referencia a pruebas unitarias y de integración, cada vez es más común hacer pruebas de aceptación en forma frecuente. No es raro que, si hay un cliente acompañando el desarrollo, se realicen también pruebas de aceptación una vez al día. De hecho, deberíamos poder despachar un producto en cualquier momento dado, y para eso es fundamental contar con estas pruebas.

Como es de esperar, las pruebas de aceptación son pruebas de caja negra, y para ser corridas en el marco de la integración continua, automáticas.

Por su propia definición, deben ser escritas por personas que desconocen el funcionamiento interno del sistema, asistidas por gente especializada en pruebas.

Como toda prueba automatizada, es conveniente escribirlas antes de que la funcionalidad salga a producción, aunque en este caso no es necesario que sean escritas antes de que empiece el desarrollo del código que se está probando.

Si además se las hace automatizadas, sirven como documentación del nivel más alto de abstracción.

Por supuesto, puede parecer una contradicción que un cliente lego en programación pueda escribir pruebas de aceptación automatizadas. Pero hay al menos dos maneras de resolver esto. La primera es que el cliente trabaje con un programador – uno no involucrado en el desarrollo en cuestión – que traduzca lo que él quiere probar en código. La otra, que las pruebas se escriban en algún lenguaje de marcado o de guiones que un lego rápidamente pueda aprender: XML o un subconjunto de Python o Ruby pueden ser una buena opción.

PRUEBAS[99]

Calidad, errores y pruebas

Todos los aspectos de la calidad deberían ser objeto de tests o pruebas que determinen el grado de calidad logrado. Incluso la documentación para el usuario debe ser probada.

Como en todo proyecto de cualquier índole, siempre se debe tratar que las fallas sean mínimas y poco costosas, durante todo el desarrollo. Y además, es sabido que cuanto más tarde se encuentra una falla, más caro resulta eliminarla. Es claro que si un error es descubierto en la mitad del desarrollo de un sistema, el costo de su corrección será mucho menor al que se debería enfrentar en caso de descubrirlo con el sistema instalado y en funcionamiento.

A menudo se ha considerado a las pruebas como la única actividad de aseguramiento de la calidad, lo cual es un grave error. Las prácticas colaborativas, la refactorización y otras que veremos luego, también apuntan a la calidad y en muchos casos suelen ser más efectivas. Las estadísticas muestran que es difícil encontrar más

---

[99] Parte de este ítem lo tomé de un apunte que escribimos con Pablo Suárez para nuestras clases de la Universidad de Buenos Aires.

del 50% de los errores sólo con pruebas. Y tal vez el problema sería menor si recordásemos aquello que todos decimos pero siempre olvidamos: las pruebas no pueden probar la ausencia de errores.

¿Y qué es un error?

Un **error** es un comportamiento distinto del que espera un usuario razonable. Puede haber errores aunque se hayan seguido todos los pasos indicados en el análisis y en el diseño, y hasta en los requisitos aprobados por el usuario. Por lo tanto, no necesariamente un apego a los requisitos y un perfecto seguimiento de las etapas nos lleva a un producto sin errores, porque aún en la mente de un usuario pudo haber estado mal concebida la idea desde el comienzo. De allí la importancia del desarrollo incremental, que permite ir viendo versiones incompletas del sistema.

Ergo, una primera fuente de errores ocurre antes de los requisitos. Pero también hay errores que se introducen durante el proceso de desarrollo posterior. Así, puede haber errores de diseño y errores de implementación. Finalmente, puede haber incluso errores en la propia etapa de pruebas y depuración.

Un comentario importante, que sirve como herramienta preventiva de problemas. Cuando compilamos un programa, no conviene hacer caso omiso de las advertencias ("warnings") del compilador. Muchas veces, esas advertencias que no impiden que compilemos nuestros programas se convierten en futuros errores.

Las pruebas y el desarrollo de software

La actividad de pruebas es parte del ciclo de vida de los proyectos de software. Se la podría ubicar después del análisis, el diseño y la programación, pero dependiendo del proyecto en cuestión y del modelo de proceso elegido, su realización podría ser en forma paralela a las fases citadas o inclusive repetirse varias veces durante la duración del proyecto.

Las pruebas no tienen el objeto de prevenir errores sino de detectarlos. Se efectúan sobre el trabajo realizado y se deben encarar con la intención de descubrir la mayor cantidad de errores posible.

En un proyecto ideal, podríamos generar casos de prueba para cubrir todas las posibles entradas y todas las posibles situaciones por las que podría atravesar el sistema. Examinaríamos así exhaustivamente el sistema para asegurar que su comportamiento sea perfecto. Pero hay un problema con esto: el número de casos de prueba para un sistema complejo es tan grande que no alcanzaría una vida para terminar con las pruebas. Como consecuencia, nadie realiza una prueba exhaustiva de nada salvo en sistemas triviales.

Una posibilidad es la siembra de errores y seguir las pruebas hasta que se encuentren un 85% de los errores sembrados, lo que presumiblemente implica que se encontró un 85% de los no sembrados[100]. Otros métodos se basan en la estadística y las comparaciones, ya sea por similitud con otro sistema en cantidad de errores o por el tiempo de prueba usado en otro sistema.

En un sistema real, los casos de prueba se deben hacer sobre las partes del sistema en los cuales una buena prueba brinde un mayor retorno de la inversión o en las cuales un error represente un riesgo mayor.

Las pruebas cuestan mucho dinero. Pero para ello existe una máxima: "pague por la prueba ahora o pague el doble por el mantenimiento después".

---

[100] Aunque a veces quedan los errores más complejos porque se sembraron errores muy triviales.

Todo esto lleva a que se deban planificar bien las pruebas, con suficiente anticipación, y determinar desde el comienzo los resultados que se deben obtener.

Tipos de pruebas

Analizaré 5 tipos de pruebas:

- Pruebas unitarias
- Pruebas de integración
- Pruebas de regresión
- Pruebas de sistema
- Pruebas de aceptación

No son tipos de pruebas intercambiables, ya que testean cosas distintas. En los ítems siguientes analizamos cada tipo.

Otra posible clasificación de las pruebas es:

- De *caja blanca* o de código
- De *caja negra* o de especificación

En las primeras se evalúa el contenido de los módulos, mientras en las segundas se trata al módulo como una caja cerrada y se lo prueba con valores de entrada, evaluando los valores de salida. Vistas de este modo, las pruebas de caja negra sirven para verificar especificaciones.

Las pruebas unitarias suelen ser de caja blanca o de caja negra, mientras que las de integración, sistema y aceptación son de caja negra. Las tareas de depuración luego de encontrar errores son más bien técnicas de caja blanca, así como las revisiones de código y todas las prácticas colaborativas. En todos los casos, uno de los mayores desafíos es encontrar los datos de prueba: hay que encontrar un subconjunto de todas las entradas que tengan alta probabilidad de detectar el mayor número de errores.

Las pruebas de caja blanca son muy valiosas, aunque a veces negarse a ver la implementación para hacer caja negra es mejor, y cuando todo falle recién recurrir a probar con técnicas de caja blanca.

Pruebas unitarias

Las **pruebas unitarias** se realizan para controlar el funcionamiento de pequeñas porciones de código. Generalmente son realizadas por los mismos programadores puesto que, al conocer con mayor detalle el código, se les simplifica la tarea de elaborar conjuntos de datos de prueba para testearlo.

Si bien una *prueba exhaustiva* sería impensada teniendo en cuenta recursos, plazos, etc., es posible y necesario elegir cuidadosamente los casos de prueba para recorrer tantos caminos lógicos como sea posible. Inclusive procediendo de esta manera, debemos estar preparados para manejar un gran volumen de datos de prueba.

El tipo de prueba a la cual se someterá a cada uno de los módulos dependerá de su complejidad. Recordemos que nuestro objetivo aquí es encontrar la mayor cantidad de errores posible. Si se pretende realizar una prueba estructurada, se puede confeccionar un grafo de flujo con la lógica del código a probar. De esta manera se podrán determinar todos los caminos por los que el hilo de ejecución pueda llegar a pasar, y por consecuente elaborar los juegos de valores de pruebas para aplicar al módulo, con mayor facilidad y seguridad.

Habiendo identificado un conjunto básico y una vez obtenidos y documentados los juegos de valores de prueba junto con sus resultados esperados, se procede a probar el código. Todas las salidas deberán ser documentadas y en caso de verificarse la existencia de errores, se deberá dejar constancia de ello, proceder a la corrección de los mismos y volver a realizar las pruebas.

Desde el principio de la segunda parte del libro que vengo haciendo pruebas unitarias.

Pruebas de integración

En el caso de las pruebas de integración y de sistema, dado que ya se han realizado las pruebas unitarias, se tomará a cada uno de los módulos unitarios como una caja negra.

Las **pruebas de integración** tienen como base las pruebas unitarias y consisten en una progresión ordenada de testeos para los cuales los distintos módulos van siendo ensamblados y probados hasta haber integrado el sistema completo. Si bien se realizan sobre módulos ya probados en forma individual, no es necesario que se terminen todas las pruebas unitarias para comenzar con las de integración. Dependiendo de la forma en que se organicen, se pueden realizar en paralelo a las unitarias.

El orden de integración de los módulos influye en:

- La forma de preparar los casos de prueba
- Las herramientas a utilizar (módulos ficticios, muñones, impulsores o "stubs")
- El orden para codificar y probar los módulos
- El costo de preparar los casos
- El costo de la depuración

Tanto es así que se le debe prestar especial atención al proceso de elección del orden de integración que se emplee.

Pruebas de regresión

Las **pruebas de regresión** son aquellas que hay que realizar después de una modificación al sistema. Se hacen para demostrar que el sistema no ha sufrido una regresión por el agregado nueva funcionalidad.

Por supuesto, estas pruebas deben correrse siempre después de cada introducción de funcionalidad nueva, aunque sea pequeña. En principio, deberían usarse siempre los mismos lotes de prueba. Y si las pruebas son automatizadas, mejor.

Ahora bien, ¿cómo son estas pruebas? En principio, son de todos los tipos que estamos analizando. Mínimamente, habría que asegurarse que corran bien las pruebas unitarias y las de integración. Cuando los cambios sean grandes, habrá que correr también las de sistema y aceptación.

Pruebas de sistema

Las **pruebas de sistema** se realizan una vez integrados todos los componentes. Su objetivo es ver la respuesta del sistema en su conjunto, frente a distintas situaciones. Se simulan varias alternativas que podrían darse con el sistema implantado y en base a ellas se prueban las respuestas que se obtienen. Se pueden distinguir varios tipos de prueba distintos, por ejemplo:

- Pruebas *negativas*: se trata de que el sistema falle para ver sus debilidades.

- Pruebas *de recuperación*: se simulan fallas de software y/o hardware para verificar la eficacia del proceso de recuperación.
- Pruebas *de rendimiento*: tiene como objeto evaluar el rendimiento del sistema integrado en condiciones de uso habitual.
- Pruebas *de resistencia* o *de estrés*: comprueban el comportamiento del sistema ante situaciones donde se demanden cantidades extremas de recursos (número de transacciones simultáneas anormal, excesivo uso de la memoria, etc.).
- Pruebas *de seguridad*: se utilizan para testear el esquema de seguridad intentando vulnerar los métodos utilizados para el control de accesos no autorizados al sistema.
- Pruebas *de instalación*: verifican que el sistema puede ser instalado satisfactoriamente en el equipo del cliente, incluyendo todas las plataformas y configuraciones de hardware necesarias.
- Pruebas *de compatibilidad*: se prueba al sistema en las diferentes configuraciones de hardware o de red y plataformas de software que debe soportar.

Pruebas de aceptación sobre el producto terminado

Hay **pruebas de aceptación** que, al igual que las de sistema, se realizan sobre el producto terminado e integrado; pero a diferencia de aquellas, están concebidas para que sea un usuario final quien detecte los posibles errores.

Se clasifican en dos tipos: pruebas alfa y pruebas beta.

Las **pruebas alfa** se realizan por un cliente en un entorno controlado por el equipo de desarrollo. Para que tengan validez, se debe primero crear un ambiente con las mismas condiciones de las instalaciones del cliente. Una vez logrado esto, se procede a realizar las pruebas y a documentar los resultados.

Cuando el software sea la adaptación de una versión previa, deberán probarse también los procesos de transformación de datos y actualización de archivos de todo tipo.

Por otro lado, las **pruebas beta** se realizan en las instalaciones propias de los clientes. Para que tengan lugar, en primer término se deben distribuir copias del sistema para que cada cliente lo instale en sus oficinas, dependencias y/o sucursales, según sea el caso. Si se tratase de un número reducido de clientes, el tema de la distribución de las copias no representa grandes dificultades, pero en el caso de productos de venta masiva, la elección de los *beta testers* debe realizarse con sumo cuidado. En el caso de las pruebas beta, cada usuario realizará sus propias pruebas y documentará los errores que encuentre, así como las sugerencias que crea conveniente realizar, para que el equipo de desarrollo las tenga en cuenta al momento de analizar las posibles modificaciones.

Cuando el sistema tenga un cliente individual, las pruebas de aceptación se hacen de común acuerdo con éste, y los usuarios se determinan en forma programada, así como también se definen los aspectos a probar y la forma de informar resultados. Cuando, en cambio, se está desarrollando un producto masivo, los usuarios para pruebas se determinan de formas menos estrictas, y hay que ser muy cuidadoso en la evaluación de la realimentación que proveen. Por lo tanto, en este segundo caso hay que dedicar un esfuerzo considerable a la planificación de las pruebas de aceptación.

Quién realiza las pruebas

De todas las pruebas vistas, las unitarias, gran parte de las de integración y de regresión, las suelen hacer los mismos programadores.

Esto no quita que también las personas especializadas en testing hagan también sus propias pruebas de integración y de regresión. Las pruebas de sistema suelen ser hechas por personas especializadas, aunque en ocasiones pueden participar como observadores los desarrolladores.

Las demás pruebas, muchas de las cuales ni siquiera hemos mencionado aquí (de desempeño, de compatibilidad con plataformas, de usabilidad, de estrés, etc.) las tienen que hacer personas especializadas en testing.

La razón para que esto sea así tiene que ver con que las personas técnicas piensan mucho más en pruebas positivas que en negativas y son mucho más optimistas. Eso es lo que demuestran todos los estudios empíricos.

Las personas especializadas saben qué pruebas negativas realizar (menos datos que los necesarios o sin datos, demasiados datos, datos inválidos, datos de tamaño erróneo) y cuáles positivas agregan mayor valor (datos en la media, datos extremos mínimo y máximo o cerca de los extremos, etc.).

Además, para realizar las pruebas se requiere gente que disfrute encontrando errores, por eso no es bueno que sea el mismo equipo de desarrollo el que lleve a cabo este trabajo. Por otro lado, es bastante común que a quien le guste programar no le guste probar, y viceversa.

Los especialistas en testing no miran el código. Más bien toman todo el sistema como una gran caja negra. Normalmente, los errores encontrados vuelven a los diseñadores y programadores para que los corrijan, y éstos se ayudarán con pruebas unitarias y de integración especialmente escritas para encontrar errores a nivel del código.

Pruebas automatizadas

Una buena práctica, introducida por XP, es que las pruebas sean automatizadas y que el código de las pruebas unitarias y de integración se escriba antes del código a probar.

El testeo automático es bueno para garantizar la independencia del factor humano. Destaquemos que muchas veces se llega a las pruebas con gente nerviosa o apurada, y estos factores opacan el discernimiento. Además, si bien algunas pruebas pueden ser demasiado simples para hacerlas automáticas, si no hay una forma automática de chequear el código, éste no va a poder ser verificado cuando crezca.

De todas maneras, no se prueba todo, sino que se escriben pruebas para testear aspectos que se presuma que pueden fallar. De allí que sea un arte escribir buenas pruebas.

Asimismo, es mejor escribir las pruebas antes del código productivo. No lleva más tiempo que escribirlas luego, y se trabaja más tranquilo y menos influenciado por lo ya programado. Además, los errores aparecen antes y se pueden corregir antes. Finalmente, se piensa en los requisitos antes de escribir código, e incluso se puede ver si hay deficiencias en los requisitos.

Si las pruebas automatizadas se escriben antes, no obstante, sólo van a poder ser de caja negra.

Las pruebas automatizadas permiten ser más agresivo en refactorizaciones y optimizaciones, ya que el nivel de confianza del programador aumenta al sentirse respaldado por pruebas que puede correr en muy poco tiempo.

Incluso la depuración se facilita con las pruebas. Si aceptamos la noción empírica de que un módulo que ha tenido una alta tasa de errores los va a seguir teniendo, la práctica de documentar un error con una prueba que lo exponga siempre va a ser de ayuda: en la depuración actual, y a futuro.

Un aspecto poco destacado de las pruebas es que escribirlas con anterioridad permite determinar la interfaz de un método o de toda una clase cuando ésta no está del todo clara. Por añadidura, suele llevar a pensar en nuevas capacidades o restricciones del uso de las clases. Y luego, estas pruebas se convierten en la documentación definitiva de los requisitos del sistema.

También hay que escribir pruebas para comunicar, para encontrar un error que se produjo, y antes de refactorizar. En definitiva, las pruebas son una forma alternativa de establecer el contrato de la clase con sus clientes, adicional a la definición de invariantes, precondiciones y postcondiciones. Por eso, siempre deben acompañar al código.

Las pruebas se deben correr en forma conjunta, todas las escritas hasta ese momento, por lo que van creciendo en complejidad. Esto garantiza que las integraciones están funcionando bien. Sin embargo, esto no es tan complicado si crecen incrementalmente junto con el producto, se hacen en forma automática y si se pueden lanzar fácilmente. Esto da una confianza especial a los desarrolladores, ya que siempre se puede asegurar que el sistema era correcto antes de agregar la última modificación. Por eso son tan importantes como red de seguridad para las integraciones y ante las regresiones.

Hay que tener cuidado en no cometer errores al escribir las pruebas, ya que esto puede hacer perder mucho tiempo. Para evitar este problema, se las puede someter a revisión por pares. También ayuda en este sentido el guardar las pruebas que ya funcionaron, de modo tal de no cometer errores si hay que volver a usarlas.

Otra cuestión con la cual hay que tener cuidado es no olvidarse de generar ciertas pruebas críticas. Un típico olvido suele ser el chequeo de que se lancen las excepciones que debiesen lanzarse.

A menudo se dice que las pruebas llevan tiempo y que los programadores deben dedicarse sólo a escribir código, que es lo que mejor hacen, dejando las pruebas a otros. No es que esto no sea cierto, pero como se pierde más tiempo en depuración que en la primera escritura de código, lo cierto es que conviene tener algunas pruebas buenas, probablemente unitarias y de integración, ambas automatizadas, y correrlas frecuentemente.

En el fondo, una buena práctica es automatizar todo, desde la compilación hasta la prueba funcional, para que sea más fácil la prueba frecuente. Normalmente esto puede hacerse sin problemas con las herramientas de pruebas automatizadas que hemos visto, como JUnit y NUnit.

Pruebas y programación orientada a objetos

La POO aporta, mediante el encapsulamiento, facilidades para desarrollar componentes de prueba, a veces realizados mediante lenguajes de guiones. Pero a la vez puede traer problemas inesperados en la prueba de software. Esto se debe a que los efectos de cambios en el software, explícitos en lenguajes tradicionales, tienden a ser implícitos y difíciles de detectar en POO.

Estos problemas llevan a que tengamos que tener las siguientes precauciones:

- Al cambiar la implementación de una clase, no sólo se deben probar los métodos en forma unitaria, sino también realizar pruebas de integración.
- Al modificarse una clase base, debemos probar nuevamente las subclases.
- Al agregar una subclase, tenemos que testear los métodos heredados.
- Al redefinir un método, el conjunto de datos de prueba original puede no ser adecuado para el método nuevo.
- Un método no redefinido puede necesitar un nuevo conjunto de datos de prueba, ya que puede invocar métodos redefinidos.

Depuración

Las pruebas nos llevan a descubrir errores, que en la mayoría de los casos son de tipo funcional, es decir, del tipo: "el sistema debería hacer tal cosa y hace tal otra".

La **depuración** (en inglés, *debugging*) es la corrección de errores que sólo afectan a la programación, porque no provienen de errores en el análisis o en el diseño. A veces la depuración se hace luego de la entrega del sistema al cliente y es parte del mantenimiento correctivo.

Normalmente, encontrar el error cuesta mucho más que corregirlo, pero en ocasiones corregir un error puede llevar semanas. La depuración es considerada parte del desarrollo, y puede ocupar alrededor de la mitad del tiempo del mismo, o incluso más.

En realidad, en las revisiones de código y las pruebas unitarias, encontrar un error es considerablemente más sencillo, ya que se hace con el código a mano. Aun cuando se hubiera optado por una prueba unitaria de caja negra, es sencillo recorrer el módulo que revela un comportamiento erróneo por dentro para determinar el lugar exacto del error. Existen incluso herramientas de depuración de los propios ambientes de desarrollo que facilitan esta tarea, que proveen recorridos paso a paso y examen de valores de datos. Las aserciones pueden servir también.

De todas maneras, es importante analizar correctamente si el error está donde parece estar o proviene de una falla oculta más atrás en el código. Para encontrar estos casos más complejos son útiles las herramientas de recorrida hacia atrás, que permiten partir del lugar donde se genera el error y recorrer paso a paso el programa en sentido inverso.

Las pruebas de integración, de sistema y de aceptación también pueden llevar a que sea necesaria una depuración, aunque aquí es más difícil encontrar el lugar exacto del error. Por eso a menudo se utilizan *bitácoras* (*logs*, en inglés), que nos permiten evaluar las condiciones que se fueron dando antes de un error mediante el análisis de un historial de uso del sistema que queda registrado en medios de almacenamiento permanente. También es útil trabajar con un entorno de desarrollo que nos permita recorrer el código en modo de depuración sin necesidad de entrar en todos los módulos.

La depuración se hace en cuatro pasos:

- Reproducción del error.
- Diagnóstico de la causa.
- Corrección.
- Verificación de que el problema desapareció.

Si el error no se repite al intentar reproducirlo es muy difícil hacer el diagnóstico. Como en casi todas las ciencias, se buscan causas y efectos, condiciones necesarias y suficientes para que se produzca el error. Luego hay que buscar el sector del código donde se produce el error, lo que nos lleva a las consideraciones hechas recientemente. La corrección del error entraña mucho riesgo, porque a menudo se introducen nuevos errores (hay quienes hablan de tasas de 0,2 a 0,5 nuevos errores por corrección). Y nunca hay que olvidarse de realizar una nueva verificación después de la corrección.

Algunas prácticas pueden ser útiles durante una depuración:

- Cuando corregimos errores, realizar de a un cambio por vez y probar.
- Es más fácil encontrar errores si el código está bien escrito. Por eso, cuando un error se resiste en ser eliminado, es mejor hacer una refactorización previa.
- Conviene sospechar de las clases que ya han mostrado errores y del código más recientemente agregado.
- Cuando cuesta encontrar el punto exacto en que se está produciendo un error, conviene separar partes del código y hacer tests unitarios, muy detallados en las áreas más sospechosas del código.
- Una vez que se encontró dónde está el error, escribir una prueba unitaria automatizada que lo exponga. Sirve para probarlo mejor esta vez y para facilitar pruebas de regresiones luego.

OPTIMIZACIÓN

Antes de optimizar código

Como técnicos, lo habitual es que cuando nos hablan de la optimización de un programa tengamos tendencia a meternos en el código y buscar la eficiencia del mismo con complejas modificaciones. Sin embargo, muchas veces la optimización no pasa por allí: muchos usuarios van a considerar que nuestra aplicación tiene un mejor desempeño cuando les permita realizar más rápidamente sus tareas, y eso puede tener que ver con el diseño de pantallas, usabilidad, velocidad de la interfaz de usuario y facilidad de desplazamiento en formularios, entre muchas otras cosas.

Por eso, antes de optimizar conviene analizar con cautela qué podemos mejorar de la experiencia del usuario, y ver si eso basta. Recién cuando estemos convencidos de que no hay nada que hacer fuera del código, buscaremos optimizar éste, con todos los riesgos y las mermas de calidad asociados a esa tarea: disminución de la modificabilidad, dificultad para probar, obstáculos para la reutilización, pérdida de portabilidad, etc.

Otra posibilidad – que en general es más sencilla y económica – es mejorar el hardware sobre el que corre el sistema.

Hay una creencia errada que sostiene que un sistema se puede construir con buen desempeño desde el primer día, y con esa excusa se escribe código de presunto buen desempeño, pero de alta entropía. El problema es que este razonamiento es falso, porque:

- Un sistema eficiente no es aquél en el que todas sus partes son eficientes. Es muy común que una aplicación pase el 90% del tiempo de cómputo en el 10% del código: ¿qué sentido tendría optimizar el otro 90%, más aún cuando se van a empeorar otros atributos de calidad?
- Muchos problemas de desempeño no se manifiestan hasta último

momento.

- Cuanto más modular y claro sea el código, más fácil va a ser optimizarlo cuando necesitemos hacerlo.
- Hay optimizaciones que las hace el compilador de manera automática, sin necesidad de oscurecer el código.

Donald Knuth [Knuth] decía, hace ya muchos años, que "las optimizaciones prematuras son la fuente de todos los males".

Por lo tanto, hay que tener en cuenta:

- El desempeño no suele importar en sistemas pequeños.
- Las optimizaciones deben hacerse al final del desarrollo y sólo si se demuestra la necesidad.
- Al principio de un desarrollo no se debe considerar la eficiencia, salvo que sea un factor de peso crítico.
- No hay que hacerlas por intuición o por experiencias similares.
- Se debe poder demostrar cuál es la causa que provoca la ineficiencia y atacar ésta solamente, dando marcha atrás si no se logra mejorar el desempeño.
- Para encontrar los cuellos de botella existen herramientas especializadas llamadas *perfiladores* ("profilers" en inglés): no se debe suponer que hay una ineficiencia donde no se pueda demostrarla.
- Se debe evaluar el costo en horas de análisis, diseño y programación de las supuestas mejoras contra el del presunto mal desempeño.

No obstante, me gustaría agregar que hay casos en los que la eficiencia sí es fundamental y debe introducirse tempranamente. Por ejemplo, si implementamos determinados tipos de datos en bibliotecas de uso general, por ejemplo para manejar fechas, horas, algunas operaciones matemáticas, etc., el uso recurrente hace que debamos considerar cuestiones de desempeño. Lo mismo ocurre en algunas aplicaciones críticas.

Otra cuestión es si hay o no que optimizar. Hoy en día, cuando hay que correr un ciclo millones de veces para notar ineficiencias, parecería que la cuestión del desempeño es más académica que real.

Sin embargo, esto no es tan así. No nos olvidemos que hoy en día también se desarrollan aplicaciones para celulares, computadoras de automóviles y otros dispositivos de escasos recursos, además de sistemas de tiempo real. Incluso se construyen grandes aplicaciones que son accedidas a la vez por miles de usuarios concurrentes.

Por lo tanto, en algunos casos es cierto, sin duda, que no hay que prestar atención al desempeño. Pero hay muchos otros casos en que no podemos darnos ese lujo.

Qué optimizamos

La gran pregunta es qué se desea optimizar. Hay varias cuestiones que se suelen considerar cuando se habla del desempeño de un sistema, pero en general nos referimos a estas cuatro, de más a menos importante:

- Velocidad de ejecución: es la estrella de una aplicación óptima. El 80% de las optimizaciones se refieren a ella casi con exclusividad.
- Uso de memoria y otros recursos: en otro tiempo era importante, pero hoy se la ha relegado bastante.
- Tamaño de código: normalmente sólo se le presta atención para lograr

una de las dos anteriores.

- Velocidad de compilación: sólo cuando afecta negativamente el proceso de desarrollo del software. Una vez desplegado el producto carece de sentido.

Fuentes de ineficiencia

En este ítem pretendo analizar algunas fuentes comunes de ineficiencia de programas. No obstante, son todas cosas que deberíamos probar antes, ya que no necesariamente llevan a ineficiencias.

Algunas causas del bajo desempeño son:

- Uso de memoria externa cuando se puede usar memoria interna. De hecho, se pueden ganar varios órdenes de magnitud pasando operaciones en disco a memoria, y algo parecido ocurre si se usan comunicaciones vía red.
- Llamadas innecesarias a funciones del sistema operativo.
- Uso de código de depuración en la versión en producción del programa.
- Falta de índices en bases de datos.
- En las evaluaciones lógicas complejas, no utilizar la opción de cortocircuito[101].
- No ordenar las preguntas en acciones *if* y *switch*: conviene evaluar primero las más frecuentes y menos costosas de evaluar.
- Cálculos dentro de ciclos, que se podrían evaluar antes del mismo.
- Uso de tipos por referencia cuando se pueden usar tipos por valor.
- Uso de valores de punto flotante donde se podrían usar enteros, o de doble precisión en lugares donde un real simple funciona bien.
- Uso no imprescindible de funciones trascendentes, normalmente muy precisas y lentas. Si se requiere menor precisión, se pueden tabular resultados y consultar esa tabla.
- No liberación de memoria que ya no es necesaria, en lenguajes en los que esta operación es explícita.
- Uso de lenguajes interpretados en aplicaciones en las que el desempeño es una necesidad[102].

No hay recetas infalibles para mejorar el desempeño. Hoy en día, lo que optimicemos para una máquina puede no funcionar en otra. En Java, por ejemplo, se han informado variaciones drásticas entre distintas JVM. Los lenguajes, compiladores, sistemas operativos, procesadores y demás, pueden mostrar diferencias muy importantes.

También el tiempo ha destruido muchos mitos y saberes instalados. Contrariamente a lo que sucedía hace una década, hoy casi todas las operaciones aritméticas demoran lo mismo, y lo mismo ocurre con el acceso a arreglos simples o matrices; las llamadas a funciones no tienen casi penalidad. Y eso por nombrar sólo algunas cuestiones.

---

[101] En un "if (a && b)" no necesitamos evaluar b si a es falso. En un "if (a || b)" no necesitamos evaluar b si a es verdadero. En Java y C# esto ocurre automáticamente, pero en otros lenguajes se puede implementar con if anidados.

[102] Por ejemplo, PHP y Python son hasta dos órdenes de magnitud más lentos que Java o C#. Incluso éstos pueden mostrar deficiencias importantes por la compilación a último momento. Desde ya, esto no desmerece otras grandes ventajas de los lenguajes interpretados, pero estamos hablando de desempeño y esta observación es bien real.

Por lo mismo, tampoco sirven los expertos genéricos. No sólo porque es un área en cambio permanente, sino porque la gran variabilidad entre plataformas hace que los presuntos expertos deban serlo en tecnologías muy acotadas.

Lo mejor – como siempre – es medir antes y optimizar después, y tener la disciplina de volver atrás si de la supuesta optimización no se obtuvieron los resultados esperados.

Una herramienta fundamental para medir ineficiencias en una aplicación son los perfiladores, algunos de los cuales acompañan los entornos de desarrollo más sofisticados. Un perfilador es una herramienta que permite medir y determinar en qué partes del programa se están produciendo los problemas de desempeño. Si recordamos que el 90% del tiempo de cómputo se consume en el 10% del código, es fundamental concentrarse en lo importante, y para ello tenemos que medir. Una vez que atacamos las secciones más críticas del código, habremos aprendido que con pequeños esfuerzos podemos lograr resultados sorprendentes.

Optimización y entropía

Como son tareas generadoras de entropía, en las optimizaciones no debe introducirse nueva funcionalidad a la vez que se están haciendo. Los cambios deben ser pequeños y hay que probarlos enseguida para asegurarse de que no se han introducido errores en un sistema que funcionaba bien. Es deseable que las pruebas estén automatizadas y sean lo más exhaustivas posibles. En todo esto, hay que proceder con las optimizaciones como con las refactorizaciones.

¿Hay alguna duda sobre la escasa claridad del código optimizado? Las dos líneas que siguen muestran el mismo cálculo: ¿cuál es más claro?

```
int promedio = (primerValor + segundoValor) / 2;

int promedio = (primerValor + segundoValor) >> 1;
```

Tal vez parezca que el ejemplo es muy trivial. Bien, pues entonces veamos la función de exponenciación siguiente, bastante intuitiva:

```
private static double potenciaSimple (double base, int exponente) {
    double resultado = 1;
    int exponenteSinSigno = Math.abs(exponente);
    for (int i = 0; i < exponenteSinSigno; i++)
        resultado *= base;
    if (exponente >= 0)
        return resultado;
    else return 1.0 / resultado;
}
```

¿Qué tan clara queda si la expresamos de esta manera, en teoría más eficiente?:

```
private static double potenciaOptimizada (double base, int exponente) {
    double resultado = 1;
    int exponenteSinSigno = Math.abs(exponente);
    int multiplicaciones = exponenteSinSigno;
    double nuevaBase = base;
    while (multiplicaciones > 0) {
```

```
        while (multiplicaciones % 2 == 0) {
                multiplicaciones /= 2;
                nuevaBase *= nuevaBase;
        }
        multiplicaciones--;
        resultado *= nuevaBase;
    }
    if (exponente >= 0)
        return resultado;
    else return 1.0 / resultado;
}
```

Otra manera de oscurecer el código mediante optimizaciones ocurre cuando cambiamos el lenguaje de programación de la parte problemática. No hay duda de que un programa escrito en Python se puede oscurecer por la aparición de algunos métodos en Java o C++. Peor aún si pasamos algunas funciones a lenguaje ensamblador.

Sin embargo, no nos alarmemos más allá de lo necesario. Si hemos modularizado en pequeñas funciones, necesitaremos optimizar pequeñas porciones de código. Y las pequeñas porciones, bien documentadas, pueden ser pasadas a lenguaje de muy bajo nivel sin empeorar la legibilidad.

Refactorización y desempeño

Existe la noción – generalmente aceptada – de que las refactorizaciones pueden provocar problemas de desempeño. Esto sería un problema, ya que ambas son técnicas de mejoramiento de la calidad del software, y la presunta oposición entre ambas nos inclinaría a pensar que tenemos que elegir una de las dos. Por suerte, las cosas no son como las pintan.

En primer lugar, digamos que el momento de realizar una refactorización difiere bastante de aquél de la optimización. Refactorizar es una actitud constante o más o menos constante, dependiendo de cuán entusiastas seamos al respecto. Optimizar – en cambio – es algo que sólo hacemos al final y cuando demostremos que es necesario.

Por lo tanto: primero debemos lograr que la aplicación funcione y sea legible. Recién en segundo término nos preocupa el desempeño.

Hay algo en común, no obstante, de las refactorizaciones y las optimizaciones: en ambos casos se trata de cambiar cómo se hace algo, preservando la intención, la funcionalidad.

Hechas todas las salvedades anteriores, confesemos algo: sí, es posible, a veces, que una refactorización afecte el desempeño negativamente. Todos los casos en los cuales agregamos indirecciones, pequeños métodos, variables intermedias, una estructura más granular de clases, etc., son potenciales fuentas de problemas de desempeño. Y si bien la potencialidad no siempre se convierte en un problema real, en otras ocasiones el problema aparece.

¿Qué hacer entonces? En primer lugar, no alarmarnos prematuramente: las secciones a optimizar – en el caso en que sea necesario hacerlo – van a ser escasas en relación a las secciones a refactorizar, que en principio son todas.

Además, las refactorizaciones buscan dejar el diseño más mantenible, y la optimización es una tarea de mantenimiento. Por lo tanto, si refactorizamos estaremos ayudando a las futuras optimizaciones, aun cuando éstas luego arruinen parte de lo logrado en la refactorización.

DOCUMENTACIÓN INTERNA

Documentación en general

La **documentación** es todo aquello que sirve para comunicar aspectos de un producto de software a seres humanos. Obviamente, hay documentación dirigida a distintos públicos, desde otros profesionales de sistemas hasta los usuarios finales.

Cuanto más complejo es un sistema, más hay que comunicar, y mejor deberá ser la documentación.

Para permitir una mejor comunicación con el destinatario de la documentación, es importante homogeneizar y establecer estándares que den la sensación de un lenguaje en común.

En general se habla mucho de la documentación, pero no se la hace, no se le asigna presupuesto, no se la mantiene y casi nunca está al día en los proyectos de desarrollo de software. Ocurre mucho en la Web y con productos RAD. Y también se da mucho que los proyectos de software avanzan corriendo contra el tiempo, sin actualizar la documentación.

Muchas veces la hacemos porque nos obligan a hacerla y escribimos largos textos, convencidos de estar haciendo un trabajo inútil. En ocasiones se olvida que el mantenimiento debe llegar a la documentación. Lo importante es la disponibilidad de la documentación que se necesita en el momento en que se la necesita.

A veces es difícil convencer a un recién egresado universitario o terciario – que a lo sumo ha escrito programas de 500 a 1000 líneas de código – de las necesidades de documentación de las aplicaciones de cientos de miles o millones de líneas.

La documentación para desarrolladores es aquélla que se utiliza para el propio desarrollo del producto y, sobre todo, para minimizar el impacto de su mantenimiento futuro. Se documenta para comunicar estructura y comportamiento del sistema o de sus partes, para visualizar y controlar la arquitectura del sistema, para comprender mejor el mismo, para controlar el riesgo y para facilitar el seguimiento del proyecto, entre otras cosas.

En este sentido, todas las tareas de un desarrollo deben documentarse: requisitos, análisis, diseño, programación, pruebas, etc. Una herramienta muy útil en este sentido es una notación estándar de modelado, de modo que mediante ciertos diagramas se puedan comunicar ideas entre grupos de trabajo. Por eso se dice que la documentación de un desarrollo de software es el resultado de una metodología de trabajo, de un proceso con sus etapas y tareas.

Hay decenas de notaciones, tanto estructuradas como orientadas a objetos. Un caso particular es el de UML, que analizamos en este libro. De todas maneras, los diagramas son muy útiles, pero siempre y cuando se mantengan actualizados, por lo que más vale calidad que cantidad.

La documentación para desarrolladores a menudo es llamada **modelo**, pues es una simplificación de la realidad para comprender mejor el sistema como un todo. Notemos que un modelo se construye tanto para facilitar la construcción de un sistema como para documentar a futuro.

Otro aspecto a tener en cuenta cuando se documenta o modela, es el del nivel de detalle. Así como cuando construimos planos de un edificio podemos hacer planos generales, de arquitectura, de instalaciones y demás, también al documentar el software debemos cuidar el nivel de detalle y hacer diagramas diferentes en función del usuario de la documentación, concentrándonos en un aspecto a la vez.

El modelado de software lo hemos estudiado en diversas partes de la obra, siguiendo la notación UML. A continuación analizaremos la documentación de la programación.

Documentación interna y comentarios

Documentar en el propio código facilita mantener la documentación actualizada. Además, el hecho de que la documentación esté cerca de lo que se documenta siempre es una ventaja[103]. A esto se lo llama **documentación interna**.

Probablemente nos hayan convencido de las ventajas de escribir prólogos de módulos, usar nombres claros y del dominio del problema y sangrías que denoten las estructuras de control. Todas estas recomendaciones son válidas, sobre todo cuando se apunta a que un programa sea legible, teniendo en cuenta que el código se escribe una vez y se lee muchas veces más.

Los comentarios son una herramienta crucial para aclarar el código. Sin embargo, debemos atender a las siguientes recomendaciones:

- No usar los comentarios como remedio para el código poco claro. Ante todo, el código debe ser bien legible.
- Los comentarios no deben repetir lo que se dice en código.
- Los comentarios muy abundantes sólo deben ir como prólogos de secciones muy críticas, poco claras, avisos para el mantenimiento y efectos colaterales locales.
- Evitar los comentarios del tipo "no borrar", que en general acompañan una línea de código ininteligible. Con el tiempo nadie sabrá por qué no hay que borrar la línea, y el solo hecho de figurar el comentario indica un código oscuro, mal escrito o una pobre documentación.
- Los comentarios deben preceder al código que comentan, de modo de preparar al lector para lo que va a leer.
- Si un archivo tiene más de una clase, explicar en un comentario qué lo hace necesario o conveniente. Lo mismo si una clase tiene que estar en más de un archivo, cosa más rara y en general inesperada, salvo en C++ para separar encabezado e implementación.
- Colocar el autor de la clase, método o modificación tiene sentido en equipos grandes. Si todos los desarrolladores tocan el código de otros, no tiene sentido.
- Preceder los métodos con comentarios de su interfaz, diciendo también las limitaciones del método y valores permitidos de los parámetros, así como informar si se necesita correr otro método antes para que funcione correctamente.
- Lo mismo se aplica a las clases, además de que es bueno agregar una descripción de la entidad que representa la clase, cuestiones de diseño que representa, usos que se supone que se le dará y ejemplos de utilización.
- Luego de una optimización que haya disminuido la legibilidad, agregar un comentario y explicitar que se escribió así por cuestiones de

[103] Otro aspecto en el que se da esta situación es en el de la documentación para usuarios: es más útil una buena ayuda en línea que un manual impreso de 1000 páginas.

desempeño probadas.

- Si dentro de un método comentamos un pedazo de código, esto es un indicio de que hay que crear un método adicional, de nombre bien descriptivo, porque seguramente hay subactividades en el método.
- Cuando haya código que modificar antes de salir a producción, colocar un comentario. Si se estandarizan estos comentarios, pueden ser buscados con facilidad. Algunos entornos de desarrollo sumarizan comentarios del tipo "TODO" o "TBD". C# incluye una directiva *#warning* para el compilador, que es lanzada por éste como una advertencia.[104]

Hay lenguajes interpretados en los que los comentarios viajan a través de redes, como ocurre en JavaScript. Esto lleva a que los programadores de estos lenguajes no escriban muchos comentarios para evitar un alto consumo de ancho de banda. Sin embargo, si los comentarios son necesarios, no deberíamos evitarlos. Una forma de mantenerlos sin afectar el desempeño es conservar dos versiones del mismo fuente: una para enviar, sin comentarios, y otra de mantenimiento, con los comentarios necesarios. Hay herramientas que ayudan en esta tarea, quitando los comentarios.

Estilos de codificación

Pero, como dije en el ítem anterior, no hay mejor documentación interna que el propio código. No hay comentario que arregle un código ilegible, y la legibilidad es un atributo de calidad de primer orden.

Esto es así porque, en la mayoría de los casos, un programa se lee muchas más veces de las que se lo edita. Por eso, debemos entender que programar es mucho más una tarea de comunicación con otras personas que una comunicación con una computadora.

Por todo eso es importante respetar estándares de codificación – oficiales o no, pero que se siga un estándar – y lograr que la estructura del código fuente refleje la estructura lógica del programa.

El tema de estándares de nomenclatura fue tratado en temas metodológicos tempranamente en este libro. ¿Qué podemos decir del estilo de codificación en general?

En primer lugar, si lo que queremos es comunicarnos con otras personas, deberíamos seguir las recomendaciones que desde hace siglos existen sobre cómo escribir bien.

Por ejemplo, cuando escribimos un libro, utilizamos un sinnúmero de ayudas para el lector: espacios en blanco, signos de puntuación, sangrías, renglones en blanco, títulos de distintos niveles, paréntesis, etc. Con todo esto tratamos de que el lector capte el sentido de lo que queremos decir.

Cuando escribimos programas también podemos utilizar este tipo de ayudas al lector, y de hecho es conveniente que lo hagamos. Tenemos ayudas posibles como sangrías, paréntesis innecesarios pero convenientes, nombres claros, líneas en blanco, separación de partes con caracteres especiales, encabezados de módulos de distintos niveles, etc.

Otra cosa que podemos hacer es contextualizar lo que escribimos, separando adecuadamente niveles de lectura.

En estas condiciones, la parte de más alto nivel de un programa no tiene que

---

[104] En nuestro código de ejemplo hemos dejado algunas veces comentarios TODO y directivas #warning.

tener detalles de implementación de bajo nivel. Por ejemplo, tipos como *ArrayList* no deberían llegar hasta las clases de más alto nivel. Éstas deben ser, en la medida de lo posible, clases conceptuales, tomadas del dominio del problema.

Lo ideal es mantener distintos niveles de abstracción y programar en cada uno según el dominio de ese nivel. Desde ya que la POO ayuda mucho con su idea del encapsulamiento.

En línea con lo anterior, utilicemos la organización de archivos para emprolijar nuestro código fuente. La práctica habitual es que cada clase va en un archivo que lleva su nombre. En C++ se suele separar un archivo de encabezado. También hay recomendaciones sobre las extensiones utilizadas. Si respetamos estas reglas haremos más sencilla la búsqueda de fuentes en un sistema mediano.

En otro orden de cosas, no trabajemos como si nos multaran por cada carácter de más en nuestros fuentes, que luego sólo pueden leer extraterrestres. Por ejemplo, los lenguajes derivados de C se prestan mucho para escribir programas compactos. La gran mayoría de los programadores C está acostumbrado a escribir y a leer estos programas.

Notemos que el fragmento que sigue:

```
for (ini = 0, fin = n; ini<fin && capicua ;ini++, fin--)
        capicua = (s[ini] == s[fin]);
```

Se puede escribir en código más compacto (pero menos claro) así:

```
for (ini = 0, fin = n; ini<fin && (capicua = (s[ini] == s[fin])) ;ini++ ,fin--)
        ;
```

Donde el ciclo *for* ha quedado vacío.

Recordemos, para no caer en código ilegible, que la legibilidad de un programa es inversamente proporcional a lo compacto de su escritura.

Una cuestión que a veces no queda clara de la lectura del nombre de algunas variables es la unidad en la que están expresados los valores. Por ejemplo, si tengo una variable *precio*, ¿contendrá el monto en pesos o en reales? Y esta *distancia*, ¿estará en centímetros o en milímetros?

Una buena práctica es incluir la unidad en el nombre, como en *precioEnPesos* o *distanciaEnMm*.

Y, en líneas generales, conviene utilizar algoritmos legibles, métodos cortos, buenos nombres, constantes y no valores, no usar nombres con más de un fin y evitar anidaciones excesivas.

Una buena modularización ayuda también. En el caso de aplicaciones medianas o grandes es ilusorio pretender mirar todo el código, con lo cual la abstracción en métodos, clases y paquetes de nombres claros, o basados en patrones conocidos, es de gran ayuda.

Documentación de interfaz mantenida en el código

Un aspecto a tener en cuenta es la documentación que – aunque está incluida en el código – está destinada a los clientes del mismo. Esto es lo que llamamos **documentación de interfaz**, y normalmente se obtiene una vista para los clientes a partir de una herramienta que recorre el código fuente.

Hay varias herramientas que trabajan de esta manera, destacándose las de C# y Java, por la condición de estándar de las mismas.

En general, conviene colocar, para los métodos, limitaciones, supuestos, precondiciones y postcondiciones, significado de los parámetros, etc. En el caso de las clases, se suele agregar el significado de la clase y algunos ejemplos. Se debe evitar colocar información de implementación para no violar el encapsulamiento.

Lo interesante de la documentación de interfaz es que – si está bien pensada – sirve también como documentación interna, con el agregado de que muestra el uso que se hará del código.

Ya veremos las herramientas estándar de C# y Java en la cuarta parte del libro.

CONCLUSIONES

No es con pruebas que vamos a mejorar la calidad del producto. Las pruebas pueden mostrarnos algunos de los problemas, e incluso de potenciales problemas, pero no los van a solucionar. Es mejor encarar la calidad desde el principio, con prácticas que nos ayuden a desarrollar software de calidad. Entre ellas, las prácticas colaborativas de desarrollo, las refactorizaciones, la integración diaria y el uso de documentación interna, son las más conocidas y probadas. Cuando todo falle – durante las pruebas – usaremos la técnica de depuración. Y cuando debamos mejorar el desempeño del sistema – al final del desarrollo de una versión – lo optimizaremos.

Espero que este capítulo, al menos, haya dejado explícitas estas cuestiones.

Lo que sigue es un capítulo introductorio al tema del diseño.

16. DISEÑO ORIENTADO A OBJETOS: GENERALIDADES

¡Clientes! Siempre arruinando nuestros diseños.
Robert Martin[105]

En las metodologías estructuradas no se le prestó demasiada atención al diseño. En muchos casos se lo consideraba poco más que un epílogo del análisis. En otros, se hacía solamente un diseño detallado como etapa apenas previa a la programación. Incluso es abrumadora la diferencia cuantitativa entre libros publicados sobre análisis y sobre diseño de sistemas.

Aun en el marco de la orientación a objetos, hay metodologías que en los proyectos pequeños recomiendan juntar análisis y diseño y otras que proponen que el diseño y la programación los hagan las mismas personas y prácticamente al mismo tiempo. De todas maneras, en general esto no rebaja al diseño a una actividad menor: UP, por ejemplo, al aconsejar la no separación del análisis y el diseño en ciertos desarrollos, lo hace pensando en que el análisis – y no el diseño – puede ser minimizado. De la misma manera, XP, a la vez que sugiere que el diseño y la programación se hagan dentro del mismo equipo de programadores, enfatiza que el programador promedio debe ser un buen diseñador.

Y es que en los métodos orientados a objetos el diseño es fundamental, tal vez la tarea que más riesgos puede introducir en un proyecto si está mal realizada.

En este corto capítulo pretendo explicar a qué llamamos diseño en el marco de la orientación a objetos, y desterrar la noción errónea que lo desdeña, sea poniendo a la programación por sobre todo, o al análisis como disciplina más fundamental.

DEFINICIÓN Y OBJETIVOS

El término diseño lo hemos utilizado hasta el hartazgo en este libro. No es que esté pidiendo disculpas: al fin y al cabo, éste es un libro de diseño de software.

Pero ya es tiempo que definamos qué es el diseño.

Llamamos **diseño** – al menos los informáticos – a la actividad del desarrollo de software que se centra en la manera en la que resolvemos problemas.

Si pensamos en la resolución de un problema cualquiera, éste suele tener tres partes:

- La identificación de cuál es el problema que queremos resolver: el "qué".
- El establecimiento de una modalidad de resolución, y de los elementos que necesitaremos para resolverlo: el "cómo", incluyendo el "con qué".
- La resolución del mismo.

En el desarrollo de software, estas tres actividades se suelen denominar:

[105] "Customers! They are always ruining our designs." Agile Software Development, Pearson, 2003.

- Relevamiento y análisis (*qué* vamos a realizar).
- Diseño (*cómo* y *con qué* lo vamos a realizar).
- Implementación, que incluye la programación (la realización del producto esperado).

El diseño, en consecuencia, es la actividad más ingenieril del desarrollo de software, la que debe elegir herramientas de todo tipo – lenguajes, tecnologías, estructuras de datos, algoritmos, y muchas otras más – para resolver el problema, y debe determinar cómo utilizarlas en conjunto. Como se ve, es una actividad muy vasta. Como toda tarea ingenieril, es importante basarse en experiencias previas – propias o ajenas – y en prácticas de probada efectividad en la resolución de problemas similares.

El objetivo de todo diseño es construir un sistema en código que satisfaga las especificaciones de los clientes, que sea fácil de adaptar y modificar, y comunique la intención del diseñador y el programador a otros potenciales lectores. Siendo breve, debe ser funcional, flexible y adaptable, y legible. Debe lograr flexibilidad manteniendo al mínimo la complejidad.

En esta parte del libro me voy a centrar en lo flexible y adaptable, que es el propósito central del diseño. De lo funcional me ocupo un poco en todos lados, aunque en último término es una cuestión de análisis y no de diseño. La legibilidad de los programas no la atendí de modo explícito, pero creo que todos los ejercicios resueltos del libro revelan esta inquietud.

Distintas personas y equipos pueden llegar a distintos diseños para un mismo problema. Esto es así porque todo diseño depende de la experiencia del diseñador, de las prioridades del cliente y del equipo de desarrollo, de los requisitos no funcionales y de las posibilidades de la tecnología, entre otras cosas.

¿ES NECESARIO EL DISEÑO?

Esta es una cuestión inadecuadamente polémica. La respuesta corta es sí. La larga...

Muchos programadores, sobre todo si han trabajado en proyectos pequeños, no ven al diseño como una actividad separada de la programación. Al fin y al cabo, si quiero resolver el problema puedo partir del relevamiento y construir el software sin más preámbulo. ¿Será así realmente? Creo que la clave está en el tamaño del proyecto. Hagamos una analogía con la construcción.

Si una tarde de domingo me levanto de la siesta con ganas de hacer una cucha para el perro, voy a la ferretería, compro unas tablas, un serrucho y clavos; regreso a casa y me pongo a construirla. Como nunca he hecho una cucha, probablemente me salga mal. No obstante, no me frustraré por ello: puedo desarmarla y volver a construirla. Y si realmente arruiné todo, puedo volver a ir a la ferretería, comprar de nuevo lo que necesite, e intentarlo nuevamente. En alguno de estos ensayos, llegaré a construir algo pasable, o abandonaré el proyecto sin mayores consecuencias que una pequeña frustración.

Si, en cambio, soy un ingeniero – lo soy, de hecho – que quiere construir una torre de oficinas de veinte pisos, no me tomaré las cosas tan a la ligera. Deberé analizar alternativas de ubicación, me reuniré con otros pares más algún arquitecto para definir el aspecto del edificio y su funcionalidad, elegiré el tipo de materiales a emplear, dibujaré planos o haré que los dibujen, planificaré el proyecto, conseguiré financiación, contrataré personal especializado en distintas tareas, y finalmente dirigiré la construcción del mismo. ¿Por qué me tomo todo este trabajo? Simplemente, porque las tareas a realizar son tan complejas y costosas que no me puedo dar el lujo de que salgan mal y deba hacer todo de nuevo.

¿Es válida esta analogía? Para algunos sí, y para otros no. Las opiniones están divididas, y hay muchos que sospechan que hay trampa en el razonamiento.

En realidad, trampa no hay. Lo que sí ocurre es que en el desarrollo de software, quienes hacen la tarea de construcción suelen ser técnicos y profesionales que a menudo están capacitados para las demás tareas también. Por eso, hay quienes han propuesto no hacer diseño previo a la implementación, sino dejar que el diseño evolucione gradualmente a partir del código. Otros, más escépticos y formales, critican esta visión, diciendo que esto aplica muy bien a pequeños desarrollos – como en la analogía con la cucha del perro – pero que es impracticable en proyectos medianos y grandes.

La verdad es que ambos pueden tener razón. El diseño evolutivo puede ser muy peligroso, ya que tiende a aumentar continuamente la entropía del código hasta hacerlo inmantenible e inmanejable. En un proyecto chico esto puede no ser un problema, pero las cosas se complican en sistemas reales. Sin embargo, la solución de realizar todo el diseño por adelantado, choca a menudo con algunas dificultades propias del desarrollo de software, la más grave de las cuales es el cambio de requisitos del sistema una vez que lo estamos construyendo. Y, en rigor de verdad, cuanto más grande es el proyecto en el que estamos embarcados, mayor es la probabilidad de que surjan cambios sobre la marcha. Y lo cierto es que varias décadas tratando de acotar el problema por el lado de impedir los cambios de requisitos, haciendo un concienzudo análisis previo, no han mostrado buenos resultados: los clientes quieren cambios, y son ellos los que pagan…

Pero hay algo que estamos dando por supuesto en nuestros razonamientos, que no tiene por qué ser así. Yo enuncié al diseño y la implementación como dos actividades distintas dentro del desarrollo de software, y mantengo mi postura. Pero que sean distintas no quiere decir, ni que deban realizarse separadamente, ni que deban realizarlas personas diferentes.

De hecho, si bien los primeros esbozos de métodos de desarrollo planteaban que antes de comenzar a escribir la primera línea de código había que tener concluida la actividad de diseño completa, hace ya mucho tiempo que hemos debido flexibilizar esta cuestión. Un poco tímidamente al principio, se empezó a pensar en desarrollos iterativos y evolutivos, en los cuales se realiza un poco de diseño, al que le sigue un poco de programación, seguido de otro poco de diseño, y más programación, y así sucesivamente. Con el tiempo, esto se fue formalizando, y surgieron métodos de desarrollo decididamente incrementales, así como otros que plantearon que el diseño y la programación se debían hacer a la vez por las mismas personas.

Lo importante es entender que un diseño se desarrolla a lo largo del tiempo: no es algo que haya que hacer de entrada y para siempre.

Otra cuestión sujeta a debate es cuál es el resultado del diseño. Hay quienes piensan el Diseño (con mayúsculas) como un conjunto de diagramas muy formales. En realidad, esto tampoco tiene por que ser tan dogmático: se pueden usar diagramas para diseñar, pero también se puede diseñar en el propio código. Todo depende de lo que queramos hacer.

Todos estos enfoques son válidos, y ya volveré sobre ellos, pero lo importante es que ninguno oculta que existe una actividad de diseño, se haga a la vez o no, con las mismas personas o no.

QUÉ DISEÑAMOS

El **diseño**, por lo tanto, y despejada ya la duda de su pertinencia, es la actividad del desarrollo de software que consiste en concebir una solución para un problema.

Entre las cuestiones que se definen en el diseño están:

- Subsistemas o componentes de software y sus interacciones.
- Despliegue en hardware de la solución.
- Necesidad de integración con otros sistemas.
- Interfaz de usuario.
- Estructuras de datos y algoritmos.
- Necesidad de persistencia y manera de realizarla: archivos, base de datos, etc.
- Definiciones tecnológicas: plataforma, lenguaje, base de datos, protocolos y dispositivos de conectividad, etc.

Quien hace el diseño suele ser una persona con el rol de diseñador. Muchas veces se trata de un programador con experiencia o un líder técnico del proyecto de desarrollo. Si todos los programadores deben diseñar, como plantean algunos métodos de desarrollo, hay que tener en cuenta que necesitamos personas de muy buen nivel técnico.

En algunos proyectos grandes aparece una especie de súper-diseñador, a menudo llamado "arquitecto", que es responsable de los aspectos macro del diseño. El término no es muy feliz, como tantos de la informática, pero es bastante usual.[106]

CLASIFICACIÓN DEL DISEÑO

Una vez definido el diseño como el "cómo" del desarrollo de software, queda pendiente definir los límites del diseño.

Muchos programadores dirán que ellos el diseño lo van haciendo a medida que programan, a partir de las especificaciones funcionales directamente. Y pueden perfectamente estar en lo cierto, sobre todo en proyectos medianos o pequeños. De hecho, XP propone algo en esta línea.

Otras personas – probablemente en organizaciones más formales – dirán que el diseño es una disciplina separada de la programación y que debe ser encarada por personas con roles diferentes.

También existirán personas que nos dirán que el diseño incluye cuestiones tan amplias y disímiles como la selección de las herramientas, lenguajes y plataformas de trabajo, la manera en que la aplicación deberá interactuar con otros sistemas, la decisión sobre nomenclatura en los programas, la definición de los estándares de

[106] Como ingeniero que soy, se imaginarán lo feliz que me hace que se denomine "arquitecto" a quien realiza la actividad más ingenieril del desarrollo de software, sobre todo teniendo en cuenta la especial relación entre ingenieros y arquitectos.

diseño gráfico de la interfaz de usuario, los algoritmos a utilizar, etc. Todos ellos tienen razón: si bien en este libro nos centraremos sólo en algunos de estos aspectos, todo esto es diseño.

Nuestro foco en el diseño – en este libro – estará puesto más bien en las cuestiones que más afectan al desarrollo de software visto en su faz pura de software. Por lo tanto, no nos preocuparemos por las interfaces de usuario – a pesar de reconocer que es un tema importantísimo – ni por el diseño de base de datos – que daría para un libro entero – ni muchos de los otros aspectos antes enumerados.

Pero, aun visto desde nuestra perspectiva, el diseño puede ser interpretado de muchas maneras. O mejor diríamos, a muchos niveles. El cuadro que sigue muestra los diferentes niveles del diseño de software:

Nivel	Nombre[107]	Descripción
1	Arquitectura macro o de contexto	Define la aplicación como un todo y su interacción con otras aplicaciones
2	Arquitectura o diseño de paquetes	Define los paquetes o subsistemas en que se va a dividir la aplicación y las comunicaciones y/o dependencias entre ellos
3	Diseño de clases	Define las clases que componen cada paquete y sus relaciones
4	Diseño "micro"	Define los aspectos internos de las clases, incluyendo los aspectos privados y algoritmos

En lo que respecta a este libro, los niveles 1, 2 y 3 los analizaremos en los capítulos que siguen. Sin embargo, buena parte de las cuestiones del nivel 3 fue analizada en los capítulos de la parte previa, en los apartados denominados "cuestiones de diseño", que he colocado al final de cada capítulo. El nivel 4 sólo parcialmente fue encarado en este libro, sobre todo porque las cuestiones algorítmicas son menos importantes para los fines perseguidos al escribirlo. No obstante, algunas veces hemos utilizado el apartado de "cuestiones de diseño" de los capítulos de la segunda parte para detenernos en alguna de estas cuestiones.

Sobre el tema de cómo debe realizarse el diseño, no hay una respuesta única tampoco.

Algunas recomendaciones van en la dirección de sugerir que se inserte la documentación de diseño directamente dentro del código.

Si deseamos separar un poco diseño y código, manteniendo una perspectiva ágil, es una buena idea almacenar las decisiones de diseño en una wiki del proyecto.

Las tarjetas CRC dan una posibilidad adicional, al permitir manipularlas, e incluso pueden ser digitalizadas.

Hay quienes han propuesto dibujar diagramas (UML o tarjetas CRC) en pizarrones y fotografiarlos con cámaras digitales, pudiendo luego almacenar estas fotos en el wiki del proyecto o una Intranet.

Otra opción más formal es trabajar con una herramienta integrada que almacena diagramas UML y permite generar código a partir de ellos, además de mantener la trazabilidad entre los distintos artefactos de desarrollo.

[107] Los nombres que figuran aquí fueron elegidos por mí con una finalidad estrictamente didáctica, y no tienen por qué coincidir con otras clasificaciones del diseño realizadas por otros autores.

Es importante acotar el proceso de diseño, salvo que se lo haga junto con la implementación. Por lo tanto, no debería invadir áreas de las tareas de programación, más detalladas y concretas. Diseñar demasiado detalladamente es tan malo como diseñar poco.

DISEÑO Y COMPLEJIDAD

Debemos entender que el diseño es fruto de compromisos y prioridades. Una misma especificación funcional puede llevar a diseños distintos si las prioridades del cliente son diferentes, si las restricciones impuestas son otras, etc.

En última instancia, la razón de ser de un diseño es el manejo de la complejidad. De hecho, no hay aspecto más importante en el desarrollo de software que el control de la complejidad[108].

Una menor complejidad nos garantiza una mayor facilidad de comunicación, un menor costo de desarrollo y un sistema más flexible a los cambios.

Sencillez, claridad y elegancia son indicadores de buenos diseños; oscuridad, ingeniosidad y complejidad indican un diseño inadecuado y un pensamiento mal orientado. Toda complejidad tiene su costo.

Hay quienes han enfatizado esta necesidad diciendo que un diseño es perfecto cuando ya no se puede quitar nada del sistema sin comprometer los requisitos.

DISEÑO Y CAMBIO

Diseñamos, como ya dijimos anteriormente, para facilitar el cambio.

Ahora bien: no hay nada que moleste más a los desarrolladores que los cambios continuos. Al fin y al cabo, está muy instalada la idea de que los cambios de requisitos arruinan un diseño que costó mucho conseguir.

Sin que esto último deje de ser cierto, no perdamos de vista el propósito del diseño, para no caer en un círculo vicioso: diseñamos para permitir el cambio.

Hay algunas cuestiones de diseño que son más complejas de cambiar que otras. Algunas personas llaman a esto la arquitectura[109] de la aplicación. En estos casos, conviene ponerse de acuerdo en estas cuestiones lo más temprano posible en el proyecto de desarrollo, y estar atentos a los riesgos derivados de los posibles cambios. Pero no olvidemos que, aunque todo esté previsto, cambios va a haber: a lo sumo, podremos reducir su impacto, pero no impedirlos.

CONCLUSIONES

Este fue un capítulo breve que intentó explicar la importancia del diseño, y enfatizar la necesidad de sencillez del mismo, encapsulando la complejidad del sistema y permitiendo el cambio de requisitos al mínimo costo.

El próximo capítulo formalizará las bases de un buen diseño de clases y colaboraciones.

---

[108] Como corolario, el diseño debería ser esencial al desarrollo de software.
[109] Otra acepción de arquitectura, y van…

17. DISEÑO ORIENTADO A OBJETOS: PRINCIPIOS Y PROBLEMAS TÍPICOS

Todo software exitoso es modificado,
Fred Brooks[110]

La determinación de las clases y objetos de un sistema es la parte más difícil e importante del diseño. Pueden ayudarnos:

- Buenas prácticas de diseño y programación.
- Patrones de diseño.
- Una buena arquitectura.

A cada una de ellas le dedicaremos un capítulo.

Este capítulo se va a centrar en las buenas prácticas en general, aplicables tanto en diseño micro como a nivel más macro. La enorme revalorización del diseño desde la emergencia de la orientación a objetos ha provocado la proliferación de consejos, máximas, principios y patrones exitosos. De todo ello, incorporo aquí un extracto con los principios más importantes y qué cosas no hacer si queremos lograr una aplicación bien diseñada.

DISEÑO Y CLASES

En todo sistema, de las tareas de análisis y el diseño deben obtenerse como mínimo las clases, las interfaces – entendidas como firmas de métodos – y las relaciones entre clases. Las clases conceptuales o de dominio se descubren durante el análisis, por lo que en el diseño nos interesa refinarlas y hallar el resto. El diagrama de clases de UML es de mucha ayuda a estos efectos.

Encontrando clases de diseño

En la actividad de análisis hemos encontrado clases. Pero en la orientación a objetos una clase representa abstracciones de software relevantes para el sistema que se está construyendo.

Las fuentes más comunes de clases, luego del análisis, son:

- Las bibliotecas existentes: éstas son las más importantes, porque se reutilizan directamente.
- Intercambios de opiniones con otros diseñadores experimentados.
- Literatura sobre algoritmos y estructuras de datos.
- Literatura sobre patrones de diseño.

Las **clases de diseño** son aquellas que, si bien describen conceptos, como las clases de análisis, no pertenecen al dominio del problema sino al de la solución.

Por lo tanto, partimos de las clases de análisis (o modelo de dominio), pero a

[110] "All successful software gets changed", del ensayo "No Silver Bullet", 1986.

medida que trabajamos vamos a encontrar nuevas clases que obedezcan a cuestiones de diseño. A la vez, puede que nos demos cuenta de que algunas clases que tenían sentido en el análisis, no lo tienen en el diseño, y por lo tanto las eliminemos.

A menudo pensamos en clases como en entidades del dominio del problema, lo cual es bueno como comienzo y para tareas de análisis. Pero en el diseño, surgen clases por muchas otras necesidades.

Las razones que justifican la existencia de una clase son, entre otras:

- Modelar una entidad del dominio.
- Modelar una entidad abstracta, de las que surgen de encontrar elementos en común entre varias clases, y nos llevan a construir una clase abstracta o interfaz cuando nos interese mantener la interfaz, o una clase delegada, cuando nos interesen los datos en común.
- Reducir complejidad, llevando a que haya una sola abstracción por clase.
- Aislar complejidad y detalles de implementación en una clase aparte.
- Aislar una porción de código que se espera que cambie respecto de otras que se suponen más estables.
- Agrupar operaciones relacionadas en una clase de servicios, como la clase *Math* de Java o C#.
- Al refactorizar otra clase más compleja.
- Al separar también el código poco claro en clases especiales.

Siempre que se implementen clases que representen tipos de datos para usar en varias aplicaciones, se debe separar conceptualmente, aunque físicamente sean la misma persona, al programador implementador del programador cliente.

Diseño por contrato

Bertrand Meyer ha introducido la idea del diseño por contrato en su libro "Construcción de software orientado a objetos" [Meyer]. Él mismo se ocupó de dotar al lenguaje Eiffel de las herramientas necesarias para soportarlo, lo que permite una adecuada transición entre diseño y programación. Sin embargo, los demás lenguajes orientados a objetos, o bien no soportan las herramientas del diseño por contrato, o bien lo hacen parcialmente, lo cual limita un poco la aplicación del método. Como la idea es interesante, lo vamos a analizar brevemente.

El método se basa en que existe un **contrato** entre implementador y cliente, y ambos esperan que la otra parte cumpla con él. Si esto es así, el comportamiento de una clase se puede especificar como si fuera un contrato. Adicionalmente, éste se materializa mediante *precondiciones* y *postcondiciones* de métodos, e *invariantes de clase*.

Usar el diseño por contrato es útil para chequear nuestro grado de conocimiento de la clase que se va a implementar. Como ocurre con la escritura de las pruebas antes del código, explicitar invariantes, precondiciones y postcondiciones, nos ayuda a prever buenos y malos usos de la clase. Además, si una clase está bien diseñada, su invariante se debe poder describir en una forma sencilla, lo cual sirve como testeo del diseño de clases. Pero la mayor ventaja de este modelo es que se centra en qué hacen las clases más que en cómo lo hacen.

A continuación muestro el uso del diseño por contrato para una clase que maneje conjuntos de elementos enteros:

Operación	Precondiciones	Postcondiciones
Constructor (base)	Ninguna	Queda construido un conjunto vacío.
Union (B)	B y this están construidos	En el resultado quedan todos los elementos de this más todos los elementos de B.
Interseccion (B)	B y this están construidos	En el resultado quedan todos los elementos de this que son también elementos de B.
Diferencia (B)	B y this están construidos	En el resultado quedan todos los elementos de this que no son elementos de B.
Pertenece (x)	this está construido, x es un número entre 0 y la base	Devuelve verdadero si x pertenece al conjunto this.
Incluido (B)	B y this están construidos	Devuelve verdadero si todos los elementos de B pertenecen también al conjunto this.
Vacio( )	this está construido	Devuelve verdadero si el conjunto this está vacío.
Vaciar( )	this está construido	El conjunto this queda vacío.
AgregarElemento (X)	this está construido	Si el elemento x no pertenecía al conjunto this, éste queda con un elemento más, de valor x.
SacarElemento (X)	this está construido	Si el elemento x pertenecía al conjunto this, éste queda con un elemento menos, el de valor x.
Cardinalidad( )	this está construido	Devuelve la cantidad de elementos del conjunto.
Igual (B)	B y this están construidos	Devuelve verdadero si todos los elementos que pertenecen a this pertenecen a B, y viceversa.

Cuando se implemente la clase *Conjunto*, las postcondiciones se deberían evaluar en los test unitarios, mientras que las precondiciones se deberían chequear al comienzo de los métodos, lanzando excepciones si no se cumplen.

Las precondiciones, dado que son una herramienta para el cliente, deben incluirse entre la documentación técnica. Las postcondiciones, en cambio, no necesariamente deben estar a disposición de los clientes, ya que algunas pueden depender de la implementación: habrá, por lo tanto, postcondiciones públicas y otras privadas. Los invariantes suelen ser casi siempre dependientes de la implementación.

Precondiciones y postcondiciones deben surgir de las especificaciones del método, por lo que no deben ser más ni menos estrictas que éstas.

El conjunto de todos los invariantes garantiza que el estado de un objeto es válido a través del tiempo, sin importar cuántos métodos se llamen ni en qué orden. Los objetivos principales de los invariantes son: servir como postcondiciones de constructores y verificar las restricciones de integridad, como los atributos vinculados.

Ya expliqué que el cumplimiento de los invariantes se debe dar entre sucesivas llamadas a métodos públicos, no necesariamente dentro de los métodos o entre métodos privados. Esto se debe a que son parte del contrato, y el contrato debe cumplirse ante un cliente, no internamente. Se dice que los momentos en que se cumple un invariante son *momentos estables*, y como mínimo deben ser: a la salida de un constructor, y antes y después de cada método no privado.

El diseño por contrato se hace con la idea de construir software correcto y tolerante a fallas, pues permite precisar bien los requisitos de clases y métodos. Sirve adicionalmente para aumentar la robustez y la confiabilidad del producto.

De allí que las precondiciones, postcondiciones e invariantes sirvan también como documentación del software, en las pruebas y en los controles de calidad.

Puede ocurrir que algunos lectores confundan el *diseño contractual* con la idea del manejo de excepciones en el *modelo contractual*[111].

Como el que estamos estudiando es un método de diseño, no definimos qué ocurre cuando una precondición, postcondición o invariante no se cumple. Esto dependerá de cómo lo implementemos luego en el lenguaje que estemos utilizando. De todas maneras, colocar las precondiciones, postcondiciones e invariantes en el código sirve como documentación. Por lo tanto, aunque el lenguaje no permita definirlos, es conveniente colocarlos por lo menos como comentarios.

PRINCIPIOS DE DISEÑO DE CLASES Y COLABORACIONES

Hasta ahora vimos en qué consiste el diseño, algunos enfoques generales y mucho de POO. Sin embargo, hay que entender mucho más que lo básico de POO para ser buenos diseñadores.

Según Martin [MartinUML], "un sistema está bien diseñado si es fácil de comprender, fácil de cambiar y fácil de reutilizar".

En este ítem analizaremos algunos de los más importantes principios de diseño. Varios de ellos han sido elaborados por Robert Martin, aunque hay muchos sin un autor conocido. Cuando estudiemos patrones veremos la aplicación de estos principios en la práctica.

No repetir

El principio de diseño por excelencia es *no repetir*.

Esta idea de no repetir se refiere al código. Si dos trozos de código son iguales, hay que refactorizar para que quede uno solo, probablemente en un método.

También, al enunciar que no hay que repetir, nos referimos a código similar, que se puede colocar en un único método con los parámetros adecuados.

De la misma manera, habría que tratar de no repetir patrones de agrupaciones de clases, generalizando lo más posible.

¿Para que sirve no repetir? Un programador novato tal vez crea que lo que estoy recomendando es trabajar menos. Puede que en algunos casos sea así. Sin embargo, aun cuando ya el código repetido esté escrito, mi recomendación es refactorizar y unificar. Claramente, en este caso estoy proponiendo trabajar más.

Es que la recomendación de no repetir tiene que ver, no con la primera escritura, sino con el mantenimiento futuro. Normalmente, el código igual o similar se refiere a los mismos requisitos, y por lo tanto suele ser necesario cambiarlo junto. Y no hay un error más común, ante un cambio de requisitos, que cambiar en un solo lugar lo que debiera haberse cambiado en dos o más. Si el código en cuestión figura una sola vez, este peligro no existe.

[111] Meyer mismo mezcla ambas cosas. En su obra están correctamente vinculadas, pero queremos distinguirlas bien en nuestro caso.

Alta cohesión y bajo acoplamiento

En la programación modular existen dos características que hacen a la calidad de los módulos: la cohesión, que debe ser lo más alta posible, y el acoplamiento, que debe ser todo lo bajo que se pueda. Ya hablé de esto en el capítulo de delegación.

En POO, lograr alta cohesión y bajo acoplamiento *a nivel de métodos* es bastante sencillo. En efecto, los métodos son cohesivos casi por definición si seguimos las buenas prácticas, y el bajo acoplamiento suele ser fácil de lograr si se mantienen interfaces mínimas.

Sin embargo, habría que recordar que en POO los métodos no son el único módulo disponible. Las *clases son el módulo más importante en la orientación a objetos*, y ellas también deben cumplir los requisitos de acoplamiento y cohesión. Una clase tendrá alta cohesión cuando represente un tipo de objeto simple, o un agregado de tipos simples. Podemos garantizar una fuerte cohesión disminuyendo al mínimo las responsabilidades de una clase: si una clase tiene muchas responsabilidades probablemente haya que dividirla en dos o más. Del mismo modo, una clase tendrá bajo acoplamiento cuando tenga la menor interacción posible con otras clases. Esta dependencia significa que – si bien puede haber muchas clases que dependen de una – debería haber pocas dependencias hacia otras clases desde una sola. Para visualizar estas cuestiones, los diagramas de clases son herramientas fundamentales.

Otro módulo importante, aunque menos que la clase, es el *paquete*. Un paquete debe cumplir con estos mismos requisitos, sobre todo con el de acoplamiento débil, en el sentido de que debe tener vinculaciones mínimas con otros paquetes. En este caso, podemos ayudarnos con un diagrama de paquetes, que debido a que nos muestra dependencias entre conjuntos de clases, nos sirve para eliminar problemas de acoplamiento.

Única responsabilidad

Este principio fue enunciado por Tom De Marco [DeMarcoStructured] y Meilir Page-Jones [PageJones]. Según el mismo, cada clase debería tener una única responsabilidad. En general se lo alinea con el tema de cohesión, que implica que cada clase debe corresponder a una única abstracción.

Un corolario importante de este principio es el postulado de que cada clase tiene que tener una sola razón para cambiar.

Nótese el siguiente par de diagramas:

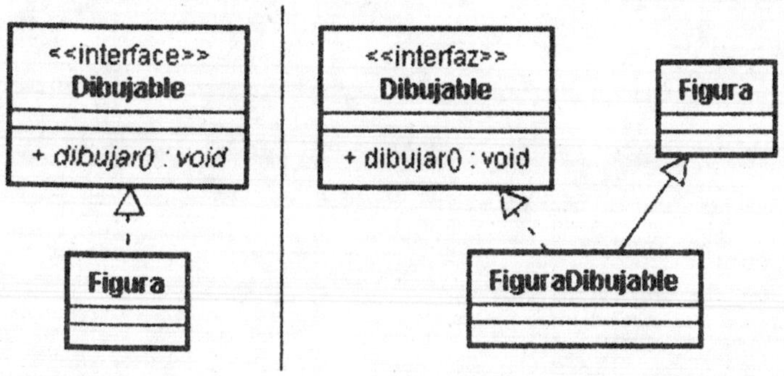

El de la derecha es más correcto, porque no agrega métodos de dibujo a *Figura*, y sin embargo hace que pueda haber variables del tipo *Figura* que puedan invocar al método *dibujar*. De hecho, las instancias de *FiguraDibujable* pueden usarse en todo el sistema como si fueran instancias de *Figura*.

Encapsulamiento de lo que varía

Este principio a veces es presentado como una consecuencia del anterior, y lo cierto es que están muy relacionados.

Según el mismo, hay que lograr que los cambios afecten a partes del sistema sin afectar al todo. La idea, entonces, es aislar los cambios. Con el mismo criterio, se suelen aislar las partes del sistema que estén desarrollados en otras tecnologías, paradigmas, las dependencias del hardware y las interfaces con otros sistemas.

Es un principio fundamental en una gran cantidad de patrones de diseño.

Principio abierto-cerrado

Este principio, que enunciara Bertrand Meyer [Meyer], expresa que las clases tienen que estar cerradas para modificación, pero abiertas para reutilización. Esto es, habría que tratar de no modificar clases existentes, ya probadas, estables y en producción. Pero esto no es óbice para que dichas clases puedan reutilizarse desde otras.

El uso más natural de este principio es la herencia, que permite agregar datos y comportamiento a clases existentes, aun cuando éstas estén cerradas. El problema con la herencia es que el agregado de comportamiento queda determinado en forma estática, en tiempo de compilación.

Mediante la delegación tenemos otra forma de reutilización, en este caso en forma potencialmente dinámica, ya que podemos decidir asociar un objeto a otro en tiempo de ejecución.

Minimizar la herencia de implementación

Este principio, que a veces se enuncia como "favorecer la delegación sobre la herencia", llama bastante la atención de los más novatos en POO.

Ya dije en el ítem anterior que, si bien herencia y delegación sirven ambas para la reutilización, la herencia es estática, mientras que la delegación otorga mayor flexibilidad, al permitir diferir hasta el tiempo de ejecución el tipo de reutilización que se hará.

Volvamos al diagrama del patrón Estrategia que vimos en el capítulo de delegados:

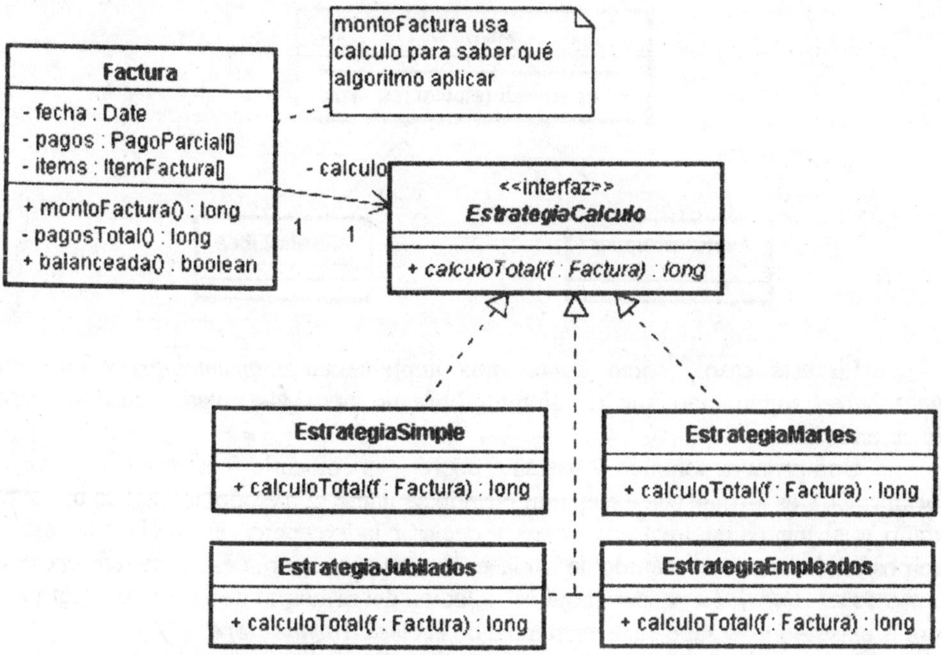

Acá vemos claramente que – gracias a la delegación – la elección del algoritmo se puede hacer en forma dinámica.

Por eso la herencia, a pesar de ser una herramienta importantísima de la POO, debe usarse con medida, y preferir siempre la delegación cuando sea una alternativa más o menos equivalente.

Un comentario aparte. Hay clases que poseen propiedades o métodos protegidos que necesitamos usar. En esos casos, tenemos tendencia a utilizar herencia. Sin embargo, en general, la mejor solución suele no ser tan lineal. Si no hay más razón para usar la herencia que la presencia del método o propiedad protegidos, lo mejor es crear una clase que herede de la clase objetivo, y nos provea su funcionalidad en forma pública o, mejor aún, con visibilidad de paquete. Luego, desde nuestra clase a construir, accederemos a la funcionalidad en cuestión por delegación.

El próximo ítem, que habla del principio de sustitución, nos va a dar una nueva razón para evitar el uso indiscriminado de la herencia. Tanto es así que hay autores que han abogado por el no uso de herencia de clases concretas, lo cual – como todo extremismo – tampoco es la idea.

Sustitución de Liskov

Este principio, que lleva el nombre de su descubridora, Barbara Liskov [Liskov], plantea que los subtipos deben ser sustituibles en todas partes por sus tipos base. La aplicación más elemental de este principio es el chequeo de la relación "es un", es decir, que la subclase sea un subconjunto de la clase. Pero hay situaciones más sutiles que hacen difícil discernir su buena aplicación.

La idea general es que las clases base no deben tener comportamientos que dependan de las clases derivadas, o incluso de su existencia.

Por ejemplo, supongamos que tenemos la siguiente jerarquía:

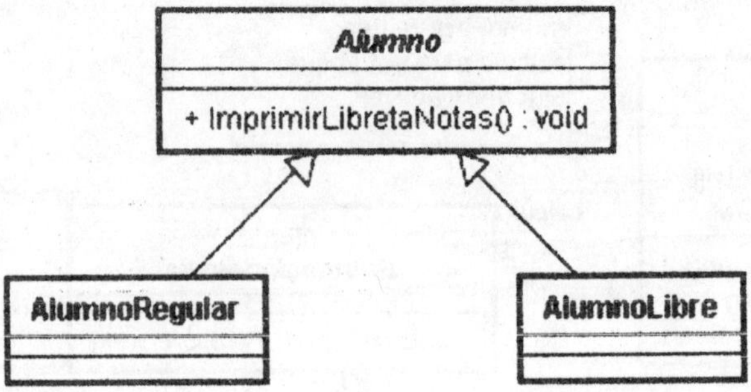

En este caso, ¿cómo deberíamos implementar *ImprimirLibretaNotas* en *AlumnoLibre*, suponiendo que un alumno libre no tiene las notas necesarias para colocar en la libreta?

Una primera solución – bastante pobre – es colocarle 0 en todas las notas a imprimir. Otra es arrojar una excepción cuando se llame al método, lo cual es bastante extraño, y al menos en Java nos obliga a declarar la excepción en la clase ancestro. Otra posibilidad es, en el método de la clase *Alumno* preguntar si el objeto referenciado por *this* es un *AlumnoLibre*, pero aquí la violación del principio de Liskov es flagrante: ahora la clase *Alumno* sabe de la existencia de la clase *AlumnoLibre*.

Para respetar el principio de sustitución, lo mejor sería dejar de considerar alumnos a los alumnos libres – o cambiar el nombre de la clase *Alumno* por algo que refleje esto – y de ese modo habremos solucionado el problema.

Para entender un poco mejor por qué surgen confusiones al estudiar el principio de sustitución, tal vez sea bueno recordar que la famosa relación "es un" se refiere al comportamiento y no a la estructura. Quizá sería buena idea testear, además de la relación "es un", la relación "se comporta como".

En el marco de este principio, hay autores que sostienen que lo que ocurre es que se confunde la relación tipo-subtipo con la relación clase-subclase. Afirman ellos que la relación tipo-subtipo es la que debe cumplir con la relación "es un". La relación clase-subclase, en cambio, es una facilidad de la POO que busca representar la relación tipo-subtipo, y que no siempre lo logra bien. Por ejemplo, *int* es un subtipo de *double*, pero no suele estar implementado así por herencia. Dicen que a veces nos engañamos porque una definición nos invita a definir una herencia, como en: "una elipse es una circunferencia con un radio más". Además, afirman estos autores, los compiladores no nos ayudan a encontrar estos errores conceptuales.

Creo que este planteo no contribuye demasiado, pateando el problema para otro lado. Lo importante es que tengamos en claro lo que estamos haciendo, y usar la herencia con cuidado.

Los corolarios del principio de sustitución son:

- Las precondiciones de un método no pueden ser más estrictas en una subclase de lo que son en su ancestro.
- Las postcondiciones de un método no pueden ser más laxas en una subclase de lo que son en su ancestro.
- Los invariantes de una clase deben ser al menos los mismos de la clase ancestro.
- Un método debe lanzar los mismos tipos de excepciones que en la clase ancestro, o a lo sumo excepciones derivadas de aquéllas.

Ya volveremos sobre este importante principio al estudiar el problema de la circunferencia y la elipse.

Inversión de dependencia

Lo que este principio pretende es no depender de clases concretas volátiles. Esto es, no conviene que una clase herede o tenga una asociación hacia una clase concreta que tiene alta probabilidad de cambio.

Como en general las clases abstractas y las interfaces son más estables, conviene utilizarlas para herencia o delegaciones, en vez de las clases concretas.

Este principio a veces es enunciado como: "programe contra interfaces, no contra implementaciones", aunque en este caso estamos poniendo el foco en el uso de un cliente.

Un ejemplo del uso de este principio es el que sigue:

```
Collection c = new ArrayList( );
Iterator i = c.iterator( );
```

Notemos que en ambos casos, los tipos de las variables son interfaces: *Collection* e *Iterator*. Incluso el uso de la clase *ArrayList* podría evitarse con el uso de algún patrón de diseño de creación de objetos como los que veremos luego.

Segregación de la interfaz

Este principio pretende que los clientes de una clase no dependan de métodos que no utilizan.

Así, si una clase tiene una referencia a, o hereda de, otra clase, de la cual sólo tiene sentido que utilice algunos de sus métodos, pero no todos, lo mejor sería separar la clase en cuestión en más de una, y colocar en una de ellas los métodos que utilice ese cliente.

Por ejemplo, supongamos que tenemos una clase denominada *Cuenta* con los métodos necesarios para guardar su estado en algún medio de almacenamiento persistente, en varios formatos. Un primer diagrama sería:

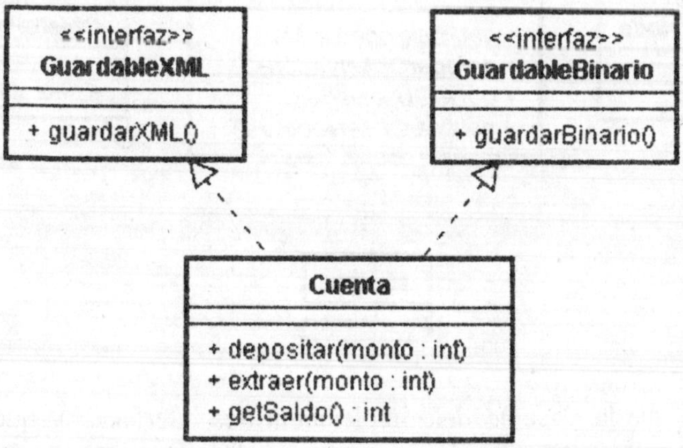

Normalmente, un mismo objeto no va a ser guardado en más de un formato. Una mejor solución, respetando el principio de segregación de la interfaz, sería la del siguiente diagrama:

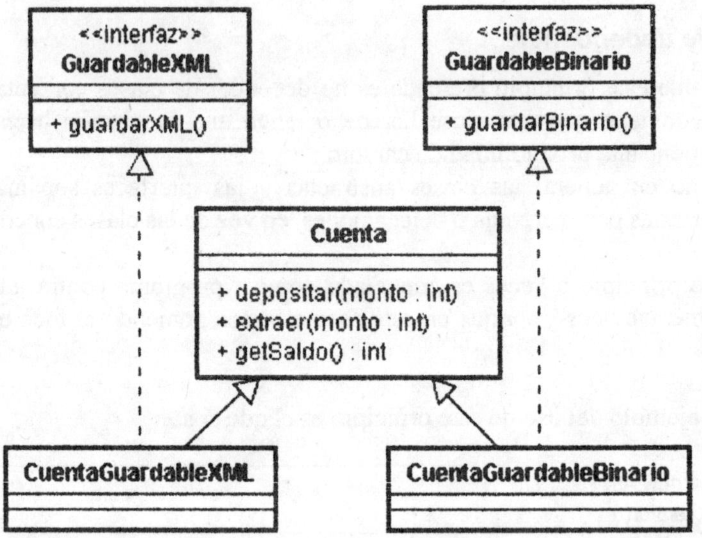

Pero, aun así, se puede mantener el nivel de abstracción usando solamente variables de tipo *Cuenta*:

```
Cuenta c = new CuentaGuardableXML( );
```

Un buen ejemplo de este principio lo podemos ver en el diseño de una aplicación de simulación, a la que le dediqué uno de los últimos capítulos del libro.

El diagrama de clases simplificado es:

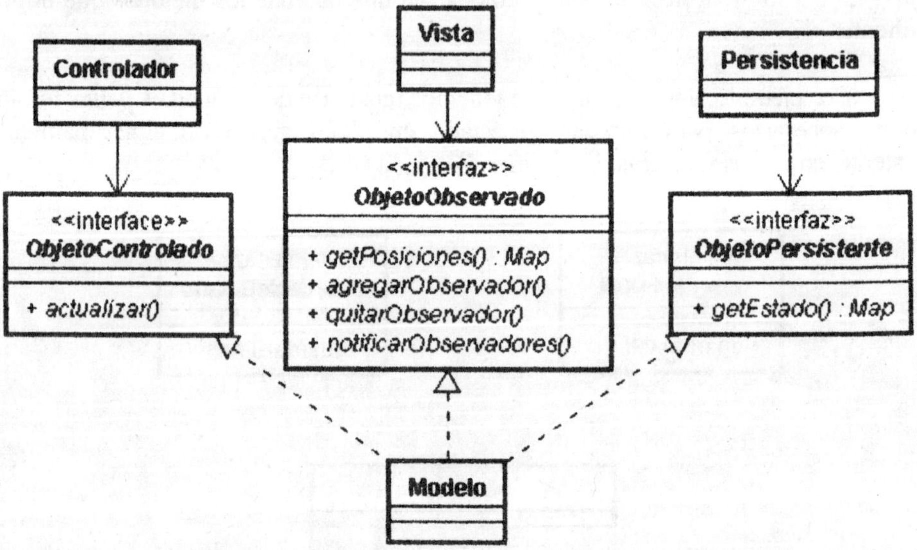

Nótese que la clase *Modelo* implementa tres interfaces, y que cada tipo de objeto la utiliza solamente a través de cierta interfaz. Esto hace, por ejemplo, que cuando un objeto *Controlador* utilice la clase, sólo pueda hacerlo llamando el método *actualizar*, mientras que un objeto *Persistencia* podrá invocar solamente al método *getEstado*.

Granularidad fina

La granularidad está definida por el tamaño de los objetos devueltos por los métodos y propiedades de una clase.

Por ejemplo, si en una clase *NominaEmpleados* tenemos un método *getEmpleado(dni)*, que nos devuelve todos los datos de un empleado, la granularidad es más gruesa que si tuviésemos métodos *getNombreEmpleado(dni)*, *getDomicilioEmpleado(dni)*, *getSueldoEmpleado(dni)*, y así sucesivamente.

El principio de granularidad fina exige que la granularidad de las interfaces de clases sean lo más finas que se pueda, sin violar el debido encapsulamiento. Esto es así porque una granularidad más fina permite acceder a datos más desagregados.

Hay una objeción que se plantea a menudo contra este principio, y se refiere a los datos que deben viajar entre distintas aplicaciones. En efecto, si deseo invocar métodos sobre una aplicación remota, me interesa que la aplicación proveedora me devuelva un objeto de grano grueso mediante la llamada a un solo método, en vez de obligarme a llamar a varios métodos de grano fino, pues el consumo de ancho de banda es mucho mayor en el segundo caso.

La objeción es real, y si deseamos que los métodos de nuestra aplicación se puedan invocar desde otras, deberíamos prestarle atención. Sin embargo, hay dos cuestiones a tener en cuenta. La primera, que normalmente no deseamos exportar toda la funcionalidad hacia otras aplicaciones, sino sólo una parte. La segunda, que nada impide tener algunos métodos de grano grueso que estén implementados mediante varias llamadas a métodos de grano fino.

Por lo tanto, lo que se puede hacer es tener toda la funcionalidad implementada con granularidad fina, proveyendo adicionalmente algunos métodos de grano grueso para invocación externa, que deleguen a los métodos de grano fino.

PROBLEMAS CLÁSICOS DEL DISEÑO ORIENTADO A OBJETOS

El problema de la elipse y el círculo

Este es uno de los casos emblemáticos de problemas del diseño orientado a objetos. Se lo conoce también como el caso del rectángulo y el cuadrado.

Tomemos el caso de las clases *Elipse* y *Circunferencia*. De nuestros cursos de Geometría sabemos que una circunferencia es un caso particular de elipse, por lo que siempre una circunferencia es sustituible por una elipse.

Sin embargo, una elipse tiene dos radios y puede formar un ángulo con el eje horizontal, propiedades que no tiene la circunferencia. Por eso, algunos programadores se sienten tentados de implementar a la clase *Elipse* como derivada de *Circunferencia*, agregándole un radio y un ángulo. ¿Es éste el proceder correcto? Claramente no, pues estaríamos violando el principio de sustitución de Liskov.

Pero no nos preocupemos demasiado, el error anterior es solamente un error de implementación, fácilmente solucionable. La clase *Elipse* que implementamos en el capítulo de colecciones admite una clase descendiente *Circunferencia*, que se podría definir así en C#:

```
using System;

namespace CarlosFontela.Geometria
```

```
{
    public class Circunferencia : Elipse
    {
            public Circunferencia (double radio, Punto centro) :
                    base (radio, radio, centro, 0) { }

            public double Radio {
                    get {
                            return RadioMayor;
                    }
            }

            // se redefine solamente por dejar un código más claro:
            public override double Perimetro {
                    get {
                            return (Math.PI*2*RadioMayor);
                    }
            }

            // se redefine solamente por dejar un código más claro:
            public override String Tipo {
                    get {
                            return "círculo";
                    }
            }
    }
}
```

Tal vez sea un poco artificial que la clase *Circunferencia* haya heredado las propiedades *RadioMayor* y *RadioMenor*, pero no es grave.

Podríamos preguntarnos qué ocurriría si agregamos a la clase *Elipse* métodos que nos devuelvan los puntos focales y la ecuación de la recta que pasa por los mismos. Tampoco esto es un problema serio, ya que podríamos redefinir esos métodos en *Circunferencia*:

```
            public override Punto Foco (int i) {
                    get {
                            return Centro;
                    }
            }

            public override double PendienteRectaFocal {
                    get {
                            return 0;
                    }
            }

            public override double OrdenadaRectaFocal {
                    get {
                            return 0;
                    }
            }
```

Incluso un cambio de escala en *Elipse* no debería traer problemas, ya que ni siquiera redefiniríamos el método en cuestión.

Podríamos incluso agregar un método *ToCircunferencia* en la clase *Elipse*:

```
public Circunferencia ToCircunferencia( ) {
    if (RadioMayor == RadioMenor)
        return new Circunferencia (RadioMayor, Centro);
    else throw new InvalidOperationException( );
}
```

Lo que sí es un tanto raro es que necesitamos que la clase *Elipse* conozca a la clase *Circunferencia*, porque eso viola el principio de sustitución. En este mismo caso, podríamos incluso crear una instancia de *Circunferencia* cuando se intente crear una *Elipse* de radios iguales, aunque en este caso necesitaríamos trabajar encapsulando la creación de objetos con una especie de Factory Method.

Pero no nos pongamos contentos antes de tiempo. ¿Qué pasaría si en *Elipse* definimos un método *Distorsionar*, que permitiera cambiar la escala en uno solo de los ejes de la elipse? Ahora sí tenemos un problema, porque si bien una elipse distorsionada sigue siendo una elipse, una circunferencia distorsionada no es una circunferencia. Por lo tanto, la clase *Circunferencia* no puede cumplir sus invariantes y a la vez permitir el método *Distorsionar*.

Una primera tentación será redefinir el método en cuestión en la clase *Circunferencia* para que arroje una excepción. Pero un corolario del principio de sustitución es que un método redefinido en una clase descendiente debe arrojar las mismas excepciones que en la clase ancestro, o a lo sumo excepciones derivadas de aquéllas. Además, elegir el lanzamiento de una excepción es renunciar al chequeo estático.

La solución más obvia es no permitir que el comportamiento de *Distorsionar* exista en la clase *Elipse*. Claramente, una elipse matemática – si bien no es necesariamente inmutable – sí mantiene sus radios, aunque pueda trasladarse o girar.

Por lo tanto, podemos permitir generar una elipse distorsionada a partir de otra, incluso de una circunferencia. Pero siempre lo haremos creando una nueva elipse. El encabezado de dicho método, definido en la clase *Elipse* será:

```
public Elipse Distorsionar (double factorRadioMayor, double factorRadioMenor) { ... }
```

Y su invocación podrá ser:

```
Elipse elipse = new Elipse (2, 4, new Punto(0,0), 0);
Elipse nueva = elipse.Distorsionar (1.2, 0.8);
```

E incluso:

```
Circunferencia circunferencia = new Circunferencia (5, new Punto(0,0));
Elipse nueva = circunferencia.Distorsionar (1.2, 0.8);
```

Hay quienes opinan que hay que separar conceptos. Una elipse matemática no puede ser distorsionada, pero un objeto computacional, instancia de la clase *Elipse*, sí podría. Personalmente, me parece un planteo absurdo. Si decimos que una de las ventajas de la POO es que permite representar directamente las entidades que estamos modelando, no deberíamos violar las leyes de esas entidades. A menos que nuestras circunferencias y elipses no sean entidades matemáticas, sino – por ejemplo – objetos dibujables con algunas propiedades en común con las elipses matemáticas.

También están los que opinan que podría haber una interfaz *Distorsionable*, que sea implementada por la clase *ElipseDistorsionable*. Ambas clases, *ElipseDistorsionable* y *Circunferencia*, derivarían de *Elipse*, pero sólo *ElipseDistorsionable* tendría el método *Distorsionar*. Se podría agregar un método que permitiera construir una elipse distorsionable a partir del estado de una circunferencia.

Una opción adicional es deshacerse de la clase *Circunferencia*, y dejar solamente una propiedad en la clase *Elipse* que indique si una instancia particular de *Elipse* es o no una circunferencia. Eso hice en el ejercicio inicial, en el que no preví una clase *Circunferencia*, pero sí devolvía esta condición en la propiedad *Tipo*.

Otro problema parecido – como dijimos más arriba – es el que surge entre rectángulos y cuadrados.

Pero estos problemas no ocurren sólo en la Geometría. Supongamos que tengo una clase que maneja préstamos hipotecarios y que tiene un método que permite la amortización adelantada: ¿cómo hago si no quiero heredar ese método porque en una nueva clase de préstamo que voy a derivar no deseo amortizaciones adelantadas?

El caso más general de este problema es el que [Meyer] denomina como *herencia de restricción*, en el cual la clase descendiente es similar a la clase ancestro, salvo por el agregado de una restricción en el invariante de clase.

Objetos que sólo ofrecen comportamiento: del principio al extremismo

Hay autores que opinan que los objetos debieran exponer sólo comportamiento y no comunicar su estado. Permitir acceder al estado de un objeto – mediante propiedades – es considerado por ellos como una violación del encapsulamiento. De hecho, dar a conocer el estado de un objeto implica dar a conocer el tipo de los datos que conforman el estado, lo que dificulta modificaciones posteriores de estos tipos.

Según esta línea de pensamiento, lo único permitido sería pedirles a los objetos que hagan tareas, no pedirles sus datos internos. Por ejemplo, una clase *Punto* debería tener métodos como *ToString* o *ImprimirAtributos*, pero no propiedades que permitan acceder a sus coordenadas *X* e *Y*.

Este planteo está bien alineado con la teoría de orientación a objetos. De hecho, utilizar a los objetos enviándoles mensajes y esperando sus respuestas, es lo más ortodoxo que se puede esperar, y además respeta el encapsulamiento al máximo, permitiendo cambios en la manera de implementación del estado de los objetos.

Pero como todo planteo demasiado ortodoxo, puede ser extremista. No es tan raro que se necesite conocer el estado de un objeto.

Por ejemplo, veamos el método *ImprimirAtributos*, que supuestamente es una solución orientada a objetos. Sin embargo, la implementación del método en cuestión va a estar muy ligada al tipo de representación y el soporte en el cual se debe imprimir el estado. Nuestro interlocutor ortodoxo afirmará sin ruborizarse que *ToString* no tendría ese problema. Pero no es tan así: no siempre se necesita la representación en texto plano, ¿qué ocurre si deseamos también el objeto en XML? Poner dos métodos, *ToString* y *ToXML*, empieza a ser más cuestionable, pues viola el principio de segregación de la interfaz. La solución, me dirán entonces, es separar dos clases *PuntoRepresentableXML* y *PuntoRepresentableString*. Pero, ¿cómo se supone que hace cada una de estas clases para representar un punto sin poder acceder al estado contenido en otra clase?

Además, hemos visto que las propiedades no se supone que expongan el estado tal cual está implementado en forma de atributos, o al menos no necesariamente.

La habilidad del diseñador consistirá en exponer – como propiedades – el estado en una manera que sea luego susceptible de modificar si cambia la implementación, sin afectar a los clientes. Lo que está mal es que cada atributo de una clase tenga una propiedad de lectura y escritura. Las propiedades son una especie de atributo conceptual, independiente de la implementación.

¿Hay que evitar la herencia de implementación?

Hay otro planteo, un poco más elaborado que el anterior, que también está provocando algo de inquietud entre los diseñadores menos experimentados. Si lo deseable es programar contra interfaces, y preferir la delegación a la herencia, ¿está mal la herencia de implementación?

Hay autores que opinan que sí. Un artículo en la Web [Holub], titulado "Why extends is evil" ha logrado una popularidad inesperadamente grande. En la práctica, lo que plantea esta línea de pensamiento es que todas las clases concretas deberían ser *final* o *sealed*.

Creo que se trata de otra idea extremista basada en un buen principio de diseño.

No me queda duda de que la herencia entre clases concretas acopla la clase derivada a la ancestro. Al fin y al cabo, es una forma de composición. También soy consciente de que cada vez que modifico una clase base, debo verificar las derivadas porque pueden funcionar mal. Incluso debo comprobar el código que use la clase básica y las derivadas, con la complicación adicional de que a veces ni siquiera dispongo de las clases descendientes. Todo esto aporta pruebas de la fragilidad de las clases básicas concretas. Hasta estoy dispuesto a admitir que el patrón Template Method es peor que el Estrategia por estas razones, y por eso es menos dinámico.

Asimismo, es cierto que no tiene sentido usar herencia de implementación si vamos a redefinir todos los métodos del ancestro. Si un ancestro existe para redefinir todos sus métodos, debería ser una interfaz.

Finalmente, también debo admitir que la POO no necesita de la herencia de implementación si se propone lograr encapsulamiento, uso de comportamiento de objetos y polimorfismo.

Pero aun sabiendo todo esto, creo que eliminar la herencia de implementación nos obligaría a reescribir mucho código, y la repetición de código provoca muchos más problemas potenciales que los problemas que estamos enunciando aquí.

El mismo patrón Template Method ha sido la base de muchos frameworks que funcionan muy bien y nos ahorran mucho trabajo.

Como siempre, hay que usar los principios en su justo término.

Toda vez que podamos, debemos depender de interfaces o clases abstractas. Pero cuando no se pueda, la herencia de implementación es una opción válida.

Es importante usar bien las clases base, siguiendo las intenciones del que las provee. Claramente, no conviene depender de comportamiento de las clases que no estén explícitas en el contrato. A la vez, el que provee clases para ser heredadas tiene que tener el cuidado de mantener el contrato explícito y los supuestos implícitos a través de las versiones. De todas maneras, esto último es fundamental también cuando se usan interfaces, porque las interfaces son por definición entidades sin implementación, así que el respeto del contrato es central.

Y es obvio que no es una buena idea usar atributos protegidos, porque violan el encapsulamiento.

CONCLUSIONES

Una buena forma de recapitular sobre los principios de buen diseño es analizar qué cuestiones hacen malo a un diseño.

Hay varias razones por las cuales un diseño puede ser malo. Lo que sigue son algunas señales, según [MartinUML]:

- Rigidez: dificultad de cambiar, porque cada vez que se modifica algo, esto provoca una secuencia interminable de cambios.
- Fragilidad: cada cambio provoca problemas en partes del código que no tienen que ver con el mismo.
- Se hace muy difícil descomponer el sistema en partes reutilizables.
- El ciclo editar-compilar-probar lleva mucho tiempo.
- Complejidad innecesaria: estructuras de código que no se necesitan, aunque puedan servir en el futuro.
- Repetición innecesaria: no se reutiliza, sino que se ha copiado partes de código en varios lugares.
- Opacidad: el programador se expresa – mediante el código – de formas ininteligibles.

Hay otros problemas típicos de diseño, que Martin Fowler[112] [FowlerRefactoring] llama "malos olores", que los buenos diseñadores enseguida detectan con su intuición. A continuación enumero algunos de los olores más usuales:

- Ciclos muy anidados, que se deberían convertir en métodos.
- Código duplicado, que causa modificaciones paralelas.
- Métodos complejos o muy largos.
- Clases con varias responsabilidades, o muy grandes.
- Abundancia de sentencias *switch* o *if* anidadas.
- Largas secuencias de llamadas sucesivas a métodos, como en:
  a.m1().m2().m3();
- Demasiados chequeos de referencias nulas.
- Clases sin comportamiento, que sólo tienen atributos y las propiedades que permiten acceder a ellos.
- Atributos no encapsulados.
- Métodos que usan más características de otras clases que de la suya propia
- Uso de tipos primitivos o básicos para conceptos diversos: *double* en vez de *Dinero*, *Vector3D* en vez de *Velocidad*, etc.
- Comentarios que explican código difícil de leer.

Ahora que conocemos los principales requisitos del diseño orientado a objetos, el próximo capítulo abordará el tema de patrones de diseño, formalizando algunos que ya conocemos y presentando otros pero, sobre todo, analizando cómo

[112] En su libro Refactoring, Fowler dice que la idea la tomó de Kent Beck, pero yo la leí de él.

estos patrones cumplen los principios recientemente vistos.

18. Diseño orientado a objetos: patrones

Si (como el griego afirma en el Cratilo)
El nombre es arquetipo de la cosa,
En las letras de rosa está la rosa
Y todo el Nilo en la palabra Nilo.
Jorge Luis Borges[113]

Un **patrón** es una solución a un problema en un determinado contexto. Para que sea útil, debe ser una solución probada a un problema que aparece con frecuencia.

En las disciplinas de desarrollo de software hay muchos niveles de patrones, según el grado de abstracción. Los patrones de despliegue – por ejemplo – especifican maneras de desplegar una aplicación en nodos de hardware. Los patrones de arquitectura – que analizaremos en el próximo capítulo – definen relaciones entre paquetes o subsistemas. Los patrones de programación, o *idioms*, definen cuestiones de implementación de algoritmos y estructuras de datos. Como ejemplos, el algoritmo de burbujeo o la implementación de una búsqueda binaria en un determinado lenguaje, son patrones de programación.

Los **patrones de diseño** nos indican cómo utilizar clases y objetos de formas conocidas y estudiadas, de modo de adaptarlos a la resolución de parte de un problema o a un escenario particular. Es el concepto de reutilización llevado al diseño, presentado originalmente por Erich Gamma y otros tres autores [GoF], conocidos como "la banda de los cuatro" (o GoF, por su sigla en inglés).

Un patrón de diseño se aplica a una sociedad de clases. De alguna manera, un patrón de diseño se resuelve mediante una colaboración, y consta tanto de aspectos estructurales como de comportamiento.

La idea es usar patrones que otros descubrieron, para aplicarlos en los futuros desarrollos, ya que la adopción de los mismos puede traer grandes ventajas. Entre ellas:

- Estructuras de diseño probadas previamente.
- Soluciones alternativas a las comunes o más frecuentes.
- Descripción de soluciones en base a combinaciones de patrones usuales.
- Fácil interpretación de colaboraciones ya conocidas.
- Completitud frente a las soluciones caseras.
- Implementación directa sin análisis y diseño complejos.
- Facilidad de separar los aspectos que cambian de los que no cambian.
- Mayor nivel de abstracción.
- Introducen un lenguaje común para referirse a formas de construir software, elevando el nivel de abstracción de la conversación, lo que a su vez favorece la enseñanza, el aprendizaje y el trabajo en grupos.

---

[113] Del poema "El Golem", publicado en el libro "El otro, el mismo", 1964, tomado de la recopilación "Jorge Luis Borges - "Obra Poética", Emecé, 2005.

En la misma línea, se suelen denominar *antipatrones* a los diseños que han arruinado proyectos. Los antipatrones se usan para saber qué es lo que no hay que hacer. Por eso, hay autores que han construido patrones haciendo lo contrario de los antipatrones.

Algún lector desprevenido puede llegar a confundir la idea de reutilización o extensión de código, mediante herencia o delegación, con el uso de patrones de diseño.

Ocurre que un patrón no es una clase que se implementa en código, sino un diseño general para ser usado luego en diferentes implementaciones. Por lo tanto, no se reutiliza código. Se reutiliza experiencia, recopilaciones de expertos.

Un patrón es una micro arquitectura que encapsula una forma de diseño en una o más interfaces, clases y objetos.

Notemos que la idea de los patrones de diseño se viene aplicando desde siempre en otras industrias. La industria de la construcción, por ejemplo, diseña escaleras y cajas de ascensor o distribuye sanitarios en un baño de tres o cuatro formas básicas. La idea es aplicar el mismo concepto en el desarrollo de software, sobre todo en sistemas complejos.

Como todo término que se pone de moda, se tiende a abusar de él. Por eso enfatizamos que cuando se habla de patrones no se está tratando de resolver un único problema, sino una clase completa de problemas similares.

Un patrón debe:

- ser concreto
- resolver problemas técnicos
- utilizarse en situaciones frecuentes
- favorecer la reutilización

Un área donde podrían ser útiles los patrones es en los generadores de código. La década de 1990 fue testigo del fracaso de las herramientas CASE como generadoras automáticas de código de buena calidad, salvo por los productos RAD[114] aplicados a interfaces de usuario u otras funcionalidades básicas[115]. Sin embargo, sin ser tan ambiciosos como en la década pasada, se podría disponer de herramientas que generaran código para determinados usos de los patrones más típicos. Recordemos, no obstante, que con esto perdemos generalidad y los convertimos en soluciones a problemas concretos.

Como hay unos pocos patrones de uso general, no es difícil estudiarlos y conocerlos. Por eso, analizaré los patrones que me parecen más relevantes y, en algunos casos, mostraré implementaciones particulares en código.

Lo que no tiene sentido es publicar "la más completa y definitiva guía de patrones". Patrones siempre surgirán y serán más o menos útiles. Lo que busco aquí es mostrar algunos de ellos – a mi juicio los más frecuentes – y dejar en el lector la inquietud por profundizar más en el tema.

---

[114] RAD es la sigla en inglés para "desarrollo rápido de aplicaciones", y se refiere a los productos en los cuales es sencillo construir una aplicación en base a componentes que se seleccionan y se parametrizan directamente.

[115] Como siempre pasa con los fracasos, nunca son totales y suelen dejar buenos subproductos. Los productos RAD generan código de calidad y optimizado, que alivian enormemente las tareas del programador.

Los tres patrones que siguen suelen estar disponibles en los lenguajes y plataformas en forma más o menos nativa, y por eso los hemos separado en un primer grupo. Nos referimos a:

- Iterador, implementado habitualmente como una interfaz y algunas clases junto con las colecciones que proveen las plataformas.
- Template Method, utilizable directamente con el mecanismo de polimorfismo de los lenguajes orientados a objetos.
- Observador, comúnmente disponible en el manejo de eventos u otras bibliotecas que proveen algún mecanismo de publicación y suscripción.

Iterador

Los iteradores son objetos que recorren colecciones sin ser parte de las mismas. La idea de este patrón es construir una clase que posea el conocimiento sobre cómo recorrer determinado tipo de colección, de forma tal que los usuarios de esta clase no necesiten conocer la estructura interna de la colección.

Este patrón ha sido implementado en varios lenguajes de programación modernos. Está disponible en los paquetes de colecciones de Java y .NET, y es parte de la biblioteca estándar de plantillas de C++.

Sin embargo, no es un patrón complejo de implementar en cualquier lenguaje de POO. A continuación se muestra el diagrama de clases típico.

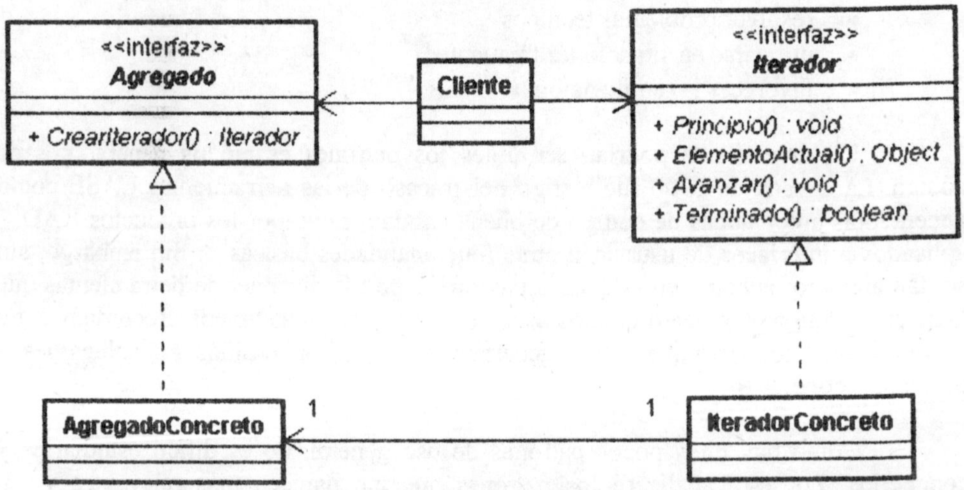

Al implementar iteradores por fuera de las colecciones a recorrer, un lenguaje mantiene en la colección solamente la responsabilidad de almacenar objetos, pero no la de saber cómo moverse a través de los mismos. De esta manera, la interfaz de la colección es más simple y consistente.

Esta implementación – llamada de *control externo* – es la más típica en los lenguajes. Sin embargo, existe una forma alternativa – llamada de *control interno* – en la cual se le pasa al iterador lo que debe hacer con los elementos a medida que los visita. De esta manera, el cliente no debe preocuparse de los movimientos entre elementos, aunque la implementación es más compleja, basada en el uso conjunto de los patrones Iterador y Command.

Los principios de diseño que satisface este patrón son:

- Única responsabilidad y alta cohesión, ya que tanto la colección como el iterador tienen un único comportamiento: almacenar objetos en el primer caso, y recorrer el agregado en el segundo.
- Encapsulamiento de lo que varía, en este caso el tipo de iterador.
- Inversión de dependencia, al utilizarse los iteradores por su interfaz.

Template Method

Este patrón ya lo vimos en el capítulo de polimorfismo.

La idea del mismo es definir una clase abstracta, con un método *plantilla* o *marco* que contiene la lógica principal de un algoritmo, pero que delega en ciertos métodos – que se redefinen en clases descendientes – la implementación de cuestiones particulares. De este modo, la clase marco contiene la lógica general, y los clientes pueden implementar cuestiones particulares creando clases derivadas de la misma.

A continuación se muestra el diagrama de clases típico del patrón Template Method:

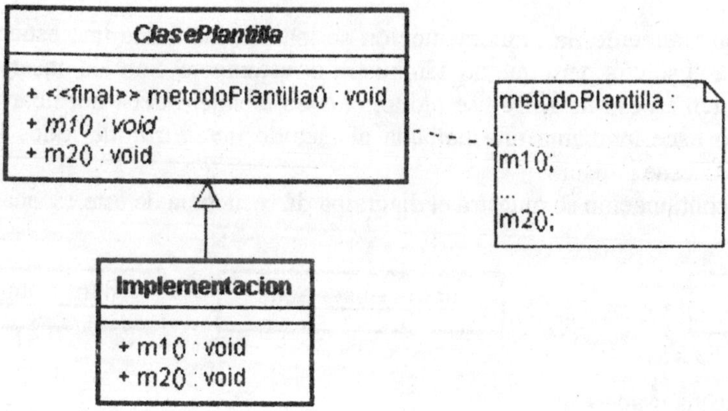

La idea, entonces, es encapsular trozos de algoritmos en clases definidas por el cliente, respetando un marco definido en la clase plantilla. A veces a este patrón, o a la clase ancestro, se los denomina *Application Framework*, precisamente por esta condición de servir de marco general.

Para que esto sea así, el método plantilla debe ser un método no redefinible. Si no fuera así, estaríamos tergiversando la intención del patrón, ya que permitiríamos un marco mutable, y ésa no es la idea.

Los que sí se deben poder redefinir son el resto de los métodos. Esto se puede lograr de dos maneras: o haciéndolos abstractos, obligando de esa manera a redefinirlos; o brindando una implementación por defecto, o vacía, para que los clientes decidan si quieren o no redefinirlos.

Lo que ocurre es que el método plantilla representa los invariantes del algoritmo, mientras que los métodos por él invocados son las partes que admiten variación.

A mayor granularidad del método marco – esto es, a mayor cantidad de métodos redefinibles que llame – mayor es la flexibilidad que dejamos a los clientes. Sin embargo, también es mayor la complejidad de uso, aun cuando definamos algunas implementaciones por defecto para simplificar su tarea.

Los principios de diseño que satisface este patrón son:

- Encapsulamiento de lo que varía, en este caso los métodos redefinibles.
- Abierto-cerrado, ya que se utiliza funcionalidad de la clase plantilla y se la modifica, pero sin modificarla.
- Alta o baja granularidad, según la conveniencia.

Observador

Este es otro patrón que estudiamos en la segunda parte del libro.

La idea del mismo es manejar las situaciones en las cuales dos objetos – mutuamente desacoplados – necesitan actuar al unísono, de modo tal que, cuando uno cambie de estado, el otro sea notificado y pueda responder con cierto comportamiento preestablecido. Al primer objeto se lo llama *observado* o *sujeto*, y al segundo, *observador*. Habitualmente se admite que existan ninguno o varios observadores por sujeto, sin que éste deba saberlo o varíe en algo su comportamiento por este motivo.

El paradigma típico representado por este patrón es el denominado de **subscripción y notificación**. El observador es quien se suscribe en el sujeto, para que éste lo notifique cuando haya cambios de estado que sean de su interés.

Habitualmente, la implementación se maneja mediante una especie de lista que mantiene el sujeto, pero que no administra directamente. Son los observadores los que se registran en esa lista. De ese modo, cuando el sujeto debe notificar un cambio de estado, lo hace mediante una llamada al método *actualizar* de todos los objetos referenciados desde la lista.

A continuación se muestra el diagrama de secuencia de este escenario:

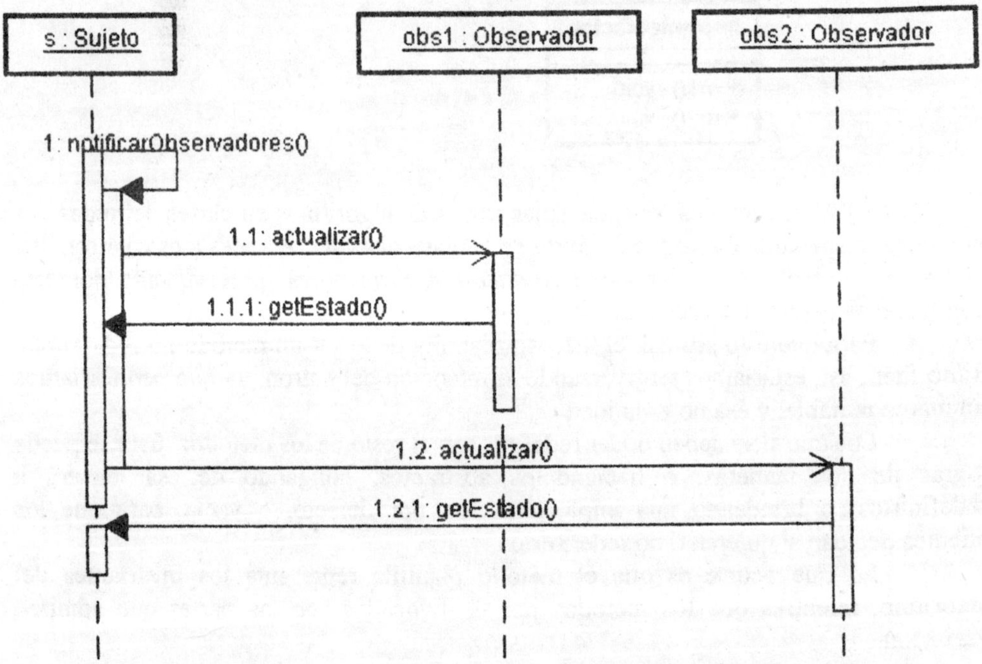

Como los observadores se pueden registrar y eliminar libremente de la lista, el sujeto no necesita conocer quiénes son, sino que se limita a recorrer la lista. La única condición que deben cumplir los observadores para anotarse en la lista de notificación del sujeto es tener un método *actualizar*, lo cual suele materializarse mediante la implementación de una interfaz. Aquí se muestra el diagrama de clases típico:

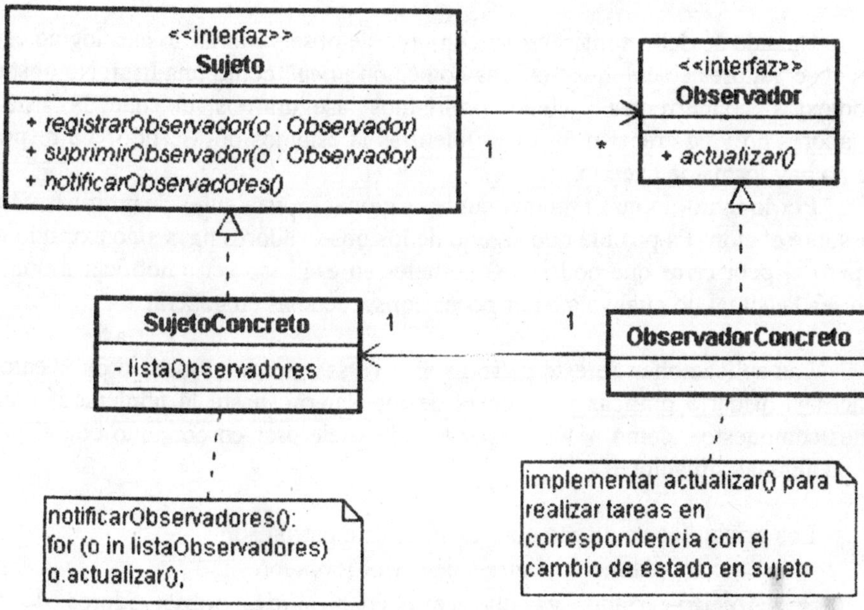

Por lo tanto, este modelo garantiza el bajo acoplamiento de sujeto y observadores, admite que los observadores sean de cualquier tipo, a excepción de que deben implementar la interfaz *Observador*, y soporta la suscripción de muchos observadores a la vez.

Hay tres maneras posibles de notificación:

- La primera, denominada "pull", es la más típica, y se basa en que el sujeto sólo avisa a sus subscriptores que su estado cambió, sin enviar información adicional. Esto exige que, luego, los observadores le pidan su estado al sujeto, o los datos que les interesen. Si bien podría haber una ineficiencia derivada del doble llamado, este modelo es flexible y simple, y es el representado en los diagramas anteriores.
- La segunda es utilizar el modelo "push", que consiste en que el sujeto envíe información sobre qué cambió, y cuál es el nuevo estado del emisor, de modo que no sea necesario que los observadores le pidan el estado más tarde. Este modelo también es flexible, aunque probablemente los observadores reciban mayor información que la necesaria.
- La tercera es que los observadores se subscriban a listas diferentes, por temas, y que las notificaciones les lleguen ante ciertos cambios de estado para una lista y ante otros para otras listas. Este modelo reduce mucho la cantidad de información que viaja, pero es bastante más compleja su implementación. A este modelo se lo llama "basado en eventos", y ya lo estudiaremos en un capítulo de la cuarta parte del libro, aunque se usa más el patrón Mediador que Observador.

Todas estas implementaciones son muy sencillas en lenguajes con modelo de referencias, como Java y C#. En lenguajes estáticos, se debe trabajar con punteros. Pero aún así, la gran diferencia la hace el recolector de basura, ya que ahorra mucho trabajo y potenciales problemas que tiene el manejo de memoria dinámica en estos casos. Por ejemplo, en C++, antes de eliminar un observador del modelo de datos, se debería borrar su referencia desde el sujeto.

Cuando se debe notificar a un conjunto de observadores, lo más lógico es que dichos observadores se coloquen en una colección lineal, como una lista. No obstante, en contextos concurrentes, ¿cómo podríamos asegurarnos de que la lista de observadores no va a crecer o decrecer mientras la estamos notificando? La respuesta es que no hay forma de hacerlo.

Por lo tanto, lo más recomendable es clonar la lista antes de notificar y luego actuar sobre el clon. Es posible que alguno de los observadores haya sido extraído de la lista, pero el peor error que podríamos cometer en ese caso sería notificar a una lista que no sea la actual, lo cual va a tener pocas consecuencias en general.

Las aplicaciones de este patrón son diversas, desde el manejo de eventos en interfaces de usuario gráficas y sistemas de mensajería, hasta la implementación de patrones compuestos, como MVC. Incluso se lo suele usar en conjunto con el patrón Proxy en algunas situaciones.

Los principios de diseño que satisface este patrón son:

- Bajo acoplamiento, entre sujeto y observadores.
- Abierto-cerrado, ya que se pueden agregar observadores de tipos diferentes sin cambiar la clase del sujeto observado.
- Única responsabilidad, manteniendo separados a sujeto y observadores.
- Inversión de dependencia, pues los observadores se conocen por su interfaz.

PATRONES DE CREACIÓN DE OBJETOS

He llamado patrones *de creación* a aquellos que tienen por objetivo principal crear objetos de maneras no convencionales.

Factory Method

El patrón Factory Method – que vimos y analizamos en el capítulo de colecciones – pretende encapsular la creación de objetos de determinados tipos, todos descendientes de una misma clase abstracta o interfaz. De esta manera, un cliente puede obtener una referencia a un objeto del cual no conoce su clase, sino sólo una de sus interfaces posibles.

La implementación más usual mantiene una jerarquía de clases creadoras paralela a la jerarquía de clases a crear, como muestra el siguiente diagrama de clases:

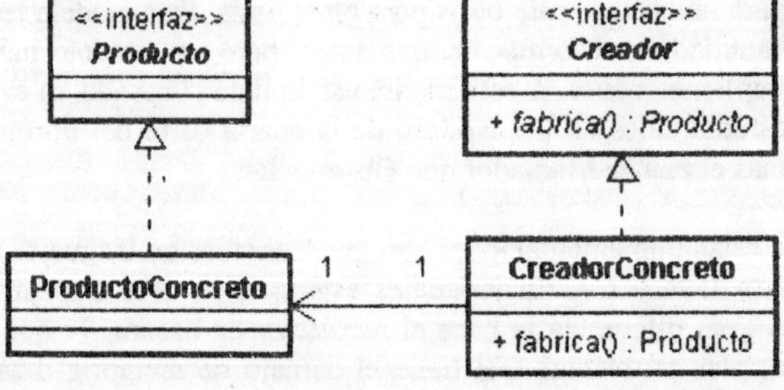

Los principios de diseño que satisface este patrón son:

- Inversión de dependencia, ya que los clientes sólo conocen la interfaz del objeto que crean.
- Bajo acoplamiento entre clientes y los objetos creados.

Singleton

El patrón Singleton lo vimos en el primer capítulo de POO.

La idea del mismo, que también usamos en algunos ejemplos e incluso en conjunto con otros patrones, es permitir una sola instancia para la clase del Singleton y dar un punto de acceso global a la misma.

La solución, como ya vimos, es crear un solo objeto y reutilizarlo, manteniendo el constructor privado para que no se puedan crear otros objetos. Lo que hacemos, entonces, es encapsular el código que administra la reutilización.

Entre los problemas que suele presentar el patrón Singleton se encuentran:

- Restricciones para la herencia (I): una clase con constructor privado no puede tener descendientes en varios lenguajes, lo cual es bastante razonable si se piensa un poco.
- Restricciones para la herencia (II): un atributo de clase va a ser compartido por todas las clases de la familia, lo cual no es siempre lo que se quiere; además, los métodos de clase no se heredan ni se redefinen.
- Problemas de concurrencia: el uso de la propiedad *Instancia* por más de una tarea a la vez puede traer problemas.
- Brinda un acceso global al objeto en cuestión. Como leí de un especialista hace poco tiempo: "todo objeto global es culpable hasta que demuestre lo contrario". En efecto, los objetos globales incrementan el acoplamiento de las clases y disminuyen la calidad del diseño.

Estos problemas hacen que debamos replantearnos si utilizar Singleton toda vez que parece a priori una buena idea. Y aunque hay soluciones a la mayor parte de estos problemas, pueden ser muy costosas en claridad de código y desempeño en ejecución.

Mi recomendación es que se use únicamente si las instanciaciones frecuentes de una clase que conceptualmente tiene una sola instancia provocan problemas de desempeño o de integridad de datos, o cuando los objetos contienen estado que se puede compartir sin problema. Un caso particular de esto son los objetos que no guardan estado interno. Por eso se lo suele usar en conjunto con otros patrones, como Estrategia, State y Null Object.

Singleton es un buen punto de partida para el patrón *Pool de objetos*, que es una extensión de aquél para lograr que una clase tenga a lo sumo una cierta cantidad de instancias, pudiendo agregar y eliminar objetos del conjunto.

Null Object

Este patrón lo vimos en el capítulo de polimorfismo.

La idea del mismo es que las situaciones en las que una clase tiene un atributo que, cuando tiene una referencia nula, provoca comportamientos diferentes, se deben resolver con polimorfismo.

El ejemplo que vimos en el capítulo de polimorfismo es suficientemente claro. La solución que se plantea es crear un objeto especial, instancia de una clase tipo *ObjetoNulo*, descendiente de la clase en cuestión, como un Singleton, y luego reutilizarlo cada vez que se desee inicializar una variable a ***null***.

En la clase *ObjetoNulo*, redefinimos los métodos que ameriten un comportamiento diferente en el caso de tener el atributo una referencia nula.

El problema que se puede presentar con la implementación de este patrón – tanto en C# como en C++, debido al hecho de que los métodos no son virtuales por defecto – es que los métodos que deseamos redefinir no sean virtuales. Aquí nos veremos obligados a utilizar alguna solución más compleja utilizando delegación en vez de herencia. Dejo el desafío al lector.

Muchos de los programadores que trabajan en lenguajes derivados de C se han acostumbrado a colocar *null* en un objeto, por defecto o para indicar un error. Lo malo de ese planteo es que obliga a los clientes a chequear el valor *null* antes de usar los objetos. Sería mejor si se utilizase más el patrón Null Object.

Otros patrones de creación

Hay muchos otros patrones de creación de objetos. El más común de ellos es el denominado Fábrica Abstracta.

La premisa del mismo es que un programa debe ser capaz de elegir la clase a instanciar a partir de una familia, en forma dinámica, obteniendo la clase del objeto a crear en función de otro objeto.

Un ejemplo de uso muy común de este patrón es la implementación de una interfaz de usuario que funcione en varias plataformas.

Si suponemos que cada plataforma viene con sus propias clases: *BotonWin*, *ScrollWin* y *VentanaWin* para Windows, *BotonGnome*, *ScrollGnome* y *VentanaGnome* para Gnome, *BotonMac*, *ScrollMac* y *VentanaMac* para Macintosh, lo que buscamos es un tratamiento uniforme de cada botón, ventana, etc., en el código.

El diagrama de clases que plantea este patrón para solucionar el problema en cuestión es:

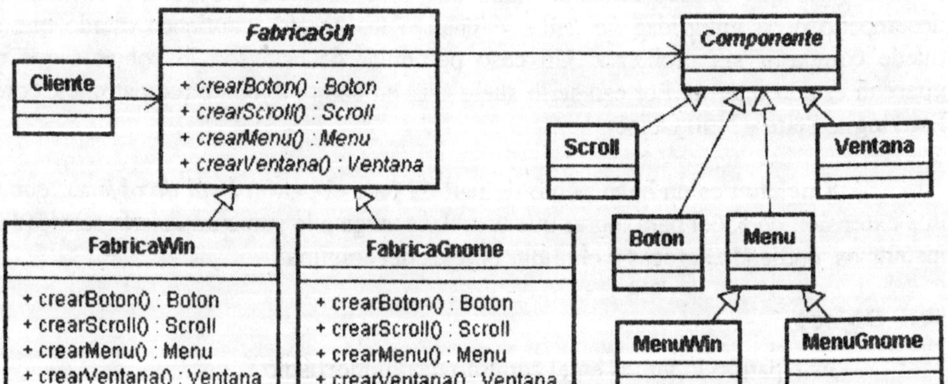

Los principios de diseño que satisface este patrón son:

- Inversión de dependencia, ya que los clientes sólo conocen la interfaz del objeto que crean.
- Bajo acoplamiento entre clientes y los objetos creados.

PATRONES PARA FACILITAR CAMBIOS DE COMPORTAMIENTO

Los patrones *de comportamiento* son los más interesantes en más de un sentido. Aquí aparecen los usos del diseño orientado a objetos que más llaman la atención de los novatos, así que preparémonos para entenderlos a fondo.

Estrategia

El patrón Estrategia lo vimos en el capítulo de delegados.

Es un patrón simple que, mediante el artificio de incluir una referencia a un tipo interfaz dentro de un objeto, le permite variar el comportamiento interno de un método en forma dinámica. Cuando digo en forma dinámica, me refiero a que el comportamiento en cuestión se puede elegir en tiempo de ejecución, a partir de un menú de comportamientos disponibles en tiempo de compilación.

Los principios de diseño que satisface este patrón son:

- Encapsulamiento de lo que varía, al mantener los algoritmos en una jerarquía aparte.
- Inversión de dependencia, ya que utilizamos interfaces para acceder a los algoritmos.
- Extensión sin herencia de clases, al implementar las estrategias mediante una delegación.

Decorador

El patrón Decorador es bastante más complejo que los anteriores, y además no lo hemos visto aún en este libro. Lo que busca es agregar comportamiento a uno o más métodos de una clase en forma dinámica, respetando simultáneamente el principio abierto-cerrado.

Ahora bien, dado que es difícil explicar cómo llegar al patrón desde sus objetivos, partiremos de un ejemplo que a primera vista no tiene mucho que ver con los mismos.

Supongamos que existe un modelo de automóvil que se fabrica en tres variantes, llamadas sedán, coupé y familiar, y cada variante tiene un precio básico de venta. Supongamos además que a cada variante se le pueden agregar opcionales, tales como techo corredizo, sistema de frenos ABS, aire acondicionado y airbag, y cada opcional tiene un precio que se suma al básico.

Si cada auto puede tener ninguno, uno o más opcionales, ¿cómo calculamos los precios?

Hay dos soluciones que podríamos calificar como tradicionales:

- La solución estructurada, en la que tenemos un atributo enumeración para las variantes, y un atributo booleano para manejar cada opcional. Con un método costo que pregunte por cada atributo podemos construir el precio de venta.

- La solución orientada a objetos ingenua, que partiría de generar tres clases descendientes de *Auto*, una por cada variante, y luego cuatro clases de opcionales como derivadas de cada una de las tres variantes.

Ambas soluciones son malas.

- La primera, presenta un diseño rígido para cuando se agregan variantes u opcionales.
- En la segunda, ya con tres variantes y cuatro opcionales tenemos 48 clases en el nivel más bajo de la jerarquía. Cada cambio de precio de un opcional nos provoca modificar 24 clases. Además, agregar una variante duplica el número de clases cada vez: con cinco variantes tenemos 96 clases, con seis 192, y así sucesivamente. Claramente, la solución no es escalable.

La solución que voy a plantear es más complicada de entender, pero es definitivamente más escalable y de más fácil mantenimiento.

Observemos el siguiente diagrama de clases con detenimiento, que es el que propongo como solución:

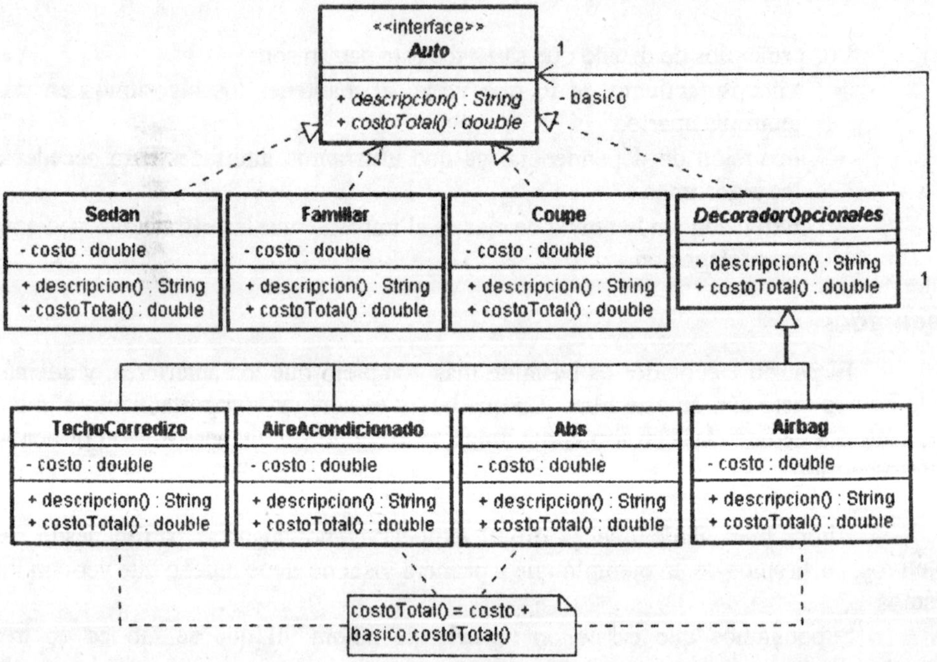

Mirémoslo con cuidado, sobre todo en su parte más a la derecha. Allí vemos que *DecoradorOpcionales* es una clase abstracta que contiene una referencia a un *Auto*, que resulta ser una interfaz que ella misma implementa. Además, por ser abstracta, no puede tener instancias, pero sí pueden sus clases descendientes. Por lo tanto, una instancia de *Airbag*, por ejemplo, tiene una referencia a un objeto que puede ser – no una instancia de *Auto* ni de *DecoradorOpcionales*, pues ambas son abstractas –sino a una instancia de *Sedan*, *Familiar*, *Coupe*, o a cualquiera de sus clases hermanas, como *ABS*, e incluso de ella misma. Y esto es a su vez recursivo: una instancia de *Airbag* puede tener una referencia a una instancia de *ABS*, que a su vez puede tener una referencia a una instancia de *Airbag*, que a su vez… hasta llegar a una instancia de *Sedan*, *Familiar* o *Coupe*, que no tienen la referencia en cuestión.

A continuación se muestra una parte representativa del código que implementa la solución, en Java:

```
public interface Auto {
  double costoTotal( );
  String descripcion( );
}
```

```
public class Sedan implements Auto {
  private double costo = 30000.0;

  public double costoTotal( ) {
        return costo;
  }

  public String descripcion( ) {
        return "Sedán";
  }
}
```

```
public class Familiar implements Auto {
  private double costo = 40000.0;

  public double costoTotal( ) {
        return costo;
  }

  public String descripcion( ) {
        return "Familiar";
  }
}
```

La clase *Coupe* es similar a las anteriores.

```
public abstract class DecoradorOpcionales implements Auto {
  private Auto basico;

  public DecoradorOpcionales (Auto comp) {
        basico = comp;
  }

  public Auto getBasico( ) {
        return basico;
  }
}
```

```
public class TechoCorredizo extends DecoradorOpcionales {
  private double costo = 1500.0;

  public TechoCorredizo (Auto comp) {
        super(comp);
  }

  public double costoTotal( ) {
        return getBasico( ).costoTotal( ) + costo;
```

```
    }

    public String descripcion( ) {
        return getBasico( ).descripcion( ) + " con techo corredizo";
    }
}
```

Las otras tres clases de opcionales son similares a *TechoCorredizo*.

Cuando queremos instanciar una clase, por ejemplo un sedán con aire acondicionado y techo corredizo, envolvemos un objeto en otro, así:

```
Auto a = new TechoCorredizo(
        new AireAcondicionado ( new Sedan( ) ) );
```

Asegúrese el lector de que entiende cómo funciona esta instanciación, y de que la solución presentada resuelve el problema planteado.

Bueno, una vez comprendido el problema y su solución, veamos qué tiene esto que ver con los objetivos del patrón Decorador. Decíamos que los mismos consistían en agregar comportamiento a uno o más métodos de una clase en forma dinámica, respetando simultáneamente el principio abierto-cerrado.

Si de entrada hubiésemos tenido solamente las clases *Auto*, *Sedan*, *Familiar* y *Coupe*, ¿no diríamos que las clases descendientes de *DecoradorOpcionales* agregan comportamiento al método *costoTotal* de las mismas? De hecho, *costoTotal* tenía un comportamiento en las clases de las variantes, y nosotros le hemos agregado un comportamiento adicional a continuación, al escribir:

```
public double costoTotal( ) {
        return getBasico( ).costoTotal( ) + costo;
}
```

También es cierto que este comportamiento se le pudo haber agregado antes, en este caso con el mismo resultado, si escribíamos:

```
public double costoTotal( ) {
        return costo + getBasico( ).costoTotal( );
}
```

Y es obvio que pudo haberse agregado comportamiento antes y después de la implementación recibida de la clase referenciada.

¿Ocurre esto en forma dinámica? Sí, desde el momento en que inicializamos la instancia:

```
Auto a = new TechoCorredizo(
        new AireAcondicionado ( new Sedan( ) ) );
```

¿Y respeta esta solución el principio abierto-cerrado? Sí, porque en ningún momento modificamos la implementación de las clases de las variantes.

Por lo tanto, cuando nos encontremos con una situación en la que necesitemos agregar comportamiento a uno o más métodos de una clase o varias clases hermanas, en forma dinámica, respetando simultáneamente el principio abierto-cerrado, podemos proceder como hicimos en este ejemplo:

- Declarar una clase abstracta, hermana (a nivel de interfaces) de las clases para las que deseamos agregar comportamiento a un método. Dicha clase debe tener una referencia a un objeto instancia de una clase que implemente la misma interfaz.
- Declarar clases descendientes a la nueva clase, y en cada una redefinir el método en cuestión, haciendo que llame al mismo método del objeto referenciado, agregando comportamiento, antes o después de delegar.

Hay muchos ejemplos de uso del patrón Decorador. Tanto la plataforma .NET como Java utilizan este patrón para implementar las clases de flujos de entrada y salida.

Veamos otro ejemplo más simple, con la jerarquía de clases que sigue:

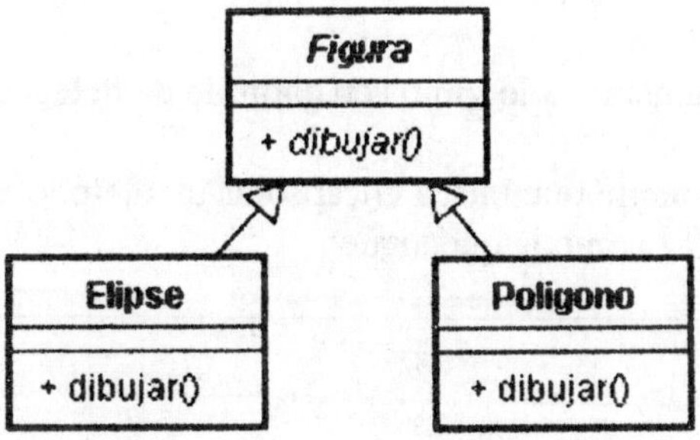

Supongamos que deseo contar cada vez que se llama el método *dibujar* en cualquier clase. La solución con el patrón Decorador va a ser envolver los objetos instancias de *Elipse* o de *Poligono*, de modo tal que al método dibujar se le agregue comportamiento que incremente un contador.

El diagrama de clases de la solución sería el que sigue:

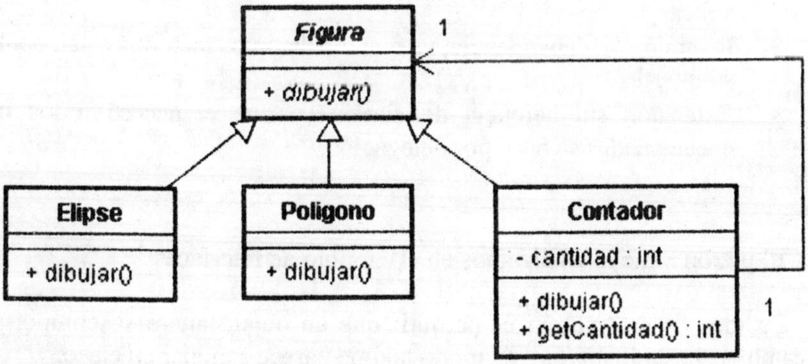

Y la instanciación sería algo como esto:

```
Figura f = new Contador (new Elipse( ) );
```

La pregunta que quedaría por hacer en este caso es: ¿y cómo evito que el programador cliente cree instancias de *Elipse* y *Poligono* sin envolverlas en una instancia de *Contador*?

Para eso tenemos respuesta con los patrones de creación: podemos encapsular la creación de figuras y allí envolver cada objeto en un Decorador.

Dejo la solución de este problema como desafío para el lector.

Los principios de diseño que satisface este patrón son:

- Abierto-cerrado, ya que no necesitamos modificar las clases para agregar comportamiento a los métodos.
- Encapsulamiento de lo que varía, que en este caso son los decoradores que se agregan.
- Inversión de dependencia, ya que los clientes programan contra la interfaz más alta de la jerarquía.
- Extensión sin herencia de clases, ya que una solución más rígida pudo haber sido heredar comportamiento y agregarlo por redefinición, con el costo de que no podría hacerse en forma dinámica.

Command

Al patrón Command ya lo vimos en capítulo de delegados.

Es un patrón simple que busca encapsular un método en un objeto. Para ello, se trabaja con una interfaz como la que sigue:

```
public interface Orden {
        void ejecutar( );
}
```

Y luego las clases que implementan esa interfaz deben implementar el método *ejecutar*.

Como ya vimos, Command se puede combinar con otros patrones para construir macros, encolar órdenes, y demás.

Los principios de diseño que satisface este patrón son:

- Encapsulamiento de lo que varía, en este caso los posibles métodos a aplicar.
- Inversión de dependencia, ya que los distintos métodos están ocultos tras su interfaz.
- Extensión sin herencia de clases, ya que el acceso a los métodos encapsulados se hace por delegación.

State

El patrón State lo analizamos en el capítulo de interfaces.

La idea de este patrón es permitir que un objeto altere su comportamiento cuando cambia su estado interno, de modo tal que parece cambiar su clase.

La forma de implementarlo es representando los distintos estados como clases que implementan una interfaz general, como muestra el siguiente diagrama:

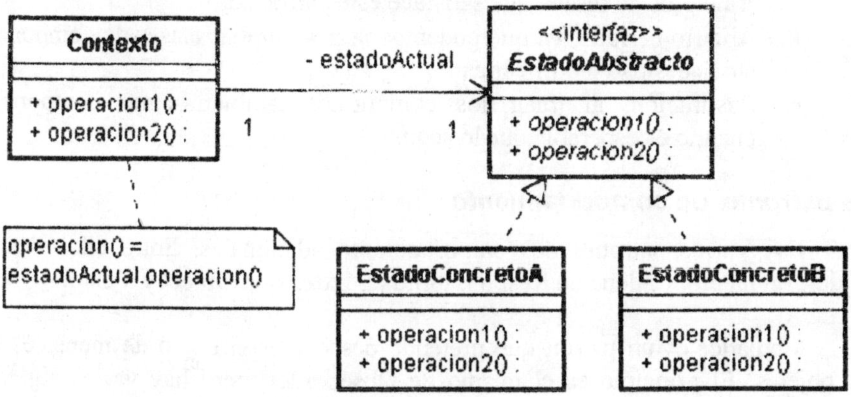

Como las clases que representan estados no almacenan estado o datos de ningún tipo, pueden implementarse como Singletons.

Cuando cada estado puede manejar qué estado lo sucede y todo se hace de manera determinística, mediante un flujo de tareas externo, decimos que estamos ante una *Máquina de estados*. Normalmente, en estos casos, hay ciertos mensajes que provocan cambios de estado.

La implementación de este patrón es prácticamente equivalente a la del patrón Estrategia, pero sus propósitos son diferentes.

Los principios de diseño que satisface este patrón son:

- Encapsulamiento de lo que varía, en este caso los estados.
- Inversión de dependencia, ya que a los estados se accede mediante su interfaz.
- Extensión sin herencia de clases, ya que los estados se acceden mediante delegación.

Contenedor

Contenedor es un patrón que ya vimos en el capítulo de polimorfismo de herencia.

La idea es representar componentes y contenedores mediante una interfaz común. Los agregados tienen referencias a objetos que implementen la interfaz. Asimismo, en algunos casos conviene que los componentes tengan una referencia al agregado que los contiene.

Sin embargo, hay algunas operaciones que tienen sentido para agregados y no tienen sentido en el caso de los componentes simples, como el agregado de componentes o su eliminación. Asimismo, podría haber operaciones propias de los componentes simples.

La solución más tentadora es separar las interfaces, y cuando se esté por hacer una invocación a un método analizar si es un compuesto o un componente simple. Sin embargo, esto atenta contra la idea de uniformidad de mensajes.

La solución que se considera mejor es implementar todos los métodos en todas las clases, y manejarse con excepciones si se llama a métodos que no tienen sentido para la clase en cuestión.

Los principios de diseño que satisface este patrón son:

- Abierto-cerrado, ya que podemos usar y ampliar clases de componentes sin necesidad modificarlas.
- Sustitución, al tratar los compuestos también como componentes, cuando es esperable que lo sean.

Otros patrones de comportamiento

Hay varios patrones de comportamiento adicionales. Entre ellos destacan Mediador, Memento, Cadena de Responsabilidad, Extension Object y Visitor.

Mediador es un patrón que pretende desacoplar el envío de mensajes entre varios objetos. El principio es el mismo de Observador, pero hay varios sujetos en juego. El objeto Mediador captura todos los envíos y los redistribuye, convirtiéndose en observador de todos los eventos. De esa manera, puede haber muchos objetos que deban saber sobre los cambios de estado en muchos otros, pero entre ellos no se conocen, sino que sólo ven al Mediador, que contiene toda la lógica de control.

La gran ventaja de este patrón es su bajo acoplamiento y la centralización de toda la lógica de comunicación en una única clase. Su mayor desventaja es que la lógica de implementación del Mediador puede ser muy compleja.

Memento se utiliza cuando se necesita conocer un estado anterior de un objeto. Se implementa guardando el estado en un objeto distinto, manteniéndolo encapsulado. Es un patrón muy sencillo de implementar, aunque suele ser costoso en términos de tiempo de cómputo.

Cadena de responsabilidad se usa cuando se quiere dar a varios objetos la posibilidad de manejar un pedido. Se implementa creando una lista encadenada de objetos, de modo tal que si un objeto no puede manejar el pedido, se lo pasa al siguiente.

La idea es poder agregar y eliminar responsabilidades dinámicamente, además de cambiar el orden de la cadena.

Visitor resuelve problemas similares a los de Decorador. En efecto, se utiliza para agregar comportamiento a una jerarquía de clases sin modificar sus métodos. La implementación que se suele elegir se denomina de *despacho doble*, porque utiliza polimorfismo en dos pasos.

Se trata de un patrón muy potente, aunque no exento de dificultades. Entre ellos, la complejidad de implementación, la necesidad de agregar clases ante cambios en los requisitos y la dependencia circular entre clases. Lamentablemente, las soluciones que se han propuesto para este problema, como el *Visitor acíclico*, basado fuertemente en transformaciones de tipos y captura de excepciones, son aún más complejas y poco legibles.

Extension Object es un patrón muy complejo, destinado a salvar los inconvenientes de Visitor y Decorador. Si bien su dificultad hace que se lo descarte a menudo, hay que considerar que es muy potente cuando la complejidad del problema lo justifica.

PATRONES DE ADAPTACIÓN O ESTRUCTURALES

Este conjunto de patrones, que el libro de patrones de diseño clásico denomina *estructurales*, los he llamado también *de adaptación*, principalmente porque los que yo analizo tienen como objetivo adaptar o intermediar entre un cliente y un objetivo.

Hay otros patrones estructurales además de los que explico aquí. Tal vez Bridge sea el ejemplo más relevante. Sin embargo, es muy complejo y a veces se lo utiliza sin sentido, cuando uno más simple podría resolver el problema. Por eso lo he omitido.

Adaptador

El patrón Adaptador tiene por propósito dar a una clase una interfaz diferente a la que tiene.

Veámoslo con un caso práctico. Supongamos que una aplicación es cliente de una clase provista por un proveedor externo, y que en determinado momento se decide cambiar de proveedor. Obviamente, lo más probable es que la nueva clase tenga una interfaz diferente, y que no controlemos esa interfaz. ¿Qué pasa si no se desea cambiar el programa cliente? En ese caso, no podríamos cambiar ni cliente ni proveedor, debiendo crear un "adaptador".

Para ejemplificar aún más, pensemos en un problema no informático. Supongamos que necesito enchufar una heladera nueva en mi casa, pero que la misma viene con un enchufe del tipo de los que se utilizan en los Estados Unidos, mientras que los tomacorrientes de mi casa son del tipo argentino. Si no deseo cambiar ni el enchufe ni el tomacorriente, lo más sencillo es comprar un adaptador, al cual enchufo la heladera, y éste a su vez lo enchufo en el tomacorriente. El adaptador lo único que hace es cambiar la interfaz[116].

La idea es, entonces, que el cliente se comunique con el adaptador, llamando un método de una interfaz adaptadora. El objeto adaptador convierte la solicitud en una o varias llamadas sobre la interfaz del servidor, por delegación. Luego, el cliente recibe los resultados, sin saber qué traducción realizó el adaptador, o incluso podría desconocer que existe un adaptador.

Este proceso se ve bien en el diagrama de secuencia que sigue:

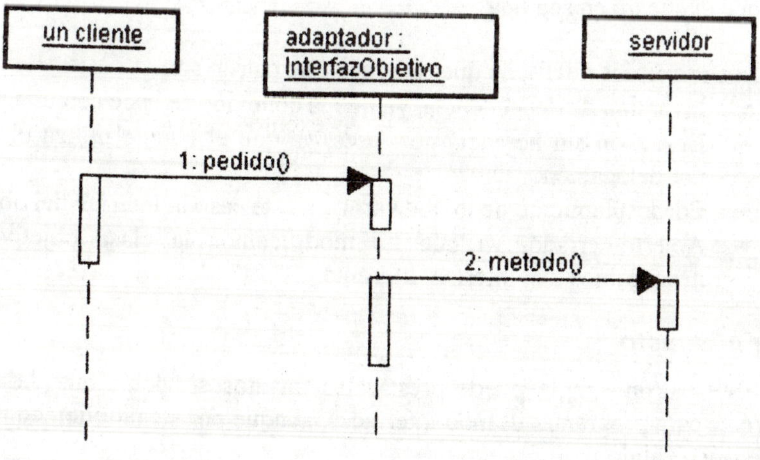

[116] Sugiero al lector que tenga cuidado, no obstante, pues en los Estados Unidos la tensión domiciliaria es de 110 V, y en la Argentina y países vecinos utilizamos 220 V. ¡Y el adaptador no es un transformador! Para eso hay otros aparatos, y otros patrones...

Y el diagrama de clases que lo respalda podría ser:

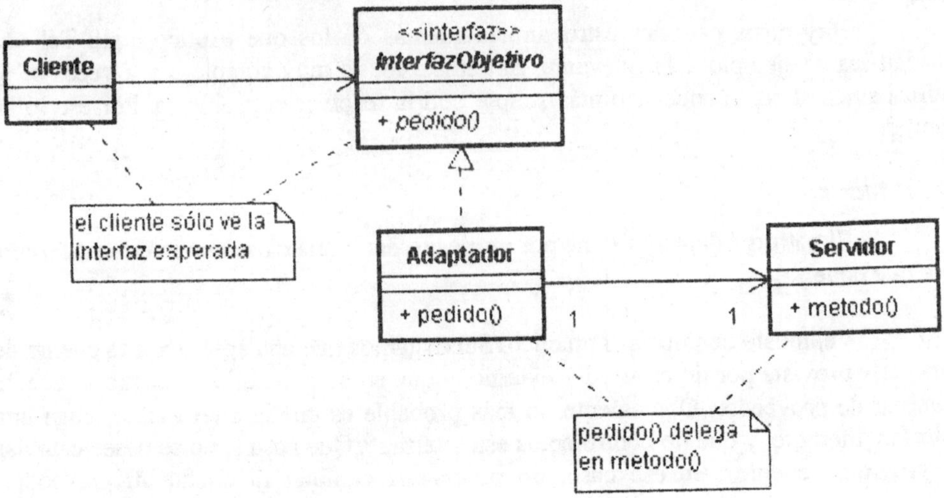

El uso del patrón Adaptador se justifica cuando se da alguna de las siguientes situaciones:

- Dos o más clases realizan cosas similares con interfaces diferentes.
- El código cliente podría ser más simple si varios servidores tuviesen la misma interfaz.
- No se puede alterar la interfaz de alguna de las clases que brindan servicios similares. Sea porque no tenemos el código fuente, porque es parte de una biblioteca de terceros o porque hay otros sistemas que la usan con su interfaz actual.

Notemos que Adaptador sólo se usa para cambiar la interfaz, sin agregar comportamiento por parte del objeto intermediario. Si se quisiera agregar comportamiento, lo más atinado sería utilizar el patrón Decorador, ya visto. Si, en cambio, se desea simplificar una interfaz a varias clases complejas, debemos utilizar Fachada, que explicaré en seguida.

Los principios de diseño que satisface este patrón son:

- Inversión de dependencia, ya que la conexión se hace con una interfaz.
- Extensión sin herencia de clases, ya que el cliente utiliza el adaptador por delegación.
- Encapsulamiento de lo que varía, en este caso la interfaz del objetivo.
- Abierto-cerrado, ya que no modificamos la clase objetivo aunque necesitamos una interfaz diferente.

Servidor abstracto

Este patrón simple puede prestar los mismos servicios que Adaptador, si usamos a éste para programar usando interfaces, aunque por su simplicidad no siempre es un sucedáneo válido.

Por ejemplo, en el ejemplo del club de inmobiliarias, introdujimos el patrón Servidor abstracto – aunque con otra finalidad – cuando agregamos la interfaz *INotificable*.

El diagrama de clases antes de introducir la interfaz era:

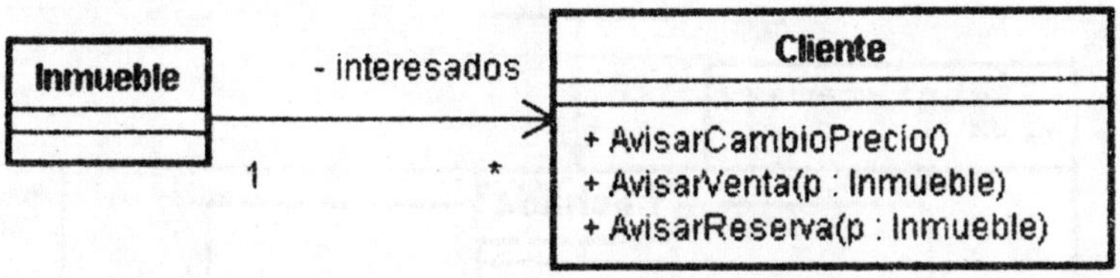

Y luego quedó:

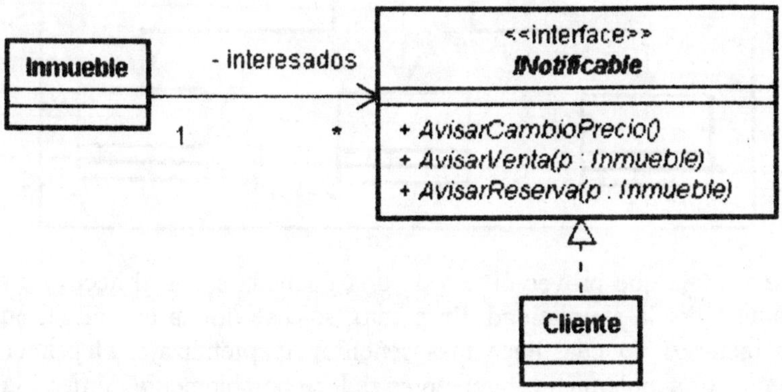

La interfaz *INotificable* es la que hace de Servidor abstracto.

Los principios de diseño que satisface este patrón son:

- Inversión de dependencia, ya que la conexión se hace con una interfaz.
- Extensión sin herencia de clases, ya que el cliente utiliza el servidor por delegación.
- Encapsulamiento de lo que varía, en este caso la interfaz del objetivo.

Fachada

El patrón Fachada también provee un cambio de interfaz, pero su propósito es diferente de Adaptador.

La idea de Fachada es simplificar el uso de un conjunto de clases de un subsistema, de modo tal que varias clases del subsistema se mapean en una sola que hace de Fachada.

A continuación se muestra un diagrama estático esquemático:

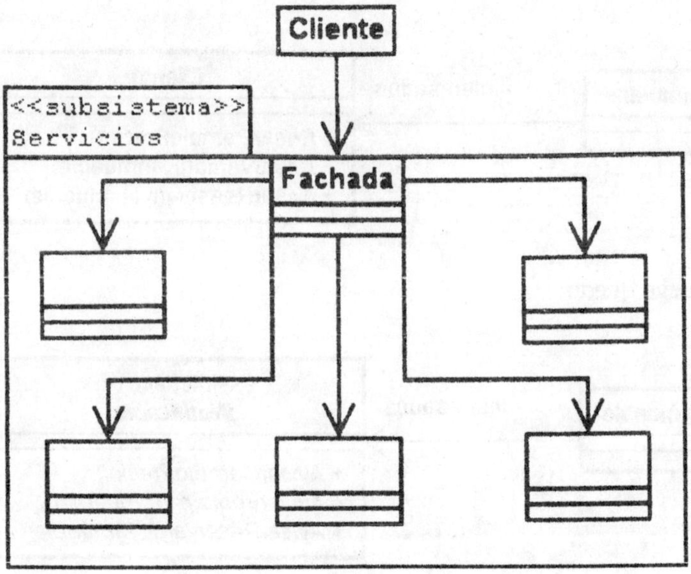

La ventaja que provee el uso de una Fachada sobre el acceso directo a las clases es, ante todo, la simplicidad. En efecto, sólo se utiliza una clase, en principio con menos métodos, lo cual hace más sencillo el aprendizaje, el primer uso y el mantenimiento. El acoplamiento también se reduce notablemente. Y tiene la ventaja – derivada de las anteriores – de que si se desean cambiar las interfaces de las clases internas del subsistema, podemos hacerlo sin problema, modificando solamente la Fachada para que el cambio sea transparente a los clientes.

En cuanto a la implementación, la existencia de una Fachada no obliga a ocultar las clases del subsistema a los clientes. Sin embargo, mi opinión es que es conveniente hacerlo si la Fachada provee acceso a toda la funcionalidad que se requiere por los posibles clientes. La posible implementación, en este caso, sería dar visibilidad de paquete a las clases internas, dejando como pública solamente a la clase Fachada.

Hay un uso de Fachada que, si bien no es el propósito del patrón, se ha difundido bastante.

Ocurre que, cuando un sistema se conecta con una aplicación externa para solicitarle información, es conveniente que a través de la red viaje la mayor cantidad de datos cada vez, debido al costo de varias conexiones sucesivas. Por otro lado, es un principio de diseño normalmente aceptado que los métodos de las clases deben devolver datos lo más elementales posible, lo que se conoce como el principio de granularidad fina. ¿Cómo satisfacemos ambas necesidades, de granularidad fina para los clientes en la misma aplicación y granularidad gruesa para los clientes externos?

La respuesta es simple: colocamos una Fachada, que sea utilizada por las aplicaciones externas, de granularidad gruesa. Y hacia adentro, esta clase Fachada puede realizar llamadas sobre métodos de grano fino.

Los principios de diseño que satisface este patrón son:

- Bajo acoplamiento entre cliente y proveedores, a través de la Fachada.
- Segregación de la interfaz, definiendo la Fachada para evitar que los clientes estén relacionados con métodos que no necesitan utilizar directamente.
- Encapsulamiento de lo que varía, en este caso las clases internas del

subsistema.

- Granularidad fina hacia dentro del subsistema, y posiblemente gruesa hacia fuera.
- Abierto-cerrado, ya que no modificamos las clases objetivo aunque necesitemos una interfaz diferente, más simple.

Proxy

Proxy es otro patrón de intermediación, en este caso sin cambio de interfaz.

La idea es que un objeto Proxy haga de intermediario entre un cliente y un objetivo, haciendo que todas las comunicaciones con el objetivo se deban realizar a través de su intermediario. De hecho, *proxy* en inglés significa *apoderado*. Ambos objetos, el Proxy y el objetivo, tienen la misma interfaz, y el Proxy puede incluso hacer creer al cliente que se trata del propio objetivo real.

El diagrama de secuencia que sigue muestra el escenario típico, en el cual el objeto Proxy puede ejecutar algún comportamiento antes o después de invocar métodos sobre el objetivo:

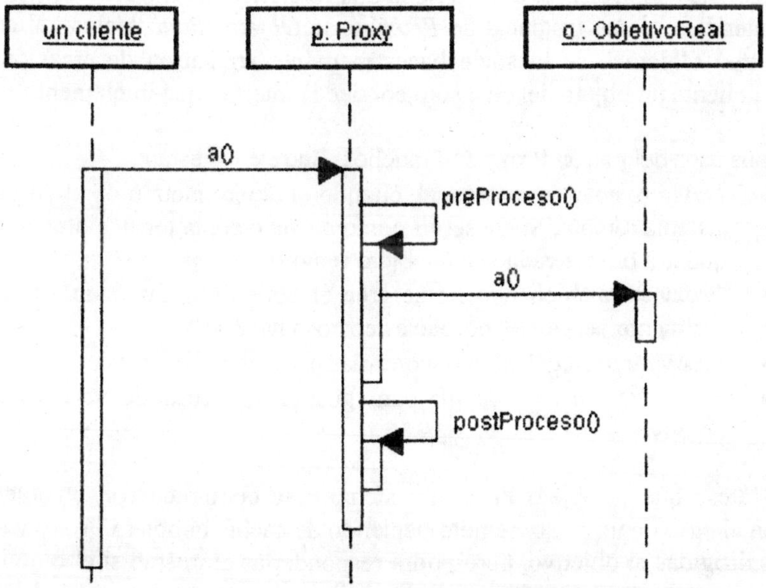

Esta es una simplificación. De hecho, el Proxy muchas veces no llega a invocar los métodos sobre el objetivo, devolviendo lo que el cliente solicitó sin que medie ninguna comunicación con el objetivo.

El diagrama de clases sería:

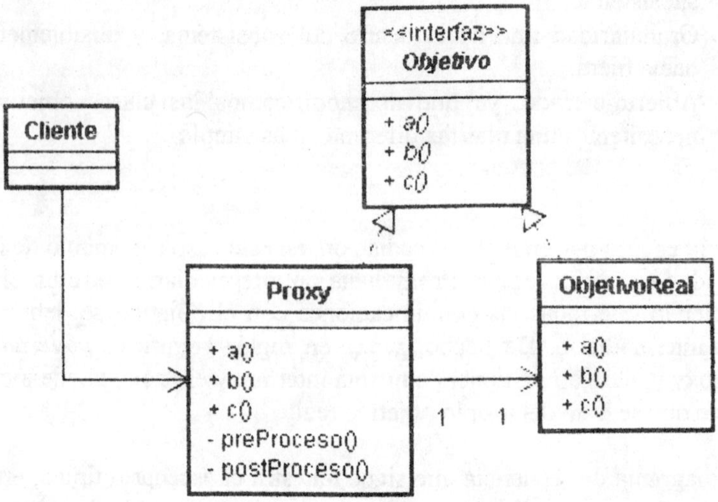

En realidad, el diagrama de clases es engañoso. En casi todas las implementaciones de Proxy, el cliente tiene una referencia a un *Objetivo*, y desconoce si lo está atendiendo una instancia de *Proxy* o de *ObjetivoReal*. Incluso al crearse el objeto de tipo *Objetivo*, se lo suele hacer mediante un patrón de creación, que le devuelve al cliente un objeto del cual sólo conoce la interfaz que implementa.

Los usos del patrón Proxy son muchos. Entre ellos están:

- *Proxy remoto*: el más usual, cuando el objeto meta u objetivo está en un sistema remoto. Suele servir como *caché* o copia local, evitando que haya que ir a buscar cada vez al objeto remoto.
- *Proxy virtual*: cuando no se crea el objeto objetivo sino hasta que sea realmente necesario, porque es costoso hacerlo.
- *Proxy de protección*: para controlar el acceso al objetivo.
- *Proxy de sincronización*: para gestionar acceso de varios clientes al objetivo.

Nótese que el objeto Proxy no siempre se comunica con el objetivo. Por ejemplo, en el caso de un proxy remoto haciendo de caché, el objeto Proxy va a recibir solicitudes dirigidas al objetivo, pero podrá responderlas él mismo si el objetivo no ha cambiado de estado desde la última solicitud. Para desacoplar aún más al Proxy y el objetivo, podemos implementar un mecanismo de notificación desde el objetivo, usando el patrón Observador.

Los principios de diseño que satisface este patrón son:

- Bajo acoplamiento entre cliente y objetivo.
- Inversión de dependencia, ya que la conexión se hace con la interfaz objetivo, no contra el propio objetivo.
- Segregación de la interfaz, al no dar acceso a más objetos de los necesarios.

CONCLUSIONES

Como ya expliqué, el uso de patrones facilita la tarea de diseño por utilizar soluciones ya conocidas, que no necesitan nuevo análisis, lo que a su vez simplifica la implementación. Si repasamos los patrones ya vistos nos daremos cuenta de que las soluciones que plantean no son las más intuitivas y directas, sino modelos bastante elaborados que han mostrado sus bondades. Como dije al comienzo, estamos usando el conocimiento de expertos para resolver problemas propios.

A continuación, un cuadro resumen de los principales patrones estudiados:

Patrón	Otros nombres[117]	Contexto o problema	Contras y limitaciones
Iterador	Iterator, Cursor	Necesitamos implementar recorridos en colecciones, con bajo acoplamiento y en forma externa a la propia colección	Exige crear una clase por colección
Template Method	Marco de aplicación (Application Framework)	Tenemos un marco de algoritmo y deseamos implementar alternativas para ciertas partes del mismo	Tiene la rigidez que le impone la herencia; Cada variante del algoritmo necesita una clase nueva
Observador	Observer, Publicador-suscriptor	Necesitamos que un objeto sea notificado cuando cambia el estado de otro	No es sencillo implementar notificaciones en base a temas de interés
Factory Method	Método fábrica, Constructor virtual	Necesitamos encapsular la creación de objetos	Exige la definición de métodos especiales
Singleton		Necesitamos limitar a una la cantidad de instancias de una clase, brindando un punto de acceso global	Expone un objeto global; No admite herencia; Frágil en situaciones de concurrencia
Null Object	Objeto nulo	Deseamos que sea el polimorfismo, y no la lógica del algoritmo, la que determine qué hacer en el caso del objeto nulo	Se debe definir el doble de clases
Estrategia	Strategy	Deseamos poder elegir el algoritmo a usar en tiempo de ejecución	Cada variante del algoritmo necesita una clase nueva
Decorador	Decorator, Wrapper	Deseamos poder agregar comportamiento a métodos en forma dinámica	Complejidad de implementación
Command	Orden, Acción, Functor	Deseamos tratar a un método como si fuese un objeto	Debe definirse interfaces distintas para distintas firmas de métodos
State	Estado	Necesitamos que un objeto cambie su comportamiento al cambiar de estado	Si se desea una máquina de estados deben definirse reglas que le agregan complejidad
Contenedor	Composite, Compuesto, Agregado	Necesitamos tratar de la misma manera a los objetos contenidos y sus contenedores	Normalmente necesitamos más funcionalidad en contenedores que en contenidos
Adaptador	Adapter, Wrapper	Necesitamos una interfaz diferente para una clase	Tiende a usarse mal, agregando comportamiento en la clase adaptadora
Servidor abstracto	Abstract Server	Deseamos acceder a una funcionalidad mediante una interfaz en vez de acceder directamente a la clase	No brinda todos los servicios de un Adaptador
Fachada	Facade	Deseamos brindar un acceso simplificado y unificado a un conjunto de funcionalidades de un subsistema	Cuando los servicios de un subsistema son muchos, la clase resultante es muy compleja
Proxy	Surrogate, Sucedáneo, Intermediario	Deseamos controlar el acceso a un objeto mediante un intermediario	Puede confundir al cliente

Como es lógico, los patrones de diseño no se utilizan en forma aislada, sino formando parte de aplicaciones. En algunos casos se utilizan también en conjunto con otros patrones. Ya lo vimos en el caso de State o Estrategia junto con Singleton, en el de Command con Contenedor para implementar macros y el de Proxy con Observador para notificaciones en el caso de proxy remoto con caché.

Otro uso de patrones compuestos es en la construcción de patrones macro, como en el caso de MVC, que veremos en el próximo capítulo.

Los patrones de diseño son una herramienta muy interesante, pero que tiene sus detractores. Lo que éstos opinan es que hay personas que usan patrones por todos lados, como una solución en busca de un problema.

Reconozco que hay un exceso en el uso de patrones en mucha gente. Pero esto no es culpa de los propios patrones. De hecho, a mí – y a miles de desarrolladores en todo el mundo – nos ha servido para ahorrar mucho tiempo y trabajo. Lo importante es usarlos cuando necesitamos, y no por mostrar cuánto sabemos sobre el tema.

Lo mejor es tratar de diseñar y refactorizar aplicando principios y no patrones. Poco a poco, los patrones irán apareciendo, y en ese caso sería bueno cambiar nombres de clases, métodos y demás, para orientar al lector del código a que vea el uso de uno u otro patrón.

Al fin y al cabo, los patrones no se inventaron, sino que se descubrieron y evolucionaron.

Habiendo analizado bastante en detalle el diseño de clases y colaboraciones entre las mismas, lo que nos queda es pasar a un nivel más macro: cómo organizamos las clases, los paquetes, y todos los aspectos macro de la arquitectura. Éste es el tema del próximo capítulo.

19. ARQUITECTURA COMO DISEÑO MACRO

Cualquier tonto puede escribir código que una computadora entienda. Los buenos programadores escriben código que entienden los humanos.
Martin Fowler[118]

No debe haber término más equívoco en el desarrollo de software que "arquitectura".

Para muchos autores, la arquitectura se corresponde con los aspectos de un diseño que son difíciles de cambiar una vez avanzado el desarrollo. Por ejemplo, la necesidad o no de base de datos, la plataforma de desarrollo y de ejecución, el lenguaje de programación, la necesidad o no de internacionalización, etc.

Para mí – en cambio – y para todos nosotros mientras leamos este libro, las **arquitecturas** son formas de descomponer, conectar y relacionar partes de un sistema. Tiene que ver con el diseño macro, con la subdivisión de un sistema en subsistemas o paquetes, y con especial cuidado con el acoplamiento entre las partes.

Un mito que hay que desterrar en cuanto a arquitectura es la supuesta correlación entre subsistemas de software y despliegue en hardware. Si bien todo se puede hacer, cuando hable de *partes*, en arquitectura de software, me referiré a una separación lógica, que no tiene por qué ser física ni de despliegue. A lo sumo intentaremos una separación física a nivel del software, mediante paquetes, componentes, o alguna otra forma de agrupamiento de código fuente o ejecutable, cuando el lenguaje lo permita.

PRINCIPIOS DE DISEÑO MACRO

Diseño de paquetes: recomendaciones

Cuando hablamos de diseño, más allá de las clases y sus relaciones, el concepto que aflora naturalmente es el de paquete. Los paquetes permiten un nivel de abstracción más alto que las clases, de modo tal que es usual que, cuando deseamos tener una visión más global de un sistema, pensemos en los paquetes que lo componen.

De allí que sea fundamental diseñar bien los paquetes y sus interacciones, para que ese nivel alto de abstracción sea más comprensible, y por lo tanto, más mantenible y escalable.

El principio del bajo acoplamiento, ya analizado, adquiere una fundamental relevancia en el diseño de paquetes. Decimos que hay dependencia entre paquetes cuando hay clases de un paquete que dependen de clases de otro paquete, sea por herencia, asociación o simple dependencia débil.

Algo de dependencia entre paquetes es obviamente inevitable, ya que las dependencias entre clases en muchos casos cruzan los límites de los paquetes. Hay quienes pretenden que las relaciones de herencia no deben cruzar estos límites, pero es una idea ingenua, y no ha demostrado ser útil.

Lo que sí hay que lograr es que los cruces de dependencias entre paquetes sean la menor cantidad posible. El diagrama de paquetes de UML es una herramienta invaluable para analizar dependencias.

Otra recomendación habitual de diseño es construir las agrupaciones de clases de modo tal que sirvan para reutilizarse. Al fin y al cabo, los clientes reutilizan mucho más los grupos de clases que las clases aisladas. Por lo tanto, las clases que se prevé que se van a usar conjuntamente deberían colocarse en el mismo paquete. Asimismo, siguiendo en parte el principio de segregación de interfaz, conviene separar los paquetes por los clientes que los usan.

De la misma manera, si aplicamos algo similar al principio de única responsabilidad, las clases que cambian poco debieran ubicarse en paquetes separados de aquellas que cambian mucho.

También es deseable evitar las referencias cíclicas entre paquetes. Para esto contamos con algunas herramientas que nos ayudan a encontrar problemas, aunque el diagrama de paquetes suele ser invaluable.

Siguiendo el principio de inversión de dependencia, los paquetes de los cuales dependen muchos otros deben contener la mayor cantidad posible de clases abstractas e interfaces. Esto tiene como consecuencia que un paquete no dependa de otro menos estable. Otra forma de ver lo mismo es que cada paquete debe tener menor probabilidad de cambio que el paquete que depende de él.

Diseño de componentes

Cuando se habla de diseño arquitectónico o macro aparece la noción de *componente*. Sin embargo, en este libro he sido bastante cuidadoso, usando poco este término, o bien lo he usado sin preocuparme demasiado del significado.

Un **componente** de software es algo que se puede distribuir a nuestros clientes. En principio, es la unidad mínima que se puede desplegar en el hardware destino. Es – por lo tanto – un término ambiguo y equívoco, muy dependiente de la plataforma.

Sin embargo, lo cierto es que un componente es algo con una entidad más física que una clase o paquete. Esto es obvio desde el momento en que lo definimos como un entregable.

Tal vez lo bueno sea definir ejemplos de componentes. En la plataforma .NET está claro que el componente por excelencia es el *ensamblaje*, que es la unidad mínima de compilación. En Java, en cambio, podemos distribuir clases compiladas, con lo cual el componente coincide con la clase, aunque algunas personas asocian los componentes a las agrupaciones de clases que se distribuyen como archivos comprimidos tipo *JAR*, *WAR* y afines.

De todos modos, definamos como definamos a los componentes, los principios de diseño que se le pueden aplicar son los mismos de los paquetes, aunque tal vez debamos ser más estrictos en cuanto a dependencias, por la necesidad de compilar o recompilar ciertas partes.

Separación de intereses

Bien, hemos visto algunos principios para separar aplicaciones en grandes partes. Tal vez sería bueno orientar ahora al lector para que sepa por dónde empezar.

Por suerte, hay una propuesta de diseño macro que – cumpliendo bastante bien con los principios que vimos en forma más teórica recién – es de aplicación casi permanente en las aplicaciones del mundo real: me refiero a la noción de *separación de intereses*.

La **separación de intereses** apunta a separar la aplicación por zonas de cambio. Así, si se espera que la interfaz de usuario cambie por razones diferentes, o más menudo, que la lógica de la aplicación, las clases que implementen la interfaz de usuario deberían estar separadas – tal vez en un paquete diferente – de las clases que implementen la lógica de negocio.

Las razones que pueden dar indicio de qué partes pueden evolucionar por separado – y en consecuencia tener que separarlas – son varias, pero destacan:

- Las tecnologías que se usen para cada parte sean o puedan ser diferentes.
- Las personas que desarrollan software se especialicen habitualmente en esas partes por separado.
- Las partes en cuestión tienen más de una posible forma de implementación, y es probable que se necesiten ambas.
- Las partes deban correr – hoy o en un futuro posible – en computadoras diferentes.

Siguiendo estas premisas, no es raro que en una aplicación puedan reconocerse los siguientes módulos, o al menos algunos de ellos:

- Lógica de negocio de la aplicación
- Presentación o interfaz de usuario
- Persistencia y acceso a datos
- Acceso de nuestra aplicación a servicios externos
- Acceso de otras aplicaciones a nuestros servicios
- Administración de seguridad

En los ítems que siguen vamos a analizar algunos de estos módulos.

Presentación o interfaz de usuario

Cuando se separa en un módulo aparte la interfaz de usuario, se hace con uno o más de los siguientes objetivos:

- Permitir cambios de la interfaz para el mismo modelo de negocio.
- Permitir cambios de la interfaz para los mismos datos persistentes.
- Que haya múltiples formas de mostrar la misma información (diagramas de torta y de barras, por ejemplo).
- Que haya distintos tipos de estímulos del usuario (por ejemplo, teclado y mouse).
- Lograr que las personas especializadas en el diseño de interfaces de usuario puedan trabajar independientemente de los desarrolladores de los aspectos del negocio.
- Facilitar la separación física entre la computadora del usuario y

aquella en la que corre la aplicación.

La lógica de la interfaz de usuario se ocupa de mostrar a usuarios humanos lo que está ocurriendo en una aplicación y tomar las acciones de los usuarios, validar los datos de entrada y enviarlos a otras partes de la aplicación.

Hay ocasiones en las que se sigue un proceso entre distintas pantallas del usuario, y ese proceso se hace cumpliendo reglas, secuencias y según ciertas condiciones hacen una cosa u otra. Esto es habitual en programas de instalación o de compra de artículos en un sitio web. En estos casos puede ser conveniente separar la parte que es propiamente de interacción con el usuario, de lo que son los *componentes de interfaz de usuario* o *procesos de interfaces*. Estos componentes de interfaz también pueden ser útiles cuando hay más de un tipo de interfaz y a todos hay que atenderlos siguiendo reglas similares. Otros objetivos de estos procesos pueden ser mantener el estado de la interfaz en objetos, e incluso proveer la posibilidad de deshacer, y conservar instancias diferentes del estado para cada cliente en situaciones de concurrencia. En definitiva, separan la lógica de la interacción con el usuario, de la forma de presentarlo según el tipo de interfaz de usuario.

Hay que tener en claro que puede haber muchos tipos diferentes de interfaces de usuario. Por ejemplo, tenemos interfaces web, gráficas de ventanas e íconos con eventos, de texto, de documentos con formatos especiales (por ejemplo, reportes en PDF), de formularios con formatos conocidos (por ejemplo, una planilla de cálculo), para discapacitados auditivos o visuales, para dispositivos móviles.

Pero aun cuando trabajemos con una aplicación con un solo tipo de interfaz, puede que tengamos que mostrar datos y funcionalidades distintas para distintos usuarios, como un gerente o el empleado de depósito de mercadería.

Aquí se muestra un módulo de presentación típico, en relación con el resto de la aplicación:

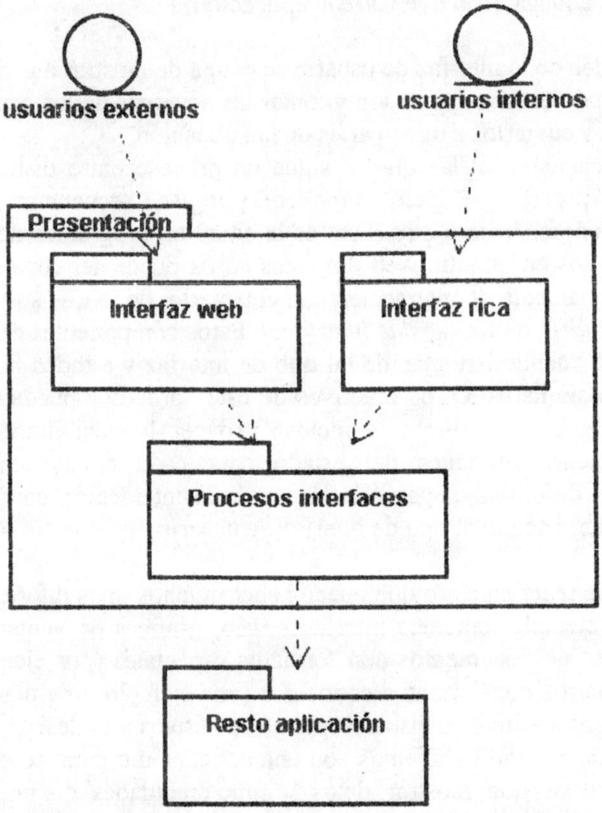

A veces se confunde este módulo de interfaz de usuario con uno muy simple que sólo muestra cosas en pantalla. Pero si bien esto puede ser así a veces, hay ocasiones en que debemos prever una lógica incluso en la propia interfaz.

Por ejemplo, supongamos que estamos programando un simulador de vuelo. Claramente, la lógica de la aplicación va a mantener las posiciones de distintos objetos en el espacio. Sin embargo, cuando queramos mostrar en una pantalla bidimensional esa realidad tridimensional, vamos a tener que realizar ciertos cálculos geométricos que manejen cuestiones de perspectiva y transformaciones de coordenadas. ¿Dónde van esos cálculos? Adivinó… en la interfaz de usuario. ¿Por qué? También adivinó… Porque no tienen que ver con la lógica de la aplicación, sino solamente con la manera de mostrar a usuarios humanos lo que ocurre en el modelo de dominio.

Sigamos con las adivinanzas. Supongamos que tenemos que dar pistas a los usuarios sobre lo que tienen que poner en distintos campos de un formulario. ¿Dónde va la lógica que maneja esas pistas y ayudas? ¡También en la interfaz de usuario!

¿Y que ocurre con las restricciones a valores de entrada por parte de los usuarios y la lógica de las validaciones? En la medida en que se pueda, en la interfaz de usuario.

¿Y si debo guardar un dato que debe ser mostrado en varias pantallas sucesivas o es probable que deba mostrarlo a varios usuarios? En un objeto caché de la interfaz de usuario…

¿Y dónde debe estar la lógica de formato de datos a mostrar, por ejemplo para mostrar fechas a distintas culturas? ¿Y si hay varios idiomas que maneja la aplicación? ¿Y si debo traducir las excepciones que deben llegarle al usuario para que estén en un lenguaje que le sea más familiar? Sí, sí, siempre en la interfaz de usuario…

Por suerte, no todo hay que desarrollarlo a mano.

Java provee las bibliotecas AWT y Swing para interfaces gráficas, más las servlets, páginas JSP y la especificación JavaServer Faces para aplicaciones web. En .NET, las bibliotecas equivalentes son WinForms y ASP.NET.

Incluso existen frameworks de varios fabricantes que elevan el nivel de abstracción de estas bibliotecas, haciendo más fácil el trabajo del programador y cubriendo tipos de interfaces no provistas en las plataformas.

Tengamos en cuenta, finalmente, que no todas las aplicaciones tienen interfaces para usuarios humanos. Las hay que proveen servicios a otras aplicaciones solamente, y también existen aplicaciones batch, que se ponen en marcha, realizan una serie de operaciones, y terminan grabando datos en un disco, sin interacción con usuario humano alguno. En estos casos, no hay interfaz de usuario que debamos separar en un módulo especial.

Persistencia y acceso a datos

Cuando se separa en un módulo aparte el acceso a datos persistentes, se hace con uno o más de los siguientes objetivos:

- Permitir cambios en la manera o el formato de persistir los datos para el mismo modelo de negocio.
- Permitir cambios en la manera o el formato de persistir los datos para la misma interfaz de usuario.
- Que pueda haber múltiples formas de almacenamiento de datos persistentes (bases de datos y archivos XML, por ejemplo).
- Brindar una capa de abstracción a tecnologías diferentes a la que se usó para implementar la lógica de la aplicación.
- Lograr que las personas especializadas en tecnologías de datos persistentes (por ejemplo, bases de datos) puedan trabajar independientemente de los desarrolladores de los aspectos del negocio.
- Facilitar la separación física entre la computadora en la que corre la aplicación y la que contiene el repositorio de datos.

Es habitual en todo tipo de aplicaciones, tanto las comerciales como las científicas, de simulación y demás, que se necesite que los datos almacenados en memoria persistan en el tiempo.

Las formas de persistencia suelen ser muy diversas. Desde archivos simples hasta bases de datos, relacionales u orientadas a objetos. Además de definir en qué tipo de soporte lógico se hará la persistencia, debemos definir el formato de los datos: texto puro, XML, binario, etc. Otra cuestión es el soporte físico: se almacenarán los datos en un disco del equipo donde corre la aplicación, si se enviarán a un servidor especializado, si habrá mecanismos de redundancia, etc.

Semejante cantidad de decisiones no sólo son complicadas – y exceden lo que pretendo con este libro – sino que poco tienen que ver con la lógica de la aplicación, con la forma de presentar la funcionalidad y resultados a los usuarios humanos, con la manera en que la aplicación brinda servicios externos, etc.

Por eso es que se suele encapsular toda la lógica de la persistencia en un módulo aparte, proveyendo métodos de consulta y modificación de los datos persistidos.

Se pretende abstraer, no sólo las cuestiones de más bajo nivel, sino todo lo que tiene que ver con el almacenamiento y recuperación de datos. Por lo tanto, si en una aplicación Java hay que escribir código JDBC, o en una .NET código ADO.NET, ambas bibliotecas que se usan para abstraer la base de datos, todo este código debe quedar en el módulo de persistencia, de modo tal que la lógica de la aplicación no tenga que conocer nada del repositorio de datos.

A veces, en las bases de datos se almacenan procedimientos, y muchas personas se preguntan si éstos, dado que tienen lógica y no datos, se pueden invocar directamente desde el resto de la aplicación. La respuesta es negativa, obviamente. No se están abstrayendo solamente datos, sino todo lo que tenga que ver con la tecnología de almacenamiento de datos. La lógica de dominio no tiene por qué saber siquiera de la existencia de los procedimientos almacenados. La única razón para poner lógica en una base de datos debería ser el desempeño, y eso es algo que hay que tratar – como cualquier problema de optimización – separadamente de la lógica de negocio.

Por supuesto, otro indicio de mala abstracción es la aparición de una clase por tabla de una base de datos, o de datasets que contienen varias tablas en medio de la lógica de la aplicación. Si bien muchos programadores hacen esto, está claro que es un resabio de bases de datos relacionales en un módulo en el que no se debería saber de ellas.

A menudo se usan clases *DAO* (Data Access Object), sin estado, para hacer de puente hacia los datos persistentes. Estos DAO contienen métodos para dar altas, bajas, modificaciones y consultar datos, además de validar y determinar si algún dato ha sido cambiado y debe guardarse. Estas mismas clases manejan el mapeo entre los objetos y el repositorio de datos, cuando es necesario. Son estos DAO los que se comunican con bibliotecas de más bajo nivel, como JDBC o ADO.NET.

Como hemos dicho en el capítulo de persistencia, además de las bibliotecas provistas por las plataformas y por terceros, existen frameworks muy buenos que ayudan a construir módulos de persistencia.

Entre las tareas que debe hacer un módulo de persistencia están además la desencripción de datos que vengan de los repositorios, salvo que se los necesite encriptados en el resto de la aplicación, y la transformación de excepciones provenientes del repositorio de datos en excepciones que tengan sentido a nivel del módulo al que se envían.

Aquí se muestra un módulo de persistencia típico, en relación con el resto de la aplicación:

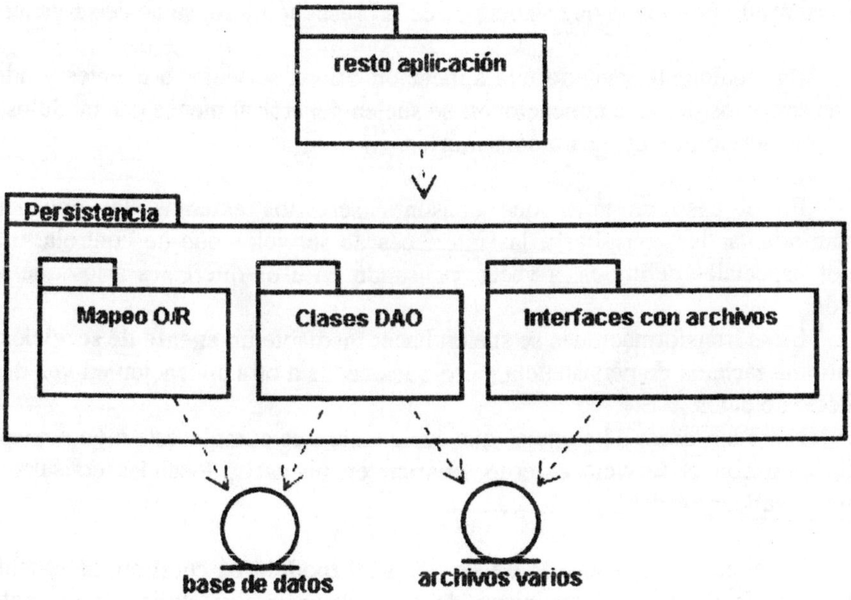

Integración: consumo y prestación de servicios

Cuando se separa en un módulo aparte la provisión de servicios a otras aplicaciones o el acceso a servicios de otras aplicaciones, se hace con uno o más de los siguientes objetivos:

- Permitir cambios en la manera o el formato de envío o recepción de datos de las otras aplicaciones.
- Que pueda haber múltiples formatos o protocolos de servicios, propios o ajenos.
- Brindar una capa de abstracción, tanto en el caso de servicios propios, como en el consumo de servicios ajenos.
- Lograr que las personas especializadas en tecnologías de servicios remotos (por ejemplo, servicios web) puedan trabajar independientemente de los desarrolladores de los aspectos del negocio.
- Mantener las interfaces externas estables, y a resguardo de los cambios de implementación de las aplicaciones.

Los servicios que se brindan entre aplicaciones pueden utilizar alguna red local o – más comúnmente – Internet. Cuando la infraestructura es Internet, se trata de que sean multiplataforma, para no imponer restricciones costosas a clientes y proveedores. En cuanto a las modalidades de envío y recepción de mensajes, podemos trabajar con objetos distribuidos, llamadas remotas de métodos, mensajería asincrónica o servicios web asincrónicos o sincrónicos. Claramente, el asincronismo desacopla más, pero a veces esta característica conspira contra la de ser multiplataforma. Otra cuestión es el formato de los datos, que a menudo se usan los de la industria respectiva: por ejemplo, las editoriales utilizan ONIX, las bibliotecas MARC21, y así sucesivamente.

Todo esto hace que la prestación y el consumo de servicios tengan sus propios problemas, muy diferentes a los de otras partes de la aplicación. Y también en este caso es cierto que el resto de la aplicación no tiene por qué contener código que atienda estos problemas. Para abstraerlos y encapsularlos es que existe la posibilidad de construir módulos aparte que se ocupen de la prestación y consumo de servicios.

Habitualmente, cuando una aplicación brinda servicios a clientes y además consume servicios de otras aplicaciones, se suelen generar al menos dos módulos: uno para brindar servicios y otro para consumirlos.

En el caso de tener que consumir servicios externos, las aplicaciones necesitan adaptar las consultas a las interfaces de servicios que no controla, usando formatos especiales definidos, a veces, pensando en usos diferentes a los que se les quiere dar.

Estas transformaciones se suelen hacer mediante un **agente de servicios**, que es como una fachada de persistencia, pero que accede a otra aplicación en vez de a un repositorio de datos.

Entre las tareas adicionales que suele tener que cumplir este módulo, están la autenticación con el servicio externo, guardar en un caché local las consultas más comunes y validar los datos recibidos.

En el caso de prestación de servicios, el módulo en cuestión, habitualmente denominado **fachada de servicios**, debe permitir a las aplicaciones externas comunicarse con la nuestra. Puede haber incluso distintas fachadas para distintos clientes.

Esta fachada para provisión de servicios, no sólo debe abstraer la implementación interna para los clientes que únicamente están interesados en el servicio en sí, sino también aumentar la granularidad de los datos que se exponen, para así brindar un mejor desempeño en redes. Por lo tanto, si bien el servicio proveerá métodos de granularidad gruesa, conviene que la fachada invoque a las mismas funcionalidades que utiliza la aplicación internamente, con la granularidad prevista en la misma. De esa manera, evitamos duplicidad de código para realizar las mismas tareas y los cambios de implementación tienen menor probabilidad de afectar las interfaces, que por ser externas a la aplicación, deben ser más estables que en ningún otro caso.

Lógica de dominio

Cuando se mantiene en un módulo aparte el núcleo de la aplicación con la lógica de dominio, se hace con uno o más de los siguientes objetivos:

- Permitir que el modelo de dominio pueda cambiar sin afectar a los datos persistentes o a la interfaz de usuario, y viceversa.
- Lograr que las personas especializadas en desarrollar lógica de la aplicación puedan trabajar independientemente de especialistas en servicios remotos, interfaces de usuario o tecnologías de persistencia.
- Facilitar la separación física entre las computadoras en las que corren distintas partes de la aplicación.

En todos los análisis anteriores de separación de intereses surgió siempre la expresión de deseos de separar tal o cual incumbencia de la lógica de dominio de la aplicación. Ahora ha llegado el momento de ocuparnos de lo que quedó al separar todos esos módulos. Esto "que quedó" es nada menos que el núcleo de la aplicación, donde están los componentes con las reglas de lógica y dominio de la misma.

No obstante, lo que me interesa analizar aquí no es cómo construir la lógica de la aplicación, que en el fondo es el tema principal del resto de este libro, sino ver qué cuestiones deben abordar estos módulos en relación con el resto.

A continuación vemos un diagrama que muestra la interacción de la lógica de dominio con el resto de los módulos de la aplicación. Es forzosamente, el más abarcativo de los diagramas de arquitectura que mostraré:

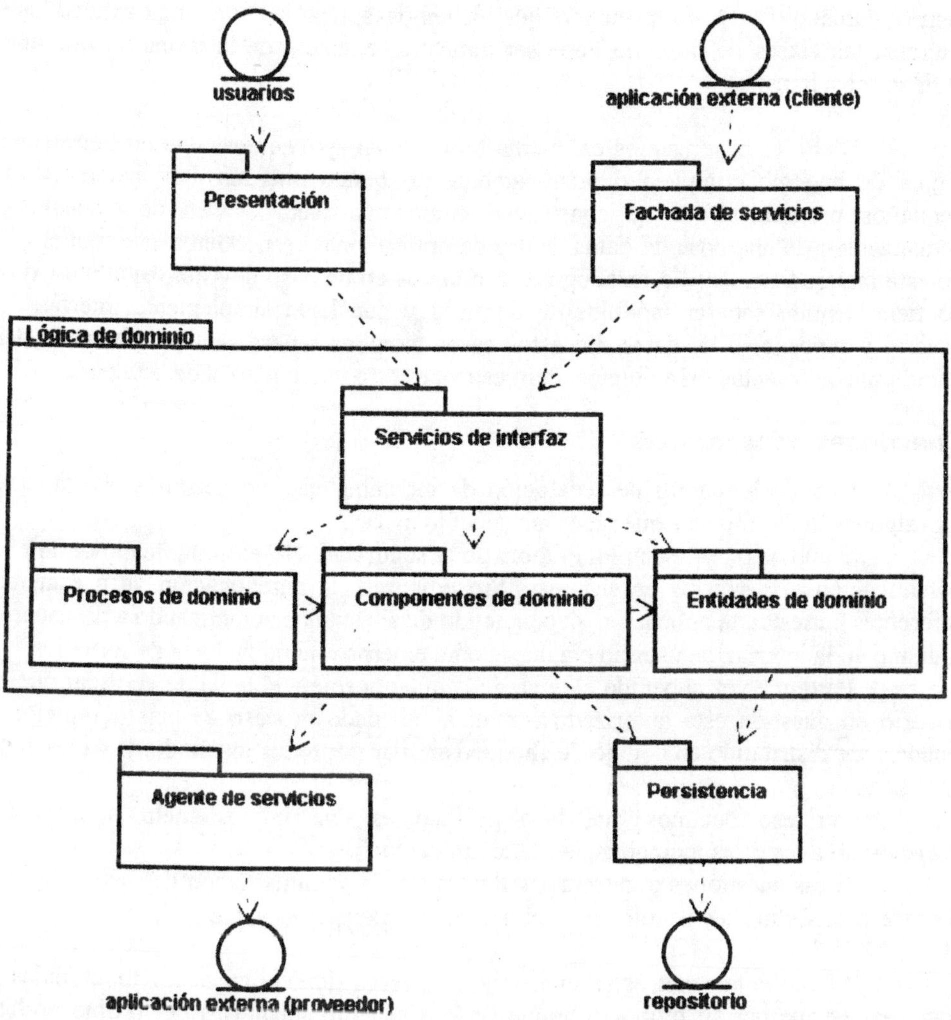

Como se ve en el diagrama, hay algunas necesidades internas a estos módulos de "lógica" que exceden un poco a la lógica propiamente dicha.

Por ejemplo, suelen ser necesarias a veces transacciones largas o procesos que coordinen los objetos de dominio, y en ese caso aparece el módulo de *procesos de dominio*.

En ocasiones se provee un módulo de *servicios de interfaz,* para que los módulos de interfaz de usuario y fachadas de servicios se comuniquen a través de ella. Entre otras funciones, esta interfaz tiene que ser capaz de transformar las excepciones de dominio en excepciones más cercanas al usuario o aplicaciones externas.

También suele ser necesario, aunque no siempre, separar las clases de objetos persistentes, aunque esto suele provenir de necesidades de algunas plataformas o de basar el diseño lógico en el repositorio de persistencia. Normalmente, en este módulo de *entidades de dominio* hay objetos especiales, como *datasets* o documentos XML, que incluso a veces llegan hasta los módulos de interfaz de usuario. Todo este planteo deja de lado las ventajas de la orientación a objetos, y por lo tanto – aún siendo pragmáticos – debemos evitarlo. En lo personal, entiendo que la orientación a objetos es fundamental para manejar lógica de dominio compleja, y si optamos por este paradigma deberíamos tener entidades persistentes con estado, que a lo sumo se puedan apoyar en objetos sin estado en módulos de acceso a datos, los que poco antes hemos llamado DAO. El principio que debemos aplicar es: la funcionalidad que exponen las clases de dominio debe ser agnóstica respecto de la forma en que ella obtiene esos datos.

Dicho esto, tengamos en cuenta que existen aplicaciones que no tienen una lógica de negocio compleja o prácticamente no tienen ninguna. Por ejemplo, hay pequeños programas que se construyen como una fachada web de consulta y actualización de una base de datos. Miles de aplicaciones responden a este modelo, y no está mal que sea así. Lo más lógico, si estamos en un caso de éstos, es admitir que no tiene sentido separar módulos de dominio y que haya simplemente interfaz de usuario y repositorio de datos. En estos casos tampoco tendrá sentido usar nada del paradigma de orientación a objetos. Pero ese ya es otro tema, y no el de esta obra...

Cuestiones transversales

Cuando hablamos de separación de incumbencias, no debemos olvidar que hay algunas de las mismas que no es tan sencillo aislar.

Tomemos, por ejemplo, el tema de la seguridad. No es complicado definir la autenticación de usuarios en sistemas. Sin embargo, la autenticación va a estar en diferentes partes de la aplicación, dependiendo de si estamos autenticando a un usuario humano en la interfaz de usuario o a un sistema externo en una fachada de servicios.

Pero una vez superado el tema de la autenticación, el tema de verificar que el usuario en cuestión está autorizado a realizar un dado proceso es más complejo, y puede estar distribuido en código de chequeo similar por todos los módulos y clases de la aplicación.

Por eso decimos que la seguridad es una **incumbencia o cuestión transversal** a las otras incumbencias de la aplicación.

Otras cuestiones transversales típicas son la administración de transacciones, las tareas de auditoría y seguimiento, el manejo de excepciones, etc.

El problema con estas cuestiones, a veces denominadas no funcionales o técnicas, es que por su propia definición no es sencillo separarlas del propio código funcional. Pero por otro lado, es deseable mantenerlas aparte para no ensuciar los componentes centrales.

Se han propuesto algunas soluciones a este problema. La más usual ha sido manejar estas cuestiones mediante frameworks que las administren en forma transparente para el programador, por fuera, dejando el código funcional libre de esas cuestiones, y por lo tanto más limpio y legible. Frameworks como Spring o PicoContainer, los servidores de aplicaciones, que implementan contenedores EJB en Java o componentes servidos en .NET, son algunas de las respuestas más conocidas.

La otra línea de trabajo ha buscado soluciones por fuera del paradigma de orientación a objetos, o al menos en sus límites. La *orientación a aspectos* es la más conocida de estas soluciones, y por eso la analizo en el último capítulo del libro.

PATRONES DE DISEÑO ARQUITECTÓNICO

Buschmann[119] [POSA] dice que un patrón de arquitectura "expresa un esquema de organización estructural fundamental para sistemas de software. Provee un conjunto de subsistemas predefinidos, especifica sus responsabilidades e incluye reglas y guías para organizar las relaciones entre los mismos."

Las cuestiones que hemos analizado hasta ahora han sido una serie de principios de diseño macro y las partes que habitualmente se encuentran como separables en una aplicación. A continuación, veremos qué patrones arquitectónicos son los más utilizados para separar esos módulos y cómo definen las interrelaciones entre los mismos.

MVC

MVC (del inglés "Model-View-Controller") es un patrón macro que consiste en separar la aplicación en tres partes relativamente independientes: modelo, vista y controlador. Ha demostrado ser muy adecuado en aplicaciones con alta interacción con el usuario. Utiliza los patrones Observador y Estrategia.

El **modelo** es el conjunto de clases y objetos correspondientes a la lógica de la aplicación (estados y funcionalidad). La idea es que este modelo tenga un bajo acoplamiento con vistas y controladores. Toda la interacción se debe hacer mediante métodos de consulta, que informen el estado del modelo, comandos que permitan modificar dicho estado y mecanismos de notificación para informar a los observadores o vistas.

La **vista** es la parte del sistema que administra la visualización y presentación de la información. Su principal tarea es observar al modelo para actualizar las variaciones, de modo que la vista represente el estado del modelo, así como los cambios de estado que experimenta el mismo. Es un conjunto de clases y objetos altamente dependiente del dispositivo y la tecnología de visualización, así como también del modelo, al que debe conocer bien. Si en el modelo se define una interfaz clara y estable, es fácil implementar múltiples vistas para un mismo modelo.

El **controlador** es el responsable de manejar el comportamiento global de la aplicación. Su principal tarea consiste en recibir los eventos del usuario y decidir qué es lo que se debe hacer, mapeándolos en comandos (mensajes) hacia el modelo, que eventualmente lo modifican. Como la vista, igualmente el controlador es altamente dependiente de los dispositivos y mecanismos de interacción del usuario, y también debe conocer bien al modelo.

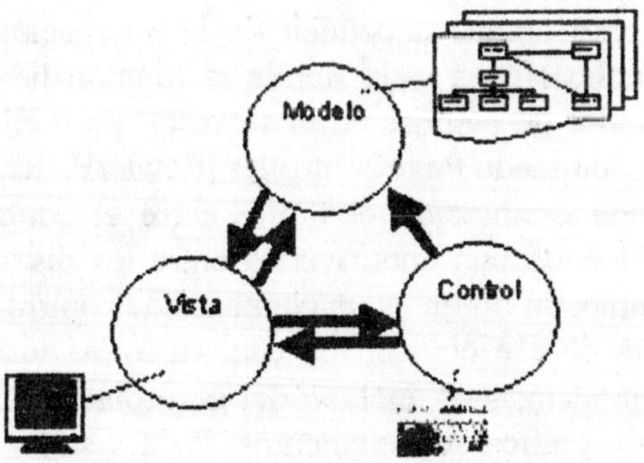

En un sistema con interfaz de usuario gráfica, una implementación simple de MVC consiste en un ciclo con la siguiente secuencia:

- El controlador captura los eventos del usuario para determinar qué objetos están siendo manipulados.
- Una vez que interpreta las acciones, envía mensajes al modelo para generar cambios de estado.
- El modelo realiza las transformaciones que sean necesarias,

cambiando de estado si fuese necesario.

- El controlador o el modelo envían la notificación a la vista para que se actualice.
- Finalmente, la vista se actualiza para reflejar las novedades, consultando previamente al modelo.

Interesa analizar los mecanismos de notificación por los cuales el modelo puede dar a conocer sus cambios a las vistas (notemos que en cualquiera de los casos, el controlador también puede observar al modelo):

- **Consulta de estado y respuesta.** En este mecanismo, la vista consulta al modelo sobre su estado y se actualiza en consecuencia. El modelo desconoce qué pasa, limitándose a responder a los mensajes recibidos (comandos y consultas). Es la variante más en consonancia con la POO. Sin embargo, exige a la vista un mayor conocimiento del modelo que en las variantes que siguen. Probablemente sea el controlador el que dispare en las vistas este mecanismo.
- **Mediante eventos.** Ésta es una variante totalmente desacoplada, en la que las vistas escuchan y responden a los eventos de notificación de sus respectivos modelos, en la medida en que les interesa. El bajo acoplamiento se garantiza haciendo que las propias vistas sean quienes se suscriben en la lista del modelo, permitiendo un manejo totalmente dinámico. El mejor patrón para implementar este mecanismo es Mediador.
- **Con observadores o vistas asociadas, conocidos por el modelo.** Éste les envía activamente un mensaje de notificación, sin información, para que luego las vistas se preocupen de actualizarse pidiendo datos al modelo. Éste es un método fácil de implementar, y bastante flexible si utiliza eventos también. Es el mecanismo del patrón Observador, y es la manera más habitual de implementar MVC.

Los tres mecanismos admiten trabajar con múltiples vistas.

Una cuestión a hacer notar es que, en las implementaciones de MVC para aplicaciones monolíticas con interfaz de usuario gráfica, la vista y el controlador están muy interrelacionados, pues ambos dependen de la interacción con el usuario. Sin embargo, no es así en aplicaciones web, donde la funcionalidad del controlador en parte la maneja el generador de páginas en el servidor: para ello existe un patrón de diseño del controlador denominado PageController [FowlerPatterns].

No está del todo establecido el límite entre el controlador y la vista en aplicaciones visuales, habiendo una controversia entre los distintos autores. Algunos consideran que, por ejemplo, un botón es un elemento de control, y el dibujo del botón en la pantalla es la vista de ese control: en este caso, las vistas deben representar elementos, no sólo del modelo, sino incluso del controlador. Otros suponen que un botón y su representación gráfica son elementos de la vista, y es la vista la que se comunica con el control para notificarle los cambios. También están los que colocan ambos objetos del lado del controlador.

En cualquier caso, vista y controlador deben comunicarse constantemente. Por eso, en general, se encuentran de a pares, de modo que hay un controlador por cada vista. Incluso hay otros modelos que implementan vista y controlador como una única entidad.

MVC, debido a la separación del modelo y la presentación, permite la implementación sencilla de aplicaciones cliente-servidor. En estos casos, el modelo se separa en dos partes: modelo central o servidor y modelo proxy o cliente; las vistas y controladores se encuentran totalmente del lado del cliente.

MVC nació con Smalltalk. No obstante, siendo un patrón de arquitectura, se puede implementar en el lenguaje que se prefiera. Java Swing es una biblioteca basada en MVC. Se ha usado MVC aun para implementar numerosos servicios y aplicaciones web, sobre todo en la capa de interfaz de usuario. El uso de MVC para aplicaciones web es levemente diferente del explicado aquí, y se lo conoce con el nombre de *Model 2*.

Si analizamos la separación de incumbencias, MVC aísla claramente la lógica de negocio (modelo) de la interfaz de usuario (vista y controlador). Como es un patrón especialmente pensado para aplicaciones de mucha interfaz de usuario, el acento está puesto en ella, al punto que la divide en dos partes, mientras todo el resto de la aplicación, incluyendo potencialmente la persistencia y los servicios, se maneja desde el modelo.

MVC se utiliza a veces como un patrón para organizar la propia interfaz de usuario, implementando como modelo los componentes de interfaz. También se suele usar con otros patrones, como el de tres capas que explicaré luego, o los patrones Page Controller y Front Controller [FowlerPatterns] para implementar el controlador.

Separación en capas

El término *capa* hace referencia a las capas de una torta, como la torta milhoja argentina; una capa se apoya sobre la anterior, y sólo está en contacto con la capa que está apoyada en ella y la que se encuentra debajo.

La idea de los patrones basados en capas es que cada módulo – denominado **capa** – depende de una única capa inferior y brinda servicios a una o más capas superiores. Por lo tanto, cada capa conoce a la inmediata inferior, de la que depende, pero no puede conocer nada de las capas superiores que utilizan sus servicios, ni de aquellas capas inferiores no adyacentes.

A menudo se malinterpreta el modelo de capas, suponiendo que dicta un orden en el que se debe construir la aplicación. Esto es un error, y los que proclaman que el modelo de capas exige que las capas inferiores estén diseñadas para construir las superiores, confunden la idea de un patrón de arquitectura con un proceso de construcción.

Otro error que se comete a menudo es confundir el modelo en capas de arquitectura con un modelo en capas de despliegue, creyendo que aquél impone una manera de organizar las partes de la aplicación en distintas computadoras. De nuevo, esto no es así, aunque puede ser una ayuda separar en capas de arquitectura una aplicación que se va a desplegar en distintos equipos de hardware.

Las ventajas de este patrón son:

- Abstracción y encapsulamiento: cada capa se refiere a una abstracción diferente y puede ser analizada y comprendida sin saber cómo están implementadas el resto de las capas. Por ejemplo, puedo tener una capa de acceso a base de datos y otra de interacción con el usuario en una aplicación, y cada una es independiente de la otra.
- Bajo impacto de cambios: se puede cambiar la implementación de una capa sin afectar a las demás. En el ejemplo anterior, si cambio la base de datos por almacenamiento en archivos XML, sólo cambiaré la capa de persistencia, y el resto de la aplicación no se verá afectada.

- Bajo acoplamiento: la dependencia entre capas se mantiene al mínimo. Cada capa depende de una sola capa inferior.
- Una misma capa puede dar servicios a varias capas superiores colocadas en paralelo. Una misma capa de acceso a datos persistentes puede servir para que varias capas – o incluso varias aplicaciones – utilicen el almacenamiento de datos en cuestión.

Las desventajas, si bien son pocas, existen de todos modos:

- A veces un cambio en una capa inferior lleva a cambiar capas superiores que dependen de ella, con un efecto en cadena que puede resultar muy amplio.
- Muchas capas pueden dañar el desempeño por la necesidad de llamadas sucesivas de métodos.

La implementación concreta del patrón de capas puede ser estricta o laxa, dándose esto último cuando se permite saltear capas hacia abajo, lo que normalmente obedece a evitar problemas de desempeño. No obstante, soy reacio a debilitar el patrón en etapas tempranas del desarrollo, prefiriendo el modelo estricto hasta que la experiencia me demuestre el presunto mal desempeño. Lo que de ninguna manera hay que hacer es invertir la dependencia, provocando que una capa consuma servicios de otra capa superior.

En cada capa se suelen usar conceptos de POO, sobre todo por las facilidades de abstracción y encapsulamiento que ésta brinda.

Dos capas

El modelo de dos capas es un caso particular del patrón anterior. Nació con las aplicaciones cliente-servidor, muy populares en la década de 1990.

Normalmente, en el modelo de dos capas hay un módulo de interfaz de usuario – el cliente – y otro que tiene algo de lógica mezclada con acceso a datos persistentes. Muchas aplicaciones web sencillas se han escrito con este modelo, y es bastante bueno como solución cuando lo único que se quiere es mostrar un conjunto de tablas de datos y dar acceso a un usuario que las gestione.

La complicación viene cuando hay que implementar lógica compleja. Por eso se llegó al modelo de tres capas.

Tres capas

La arquitectura de tres capas implica dividir el sistema en:

- Capa de interfaz de usuario
- Lógica de la aplicación
- Capa de acceso a datos

Las capas se comunican mediante interfaces expuestas por cada una.

En el modelo de tres capas, la interfaz de usuario es la capa superior y muestra lo que ocurre en la capa de la lógica de la aplicación (depende de lo que ocurre en ella). Asimismo, esta última capa depende de la capa de acceso a datos, en la medida que se comunica con ella cada vez que necesita algo y lo obtiene de ella.

Este modelo ha mostrado sus bondades sobre el de dos capas para separar y mantener lógica de negocio compleja y cambiante.

A continuación se muestra el esquema típico de tres capas:

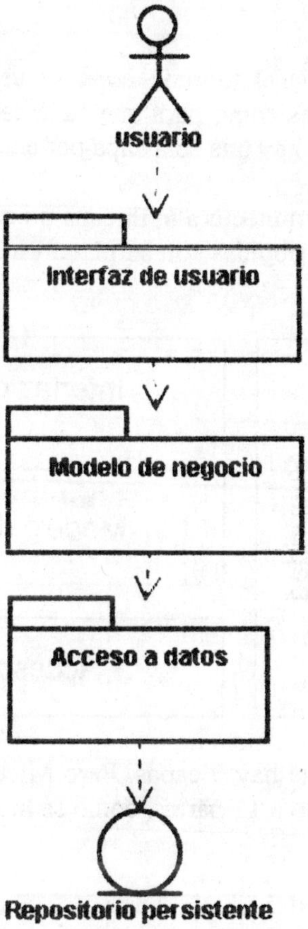

Las ventajas de este modelo son:

- Posibilitar el cambio de modelo sin modificar la interfaz de usuario o el acceso a los datos.
- Posibilitar la evolución de la interfaz de usuario sin cambiar el modelo o la base de datos.
- Desarrollar múltiples interfaces de usuario o módulos de acceso a datos para un mismo modelo.
- Posibilidad de utilizar diferentes herramientas y plataformas en cada capa.
- Posibilidad de utilizar diferentes paradigmas en capas distintas (por ejemplo, usar orientación a objetos para el modelo con una base de datos relacional en el acceso a datos).
- Cada capa puede ser desarrollada por un equipo distinto, con cronogramas relativamente independientes.

Más capas

Así como se definió un modelo de tres capas, podemos extenderlo para 4, 5 o la cantidad de capas que deseemos. Por ejemplo, hay autores que colocan una capa de servicios entre la interfaz de usuario y la lógica de dominio.Hay muchas propuestas al respecto.

El uso de cada arquitectura particular dependerá del tipo de aplicación que se vaya a desarrollar.

Modelos de capas mixtos

Hay casos en los que el término *capa* se usa en forma laxa, cuando las arquitecturas no son tan lineales como para que cada capa dependa solamente de una única capa inferior, ni tampoco hay una sola capa por encima de cada una.

Un ejemplo de una arquitectura multicapa mixta es la que Microsoft propone para construir aplicaciones distribuidas con su plataforma .NET[120], que se esquematiza en la figura siguiente:

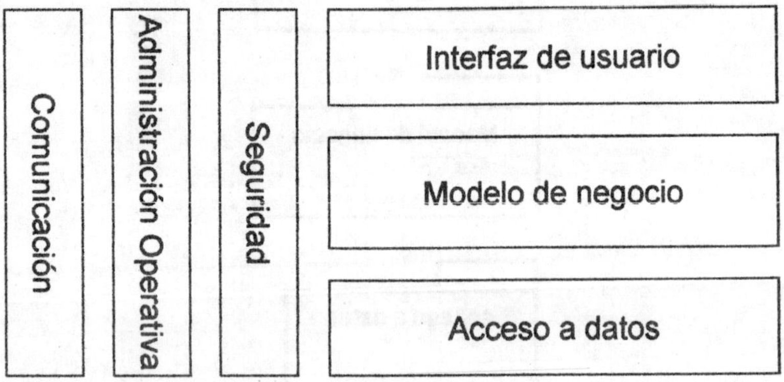

Se ve en la figura que hay 6 capas. Pero Microsoft va más allá y subdivide algunas de estas capas, llegando a 11 partes, como se muestra en la próxima figura (IU significa interfaz de usuario):

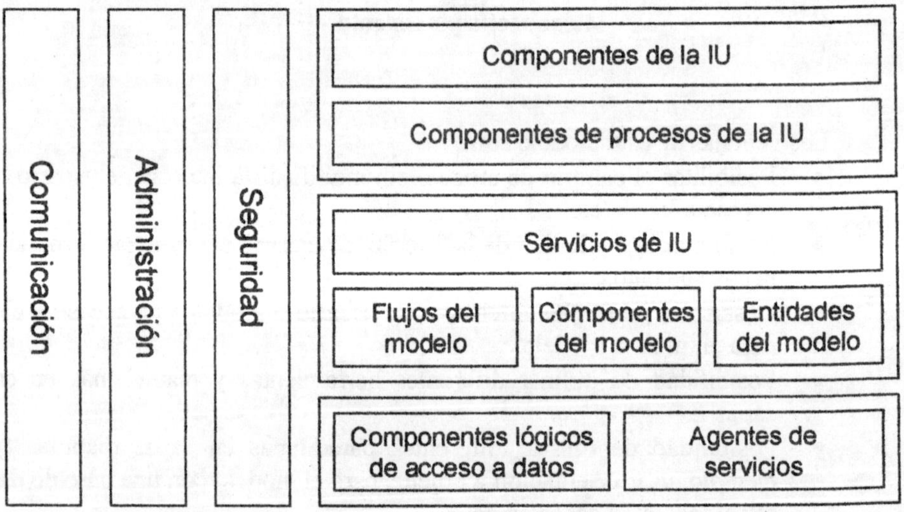

A continuación se muestra otro esquema mixto, basado en el modelo de tres capas y previendo el acceso y consumo de servicios externos:

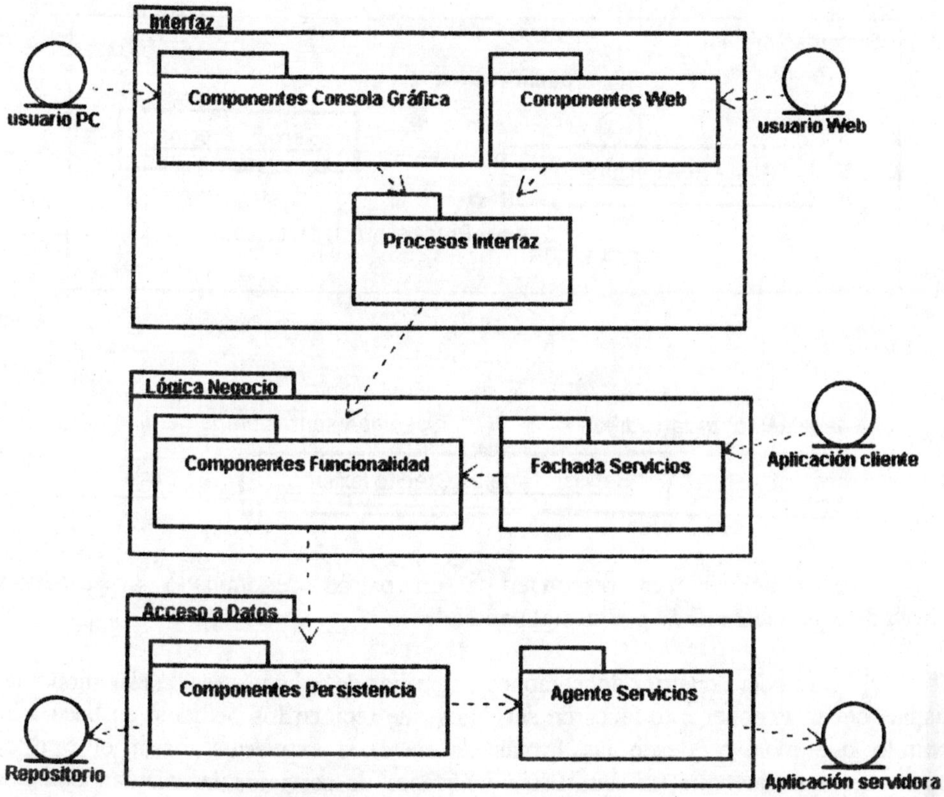

Arquitecturas orientadas a servicios

Como dije más arriba, existe la posibilidad de que una aplicación brinde servicios a otras y consuma servicios brindados por otras. Esto se está tornando cada vez más usual. Pero también se están construyendo cada vez más aplicaciones que son fundamentalmente procesos basados en una coordinación de servicios – propios o externos – mediante el uso de interfaces bien definidas.

A continuación se muestra un diagrama de colaboración, en el cual se ve a una aplicación que utiliza servicios propios (internos) y ajenos (de proveedores externos):

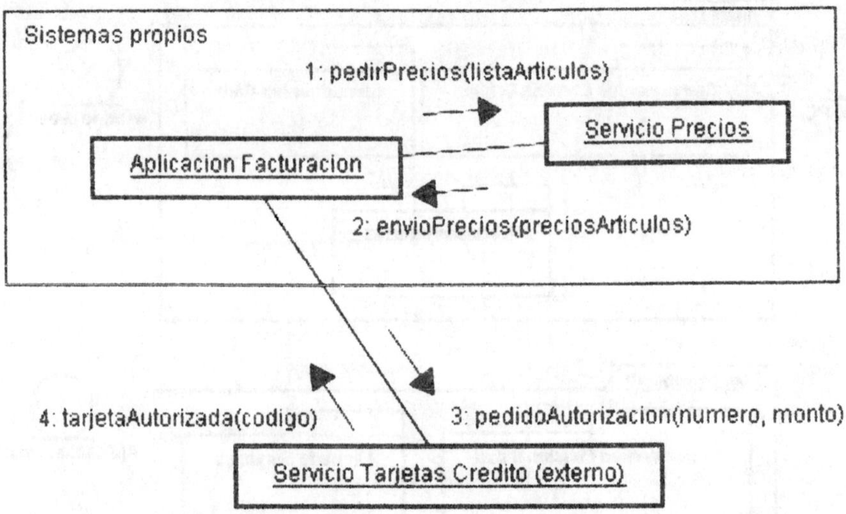

Estas aplicaciones responden a un patrón denominado **arquitectura orientada a servicios** (*SOA* por su sigla en inglés).

Para poder construir aplicaciones y familias de aplicaciones de este modo, las mismas deben exponer interfaces de servicios que reciben los pedidos, en base a un contrato que incluya, desde las firmas de métodos expuestos, hasta el tipo de conexiones que hay que utilizar. Estas interfaces de servicios interactúan con una fachada de servicios que expone la lógica de negocio para las aplicaciones externas.

Visto desde quien consume un servicio, la implementación interna del mismo es – y debe ser – irrelevante.

Los servicios son utilizados por procesos que los coordinan. Si bien esta definición tiende a parecer un tanto procedimental, los servicios son sólo interfaces de sistemas con alto grado de abstracción y encapsulamiento, normalmente implementados sobre el paradigma de orientación a objetos.

Cada servicio debería estar desacoplado del resto lo más posible, y por lo mismo no suelen guardar estado. Exponen un contrato bien conocido e interfaces de grano grueso, para permitir su uso con buen desempeño desde aplicaciones remotas.

Con estas condiciones, las arquitecturas SOA buscar lograr mayor reutilización y mayor facilidad de integración.

Ahora bien, si lo analizamos y miramos por dentro, cada servicio no es muy diferente de una aplicación tradicional. Puede que no tenga interfaz de usuario desde el punto de vista de los usuarios humanos, pero tendrá interfaces para sus consumidores. Seguramente va a tener una capa que implemente la lógica de dominio, y muy probablemente deba acceder a datos persistentes y otros servicios externos mediante módulos especializados.

Lo que es más difícil de encontrar es una especie de programa principal. Pero esto se debe a que los servicios son pasivos: son manejados por un proceso externo que los coordina, y que simplemente les hace solicitudes para que éstos las respondan.

Otros modelos

Habitualmente, el modelo en capas es el dominante. No obstante, hay otros modelos que se suelen utilizar en el interior de cada capa, como los patrones presentados en [FowlerPatterns].

De todas maneras, aquí he presentado patrones de arquitectura usuales en aplicaciones comerciales. Otros tipos de aplicaciones pueden tener arquitecturas bastante diferentes.

ARQUITECTURAS Y MÉTODO DE DESARROLLO

Como decía más arriba, hay quienes han pensado que un patrón de arquitectura debe estar asociado a un proceso de desarrollo. Y que el patrón de tres capas implica que hay que basar el desarrollo en una de las capas externas: presentación o persistencia.

En definitiva, habría tres fuentes del diseño, según el método que se siga:

- Diseño por datos: se definen entidades persistentes que mapean directamente contra el repositorio de datos, diseñado antes del modelo de dominio. En estos casos, la capa media se suele implementar siguiendo el patrón *Table Module* [FowlerPatterns], con datasets que encapsulan lo que serían colecciones de objetos. Esta solución funciona bien cuando el repositorio es preexistente, o cuando hay datos de otras aplicaciones que deben usarse y la lógica de negocio es simple. El modelo de dominio puede ser orientado a objetos, pero esto no surge naturalmente.
- Diseño por interfaz de usuario: se definen procesos de negocio en base a casos de uso y sus interfaces de usuario. Estos procesos invocan métodos sobre los componentes de dominio. Es un patrón muy usado en aplicaciones web, y cuando los casos de uso gobiernan todo el desarrollo, aunque a veces es difícil el mantenimiento si la lógica es compleja. En el caso de arquitecturas SOA también es aplicable cambiando los actores humanos por otros sistemas. En general, la capa media suele ser orientada a objetos, con algunas características procedimentales, y se implementa siguiendo el patrón *Transaction Script* [FowlerPatterns].
- Diseño basado en el dominio: la lógica de dominio es la base para construir la aplicación, y se la construye siguiendo el patrón *Domain Model* [FowlerPatterns]. En este caso, la capa media es el núcleo de la aplicación, mientras que el resto de los módulos son satélites, auxiliares de ésta. La capa de interfaz de usuario aparece por la necesidad de mostrar a los usuarios humanos lo que pasa en el modelo, y permitir que actúen sobre el mismo. La fachada de servicios cumple la misma función para sistemas externos. La capa de persistencia cubre una necesidad tecnológica no esencial, la de permitir el almacenamiento y recuperación de objetos. Y los agentes de servicio sirven para que la aplicación haga de cliente de servicios externos. El resultado de la aplicación de este método es un sistema basado totalmente en el paradigma de objetos.

A medida que crece la complejidad de la aplicación y la necesidad de cambio, es más económico usar el último de los métodos.

CONCLUSIONES

En el capítulo que cierra hemos visto las principales recomendaciones de diseño macro, pero también algunas estrategias comunes e incluso los patrones más utilizados. Espero que al menos hayan quedado desmitificados conceptos como MVC o el patrón de varias capas.

Hace unos años hablar de arquitectura era entrar en un dominio cerrado para los no expertos. En nuestros tiempos, el diseño de arquitectura, sin dejar de ser importante, está generalmente basado en alguno de los patrones más difundidos, por lo que el arquitecto de software sólo debe preocuparse por dónde colocar cada componente dentro de un esquema predefinido. Así se asegura, con un esfuerzo razonable, la escalabilidad, la portabilidad y la facilidad de modificación.

De todas maneras, recordemos que existen muchos otros patrones de arquitectura, para aplicaciones menos comunes.

En la parte del libro que sigue estudiaremos algunas de las técnicas habituales de los lenguajes orientados a objetos, que exceden al paradigma pero encuentran un buen punto de apoyo en el mismo.

Parte 4: Extensiones accidentales de la programación orientada a objetos

Esta cuarta parte de la obra encara temas que – si bien no son centrales de la orientación a objetos – tampoco le son del todo ajenos, y están presentes en muchos lenguajes que soportan el paradigma.

Los capítulos de esta parte son:

20. Los datos, los tipos y la memoria: aquí planteo el estudio siempre esquivo de los datos, su representación, su almacenamiento, y el uso y liberación de memoria.

21. Anotaciones y documentación en el código: en este capítulo, analizaremos cuestiones no funcionales que se suelen incluir en el código de algunos lenguajes orientados a objetos.

22. Eventos: estudiaremos la manera más usual y orientada a objetos de desacoplar estímulos externos y respuestas del sistema.

23. Concurrencia: un análisis liviano para un tema complejo, que implica que un programa pueda realizar más de una tarea a la vez.

20. LOS DATOS, LOS TIPOS Y LA MEMORIA

Los programas sólo tendrían que crear objetos a su antojo. Uno tras otro, los objetos que no se utilizasen, se desvanecerían en un abismo.
Bertrand Meyer[121]

Este es un tema que nos viene acompañando desde el principio del libro, pero he resistido la tentación de dejarlo colarse entre los temas centrales. De hecho, lo he dejado hasta este momento a propósito, para que no perturbara el aprendizaje y me dejara centrar en las cuestiones importantes y en formas de resolver los problemas que sean auténticamente orientadas a objetos.

Los lenguajes generalmente proveen un modelo de manejo de datos en memoria, y son coherentes con el modelo elegido. Me interesa analizar este tema en cada uno, y ver los problemas que surgen cuando nos salimos de este marco.

La verdad es que se ha discutido mucho tiempo si la POO estaba ligada a un modelo de memoria en particular. Lo cierto es que casi todos los lenguajes que soportan el paradigma tienen un modelo de referencias, con la importante excepción de C++[122]. Por otro lado, la mayor parte de los lenguajes que manejan el modelo de referencias proveen recolección automática de basura, con algunas excepciones.

Finalmente, el chequeo de tipos en POO, ¿debe ser dinámico o se debe proveer sólo comprobación estática? Aquí el acuerdo es todavía menos frecuente y nos encontramos con muchos lenguajes que proveen desde los dos tipos de comprobación hasta casi ninguna.

¿Y qué ocurre con los objetos y sus clases? ¿Hay forma de pedirle a una instancia que nos diga su clase, o si se la puede usar en determinado contexto? ¿Podemos preguntarle a una instancia qué interfaces implementa su clase? De nuevo, depende del lenguaje.

Estos son los temas que abordaremos en este capítulo.

LA NECESIDAD DE INFORMACIÓN DE TIPOS EN TIEMPO DE EJECUCIÓN

Hace ya muchos capítulos que vimos que las siguientes líneas de código se van a compilar y ejecutar correctamente en Java o C#:

```
Elipse e = new Elipse( );
Figura f = e;            // Figura es una clase ancestro de Elipse
```

Incluso en C++, podemos lograr lo mismo usando punteros.

Dijimos también que, una vez creado un objeto, éste mantiene siempre su tipo, independientemente de que lo hayamos asignado a una variable cuyo tipo es un ancestro del mismo.

Por todo esto, también dijimos que, la línea siguiente a las anteriores podría haber sido:

```
Elipse e1 = (Elipse) f;
```

Y todo seguiría funcionando bien.

Esto nos permitió hacer muchas cosas hasta ahora, la más importante de las cuales fue el manejo de polimorfismo a la vez que abstraíamos el tipo de datos.

Ahora bien, ¿qué pasa si en un método recibimos un parámetro cuyo tipo es uno que admite descendientes? ¿Cómo hacemos para conocer el tipo real, en tiempo de ejecución, de ese objeto? Es decir, ¿Cómo podemos hacer si necesitamos invocar un método que está definido solamente en una de las clases descendientes a la del tipo del parámetro?

Tal vez no se entienda el problema si no muestro un ejemplo. Veamos el siguiente método, que pretende devolver un punto de una figura genérica que nos permita ubicar su posición:

```
public Punto algunaPosicion (Figura f) { ... }
```

A esta altura, supongo que está claro que este método podrá ser llamado con una instancia de *Figura* o cualquier clase descendiente.

Admitamos también, que en el caso de un polígono vamos a devolver un punto cualquiera del contorno, mientras que de una elipse devolvemos el centro. La única manera de resolver esto es preguntarle al objeto, en tiempo de ejecución, su tipo, y actuando en consecuencia.

El código Java que resuelve esto es:

```
public Punto algunaPosicion (Figura f) {
   if (this instanceof Elipse)
         return ((Elipse) this).getCentro( );
   if (this instanceof Poligono)
         return ((Poligono) this).getContorno( )[0];
   throw new IllegalArgumentException( );
}
```

Nótese que sólo funciona con elipses y polígonos, y en cualquier otro caso arroja una excepción. Esto – como veremos luego compromete la extensibilidad.

Pero más allá de las críticas que le hagamos al método, lo cierto es que, usando información de tipos de objetos en tiempo de ejecución, pude resolver el problema.

En forma general, uso información de tipos en tiempo de ejecución (RTTI[123], por su sigla en inglés) para saber la clase de la cual es instancia un objeto, cuando lo que tengo es una variable que referencia ese objeto, y la variable es de un tipo con descendientes.

TIPOS EN TIEMPO DE EJECUCIÓN EN JAVA

Manejo de la información de tipos en tiempo de ejecución

Java mantiene información de tipo de las instancias en un objeto especial, instancia de una clase denominada *Class*, que contiene información sobre clases. Cada vez que se compila una clase, la JVM genera información sobre la misma y la almacena en un objeto de tipo *Class*. Y cada vez que se crea un objeto utilizando la directiva *new*, se guarda una referencia a ese objeto instancia de *Class* en el objeto creado. Es por eso que luego, no importando lo que se haga con el objeto, éste siempre conoce su tipo y características de dicho tipo.

Todo esto pudo haber sido un poco confuso, así que lo explicaremos desde otro punto de vista, complementario. Cada vez que un constructor es invocado, como en la línea:

```
Elipse e = new Elipse( );
```

se guarda en un atributo del objeto referenciado por *e*, una referencia a otro objeto que tiene información sobre la clase. El tipo de este segundo objeto es *Class*. Este objeto *Class*, a su vez, fue construido en el momento en que el compilador compiló la clase *Elipse*, guardando en él información sobre dicha clase.

El atributo que contiene la referencia al objeto *Class* se accede mediante el método getClass, y se lo puede comparar con un atributo de clase de sólo lectura denominado *class*[124], como sigue:

```
if (f.getClass( ) == Elipse.class) return ((Elipse) f).getCentro( );
```

A continuación se muestra un diagrama de clases y objetos que muestra estas relaciones:

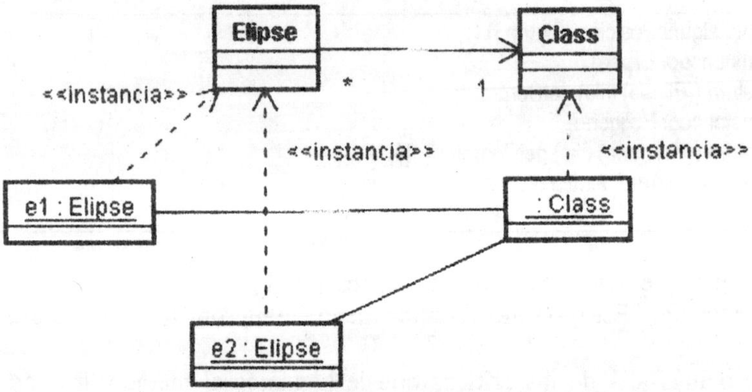

Asimismo, al pedirse una transformación de tipos, como en:

```
return ((Elipse) f).getCentro( );
```

La JVM usa la información del objeto referenciado por el atributo *class* para verificar si es una transformación posible (es decir, si *f* referencia a una instancia de *Elipse*) antes de hacerla. En caso contrario, lanza una excepción *ClassCastException*.

La misma referencia se puede obtener también desde la clase *Class*, mediante un método de clase *forName*, aunque es menos eficiente y no permite hacer la verificación en tiempo de compilación:

```
if (x.class == Class.forName("Elipse")) return ((Elipse) f).getCentro( );
```

Todo lo dicho hasta ahora es muy útil para determinar el tipo exacto de un objeto, pero no funciona en forma polimorfa. Por eso, si *Circulo* fuera una subclase de *Elipse* y queremos que lo anterior funcione incluso con un objeto *Circulo*, esta solución no sirve.

Para solucionar este problema se puede utilizar el método *isInstance*, definido en *Class*:

```
Figura x = new Circulo( );
Elipse e = new Elipse( );
if (x.getClass( ).isInstance(e)) ((Elipse)x).dibujar( );
```

El mismo resultado que con *isInstance* se obtiene más cómodamente mediante el operador *instanceof*:

```
if (x instanceof Elipse) ((Elipse)x).dibujar( );
```

A continuación hay un diagrama que muestra algunos métodos de *Class* y *Object* que hacen a la información de tipos:

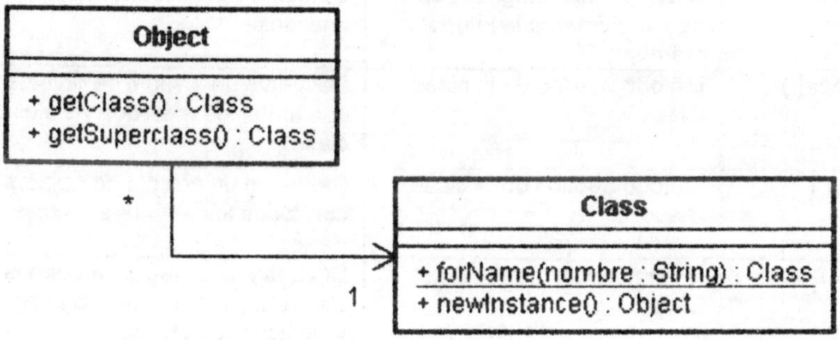

Utilizando los métodos *getSuperclass* de *Object* y *newInstance* de *Class*, podemos escribir una especie de constructor virtual, que cree un objeto de la clase base de otro, aun desconociendo el nombre de esa clase:

```
public static Object crearInstanciaMadre (Object o1) throws InstantiationException {
  Class claseAncestro = o1.getSuperclass( );
  Object o2 = null;
  o2 = claseAncestro.newInstance( );
  return o2;
  }
}
```

Reflexión

Lo último que hice pudo haber parecido algo muy avanzado, pues me permitió crear un objeto sin conocer su tipo. Sin embargo, no deja de ser uso de información de tipos tradicional, pues siempre se ha trabajado con información que maneja el compilador en forma estática. La **reflexión** es diferente, y apunta a conocer la clase de un objeto en tiempo de ejecución, aun cuando ésta no fuera conocida en tiempo de compilación.

¿Para qué sirve esto? Ocurre que a veces necesitamos saber de qué tipo es un objeto del cual se tiene una referencia que proviene de otro ámbito, como una red global. E incluso conocer sus métodos públicos, las interfaces implementadas, cómo construir otro objeto de la misma clase, etc. Esto es muy útil cuando se programa con componentes o cuando se hace invocación remota de métodos.

La reflexión la suelen usar las bibliotecas estándar de Java en forma automática, y es muy raro que el programador deba utilizarla directamente. De todas maneras, voy a hacer una recorrida rápida por sus aspectos esenciales. Más adelante veremos cómo se la usa con anotaciones y en los componentes llamados JavaBeans.

Además de las facilidades de *Class* y *Object*, existe un paquete *java.lang.reflect*. En este paquete están definidas las clases *Field*, *Method* y *Constructor*, que implementan la interfaz *Member*.

A continuación se muestran algunas utilidades para hacer uso de la reflexión:

Utilidad	**Qué es**	**Significado**
Field	Clase en java.lang.reflect, que implementa la interfaz Member.	Contiene datos sobre atributos de una clase.
Method	Clase en java.lang.reflect, que implementa la interfaz Member.	Contiene datos sobre métodos de una clase.
Constructor	Clase en java.lang.reflect, que implementa la interfaz Member.	Contiene datos sobre constructores de una clase.
getMethods( )	Método público de la clase Class.	Devuelve un arreglo de objetos Method, con todos los métodos visibles de una clase.
getFields( )	Método público de la clase Class.	Devuelve un arreglo de objetos Field, con todos los atributos visibles de una clase.
getConstructors( )	Método público de la clase Class.	Devuelve un arreglo de objetos Constructor, con todos los constructores visibles de una clase.
getInterfaces( )	Método público de la clase Class.	Devuelve un arreglo de objetos Class, con todas las interfaces implementadas por una clase.
getSuperclass( )	Método público de la clase Class.	Devuelve un objeto Class, con la clase ancestro de la actual.
newInstance( )	Método público de la clase Class.	Devuelve una instancia de la clase actual.
get( )	Método público de la clase Field.	Obtiene el valor del atributo referenciado por el objeto Field actual.
set( )	Método público de la clase Field.	Da valor al atributo referenciado por el objeto Field actual.
invoke( )	Método público de la clase Method.	Invoca el método referenciado por el objeto Method actual.

Nótese que toda esta información se puede obtener en tiempo de ejecución. Pero, por supuesto, esto no es mágico. Si bien los archivos *.class* respectivos pueden no estar disponibles en tiempo de compilación, deben estarlo en el de ejecución.

A partir de Java 5, la clase *Class* tiene un parámetro genérico, que se asocia al tipo que representa el objeto, de modo tal que, por ejemplo, *String.class* es un *Class<String>*. Esto se hizo así para mejorar la creación de objetos con *newInstance*.

Encajonamiento

Como ya dijimos, en Java existe una técnica de conversión de tipos por valor que se denomina *encajonamiento*.

Por la misma, las líneas que siguen son válidas, aun cuando la segunda parece estar asignando una constante de un tipo por valor a una variable de un tipo por referencia:

```
int x = 4;
Integer i = x;          // equivale a Integer i = new Integer(x);
```

Por supuesto, como ya lo indiqué en el comentario, en realidad se está creando un objeto de tipo *Integer*, inicializándolo con un *int*, y luego asignando la referencia a otro *Integer*.

Por lo tanto, no es que la conversión sea directa, sino que Java nos da una facilidad sintáctica para hacer la asignación. Pero el costo de la conversión sigue estando, aunque ésta no se vea.

La conversión a la inversa se debe hacer con una transformación explícita de tipos:

```
int y = (int) i;        // equivale a int y = i.intValue( );
```

TIPOS EN TIEMPO DE EJECUCIÓN EN C#

Manejo de la información de tipos en tiempo de ejecución

La información de tipos en C# se obtiene mediante una clase llamada *System.Type*, que contiene información sobre clases. Cada vez que se compila una clase, el CLR genera información sobre la misma y la almacena en un objeto de tipo *Type*. Y cada vez que se crea un objeto utilizando la directiva *new*, se guarda una referencia a ese objeto instancia de *Type* en el objeto creado. Es por eso que luego, no importando lo que se haga con el objeto, éste siempre conoce su tipo y características de dicho tipo.

La idea es la misma que expliqué antes para Java.

El atributo de tipo se accede mediante el método *GetType*, como se muestra en la línea que sigue:

```
if (f.GetType( ) == typeof(Elipse)) return (f as Elipse).Centro;
```

La transformación explícita de tipos en C# puede hacerse de cualquiera de estas dos formas:

```
Elipse e1= (Elipse) f;
Elipse e1 = f as Elipse;
```

No obstante, la segunda es más cómoda, ya que deja *null* en *e1* si la conversión no se pudo hacer. En el primer caso, en cambio, si la conversión no se puede realizar, obtenemos una excepción *System.InvalidCastException*. Por lo tanto, recomiendo siempre usar el operador *as* y luego chequear el valor del resultado.

La misma referencia al atributo de tipo se puede obtener también desde la clase *Type*, mediante un método de clase *GetType*, aunque es menos eficiente y no permite hacer la verificación en tiempo de compilación:

```
if (f.GetType( ) == Type.GetType("Elipse")) return (f as Elipse).Centro;
```

Si en vez de querer obtener el tipo exacto de un objeto, queremos saber si un objeto es instancia de una clase o algún descendiente, se puede utilizar el operador *is*:

```
if (x is Elipse) ((Elipse)x).Dibujar( );
```

Como C# permite sobrecargar operadores, se pueden sobrecargar los operadores de transformación explícita de tipos.

A continuación hay un diagrama que muestra algunos métodos de *Type* y *Object* que hacen a la información de tipos:

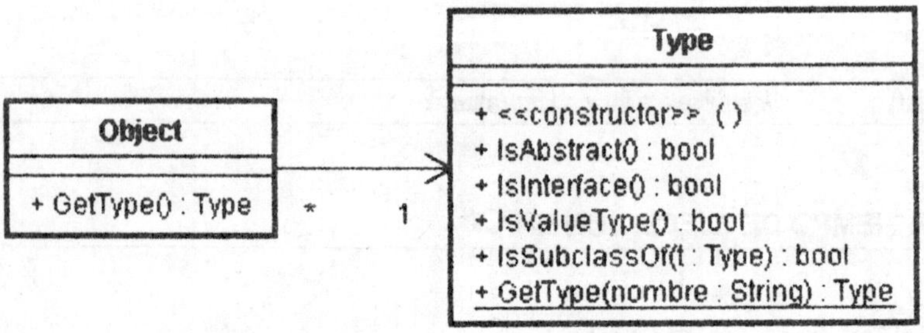

Reflexión

C# también maneja reflexión. Como ocurre en Java, la reflexión de .NET la suelen usar las bibliotecas estándar en forma transparente, y es muy raro que el programador deba utilizarla directamente. Por ejemplo, el entorno de ejecución usa reflexión para obtener información de un ensamblaje; por eso mismo, los ensamblajes se pueden desplegar directamente mediante copia, sin instalación, al tener información que los describe en su código compilado.

La reflexión funciona con tipos locales (los que se encuentran disponibles en el ámbito de una aplicación, ya sea porque son parte del ensamblaje o porque su ensamblaje fue referenciado en tiempo de compilación) o externos (para los cuales hay que cargar el ensamblaje dinámicamente). Mi explicación va a suponer que trabajamos sólo con tipos locales.

C#, además de las facilidades del tipo *Type*, tiene un paquete *System.Reflection*. En este paquete está definida la clase abstracta *MemberInfo*, que a su vez es ancestro de una serie de clases herederas que permiten trabajar con atributos, métodos, propiedades, eventos, etc.

Para llegar a utilizar los objetos *MemberInfo* partimos de los métodos *Get** y *Get*s* definidos en *System.Type*, de los cuales muestro algunos en el cuadro siguiente:

Firma del método o propiedad	Significado
string FullName	Nombre completo de la clase, incluyendo el espacio de nombres.
string Namespace	Nombre del espacio de nombres en que se encuentra (sólo lectura).
Type BaseType	Tipo ancestro.
MethodInfo[ ] GetMethods( )	Devuelve todos los métodos públicos de la clase.
PropertyInfo[ ] GetProperties( )	Devuelve todas las propiedades públicas de la clase.
InterfaceInfo[ ] GetInterfaces( )	Devuelve todas las interfaces implementadas por la clase.
ConstructorInfo[ ] GetConstructors( )	Devuelve todos los constructores públicos de la clase.
FieldInfo[ ] GetFields( )	Devuelve todos los atributos públicos de la clase.
EventInfo[ ] GetEvents( )	Devuelve todos los eventos de la clase.

Hay una enumeración *System.Reflection.BindingFlags* para especificar modificadores de acceso, cuyos valores son: *Public*, *NonPublic*, *Instance*, *Static*. Todos los métodos *Get** de arriba tienen una sobrecarga con un *BindingFlags* para devolver los métodos, etc., que cumplan con los modificadores de acceso especificados, incluso no públicos y de clase.

También existen métodos para saber con qué tipo de tipo estamos lidiando: *IsAbstract*, *IsClass*, *IsStruct*, *IsEnum*, *IsGenericType*, *IsInterface*, *IsValueType*.

Por ejemplo, la siguiente línea deja en *c* una referencia al constructor de *String* que toma como parámetro un arreglo de caracteres:

```
ConstructorInfo c = (typeof(System.String)).GetConstructor(new Type[ ] {typeof(char [ ])});
```

Esta otra guarda en *ms* un arreglo de referencias a todos los métodos públicos de clase de *String*:

```
MethodInfo[ ] ms = (typeof(System.String)).GetMethods(BindingFlags.Public | BindingFlags.Static);
```

Y la que sigue encuentra todas las propiedades públicas de instancia de *string*:

```
PropertyInfo[ ] ps = (typeof(System.String)).GetProperties( );
```

Por supuesto, una vez que tenemos los objetos obtenidos por reflexión, podemos aplicarles algunos métodos y propiedades predefinidos, como los que se muestran aquí:

Clase	Firma	Significado
MethodInfo	MemberTypes MemberType	Si se trata de un método, propiedad, constructor, etc. Los valores posibles más usuales son Method, Constructor, Property, Field y Event.
MethodInfo	string Name	El nombre de lo que se está reflejando.
MethodInfo	Type ReflectedType	La instancia que se usó para obtener la instancia de MemberInfo.
MethodInfo	object[ ] GetCustomAttributes( )	Se utiliza para encontrar anotaciones definidas por el programador.
ConstructorInfo, MethodInfo	MethodAttributes Attributes	Se utiliza para encontrar anotaciones definidas por el programador.
ConstructorInfo, MethodInfo	ParameterInfo[ ] GetParameters( )	Devuelve los parámetros del método.
ConstructorInfo, MethodInfo	void Invoke( )	Invoca el método.
MethodBase	bool IsAbstract	Si el método reflejado es abstracto.
MethodBase	bool IsConstructor	Si el método reflejado es un constructor.
MethodBase	bool IsPrivate	Si el método reflejado es privado.
MethodBase, FieldInfo	bool IsPublic	Si el método o atributo reflejado es público.
MethodBase, FieldInfo	bool IsStatic	Si el método o atributo reflejado es de clase.
MethodBase, FieldInfo	bool IsVirtual	Si el método o atributo reflejado es virtual.
PropertyInfo	bool CanRead; bool CanWrite	Si la propiedad tiene una parte get / set.
PropertyInfo	bool CanWrite	Si la propiedad tiene una parte set.
PropertyInfo	Type PropertyType	El tipo de la propiedad.
PropertyInfo	ParameterInfo[ ] GetIndexParameters( )	Los parámetros de la propiedad (para propiedades indexadas).
PropertyInfo, FieldInfo	object GetValue (object o)	Devuelve el valor de la propiedad o atributo.
PropertyInfo, FieldInfo	void SetValue (object o, object v)	Da un valor a la propiedad o atributo.
FieldInfo	Type FieldType	Tipo del atributo reflejado.
EventInfo	Type EventHandlerType	El tipo del delegado subyacente.
EventInfo	bool IsMulticast	Si el delegado subyacente es de invocación múltiple.
ParameterInfo	Type ParameterType	El tipo del parámetro.
ParameterInfo	int Position	La posición del parámetro en la lista de parámetros.

Tipos Nullable

Es de interés analizar el tipo genérico *Nullable*. Sirve para, cuando declaramos una variable del tipo *Nullable<T>*, que podamos darle esa variable cualquier valor del tipo *T* más el valor *null*.

Por ejemplo, en una variable *Nullable<bool>* podremos representar los valores *true*, *false* y *null*.

Encajonamiento

En C# también hay encajonamiento, con las mismas consideraciones que en Java. Sin embargo, por estar incorporado como caracterísitica desde la primera versión de la plataforma, su desempeño es un poco mejor que en el lenguaje de Sun.

TIPOS EN TIEMPO DE EJECUCIÓN EN C++

C++ es un lenguaje más estático, y con menos pretensiones que Java o C# en este campo. Sin embargo, brinda una funcionalidad muy completa para tipos en tiempo de ejecución, aunque sin reflexión como parte del lenguaje estándar.

Existe un operador *typeid*, al que se le puede pasar un tipo, una constante o un puntero a objeto, y permite obtener el tipo exacto de un objeto:

```
if ( typeid (*f) == typeid (*Elipse) ) return ( (Elipse)(*f) ).getCentro( );
if ( typeid (47) == typeid (int) ) return 0;
```

Para usar *typeid*, debemos incluir el archivo *<typeinfo>*.

No obstante, hay que tener en cuenta que, salvo en el caso de los tipos primitivos, *typeid* sólo funciona si la clase en cuestión tiene métodos virtuales y pasándole un puntero al objeto del que se quiere obtener su tipo. Esto es así porque la información de tipo se mantiene como un puntero en la tabla de métodos virtuales. Los diseñadores de C++ no se preocuparon mucho por esta limitación, porque la idea es usarlo en contextos polimorfos.

Si no hay métodos virtuales en una clase, *typeid* va a correr, pero sus resultados pueden ser desconcertantes. Adicionalmente, *typeid* tampoco funciona con punteros a *void*. Esto me preocupa menos, pues de hecho, un puntero a *void* implica que no quiero información de tipos.

Hay métodos asociados a la información de tipos, como *name*, que devuelve un *string* con el nombre del tipo en cuestión. Así, la siguiente línea es válida:

```
cout << typeid(*f).name( ) << endl
```

La transformación de tipos explícita se puede hacer como en C:

```
Elipse e1= (Elipse) f;
```

Pero la única manera de hacerla segura es mediante el uso de *typeid*, con sus limitaciones.

Afortunadamente, hay otro mecanismo, mediante el *moldeo dinámico*, que además es seguro y funciona independientemente de la jerarquía. La transformación anterior se escribiría así:

```
if (dynamic_cast<Elipse*> (f) != NULL)
        p = dynamic_cast<Elipse*> (f).getCentro( );
```

Nótese que la misma función *dynamic_cast* sirve para hacer el moldeo (segunda línea) como para verificar que la transformación sea válida, ya que si no lo es la función devuelve *NULL*. Más aún, como *NULL* equivale a un cero, se puede usar en un *if* directamente.

Como corolario, podemos usar *dynamic_cast* para obtener información de tipo, en vez de *typeid*, pero obtendremos, no el tipo exacto, sino información sobre si un objeto es instancia de una clase o de algún descendiente, que es la necesidad más habitual.

Cuando se usan referencias en vez de punteros, también podemos usar la función *dynamic_cast*, y en este caso no obtendremos un *NULL* como indicativo de falla, sino una excepción *bad_cast*.

El moldeo dinámico funciona correctamente con todas las complejidades de la herencia múltiple. Permite transformaciones a cualquier ancestro y entre clases ancestros de la del objeto en cuestión.

Lamentablemente, el *moldeo dinámico* es más ineficiente que el uso de transformación de tipos tradicional de C, por lo que muchos programadores se inclinan por esta forma menos segura.

Hay otras maneras de hacer transformaciones explícitas de tipos, que no me interesa analizar en este libro. Ellas son las que se utilizan desde las funciones *static_cast*, *reinterpret_cast* y *const_cast*.

DISTINTOS MODELOS DE ADMINISTRACIÓN DE OBJETOS Y MEMORIA

El modelo de datos por valor

Decimos que un modelo de memoria es **estático** o **por valor** cuando las variables y objetos que se utilizan en los programas se alojan en memoria estática, quedando fijos su tamaño y su posición de memoria desde que se carga el programa, en el caso de los objetos globales, y desde que se inicia hasta que termina cada módulo, para los objetos locales. Pero siempre existe una manera de asignar memoria por demanda en tiempo de ejecución, lo que se hace con la ayuda de punteros. Esta es la forma tradicional de manejo de memoria en la mayoría de los lenguajes procedimentales, como Pascal, C, Ada y muchos otros.

Obviamente, este modelo logra un mejor desempeño, en principio, que el modelo de referencias, pues el alojamiento de memoria se hace junto con la carga del programa, y por lo mismo es optimizado, a la vez que el alojamiento en la pila es simple y rápido. Además, puede lograr un comportamiento similar al modelo de referencias utilizando punteros, aunque esto se logra a costa de una mayor complejidad y dificultad de desarrollo.

En algunos lenguajes existe un método constructor que se debe invocar para cada objeto antes de usarlo. Este constructor suele cumplir funciones diversas de inicialización. También existe en algunos casos un método destructor, que se suele utilizar para liberar memoria dinámica.

Una operación habitual cuando se implementa una clase es la asignación. Es decir, hay que proveer algún método que permita a un objeto tomar el estado de otro. Puede pensarse que es suficiente con una simple asignación utilizando el operador que cada lenguaje tiene a ese efecto, pero eso no siempre sirve, ya que en ocasiones, en un objeto con estructura compleja la asignación provista por el lenguaje no garantiza la copia de todos los elementos de la estructura.

Además, como no se puede usar un objeto sin antes llamar a su constructor, habría que asegurarse que la asignación se hace junto a la llamada al constructor. Para ello se inventó el concepto de **constructor copia**, que es un constructor que se asegura de copiar el contenido de un objeto en el otro. Por ejemplo, en C++ se puede prototipar un constructor copia así:

```
Clase (Clase&);
```

Ya volveré sobre esto al analizar C++.

Tampoco la comparación de objetos funciona siempre bien con el operador clásico, como en *x == y*, ya que puede que *x* e *y* sean estructuras complejas que contengan punteros o referencias.

Como corolario, conviene siempre incluir métodos para determinar igualdad y desigualdad. En C++ se puede hacer de una forma bastante elegante sobrecargando el operador ==.

El modelo de referencias

El modelo de memoria **dinámico** o **con referencias** no aloja las variables y objetos al cargar el programa, sino que se van asignando dinámicamente por demanda. Lo único que se almacena en forma estática son las **referencias** a los objetos, que son punteros *seguros*[125]. En general, la única forma de acceder a un objeto es mediante su referencia. A veces hay algunos objetos que se cargan en forma estática, como ciertas variables de tipos primitivos y otros valores intencionalmente estáticos.

La mayor parte de los lenguajes orientados a objetos, desde Smalltalk, maneja la memoria de esta forma.

El modelo con referencias es en principio más lento que el de datos por valor, aunque suele estar bastante mejorado en las implementaciones de los lenguajes. La ventaja del mismo es que el programador no necesita conocer de antemano cuántos objetos va a usar y de qué tamaño, lo cual es más acorde con varios de los supuestos de la POO.

La asignación de memoria en este modelo se suele hacer en un método especial llamado constructor, en forma automática. Y al constructor hay que invocarlo antes de comenzar a usar cada objeto.

Una característica del modelo de referencias es que, una vez que se creó un objeto, éste nunca cambia su tipo. Mostrémoslo con el siguiente ejemplo en Java o C#:

```
Elipse e = new Elipse( );
Figura f1 = e;
Figura f2 = new Elipse( );
```

En los tres casos se está trabajando con objetos de la clase *Elipse*. Por supuesto, en los dos de más abajo sólo se les va a poder aplicar métodos de la clase *Figura*, pero eso no quita que sigan siendo elipses. Esto ocurre así porque de cada objeto no se guarda únicamente su contenido, sino también información sobre la clase de la cual es instancia.

Habitualmente, es necesario proveer algún método que permita a un objeto tomar el estado de otro. Por ejemplo, podemos querer modificar un objeto parámetro en un método sin que cambie el argumento con el que fue llamado.

Puede pensarse que es suficiente con una simple asignación utilizando el operador que cada lenguaje tiene a ese efecto, pero eso no sirve por varios motivos. Ante todo, porque en el caso de un objeto con estructura compleja la asignación provista por el lenguaje no garantiza la copia de todos los elementos de la estructura.

Sin embargo, con el modelo de memoria dinámico hay problemas adicionales. En primer lugar, asignar en forma directa dos objetos, no sólo olvida invocar al constructor, sino que además asigna referencias, provocando los clásicos problemas de alias de los punteros. Por ejemplo, el siguiente fragmento en Java no consigue dejar en *z* una copia independiente del contenido de *x*:

```
Integer x = new Integer(3);
Integer z = x;          // a partir de acá x y z son la misma variable
```

Esto ocurre porque todas las variables contienen referencias, no habiendo posibilidades de asignaciones verdaderas, entendiendo por tales a las que toman el valor de una expresión y lo almacenan en la variable de la izquierda del símbolo de asignación. Encima esto también ocurre al pasar parámetros, por lo que no existe el pasaje de parámetros por valor[126]. Véase en el ejemplo:

```
public class Entero {
  public int n;

  public void Entero (int x) {
     n = x;
  }
  public void sumaRara (Entero x) {
        x.n++;
        this.n++;
        // x es la misma variable que el argumento }
}
```

Notemos ahora qué pasa al usar el método *sumaRara*:

```
public static void main (String [ ] p) {
   y = new Entero(2);
   y.sumaRara(y); // y es la misma variable que el parámetro x
   // ahora y.n vale 4
}
```

Incluso las variables locales son referencias.

Entonces el problema de la copia de objetos adquiere ribetes más complejos.

Una posible solución a esto, que también se usa en otros escenarios, es trabajar con clases de sólo lectura, entendiendo por tales a las que tienen todos sus atributos privados y no hay métodos que permitan modificar su estado, salvo el constructor. Pero esto sólo sirve en casos muy especiales[127].

Como si todo esto fuera poco, tampoco la solución del constructor copia funciona bien, sobre todo con objetos que contienen otros objetos y cuando los elementos de los mismos son de clases ancestros de otras clases y toman objetos de las clases derivadas.

La solución a todo esto es la **clonación**, que analizaremos luego en los lenguajes, aunque hay que destacar su complejidad.

Así como en la copia de objetos los modelos de datos dinámicos tienen problemas, también los tienen al comparar referencias. Obviamente, si se hace la comparación $x == y$, se estarán comparando las posiciones de memoria de *x* y de *y*, y no los valores almacenados en las mismas.

Como corolario, conviene siempre incluir métodos para determinar igualdad y desigualdad si se desea poder comparar contenidos.

Los modelos de liberación de memoria

La liberación de la memoria ocupada por datos por valor se hace automáticamente en todos los lenguajes modernos.

Normalmente, existe una parte de la memoria en tiempo de ejecución de un programa, denominada la pila de ejecución, en la cual se van colocando todos los objetos que se crean al llegar al bloque de código en el que se crea la variable. Esta pila de ejecución crece al entrar en un bloque de código, y decrece al salir de él, ya que se libera la memoria ocupada por los objetos que existían en ese bloque de código.

Hay también variables globales, que corresponden a objetos que deben existir durante toda la ejecución del programa. Estos objetos se alojan normalmente en un área de memoria global, que se libera al terminar el programa.

Este mecanismo es eficiente y cómodo, pero no resuelve todos los problemas. Por ejemplo, si trabajamos con objetos creados dinámicamente, la memoria se asigna en forma explícita por el programador en un área llamada *heap*. Esto ocurre en el caso en que los objetos se manejan por referencias, y también cuando se utilizan punteros dinámicos. ¿Cómo se ocupan y se liberan estas áreas de memoria? En programas chicos y que corren un tiempo corto, podemos asumir un enfoque despreocupado de la gestión de los objetos que no utilizamos, sin hacer nada con los objetos cuando dejamos de necesitarlos. Pero en aplicaciones más profesionales esta perspectiva no es válida.

Normalmente, para asignar memoria a estos datos existen los constructores de objetos y los asignadores de memoria dinámica, como el *new* de C++. Y para liberar memoria solemos contar con dos mecanismos posibles: o lo hace el programador, o se realiza en forma automática.

En el primer caso, hay un mayor control por parte del programador sobre la cantidad de memoria que se utiliza y cuándo y cómo se la libera. Esto a veces logra que el programa tenga mejor desempeño y – sobre todo – una ejecución más determinística. Sin embargo, el trabajo del programador, detectando los objetos que ya no se necesitan e implementando un algoritmo de recuperación de memoria, es tedioso, trabajoso y muy propenso a errores difíciles de corregir. Esto se complica aún más cuando los datos no están estructurados según patrones simples, como una lista encadenada o un árbol binario, sino en redes heterogéneas de objetos manejados por diferentes clases y procesos.

En el segundo, la liberación de memoria queda a cargo de un recolector automático de basura, que se activa cada tanto. Los momentos de activación los administra el entorno de ejecución, presumiblemente en función de la cantidad de memoria disponible en el equipo en que corre el programa y de tiempos muertos del mismo. En consecuencia, no se puede saber cuándo se libera memoria, y debemos confiar en la eficacia de la implementación. Por supuesto, la ventaja de esta solución es su elegancia y la mucho menor propensión a errores. Además, para los que critican el desempeño de este mecanismo, hay que recordarles que no se pierde tiempo desalojando objetos de la memoria cuando no es necesario, y que los diseñadores de implementaciones de lenguajes han optimizado notablemente el funcionamiento de los recolectores automáticos.

¿Cómo se recoge la basura?

El recolector de basura es una aplicación compleja. Debe recuperar objetos inalcanzables, entendiendo de ese modo a aquéllos que no están siendo referenciados por otros objetos, o bien sí lo están, pero no hay ningún objeto referenciando al que los referencia. No parece una tarea muy sencilla.

Por otro lado, un recolector de basura debe ser:

- *Consistente:* que todo objeto que se recolecte sea inalcanzable (sería muy peligroso si no fuera así).
- *Completo:* que se recolecte todo objeto inalcanzable.

Una técnica que se suele usar para recolectar basura es el *recuento de referencias*. Consiste en guardar como atributo del objeto la cantidad de objetos que lo están referenciando. De ese modo, al llegar la cuenta a cero se lo puede liberar.

Sin embargo, esta técnica es muy limitada: funciona solamente si se puede asegurar que las estructuras no contienen ciclos. Las técnicas más elaboradas son mucho más complejas.

En otro sentido, hay recolectores de basura que se activan por demanda del administrador de memoria del entorno de ejecución y, una vez que comienzan, no paran hasta terminar. Esto puede ser muy ineficiente y molesto si hay mucho por recolectar.

Los mejores recolectores trabajan por el método de marcado y barrido. Este método utiliza tres fases: en una primera fase marca las raíces, es decir, los objetos a los que se llega desde variables de la pila; en la segunda fase, se marcan todos los objetos alcanzables desde esas raíces; finalmente, se pueden barrer los objetos que no están marcados.

Pero aún después del marcado, se trabaja *por generaciones*, haciendo recolecciones en las cuales liberan sólo aquellos objetos que han vivido menos tiempo, dejando a los demás hasta que se haga una recolección menos frecuente y más exhaustiva. Así trabajan los recolectores de basura de Java y C#. Puede haber muchos niveles generacionales, pero siempre se chequean más tarde los objetos que ya han sobrevivido a otras recolecciones, salvo que se acabe irremediablemente la memoria disponible.

Como la adquisición y liberación de memoria son costosas en términos de tiempo de cómputo, hay aplicaciones que no devuelven la memoria al sistema operativo, sino que reservan una parte para que futuros requisitos de memoria tengan una respuesta más rápida.

Un recolector de basura corre en su propio hilo de ejecución y cuando todos los otros hilos están en un estado seguro: esto es importante porque el recolector va a mover objetos y actualizar referencias. Y si la máquina tiene varios procesadores podría usarse uno especialmente para la recolección de basura, lo cual puede mejorar mucho el desempeño del programa.

Chequeos en tiempos distintos para lenguajes diferentes

En forma general, decimos que hay una violación de tipos cuando se da al menos una de las siguientes circunstancias:

- En una invocación del tipo *x.m( );* no hay un método accesible en la clase de la cual *x* es instancia que se llame *m*.
- En un uso del tipo *x.a;* no hay ningún atributo ni propiedad accesibles en

la clase de la cual *x* es instancia que se llame *a*.

- En una llamada *x.m(a); a* no es un argumento aceptable para el método *m* definido en la clase de la cual *x* es instancia.
- En una asignación del tipo *x = y*, el tipo de *y* es inaceptable para la clase de la cual *x* es instancia.
- En una expresión del tipo *x # y*, o bien # no es una operación para las clases de *x* o de *y*, o bien no es aceptable para los argumentos *x* e *y*.

En los más antiguos lenguajes de alto nivel no se hacía ningún chequeo de tipos. Esto hacía que los programas fueran muy difíciles de depurar. Con el tiempo, los lenguajes de programación fueron incorporando la comprobación de tipos en tiempo de compilación, y otros la llevaron al tiempo de ejecución. Decimos que en el primer caso hay comprobación en forma **estática** y en el segundo **dinámica**.

Por lo tanto, puede haber comprobación estática cuando el tipo de cada objeto se conoce en tiempo de compilación y se verifica que no haya violaciones en ese momento. De ese modo se logra aumentar la confiabilidad, la legibilidad y el desempeño. Además, los errores de tipos aparecen antes, durante la compilación. En general, el compilador y el comprobador de tipos suelen ser la misma herramienta.

La comprobación estática es total si no es necesaria ninguna comprobación adicional en tiempo de ejecución. Notemos que si la comprobación es totalmente estática, está garantizado que en un programa que compile sin problemas no puede haber violaciones de tipos durante la ejecución. Este es el enfoque de C++, Eiffel y otros lenguajes orientados a objetos, que verifican todos los tipos en tiempo de compilación. De allí que obliguen a hacer transformaciones de tipos explícitas cuando se quiera convertir un objeto de una clase a otra menos general.

Hay lenguajes que, por no tener tipos asociados a los objetos, no hacen ninguna comprobación o solamente la hacen en forma dinámica. Tal el caso de Smalltalk, Python, y otros.

No obstante, no todas las comprobaciones que pueden hacerse son de tipos.

Por ejemplo, sería útil que cuando escribimos en un programa algo como *v[i]*, haya algún mecanismo que verifique que el *i* en cuestión esté en el rango de subíndices válidos del arreglo. Algo parecido pasa con la comprobación de que una referencia tenga un valor válido.

Estos casos podemos verlos en el ejemplo que sigue:

```
public void metodo (int x, Object p) {
    char[ ] v = new char [4];
    v[65] = 'j';     // error que puede detectarse en tiempo de compilación
    v[x] = 'k';      // puede haber error si x > 3; sólo detectable en tiempo de ejecución
    Object q = null;
    System.out.println(q.toString( ));     // error que podría detectarse en tiempo de compilación
    System.out.println(p.toString( ));     // si p es null, sólo se detectará en tiempo de ejecución
}
```

El problema es que muchas de estas verificaciones sólo se pueden hacer en tiempo de ejecución, y tienen un costo que impacta sobre el desempeño. Algunos lenguajes, priorizando la eficiencia de ejecución, no proveen chequeos de esta índole, con lo cual introducen un factor de inseguridad. Hay otros que, más inteligentemente, permiten desactivarlos. Finalmente, están los que ponen el acento en la seguridad y la robustez y hacen un chequeo exhaustivo en forma dinámica.

Copia, igualdad y persistencia en relación con las vinculaciones entre clases

Cuando en el capítulo de delegación expliqué los conceptos de asociación, composición y agregación, quedó claro que la composición era la situación en la cual el objeto contenedor controlaba el ciclo de vida del objeto contenido, y que un objeto contenido por composición podía estar contenido en un solo contenedor. La agregación o asociación, en cambio, es una relación más laxa, que implica que en el objeto origen hay una referencia a un objeto destino.

Por lo tanto, estas relaciones deben tener alguna implicancia respecto de los modelos de datos.

Cuando hay composición, sería ideal que el objeto contenedor contenga físicamente al contenido. Por eso el modelo de datos por valor se presta mejor para representar la composición. Además, el constructor del contenedor debería crear al objeto contenido, mediante la llamada explícita al constructor de éste. Y los destructores deberían hacerse cargo de invocar a sus respectivos destructores.

Cuando hay asociación simple, en cambio, el modelo de referencias funciona bien, y es una buena práctica poder representar la asociación con referencias o punteros. El constructor sólo debería vincular al objeto que se está creando con un objeto preexistente. Los destructores y finalizadores deberían ignorar a los objetos asociados.

Respecto de la copia, en una situación de composición, se supone que el objeto destino debe obtener una copia del objeto fuente, haciendo una *copia profunda* de los objetos contenidos. Sin embargo, si la relación es de asociación, la copia no debe ser profunda, sino que son las referencias de los objetos asociados las que se deben copiar.

Algo similar ocurre con la igualdad. Cuando hay composición, la comparación entre objetos se debe hacer comparando el estado de los objetos contenidos, lo que se llama una *comparación profunda*. Si hay asociación simple, en cambio, sólo queremos que se comparen las referencias a los ojetos asociados. De hecho, de los tipos por valor nos interesa comparar el estado, mientras en los tipos por referencia comparamos identidades.

La misma regla aplica a la persistencia: un objeto que contiene otros por composición debe persistirse haciendo una copia profunda, y la recuperación se hará siguiendo esta regla. Si la relación es una asociación simple, la copia superficial es suficiente, aunque la recuperación será más compleja si no deseamos que se nos dupliquen los objetos que estaban referenciados desde varios agregados. Esto ya lo vimos en el capítulo respectivo.

La herencia es – desde el punto de vista de las relaciones entre objetos – una forma de composición. Cuando tenemos una instancia de una clase *Derivada*, descendiente de una clase *Base*, es como si esa instancia tuviera una relación de composición con un objeto de la clase *Base*.

Por lo tanto, los constructores, destructores y finalizadores de toda clase deben invocar a los respectivos constructores, destructores y finalizadores de su clase ancestro inmediata. Esto ya lo expliqué antes, y ahora estamos viendo por qué debe ser así.

También ocurre que la operación de copia deba asegurarse que se copie el estado definido en la clase ancestro inmediata. La operación de igualdad debe comparar también – por su estado – los atributos de la clase base. Y la persistencia debe resguardar el objeto con el estado propio y el heredado de sus ancestros.

Polimorfismo en su relación con los modelos de tipos

El polimorfismo implementado por herencia, como lo implementan los lenguajes en los que estamos aprendiendo POO, implica una cuestión importante respecto del modelo de tipos de datos.

Notemos que el polimorfismo se logra difiriendo hasta el tiempo de ejecución la decisión sobre el comportaiento a ejecutar, y esta definición se hace en base al tipo exacto de la instancia con la que llamamos el método.

Esta misma característica del polimorfismo hace que sólo funcione si el programa en ejecución puede tener alguna manera de acceder a la información de tipos. Esto implica un trabajo con referencias o con punteros.

Por eso mismo, en C++ no hay polimorfismo si trabajamos con variables que no son punteros, en Java – que tiene un modelo de referencias uniforme – el polimorfismo es automático, y en C# no hay polimorfismo para tipos por valor. La misma razón es la que explica que los métodos de clase no tengan comportamiento polimorfo.

MODELO DE DATOS EN C++: EL FOCO PUESTO EN EL DESEMPEÑO

Generalidades

El modelo de memoria de C++ para objetos es el mismo que en el resto de los tipos. Es decir, mientras no se diga otra cosa, todos los datos se alojan en memoria estática, a excepción de los arreglos. Si se quiere usar memoria dinámica, se deben utilizar punteros.

El uso de punteros ha sido bastante criticado, aunque la mayor parte de las objeciones se refieren al manejo que hacen C y C++ de la aritmética de punteros, y no al modelo de memoria en sí.

La ventaja inocultable de este modelo es la velocidad de ejecución, aunque se puede desperdiciar espacio de memoria por la necesidad de asignarla antes de conocer cuánta se necesitará exactamente.

Como los tipos son por valor, la liberación de memoria se hace en forma automática, cada vez que la variable del objeto sale de ámbito.

Sin embargo, cuando un objeto contiene punteros, la liberación de la memoria referenciada por los punteros queda a cargo del programador, que debe utilizar explícitamente el operador *delete* de liberación de memoria dinámica.

Chequeos sólo en tiempo de compilación

Salvo muy honrosas excepciones, C++ no hace chequeos en tiempo de ejecución.

Veamos como ejemplo las líneas que siguen, en las que si la variable x toma el valor 1000 tendremos problemas:

```
int x; cin >> x;          // supongamos que se ingresa 1000
char c = (char) x;        // tenemos un problema: no hay un ASCII 1000
```

Tampoco se chequean los límites de un arreglo. El código que sigue no va provocar ningún error, ni en tiempo de compilación ni de ejecución:

```
int v [22];
for (int i = 0; i < 22; i++)
        v[i] = i;
int x; cin >> x;              // supongamos que se ingresa 1000
cout << v[x];                 // tenemos un problema: ¿qué hay en v[1000] ?
```

El código que sigue también se ejecutará sin problemas, aunque claramente debería haberlos:

```
// suponiendo que int tiene 4 bytes:
int x; cin >> x;              // suponiendo que ingreso 2 000 000 000
int y = x;                    // y también contiene 2 000 000 000
int z = x + y;                // en 4 bytes no cabe el número 4 000 000 000
```

Toda esta cuestión de los chequeos en tiempo de ejecución – como muchas cuestiones de diseño en C++ – se deben a que los chequeos llevan tiempo, y eso arruinaría una de las mayores ventajas de C++ sobre otros lenguajes.

Por supuesto, hay excepciones. La función *dynamic_cast* que vimos es un ejemplo de ello.

Punteros

Ya dije que los punteros son objetos que contienen direcciones de memoria de otros objetos. Podría quedarme con esta definición y los ejemplos que hicimos, o ahondar más.

Claramente, me siento inclinado a quedarme con lo expuesto hasta aquí. Los punteros, tal como están definidos en C – y aunque con menor permisividad, en C++ – son una herramienta que permite mezclar datos de tipos distintos, acceder a direcciones de memoria y moverse por la memoria sin saber qué podemos encontrar, y otras cosas que – si bien pueden ser muy útiles en ciertas aplicaciones – considero peligrosas si lo que intentamos es aprender POO. Quien ya maneje punteros en C++ no tendrá inconveniente en utilizarlos en el marco de POO, pero no pretendo enseñar a usar correctamente punteros en este libro.

Se podrá argüir que Java también tiene punteros, con el eufemismo de "referencia". En parte esto es cierto, pues en Java, y en los tipos por referencia de C#, no trabajamos con los objetos, sino con sus referencias, que en definitiva son variables que almacenan una dirección de memoria.

Sin embargo, hay dos cuestiones que distinguen a las referencias de los punteros, y que las hacen más seguras:

- No hay dos maneras de acceder a cada objeto. Sólo se accede por su referencia, sin posibilidad de trabajar directamente con el objeto. En este sentido, son como los punteros de Pascal estándar.
- Las referencias son controladas por el compilador y el entorno de ejecución, y sólo se acceden mediante variables que no podemos cambiar a nuestro antojo moviéndonos por la memoria.

Constructores

Los constructores en C++ tienen algunas funcionalidades diferentes a los de otros lenguajes. Como en todos ellos, sirven para dar un estado inicial coherente a los objetos. Sin embargo, al revés de lo que ocurre en Java y C#, no tienen nada que ver con la creación de objetos en memoria.

Lo que sí hacen los constructores en C++ es vincular al objeto creado con la tabla de métodos virtuales, que contiene todos los métodos virtuales que se pueden aplicar a ese objeto.

Como regla general, que ya enunciamos oportunamente, todo constructor debería llamar al constructor de la clase ancestro. Asimismo, si el objeto que estamos construyendo contiene otros objetos por composición, debería llamar al constructor para el objeto contenido. También, en el caso en que la composición esté implementada mediante punteros, se debe crear la referencia en el constructor.

A modo de ejemplo, que además me sirvió en los ítems que siguen, realicé el ejercicio de implementar la composición entre las clases *Cliente* y *Domicilio*, tal como vimos en el capítulo de delegación, pero utilizando un puntero entre un cliente y su domicilio.

En ese caso, los constructores de *Cliente* quedaron así:

```
Cliente :: Cliente(string nombre, string apellido, string calle, int numero,
            string entre1, string entre2, string codigoPostal, string telefono, string email) {
        this->nombre = nombre;
        this->apellido = apellido;
        this->domicilio = new Domicilio (calle,numero,entre1,entre2,codigoPostal,telefono);
        this->email = email;
}

Cliente :: Cliente(string nombre, string apellido, Domicilio domicilio, string email) {
    this->nombre = nombre;
    this->apellido = apellido;
    this->domicilio = new Domicilio(domicilio);
    this->email = email;
}
```

Esta solución me obligó a incluir un constructor más en *Domicilio*, como sigue:

```
Domicilio :: Domicilio (Domicilio& otro) {
    this->calle = otro.calle;
    this->numero = otro.numero;
    this->entre1 = otro.entre1;
    this->entre2 = otro.entre2;
    this->codigoPostal = otro.codigoPostal;
    this->telefono = otro.telefono;
}
```

Destructores

Como en C++ hay destructores, una pregunta necesaria es cuándo utilizarlos. La respuesta es: siempre que se desee hacer algo cuando deja de existir un objeto.

Supongamos que cuando creamos un objeto, en el constructor de la clase, abrimos una conexión hacia Internet o una base de datos. ¿Dónde debemos cerrar esa conexión? Acertó, en el destructor. Lo mismo cabe decirse cuando usamos punteros a objetos creados dinámicamente: si en el constructor tenemos un *new*, en el destructor debemos tener el *delete*. Por el resto, no necesitamos demasiado a los destructores.

Siguiendo con el mismo ejemplo anterior, el destructor de la clase *Cliente* sería:

```
Cliente :: ~Cliente( ) {
   delete domicilio;
   domicilio = NULL;
}
```

Esto fue necesario porque el domicilio está incluido por composición en el cliente, y la vinculación se realizó en el constructor.

Como los destructores son llamados automáticamente desde otras clases, conviene que sean virtuales. De hecho, en mi ejemplo lo hice virtual, como muestra el prototipo:

```
virtual ~Cliente( );
```

El constructor de copia

C++ tiene un concepto novedoso para los programadores de otros lenguajes, lo cual deriva de su uso de un modelo estático: el **constructor de copia**.

Este constructor siempre debe tener un mismo encabezado. Para la clase *Clase*, su constructor de copia tendrá este prototipo:

```
Clase (const Clase&);
```

Éste es un constructor que sirve para copiar objetos en tres circunstancias:

- Cuando pasamos un objeto como argumento por valor.
- Cuando una función devuelve un objeto.
- Cuando se hace una asignación en el momento de declarar un objeto.

El último caso a veces resulta difícil de comprender. Por ejemplo, en el siguiente fragmento se utiliza el constructor de copia:

```
Clase primerObjeto;                    // llamada implícita al constructor Clase( )
Clase segundoObjeto = primerObjeto;    // llamada implícita al constructor de copia
```

La confusión viene cuando vemos que también se puede sobrecargar el operador de asignación. ¿A cuál se llama en cada caso? En el caso de arriba, se utiliza el constructor de copia. En cambio, en el que sigue, cuando se decide copiar un ojeto ya construido sobre otro también creado, el compilador utiliza el operador de asignación, sobrecargado si lo estuviese:

```
Clase primerObjeto;                    // llamada implícita al constructor Clase( )
Clase segundoObjeto;                   // llamada implícita al constructor Clase( )
segundoObjeto = primerObjeto;          // llamada al operador de asignación
```

Cuando no definimos un constructor de copia para una clase, el compilador genera uno por defecto, que realiza una copia simple a nivel de bits.

Las clases que tienen referencias a otros objetos a modo de composición, deberían tener un constructor de copia explícito, pues no serviría el generado por el compilador.

Siguiendo entonces con mi ejemplo, aquí está el constructor de copia para la clase *Cliente*:

```
Cliente :: Cliente (const Cliente& otro) {
    this->nombre = otro.nombre;
    this->apellido = otro.apellido;
    this->domicilio = new Domicilio (*(otro.domicilio));
    this->email = otro.email;
}
```

Esto obliga también a tener un constructor de copia en la clase *Domicilio*, aunque en este caso yo ya lo había definido.

Operaciones de igualdad y de asignación

El compilador de C++, cuando encuentra asignaciones o comparaciones entre objetos en el código, utiliza la definición de estas operaciones por defecto, que realizan comparaciones y copias a nivel de bits.

Esto puede no ser lo que deseamos. Por ejemplo, si un objeto contiene un puntero, a nivel de bits lo que tenemos son direcciones de memoria.

En el caso de que esto no nos alcance, debemos redefinir los operadores de igualdad y/o asignación.

Esto es lo que hice en el ejemplo en el que venimos viendo para redefinir el operador de asignación:

```
Cliente &Cliente :: operator= (const Cliente& otro) {
    delete this->domicilio;
    this->domicilio = NULL;
    Domicilio* d = new Domicilio (*(otro.domicilio));
    this->nombre = otro.nombre;
    this->apellido = otro.apellido;
    this->domicilio = d;
    this->email = otro.email;
}
```

Como vemos, la sobrecarga del operador de asignación no es sencilla. Debí primero limpiar el puntero al domicilio, luego crear otro objeto usando el constructor de copia de la clase *Domicilio*, y finalmente asignar los atributos de a uno.

No fue necesario redefinir la asignación en la clase *Domicilio*.

Una cuestión adicional a tener en cuenta es que el operador de asignación es el único que no se hereda desde las clases descendientes. En esto se comporta como un constructor.

A continuación, redefiní la igualdad y su contrario en la clase *Cliente*:

```
bool operator== (const Cliente& x, const Cliente& y) {
    return (
            (x.nombre == y.nombre) &&
            (x.apellido == y.apellido) &&
            (*(x.domicilio) == *(y.domicilio)) &&
            (x.email == y.email)
    );
}
```

```
bool operator!= (const Cliente& x, const Cliente& y) {
    return !(x==y);
}
```

Y me vi obligado a hacer lo mismo en *Domicilio*:

```
bool operator== (const Domicilio& x, const Domicilio& y) {
    return (
            (x.calle == y.calle) &&
            (x.numero == y.numero) &&
            (x.entre1 == y.entre1) &&
            (x.entre2 == y.entre2) &&
            (x.codigoPostal == y.codigoPostal) &&
            (x.telefono == y.telefono)
    );
}

bool operator!= (const Domicilio& x, const Domicilio& y) {
    return !(x==y);
}
```

El programa que sigue me sirvió para probar todo lo anterior:

```
#include <stdio.h>

#ifndef CLIENTE_H_
#include "Cliente.h"
#endif /*CLIENTE_H_*/

int main( )
{
    Cliente c (
            "Juan", "Pérez",
            "O´Higgins", 1111, "Mendoza", "Blanco Encalada", "C7777ZXW", "41028877",
            "jperez@jperez.com.ar");
    Cliente copia = c;
    Cliente objetivo (
            "", "",
            "", 0, "", "", "", "",
            "");
    objetivo = c;
    cout << c.getNombre( ) << c.getDomicilio( ).getCalle( ) << endl;
    cout << copia.getNombre( ) << copia.getDomicilio( ).getCalle( ) << endl;
    cout << objetivo.getNombre( ) << objetivo.getDomicilio( ).getCalle( ) << endl;
    cout << (copia == c) << endl;
    cout << (objetivo == c) << endl;

    char ch = getchar( );
    return 0;
}
```

Generalidades

Java usa un modelo con referencias estricto, salvo para los objetos declarados explícitamente estáticos y los tipos primitivos. Ni siquiera se permite el uso de punteros gestionados por el programador ni ninguna forma de aritmética de punteros.

La memoria se asigna mediante el operador *new* y se libera automáticamente por un recolector de basura.

Además, todos los objetos de Java se pueden ver como instancias de *Object*, que es la clase base de toda la jerarquía. Y en particular, todas las excepciones descienden de *Exception*.

Chequeos a dos tiempos

Java incluye chequeos tanto en tiempo de compilación como en tiempo de ejecución.

En efecto, el siguiente fragmento va a arrojar errores en tiempo de compilación:

```
Integer x = new Integer(4);
Date d = x;          // error: Date no es un ancestro de Integer
Object o = x;
x = o;               // error: Integer no es un ancestro de Object
int w = 5.3;         // error: no hay promoción de double a int
int y = d.toInt( );  // error: toInt no es un método de Date
```

Pero también ocurrirán errores en tiempo de ejecución, en forma de excepciones, en el fragmento que sigue:

```
Integer x = new Integer(4);
Object o = x;
Date d = (Date) o;          // ClassCastException: en o hay un Integer
int[ ] v = new int[50];
int j = 100; v[j] = 0;      // ArrayIndexOutOfBoundsException: 100 > 49
```

Como consecuencia, el código Java suele ser más robusto, pues cuando ocurren cosas inesperadas el programador se entera. Esto también colabora con la facilidad de desarrollo y mantenimiento.

Constructores

Un constructor, en Java, tiene dos finalidades simultáneas:

- Sirve para dejar a cada objeto en un estado coherente desde el momento de su creación.
- Realiza la inicialización de bajo nivel del objeto.

Para ello, es importante que, en todas las clases que manejen objetos cuyo comportamiento depende del estado, haya un constructor definido por el programador. El constructor por defecto sólo tiene utilidad cuando no nos interese el estado en que queda un objeto apenas creado, lo cual es bastante atípico.

Finalizadores y afines

Dije ya varias veces que en Java existe un recolector de basura que se ocupa de liberar la memoria ocupada por objetos que se han dejado de usar.

Un problema del recolector de basura, es que no se puede asegurar cuándo va a ser invocado, por lo que no se pueden determinar tiempos iguales para procesos iguales ni establecer cuándo se realizan las tareas que se ejecutan al ponerse en funcionamiento el recolector de basura.

Lo que ocurre es que el recolector de basura no tiene toda la funcionalidad de un destructor. De allí que si el programador necesita hacer alguna tarea en correspondencia con la muerte de un objeto, no cuenta con un destructor para hacerlo. Por ejemplo, si se tiene un objeto asociado a una conexión de red, probablemente se quiera que la conexión se libere cuando el objeto se destruya. Con destructores es fácil hacerlo, pues bastaría con incluir el cierre de la conexión en el destructor del objeto. Pero sin destructores debemos manejar ese aspecto en forma manual.

Por eso podemos decir que la recolección de basura, con todas sus ventajas, no siempre nos evita la necesidad de destructores, y hace más difícil implementarlos.

Java propone algo que es una solución a medias: hay un método *finalize* en la clase *Object* que se puede redefinir para cada clase[128], y que es invocado automáticamente cuando se activa el recolector de basura.

¿Por qué decimos que es una solución a medias? En realidad, dada la naturaleza automática del recolector de basura, nadie puede decir cuándo se activará, y en un programa pequeño, o corriendo en una computadora con mucha memoria disponible, tal vez no ocurra nunca. En ese caso, no sabemos cuándo se harán las tareas asociadas a la muerte del objeto o si se harán alguna vez. Por lo tanto, *finalize* no es tampoco un destructor: decimos que es un *"finalizador"*[129].

Encima, hay otros problemas de los finalizadores:

- Agregan ineficiencias de ejecución: evidentemente, es más fácil para el recolector correr sin hacer nada que estar verificando lo que le piden los finalizadores.
- Como no se sabe en qué orden se van a liberar los objetos, si un finalizador llama al de otro objeto, éste puede estar ya destruido. Por eso, no es conveniente que un finalizador llame nunca a otro, ni siquiera al de un objeto contenido.

De allí que el finalizador sea un recurso que no se usa demasiado.

Java tiene un método *System.gc*, que activa al recolector de basura en forma obligatoria. Se supone que la JVM responde a una invocación de este método haciendo su mejor esfuerzo para liberar todos los objetos que no se necesiten más. Notemos que éste es un trabajo pesado, que puede llevar mucho tiempo. No es muy útil el método *gc*, sino como una forma de invocar indirectamente a todos los métodos *finalize* definidos. También puede servir si en algún momento durante la ejecución de un sistema se llega al punto en que se sabe que se van a crear muchos objetos en forma consecutiva y que, por lo tanto, se va a precisar una gran cantidad de memoria.

Otra posibilidad es usar el método *System.runFinalization*, que provoca que la JVM haga su mejor esfuerzo para invocar a los finalizadores de los objetos que estén para ser recolectados pero sus finalizadores aún no hayan sido invocados.

Los objetos que tienen finalizadores se promocionan automáticamente a generaciones más antiguas de recolección, por razones de desempeño[130]. Esto, de nuevo, da dos razones adicionales para no utilizar finalizadores: vamos a tener más memoria ocupada que sin ellos es muy probable que no se los invoque nunca.

Mecanismos para controlar aspectos de la recolección de basura

Según lo que ya expliqué, cuando no hay ninguna referencia a un objeto, el recolector de basura lo puede reclamar.

Pero a veces hay objetos que se puede querer eliminar aunque todavía tengan referencias. Por ejemplo, puede que una aplicación esté guardando imágenes que se utilizan en diversas partes del programa para algún mecanismo tipo caché, pero que perfectamente las puede volver a cargar de disco o de una red si fuera necesario. En ese caso, antes de que se termine la memoria disponible, nos conviene destruir esos objetos para evitar el colapso del programa, sabiendo que volverlos a cargar sólo provocará un aumento del tiempo de cómputo.

Para facilitar estas cosas, Java provee una familia de clases en el paquete *java.lang.ref*. En el mismo, hay una clase abstracta *Reference*, que permite definir objetos que sólo son referencias a otros objetos, y tres subclases principales: *SoftReference*, *WeakReference* y *PhantomReference*.

En función de estas tres clases, se definen grados de alcance de un objeto, con distintos modos de comportamiento del recolector de basura ante ellos:

Grado de alcance	Significado	Comportamiento del recolector de basura
Fuerte	Se puede alcanzar al menos mediante una cadena de referencias fuertes o normales.	No puede recogerlo.
SoftReference	No es fuertemente alcanzable, pero es alcanzable al menos por una cadena que contiene referencias SoftReference.	Lo borrará siempre antes de quedarse sin memoria disponible.
WeakReference (débil)	No es alcanzable mediante una SoftReference, pero es alcanzable al menos por una cadena que contiene referencias WeakReference.	Lo recogerá siempre que pueda, en general cuando haya tiempos muertos de la aplicación.
PhantomReference	No es débilmente alcanzable, pero es alcanzable al menos por una cadena que contiene referencias PhantomReference.	Son objetos para los cuales ya se llamó el finalizador, y por lo tanto serán borrados a la brevedad.
Inalcanzable	No se lo puede alcanzar de ninguna manera.	Idem objetos fantasma.

Volviendo al problema que cité al principio del ítem, probablemente los gráficos mantenidos en una memoria caché deberían ser apuntados por una referencia *SoftReference*, de modo que cuando el sistema se esté por quedar sin memoria, los elimine, pero no antes.

Para ver la forma de trabajo con la clase *Reference* y sus derivadas, se aconseja consultar la documentación en línea en el sitio de Java en Sun.

Java define también una colección especial denominada *WeakHashMap*, que no es otra cosa que un *HashMap* cuyas referencias a las claves son de tipo *WeakReference*.

Igualdad e identidad

Otro problema clásico del modelo de referencias es el significado de la igualdad. En general, una expresión del tipo *x == y* no implica que ambos objetos tengan el mismo contenido, sino que sus referencias sean iguales. Es decir, *x == y* va a ser verdadero solamente cuando *x* e *y* sean el mismo objeto.

Para comparar valores tendremos que proceder de otra manera: incluyendo métodos para determinar igualdad y desigualdad en las clases en que nos interese. Una buena solución, en Java, es redefinir el método *equals* de la clase *Object*.

Asignación y clonación

Java tiene, como es esperable, un operador de asignación. Sin embargo, la asignación común y corriente – como ya vimos – asigna referencias. Tampoco funciona el esquema del constructor de copia de C++.

Cuando se quiere copiar el estado de un objeto en otro hay que recurrir a la **clonación**. Esta es una solución que permite, no sólo copiar el contenido de los objetos, sino incluso hacer *copias profundas*.

Esto que acabo de decir es importante. Observemos que si copiamos un objeto de tipo *String*, la copia de los valores va a ser bien simple, pues lo único que se desea es que se copien los caracteres almacenados en el *String*. Empero, si se desea copiar un objeto compuesto, una *Elipse* del tipo de la que definimos en nuestro ejercicio resuelto, nos encontraremos que se copiarán bien todos los valores de los atributos menos el atributo *centro*, ya que éste es un objeto de clase *Punto*, y por lo tanto copiaremos su referencia. Tal vez esto sea lo deseado, pero si no, deberíamos también asegurar que los objetos referenciados sean copiados. Algo parecido pasaría con una colección, como una *LinkedList* o un arreglo primitivo de referencias.

Por eso, decimos que hay una **copia profunda** cuando se copia un objeto compuesto, arrastrando copias de los objetos contenidos. En los casos en que sólo se copian las referencias contenidas decimos que se trata de una **copia superficial**.

Java implementa un método *clone* en la clase base *Object*, protegido. Este método no hace más que copiar un *Object*, por lo que debe ser redefinido como público en cada clase descendiente que desee que sus objetos sean clonables. La condición de protegido del método de *Object* asegura que todas las clases son por defecto no clonables, salvo que tengan algún ancestro clonable.

El *clone* de *Object* asegura que se copien todos los bits del objeto, por lo que el *clone* redefinido debe ser público y asegurarse de llamar siempre a *super.clone( )*. Adicionalmente, la clase cuyos objetos sean clonables debe implementar la interfaz *Cloneable*: de no ser así, se disparará la excepción *CloneNotSupportedException*. De todas maneras, esta interfaz no implica la implementación de ningún método, ya que es sólo una interfaz de marcado.

La forma más sencilla de implementar la clonación se muestra en el fragmento siguiente:

```
public class B extends A implements Cloneable {

  public Object clone( ) throws CloneNotSupportedException {
          return super.clone( );      // igual que decir return this.super.clone( );
  }

  // ... atributos y métodos adicionales ...
```

```
}
```

Como vemos, el método *clone* devuelve un *Object*, así que cuando hagamos uso de él, debemos realizar una transformación explícita de tipos, como en:

```
Tipo w = (Tipo) v.clone( );
```

Cuando se trata de clonar objetos compuestos, como contenedores, colecciones o arreglos de objetos, deberemos implementar *clone* haciendo que se llame el *clone* de cada objeto contenido. Si así no lo hiciéramos, lograríamos solamente copiar las referencias de cada objeto contenido. Y para que esto ocurra, los propios elementos deberán ser clonables.

Al final del capítulo hay un ejercicio que muestra el uso de la clonación.

Por lo tanto, si deseamos que las instancias de una clase sean clonables, debemos hacer lo siguiente:

- Redefinir *clone* como público, y que llame a *super.clone()*.
- Si deseo una copia profunda, implementarla luego de la llamada a *super.clone()*.
- Implementar *Cloneable* en la clase respectiva.

Si una clase admite la clonación, por defecto la admitirán todas sus clases descendientes, aunque si no redefinimos el método *clone* puede no funcionar bien. Pero si queremos que una clase no sea clonable aunque tenga ancestros clonables, podemos redefinir el método *clone*, y haciendo que lance la excepción *CloneNotSupportedException*.

Hay muchos casos en que puedo querer que no se copie el estado de un objeto. Pensemos, por ejemplo, en el patrón Singleton, que desvirtuaríamos si permitimos clonarlo.

Una variante es clonar mediante una serialización seguida de una hidratación (ver en el capítulo de persistencia), pero esto es más costoso en términos de tiempos de ejecución. No obstante, puede ser una forma más sencilla de implementarla en los casos en que la clonación no fue prevista por los desarrolladores de la clase[131]

MODELO DE DATOS EN C#: EL PRAGMATISMO DEL MODELO MIXTO

La jerarquía de tipos

La jerarquía de tipos de C# es también de raíz única, como la de Java, pero es bastante más complicada.

En la base de la jerarquía está la clase *System.Object*, o simplemente *object*. Todos los tipos descienden de ésta.

Los tipos por valor son los declarados como *struct* y las enumeraciones. Los primeros derivan de *System.ValueType*, que a su vez deriva de *System.Object*. Las enumeraciones son todas descendientes de *System.Enum*, derivada a su vez de *System.ValueType*, lo que a su vez las hace derivadas de *System.Object*.

Los tipos por referencia son las clases declaradas con la palabra *class*, los delegados y los arreglos primitivos.

Las clases derivan todas de *System.Object*. En particular, las excepciones derivan de *System.Exception* y las anotaciones de *System.Attribute*.

Los delegados derivan de *System.Delegate*, y los delegados de invocación múltiple de *System.MulticastDelegate*, que a su vez deriva de aquélla.

Todos los arreglos derivan de *System.Array*, y por su intermedio de *System.Object*.

Soy consciente de que un diagrama podría ser más claro. Por lo tanto, el que sigue muestra las dependencias que expuse recién:

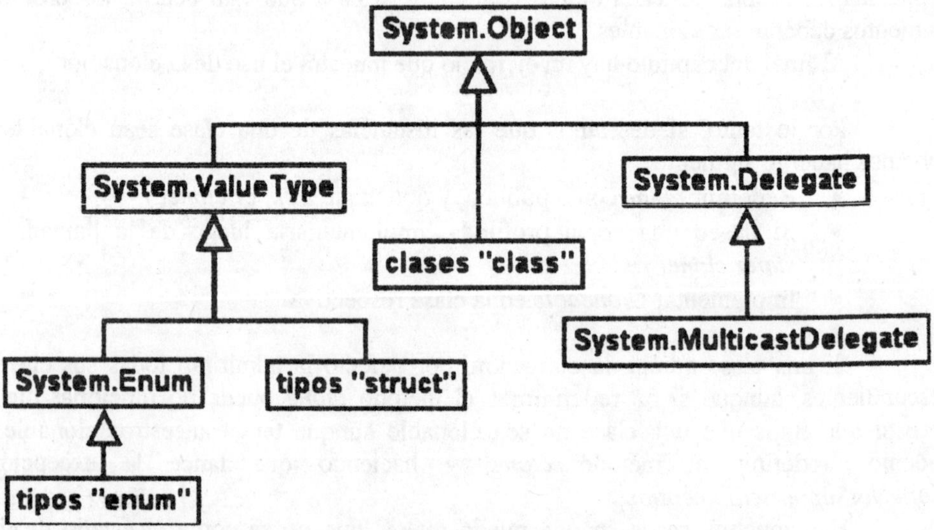

Los tipos por referencia y parecidos con Java

En el manejo de tipos por referencias, C# trabaja de forma muy parecida a Java:

- Posee con un recolector de basura similar al de Java en sus prestaciones.
- Cada clase tiene un constructor que realiza la inicialización del objeto a bajo nivel.
- Pueden definirse destructores, que salvo por la cuestión de la sintaxis son lo mismo que los finalizadores de Java.
- La comparación de objetos se hace – salvo que se defina lo contrario – por sus referencias.
- La asignación crea referencias al mismo objeto.
- Hay definido un método *Equals* para comparar objetos por su estado y un método *Clone* para realizar copias de objetos.

No obstante este parecido nada casual, hay algunas leves diferencias que analizaré luego.

Los tipos por valor y parecidos con C++

En cuanto a los tipos por valor, C# es parecido a C++:

- Aloja los objetos en la pila.
- Los objetos existen mientras existe la variable respectiva, y ésta a su vez está limitada al ámbito en que fue declarada.
- Se pueden sobrecargar los operadores de comparación.

Sin embargo, hay diferencias. Las principales son:

- Hay punteros y aritmética de punteros, pero su uso está desaconsejado.
- No hay una tabla de métodos virtuales que se vincule en el constructor: los tipos por valor no son polimorfos.
- Los constructores sólo tienen una función de inicialización.
- No existe el concepto de constructor de copia.

Igualdad e identidad

Siguiendo lo que vimos en otros lenguajes, y teniendo en cuenta el modelo mixto de .NET, se esperaría que los operadores == y != comparen referencias en tipos por referencia y valores en tipos por valor. Pero lamentablemente las cosas no son tan sencillas.

Lo que pasa es que C#, a la vez que no admite comparaciones con == y != para tipos por valor en forma nativa, permite que se redefinan los operadores de comparación. Esto es una facilidad para poder implementar tipos que se comparen por valor usando clases. Y aquí empezó el problema, porque muchos programadores sobrecargaron los operadores de comparación para comparar estado de cualquier tipo de objetos. El inconveniente es que hoy no sabemos, sin recurrir a la documentación, si cuando escribimos == estamos comparando valores o referencias.

Por suerte, hay una salida. Existe un método virtual en *Object*, llamado *Equals*, que hace lo mismo que el *equals* de Java: compara el estado de dos objetos, y se lo puede redefinir en las clases en las que trabajemos. Mi recomendación es usar *Equals* cada vez que queramos comparar estado, y olvidarnos de la sobrecarga de los operadores de comparación.

Asimismo, hay otro método virtual en *Object* llamado *ReferenceEquals*, que compara referencias. De nuevo, mi consejo es usar *ReferenceEquals* en vez de == y !=.

Todos estos elementos de C# parecen tomados de Simula, que proveía símbolos distintos para comparación de referencias y de estados, y asignación de referencias y de estados.

Clonación

En C# no se puede redefinir el operador de asignación. Por lo tanto, la asignación funciona como se espera: copia referencias en tipos por referencia y valores en tipos por valor.

Para realizar copias del estado de un objeto en tipos por referencia existe la clonación.

Por suerte, la implementación de clonación en C# es más sencilla que la de Java, y más elegante. .NET provee una interfaz *ICloneable*, que expone un único método *Clone*:

```
public interface ICloneable {
  public object Clone( );
}
```

De este modo, si deseamos que nuestras clases tengan instancias clonables, debemos implementar esta interfaz. El problema, por lo tanto, se reduce a esta implementación. Sin embargo, tampoco es tan sencillo.

C# nos provee un método protegido *MemberwiseClone* en la clase *System.Object*, que se puede utilizar en algunos casos. Supongamos que implementamos, en nuestra clase *Elipse*, el método *Clone* así:

```
public object Clone( ) {
    return this.MemberwiseClone( );
}
```

Luego podríamos invocarlo:

```
Elipse e1 = new Elipse(2,1,p,0);
Elipse e2 = (Elipse)e1.Clone( );
```

Hay autores que proponen, para evitar la transformación de tipos y los errores a los que propende, delegar en otro *Clone* que devuelva un valor del tipo en cuestión, dejando el *Clone* que devuelve *Object* con visibilidad protegida y el nuevo como público:

```
protected object IClonable.Clone( ) {
    return this.Clone( );
}

public Elipse Clone( ) {
    return (Elipse)(this.MemberwiseClone( ));
}
```

Pero, lamentablemente, esto no resuelve el problema si parte de la *Elipse* es una referencia a otro objeto. Ocurre que *MemberwiseClone* sólo hace una copia atributo a atributo, por lo que los atributos *radioMayor*, *radioMenor* y *anguloRadioMayor* se copiarían sin problema. Pero si el atributo *centro* es una instancia de *Punto*, y éste es un tipo por referencia, se copiaría la referencia solamente, haciendo una copia superficial.

Podríamos creer que la solución está en redefinir *MemberwiseClone*, pero éste es un método protegido y no virtual, así que no es posible.

La mejor solución para esto es hacer la copia atributo a atributo en forma explícita, clonando los atributos que sean referencias. Para eso, es necesario que *ICloneable* esté implementada también en las clases de los atributos y en todas las clases ancestros.

Al igual que en Java, una variante es clonar mediante una serialización seguida de una hidratación. También se puede utilizar reflexión para hacer una copia profunda.

Una cuestión metodológica adicional. Se presume que el método *Clone* que implementamos en nuestras clases debería garantizar la copia profunda, y esto es lo que proclamamos a nuestros clientes que ven que implementamos *ICloneable*. Sin embargo, esto no es algo que pueda ser obligatorio, ya que cualquier interfaz es sólo una convención. Para colmo de males, existen varias implementaciones de *Clone* en el marco .NET que hacen copias superficiales.

Referencias con recolección inmediata

Si bien C# define que la memoria ocupada por objetos por referencia se libera automáticamente con un recolector de basura, se puede modificar esto utilizando la cláusula *using*, en clases que implementen *System.IDisposable*. De esta manera, el programador puede controlar cuándo libera memoria. Veamos el siguiente ejemplo:

```
// suponemos que Elipse y Fraccion implementan IDisposable
using ( Elipse E = new Elipse(5.1,6.3), Fraccion F = new Fraccion(2,3) ) {
   // E y F fueron creados y se pueden usar
   E.Dibujar( );
   Console.WriteLine(F);
}
// la memoria de E y F fue liberada y no existen más
```

La interfaz *IDisposable* expone un método *Dispose*, que es el que se invoca a la salida del bloque *using*. Se puede redefinir este método *Dispose* para liberar recursos que no sean memoria y lograr un comportamiento de destructor a la manera de C++. Dejo esto a cargo del lector.

Lo que ocurre, en realidad, es que usar la cláusula *using* es lo mismo que colocar el uso de un objeto de una clase que implemente *IDisposable* dentro de un bloque *try*, colocando la llamada al método *Dispose* en la parte *finally*.

Es decir, el siguiente fragmento:

```
try {
   Dispo D = new  Dispo( ); // Dispo debe implementar IDisposable
   using(D) {
         // usamos D
   }
}
```

tiene el mismo comportamiento que:

```
try {
   Dispo D = new  Dispo( ); // Dispo debe implementar IDisposable
   try {
         // usamos D
   }
   finally {
         if (D != null)
               D.Dispose( );
   }
}
```

Si bien en la mayor de las situaciones se prefiere confiar en el recolector de basura, hay que reconocer que el uso de la interfaz *IDisposable* nos permite implementar la funcionalidad de los destructores sin demasiados inconvenientes.

Existen patrones, que hacen que C# provea las ventajas de C++ y de Java simultáneamente aun con tipos por referencia.

Tipos en tiempo de ejecución y orientación a objetos

En general, en POO no es demasiado común utilizar información de tipos en tiempo de ejecución. De hecho, puede ser un indicio de problemas, por lo que siempre hay que analizar si es realmente necesario su uso.

Hay dos problemas que suele causar el uso de RTTI:

- Compromete la extensibilidad.
- Evita el uso de polimorfismo.

El primer problema surgió en el método del principio del capítulo:

```
// dentro de la clase Figura:
public Punto algunaPosicion ( ) {
   if (this instanceof Elipse)
         return ((Elipse) this).getCentro( );
   if (this instanceof Poligono)
         return ((Poligono) this).getContorno( )[0];
   throw new IllegalArgumentException( );
}
```

Claramente, este método va a funcionar mal con cualquier nueva clase descendiente de *Figura* que se agregue, salvo que podamos cambiarlo, lo cual – dicho sea de paso – violaría el principio abierto-cerrado.

La mejor solución sería dejar el método *algunaPosicion* como abstracto, y redefinirlo en cada clase descendiente para que haga lo que corresponda en la misma. En este caso, habría tres métodos *algunaPosicion*, uno en cada clase.

El de la clase *Figura* sería abstracto:

```
public abstract Punto algunaPosicion;
```

El de *Elipse* sería:

```
public Punto algunaPosicion ( ) {
         return this.getCentro( );
}
```

Y el de *Poligono*:

```
public Punto algunaPosicion ( ) {
         return this.getContorno( )[0];
}
```

El segundo problema se puede ver en casos como el del fragmento que sigue:

```
if (x instanceof Elipse) ((Elipse)x).dibujar( );
```

Este es un claro indicio de que el programador no sabe mucho de POO. Código como este siempre se puede reemplazar con:

```
x.dibujar( );
```

En la medida en que haya un método *dibujar* en la clase ancestro y lo redefinamos en *Elipse*. Esto es polimorfismo, lo vimos hace ya bastantes capítulos, y no debemos olvidarnos de que es uno de los pilares fundamentales de la POO.

En la situación más habitual como programadores dentro del paradigma de objetos, tratamos de ignorar el tipo exacto de un objeto para poder abstraernos del mismo, y poder escribir código más genérico. El polimorfismo se ocupará del resto, trabajando a favor nuestro.

El abuso de uso de información de tipos en tiempo de ejecución es típico de programadores procedimentales que se encuentran por primera vez con un lenguaje de POO.

Precisamente por eso hemos dejado este tema hasta tan avanzado el libro: porque el uso del mismo es algo excepcional.

Modelos de datos, memoria y orientación a objetos

Respondiendo a lo planteado en la introducción del capítulo, POO no implica necesariamente un modelo de datos o de administración de memoria.

No obstante, en líneas generales, los lenguajes que se proclaman auténticamente orientados a objetos han elegido un modelo de referencias y de liberación automática de memoria. Esto tiene que ver con que la POO pretende modelar objetos del mundo real, y en el mundo real lo más común es que los objetos estén relacionados de maneras bastante complejas y dinámicas, lo que se lleva mejor con un modelo de referencias. La recolección automática, en este marco, es una facilidad muy valiosa.

Existen lenguajes, como C#, que han preferido mantener un modelo mixto. Esta es indudablemente una buena idea. No obstante, puede ser confuso para el programador si – como en C# – no hay nada que le diga si un objeto es instancia de un tipo por referencia o uno por valor.

El modelo de C++ es, lamentablemente, bastante complejo para POO. Si bien el primer lenguaje de POO – que, contrariamente a lo que muchos creen, es Simula y no Smalltalk – manejaba los objetos de igual manera que C++, el tipo y la magnitud de aplicaciones que se construyen hoy lo hacen un modelo muy costoso en tiempos de desarrollo, depuración y mantenimiento.

No obstante lo dicho, en este libro he elegido comparar tres enfoques: el de Java, el de C++, y el mixto a la manera de C#.

Lo que no he cubierto, y que sería muy interesante si fuera el objetivo del libro, son los lenguajes interpretados y los lenguajes sin tipos. En estos lenguajes, que muchas veces coinciden, los objetos se suelen manejar por referencias, hay recolección de basura, y el polimorfismo se da de manera directa.

Comprobación y lenguajes

Lo que habría que preguntarse es: cuáles son las ventajas de la comprobación, y si conviene más o menos comprobación estática, o más o menos comprobación dinámica.

La comprobación es – indudablemnte – una ventaja. Que el compilador compruebe tipos y valores permitidos, o bien introduzca en el programa ejecutable chequeos, permite que el programador trabaje más relajado y – en definitiva – cometa menos errores. Esto se traduce en un menor costo de desarrollo.

Sin embargo, que sea una ventaja no implica que no tenga sus debilidades. Éstas vienen por el lado de la eficiencia y por el lado de la flexibilidad. Y varios lenguajes – invocando razones de eficiencia o de flexibilidad – limitan las comprobaciones posibles.

El mejor ejemplo de la primacía del desempeño es – no podía ser otro – el de C++. Por eso, este lenguaje prefiere realizar todos los chequeos que le sea posible en tiempo de compilación, pero no sobrecarga casi nada al programa que va a ejecutarse con código de comprobación, logrando de este modo que los programas utilicen menos recursos y corran más rápido.

Hay también lenguajes que invocan cuestiones de flexibilidad. Entre estos destacan los lenguajes sin tipos y los débilmente tipados. Python, Smalltalk, Ruby y otros, priorizan la flexibilidad en el diseño a la seguridad en tiempo de ejecución. Normalmente se trata de lenguajes que no se compilan, por lo que la única posibilidad que les queda es chequear en tiempo de ejecución.

En lo personal, y como regla general, prefiero la mayor cantidad de comprobación posible, estática y dinámica, incluyendo advertencias del compilador sobre posibles usos erróneos que pueda estar haciendo sobre tipos y objetos. Desde ya, me gusta tener programas eficientes; pero si debo priorizar, privilegio mi tiempo de desarrollo. De hecho, a medida que pasan las décadas, el único costo que aumenta es la hora de desarrollador, mientras que el costo del hardware en general, baja a un ritmo impresionante. Por lo tanto, mi postura es cada vez más compartida.

Sin embargo, como es un hecho que se requieren programas con buen desempeño, es deseable tener mecanismos que – en determinadas circunstancias y en ciertos fragmentos críticos de la aplicación – permitan eliminar comprobaciones. Lamentablemente, esto no es algo demasiado habitual.

Entre comprobar en tiempo de compilación o de ejecución, es preferible comprobar lo más posible en forma estática. Una antigua regla del desarrollo de software enfatiza que cuanto más temprano se descubra la existencia de un error, menor será el costo de repararlo. Por eso la comprobación en tiempo de compilación es fundamental. Claro, eso siempre y cuando haya compilación… y sin olvidarnos de la comprobación dinámica cuando la estática no pueda realizarse.

EJERCICIOS DE EJEMPLO

Reflexión (Java)

Hay ocasiones en que necesitamos tener información de clases, a partir del código compilado, para realizar ciertas tareas con ella.

Por ejemplo, si estuviésemos programando una herramienta de ingeniería inversa que debe construir diagramas de UML a partir de clases en Java, esta herramienta deberá encontrar información de las clases a partir del código compilado. Una solución sería obtener la información que se desee por reflexión, generando luego un archivo XMI[132] que permita a un graficador compatible hacer el diagrama respectivo.

Mi meta es menos ambiciosa, aunque puede ser un primer paso en el sentido de la solución del graficador. Voy a obtener, por reflexión, todos los elementos públicos de una clase, y construir una cadena de caracteres XML que los represente.

Para ello usaré la siguiente clase:

```
// Reflector.java
package carlosfontela.reflexion;

import java.lang.reflect.*;

public class Reflector {

  // clase interna:
  private class Atributo {
        public String visibilidad;
        public String nombre;
        public String tipo;
        public String deClase;
  }

  // clase interna:
  private class Metodo {
        public String abstracto;
        public String visibilidad;
        public String nombre;
        public String tipo;
        public String deClase;
        public String[ ] tipoParametro;
  }

  private Class clase;

  public Reflector (Class clase) {
        this.clase = clase;
  }

  public Reflector (String nombreClase) throws ClassNotFoundException {
        this.clase = Class.forName(nombreClase);
  }

  private String getNombre( ) {
        return clase.getName( );
  }

  private String esAbstracta( ) {
        int calificadores = clase.getModifiers( );
        boolean abstracta = Modifier.isAbstract(calificadores);
        if (abstracta)
              return "sí";
        else return "no";
  }

  private String getEstereotipo( ) {
        if (clase.isInterface( ))
              return "interfaz";
        else if (clase.isEnum( ))
              return "enumeración";
        else if (clase.isPrimitive( ))
              return "tipo primitivo";
```

```
        else if (clase.isAnnotation( ))
                return "anotación";
        else return "no";
}

private static boolean esConstante (Field atributoReflejado) {
        if ((atributoReflejado.toString( ).indexOf("final") > -1) ||
                        (atributoReflejado.isEnumConstant( )))
                return true;
        else return false;
}

private static String esDeClase (int calificadores) {
        boolean deClase = Modifier.isStatic(calificadores);
        if (deClase)
                return "sí";
        else return "no";
}

private static String visibilidad (int calificadores) {
        if (Modifier.isPublic(calificadores))
                return "pública";
        else if (Modifier.isPrivate(calificadores))
                return "privada";
        else if (Modifier.isProtected(calificadores))
                return "protegida";
        else return "paquete";
}

private Atributo[ ] getAtributos( ) {
        Field[ ] atributosReflejados = clase.getDeclaredFields( );
        int cantidadAtributos = 0;
        for (int i = 0; i < atributosReflejados.length; i++)
                if (! esConstante (atributosReflejados[i]))
                        cantidadAtributos++;
        Atributo[ ] atributos = new Atributo[cantidadAtributos];
        int pos = 0;
        for (int i = 0; i < atributosReflejados.length; i++)
                if (! esConstante (atributosReflejados[i])) {
                        atributos[pos] = new Atributo( );
                        atributos[pos].nombre = atributosReflejados[i].getName( );
                        atributos[pos].tipo = atributosReflejados[i].getType( ).getSimpleName( );
                        atributos[pos].visibilidad = visibilidad(atributosReflejados[i].getModifiers( ));
                        atributos[pos].deClase = esDeClase(atributosReflejados[i].getModifiers( ));
                        pos++;
                }
        return atributos;
}

private static String esAbstracto (Method metodoReflejado) {
        int calificadores = metodoReflejado.getModifiers( );
        boolean abstracto = Modifier.isAbstract(calificadores);
        if (abstracto)
                return "sí";
        else return "no";
}

private Metodo[ ] getMetodos( ) {
```

```
        Method[ ] metodosReflejados = clase.getDeclaredMethods( );
        Metodo[ ] metodos = new Metodo[metodosReflejados.length];
        for (int i = 0; i < metodos.length; i++) {
                metodos[i] = new Metodo( );
                metodos[i].nombre = metodosReflejados[i].getName( );
                metodos[i].tipo = metodosReflejados[i].getReturnType( ).getSimpleName( );
                metodos[i].abstracto = esAbstracto(metodosReflejados[i]);
                metodos[i].visibilidad = visibilidad(metodosReflejados[i].getModifiers( ));
                metodos[i].deClase = esDeClase(metodosReflejados[i].getModifiers( ));
                Class[ ] tiposParametrosReflejados = metodosReflejados[i].getParameterTypes( );
                metodos[i].tipoParametro = new String [tiposParametrosReflejados.length];
                for (int j = 0; j < tiposParametrosReflejados.length; j++)
                        metodos[i].tipoParametro[j] = tiposParametrosReflejados[j].getSimpleName( );
        }
        return metodos;
}

private String encabezadoClaseXML ( ) {
        return
                "<clase nombre = \"" + getNombre( ) +
                "\" abstracta = \"" + esAbstracta( ) +
                "\" estereotipo = \"" + getEstereotipo( ) +
                "\" >";
}

private String cierreClaseXML ( ) {
        return "</clase>";
}

private String atributosXML ( ) {
        String atributos = "<atributos>";
        for (int i= 0; i < getAtributos( ).length; i++)
                atributos += atributoXML(getAtributos( )[i]);
        atributos += "</atributos>";
        return atributos;
}

private static String atributoXML (Atributo atributo) {
        return
                "<atributo nombre = \""+ atributo.nombre +
                "\" tipo = \"" + atributo.tipo +
                "\" visibilidad = \"" + atributo.visibilidad +
                "\" de_clase = \"" + atributo.deClase +
                "\" />";
}

private String metodosXML ( ) {
        String metodos = "<metodos>";
        for (int i= 0; i < getMetodos( ).length; i++)
                metodos += metodoXML(getMetodos( )[i]);
        metodos += "</metodos>";
        return metodos;
}

private static String metodoXML (Metodo metodo) {
        String metodoS =
                "<metodo nombre = \"" + metodo.nombre +
                "\" tipo_devuelto = \"" + metodo.tipo +
```

```
                "\" abstracto = \"" + metodo.abstracto +
                "\" visibilidad = \"" + metodo.visibilidad +
                "\" de_clase = \"" + metodo.deClase + "\" >";
        for (int i = 0; i < metodo.tipoParametro.length; i++)
                metodoS += ("<parametro_tipo = \"" + metodo.tipoParametro[i] + "\" />");
        return metodoS + "</metodo>";
  }

  public String claseXML ( ) {
        return encabezadoClaseXML( ) +
                atributosXML( ) +
                metodosXML( ) +
                cierreClaseXML( );
  }
}
```

Como prueba, corrí el siguiente programa:

```
// PruebaReflector.java
package carlosfontela.pruebas;

import carlosfontela.reflexion.Reflector;

public class PruebaReflector {

   public static void main (String [ ] p) {
          Reflector r = null;
          try {
                 r = new Reflector ("carlosfontela.geometria.Punto");
          }
          catch (ClassNotFoundException e) {
                 System.out.println("No se encontró la clase");
          }
          String xml = r.claseXML( );
          System.out.println(xml);
   }

}
```

Y el resultado obtenido fue:

```
<clase nombre = "carlosfontela.geometria.Punto" abstracta = "no" estereotipo = "no" >
<atributos>
<atributo nombre = "coordX" tipo = "double" visibilidad = "privada" de_clase = "no" />
<atributo nombre = "coordY" tipo = "double" visibilidad = "privada" de_clase = "no" />
</atributos>
<metodos>
<metodo nombre = "setX" tipo_devuelto = "void" abstracto = "no"
 visibilidad = "pública" de_clase = "no" >
<parametro_tipo = "double" />
</metodo>
<metodo nombre = "setY" tipo_devuelto = "void" abstracto = "no"
 visibilidad = "pública" de_clase = "no" >
<parametro_tipo = "double" />
</metodo><metodo nombre = "trasladar" tipo_devuelto = "void" abstracto = "no"
 visibilidad = "pública" de_clase = "no" >
```

```
<parametro_tipo = "double" />
<parametro_tipo = "double" />
</metodo>
<metodo nombre = "distancia" tipo_devuelto = "double" abstracto = "no"
 visibilidad = "pública" de_clase = "no" >
<parametro_tipo = "Punto" />
</metodo>
<metodo nombre = "toString" tipo_devuelto = "String" abstracto = "no"
 visibilidad = "pública" de_clase = "no" >
</metodo>
<metodo nombre = "getX" tipo_devuelto = "double" abstracto = "no"
 visibilidad = "pública" de_clase = "no" >
</metodo>
<metodo nombre = "getY" tipo_devuelto = "double" abstracto = "no"
 visibilidad = "pública" de_clase = "no" >
</metodo>
</metodos>
</clase>
```

Reflexión (C#)

En un principio, en este ejemplo debería repetir el ejercicio hecho en Java. Sin embargo, sería casi una repetición con cambio de sintaxis, y sobre un ejercicio que es bastante verborrágico.

Sin embargo, hay algunas cuestiones que me parecen importantes. La primera es que C# considera a las propiedades como métodos. De hecho, usé una clase *Reflector* similar a la de Java sobre la clase *CarlosFontela.Geometria.Punto*, que escribimos hace ya mucho en C#. No le pedí que reflejara las propiedades, pero sí todos los métodos, con el método que sigue:

```
private Metodo[ ] getMetodos( ) {
   MethodInfo[ ] metodosReflejados = clase.GetMethods(
                                         BindingFlags.DeclaredOnly |
                                         BindingFlags.NonPublic |
                                         BindingFlags.Public |
                                         BindingFlags.Instance |
                                         BindingFlags.Static);
   Metodo[ ] metodos = new Metodo[metodosReflejados.Length];
   for (int i = 0; i < metodos.Length; i++) {
         metodos[i] = new Metodo( );
         metodos[i].nombre = metodosReflejados[i].Name;
         metodos[i].tipo = metodosReflejados[i].ReturnType.Name;
         metodos[i].abstracto = esAbstracto(metodosReflejados[i]);
         metodos[i].visibilidad = visibilidad(metodosReflejados[i]);
         metodos[i].deClase = esDeClase(metodosReflejados[i]);
         ParameterInfo[ ] parametrosReflejados = metodosReflejados[i].GetParameters( );
         metodos[i].tipoParametro = new String [parametrosReflejados.Length];
         for (int j = 0; j < parametrosReflejados.Length; j++)
               metodos[i].tipoParametro[j] = parametrosReflejados[j].ParameterType.Name;
   }
   return metodos;
}
```

Y en la sección *metodos* del XML obtuve cuatro supuestos métodos *get_X*, *set_X*, *get_Y* y *set_Y*, que en realidad corresponden a las propiedades *X* e *Y*, definidas en *Punto*.

La otra observación importante es que en C# sólo se pueden reflejar las clases que estén en el mismo ensamblaje, limitación que en Java no existe.

Finalmente, debo reconocer que el código en C# es bastante más legible que en Java, lo cual se puede ver fácilmente comparando los métodos *getMetodos* en ambos lenguajes.

Clonación (Java)

Voy a comprobar el funcionamiento de la clonación en Java con la misma red de objetos de cuentas y clientes que utilizamos en el ejemplo del capítulo de persistencia.

La red de objetos a clonar será:

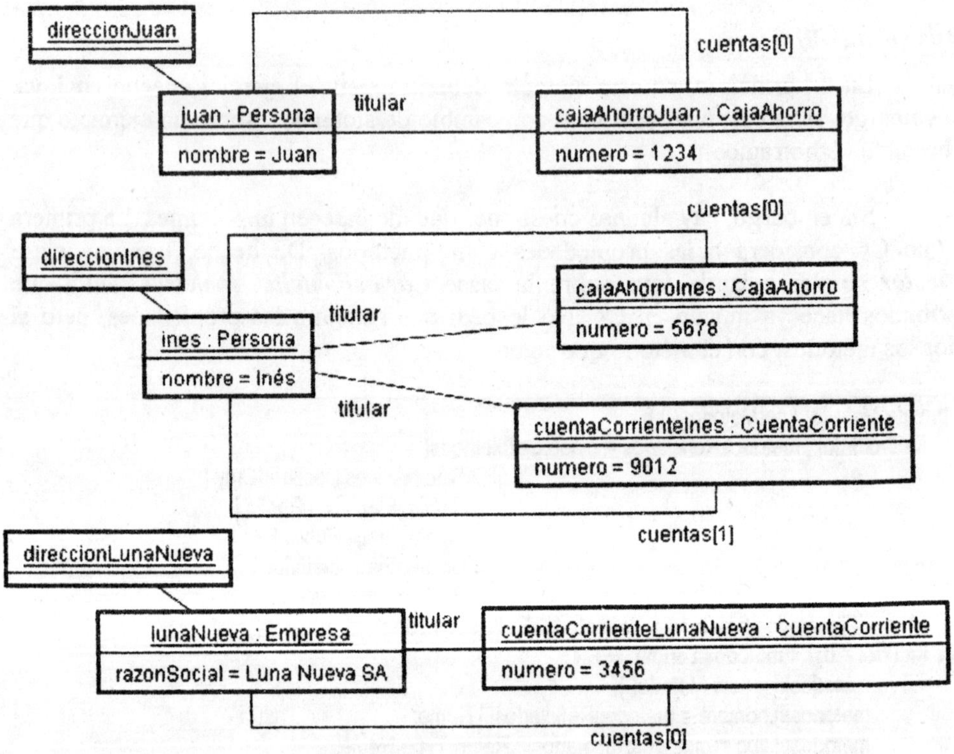

Por lo tanto, el programa de prueba será:

```
package carlosfontela.pruebas;

import junit.framework.TestCase;
import carlosfontela.cuentas.*;

public class PruebaClonacionCuentasClientes extends TestCase {

    private CuentaBancaria cajaAhorroJuan;
    private CuentaBancaria cuentaCorrienteInes;
    private CuentaBancaria cajaAhorroInes;
```

```java
private CuentaBancaria cuentaCorrienteLunaNueva;
private Cliente juan;
private Cliente ines;
private Cliente lunaNueva;

private Cliente juan2;
private Cliente ines2;
private Cliente lunaNueva2;

private CuentaBancaria cajaAhorroJuan2;
private CuentaBancaria cajaAhorroInes2;
private CuentaBancaria cuentaCorrienteInes2;
private CuentaBancaria cuentaCorrienteLunaNueva2;

protected void setUp( ) throws Exception {
        super.setUp( );

        juan = new Persona ("Juan", "Pérez", 5122122, "Lima", 444, "Belgrano", "Venezuela",
                    "C1000AAA", "01140101010", "juan@perez.com.ar");
        ines = new Persona ("Inés", "García", 4011011, "Cerrito", 1111, "Santa Fe", "Arenales",
                "C1111ZZZ", "01140001111", "ines@garcia.com.ar");
        lunaNueva = new Empresa ("Luna Nueva S.A.", "1701234562", "Freire", 8888, "Dorrego",
                "Concepción Arenal", "C0000YYY", "01199991000", "info@lunanueva.com.ar");

        cajaAhorroJuan = new CajaAhorro (1234, juan);
        cajaAhorroInes = new CajaAhorro (5678, ines);
        cuentaCorrienteInes = new CuentaCorriente (9012, ines, 0);
        cuentaCorrienteLunaNueva = new CuentaCorriente (3456, lunaNueva, 2000);

        juan2 = (Cliente)juan.clone( );
        ines2 = (Cliente)ines.clone( );
        lunaNueva2 = (Cliente)lunaNueva.clone( );

        cajaAhorroJuan2 = (CuentaBancaria)cajaAhorroJuan.clone( );
        cajaAhorroInes2 = (CuentaBancaria)cajaAhorroInes.clone( );
        cuentaCorrienteInes2 = (CuentaBancaria)cuentaCorrienteInes.clone( );
        cuentaCorrienteLunaNueva2 = (CuentaBancaria)cuentaCorrienteLunaNueva.clone( );
}

private boolean equals (Cliente c1, Cliente c2) {
        boolean equalsCliente =
                c1.getEmail( ).equals(c2.getEmail( )) &&
                c1.getCantidadCuentas( ) == c2.getCantidadCuentas( ) &&
                c1.getDireccion( ).equals(c2.getDireccion( ));
        if (c1 instanceof Persona) {
                Persona p1 = (Persona)c1; Persona p2 = (Persona)c2;
                return (
                        equalsCliente &&
                        p1.getNombre( ).equals(p2.getNombre( )) &&
                        p1.getApellido( ).equals(p2.getApellido( )) &&
                        p1.getDni( ) == p2.getDni( )
                );
        }
        else {
                Empresa e1 = (Empresa)c1; Empresa e2 = (Empresa)c2;
                return (
                        equalsCliente &&
```

```
                        e1.getRazonSocial( ).equals(e2.getRazonSocial( )) &&
                        e1.getCuit( ).equals(e2.getCuit( ))
                );
        }
}

private boolean equals (CuentaBancaria c1, CuentaBancaria c2) {
        boolean equalsCuenta =
                c1.getNumero( ) == c2.getNumero( ) &&
                c1.getSaldo( ) == c2.getSaldo( );
        if (c1 instanceof CuentaCorriente) {
                CuentaCorriente cc1 = (CuentaCorriente)c1;
                CuentaCorriente cc2 = (CuentaCorriente)c2;
                return (
                        equalsCuenta &&
                        cc1.getDescubierto( ) == cc2.getDescubierto( )
                );
        }
        else {
                CajaAhorro ca1 = (CajaAhorro)c1;
                CajaAhorro ca2 = (CajaAhorro)c2;
                return (
                                equalsCuenta &&
                                ca1.getInteresesGanados( ) == ca2.getInteresesGanados( )
                        );
        }
}

public void testJuan( ) {
        assertFalse (juan == juan2);
        assertTrue (equals (juan, juan2));
        assertFalse (juan.getDireccion( ) == juan2.getDireccion( ));
        assertTrue (juan.getDireccion( ).equals(juan2.getDireccion( )));
        assertFalse (juan.getCuentas( ) == juan2.getCuentas( ));
        for (int i = 0; i < juan.getCantidadCuentas( ); i++) {
                assertTrue (juan.getCuentas( )[i] == juan2.getCuentas( )[i]);
                assertTrue (equals (juan.getCuentas( )[i], juan2.getCuentas( )[i]));
        }
}

public void testInes( ) {
        assertFalse (ines == ines2);
        assertTrue (equals (ines, ines2));
        assertFalse (ines.getDireccion( ) == ines2.getDireccion( ));
        assertTrue (ines.getDireccion( ).equals(ines2.getDireccion( )));
        assertFalse (ines.getCuentas( ) == ines2.getCuentas( ));
        for (int i = 0; i < ines.getCantidadCuentas( ); i++) {
                assertTrue (ines.getCuentas( )[i] == ines2.getCuentas( )[i]);
                assertTrue (equals (ines.getCuentas( )[i], ines2.getCuentas( )[i]));
        }
}

public void testLunaNueva( ) {
        assertFalse (lunaNueva == lunaNueva2);
        assertTrue (equals (lunaNueva, lunaNueva2));
        assertFalse (lunaNueva.getDireccion( ) == lunaNueva2.getDireccion( ));
        assertTrue (lunaNueva.getDireccion( ).equals(lunaNueva2.getDireccion( )));
```

```
        assertFalse (lunaNueva.getCuentas( ) == lunaNueva2.getCuentas( ));
        for (int i = 0; i < lunaNueva.getCantidadCuentas( ); i++) {
            assertTrue (lunaNueva.getCuentas( )[i] == lunaNueva2.getCuentas( )[i]);
            assertTrue (equals (lunaNueva.getCuentas( )[i], lunaNueva2.getCuentas( )[i]));
        }
    }

    public void testCajaAhorroJuan( ) {
        assertFalse (cajaAhorroJuan == cajaAhorroJuan2);
        assertTrue (equals (cajaAhorroJuan, cajaAhorroJuan2));
        assertTrue (cajaAhorroJuan.getTitular( ) == cajaAhorroJuan2.getTitular( ));
    }

    public void testCajaAhorroInes( ) {
        assertFalse (cajaAhorroInes == cajaAhorroInes2);
        assertTrue (equals (cajaAhorroInes, cajaAhorroInes2));
        assertTrue (cajaAhorroInes.getTitular( ) == cajaAhorroInes2.getTitular( ));
    }

    public void testCuentaCorrienteInes( ) {
        assertFalse (cuentaCorrienteInes == cuentaCorrienteInes2);
        assertTrue (equals (cuentaCorrienteInes, cuentaCorrienteInes2));
        assertTrue (cuentaCorrienteInes.getTitular( ) == cuentaCorrienteInes2.getTitular( ));
    }

    public void testCuentaCorrienteLunaNueva( ) {
        assertFalse (cuentaCorrienteLunaNueva == cuentaCorrienteLunaNueva2);
        assertTrue (equals (cuentaCorrienteLunaNueva, cuentaCorrienteLunaNueva2));
        assertTrue (
            cuentaCorrienteLunaNueva.getTitular( ) == cuentaCorrienteLunaNueva2.getTitular( ));
    }

}
```

Como vemos, el código de pruebas es muy parecido al que realizamos con la serialización. Pero ahora que estamos clonando, pretendo que controlemos mejor lo que queremos lograr.

Por poner un caso, si tomamos el método *testJuan* ya escrito:

```
    public void testJuan( ) {
        assertFalse (juan == juan2);
        assertTrue (equals (juan, juan2));
        assertFalse (juan.getDireccion( ) == juan2.getDireccion( ));
        assertTrue (juan.getDireccion( ).equals(juan2.getDireccion( )));
        assertFalse (juan.getCuentas( ) == juan2.getCuentas( ));
        for (int i = 0; i < juan.getCantidadCuentas( ); i++) {
            assertTrue (juan.getCuentas( )[i] == juan2.getCuentas( )[i]);
            assertTrue (equals (juan.getCuentas( )[i], juan2.getCuentas( )[i]));
        }
    }
```

Vemos:

- Exijo que *juan* y *juan2* sean objetos distintos (primer *assertFalse*), pero con el mismo contenido (primer *assertTrue*).
- Como la dirección de un cliente está asociada por composición, pretendo también que se haga una clonación de la dirección, manteniendo objetos

Domicilio distintos (segundo *assertFalse*) y con el mismo contenido (segundo *assertTrue*).

- El arreglo de cuentas es algo propio del objeto *Cliente*, por lo que consideré que debía copiarse su contenido, incluyendo las referencias a los objetos *CuentaBancaria*, (*assertTrue* en el ciclo *for*), pero manteniendo otro arreglo (*assertFalse* previo al ciclo *for*).

Algo parecido se ve en el resto de las pruebas. Por favor, tómese unos minutos para entenderlo.

Para resolver el problema, en las clases *Cliente*, *CuentaBancaria* y sus clases internas y descendientes, debo agregar la implementación de la interfaz *Cloneable*, y luego definiré el método *clone* en cada una de ellas.

La definición de *clone* en *Cliente* será:

```
public Object clone( ) throws CloneNotSupportedException {
    Object copia = super.clone( );
    ((Cliente)copia).direccion = (Domicilio)this.direccion.clone( );
    ((Cliente)copia).cuentas = this.cuentas.clone( );
    return copia;
}
```

Aquí es donde estoy controlando lo que quiero. Al clonar el objeto *Domicilio*, garantizo que se mantengan objetos distintos en ambos objetos *Cliente*, pero con el mismo contenido. Al clonar el arreglo, logro que se copie el arreglo en uno similar, llevando consigo las referencias a los obetos *CuentaBancaria*.

Por supuesto, esto me obliga a definir la clonación en la clase interna *Domicilio*:

```
public Object clone( ) {
    Object copia = null;
    try {
        copia = (Domicilio)super.clone( );
    } catch (CloneNotSupportedException e) {}
    return copia;
}
```

La definición de *clone* en la clase *Persona* será:

```
public Object clone( ) {
    Object copia = null;
    try {
        copia = (Persona)super.clone( );
    } catch (CloneNotSupportedException e) {}
    return copia;
}
```

Y en la clase *Empresa*:

```
public Object clone( ) {
    Object copia = null;
    try {
        copia = (Empresa)super.clone( );
```

```
    } catch (CloneNotSupportedException e) {}
    return copia;
}
```

La clase *CuentaBancaria* también deberá definir *clone*:

```
public Object clone( ) throws CloneNotSupportedException {
    Object copia = super.clone( );
    // ((CuentaBancaria)copia).titular = this.titular;
    return copia;
}
```

Lo que deseo en el caso de las cuentas, es que los titulares se mantengan por asociación simple, sin composición, por eso debería copiar sus referencias, y no clonarlos. Eso es lo que dice la línea que está comentada. Sin embargo, como ese es el comportamiento por defecto del método *clone* en *Object*, no necesito escribirlo: de allí la doble barra.

En la clase *CuentaCorriente*, el método *clone* será muy simple:

```
public Object clone( ) {
    Object copia = null;
    try {
            copia = (CuentaCorriente)super.clone( );
    } catch (CloneNotSupportedException e) {}
    return copia;
}
```

Y lo mismo ocurre en *CajaAhorro*:

```
public Object clone( ) {
    Object copia = null;
    try {
            copia = (CajaAhorro)super.clone( );
    } catch (CloneNotSupportedException e) {}
    return copia;
}
```

Clonación (C#)

El ejemplo que sigue resolverá el mismo problema del último, pero en C#. Como dijimos más arriba, la solución en C# es más sencilla que en Java.

El programa de prueba utilizando NUnit será bastante parecido al que hicimos con JUnit:

```
using NUnit.Framework;
using CarlosFontela.Cuentas;

namespace CarlosFontela.Pruebas
{
    [TestFixture]
    public class PruebaClonacionCuentasClientes
    {
            private CuentaBancaria cajaAhorroJuan;
```

```
private CuentaBancaria cuentaCorrienteInes;
private CuentaBancaria cajaAhorroInes;
private CuentaBancaria cuentaCorrienteLunaNueva;
private Cliente juan;
private Cliente ines;
private Cliente lunaNueva;

private Cliente juan2;
private Cliente ines2;
private Cliente lunaNueva2;

private CuentaBancaria cajaAhorroJuan2;
private CuentaBancaria cajaAhorroInes2;
private CuentaBancaria cuentaCorrienteInes2;
private CuentaBancaria cuentaCorrienteLunaNueva2;

[SetUp]
protected void setUp( ) {
        juan = new Persona ("Juan", "Pérez", 5122122, "Lima", 444,
        "Belgrano", "Venezuela", "C1000AAA", "01140101010", "juan@perez.com.ar");
        ines = new Persona("Inés", "García", 4011011, "Cerrito", 1111,
        "Santa Fe", "Arenales", "C1111ZZZ", "01140001111", "ines@garcia.com.ar");
        lunaNueva = new Empresa ("Luna Nueva S.A.", "1701234562", "Freire", 8888,
                "Dorrego", "Concepción Arenal", "C0000YYY",
                "01199991000", "info@lunanueva.com.ar");

        cajaAhorroJuan = new CajaAhorro (1234, juan);
        cajaAhorroInes = new CajaAhorro (5678, ines);
        cuentaCorrienteInes = new CuentaCorriente (9012, ines, 0);
        cuentaCorrienteLunaNueva = new CuentaCorriente (3456, lunaNueva, 2000);

        juan2 = (Cliente)juan.Clone( );
        ines2 = (Cliente)ines.Clone( );
        lunaNueva2 = (Cliente)lunaNueva.Clone( );

        cajaAhorroJuan2 = (CuentaBancaria)cajaAhorroJuan.Clone( );
        cajaAhorroInes2 = (CuentaBancaria)cajaAhorroInes.Clone( );
        cuentaCorrienteInes2 = (CuentaBancaria)cuentaCorrienteInes.Clone( );
        cuentaCorrienteLunaNueva2 = (CuentaBancaria)cuentaCorrienteLunaNueva.Clone( );
}

private bool equals (Cliente c1, Cliente c2) {
        bool equalsCliente =
                c1.Email.Equals(c2.Email) &&
                c1.CantidadCuentas == c2.CantidadCuentas &&
                c1.Direccion.Equals(c2.Direccion);
        if (c1 is Persona) {
                Persona p1 = (Persona)c1; Persona p2 = (Persona)c2;
                return (
                        equalsCliente &&
                        p1.Nombre.Equals(p2.Nombre) &&
                        p1.Apellido.Equals(p2.Apellido) &&
                        p1.Dni == p2.Dni
                );
        }
        else {
                Empresa e1 = (Empresa)c1; Empresa e2 = (Empresa)c2;
```

```
            return (
                        equalsCliente &&
                        e1.RazonSocial.Equals(e2.RazonSocial) &&
                        e1.Cuit.Equals(e2.Cuit)
                  );
      }
}

private bool equals (CuentaBancaria c1, CuentaBancaria c2) {
      bool equalsCuenta =
            c1.Numero == c2.Numero &&
            c1.Saldo == c2.Saldo;
      if (c1 is CuentaCorriente) {
            CuentaCorriente cc1 = (CuentaCorriente)c1;
            CuentaCorriente cc2 = (CuentaCorriente)c2;
            return (
                  equalsCuenta &&
                  cc1.Descubierto == cc2.Descubierto
            );
      }
      else {
            CajaAhorro ca1 = (CajaAhorro)c1;
            CajaAhorro ca2 = (CajaAhorro)c2;
            return (
                        equalsCuenta &&
                        ca1.InteresesGanados == ca2.InteresesGanados
                  );
      }
}

[Test]
public void testJuan( )
{
      Assert.IsFalse (juan == juan2);
      Assert.IsTrue (oquals (juan, juan2));
      // Direccion es un tipo por valor:
      // Assert.IsFalse (juan.Direccion == juan2.Direccion);
      Assert.IsTrue (juan.Direccion.Equals(juan2.Direccion));
      Assert.IsFalse (juan.Cuentas == juan2.Cuentas);
      for (int i = 0; i < juan.CantidadCuentas; i++) {
            Assert.IsTrue (juan.Cuentas[i] == juan2.Cuentas[i]);
            Assert.IsTrue (equals (juan.Cuentas[i], juan2.Cuentas[i]));
      }
}

[Test]
public void testInes( )
{
      Assert.IsFalse (ines == ines2);
      Assert.IsTrue (equals (ines, ines2));
      // Direccion es un tipo por valor:
      // Assert.IsFalse (ines.Direccion == ines2.Direccion);
      Assert.IsTrue (ines.Direccion.Equals(ines2.Direccion));
      Assert.IsFalse (ines.Cuentas == ines2.Cuentas);
      for (int i = 0; i < ines.CantidadCuentas; i++) {
            Assert.IsTrue (ines.Cuentas[i] == ines2.Cuentas[i]);
            Assert.IsTrue (equals (ines.Cuentas[i], ines2.Cuentas[i]));
```

```
        }
    }

    [Test]
    public void testLunaNueva( )
    {
        Assert.IsFalse (lunaNueva == lunaNueva2);
        Assert.IsTrue (equals (lunaNueva, lunaNueva2));
        // Direccion es un tipo por valor:
        // Assert.IsFalse (lunaNueva.Direccion == lunaNueva2.Direccion);
        Assert.IsTrue (lunaNueva.Direccion.Equals(lunaNueva2.Direccion));
        Assert.IsFalse (lunaNueva.Cuentas == lunaNueva2.Cuentas);
        for (int i = 0; i < lunaNueva.CantidadCuentas; i++) {
            Assert.IsTrue (lunaNueva.Cuentas[i] == lunaNueva2.Cuentas[i]);
            Assert.IsTrue (equals (lunaNueva.Cuentas[i], lunaNueva2.Cuentas[i]));
        }
    }

    [Test]
    public void testCajaAhorroJuan( ) {
        Assert.IsFalse (cajaAhorroJuan == cajaAhorroJuan2);
        Assert.IsTrue (equals (cajaAhorroJuan, cajaAhorroJuan2));
        Assert.IsTrue (cajaAhorroJuan.Titular == cajaAhorroJuan2.Titular);
    }

    [Test]
    public void testCajaAhorroInes( ) {
        Assert.IsFalse (cajaAhorroInes == cajaAhorroInes2);
        Assert.IsTrue (equals (cajaAhorroInes, cajaAhorroInes2));
        Assert.IsTrue (cajaAhorroInes.Titular == cajaAhorroInes2.Titular);
    }

    [Test]
    public void testCuentaCorrienteInes( ) {
        Assert.IsFalse (cuentaCorrienteInes == cuentaCorrienteInes2);
        Assert.IsTrue (equals (cuentaCorrienteInes, cuentaCorrienteInes2));
        Assert.IsTrue (cuentaCorrienteInes.Titular == cuentaCorrienteInes2.Titular);
    }

    [Test]
    public void testCuentaCorrienteLunaNueva( ) {
        Assert.IsFalse (cuentaCorrienteLunaNueva == cuentaCorrienteLunaNueva2);
        Assert.IsTrue (equals (cuentaCorrienteLunaNueva, cuentaCorrienteLunaNueva2));
        Assert.IsTrue (
            cuentaCorrienteLunaNueva.Titular == cuentaCorrienteLunaNueva2.Titular);
    }

  }
}
```

La única diferencia semántica con la prueba en Java está en que – como *Domicilio* es un tipo por valor – no se le pueden comparar sus referencias. Por la misma razón, no necesitamos definir la clonación en *Domicilio*.

Las clases descendientes de *Cliente* y de *CuentaBancaria* tampoco precisan que se les redefina el método *Clone*, ya que no agregan referencias que deban ser clonadas.

En la clase *Cliente* implementé la interfaz *ICloneable* y su método *Clone*:

```
public object Clone( ) {
    // no clono el Domicilio porque es un tipo por valor
    Cliente copia = (Cliente)base.MemberwiseClone( );
    copia.cuentas = (CuentaBancaria[ ])this.cuentas.Clone( );
    return copia;
}
```

La semántica es idéntica a la de Java. Algo parecido pasa en la clase *CuentaBancaria*:

```
public object Clone( ) {
    CuentaBancaria copia = (CuentaBancaria)base.MemberwiseClone( );
    // copia.titular = this.titular;
    return copia;
}
```

Las demás clases quedan iguales.

CONCLUSIONES

Hemos concluido con varios temas relacionados, por cierto bastante complejos cuando uno se adentra en ellos.

Aprendimos que la información de tipos en tiempo de ejecución se puede usar, pero hay que tener cuidado con no desvirtuar al polimorfismo. El manejo de las referencias puede parecer sencillo hasta que nos vemos en la necesidad de comparar a dos objetos por su estado, o de copiar el estado de uno en otro. La recolección de basura es fantástica hasta que tratamos de entender cómo funciona.

La ventaja principal del modelo de memoria dinámico es que el programador no necesita conocer de antemano cuántos objetos va a usar y de qué tamaño. Esto le permite construir estructuras complejas con facilidad, las cuales son bastante típicas de las aplicaciones orientadas a objetos.

La desventaja obvia es que, al no haber reserva de memoria en tiempo de compilación y carga, la ejecución se hace más lenta al crear objetos por demanda.

En definitiva, tiene la ventaja de la flexibilidad a costa de un mayor tiempo de cómputo en el momento de crear y destruir objetos.

En los primeros lenguajes que manejaron punteros, además de crearse los objetos por demanda mediante un procedimiento especial, se proveía otro procedimiento para eliminar de la memoria los objetos que no se necesitaran más, de modo de poder controlar tanto la creación como la destrucción de objetos.

Algunos lenguajes orientados a objetos siguieron con este esquema y proveen destructores, que son métodos destinados a dejar libre la memoria que ocupaba un objeto que no se necesita más. Sin embargo, este enfoque suele llevar a ciertos errores potenciales pero frecuentes:

- Que el programador se olvide de llamar al destructor, lo cual puede llevar a que en algún momento nos quedemos sin memoria a pesar de no estar usándola toda.

- Que por error liberemos memoria antes de tiempo, lo que es mucho más grave, porque inclina a intentar el uso de un objeto ya inexistente.
- Que se intente destruir el objeto más de una vez, con consecuencias imprevisibles.

Esto no es algo trivial. Supongamos que debemos hacer una aplicación que maneje clientes de una librería. Si no interesa guardar información de la mayor parte de los clientes, sino sólo de los que compraron más de determinada cantidad en el último año, podríamos guardar en una lista encadenada a esos clientes. Pero si además suponemos que los clientes pueden realizar un pedido, deberemos mantener otra lista con los clientes que tengan pedidos pendientes. Obviamente, habrá clientes que estén en ambas listas. Por lo tanto, ¿podremos eliminar un cliente cuando se le haya entregado su pedido? ¿O podremos suprimir uno de los grandes compradores si en un año no han comprado nada más? El problema es que nos encontramos con dos situaciones posibles para la eliminación de objetos, y esa dualidad es fuente de problemas. Por otro lado, al obligar al programador a verificar que el cliente no se encuentre en la otra lista antes de eliminarlo, estamos forzándolo a hacer una tarea que una máquina haría mejor. Y éste sólo fue un ejemplo muy simple.

Lo que pasa es que las referencias colgadas suelen ser muy difíciles de encontrar. Es especialmente complicado en estructuras complejas que son comunes en POO, y en las cuales no hay que liberar un solo objeto sino todos los apuntados por él en la medida de que no estén apuntados por otros. De allí que los errores provenientes de alias y referencias colgadas sean los que más tiempo de depuración llevan en C y C++. Por eso decimos que es bueno dejar el problema en manos de las computadoras y no de humanos.

Estos problemas del manejo de la destrucción de objetos por parte del programador son inaceptables en lenguajes que pretenden ser robustos y seguros. Es por eso que en varios lenguajes se previó que la liberación de memoria quedase a cargo de un recolector automático de basura. Esta solución, además de elegante, tiene varias ventajas:

- No se pierde tiempo desalojando objetos de la memoria si esto no es necesario.
- Se evitan los inconvenientes antes citados: un buen recolector de basura se asegura de destruir sólo los objetos que no están apuntados por referencias, nunca intenta eliminar un objeto más de una vez, ni tampoco se queda sin memoria sin antes liberar todos los objetos que pueda.
- Permite que el programador se dedique a cosas más productivas que estar controlando el ciclo de vida de los objetos.

Sin embargo, hay quienes – a pesar de todo – defienden el manejo de liberación de memoria por parte del programador. El argumento es que de esa manera éste tiene más control, de modo que no se usa memoria por más tiempo del estrictamente necesario. Notemos que en los lenguajes que hacen recolección de basura ni siquiera se puede hablar de un ámbito de los objetos, ya que ninguno es destruido al terminar el bloque de código en el que fue declarado. Esto implica que en estos lenguajes sólo hay un ámbito de las referencias de los objetos, pero no de los propios objetos, que siguen viviendo sin su referencia hasta que se active el recolector. Pero este argumento en contra de la recolección automática no es muy defendible, salvo para sistemas que deban utilizar recursos de bajo nivel.

Otra contra que tienen los recolectores de basura es que no se pueden definir fácilmente iguales tiempos para iguales tareas, porque el recolector se puede activar en cualquier instante[133]. Esta objeción tampoco es tan importante, salvo en sistemas de tiempo real.

Por lo tanto, teniendo en cuenta las dos observaciones que acabo de hacer, convengamos que sólo en muy pocas circunstancias conviene dejar al programador el manejo de la liberación de objetos. Tal vez el lenguaje C++ mantuvo este manejo de la destrucción de objetos pensando en las aplicaciones de bajo nivel o de tiempo real, lo cual no sería descabellado por el tipo de problemas que pretende resolver C++. Parece más rara su inclusión en otros lenguajes.

En cuanto a las críticas de eficiencia, que apunta a que la recolección de basura es lenta, olvidan considerar que este mecanismo se activa solamente cuando es necesario, por lo que en algunos casos puede llegar incluso a mejores desempeños que un programa con destrucción de objetos por parte del programador (esto es especialmente cierto en computadoras sobredimensionadas en memoria). Además, en el caso de Java y C#, los entornos de ejecución más modernos han optimizado tanto al recolector de basura que no se perciben caídas de desempeño por esta causa.

El problema principal de la recolección de basura, no obstante, sigue siendo la falta de un mecanismo de activación de tareas que se deben hacer en correspondencia con la destrucción de un objeto.

De todas maneras, en general las ventajas del manejo de la liberación de memoria son mayores que sus desventajas. Sun y Microsoft lo entendieron así al diseñar los lenguajes Java y C#.

Como ya dije, sin embargo, C# admite el manejo de punteros y de memoria no gestionada. Esta es una solución de compromiso, mantenida solamente para aquellos programadores que se sientan seguros trabajando de esta manera, y para poder invocar bibliotecas de enlace dinámico previas a .NET que tengan funciones con parámetros puntero. Por ello es que, para el caso de utilizar punteros en el código, se obliga a enmarcar el código con la cláusula *unsafe*. Incluso es obligatorio utilizar la directiva de compilador */unsafe* para poder compilar estas aplicaciones.

En el capítulo que sigue voy a explicar mecanismos de metacomportamiento que se pueden incorporar a programas Java y C#.

21. ANOTACIONES Y DOCUMENTACIÓN EN EL CÓDIGO

Despacito y buena letra: el hacer las cosas bien,
importa más que el hacerlas.
Antonio Machado.[134]

Algunos lenguajes de programación orientados a objetos permiten que se agregue al código información no funcional, o que esté más allá del comportamiento conceptual de la aplicación (semántica).

Los comentarios son la manera más liviana. Pero también se puede intercalar en el código algo de información que – sin ser ejecutable – luego pueda ser extraída por alguna herramienta especial. Y hasta se pueden colocar calificadores que tome en cuenta el compilador o el entorno de ejecución para tareas específicas.

En este capítulo veremos las anotaciones, que sirven para este último fin, y también las facilidades para documentar en línea el código, mediante la incorporación de texto que luego pueda ser extraído con algunas herramientas automáticas.

ANOTACIONES Y META-COMPORTAMIENTO EN C#

Las anotaciones son una característica muy interesante para asociar información declarativa (metacomportamiento) con elementos de programa, como clases, métodos, propiedades y otros.

Lamentablemente, cuando Microsoft las incorporó en .NET las denominó *atributos*, ignorando las diferentes acepciones de un término que ya estaba establecido. Luego fueron incorporadas a Java, plataforma en la cual se les llamó *anotaciones*, un término mucho más feliz, que he adoptado para este libro. A pesar de que estas aclaraciones oscurecen un libro que pretende ser didáctico, no tuve más remedio que hacerla debido al pésimo uso que se hace del término atributo, aun en nombres de clases de .NET.

Definición y descubrimiento de anotaciones

Las **anotaciones** son una forma de documentación que se coloca para ser procesada por otros programas. Habitualmente se las usa para calificar clases, interfaces, métodos, propiedades, ensamblajes, etc., de modo que luego, por reflexión, se puedan obtener características de esos elementos. Por ejemplo, el compilador y el CLR hacen uso de algunas anotaciones para determinar comportamiento. El utilitario NUnit también se apoya en anotaciones, como ya vimos, y muchos frameworks y entornos de desarrollo también pueden usarlas.

Normalmente se usan para documentar código, generar código o marcar lógica de negocio especial. Lo que diferencia a las anotaciones del código normal, es que aquéllas no afectan la semántica de la aplicación, sólo dan información adicional sobre algunos elementos de los programas.

Por ejemplo, la siguiente clase *PruebaCadenasPalindromo* está calificada con la anotación *TestFixture*, mientras que los métodos *PruebaPositiva* y

PruebaNegativa están calificados con la anotación *Test*.

```
[TestFixture]
public class PruebaCadenasPalindromo {

   [Test]
   public void PruebaPositiva( ) {
         string s1 = "neuquen";
         Assert.IsTrue(AuxiliaresCadenas.Palindromo(s1));
         string s2 = "oso";
         Assert.IsTrue(AuxiliaresCadenas.Palindromo(s2));
         string s3 = "ana";
         Assert.IsTrue(AuxiliaresCadenas.Palindromo(s3));
   }

   [Test]
   public void PruebaNegativa( ) {
         string s1 = "Caracas";
         Assert.IsFalse(AuxiliaresCadenas.Palindromo(s1));
         string s2 = "osa";
         Assert.IsFalse(AuxiliaresCadenas.Palindromo(s2));
         string s3 = "anagrama";
         Assert.IsFalse(AuxiliaresCadenas.Palindromo(s3));
   }

}
```

Esta información la extrae luego NUnit por reflexión para saber que la primera es una clase que contiene código de pruebas y que los métodos deben ser corridos para evaluar la correctitud de cierto código.

Test y *TestFixture* son anotaciones sin parámetros, pero hay otras que los tienen. Por ejemplo, las líneas que siguen usan la anotación *CLSCompliant* para indicar que el método debería ser compatible con CLS, y pedirle al compilador que nos advierta en caso contrario:

```
[ CLSCompliant (true) ]
public int f( ) {
   // definición de la función
}
```

Como vemos, la anotación *CLSCompliant* toma un parámetro booleano.

A veces los argumentos y parámetros se vinculan, no posicionalmente, como es usual en los lenguajes derivados de C, sino por su nombre. Por ejemplo, el uso de la anotación *WebMethod* que muestro a continuación, utiliza un parámetro posicional booleano y otro con nombre denominado *Description*:

```
[ WebMethod (true, Description = "Hora actual GMT") ]
public string HoraGMT( ) {
   // definición de la función
}
```

Los parámetros con nombre se pueden escribir en cualquier orden, pero siempre después de los parámetros posicionales.

También se puede anotar un mismo elemento con varias anotaciones, como muestra el ejemplo que sigue:

```
[ Serializable, CLSCompliant (true) ]
public class Fraccion {
   // definición de la clase
}
```

Una anotación puede referirse a un tipo (clase, tipo por valor, delegado, interfaz, etc.), un método, un atributo, una propiedad, un parámetro, un valor de retorno, un módulo o un ensamblaje. ¿Cómo sabemos a cuál se refiere dentro del código?

La regla es colocarlo inmediatamente antes del elemento respectivo. Si se generase algún tipo de ambigüedad, se puede especificar su alcance, como en el ejemplo que sigue, que indica que la anotación tiene alcance de ensamblaje:

```
[ assembly : CLSCompliant (true) ]
```

Los denominadores de alcances posibles son: *all*, *assembly*, *class*, *constructor*, *delegate*, *enum*, *event*, *field*, *interface*, *method*, *module*, *param*, *property*, *return* y *struct*.

La mayor parte de las anotaciones son para ser usadas en tiempo de ejecución, pero hay algunas que utiliza el compilador de C# en tiempo de compilación, como *Conditional*, que permite definir condiciones para incluir o excluir código a compilarse[135]. Otra es la anotación *Flags*, que permite asignarles campos de bits a las enumeraciones.

Un caso especial de anotación para el compilador es *Obsolete*, que se utiliza para desaconsejar el uso de una versión de un método o clase que se va a discontinuar en versiones futuras. Aquí se muestra un ejemplo, con el texto que debe lanzar como advertencia el compilador:

```
[ Obsolete ("Use la función así: resultado.sumar(X,Y);") ]
void sumar (Fraccion x, Fraccion y, Fraccion resultado) {
   // cuerpo del método
}
```

Construcción de anotaciones

Así como hay anotaciones predefinidas, el programador puede definir las suyas propias.

Todas las anotaciones son clases que derivan de *System.Attribute* y que deben terminar con la palabra *Attribute*, para facilitar la reflexión. De todos modos, se pueden utilizar sin la terminación, como cuando escribimos *CLRCompliant*, en vez del nombre real – pero más oscuro y terminológicamente incorrecto – de *CLSCompliantAttribute*.

Construirlas es un poco complicado, y además se apartan de las notaciones y usos comunes en C#. Pero voy a hacer un ejemplo para que se vea su uso.

Por ejemplo, definamos una anotación que permita decir quién es el desarrollador de una clase o método:

```
[ AttributeUsage (AttributeTargets.Class | AttributeTargets.Method,
              AllowMultiple=true, Inherited=false)]
public class ProgramadorAttribute : System.Attribute {
```

```
    private string nombre;
    private string email;

    public ProgramadorAttribute (string n) {
        nombre = n;
        email = "";
    }

    public string Email {
        get {
            return email;
        }
        set {
            email = value;
        }
    }

    public string Nombre {
        get {
            return nombre;
        }
    }
}
```

Para construir nuestras propias anotaciones debemos cumplir las reglas que siguen:

- Las anotaciones deben ser clases públicas con un constructor público.
- Deben, a su vez, calificarse con la anotación *AttributeUsage*, que define el uso que se hace de la anotación. El primer parámetro define qué aspectos de un programa se van a calificar, con constantes de la enumeración *AttributeTargets*, y le siguen dos parámetros con nombre: el primero, indicando si esta anotación se puede especificar más de una vez para un mismo elemento; y el segundo, si la anotación debe heredarse en las clases derivadas o métodos y propiedades redefinidos.
- El nombre de la clase conviene que termine con la palabra *Attribute*, por lo que ya dijimos de reflexión, lo cual en español no queda demasiado bien, y tampoco ayuda conceptualmente.
- Debe ser una clase descendiente de *System.Attribute* o de una derivada.
- Los parámetros del constructor son los parámetros posicionales de la anotación.
- Las propiedades de modificación y los atributos públicos se pueden usar como parámetros con nombre, con el mismo nombre que tienen.

A continuación, un uso posible de la anotación recién definida:

```
[ Programador ("Carlos", Email="carlos@miempresa.com.ar") ]
public class MiClase {

    [ Programador ("María", Email="maria@miempresa.com.ar") ]
    public int f( ) {
        // cuerpo del método
    }

    // resto de la clase
```

```
}
```

ANOTACIONES Y META-COMPORTAMIENTO EN JAVA

Uso de anotaciones

Java incluyó anotaciones en su versión 5. A continuación se muestra un método calificado con la anotación estándar *Deprecated*:

```
@Deprecated
public void metodo( ) {
  // ...
}
```

Esta anotación indica que este método no se debería usar, porque hay una opción mejor. Si lo utilizamos, vamos a obtener una advertencia del compilador.

Así como las anotaciones de C# se escriben entre corchetes, en Java son un nombre precedido del carácter @.

También, como ocurre en C#, hay anotaciones parametrizadas. El ejemplo que sigue muestra el uso de la anotación estándar *Target*:

```
@Target(ElementType.METHOD)
```

Esta anotación se utiliza para calificar una declaración de anotación. En este caso estoy indicando que la anotación en cuestión se aplica a nivel de método. *ElementType* es una enumeración, cuyos valores son: *TYPE*, *FIELD*, *METHOD*, *PARAMETER*, *CONSTRUCTOR*, *LOCAL_VARIABLE*, *ANNOTATION_TYPE*.

Construcción de anotaciones

Por supuesto, hay una manera de definir anotaciones por parte del programador, mediante el uso de una declaración *@interface*, como la que se muestra a continuación:

```
@Target (ElementType.TYPE)
@interface PreambuloClase {
        String autor( );
        String fechaUltimaModificacion( );
        int version( ) default 1;
}
```

Los métodos que declaré en esta interfaz tan especial son los parámetros de la anotación, y se admite poner valores por defecto, como en el caso de *version*.

A continuación se muestra el uso de la anotación recientemente declarada, como preámbulo de una clase:

```
@PreambuloClase (
        autor = "Carlos Fontela",
        fechaUltimaModificacion = "22/8/2007",
        versión = 2 )
```

```
public class Figura {
  // ...
}
```

Las anotaciones no son – más allá de la forma de definirlas – ni clases ni interfaces. De hecho, no se pueden extender utilizando herencia de ningún tipo.

Junto con las anotaciones, la biblioteca estándar de Java provee un conjunto de clases para leer y procesar anotaciones. El lector interesado en aspectos avanzados de las anotaciones puede recurrir a la documentación en línea de la plataforma.

DOCUMENTACIÓN EN EL CÓDIGO

El caso de javadoc

El caso de Java en cuanto a **documentación interna de la interfaz**, es paradigmático.

En Java, como en cualquier otro lenguaje de programación, se pueden escribir comentarios, de forma tal que éstos no sean tomados en cuenta por el compilador. Se pueden hacer entre un signo /* y uno */ o bien después de una doble barra // hasta el final de la línea.

Pero Java utiliza una sintaxis especial para marcar elementos de documentación interna dentro de los comentarios, a la vez que provee una herramienta que permite extraer esa documentación de forma que sea útil al usuario de la misma.

Esto se hace mediante el programa *javadoc*, que toma algunos de los comentarios que se colocan en el código con marcas especiales y construye un archivo HTML con clases, métodos y la documentación que corresponde, de modo de poder verla con cualquier navegador web. Este archivo HTML tiene el mismo formato que toda la documentación estándar de Java provista por Sun.

La documentación a ser utilizada por el programa *javadoc* se inscribe en comentarios que empiezan con /** y terminan con el habitual */. Dentro de estos comentarios especiales se pueden escribir comandos para que *javadoc* los interprete, siempre precedidos de @.

Se pueden documentar distintos elementos, y siempre se debe poner la documentación inmediatamente antes de la declaración respectiva. Por ejemplo:

```
/** documentación de la clase */
public class Rectangulo {
        /** documentación del atributo ladoMayor */
        public double ladoMayor;
        /** documentación del método dibujar */
        public void dibujar ( ) { ... }
}
```

javadoc procesará la documentación que se escriba para atributos y métodos públicos y protegidos, sin emitir nada para los privados y de paquete[136], lo cual es bastante lógico porque se presume que la documentación es para el programador cliente y éste sólo necesita lo público y protegido.

En una línea de documentación para *javadoc* se pueden agregar formatos HTML de cualquier tipo para la salida del archivo de documentación. Sólo hay que evitar los formatos de títulos <h1> y <hr>, pues *javadoc* los utiliza para poner sus propios títulos. Por ejemplo, el siguiente fragmento es válido y generará la inclusión de HTML en el documento final:

```
/** <h2> La clase que sigue es muy importante: </h2> */
```

Los comandos más comunes para utilizar en documentación de interfaz para *javadoc*, son:

Comando	Uso
@see nombre_clase	Crea un vínculo del tipo "véase también" hacia otra clase. Se puede colocar información de paquete.
@see nombre_clase # método	Crea un vínculo del tipo "véase también" hacia un método. Se puede colocar infomación de paquete.
@version información_versión	Para colocar cualquier tipo de información sobre la versión del elemento.
@author	Para colocar cualquier tipo de información sobre el autor del elemento.
@since	Para informar desde cuándo o qué versión se encuentra vigente una determinada característica.
@param parámetro descripción	Descripción de un parámetro.
@return descripción	Descripción del valor devuelto de un método.
@throws clase_excepción descripción	Descripción de una excepción lanzada por un método.
@deprecated	Indica que una característica va a ser suprimida en versiones futuras.

Documentación en línea para C++

C++ no tiene un estándar de documentación de interfaz en línea. Habitualmente se utiliza la misma notación de *javadoc* o la definida como *doc++*, y existen herramientas que permiten extraer HTML a partir de esos formatos.

La documentación en línea de C#

En la cuestión de documentación interna de interfaz, .NET ha tomado la idea del *javadoc* de Java, y lo ha perfeccionado más aún.

Así como Java usa una sintaxis especial para marcar elementos de documentación interna dentro de los comentarios, y provee una herramienta que permite extraer esa documentación, C# también tiene el mismo mecanismo. Esto se hace mediante el compilador de C#, *csc*, agregándole */doc*: y un nombre de archivo. Esto provoca que el compilador tome algunos de los comentarios que se colocan en el código con marcas especiales y construya un archivo XML.

La documentación a ser utilizada por el programa *csc/doc* se inscribe en comentarios que empiezan con ///. Dentro de estos comentarios especiales se pueden escribir comandos para que *csc* los interprete, siempre en formato XML.

Se pueden documentar clases, propiedades, atributos, métodos, etc., y siempre se debe poner la documentación inmediatamente antes de la declaración respectiva. Por ejemplo:

```
/// documentación de la clase
```

```
public class Rectangulo {
        /// documentación del atributo ladoMayor
        public double ladoMayor;
        /// documentación del método Dibujar
        public void Dibujar ( ) { ... }
}
```

A continuación se muestra una tabla que muestra las etiquetas XML más usuales para documentación, con su significado:

Etiqueta	Significado
<summary> </summary>	Un breve comentario del elemento en cuestión.
<remarks> </remarks>	Un comentario adicional sobre el comportamiento del elemento.
<param name="nombre"> </param>	Corresponde una etiqueta de estas por cada parámetro de un método. El valor del atributo name especifica a qué parámetro se refiere. La descripción debería incluir precondiciones asociadas con el parámetro para funcionar correctamente.
<returns> </returns>	Se colocan en los métodos que devuelven algo. Se especifican las postcondiciones del valor devuelto y los valores especiales utilizados para indicar situaciones especiales.
<exception cref="tipo"> </exception>	Corresponde una etiqueta de estas por cada excepción que lanza el método. El valor del atributo cref indica el tipo de la excepción. Se especifican las circunstancias que hacen que se arroje la excepción.
<example> <c></c> <code></code> </example>	Un ejemplo descriptivo del uso del elemento en cuestión. La etiqueta <c> especifica un tramo de código de una sola línea, mientras <code> se usa para un ejemplo de varias líneas.
<see cref="otro"> </see> <seealso cref="otro"> </seealso>	Utilizado para indicar referencias a otros elementos, del tipo "véase también". La etiqueta <see> se usa para referencias en línea, mientras <seealso> se uso para una sección "véase también" puesta aparte.
<value> </value>	Para documentar propiedades visibles desde fuera de la clase.
<paramref name="param"/>	Se usa al comentar un método, para indicar que el valor del atributo name es, en realidad, el nombre de uno de los parámetros del método.
<para></para>	Para especificar párrafos separados dentro de una descripción o bloque de texto largo.

También se admite la creación de etiquetas ad hoc por parte del programador.

CUESTIONES METODOLÓGICAS Y DE DISEÑO

Antes de las anotaciones: interfaces de marcado

Las anotaciones son una interesante manera de agregar información no funcional al código fuente. Si bien desde hace décadas se pueden agregar comentarios a los programas, siempre se dijo que los comentarios no son tenidos en cuenta por los compiladores e intérpretes. Las anotaciones, en cambio, son calificaciones que se hacen de ciertos elementos del código, que el compilador considera y que pueden obtenerse luego por técnicas de reflexión.

Sin embargo, no siempre existieron anotaciones en los lenguajes. De los tres que estamos analizando en este libro, sólo C# provee anotaciones desde su génesis. C++ nunca las tuvo y Java las incorporó recién en la versión 5.

¿Cómo hacía Java antes de tener anotaciones para calificar elementos de código?

En todos los casos en los que no se trabajaba con clases, Java utilizaba calificadores con palabras especiales. Los calificadores *volatile* para atributos o *synchronized* para métodos, que veremos en el capítulo de concurrencia, son un ejemplo de esto.

Pero cuando se trataba de clases, Java utilizaba **interfaces de marcado**. Un ejemplo de esto son las interfaces *java.io.Serializable* y *java.lang.Cloneable*, que son interfaces sin métodos, y sólo sirven para informar al compilador que genere información de serialización y clonación, respectivamente.

Estas interfaces cumplen exactamente el mismo rol que las anotaciones: no tienen efectos funcionales, pero el compilador registra qué clases las implementan, genera código ejecutable adicional, y el programador puede obtener información de las mismas por reflexión.

¿Son una buena idea las anotaciones?

Ante todo, aclaremos una confusión. Se ha dicho y repetido hasta el cansancio en toda la literatura que las anotaciones son metadatos, esto es, datos sobre los datos. No estoy de acuerdo: se trata de información sobre algunas partes del código (programas) y no sobre datos. Por eso yo las llamo metacomportamiento, aunque tampoco estoy del todo convencido…

Hay muchas personas que critican a las anotaciones y ponen en duda su necesidad. Muchos de los cuestionamientos provienen del mundo de Java, en las cuales se vivió una década sin anotaciones, con interfaces de marcado y calificadores, que sirvieron para resolver los problemas que fueron apareciendo.

Personalmente, me parece que las anotaciones son algo bueno, aunque tal vez no sea tan positivo incorporarlas tardíamente a un lenguaje. Pero aún así, no me quejo de tenerlas.

Los inconvenientes que les veo, sin embargo, son:

- Como ocurre con cualquier código no funcional, suele ser dificil mantenerlas en sintonía con el código funcional cuando éste cambia.
- Se las usa a menudo para calificar código que antes se hacía mediante archivos XML separados, pero esto tiende a dejar el código más acoplado a cuestiones que deberían mantenerse separadas. Esto ocurre, por ejemplo, con el manejo de persistencia en EJB 3.0, que permite un más sencillo mantenimiento cuando las modificaciones son simples, pero con menor separación de intereses que dificulta cambios más importantes.
- Los programadores tienden a abusar de ellas, usándolas para cualquier comentario.

Pero estos problemas no deberían ser un obstáculo para usarlas juiciosamente. Por ejemplo, el servidor de aplicaciones JBoss las usa para implementar aspectos, y lo hace de manera bastante legible y eficiente.

Documentación interna en C#

Voy a escribir la clase que implementa un punto en dos dimensiones, utilizando documentación interna.

```
using System;

namespace CarlosFontela.Geometria {

using System;

/// <summary >
/// Esta clase implementa un punto en dos dimensiones.
/// </summary>
/// <remarks>
///         <para> Constructor:
///                 <see cref = "Punto(double,double)" />
///         </para>
///         <para> Inmuebles:
///                 <list>
///                         <item>
///                         X <see cref="X"/>
///                         </item>
///                         <item>
///                         Y<see cref="Y"/>
///                         </item>
///         </para>
///         <para> Métodos:
///                 <list>
///                         <item>
///                         Trasladar <see cref="Trasladar"/>
///                         </item>
///                         <item>
///                         Distancia<see cref="Distancia"/>
///                         </item>
///         </para>
/// </remarks>
public class Punto {

  private double coordX;
  private double coordY;

  /// <summary>
  ///     Constructor de los objetos de clase Punto.
  /// </summary>
  /// <remarks>
  ///     Toma dos valores de coordenadas <paramref name = "x" />
  ///     y <paramref name = "y" /> para construir un nuevo punto.
  /// </remarks>
  /// <param name = "x">
  ///     Coordenada en x.
  /// </param>
  /// <param name = "y">
  ///     Coordenada en y.
```

```
/// </param>
public Punto (double x, double y) {
        coordX = x;
        coordY = y;
}

/// <summary>
///     Establece y obtiene la coordenada en x del punto.
/// </summary>
public double X {
        get {
                return coordX;
        }
        set {
                coordX = value;
        }
}

/// <summary>
///     Establece y obtiene la coordenada en y del punto.
/// </summary>
public double Y {
        get {
                return coordY;
        }
        set {
                coordY = value;
        }
}

/// <remarks>
///     Traslada un punto, dados dos valores de variaciones de coordenadas
///     <paramref name = "deltaX" /> y <paramref name = "deltaY" /> .
/// </remarks>
/// <param name = "deltaX">
///     Variación de la coordenada en x.
/// </param>
/// <param name = "deltaY">
///     Variación de la coordenada en y.
/// </param>
public void Trasladar (double deltaX, double deltaY) {
        coordX += deltaX;
        coordY += deltaY;
}

/// <remarks>
///     Calcula la distancia respecto de otro punto <paramref name = "otro" /> .
/// </remarks>
/// <param name = "deltaX">
///     Variación de la coordenada en x.
/// </param>
/// <param name = "deltaY">
///     Variación de la coordenada en y.
/// </param>
/// <returns>
///     La distancia entre el punto actual y el argumento, como valor double.
/// </returns>
public double Distancia (Punto otro) {
```

```
        return Math.Sqrt
            ( Math.Pow((coordX-otro.coordX),2) +
                        Math.Pow((coordY-otro.coordY),2) );
    }

    /// <remarks>
    ///     Convierte en String.
    /// </remarks>
    /// <returns>
    ///     La representación en cadena de caracteres de un punto.
    /// </returns>
    public override string ToString( ) {
        return X.ToString( ) + ";" + Y.ToString( );
    }
}

}
```

El XML generado con la herramienta *NDoc* es:


```
<?xml version="1.0"?>
<doc>
  <assembly>
        <name>CarlosFontela.Geometria</name>
  </assembly>
  <members>
        <member name="M:CarlosFontela.Geometria.Punto.#ctor(System.Double,System.Double)">
            <summary>
                Constructor de los objetos de clase Punto.
            </summary>
            <remarks>
                Toma dos valores do coordenadas <paramref name = "x" />
                y <paramref name = "y" /> para construir un nuevo punto.
            </remarks>
            <param name = "x">
                Coordenada en x.
            </param>
            <param name = "y">
                Coordenada en y.
            </param>
        </member>
        <member name=
        "M:CarlosFontela.Geometria.Punto.Trasladar(System.Double,System.Double)">
            <remarks>
                Traslada un punto, dados dos valores de variaciones de coordenadas
                <paramref name = "deltaX" /> y <paramref name = "deltaY" /> .
            </remarks>
            <param name = "deltaX">
                Variación de la coordenada en x.
            </param>
            <param name = "deltaY">
                Variación de la coordenada en y.
            </param>
        </member>
        <member name=
        "M:CarlosFontela.Geometria.Punto.Distancia(CarlosFontela.Geometria.Punto)">
            <remarks>
```

```
                Calcula la distancia respecto de otro punto <paramref name = "otro" /> .
            </remarks>
            <param name = "deltaX">
                Variación de la coordenada en x.
            </param>
            <param name = "deltaY">
                Variación de la coordenada en y.
            </param>
            <returns>
                La distancia entre el punto actual y el argumento, como valor double.
            </returns>
        </member>
        <member name="M:CarlosFontela.Geometria.Punto.ToString">
            <remarks>
                Convierte en String.
            </remarks>
            <returns>
                La representación en cadena de caracteres de un punto.
            </returns>
        </member>
        <member name="P:CarlosFontela.Geometria.Punto.X">
            <summary>
                Establece y obtiene la coordenada en x del punto.
            </summary>
        </member>
        <member name="P:CarlosFontela.Geometria.Punto.Y">
            <summary>
                Establece y obtiene la coordenada en y del punto.
            </summary>
        </member>
    </members>
</doc>
```

Documentación interna en Java

El mismo ejercicio que resolvimos en C#, lo hago a continuación en Java:

```
// Punto.java
package carlosfontela.geometria;

/**
 * Esta clase implementa un punto en dos dimensiones.
 *
 * @author Carlos Fontela
 * @version 3.0
 */
public class Punto {

    private double coordX;
    private double coordY;

    /**
     * Constructor de los objetos de clase Punto.
     *
     * @param  x    valor para la coordenada x
     * @param  y    valor para la coordenada y
     */
```

```
public Punto (double x, double y) {
        coordX = x;
        coordY = y;
}

/**
 * Devuelve la coordenada en x.
 *
 * @return     la coordenada en x.
 */
public double getX( ) {
                return coordX;
}

/**
 * Cambia la coordenada en x.
 *
 * @param  valor   nuevo valor para la coordenada x
 */
public void setX (double valor) {
                coordX = valor;
}

/**
 * Devuelve la coordenada en y.
 *
 * @return     la coordenada en y.
 */
public double getY( ) {
                return coordY;
}

/**
 * Cambia la coordenada en y.
 *
 * @param  valor   nuevo valor para la coordenada y
 */
public void setY (double valor) {
                coordY = valor;
}

/**
 * Traslada un punto.
 *
 * @param  deltaX  incremento en la coordenada x
 * @param  deltaY  incremento en la coordenada y
 */
public void trasladar (double deltaX, double deltaY) {
        coordX += deltaX;
        coordY += deltaY;
}

/**
 * Calcula la distancia respecto de otro punto.
 *
 * @param  otro  el otro punto
 * @return       distancia entre los puntos.
```

```
  */
  public double distancia (Punto otro) {
        return Math.sqrt
              ( Math.pow((coordX-otro.coordX),2) +
                    Math.pow((coordY-otro.coordY),2) );
  }

  /**
   * Convierte en String.
   *
   * @return     La representación en cadena de caracteres de un punto.
   */
  public String toString( ) {
        return new Double(getX( )).toString( ) + ";" + new Double(getY( )).toString( );
  }
}
```

Uso de anotaciones (C#)

Voy a definir una clase de anotación para calificar clases con un prólogo. Luego, a modo de ejemplo, la usaré para la clase *CuentaBancaria*. Finalmente, mostraré cómo, usando reflexión, puedo acceder a la anotación. Lo haré en un programa que cuente la cantidad de clases cuyo autor soy yo.

La primera parte es sencilla. La clase de anotación es:

```
using System;

namespace CarlosFontela.Anotaciones
{
  [ AttributeUsage (AttributeTargets.Class, AllowMultiple = false, Inherited=false) ]
  public class PrologoClaseAttribute : Attribute
  {
        private string autor;
        private string email;
        private string fechaCreacion;

        public PrologoClaseAttribute (string autor, string email, string fechaCreacion) {
              this.autor = autor;
              this.email = email;
              this.fechaCreacion = fechaCreacion;
        }

        public string Autor {
              get {
                    return autor;
              }
        }

        public string Email {
              get {
                    return email;
              }
        }

        public string FechaCreacion {
              get {
```

```
                return fechaCreacion;
            }
        }
    }
}
```

La clase *CuentaBancaria*, calificada, sería:

```
using CarlosFontela.Anotaciones;

namespace CarlosFontela.Pruebas
{
    [PrologoClase ("Carlos Fontela", "cfontela@cfontela.com.ar", "13/11/2007")]
    public class CuentaBancaria {

        private int numero;
        private string titular;
        private double saldo;


        public double Saldo {
            get {
                return saldo;
            }
        }

        public void Depositar (double monto) {
            saldo += monto;
        }

        public bool Extraer (double monto) {
            if (monto > saldo)
                return false;
            else {
                saldo -= monto;
                return true;
            }
        }

        public CuentaBancaria (int n, string t) {
            numero = n;
            titular = t;
            saldo = 0;
        }
    }
}
```

Ahora bien, el programa de prueba es bastante complejo. De hecho, el código de reflexión lo hace bastante difícil de leer. Por eso, trabajaré con una clase auxiliar, que llamo *CoincidenciaAnotacionClase*, para realizar una búsqueda genérica de un valor de un parámetro en una anotación que califique una clase. Aquí quedará encapsulada toda la complejidad del ejercicio. He aquí mi clase auxiliar:

```
using System;
using System.Reflection;
```

```
namespace CarlosFontela.Anotaciones
{
   public class CoincidenciaAnotacionClase
   {
         private Type claseBuscada;
         private Type anotacionBuscada;
         private string parametroBuscado;
         private string valorBuscado;

         public CoincidenciaAnotacionClase(Type clase, Type anotacion,
                                          string parametro, string valor) {
               this.claseBuscada = clase;
               this.anotacionBuscada = anotacion;
               this.parametroBuscado = parametro;
               this.valorBuscado = valor;
         }

         private bool coincideParametro (Attribute anotacion) {
               PropertyInfo propiedad = anotacionBuscada.GetProperty(parametroBuscado);
               if (propiedad != null && propiedad.CanRead) {
                     object valor = propiedad.GetValue (anotacion, null);
                     if (valor.ToString( ) == valorBuscado)
                           return true;
               }
               return false;
         }

         public bool Coincide ( ) {
               Attribute anotacion =
                     Attribute.GetCustomAttribute (claseBuscada, anotacionBuscada);
               if (anotacion != null && coincideParametro(anotacion))
                           return true;
               return false;
         }
   }
}
```

Finalmente, el programa de prueba es sencillo:

```
using CarlosFontela.Anotaciones;
using System;
using System.Reflection;

namespace CarlosFontela.Pruebas
{
   public class PruebaAnotaciones
   {
         public static void Main( ) {
               int cantidadClasesCarlosFontela = 0;
               Assembly ensamblaje = Assembly.GetExecutingAssembly( );
               Type[ ] tipos = ensamblaje.GetTypes( );
               foreach (Type tipo in tipos) {
                     if ( !(tipo.IsEnum || tipo.IsPointer || tipo.IsPrimitive)) {
                           CoincidenciaAnotacionClase reporte = new CoincidenciaAnotacionClase (
                           tipo,
                           Type.GetType( "CarlosFontela.Anotaciones.PrologoClaseAttribute" ),
                           "Autor", "Carlos Fontela" );
```

```
                        if (reporte.Coincide( ))
                              cantidadClasesCarlosFontela++;
                  }
            }
            Console.WriteLine ("Cantidad de clases cuyo autor es Carlos Fontela: " +
                                          cantidadClasesCarlosFontela);
            Console.ReadKey( );
      }
   }
}
```

Conclusiones

En el capítulo que estamos dejando hemos visto cómo colocar calificadores a distintos elementos de nuestros programas, para que puedan ser utilizados por el compilador, el entorno de ejecución, o incluso nuestros programas por reflexión.

Lo importante respecto de las anotaciones es usarlas en su justa medida, sin abusar.

También vimos mecanismos de documentación interna de programas Java y C#, muy útiles y prácticos.

El lector se estará preguntando por qué yo, que tanto he hablado de sus bondades, prácticamente no he usado este tipo de documentación en el código presentado en este libro. Las razones son dos: pretendo poder mostrar código simple y conciso, y creo que el código que escribo resulta suficientemente claro.

En efecto, en un libro de enseñanza de programación puedo incorporar muchas más aclaraciones por fuera del código. Además, pretendo que quede bien claro que un programa debe documentarse a sí mismo con la claridad del código, y no hay mejor prueba de esto que no poner demasiados comentarios y que sea legible. Finalmente, este libro tiene bastantes páginas de código fuente, y el uso de documentación interna las duplicaría sin gran esfuerzo.

En el capítulo que sigue encararemos eventos.

22. EVENTOS

Si no esperas lo inesperado, no lo reconocerás cuando llegue.
Heráclito de Éfeso[137]

Este tal vez haya sido el capítulo que más me costó ubicar, sin saber si tenía que ser el último de la segunda parte o estar aquí, entre los temas auxiliares.

Lo que ocurre es que los eventos nacieron en un entorno de POO, con Smalltalk, y muchas personas los consideran intrínsecos al paradigma. Sin embargo, pocos lenguajes los han incorporado como construcciones básicas, con la notable excepción de C#.

Bueno, pero mal o bien ubicados, los analizaremos a continuación.

EVENTOS EN GENERAL

Eventos e interfaces de usuario

Todos los programadores se las han tenido que ver de una forma u otra con los eventos, sea como usuarios de aplicaciones o como desarrolladores. Normalmente están asociados a las interfaces gráficas de usuario, pero exceden ampliamente ese campo.

La **programación guiada por eventos** permite modelizar con naturalidad la forma de interacción de las interfaces de usuario gráficas desde el punto de vista del programador.

La idea de la programación por eventos, expresada de un modo simple y desde el punto de vista del usuario, es que, en lugar de que éste espere al programa, ponemos al programa a esperar al usuario: el sistema espera la ocurrencia de eventos y actúa en consecuencia. Es decir, el programa debe saber cómo manejar los objetos disponibles y responder a los estímulos que vienen del usuario.

En la programación guiada por eventos, no es que las operaciones se produzcan porque el programa llegó a una determinada fase de ejecución, sino que las provoca un usuario o un actor externo mediante una acción que se traduce en un evento.

A continuación se muestra como ejemplo el diagrama de estados de una aplicación simple utilizando programación por eventos:

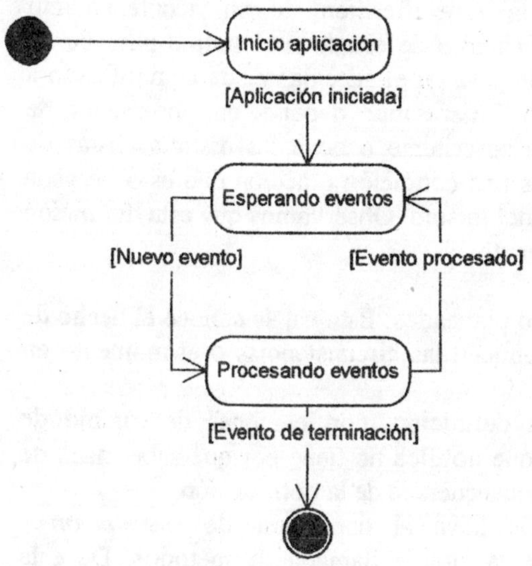

Los eventos pueden ser provocados por el usuario, cuando es éste quien los dispara, o por el sistema o el medio.

Ejemplos de eventos de usuario pueden ser:

- Un *clic* del mouse.
- La pulsación de una tecla.
- Una selección en un menú.
- Un movimiento del mouse.
- La toma o pérdida de foco.

Ejemplos de eventos del sistema o del medio pueden ser:

- Los intervalos del reloj.
- El paso del tiempo.
- El cierre del sistema.
- Un mensaje que proviene de otra aplicación.
- La finalización de una operación asincrónica.

La POO es muy importante para soportar la programación por eventos. Cada componente que recibe un estímulo es un objeto, y este objeto va a responder al mensaje con la ejecución de un método definido en su contrato. Por ejemplo, cuando un usuario pulsa sobre un botón, está provocando un evento que envía un mensaje a dicho botón. A su vez esto provoca que éste reaccione con un método definido en su interfaz.

La idea de una generalización del concepto de evento es extenderlo a cualquier sistema, no sólo al entorno visual y la interacción con el usuario. De este modo, por ejemplo, podríamos denominar eventos a los siguientes escenarios:

- El vuelo AR1023 ha despegado.
- Se ha detectado humo en el sensor número 2.
- Se ha retirado un objeto del arreglo *v*.

Eventos y programación

Al estudiar los diagramas de estados de UML dije que un **evento** indica la aparición de un estímulo que puede disparar una transición de estados. Otra ocasión en que surgió el término fue en el contexto del patrón Observador, que admitía una variante en la cual los observadores se suscribían a listas de eventos del sujeto.

Un evento, por lo tanto, es la especificación de un acontecimiento significativo, como una señal recibida, un cambio de estado o el simple paso de un intervalo de tiempo. Es algo interesante que pasa en el sistema, y que es notificado a algunos objetos. Nótese que la condición de "interesante" depende del observador, de allí que los distintos observadores podrán suscribirse o no a las distintas listas de novedades. Podría decirse que un evento es una condición o acción que es observada por un objeto pero ocurre fuera del control del mismo. Observamos que esta definición no invalida la anterior, sino que la complementa.

Los eventos son previstos, pero no planeados. Esto es, se conoce el hecho de que el evento puede ocurrir, pero no se conocen las circunstancias o el momento en que ocurrirá.

Los eventos son, por su propia definición, notificaciones de cambio de estado, hechas de forma tal, que el objeto que notifica no tiene por qué saber nada de los notificados, ni lo que ocurre en ellos a consecuencia de la notificación.

Por eso el trabajar con eventos lleva al paradigma de *suscripción y notificación*, mucho más desacoplado que la simple llamada de métodos. De esta manera, el comportamiento del objeto subscriptor puede depender de algo que ocurre en un componente externo.

El paradigma de suscripción y notificación con eventos suele implementarse con un objeto controlador, siguiendo el patrón Mediador, que se ocupa de escuchar eventos de distintas fuentes y enviarlos a los suscriptores interesados.

Para que el controlador sepa qué objetos están interesados en cada evento, cada observador se tiene que suscribir o registrar para indicar qué eventos le interesan. Una vez que se produce el evento, el controlador que estaba escuchando llama a los métodos (esto se conoce como *callback* o *devolución de llamada*) que correspondan en los objetos interesados.

A menudo se habla también de un mecanismo de *estímulo y respuesta*, porque cuando hay un estímulo sobre el objeto observado, éste reacciona enviando un mensaje de respuesta (o *callback*) a los objetos suscriptores.

El escenario del mecanismo de eventos tal vez se pueda ver mejor con un ejemplo más humano. Supongamos que le pido a mi hermana, que se está yendo de vacaciones, que me avise cada vez que llegue a una localidad. En ese caso, cada llegada a un lugar es una instancia del tipo de evento de llegada. Por ejemplo, tendré una instancia cuando ella llegue a Neuquén, cuando llegue a San Martín de los Andes, etc. Mi hermana me avisará porque yo le manifesté mi interés en ser avisado (me suscribí para que ella me avise) y le especifiqué de qué manera me tenía que avisar (por ejemplo, enviándome un mensaje de texto con su celular). El aviso de ella es lo que se conoce como *callback*, o respuesta. A partir de allí, seré yo el encargado de realizar lo que deba hacer una vez que recibí su aviso. Si yo quedé en avisarle a mi madre y mi hermano, eso será lo que haga, pero ése es mi problema, no el de ella. De hecho, yo soy el manejador del evento, y cada vez que reciba el aviso de mi hermana deberé realizar la misma tarea. En realidad, podría haber varios objetos suscriptos, en el sentido de varias personas que sean avisadas del mismo tipo de evento, en la medida en que expresen su interés en ser notificados, y cada uno podría reaccionar de formas diversas.

.NET ha sido una de las primeras plataformas orientadas a objetos en llevar el concepto de evento a una construcción del lenguaje. Parece mentira que un concepto tan ligado a POO haya debido esperar tanto para verse implementado en forma nativa. Es cierto que Java o Delphi permitían definir eventos, pero en ambos casos eran construcciones complejas o ligadas a clases especiales (componentes JavaBeans en el primero y descendientes de *TComponent* en el segundo).

En C#, cualquier objeto puede publicar un conjunto de eventos a los cuales se pueden suscribir otros objetos. De esta manera, cuando el objeto publicador lanza el evento, los objetos que se han suscripto para recibir ese evento son notificados mediante el uso de delegados de invocación múltiple.

Los delegados se usan para encapsular las reacciones a un evento. Por ejemplo, si se está desarrollando un cliente de una clase de horno a microondas, y se necesita recibir una notificación cuando se termina de cocinar un alimento, el horno debería lanzar un evento cuando el tiempo restante de cocción llegue a cero, y el delegado encapsularía el modelo de la reacción al evento. Dicho de otra manera, el tipo de delegado sirve para definir la firma de la función que el microondas debe llamar para notificar a los suscriptores. Por lo tanto, si en la clase *Microondas* debemos definir el evento, lo que debemos indicar es el tipo de delegado con el cual el microondas va a avisar. A continuación, ese delegado será implementado por los suscriptores, de modo tal que si ellos implementan un método como el que el definimos en la clase *Microondas*, y se suscriben, el microondas va a poder llamarlo.

Dicho en forma resumida, el modelo de eventos de .NET consta de tres partes:

- El objeto que lanza el evento.
- El método que debe ser llamado cuando el evento es notificado (el manejador del evento).
- Una forma de comunicar ambas cosas, sin acoplarlas.

Para esto, en la clase del objeto que lanza el evento debemos definir cómo es la firma del método al que debemos llamar cada vez que debamos avisar a los suscriptores. Esto lo hacemos con la declaración de un evento, que incluye un tipo de delegado.

Por ejemplo, en el caso del microondas, podríamos definir un evento en la clase:

```
public event ManejadorTiempoTerminado Termino;
```

ManejadorTiempoTerminado sería un delegado que especifica la firma del método a llamar cuando se produzca el evento. Si otra clase implementa un método con esa firma y después lo suscribe, la clase *Microondas* lo podrá llamar. *Termino* es el nombre que le dimos al evento propiamente dicho.

Supongamos que el delegado está declarado como:

```
public delegate void ManejadorTiempoTerminado (Microondas origen);
```

Pasemos ahora a la clase cliente. Si en la misma se desea emitir un pitido cuando el horno termina una cocción, llamando al método *Utilidades.Pitido*, debemos implementar un método que cumpla con la firma propuesta y llame a *Utilidades.Pitido*. Este método, llamado manejador del evento, sería algo como lo que sigue:

```
public void CuandoTerminaMicroondas (Microondas origen) {
  Utilidades.Pitido( );
}
```

Por supuesto, se podrían usar datos del objeto *origen*, cosa que en este caso no se hizo.

Todavía falta suscribir el manejador al evento *Termino*. Por ejemplo, para un objeto *M*:

```
Microondas M = new Microondas( );
M.Termino += new ManejadorTiempoTerminado (this.CuandoTerminaMicroondas);
```

Ahora bien, falta hacer que la clase *Microondas* lance el evento a todos los suscriptores. Simplificando un poco, esto se hará colocando, en el lugar adecuado, una línea como la que sigue:

```
if ( (VerTiempoRestante( ) == 0) && (Termino != null) )
                                    Termino(this);
```

Lo que hemos hecho es verificar la existencia de suscriptores y, en caso afirmativo, llamar a todos los métodos de la lista, pasándoles el objeto actual.

Hay que tener en cuenta que los eventos sólo se pueden lanzar desde la clase que los declaró, independientemente de su visibilidad. Por eso es que en general, para poder trabajar con ellos desde una clase descendiente, se suele declarar un método virtual y protegido que lanza el evento.

En algunos aspectos, los eventos son a los tipos de delegados lo que las propiedades a las clases. Por eso, al definir un tipo de evento, se pueden incluir partes *add* y *remove*, que hacen las veces de *set* y *get*, y sirven para definir acciones a realizar en correspondencia con el agregado o eliminación de suscriptores. Esto, por ejemplo, puede servir para anotar en un archivo de bitácora la subscripción a eventos.

EVENTOS EN JAVA

Eventos en Swing

Swing es la biblioteca de Java que se utiliza para programar interfaces de usuario gráficas. ¿Cómo manejamos los eventos en Swing? Es decir, ¿cómo llamamos al código que debe procesar el evento?

Cuando se hace uso de *callbacks*, como en el caso de Swing, existe una entidad que contiene el código de manejo para los eventos. Cada componente *registra* qué código *callback* se debe ejecutar cuando recibe un evento.

Así, hay un controlador que está permanentemente escuchando para ver si se producen eventos. Cuando recibe uno, llama al método que corresponda en el componente que se suscribió para recibirlo.

En Swing, un evento es un vínculo entre una ocurrencia en el sistema y una porción de código que responde a esa ocurrencia. Esa porción de código es lo que denominamos un **manejador de eventos**.

Cada componente Swing (un objeto instancia de una clase heredera de *JComponent*) puede disparar un evento. Este evento puede ser escuchado por uno o más *observadores*, que actúan en base a lo que el programador haya indicado. De este modo, el evento se lanza en un lugar (el componente) y puede ser manejado en un lugar diferente (el observador).

Cada observador es una instancia de una clase que implementa una interfaz observadora. Llamamos interfaz observadora a cualquiera que sea descendiente de *EventListener*, como *ActionListener*, *KeyListener*, etc.

Los eventos son instancias de clases descendientes de *EventObject*, como *ActionEvent*, *ItemEvent*, etc.

A continuación se muestra una tabla que clarifica un poco estos conceptos:

	Significado	**Hereda de**	**Ejemplos**	**Otro nombre**
Componente	Clase capaz de recibir y emitir estímulos	JComponent	JButton, JLabel, JMenu	Emisor de eventos
Observador	Clase que está dispuesta a recibir eventos	interfaz EventListene r	ActionListener, FocusListener	Suscriptor
Evento	Cualquier cosa interesante que ocurre en el sistema	EventObject	KeyEvent, MouseEvent	Estímulo

El que sigue es un ejemplo de applet que utiliza estos conceptos:

```
import javax.swing.*;
import java.awt.*;
import java.awt.event.*;

public class Hola extends JApplet {

   JButton boton = new JButton("Presione");
   JTextField texto = new JTextField(4);

   class BotonHola implements ActionListoner {
          public void actionPerformed (ActionEvent e) {
                 texto.setText("Hola a todos");
          }
   }

   BotonHola observador = new BotonHola( );

   public void init( ) {
          boton.addActionListener(observador);
          Container cp = getContentPane( );
          cp.setLayout(new FlowLayout( ));
          cp.add(boton);
          cp.add(texto);
   }

}
```

Notemos que la clase *BotonHola* implementa la interfaz observadora *ActionListener*. Por lo tanto, es un objeto de la clase *BotonHola* el observador que va a manejar el evento.

Toda la lógica de manejo del evento va en la clase observadora. Así lo hice al escribir:

```
class BotonHola implements ActionListener {
        public void actionPerformed (ActionEvent e) {
                texto.setText("Hola a todos");
        }
}
```

En general las clases observadoras se definen como internas al componente, porque es lógico acoplarlas con las clases a las cuales sirven. De todas formas, se pueden mantener ambas clases separadas. Esto es útil cuando se desea permitir que el programador personalice el comportamiento de componentes visuales sin tener que cambiar las propias clases.

Otra forma habitual de trabajar es mediante clases internas anónimas. En nuestro ejemplo, la clase *BotonHola* sólo sirvió para definir el método *actionPerformed*. A continuación se escribe una applet completa con una clase interna anónima descendiente de *JButton*, lo que nos ahorra la definición de *BotonHola*:

```
import javax.swing.*;
import java.awt.*;
import java.awt.event.*;

public class Hola extends JApplet {

  JButton boton = new JButton("Presione");
  JTextField texto = new JTextField(4);

  // la clase BotonHola no está más:
  ActionListener observador = new ActionListener( ) {
        public void actionPerformed(ActionEvent e) {
                texto.setText("Hola a todos");
        }
  }

  public void init( ) {
        boton.addActionListener(observador);
        Container cp = getContentPane( );
        cp.setLayout(new FlowLayout( ));
        cp.add(boton);
        cp.add(texto);
  }
}
```

Pero el lanzamiento del evento, representado aquí por un objeto de la clase *ActionEvent*, se hace desde la clase *Hola*. Como acabo de decir, se pueden añadir más observadores que respondan a un determinado evento. Por eso decimos que cada componente Swing puede reportar todos los eventos individualmente, y es el programador quien registra su interés en uno en particular, o simplemente lo ignora.

Todos los componentes de Swing tienen dos métodos para cada tipo de evento que pueden lanzar: *addXxxListener* y *removeXxxListener*, donde *Xxx* es el nombre de la interfaz. El primero permite registrar el interés en un evento y el segundo declarar que el mismo ya no interesa más. Por lo tanto, la suscripción puede manejarse dinámicamente.

En líneas generales, lo que hace un programador al que le interesa un evento es crear un objeto observador y registrarlo con el componente que va a lanzar dicho evento. Eso hicimos en el ejemplo:

```
boton.addActionListener(observador);
```

Descomponiendo el proceso en pasos, la idea es:

1. Agregar la palabra *Listener* al nombre de evento, y ésta será la interfaz observadora a implementar (en la clase interna).
2. Implementar la interfaz y escribir los métodos para los eventos que se quieren capturar.
3. Crear un objeto de la clase observadora y registrarlo en el componente con el prefijo *add* frente al nombre de la misma.

Advertimos que en este modelo de eventos se trabaja con el patrón Observador[138], pues hay un objeto que actúa en función de los cambios que se hacen sobre alguna parte del sistema. El sistema funciona como objeto "observado", y el observador maneja los eventos reaccionando con un comportamiento determinado.

Como dijimos, cada componente puede lanzar uno o más eventos. Pero cada tipo de componente soporta sólo ciertos tipos de eventos. Si se intenta capturar un evento que no existe para un determinado componente, se provocará un error de compilación.

A continuación hay una lista de algunos eventos, interfaces observadoras y métodos que se usan[139]:

Evento	Significado	Interfaz observadora	Métodos de la interfaz
ActionEvent	Un botón presionado y, en general, cualquier elección	ActionListener	actionPerformed (ActionEvent)
Adjustment-Event	Cualquier acción que implique ajustar posición	Adjustment-Listener	adjustmentValueChanged (AdjustmentEvent)
FocusEvent	Toma de foco por el componente	FocusListener	focusGained (FocusEvent), focusLost (FocusEvent)
KeyEvent	Presión de una tecla	KeyListener	keyPressed (KeyEvent), keyReleased (KeyEvent), keyTyped (KeyEvent)
MouseEvent	Clic de mouse	Mouse-Listener	mouseClicked (MouseEvent), mouseEntered (MouseEvent), mouseExited (MouseEvent), mousePressed (MouseEvent), mouseReleased (MouseEvent)
MouseEvent	Movimiento de mouse	MouseMotion-Listener	mouseDragged (MouseEvent), mouseMoved (MouseEvent)
WindowEvent	Cambios de estado en la ventana en cuanto a activarla, agrandarla, achicarla, etc.	Window-Listener	windowOpened (WindowEvent), windowClosing (WindowEvent), windowClosed (WindowEvent), windowActivated (WindowEvent), windowDeactivated (WindowEvent), windowIconified (WindowEvent), windowDeiconified (WindowEvent)
ItemEvent	Elección de un ítem, como una opción en un botón de radio, en una lista, etc.	ItemListener	itemStateChanged (ItemEvent)
TextEvent	Escritura de un texto	TextListener	addTextListener, removeTextListener

Ya he dicho que no cualquier componente dispara cualquier evento. Por ejemplo, un *JButton* puede disparar un *ActionEvent* pero no un *WindowEvent*; de la misma forma, *JCheckBox* disparará un *ItemEvent*, pero no un *AdjustmentEvent*.

Como hay interfaces que tienen muchos métodos, y a veces no vamos a querer implementar todos, Swing nos provee adaptadores de interfaz, que son clases para las cuales ya existen los métodos implementados, generalmente vacíos. De esa manera, se pueden delegar las implementaciones que no se quieran hacer, heredando de la clase adaptadora.

A continuación se muestra un pequeño programa que responde a tres tipos de eventos para el mismo botón:

```
import javax.swing.*;
import java.awt.*;
import java.awt.event.*;

public class EventosBoton extends JApplet {

    BotonHola boton = new BotonHola("Presione");
    JTextField texto = new JTextField(4);

    //clase interna a EventosBoton:
```

```
class BotonHola extends JButton {

    public BotonHola (String leyenda) {
        super(leyenda);
        setBackground(Color.green);
        addFocusListener(f);
        addMouseListener(m);
    }

    // un atributo de una clase interna anónima:
    FocusListener f = new FocusListener( ) {
        public void focusGained (FocusEvent e) {
            boton.setBackground(Color.red);
        }
        public void focusLost (FocusEvent e) {
            boton.setBackground(Color.green);
        }
    };

    // un atributo de una clase interna anónima:
    MouseListener m = new MouseListener( ) {
        public void mouseEntered (MouseEvent e) {
            boton.setBackground(Color.red);
        }
        public void mouseExited (MouseEvent e) {
            boton.setBackground(Color.green);
        }
        public void mousePressed (MouseEvent e) {
            texto.setText("Hola a todos");
        }
        public void mouseReleased (MouseEvent e) {
            boton.setBackground(Color.green);
        }
        public void mouseClicked (MouseEvent e) {
            texto.setText("Hola a todos");
        }
    }
}

public void init( ) {
    Container cp = getContentPane( );
    cp.setLayout ( new FlowLayout( ) );
    cp.add(boton);
    cp.add(texto);
}
}
```

Componentes JavaBeans

Además de escribir aplicaciones completas, Java se puede usar para construir componentes reutilizables.

Un **componente** es una porción de código compilado, que se utiliza para ser incorporado a una aplicación[140]. En POO los componentes son clases compiladas.

En general, un componente es una cáscara, a la que el programador cliente le agrega comportamiento. Este comportamiento suele definirse en base a estímulos y las respuestas a los mismos, en consonancia con el paradigma de objetos y la programación guiada por eventos que estamos viendo.

Los componentes de Java se denominan *JavaBeans*.

Un componente se suele caracterizar por las *propiedades* que determinan su estado, los *métodos* que definen el comportamiento y los *eventos* a los cuales va a responder.

El concepto de propiedad es el mismo que vimos al estudiar clases al principio del libro. Y si bien en Java no hay propiedades, se pueden implementar métodos de consulta y modificación para cada una. Éste es el enfoque de los JavaBeans. Cada componente tiene una serie de propiedades, con métodos que empiezan con *get* y *set* para obtener sus valores y modificarlos. Por ejemplo, si queremos referirnos a una propiedad *xxx*, crearemos en nuestro componente dos métodos: *getXxx* y *setXxx*, con esa convención de mayúsculas y minúsculas. En el caso de las propiedades lógicas podemos utilizar *isXxx* en vez de *getXxx*. Si una propiedad es sólo de consulta tendrá un método *getXxx*, pero no *setXxx*, mientras que una propiedad sólo de modificación tendrá un método *setXxx*, pero no *getXxx*. Los métodos *getXxx* recibirán siempre un parámetro que deberá ser del tipo de la propiedad.

Los métodos de un componente son simples métodos de la clase, públicos. Además, todo componente JavaBeans debe tener un constructor sin parámetros.

Todas estas convenciones, aunque parezcan caprichosas, son muy importantes porque los productos RAD y otros integradores de componentes utilizan reflexión para examinar el componente y determinar qué eventos y propiedades soporta. Para ello utilizan una clase llamada *Introspector*, que tiene un método de clase *getBeanInfo(Class)*. Y éste va a buscar métodos que cumplan con la convención de nombres recién descripta.

Del mismo modo, si el componente utiliza eventos adicionales a los predefinidos –cosa que es perfectamente factible– se debe utilizar la nomenclatura estándar de Swing, que luego veremos en más detalle: para el evento *xxxEvent* debe haber una interfaz *XxxListener*, dos métodos, *addXxxListener* y *removeXxxListener*, etc.

Todo componente JavaBeans debe implementar *java.io.Serializable* o *java.io.Externalizable* para manejar la persistencia.

En este libro, he seguido desde el comienzo la convención de los componentes JavaBeans para nombrar propiedades.

Los JavaBeans deben ser incluidos en un archivo JAR, que contiene un manifiesto para indicar que se trata de un JavaBeans y dar a conocer el nombre de la clase y del paquete respectivos. Para funcionar correctamente, el archivo JAR debe tener todo el directorio (paquete) con las clases necesarias.

Generalización del concepto de eventos

Java sólo permite definir eventos para componentes. Sin embargo, esto no es una limitación, sino que habrá que hacer componentes de nuestras clases generadoras de eventos.

Las propiedades de los componentes JavaBeans pueden notificar a otros objetos el hecho de que han cambiado. Ante un cambio, lanzan un evento de la clase *PropertyChangeEvent*, que puede ser capturado por un objeto que implemente la interfaz *PropertyChangeListener*.

Por lo tanto, para poder implementar este modelo, habrá que:

- Tener un componente JavaBeans cuyos cambios de propiedades interese notificar.

- Implementar objetos que registren su interés en recibir los eventos enviados por los cambios en propiedades del componente.
- Disparar los eventos de cambio de propiedades en el componente hacia los objetos observadores.

El componente debe implementar los métodos *addPropertyChangeListener*, *removePropertyChangeListener* y *firePropertyChange*. Para la implementación de los dos primeros, podemos delegar la tarea en la clase predefinida *PropertyChangeSupport*, que se ocupa de mantener la lista de observadores. En este último caso, debemos incluir un objeto de esta clase como atributo, que además nos va a servir para que se utilice el método *firePropertyChange*.

Por su lado, los observadores deben implementar la interfaz *PropertyChangeListener*, que expone el método *propertyChange*, y utilizarlo para programar la acción a seguir cuando se recibe el evento.

Al final del capítulo incluí un ejercicio que usa estas facilidades.

CUESTIONES METODOLÓGICAS Y DE DISEÑO

Convenciones de nombres y firmas en C#

Si bien los eventos, delegados y métodos auxiliares pueden tener cualquier nombre y parámetros, en la plataforma .NET se usan convenciones que conviene respetar para aumentar la legibilidad y permitir que ciertos clientes utilicen reflexión para encontrar lo que buscan.

Lo habitual es que los tipos de delegados que se usan para definir los manejadores de eventos tengan nombres terminados en *EventHandler*. En nuestro caso, la declaración del evento del microondas podría haber sido:

```
public event TiempoTerminadoEventHandler TiempoTerminado;
```

Además, estos delegados que se usan para eventos suelen tener dos parámetros, uno para enviar el objeto que lanzó el evento, como lo hicimos nosotros, y otro para enviar otros datos que hagan al contexto del evento. El tipo del segundo parámetro es un descendiente de *System.EventArgs*, y su nombre generalmente termina con *EventArgs*. Siguiendo con el ejemplo del microondas, podríamos definir *TiempoTerminadoEventHandler*:

```
public delegate void TiempoTerminadoEventHandler
            (object origen, TiempoTerminadoEventArgs datosEvento);
```

Los métodos manejadores de eventos suelen empezar con el prefijo *On*, por lo que en nuestro ejemplo se podría escribir:

```
protected void OnTiempoTerminado
            (object origen, TiempoTerminadoEventArgs datosEvento) {
   Utilidades.Pitido( );
}
```

La suscripción al evento no requiere de grandes comentarios:

```
Microondas M = new Microondas( );
M.Termino += new TiempoTerminadoEventHandler (this.OnTiempoTerminado);
```

Al lanzar el evento a los suscriptores se hará:

```
if ( (VerTiempoRestante( ) == 0) && (TiempoTerminado != null) )
                    TiempoTerminado (this, null);
```

En este caso, al segundo parámetro le hemos enviado el valor *null* para ser coherentes con la solución anterior.

La tabla siguiente muestra las convenciones de nombres utilizadas:

	Convención	Ejemplo
Delegado	Nombre de evento seguido de "EventHandler".	TiempoTerminadoEventHandler
Evento	Nombre a gusto del programador, generalmente un participio.	TiempoTerminado
Manejador del evento	"On" seguido del nombre del evento. Suele ser protegido para que las clases descendientes no necesiten registrar un delegado también.	OnTiempoTerminado

Todas estas cuestiones de nombres algunos dirán que son caprichosas y otros que resultan poco claras. Y estoy totalmente de acuerdo. Si bien al escribir en idioma inglés puede sonar más o menos coherente, en castellano queda horrible denominar a un tipo *TiempoTerminadoEventArgs*.

El problema es que algunas aplicaciones cliente pueden utilizar reflexión para obtener datos de nuestro código y, si se basan en las convenciones de nombres habituales de .NET, buscarán manejadores que comiencen con *On*, tipos de delegados que terminen con *EventHandler*, y demás, por lo que utilizar otra convención de nombres puede hacer que algunos elementos no sean encontrados.

De todos modos, relativicemos lo recién expresado. Lo más racional cuando se trabaja con .NET es hacer reflexión sobre las anotaciones, y no sobre todo el código. No obstante ello, nos pareció conveniente hacer conocer la convención de nombres generalmente aceptada, aun reconociendo de antemano lo acertado de las críticas que seguramente van a surgir.

Las buenas prácticas de diseño en el uso de eventos se pueden resumir así:

- Por convención, cuando los eventos son lanzados, se les pasan dos argumentos a los suscriptores: una referencia a la clase del evento y datos del evento sobre una instancia de una clase derivada de *System.EventArgs*.
- Si un evento no está interesado en pasar datos a los suscriptores, se pasará *null* como segundo argumento.
- Cuando se desee lanzar un evento, no hacerlo sobre la clase del evento directamente. Conviene usar un método manejador, que sea virtual y protegido.
- Cuando implementamos una clase cuyo ancestro lanza eventos, podemos interceptar el evento que envía la clase base redefiniendo el método que se utiliza para lanzarlo. Si se desea que ese método interceptor notifique a los suscriptores, se puede hacer como sigue:

```
protected override void OnEvento (EventArgs p) {
        // código de intercepción
        base.OnEvento(args);
}
```

Criterios de implementación: ¿eventos o delegados?

En realidad, los delegados ya brindan suficientes facilidades para la construcción de eventos. Los delegados de invocación múltiple incluso permiten que varios objetos se registren para un evento. Lo que ocurre es que los eventos, tal como los provee C#, no son tanto un tipo nuevo como un simple modificador agregado a los delegados.

De hecho, hemos cambiado algo como:

```
public TiempoTerminadoEventHandler TiempoTerminado;
```

Por:

```
public event TiempoTerminadoEventHandler TiempoTerminado;
```

Incluso el código intermedio que se genera es idéntico en ambos casos.

Sin embargo, hemos visto que usar eventos es más directo y sencillo que trabajar con los delegados equivalentes. De allí que la impresión que tal vez le haya quedado al lector es que sirven sólo para lograr esta sencillez.

Pero no es así. Hay tres ventajas del uso de eventos sobre el empleo de delegados. Éstas son:

- Se obtiene mayor seguridad en el agregado y eliminación de suscriptores.
- Se fuerza la llamada del evento desde su origen.
- Se pueden incluir eventos en interfaces.

Veamos la primera. Hemos ya mostrado cómo se pueden agregar instancias a un delegado mediante el operador +=. Sin embargo, también hemos visto que se puede asignar una instancia con el operador =. Ahora bien, ¿qué pasaría si utilizamos el operador = sobre un delegado que ya tiene instancias? La respuesta es obvia: un objeto se suscribiría a sí mismo deslojando a los que hubiera suscriptos de antes. Si en vez de utilizar delegados usamos eventos esto no puede ocurrir, pues los eventos sólo admiten los operadores += y -=, pero no la asignación directa. En este sentido, el uso de eventos es más seguro que el trabajo con delegados.

La segunda ventaja de los eventos tiene que ver con que al utilizar delegados no se impide que el manejador, como cualquier otro método, sea llamado directamente desde cualquier método que tenga la visibilidad suficiente. En cambio, si usamos eventos, lo único que se permite hacer desde afuera de su propia clase es la suscripción y anulación de suscripción, pero nunca llamadas directas.

A continuación se muestra un ejemplo:

```
using System;

delegate void MensajeHandler (string s);

class EmisorEventos {
```

```
   public static event MensajeHandler Notificador1;
   public static MensajeHandler Notificador2;

   public static void Main ( ) {
         new ConsumidorEventos( ).test( );
   }

}

class ConsumidorEventos {

   public void test( ) {
   //       la línea que sigue arroja el error CS0070:
   //       EmisorEventos.Notificador1("test");
            EmisorEventos.Notificador2("test2"); // compila bien
   }

}
```

Las instancias de delegados son atributos de una clase, por lo que no pueden ser colocados en interfaces como si fueran métodos. En cambio, los eventos sí pueden exponerse en una interfaz.

Véase el ejemplo que sigue:

```
using System;

delegate void MensajeHandler (string s);

interface ITest {
   event MensajeHandler Notificador1;
   // Lo que sigue no compila: error CS0525: Interfaces cannot contain fields
   // MensajeHandler Notificador2;
}

class Test : ITest {
   public event MensajeHandler Notificador1;
   public static void Main ( ) {}
}
```

Al implementar la interfaz *ITest* en una clase, debemos implementar también el evento *Notificador1*.

EJERCICIOS DE EJEMPLO

Notificaciones en el club de inmobiliarias (C#)

Si implementamos el club de inmobiliarias de modo que las notificaciones sean eventos, el diagrama de clases de la solución quedaría mucho más desacoplado entre las clases *Cliente* e *Inmueble*:

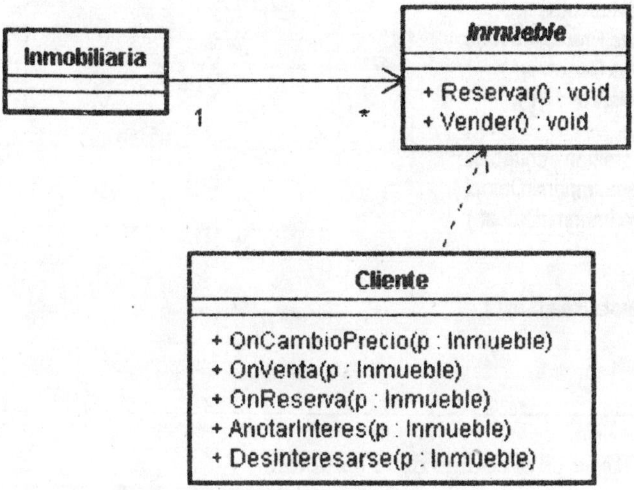

En el código de prueba ya se nota el bajo acoplamiento, y el hecho de que la subscripción de un cliente a ser notificado está ahora en un método de la propia clase *Cliente*. Lo que sigue es el código de prueba:

```
using System;
using CarlosFontela.Inmobiliarias;

namespace CarlosFontela.Pruebas
{
   public class PruebaInmobiliarias
   {
         public static void Main( ) {

               // creación de objetos de prueba
               Cliente ana = new Cliente ("Ana", "02944523698", "ana@suempresa.com.ar");
               Cliente joaquin = new Cliente ("Joaquín", "02234797152", "joaquin@mdp.com.ar");
               Cliente clara = new Cliente ("Clara", "01145642315", "clara@fi.uba.ar");
               Terreno membrillar = new Terreno ("Membrillar 255", 85.3, 4, 82000, true);
               Casa boyaca = new Casa ("Boyacá 1244", 144.3, 5, 124300, true, true, false, 253);
               Departamento artigas = new Departamento (
                                       "Artigas 1366", 95.2, 3, 93700, false, true);
               Departamento neuquen = new Departamento (
                                       "Neuquén 3455",129.4,5,128400,truo,truo);
               Inmobiliaria sucasa = new Inmobiliaria ("Su casa", 3, 3);
               Inmobiliaria flores = new Inmobiliaria ("Flores", 3, 1.5);

               // carga de inmobiliarias
               sucasa.AgregarInmueble(membrillar);
               sucasa.AgregarInmueble(neuquen);
               flores.AgregarInmueble(boyaca);
               flores.AgregarInmueble(artigas);

               // carga de interesados
               ana.AnotarInteres(membrillar);
               ana.AnotarInteres(artigas);
               joaquin.AnotarInteres(boyaca);
               joaquin.AnotarInteres(neuquen);
               clara.AnotarInteres(boyaca);
```

```
            // movimientos
            artigas.Precio = 92500;
            artigas.Reservar( );
            artigas.Vender( );

            // impresión inmuebles:
            sucasa.ImprimirDatos( );
            flores.ImprimirDatos( );

            // fin:
            Console.ReadKey( );
        }
    }
}
```

Y lo que sigue es el código de la solución:

```
using System;
using System.Collections;

namespace CarlosFontela.Inmobiliarias
{
    public delegate void MovimientoInmuebleEventHandler (Inmueble x);

    public abstract class Inmueble
    {
        private string domicilio;
        private double superficie;
        private int cantidadAmbientes;
        private int precio;
        private bool reservado;
        private bool vendido;

        public event MovimientoInmuebleEventHandler EventoInmuebleVendido;
        public event MovimientoInmuebleEventHandler EventoInmuebleReservado;
        public event MovimientoInmuebleEventHandler EventoInmuebleCambioPrecio;

        public Inmueble(string domicilio, double superficie, int cantidadAmbientes, int precio)
        {
            this.domicilio = domicilio;
            this.superficie = superficie;
            this.cantidadAmbientes = cantidadAmbientes;
            this.precio = precio;
            this.reservado = false;
            this.vendido = false;
        }

        public string Domicilio {
            get {
                return domicilio;
            }
        }

        public double Superficie {
            get {
                return superficie;
            }
```

```
        }
        public int CantidadAmbientes {
                get {
                        return cantidadAmbientes;
                }
        }

        public int Precio {
                get {
                        return precio;
                }
                set {
                        precio = value;
                        if (EventoInmuebleCambioPrecio != null)
                                EventoInmuebleCambioPrecio(this);
                }
        }

        public bool Reservado {
                get {
                        return reservado;
                }
        }

        public void Reservar( ) {
                reservado = true;
                if (EventoInmuebleReservado != null)
                        EventoInmuebleReservado(this);
        }

        public bool Vendido {
                get {
                        return vendido;
                }
        }

        public void Vender( ) {
                vendido = true;
                if (EventoInmuebleVendido != null)
                        EventoInmuebleVendido(this);
        }

        public virtual void ImprimirDatos( ) {
                Console.WriteLine ("Domicilio: " + Domicilio);
                Console.WriteLine ("Superficie: " + Superficie);
                Console.WriteLine ("Cantidad de ambientes: " + CantidadAmbientes);
                Console.WriteLine ("Precio: " + Precio);
                Console.WriteLine ("Reservado: " + Reservado);
                Console.WriteLine ("Vendido: " + Vendido);
                // suprimo la impresión de interesados
                // ya que ya no tengo acceso a los mismos
        }

        public abstract double ComisionVendedor( );

    }
}
```

Notemos que al desacoplar los clientes de los inmuebles hemos perdido la posibilidad de acceder de manera sencilla a los interesados en un inmueble desde el mismo.

```
using System;

namespace CarlosFontela.Inmobiliarias
{
   public class Cliente
   {
         string nombre;
         string telefono;
         string email;

         public Cliente (string nombre, string telefono, string email)
         {
               this.nombre = nombre;
               this.telefono = telefono;
               this.email = email;
         }

         public string Nombre {
               get {
                     return nombre;
               }
         }

         public string Telefono {
               get {
                     return telefono;
               }
         }

         public string Email {
               get {
                     return email;
               }
         }

         public void CambiarTelefono(string nuevo) {
               telefono = nuevo;
         }

         public void CambiarEmail(string nuevo) {
               email = nuevo;
         }

         public void AnotarInteres (Inmueble x) {
               x.EventoInmuebleVendido +=
                     new MovimientoInmuebleEventHandler (OnVenta);
               x.EventoInmuebleReservado +=
                     new MovimientoInmuebleEventHandler (OnReserva);
               x.EventoInmuebleCambioPrecio +=
                     new MovimientoInmuebleEventHandler (OnCambioPrecio);
         }
```

```
    public void Desinteresarse (Inmueble x) {
        x.EventoInmuebleVendido -=
            new MovimientoInmuebleEventHandler (OnVenta);
        x.EventoInmuebleReservado -=
            new MovimientoInmuebleEventHandler (OnReserva);
        x.EventoInmuebleCambioPrecio -=
            new MovimientoInmuebleEventHandler (OnCambioPrecio);
    }

    protected void OnCambioPrecio (inmueble x) {
        string mensaje = "El inmueble " + x.Domicilio +
        " en el que estaba interesado ha cambiado de precio. Hoy cuesta $ " + x.Precio;
        enviarMail (mensaje,"con nuevo precio");
    }

    protected void OnReserva (Inmueble x) {
        string mensaje = "El inmueble " + x.Domicilio +
            " en el que estaba interesado ha sido reservado.";
        enviarMail (mensaje,"reservado");
    }

    protected void OnVenta (Inmueble x) {
        string mensaje = "El inmueble " + x.Domicilio +
            " en el que estaba interesado ha sido vendido.";
        enviarMail (mensaje,"vendido");
    }

    private void enviarMail (string mensaje, string evento) {
        #warning "enviar mail: implementarlo antes de salir a producción"
        Console.WriteLine ("Mail a " + this.Nombre);
        Console.WriteLine (evento);
        Console.WriteLine (mensaje);
        Console.WriteLine( );
    }
  }
}
```

Notificaciones en el club de inmobiliarias (Java)

El mismo problema anterior se puede resolver en Java. El acoplamiento también es bajo, pero la falta de una construcción propia del lenguaje complica un poco el diseño, como se ve en el diagrama de clases que sigue:

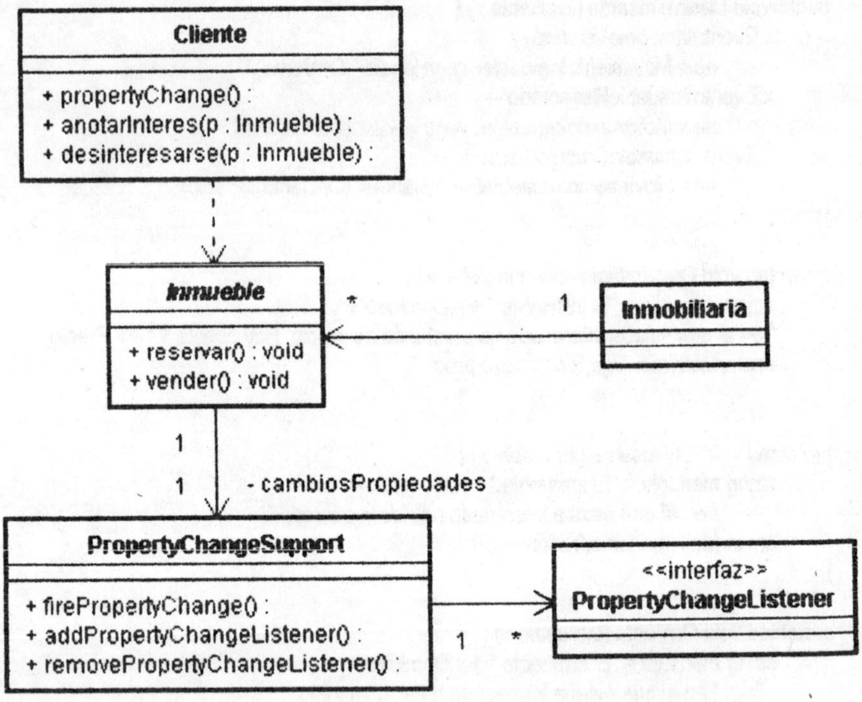

El programa de prueba sería:

```
package carlosfontela.pruebas;

import carlosfontela.inmobiliarias.*;

public class PruebaInmobiliarias {

   public static void main (String[ ] p) {

         // creación de objetos de prueba
         Cliente ana = new Cliente ("Ana", "02944523698", "ana@suempresa.com.ar");
         Cliente joaquin = new Cliente ("Joaquín", "02234797152", "joaquin@mdp.com.ar");
         Cliente clara = new Cliente ("Clara", "01145642315", "clara@fi.uba.ar");
         Inmueble membrillar = new Terreno ("Membrillar 255", 85.3, 4, 82000, true);
         Inmueble boyaca = new Casa ("Boyacá 1244", 144.3, 5, 124300, true, true, false, 253);
         Inmueble artigas = new Departamento ("Artigas 1366", 95.2, 3, 93700, false, true);
         Inmueble neuquen = new Departamento ("Neuquén 3455", 129.4, 5, 128400, true, true);
         Inmobiliaria flores = new Inmobiliaria ("Flores", 3, 1.5);

         // carga de inmobiliarias
         flores.agregarInmueble(membrillar);
         flores.agregarInmueble(neuquen);
         flores.agregarInmueble(boyaca);
         flores.agregarInmueble(artigas);

         // carga de interesados
         ana.anotarInteres(membrillar);
         ana.anotarInteres(artigas);
         joaquin.anotarInteres(boyaca);
         joaquin.anotarInteres(neuquen);
         clara.anotarInteres(boyaca);
```

```
        cambiosInmuebles.firePropertyChange ("precio", precioAnterior, precio);
    }

    public boolean getReservado( ) {
        return reservado;
    }

    public void setReservado (boolean valor) {
        reservado = valor;
        cambiosInmuebles.firePropertyChange ("reservado", false, true);
    }

    public void reservar( ) {
        setReservado(true);
    }

    public boolean getVendido( ) {
        return vendido;
    }

    public void setVendido (boolean valor) {
        // no se puede "des-vender" un inmueble
        if (valor == false)
            throw new IllegalArgumentException( );
        vendido = valor;
        cambiosInmuebles.firePropertyChange ("vendido", false, true);
    }

    public void vender ( ) {
        setVendido(true);
    }

    public void addPropertyChangeListener (PropertyChangeListener observador) {
        cambiosInmuebles.addPropertyChangeListener(observador);
    }

    public void removePropertyChangeListener (PropertyChangeListener observador) {
        cambiosInmuebles.removePropertyChangeListener(observador);
    }

    public void imprimirDatos( ) {
        System.out.println ("Domicilio: " + getDomicilio( ));
        System.out.println ("Superficie: " + getSuperficie( ));
        System.out.println ("Cantidad de ambientes: " + getCantidadAmbientes( ));
        System.out.println ("Precio: " + getPrecio( ));
        System.out.println ("Reservado: " + getReservado( ));
        System.out.println ("Vendido: " + getVendido( ));
        // suprimo la impresión de interesados
        // ya que ya no tengo acceso a los mismos
    }

    public abstract double comisionVendedor( );

}
```

```
// Cliente.java
package carlosfontela.inmobiliarias;
```

```
import java.beans.*;

public class Cliente implements PropertyChangeListener, java.io.Serializable {

  private String nombre;
  private String telefono;
  private String email;

  public static final long serialVersionUID = 5;

  public Cliente (String nombre, String telefono, String email) {
        this.nombre = nombre;
        this.telefono = telefono;
        this.email = email;
  }

  public String getNombre( ) {
            return nombre;
  }

  public String getTelefono( ) {
            return telefono;
  }

  public String getEmail( ) {
            return email;
  }

  public void setTelefono (String nuevo) {
        telefono = nuevo;
  }

  public void setEmail (String nuevo) {
        email = nuevo;
  }

  public void anotarInteres (Inmueble x) {
        x.addPropertyChangeListener(this);
  }

  public void desinteresarse (Inmueble x) {
        x.removePropertyChangeListener(this);
  }

  public void propertyChange(PropertyChangeEvent evento) {
        Inmueble disparador = (Inmueble)evento.getSource( );
        if (evento.getPropertyName( ) == "precio")
              avisarCambioPrecio(disparador, disparador.getPrecio( ));
        else if (evento.getPropertyName( ) == "reservado")
              avisarReserva(disparador);
        else if (evento.getPropertyName( ) == "vendido")
              avisarVenta(disparador);
  }

  private void avisarCambioPrecio (Inmueble x, int nuevoPrecio) {
        String mensaje = "El inmueble " + x.getDomicilio( ) +
        " en el que estaba interesado ha cambiado de precio. Hoy cuesta $ " + nuevoPrecio;
```

```
            enviarMail (mensaje,"con nuevo precio");
    }

    private void avisarReserva (Inmueble x) {
            String mensaje = "El inmueble " + x.getDomicilio( ) +
                    " en el que estaba interesado ha sido reservado.";
            enviarMail (mensaje,"reservado");
    }

    private void avisarVenta (Inmueble x) {
            String mensaje = "El inmueble " + x.getDomicilio( ) +
                    " en el que estaba interesado ha sido vendido.";
            enviarMail (mensaje,"vendido");
    }

    private void enviarMail (String mensaje, String evento) {
            // TODO: enviar mail
            // este es un método sólo para probar; luego debe ser implementado
            System.out.println ("Mail a " + this.getNombre( ));
            System.out.println (evento);
            System.out.println (mensaje);
            System.out.println( );
    }
}
```

Como vemos, la solución en Java, equivalente desde el punto de vista funcional a la de C#, es menos elegante por la falta del concepto de evento en el lenguaje básico. Esto hace a nuestro código menos legible para el ojo no entrenado.

CONCLUSIONES

Como decía al principio del capítulo, los eventos nacieron con los objetos. Sin embargo, no sólo no están soportados en muchos lenguajes que siguen el paradigma, sino que son un concepto que excede al mismo.

Lo interesante, sin embargo, es la elegancia de la implementación de eventos en .NET, que hemos presentado. Y también la manera en que los implementa Java sin necesidad de una construcción especial del lenguaje. Hay detractores y defensores de ambos enfoques, pero lo importante es poder verlos, compararlos y analizarlos.

Pero no nos quedemos en polémicas, que nos espera el capítulo de concurrencia.

23. CONCURRENCIA

Cuando quiero que un asunto no se resuelva lo encomiendo a un comité.
Napoleón Bonaparte[141]

Como ocurre con muchos términos avanzados, la concurrencia no es fácil de definir. Por eso, empezaremos este tema con una precisión sobre términos que muchas veces se tratan como intercambiables, dando lugar a muchos equívocos.

La concurrencia no siempre formó parte de los lenguajes de programación. Hasta hace unos pocos años, para lograr comportamiento concurrente se usaban las interrupciones del sistema operativo, a bajo nivel, lo cual hacía que un programa concurrente fuera difícil de desarrollar y no portable. Hoy, en cambio, hay lenguajes que la manejan directamente, como Java, C#, Object Pascal y otros. Incluso permiten que el programador no deba ocupase de la cantidad de procesadores ni de la administración de hilos o procesos.

Por otro lado, la concurrencia, que antes estaba reservada para ciertos problemas muy específicos y alejada de las aplicaciones corrientes, está teniendo un uso cada vez mayor por la proliferación de ambientes multitarea, las arquitecturas cliente-servidor y las aplicaciones distribuidas.

Este es el tema del presente capítulo que – desde ya debo advertir – está muy lejos de agotar el tema.

CONCURRENCIA Y CONCEPTOS ASOCIADOS

Haciendo varias cosas a la vez

El concepto de concurrencia tiene que ver con hacer más de una cosa al mismo tiempo. A menudo, como humanos, hacemos varias tareas al mismo tiempo. Por ejemplo, cuando mientras estamos caminando nuestro corazón bombea sangre por todo el cuerpo, podría decirse que, aunque no estemos conscientes de ello, nuestro cerebro está atendiendo a las dos tareas. En otras ocasiones somos más conscientes de nuestra capacidad de realizar más de una tarea, como ocurre cuando leemos el diario y nos preparamos el desayuno, aunque probablemente lo que hagamos sea atender a las dos tareas sin dedicarnos realmente a ambas al mismo tiempo, sino usando los tiempos libres que nos deja una de ellas, probablemente prioritaria, para atender a la otra. También ocurre en algunas circunstancias que realmente realizamos dos cosas activamente, como cuando corremos en dirección a una pelota de tenis y la golpeamos con la raqueta, sin dejar de correr. En otras ocasiones, en cambio, pediremos ayuda a otra persona para que colabore con nosotros, de modo de poder avanzar con una tarea mientras se hace otra, necesaria para la finalización de aquélla, como ocurre cuando un cocinero trabaja con un ayudante.

Todos estos escenarios se pueden dar en los problemas informáticos. Hay circunstancias en las cuales un programa aparentemente tiene el monopolio del procesador, pero hay un sistema operativo que corre tras él. Hay casos en que varios programas corren alternándose en el uso del único procesador. A veces pueden correr varios programas realmente en paralelo sobre una máquina de múltiples procesadores.

Y en el caso más amplio, podemos poner a varias computadoras a trabajar en conjunto para resolver un determinado problema.

Un caso simple de concurrencia se da en las interfaces de usuario. Por ejemplo, mientras el sistema está haciendo una tarea se puede presionar un botón de cancelación, y ese evento va a ser atendido por el mismo.

Concurrencia

Concurrencia es la técnica de hacer que un programa haga más de una cosa a la vez en una misma o en varias computadoras[142]. Por ejemplo, si en una aplicación de facturación necesito acceder a un archivo para obtener el domicilio de un cliente y a otro para determinar su límite de crédito, no necesariamente debo hacer una cosa después de la otra. Que lo haga así puede ser producto de las limitaciones propias de la programación secuencial o de la plataforma, pero nada me impide conceptualmente hacerlo en paralelo.

Sin embargo, la concurrencia a menudo no es más que una ilusión generada por el sistema informático, ya que en máquinas de un solo procesador no suele existir una manera de que varias tareas sean hechas al mismo tiempo. En este sentido, podemos distinguir tres tipos de concurrencia:

- Multiprocesamiento
- Multiprogramación
- Computación distribuida

Llamamos **multiprocesamiento** a la técnica mediante la cual varios procesos usan varios procesadores, a razón de por lo menos un procesador por proceso. Es una técnica útil para resolver problemas de cálculo intensivo, aunque sólo es utilizable en máquinas de múltiples procesadores y en ciertos sistemas operativos.

Multiprogramación, en cambio, es la técnica que se da cuando el número de procesadores es menor que el número de procesos. En el caso más común tenemos varios procesos corriendo sobre un único procesador, de modo que tiene que haber un algoritmo que asigne recursos a los distintos procesos. La técnica de **tiempo compartido** es un caso especial de multiprogramación en que se intercambia el procesador a través de los procesos a alta velocidad, de modo que sólo uno de los procesos se está ejecutando en cada instante.

Una forma extrema de la concurrencia podría ser correr programas diferentes en varias computadoras que se envían mensajes y comparten objetos. Esto se denomina **computación distribuida** y, si bien no se la juzga concurrencia en sentido estricto, se podría considerar un caso particular.

Evidentemente, a medida que se va hacia esquemas más distribuidos se logra una mayor distribución del trabajo. El multiprocesamiento permite distribuir mejor que la multiprogramación y la computación distribuida mejor que aquél. No obstante, esto no implica automáticamente una mayor eficiencia. Si bien hay una cierta correlación entre descentralización y cantidad de trabajo por unidad, la descentralización provoca mayores necesidades de comunicación (al fin y al cabo, lo mismo ocurre en los escenarios de nuestra vida cotidiana mencionados anteriormente). Por lo tanto, a la hora de descentralizar hay que decidir cómo distribuir las tareas para minimizar la comunicación. Esto es especialmente crítico en las aplicaciones distribuidas.

Hay tres aspectos de la concurrencia que son los que hacen que su uso requiera un estudio minucioso:

- Cuando hay concurrencia se permite que distintas tareas compitan por los *recursos*, entendidos como todo lo que necesita un proceso para operar, como espacios de memoria, dispositivos de entrada y salida, etc. A la vez, se debe garantizar que todas las tareas puedan acceder a los recursos necesarios para seguir procesando en un tiempo finito.

- Desde el punto de vista de los tipos de métodos, notemos que, cuando hay concurrencia, las operaciones de consulta provenientes de distintas tareas pueden hacerse en cualquier orden sobre el mismo objeto, pero la intervención de operaciones de modificación puede alterar resultados. Es decir, el orden de las operaciones de consulta no altera el resultado, pero sí si hay operaciones de modificación.
- Otro aspecto bastante delicado en la programación concurrente es el tema de los invariantes. Si llamamos invariante a una condición que se debe satisfacer siempre en un objeto o respecto de otros objetos, puede ser bastante más difícil de garantizar su cumplimiento cuando varios procesos o hilos pueden acceder simultáneamente a un mismo objeto y modificarlo.

Procesos e hilos

Una forma habitual de la concurrencia es la que consiste en correr *procesos* en forma simultánea en una misma computadora, ya sea en un contexto de multiprocesamiento o de multiprogramación.

Llamamos **proceso** a un programa en ejecución[143]. De este modo, un proceso es una entidad activa, que ocupa recursos y tiene asignado un espacio de direcciones de memoria, una serie de archivos abiertos, registros, una pila, un contador de programa, etc.

En general, en este caso no se permite que un proceso acceda a la partición de memoria de otro proceso, permitiendo solamente la comunicación utilizando recursos de bajo nivel. A pesar de que la sobrecarga en recursos del sistema es menor que en otras soluciones, la comunicación entre procesos es bastante costosa.

Esta modalidad no la voy a analizar, pues no se trata de un único programa.

Una variante más liviana pero muy usada hoy en día es la llamada **concurrencia con múltiples hilos**, a veces simplificada por **multihilos** (del inglés, "multithreading"). [144]

En este caso, *un solo programa* (y, por lo tanto, *un solo proceso*) posee **hilos** que se pueden ejecutar en forma paralela. Los recursos los posee el proceso y un hilo puede acceder a cualquier dirección, incluyendo memoria, archivos abiertos y dispositivos, y modificar objetos de la pila de otro hilo. De este modo, la comunicación entre hilos es muy eficiente. En un contexto de múltiples hilos:

- Los hilos pueden ejecutarse en un único procesador o soportar el concepto de multiprocesamiento en entornos de varios procesadores.
- Los hilos pueden competir abiertamente por los recursos.
- La comunicación entre hilos suele ser totalmente libre, mediante el acceso a objetos en común.
- Los hilos pueden ser bloqueados por otros.

En ocasiones se suelen usar hilos especiales denominados *daemons*[145], que ejecutan tareas y servicios ocultos, pero que no requieren terminarse para que termine el programa.

Una forma más simple aún, llamada de **entornos livianos de ejecución**, se basa en tareas que no pueden bloquearse unas a otras, como en la programación guiada por eventos. En estos casos, hay tareas que notifican eventos y otras que responden si así lo desean. La ventaja de este esquema es que hay menor sobrecarga en el sistema, pues toda la administración de hilos y sus bloqueos es eliminada. Como contrapartida, es una metodología menos segura.

Finalmente, hay una forma primitiva de concurrencia denominada **corrutinas**. En éstas, hay en realidad un único hilo de ejecución, pero se desarrollan dos tareas en paralelo, de forma tal que una se detiene y empieza otra, y así sucesivamente, siendo el propio programador el que debe transferir el control explícitamente de una tarea a otra.

A partir de aquí, y salvo cuando se diga lo contrario, *concurrencia va a ser sinónimo de multihilos*. Esto se debe a que muchos lenguajes de programación tienen soporte para hilos independientemente de la plataforma. Y si bien se permite trabajar con procesos concurrentes, los programas que lo hagan no serán portables en general.

Concurrencia y el paradigma de objetos

Históricamente, el análisis de la concurrencia se hizo desde la perspectiva de las tareas, lo cual, si bien estaba totalmente en consonancia con la programación procedimental, choca bastante con los postulados de POO.

Sin embargo, muchos trataron de asimilar las tareas a las clases, viendo las similitudes que tenían de encapsulamiento y forma de paso de mensajes. El antecedente de las tareas de Ada era un buen ejemplo para pensar así. Pero hay un problema fundamental: una clase no es una tarea que hace cosas, sino más bien un repositorio de servicios y un molde para la creación de objetos. Otro inconveniente es el conflicto con la herencia: si una clase-tarea es heredera de otra, ¿significa esto que por lo menos debe efectuar las mismas acciones que la clase ancestro? ¿cómo implementaríamos esto?

Por todas estas razones, se decidió buscar otra solución, asociando las tareas a los métodos, mientras que los hilos o procesos que usan esas tareas pueden ser objetos. Éste es el enfoque que actualmente siguen la mayor parte de los lenguajes orientados a objetos.

Vimos también que en POO el énfasis se pone más en los objetos que en las actividades, lo cual puede parecer que resta importancia a la forma en que se ejecutan las distintas tareas. Empero, la propia definición de un sistema como un *conjunto de objetos autónomos colaborando*, es más bien activa y concurrente.

Es decir, es cierto que si pensamos en objetos recibiendo mensajes y respondiendo a esos estímulos estamos ante un modelo de **objetos pasivos**, en el cual no se presta demasiada atención a las actividades. Sin embargo, esto no implica que estos objetos no reciban esos estímulos de tareas que se estén ejecutando concurrentemente, y que un mismo objeto pueda estar recibiendo mensajes provenientes de varios objetos diferentes a la vez.

Pero incluso se puede pensar en **objetos activos**, que manejan actividades por sí mismos y disparan otras actividades en forma concurrente. Por añadidura, estos objetos activos podrían residir en máquinas diferentes. Los hilos son un caso particular de objeto activo.

De allí que la POO, no sólo no está en contradicción con la programación concurrente, sino que incluso la enfatiza. Tal vez por eso haya soporte a la concurrencia en los primeros lenguajes de programación orientados a objetos. La propia idea de objetos pasándose mensajes es concurrente.

Adicionalmente, la POO mejora el uso de concurrencia gracias al encapsulamiento, la modularidad y la extensibilidad. Varios lenguajes orientados a objetos soportan la concurrencia sin necesidad de recurrir a bibliotecas, lo que permite mayores comprobaciones y optimizaciones en tiempo de compilación.

Como en tantas cosas, fue Ada el precursor en el manejo de multihilos a alto nivel. En cuanto a la interacción entre concurrencia y POO, el primer lenguaje orientado a objetos, Simula, ya proveía concurrencia, aunque en forma de corrutinas.

En los lenguajes que manejan multihilos con un adecuado nivel de abstracción, el programador no se debe preocupar por el orden en que se ejecutan los hilos, o más bien, debe saber que no puede confiar en que los hilos se ejecuten en un determinado orden, pues el procesador los atenderá en la forma en que mejor le parezca.

Prioridades

Algunos lenguajes de programación permiten asignarles prioridades a los hilos, de modo que las tareas más críticas obtengan más tiempo de procesador. Incluso en ocasiones un hilo de mayor prioridad puede *desalojar* a un hilo menos prioritario que se está ejecutando, mediante el lanzamiento de una excepción. En casos extremos, un hilo muy urgido puede *asesinar* a otro para tomar los recursos que éste está usando.

Sin embargo, no hay una definición unánime sobre lo que las prioridades significan. Se sobreentiende que, a igualdad de otras condiciones, el hilo de mayor prioridad se debe ejecutar antes, pero no está definido claramente qué pasa si un hilo ya debió esperar varias veces a otro hilo de mayor prioridad.

Para demostrar claramente que las prioridades no son la panacea, notemos lo que ocurre en el caso conocido como la *inversión de prioridad*.

Supongamos que tenemos tres hilos en una aplicación, que denominamos *H1*, *H2* y *H3*. *H1* es de máxima prioridad, *H2* de una prioridad intermedia y *H3* de prioridad mínima. Confiando en esta definición de prioridades, esperaríamos que *H1* se ejecute siempre antes que *H2*, y a su vez éste antes que *H3*.

Empero, supongamos asimismo que *H1* en un determinado momento se bloquea esperando que *H3* termine de realizar cierta tarea. Si simultáneamente *H2* está usando un recurso que *H3* necesita para correr, debido a que *H2* tiene mayor prioridad que *H3*, éste deberá esperar hasta que *H2* termine. Por lo tanto, *H2* va a ejecutarse antes que *H1*.

Esto justifica que algunas implementaciones hagan ajustes de prioridad.

Representación de concurrencia en UML

La notación UML prevé la representación de aspectos concurrentes en varios de los diagramas.

Los diagramas de estado y de secuencia proveen formas de representar algunos aspectos, pero el mejor diagrama para ver aspectos concurrentes es el de actividades.

También en los diagramas de objetos y de clases se pueden representar objetos activos, con la misma notación pero con un contorno más grueso. Los procesos e hilos se representan como clases estereotipadas como «*process*» o «*thread*». Los diagramas de clases permiten representar la exclusión mutua (que pronto estudiaremos) con la propiedad *{ concurrent }*.

El diagrama de secuencia que sigue, muestra mensajes asíncronos, mensajes que se disparan en paralelo y un objeto activo:

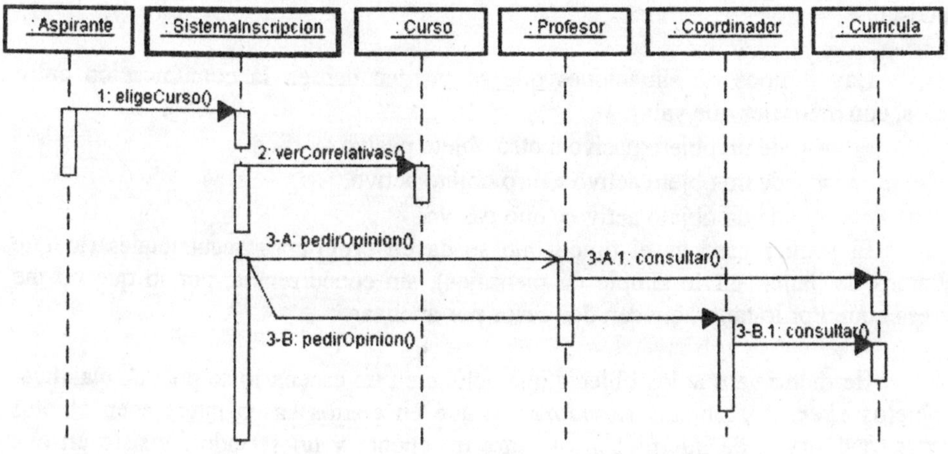

Mensajes y comunicación entre objetos

Los mensajes se pueden clasificar, en función de sus formas de sincronización, en:

- Simple
- Síncrono
- Esperado
- Cronometrado
- Asíncrono

Cuando el envío es **simple** sólo un objeto está activo a la vez, el que envía el mensaje.

Una comunicación es **síncrona** cuando el hilo emisor del mensaje queda esperando la respuesta del receptor. Una vez que el receptor responde al emisor, cada uno sigue su camino. Observemos que hay un momento en que los dos hilos quedan bloqueados. Este mecanismo se conoce también como *cita*, pues los hilos deben encontrarse en algún momento para intercambiar información.

El envío es **esperado** cuando el mensaje desencadena una operación sólo si está siendo esperado por el otro objeto. Así como en el envío síncrono el remitente espera a que el destinatario esté dispuesto a recibir, en este caso es el receptor el que debe estar esperando.

Una comunicación **cronometrada** es un caso particular de envío síncrono, que ocurre cuando el hilo emisor le da un tiempo máximo al receptor para atenderlo, y si éste no lo hace, aquél sigue su camino sin comunicarse.

Una comunicación es **asíncrona** cuando el hilo emisor envía el mensaje y sigue ejecutándose sin importarle qué ocurre con él. A veces se llama a este mecanismo *buzón*, pues el hilo deja su mensaje y sigue su camino confiado en que éste va a llegar a destino. El hilo receptor, en este caso, atiende el mensaje en el momento que puede y, eventualmente, le envía una notificación o respuesta, probablemente asíncrona, al emisor.

Hay que hacer notar que estos conceptos son relativos a los objetos que están interactuando. Por ejemplo, en un escenario de pedido de saldo de tarjeta de crédito en un cajero automático, el cajero realiza una comunicación síncrona, pues no va a hacer otra tarea hasta obtener la respuesta. Sin embargo, es probable que el sistema centralizado haga a su vez una comunicación asíncrona con el sistema de tarjetas de crédito para obtener el saldo, realizando muchas tareas más mientras espera la respuesta.

Hay 3 tipos de situaciones que se pueden dar en la comunicación entre objetos, con mensajes que van:

- de un objeto pasivo a otro objeto pasivo,
- de un objeto activo a otro objeto activo,
- de un objeto activo a uno pasivo.

El primer caso es el típico que se da en programas secuenciales (lo que acabamos de llamar envío simple de mensajes), sin concurrencia, por lo que no me interesa aquí. Por lo tanto, quedan dos casos por analizar.

He dicho ya que los objetos que actúan en un escenario se pueden clasificar en objetos *clientes* y objetos *servidores*, y que en ciertos casos intervienen objetos *agentes*, que sirven de intermediarios entre un cliente y un servidor. Insisto en que estas clasificaciones son dependientes del contexto, pues un objeto puede ser cliente en un escenario y servidor en otro.

Notemos que desde el punto de vista de la concurrencia, los objetos clientes son los activos y los servidores los pasivos. En efecto, un servidor no hace nada salvo estar a la espera de un mensaje proveniente de otro objeto requiriendo sus servicios. De allí que en ocasiones se los llame actores y proveedores, respectivamente.

Estados incoherentes

Los objetos activos pueden comunicarse con objetos pasivos directamente tomando su estado o modificándolo. Esto es válido en contextos multihilos porque todos los hilos de un proceso comparten su espacio de memoria.

El problema con este escenario es que si varios hilos pretenden acceder a un objeto a la vez, pueden encontrarse con estados incoherentes del objeto si alguno de ellos decide modificarlo.

Por ejemplo, analicemos el caso de la extracción de dinero en un sistema de cajeros automáticos. Podemos conjeturar que el código que controla la extracción es algo como lo que sigue:

```
saldo = cuenta.Saldo;
if (saldo > montoPedido) {
        entregarDinero( );
        cuenta.modificarSaldo (saldo - montoPedido);
}
```

Ahora bien, imaginemos que una persona pide extraer 1000 pesos de una cuenta cuyo saldo es 1200. El cajero chequeará el saldo como primer paso, y luego entregará el dinero y registrará la operación. Pero si en el corto intervalo de tiempo que media entre ambas cosas (entre las dos primeras líneas de código de más arriba), el cotitular de la cuenta hace lo mismo en otro cajero, éste se encontraría también con que hay saldo, pues si bien se acaba de consultar en el primer cajero, la operación todavía no se registró, por lo que el segundo cajero entregaría el dinero igualmente. Afortunadamente para los dueños de los bancos, las cosas no funcionan así.

Enunciado en forma general, el problema de estados incoherentes ocurre cuando una operación de modificación se ejecuta superpuesta con otra operación – de modificación o de consulta – y deja a algún objeto en un estado que no cumple con los invariantes de clase.

Exclusión mutua

La mejor solución a los problemas de corrupción de datos ya mencionados se denomina **exclusión mutua**, y es la solución a la situación general que se da cuando dos ó más procesos o hilos quieren acceder a un recurso no compartible. Dicho de otra manera, la exclusión mutua sirve para garantizar el cumplimiento permanente de los invariantes del objeto.

Estos recursos no compartibles que quieren ser accedidos por varios procesos o hilos se denominan **recursos críticos**. El sector de un programa que desea usar un recurso crítico se denomina **sección crítica**.

Como corolarios, para asegurar la exclusión mutua y garantizar el buen funcionamiento de la concurrencia:

- Sólo un proceso o hilo debe poder acceder a la vez a la sección crítica.
- Un proceso o hilo detenido fuera de su sección crítica no debe afectar a los demás procesos e hilos.
- Un proceso o hilo no puede ser retrasado indefinidamente para entrar en su sección crítica.
- Si ningún proceso o hilo está en su sección crítica, el que quiera entrar debe poder hacerlo sin demoras.
- Un proceso o hilo no puede permanecer indefinidamente en su sección crítica.
- No se debe asumir nada de la cantidad de procesos o hilos ni de la velocidad relativa de los mismos.

Sincronización de métodos y bloques

En términos de objetos pasivos y de hilos intentando acceder a sus atributos, se debe lograr que no haya más de un hilo accediendo a los atributos del mismo objeto a la vez.

Adicionalmente, si trabajamos con un genuino ocultamiento de la implementación, los atributos sólo serán accedidos por métodos. Por lo tanto, bastará con que los métodos que acceden a atributos no puedan ser accedidos simultáneamente.

Esto es lo que hacen la mayoría de los lenguajes orientados a objetos que manejan concurrencia: permiten definir bloques **sincronizados**, vale decir, que garantizan que si un hilo penetra en uno de ellos, ningún otro hilo va a poder entrar en ese bloque ni en ningún otro bloque sincronizado para el mismo objeto. Algunos de estos lenguajes permiten sincronizar también métodos.

La forma más segura, pero no necesariamente la mejor, de manejar la concurrencia garantizando la exclusión es implementar **monitores**, haciendo que:

- Todos los métodos sean sincronizados y las propiedades tengan sus bloques *get* y *set* sincronizados.
- Todos los atributos sean privados.
- Los recorridos de una colección estén en un bloque sincronizado.

Este enfoque de bloques y métodos sincronizados tiene algunas contras:

- Ineficiencia (I) : los métodos sincronizados son menos eficientes de invocar, en términos de tiempo y uso de memoria, que los métodos normales[146].

- Ineficiencia (II): muchos bloqueos pueden degradar tanto el desempeño que se pierdan las ventajas de la concurrencia.
- No siempre es necesario bloquear todos los accesos a un atributo, propiedad o método. Al fin y al cabo, ¿por qué no podemos permitir consultas simultáneas de un atributo si no hay un hilo que lo esté modificando?
- La propensión al interbloqueo, que analizaremos más adelante.
- No hay manera de retroceder, para volver a intentar luego o permitir la cancelación, si otro hilo está bloqueando un objeto por haber entrado en un método sincronizado.
- No hay control de acceso a la sincronización, de modo que cualquier objeto puede bloquear a otro, en la medida que sea visible para él.
- No se puede bloquear un objeto en un método y luego liberarlo en otro, por la estructura de bloques de la sincronización.

Iré analizando algunas de las soluciones en los ítems subsiguientes.

Objetos inmutables

En realidad, la forma más cómoda de garantizar la exclusión mutua es no permitir que un objeto sea modificado nunca. Por su propia naturaleza, a estos objetos sólo se les va a poder consultar su estado, por lo que no hay peligro de que se corrompan.

La primera impresión es que éste es un enfoque ingenuo, ¿Para qué podría servir un objeto que se puede crear y luego nunca se va a poder modificar? ¿Puede ser ésta una solución de un problema general?

Como respuesta a la primera inquietud, recordemos que a veces son necesarios objetos de estado constante, por ejemplo, para almacenar datos que nunca se van a modificar durante la ejecución de una aplicación. De todas maneras, esto no responde la segunda pregunta, pues los objetos de estado constante son útiles en muy pocas y especiales situaciones.

Sin embargo, nadie impide que un objeto sea totalmente inmutable desde el punto de vista de la implementación, pero que se puedan generar copias de él, y hasta copias con cambios. Vale decir, podemos tener el objeto *punto*, de coordenadas *(2,0)*, inmutable, pero cuando queremos moverlo en diagonal hacia arriba, creamos un *nuevoPunto*, haciendo:

```
Punto nuevoPunto = new Punto (punto.x+1,punto.y+1);
```

Es decir, cada vez que queremos modificar el estado de un objeto lo hacemos creando un objeto nuevo.

La ventaja obvia de este enfoque es que no se precisan métodos sincronizados. Las desventajas son bien patentes:

- Crear un objeto cada vez que deseamos modificar uno existente produce una sobrecarga de procesamiento.
- Los objetos inmutables no se pueden usar para comunicar hilos, pues cada hilo debería crear un nuevo objeto cada vez que desea modificar el estado de un objeto, pero el nuevo objeto creado quedaría en el ámbito del hilo que lo creó, y por lo tanto sería invisible al resto de los hilos.

Por todo lo dicho, los objetos inmutables son una solución sencilla, pero poco práctica, para resolver la exclusión mutua sin usar sincronización de métodos. Entonces, esta solución queda limitada a los casos en que:

- La copia o modificación de objetos sea una tarea poco frecuente, o por lo menos mucho más infrecuente que el acceso a sus atributos.
- Crear nuevos objetos sea muy sencillo para el sistema.
- Se trabaje con objetos de estado constante.
- Se desee que un objeto sea accedido por muchos hilos a la vez a un costo mínimo.
- Se necesiten objetos sin estado.

Llaves de lectura y escritura

Las **llaves de lectura y escritura** son una alternativa muy eficiente a la sincronización de métodos. Lo que hacen es tener en cuenta que la sincronización se precisa solamente cuando hay necesidad de modificar un atributo, pero no si sólo se necesita consultarlo. En efecto, ¿qué inconveniente hay en que varios hilos consulten el estado de un objeto a la vez si ninguno lo va a modificar?

Cuando se trabaja con llaves de lectura y escritura, lo que se hace es:

- Cada vez que un hilo intenta consultar el estado de un objeto toma una llave de lectura[147] sobre el objeto, lo que permite que otros hilos lo consulten también, pero que ninguno lo modifique. Ninguna llave de escritura puede ser capturada hasta que se liberen todas las llaves de lectura del objeto en cuestión.
- En el caso de que un hilo desee modificar el estado de un objeto, debe capturar una llave de escritura, lo que asegura que ningún hilo puede consultar ni modificar el estado.

Dicho de otra manera, todos los hilos pueden consultar en forma concurrente, pero apenas un hilo comienza a modificar un objeto, ningún otro hilo puede leer ni escribir.

Llaves de exclusión mutua (mutex)

Los **mutex**, o llaves de exclusión mutua, se usan para dar más flexibilidad a la exclusión que la que da la sincronización de métodos. En general no son más eficientes que la sincronización, y pueden ser más peligrosos si no se tienen ciertos cuidados.

Un ***mutex*** es un tipo de datos que debe implementar una interfaz con tres métodos:

- *Adquirir*: para adquirir la exclusión sobre un objeto.
- *Liberar*: para liberar la exclusión sobre un objeto.
- *Intentar(t)*: función lógica, que devuelve verdadero si se puede adquirir la exclusión luego del tiempo *t*.

Como se ve, esto podría usarse exactamente igual que los métodos sincronizados, pero está definido en función de un objeto y no de métodos. Por lo tanto, se podrá adquirir la exclusión en una parte del programa y liberarla en otra. Sin embargo, notemos que esta característica hace que no se respeten las estructuras en bloque propias de los lenguajes de programación.

Para permitir que, al intentar adquirir la exclusión, el hilo no se quede esperando y pueda volver hacia atrás, el método *Adquirir* debe arrojar una excepción si no puede lograr su cometido. Incluso el método *Intentar* es muy útil para probar varias veces sucesivas, y hasta se le pueden definir tiempos crecientes para evitar un consumo excesivo de ciclos de procesador. Todas estas características brindan una mayor flexibilidad sobre la sincronización.

En general, los mutex se definen dentro de un objeto. Es buena práctica declararlos protegidos, de modo que, por un lado, dé lugar a la extensibilidad, y por otro, no permita que cualquier objeto maneje la exclusión.

Semáforos

Los **semáforos** implementan la misma interfaz que un mutex, pero cada vez que se llama a *Adquirir* se bloquea un permiso adicional, y cada vez que se llama a *Liberar* se libera un solo permiso[148]. Se suelen implementar con un atributo entero, que aumenta y disminuye con cada *Adquirir* y *Liberar* y que nunca puede ser negativo.

Los semáforos se usan para controles primitivos de la concurrencia, y eran la forma habitual de control de la misma en lenguajes antiguos. Si bien deberían servir para forzar a los procesos e hilos a detenerse antes de entrar a su sección crítica hasta que puedan hacerlo sin problema, suelen ser menos efectivos que los mutex o la sincronización de métodos.

Se denomina *semáforo binario* a aquél cuyo valor sólo puede ser 0 o 1, o bien, *adquirido* o *liberado*. Es, por definición, lo mismo que un mutex.

En lo que sí son útiles los semáforos es para toda situación en que haya que contar permisos, por ejemplo al trabajar con varios objetos a la vez, cada uno con sus bloqueos. Un caso particular puede ser la verificación de que ningún elemento de una colección esté bloqueado antes de empezar a recorrerla.

También se pueden usar los semáforos en la implementación de llaves de lectura en un escenario de llaves de lectura y escritura.

Actualizaciones optimistas

Una posibilidad para garantizar la integridad de los datos sin utilizar sincronización de métodos durante períodos prolongados es usar **actualizaciones optimistas**. En éstas, se toma una copia del objeto en cuestión y se trabaja sobre la misma, incluso pudiendo modificarla. Si no se modifica la copia, no hace falta hacer nada más. Si la copia se modifica, antes de dar por terminado y volver a copiarla sobre el objeto original, se chequea el objeto original para ver si ha sido modificado, haciendo la copia sólo en caso negativo. Es evidente que tanto la copia inicial como su inversa deben ser hechas en bloques o métodos sincronizados.

¿Qué ocurre si el objeto original se modificó mientras se lo estaba utilizando? La posibilidad más lógica es intentarlo de nuevo luego, con un retardo, aunque la solución depende del contexto del problema. Como esto puede llevar al *bloqueo activo*, que ocurre si cada vez que se intenta actualizar el objeto original nos encontramos con que otro hilo ya lo modificó, provocando que el hilo en cuestión no progrese nunca y consuma mucho tiempo de procesador, se pueden utilizar retardos crecientes.

Esta solución es útil en todas aquellas situaciones en que una modificación lleva mucho tiempo, porque de esa forma no se bloquea al objeto por tanto tiempo y se permite a otros hilos consultar su estado. De todas maneras, esto va a ser positivo si las operaciones de consulta son bastante más frecuentes que las de modificación.

Obviamente, esta solución no se puede aplicar si la modificación hecha sobre el objeto provoca cambios en otros objetos o en el medio externo que no se pueden volver atrás. Tal el caso de un cajero automático que debe chequear el saldo de una cuenta para entregar dinero y prever el caso de que otra persona esté solicitando dinero de la misma cuenta al mismo tiempo.

Confinamiento

Se llama **confinamiento**[149] a una serie de técnicas que garantizan que sólo un hilo a la vez puede acceder a un objeto determinado. De esta manera se puede lograr exclusión mutua sin sincronizar métodos ni bloques de código. Se hace primordialmente porque la sincronización consume recursos.

Pero esta técnica no persigue solamente la eficiencia, sino que también permite solucionar algunos problemas cuando se trabaja con punteros o el modelo de datos con referencias.

Patrones para garantizar el confinamiento hay muchos. Se pueden almacenar objetos como atributos de hilos; se pueden confinar objetos haciéndolos parte de otros que a su vez estén confinados, y muchas técnicas considerablemente más complejas. El estudio del confinamiento excede este trabajo: al lector interesado recomiendo el libro [Lea].

Otros recursos compartidos

En todo lo que he dicho hasta ahora, cada vez que me referí a recursos compartidos hablé de memoria. Sin embargo, cualquier recurso puede ser compartido: impresoras, disco, conexiones de red, etc.

Los lenguajes de programación ofrecen facilidades para manejar el acceso a memoria compartida, y dejan a cargo del programador el manejo de los otros recursos.

No obstante, la POO permite que todo recurso sea un objeto, y como los lenguajes orientados a objetos hablan más bien de objetos compartidos, la mejor solución debería ser encapsular los distintos recursos dentro de objetos.

Por ejemplo, si quisiéramos acceder a una salida serie de una PC en forma exclusiva, podríamos encapsular el trabajo con dicho dispositivo en una clase abstracta *SalidaSerie*, y declarar sincronizados a los métodos que necesiten acceder a la misma.

Bloqueos transitorios y bloqueos patológicos

En general, todo sistema o tarea debe ir progresando de modo tal de terminar en un tiempo finito. Sin embargo, *transitoriamente*, un hilo o proceso puede quedar detenido. Los casos clásicos son:

- *Bloqueo*: cuando otro hilo adquiere un derecho a usar un determinado recurso en forma exclusiva, por un intervalo de tiempo.
- *Espera*: cuando el propio hilo se bloquea a sí mismo esperando que se produzca alguna condición externa.
- *Entrada de datos*: cuando un hilo se queda esperando una operación de lectura.
- *Competencia por la CPU*: cuando el hilo debe esperar que otros hilos o programas externos dejen de usar el procesador.

Cualquiera de estos bloqueos no detiene totalmente la aplicación, ya que otros hilos se seguirán ejecutando.

Los casos recientemente mencionados no son problemas serios si se dan en forma transitoria. Pero los hilos pueden quedar total y definitivamente bloqueados: aquí sí estamos en un caso patológico. Estos casos se pueden deber a:

- *Interbloqueo*: lo analizaremos enseguida.
- *Señales perdidas*: ocurre cuando un hilo recibe la notificación para despertarse antes de quedar inactivo y luego no la recibe más.
- *Bloqueo anidado*: cuando un hilo espera que se libere el acceso a un

recurso a la vez que éste está siendo esperado por otro objeto que necesita antes despertarlo.

- *Starvation* o *inanición*: cuando un proceso o hilo se queda esperando indefinidamente un recurso, debido a las políticas de planificación del sistema operativo, por asignación de una prioridad muy baja o por negación de servicio.
- *Recursos insuficientes*: cuando un grupo de hilos se apropia de un número finito de recursos sin cederlos a nadie más.

Voy a analizar solamente el interbloqueo, que es el más conocido y frecuente.

Interbloqueo

El **interbloqueo** (en inglés, "deadlock") se da, en un escenario de exclusión mutua con dos o más recursos críticos, cuando un proceso o hilo está bloqueando un recurso y esperando para reservar otro, mientras hay otro proceso o hilo bloqueando el segundo y esperando al primero. Como el sistema no puede quitar un recurso a un proceso o hilo que lo tiene reservado, estamos en un escenario de espera circular.

Veamos el ejemplo del siguiente diagrama:

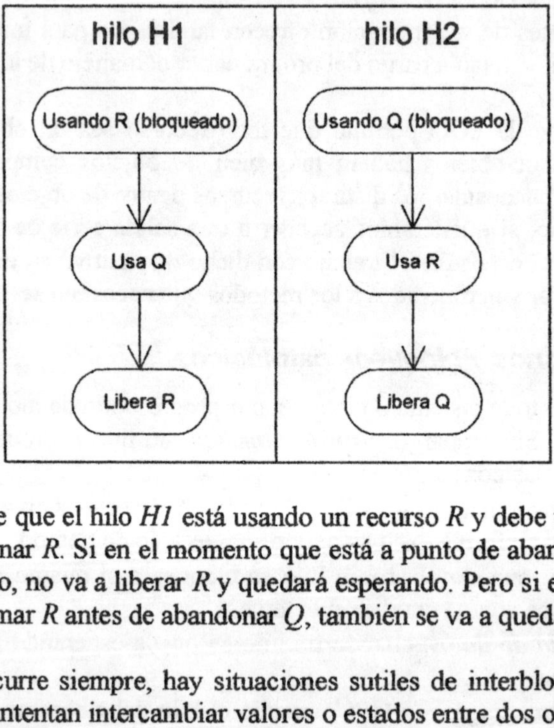

Allí se ve que el hilo *H1* está usando un recurso *R* y debe tomar el recurso *Q* para poder abandonar *R*. Si en el momento que está a punto de abandonar *R* encuentra que *Q* está ocupado, no va a liberar *R* y quedará esperando. Pero si el hilo *H2*, que está usando *Q*, debe tomar *R* antes de abandonar *Q*, también se va a quedar esperando.

Como ocurre siempre, hay situaciones sutiles de interbloqueo, como puede ocurrir cuando se intentan intercambiar valores o estados entre dos objetos. También es propensa al interbloqueo la composición de un objeto con partes que llaman a métodos sincronizados de otras partes del mismo objeto.

Una solución simple al problema del interbloqueo, que funciona bien en muchos casos, es asociar un número (una especie de clave única) a cada objeto que se pueda bloquear. Si cuando sincronizamos siempre partimos del objeto con menor clave, se deberían evitar los interbloqueos. Esta técnica se denomina **bloqueo ordenado**. Muchas veces se la usa en combinación con un mutex.

El llamado **bloqueo en dos fases** es otra solución posible. Consiste en adquirir la exclusión mutua sobre los objetos a acceder, pero sin poder adquirir la exclusión sobre ningún otro objeto hasta no liberar los objetos de la primera fase. Se usa, en general, entre objetos contenidos en una misma estructura de datos.

Hay muchas otras soluciones alternativas al interbloqueo, como la llamada **bloqueo asimétrico**, usar mutex ad hoc, y otras más complejas.

CONCURRENCIA EN C#

Hilos en C#

En C# existen dos clases para manejar hilos: *Thread* y el tipo de delegado *ThreadStart*. La idea es instanciar a *Thread* pasándole como argumento a su constructor un delegado instancia de *ThreadStart* que contendrá el método a llamarse cuando se inicie el hilo, que va a ejecutarse paralelamente a otros hilos del programa.

La firma de *ThreadStart* es:

```
public delegate void Run( );
```

Lo que implica que el método a invocar será siempre un método sin parámetros y que no devuelva valor.

Para lanzar un hilo, simplemente se ejecuta el método *Start* de *Thread* en el punto en el cual se va a comenzar, luego de invocar al constructor, como en:

```
unHilo = new Thread( new ThreadStart(run) );        // run debe definirse aparte
unHilo.Start( );
```

Nótese que el método *Start* es quien invoca al método *run* (o al *ThreadStart* que se le haya pasado) luego de hacer algunas tareas de inicialización. Como vemos, es una implementación del patrón Command.

A continuación se muestra un diagrama de clases simplificado sobre el uso de la clase *Thread*:

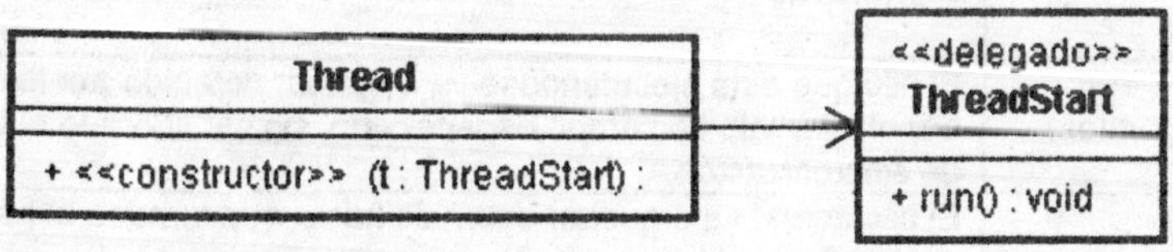

Un hilo termina cuando termina su método instancia de *ThreadStart* o cuando se produce una excepción que lo hace finalizar. Hay una propiedad de la clase *Thread*, denominada *IsAlive*, que indica si un hilo empezó y aún no terminó.

También podemos trabajar con delegados anónimos, lo que da un código más compacto y para algunos más legible. A continuación, un ejemplo de esto:

```
Thread unHilo = new Thread ( delegate( ) {
        // acá iría el contenido del método run anterior
 } );
unHilo.Start( );
```

Todo programa C# corre el menos un hilo, que es el que ejecuta el método *Main* de la clase definida como programa principal. Todos los demás hilos se construyen a partir del hilo principal o de hilos que a su vez partieron del principal.

A continuación se muestra una figura que explicita los distintos estados por los que puede pasar un hilo y los métodos que manejan los cambios de estado. Los estados son miembros de la enumeración *Thread.ThreadState* (para mantener la simplicidad del diagrama se evitó colocar el nombre de la enumeración en todos los casos):

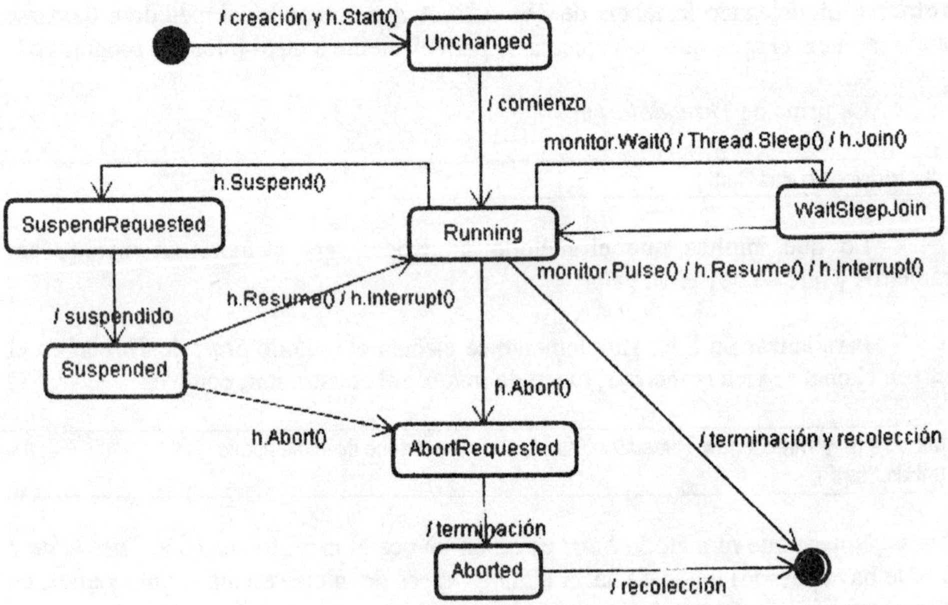

A continuación se muestra el significado de los principales métodos para trabajar con hilos, a excepción de los *Wait* y *Pulse* que veremos más adelante:

Método o propiedad	**Significado**
static void Sleep (int milisegundos)	El hilo que está ejecutándose va a quedar detenido por lo menos por el intervalo de tiempo especificado, sin ser liberado el bloqueo de sincronización.
void Join( )	El hilo actual va a quedar detenido hasta que termine el hilo para el cual se llama Join.
void Join (int milisegundos)	Ídem anterior, o hasta que pase el tiempo especificado, lo primero que ocurra.
bool IsAlive	Determina si el hilo está activo.
ThreadState ThreadState	Determina el estado en que está el hilo.
void Interrupt( )	Interrumpe un hilo que esté en estado WaitSleepJoin.
void Abort( )	Sirve para detener hilos. En realidad, lanza una excepción ThreadAbortException, que puede ser capturada para hacer tareas asociadas a la terminación del hilo, pero esta captura no evita que la excepción se siga propagando luego hasta terminar con el hilo, aunque dejando a los datos en un estado válido.

Como vimos, se puede hacer que un hilo pida a otro que se detenga, en la medida en que esté bloqueado, mediante el método *Interrupt* de la clase *Thread*, que provoca el lanzamiento de una excepción *ThreadInterruptedException*. Si el hilo objetivo no está bloqueado, la llamada a *Interrupt* no tiene efecto, pero se concretará cuando entre en estado de bloqueo[150].

C# maneja los *daemons* con la propiedad *IsBackground*. El CLR se encarga de terminar un programa cuando se terminen todos los hilos "no-*daemons*", sin más demora y cerrando todos los *daemons* activos a la vez.

Hay una clase *ThreadPool*, que permite no utilizar hilos nuevos cada vez, sobre todo si son hilos de baja actividad o ligados a procesos del usuario, sino obtenerlos de un pool o reserva de hilos en base a eventos.

Existe también la clase *LocalDataStoreSlot*, que permite almacenar datos locales. La misma permite acceder a sectores de datos con o sin nombre y guardar datos de tipo *object*.

C# maneja prioridades, que pueden ser establecidas por el programador. El CLR asegura que siempre se ejecuta el hilo de mayor prioridad de todos los que están listos para comenzar en un momento dado. Adicionalmente, .NET garantiza que nunca se llegará a un interbloqueo por culpa de las prioridades. Hay una propiedad *Priority*, que permite manejar las prioridades mediante cinco valores de la enumeración *Thread.ThreadPriority*: *Highest*, *AboveNormal*, *Normal*, *BelowNormal*, *Lowest*.

Tareas programadas

A menudo es necesario que un programa se interrumpa en determinados momentos para realizar ciertas tareas programadas. Para ello, C# cuenta con las clases *System.Timers.Timer*, *System.Threading.Timer* y *System.Windows.Forms.Timer*. Todas ofrecen funcionalidades de temporizadores. Por ejemplo, se puede programar una tarea con *System.Threading.Timer* así:

```
Timer t = new Timer ( new TimerCallback (tareaProgramada, null, 0 ,1000) );
t.ScheduleAtFixedRate ( new TareaProgramada( ), 0, 1000);
```

Los valores 0 y 1000 pasados como argumento indican que el conteo de tiempo debe empezar inmediatamente y la tarea se haga cada mil milisegundos. *TimerCallback* es un tipo de delegado, que se usa en manera similar a *ThreadStart*, y *TareaProgramada* es el método que se desea llamar cada vez que se cumpla el tiempo establecido, y que debe definir el programador. El segundo parámetro, que aquí se dejó en *null*, se utiliza para representar el estado del objeto que se pasa al delegado.

La clase *System.Timers.Timer*, si bien tiene una funcionalidad similar, agrega algunos aspectos interesantes, como el hecho de lanzar un evento cada vez que pasa el intervalo de tiempo.

Sincronización de métodos y bloques

C# permite definir bloques sincronizados, como se muestra en el siguiente ejemplo de la clase *Punto*, implementada como un monitor:

```
using System;

public class Punto {
```

```
private double coordX;
private double coordY;

public Punto (double x, double y) {
        coordX = x;
        coordY = y;
}

public double X {
        get {
                lock (this) {
                        return coordX;
                }
        }
        set {
                lock (this) {
                        coordX = value;
                }
        }
}

public double Y {
        get {
                lock (this) {
                        return coordY;
                }
        }
        set {
                lock (this) {
                        coordY = value;
                }
        }
}

public void Trasladar (double deltaX, double deltaY) {
        lock (this) {
                coordX += deltaX;
                coordY += deltaY;
        }
}

public double Distancia (Punto otro) {
        lock (this) {
                return Math.Sqrt (
                        Math.Pow( (coordX - otro.coordX), 2) +
                                Math.Pow( (coordY - otro.coordY), 2) );
        }
}

}
```

Ahora, mientras uno cualquiera de los bloques sincronizados esté trabajando sobre un objeto, ninguno de los otros podrá ejecutarse sobre el mismo objeto.

En C#, cada objeto tiene una sola llave que debe ser adquirida por los bloques sincronizados.

Para los casos anteriores de los métodos *Trasladar* y *Distancia*, existe la posibilidad de declarar un método entero como sincronizado. Esto se hace mediante una anotación *System.Runtime.CompilerServices.MethodImpl*. Por ejemplo, el método *Trasladar* se pudo haber escrito con la misma funcionalidad así, suponiendo que declaramos los espacios de nombres necesarios:

```
[ MethodImpl (MethodImplOptions.Synchronized) ]
public void Trasladar (double deltaX, double deltaY) {
        coordX += deltaX;
        coordY += deltaY;
}
```

Esta anotación no está disponible para propiedades. En las mismas, se debe trabajar con sicronización de bloque.

Hay situaciones más sutiles. Por ejemplo, analicemos el siguiente recorrido de un *ArrayList*:

```
for (int i = 0; i < v.Size; i++)
        Console.WriteLine (v.Get(i) );
```

En este caso, aun cuando implementemos la propiedad *Size* y el método *Get* con bloques sincronizados, ¿quién puede garantizar que mientras se esté recorriendo el arreglo – es decir, cuando ya *Size* no se utiliza – no haya otro hilo intentando modificar la cantidad de elementos del mismo? La solución que sigue es más segura:

```
for (int i = 0; true; i++) {
   object elem = null;
   lock (v) {
        if (i < v.Size)
                elem = v.Get(i);
        else
                break;
        }
   Console.WriteLine(elem);
}
```

Los bloques sincronizados permiten que un método bloquee cualquier objeto, y no sólo a *this*. Esto puede ser de gran utilidad en los casos de interbloqueo por llamadas de métodos desde un objeto que es parte de otro a otra parte del mismo, ya que se puede usar la llave del objeto que contiene a ambos.

A las colecciones de C# se las puede envolver mediante el método *Synchronized* para hacerlas seguras para concurrencia. También hay un mecanismo, por el cual, si un hilo ajeno modifica el contenido de una colección que se está recorriendo con un iterador, eleva la excepción *InvalidOperationException*.

La sincronización en C# se maneja con las siguientes premisas:

- Como los bloques sincronizados usan la misma llave en una clase que en sus ancestros, sincronizan a todos los ancestros. Esto último es importante para que el polimorfismo no acarree problemas en contextos concurrentes. Sin embargo, esto no es cierto en los métodos estáticos o de clase.
- Las clases internas trabajan con una llave diferente de la que las contiene.

- Como cada objeto tiene una llave, una vez que un hilo la adquirió puede acceder a todas las áreas sincronizadas que quiera de ese objeto. Por ejemplo, desde un método sincronizado puede ir a otro método sincronizado sin liberar antes la llave, es decir, sin salir del primer método.
- Que un bloque sincronizado se esté ejecutando para un objeto no implica que otro hilo no pueda entrar a otro bloque para el mismo objeto, si éste no es sincronizado.
- La liberación de la llave de un objeto se hace siempre que se sale de un método o bloque sincronizado, aun cuando esto se deba a una excepción.
- La calidad de sincronizado no se hereda en cuanto a los métodos. Por lo tanto, si un método es sincronizado en una clase no lo es en un descendiente si no se lo declara explícitamente.
- Los constructores no pueden declararse sincronizados, aunque se pueden sincronizar bloques en los constructores, en la medida que no afecten a *this*.
- Los atributos declarados como *const* o *readonly* no son afectados por la sincronización, pues son constantes.
- En el caso de que haya varios hilos esperando para entrar en un bloque sincronizado, no está definido en forma estándar qué hilo es el que entra primero cuando se libera la llave. Pero sí se define que los bloques sincronizados se deben realizar en el orden especificado en el programa, de modo que el compilador no puede introducir optimizaciones que conduzcan a problemas patológicos.
- También se define una clase *Interlock*, que se puede aplicar a atributos escalares, y un calificador *volatile*, que funciona para escalares y objetos. Ambos sirven para indicarle al compilador que no haga optimizaciones sobre esos datos porque puede haber otros procesos o hilos accediendo al mismo. De este modo, un programa siempre obtendrá el valor de un atributo, aunque se lo conozca de la línea anterior, y cuando sea necesario modificarlo se hará lo antes posible.

Poniéndonos ahora como clientes de una clase, en la medida que deseemos utilizarla en un contexto concurrente, deberíamos asegurarnos de que tenga implementada la exclusión. Pero, ¿qué hacemos en caso de no ser así? El patrón más usual indica crear una clase descendiente, redefinir los métodos en cuestión en forma sincronizada y llamar desde éstos a los métodos no sincronizados de la clase base.

Hilos trabajando en forma cooperativa

Además de los métodos vistos para manejo de hilos en la clase *Thread*, existe una clase abstracta y sellada *System.Threading.Monitor*, que provee seis métodos interesantes para permitir a los hilos trabajar con cualquier objeto. Dichos métodos se muestran a continuación:

Método	Significado
static void Enter (object o)	Bloquea el acceso al objeto o. Similar al comienzo de un bloque lock.
static void Exit (object o)	Desbloquea el acceso al objeto o. Similar al fin de un bloque lock.
static bool TryEnter (object o)	Intenta bloquear el acceso al objeto o. Si no lo logra, devuelve false. Equivale a TryEnter(o,0).
static bool TryEnter (object o, int milisegundos)	Intenta bloquear el acceso al objeto o durante el tiempo especificado. Si no lo logra, devuelve false.
static bool Wait( )	Se suspende la ejecución del hilo hasta recibir un Pulse( ) o PulseAll( ), liberando la sincronización. El hilo debe estar ejecutando un bloque sincronizado para el objeto en cuestión.
static bool Wait (int milisegundos)	Ídem anterior o hasta que pase el tiempo especificado, lo primero que ocurra, liberando la sincronización.
void Pulse( )	Pone en marcha el primer hilo que había sido suspendido con Wait( ) para el objeto con el que se llama a Pulse. El hilo debe estar ejecutando un bloque sincronizado para el objeto en cuestión.
void PulseAll( )	Pone en marcha todos los hilos que habían sido suspendidos con Wait( ) para ese objeto. El hilo debe estar ejecutando un bloque sincronizado para el objeto en cuestión.

Como vemos, los métodos *Enter*, *Exit* y *TryEnter*, implementan un mutex.

El método *Wait* debe siempre estar dentro de un bloque *try*, ya que puede lanzar la excepción *ThreadInterruptedException*, que se provoca cuando se invoca el método *Interrupt* mientras el hilo está en el estado *WaitSleepJoin*.

Notemos que, al contrario de *Sleep*, que no libera el bloqueo del objeto, una llamada a *Wait* sí lo libera hasta que se invoque el *Pulse* correspondiente.

Los métodos *Wait*, *Pulse* y *PulseAll* sólo se pueden invocar en un contexto de sincronización. Es decir, para invocarlos, debemos estar en un bloque que haya obtenido el bloqueo para el objeto que se está utilizando. Si no es así, el compilador no lo advertirá, pero se producirá una excepción *SynchronizationLockException* en tiempo de ejecución.

Un buen uso de las notificaciones permite avisar a un hilo que el estado de un determinado objeto ha sido cambiado, de modo de que pueda volver a probar luego de que falló en un intento de hacer algo. Por supuesto, *PulseAll* siempre va a funcionar, sobre todo en diseños abiertos, donde no se conocen todos los hilos participantes, pero puede dar lugar a mayor sobrecarga del procesador. La forma más segura, y tal vez la más ineficiente, es llamar a *PulseAll* cada vez que se modifica el valor de un atributo, pero no es recomendable salvo en ocasiones muy especiales.

Notemos que el par de métodos *Wait* y *Pulse* hacen algo parecido a los métodos del patrón Observador. Sin embargo, *Wait* y *Pulse* están centrados en el manejo de hilos, mientras que el patrón es de uso más general.

Otras maneras de manejar la exclusión

.NET define varias clases como inmutables, como la ya analizada *string*.

En C# hay una clase *ReaderWriterLock* que proporciona la funcionalidad de llaves de lectura y escritura. La idea es crear una instancia de la clase y manipularlo mediante los métodos *AcquireReaderLock*, *AcquireWriterLock*, *ReleaseReaderLock*, *ReleaseWriterLock* y otros.

C# tiene una clase *System.Threading.Mutex*, que implementa un mutex sin un método equivalente a *Intentar*.

Múltiples eventos y concurrencia

Hemos visto que antes de lanzar un evento se suele chequear que haya suscriptores, con un bloque como el que sigue:

```
if (Evento != null)
        Evento (origen, datos);
```

Esto representa un problema potencial en contextos concurrentes. En efecto, ¿qué ocurriría en el caso de que en el intervalo temporal que trascurre entre que se ejecuta la primera línea y la segunda, se elimina el último suscriptor de la lista? Obviamente, el chequeo que se hizo ya no sirve.

Se han propuesto muchas soluciones, aunque ninguna es satisfactoria. Notemos que envolver ambas líneas en un bloque sincronizado no soluciona nada, pues el objeto que se necesita para sincronizar no puede ser el evento sino alguno del lado del cliente. Y recordemos que a los objetos suscriptores no tenemos acceso desde el evento, por el propio modelo de eventos y suscriptores.

Hay quienes han propuesto hacer una copia antes del bloque, pero esto no tiene en cuenta que el suscriptor puede haber dejado de existir, no sólo como suscriptor, sino como objeto. Y sin ir tan lejos, puede ser que el suscriptor, al darse de baja de la lista de suscripción haya liberado los recursos necesarios para atender al evento. Una excepción lanzada por el suscriptor solucionaría este tema, pero estamos forzando al cliente a algo sobre lo que no tenemos control alguno.

En realidad, la solución al problema debería venir del equipo de desarrollo de .NET. De hecho, si esa construcción del lenguaje es suficientemente potente, ¿por qué hay que estar preocupándose de aspectos de bajo nivel? Incluso desde el punto de vista de la POO esto es un despropósito: ¿cómo nuestro código va a estar chequeando cuestiones de concurrencia y demás que se producen en objetos sobre los cuales no tenemos ningún conocimiento ni control? Una solución desde el propio entorno de ejecución aumentaría sensiblemente la robustez del producto.

Una posibilidad sería que los delegados de invocación múltiple permitan ser invocados con una lista vacía, sin necesidad de que sus clientes tengan que chequearlo antes. Dicho de otra manera, que el chequeo de existencia de suscriptores en la lista lo haga el propio delegado antes de invocar a dicha lista.

Finalmente, destaquemos que los operadores, += y -= en delegados son seguros en caso de concurrencia.

CONCURRENCIA EN JAVA

Hilos en Java

Las versiones 5 y 6 de Java SE han mejorado mucho el desempeño de las aplicaciones multihilos y su escalabilidad. Por el resto, el uso se mantiene casi constante desde las primeras versiones del lenguaje.

En Java, para crear un hilo lo más sencillo es definir una clase derivada de

Thread. Esta clase predefinida provee un método *run*, que contendría el código que va a ejecutarse paralelamente a otros hilos del programa. Por supuesto, *run* debe ser redefinido para que haga alguna tarea que resulte útil.

Para lanzar un hilo, simplemente se ejecuta el método *start* de *Thread* en el punto en el cual se va a comenzar, luego de invocar al constructor, como en:

```
unHilo = new HiloConcreto( );     // HiloConcreto es una clase derivada de Thread
unHilo.start( );
```

Si no interesa tener una referencia al hilo[151], una solución más simple puede ser:

```
new HiloConcreto( ).start( );
```

Nótese que el método *start* es quien invoca en forma polimorfa al método *run* luego de hacer algunas tareas de inicialización.

La clase *Thread* implementa una interfaz denominada *Runnable*. Ésta contiene el método *run*, y se puede emplear para otros usos más complejos de la concurrencia, que dejo a cargo del lector. Empero, tengamos en cuenta que utilizar *Runnable* puede ser más conveniente en el caso general, porque si la clase a la que le queremos dar concurrencia ya hereda tiene un ancestro, no se puede hacerla heredar de *Thread* con el modelo de herencia simple de Java.

A continuación se muestra un diagrama de clases simplificado sobre el uso de la clase *Thread*:

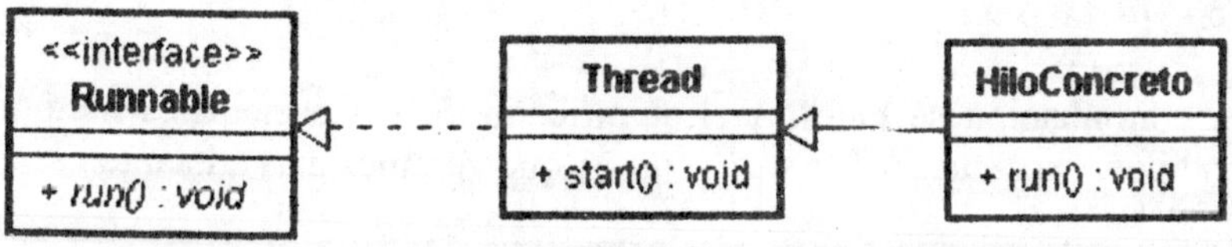

El problema con esta implementación, si la comparamos con la que usa delegados en C#, es que es menos flexible. De hecho, estamos usando el patrón Template Method en vez de Command, y eso hace que sólo los métodos *run* que redefinan el *run* de *Thread* o de *Runnable* puedan utilizarse para implementar la parte ejecutable de un hilo. En C# cualquier método con el encabezado adecuado es candidato a ser usado en un hilo, y no necesita haber sido desarrollado con ese fin exclusivo.

De todas maneras, el modelo de C# también resulta molesto a veces. Ocurre que ni *Thread*, declarada como *sealed*, ni *ThreadStart*, que es un delegado, admiten la herencia. Esto me causó bastantes dificultades en el ejercicio de multiplicación de matrices que resolví más adelante en este capítulo.

Un hilo termina cuando termina su método *run* o cuando se produce una excepción que lo hace finalizar. Hay un método de la clase *Thread*, denominado *isAlive*, que indica si un hilo empezó y aún no terminó.

Todo programa Java corre el menos un hilo, que es el que ejecuta el método *main* de la clase definida como programa principal. Todos los demás hilos se construyen a partir del hilo principal o de hilos que a su vez partieron del hilo principal.

A continuación se muestra una figura que explicita los distintos estados por los que puede pasar un hilo y los métodos que manejan los cambios de estado:

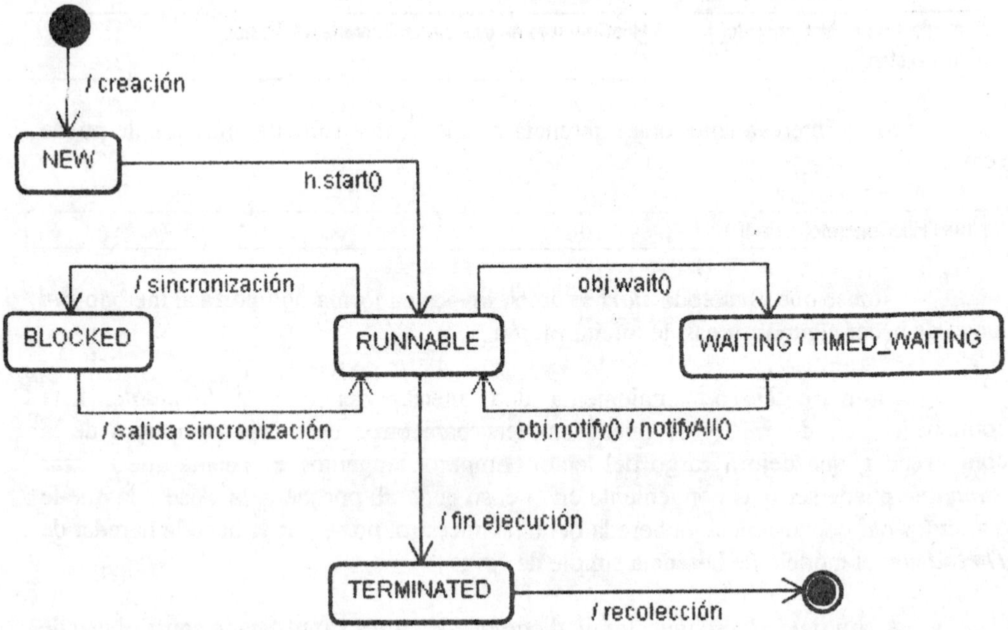

Estos estados están definidos en una clase interna de *Thread*, como una enumeración *Thread.State*.

A continuación se muestra el significado de los principales métodos para trabajar con hilos, exceptuando los *wait* y *notify* que veremos más adelante:

Método	Significado
static void sleep (long milisegundos)	El hilo que está ejecutándose va a quedar detenido por lo menos por el intervalo de tiempo especificado, sin ser liberado el bloqueo de sincronización.
static void yield( )	El hilo que está ejecutándose deja voluntariamente la ejecución para permitir que se le pase el turno a otro hilo; se seguirá ejecutando cuando le vuelva a tocar su turno. Es útil para los sistemas de multiprogramación sin tiempo compartido.
void join( )	El hilo actual va a quedar detenido hasta que termine el hilo para el cual se llama join.
void join (long milisegundos)	Ídem anterior o hasta que pase el tiempo especificado, lo primero que ocurra.
boolean isAlive( )	Determina si el hilo está activo.
void interrupt( )	Pide al hilo que se interrumpa.
boolean isInterrupted( )	Determina si al hilo se le pidió interrupción. Esta condición se elimina al capturar la excepción InterruptedException.

Los métodos *sleep* y *join* deben siempre estar dentro de un bloque *try*, ya que lanzan la excepción *InterruptedException* cuando se invoca el método *interrupt* desde otro hilo.

Como vimos, se puede hacer que un hilo pida a otro que se detenga, mediante el método *interrupt* de la clase *Thread*, que provoca el lanzamiento de la excepción *InterruptedException*. Una vez capturada una *InterruptedException*, el hilo "olvida" que se le había pedido la interrupción, e *isInterrupted* devuelve nuevamente falso.

Java maneja los *daemons* con los métodos *setDaemon* e *isDaemon*, así como con el constructor *Daemon*. La máquina virtual Java se encarga de terminar un programa cuando se terminen todos los hilos "no-*daemons*", sin más demora y cerrando todos los *daemons* activos a la vez.

Java maneja prioridades, que pueden ser establecidas por el programador. La JVM asegura que siempre se ejecuta el hilo de mayor prioridad de todos los que están listos para comenzar en un momento dado. Adicionalmente, Java garantiza que nunca se llegará a un interbloqueo por culpa de las prioridades. Hay dos métodos, *setPriority* y *getPriority*, que permiten manejar las prioridades.

De todas maneras, para lograr el soporte en múltiples plataformas, no se garantiza que ningún hilo progrese estrictamente. Tampoco está totalmente definida la política de prioridades.

Tareas programadas

Como C#, también Java tiene soporte para tareas programadas, mediante las clases *Timer* y *TimerTask*.

Todos los objetos *Timer* tienen un hilo asociado, a la manera del patrón Command, de la clase *TimerTask*, que implementa *Runnable*.

Por ejemplo, se puede programar una tarea así:

```
// se lo inicializa con true para indicar que es un hilo daemon:
Timer t = new Timer (true);
t.scheduleAtFixedRate (new TareaProgramada( ), 0, 1000);
```

Los valores 0 y 1000 pasados como argumento indican que el conteo de tiempo debe empezar inmediatamente y la tarea se haga cada mil milisegundos.

La clase *TareaProgramada* es una descendiente de *TimerTask* que debe definir el programador:

```
import java.util.TimerTask;
public class TareaProgramada extends TimerTask {
  public void run( ) {
        // aquí se define lo que se debe hacer
  }
}
```

Este ejemplo es lo más simple que puede hacerse. Sin embargo, las clases *TimerTask* y *Timer* tienen un comportamiento más rico. A continuación se muestran algunos de los métodos públicos de ambas clases:

Clase	Método	Funcionalidad
TimerTask	abstract void run( )	Define la tarea a realizar. Debe redefinirse.
TimerTask	boolean cancel( )	Cancela la tarea, de modo que no se vuelva a ejecutar, y devuelve true si esperaba ejecutarla por lo menos una vez en adelante.
Timer	Timer (boolean esDaemon)	Constructor. La variante Timer( ) equivale a Timer(true).
Timer	schedule (TimerTask t, Date d)	Programa la tarea para que se ejecute una sola vez en el momento indicado.
Timer	schedule(TimerTask t, long retardo)	Programa la tarea para que se ejecute una sola vez luego del retardo especificado en milisegundos.
Timer	schedule(TimerTask t, Date primeraVez, long cada)	Programa la tarea para que se ejecute en forma repetida desde el momento indicado, cada una cantidad de milisegundos. Se interrumpe mediante el método cancel.
Timer	schedule (TimerTask t, long retardo, long cada)	Programa la tarea para que se ejecute en forma repetida luego del retardo indicado, cada una cantidad de milisegundos. Se interrumpe mediante el método cancel.
Timer	scheduleAtFixedRate (TimerTask t, Date primeraVez, long cada)	Programa la tarea para que se ejecute en forma repetida desde el momento indicado, cada una cantidad fija de milisegundos. Se interrumpe mediante el método cancel.
Timer	scheduleAtFixedRate (TimerTask t, long retardo, long cada)	Programa la tarea para que se ejecute en forma repetida luego del retardo indicado, cada una cantidad fija de milisegundos. Se interrumpe mediante el método cancel.

Sincronización de métodos y bloques

Notemos el uso de métodos sincronizados en Java:

```
public class Punto {

   private int coordX;
   private int coordY;

   public Punto (double x, double y) {
          coordX = x;
          coordY = y;
   }

   public synchronized int x( ) {
          return coordX;
   }

   public synchronized int y( ) {
          return coordY;
   }

   public synchronized void cambiarXY(int x, int y) {
          coordX = x;
          coordY = y;
   }
}
```

Ahora, mientras uno cualquiera de los tres métodos sincronizados esté trabajando sobre un objeto, ninguno de los otros dos podrá ejecutarse sobre el mismo objeto.

En Java, cada objeto tiene una sola llave que debe ser adquirida por los bloques sincronizados. Del mismo modo, se pueden definir métodos de clase sincronizados, de modo de bloquear datos de clase.

Lo mismo que expliqué para C# es aplicable a Java en el fragmento que sigue:

```
for (int i = 0; i < v.size( ); i++)
  System.out.println(v.get(i));
```

La solución más razonable es la que muestro a continuación:

```
for (int i = 0; true; i++) {
   Object elem = null;
   synchronized (v) {
      if (i < v.size( ))
            elem = v.get(i);
      else
            break;
   }
   System.out.println(elem);
}
```

Lo que se acaba de hacer es definir un *bloque sincronizado* utilizando el objeto referenciado por *v*. En Java, se puede declarar un bloque de código como sincronizado, utilizando un objeto del que se adquiere la llave, como en:

```
synchronized (unObjeto) {
   // código que va a poder ser accedido por un solo hilo a la vez
}
```

Otro ejemplo de bloque sincronizado puede verse en el ejemplo de la extracción de un cajero automático:

```
synchonized (cuenta) {
   saldo = cuenta.obtenerSaldo( );
   if (saldo > montoPedido) {
         cuenta.entregarDinero( );
         cuenta.modificarSaldo(saldo-montoPedido);
   }
}
```

En la clase *Collections* de Java existe un método *synchronizedCollection* que toma una colección y la devuelve sincronizada. También hay un mecanismo, por el cual, si un hilo ajeno modifica el contenido de una colección que se está recorriendo con un iterador, eleva la excepción *ConcurrentModificationException*.

La sincronización en Java se maneja con las siguientes premisas:

- Como los métodos sincronizados usan la misma llave en una clase que en sus ancestros, sincronizan a todos los ancestros. Esto último es importante para que el polimorfismo no acarree problemas en contextos concurrentes. Sin embargo, esto no es cierto en los métodos de clase.

- Las clases internas trabajan con una llave diferente de la que las contiene.
- Como cada objeto tiene una llave, una vez que un hilo la adquirió puede acceder a todas las áreas sincronizadas que quiera de ese objeto. Por ejemplo, desde un método sincronizado puede ir a otro método sincronizado sin liberar antes la llave, es decir, sin salir del primer método.
- Que un bloque o método sincronizado se esté ejecutando para un objeto no implica que otro hilo no pueda entrar a otro bloque o método para el mismo objeto, si éste no es sincronizado.
- La liberación de la llave de un objeto se hace siempre que se sale de un método o bloque sincronizado, aun cuando esto se deba a una excepción.
- La calidad de sincronizado no se hereda. Por lo tanto, si un método es sincronizado en una clase no lo es en un descendiente si no se lo declara explícitamente.
- Los constructores no pueden declararse sincronizados, aunque se pueden sincronizar bloques en los constructores, en la medida que no afecten a *this*.
- Los atributos declarados como *final* no son afectados por la sincronización, pues son constantes.
- En el caso de que haya varios hilos esperando para entrar en un método sincronizado, no está definido en forma estándar qué hilo es el que entra primero cuando se libera la llave. Pero sí se define que los métodos sincronizados se deben realizar en el orden especificado en el programa, de modo que el compilador no puede introducir optimizaciones que conduzcan a problemas patológicos. Todas las celdas de memoria que corresponden a atributos tienen garantizada su atomicidad[152], de modo que no se van a tomar partes de esos valores, como cadenas de bits, para optimizar el funcionamiento del programa.
- También se define un calificador *volatile*, que se puede aplicar a atributos escalares, y sirve para indicarle al compilador que no haga optimizaciones sobre esos datos porque puede haber otros procesos o hilos accediendo al mismo. De este modo, un programa siempre obtendrá el valor de un atributo volátil, aunque se lo conozca de la línea anterior, y cuando sea necesario modificarlo se hará lo antes posible. De todas maneras, hay algunas limitaciones de este enfoque.

Hilos trabajando en forma cooperativa

Además de los métodos vistos para manejo de hilos en la clase *Thread*, existen tres métodos que tiene todo objeto para permitir a los hilos trabajar con ellos. Dichos métodos, definidos en la clase *Object*, son similares a los *Wait* y *Pulse* de C#, y se muestran a continuación:

Método	Significado
void wait( )	Se suspende la ejecución del hilo hasta recibir un notify( ) o notifyAll( ), liberando la sincronización. El hilo debe estar ejecutando un bloque sincronizado para el objeto en cuestión.
void wait (long milisegundos)	Ídem anterior o hasta que pase el tiempo especificado, lo primero que ocurra, liberando la sincronización.
void notify( )	Pone en marcha el primer hilo que había sido suspendido con wait( ) para el objeto con el que se llama a notify. El hilo debe estar ejecutando un bloque sincronizado para el objeto en cuestión.
void notifyAll( )	Pone en marcha todos los hilos que habían sido suspendidos con wait( ) para ese objeto. El hilo debe estar ejecutando un bloque sincronizado para el objeto en cuestión.

El método *wait* debe siempre estar dentro de un bloque *try*, ya que lanza la excepción *InterruptedException*, que se provoca cuando se invoca el método *interrupt* desde otro hilo. Recordemos que la captura de *InterruptedException* hace que el hilo "olvide" que fue interrumpido.

Notemos que, al contrario de *sleep*, que no libera el bloqueo del objeto, una llamada a *wait* sí lo libera hasta que se invoque el *notify* correspondiente.

Los métodos *wait*, *notify* y *notifyAll* sólo se pueden invocar en un contexto de sincronización. Es decir, para invocarlos, debemos estar en un bloque que haya obtenido el bloqueo para el objeto que se está utilizando. Si no es así, el compilador no lo advertirá, pero se producirá una excepción *IllegalMonitorStateException* en tiempo de ejecución.

Un buen uso de las notificaciones permite avisar a un hilo que el estado de un determinado objeto ha sido cambiado, de modo de que pueda volver a probar luego de que falló en un intento de hacer algo.

Alternativas a la sincronización

Java define varias clases como inmutables, como *String*, *Integer*, *Color*, etc., y todas las clases "envolventes" de tipos primitivos.

También se permite, desde la versión 5, el manejo de llaves de lectura y escritura en forma estándar, como está definido en la interfaz *ReadWriteLock* del paquete *java.util.concurrent.locks*. Allí también existen algunas implementaciones y otras maneras de manejar la exclusión.

CUESTIONES METODOLÓGICAS Y DE DISEÑO

Dependencia de estados, excepciones y constructores

La dependencia de estados es mucho más crítica en aplicaciones concurrentes que en las secuenciales, sobre todo porque un programa concurrente puede esperar a que el estado de un objeto cambie sin que esto dependa de él.

Hay que tener en cuenta varios aspectos. Por ejemplo, a veces un hilo puede seguir ejecutándose aunque otro haya fallado. En cambio, cuando un objeto se corrompe y en consecuencia falla un hilo, en general se quiere que todos los hilos que usan dicho objeto fallen: en estos contextos, un hilo puede pedir que otros hilos se detengan.

El esquema de *nuevo intento* ante una postcondición que no se cumple es bueno en contextos concurrentes en los cuales los estados de los objetos pueden variar por causas externas, aunque conviene trabajar con retrasos crecientes para no sobrecargar al procesador.

Como ocurre en cualquier programa, sea éste concurrente o no, los atributos de un objeto no deben ser accesibles hasta que no se haya terminado de construir el mismo, porque dependiendo del lenguaje y la plataforma, este objeto construido a medias puede comportarse de formas inesperadas.

Adicionalmente, cuando un objeto no se puede inicializar en un constructor porque necesita hacerlo incrementalmente desde archivos, tampoco debería ser accesible hasta no terminar toda la inicialización.

Sin embargo, estas premisas son difíciles de conseguir en programas concurrentes. Por ejemplo, los constructores pueden almacenar referencias a otros objetos cuyos atributos puedan ser accedidos por otros hilos. Éste es un tema vasto y complejo, que no analizaré en profundidad. Una actitud de mínima puede ser no iniciar hilos desde constructores.

Las excepciones, al menos en Java y C#, son todas síncronas, y siempre ocurren y tienen consecuencias dentro del hilo en el cual se generaron. Esto implica que una excepción no capturada, a lo sumo va a provocar la terminación del hilo en cuestión, pero nunca de toda la aplicación (a menos que la terminación abrupta de un hilo genere a su vez excepciones en otros hasta hacer caer el programa completo).

Notemos que el modelo de excepciones sólo funciona bien en contextos sincrónicos. Esto es así porque una excepción lanzada por un hilo a un método que ya terminó no tendría demasiado sentido.

Problemas con los compiladores y las optimizaciones

Los compiladores, en general, introducen optimizaciones que hacen que determinadas secuencias no se respeten. Por ejemplo, si un compilador razonable encuentra esta secuencia de acciones:

```
b = a*2;
c = a+1;
```

No suele buscar en la memoria el valor de *a* dos veces, pues sabe que no va a variar de una línea a la otra. Esto es razonable en programas secuenciales, pero no en los concurrentes, ya que otro hilo puede estar modificando la variable.

Éste es sólo un ejemplo, habiendo muchos otros casos en los que los compiladores deben ser advertidos de no introducir optimizaciones. Hay lenguajes que permiten evitar estos problemas con cierta elegancia, como lo hacen Java y C#.

EJERCICIOS DE EJEMPLO

Multiplicación de matrices (C#)

Voy a realizar un ejemplo de producto de matrices concurrente. Para los menos duchos en Matemática, las matrices son una construcción del Álgebra que se representa mediante arreglos bidimensionales cuyos elementos son números.

En la medida que se cumplan ciertas condiciones, está permitido multiplicar matrices.

Por ejemplo, en una clase *Matriz* definida así:

```
using System;

namespace CarlosFontela.Algebra
{
  public class Matriz
  {
        private int cantidadFilas;
        private int cantidadColumnas;
        private double[ , ] datos;

        public Matriz (int cantidadFilas, int cantidadColumnas) {
              if (cantidadFilas > 0 && cantidadColumnas > 0) {
                    this.cantidadFilas = cantidadFilas;
                    this.cantidadColumnas = cantidadColumnas;
                    datos = new double [cantidadFilas, cantidadColumnas];
              }
              else throw new IndexOutOfRangeException( );
        }

        public double this [int f, int c] {
              get {
                    if (f >= 0 && c >= 0 && f < cantidadFilas && c < cantidadColumnas)
                          return datos [f, c];
                    else throw new IndexOutOfRangeException( );
              }
              set {
                    if (f >= 0 && c >= 0 && f < cantidadFilas && c < cantidadColumnas)
                          datos [f, c] = value;
                    else throw new IndexOutOfRangeException( );
              }
        }

        public int CantidadFilas {
              get {
                    return cantidadFilas;
              }
        }

        public int CantidadColumnas {
              get {
                    return cantidadColumnas;
              }
        }

        public override bool Equals (object otro) {
              if (otro is Matriz) {
                    Matriz matriz2 = (Matriz)otro;
                    if (this.cantidadColumnas == matriz2.cantidadColumnas &&
                                this.cantidadFilas == matriz2.cantidadFilas) {
                          for (int f = 0; f < cantidadFilas; f++)
                                for (int c = 0; c < cantidadColumnas; c++)
                                      if (this.datos[f,c] != matriz2.datos[f,c])
                                            return false;
                          return true;
                    }
```

```
                    else return false;
                }
                else return false;
            }

            // muchos más métodos y propiedades...
    }
}
```

El producto de matrices se podría implementar así:

```
public static Matriz operator* (Matriz A, Matriz B) {
   if (A.CantidadColumnas == B.CantidadFilas) {
          Matriz Resultado = new Matriz (A.CantidadFilas, B.CantidadColumnas);
          for (int i = 0; i < A.CantidadFilas; i++)
                 for (int j = 0; j < B.CantidadColumnas; j++) {
                        Resultado.datos [i, j] = 0;
                        for (int k = 0; k < A.CantidadColumnas; k++)
                               Resultado.datos [i, j] += A.datos [i, k] * B.datos [k, j];
                 }
          return R;
   }
   else throw new ArgumentException( );
}
```

El código con el que podemos probar el producto será:

```
        [Test]
        public void testProducto( ) {
               Matriz Resultado = A * B;
               Matriz Esperada = new Matriz (2, 2);
               Esperada [0, 0] = 5;
               Esperada [0, 1] = 2;
               Esperada [1, 0] = 8;
               Esperada [1, 1] = 2;
               Assert.AreEqual (Esperada, Resultado);
        }
```

Sin embargo, mi pretensión en este ejemplo es poder implementar un producto que realice el proceso de cada fila de la matriz destino en un hilo distinto.

Este uso de la concurrencia apunta al ahorro de tiempo en un sistema con varios procesadores. Tal vez no sea lo mejor tomar una fila por hilo, sino varias filas, pero lo resolví así para que resultase más claro. El lector podrá luego adaptarlo como mejor le parezca.

Una interesante ventaja de este algoritmo de multiplicación de matrices es que no necesita ningún tipo de exclusión, ya que cada hilo – si bien consulta datos compartidos – genera datos nuevos, independientes de los demás hilos. Tampoco hay necesidad de comunicar a los hilos entre sí, salvo para poder garantizar al final, con un *Join*, que todos los hilos terminen.

Una primera etapa la haré refactorizando la parte que voy a extraer para realizar en forma concurrente. El método que realiza la multiplicación quedará dividido en dos:

```
private static void obtenerFila (Matriz A, Matriz B, Matriz Resultado, int fila) {
  for (int j = 0; j < B.CantidadColumnas; j++) {
        Resultado.datos [fila, j] = 0;
        for (int k = 0; k < A.CantidadColumnas; k++)
              Resultado.datos [fila, j] += A.datos [fila, k] * B.datos [k, j];
  }
}

public static Matriz operator* (Matriz A, Matriz B) {
  if (A.CantidadColumnas == B.CantidadFilas) {
        Matriz Resultado = new Matriz (A.CantidadFilas, B.CantidadColumnas);
        for (int fila = 0; fila < A.CantidadFilas; fila++) {
              obtenerFila (A, B, Resultado, fila);
        }
        return Resultado;
  }
  else throw new ArgumentException( );
}
```

Al probar con el mismo código de antes, obtengo resultados positivos. Sin embargo, ahora empieza el problema. Debo hacer tantos hilos como filas tenga la matriz *Resultado*, y me siento tentado a realizar un arreglo de hilos. El problema es que en C# la clase *Thread* es sellada para herencia. A esta altura me arrepentí de haber usado C# para resolver este problema. Pero mi orgullo personal me mantuvo empecinado en resolverlo.

He aquí – después de algunas horas de elaboración – mi propuesta de solución, que volví a comprobar con el mismo código NUnit de arriba:

```
using System;
using System.Threading;

namespace CarlosFontela.Algebra
{
  public class Matriz
  {
        // ...
        // atributos, propiedades y métodos de Matriz
        // que no tienen que ver con la multiplicación
        // ...

        private double[,] datos;

        // una clase interna:
        private class AlgoritmoFila {
              private Thread hilo;
              private int fila;
              private Matriz A;
              private Matriz B;
              private Matriz Resultado;

              public AlgoritmoFila (int fila, Matriz a, Matriz b, Matriz r) {
                    this.fila = fila;
                    this.A = a;
                    this.B = b;
                    this.Resultado = r;
```

```
                        this.hilo = new Thread(ejecucionHilo);
                }

                private void ejecucionHilo( ) {
                        for (int j = 0; j < B.CantidadColumnas; j++) {
                                Resultado.datos [fila, j] = 0;
                                for (int k = 0; k < A.CantidadColumnas; k++)
                                        Resultado.datos [fila, j] += A.datos [fila, k] * B.datos [k, j];
                        }
                }

                public void Ejecutar( ) {
                        hilo.Start( );
                }

                public void EsperarTerminacion( ) {
                        hilo.Join( );
                }
        }

        public static Matriz operator* (Matriz A, Matriz B) {
                if (A.CantidadColumnas == B.CantidadFilas) {
                        Matriz Resultado = new Matriz (A.CantidadFilas, B.CantidadColumnas);
                        AlgoritmoFila[ ] algoritmoFila = new AlgoritmoFila [A.CantidadFilas];
                        for (int fila = 0; fila < A.CantidadFilas; fila++) {
                                algoritmoFila[fila] = new AlgoritmoFila (fila, A, B, Resultado);
                                algoritmoFila[fila].Ejecutar( );
                        }
                        for (int fila = 0; fila < A.CantidadFilas; fila++)
                                algoritmoFila[fila].EsperarTerminacion( );
                        return Resultado;
                }
                else throw new ArgumentException( );
        }
    }
}
```

Nuevo intento diferido (Java)

En el capítulo de excepciones dije que una de las estrategias a adoptar frente a la recepción de una excepción era probar nuevamente, y que este nuevo intento podemos hacerlo en forma diferida.

Lo que pretendo en este ejemplo es reaccionar ante una excepción con un intento diferido en el tiempo, y que ese diferimiento se vaya aumentando en cada intento. Cada vez que la llamada al método que lanza la excepción fracase, voy a bloquear el hilo que está corriendo y dejar actuar a otros hilos de la aplicación por un intervalo de tiempo, intentando de nuevo cuando le devuelvan el control al hilo interrumpido.

La solución es sencilla. Supongamos que tenemos un método:

```
public void ejecutar ( ) throws TransitoriaException {
   // código del método
}
```

Un método que lo usa se podría codificar así:

```
public void nuevoIntento ( ) throws InterruptedException {
    // el método sleep arroja InterruptedException
    int retardo = 1000;
    while (true) {
        try {
            ejecutar( );
            break;
        }
        catch (TransitoriaException e) {
            Thread.sleep(retardo);
            retardo = retardo*2;
        }
    }
    return t;
}
```

Se usó el método *sleep*, que lo único que hace es detener la ejecución por una cantidad de milisegundos. Como no se puede asegurar que una vez transcurrido ese tiempo no haya otro hilo ejecutándose, el retardo será igual o mayor a lo que indicamos en la llamada a *sleep*.

También observamos que este método sigue insistiendo en forma permanente, con lo cual, si el método *ejecutar* sigue enviando la excepción por mucho tiempo, va a quedar insistiendo sin respuesta. Si bien el retardo creciente hace que éste no sea un problema serio para el resto de la aplicación, puede serlo para este hilo. Por lo tanto, si fuera necesario, se puede introducir alguna condición de corte.

Claramente, este no es un remedio para aplicar en cualquier caso. De hecho, sólo tiene sentido hacerlo así cuando esperamos que la excepción en cuestión sea transitoria, es decir, que se vaya a solucionar por el simple paso del tiempo. Esto suele ser razonable en caso de conexiones a redes o bases de datos con limitado número de usuarios, por ejemplo.

CONCLUSIONES

El uso de concurrencia, que requiere un cambio en la forma de pensar los programas, suele considerarse un arte, debido a que no es nada sencillo utilizarla bien. Por ejemplo, la extensibilidad del código puede quedar muy comprometida si se desarrollan clases previendo la concurrencia.

Pero lo más importante es saber cuándo conviene usarla y cuándo se la debería evitar.

La verdad es que podemos decir que la concurrencia es útil cuando tengamos por lo menos una de estas necesidades:

- Se necesite manejar varias cosas a la vez.
- Se logre mejor desempeño de la aplicación usando concurrencia.

En el primer caso, la concurrencia es la única solución. Por ejemplo, si necesitamos que, a medida que corre una animación, el usuario pueda interactuar con el programa, deberemos introducir dos hilos que manejen estas tareas en forma paralela. Otro caso sería el monitoreo de un botón que permita detener una descarga de un archivo muy grande a medida que se produce dicha descarga. También ciertos problemas de simulación, las aplicaciones web y los sistemas de telecomunicaciones precisan de la concurrencia.

El segundo caso utiliza la concurrencia como un medio. Por ejemplo, cualquier sistema operativo utiliza concurrencia de modo de no dejar inactivo al procesador mientras se espera la entrada o salida de datos, se exhibe contenido multimedial o hay una comunicación con otra computadora. De la misma manera, un programa puede prever que ciertas tareas se hagan en forma paralela para lograr un uso óptimo de los recursos. El caso general se da cuando una parte del programa está atada a un recurso en particular, y no queremos que todos los demás hilos deban esperar a que ese recurso se libere para poder seguir operando: en estos casos, la tarea que depende del recurso se pone en un hilo separado que corre independientemente del programa principal.

Algunos de los campos donde más habitualmente se usa la concurrencia son:

- Aplicaciones distribuidas.
- Aplicaciones y servicios web.
- Problemas complejos de cálculo numérico.
- Entrada y salida de datos.
- Problemas de simulación.
- Interfaces de usuario gráficas.
- Sistemas de tiempo real.
- Software embebido.

Hay muchos problemas derivados del uso de concurrencia. Entre ellos, no es menor el hecho de que cuando se trabaja con múltiples hilos hay que cumplir *obligatoriamente* con todos los requisitos necesarios para asegurar la integridad de los datos y el cumplimiento de sus invariantes *en todo momento*.

Pero la concurrencia se puede degradar, debido a, por ejemplo:

- Retardos mientras se esperan recursos compartidos.
- Sobrecarga de trabajo de procesador para crear y manejar varios hilos.
- Complejidad sin sentido[153].
- Patologías, como interbloqueo o starvation.

Observamos que la concurrencia, por su propia definición, hace que la ejecución de los programas no sea determinística. Por lo tanto, no se puede afirmar demasiado del orden en que se ejecutará el código. Incluso el hecho de que una vez se hayan realizado las tareas en un determinado orden no implica que así se hará en todos los casos. Esto podría ser un problema en sistemas en los cuales deba asegurarse un comportamiento equivalente en sucesivas ejecuciones de un programa.

Pero el problema que en general se olvida es que a menudo el uso de concurrencia lleva a una sobrecarga importante del sistema. El bloqueo de un objeto, atributo o método, la creación o inicialización de hilos, el intercambio entre hilos y los cálculos asociados a la política de planificación, son todas tareas más costosas en tiempo de cómputo que las habituales de un programa secuencial. Cada implementación nueva de los lenguajes que soportan concurrencia trata de minimizar estas sobrecargas, y en general logran mejoras importantes. Sin embargo, su carácter no lineal de degradación hace que igual deban considerarse.

Un truco que se puede aplicar es no crear un hilo siempre que se necesite, sino dar la posibilidad de usar uno existente, ya que la propia creación de los hilos es muy lenta.

Finalmente, hay que considerar que hay algoritmos muy eficientes en su forma secuencial, que se vuelven mucho más costosos al ejecutarlos en forma concurrente. De más está decir que también se da lo contrario, de algoritmos que mejoran substancialmente si se descubren tareas que pueden hacerse a la vez y se les introduce concurrencia. Por lo tanto, cuando se elija un algoritmo para la resolución de un problema deberá analizarse cuidadosamente si es probable que se use en una aplicación concurrente o mayormente en programas secuenciales.

Lo mismo se aplica cuando se crean componentes para ser usados por otros programadores, ya que no podemos suponer alegremente que nunca se van a correr en un entorno de multihilos. Por lo tanto, debemos prever la exclusión de alguna forma.

Concluido este capítulo, pasamos a la última parte del libro, en el que iré dando un cierre a los conceptos del paradigma de objetos.

Parte 5:
A modo de epílogo

Los cuatro capítulos que siguen son un buen complemento al resto de la obra. Empecé escribiéndolos como apéndices y terminé incorporándolos como capítulos de pleno derecho. Son:

24. Diseño de una aplicación de simulación: aquí presento el diseño de una pequeña aplicación completa, de modo de validar los conceptos de diseño vistos en el resto de la obra.

25. Usos de la programación orientada a objetos: este capítulo trata sobre algunos usos más comunes de la programación orientada a objetos.

26. Otros lenguajes y su implementación de objetos: aborda sucintamente el estudio de otros lenguajes del paradigma de objetos.

27. Programación orientada a aspectos: presenta un paradigma en crecimiento, que tal vez sea el futuro de la orientación a objetos.

24. Diseño de una aplicación de simulación

La matemática es el alfabeto con el que Dios escribió el mundo.
Galileo[154]

En este capítulo me planteé – y espero haberlo logrado – diseñar una aplicación, incluyendo algo de código, que respete lo más posible los principios de diseño y metodológicos explicados en el resto del libro. El problema que voy a resolver es el que planteé en el primer capítulo del libro.

Me pareció importante poder incluirlo, porque lo que ocurre a menudo es que, en un libro que se plantea enseñar programación, uno va a avanzado de a un tema por vez, y muy probablemente no cuente con todos los conceptos necesarios en cada ejercicio planteado. Por eso es que los ejercicios del libro suelen tener defectos cuando se los ve fuera de su contexto. También ocurre, en otros casos, que para lograr mayor claridad expositiva y legibilidad, el autor tiende a no seguir ciertos principios de diseño que él mismo dice respaldar.

Por supuesto, la necesidad de ser breve se mantuvo en este capítulo, pero fui breve planteándome un problema chico y codificando solamente un prototipo de la aplicación.

Espero, lector, que puedas aprovechar este broche de cierre. Para que ello sea así, te sugiero tratar de pensar cómo resolverías cada cuestión y la compares con la mía. Seguramente ambas sean válidas, pero ver otra perspectiva enriquecerá tus conceptos de diseño y te ayudará a afianzarlos.

Requisitos y análisis

El problema

El problema es el proyecto de aplicación de simulación del sistema solar que usé en el primer capítulo del libro para presentar la orientación a objetos.

Rememorando, el rector de un colegio secundario nos había llamado y nos había dicho: "Los profesores de Informática y de Física se han puesto de acuerdo para realizar una aplicación que sirva a ambas asignaturas. Me han solicitado que realicemos una aplicación de simulación del sistema solar, que permita ver el funcionamiento del mismo desde más de un lugar: desde el centro del sol, desde la tierra y desde un lugar por encima del plano en que están los planetas". Punto.

Como ya dije en su momento, si bien la información es poca, es lo que tenemos. Con ella podríamos construir lo que UP denomina documento de visión, pero para avanzar debemos poder recabar más información.

Captura de requisitos

Lo cierto es que la descripción del rector fue muy poco descriptiva, al menos en apariencia. Pero... pensemos un poco. Hay cosas que deberían ser obvias, y otras que vamos a dar por entendidas, o preguntaremos a los profesores del colegio qué expectativas tienen. Luego de unas horas de reflexión y diálogo, llegamos a esta lista de requisitos:

- La simulación del sistema solar tiene que correr en una máquina de escritorio aislada.
- La interfaz con el usuario debe ser gráfica, pudiendo verse en pantalla completa, o dividiendo la pantalla para tener más de una vista disponible a la vez.
- La aplicación debe cumplir con las leyes físicas: la ley de Newton y la ley de gravitación. La relatividad se considerará solamente en una segunda etapa.
- La simulación comenzará con ciertos datos iniciales, fijados en forma externa y reales, y luego deberá funcionar autónomamente sin intervención del usuario.
- El usuario puede interrumpir la simulación, apagar la computadora, e iniciarla nuevamente más tarde. En este caso, el programa debe seguir corriendo a partir del estado en que quedó.
- El sistema no debe interactuar con ninguna otra aplicación externa.
- El tiempo de refresco de las imágenes en pantalla será cada una décima de segundo.
- Para las imágenes de los planetas, el sol, satélites, cometas, asteroides y demás cuerpos celestes, el colegio proveerá un conjunto de archivos de formato jpeg, en escala.

Se decide construir un primer prototipo del sistema, y luego validarlo con los usuarios. En esta validación, las demostraciones y demás, se capturarán más requisitos.

Habiendo tan poca interacción con el usuario y sin interacción con sistemas externos, no parece muy importante analizar casos de uso ni hacer un diagrama de casos de uso.

Análisis básico

Un primer análisis de las entidades del sistema indicaría que existen las siguientes: estrella (con una instancia, el Sol), planeta (con ocho instancias), satélite, cometa, asteroide, meteoro externo al sistema.

Sin embargo, este planteo es ingenuo. No parece haber mucha diferencia de comportamiento entre el Sol, Saturno y Ganímedes, aun cuando uno sea una estrella, el otro un planeta y el tercero un satélite. Al fin y al cabo, las leyes que gobiernan el movimiento son las mismas para todos los cuerpos celestes.

Por lo tanto, tendremos una única entidad de dominio, una clase que llamaremos *CuerpoCeleste*, con cuatro atributos: *posicion*, *masa*, *velocidad*, *aceleracion*. El diagrama de clases por el momento es:

Pero este es un diagrama conceptual. Ahora debemos pensar un poco más en cómo resolver el problema.

Presupuesto y aprobación

En el marco de la construcción del prototipo, se decide armar un equipo de 6 personas, y el colegio se compromete a pagar sus sueldos por el lapso de un mes. Luego se hará un presupuesto más detallado por el resto de la funcionalidad. A ésta la hemos llamado etapa de concepción, en línea con UP.

Se acuerda también que el entregable de esta etapa deberá estar en condiciones de permitir que el colegio contrate a otra empresa para la segunda fase.

ARQUITECTURA

Arquitectura de software

De acuerdo con los requisitos, el despliegue se hará sobre una única computadora. Por lo tanto, no hay restricciones provenientes del despliegue en hardware para la arquitectura de software a construir.

También de acuerdo con lo solicitado, se nos planteó que – para el mismo modelo – debería haber tres vistas. Asimismo, se nos dijo que el modelo va a cambiar cuando se introduzca la relatividad. Y a poco de pensar nos damos cuenta que la lógica para mostrar lo que ocurre en el modelo no variará por la introducción de relatividad.

Las condiciones están dadas para usar MVC, aunque con poco controlador por la escasa participación del usuario, y con necesidad de persistencia, aunque muy simple.

Decidimos implementar un MVC modificado, colocando en el controlador, además de la interacción con el usuario, un disparador de tareas programadas, ya que debemos definir un intervalo en el cual realizar los cálculos para actualizar el estado de los cuerpos celestes y otro para realizar el refresco de pantalla. Incluiremos un pequeño módulo de persistencia para permitir cambios en la tecnología del repositorio.

El diagrama de paquetes sería:

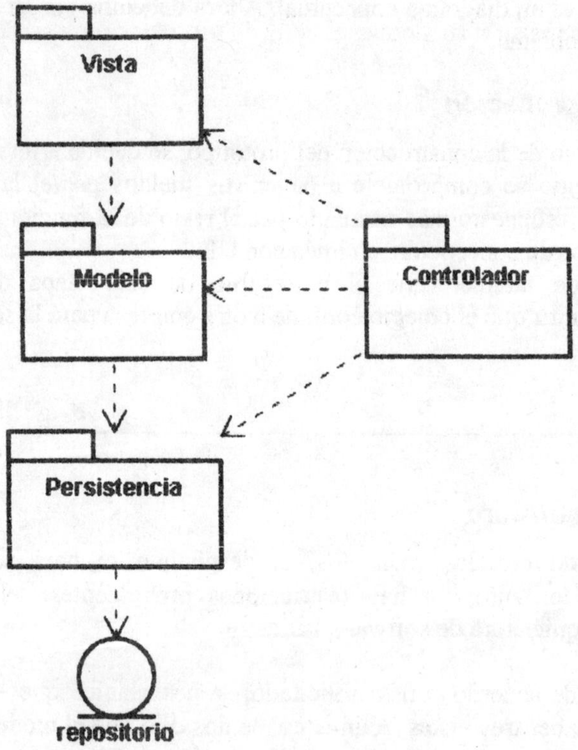

Para ver cómo operaríamos a lo largo del tiempo, hacemos un diagrama de colaboración simplificado, que es el que sigue:

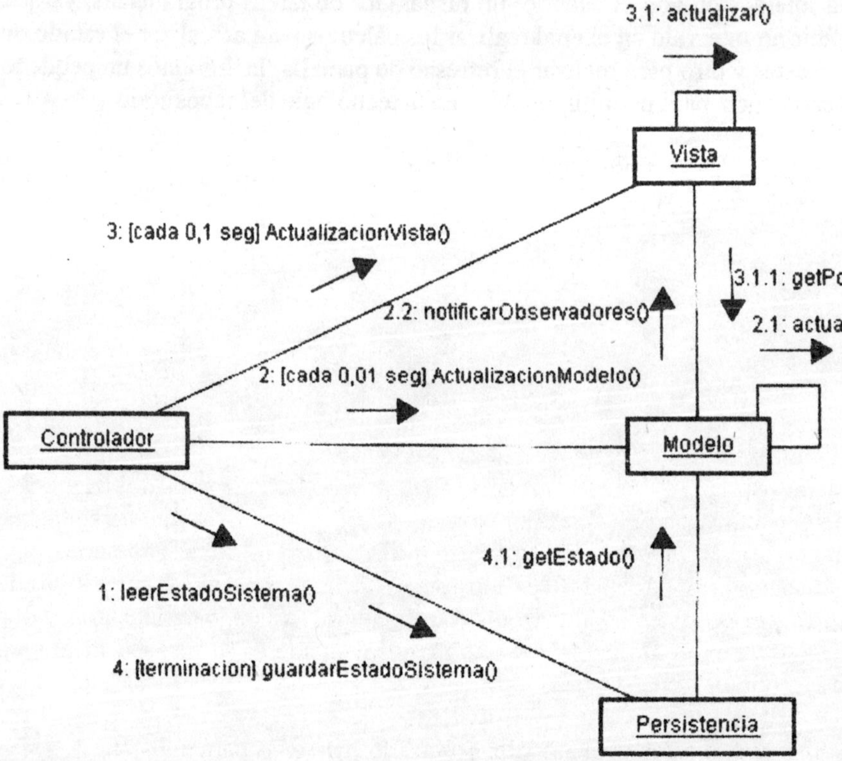

Como vemos en el diagrama, el nivel de acoplamiento parece bastante bueno.

Tecnologías a usar

El sistema deberá correr sobre computadoras personales que usen sistema operativo Windows y el cliente no tiene preferencias de plataforma. Sin embargo, están pensando en migrar sus laboratorios a Linux en un futuro cercano. Por lo tanto, se les recomienda hacerlo en Java, para que corra en ambas plataformas sin necesidad de ajustes.

La persistencia se decidió hacerla en un archivo XML, por la legibilidad y la facilidad de manejo desde la plataforma Java, y también por su legibilidad humana.

ALGUNAS CLASES Y COLABORACIONES

Análisis de los paquetes y distribución del trabajo

Nuestra arquitectura tiene cuatro partes. Vamos a tratar de dividir el trabajo y ver cómo seguimos.

La vista implica hacer todas las operaciones necesarias para que lo que ocurre en el modelo se vea en pantalla, cada décima de segundo. Como la pantalla tiene sólo dos dimensiones y el modelo trabaja en tres, hay una serie de transformaciones de coordenadas que debemos hacer antes de mostrar el sistema solar en pantalla. Encima, vemos que las transformaciones son diferentes para cada una de las tres vistas solicitadas.

Se decide que la pantalla esté dividida en cuatro partes, una para cada vista y otra para los controles del usuario. Si bien esta última es parte del controlador, su representación gráfica la haremos junto con el resto de la vista.

Debido a la complejidad matemática de las transformaciones de coordenadas, se encarga el tema de la vista a un par de programadores con mayores inclinaciones matemáticas y gráficas. Yo no estoy en ese grupo, así que me olvido del tema.

Sin embargo, los programadores de la vista dicen que no pueden comenzar, pues les falta saber cuál es la interfaz de los objetos del modelo. Les entregamos una interfaz mínima – que nos obligamos a respetar – para que puedan consultar el estado del modelo, y les aseguramos que implementaremos el patrón Observador para desacoplar al máximo el resto de las cuestiones.

La persistencia parece un tema sencillo, pero necesita saber qué datos almacenar. De nuevo, asignamos una persona a la tarea y le comunicamos la interfaz del modelo. Como sólo se van a persistir los datos cuando el usuario decida terminar la aplicación, se define que la persistencia se manejará desde el controlador, pero deberá conocer una interfaz del modelo que le permita hacerlo.

El controlador también es un tema sencillo, bastante desacoplado del modelo y un tanto acoplado a la persistencia. Por lo tanto, se le asigna a la misma persona, que por suerte maneja muy bien las clases *Timer* y *TimerTask* de Java, necesarias para definir los disparadores. Además, ha mostrado cierta inclinación a investigar la posibilidad de hacer un sistema concurrente en una futura versión, para lo cual hay que hacer previsiones en el controlador, así que indudablemente es la persona ideal para trabajar en ese módulo.

A mi grupo le asignan el modelo. Somos dos personas para trabajar.

Una vez que estamos todos de acuerdo, tomamos el diagrama de colaboración que hicimos, más un diagrama de clases simplificado, y nos vamos a trabajar. A continuación se muestra el diagrama de clases que hicimos:

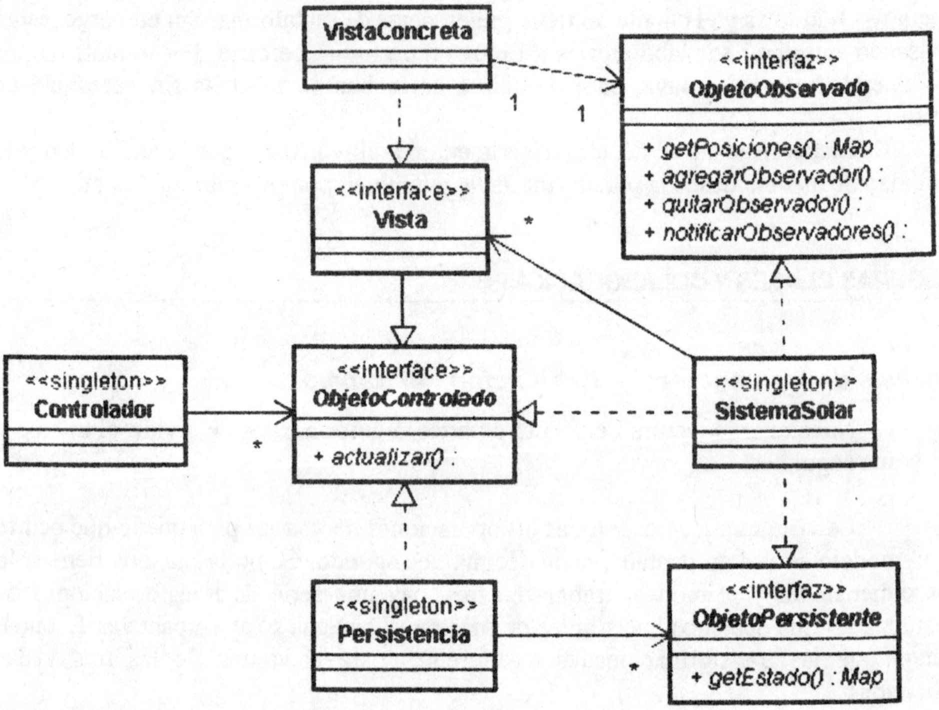

Tómese el lector unos minutos con este diagrama, que no es tan complejo como parece. Notemos también que se ha logrado que las dependencias de las clases sean hacia interfaces y no hacia clases concretas.

Interfaces

Los fuentes de las interfaces de uso general quedaron acordados así:

```
// esta es la interfaz que debe usar el Controlador:

package carlosfontela.sistemasolar;

public interface ObjetoControlado {
        void actualizar( );
}
```

```
// esta es la interfaz que deben usar las vistas:

package carlosfontela.sistemasolar;

import java.util.Map;
import carlosfontela.sistemasolar.modelo.Posicion;

public interface ObjetoObservado {
        Map <String, Posicion> getPosiciones( );
        void notificarObservadores( );
```

```
        void agregarObservador (Vista o);
        void quitarObservador (Vista o);
}
```

```
// esta es la interfaz que implementan las distintas vistas:

package carlosfontela.sistemasolar;

public interface Vista extends ObjetoControlado {
        void actualizar( );
        void notificar( );
}
```

```
// esta es la interfaz que debe usar la Persistencia:

package carlosfontela.sistemasolar;

import java.util.Map;
import carlosfontela.sistemasolar.modelo.CuerpoCeleste;

public interface ObjetoPersistente {
        Map <String, CuerpoCeleste> getEstado( );
}
```

Modelo

Bueno, vamos a analizar el modelo.

Necesitamos un sistema de coordenadas para ubicar a los astros. Una clase *Posicion* en tres dimensiones podría resolver el problema. Para manejar las leyes físicas, definiremos también clases *Velocidad* y *Aceleracion*. Y las tres clases en cuestión delegarán en una clase *Vector3D*.

¿Por qué no definir los tres atributos de *CuerpoCeleste*, que son vectores, como *Vector3D* directamente? En realidad, la tentación para hacerlo así fue grande, pero como vamos a necesitar sumar vectores posición, velocidad, aceleración y fuerza, calcular aceleraciones en base a fuerzas, velocidades y posiciones en base a aceleraciones y velocidades, preferí la seguridad del tipeo fuerte, a costa de mayor escritura de código. Dicho sea de paso, está apareciendo una nueva clase, *Fuerza*.

Ahora bien, ¿cómo debemos trabajar con el modelo? Ante todo, el modelo no representa a un único astro, sino que contendrá en una colección la totalidad de los cuerpos celestes.

El diagrama de clases del modelo es:

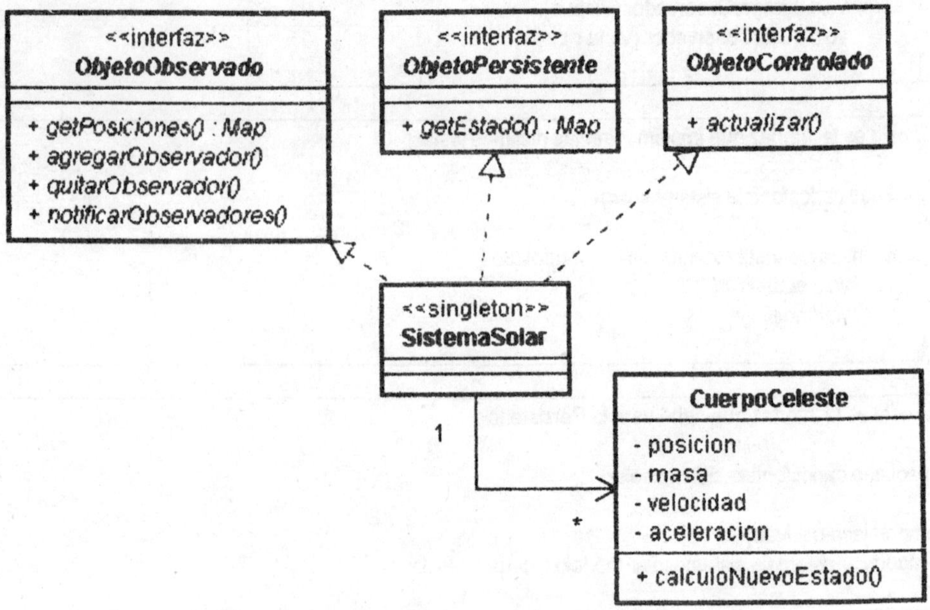

El modelo va a recibir disparos provenientes del controlador – que a mí no me compete – y cuando reciba uno de esos disparos deberá actualizarse. El siguiente diagrama de secuencia nos muestra lo que ocurrirá cada vez que venga un evento del controlador:

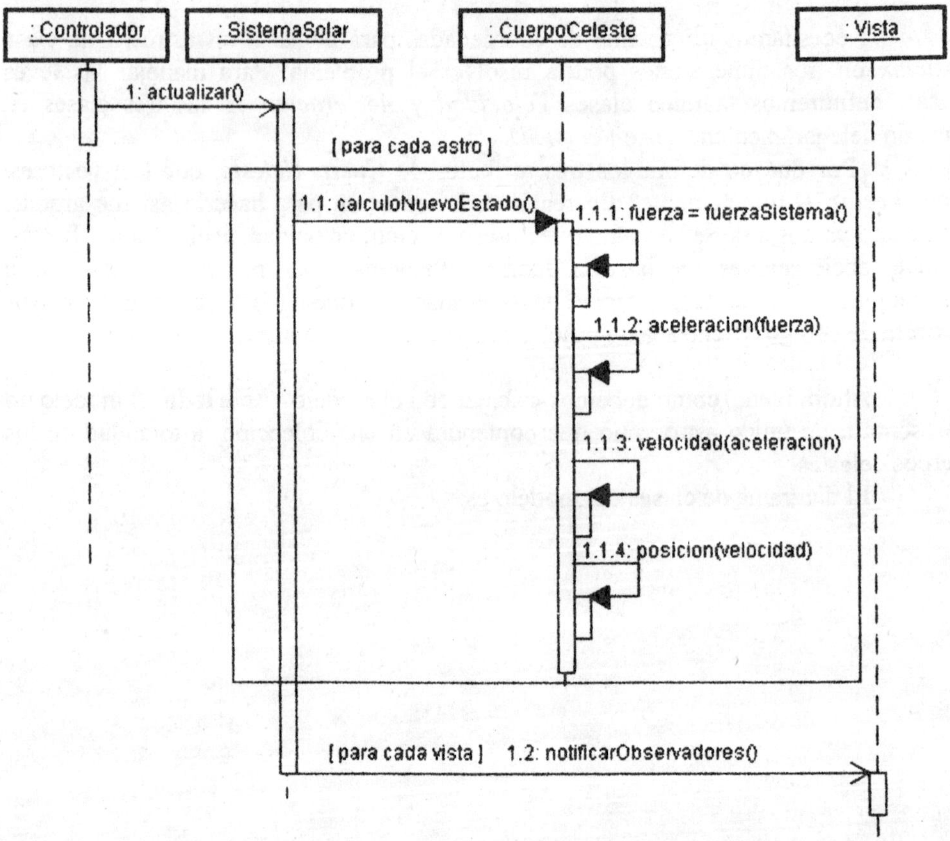

METODOLOGÍA

En el equipo de trabajo había 6 personas, incluyendo el líder de proyecto. Los cinco restantes pueden cumplir todos los roles, de allí que los hayamos dividido en grupos según el paquete en el que van a trabajar, sin complicarnos demasiado.

Como se está desarrollando un sistema chico, trabajamos con un método ágil adaptado, siguiendo las fases de prueba de concepto, integración inicial, desarrollo de la versión productiva, integración, estabilización, despliegue en producción y demostración (con explicación a los alumnos de los fundamentos físicos y matemáticos de la aplicación).

En las fases que implican desarrollo se trabajó con pruebas unitarias automatizadas previas, refactorizaciones frecuentes e integraciones diarias dentro de cada módulo. No hubo clientes acompañando el desarrollo, pero sí había uno en línea de 9 a 18. Entre los documentos que se seguían con el cliente estaban el plan de proyecto, la planilla de riesgos, los casos de prueba funcionales y prototipos de pantallas.

PRUEBA DE CONCEPTO

Modelo

La primera implementación del modelo es una prueba de concepto que utilizaremos para poder interactuar con los otros equipos. Servirá también como prototipo para validar con los usuarios.

Para ella, realizamos las siguientes interfaces y clases (la clase *Vector3D* es la que está implementada en el capítulo de colecciones):

```
// EstadoVisible.java
package carlosfontela.sistemasolar.modelo;
import carlosfontela.fisica.Vector3D;

public interface EstadoVisible {
   Vector3D getEstado( );
}
```

```
// Posicion.java
package carlosfontela.sistemasolar.modelo;
import carlosfontela.fisica.Vector3D;

//sólo la clase y el estado se ven de fuera del modelo, para poder manejar la persistencia:
public class Posicion implements EstadoVisible {

   private Vector3D vector;

   public Posicion (Vector3D vector) {
         this.vector = vector;
   }

   // suma de vectores:
   public Posicion suma (Posicion w) {
         return new Posicion (this.vector.suma (w.vector));
   }
```

```
  // producto escalar:
  public Posicion productoPorEscalar (double factor) {
        return new Posicion (this.vector.productoPorEscalar (factor));
  }

  public Vector3D toVector3D( ) {
        return this.vector;
  }

  public Vector3D getEstado( ) {
        return vector;
  }
}
```

```
// Velocidad.java
// sólo la clase y el estado son públicos, para poder manejar la persistencia

package carlosfontela.sistemasolar.modelo;
import carlosfontela.fisica.Vector3D;

public class Velocidad implements EstadoVisible {

  private Vector3D vector;

  Velocidad (Vector3D vector) {
        this.vector = vector;
  }

  // suma de vectores:
  Velocidad suma (Velocidad w) {
        return new Velocidad (this.vector.suma (w.vector));
  }

  // la velocidad es la derivada de la posición:
  Posicion deltaPosicion (double DeltaT) {
        return new Posicion (this.vector.productoPorEscalar(DeltaT));
  }

  public Vector3D getEstado( ) {
        return vector;
  }
}
```

```
// Aceleracion.java
// sólo la clase y el estado son públicos, para poder manejar la persistencia

package carlosfontela.sistemasolar.modelo;
import carlosfontela.fisica.Vector3D;

public class Aceleracion implements EstadoVisible {

  private Vector3D vector;

  Aceleracion (Vector3D vector) {
        this.vector = vector;
  }
```

```java
    // suma de vectores:
    Aceleracion suma (Aceleracion w) {
        return new Aceleracion (this.vector.suma (w.vector));
    }

    // la aceleración es la derivada de la velocidad:
    Velocidad deltaVelocidad (double DeltaT) {
        return new Velocidad (this.vector.productoPorEscalar(DeltaT));
    }

    public Vector3D getEstado( ) {
        return vector;
    }
}
```

```java
// Fuerza.java
// visibilidad sólo dentro del paquete modelo

package carlosfontela.sistemasolar.modelo;
import carlosfontela.fisica.Vector3D;

class Fuerza {

    private Vector3D vector;

    Fuerza(Vector3D vector) {
        this.vector = vector;
    }

    // crea una Fuerza en base a sus tres componentes
    Fuerza (double proyeccionX, double proyeccionY, double proyeccionZ) {
        this.vector = new Vector3D (proyeccionX, proyeccionY, proyeccionZ);
    }

    // crea una Fuerza en base a su módulo y su versor:
    Fuerza (double modulo, Vector3D versor) {
        this.vector = new Vector3D (modulo, versor);
    }

    // suma de vectores:
    Fuerza suma (Fuerza w) {
        return new Fuerza (this.vector.suma (w.vector));
    }

    // producto escalar:
    double productoEscalar (Fuerza v, Fuerza w) {
        return (v.vector.productoEscalar (w.vector));
    }

    // ley de Newton:
    Aceleracion deltaAceleracion (double masa) {
        return new Aceleracion(this.vector.productoPorEscalar(1/masa));
    }
}
```

```java
// Operaciones.java
```

```
// esta es una clase sin estado que contiene las operaciones de conversión y cálculo de magnitudes
fisicas
// de acuerdo con las leyes de la Física (dinámica y cinemática)

package carlosfontela.sistemasolar.modelo;
import carlosfontela.fisica.Vector3D;

// la clase sólo es visible en el modelo:
class Operaciones {

   // constante gravitatoria:
   static final double G = 6.672e-11;

   // ley de gravitación: F = G * m1 * m2 / d^2
   static Fuerza fuerzaEntreParticulas (CuerpoCeleste p, CuerpoCeleste q) {
          double modulo = G * p.getMasaEnKg( ) * q.getMasaEnKg( ) / Math.pow(p.distancia(q),2);
          Vector3D versorDireccion = p.versorEntre(q);
          return new Fuerza (modulo, versorDireccion);
   }

   static Fuerza fuerzaSistema (CuerpoCeleste p) {
          Fuerza fuerzaSistema = new Fuerza(0,0,0);
          for (CuerpoCeleste otra : SistemaSolar.getCuerpos( ))
                 if (p != otra) {
                        Fuerza fuerzaParcial = fuerzaEntreParticulas (p, otra);
                        fuerzaSistema = (fuerzaSistema.suma(fuerzaParcial));
                 }
          return fuerzaSistema;
   }

   // aceleración calculada por la fuerza aplicada: A = F / m
   static Aceleracion nuevaAceleracion (double masa, Aceleracion aceleracionAnterior, Fuerza
fuerzaAceleradora) {
          return aceleracionAnterior.suma (fuerzaAceleradora.deltaAceleracion(masa));
   }

   // A = dV / dt
   static Velocidad nuevaVelocidad (Aceleracion aceleracion, Velocidad velocidadAnterior, double
DeltaT) {
          return velocidadAnterior.suma (aceleracion.deltaVelocidad(DeltaT));
   }

   // V = dP / dt
   static Posicion nuevaPosicion (Velocidad velocidad, Posicion posicionAnterior, double DeltaT) {
          return posicionAnterior.suma (velocidad.deltaPosicion(DeltaT));
   }
}
```

```
// CuerpoCeleste.java
package carlosfontela.sistemasolar.modelo;
import carlosfontela.fisica.Vector3D;

public class CuerpoCeleste {

    private double masaEnKg;
    private Posicion posicionEnMetros;
    private Velocidad velocidadEnMetrosPorSeg;
```

```
    private Aceleracion aceleracionEnMetrosPorSeg2;

    public CuerpoCeleste (double masa, Posicion posicionEnMetros,
                Velocidad velocidadEnMetrosPorSeg, Aceleracion aceleracionEnMetrosPorSeg2) {
        this.masaEnKg = masa;
        this.posicionEnMetros = posicionEnMetros;
        this.velocidadEnMetrosPorSeg = velocidadEnMetrosPorSeg;
        this.aceleracionEnMetrosPorSeg2 = aceleracionEnMetrosPorSeg2;
    }

    public double getMasaEnKg( ) {
        return masaEnKg;
    }

    public Posicion getPosicionEnMetros( ) {
        return posicionEnMetros;
    }

    public Velocidad getVelocidadEnMetrosPorSeg( ) {
        return velocidadEnMetrosPorSeg;
    }

    public Aceleracion getAceleracionEnMetrosPorSeg2( ) {
        return aceleracionEnMetrosPorSeg2;
    }

    // visibilidad sólo dentro del modelo:
    void calculoNuevoEstado (double DeltaT) {
        Fuerza fuerzaAceleradora = Operaciones.fuerzaSistema(this);
        this.aceleracionEnMetrosPorSeg2 = Operaciones.nuevaAceleracion (
                this.getMasaEnKg( ), this.getAceleracionEnMetrosPorSeg2( ), fuerzaAceleradora );
        this.velocidadEnMetrosPorSeg = Operaciones.nuevaVelocidad (
                this.getAceleracionEnMetrosPorSeg2( ), this.getVelocidadEnMetrosPorSeg( ), DeltaT
);
        this.posicionEnMetros = Operaciones.nuevaPosicion (
                this.getVelocidadEnMetrosPorSeg( ), this.getPosicionEnMetros( ),DeltaT);
    }

    private Vector3D vectorEntre (CuerpoCeleste otra) {
        return (otra.getPosicionEnMetros( ).suma(this.getPosicionEnMetros( ).productoPorEscalar(-
1)).toVootor3D( ));
    }

    // visibilidad sólo dentro del modelo:
    Vector3D versorEntre (CuerpoCeleste otra) {
        Vector3D diferencia = vectorEntre(otra);
        return diferencia.getVersor( );
    }

    // visibilidad sólo dentro del modelo:
    double distancia (CuerpoCeleste otra) {
        Vector3D diferencia = vectorEntre(otra);
        return diferencia.getModulo( );
    }
}
```

```
// SistemaSolar.java
package carlosfontela.sistemasolar.modelo;

import java.util.*;
import carlosfontela.sistemasolar.ObjetoControlado;
import carlosfontela.sistemasolar.ObjetoObservado;
import carlosfontela.sistemasolar.ObjetoPersistente;
import carlosfontela.sistemasolar.Vista;
import carlosfontela.sistemasolar.controlador.*;

// clase Singleton para el modelo:
public final class SistemaSolar implements ObjetoObservado, ObjetoControlado, ObjetoPersistente {

    private Map <String, CuerpoCeleste> astros;
    private Collection <Vista> observadores;

    private SistemaSolar( ) {
            // TODO: esto debería cargar el sistema de astros del archivo externo
            astros = new HashMap<String, CuerpoCeleste>( );
            observadores = new LinkedList<Vista>( );
    }

    private static SistemaSolar instancia = new SistemaSolar( );

    public static SistemaSolar getInstancia( ) {
            return instancia;
    }

    public void agregarObservador (Vista o) {
            observadores.add(o);
    }

    public void quitarObservador (Vista o) {
            observadores.remove(o);
    }

    public void notificarObservadores( ) {
            for (Vista o : observadores)
                    o.notificar( );
    }

    public Map <String, CuerpoCeleste> getEstado( ) {
            return astros;
    }

    public Map <String, Posicion> getPosiciones( ) {
            Map <String, Posicion> posiciones = new HashMap<String, Posicion>( );
            for (String nombre : instancia.astros.keySet( ))
                    posiciones.put (nombre, instancia.astros.get(nombre).getPosicionEnMetros( ));
            return posiciones;
    }

    // visibilidad sólo dentro del modelo:
    static Collection<CuerpoCeleste> getCuerpos( ) {
            return instancia.astros.values( );
    }

    public void actualizar( ) {
```

```
        for (CuerpoCeleste cuerpo : astros.values( ))
            cuerpo.calculoNuevoEstado(Controlador.DeltaTModeloSegundos);
        instancia.notificarObservadores( );
    }
}
```

En todas las operaciones con vectores hubiera resultado muy natural poder trabajar con operadores, si Java permitiese sobrecargarlos. Invito al lector a revisar la implementación de *Vector3D* en C# para comparar las ventajas de este enfoque.

Los otros módulos

En los otros grupos no hubo tanto avance mientras trabajábamos con el modelo. Ocurrió que en ellos había personas asignadas a otros proyectos, por lo que sólo pudieron escribir algo de código como para comprobar lo desarrollado en el modelo.

El grupo que debía desarrollar el controlador construyó tres clases para coordinar las tareas más importantes de los otros módulos:

```
// Controlador.java

package carlosfontela.sistemasolar.controlador;

import java.util.*;

import carlosfontela.sistemasolar.Vista;
import carlosfontela.sistemasolar.modelo.SistemaSolar;
import carlosfontela.sistemasolar.vista.*;
import carlosfontela.sistemasolar.persistencia.Persistencia;

// clase Singleton para el controlador:
public final class Controlador {

    public static final double DeltaTModeloSegundos = 0.01;
    public static final double DeltaTVistasSegundos = 0.1;

    private List<Vista> vistas;

    private Controlador( ) {
        vistas = new ArrayList<Vista>( );
        vistas.add (new VistaEjemplo( ));
    }

    private static Controlador instancia = new Controlador( );

    // visibilidad sólo en controlador:
    static Controlador getInstancia( ) {
        return instancia;
    }

    // visibilidad sólo en controlador:
    List<Vista> getVistas( ) {
        return instancia.vistas;
    }
```

```
    private void ejecutar( ) {
            Persistencia.getInstancia( ).actualizar( );
            SistemaSolar.getInstancia( ).agregarObservador(vistas.get(0));
            Timer timerModelo = new Timer(false);
            timerModelo.scheduleAtFixedRate (
                    new ActualizacionModelo( ), 0, (long)DeltaTModeloSegundos*1000 );
            Timer timerVistas = new Timer(false);
            timerModelo.scheduleAtFixedRate (
                    new ActualizacionVistas( ), 0, (long)DeltaTVistasSegundos*1000 );
    }

    private void terminar( ) {
            Persistencia.getInstancia( ).guardarEstadoSistema( );
    }

    // TODO: falta de todo

}
```

```
// ActualizacionModelo.java
package carlosfontela.sistemasolar.controlador;
import carlosfontela.sistemasolar.modelo.SistemaSolar;

public class ActualizacionModelo extends java.util.TimerTask {
    public void run( ) {
            SistemaSolar.getInstancia( ).actualizar( );
    }
}
```

```
// ActualizacionVistas.java
package carlosfontela.sistemasolar.controlador;
import carlosfontela.sistemasolar.ObjetoControlado;

public class ActualizacionVistas extends java.util.TimerTask {
    public void run( ) {
            for (ObjetoControlado vista : Controlador.getInstancia( ).getVistas( ))
                    vista.actualizar( );
    }
}
```

Como vemos, aunque en principio no parecía, el programa será concurrente, con un hilo para el modelo, otro para las vistas, y el hilo principal administrado por el controlador.

El grupo que se ocupaba de la persistencia construyó la siguiente clase:

```
// Persistencia.java

package carlosfontela.sistemasolar.persistencia;

import java.util.Map;

import carlosfontela.sistemasolar.ObjetoControlado;
import carlosfontela.sistemasolar.modelo.*;

// clase Singleton para persistencia:
```

```
public final class Persistencia implements ObjetoControlado {

  private Persistencia( ) {
  }

  private static Persistencia instancia = new Persistencia( );

  public static Persistencia getInstancia( ) {
        return instancia;
  }

  public void actualizar( ) {
        Map <String, CuerpoCeleste> estadoModelo = SistemaSolar.getInstancia( ).getEstado( );
        guardarEstadoSistema( );
  }

  public void guardarEstadoSistema( ) {
        // TODO: actualizar el XML
  }

  public void leerEstadoSistema( ) {
        // TODO: leer el XML y cargar SistemaSolar
  }
}
```

Y el grupo de las vistas construyó una clase tipo:

```
// VistaEjemplo.java

package carlosfontela.sistemasolar.vista;

import java.util.Map;

import carlosfontela.sistemasolar.Vista;
import carlosfontela.sistemasolar.modelo.*;

public class VistaEjemplo implements Vista {

  private boolean actualizada = false;

  // visibilidad sólo dentro de la vista:
  void actualizarVista (Map <String, Posicion> posiciones) {
        // TODO: falta todo el código
  }

  public void actualizar( ) {
        if (! actualizada) {
              Map <String, Posicion> posiciones = SistemaSolar.getInstancia( ).getPosiciones( );
              actualizarVista (posiciones);
              actualizada = true;
        }
  }

  public void notificar( ) {
        actualizada = false;
  }
```

```
}
```

Calidad del diseño

Esta simple aplicación respeta todos los principios de diseño que he enunciado en este libro. Ya era hora, ¿no?

De hecho:

- Hemos programado siempre contra interfaces. No hay ningún método cuyo tipo de retorno sea una clase, salvo excepciones muy obvias, y no hay tampoco atributos o variables cuyo tipo sea una clase, salvo en los casos en que no pudimos evitarlo.
- Todos los métodos y las clases se han hecho lo más privados que se pudo. Cuando un método no se necesitaba fuera de su clase, lo hicimos privado. Cuando un método o clase lo pudimos declarar con visibilidad de paquete, así lo hicimos. Y sólo dejamos como públicos los elementos que no hubo más remedio que así fueran. Con esto se mantuvo el principio de mínimo privilegio, que hace menos costosa la evolución de la aplicación.
- Cuando debimos utilizar un patrón – el Observador, en nuestro caso – lo hicimos lo más explícito que pudimos. Usamos métodos *notificar* y *actualizar*, además de interfaces con nombres que delatan indudablemente su uso.
- La arquitectura macro se la desacopló al máximo, como ya vimos.

¿CÓMO SEGUIMOS?

Por supuesto, en primer lugar deberíamos terminar con la aplicación, estabilizarla y desplegarla.

Alguna refactorización no le vendría mal. Algo bueno sería eliminar todos los *new* explícitos, cambiándolos por patrones de creación. Por ejemplo, las vistas se podrían cargar desde un archivo XML.

En cuanto a la arquitectura, no parece requerir una revisión. Agregar el principio de relatividad no alteraría para nada los módulos, a excepción de uno de los métodos de la clase *Operaciones*. Agregar nuevas vistas sólo requeriría crear clases que implementen la interfaz *Vista*. Y agregar más concurrencia podría lograrse con sólo modificar *Controlador*.

Bastante bueno ha sido el diseño si admite tantos cambios de requisitos sin modificarlo sustancialmente.

25. USOS DE LA PROGRAMACIÓN ORIENTADA A OBJETOS

Todos los secretos están guardados en un mismo cajón, el cajón de los secretos, y si develas uno, corres el riesgo de que pase lo mismo con los demás.
Laura Restrepo[155]

No todo en desarrollo de software es POO, ni es bueno que lo sea. Hay buenas razones para usar otros paradigmas en muchos casos. Sin embargo, hay muchos tipos de aplicaciones en los cuales la orientación a objetos ha mostrado sus ventajas.

Ese es el tema del capítulo que comienza.

APLICACIONES ENTERPRISE

Generalidades y complejidad

Una **solución enterprise** es un sistema que se diseña para cumplir con un conjunto de funcionalidades específicas de negocio, para dar soporte a algún proceso de una organización.

En general, las aplicaciones *enterprise* tienen varias de las siguientes restricciones:

- Manejan grandes volúmenes de datos.
- Las estructuras de datos son complejas y muy entrelazadas.
- Las reglas de negocio son cambiantes y evolucionan muy rápidamente.
- La lógica de las reglas de negocio es compleja.
- Los datos deben ser persistentes, normalmente sobre bases de datos relacionales.
- Se accede en forma concurrente.
- Poseen varios tipos de interfaces de usuario.
- Están integradas a otras aplicaciones, de la misma organización o de otras.
- Soportan transacciones, algunas de ellas cortas, y otras llamadas largas, que involucran procesos de varios días.
- Necesitan tener capacidades de monitoreo (logging), por razones de auditoría y rastreo de problemas.
- Necesitan tener algún mecanismo de caché para mejorar el desempeño y no volver a gastar tiempo y recursos en consultas y cálculos.
- Necesitan autenticar a los usuarios y administrar la seguridad.

Claramente, cada una de las características planteadas introduce un factor de complejidad. Como la complejidad no crece linealmente, sino más bien en progresión geométrica, las aplicaciones *enterprise* suelen ser muy complejas.

Ya expliqué que el principal objetivo de la orientación a objetos es el manejo de la complejidad. Por eso, tal vez, se ha popularizado tanto este paradigma en la construcción de aplicaciones *enterprise*, al punto de que hoy domina totalmente ese campo.

La construcción de aplicaciones *enterprise* se basa en diversas herramientas, entre las que destacan las bibliotecas, los servidores de aplicaciones, los contenedores y los frameworks. Enseguida abordaré estos temas, pero antes detengámonos en una cuestión central.

Aplicaciones enterprise y cuestiones transversales

El gran problema que tienen las restricciones o características que enumeré en el ítem anterior, es que en general son cuestiones transversales[156] que no tienen que ver con el modelo de negocio que estamos implementando. Es decir que son, por definición, no funcionales. Por lo tanto, ocuparse de ellas impide poner el foco en desarrollar funcionalidad de negocio, así como su inclusión junto al código funcional hace a éste menos legible. Estamos ante un problema de difícil modularización.

Además, suele ser importante poder deshabilitar algunas de estas cuestiones en ciertas circunstancias. Por ejemplo, si estamos depurando un problema funcional, podemos eliminar la seguridad o la concurrencia. En estos casos, tendría que haber una forma sencilla de lograrlo.

Estas cuestiones transversales se pueden atacar de muchas maneras. Algunos frameworks y contenedores se ocupan de ellas de manera bastante simple. En otros casos se pueden utilizar técnicas como la orientación a aspectos o la inyección de dependencias. Estos temas son los que nos esperan hasta el final del libro.

Bibliotecas

Las bibliotecas de clases – al igual que en otras situaciones – son muy útiles a la hora de construir aplicaciones *enterprise*.

Por ejemplo, Java EE provee una enorme biblioteca de clases que hace que programar sistemas distribuidos, construir aplicaciones web, manejar la seguridad, o consumir un servicio web, sea mucho más fácil que con Java SE. Algo parecido pasa en otras plataformas.

Hay bibliotecas de clases que se construyen por fuera de la plataforma, llevando a la realidad aquel ideal de la incorporación de componentes de terceros. Muchas son libres, como *log4j* y *log4net*, que se usan para monitoreo en Java y .NET, respectivamente, o *Axis* para servicios web en Java.

Frameworks

Un **framework** es una aplicación incompleta y prearmada a la que se le enchufan clases o componentes con los comportamientos deseados. El sentido es el mismo del patrón Template Method, en el cual definimos una clase marco y dejamos que se le agreguen clases descendientes con los comportamientos particulares. La clase *Thread* de Java trabaja así. Sin embargo, no necesariamente se deben implementar con Template Method; a veces se usan otros patrones o simplemente técnicas de reflexión.

En este libro hemos utilizado frameworks para realizar pruebas unitarias, los ya utilizados hasta el hartazgo JUnit y NUnit. Notemos que en estos casos escribimos código que no es una aplicación, sino una clase con ciertas características especiales, que luego el framework analiza por reflexión y logra los objetivos buscados.

Lo importante – lo que identifica a un framework – es que al utilizarlo, uno no escribe aplicaciones completas, sino ciertos comportamientos particulares, dejando la administración general de la aplicación en manos del propio framework.

Hay frameworks especializados en algunas tareas específicas. Por ejemplo, los frameworks Hibernate, JDO y otros se ocupan de la capa de persistencia. Otros, como Struts, ASP.NET y JavaServer Faces se ocupan de la capa de presentación de una aplicación web.

Si bien mucha gente confunde los conceptos de framework y de biblioteca de clases, hay algunas diferencias importantes.

En primer lugar, una biblioteca es algo estático, algo que está para ser utilizado. Normalmente, se usa una biblioteca llamando métodos sobre las clases suministradas. Un framework, en cambio, es una entidad activa, normalmente una aplicación, y es el propio framework el que llama a métodos que uno define en sus clases. A las bibliotecas las usamos desde nuestro código; los frameworks invocan nuestros métodos.

También los usos son diferentes. Normalmente una biblioteca presta servicios tradicionales, mientras que los frameworks se utilizan para implementar – entre otras cosas – cuestiones transversales.

En la plataforma .NET se usan mucho unos bloques de código llamados Application Blocks, cada uno de los cuales implementa algunas funcionalidades disponibles para manejar cuestiones transversales. Los más recientes incorporan la posibilidad de usar interceptores.

Servidores de aplicaciones y contenedores livianos

Hay algunos frameworks más evolucionados, que por ser más complejos reciben el nombre más pomposo de *servidores de componentes*, *servidores de aplicaciones* o *contenedores*. En esta categoría se encuentran, ante todo, los contenedores de EJB en Java y los Component Services en .NET.

Estos servidores son aplicaciones que se ocupan en forma transparente – o al menos declarativa – de algunas incumbencias transversales, como transacciones, seguridad, concurrencia, persistencia, etc.

Como respuesta a la complejidad de los servidores de aplicaciones, sobre todo en la plataforma Java, surgieron los llamados *contenedores livianos*, menos intrusivos en el modelo de objetos y que permiten definir cuáles de las cuestiones transversales se van a tratar por el mismo, de un menú previo al que además el programador puede agregar nuevas incumbencias, en forma generalmente declarativa. Gracias a estas características, es sencillo habilitar y deshabilitar incumbencias.

La mayor parte de estos contenedores livianos están basados en inyección de dependencias mediante interceptores y programación orientada a aspectos. De alguna manera, incorporaron estas interesantes técnicas en el mundo de las aplicaciones *enterprise*.

Ejemplos de contenedores livianos son Spring, en principio para Java y luego extendido a .NET, PicoContainer y NanoContainer para Java, y Windsor Castle para .NET.

Programas de simulación

Los programas de simulación fueron el primer uso conocido de POO. De hecho, Simula, el primer lenguaje que soportó el paradigma, era un lenguaje especial para construir este tipo de aplicaciones.

En el capítulo anterior, al presentar la simulación del sistema solar, también pudimos ver que cualquier lenguaje orientado a objetos se presta para construir simulaciones.

Esto ocurre porque las situaciones de simulación son muy sencillas de implementar con POO: tenemos objetos del mundo real o simulado, esos objetos son tipificados con facilidad en clases, de los tipos de objetos se conoce o se va a analizar su comportamiento y suele haber categorías entre los tipos de objetos, que fácilmente se implementan con herencia.

Sistemas embebidos y de control

Otro de los primeros usos de los objetos fueron los sistemas de control, incluyendo los que están embebidos en distintos tipos de máquinas. Ada y Java fueron creados con ese propósito.

Las razones para este uso son similares a las razones para la construcción de simulaciones: el mundo real es fácilmente modelizado con objetos.

Aplicaciones con interfaz gráfica y aplicaciones móviles

Las aplicaciones de interfaz de usuario gráfica no se construyeron desde el principio usando POO. Sin embargo, algunos conceptos de las aplicaciones GUI nacieron y evolucionaron junto con los objetos.

Por otro lado, la necesidad de abstracción propia de las interfaces gráficas, la noción de estar trabajando con "objetos" en la pantalla, y otras cuestiones, hacen que sea un uso muy natural de la POO.

Los eventos, MVC, los objetos y las interfaces gráficas comparten un nacimiento común – incluso en el mismo lugar, los laboratorios de Xerox en Palo Alto – y suscitaron un entusiasmo también contemporáneo.

Como pasa con las aplicaciones GUI, las aplicaciones para dispositivos móviles se modelizan muy naturalmente con objetos. Lo que no ocurre en este caso es que ambas ideas sean del todo contemporáneas.

Tal vez por la facilidad de modelado, las plataformas más utilizadas hoy para desarrollar aplicaciones para dispositivos móviles, trabajan con lenguajes orientados a objetos.

CUANDO LA PROGRAMACIÓN ORIENTADA A OBJETOS NO ES UNA BUENA IDEA

Hay una tendencia entre los informáticos a convencernos de que en determinado momento llegamos a la solución final de nuestros problemas. Eso pasa hoy en día con la orientación a objetos. No sólo tendemos a creer que los objetos son la herramienta con la que encarar cualquier desarrollo, sino que tenemos una tendencia enfermiza a calificar a cualquier cosa como orientada a objetos, tal vez porque creamos que "orientado a objetos" y "bueno" son sinónimos.

Nada más errado.

Este pequeño capítulo intentó mostrar algunos de los usos más comunes de la POO.

Pero el lector habrá notado que no dije que los objetos son una buena idea para resolver problemas de cálculo numérico, para procesar archivos[157], trabajar con álgebra relacional o para implementar sistemas expertos.

Todo se puede hacer, pero hay paradigmas que funcionan mejor para algunos tipos de aplicaciones.

Lo que ocurre es que en el mundo – y más en países de desarrollo medio, como el mío – la mayor parte de los sistemas desarrollados son comerciales. Y en este campo los objetos han mostrado sus ventajas. Pero no descuidemos otros paradigmas: funcional, lógico, estructurado, relacional, etc., porque pueden depararnos ventajas en sus propios campos de dominio.

26. Otros lenguajes y su implementación de objetos

Un conocimiento concienzudo de una variedad de construcción de lenguajes de programación y de técnicas de programación, permite al programador aprender un nuevo lenguaje más fácil cuando es necesario.

Terence Pratt[158]

Hay un mundo más allá de los tres lenguajes que hemos seguido en este libro. Lo cierto es que elegí enseñar tres lenguajes tipados, de traducción y ejecución separadas, y derivados de C.

Este capítulo lo dedico a hacer una breve recorrida por otras posibilidades.

Lo cierto es que no siempre es una buena idea recurrir a lenguajes tipados y que requieren compilación previa. A veces necesitamos la agilidad de un lenguaje interpretado y sin tipos, para desarrollar una pequeña aplicación o un prototipo para demostración.

Simula

Simula nace en 1986 como derivado del Simula 67, un lenguaje de simulación creado en la universidad de Oslo. A su vez, Simula 67 deriva de Algol 60, y es compatible hacia atrás con éste. En realidad, ya Simula 67 era razonablemente orientado a objetos.

Simula trabaja con un modelo de referencias, recolección de basura y soporta concurrencia en forma de corrutinas. Curiosamente, es el único de los primeros lenguajes del paradigma cuyos programas se compilaban y tenía tipos de datos fuertes.

No es un lenguaje muy utilizado, pero lo hemos incluido en este análisis por ser – aunque esto no se le reconozca – el primer lenguaje que evolucionó hacia POO. Es la principal fuente de la cual tomaron sus conceptos todos los lenguajes posteriores.

Smalltalk

Smalltalk es pionero en POO. De hecho, aunque ya Simula 67 incorporaba muchos elementos, fue Smalltalk, allá por 1972, el primer lenguaje de programación en utilizar POO genuina[159]. El lenguaje fue implementado por primera vez en máquinas Xerox, en el marco del desarrollo de un ambiente de interfaz de usuario gráfica, el Xerox Star. De ese modo, la POO nació sobre un ambiente de interfaz gráfica y éstos corrieron por primera vez en Smalltalk, un lenguaje de POO. En 1981 Smalltalk saltó a la fama por un artículo en la revista Byte que precisamente estaba dedicado a POO e interfaces gráficas. Al mismo tiempo, el declive de Lisp y las implementaciones de Lisp orientadas a objetos (como Loops, Flavors, Ceyx y Clos), bastante contemporáneas, impulsaron su popularidad.

En Smalltalk todo es un objeto. Ni siquiera hay tipos primitivos para representar ciertas variables escalares, y hasta las clases y las estructuras de control son objetos. También el polimorfismo es total, debido a que todo se da en tiempo de ejecución. Hay un fuerte énfasis en el concepto de paso de mensajes. Además, las implementaciones de Smalltalk trabajan con un entorno integrado de programación y ejecución, que es un objeto compuesto con objetos.

Smalltalk introdujo en el campo del conocimiento la mayor parte de los conceptos de POO y su terminología, aunque en muchos casos se basó en Simula. Incluso fue el primer lenguaje en prohibir el acceso directo a los atributos, forzando el ocultamiento de implementación, aunque con una visibilidad protegida y no privada.

Es un lenguaje interpretado, sin tipos (lo cual hace que no necesite tener genericidad), con recolección de basura y basado en una máquina virtual. Estudios recientes muestran que la generación de código con Smalltalk puede ser 1,5 veces más rápida que con Java y hasta 4,5 veces más rápida que con C++. Sin embargo, es un lenguaje lento en la ejecución, sobre todo por la falta de compilación y de comprobación estática de tipos.

El modelo de memoria es dinámico. Tiene soporte de multihilos desde sus primeras versiones. No soporta interfaces, aunque se han hecho algunos intentos por incorporarlas en forma estándar, como el proyecto denominado *SmallInterfaces*.

El patrón MVC y la programación por eventos se implementaron en Smalltalk antes que en cualquier otro lenguaje, lo cual lo hace también pionero en estos aspectos. También los patrones de diseño y XP surgieron en ambientes Smalltalk.

Aparte de todos estos aspectos positivos, debo señalar que Smalltalk no ha recibido un reconocimiento en el ámbito empresario, al punto de que ha sido totalmente opacado por otros lenguajes en el desarrollo orientado a objetos. Tuvo sus últimos años de gloria cuando arreciaron las críticas contra C++ por no ser totalmente orientado a objetos. Hoy mantiene su fama como el lenguaje orientado a objetos más puro, en contradicción con lenguajes que evolucionaron desde otros paradigmas.

Como aspecto negativo, lo cierto es que Smalltalk dejó la impresión, al menos entre gran parte de los informáticos, de que un verdadero lenguaje de POO no tenía que tener tipos, o al menos no tipos estáticos, y ser interpretado. En esto fue ayudado por la proliferación de derivados de Lisp, todos interpretados y sin tipos. Lo que esta noción ignora es el pasado de Simula, que ha sido reivindicado por los lenguajes de traducción en dos pasos, como Java y la plataforma .NET.

Por la naturalidad con que maneja los objetos es considerado un buen lenguaje para enseñar POO como primer paradigma. Otro uso habitual, debido a la facilidad de desarrollo rápido, es la construcción de prototipos para pruebas de concepto de sistemas.

OBJECT PASCAL

Dije ya que C++ suele ser considerado un lenguaje híbrido, porque permite cierto uso de otros paradigmas distintos del de objetos. De hecho, es cierto que se puede evitar la POO, y esto se dio así por la necesidad de compatibilidad hacia atrás con un lenguaje estructurado, C.

Y así como C++ mantiene la compatibilidad con C, Object Pascal la ha sostenido respecto de Pascal. Por lo tanto, también en este lenguaje se puede programar en forma híbrida. Tal vez no haya sido una buena idea convertir a el máximo exponente de la programación estructurada en un lenguaje de POO, pero así son las cosas, y por lo menos ha servido para que muchos pudiéramos hacer la transición de un paradigma al otro.

Prácticamente la última implementación comercial de Object Pascal, luego de la desaparición del Clascal de Apple, es el Delphi/Kylix de Borland. De allí que ambos, lenguaje y producto RAD, estén muy vinculados en el imaginario colectivo.

Delphi ha implementado un modelo de orientación a objetos compilado, con tipos fuertes y basado en referencias, al igual que Java y C#. La herencia es simple, el polimorfismo se debe declarar explícitamente y posee interfaces y excepciones. Lamentablemente, los vaivenes empresarios y tecnológicos lo han dejado de lado.

Tal vez la mayor virtud de Object Pascal haya sido permitir – de una manera sencilla – la transición del paradigma estructurado al paradigma de objetos. Y varios pudimos aprovechar esto en su momento, y hasta lo usamos con éxito en la enseñanza.

PYTHON Y RUBY

Python es tal vez un buen sucesor de Smalltalk, en el sentido de ser un lenguaje de tipos débiles, en el que todo son objetos, fácil de aprender, de escribir y de leer, de desarrollo muy económico y rápido, aunque lento en la ejecución. También está implementado en muchas plataformas. Pero aquí terminan los parecidos.

Python es un lenguaje surgido de un proyecto de software libre, por lo que es muy apreciado en estos ambientes.

Asimismo, tiene una buena interacción con Java a través de Jython y con C++ a través de Cpython. Es un lenguaje excelente para escribir scripts, como por ejemplo guiones CGI, pero es mucho más que eso, destacándose el buen manejo de cadenas, expresiones regulares y el tener muchos tipos estructurados predefinidos, como listas y arreglos asociativos. Se lo ha usado mucho en aplicaciones web, y tiene buen soporte de HTML, XML y servicios web.

Desde el punto de vista de la orientación a objetos, tiene algunos aspectos extraños, como el hecho de que sólo se pueden incluir atributos dentro de métodos, que la herencia está orientada a reutilizar implementación y no tanto interfaz. Maneja la herencia múltiple, aunque no tipos genéricos, pero el ser un lenguaje de tipos débiles hace que este no sea un aspecto importante. También trabaja con excepciones y reflexión.

Ruby es otro lenguaje con muchas cosas en común con Python. La semántica es muy parecida y también es un producto de software libre.

El éxito de Ruby vino de la mano del framework *Ruby On Rails*, que permite construir aplicaciones sencillas de una manera muy rápida. Luego de *Rails*, otros frameworks han surgido para utilizarlos desde Ruby.

Tanto Python como Ruby son lenguajes de propósito general. Si bien demuestran ser excelentes herramientas para construir aplicaciones en tiempos muy cortos, se ha recogido evidencia de su falta de escalabilidad. Por eso, su uso más promisorio está en la construcción de sistemas pequeños y en la elaboración de prototipos que sirvan como pruebas de concepto de sistemas, que luego se desarrollen en otra plataforma. De hecho, Jython es un buen puente de Python hacia Java.

PHP

PHP es un lenguaje de guiones cuyas primeras versiones nada tenían que ver con la POO. De a poco fue incorporando objetos predefinidos, y en su versión 5 puede decirse que llegó a un soporte total del paradigma.

Como Python y Ruby, es otro lenguaje de código abierto, y corre en varios servidores web. Es la opción ideal para construir sitios web sin una lógica de negocio demasiado compleja. Sin embargo, tiende a acoplar mucho lógica de negocio con presentación y acceso a datos, por lo cual su uso no es muy recomendable cuando debemos construir aplicaciones medianas. Fue pensado más bien para la construcción de sitios web relativamente simples.

OTROS LENGUAJES

¿Hay otros lenguajes que soporten el paradigma de objetos? Por supuesto que sí.

Ante todo, hay decenas de lenguajes bastante antiguos de POO, que por diversas razones han perdido popularidad. Podríamos mencionar a Clos, Loops, Ada 95, Flavors, Ceyx, Objective-C y muchos más. Una mención especial merece Eiffel, excelente herramienta conceptual del diseño por contrato.

Lo que hay también son lenguajes que utilizan conceptos de objetos, generalmente en la forma de objetos predefinidos, pero que no admiten la definición de clases, herencia o polimorfismo. A esos lenguajes yo los llamo basados en objetos, y el caso más paradigmático es el lenguaje de guiones JavaScript.

27. PROGRAMACIÓN ORIENTADA A ASPECTOS (CON NICOLÁS PÁEZ)

Si buscas resultados distintos, no hagas siempre lo mismo.
Albert Einstein[160]

Esta técnica de programación surgida a fines de la década de 1990, y con importante crecimiento en los últimos años, busca facilitar la modularización de aquellas incumbencias transversales que resultan difíciles de separar con las técnicas tradicionales de programación.

Ocurre que, desde sus comienzos, los lenguajes de programación han evolucionado proveyendo cada vez mejores técnicas de modularización. Sin duda la POO ha sido una de las técnicas de modularización más potentes, pero a pesar de ello siguen existiendo ciertas incumbencias que ni la POO ni las técnicas precedentes de programación han logrado modularizar de manera efectiva. La *programación orientada a aspectos* viene a resolver estos problemas.

Este capítulo está fuertemente basado en el trabajo de Nicolás Páez, escrito como tesis de Ingeniería Informática en la Universidad de Buenos Aires, bajo el título de "Utilización de programación orientada a aspectos en aplicaciones *enterprise*" [Paez]. Si bien hay algunos puntos que son de factura mía, y le di el contexto que creí adecuado respecto del resto del libro, hay párrafos enteros tomados de su tesis, y él me ayudó también con los ejemplos en código. De igual manera, quiero destacar que él me revisó todo el capítulo, así como yo había revisado su tesis. Alguna que otra idea fue tomada del trabajo de tesis – también de Ingeniería Informática – que dirigí en la Universidad Católica Argentina, cuyo autor fue Leandro Garayoa. Gracias Nicolás, y gracias Leandro, por lo que aprendí de ustedes.

MÓDULOS Y PROGRAMACIÓN

En un capítulo previo, cuando expliqué las disciplinas del desarrollo de software, dije que los diferentes paradigmas de desarrollo tienen sus mayores diferencias en la manera en que modularizan los programas. De hecho, se podría escribir una historia del desarrollo de software basándose en cómo las distintas épocas marcaron una manera más acostumbrada de descomposición del software, y cómo hay una correlación entre paradigmas y épocas, muy marcada por esta diferencia en el tratamiento de la modularidad.

Del paradigma estructurado al paradigma de objetos

La programación estructurada se basa en separar el código en módulos que representan funcionalidades, habitualmente denominados funciones y procedimientos. Por ejemplo, para representar en C cuentas bancarias, como en nuestro ejemplo de la clase *CuentaBancaria*, deberíamos, por un lado, definir un tipo de datos que represente la cuenta:

```
typedef struct {
   char* titular;
   int numero;
   double saldo;
} CuentaBancaria;
```

Y por otro, definir operaciones sobre la misma, como las que siguen:

```
void depositar (CuentaBancaria cuenta, double monto) {
   cuenta.saldo += monto;
}

int extraer (CuentaBancaria cuenta, double monto) {
   if (cuenta.saldo > monto) {
         cuenta.saldo -= monto;
         return 1;                    // en C el 1 equivale a true
   }
   else return 0;                     // en C el 0 equivale a false
}
```

Esta solución es muy superior a la que se podría haber logrado sin tipos definidos por el programador, como en el antiguo Fortran 66, previo a la versión estructurada del cincuentenario lenguaje. En efecto, en Fortran 66 no teníamos la posibilidad de definir tipos de datos, aunque sí subprogramas.

La misma lógica escrita en Fortran 66 sería bastante más compleja, porque no habría noción de "cuenta" para el programa. Por lo tanto, quedaría en el programador mantener la correspondencia entre los datos de titular, número y saldo de cada cuenta, y los subprogramas deberían recibir un parámetro por cada valor individual. Además, la legibilidad sería mucho menor por la falta de nombres para los tipos de datos: todo se reduciría a unas cuantas variables enteras, reales y cadenas, que el programador tendría que manejar adecuadamente para no cometer errores.

Peor aún si, en vez del adelantado Fortran, hubiésemos usado lenguajes sin subprogramas parametrizados, como las primeras versiones de Basic, Cobol, u otros.

Lo que estoy afirmando, y pretendo especial reflexión sobre esto, es que hubo una evolución hacia mejores técnicas de descomposición, desde los primeros lenguajes de tercera generación, como Fortran I, Cobol y Basic, a los lenguajes con subprogramas, como Fortran 66 y Algol 68, y a los lenguajes estructurados, como Fortran 77, C y Pascal. Desde ya, la orientación a objetos vino a reforzar esta tendencia.

Pero volvamos a nuestro ejemplo en C, el más evolucionado. ¿Qué problemas presenta?

En primer lugar, no mantiene juntos al tipo *CuentaBancaria* y las funciones que permiten operar sobre ella. Esto hace que la legibilidad y el mantenimiento del código sean considerablemente más difíciles, porque incluso las funciones *extraer* y *depositar* van a estar mezcladas con otras funciones que pueden tener que ver con cuentas bancarias o con cualquier otro tipo de datos.

Además, estos métodos – en un lenguaje tipado – funcionan solamente con datos de tipo *CuentaBancaria*, sin posibilidad de definir otros tipos que sean casos particulares de cuentas, a los cuales se los pueda tratar como otros *CuentaBancaria*.

Es que, en definitiva, un tipo de datos, en un lenguaje sin abstracción, no es más que un conjunto de variables puestas juntas, sin ninguna definición sobre qué se puede hacer con ellas, y qué no.

La POO solucionó estos problemas. Gracias al encapsulamiento, estado y comportamiento están reunidos en un mismo módulo, la clase *CuentaBancaria*. Esto hace que definamos en un mismo lugar, qué datos necesitamos para mantener el estado de una cuenta, y qué operaciones permitimos sobre un objeto de ese tipo. Asimismo, mediante la herencia y el polimorfismo podemos definir otros tipos de cuentas, como *CajaAhorro*, que, al ser casos particulares de *CuentaBancaria*, admiten que al menos se le puedan aplicar las mismas operaciones que a los objetos de la clase más general.

Lo que acabamos de explicar es casi un resumen del libro y una exaltación de la POO. Pero...

Limitaciones de la modularidad basada en entidades

Supongamos que cambiamos un poco los requisitos de la clase *CuentaBancaria*, para darle mayor seguridad. A partir de ahora, el sistema que utiliza esta clase deberá ser accedido con usuario y contraseña, y se definirán perfiles de usuarios, de modo tal que:

- Sólo los usuarios administradores podrán crear cuentas.
- Sólo el titular de la cuenta podrá extraer dinero de la misma.
- Sólo el titular y los usuarios administradores podrán ver el saldo de una cuenta.
- Cualquiera podrá hacer un depósito en una cuenta.

Bueno, voy a implementar estos cambios sobre el ejemplo en Java.

Empiezo definiendo una enumeración llamada *Roles*:

```
enum Roles { Administrador, Titular }
```

Y luego implemento el constructor de la clase y los métodos *getSaldo*, *depositar* y *extraer*:

```
public CuentaBancaria (int numero, Cliente titular) {
        if ( Sistema.getUsuarioActual( ).getRol( ) == Roles.Administrador ) {
                this.numero = numero;
                this.titular = titular;
                this.saldo = 0;
        }
        else throw new AccesoNoAutorizadoException( );
}

public double getSaldo( ) {
        if ( (Sistema.getUsuarioActual( ).getRol( ) == Roles.Administrador) ||
                (Sistema.getUsuarioActual( ).getRol( ) == Roles.Titular &&
                        Sistema.getUsuarioActual( )== this.titular) )
                return saldo;
        else throw new AccesoNoAutorizadoException( );
}

public void depositar (double monto) {
```

```
        saldo += monto;
    }

    public void extraer (double monto) throws SaldoInsuficienteException {
        if ( Sistema.getUsuarioActual( ).getRol( ) == Roles.Titular &&
                Sistema.getUsuarioActual( )== this.titular ) {
            if (monto > saldo)
                throw new SaldoInsuficienteException( );
            else saldo -= monto;
        }
        else throw new AccesoNoAutorizadoException( );
    }
```

Como podemos ver, el código que tan simple parecía en nuestra versión anterior, ha quedado oscurecido por la aparición de un nuevo requisito. Ocho líneas de la primera versión se han convertido en diecinueve en ésta. En un primer impulso, podríamos pensar que este empeoramiento de la legibilidad es sólo accidental, y que una buena refactorización podría resolverla.

En parte estoy de acuerdo. No hay razón para no refactorizar, llegando a la versión que muestro a continuación:

```
    private Cliente usuarioActual( ) {
        return Sistema.getUsuarioActual( );
    }

    private Roles rolActual ( ) {
        return usuarioActual( ).getRol( );
    }

    private boolean usuarioAutorizado (Roles[ ] autorizados) {
        for (Roles rol : autorizados) {
            if (rol != Roles.Titular) {
                if (rol == rolActual( ))
                    return true;
            }
            else { // rol == Roles.Titular
                if ( (rol == rolActual( )) &&
                        (usuarioActual( )== this.titular) )
                    return true;
            }
        }
        return false;
    }

    public CuentaBancaria (int numero, Cliente titular) {
        Roles[ ] autorizados = { Roles.Administrador };
        if ( usuarioAutorizado (autorizados) ) {
            this.numero = numero;
            this.titular = titular;
            this.saldo = 0;
        }
        else throw new AccesoNoAutorizadoException( );
    }

    public double getSaldo( ) {
        Roles[ ] autorizados = { Roles.Titular, Roles.Administrador };
```

```
        if ( usuarioAutorizado (autorizados) )
            return saldo;
        else throw new AccesoNoAutorizadoException( );
}

public void depositar (double monto) {
        saldo += monto;
}

public void extraer (double monto) throws SaldoInsuficienteException {
        Roles[ ] autorizados = { Roles.Titular };
        if ( usuarioAutorizado (autorizados) ) {
            if (monto > saldo)
                throw new SaldoInsuficienteException( );
            else saldo -= monto;
        }
        else throw new AccesoNoAutorizadoException( );
}
```

Incluso podríamos separar algo de la información de permisos en metadata, como un archivo XML, usar un diseño basado en Estrategia o Decorador, pero las dificultades siguen, habiendo mucho código parecido desperdigado por varios métodos.

Lo que está ocurriendo es que ya no hay una auténtica modularización basada en entidades. En el mismo lugar está apareciendo código funcional, que hace al manejo de las cuentas bancarias, y código de administración del sistema. Dicho brevemente, hemos eliminado la sencillez de la modularización orientada a objetos.

Avancemos un paso más. Supongamos que un nuevo requisito nos exige que guardemos todas las excepciones lanzadas por el sistema en un *log* o *bitácora*, para facilitar auditorías posteriores.

Dejo este ejercicio al lector, pero, ¿no es cierto que, de nuevo, estaremos mezclando cuestiones funcionales con otras de corte más administrativo?

¿Y si ahora me planteo qué ocurre con las clases descendientes de *CuentaBancaria*, con las clases de la jerarquía de los clientes, y con todas las demás clases del sistema? En todos los casos va a haber que verificar permisos y registrar la ocurrencia de excepciones. ¿No es cierto que estamos repitiendo código muy parecido por todas las clases y métodos? Aun cuando podamos refactorizarlo también, usar los patrones de diseño más adecuados y todos los trucos y práctica de diseño de expertos, seguiremos teniendo código similar no modularizado.

Lo que ocurre es que en muchas aplicaciones aparecen **cuestiones o incumbencias transversales**. Las llamamos *transversales* porque están desperdigadas por todas las clases y operaciones del sistema, y se resisten a modularizarse dentro de las entidades. La seguridad, el manejo de excepciones, el logging, y muchas más, son típicas cuestiones transversales.

Como consecuencia directa de las cuestiones transversales aparecen dos fenómenos no deseados:

- **Código disperso** (en inglés, "code scattering"): se da cuando existen invocaciones a un método esparcidas por toda la aplicación.
- **Código mezclado** (en inglés, "code tangling"): se da cuando una clase tiene código que nada tiene que ver con su esencia, lo cual disminuye su

cohesión y viola el principio de única responsabilidad.

En definitiva, las incumbencias transversales provocan repetición de código (ese pecado que es el peor de todo mal diseño), alto acoplamiento, dificultad de mantenimiento, menor claridad del código y todas las demás consecuencias de una pobre modularización.

¿Por qué "transversales"?

Antes de seguir, una aclaración: he estado afirmando que hay *cuestiones transversales*, que *atraviesan* la aplicación dificultando la modularización. ¿Qué es lo que convierte a una cuestión en transversal y a otra en no transversal?

La dificultad de modularizar determinadas incumbencias, se debe a que las técnicas tradicionales de programación proveen la posibilidad de descomponer el problema de acuerdo a una única dimensión (la dominante), permitiendo una efectiva modularización de las cuestiones de dicha dimensión a costa de sacrificar una buena modularización de las incumbencias de las demás dimensiones. Este problema ha sido denominado "la tiranía de la descomposición dominante" [TarrMDSC] y, como consecuencia del mismo, las incumbencias de las dimensiones no dominantes adquieren una naturaleza transversal que nos induce a llamarlas *cuestiones transversales* (en inglés, "cross-cutting concerns").

Por lo tanto, todo es relativo. El haber elegido el paradigma de orientación a objetos nos llevó a modularizar en clases, basándonos en las entidades del dominio del problema. Todas las cuestiones que no se pueden modularizar en estas clases basadas en entidades, son las que denominamos *transversales*.

Habitualmente, las incumbencias que llamamos *transversales* son las que se corresponden con atributos de calidad y requisitos técnicos de la aplicación. Y si bien existen bibliotecas específicas que permiten manejar cada una de estas incumbencias, resulta que las llamadas a dichas bibliotecas se encuentran dispersas por todo el código, generando los conocidos fenómenos de código mezclado y código disperso, evidenciando una naturaleza, valga la redundancia, *transversal*.

Asimismo, nos encontramos con que las incumbencias tranversales, a nivel de implementación, pueden variar en base a la tecnología utilizada. Un ejemplo de esto es la administración de memoria, la cual representa un clara cuestión transversal en C y C++, hecho que no ocurre en Java y .NET, donde la administración de la memoria está a cargo de la plataforma de ejecución.

LOS ASPECTOS COMO MANERA DE MODULARIZAR CUESTIONES TRANSVERSALES

Cuestiones transversales y aspectos

El desarrollo de software orientado a aspectos constituye un área de investigación centrada en lograr una efectiva modularización de incumbencias. Dentro de esta área existen varios enfoques, cada uno de los cuales ofrece distintos mecanismos para la separación y composición de incumbencias.

Simultáneamente, se conocen dos paradigmas para la separación de las incumbencias, uno *simétrico* y otro *asimétrico* [HarrisonPSC].

El paradigma *simétrico* plantea que, para lograr una efectiva separación de incumbencias, es necesario romper con la tiranía de la descomposición dominante.

Para ello todas las incumbencias son modeladas como componentes de primera clase, todos con la misma estructura y donde ninguno es más básico que otro. Podría decirse que el estandarte de este paradigma es el enfoque planteado por la técnica denominada *Multidimensional Separation of Concerns*.

El paradigma *asimétrico*, por su parte, hace una diferenciación entre las incumbencias *dominantes* (también llamadas centrales o funcionales), las cuales modela mediante *componentes base*, que luego son compuestos con las incumbencias *no dominantes* (también llamadas aspectos o secundarias). Como se vio en el ejemplo de la sección anterior, las incumbencias no centrales en un paradigma asimétrico, tienen generalmente una naturaleza transversal. El exponente más representativo de este paradigma es la *programación orientada a aspectos*.

El término **programación orientada a aspectos** (POA o AOP) surgió de un trabajo de Gregor Kiczales y su equipo en el centro de investigación de Xerox, en Palo Alto, hacia fines de la década de 1990 [KiczalesAOP]. El principal objetivo de la POA es lograr una efectiva modularización de las cuestiones transversales, de manera *transparente* y soportando distintas formas de *cuantificación*. Desde el punto de vista de POA, una aplicación consiste en un conjunto de incumbencias dominantes fácilmente modularizables (*componentes base*), más un conjunto de incumbencias transversales de difícil modularización (*aspectos*). La mezcla de los componentes base y los aspectos da como resultado la aplicación final. Dicha mezcla se realiza por medio de un proceso denominado **entretejido** (en inglés, "weaving").

La asimetría entre los componentes base y los aspectos pone de manifiesto en enfoque asimétrico de POA en lo que a separación de incumbencias respecta.

La POA busca poder incorporar a los programas sentencias del tipo:
Para todo programa P, ante la condición C, ejecutar la acción A.

Notemos que esto revela claramente que estamos separando incumbencias que consideramos transversales. Como lo que se busca es encapsular este tratamiento, las condiciones como *C*, denominadas *pointcuts*, y las acciones como *A*, denominadas *advices*, deben estar vinculadas en un módulo, que para la POA es el denominado **aspecto**.

De esta manera, y siguiendo los principios de diseño que vimos en el capítulo respectivo, sobre todo el de bajo acoplamiento, la idea es que, ni la clase sepa de la existencia del aspecto, ni el aspecto conozca las clases a los cuales se lo vincula.

Lo que sigue es una presentación de la manera de construir aspectos.

Joinpoint

Un *aspecto* – como acabo de decir – es una abstracción que permite modularizar una incumbencia transversal. Dije también que las condiciones que determinan la aplicación de una acción o *advice* se denominan *pointcuts*. Pero, ¿cómo definimos un *pointcut*? ¿A qué los vinculamos?

Los puntos en la ejecución de los componentes base donde es posible el entretejido de aspectos son denominados **joinpoints**. Algunos ejemplos de joinpoints son: una llamada a un método, la creación de una instancia, el manejo de una excepción, la ejecución de un ciclo, el retorno de un método, la asignación de un valor a una variable, la modificación de un atributo, entre otros. El modelo de joinpoints de una herramienta de aspectos define los tipos de cuantificaciones que dicha herramienta soporta y, por consiguiente, la potencia de la misma.

Veamos el fragmento de código que sigue:

```
1 import java.io.*;
2
3 public class ContadorLlamadas {
4
5       private int cantidadLlamadas;
6
7       public ContadorLlamadas( ) {
8               try {
9                       System.out.println ("ContadorLlamadas( ).new( )");
10              }
11              catch (Exception e) {
12                      RuntimeException e1 = new RuntimeException(e);
13                      throw e1;
14              }
15              cantidadLlamadas = 0;
16      }
17
18      public void llamada( ) {
19              System.out.println ("ContadorLlamadas.llamada( )");
20              cantidadLlamadas += 1;
21      }
22
23      public static void main (String [ ] p) {
24              ContadorLlamadas contador = new ContadorLlamadas( );
25              contador.llamada( );
28      }
29 }
```

En esta clase existen los siguientes joinpoints:

Línea	Joinpoint
7	Ejecución del método constructor ContadorLlamadas.new( )
11	Manejo de una excepción del tipo Exception
12	Llamada al método constructor RuntimeException.new(Exception)
13	Lanzado de una excepción del tipo RuntimeException
18	Ejecución del método ContadorLlamadas.llamada( )
20	Modificación del atributo ContadorLlamadas.cantidadLlamadas
24	Llamada al método ContadorLlamadas.new( )
25	Llamada al método ContadorLlamadas.llamada( )

Pointcut

A un conjunto definido de joinpoints se lo llama **pointcut**. A diferencia de los joinpoints, los pointcuts son definidos por el programador. Algunos pointcuts simples podrían ser todas las ejecuciones del constructor de una determinada clase, todas las llamadas al método *pow* de la clase *Math* que reciba como parámetro un 5 o el lanzado de una excepción de la clase *RuntimeException*.

Todas las herramientas de POA brindan un conjunto de designadores de pointcuts que, en conjunto con el uso de expresiones regulares, permiten la definición de los pointcuts. La siguiente tabla muestra algunos designadores de pointcuts de AspectJ[161], donde *X* es una expresión regular:

Designador de pointcuts	Tipo de joinpoints
call (X)	Llamadas a métodos / constructores de la clase X
handler (X)	Manejadores de excepciones de la clase X (bloques catch)
cflow (X)	Joinpoints en el contexto del jointpoint X
target (X)	Joinpoints cuyo objetivo involucre a instancias de clase X
args (X)	Joinpoint que reciban argumentos de la clase X
annotation (X)	Joinpoint que contengan la anotación X

Advice

El código del aspecto que se ejecuta asociado a un determinado pointcut es denominado **advice**. Conceptualmente los advices contienen el comportamiento del aspecto. Los advices puede ser básicamente de 3 tipos.

- *Before*: se ejecutan antes de la ejecución del joinpoint asociado.
- *After*: se ejecutan después de la ejecución del joinpoint asociado.
- *Around*: se ejecutan antes y después del joinpoint asociado, pudiendo incluso reemplazar la ejecución del joinpoint.

Declaraciones de intertipo

Otro elemento de POA, muchas veces pasado por alto, es la *declaración de intertipos* (también llamada *introducción* o *mixin*), que permite extender la estructura de un componente base mediante el agregado de interfaces, métodos, propiedades y atributos.

La declaración de un **intertipo** forma parte de un aspecto y es dicho aspecto el que define cuales serán los componentes base que se extenderán con el intertipo. Hay que destacar que las extensiones realizadas por un intertipo no son visibles, sin hacer una transformación explícita, para los componentes base, ni tampoco para el propio componente que ha sido extendido.

Pongamos un ejemplo para entender esta situación: supongamos que para poder persistir objetos en una base de datos es necesario que todo objeto implemente la interfaz *ObjetoPersistente*, la cual define un método para obtener el identificador del objeto a utilizarse como clave primaria en la base de datos.

Utilizando POA podría definirse un aspecto que, con una declaración de intertipo, se encargue de las siguientes cuestiones.

- Hacer que todas las clases que deban persistirse implementen la interfaz *ObjetoPersistente*.
- Agregar la implementación del método requerido por la interfaz *ObjetoPersistente* en todas las clases que deban persistirse.

Ahora, dado un objeto al que se le ha agregado el mencionado aspecto para implementar la interfaz *ObjetoPersistente*, deberíamos hacer una transformación explícita de tipos previa para poder usarlo como un *ObjetoPersistente*. Esto se debe a lo que ya afirmamos respecto de que lo agregado por las declaraciones de intertipos no es directamente visible para los componentes base.

Aspecto

Habiendo introducido todos los elementos característicos de POA estamos en condiciones de definir el concepto de alto nivel que conjuga todos los elementos, el *aspecto*.

Un **aspecto** es una entidad que modulariza una incumbencia transversal mediante la definición de un conjunto de *pointcuts*, *advices* y *declaraciones de* *intertipo.*

Como veremos más adelante, dependiendo de la herramienta utilizada, puede que la definición de un aspecto se haga enteramente en un archivo fuente, tal como ocurre con una clase en Java, o bien que los advices e introducciones se definan en un archivo fuente, y los poincuts en un archivo de configuración de la aplicación final. Por ejemplo, el primer caso se da en AspectJ y el segundo en Spring.

IMPLEMENTACIÓN DE LA PROGRAMACIÓN ORIENTADA A ASPECTOS

Criterios de implementación

Básicamente, y muy a grandes rasgos, podemos decir que existen dos tipos de herramientas para POA, diferenciadas principalmente por el modelo de entretejido, el cual puede ser estático o dinámico.

Las herramientas de **entretejido estático** son compiladores, pre compiladores y post compiladores. Estas herramientas toman como entrada los aspectos y los componentes base, en forma de código fuente o binario, y generan como salida código binario con los aspectos y los componentes base ya entretejidos. En general, los componentes base se escriben en algún lenguaje orientado a objetos, mientras que los aspectos se escriben en nuevos lenguajes con soporte de aspectos que generalmente son una extensión al lenguaje de los componentes base.
Este es el caso de AspectJ[162], Aspect.NET y AspectC++, entre otros.

Las herramientas de **entretejido dinámico** son generalmente frameworks desarrollados en un lenguaje orientados a objetos y están basados en proxies dinámicos. La definición del aspecto consta de dos partes. Por un lado, se define el advice, extendiendo una clase base provista por el framework de aspectos. Por el otro, se realiza la definición de los pointcuts, la cual suele hacerse por medio de metadata, que muchas veces reside en archivos XML. Por lo general, si un aspecto consta de más de un advice, es necesario crear una clase por cada advice.
Estos frameworks proveen una clase que funciona como una fábrica de objetos y que es el punto de acceso a la funcionalidad del framework. La figura que sigue muestra las clases típicas de un framework de aspectos. Hay que destacar que la clase *Proxy* suele ser creada en tiempo de ejecución:

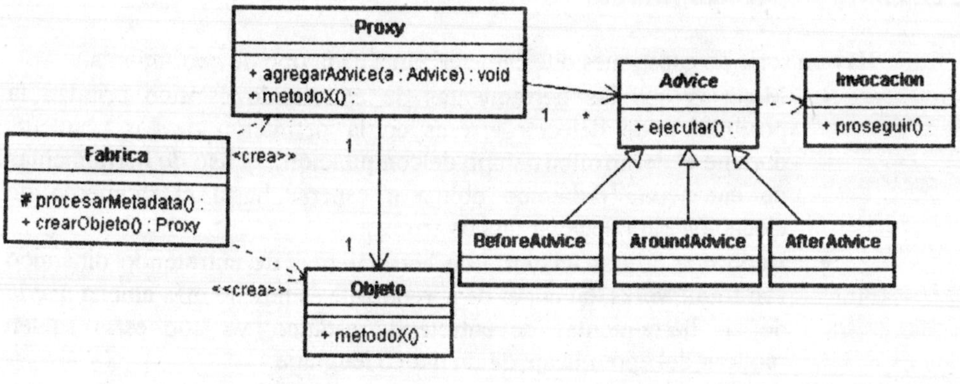

Esta fábrica de objetos interpreta los pointcuts definidos en la metadata, y en base a eso, a la hora de crear un objeto, detecta si deben agregarse aspectos al objeto creado. En ese caso, crea un proxy con el conjunto de advices que aplicarán al objeto en cuestión y devuelve una referencia al proxy en lugar de una referencia directa el objeto pedido. El siguiente diagrama de secuencia ilustra este proceso:

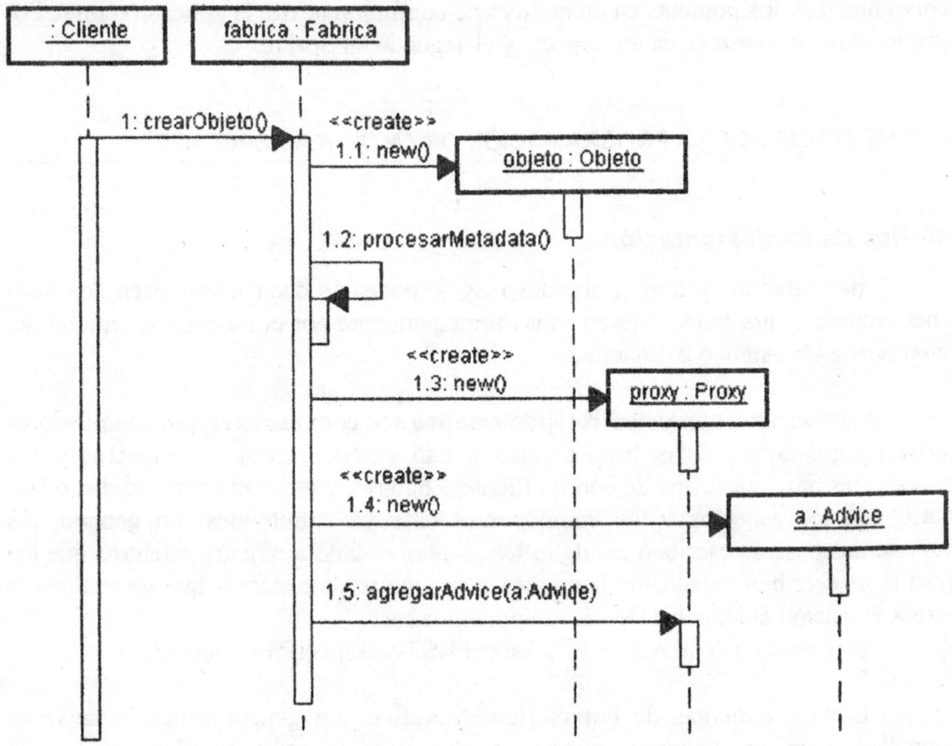

De esta forma, todas las llamadas al objeto con aspectos son interceptadas por el proxy, que da intervención a los advices, los cuales actúan antes y/o después de la ejecución del objeto en cuestión.

Ejemplos de herramientas de este tipo son: Spring AOP, Jboss AOP, Loom.NET y Naspect.

Sin embargo, los proxies se crean mediante herencia o delegación. Esto impone algunas restricciones: hay herramientas que sólo permiten aplicar aspectos a los métodos y propiedades virtuales.

Hay un serie de cuestiones que caracterizan a cada tipo de herramienta:

- Mientras que las herramientas de entretejido estático brindan la posibilidad de detectar errores en la definición de los pointcuts durante el desarrollo (tiempo de compilación), el uso de herramientas de entretejido dinámico obliga a esperar hasta el momento de ejecución para detectar dichos errores.
- Dado que la gran mayoría de herramientas de entretejido dinámico son frameworks, su curva de aprendizaje es mucho más amena que la de las herramientas de entretejido estático, ya que éstas suelen requerir del aprendizaje de un nuevo lenguaje.
- Analizando las herramientas existentes, las de entretejido estático son más completas desde el punto de vista conceptual que las de

entretejido dinámico.

- Desde el punto de vista de implementación, resulta mucho más simple implementar una herramienta de entretejido dinámico que una de entretejido estático.

Entre las herramientas de POA existentes en la actualidad se destacan AspectJ, Jboss AOP y Spring AOP aunque, más allá de estas tres, existe una cantidad importante de herramientas, casi todas ellas extensiones a lenguajes orientados a objetos.

Sin duda, gran parte del camino de la evolución de los aspectos lo ha marcado AspectJ, siendo la primer herramienta estable y la de mayor difusión en la actualidad. Al mismo tiempo, hay que destacar el aporte de Spring, promoviendo el uso de POA en ambientes *enterprise*. Es por esto que a continuación haremos una breve reseña de estas dos herramientas.

AspectJ: Java con aspectos

AspectJ surgió como consecuencia del trabajo de Gregor Kiczales y su equipo en Xerox. A partir de la creciente actividad de la comunidad formada en torno a AspectJ, en 2001 pasó a la órbita del proyecto Eclipse. Tal vez por ser el primer lenguaje de aspectos, ha marcado en gran parte el rumbo de la comunidad. AspectJ es una extensión a Java.

Desde el punto de vista de la implementación, en un comienzo fue un precompilador, pero actualmente es un compilador que genera *bytecode* Java, totalmente compatible con la JVM de Sun. En 2005, AspectJ se fusionó con *aspectwerkz*, incorporando varias funcionalidades de este último relacionadas al entretejido dinámico. La mayoría de los libros sobre POA en la actualidad tratan sobre AspectJ.

Veamos cómo tratamos las cuestiones transversales de nuestro ejemplo de cuentas bancarias, usando AspectJ.

Las clases de negocio, como debimos suponer, no se alteran respecto de lo que eran antes de la introducción de las cuestiones transversales. Por lo tanto, el constructor y los métodos *getSaldo*, *depositar* y *extraer* de la clase *CuentaBancaria* quedarían:

```
public CuentaBancaria (int numero, Cliente titular) {
        this.numero = numero;
        this.titular = titular;
        this.saldo = 0;
}

public double getSaldo( ) {
                return saldo;
}

public void depositar (double monto) {
        saldo += monto;
}

public void extraer (double monto) throws SaldoInsuficienteException {
        if (monto > saldo)
                throw new SaldoInsuficienteException( );
```

```
        else saldo -= monto;
    }
```

Los aspectos a implementar son dos. El primero se ocupa del control de accesos:

```
// ControladorAccesos.aj
package carlosfontela.aspectos;

import carlosfontela.cuentas.*;

public aspect ControladorAccesos {

    pointcut creacionCuenta( ) : preinitialization (CuentaBancaria +.new(..));
    pointcut extraccion( ) : execution (* CuentaBancaria+.extraer(..));
    pointcut consultaSaldo( ) : execution (* CuentaBancaria +.getSaldo(..));

    before( ): creacionCuenta( ){
        Roles[ ] autorizados = { Roles.Administrador };
        if(!estaAutorizado(autorizados))
            throw new AccesoNoAutorizadoException( );
    }

    before( ): extraccion( ){
        CuentaBancaria cuenta = (CuentaBancaria)thisJoinPoint.getTarget( );

        Roles[ ] autorizados = { Roles.Titular };

        if ( !estaAutorizado(autorizados) )
            throw new AccesoNoAutorizadoException( );

        if ( usuarioActual( ) != cuenta.getTitular( ) )
            throw new AccesoNoAutorizadoException( );
    }

    before( ): consultaSaldo( ){
        CuentaBancaria cuenta = (CuentaBancaria)thisJoinPoint.getTarget( );

        Roles[ ] autorizados = { Roles.Titular, Roles.Administrador };

        if ( !estaAutorizado(autorizados) )
            throw new AccesoNoAutorizadoException( );

        if (usuarioActual( ) != cuenta.getTitular( )
                && usuarioActual( ).getRol( ) != Roles.Administrador )
            throw new AccesoNoAutorizadoException( );
    }

    private boolean estaAutorizado(Roles[] autorizados){
        for (Roles rol : autorizados) {
            if ( usuarioActual( ).getRol( ) == rol )
                return true;
        }
        return false;
    }

    private Cliente usuarioActual( ) {
```

```
        return Sistema.getUsuarioActual( );
    }
}
```

Y el segundo aspecto se ocupa de la registración de excepciones:

```
// RegistradorExcepciones.aj
package carlosfontela.aspectos;

public aspect RegistradorExcepciones {

    pointcut enException( ) : handler (Exception+);

    before( ): enException( ){
        System.out.print ("[Registrando excepcion...]");
        System.out.println (thisJoinPoint.toLongString( ));
    }

}
```

Vemos claramente en el ejemplo la aparición de un nuevo módulo, el aspecto, que guarda algunas similitudes sintácticas con las clases de Java. Incluso podría tener atributos y métodos y heredar de otro aspecto, pero a ellos les agrega pointcuts y advices.

Otra cosa que destaca es el bajo acoplamiento de la solución. Dicho de manera simple, la clase no tiene código que dependa de los aspectos, y los aspectos sólo conocen lo mínimo indipensable de la clase.

Otra implementación de aspectos en Java: Spring

El framework *Spring* es un desarrollo de código abierto creado por Rod Johnson para facilitar el desarrollo de aplicaciones *enterprise*, inicialmente en Java y actualmente también en .NET. Este framework consta de varios módulos, uno de los cuales es *Spring AOP*. *Spring AOP* utiliza entretejido dinámico y puede utilizarse independientemente de los otros módulos. Un punto interesante de Spring, es que varios de sus módulos hacen uso del módulo AOP.

En el caso de la implementación Java, ha tenido un gran nivel de adopción, convirtiéndose en el estándar de facto para algunas compañías. En cuanto a la implementación .NET, el módulo AOP de Spring, es la implementación más completa, estable y utilizada de aspectos en la actualidad en esa plataforma.

A diferencia de lo que ocurre con AspectJ, los creadores de Spring afirman que su implementación de AOP no brinda solución a todas las problemáticas de POA, sino sólo al 80%[163]. Asimismo también afirman que el uso de Spring AOP está pensado para utilizarse en las distintas capas de la aplicación, pero no en la de dominio. Esto se debe, en primer lugar, a que resultaría intrusivo el uso de Spring AOP en el dominio, debido a que para aplicar aspectos a un objeto es necesario que el mismo sea creado por la fábrica de Spring AOP.

Veamos entonces un caso en el cual el uso de Spring AOP resulte más apropiado que el que resolvimos con AspectJ. Supongamos que tenemos un conjunto de objetos de acceso a datos que se encargan de la persistencia de los objetos de dominio en una base de datos relacional, y supongamos que para mejorar el rendimiento de la aplicación y evitar consultas constantes deseamos aplicar una estrategia de caché.

Una digresión. A partir de la versión 2.0, Spring para Java ha incorporado algunas mejoras interesantes en el módulo AOP, entre las que se encuentran la integración con AspectJ y la posibilidad de definir aspectos utilizando anotaciones. A pesar de esto, el ejemplo mostrado a continuación no hace uso de estas nuevas características, sino que está basado en el soporte "tradicional" de aspectos de spring, que coincide con lo que brinda la mayoría de las herramientas de aspectos de entretejido dinámico.

A diferencia de AspectJ, en este caso la definición de un aspecto se encuentra repartida entre la definición de los advices (los cuales son clases que implementan cierta interfaz) y la definición de los los pointcuts, que suele hacerse en un archivo de configuración.

A continuación vemos la definición del advice de caché.

```
package carlosfontela.aspectos;

import org.aopalliance.intercept.MethodInterceptor;
import org.aopalliance.intercept.MethodInvocation;


public class CacheAdvice implements MethodInterceptor {

   private ICache cache = CacheManager.getCache("default");

   public Object invoke (MethodInvocation invocation) throws Throwable {

          Object clave = getClave(invocation);
          Object resultado = cache.get(clave);

          if(resultado == null){
                resultado = invocation.proceed( );
                cache.set (clave, resultado);
          }
          return resultado;
   }

   protected Object getClave (MethodInvocation invocation){
          String clave = invocation.getMethod( ).getDeclaringClass( ).getName( );
          clave = clave.concat( invocation.getMethod( ).getName( ) );
          return clave;
   }

}
```

Para poder aplicar este advice, completamos la definición del aspecto con el siguiente fragmento de configuración, el cual indica que el advice de caché debe aplicarse a todos a todos los métodos que como parte de su nombre tengan la palabra *obtenerTodos*:

```
<?xml version="1.0" encoding="UTF-8"?>
<beans xmlns="http://www.springframework.org/schema/beans"
       xmlns:xsi="http://www.w3.org/2001/XMLSchema-instance"
       xsi:schemaLocation="http://www.springframework.org/schema/beans
       http://www.springframework.org/schema/beans/spring-beans-2.5.xsd">
```

```
<bean id="administradorCuentas" class="carlosfontela.cuentas.AdministradorCuentas">
</bean>

<bean id="cacheAdvice" class="carlosfontela.aspectos.CacheAdvice" >
</bean>

<bean id="cacheAdvisor" class="org.springframework.aop.support.RegexpMethodPointcutAdvisor"
>
        <property name="advice">
                <ref local="cacheAdvice" />
        </property>
        <property name="pattern">
                <value>.*obtenerTodos</value>
        </property>
</bean>

<bean class="org.springframework.aop.framework.autoproxy.DefaultAdvisorAutoProxyCreator"/>


</beans>
```

Hay que destacar que este advice solo se podrá aplicar a aquellos objetos que hayan sido creados por la fábrica de Spring.

Adicionalmente vemos la configuración de un objeto de acceso a datos para los objetos *CuentaBancaria*.

```
package carlosfontela.cuentas;

import java.util.List;

public interface IAdministradorCuentas {
   public abstract List obtenerTodos( );
}
```

```
package carlosfontela.aspectos;

public interface ICache {
   void set (Object clave, Object valor);
   Object get (Object clave);
}
```

```
package carlosfontela.cuentas;

import java.util.ArrayList;
import java.util.List;

public class AdministradorCuentas implements IAdministradorCuentas {

   public List obtenerTodos( ){
          List list = new ArrayList( );
          list.add( new CuentaBancaria (1, new Cliente("Carlos") ) );
          list.add( new CuentaBancaria (2, new Cliente("Nicolás") ) );
          return list;
   }
```

```
}
```

```
package carlosfontela.aspectos;

import java.util.HashMap;

public class CacheManager {

   public static ICache getCache (String nombreCache){
         return new Cache( );
   }

}

class Cache implements ICache {

   private HashMap map = new HashMap( );

   public Object get (Object clave) {
         return map.get(clave);
   }

   public void set (Object clave, Object valor) {
         map.put (clave, valor);
   }
}
```

El siguiente fragmento muestra el uso del objeto *CuentaBancaria* al cual Spring se encargará en forma transparente de agregarle el aspecto Caché:

```
import java.util.List;

import org.springframework.context.ApplicationContext;
import org.springframework.context.support.ClassPathXmlApplicationContext;

import carlosfontela.cuentas.IAdministradorCuentas;


public class Programa {

   public static void main (String[] args) {
         try {
               ApplicationContext context = new ClassPathXmlApplicationContext("config.xml");
               IAdministradorCuentas adminCuentas =
                     (IAdministradorCuentas )context.getBean("administradorCuentas");
               List cuentas = adminCuentas.obtenerTodos( );
               cuentas = adminCuentas.obtenerTodos( );
               System.out.println(cuentas.size( ));
         }
         catch (Exception ex){
               System.out.print(ex.getMessage( ));
         }
   }
}
```

Programación orientada a aspectos basada en otros lenguajes

Si bien en la actualidad existen herramientas POA en para casi todos los lenguajes, también es cierto que la gran mayoría ha surgido de ambientes académicos y muchas de ellas se encuentran en un estado experimental. Por otro lado, ningún lenguaje cuenta con tantas herramientas POA como Java. Por eso elegí las implementaciones de POA sobre Java para explicar el paradigma.

La segunda plataforma con más herramientas POA es .NET. En este caso tenemos Spring AOP, Naspect, AspectDNG y Aspect.NET, entre muchos otros.

CUESTIONES METODOLÓGICAS Y DE DISEÑO

AOP Alliance

En 2003, un conjunto de personalidades relacionadas con el movimiento de la orientación a aspectos, entre las que se encontraban Gregor Kiczales, Rod Johnson y Renaud Pawlak, fundaron el proyecto *AOP Alliance*. La motivación de estos individuos fue la existencia de múltiples herramientas POA, que por haber surgido principalmente de ambientes experimentales, resultaban tener ciertos puntos de incompatibilidades al ser utilizadas en ambientes específicos (particularmente ambientes Java EE). Es por esto que el proyecto definió los siguientes objetivos:

- Evitar la reprogramación de las herramientas POA, permitiendo su reuso.
- Simplificar la adaptación de las herramientas POA existentes para un ambiente determinado (típicamente Java EE).
- Simplificar el reuso de aspectos, contando con una biblioteca común.
- Simplificar la implementación de herramientas de desarrollo que deseen integrarse con POA.

El proyecto ha tenido un éxito escaso, ya que a 4 años de su fundación, en el sitio oficial [aopalliance], sólo pueden encontrarse un borrador del *white paper* fundacional [PawlakAopAlliance] y la especificación de una biblioteca en Java, para ser implementada por herramientas POA basadas en proxies. Algunas herramientas han implementado esta biblioteca, incluso con tecnologías distintas a Java, pero no todas.

Una falencia de la biblioteca definida por AOP Alliance, es que no es lo suficientemente abstracta, ya que hace varias veces mención explícita a interceptores. Y el tema es que los interceptores no son un concepto propio de POA, sino una mera cuestión de implementación, de la cual el programador debería estar ajeno.

¿Son dañinos los aspectos?

Una de las objeciones más importantes al uso de POA se encuentra documentada en el polémico artículo "AOP considered harmful" [StoerzerAOP] el cual compara el uso de POA con el uso de la cláusula *goto*, repasando los argumentos planteados por Dijkstra en su famoso escrito [DijkstraGoTo]. Dijkstra planteaba que el uso de la claúsula *goto* dificultaba el entendimiento del flujo de ejecución de los programas.

Según Stoerzer, los advices son en cierto sentido similares a procedimientos/métodos, pero al mismo tiempo tienen ciertas propiedades que, al igual que el *goto*, dificultan el entendimiento de la secuencia de ejecución del sistema, porque:

- En primer lugar, el código que expone los joinpoints no tiene conocimiento de los advices que se ejecutarán en dichos joinpoints. Si bien en ocasiones los entornos de desarrollo tienen la propiedad de mostrar los joinpoints afectados por advices, esto no es una propiedad de la herramienta de aspectos en sí misma. Esto hace que, en cierto punto, los advices sean incluso peores que el *goto*, ya que el *goto* al menos es visible en el código, mientras que los advices son absolutamente transparentes.

- En segundo lugar, los joinpoints afectados por un pointcut no siempre pueden determinarse estáticamente, pues en el caso de los pointcuts dinámicos, los joinpoints afectados dependen de los valores que toman los mismos durante su ejecución. Si bien con POO y el polimorfismo ocurre algo similar – en el sentido de que, ante un método virtual, no es posible saber qué código se ejecutará realmente, hasta el momento de la ejecución – los expertos en diseño orientado a objetos han desarrollado reglas y buenas prácticas sobre cómo utilizar la redefinición de métodos, y cuándo evitarla.

En cuanto al primer punto, tal como lo ha manifestado Kiczales, a diferencia del *goto*, los entornos de desarrollo brindan información sobre los puntos donde se aplicarán aspectos. Y si bien esto implica una dependencia del entorno de desarrollo, lo cierto es que hoy en día casi no hay desarrolladores que no usen entornos integrados.

En cuanto al segundo punto, la POA, mediante el soporte de pointcuts dinámicos, permite elevar el nivel de abstracción. Al igual que ocurre con el polimorfismo en POO, las abstracción es inversamente proporcional al conocimiento del flujo de ejecución: cuanto mayor es el nivel de abstracción, más dificultoso es establecer el flujo de ejecución del sistema. Esto es así desde el tiempo en que se introdujeron los subprogramas en los lenguajes, allá por la década de 1960.

En definitiva, los mejores instrumentos para entender un sistema son un buen diseño y una adecuada modularización. La POA mejora la modularización, facilitando el entendimiento del sistema, incluso sin contar con herramientas integradas al entorno de desarrollo. La práctica de mirar el código fuente para entender el sistema no es la única que se usa en el caso de las grandes aplicaciones, donde una buena modularización resulta mucho más importante.

Al fin y al cabo, las incumbencias están presentes en toda aplicación, mezcladas de una u otra forma, y representan la principal fuente de complejidad. Los enfoques orientados a aspectos permiten que las cuestiones transversales implícitas sean extraídas y explicitadas, posibilitando una mejor separación de intereses.

La orientación a aspectos, ¿viola el encapsulamiento?

Esta es otra de las objeciones planteadas comúnmente al uso de POA y suele resultar consecuencia de ver a los aspectos solamente desde una óptica orientada a objetos. Para entender por qué es errónea esta afirmación es necesario, en primer lugar, dejar en claro qué es lo que se pretende encapsular: en POA, lo que queremos encapsular son las distintas incumbencias.

En ocasiones, al trabajar con orientación a objetos, una clase debe lidiar con más de una incumbencia y, al mismo tiempo, las cuestiones transversales están dispersas por varias clases. Ante este escenario, se podría decir que las incumbencias transversales no están encapsuladas.

En cambio, para la POA, las cuestiones transversales son encapsuladas por los aspectos, haciendo que las clases cuenten con una mejor cohesión, ya que no deben hacer frente a aquéllas. Por supuesto, según esta concepción, la aplicación está constituida por la totalidad de las incumbencias, las modeladas con clases y también las modeladas con aspectos.

Al mismo tiempo, es cierto que algunas herramientas de POA permiten interferir en los miembros privados de las clases, lo cual violaría el encapsulamiento. Pero también es cierto que la mayor parte de los lenguajes orientados a objetos permiten definir atributos públicos, lo cual también viola el encapsulamiento. El corolario es: el hecho de que las herramientas faciliten algunas malas prácticas, no implica que las mismas sean parte del paradigma. Como ocurre en todo contexto, al usar cualquier herramienta, es necesaria una cuota de criterio.

Depuración de aplicaciones orientadas a aspectos

Se afirma a menudo que es difícil depurar aplicaciones construidas con POA.

Sin embargo, la depuración siempre es difícil, si no se cuenta con herramientas apropiadas, y POA no es la excepción.

Ciertamente, la depuración puede ser un verdadero problema dependiendo de la herramienta utilizada, llegando a ser un factor de gran influencia a la hora de elegir una. En el caso de las herramientas de POA basadas en proxies, la depuración no es demasiado distinta a la depuración en POO. Por su parte, en el caso de las herramientas POA de entretejido estático, la depuración ciertamente suele ser bastante más compleja, y representa un claro desafío para la evolución del paradigma. Si bien AspectJ cuenta con un *plugin* de Eclipse, AJDT, que facilita la depuración, no ocurre lo mismo con todas las herramientas.

Sin embargo, habrá que seguir intentando. Al fin y al cabo, el polimorfismo también presenta dificultades de depuración, y nadie diría que por eso hay que evitarlo. Y ya hace tiempo que contamos con buen soporte para depurar aplicaciones en las que se usa polimorfismo.

Patrones de diseño y orientación a aspectos

Se ha demostrado ya, en numerosas publicaciones y con bastante evidencia empírica, que el uso de POA puede enriquecer la implementación de patrones de diseño, disminuyendo su complejidad, facilitando su reuso y aumentando el grado de flexibilidad. Incluso en algunos casos, el uso de POA puede llegar a reemplazar el uso de ciertos patrones de diseño como se sugiere en [Isberg].

Pero además de existir propuestas de implementación de patrones de diseño de objetos mediante el uso de POA, se han propuesto también algunos patrones de diseño de aspectos, como *Implicit Protocol*, *Anchor Protocol* [PawlakAopJ2ee], *Director* y *Border Control* [Miles].

La piedra en el zapato

Probablemente el problema más serio que enfrenta la POA en la actualidad está dado por la fragilidad de los modelos de pointcuts de las herramientas. Los pointcuts, como ya expliqué, identifican los puntos de la aplicación en los que intervendrán los aspectos. El problema con las herramientas actuales radica en que, generalmente, la definición de los pointcuts se hace utilizando expresiones regulares para identificar joinpoints en el código de la aplicación. Esto hace que los pointcuts dependan de cómo se estructura el código sobre el que actuarán los aspectos. De esta forma, si el programador decide, por ejemplo, cambiar el nombre de un método, puede que ciertos poincuts queden sin efecto. Del mismo modo, si el programa evoluciona, puede que los pointcuts afecten a nuevos joinpoints, por una simple coincidencia de nombres, a pesar de que conceptualmente no debieran.

La solución que se me ocurre más atinada es definir pointcuts semánticos, para la cual ya hay algunas ideas. En la Facultad de Ciencias Exactas de la Universidad de Buenos Aires se ha desarrollado una herramienta denominada *Setpoint*, que define pointcuts semánticos.

Algunas limitaciones

Hay algunas limitaciones aún del paradigma de AOP, y algunas confusiones que parecen ir en el sentido de extenderlo tempranamente.

Entre las limitaciones, destaca la imposibilidad de definir que a una clase en particular no se le apliquen aspectos, mientras que sí es posible – en varios lenguajes de POO – definir en una clase que no se puedan construir clases derivadas a partir de ella. De todas maneras, habría que ver si esto debería ser parte de POA o una extensión, del mismo modo que las clases finales o selladas no están presentes en todos los lenguajes orientados a objetos.

Hay quienes tienden a creer que todo lo que tiene una herramienta de POA es POA. Pasa mucho con las extensiones de AspectJ. Como ocurre con cualquier paradigma, las herramientas suelen extenderlo, lo cual es una conveniencia que definieron los diseñadores de las mismas, pero que no necesariamente son parte del paradigma. Algo así pasa con los eventos, las anotaciones o la genericidad en POO.

Elección de la forma de entretejido y de las herramientas

Hay muchas opiniones entre los especialistas sobre las conveniencias o no del entretejido estático y del dinámico. La elección de una u otra herramienta normalmente se basa en estas preferencias, un poco como pasa con los que defienden los lenguajes compilados sobre los interpretados, o viceversa.

En el caso de las aplicaciones *enterprise*, y debido a que se puede utilizar aspectos, tanto para incumbencias transversales como para ciertas incumbencias funcionales accidentales, la propuesta de Nicolás Páez [Paez] es basarse en herramientas de entretejido dinámico para las incumbencias incuestionablemente transversales, dejando las incumbencias de dominio accidentales para implementarlas con herramientas de entretejido estático.

La principal razón para proceder de esta manera se debe a que es más común que las incumbencias transversales deban desactivarse más a menudo que las otras, de modo que sería más cómodo si no estuvieran incorporadas en el código.

Por suerte, hay un buen nivel de integración de las distintas herramientas para poder proceder así. La reciente integración de Spring con AspectJ, por ejemplo, ayuda en este sentido.

Conclusiones

El capítulo de aspectos es, sin duda, un excelente epílogo para este libro. En él, el lector puede adquirir una idea de las líneas de investigación que se están abriendo para conformar – Dios dirá cuándo y en qué medida – un nuevo paradigma, o al menos un complemento al paradigma de objetos. Podemos discutir horas y usar decenas de páginas para debatir si POA es un paradigma, una técnica de programación o una estrategia de diseño. Pero sobre lo que no hay duda es de que se trata de una técnica de modularización que busca superar los inconvenientes que aún permanecen en el desarrollo orientado a objetos. Y, como ya demostré, esto está en línea con la evolución histórica de los paradigmas de desarrollo.

Es obvio que el lector que desee aprender más sobre POA deberá recurrir a otrs libros y a la Web, pero al menos le hemos podido dar una visión general.

Volviendo al tema histórico, la verdad es que el desarrollo de software se ha ido haciendo muchos órdenes de magnitud más complejo. En lo personal, extraño los tiempos en que me inicié, en que las aplicaciones más profesionales se podían construir con algunos miles de líneas en un lenguaje estructurado, con un adecuado nivel de modularización funcional.

Pero lo cierto es que añorar no sirve de mucho, y debo reconocer que las aplicaciones que se construyen hoy son tremendamente potentes y complejas al lado de aquéllas. Sin embargo, creo que deberíamos hacer un esfuerzo – me refiero a los académicos y los ingenieros – por lograr herramientas, paradigmas y lenguajes que estén a la altura de las circunstancias, para devolver la sencillez al desarrollo de software. Tal vez los aspectos sean un escalón en ese sentido.

Un comentario adicional debo hacer respecto del idioma del libro y los términos de este capítulo.

El lector atento habrá observado que me niego bastante a hacer uso de términos en inglés cuando existen las mismas palabras en castellano. Creo que es algo que nos debemos a nosotros mismos los hispanohablantes, y más aún en América. La verdad, escuchar términos en inglés, como "annotation" y "namespace", o anglicismos deplorables, como "performante", "casteo" y "subclasear", me parece que arruinan nuestra forma de hablar, y terminamos no sabiendo siquiera hablar en castellano.

Sin embargo, hay ocasiones en que usé el término en inglés. Eso ocurrió, por ejemplo, con la palabra "framework" y los nombres de algunos patrones, en otras partes del libro, y con muchas de las construcciones de POA, en éste. He evitado escribir AOP, salvo en nombres de productos, porque POA ya es una sigla común que, como ocurrió con POO en su momento, debemos esforzarnos por imponer. Los términos como *advice*, *joinpoint* y *pointcut*, en cambio, no me he atrevido todavía a traducirlos. Creo que lo que ocurre es que los términos suenan bastante mal, aún en inglés, y que su traducción al castellano no ayudará a entender mejor los conceptos. Tal vez si éste fuese un libro de POA procedería de otra manera...

28. BIBLIOGRAFÍA

[AopAlliance] AOP Alliance, http://aopalliance.sourceforge.net/, como estaba en enero de 2008.

[BoochADOO] Grady Booch, "Análisis y diseño orientado a objetos con aplicaciones", Addison Wesley Iberoamericana, 1996.

[Boria] Jorge Boria, "Ingeniería de software", Kapelusz, 1987.

[CC] Steve McConnell, "Code Complete Second Edition", Microsoft Press, 2004.

[DeMarcoStructured] Tom De Marco, "Structured análisis and System Specification", Yourdon Press, 1979.

[DijkstraGoTo] E. Dijkstra, "Go To Considered Harmful", Letter to Communications of the ACM (CACM), vol. 11 no. 3, marzo 1968.

[EckelJava] Bruce Eckel, "Piensa en Java 2a Edición", Pearson Prentice Hall, 2002.

[FowlerAnalysis] Martin Fowler, "Analysis Patterns: Reusable Object Models", Addison Wesley, 1997.

[FowlerMethodology] Martin Fowler, "The New Methodology", http://martinfowler.com/articles/newMethodology.html, como estaba en enero de 2008.

[FowlerPatterns] Martin Fowler, "Patterns of *Enterprise* Application Architecture", Addsion-Wesley, 2003.

[FowlerRefactoring] Martin Fowler, "Refactoring", Addison-Wesley, 1999.

[FowlerUML] Martin Fowler, UML Distilled Third Edition, Addison-Wesley, 2004.

[GoF] Erich Gamma, Richard Helm, Ralph Johnson, John Vlissides, "Patrones de diseño", Pearson Prentice Hall, 2003.

[HarrisonPSC] W. Harrison, H. Ossher, P. Tarr, "Asymmetrically vs. Symmetrically Organized Paradigms For Software Composition", IBM Research Report, diciembre 2002.

[HFDP] Eric Freeman, Elisabeth Freeman, "Head First Design Patterns", O'Reilly, 2004.

[Holub], Allen Holub, "Why extends is evil", http://www.javaworld.com/javaworld/jw-08-2003/jw-0801-toolbox.html, como estaba en enero de 2008.

[Isberg] W. Isberg, "AOP@work: Design with pointcuts to avoid pattern density", http://www.ibm.com/developerworks/java/library/j-aopwork7/index.html, como estaba en enero de 2008.

[JavaUML] Carlos Fontela, "Orientación a objetos con Java y UML", Nueva Librería, 2004.

[Kerievsky] Joshua Kerievsky, "Refactoring to Patterns", Addison-Wesley, 2005.

[KiczalesAOP] G. Kiczales, J. Irwin, J. Lamping, J. Loingtier, C. Videira Lopes, C. Maeda and A. Mendhekar, "Aspect-Oriented Programming", ECOOP 1997.

[Knuth] Donald Knuth, "Structured Programming with go to Statements", ACM Journal Computing Surveys, Vol 6, No. 4, diciembre 1974.

[LarmanAgile] Craig Larman, "Agile and Interative Development: A Manager's Guide", Addison-Wesley, 2003.

[LarmanUML] Craig Larman, "UML y patrones", Pearson Prentice-Hall, 2003.

[Lea] Doug Lea, "Programación concurrente en Java", Addison-Wesley, 2000.

[Liskov] Barbara Liskov, "Data Abstraction and Hierarchy", SIGPLAN Notices, mayo de 1988.

[MartinUML] Robert Martin, "UML para programadores Java", Pearson Prentice Hall, 2004.

[Meyer] Bertrand Meyer, "Construcción de software orientado a objetos, Segunda Edición", Prentice-Hall Iberia, 1999.

[Miles] R. Miles, "AspectJ Cookbook", O'Reilly, 2005.

[Paez] Nicolás Páez, "Utilización de programación orientada a aspectos en aplicaciones *enterprise*", tesis de Ingeniería Informática, disponible en www.fi.uba.ar/~npaez/materiales/presentacion_tesis_npaez.pdf, a principios de 2008.

[PageJones] Meilir Page-Jones, "The Practical Guide to Structured Systems Design", Yourdon Press, 1988.

[PawlakAopAlliance] R. Pawlak, "The AOP Alliance: Why did we get in?", julio 2003, http://aopalliance.sourceforge.net/white_paper/, como estaba en enero de 2008.

[PawlakAopJ2ee] R. Pawlak, L Seinturier, J.P. Retaillé, "Foundations of AOP for J2EE Development", APress, 2005.

[POO] Carlos Fontela, "Programación orientada a objetos y técnicas avanzadas de programación", Nueva Librería, 2003.

[POSA] Frank Buschmann, Regine Meunier, Hans Rohnert, Peter Sommerlad, "Pattern-Oriented Software Architecture Volume 1", Wiley, 1996.

[Scrum] Ken Schwaber, Mike Beedle, "Agile Software Development with Scrum", Prentice Hall, 2001.

[StoerzerAOP] M. Stoerzer, T. Skotiniotis, C. Constantinides, "AOP considered harmful", 1st European Interactive Workshop on Aspect Systems (EIWAS), 2004.

[Stroustrup] Bjarne Stroustrup, "El lenguaje de programación C++, edición especial", Pearson Educación, 2002.

[TarrMDSC] P. Tarr, H. Ossher, S. Sutton, W. Harrison, "N Degrees of separation: Multi-Dimensional Separation of Concerns", Proceedings of the 1999 International Conference on Software Engineering, Los Angeles, California, USA, 1999.

[UML] Ivar Jacobson – Grady Booch – James Rumbaugh, "El Lenguaje Unificado de Modelado", Addison Wesley Longman, 1999.

[UP] Ivar Jacobson – Grady Booch – James Rumbaugh, "El Proceso Unificado de Desarrollo de Software", Addison Wesley Longman, 1999.

[XP] Kent Beck, "Una explicación de la programación extrema", Pearson Educación, 2002.

Sitios web relacionados

La que sigue es una lista mínima de sitios web que complementan este libro. La lista fue realizada en enero de 2008, y espero que se mantenga lo más estable posible.

Sitio de Java en Sun: http://java.sun.com/.

Bibliotecas de Java (todas las ediciones y versiones): http://java.sun.com/reference/api/.

Tutorial de Java EE 5: http://java.sun.com/javaee/5/docs/tutorial/doc/JavaEETutorial.pdf.

Referencia completa de .NET: http://msdn2.microsoft.com/en-us/library/aa139616.aspx.

Sitio de UML: http://www.uml.org/.
Proyecto Jakarta: http://jakarta.apache.org/.
Proyecto Sourceforge: http://sourceforge.net/.
Servidor de aplicaciones Jboss: http://www.jboss.org/.
Framework Spring: http://www.springframework.org/.
Sitio de AspectJ: http://www.eclipse.org/aspectj/.
Sitio de Bruce Eckel, http://www.bruceeckel.com/.
Sitio de Martin Fowler: http://www.martinfowler.com/.
JUnit: http://www.junit.org/.
NUnit: http://www.nunit.org/.
Ant: http://ant.apache.org/.
Diagramación UML con Jude: http://jude-users.com/en/.
Sitio de patrones de arquitectura de .NET: http://msdn2.microsoft.com/es-ar/practices/default(en-us).aspx.
AOP Alliance: http://aopalliance.sourceforge.net/.

Libros recomendados

A continuación, una lista de libros del área de desarrollo de software que recomiendo:

Thinking in Java, de Bruce Eckel: presenta un análisis muy completo del lenguaje y técnicas orientadas a objetos.

UML gota a gota, de Martin Fowler y Kendall Scott: presenta UML con un estilo conciso y eficaz.

Una explicación de la programación extrema, de Kent Beck: un excelente análisis, con sus fundamentos.

Programación concurrente en Java, de Doug Lea: un estudio a fondo para quien quiera profundizar las relaciones entre concurrencia y POO.

Peopleware, de Tom de Marco y Timothy Lister: lo considero el más desprejuiciado análisis de la formación de equipos de trabajo de proyectos de sistemas y su administración.

Code Complete, de Steve McConnell: un libro muy actual de ingeniería de software, centrado en diseño y programación.

Software Estimation, Demystifying the Black Art, de Steve McConnell: excelente libro de estimaciones para proyectos de desarrollo.

Head-First Design Patterns, de Eric Freeman y Elisabeth Freeman: los patrones de diseño GoF más importantes, explicados en forma clara, didáctica y entretenida. Imperdible.

Mis libros

Los libros y pseudolibros más importantes que he escrito sobre programación son:

Pascal estructurado, 1988.
Lenguajes Pascal y C, 1989.
Primer curso de programación, 1993.
Programación orientada a objetos en Pascal, 1994.
Curso de Programación, Tomos I y II, 1999-2000.
Programación orientada a objetos y técnicas avanzadas de programación, 2003.
Orientación a objetos con Java y UML, 2004.

También he escrito un libro sobre otra temática, la Historia Argentina: